japon

Ce guide a été établi
par **Jean Modot**

avec le concours de
Jacques Pezeu-Massabuau

La présente édition
a été revue et mise à jour par
Evelyne Daudé et **Philippe Lannois**

Direction
Adélaïde Barbey

Edition
Marie-Pierre Levallois

Rédaction en chef
Jean-Jacques Fauvel et
François Monmarché

Cartographie
René Pineau et **Alain Mirande**

Fabrication
Bernard Péronnet

Couverture de **Roman Cieslewicz**

japon

hachette guides bleus

79, boulevard saint-germain, 75006 paris

© Hachette Guides Bleus 1984
Tous droits de traduction, de reproduction et d'adaptation réservés pour tous pays.

Préface

Sans doute faut-il aborder le Japon comme une personne inconnue dont on voudrait gagner l'amitié. Il est important de se dépouiller de toutes idées reçues, souvent fausses, de façon à se trouver disponible en face d'un être nouveau chez qui tout semble fait pour surprendre. Cependant, les qualités individuelles des Nippons, leur soif de savoir, facilitent — surtout chez les jeunes — une compréhension mutuelle directe à travers les particularités de leur civilisation. On a dit, pertinemment, que cette civilisation, au premier abord confuse, aux facettes nombreuses, où les contraires se complètent au lieu de se combattre, où les sentiments eux-mêmes s'accordent de manière hybride, était telle que les opinions qu'on pouvait avoir sur elle ne seraient jamais ni totalement vraies ni complètement fausses.

Si nous avons le sentiment d'offrir, dans ce guide, une image incomplète et particulière du Japon, et, en tous les cas, différente de celle que vous rapporterez de votre voyage, nous l'avons voulue la plus objective possible et la plus facilement accessible. En adoptant la structure alphabétique qui est la mieux adaptée à la pratique du voyage des Européens dans ce pays, il nous a fallu évidemment sélectionner les villes nipponnes offrant, de l'avis des Japonais eux-mêmes, des attraits touristiques particuliers ou des caractères très représentatifs de l'urbanisme et de la vie socio-économique. Pour chaque site décrit, nous avons insisté sur les renseignements d'intérêt pratique et mis en valeur, comme le veut la vocation des Guides Bleus, les richesses artistiques et culturelles. L'activité des régions et les industries principales ont en outre été indiquées brièvement à chaque fois. Nous nous sommes enfin appliqués à localiser de notre mieux les sites à visiter en précisant leur éloignement (souvent considérable), leur situation par rapport à la gare la plus proche ou à un monument repère, enfin en indiquant le moyen de s'y rendre.

La difficulté que l'on éprouve à s'orienter au Japon (absence de noms de rues, inscriptions en japonais, modification rapide du paysage urbain) nous a conduits à demander beaucoup à la cartographie, en multipliant les plans pour les grandes villes comme Tōkyō, Ōsaka et Kyōto, et en établissant les cartes du Tōhoku et du Shikoku, deux régions sur lesquelles il serait difficile de se procurer des documents en langue européenne.

Sous le titre « Connaître le Japon », près de cinquante pages brossent un portrait concis, mais qui, nous l'espérons, suffira à vous introduire dans l'univers japonais et, si nous n'avons pas hésité à citer des noms de prime abord insolites, c'est que leur répétition au cours de l'ouvrage vous les rendra, nous en sommes persuadés, rapidement familiers. Enfin, telle qu'elle est, nous souhaitons que cette seconde édition vous permette d'apprécier mieux, quelle que soit la durée de votre séjour, ce monde nippon dont le mode de vie — surtout à cause de la barrière du langage — conduit parfois l'Européen au bord du désarroi. Mais cet effort nécessaire une fois accompli, vous découvrirez un pays toujours plus extraordinaire, dont le charme puissant continuera de vous hanter bien après que vous l'aurez quitté.

Sommaire

Préface — 5
Table des cartes et plans — 9
Comment vous servir de ce guide ? — 11
Légende des signes et symboles — 12

Voyage au Japon

Votre voyage — 17

Quand partir ? (17)
Principales manifestations (18).

Comment s'y rendre — 20
Quelques formalités : Le passeport (20). Les vaccinations (20). La douane (20). Les devises (20).
Le voyage par avion (20).
Le voyage par bateau : Au départ de l'Union Soviétique (22). Au départ de la Corée du Sud (22). Au départ de Taiwan (22).
Le voyage par le train (22).
Le voyage organisé (22).
Les transports au Japon : Liaisons aériennes (24). Liaisons maritimes (25). Liaisons ferroviaires (25). Autocars (27). Transports urbains (27). Taxis (28). Le Japon en voiture (29). Location de voiture (29). Essence (30). Les routes au Japon (30). Quelle carte choisir (30). Le Japon à vélo (31).

Votre séjour — 32
Où loger ? : Hôtels (32). Hébergement complémentaire (34).
La table : Restaurants (35). La cuisine japonaise (36). Les boissons (37).
La vie quotidienne : De l'argent pour vivre (38). Visite des monuments, des jardins, des musées (38). Visiter un temple japonais (39). Sports et loisirs (41). Une journée à la japonaise (43). Spectacles et vie nocturne (44). Achats et souvenirs (46). Quelques détails pratiques (47).
Pour en savoir davantage (49).

Votre lexique — 50
Quelques mots utiles : Glossaire toponymique, botanique, religieux et monumental (50). Mots et expressions usuelles (52).

Le Japon touristique — 60

Que voir au Japon ? (60). Parcs naturels (60). Propositions de circuits (60). Plages et stations balnéaires (74). Stations thermales (74). Sports d'hiver (75).

Connaître le Japon

Rencontre avec le Japon, par *Jacques Pezeu-Massabuau*	79
Exposé économique, par *Claude Rivière* et *Philippe Lannois*	103
Panorama historique, par *Jacques Pezeu-Massabuau*	112
Aperçu linguistique par *M. Fujimori Bunkichi*	123
Indications bibliographiques et filmographiques	126

Visiter le Japon

Tableau des principales distances par les routes les plus directes	136
Guide alphabétique des villes, sites et monuments	137

Index et renseignements pratiques

Signes conventionnels touristiques et hôteliers	626
Renseignements pratiques, Index	627

Table des cartes et plans

Cartes

Cartes des principales voies ferrées	première garde
Situation des cartes et plans	134-135
Carte des richesses naturelles au Japon	61 à 64
Carte des richesses humaines et monumentales	65 à 68
Le Japon en trois semaines	69
Propositions de circuits au Japon	70-71
Aso (Mont)	152
Fuji (Mont)	175
Hakone (Région de)	173
Hokkaidō (partie orientale)	230-231
Ise shima (Parc national d')	257
Kyūshū (partie nord)	372-373
Nansei shotō (Ryūkyū) — Okinawa	410-411
Nikkō (Parc national de)	440
Ōsaka (Environs d') — Kansai	470-471
Shikoku et Mer Intérieure	502-503
Tōhoku	234-235
Tōkyō (Environs de)	526

Plans

Fukuoka	192-193
Hiroshima	222
Ikaruga : Hōryū ji	245
Ise jingū (Geku et Noxiku)	259
Kamakura	278-279
Kōbe (Centre ville)	306-307
Kōya san	319
Kyōto (Ensemble, p. 332 ; — Centre ville, p. 336-337 ; — Higashi yama, p. 344-345)	
Nagasaki	396
Nagoya	402-403
Nara	414-415
Niigata	430
Nikkō (les Temples)	434-435

TABLE DES CARTES ET PLANS

Ōsaka (Kita ku, p. 462 ; — Château, p. 466 ; — Tennōji ku, p. 463)
Sapporo — 490-491
Sendai — 495
Tōkyō (Centre, p. 532-533 ; — Bunkyo ku — Taito ku, p. 562-563 ; — Shinjuku, p. 556-557 ; — Minato ku, p. 548-549)
Yokohama (Ensemble, p. 611 ; — Centre, p. 612)
Tōkyō (Réseau urbain des Chemins de fer nationaux) — dernière garde

Comment vous servir de ce guide ?

Il se divise en quatre grandes sections :

Voyage au Japon,
où vous trouverez toutes les informations pratiques d'ordre général pour la préparation et l'organisation de votre séjour. Cette section est elle-même divisée en plusieurs chapitres :
— Votre voyage, qui, des pp. 17 à 31, vous donne des informations sur les périodes de séjour les plus agréables, les formalités, les moyens d'accès, les voyages organisés, les transports dans le pays ;
— Votre séjour, des pp. 32 à 49, où vous trouverez tout ce qu'il faut savoir sur les différentes possibilités d'hébergement, les restaurants, la table, la vie quotidienne au Japon (monnaie, achats, horaires, etc.), ainsi que, à partir de la p. 37, un lexique des termes japonais les plus usuels ;
— Le Japon touristique vous permet, des pp. 68 à 75, d'établir votre programme de voyage, grâce aux cartes des « richesses naturelles » (p. 61 à 64) et des « richesses humaines et monumentales » (p. 65 à 68), ainsi qu'à la carte des « propositions de circuits » (p. 70-71 et 69).

Connaître le Japon

Vous disposez, des pp. 79 à 132, d'un ensemble d'introductions aux divers aspects de la civilisation japonaise, suivies de quelques indications bibliographiques.

Visiter le Japon

Il s'agit du guide alphabétique proprement dit, des pp. 137 à 624, où sont décrits villes, sites et monuments.

Index et renseignements pratiques

Pour retrouver un nom de lieu, choisir un hôtel ou un restaurant, connaître les principales manifestations de l'endroit où vous séjournez, vous vous reporterez à cette liste alphabétique des localités citées dans le guide, à partir de la p. 627.

Classification des points d'intérêt :

Sites, monuments, musées, œuvres, documents.

Ils sont classés selon deux critères :
— leur place dans une « hiérarchie des valeurs », établie le plus objectivement possible :

COMMENT VOUS SERVIR DE CE GUIDE ?

```
  * remarquable                *** exceptionnel
 ** très intéressant             * singulier,
                                   insolite, spécial
```

— le repérage, au moyen de signes conventionnels, des plus importants d'entre eux dans le cours des itinéraires et dans la description des villes.

Signes conventionnels

Vous trouverez ci-après les signes placés en marge des textes descriptifs et utilisés dans l'ensemble des Guides Bleus. Ils ne figurent donc pas tous nécessairement dans cet ouvrage.

D'une grande simplicité de dessin, ils se réfèrent à une symbolique courante et doivent permettre au lecteur de repérer du premier coup d'œil les points d'intérêt de l'itinéraire qu'il suit ou de la localité où il se trouve ; ils peuvent ainsi l'aider à prévoir des haltes ou des incursions jusqu'aux sites ou monuments les plus remarquables.

Le fléchage fait ressortir clairement le type d'itinéraire qui se présente au voyageur. C'est ainsi que, par exemple, un report rapide d'index noir en index noir indiquera le déroulement continu de l'itinéraire principal joignant une ville à une autre, facilitera la lecture du guide pour le texte correspondant et permettra au lecteur pressé de ne retenir que les informations qui l'intéressent pour le trajet qu'il doit effectuer.

Fléchage des itinéraires

 itinéraire principal

 variante d'itinéraire ou itinéraire secondaire

➔ incursion en dehors d'un itinéraire principal ou secondaire

Symboles divers

 panorama, point de vue

 localité ou monument dans un site exceptionnel

 château, fortification, rempart

 ruine, site archéologique

 monument civil intéressant

 musée

 œuvre ou document d'un intérêt exceptionnel justifiant la visite d'un musée ou d'un monument

 information ou anecdote concernant l'histoire littéraire

 information ou anecdote concernant l'histoire musicale

 curiosité

 haut lieu historique

COMMENT VOUS SERVIR DE CE GUIDE ? 13

- église, abbaye
- calvaire
- mosquée ou monument d'art islamique
- monument ou sanctuaire hindou
- monument ou sanctuaire bouddhique
- monument ou sanctuaire shintoïque
- monument ou sanctuaire taoïque
- rassemblement périodique de foule : marché, manifestation religieuse ou folklorique, etc.
- artisanat
- source thermale
- station balnéaire, plage
- forêt, parc, espace boisé
- excursion à pied
- excursion recommandée en montagne
- station de sports d'hiver
- parc zoologique, réserve naturelle
- lieu de pêche
- lieu de chasse
- palmeraie, oasis

Abréviations

alt.	altitude	*E.*	Est
A.N.A.	All Nippon Airways	*env.*	environ
ap.	après	*fév.*	février
aub.	auberge	*g.*	gauche
auj.	aujourd'hui	*h*	heure
av.	avenue	*ha.*	hectare
bd	boulevard	*hab.*	habitant
Bldg.	Building	*it.*	itinéraire
ch.	chambre	*j.*	jour
cl.	classe	*J.A.L.*	Japan Air Lines
cm	centimètre	*janv.*	janvier
cuis.	cuisine	*jap.*	japonais(e)
déc.	décembre	*J.-C.*	Jésus-Christ
dim.	dimanche	*J.N.R.*	Japanese National Railways
dr.	droite		

J.N.T.O.	Japan National Tourist Organisation	*p.*	page
J.T.B.	Japan Travel Bureau	*pl.*	place
juil.	juillet	*quot.*	quotidien
kg	kilogramme	*s.*	siècle
km	kilomètre	*S.*	Sud
kWh	kilowatt-heure	*sam.*	samedi
lun.	lundi	*sem.*	semaine
m	mètre	*sept.*	septembre
mar.	mardi	*Serv.*	service
merc.	mercredi	*S.I.*	Syndicat d'initiative
mm	millimètre	*t*	tonne
mn	minute	*t.a.*	toute l'année
N.	Nord	*T.D.A.*	Toa Domestic Airlines
nov.	novembre	*t.l.j.*	tous les jours
O.	Ouest	*vendr.*	vendredi
oct.	octobre	*V.*	Voir
		vol.	volume
		†	mort

Voyage au Japon

Votre voyage

Quand partir ?

Sans doute n'est-ce pas l'une des moindres singularités du Japon, la meilleure époque de voyage est « l'arrière-saison ». En automne et en hiver, en effet, la luminosité de l'atmosphère confère tout son éclat à la flamboyante végétation, cependant que les températures restent clémentes, sauf durant les deux premiers mois de l'année, sur une grande partie de l'archipel. L'été n'offre jamais de chaleur excessive, mais la forte humidité de l'air la rend difficile à supporter. A la « saison des pluies » — de mi-juin à mi-juillet — les précipitations remontent progressivement des îles les plus méridionales vers Hokkaidō, suivies de près par les typhons, dont l'effet, accru par le contre-coup des moussons asiatiques, se fait sentir jusqu'en septembre ; la végétation estivale est marquée par la dominance des verts, très variés et intenses.

Néanmoins le Japon peut être visité tout au long de l'année, moyennant une adaptation selon les saisons et les régions. Durant l'hiver l'archipel n'est guère épargné par les chutes de neige, particulièrement abondantes de décembre à mars sur la moitié occidentale de Honshū, tournée vers la mer du Japon. Sur les principaux sommets de la grande île, le bon enneigement permet la pratique des sports d'hiver ; durant cette période, si Tōkyō garde une moyenne de 3,7 ºC en janvier, l'île de Hokkaidō connaît des minima absolus pouvant atteindre — 40 ºC à Asahikawa... Cependant l'hiver recule très tôt devant l'offensive printanière ; dès le mois de février apparaissent les premiers pruniers en fleurs, puis jusqu'aux derniers jours d'avril et selon les régions, les cerisiers. L'image printanière traditionnelle du Japon en fleurs est attrayante mais extrêmement fugitive ; un *bulletin de floraison* signale à cette époque les principaux sites fleuris, avec les dates de floraison optimale.

Dès lors, et jusqu'à la fin de l'automne, les températures sont généralement douces, voire chaudes selon la latitude, autorisant les bains de mer le long de tout l'archipel jusqu'à la partie méridionale de Hokkaidō (notamment en juillet et août). Si la saison des pluies reste entrecoupée de belles éclaircies, les mois les plus chauds peuvent être perturbés par des typhons qui interrompent parfois toute communication avec les îles les plus méridionales (dont les Ryūkyū) ; mais c'est alors la plus belle saison pour visiter Hokkaidō. Nous ne reviendrons pas sur la clémence d'un automne bien ensoleillé.

Attention ! toute l'année les Japonais voyagent, assurez vos réservations en conséquence et évitez, de préférence, les jours fériés et la période des vacances scolaires et universitaires (en mars et en juillet-août) ; des groupes compacts envahissant alors tous les sites principaux du pays.

Principales manifestations. — Les raisons de voyage sont assez nombreuses pour que l'on ne choisisse pas sa date uniquement en fonction du climat ; lors du séjour, la visite d'un temple ou une excursion pourront être motivées par des manifestations de caractère religieux ou folklorique. Il ne se passe peut-être pas un jour au Japon sans qu'une fête n'ait lieu quelque part : défilés de chars, palanquins, parades de personnages costumés, rites traditionnels et feux d'artifice animent alors les villes.

Certaines fêtes se célèbrent à date fixe, et dans l'ensemble du monde nippon. Ce sont :

1er janvier : *Nouvel An,* la fête par excellence, et l'on se rend aux sanctuaires, en famille ou entre amis.
3 ou 4 février : *Setsubun,* qui marque la fin de l'hiver selon le calendrier lunaire.
3 mars : *Hina Matsuri,* fête des poupées ; habillées à la mode ancienne, elles sont offertes aux petites filles et décorent les maisons.
Fin mars : *semaine Higan,* prières dans les temples à la mémoire des disparus.
8 avril : *Hana Matsuri,* fête des fleurs, coïncidant avec l'anniversaire de la naissance du Bouddha.
5 mai : *Shobu no Sekku,* fête des enfants qui reçoivent des cadeaux ; de nombreuses girouettes en forme de carpes multicolores sont accrochées à de hauts mâts, au seuil des maisons.
7 juillet : *Tanabata,* festival des étoiles (Vega et Altaïr de la Voie lactée), dans l'espoir d'obtenir de bonnes récoltes.
13-15 juillet : *O Bon Matsuri,* fête bouddhiste en l'honneur des défunts ; le foyer familial est alors préparé pour les recevoir.
15 novembre : *Schichi-go-san* (7-5-3), en l'honneur des enfants âgés de sept, cinq et trois ans.

Mentionnons aussi les **fêtes nationales** : 1er janvier, *le Nouvel An ;* 15 janvier, *fête des Adultes ;* 11 février, *jour commémoratif de la Création de la Nation ;* 21 ou 22 mars, *Équinoxe de Printemps ;* 29 avril, *anniversaire de l'Empereur ;* 3 mai, *jour de la Constitution ;* 5 mai, *jour des Enfants* (ces trois jours forment la *semaine dorée* qui est presque totalement fériée) ; 15 septembre, *journée du Respect des Personnes âgées ;* 23 ou 24 septembre, *Équinoxe d'automne ;* 10 octobre, *journée de la Santé et des Sports ;* 3 novembre, *journée de la Culture,* et 23 novembre, *fête du Travail.*

Par ailleurs nous indiquons, dans les colonnes de renseignements généraux relatives aux diverses localités et à la description des principaux temples et sanctuaires, les fêtes qui s'y déroulent.

Attention ! La datation japonaise se fait sur le mode occidental ou bien en indiquant, à la place de l'année de l'ère chrétienne, celle de l'ère impériale en cours. Ainsi 1984 correspond à l'an 59 de l'ère Showa.

Le tableau suivant donne une liste des plus belles fêtes locales.

Il sera prudent pour les fêtes attirant un grand public de **réserver des places**, à moins qu'on se contente de suivre certains défilés dans les rues. Renseignez-vous sur place auprès des offices du tourisme japonais de Tōkyō et Kyōto ; là vous seront précisées les dates exactes des manifestations, qui peuvent varier d'une année à l'autre.

Lieu	Date	Manifestation
Tōkyō	6 janvier	*Dezome Shiki* : parade des pompiers à Ginza
Akita	17 janvier	*Bonten* : des mâts décorés (bonten) sont portés au sanctuaire
Sapporo	fin janvier-début février	*Festival de la Neige*
Tōkyō	avril	*Azuma Odori* : danse des Cerises au théâtre Shimbashi Embu-jō
Kyōto	Avril	*Miyako Odori* : danse des Cerises au théâtre Pontochō Kaburen-jō
Takayama	entre 14 et 17 avril	*Sanno Matsuri* : au sanctuaire Hie ; défilé de chars
Kyōto	15 mai	*Aoi Matsuri* : fête des sanctuaires de Shimogamo et Kamigamo.
Nikkō	17-18 mai	*Grand Festival du Tōshō-gū* : défilé d'un millier de personnages costumés
Kyōto	3e dim. de mai	*Mifune Matsuri* : fête des bateaux à Arashiyama
Morioka	15 juin	*Chagu Chagu Umakko* : fête du cheval au sanctuaire Sozen
Fukuoka	1er-15 juillet	*Hakata Yamagasa* : défilé de chars
Nachi-Katsuura	14 juillet	*Nachi Himatsuri* : fête du feu
Kyōto	16-17 juillet	*Gion Matsuri* : au sanctuaire Yasaka ; défilé de chars
Miyajima	mi-juillet	*Kagensaï* : festival de musique. Procession de bateaux sacrés
Hirosaki	1er-7 août	*Nebuta Matsuri* : défilés nocturnes de vastes effigies peintes en papier mâché
Aomori	3-7 août	
Akita	5-7 août	*Kanto Matsuri* : hauts mâts ornés de lampions, portés avec adresse dans les rues
Sendai	6-8 août	*Tanabata* : fête des étoiles, la plus belle de Sendai
Tokushima	15-18 août	*Awa Odori* : défilé de danseurs et musiciens
Okinawa	Fin août	*Eisa* : danse locale pour le festival de Bon
Takayama	14-15 septembre	*Hachiman Matsuri* : défilé de chars
Nagasaki	7-9 octobre	*Okunchi* : au sanctuaire Suwa, festival d'origine chinoise
Himeji	14-15 octobre	*Kenka Matsuri* : fête de la querelle ; défilé de palanquins
Kyōto	22 octobre	*Jidai Matsuri* : défilé en costumes traditionnels de toutes les époques
Hakone	3 novembre	*Daimyō Gyoretsu* : procession des daimyō le long de l'ancien Tokaido

A cette liste, il conviendra d'ajouter quelques manifestations diverses, telles que les **tournois de Sumo** qui se tiennent à Tōkyō, Ōsaka, Nagoya, Fukuoka au courant de l'année, les **diverses manifestations florales**, notamment celle des chrysanthèmes en automne, etc.

Comment s'y rendre ?

Quelques formalités

Le passeport : il doit être valide et porter un visa d'entrée pour les ressortissants français. Le visa est obtenu auprès du service consulaire de l'Ambassade du Japon, 7 av. Hoche, 75008 Paris (☎ *47-66-02-22, ouv. de 9 h 30 à 12 h*). Pour les ressortissants belges et suisses, seul un passeport en cours de validité est nécessaire. La durée de séjour au Japon est limitée à 3 mois, le visiteur désirant prolonger son séjour doit s'adresser à l'« Immigration Office » du chef-lieu de la préfecture où il se trouve au moins 10 jours avant l'expiration de son permis. Cette prolongation n'est pas automatiquement accordée.
Adresses : *Tokyo Immigration Office*, 3-3-20, Konan, Minato-ku, Tōkyō (☎ 471-5111).
Osaka Immigration Office, 2-31, Tanimachi, Higashi-ku, Ōsaka (☎ 941-0771).

Les vaccinations : aucune vaccination n'est actuellement exigée, sauf pour les personnes arrivant de régions contaminées.

Avec votre chien ou votre chat : l'entrée des animaux domestiques au Japon reste soumise à un contrôle très strict. Un certificat de vaccination anti-rabique (datant de moins d'un an et de plus d'un mois) et un certificat de bonne santé (datant de moins de huit jours) sont requis. Ensuite, une autorisation d'entrée devra être obtenue auprès des services vétérinaires du ministère de l'Agriculture lors de l'arrivée dans le pays. Cette formalité nécessite parfois une quarantaine plus ou moins longue (aux frais du propriétaire de l'animal).
Le ministère de l'Agriculture (2, Kasumigaseki 1-chome, Chiyoda-ku, Tōkyō, ☎ 502-8111) dispose de bureaux dans les aéroports internationaux auprès desquels les démarches pourront être entreprises dès l'arrivée.

La douane : à la frontière japonaise une déclaration orale des effets personnels, dont la valeur totale ne devra pas excéder ¥ 100 000, est suffisante ; une déclaration écrite devra être déposée lors d'une entrée par un port maritime ou en cas de bagages non accompagnés, lesquels devront parvenir dans un délai de 180 jours après l'arrivée du passager. L'entrée des automobiles en transit ne pose pas de problème. Il suffit de se munir d'un « carnet de passage » validé par la Fédération Automobile du Japon (3-5-8 Shiba Park, Minato-ku, Tōkyō, ☎ 501-1511) représentée par la Nippon Express dans les ports de Yokohama et Kōbe.

Les devises : l'entrée ou la sortie de devises étrangères (ou de yens japonais) sont totalement libres. La sortie de plus de 5 millions de yens nécessite toutefois une déclaration.

Le voyage par avion

Air-France (ou bien la *Japan Airlines*) assure six vols hebdomadaires (quatre d'entre eux continuant ensuite vers Osaka et un vers Séoul) utilisant deux routes différentes au départ de Paris : la « Route du Pôle »

(via Anchorage, en 18 h) et la «Transsibérienne» (via Moscou, en 14 h 30). Les appareils utilisés, dans les deux cas, sont des Boeing 747.
Par contre, *Air France* ne dessert plus l'ancienne «Route des Indes», que sur le parcours Paris-Hong Kong (via Bombay et Bangkok). Cette solution, plus longue (entre 22 et 24 h pour atteindre Tokyo) permet cependant d'intéressantes escales tout en offrant des conditions avantageuses. En effet, en raison des facilités consenties sur le trajet Paris-Hong Kong, le prix du trajet reviendra à environ 50 % moins cher. Il conviendra toutefois de terminer le voyage à bord d'appareils d'une autre compagnie (*Japan Airlines*, *Cathay Pacific* ou, mieux, *China Airlines* de Taiwan qui a l'avantage d'atterrir à l'aéroport de Haneda proche du centre ville).

D'autre part, *Air France* et *Japan Airlines* proposent des services Avion + Hôtel à des prix très intéressants.

Il existe aussi des liaisons régulières et nombreuses entre le Japon et les grandes villes européennes, particulièrement au départ de Bruxelles, Genève et Zurich, assurées par un grand nombre de compagnies aériennes : *Sabena*, *Swissair*, *Lufthansa*... Les compagnies *Aeroflot* et *Korean Airlines* proposent quant à elles des vols à prix avantageux. Seule contrainte : ces vols ne sont pas directs, mais nécessitent un changement d'appareil à Moscou (visa nécessaire) ou à Séoul.

La *Japan Airlines* (JAL) assure aussi des vols réguliers en provenance ou à destination des capitales asiatiques : Pékin (Beijing), Séoul, Manille, Hong Kong, Bangkok etc., tandis que sa filiale, la *Japan Asia Airways*, dessert, au départ de Tokyo, Osaka et Naha (Okinawa), les aéroports de Taipeh et Kaohsiung (Taiwan) et de Hong Kong.

Renseignements et réservations :

Air-France :

Lille : 8-10, rue Jean-Roisin, 59040 Lille Cedex (☏ 20-57-80-00).

Lyon : 10, quai Jules-Courmont, 69002 (☏ 78-92-49-10).

Marseille : 14, La Canebière, 13001 (☏ 91-37-38-38).

Nice : 7, avenue Gustave-V, 06000 (☏ 93-21-32-79).

Paris : nombreuses adresses dont 119 av. des Champs-Élysées, 75008 (☏ 42-99-20-75) ; Aérogare des Invalides (☏ 43-23-81-40) et Palais des Congrès-Porte Maillot (☏ 42-99-26-99). Renseignements sur minitel (24 h sur 24) : 3614 (code d'accès AF).

Japan Airlines :

Paris : 75, av. des Champs Élysées (☏ 42-25-85-05). Pour les informations avion + hôtel, demander le service «JAL Tour».

N.B. : Vous trouverez les adresses d'*Air France* et de *Japan Airlines* au Japon dans les renseignements pratiques à la fin de ce volume.

Le voyage par bateau

Le trafic aérien a presque totalement anéanti les traversées maritimes vers le Japon (qui duraient plus de 30 jours...) et, si l'on exclut les croisières de luxe ou encore certaines rares compagnies de cargo qui acceptent parfois des passagers, il n'existe que trois moyens d'arriver au Japon par mer. Et ce, à partir des pays limitrophes :

Au départ de l'Union Soviétique. — Le voyage est alors combiné avec le Transsibérien (voir le voyage par le train). Une liaison est en effet assurée entre Nakhodka (au N. de Vladivostok) et Yokohama par la compagnie de navigation soviétique.

Renseignements :
A Paris : *Intourist*, 7 bd des Capucines, 75002 Paris (☎ 47-42-47-40).
A Tokyo : *Japan Soviet Tourist Bureau*, Kamiyacho Bldg, 5-2-21 Toranomon, Minato-ku (☎ 432-6161).

Au départ de la Corée du Sud. — Trois fois par semaine un service ferry relie en quelques heures le port coréen de Fusan (Pusan) à Shimonoseki.

Renseignements :
A Tokyo : Ginza Asahi Bldg, 3-8-10, Ginza, Chuo-ku (☎ 567-0971).

Au départ de Taiwan. — Il existe enfin une liaison régulière entre Keelung (au N. de Taipeh) et Naha (Okinawa) quittant Keelung tous les dimanches et Naha tous les vendredis.

Renseignements :
A Tokyo : *Arimura Sangyo Co.*, Echo Kyobashi Bldg, 3-12-1, Kyobashi, Chuo-ku (☎ 562-2091).

Le voyage par le train

L'entreprise est possible et facilement réalisable (il suffit depuis Paris de changer pour le Transsibérien à Moscou puis de prendre le bateau à Nakhodka). Mais il n'est pas sûr qu'elle soit la plus économique ou la plus plaisante (la longue traversée de la Sibérie n'en finit pas...). Le voyage demande une quinzaine de jours, mais il peut être avantageusement écourté en prenant l'avion sur certains parcours sibériens. Et puis l'escale de Moscou ou du lac Baïkal (en été) rachètent sans aucun doute la monotonie d'un tel itinéraire.

Renseignements :
Le mieux est de s'informer auprès de l'*Intourist* à Paris, 7, bd des Capucines, 75002 (☎ 47-42-47-40).

Le voyage organisé

L'Extrême-Orient est-il l'extrême lointain, que l'éventail des voyages organisés sur le Japon soit si restreint ? Seules quelques agences proposent un voyage d'un maximum de quinze jours, encore parfois ne s'agit-il que d'extension de circuit au départ de Hong Kong ou Bangkok. Certes un budget de voyage pour le Japon doit être conséquent, et l'on ne devra guère s'attendre, même si l'on bénéficie d'un vol charter, à réaliser là-bas un séjour économique. Pas de tourisme solaire ni de farniente comme dans le bassin méditerranéen. Le Japon trop souvent hélas ! se traverse, on ne s'y arrête guère, même si l'on accorde quelques jours à Tōkyō et à Kyōto, et malgré l'intérêt que présentent les paysages, les ensembles artistiques et l'aspect humain.

Dans de telles conditions il n'est guère laissé de choix à la fantaisie ; les organisateurs de voyages s'efforcent toutefois d'offrir l'essentiel en un minimum de temps, réalisant des voyages thématiques ou des voyages d'affaires en accord avec les principales foires, congrès ou manifestations.

Parmi les différentes **agences** organisant ou revendant ces circuits nous signalons :

En France :
Carrefour du Japon, 12 rue Sainte-Anne, 75001 Paris (☏ 42-61-60-83).
Nouvelles Frontières, 87 bd de Grenelle, 75738 Paris Cedex 15 (☏ 42-73-05-68) et 166 bd du Montparnasse, 75014 Paris (☏ 43-35-40-91).
Jal Tour, 2 rue de la Paix, 75002 Paris (☏ 42-96-90-18).
Asie-Tours, 23 rue Linois, 75015 Paris (☏ 40-59-41-41).
Go Voyages, 22 rue de l'Arcade, 75008 Paris (☏ 42-66-18-18).
Japon Europe Tourisme, 35 bd Sébastopol, 75001 Paris (☏ 40-26-00-52).
Mais aussi, en vente auprès des agences de voyages :
Jet Tours, Kuoni et *le Tourisme Français.*
Ainsi que l'*Association des Amis de l'Orient*, 19 av. d'Iena, 75016 Paris (☏ 47-23-64-85).

En Suisse :
Voyages Kuoni, Berne Platz, 3011 Berne (☏ 22-76-61) ; 9 rue de Berne, 1211 Genève (☏ 31-01-00) ; Neuegasse 231, 8037 Zurich Neue Ard (☏ 44-25-11).

Au Japon :
La solution du circuit à la japonaise peut être idéale pour l'homme d'affaires pressé, mais déconcertera sans doute le voyageur disposant de davantage de temps : les tours à la japonaise sont minutés d'un bout à l'autre et dirigés de main de maître par de charmantes guides en uniforme, maniant le sifflet pour faciliter les manœuvres de l'autocar et agitant un drapeau de couleur pour regrouper leurs ouailles ; l'expérience peut plaire aux amateurs d'exotisme de ce genre ! Peu de circuits en langue française étant offerts dans tout l'archipel (en raison du peu de touristes pratiquant cette langue), les candidats devront donc se joindre à des circuits commentés en anglais, parfois en japonais dans les villes de moindre importance.

Parmi les principales agences ayant leur siège à Tōkyō, mentionnons :
Fujita Travel Service, 7-2-22, Ginza, Chuō-ku, Tōkyō (☏ 573-1011 ; télex : J 22508).
Fuji Tours International, Ryuwa Bldg., 2-3-5, Yurakucho, Chiyoda-ku, Tōkyō (☏ 571-4811 ; télex : J 26448).
Hankyū Express International, 3-3-9, Shimbashi, Minato-ku, Tōkyō (☏ 503-0211 ; télex : 222-2565).
Japan Travel Bureau, 1-6-4, Marunouchi, Chiyoda-ku, Tōkyō (☏ 284-7026 ; télex : J24418).
Kinki Nippon Tourist Co., 19-2, Kanda-Matsunagacho, Chiyoda-ku, Tōkyō (☏ 255-7111 ; télex : 222-3131).
Meitetsu World Travel, Taiyo Bldg., 8-8-5, Ginza, Chuō-ku, Tōkyō (☏ 572-6371 ; télex : 252-3952).
Mitsui Air & Sea Service, 1-16-4, Shimbashi, Minato-ku, Tokyo (☏ 504-0271 ; télex : J28367).
Nippon Express, 3-12-9, Soto-Kanda, Chiyoda-ku, Tōkyō (☏ 253-1111 ; télex : J22610).
Nippon Travel Agency, Shimbashi-Ekimae Bldg., 2-20-15, Shimbashi, Minato-ku, Tōkyō (☏ 572-8181 ; télex : 252-2355).
Seibu Travel, 1-16-15, Minami-Ikebukuro, Toshima-ku, Tōkyō (☏ 431-3745 ; télex : J 26833).
Tobu Travel, Nichido-Yaesu Bldg., 3-4-12, Nihombashi, Chuō-ku, Tōkyō (☏ 272-1421 ; télex : 222-4388).

Tōkyū Tourist Corporation, Shibuya Chikatetsu Bldg., 1-16-14, Shibuya, Shibuya-ku, Tōkyō (📞 407-0121 ; télex : 222-4993).

Les transports au Japon

Il vous suffira de quelques jours au Japon pour réaliser qu'hormis les sous-marins, les soucoupes volantes et les ballons, il est possible d'utiliser tous les moyens de transport collectifs imaginables. Du petit avion de tourisme au gros porteur, de la barque au navire de croisière, du tramway cahotant au *shinkansen,* du palanquin (on en trouve encore) à l'autocar de luxe, en passant par les funiculaires et les téléphériques, tout s'offre pour convoyer quotidiennement, en services réguliers, des millions de personnes — plus de 15 millions par jour dans le seul district ferroviaire de Tōkyō.

Liaisons aériennes. — Les lignes intérieures japonaises sont assurées par trois principales compagnies : *Japan Air Lines* (JAL), *All Nippon Airways* (ANA) et *TOA Domestic Airlines* (TDA). Si les vols internationaux atterrissent à Narita, les vols intérieurs sont pour la plupart concentrés sur l'aéroport de Haneda, beaucoup plus proche de Tōkyō. Cependant le *Shinkansen* reste le grand concurrent des compagnies aériennes japonaises, celui-ci évitant les transferts aux aéroports pour déposer le voyageur en plein centre ville.

Les appareils utilisés par les compagnies intérieures vont du Boeing 727 au DC 10 et même à l'Airbus A-300.

Quelques villes desservies depuis Tōkyō :

Destination	Compagnie	Temps de vol
Akita	TDA	1 h
Fukuoka	JAL, ANA	1 h 40
	TDA	1 h 50
Hakodate	ANA, TDA	1 h 25
Hiroshima	ANA	1 h 25
Kagoshima	ANA, TDA	1 h 45
Kumamoto	ANA, TDA	1 h 40
Kushiro	ANA, TDA	1 h 40
Matsuyama	ANA	1 h 25
Misawa	TDA	1 h 15
Miyazaki	ANA	1 h 40
Nagasaki	ANA, TDA	1 h 55
Nagoya	ANA	0 h 50
Niigata	TDA	0 h 55
Oita	ANA, TDA	1 h 40
Okayama	ANA	2 h
Okinawa	JAL, ANA	2 h 30
Osaka	JAL, ANA	1 h
Sapporo (Chitose)	JAL, ANA	1 h 25
	TDA	1 h 35
Sendai	ANA	0 h 45
Takamatsu	ANA, TDA	2 h

Pour toute **réservation** et **reconfirmation** contactez à Tōkyō : *Japan Air Lines* (☏ 456-2111) ; *All Nippon Airlines* (☏ 552-6311) ; *TOA Domestic Airlines* (☏ 747-8111).

Liaisons maritimes. — Dans ce domaine encore le Japon insulaire rivalise d'ingéniosité : bateaux de croisière, car-ferries, hydroglisseurs, aéroglisseurs, à la limite tout ce qui flotte et peut transporter quelques passagers, croise chaque jour sur les flots bleus du pays de Mme Butterfly. Un tunnel sous-marin relie Kyūshū à Honshū (et il en sera de même dans l'avenir entre Hokkaidō et Honshū), mais ces îles ainsi que Shikoku sont en liaison permanente avec Honshū par voie maritime. Les îles mineures le sont également, souvent aussi reliées entre elles, et même les plus lointaines (îles des Ryūkyū et d'Ogasawara) ont leurs moyens de liaisons. Ces traversées prennent souvent l'aspect de véritables petites croisières, et la mer, surtout agitée à l'époque des typhons d'été, s'y prête le plus souvent. La ligne Ōsaka-Kyūshū est l'un des plus agréables parcours, découvrant la **Mer Intérieure** dans toute sa longueur. En plus des services mentionnés depuis les ports dans le répertoire alphabétique, nous signalons les **liaisons quotidiennes** suivantes :

De Tōkyō à Nachi Katsuura et Kōchi, par *Nippon Kōsoku Ferry*.
De Chiba à Tokushima, par *Ocean Ferry*.
              Tomakomai, par *Nippon Enkai Ferry*.
De Kawasaki à Hyūga, par *Nippon Car Ferry*.
De Nagoya à Yokkaichi et Kitakyūshū (Moji), par *Meimon Car Ferry*.
D'Ōsaka et Kōbe à Beppu, par *Kansai Kisen Steamship Co.*
De Kōbe à Hyūga, par *Nippon Car Ferry*.
De Matsuyama à Kitakyūshū (Kokura), par *Kansai Kisen Steamship Co.*
De Hiroshima à Hyūga, par *Hankyū Ferry*.
              Beppu, par *Hirobetsu Kisen*.
De Kagoshima à Naha, par *Shokoku Yusen*.

Liaisons ferroviaires. — Le chemin de fer reste sans aucun doute le moyen de déplacement le plus commode, voire le plus économique, quelle que soit la durée de votre séjour. Voyez en pages de garde la carte des chemins de fer nationaux *(Japanese National Railways - J.N.R.)* : elle vous donnera une idée de la densité du réseau ferré. Dans les banlieues et entre les principales métropoles, le trafic est si intense que vous trouverez sans problème, dans la journée, de nombreux trains vers les mêmes destinations. Les chemins de fer pénètrent dans les zones isolées et suivent parfois des parcours fort pittoresques que la route n'a pas encore atteints.

Certes, on pourra s'impatienter de la lenteur de certains services locaux. Elle est due à la complexité du relief, qu'il faut contourner et franchir, ou à la priorité qu'il est nécessaire de donner, sur certaines voies uniques, aux services express dans un sens comme dans l'autre. Parmi ceux-ci on distingue les spéciaux (tokkyū) et les ordinaires (kyūko) qui mettent Tōkyō à moins de 24 h des villes les plus éloignées ; des trains de nuit avec couchettes existant sur les plus longs parcours.

Une mention spéciale doit être accordée aux lignes du *Shinkansen* (réseau de 1 800 km), qui avec une vitesse moyenne de 210 km/h est, avec le T.G.V., l'un des trains les plus rapides du monde. Ainsi par le *Joetsu*, Niigata est à 2 h, et par le *Tohoku*, Morioka à 3 h 15 d'Omiya (au N. de Tōkyō) ; alors que *Hikari* (la lumière), plus rapide que son frère *Kodama* (l'écho ; il s'arrête plus souvent) met Fukuoka (Hakata) à 6 h 40 de Tōkyō. En outre, entre Ōsaka et Tōkyō, que l'on peut rejoindre en 3 h, les services sont espacés de 10 mn seulement.

Une prolongation est prévue au Sud vers Nagasaki et Kagoshima, au Nord vers Sapporo, au centre vers Ōsaka via Toyama. En outre, une desserte sera-t-elle créée dans la capitale, entre celles de Tōkyō et de Ueno.

Chemins de fer privés : 7 320 km de voies privées existent au Japon, principalement concentrées autour de grandes villes et dans les deux vastes réserves humaines que sont le Kantō et le Kansai : périphérie de Tōkyō, liaisons entre Kōbe, Ōsaka, Kyōto et Nagoya. Les chemins de fer privés offrent également des services express sur leurs principaux parcours. Nous répertorions les principales lignes dans la partie alphabétique de ce guide. Les billets des compagnies privées sont parfois valables sur les chemins de fer nationaux, en cas de prolongation sur les *J.N.R.*, lorsque l'on s'est acquitté du montant correspondant au trajet entrepris.

Comment voyager par le train au Japon ? Soulevons le problème *(V. également : les transports urbains),* car si vous n'entendez rien à la langue japonaise, vous risquez de rencontrer quelques difficultés ! Un fait vous est acquis, le nom de toutes les gares, ou presque, est porté en **romaji** (écriture latine) ; sous le nom de la station sont inscrits, en plus petit, les noms de la gare qui précède et de la gare qui suit, chacun dans la direction où elle se trouve. Généralement le nom de la gare est annoncé avant l'arrêt par haut-parleur dans le train, et à l'arrêt dans la gare même ; un verbiage abondant enveloppera le nom de votre station, qu'une rapide adaptation auditive vous permettra d'isoler aisément. Encore un avantage : les employés des chemins de fer connaissent un minimum de langue anglaise, et peuvent donc vous aider. Prenez garde toutefois que tous les trains japonais ont la réputation d'être ponctuels et que si vous devez prendre le train de 10 h 12, n'allez surtout pas vous engouffrer dans celui de 10 h 10 dont le départ est fixé sur le même quai. Fiez-vous à votre montre !

Prendre un train express vous oblige à payer un supplément pouvant atteindre 50 % du prix du billet initial ; le fait de voyager en 1re classe (green car) ne vous dispense pas de cette augmentation. Vous ne pouvez pas non plus avoir accès au shinkansen sans un billet spécial. Par ailleurs la J. N. R. accordent des réductions sur certains trajets aller-et-retour, mais les étapes ne sont alors pas possibles. Ils ont en outre mis à la disposition des touristes une carte d'abonnement, le « Japan Rail Pass » permettant de circuler librement sur l'ensemble du réseau national. L'acquisition de ce permis, qui facilite énormément le voyage et permet de sérieuses économies doit se faire à l'étranger (à Paris : *Japan Travel Bureau*, 20 rue Quentin-Bauchart, 75008, ✆ 47-23-60-47 et *Japan Airlines*, 75 av. des Champs-Élysées. 75008, ✆ 42-25-85-05).

Un conseil : réservez votre place. Ceci ne posera guère de problème.
La réservation peut être faite, 8 jours avant le départ, auprès des guichets de gares signalés par un panonceau vert (personne assise dans un fauteuil) et des bureaux de voyage. Un remarquable système de réservation électronique fonctionne dans tout le Japon ; où que vous soyez, vous pouvez obtenir une réservation de place sur l'ensemble des chemins de fer nationaux, la modifier, l'annuler, demander le remboursement, etc. Le billet de réservation, simple ou combiné avec le billet de passage, mentionne les gares de départ et d'arrivée, le jour et l'horaire de départ, le numéro de voiture et celui de votre place assise ou couchée ; faites-vous préciser ces différents renseignements, car excepté les chiffres arabes tout sera porté en japonais. Un système de réservation existe également sur certaines lignes privées.

LES TRANSPORTS AU JAPON 27

Un autre conseil : enregistrez vos bagages. Pour un supplément modique, vous pourrez vous faire remettre à la gare d'arrivée, parfois à domicile, vos bagages encombrants. Songez à les expédier vingt-quatre heures avant votre départ ; cela vous évitera de pénibles montées d'escaliers et votre voyage en sera plus agréable. Vous trouverez quelques rares porteurs dans les principales gares, et des consignes automatiques presque partout. En règle générale, prévoyez surtout de petits bagages souples pour éviter certains déboires : il est impossible de loger une valise dans les compartiments des trains.

Autocars. — En plus des voies ferrées le Japon est sillonné de lignes régulières de services automobiles : excursions quotidiennes permettant d'accéder aux sites touristiques, lignes d'autocars express complétant ou doublant les services ferroviaires (lignes *J.N.R.* et privées), liaisons suburbaines d'autobus permettant de relier des localités voisines ou de découvrir les environs des villes, malgré des prix plus élevés que le train. A titre d'exemple, les *J.N.R.* assurent un service quotidien de Tōkyō (départs fréquents depuis Yaesu Minami guchimae — gare de Tōkyō) à Nagoya en 5 h 30 par l'autoroute Tomei, avec prolongement vers Kyōto, Ōsaka ou Kōbe par l'autoroute Meishin. Quelques services directs de nuit sont assurés entre Tōkyō, Kyōto, Ōsaka et Kōbe.

Dans les villes les **gares routières** sont généralement situées à proximité de celles des chemins de fer.

Comment voyager en car au Japon ? A moins d'avoir acquis votre billet avant de partir, ou de verser votre obole au receveur, ou s'il ne s'agit pas d'un tarif unique (en service urbain notamment), vous devrez vous plier aux consignes de l'automatisme... Quand vous montez, une voix enregistrée, ou le conducteur, vous invite à tirer d'un appareil un petit billet sur lequel est porté le numéro de votre section. Durant le trajet, à proximité immédiate du chauffeur, un tableau lumineux sur lequel défilent les tarifs vous indique à tout instant le montant correspondant au parcours effectué ; à la descente, il suffira de régler la somme correspondante au numéro de la section où vous êtes monté ; une autre voix enregistrée aura pris la précaution d'annoncer l'arrêt, pour vous éviter de laisser passer la station.

Transports urbains. — Vu l'importance de la moindre agglomération japonaise, le transport urbain y joue un rôle primordial et on aura l'embarras du choix entre les services urbains des J.N.R., les lignes privées, les métros, les autobus et les quelques dernières lignes de tramway (street-car).

Si vous ne parlez pas japonais et si vous ne connaissez pas la ligne, vous aurez du mal à vous orienter en autobus. Aux arrêts, le schéma des lignes est souvent porté, mais en idéogrammes ; de même en avant de la voiture ; et dans le véhicule la station est annoncée en idéogrammes « auditifs » enregistrés. Donc, si vous n'êtes pas rompu aux subtilités de l'idéogramme japonais, mieux vaut éviter ce moyen de transport ; ou alors, demandez à l'hôtel qu'on vous précise bien l'arrêt, le numéro de la ligne et la station de descente (pour plus de sécurité faites-le noter en idéogrammes).

Les **chemins de fer** nationaux ou privés ainsi que le **métropolitain** ont des fonctions identiques, à ceci près que les chemins de fer privés irradient vers la périphérie des villes alors que les lignes de métro les traversent, et que les voies nationales (J.N.R.) exercent cette double

fonction à des tarifs meilleur marché. A Tōkyō, notamment, les lignes de trains en zone urbaine et celles du métro procèdent du même principe que le métro londonien. Seules les villes de Tōkyō, Ōsaka, Nagoya, Sapporo sont pourvues d'un réseau métropolitain complet, Kyōto et Fukuoka disposant de quelques lignes souterraines seulement.
Certaines villes (Kyōto, Nagasaki...) proposent des cartes journalières de transports, avantageuses. Le système a tendance à se développer, se renseigner dès l'arrivée en ville.

Comment circuler en train urbain ou en métro au Japon ? Essayez tout d'abord de vous procurer, auprès de votre hôtel ou des services de tourisme, un plan en langue anglaise. A Tōkyō par exemple, les couleurs des lignes sur les plans se retrouvent sur les voitures. Dans les wagons se trouvent des schémas de la ligne suivie, mais en écriture japonaise. Avant de vous engager dans le labyrinthe qui mène aux quais, il faudra vous soumettre à l'automatisme des machines. Si vous n'avez pas de monnaie, repliez-vous vers un guichet où apparaîtra une figure humaine compétente. Il existe aussi des changeurs de billets automatiques. Doté de votre plan personnel, repérez votre station de départ et votre destination sur le plan, situé près des machines, en idéogrammes. Cette opération réalisée, vous remarquerez qu'aucune somme n'est portée sur la station de départ alors que le prix du trajet à effectuer figure sur la station d'arrivée. Muni de ces éléments prenez votre ticket à la machine sans oublier la monnaie ; le système est comparable à celui du R.E.R. de Paris. Rares par contre sont les machines à composter, et c'est un employé qui remplit cette fonction, collectant votre billet à la sortie. Sur le quai le nom des stations est porté en romaji, comme dans toutes les gares, avec celui des deux stations qui l'encadrent ; sur la première voiture on peut lire le nom de la gare terminus ; les correspondances et les sorties sont également indiquées en anglais ; arrêts et correspondances sont annoncés en japonais.

Taxis. — Vous en trouverez partout, notamment là où se concentrent les foules (gares, monuments, magasins, hôtels) ; vous pouvez les appeler par téléphone (radio-taxis) ou les héler, si vous n'avez pas trouvé de station à proximité. Il existe au moins deux types de taxis, les **ordinaires** et les **express** ; la différence est de quelques dizaines de yen à la prise en charge. A vous de choisir votre taxi, simple (portière automatique, radio, air conditionné), ou à grand standing (avec chauffeur à gants blancs) ; puis viennent les voitures de location. Quoi qu'il en soit n'attendez jamais une aide quelconque du chauffeur ; la porte automatique ouverte, engouffrez-vous dans la voiture et disposez vos bagages, petits de préférence, car les coffres des dits-taxis ne peuvent guère loger de grosses valises, le chauffeur attend sans bouger, un peu impatient : il démarre avant même que vous ayez précisé votre destination. A la descente réglez au compteur (les prix sont plus élevés qu'en France, mais restent raisonnables) et pas de pourboire : quelle remarquable institution...

Comment trouver une adresse à Tokyo ? — Voilà bien l'une des difficultés majeures de la capitale ! Pour le Japonais comme pour le « gaïjin », l'étranger, la recherche d'une adresse tokyoïte relève de l'exploit. Le plus simple, direz-vous, est de s'en remettre à un chauffeur de taxi digne de confiance ; détrompez-vous car celui-ci sera dans bien des cas aussi désemparé que vous, si ce n'est plus, perdu dans l'imbroglio des rues et ruelles dissimulées dans les quartiers tout tarabiscotés de la capitale. Tokyo est divisé en arrondissements, énormes quartiers que l'on appelle Ku, eux-mêmes agencés en « chome », blocs ou pâtés de maisons numérotés ; le « chome » se répartit ensuite en ruelles bordées de maisons dont les numéros ne se suivent pas : la logique japonaise n'étant pas celle de Descartes, les habitations se voient attribuer un numéro plus en fonction de leur date de construction que de leur situation géographique ; pour arriver au numéro 3 du chome 2 il vous faudra donc arpenter des ruelles piétonnières, passant en revue des dizaines de numéros avant de découvrir le n° 3 coincé entre le 215 et le 56 ! Voilà une quête qui nécessite beaucoup de patience mais qui vous permettra surtout de communiquer avec les habitants du quartier, toujours prêts à vous remettre sur le bon chemin, ou avec la police locale chez laquelle forcément vous finirez par atterrir après maints échecs. Mais rassurez-vous, la plupart des hôtels et restaurants distribuent à leurs clients, des boîtes d'allumettes fort instructives, sur lesquelles figurent l'adresse et un plan détaillé qui permettra toujours à votre taxi de vous ramener à bon port.

Le Japon en voiture. — «Prenons le train», serions-nous tentés de dire, surtout avec tous les avantages qu'il apporte et l'adaptation que nécessite la conduite automobile. Le Japon au volant n'est cependant plus ce qu'il était, fort heureusement. Si les taxis «Kamikaze» sévissent encore dans la conduite hyper-sportive, le citoyen japonais, lui, se doit de se plier aux règlements draconiens du code de la route : conduite à gauche certes, mais surtout limitation de vitesse à 100 km/h sur autoroutes, 60 km/h partout sauf en agglomérations où l'on atteint les 40 km/h. Ajoutez à cela une sévérité exemplaire concernant l'état d'ébriété au volant, et vous comprendrez comment le Japonais est devenu prudent.

Pour l'étranger, l'inconvénient majeur réside dans le déchiffrage des panneaux de signalisation. Si celle-ci est internationale, les indications et les directions restent inscrites en japonais ; seuls quelques renseignements de premier ordre dans les villes et le repérage de quelques monuments sont transcrits en romaji ; les directions de quartiers, en ville, d'agglomérations, sur la route, sont biens sûr indiquées, mais pas toujours de façon opportune et vous vous retrouverez comme l'âne de Buridan, face à deux idéogrammes mystérieux à l'embranchement critique. Pour circuler au Japon vous devrez disposer du permis de conduire international et d'une carte de circulation, ou du permis de conduire japonais, mais n'oubliez pas que si vous êtes résident il vous sera bien difficile d'introduire votre véhicule (cf. douanes, p. 20).

Renseignements : auprès de la *Fédération automobile japonaise (J. A. F.)*, 3-5-8, Shiba Park, Minato-ku, Tōkyō (☎ 436-2811).

Location de voiture. — Si vous ne pouvez pas vous passer d'une automobile, des locations sans chauffeur existent partout dans les villes, gares, ports, aéroports, et auprès des agences de voyage. Vous prenez votre voiture, en général de marque japonaise, auprès d'un loueur, et vous la restituez chez n'importe lequel de ses correspondants. **Quelques grands noms :** *Avis* et *Hertz*, comme toujours, *Mitsubishi, Nissan, Toyota*. Les prix varient peu d'un loueur à l'autre et sont alignés sur les tarifs occidentaux.

Quelques adresses :

A Tōkyō :
A. C. U. Rent-a-Car, 1-13-2, Hyakunin chō, Shinjuku-ku, ☎ (03) 364-2211.
Aloha Rent-a-Car, 4-13-8, Minami Azabu, Minato-ku, ☎ (03) 473-2411.

Isuzu Rent-a-Car, 3-16, Takaido Higashi, Suginami-ku, ☎ (03) 334-2411.
Japaren, 2-12-7, Shijuku, Shinjuku-ku, ☎ (03) 352-7635.
Mitsubishi Rent-a-Car, 1-11-8, Kyobashi, Chuo-ku, ☎ (03) 563-5271.
Nippon Rent-a-Car (Hertz), Jinnan Bldg., 4-3, Udagawa cho, Shibuya-ku, ☎ (03) 496-0919.
Nissan Rent-a-Car, 1-5-7, Azabu-dai, Minato-ku, ☎ (03) 586-2301.
Toyota Rent-a-Lease, 1, Samban-cho, Chiyoda-ku, ☎ (03) 264-2834.

A Ōsaka :
Japaren, 1-2-18, Nippombashi-Nishi, Naniwa-ku, ☎ (06) 632-4881.
Mitsubishi Rent-a-Car, 1-5-23, Minami, Horie, Nishi-ku, ☎ (06) 538-2428.
Nissan Rent-a-Car, 19-22, Chaya machi, Kita-ku, ☎ (06) 372-0289.
Nippon Rent-a-Car, 1-1-3, Shibata cho, Kita-ku, ☎ (06) 373-2652.
Toyota Rent-a-Car, 3-74-3, Kawaraya machi, Minami-ku, ☎ (06) 763-4471.

A Kyōto :
Japaren, 14-1, Kitanouchi cho, Nishi-kujo, Minami-ku, ☎ (075) 681-7956.
Nippon Rent-a-Car, 42-13, Kitanouchi cho, Nishi-kujo, Minami-ku, ☎ (075) 681-0311.
Nissan Rent-a-Car, 94-3, Ikenouchi cho, Nishi-kujo, Minami-ku, ☎ (075) 661-2161.
Toyota Rent-a-Lease, Hachijo-Agaru, Nishioji, Shimogyo-ku, ☎ (075) 661-2080.

Essence. — Le Japon importe 100 % de son pétrole et le prix « à la pompe » est légèrement plus cher qu'en France. De nombreux postes d'essence, de marques diverses, existent à travers tout le pays. Quelques marques japonaises : *Diamond, Kygnus, Maruzen, Stark*.

Les routes au Japon — Le réseau routier est dans son ensemble excellent ; il vous suffira de consulter une carte routière pour constater sa densité ; il est entretenu et développé en permanence. Les **autoroutes** (à péage) couvrent progressivement tout le Japon. Les autoroutes Tomei et Meishin relient Tōkyō à Osaka et Kyūshū et un dédoublement via Suwa-ko sont en cours de réalisation. D'autres se poursuivent vers Niigata et Morioka ; quelques tronçons existent à Hokkaidō, Kyūshū, Shikoku, Okinawa.
De nombreuses autres **routes à péage** permettent de franchir les vallées, de longer les côtes, d'atteindre les plus hauts sommets, de suivre des lignes de crête, découvrant des panoramas grandioses ; des **voies express** traversent les villes et n'hésitent pas à superposer dans tous les sens des **viaducs** peu décoratifs, qui mènent parfois vers un néant inquiétant lorsqu'ils sont inachevés. Soyez compréhensif, surtout en montagne où les conditions climatiques et les mouvements fréquents du sol (glissements, séismes) entraînent des difficultés. La moindre petite île est également pourvue de bonnes routes, et n'allez pas vous plaindre si certaines sont encore à l'état de pistes, elles seront assez tôt envahies par la circulation !

Quelle carte choisir. — Il existe une très grande variété de cartes, souvent de qualité, couvrant l'ensemble de l'archipel japonais. La plupart cependant, et les meilleurs, sont en langue japonaise ; ainsi avons-nous retenu la collection *Area map* (dans toutes les librairies. Éditeur : *Shōbunsha*, 2-6-5, Hongo, Bunkyō ku, Tōkyō, ☎ 813-5981), couvrant le Japon en huit cartes au 1/300 000 (Hokkaido au 1/600 000) ; la légende

apparaît en anglais et les principales villes-repères sont signalées en *romaji ;* chaque carte s'accompagne d'un petit livret (en japonais) avec données pratiques, schémas d'itinéraires et quelques plans de villes.
Entre les échelles au 1/25 000 et 1/3 000 000, on trouvera une série de cartes et de plans publiés, en japonais, par l'équivalent de l'Institut géographique national **(Kokudō chiri in)**, et distribués par les revendeurs autorisés dont l'adresse est à Tōkyō : Kanda Ogawa machi 3-22, Chiyoda ku (☏ 291-0338).
On trouvera également, au Japon, de nombreux plans de villes, parmi lesquels nous avons sélectionné, en langue japonaise seulement, la collection homonyme *(Area map) ;* un livret-commentaire avec renseignements touristiques et pratiques accompagne généralement ces plans.
Vous pouvez vous procurer en langue anglaise la cartographie suivante :
— Les cartes routières *Handy maps* de la collection **Japan guide map** (72, Tateno, Naka ku, Yokohama).
— Plans et cartes de *Teikoku Shoin* (29 Kanda Jimbo cho, 3 chome, Chiyodaku, Tōkyō).
— Une carte *Japan* de *Bartholomew World Travel Map,* au 1/2 500 000.
— Une carte *Japon* de *Recta/Foldex,* au 1/3 000 000.
— Cartes routières et ferroviaires de *Nippon Kokuseisha* (18-24 Kohinata 1-chome, Bunkyō-ku, Tōkyō).
— Map of Japan, au 1/2 000 000 par Nichi Shuppan (2-2-15 Nishi Kanda, Chiyoda-ku, Tōkyō).
Nous vous recommandons enfin, mais pas pour ses qualités routières, le petit atlas *(Japan : the Pocket Atlas)* publié par *Heibonsha* Ltd. (1, Yonban cho 4-chom, Chiyoda-ku, Tōkyō, ☏ 265-0451) sous le patronage de l'Office National japonais du tourisme.

En France, vous pouvez vous adresser à :
L'Astrolabe, 46, rue de Provence, 75009 (☏ 42-85-42-95) ; ouv. de 10 h à 19 h, du lundi au vendredi, le samedi de 10 h à 13 h et de 14 h à 19 h ;
Ulysse, 35, rue Saint-Louis-en-l'Ile, 75004 (☏ 43-25-17-35) ; ouv. de 14 h à 20 h, du mardi au samedi ;
I. G. N., 107, rue La Boétie, 75008 (☏ 42-25-75-52) ; ouv. de 9 h à 18 h 15 du lundi au vendredi, le samedi de 10 h à 12 h 30 et de 14 h à 17 h 15 ;
Itinéraires, 60, rue Saint-Honoré, 75001 (☏ 42-36-12-63) ; ouv. de 11 h à 19 h 30 du mardi au samedi.

Le Japon à vélo. — Pourquoi pas ? C'est — vraiment — une façon originale de découvrir le pays. Des circuits sont organisés à l'intérieur des parcs nationaux ou dans les régions les plus touristiques (autour du mont Fuji, aux environs de Kyōto, de Nara etc.).

Renseignements : *J. N. T. O.,* 4-8 rue Sainte-Anne 75001, ☏ 42-96-20-29.
J. T. B., 20 rue Quentin Bauchart, 75008, ☏ 47-23-60-47.
Agence de Voyages Lafond, 53, place de la République, 69002 Lyon, ☏ 78-42-74-53, qui organise des forfaits avion + vélo.

Votre séjour

Où loger ?

Hôtels. — Deux types d'hôtellerie coexistent au Japon : les ryokans et les hôtels à l'occidentale. L'hôtellerie de type pavillonnaire est quasi inexistante.

N.B. : le courant est de 110 V. ; les prises sont de modèle américain ; songez à emporter un rasoir à lame ou à vous munir d'un adaptateur.

Les hôtels occidentaux : vous les connaissez, ils sont de type international, avec les mêmes avantages fonctionnels et la même impersonnalité. Seuls quelques détails vous rappellent votre présence au Japon.

Généralement d'une grande capacité de logement, ils peuvent dépasser un millier de chambres ; leur confort est celui des hôtels de première et deuxième catégorie en Occident. Ils sont tous dotés de chambres souvent fort petites, avec salle de bain et W.C. privés, formant parfois un bloc-ensemble préfabriqué, encastré dans un coin de la pièce ; l'air conditionné, la télévision, le « yukata », un kimono (évitez de sortir avec), et des mules, une brosse à dents stérilisée, un réfrigérateur-bar, le journal (avec de la chance en anglais), etc. rendent ces établissements des plus agréables. Ils se complètent de services multiples : plusieurs restaurants (japonais, chinois, occidentaux, panoramiques), bars, salons, salles de réunions et de congrès, galerie marchande, jardin, bains (japonais, turc, finlandais...), massages, équipements sportifs (piscine, golf, bowling, athlétisme...). La plupart offrent également quelques chambres japonaises. Nous mentionnons un grand nombre d'hôtels pour chaque ville ; notre liste sera pourtant loin d'être complète, car de nouveaux établissements s'ouvrent chaque année. Les tarifs sont comparables à ceux pratiqués en occident ; le petit déjeuner (japonais ou occidental) est copieux mais cher. **Ayez la prudence de réserver votre chambre ;** vous aurez plus de chance d'aboutir par l'intermédiaire d'une agence de voyage.

Le **J.T.B.** (Japan Travel Bureau, 20, rue Quentin Bauchart, 75008 Paris, ☏ 47-23-60-47 propose aux touristes étrangers un service hôtelier forfaitaire, le « Sunrise Super Saver » (ou S.S.S.) qui, par ses conditions particulièrement intéressantes (aux niveaux prix et réservations) facilite grandement le voyage au Japon.

Les coupons d'échange (pour une ou deux semaines) doivent être achetés à l'étranger.

Renseignements : *Association des hôtels japonais (Japan Hotel Association),* Shin-Otemachi Bldg., 221, Ote machi 2-chome, Chiyoda-ku (☏ 279-2706).

Réservation : cela n'est facilement réalisable que pour les hôtels de catégorie internationale ; se renseigner auprès de J.N.T.O. et J.T.B. (voir adresse ci-dessus).

Les ryokans : les hôtels traditionnels présentent beaucoup d'intérêt pour le voyageur qui veut pénétrer davantage la mentalité japonaise. Ils sont des myriades à travers tout l'archipel : on en trouve dans la moindre campagne et la plus solitaire des îles ; leur capacité est généralement très modeste, une dizaine de chambres environ. Mais l'accueil y est beaucoup plus chaleureux, l'intimité familiale attachante, les us et coutumes sont ceux que suivent les Japonais dans leurs déplacements. Dès l'entrée vous changerez vos chaussures contre des chaussons, que vous prendrez soin de quitter en pénétrant dans la chambre. Le sol est recouvert de **tatami** ; le mobilier est très sommaire : une table basse pour prendre vos repas, des placards dissimulant le **futon** (matelas et édredon) ; un recoin très soigné, le **tokonoma**, une véranda faisant office de petit salon, avec un ou deux fauteuils, ouvrant sur la rue, un paysage ou un délicieux jardin japonais, enfin l'inévitable télévision (alors que le lavabo fait parfois défaut).

Les meilleurs de ces ryokans sont équipés, pour chaque chambre, d'un cabinet de toilette et de WC à l'occidentale ou à la japonaise (qui tiennent à la fois du bidet et des cabinets à la turque). Sinon, n'oubliez pas de troquer vos mules contre celles qui sont mises à votre disposition dans ces lieux, ni de les restituer en sortant, si vous ne tenez pas à vous faire remarquer dans les couloirs... Dans votre chambre une personne de la maison vous offrira l'**o-cha** (thé vert) accompagné de biscuit, puis vous invitera à vous rendre à la salle de bain.

Profitons-en pour dire deux mots des subtilités du **bain japonais (ofuro)** ; vous voudrez bien suivre les consignes qui vous seront précisées par votre hôte, et qui sont parfois indiquées en anglais dans la salle de bain même. Apprenez à supporter l'eau très chaude (souvent plus de 40 °C, ce qui n'a rien d'extraordinaire pour les Japonais) ; dans les bains en commun, avec cependant séparation hommes-femmes, votre anatomie n'aura de secrets pour personne, mais il ne viendrait pas l'idée à quelqu'un d'y porter de l'intérêt. Les instruments de « supplice », mis à votre disposition, sont un petit banc pour vous asseoir, un baquet pour vous asperger, un robinet d'eau courante, et parfois (ô délices) un robinet d'eau froide pour les Occidentaux ; il y a presque toujours une douche voisine pour un « premier rinçage », ou à l'usage des moins téméraires. Attention ! ne vous plongez pas tout de suite dans le bain chaud, vous feriez très mauvais effet ; après vous être bien lavé et rincé, vous pourrez plonger jusqu'au cou dans l'eau surchauffée et apprécier alors tous les bienfaits du bain japonais, participant, si l'occasion s'en présente, aux plaisirs de la conversation. L'opération peut se renouveler et la phase de détente se prolonger à volonté. Pour vous sécher il sera souvent mis à votre disposition une minuscule serviette néanmoins efficace.

Le repas du soir ainsi que le petit déjeuner sont souvent compris dans le prix de la chambre. Le dîner peut être pris dans la chambre comme dans la salle à manger où les convives dînent en yukata... Encore un grand moment de bien-être !

N.B. : les prix pratiqués par les ryokans correspondent à ceux des hôtels de style occidental.

Renseignements : l'Association des Ryokans du Japon, patronnée par l'Office du Tourisme Japonais (J.N.T.O.), publie un guide annuel de ses membres qui est remis gratuitement dans toutes les agences d'information du J.N.T.O.

Les Business Hotels : ces hôtels, prévus à l'origine pour les hommes d'affaires japonais, offrent une solution relativement économique. Dans un espace limité, ils proposent tout le confort à l'occidentale des hôtels de catégorie supérieure. Solution idéale pour les touristes passant leurs journées à l'extérieur. La liste de ces hôtels est communiquée dans les renseignements pratiques à la fin de ce volume.

Renseignements : *Association des Business Hotels du Japon :* c/o Hokke Club Tokyo-ten, 2-1-48, Ikenohata, Taito-ku, Tōkyō (☏ 823-0601).

Les « Ladies Hotels » : une formule qui a tendance à se développer. Elle est, comme son nom l'indique, réservée aux dames voyageant seules ou en groupe. Il n'existe pas, actuellement, de guide de ces hôtels en langue française. Les personnes intéressées pourront se renseigner auprès des bureaux du J.N.T.O. dans les principales villes japonaises.

Hébergement complémentaire. — Nous entendons par là les moyens d'hébergement plus économiques mis à votre disposition.

Auberges familiales *(Minshuku) :* leur vocation est de permettre un contact direct avec une famille japonaise, en devenant son hôte payant et en partageant son mode de vie. La formule est en fait très proche de celle des ryokans, bien que plus modeste, et, au contact d'une ambiance intime, vous conserverez une grande indépendance. **Informations et réservations** peuvent être obtenues auprès de l'*Association des Minshuku du Japon,* New Pearl Bldg., 2-10-8 Hyakunincho, Shinjuku-ku, Tōkyō (☎ 367-0155) ; du *Centre des Minshuku du Japon,* Kotsu Kaikan, 2-10-1 Yuraku chō, Chiyoda-ku, Tōkyō (☎ 216-6556) ; et de la *Fédération des Minshuku du Japon,* Ginza Kikuchi Bldg., 7-3-15 Ginza, Chuo-ku, Tōkyō (☎ 543-7431).
A Kyōto : Centre des Minshuku de Kyōto, gare de Kyōto (☎ 661-5481).

Villages de vacances nationaux *(Kokumin kyūka mura) :* il en existe 21 au Japon, permettant un séjour accompagné d'activités sportives en contact avec la nature ; ils font penser aux villages-vacance-tourisme (V.V.T.) français. **Informations et réservations** auprès de la *Corporation des villages de vacances nationaux,* Tōkyō Kostu Kailan Bldg, 2-10-1 Yuraku chō, Chiyoda-ku, Tōkyō (☎ 216-2085) et gare J.N.R. de Umeda, Kita-ku, Ōsaka (☎ 343-0131) ; réservations également possibles par l'intermédiaire du *Japan Travel Bureau* (J.T.B.), 6-4, Marunouchi 1-chome, Chiyoda-ku, Tōkyō (☎ 211-2701).

Locations populaires *(Kokumin Shukusha) :* ce sont des moyens d'hébergement de tourisme social, construits par les collectivités locales, sous contrôle gouvernemental, mais ouverts également aux touristes. C'est l'un des hébergements les plus économiques qui soit, mais facilement complet durant les mois de grandes migrations touristiques des Japonais : avril-mai, juillet-août, octobre-novembre. **Prenez vos précautions en réservant** par l'intermédiaire du J.T.B., dont l'adresse est mentionnée ci-dessus, ou directement auprès du *Kotsu Kaikan Bldg.,* 1er ét. 2-10-1, Yurakucho, Chiyoda-ku ; Tōkyō (☎ 216-2085).

Auberges de Jeunesse *(Youth Hostels* en japonais !) : il y en a près de 600 dans l'ensemble du Japon ; quelques-unes, construites par subventions publiques, sont gérées par des autorités locales, la plupart sont de gestion privée ; elles sont non seulement ouvertes aux membres de la Fédération internationale des Auberges de Jeunesse ou des Auberges japonaises, mais aussi à tous les voyageurs sur présentation d'une pièce d'identité. Admirablement localisées pour la plupart, elles permettent une très bonne approche du Japon et de ses habitants. Les servitudes y sont les mêmes que partout. Pour vous informer, *Japan Youth Hostels Inc.,* 1-2, Ichigaya Sadohara chō (3e étage du Hoken Kaikan Bldg.) Shinjuku-ku, Tōkyō (☎ 269-5831). Nous mentionnons un grand nombre de ces auberges à la fin du guide, ainsi que divers *Y.M.C.A.* et *Y.W.C.A.* (Young men or women christian Association).

Camping : la formule du camping existe, bien entendu, et l'on trouvera plusieurs terrains aménagés. Vous pourrez obtenir la liste de ceux-ci auprès de la *Japan Auto-camping Federation,* Shin Ueno Bldg., 1-2-4, Yotsuya, Shinjuku-ku, Tōkyō (☎ 357-2851).

Le logement dans les temples bouddhistes : une solution très intéressante pour les touristes disposant de temps et désireux d'entrer en contact avec la spiritualité japonaise.

Participer à la vie monacale est une expérience hors du commun ; on pourra rythmer son emploi du temps sur celui des moines : prière à 6 heures dans le temple (on se doit d'assister à l'office vêtu tout à fait normalement et surtout d'éviter d'arriver affublé du yukata porté la veille au dîner). Ceux qui désireraient prolonger leur temps de sommeil au moment de la prière feraient bien de n'en rien faire car aux premiers coups de gong annonçant l'office, voilà tout le monastère en éveil. Après la prière, place au petit-déjeuner japonais et exclusivement végétarien ; les adeptes d'un tel régime alimentaire en seront certes ravis, quant aux autres, ils auront à se forcer quelque peu pour avaler de si bon matin, le bol de riz blanc accompagné de « tofu », pâté de soja, de « miso », soupe à base de soja, d'algues diverses, le tout arrosé de l'irremplaçable thé vert O-cha. La journée d'un moine bouddhiste diffère d'un temple à l'autre. Si l'étude reste le principal intérêt des monastères, chaque village est doté d'au moins un temple où souvent ne vit qu'un moine et sa famille. La prière matinale terminée, celui-ci ira rendre visite aux familles de récents défunts afin de chanter les sutras, commémorera l'anniversaire de la mort d'un fidèle en organisant une cérémonie au temple, participera à diverses réjouissances et fêtes religieuses dans les temples voisins. A ces diverses fonctions, viennent s'ajouter l'enseignement des préceptes bouddhistes et de la vie de Bouddha, la pratique de la calligraphie aussi bien que son enseignement auprès des enfants et des adolescents. Il faut rappeler que les moines ne reçoivent pour toutes ressources que celles constituées par les dons des fidèles, qu'ils peuvent se marier et former une famille, qu'ils ne vivent pas tous forcément en ascètes, boivent du sake ou de la bière (et parfois même beaucoup...) et vivent, tout compte fait, une existence pas désagréable du tout ! Vous en ferez peut-être l'expérience si vous avez la chance d'être accueilli dans un petit temple de campagne, blotti entre les rizières et où la vie se déroule le plus paisiblement du monde.

Le *JNTO* fournit toutes les indications nécessaires pour réserver une place dans les « shukubo » des temples. Solution particulièrement recommandée pour les sanctuaires « en pleine nature » comme les monastères de Koya-san.

La table

Restaurants. — Ne craignez pas de mourir de faim au Japon, les établissements de restauration sont nombreux et variés. Du simple restaurant de brochettes (yakitori), ou de celui où l'on aspire, sans discrétion, sa part de soba, jusqu'aux restaurants luxueux avec orchestre. Restaurants de toute cuisine : japonaise, chinoise, coréenne, française et occidentale, rarement méditerranéenne ou proche-orientale. Songez toutefois à dîner avant 20 h 30, passé ce délai vous aurez du mal à vous nourrir. Dans certaines villes des immeubles entiers sont composés de restaurants, chaque étage ayant sa spécialité, les prix montant souvent avec les paliers de l'établissement que domine parfois une salle panoramique à rotonde tournante ; les hôtels et les grands magasins disposent parfois d'une dizaine de restaurants variés. Si vous sortez avec des amis, vous devrez le plus souvent vous décider sur le même type de plat pour tout le monde, car même dans la cuisine japonaise, un restaurant de sukiyaki ne sert pas forcément le sushi ou la tempura. De même les « Yakitori » spécialisés dans les brochettes vous serviront uniquement poulet, foie, champignons, poivrons et autres variétés regroupés en un menu-type et aucune autre spécialité. Il n'est pas rare que les Japonais fréquentent 2 ou 3 restaurants au cours de la même soirée, commençant par des sushi, puis se régalant ailleurs de tempura, pour terminer dans un restaurant ne servant que le shabu-shabu. Dans presque tous les restaurants les plats sont présentés en vitrine ; ne vous y trompez pas, il s'agit de modèles en plastique, mais la ressemblance est frappante. Cela vous évitera bien des déboires lorsque vous ne saurez pas lire le menu ; il vous suffira de désigner votre plat à la serveuse. La formule self-service est inconnue, mais il faut parfois retirer à la caisse un ticket correspondant au plat choisi avant de s'asseoir : si vous ne vous soumettez pas à cette formalité, vous verrez tout le personnel s'affairer autour de vous sans s'inquiéter une seconde de votre présence. Dans les restaurants les plus modestes les prix seront portés en numérotation japonaise ; apprenez-les ou faites confiance, on ne vous trompera pas. **Ignorez le pourboire**, on vous restituerait la monnaie laissée sur la table ; ayez plus de tact dans les établissements sélects. C'est principalement ceux-ci que nous mentionnerons dans nos pages, une liste plus complète serait interminable ; il sera alors prudent de réserver.

Pour vous informer : *Association des Restaurants japonais (Japan Restaurant Association)* Ozawa Bldg., 8-4-25, Ginza Nishi, Chūō-ku, Tōkyō (✆ 571-2438).

La cuisine japonaise. — De nombreux restaurants japonais fleurissent actuellement dans les pays occidentaux et vous initieront à la cuisine de l'archipel. En deux mots elle est saine et bonne. Le cuisinier japonais se lance rarement dans une préparation compliquée, ce qui le distingue principalement de son collègue chinois : il vous propose des aliments naturels dont vous aurez rapidement fait l'analyse. Mis à part quelques potages, les pâtes de blé noir (soba), diversement accommodées, les brochettes de volaille (yakitori), un délicieux met à base d'anguille (unagi), le riz au curry (dites : calli laïssou), très médiocre et consommé à la cuillère, et d'autres plats d'adaptation japonaise bon marché, un bon repas nippon affectera sensiblement votre budget.

Quel que soit le menu il faut manier les baguettes ; mais vous pouvez toujours demander des couverts, et du pain à la place du petit bol de riz compact qui en tient lieu. Observez votre entourage, afin d'être moins maladroit lorsqu'il s'agira de pincer les aliments et de les tremper dans la sauce appropriée (ce sera plus gênant lorsque par politesse on vous laissera commencer). Ne manquez pas, invité, de faire des compliments sur la présentation des plats, dont l'effet, toujours réussi, a donné bien du souci dans les coulisses.

Un repas japonais, servi tout entier en une seule fois, comporte un assortiment de poissons crus et de poissons cuits, quelques légumes froids et chauds, un peu de viande parfois, différents condiments et un bouillon d'accompagnement aux saveurs d'herbes et de poisson.

Il existe dit-on diverses spécialités régionales, mais vous n'aurez guère l'occasion d'y goûter si vous n'êtes pas introduit dans une famille japonaise. Nous mentionnons ci-dessous quelques plats ayant acquis une notoriété nationale, et dont la consommation constitue parfois un repas complet en soi. Le **sashimi** (poisson cru) est le plus souvent à considérer comme une entrée ; thon, carpe, sole, bonite, pieuvre, à l'occasion de la baleine, sont coupés en petits morceaux que l'on trempera dans une sauce de **shoyu** ou **soya** (plus forte), relevée de raifort.

Le **sushi** est une variété de sashimi : le poisson, toujours cru, est coupé en fines lamelles allongées sur de petits canapés de riz.
La **tempura** est en fait un des plats japonais typiques, convenant à tout palais occidental. Poissons, crevette (ebi) et légumes frits sont souvent préparés sous vos yeux et servis immédiatement. Soya et raifort servent d'assaisonnement. Certains restaurants autorisés servent le **fugu**, poisson-globe venimeux : un risque à prendre...
Le **sukiyaki**, également importé à l'origine, est devenu pour les étrangers le plat japonais par excellence. Légumes variés et minces tranches de bœuf, renouvelés sans cesse, mijotent sous vos yeux dans un bouillon additionné entre autres de soya, de sake doux et de sucre. Vous trempez dans un œuf cru battu, avant de les porter à la bouche, les morceaux que vous avez choisis ou du moins pu attraper avec vos baguettes. Le **shabu-shabu**, sorte de pot-au-feu à la japonaise, se prépare également devant vous sur un réchaud incorporé à la table.
L'**okariba yaki** ou **barbecue Genghis Khan**, dernier né de l'art culinaire japonais, un tantinet snob. Cela tient un peu du sukiyaki, frit (devant vous) sur une plaque chauffante au lieu d'être bouilli ; pour ne pas vous brûler durant le repas, enfilez le tablier protecteur qu'on vous remettra et régalez-vous en dépit de la mise en scène.
Les **pâtisseries japonaises**, qui accompagnent rarement les repas mais peuvent être prises à toute heure de la journée, sont très variées, mais rarement du goût des occidentaux.
Mentionnons enfin l'**o-bento** qu'on ne prend pas dans les restaurants, mais qui accompagnera tous vos déplacements. Les Japonais ne manquent pas de se munir de la petite boîte « panier-repas », contenant riz, condiments et baguettes. On les achète surtout dans les gares ferroviaires et routières, dans le train, ainsi qu'un petit récipient de plastique contenant le thé vert.

Les boissons. — Le repas japonais traditionnel s'accompagne de **sake**, alcool de riz, servi froid ou de préférence tiède, en petites quantités, mais combien sournoisement enivrantes. Les sobres se contenteront de thé vert (**o-cha**), assez insipide, mais que l'on boit volontiers, servi non sucré à l'entrée et à la fin du repas et chaque fois que l'occasion s'en présente ; le thé noir (indien) se dit **kō cha**. Le café, **kōhi** (adaptation du mot américain coffee), est sans caractère. L'on trouve toutes sortes de jus de fruits et limonades (**saida**) sous différentes marques ; les **bières**, généralement légères et de qualité, ont pour nom : *Asahi, Kirin, Sapporo, Suntory*.
Le **whisky** est apprécié parmi les consommateurs japonais et en plus de quelques marques importées on trouve les étiquettes locales de *Nikka* et *Suntory*. Les **vins** sont chers et pour la plupart importés de... France, les bordeaux étant très en faveur. La vinification est faite parfois sur place ; *Suntory* propose son Château Lion (rouge), *Mercian* envahit le marché, quant à *Mann's*, il produit à partir de cépages français des vins que l'on saura apprécier, tel le Cabernet (rouge) et le Semillon (blanc). On produit également des vins mousseux et du brandy local. Parmi les **eaux minérales**, enfin, nous avons retenu les noms de *Nikka* et *Suntory*, et aussi de *Fuji* proche de l'eau d'Évian.

La vie quotidienne

De l'argent pour vivre. — Le Japon a la réputation d'être un pays cher. Souvent avec raison bien que votre budget, qui devra de toute façon être conséquent, ne se répartisse pas de la même façon qu'il le serait en Europe. L'hébergement, les transports (autobus, métro, taxis, trains...), les entrées dans les musées, les temples ou les sanctuaires sont dispendieux. Ils atteignent souvent le double (voire le triple) de ce qu'il en coûterait en France. Par contre la nourriture, si vous vous limitez à certains plats (tempura, riz au curry, cuisine chinoise) reste très bon marché. Rappelons enfin que le **pourboire**, à de rares exceptions près, n'existe pas au Japon. Vous n'aurez donc pas à vous en soucier dans les restaurants, les taxis, les bars... Si vous tenez toutefois à prouver votre satisfaction en cas de service rendu, remettez votre gratification sous enveloppe.

La monnaie japonaise, le **yen** (¥), compte actuellement parmi les plus fortes du monde. Son cours varie, bien sûr, mais il reste toujours très élevé. Il existe des pièces de 1, 5, 10, 50, 100 et 500 (¥), et des billets de 500, 1 000, 5 000 et 10 000 (¥).

Si l'utilisation de **cartes de crédit** est de pratique courante au Japon, il faudra toutefois vous soumettre aux réglementations françaises en vigueur.

Les **chèques de voyage** sont bien acceptés dans tout le Japon ; il est préférable de vous munir de « travellers cheques » en yens plutôt qu'en toute autre devise, vous éviterez ainsi certaines commissions bancaires par trop importantes. Le franc français n'est pas accepté partout, mais vous n'aurez aucun problème dans les plus grandes villes pour le transformer en monnaie locale. Les **banques** ouvrent du lundi au vendredi de 9 h à 15 h et le samedi de 9 h à 12 h. Certaines banques françaises sont représentées à Tokyo ou à Osaka : Société Générale, Banque Nationale de Paris, Crédit Lyonnais et Banque de l'Indochine et de Suez (leurs adresses sont indiquées dans la partie « renseignements pratiques » de ce guide).

Visite des monuments, des jardins, des musées. — Temples, sanctuaires et jardins restent en principe ouverts aux mêmes heures que les musées ou collections privées accessibles au public : de 8 ou 9 h (10 h pour les musées) à 16 ou 17 h selon la saison. Les temples ou les sanctuaires moins célèbres que ceux de Kyōto ou de Nara sont ouverts tous les jours du lever au coucher du soleil, mais ces horaires peuvent fluctuer en fonction des fêtes ou des cérémonies religieuses.

Les musées et les collections privées restent fermés le lundi et certains jours fériés signalés aux principales manifestations dans la section « Votre voyage » de ce guide.

L'entrée est presque partout payante et il conviendra souvent d'acquérir un second billet pour voir les pièces exceptionnelles renfermées dans le temple ou le sanctuaire. Petit conseil, enfin, emportez, pour la visite des temples, sanctuaires ou palais des chaussures sans lacets : il faudra vous déchausser partout.

Vous vous apercevrez vite que l'on décore aisément du titre de musée la moindre collection parfois bien peu digne de retenir l'attention. Cependant, le trésor Shōsō in de Nara, les Musées nationaux de Tōkyō, Kyōto et Nara, les musées Goto et Nezu de Tōkyō sont bien sûr estimables au juste prix de leurs richesses; il existe aussi quelques grandes collections privées ouvertes au public, en tête desquelles se situent le musée Yamato Bunkakan de Nara, les galeries Bridgestone de Tōkyō et Ohara de Kurashiki. Rappelons enfin que de nombreux monastères, temples ou sanctuaires renferment des trésors remarquables que nous signalons dans la partie descriptive de ce guide.

Il convient pourtant de mettre en garde ici les visiteurs. Les musées ou les collections ne présentent que rarement l'ensemble, trop important, de leurs œuvres d'art et organisent bien plutôt des expositions tournantes autour de thèmes muséographiques, d'anniversaires ou d'événements particuliers. Il nous sera donc impossible de donner une description détaillée des salles et nous nous contenterons d'indiquer les pièces maîtresses conservées.

N.B. : Les artistes, universitaires, étudiants, etc... pourront toujours prendre rendez-vous avec la direction du musée pour voir telle ou telle pièce les intéressant particulièrement.

Par ailleurs, les bureaux du *JNTO* vous informeront sur les thèmes muséographiques développés durant la période de votre séjour.

Visiter un temple japonais. — Visiter un temple japonais, c'est, aujourd'hui encore, pénétrer au cœur même de la culture de ce pays, en approcher l'âme en quelque sorte. Là se trouve préservée l'authenticité nippone face à la modernisation intensive et envahissante. Symbole du Japon traditionnel, l'architecture s'y allie, selon des principes religieux ou philosophiques, à la nature environnante dans un accord souvent parfait de calme et de béatitude. Cet accord avec la nature, on devrait écrire cette complémentarité, rend l'architecture japonaise « accessible » au sens esthétique du visiteur occidental même s'il reste étranger aux conceptions religieuses du pays.

Tout concourt en effet à l'harmonie. Le plan reste simple, comme l'espace délimité dans lequel il s'insère. La toiture, qu'elle soit immense comme au Nishi Hongan-ji de Kyōto ou, plus petite, au hall du Lotus du Todai-ji de Nara, établit un équilibre avec le corps du bâtiment. Enfin, l'emploi généralisé du bois, un produit national auquel restent attachés un grand nombre de symboles, apporte une note colorée naturelle.

Mais visiter un temple japonais c'est aussi et d'abord savoir distinguer le sanctuaire shintoïste du temple bouddhiste. Et puis, il faut aussi se souvenir que nombre d'édifices religieux s'insèrent dans des ensembles plus vastes, monastères, lieux conventuels, écoles qui prennent parfois, comme à Koyasan, l'importance d'une petite ville. Enfin, d'autres éléments jouent encore un rôle : les arbres et l'eau dans les sanctuaires shintoïstes, les animaux (les coqs à Ise ou les daims à Nara), les « jardins secs » propices à la méditation zen (celui du Ryoan ji de Kyoto est particulièrement célèbre), ou encore les maisons de thé. Bref, tout, la nature et l'homme, l'art, l'esthétisme et la vie quotidienne concourent à rendre les temples japonais vivants et proches, à leur donner un très grand aspect humain.

Rappelons, de façon quelque peu lapidaire, que le shintoïsme, « religion » nationale, incarne les racines mêmes du pays tandis que le bouddhisme, importé autrefois de l'Inde par la Chine et la Corée, a su créer ici une expression nouvelle sans pourtant renier ses origines. Cette brève définition se retrouve dans l'architecture : les sanctuaires shintoïstes s'inspirent du contexte local tandis que les temples bouddhistes y introduisent, en les adaptant, des éléments étrangers.

Le **sanctuaire shintoïste** construit à l'origine sur le modèle des greniers campagnards en bois, reste de dimensions modestes et se divise en deux parties : le **Hon-den**, interdit aux laïcs, où est conservé le Miama-shiro, joyau symbolisant l'esprit du Kami (divinité), et le **Hai-den**, ouvert au public et réuni au Hon-den par un corridor couvert surélevé. A l'entrée du sanctuaire se dresse le **torii**, sorte de portique en bois d'origine indienne censé servir de perchoir au coq appelant la divinité Amaterasu.

Ce sanctuaire comporte une série d'éléments essentiels : les lourds piliers cylindriques visibles à l'avant et à l'arrière de l'édifice et soutenant la ligne de faîte ; les rondins, en nombre variable, placés transversalement en haut du toit à double pente couvert de chaume ; les deux « coupoles » de montants obliques (chigi) situées dans le prolongement de la ligne de pente et dessinant un grand V aux extrémités du toit.

Sous l'influence du bouddhisme d'autres variantes apparaîtront qui se classeront par styles : **Taisha** (temple d'Uzumo), **Nagare** (temple Kamo de Kyōto), **Kasuga** (du sanctuaire Kasuga de Nara) ou encore **Hachiman** (du temple d'Usa près de Beppu).

Apportant une note particulière, les membres du clergé shintoïste, vêtus de longues robes blanches empesées et coiffés de bonnets noirs, se déplacent silencieusement dans les déambulatoires ou, silhouettes hiératiques, méditent à l'entrée des temples.

Le **Temple bouddhiste**, beaucoup plus complexe et de styles plus variés, possède une architecture de base chinoise ou coréenne (mais d'origine indienne) à laquelle sont adaptés nombre d'éléments locaux pour créer un style authentiquement japonais. Et puis, chacune des grandes périodes politiques ou artistiques que connaît le pays apporta sa marque et, partant, il y a un univers entre les temples de Nara et ceux de Nikko.

C'est au cours du VIe siècle, en provenance de Corée, que le bouddhisme s'introduit au Japon. Très vite il devient religion d'Etat et, avec l'installation de la capitale à Nara, au milieu du VIIe siècle, il donne naissance à une nouvelle expression artistique. Or, à cette époque prospère, le Japon entretient des relations suivies avec la Chine des T'ang alors à son apogée. Dès lors les influences artistiques s'imposent. Nara elle-même est construite sur le plan de X'ian (la capitale chinoise) comme le sera plus tard Kyōto. Les temples du nouveau culte s'inspirent à la même source (Hōryū ji puis le Tōdai ji) même si cette influence se tempère souvent d'éléments coréens.

Pourtant, ces premiers faits acceptés, l'empreinte japonaise apparaît bien vite. Elle se retrouve essentiellement, sous l'influence du shintoïsme, dans une simplification des lignes des bâtiments et surtout dans l'emploi généralisé du bois comme matériau de construction.

Le temple bouddhiste japonais s'insère dans un très vaste ensemble regroupant le temple lui-même, des bâtiments conventuels, des jardins, des habitations domestiques etc... le tout cerné par un muret percé de petites portes.

Le temple lui-même n'occupe, avec ses dépendances directes, qu'une partie de cet espace. Souvent précédé d'une ou deux pagodes à étages, il est lui-même entouré d'une enceinte (parfois deux) servant de déambulatoire couvert et percé de portes à chaque point cardinal (dont elles tirent d'ailleurs leur nom). A l'intérieur de ces portes se trouvent souvent de grandes statues de géants grimaçants pour écarter les mauvais esprits.

Le temple proprement dit, abritant la statue du Bouddha, reste une construction fort simple dans sa conception architecturale. La fonction définit le style. D'ailleurs, tous les éléments sont visibles à l'oeil nu, que ce soient les structures du toit ou les charpentes. Il est donc très aisé de les étudier. Et,

au plaisir de la connaissance et de la compréhension des techniques ici employées s'ajoute celui de l'esthétisme car chacun de ces éléments constitue une véritable oeuvre d'art par lui-même.
La statue du Bouddha repose en général sur un piédestal en forme de fleur de lotus. Elle est entourée de statues de la Triade Bouddhiste, de Kannons ou de Bodhissatvas (disciples). Derrière elle se développe un grand nimbe sculpté.
Devant le temple s'élève une construction de bois contenant une cloche de bronze et une vasque d'eau fraîche, toutes deux nécesaires aux rites religieux. Derrière, parfois hors de l'enceinte, sont regroupés les bâtiments conventuels, la salle de lecture et la résidence de l'abbé, souvent proche, s'il s'agit d'un temple zen, des jardins de méditation.
Rappelons enfin que le bouddhisme donna naissance, au Japon, à de nombreuses sectes qui, tout en restant fidèles au style général décrit plus haut, l'aménagèrent pour les besoins de leurs rites, créant ainsi un style nouveau.

La visite : Les temples japonais, à de très rares exceptions près, restent toujours ouverts au culte et sont habités par des moines ou des étudiants en théologie. Il conviendra donc de se le rappeler et de ne pas troubler ces lieux de paix et de méditation.
L'entrée, presque toujours payante dans les temples « historiques » se fait selon un itinéraire fléché qu'il faudra suivre, certaines parties restant fermées au public.
A l'intérieur des temples ou des bâtiments conventuels il faut toujours se déchausser (des pantoufles spéciales sont mises à la disposition des visiteurs). Enfin, dans certains monastères, du thé vert et des petits gâteaux sucrés vous seront offerts.
Au cours de la visite, intéressez-vous aux rites religieux qui, pour varier selon les sectes et les divinités honorées n'en présentent pas moins une certaine homogénéité. Par exemple, partout, le fidèle tape dans ses mains ou frappe sur un gong pour attirer l'attention de la divinité. Partout aussi le brûlage de l'encens se couvre d'une grande symbolique tandis que les petits papiers accrochés aux arbustes, particulièrement dans les sanctuaires shintoïstes, symbolisent soit les intentions soit les actions de grâce.
Le sens religieux japonais qui a réalisé une sorte de syncrétisme entre le shintoïsme et le bouddhisme, entre des cultes presque animistes et une philosophie de la vie, reste extrêmement proche de la vie quotidienne. Et de ceux qui la vivent.

Sports et loisirs. — La pratique de tous les sports est envisageable au Japon ; en dehors des facilités proposées par les hôtels : salles d'athlétisme, tennis, piscines, équitation, patinage, ski, terrains de golf, etc., il faudra souvent être affilié à un club si l'on veut bénéficier des activités de ses membres, notamment en ce qui concerne **le golf**. Il existe un certain nombre de parcours aux normes internationales (18 trous), mais le plus souvent les Japonais pratiquent ce sport dans des enclos entourés d'immenses grillages, occupant un minimum de place (on en aperçoit sur la terrasse des immeubles). **Le baseball** est un autre jeu d'importation dont les Japonais font très grand cas ; **le bowling** a acquis tant d'adeptes que l'on a édifié de hauts immeubles, véritables sanctuaires dédiés à cette activité. **L'alpinisme** et les simples **randonnées en montagne** ont également leurs fidèles, et l'on pourra s'informer en ce sens auprès de l'*Association japonaise d'alpinisme* (Japanese Mountaineering Association), 25, Kannami chō, Shibuya-ku, Tōkyō, (☎ 467-3111, poste 247), ainsi qu'au *Club Alpin Japonais* (Japanese

Alpine Club), 23, 3-chome, Nishiki chō, Chiyo-da-ku, Tōkyō (☏ 293-7441). Signalons par ailleurs qu'il existe des **parcours cyclables** à travers la campagne, à l'écart des automobiles et des piétons.

Les sports de voile connaissent une vogue, si l'on peut dire, relativement récente, et l'on pourra louer une embarcation sur la côte d'Abuzuri près de Miura à l'adresse suivante : Abuzuri Kaigan, Hayama machi, Miura gun, Kanagawa ken, ☏ (0468) 75-2670. Quant à la navigation de plaisance elle a ses adeptes et nous mentionnerons dans l'ouvrage quelques ports de plaisance.
Mais pour un étranger, le Japon offre surtout l'image de jeux purement nationaux, auxquels il pourra assister, voire participer.

Le sumo : il serait étonnant que vous fassiez le poids... pour participer à cette lutte dont les tournois se déroulent en six périodes annuelles d'une quinzaine de jours chacune. Les salles de sumo existantes sont à Tōkyō, Ōsaka, Nagoya et Fukuoka (référez-vous à ces noms). Mis à part certains rites philosophico-religieux qui plongent leurs racines dans les traditions du Japon, le sumo a des règles extrêmement simples : l'un des deux partenaires doit faire perdre l'équilibre à l'autre et l'obliger ainsi à sortir d'un cercle tracé sur le sol à l'aide d'une corde. Le combat dure rarement plus d'une minute ou deux.

Le judo possède également une grande popularité au Japon, et si vous êtes déjà ceinture noire, ou si l'expérience vous tente, vous pourrez rencontrer des adversaires et prendre des leçons au Judo Kodokan, 1-16-30, Kasuga chō, Bunkyo-ku, Tōkyō (☏ 811-7151).

Le karate, d'importation chinoise, a ses écoles japonaises ; vous pourrez vous associer au Nippon Karate Kyokai, 1-3, Koraku, Bunkyo-ku, Tōkyō (☏ 812-8340).

Le kendo, escrime japonaise avec épées de bambou, se pratique au Metropolitan Police Board P.R. Center, 3-5, Kyobashi, Chūō-ku, Tōkyō (☏ 561-8251).

L'aikido est un autre sport d'origine militaire, sans armes, dont le but est d'affirmer la souplesse physique ; 102, Wakamatsu chō, Shinjuku-ku, Tōkyō (☏ 203-9236).

Chasse. — Au Japon le gibier est des plus variés, qu'il s'agisse d'oiseaux, migrateurs ou non, de cerfs, sangliers, lièvres, chats sauvages et écureuils ; faisans dorés et ours sauvages sont un gibier de choix, mais il vous faudra parcourir des kilomètres et nous ne saurions trop vous conseiller un guide. S'adresser aux sièges locaux des zones de chasse ou auprès de l'*Association japonaise de chasseurs* (Japan Hunters' Association), 3-2-11, Kudan, Chiyoda-ku, Tōkyō (☏ 261-0818). La chasse est ouverte du début octobre (Hokkaidō) ou novembre (Honshū) au 15 février ; des restrictions sont imposées, selon le nombre et le type des animaux, — ainsi que pour la protection des humains ! Un permis de chasse délivré par la Commission de Sécurité publique doit être sollicité auprès des préfets-gouverneurs des départements (ken) ; il est valable pour un seul département et doit être renouvelé pour les autres. Pour les fusils introduits au Japon, il faudra présenter un permis de port d'arme, délivré par la Commission de sécurité. Bonne chasse ! Nous espérons toutefois que les animaux rencontrés sauront vous attendrir, comme ils ont l'art de le faire avec les Japonais, qui leur ont aménagé plusieurs réserves naturelles.

Pêche. — Il pourrait paraître étrange de parler du Japon sans évoquer la pêche ; celle-ci, qui a une fonction des plus utilitaires dans l'alimentation japonaise, ne se transforme que rarement en passe temps. Il n'y a cependant pas lieu de s'en priver, car poissons marins et d'eau douce abondent de toutes parts. La truite en particulier peut être recherchée dans le parc national de Nikkō et au lac d'Ashino (Hakone), de mars à septembre. **La pêche est réglementée** et la saison varie selon les localités. Il est donc prudent de s'informer auprès des autorités locales ou de passer par l'intermédiaire des agences de voyage. Vous pourrez également solliciter l'assistance d'amateurs japonais, qui ont leurs méthodes infaillibles pour appâter le poisson japonais, lequel à les entendre se rirait des procédés occidentaux...

Vous pourrez également asister à une **pêche aux cormorans (u-kai)**, d'origine semble-t-il chinoise et rapportée dans le Kojiki dès 712 de notre ère. Pratiquée en été, de mai à octobre, la pêche nocturne, à la lumière de fanaux placés à l'avant d'embarcations légères, a toujours un grand succès parmi les touristes. Une douzaine de cormorans dressés sont lâchés au moment opportun par leur maître (usho), dans le but de gober les petites truites (ayu). Tout l'art est en fait d'empêcher l'oiseau d'avaler sa proie ; l'ayu gobé, il faut tirer avec célérité sur la corde qui ramènera le volatile et lui serrer le gosier pour le contraindre à restituer le poisson. Les deux plus célèbres lieux de pêche au cormoran sont sur la Nagara gawa à Gifu, et sur l'Uji gawa dans les environs de Kyōto. Il est conseillé de réserver sa place par l'intermédiaire de votre hôtel ou d'une agence de voyage.

Une journée à la japonaise. — Chaque jour, tôt le matin, Monsieur Taneda (Taneda-san) quitte sa petite maison de la grande banlieue de Tōkyō. Après avoir salué sa femme qui l'accompagne jusqu'à la porte du minuscule jardin, Taneda-san prend le train pour la gare d'Ueno ; d'Ueno, il utilisera le métro pour se rendre à son bureau de Shinjuku, après 1h 30 de transport. Pendant le trajet, Taneda-san plonge dans un sommeil réparateur, à l'exemple de ses voisins, tous tassés, bousculés d'une gare à l'autre, mais récupérant en chœur le manque de sommeil qui caractérise les matins japonais. Taneda-san, quant à lui, a quelques heures de sommeil en retard : la veille, comme très souvent, la journée de travail s'est prolongée en dîner d'affaires pour se terminer au bar qu'il fréquente avec ses collègues de bureau : Mariko, la gentille hôtesse était là, comme d'habitude, pour écouter les problèmes de chacun, les histoires de bureau, servir le sake et proposer à chacun d'entonner un petit couplet, à tour de rôle. Aujourd'hui, c'est une journée comme les autres : après une matinée de labeur, Taneda-san ira déjeuner rapidement dans un petit restaurant spécialisé dans les « soba » (nouilles) ; puis il sera de retour au bureau jusqu'à 18 h . Ce soir, il rentrera plus tôt à la maison ; cependant, avant de reprendre son train, Taneda-san passera une petite heure au pachinko-ya qui se trouve près de sa société : il aime beaucoup le pachinko, Taneda-san ; malgré le bruit infernal des petites boules d'acier qui dégringolent, il adore ce jeu, rivé à son tabouret, la main sur la petite poignée qui permet de faire glisser les billes par le bon orifice et de gagner... quelques paquets de gâteaux, de chocolat, de riz ou tout autre denrée. En sortant du pachinko-ya, peut-être ira-t-il se faire lire l'horoscope par l'astrologue toujours installé dans la rue voisine. De retour à la maison, Taneda-san pourra profiter d'un bon bain avant le repas ; puis, enveloppé dans son yukata, il dînera avec sa femme et enfants assis sur les tatamis, tout en regardant le feuilleton-samouraï dont raffole toute la famille.

Et Madame Taneda, qu'a-t-elle donc bien pu faire pendant toute la journée ? Première levée, elle a préparé le petit-déjeuner : riz, poisson, algues, miso et o-cha, auxquels elle ajoute le lait et les corn-flakes dont sont friands les enfants. Une fois tout le monde parti, madame Taneda range les futons dans les placards prévus à cet effet et regarde, tout en s'occupant de différentes tâches ménagères, une émission de cuisine à la télévision. Puis, elle décide d'aller faire un peu de shopping à Ginza et de déjeuner dans un des innombrables restaurants logés au dernier étage des grands magasins. Madame Taneda ira ensuite donner le cours d'Ikebana, sa spécialité, qu'elle enseigne dans une école de son quartier puis accompagnera ses enfants à leurs cours privés : cours de piano pour l'un et cours de français pour l'autre, avant de rentrer préparer l'ofuro et le dîner.

Vie et Traditions. — *Cha no yu,* la cérémonie du thé, procède de plusieurs écoles, et l'un des plus grands maîtres fut *Sen no Rikyū* au XVIe s. Un pavillon contruit à cet effet, les instruments d'un véritable rituel, parmi lesquels de **bol (cha wan)** et le **fouet de bambou** *(cha sen)*, sont nécessaires à la préparation d'une solution légèrement mousseuse de poudre de thé vert agitée. L'hôte fait patienter ses invités, puis les introduit dans une pièce où sera servie la boisson. Le geste lent, étudié, l'offrande du bol de thé au premier convive, la contemplation de ce bol et le passage cérémonieux d'un convive à l'autre dans les douceurs de la conversation, contribuent au plaisir d'un rite dont il est bien difficile d'assimiler le lent déroulement.

L'ikebana, art de l'arrangement floral, procède également de nombreuses écoles. *Sen no Rikyū* se distingua dans ce domaine : le résultat force l'admiration par sa composition et sa simplicité ; mais avant d'y parvenir il faudra parfois des années d'études et un talent véritable. On peut associer à l'arrangement floral le **bonkei**, ou art de disposer un micro-jardin dans un plateau, ou encore la culture d'arbres nains en pots, appelée **bonsai**, dont l'entretien se prolonge plusieurs années ou générations.

Le kodo ou brûlage de l'encens, bien que gardant de nombreux adeptes, a perdu son ancienne faveur ; il rappelle, dans la maîtrise et la recherche des parfums, l'éthique qui inspire l'art floral ou la cérémonie du thé.

Rencontrer les japonais chez eux : c'est possible grâce à l'intermédiaire du *Home Visit Program* qui permet aux étrangers de rendre visite à des familles nipponnes dans une dizaine de villes ; ces visites ne peuvent aucunement déboucher sur un hébergement mais permettent d'approcher la vie quotidienne. Se renseigner auprès de l'office du tourisme local des villes suivantes : Kagoshima, Kōbe, Kyōto, Nagoya, Ōsaka, Otsu, Sapporo, Tōkyō, Yokohama.

Spectacles et vie nocturne. — Nous vous renvoyons aux aperçus de *M. Pezeu-Massabuau*, où sont évoquées les diverses formes d'expression du **théâtre japonais** traditionnel, et nous ne vous cachons pas, qu'indépendamment de la langue, son abord nécessite une préparation, voire une adaptation pénible pour un public occidental. On réussira cependant à y percevoir un reflet de la civilisation japonaise.

Les principales scènes de Nō sont situées à Tōkyō, Kyōtō et Ōsaka. Le principal théâtre de **Kabuki** est le *Kabuki-za* de Tōkyō (Ginza), dont les représentations, presque toute l'année, commencent à 11 h et 16h 30, et alternent avec celles du *Théâtre National* (17h seulement en semaine); à Kyōto, on se rendra au *Minami-za* et à Osaka au *Shin Kabuki-za*. La longueur des pièces de Kabuki, coupées de sortes de divertissements, les **kyogens**, explique que l'on n'assiste pour ainsi dire jamais à la totalité de la pièce, se réservant la possibilité, après un léger casse-croûte, de réintégrer sa place. Il pourra vous être remis un résumé de la pièce en anglais. Sachez que depuis le XVIIᵉ s. tous les rôles, même les rôles féminins, sont tenus par des hommes. On assistera à des spectacles de **bunraku** (théâtre de marionnettes) au *Théâtre National* de Tōkyō, au *Gion Corner* de Kyōto, mais aussi à l'*Asahi-za* d'Osaka, berceau avec l'île d'Awaji du théâtre de marionnettes. En plus de concerts de musique nippone, il existe une autre forme d'expression japonaise, de caractère saisonnier, les *Azuma* et *Miyako Ōctori*, lors des floraisons printanières d'avril, au *Shimbashi Embu-jo* de Tōkyō et le *Pontocho Kaburen-jo* de Kyōto.

Tous les arts du spectacle occidental ont également un public japonais assidu. Concerts, théâtre, troupes de ballet et opéras se succèdent constamment. Outre les troupes Fujiwara, Nikikai et Kansai, de nombreuses troupes étrangères défilent avec succès. Vous rencontrerez également toutes les formes de revues et divers cabarets en tête desquels s'affichent la troupe féminine de *Takara-zuka* (à Tōkyō et Takarazuka) et le *théâtre Nichigeki* de Tōkyō. Quant au cinéma, il sort plus de trois cents films par an au Japon, sans compter les productions étrangères, souvent projetées en version originale. Des quartiers entiers sont consacrés aux divertissements, notamment à Tōkyō, Ōsaka et Kyōto.

Vous pourrez réserver vos soirées auprès de votre hôtel ou des agences de théâtre *«play guide»* ; pour vous informer consultez les deux publications gratuites du *Tour Companion* et du *Japan Visitor's Guide*, que l'on obtiendra, entre autres, aux agences d'information du Tourisme japonais (J.N.T.O.) à Tōkyō et Kyōto.

La vie nocturne japonaise, entendons par là les restaurants à spectacle, les cabarets, les bars, etc... commence tôt. Et, à l'image de la société japonaise, elle est très bien organisée et ordonnée.

Commençons par l'un des symboles du Japon dans l'idée que s'en fait l'Occident : les **Geisha**. L'opinion que l'on en a est généralement fausse ; n'y voyez nullement de la vulgarité. La geisha authentique occupe une position considérée ; son rôle est d'animer une soirée et de l'enrichir par ses nombreuses qualités de musicienne, de chanteuse et de danseuse, tout en conversant avec art ; une véritable personnalité de salon parisien du XVIIIᵉ s., avec quelque chose de la courtisane mondaine du XIXᵉ s. ; mais n'attendez aucune faveur, un protecteur attitré suffit à son entretien. Bien entendu le métier se vulgarise, et dans la plupart des cas vous serez en présence de maiko, ou apprenties geisha. Les agences de voyages organisent des **soirées geisha**, auxquelles vous pourrez participer, Mesdames, mais il ne s'agit que d'une transposition moderne, avec l'aide d'une seule geisha pour plusieurs personnes. Le véritable service d'une geisha est extrêmement coûteux.

De façon générale, les quartiers réservés à la vie nocturne se trouvent circonscrits dans une aire géographique précise (Shinjuku à Tōkyō, par exemple, ou, dans les villes de moindre importance, non loin des gares centrales). Des quartiers entiers donc, mais aussi des rues entières, elles-mêmes spécialisées dans une certaine catégorie (bars avec ou sans hôtesses, « gay » bars, etc...). Nous pouvons donc diviser la vie nocturne au Japon par « catégories » : les **restaurants avec spectacle et cabarets** qui ferment en général leurs portes vers 23h 30 (à moins d'une autorisation spéciale) ; les **discothèques** où l'heure de fermeture varie entre 24 h et 2 h du matin et, enfin, les **bars sans hôtesses**, c'est à dire les bars où les seules présences féminines seront les serveuses, souvent des bars d'habitués, ainsi qu'en attestent les bouteilles de whisky alignées portant le nom de leur propriétaire. Ces bars, souvent de petites dimensions, ne sont pas fréquentés par les dames seules. Cependant l'étrangère, dont le statut n'est pas celui de la Japonaise ne sera pas refoulée si elle désire s'y aventurer. Même si ces bars peuvent paraître bien clos, il faut savoir qu'ils sont tout à fait sans danger. La plupart des bars de ce type ont pour dénominateur commun le fait qu'on y chante, au micro, sur bande musicale préenregistrée, toutes les chansons à la mode. On appelle cela le « karaoke ». Si vous aimez chanter, surtout ne vous privez pas car les bars japonais disposent souvent d'un petit répertoire en anglais. Le fin du fin reste cependant, pour le « gaïjin » d'entonner un couplet en japonais, ce qui ne manquera pas d'étonner toute l'assistance. Quoi qu'il en soit, le succès et les applaudissements sont assurés.

Le touriste non averti pourra se voir refuser l'entrée d'un bar. Qu'il ne s'en étonne pas. Beaucoup sont en effet des clubs privés patronnés par des entreprises ou des partis politiques. Et qu'il ne le regrette pas trop non plus, les prix y dépassant tout ce à quoi il pouvait s'attendre.

Nous indiquerons dans la partie Renseignements Pratiques de ce guide, une liste des principaux cabarets, bars et night-clubs dans les villes les plus importantes du Japon.

Achats et souvenirs. — Sur ce plan le Japon peut être considéré comme un abîme (pour vos finances). Quelques articles ont acquis une réputation mondiale : porcelaines, perles de culture, appareils photographiques, tout le domaine de l'électronique. Pour le shopping, vous hanterez comme les autochtones les magasins aux multiples succursales, les galeries marchandes des gares, l'univers des villes souterraines, les rues commerçantes à arcades réservées aux piétons, et les venelles d'accès aux monuments religieux, qui regorgent de petites boutiques, véritables marchands du temple établis pour le pèlerin et le touriste. Nous indiquerons dans nos renseignements généraux les principaux secteurs commerciaux.

Pour certains articles, il est possible de bénéficier de la détaxe dans les magasins agréés reconnaissables à leur panonceau « tax-free ». Sont susceptibles d'être détaxés les produits suivants : pierres et métaux précieux, perles, corail, ambre et ivoire, articles en carapace de tortue, fourrures, fusils de chasse, télévisions, matériel Hi-Fi, appareils photo et caméras ; pour obtenir les 5 à 40 % de la détaxe, il vous faudra vous munir de votre passeport, puis remplir un formulaire à conserver dans le passeport. Au moment de votre départ du Japon, la douane contrôlera le formulaire et les articles qu'il vaudrait mieux ne pas glisser dans la valise destinée à la soute de l'avion, les contrôles ayant lieu parfois après l'enregistrement des bagages !

LA VIE QUOTIDIENNE 47

Les soldes, au Japon, comme chez nous, sont un moment de shopping intense : on peut y faire de bonnes affaires, dans les grands magasins, surtout à la fin des saisons d'été et de printemps.

Cadeaux : tout est occasion de cadeau, les Japonais ne concevraient pas de rentrer de déplacement sans avoir songé aux parents et amis. Vous aurez certainement à recevoir ou à offrir, ne manquez pas d'être pourvu en ce sens. On attache une grande importance à l'emballage, qui demande un soin très attentif à la vendeuse. A la remise d'un présent vous vous excuserez d'en être indigne et complimenterez sur la présentation exquise de l'objet, le choix judicieux des rubans et des papiers ; mais n'ouvrez jamais le paquet de suite : le contenu n'intéresse que vous, et soyez discret dans vos remerciements que vous renouvellerez à un autre moment. Il sera bon que vous ayez de la répartie. **N.B.** : signalons ici que certains produits français « de luxe » (parfums, haute couture, prêt-à-porter, foulards de couturier, etc.) coûtent moins chers au Japon qu'en France...

Les heures d'ouvertures : d'une façon générale, les **grands magasins** ouvrent de 10 h à 18 h du lundi au samedi. Ils restent fermés les dimanches et jours fériés. Compter (au moins) une heure supplémentaire avant et après pour les plus petits commerces qui restent d'ailleurs souvent ouverts le dimanche et certains jours fériés.

Quelques détails pratiques :

Les **services postaux** sont à la disposition du public de 9 h à 17 h du lundi au vendredi et de 9 h à 12 h 30 le samedi. Pourtant, une permanence est assurée à la Poste centrale de chaque ville de 8 h à 20 h (8 h à 12 h le dimanche et les jours fériés).

Les **services télégraphiques intérieurs** (les télégrammes peuvent être rédigés en romanji) se font dans les bureaux de poste, les gares, les aéroports, etc. et bien sûr à la réception de votre hôtel.
Pour les envois **vers l'étranger** il convient de passer par le *K.D.D.* (Kokusai Denshin Denwa). Une permanence est assurée 24 heures sur 24 dans les grandes villes (renseignez-vous auprès de la direction de votre hôtel qui pourra, d'ailleurs, se charger aussi de l'envoi de vos messages).

Le téléphone : il est automatisé pour tout le Japon. Vous trouverez partout dans la rue, les cafés, gares, magasins... des appareils généralement de couleur rouge, acceptant des pièces de 10 ¥ pour toute communication interurbaine ; approvisionnez l'appareil en fonction de la longueur de votre conversation ; les pièces non utilisées vous seront restituées ; le montant varie également avec la distance : aussi aurez-vous intérêt à utiliser des appareils acceptant les pièces de 100 ¥ pour les appels lointains. Il existe un indicatif d'appel pour chaque ville ou canton que nous mentionnerons dans les renseignements pratiques. Ainsi le (03) pour Tōkyō et le (06) pour Ōsaka. **Pour appeler à l'étranger**, composez (03) 211-4211 pour l'Asie (sauf Hong-Kong), et (03) 211-5511 pour Hong-Kong et le reste du monde. Pour le Canada et les États-Unis, vous bénéficierez d'un tarif avantageux le dimanche. Le service «Japan travel phone» vient au secours des difficultés linguistiques du touriste au Japon. Ce service répond (en anglais) aux questions d'ordre touristique et concernant l'organisation d'un voyage au Japon. Il suffit de composer le n° 502-1461 à Tōkyō et le n° 371-56-49 à Kyōto. Partout ailleurs, composez le 106 et demandez «Collect call T.I.C., (Centre d'Information Touristique).

Journaux, informations : si la langue japonaise ne présente pour vous aucun secret, vous pourrez consulter l'un des trois grands quotidiens : l'*Asahi* (Soleil levant) *shimbun*, tiré à plus de dix millions d'exemplaires par jour, le *Yomiuri* (gazetier) *shimbun*, ou le *Mainichi* (quotidien) *shimbun*. Le *Chūbu Nippon shimbun* (journal du Japon central) intéresse plus particulièrement Nagoya ; *Nishi Nippon* se lit à Fukuoka, *Hokkaidō shimbun* à Sapporo et *Chugoko shimbun* à Sendai. L'actualité vous sera résumée dans des quotidiens de langue anglaise : *Japan Times, Asahi Evening News, the Daily Yomiuri, Mainichi Daily News* et *International Herald Tribune.* Si vous n'entendez rien à ces deux langues, vous trouverez difficilement de rares journaux étrangers dans les plus grands hôtels ou à la librairie étrangère *Jena* (6-1, Ginza 5-chome, Chūō-ku, Tōkyō), où nous avons déniché *le Monde Diplomatique*. En désespoir de cause rendez-vous au *Club japonais des Correspondants étrangers*, Chiyoda Bldg., Bekkan, 1-2, Marunouchi 2-chome, Chiyoda-ku, Tōkyō (☎ 211-3161), ou prenez un abonnement...

Les **informations radiodiffusées et télévisées** sont communiquées par plusieurs chaînes privées en plus de l'office de radiodiffusion et de télévision japonais, *Nippon Hoso Kyokai* (N.H.K.), 2-3, Uchisaiwai chō 2-chome, Chiyoda-ku, Tōkyō (☎ 501-4111). Le Far East Network des forces de sécurité américaines établies au Japon diffuse également des informations en langue anglaise. Par ailleurs un programme est capté dans cette langue, sur les postes récepteurs bilingues, dont ceux de quelques grands hôtels de la capitale.

Santé : la médecine japonaise est excellente ; nombreux sont les médecins qui parlent anglais et allemand, parfois français. Les hôpitaux catholiques et protestants ont tous un personnel bilingue. Ne pas oublier de prendre une **assurance-voyage** : les tarifs japonais sont en rapport avec la qualité du service, mais beaucoup plus affolants. Quelques hôpitaux : *Hibiya Clinic, International Catholic Hospital, St. Luke's Hospital and Clinic, Tokyo Medical and Surgical Clinic*, à Tōkyō ; *Yodogawa Christian Hospital*, à Ōsaka, et *Japan Baptist Hospital*, à Kyōto.

Sécurité : Tōkyō peut être fier de son taux de criminalité, l'un des plus bas du monde entier. Rares sont les vols, et encore bien plus rares lorsqu'il s'agit d'actions visant des étrangers. Si votre portefeuille a disparu, pensez d'abord à l'avoir vous-même égaré... ce qui signifie que vous aurez de grandes chances de le retrouver ; le Japonais est d'une honnêteté dont il peut s'ennorgueillir. Pour retrouver un objet perdu, adressez vous d'abord à la gare, à la station de métro ou à la réception de l'hôtel avant de contacter les objets perdus qui centralisent toutes les trouvailles au bout de 3 à 5 jours : *Central Lost and Found Office,* Metropolitan Police Board, 1-9-11, Koraku, Bunkyō-ku Tōkyō (☎ 814-4151).

Pour en savoir davantage...

Quelques adresses : *Office National du Tourisme Japonais (Japan National Tourist Organization - J.N.T.O.) :*
— A **Paris**, 4-8, rue Sainte-Anne, 75001 (☏ 42-96-20-29).
— A **Toronto**, 165 University Ave, Ont. M5H388 (☏ 366-71-40).
— A **Genève**, 13, rue de Berne (☏ 31-81-40).
— A **Tōkyō**, 10-1, Yurakucho 2-chome, Chiyoda-ku (Siège Central) et 6-6, Yurakucho 1-chome, Chiyoda-ku (Centre d'information, ☏ 502-1461, 502-1661). A l'aéroport de Narita (☏ (0476) 32-8711).
— A **Kyōto**, Kyōto Tower Bldg., Higashi-Shiokojicho, Shimogyo-ku, Kyōto (☏ (075) 371-5649).

Il existe aussi un « **Teletourist Service** » pour toutes les informations concernant Tōkyō : une bande préenregistrée vous fera savoir tout ce qui se passe, tout ce qu'il faut voir en ville. ☏ 503-2926 en français et 503-2911 en anglais.

Les **services culturels** des diverses ambassades du Japon pourront également vous documenter :
— En **Belgique** : Ambassade du Japon, 31, av. des Arts, 1040 Bruxelles (☏ 13-63-68).
— Au **Canada** : Consulat Général, 1155, Ouest Boul. Dorchester, Suite 1701, Montréal H3B2K9 (☏ 866-34-29).
— En **France** : Ambassade du Japon, 7, av. Hoche, 75008 Paris (☏ 47-66-02-22).
— En **Suisse** : Ambassade du Japon, Engestrasse 43, 3012 Berne (☏ 24-08-11).

Deux dernières adresses : *Office franco-japonais d'études économiques*, 14, rue Cimarosa, 75016 Paris (☏ 47-27-30-90) et *Maison franco-japonaise de Tōkyō*, 3, Kanda Surugadai 2 chome, Chiyoda-ku (☏ 291-1141).

Quelques mots utiles

Glossaire toponymique, botanique, religieux et monumental

Nous tenons à répertorier ci-dessous les principaux termes japonais que l'on retrouvera tout au long de ce guide, et pour lesquels nous nous abstiendrons le plus souvent de donner une traduction.

Amida : *Bouddha de Miséricorde*, sanscrit *Amitabha*.
Ashura : *démon bouddhique aimant la bataille*.
Bashi, hashi : *pont*.
Ben(zai)ten : *divinité de la musique et chanson*, sanscrit *Sarasvati*.
Bonchi : *bassin*.
Bossatu : *Bodhissatva, saint bouddhiste*.
Butsu : *Bouddha (celui qui est parvenu à l'illumination suprême)*.
Byōbu : *paravent*.
Chashitsu : *pavillon de thé*.
Chō : *bourg, quartier*.
Chū, naka : *milieu*.
Dai : *grand*.
Daichi : *plateau*.
Dake : *montagne*.
Daki, taki : *cascade, chute d'eau*.
Dani, tani : *vallée*.
Den, dō : *salle, bâtiment d'un temple*.
Dera, ji : *temple bouddhique*.
Dō : *grotte, salle, route*.
Dōri : *rue*.
Emakimono : *rouleau peint (sens horizontal)*.
Enma : *gouverneur des enfers*, sanscrit *Yama*.
En, kōen : *jardin*.
Fu : *gouvernement, département*.
Fudō : *divinité du feu*, sanscrit *Acala*.
Fudō-dō : *salle abritant la statue de Fudō*.
Fugen : *bosatsu chargé de la pratique pour aider à l'instruction du Bouddha*, sanscrit *Samantabhadra*.
Fuji : *glycine*.

Gata : *lagune, lac*.
Gawa, kawa : *fleuve, rivière*.
Gekū : *extérieur (sanctuaire)*.
Gū : *sanctuaire shintō*.
Gun : *canton*.
Gunto : *archipel*.
Hachiman : *divinité de la guerre*.
Haiden : *oratoire*.
Hama : *plage*.
Hantō : *presqu'île, péninsule*.
Hara : *champ*.
Hashi : *pont*.
Hasu : *lotus*.
Heiden : *salle où est conservé le gohei shintō*.
Heiya : *plaine*.
Higashi, tō : *Est*.
Hinoki : *cyprès japonais*.
Hō : *Dharma, la Loi (religion)*.
Hōdō : *trésor*.
Honden : *salle principale du sanctuaire shintō*.
Hondō, kondō : *salle principale du temple bouddhiste*.
Ike : *étang*.
In : *branche d'un grand temple*.
Iwa : *rocher*.
Ji, in, dō : *temple*.
Jima, shima : *île*.
Jinja, gū, sha : *sanctuaire shintō*.
Jizō : *bosatsu protecteur des enfants*, sanscrit *Kshitigarbha*.
Jō : *château*.
Kai : *mer*.
Kaigan : *côte*.
Kaikyō : *détroit*.
Kairō : *galerie de circulation*.
Kakemono : *rouleau peint (sens vertical)*.

QUELQUES MOTS UTILES

Kami : *supérieur, divinité shinto.*
Kankiten : *divinité de joie.*
Kannon : *bosatsu, divinité féminine de la miséricorde*, sanscrit *Avalokiteçvara.*
Kannon-dō : *abrite la statue de Kannon.*
Katsuogi : *poutre faîtière.*
Kawa : *rivière.*
Kei, kyō : *gorge.*
Ken : *préfecture, département.*
Kiku : *chrysanthème.*
Kita : *Nord.*
Ko : *lac.*
Kōdō : *salle de prédication, de lecture.*
Kōen : *jardin.*
Kōgen : *plateau.*
Koke : *mousse.*
Kondō : *bâtiment principal d'un temple.*
Kokubun-ji : *temples* (fondés au VIIIe s. sur l'ordre de l'Empereur Shōmu).
Ku : *quartier, arrondissement.*
Kusunoki : *camphrier.*
Kyō : *gorge.*
Kyō : *capitale.*
Kyōzō : *bibliothèque à soutras.*

Machi : *ville.*
Mandara : *calligraphie magique rituelle, peinture religieuse.*
Mandaru dō : *abrite un mandara.*
Matsuri : *fête.*
Mikoshi : *palanquin sacré.*
Minami : *Sud.*
Mine : *sommet, montagne.*
Miroku : *bosatsu futur, sauveur du monde*, sanscrit *Maitreya.*
Misaki, mizaki : *cap.*
Momiji : *érable.*
Momo : *fleur de pêcher.*
Mon : *porte d'accès aux temples.*
Monju : *bosatsu de la sagesse*, sanscrit *Manjuçri.*
Mura : *village.*

Nada : *mer.*
Naiku : *intérieur* (sanctuaire).
Naka : *milieu.*
Niō : *statues protectrices* à l'entrée des temples bouddhistes.
Nishi, sai : *Ouest.*
Numa : *marais.*
Nyorai : *Tathāgata,* l'un des dix noms du Bouddha.

Ō : *grand.*

Oku : *intérieur* (sanctuaire).
Onsen : *source thermale.*
Rettō, shotō : *archipel.*
Sai : *Ouest.*
Saki, zaki : *cap.*
Sakura : *cerisier.*
San, zan : *sommet, montagne.*
Sanchi : *massif montagneux.*
Sanmyaku : *chaîne de montagnes.*
Seto : *chenal, détroit.*
Sha : *sanctuaire shintō.*
Shakuyaku : *pivoine.*
Shi : *ville, cité.*
Shicho : *sous-préfecture.*
Shima : *île.*
Shimo : *inférieur* (sanctuaire).
Shin : *nouveau.*
Shobu : *iris.*
Shoji : *porte coulissante légère.*
Shonyudō : *grotte naturelle.*
Shōrō : *campanile, beffroi.*
Shotō : *archipel.*
Shū : *secte.*
Sugi : *cryptomère.*
Suidō : *chenal.*

Taishakuten : *dieu qui gouverne les 32 divinités*, sanscrit *Çakra devānām Indra.*
Take : *sommet.*
Taki : *cascade.*
Tani : *vallée.*
Tatami : *natte de paille de riz tressée, tendue sur un cadre de bois* (1,80×90 cm).
Tenshu : *donjon.*
To : *métropole, capitale.*
Tō : *Est, île, pagode, lanterne.*
Tōge : *col.*
Torii : *portique* (sanctuaire shintō).
Tokonoma : *alcôve, recevant un arrangement choisi.*
Tsubaki : *camélia.*
Tsutsuji : *azalée.*

Ume : *prunier.*
Umi : *lac, mer.*
Ura : *lac, côte, plage.*

Wan : *baie.*

Yaki : *porcelaine.*
Yakushi : *Bouddha guérisseur,* sanscrit *Bhaisajyaguru.*
Yama : *montagne.*
Yosui : *canal d'irrigation.*

Za : *théâtre.*
Zaki : *cap.*
Zan : *sommet, montagne.*
Zukuri : *style* architectural.

Mots et expressions usuelles

Ici, comme partout ailleurs dans ce guide, nous avons utilisé la transcription phonétique dite de Hepburn, en *romaji* (V. p. 123).

Numérotation
Un	*ichi, hitotsu.*
Deux	*ni, futatsu.*
Trois	*san, mittsu.*
Quatre	*shi, yon, yottsu.*
Cinq	*go, itsutsu.*
Six	*roku, muttsu.*
Sept	*shichi, nana, nanatsu.*
Huit	*hachi, yattsu.*
Neuf	*ku, kyū, kokonotsu.*
Dix	*jū, tō.*
Onze	*jū ichi.*
Douze	*jū ni.*
Treize	*jū san.*
Quatorze	*jū shi.*
Quinze	*jū go.*
Seize	*jū roku.*
Dix-sept	*jū shichi.*
Dix-huit	*jū hachi.*
Dix-neuf	*jū ku.*
Vingt	*ni jū.*
Vingt et un	*ni jū ichi.*
Trente	*san jū.*
Quarante	*yon jū.*
Quarante-quatre	*yon jū shi.*
Cinquante	*go jū.*
Soixante	*roku jū.*
Soixante-dix	*nana jū.*
Soixante-dix-sept	*nana jū nana.*
Quatre-vingts	*hachi jū.*
Quatre-vingt-dix	*kyū jū.*
Quatre-vingt-dix-neuf	*kyū jū ku.*
Cent	*hyaku.*
Deux cents	*ni hyaku.*
Trois cents	*san hyaku.*
Quatre cents	*yon hyaku.*
Cinq cents	*go hyaku.*
Six cents	*roppyaku.*
Sept cents	*nana hyaku.*
Huit cents	*happyaku.*
Neuf cents	*kyū hyaku.*
Mille	*sen, issen.*
Deux mille	*ni sen.*
Trois mille	*san zen.*
Quatre mille	*yon sen.*
Cinq mille	*go sen.*
Six mille	*roku sen.*
Sept mille	*nana sen.*
Huit mille	*hassen.*
Neuf mille	*kyū sen.*
Dix mille	*ichi man.*
Vingt mille	*ni man.*
Cent mille	*jū man.*
Deux cent mille	*ni jū man.*
Un million	*hyaku man.*
Premier	*ichi bamme, dai ichi bamme.*
Deuxième	*ni bamme, dai ni bamme.*
Troisième	*san bamme.*
Quatrième	*yon bamme.*
Septième	*shichi bamme.*
Neuvième	*kyū bamme.*
Moitié, un demi	*han, han bun.*
Un tiers	*san bun no ichi.*
Un quart	*yon bun no ichi.*
Trois quarts	*yon bun no san.*

Le temps
Année	*nen, toshi.*
Une année	*ichinen.*
Deux ans	*ni nen.*
Nouvel an	*shinnen.*
L'année dernière	*sakunen, kyonen.*
L'année prochaine	*rainen.*
Cette année	*kotoshi.*
Vingt ans (avoir)	*ni jū sai.*
Saison	*kisetsu.*
Saisons (les quatre)	*shiki.*
Printemps	*haru.*
Été	*natsu.*
Automne	*aki.*
Hiver	*fuyu.*
Mois	*tsuki.*
Janvier	*ichi gatsu.*
Février	*ni gatsu.*
Mars	*san gatsu.*
Avril	*shi gatsu.*
Mai	*go gatsu.*
Juin	*roku gatsu.*
Juillet	*shichi gatsu.*

QUELQUES MOTS UTILES

Août	hachi gatsu.
Septembre	ku gatsu.
Octobre	jū gatsu.
Novembre	jūichi gatsu.
Décembre	jūni gatsu.
Semaine	shū.
Jour	hiru.
Lundi	getsu yōbi.
Mardi	ka yōbi.
Mercredi	sui yōbi.
Jeudi	moku yōbi.
Vendredi	kin yōbi.
Samedi	do yōbi.
Dimanche	nichi yōbi.
Un jour	ichi nichi.
Deux jours	futsuka kan.
Trois jours	mikka kan.
Quatre jours	yokka kan.
Cinq jours	itsuka kan.
Six jours	muika kan.
Sept jours	nanoka kan.
Huit jours	yōka kan.
Neuf jours	kokonoka kan.
Dix jours	toka kan.
Onze jours	jū ichi nichi kan.
Douze jours	jū ni nichi kan.
Premier jour du mois	tsuitachi.
Deuxième jour du mois	futsuka.
Dernier jour du mois	misoka.
Dernier jour de l'année	ō misoka.
Matin	asa.
Ce matin	kesa.
Midi	o hiru.
Après-midi	gogo.
Soir	yūgata.
Ce soir	Kouban.
Nuit	yoru.
Cette nuit	konga.
Aujourd'hui	kyō.
Hier	kinō.
Avant-hier	ototoi, issaku jitsu.
Demain	ashita.
Après-demain	asatte, myōgo nichi.
Heure	jikan.
Demi-heure	han jikan.
Une heure	ichi jikan.
Minute	fun.
Une minute	ippun.
Deux minutes	nifun.
Trois minutes	sanpun.
Quatre minutes	yonpun.
Cinq minutes	gofun.
Six minutes	roppun.
Sept minutes	shichifun, nanafun.
Huit minutes	hachifun.
Neuf minutes	kyūfun.
Dix minutes	juppun.
Seconde	byō.
10 h 10	jū ji juppun.
10 h 15	jū ji jūgofun.
10 h 30	jū ji sanjuppun.
10 h et demie	jū ji han.
10 h moins 5	jū ji gofun mae.
Quelle heure est-il ?	ima nanji desu ka.
Il est...	...desu.
Quel jour (quantième) sommes-nous ?	kyō wa nannichi desu ka.
Quel jour de la semaine sommes-nous ?	nan yōbi desu ka.
Quel mois sommes-nous ?...	nan gatsu desu ka.
Nous sommes (le, en)...	...desu.

Mots et expressions courantes

Je	boku (masc.), watashi (wa) (fém.), watakushi (wa) (masc. et fém.).
Tu	kimi.
Il	kare, ano kata, ano hito.
Elle	ano kata, kano jo.
Nous	watashitachi, watakushitachi.
Vous	anatagata, anatatachi.
Vous (courtoisie)	anata.
Ils	ano katatachi karera.
Elles	ano katatachi, ano kanojotachi.
Mon, ma, mes, le mien, etc.	watashi no, watakushi no.
Ton, ta, tes, le tien, etc.	anata no.
Son, sa, ses, le sien, etc.	ano kata no.
Possessifs correspondant aux pronoms pluriels	ajouter tachi devant no.

QUELQUES MOTS UTILES

Je, tu, il, elle, nous, vous, ils, elles, suis (...) sont...	(pronom) wa... desu.
Je, tu, il, elle, nous, vous, ils, elles, étais (...) étaient...	(pronom) wa ... deshita.
Je, tu, il, elle, nous, vous, ils, elles, ne suis (...) sont pas...	(pronom) wa ... de wa arimasen.
Je, tu, il, elle, nous, vous, ils, elles, n'étais (...) étaient pas...	(pronom) wa ... de wa arimasen deshita.
Je, tu, il, elle, nous, vous, ils, elles, ai (...) ont...	...wo motte imasu, ... ga arimasu.
Je, tu, il, elle, nous, vous, ils, elles, avais (...) avaient...	... wo motte imashita, ... ga arimashita.
Je, tu, il, elle, nous, vous, ils, elles, n'ai (...) ont pas...	... wo motte imasen, ... ga arimasen.
Je, tu, il, elle, nous, vous, ils, elles, n'avais (...) avaient pas...	... wo motte imasen deshita, ... ga arimasen deshita.
Il y a (personne)	orimasu, imasu.
Il y a (animal)	imasu.
Il y a (chose)	arimasu.
Avez-vous, y a-t-il ?	arimasu ka.
Oui, j'en ai, il y en a	hai, arimasu.
Non je n'en ai pas, il n'y en a pas	iie, arimasen.
Avez-vous (quelque chose, quelqu'un) ?	... wo motte imasu ka.
Oui, j'ai...	hai, motte imasu.
N.B. — N'avez-vous pas ?...	anata wa ... motte imasen ka.
Oui, j'ai...	iie, arimasu.
Non, je n'ai pas	hai, arimasu.
Forme interrogative ?	ka.
Oui	hai.
Non	iie.
Combien ? (nombre d'individus)	ikunin.
Combien d'enfants y a-t-il ?...	ikunin kodomo ga imasu ka.
Combien ? (en nombre, en quantité)	dono kurai.
De combien d'argent avez-vous besoin ?...	dono kurai okane ga irimasu ka.
Combien ? (prix)	ikura.
Combien coûte ceci ?...	kore wa ikura desu ka.
Comment ?......	dōshite, dō iu fū ni.
Comment dites-vous ceci en japonais ?......	kore wo nihongo de nan to iimasu ka.
Comment allez-vous ?......	gokigen ikaga desu ka, o genki desu ka.
Je vais bien, merci	arigato, genki desu.
Lequel, laquelle, lesquels, lesquelles ?	dochira.
Où	doko.
Où est-ce ?......	doko desu ka.
C'est là	koko desu.
Ici	koko.
Là	asoko.
Ce	kono (ici), sono (là), ano (ailleurs).
Ceci	kore wa.
Cela	sora wa, are wa (quand on en parle).
Celui-ci	kore desu ka.
Celui-là	are desu ka.
Pourquoi ?......	naze.
Quand ?......	itsu.
Quel, Quelle, quels, quelles ?	dono.
Quel... voudriez-vous ?......	dono... hoshii desu ka.
Qu'est-ce que ?	
Quoi ?......	nani wo, nani ga.
Qu'est-ce que cela veut dire ?	sore wa dō iu imi desu ka.
Qui ?......	donata, dare.
Qui est cet homme ?......	ano kata wa donata (dare) desu ka.
C'est Monsieur, Mme, Mlle	... san, desu.

QUELQUES MOTS UTILES 55

Qui êtes-vous ?	anata wa donata desu ka.
Je suis M. N......	N... desu.
Parlez-vous français ?	Furansugo o hanasemasu ka.
Parlez-vous anglais ?	Eigo o hanasemasu ka.
Je ne parle pas japonais	Nihongo o hanasemassen.
Comprenez-vous ?	wakarimasu ka.
Je comprends	wakarimasu.
Je ne comprends pas	wakarimasen.
Pouvez-vous ?	...dekimasu ka.
S'il vous plaît (demande directe, please en anglais)	...kudasai.
S'il vous plaît (je vous en prie, bitte schön en allemand)	...dozo.
Merci	arigatō, arigatō gozaimasu.
Merci beaucoup	domō arigatō (gozaimasu).
Après	ato.
Assez	jubun.
Attendez un instant	chotto matte kudasai.
Au revoir	sayonara.
Avant, devant	mae.
Beau	utsukushii.
Beaucoup	takusan.
Bien sûr	mochiron.
Bon, bien	yoi.
Bonjour (matin)	o hayō, o hayō gozaimasu.
Bonjour, bon après-midi	konnichi wa.
Bonjour tout le monde	minasan konnichi wa.
Bonsoir	kon ban wa.
Bonne nuit	o yasumi nasai.
Chaud	atsui.
Dans	no naka ni.
Entre	... no aida.
Excusez-moi, pardon	gomen kudasai, sumimasen, gomennasai.
Excusez-voi de vous déranger	ojama shite sumimasen.
Froid	tsumetai, samui (temps).
Grand	ōkii.
Jamais	kesshite ... nai.
Lent	osoi.
Lentement	yukkuri.
Loin	toi.
Mauvais	warui.
Moins (en dimension)	motto chiisai.
Moins (en quantité)	motto sukunai.
N'est-ce pas	ne.
Ouvert	aku.
Parce que	naze naraba... kara...
Petit	chiisai.
Peu, un peu, quelques	sukoshi, shōshō.
En voulez-vous encore un peu ?	mō sukoshi ikaga desu ka.
Seulement un tout petit peu	honno sukoshi itadakimasu.
Plus	motto.
En voulez-vous plus ?	motto ikaga desu ka.
J'en veux beaucoup plus	motto takusan hoshii desu.
Près	chikai, chikakuni.
Quelquefois	toki doki.
Rapidement	hayaku.
Rien	nanimo.
Sous	shita.
Souvent	tabi tabi, toki doki.
Sur	ue.
Tôt, de bonne heure, vite	hayaku, hayaku ni.
Trop	amarini.
C'est trop, il y en a trop	amarini ōsugi masu.
C'est trop peu, il y en a trop peu	amarini sukuna sugimasu.
Toujours	itsumo, itsu demo.
Tout	minna zembu.
Vouloir	nozomu.
Je voudrais	hoshii desu.
Vraiment !	āh sō desu ka, honto desu ka.
Blanc	shiroi.
Bleu	ao, buryū.
Gris	nezumi iro.
Jaune	kiiro.
Noir	kuro.
Rouge	aka.
Vert	midori.

Climat

Brouillard	kiri.
Eruption (volcan)	funka.

Humidité	shikke.
Neige	yuki.
Nuage	kumo.
Orage	arashi.
Pluie	ame.
Soleil	taiyo.
Tremblement de terre	jishin.
Typhon	taifū.
Vent	kaze.
Il fait beau	ii o tenki desu.
Il fait bon	atatakai desu.
Il fait chaud	atsui desu.
Il fait froid	samui desu.
Il fait très froid	tottemo samui desu.
Il fait mauvais	warui o tenki desu.
Il pleut	ame ga futte imasu.
Il y a du vent	kaze ga huite imasu.
Il va y avoir un typhon	taifū ga kuru deshō.

Douane, administration

Alcool	arukōru.
Ambassade	taishi kan.
Consulat	ryōji kan.
Douane	zeikan.
Droit de douane	kanzei.
Etranger (personne)	gaikokujin.
Exportation	yushutsu.
Frontière	kokkyō.
Passeport	ryoken.
Quarantaine	ken eki.
Tabac	tabako.
Vaccination	shutō.
Avez-vous quelque chose à déclarer ?	nani ka shinkoku suru mono ga arimasu ka.

Dans la rue

Banque	ginko.
Bibliothèque	tosho kan.
Bicyclette	jitensha.
Boutique, magasin	mise.
Bureau de renseignements	annaijo.
Bureau de réservation	kippu uriba.
Cinéma	eiga kan.
Coiffeur (hommes)	tokoyasan.
Coiffure (salon de)	biyo-in.
Dépliant	panfuretto.
Entrée	iriguchi.
Excursion (circuit)	yuran, ryokō.
Excursion (tour de ville)	kembutsu, kankō.
Exposition	tenjikai.
Gare	eki.
Hôtel de ville, mairie	shiyakusho.
Immeuble	tatemono, birudingu.
Jardin, parc	niwa, koen.
Musée	hakubutsu kan.
Pharmacie	kusuriya, yakkyoku.
Plage	kaisuiyokujo.
Police	keisatsu.
Policier	junsa.
Pont	hashi, bashi.
Poste de police	kohan.
Rue, artère	dori.
Sortie	deguchi.
Théâtre	shibai, gekijo.
Veuillez m'indiquer	... wa doko desu ka.
Où allez-vous ?	doko e irasshaimasu ka.
Je vais à..., je veux aller à...	...e ikimasu. ...e ikitai desu.

En automobile, en taxi

Automobile	jidōsha.
Chauffeur, conducteur	untenshu.
Essence	gasorin.
Garage	garēji.
Station-service	gasorin-stando.
Tarif	unchin.
Taxi	takushi.
Veuillez appeler un taxi (par téléphone)	dōzo, denwa de takushi wo yonde kudasai.
Emmenez-moi ici	koko e tsurete itte kudasai.
Emmenez-moi à la gare	eki made tsurete itte kudasai.
Allez tout droit	massugu ni.
A droite	migi e.
A gauche	hidari e.
Arrêtez-vous ici	**koko de tomatte kudasai.**
Attendez ici	**koko de matte kudasai.**

QUELQUES MOTS UTILES

Je reviens dans quelques instants	sugu ni kaerimasu.

Les autres transports

Aéroport	kūkō.
Arrivée	tōchaku.
Autobus	basu.
Avion	hikoki.
Bagage	nimotsu.
Bateau	bōto, fune, kisen.
Billet, ticket	kippu.
Bureau de réservation	shussatsu guchi.
Changer de train	kisha wo norikaeru.
Chemin de fer, train	kisha.
Classe (1re, 2e)	tō (ittō, nitō).
Consigne	nimotsu azukarijo.
Couchette	shindai.
Débarquer	jōriku suru.
Départ	shuppatsu.
Destination	mokutekichi, yukisaki.
Embarquer	jōsen suru.
Ferry-boat	renrakusen, feri bōto.
Gare	eki.
Métro	chikatetsu.
Passager	jōkyaku, senkyaku (bateau).
Place assise	seki.
Place réservée	yoyaku seki, shitai seki.
Port	minato, kō.
Porteur	akabō.
Quai (gare)	homu.
Quai n° 1	ichiban-sen.
Réservation	yoyaku.
Train	kisha.
Train express	kyūkō.
Train rapide	tokkyū.
Train semi-express	junkyū.
Tramway	densha.
Voiture-lits	shindaisha.
Voiture-restaurant	shokudōsha.
Voyage	ryokō.
Bon voyage !	itte irasshai, o genki de.
Où est le guichet de réservation ?	shussatsu guchi wa doko desu ka.
Quel jour partez-vous ?	itsu odekake desu ka.
Je pars le	ni dekake masu.
A quelle heure est le train pour ?	...yuko no kisha wa nanji ni demasu ka.
A quelle heure arrive le train à ...?	kono kisha wa nan ji ni ... e tsukimasu ka.
Ensuite j'irai à ...	sorekara ... e ikimasu.
Donnez-moi un aller en 1re classe (green car) pour	... yuki no ittō o ichimai kudasai.
Donnez-moi un aller et retour en 2e classe pour...	...yuki no ōfuku no nitō o nimai kudasai.
Y a-t-il des voitures-lits ?	shindaisha ga tsuite imasu ka.
Réservez-moi deux couchettes pour...	... made, shindai ken ni mai kudasai.
Combien est-ce jusqu'à... ?	... made ikura desu ka.
De quel quai part le train pour... ?	... yuki wa nan bausen kara demasu ka.
N ème quai, quai numéro	... ban desu.

A l'hôtel, au restaurant

Addition, note	kanjō.
Air conditionné	reidanbō.
Anguille	unagi.
Annuler	torikesu.
Ascenseur	erēbētā.
Bagage	nimotsu.
Baguettes (les)	hashi.
Beurre	bata.
Bière	biru.
Bifteck	bifuteki.
Bœuf	gyuniku.
Boisson	nomimono.
Bol, coupe, tasse	chawan, koppu.
Bouteille	bin.
Buvable, potable	nomeru.
Café	kōhi.
Café (établissement)	kissaten.
Caissier	suitō gakari.
Chambre	heya, shinshitsu.
Chauffage central	danbō.
Chèque	kogitte.

QUELQUES MOTS UTILES

Cigare	hamaki.
Cigarette	makitabako.
Citron	remon.
Clef	kagi.
Complet	man in desu.
Couteau	naifu.
Couverture	kake buton, mōfu.
Crabe	kani.
Crevette et assimilés	ebi.
Cru	nama.
Cuillère	supun.
Cuisinier	ryōri nin (jap.), kokku (occ.).
Petit déjeuner	choghoku.
Déjeuner	chushoku.
Dîner	yushoku.
Directeur	shihainin, manejā.
Douche	shawā.
Draps	shitsu.
Eau	mizu.
Eau chaude	o yu.
Eau minérale	mineraru uōtā.
Eau potable	nomi mizu.
Epicé	togarashi.
Etage (1er, 2e ...)	kai (nikkai, sangai, ...).
Femme de chambre	jochu, meido.
Fourchette	hōku.
Fromage	chizu.
Fruit	kudamono.
Garçon	bōisan.
Gâteau	o kashi (jap.), kēki (occ.).
Hall	robi.
Haricots	mame.
Hôtel	ryokan (jap.), hoteru (occ.).
Jus de fruit	(furūtsu) jūsu.
Lait	gyūnyū, miruku.
Légumes	yasai.
Limonade	saidā.
Lit	nedoko (jap.), betto (occ.).
Massage	amma, massāji.
Menu	menyū.
Monnaie	kozeni.
Nettoyer	sōji suru.
Œuf	tamago.
Omelette	omuretsu.
Oreiller	makura.
Petit déjeuner	asakan.
Pain	pan.
Plat	o sara.
Poisson	sakana.
Poivre	koshō.
Pomme de terre	jagaimo, poteto.
Poulet	niwatori.
Radiateur	sutōbu.
Raifort	wasabi.
Reçu	ryōshūsho...
Réfrigérateur	reizōko.
Repas	shokuji.
Réservation	yoyaku.
Restaurant	ryōriya (jap.), resutoran (occ.).
Rez-de-chaussée	ikkai.
Riz (cuit)	gohan.
Salle à manger, restaurant de l'hôtel	shokudō.
Salle de bain	furoba, basu rūmu.
Sandwich	sandoitchi.
Sel	shio.
Serveuse (appel)	ojōsan.
Serviette de table	napkin.
Serviette de toilette	tenugui (jap.), taoru (occ.).
Serviette chaude	o shibori.
Sucre	satō.
Téléphone	denwa.
Télévision	terebijon.
Thé	o cha (jap.), kō cha (indien).
Thon	maguro.
Toilette, W.C.	semmenjo, benjo.
Tomate	tomato.
Urgence	hijoji, kyuyō.
Verre	koppu.
Viande	niku.
Vin	budō shu.
Avez-vous une chambre ?	heya ga arimasu ka.
Appelez la femme de chambre	jochū wo yonde kudasai.
Ceci n'est pas propre	kore wa kirei de wa arimasen.
Puis-je m'asseoir ici ?	koko e kakete mo ii desu ka.
Oui, je vous en prie	hai, dozo.
Non, cette place est prise	iie, koko wa fusagatte imasu.
Puis-je avoir ... ?	... o itadaite iidesu ka.

QUELQUES MOTS UTILES

La poste

Allô	*moshi moshi.*
Boîte aux lettres	*posuto.*
Carte postale	*hagaki.*
Courrier	*yūbin.*
Enveloppe	*fūtō.*
Envoi express	*sokutatsu.*
Envoi ordinaire	*futsū yūbin.*
Envoi recommandé	*kakitome.*
Paquet	*kozutsumi.*
Poste	*yūbinkyoku.*
Poste aérienne, par avion	*kōkūbin.*
Télégramme	*denshin, dempō.*
Téléphone	*denwa.*
Timbre	*kitte.*
Où est le bureau de poste le plus proche ?	*ichiban chikai yūbin kyoku wa doko desu ka.*
Où est la Poste Centrale ?	*chūō yūbin kyoku wa doko desu ka.*
Quel est l'affranchissement pour cette lettre ?	*kono tegami no sōryō wa ikura desu ka.*
Où est le bureau des télégrammes ?	*dempō kyoku wa desu ka.*
Je voudrais envoyer un télégramme	*dempō wo uchitai desu.*
Combien cela fait-il par mot ?	*ichi go ikura desu ka.*

Les achats

Appareil photographique	*kamera.*
Bon marché	*yasui.*
Cadeau	*o miyage, o kurimono.*
Caisse	*genkin.*
Carte (routière)	*doro chizu.*
Céramique, poterie, porcelaine	*setomono, yakimono.*
Cerf-volant	*tako.*
Cher	*takai.*
Cloisonné	*shippō yaki.*
Eventail	*sensu, uchiwa.*
Fleur	*hana.*
Hors taxe	*muzei.*
Journal	*shimbun.*
Livre	*hon.*
Médicament	*kusuri.*
Miroir	*kagami.*
Paquet cadeau	*o kurimono.*
Paravent	*byōbu.*
Pellicule (photo)	*fuirumu.*
Radio	*rajio.*
Je veux faire des achats	*kaimono wo shitai desu.*
Je voudrais acheter	*... o kaitai desu.*
Ceci me plaît	*kore ga suki desu.*
Je n'aime pas cela	*sore wa kirai desu.*
Combien coûte ceci ?	*kore wa ikura desu ka.*
J'aimerais acheter quelque chose comme ceci	*konna fū na mono wo kaitai desu.*
C'est trop cher	*takasugi masu.*
Voulez-vous faire un paquet s'il vous plaît	*yoku tsutsunde kudasai*

Si, au cours de votre voyage, il vous est nécessaire de rencontrer des interlocuteurs parlant français, poussez la porte de l'*Agence Air France :* Hibiya Mitsui Building, 1-12 Yuraku cho, 1-chome Chiyoda-ku à Tōkyō (☎ 508-0552). Vous êtes assuré d'y recevoir le meilleur accueil.

Le Japon touristique

Que voir au Japon ? — Pas de cathédrale de Chartres ni de Colorado au Japon ; les cartes des principales curiosités naturelles et humaines ne donneront d'ailleurs qu'un faible aperçu des ressources innombrables de ce pays. Aussi serions-nous presque tentés de répertorier ce qu'il ne faut pas voir au Japon... car afin de conquérir la nature au maximum, le Japonais ne s'est pas privé de la balafrer : routes à fonctions multiples (skyline, highway, coastline, driveway, etc.), ascenseurs et galeries qui percent les montagnes, téléphériques qui les enjambent, ponts et viaducs coupant les vallées ou surplombant les bras de mer ; sans parler des Children Playgrounds, des observatoires-belvédères, des publicités tapageuses, etc., qui, malgré leur commodité, méritent d'être dénoncés sur le plan esthétique. Pourtant la **nature est essentielle** dans la conception japonaise du monde. Repoussée sans pitié par les villes tentaculaires, elle domine tout le reste de l'archipel, et on la trouve à quelques kilomètres seulement des principaux centres. Elle gouverne tous les sentiments du voyageur, et de tous temps a été intimement liée à la vie nipponne. Les constructions civiles et religieuses traditionnelles, où domine le bois travaillé, s'harmonisent le plus souvent avec leurs environnement. Le milieu naturel se laisse encore domestiquer par l'art exquis des savants jardins, et dans les pièces dénudées figurent en bonne place ces plantes miniatures que sont le bonsai et l'artistique arrangement floral de l'ikebana.

Parcs naturels. — On ne compte pas moins de 27 parcs nationaux au Japon, dont le plus important est celui de Daisetsuzan à Hokkaidō ; ils regroupent régions naturelles et îles protégées par le ministère de la Santé Publique et des Affaires Sociales. Tous d'intérêt touristique majeur, nous les recensons dans leur ordre alphabétique. Admirablement desservis par des autocars en correspondance avec les transports ferroviaires et des excursions quotidiennes, ils sont par conséquent d'un accès facile. A leur liste s'ajoutent un grand nombre de **parcs quasi nationaux**, des régions naturelles et des réserves que nous mentionnons dans les environs des diverses localités.

Propositions de circuits. — Compte tenu de la configuration de l'archipel, rares sont les touristes qui en seul voyage réaliseront un parcours complet du Nord au Sud. Un séjour moyen de deux à trois semaines s'organise souvent autour du seul grand **axe Tōkyō-Kyūshū**, avec une pointe vers le Nord en direction de Nikkō. Les agences de voyages japonaises faciliteront votre planning, vous réservant moyens de transport et d'hébergement, et vous canalisant, si besoin était, sur les sentiers battus par des millions de Japonais aussi avides que vous de découvrir leur pays. Les étapes que nous avons choisies peuvent être facilement reliées en voiture particulière avec l'aide, le cas échéant, des

RICHESSES NATURELLES
(Tableau d'assemblage)

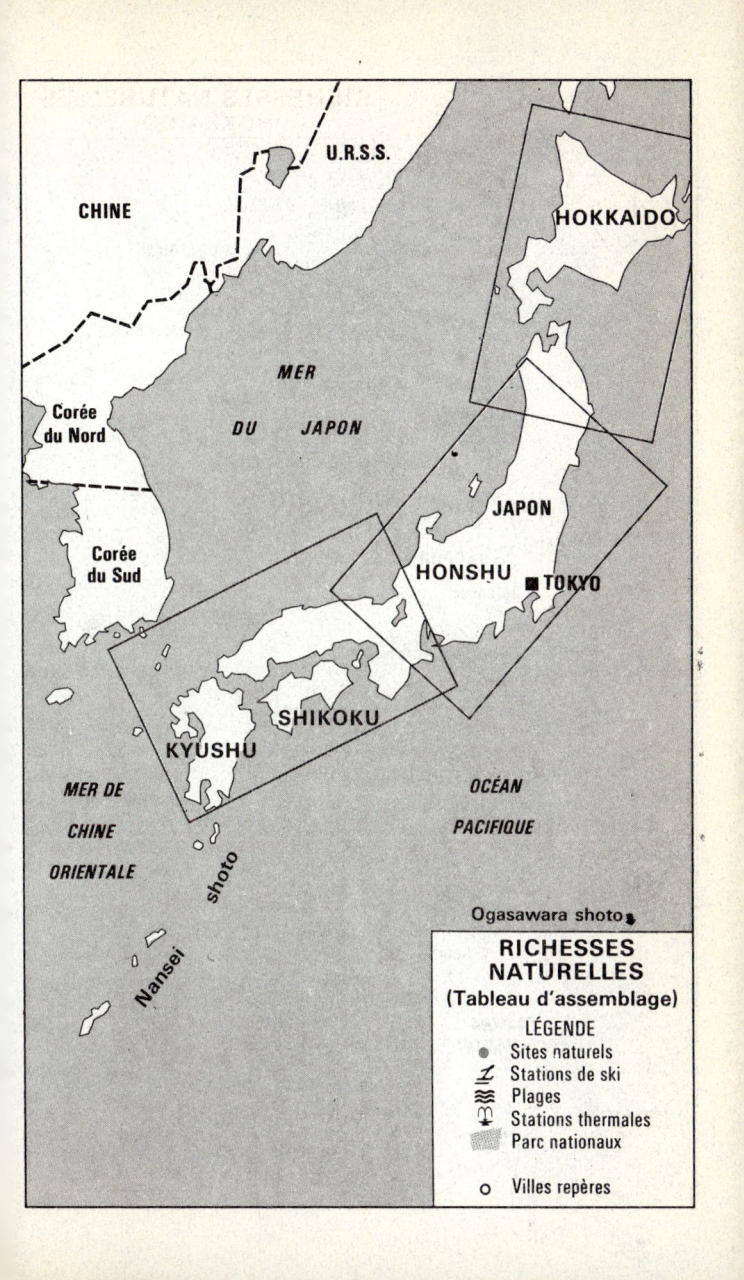

LÉGENDE
- • Sites naturels
- ⚐ Stations de ski
- ≋ Plages
- ♨ Stations thermales
- ▨ Parc nationaux
- ○ Villes repères

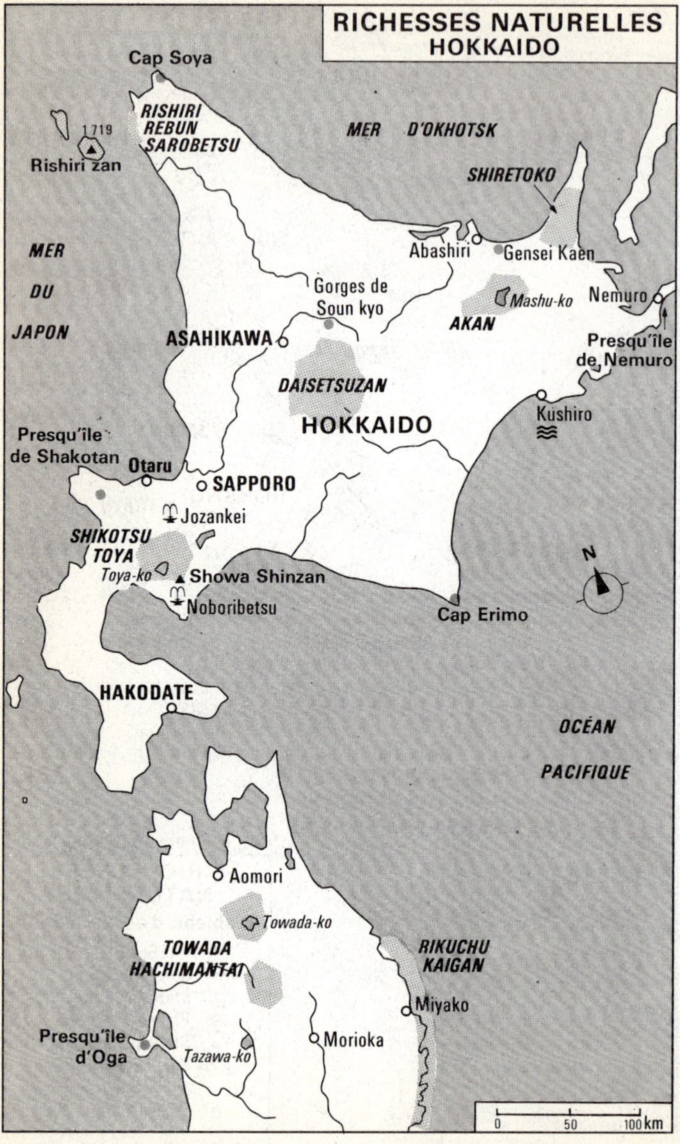
RICHESSES NATURELLES
HOKKAIDO
Cap Soya
RISHIRI
REBUN
SAROBETSU
1719
Rishiri zan
MER D'OKHOTSK
SHIRETOKO
MER
DU
JAPON
Abashiri
Gensei Kaen
Gorges de
Soun kyo
Mashu-ko
Nemuro
AKAN
ASAHIKAWA
Presqu'île
de Nemuro
DAISETSUZAN
Kushiro
HOKKAIDO
Presqu'île
de Shakotan
Otaru
SAPPORO
Jozankei
SHIKOTSU
TOYA
Toya-ko
Showa Shinzan
Noboribetsu
Cap Erimo
N
HAKODATE
OCÉAN
PACIFIQUE
Aomori
Towada-ko
TOWADA
HACHIMANTAI
RIKUCHU
KAIGAN
Miyako
Presqu'île
d'Oga
Morioka
Tazawa-ko
0
50
100 km

RICHESSES NATURELLES HONSHU

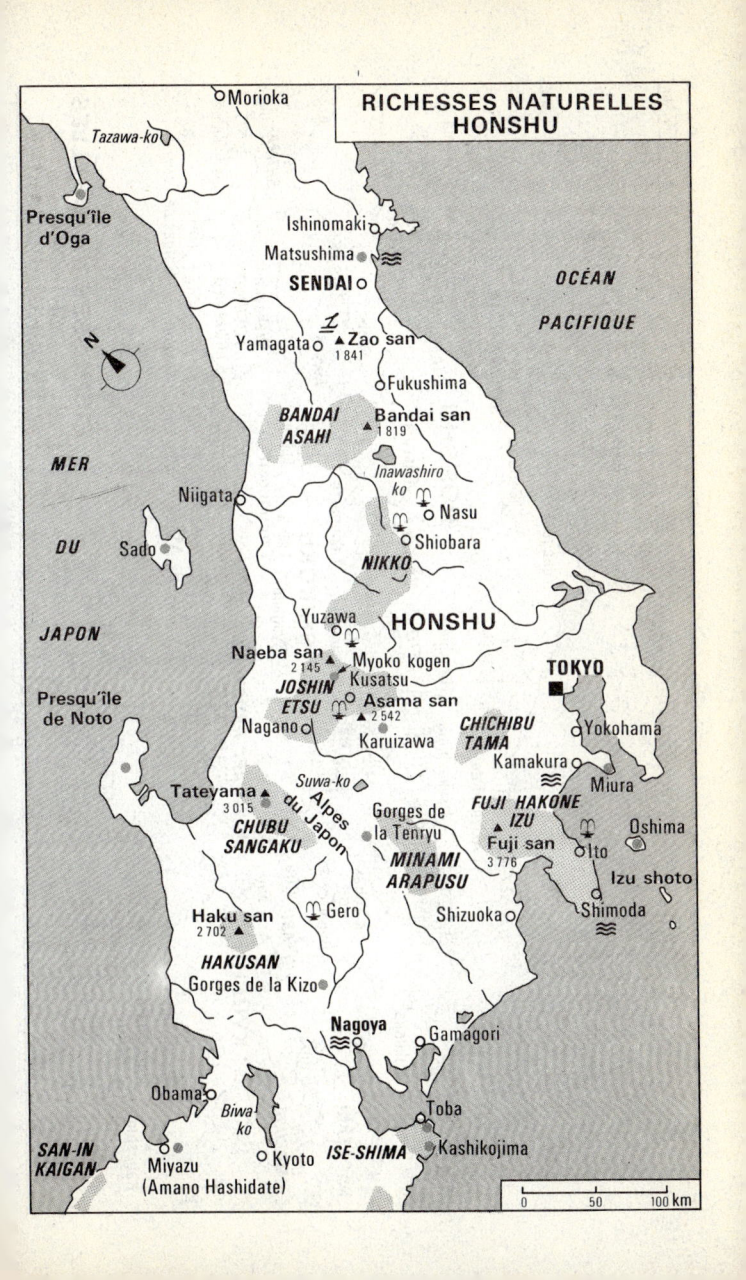

RICHESSES NATURELLES SHIKOKU KYUSHU - HONSHU

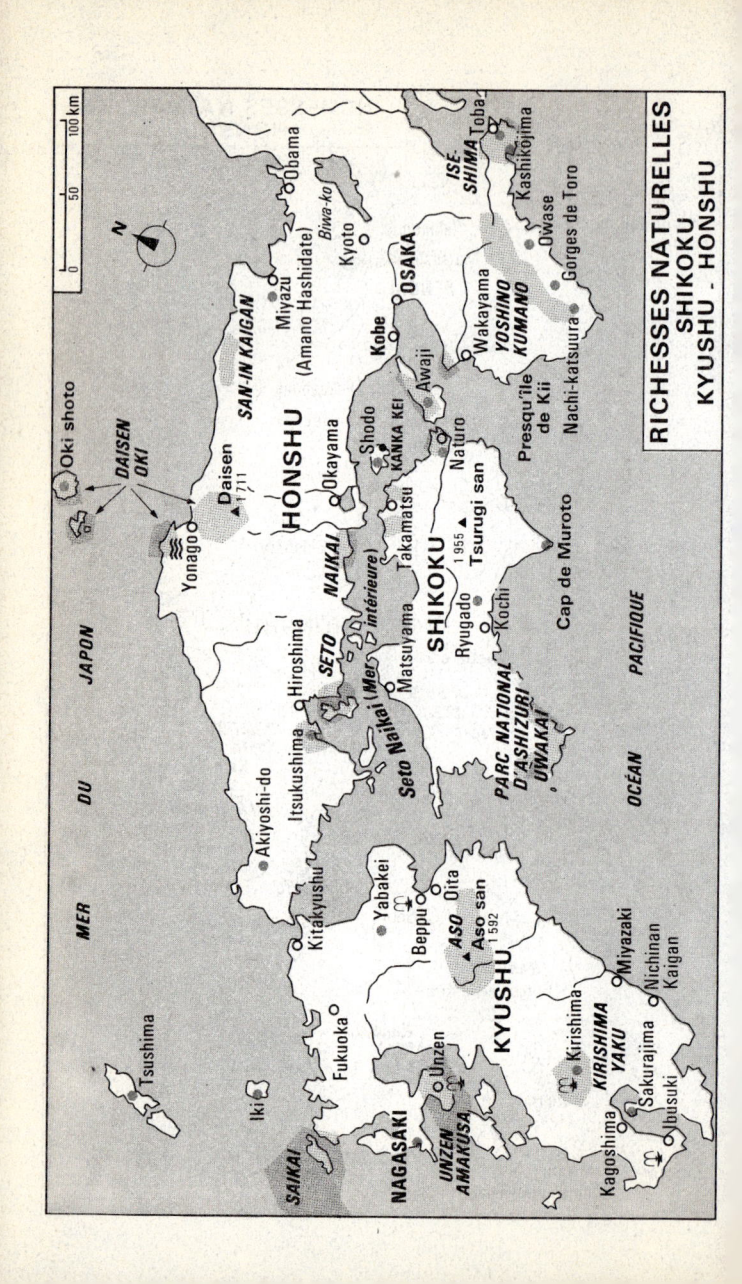

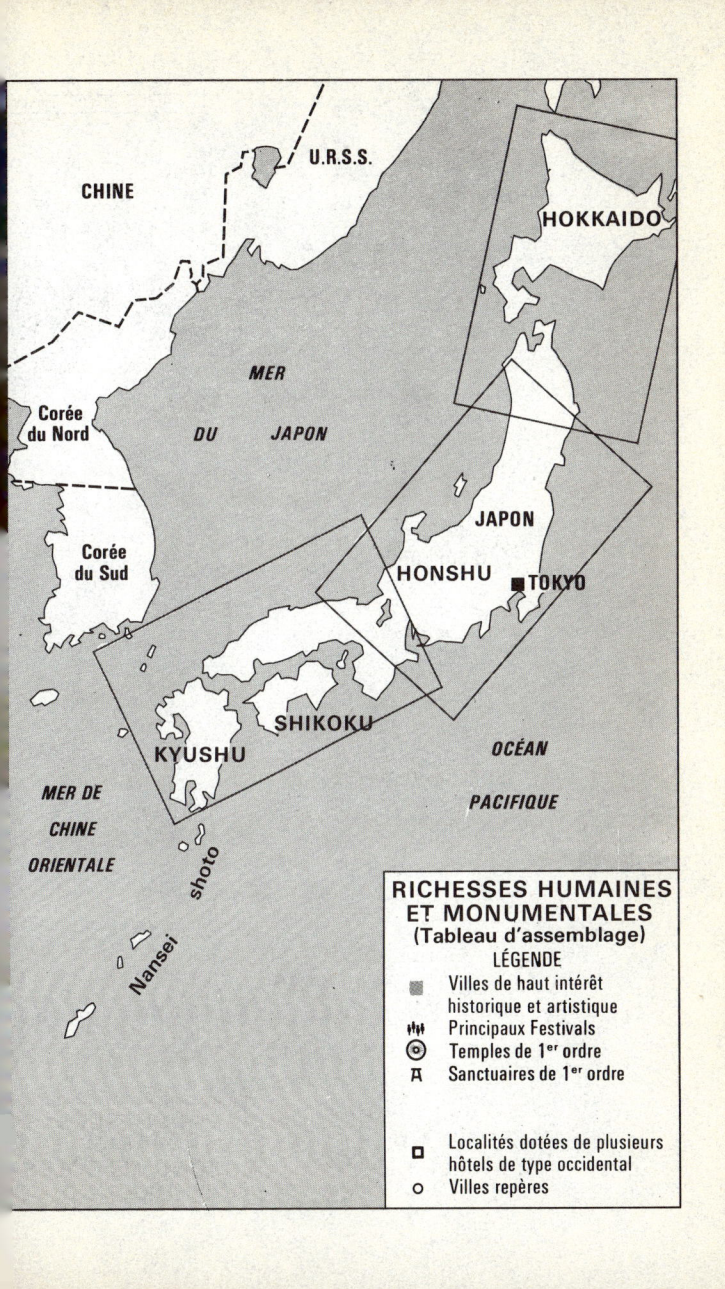

RICHESSES HUMAINES ET MONUMENTALES
(Tableau d'assemblage)

LÉGENDE

- ▦ Villes de haut intérêt historique et artistique
- ⛩ Principaux Festivals
- ⊚ Temples de 1ᵉʳ ordre
- ⛩ Sanctuaires de 1ᵉʳ ordre
- ▫ Localités dotées de plusieurs hôtels de type occidental
- ○ Villes repères

RICHESSES HUMAINES ET MONUMENTALES HOKKAIDO

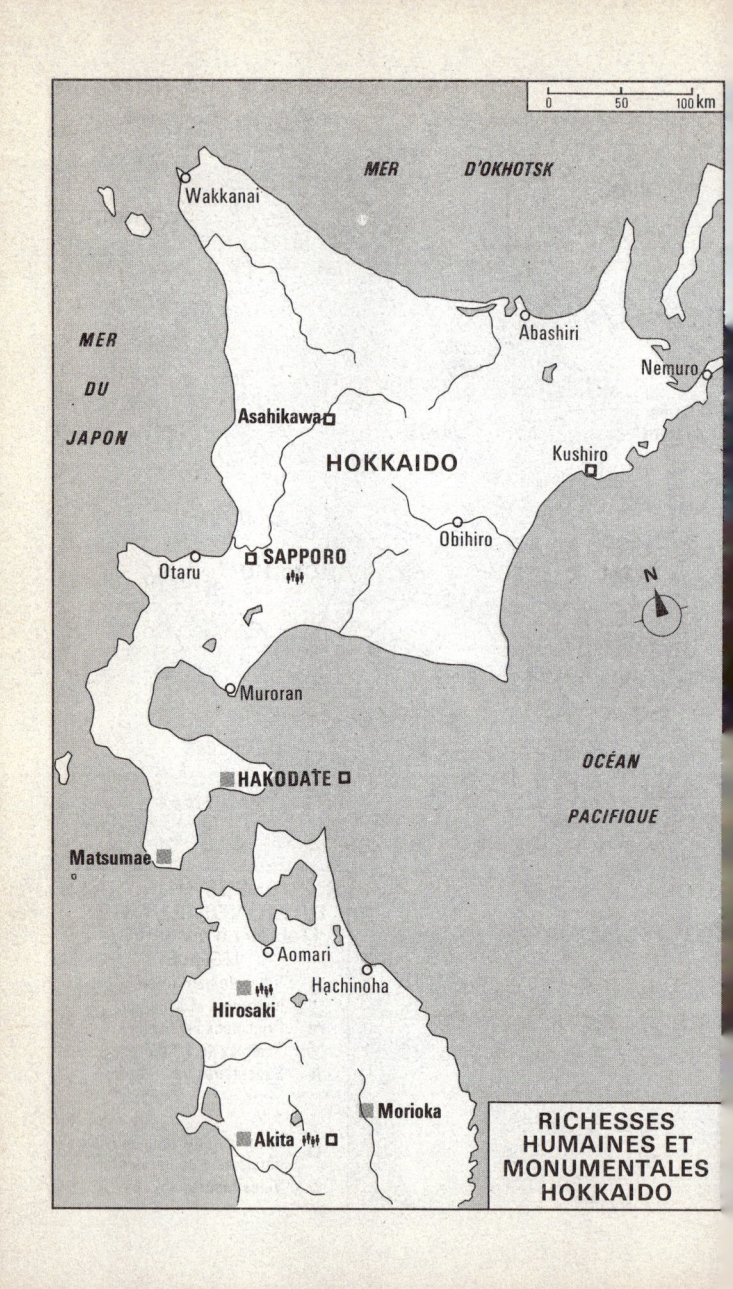

- MER D'OKHOTSK
- Wakkanai
- MER DU JAPON
- Abashiri
- Nemuro
- **Asahikawa**
- HOKKAIDO
- Kushiro
- Otaru
- **SAPPORO**
- Obihiro
- Muroran
- OCÉAN PACIFIQUE
- **HAKODATE**
- **Matsumae**
- Aomari
- Hachinohe
- **Hirosaki**
- **Morioka**
- **Akita**

0 50 100 km

RICHESSES HUMAINES ET MONUMENTALES HONSHU

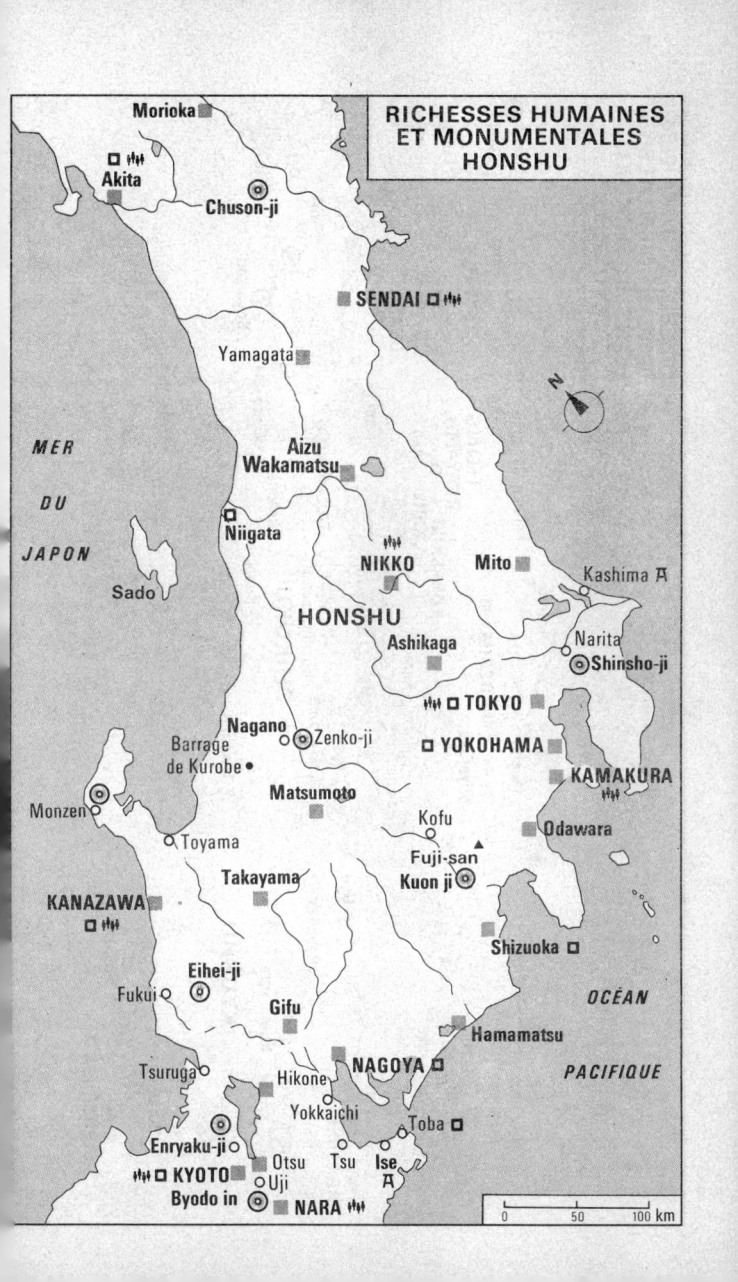

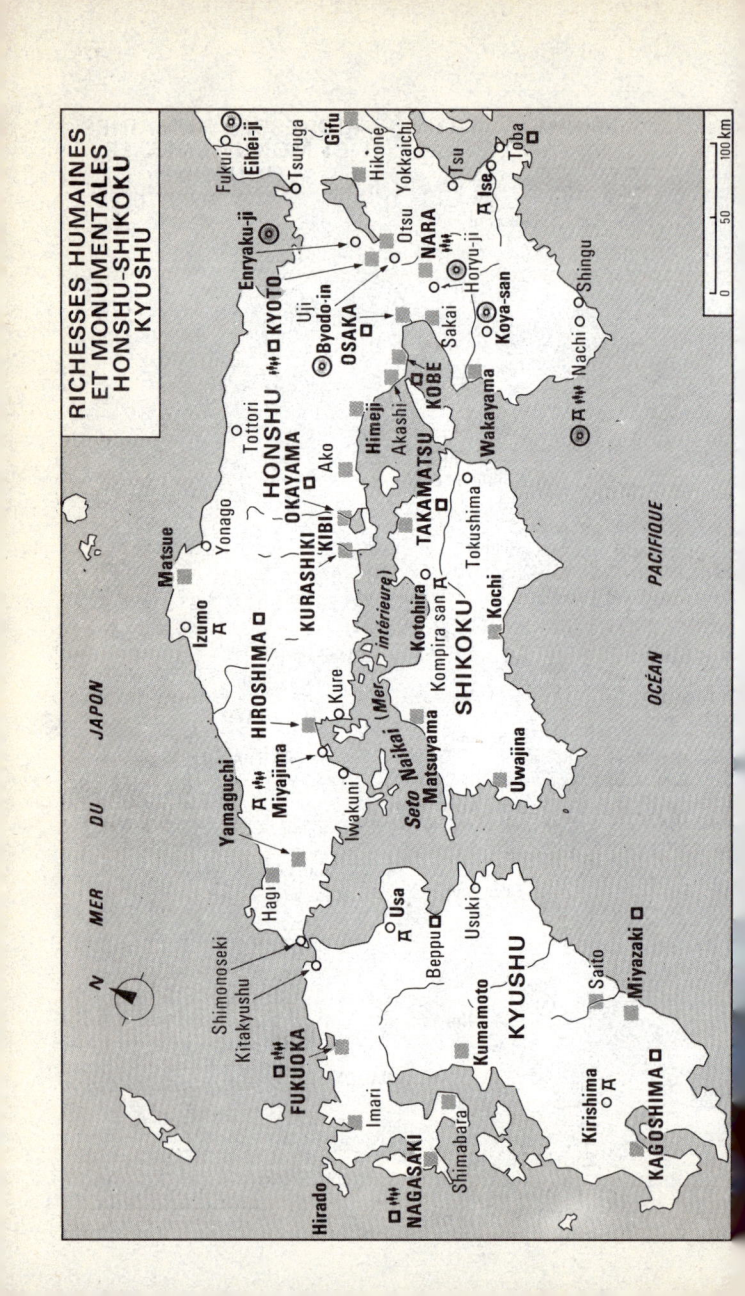

RICHESSES HUMAINES ET MONUMENTALES HONSHU-SHIKOKU KYUSHU

car-ferries : sans véhicule vous accomplirez ces circuits aisément en utilisant les moyens de transport (favions, chemin de fer, bateau, lignes régulières d'autocar et d'autobus, téléphérique, funiculaire, etc.). Des excursions quotidiennes relient entre elles deux localités où arrivent et d'où partent des trains en correspondance ; tout est prévu et vous serez surpris de voir que les Japonais attendaient votre passage à l'heure que vous aviez choisie ! Lors de vos déplacements ne vous inquiétez pas des horaires, presque partout il existe des liaisons quotidiennes fréquentes. A chaque étape vous trouverez des facilités d'hébergement et des hôtels de type occidental dans la plupart des grandes villes ; ces derniers sont à votre disposition pour vous conseiller et vous rendre de multiples services lors de votre séjour.

1. - Le Japon en 10 jours (régions de Tōkyō et Kyōto)

1er et 2e jours : Tōkyō ; visite des quartiers principaux ; voir la visite de Tōkyō en 2 jours dans la deuxième partie de ce guide.

3e jour : Tōkyō-Kamakura-Tōkyō *(90 km)*, le **Dai Butsu** (grand Bouddha).

4e jour : Excursion à Nikkō *(270 km aller/retour)*.

5e-7e jours : Tōkyō-Kyōto *(489 km)* : Voir la visite de la ville en 3 jours dans la partie descriptive du guide.

8e-9e jours : Kyōtō-Nara *(44 km)* ; visite des temples et sanctuaires du **parc de Nara** ainsi que les environs.

10e jour : Nara-Tōkyō *(491 km)* : retour vers la capitale.

2. - Le Japon en trois semaines *(3 420 km env.)*

1er et 2e jours : Tōkyō ; voir la visite en 2 jours dans la partie descriptive de ce guide.

3e jour : Tōkyō-Nikkō *(135 km)*. Visite du **Tōshō gū**, sanctuaire principal avec la pagode à 5 étages et le portail Yomei mon ; sans oublier le parc national de toute beauté à la cascade si célèbre.

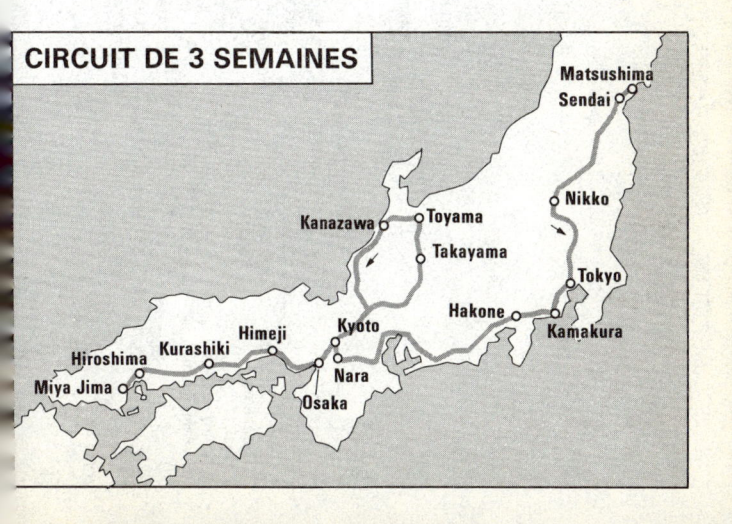

CIRCUIT DE 3 SEMAINES

0 100 km
MER
DU JAPON
30 JOURS AU DÉPART DE TOKYO OU OSAKA
Abashiri
Asahikawa
Kawayu-Onsen
Sapporo
Kushiro
Obihiro
Shiraoi
Noboribetsu-onsen
Hakodate
Hirosaki
Aomori
Morioka
Akita
Miyako
CHUSON JI
Kesennuma
Niigata
Matsushima
Sendai
Fukushima
Toyama
Naoetsu
Kanazawa
Fukui
Nikko
Nagano
Okayama
KYOTO
OSAKA
Kobe
Kurashiki
Hiroshima
Fukuoka
Kitakyushu
Yamaguchi
Miyajima
Tsuruga
Nagoya
TOKYO
Yokohama
Kamakura
Hakone
Tsu
Nara
Ise
Toba
Atami
Shizuoka
Hamamatsu
Beppu
0 100 km
7 JOURS À HOKKAIDO
Sounkyo-Onsen
Abashiri
GENSEI KAEN
Asahikawa
Kawayu-Onsen
Presqu'île de Shakotan
Otaru
Sapporo
Jozankei onsen
Chitose
Obihiro
Kushiro
Shiraoi
Noboribetsu-onsen
Hakodate
Cap Erimo
Matsumae
7 JOURS AU TOHOKU
Hirosaki
Presqu'île d'Oga
Akita
Morioka
Miyako
CHUSON JI
Kesennuma
Ishinomaki

PROPOSITIONS DE CIRCUITS

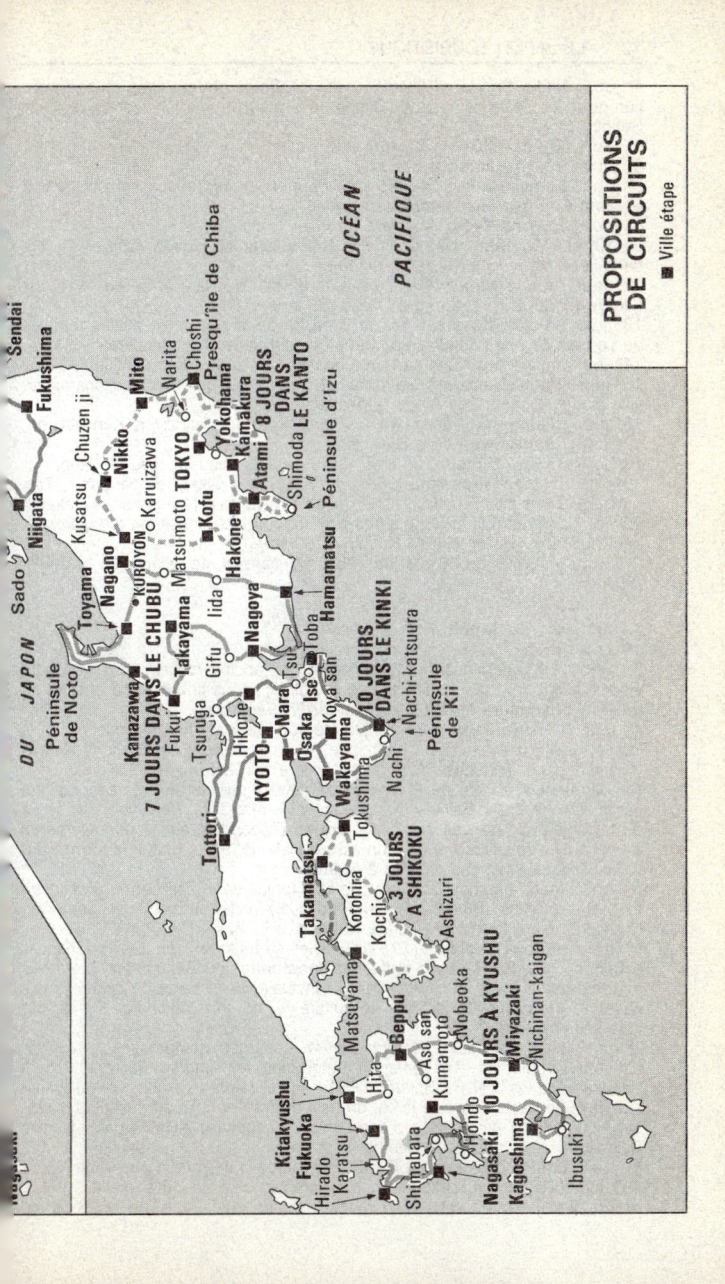

■ Ville étape

8 JOURS DANS LE KANTO
Tokyo – Narita – Mito – Nikko – Chuzen ji – Kusatsu – Karuizawa – KUROYON – Matsumoto – Kofu – Hakone – Atami – Shimoda – Péninsule d'Izu – Kamakura – Yokohama – Choshi – Presqu'île de Chiba

7 JOURS DANS LE CHUBU
Kanazawa – Péninsule de Noto – Toyama – Nagano – Takayama – Iida – Gifu – Nagoya – Hamamatsu – Fukui – Tsuruga – Hikone

10 JOURS DANS LE KINKI
Kyoto – Nara – Osaka – Ise – Toba – Tsu – Koya san – Wakayama – Nachi-katsuura – Nachi – Péninsule de Kii

3 JOURS A SHIKOKU
Takamatsu – Kotohira – Matsuyama – Kochi – Ashizuri – Tokushima

10 JOURS A KYUSHU
Kitakyushu – Fukuoka – Hirado – Karatsu – Shimabara – Nagasaki – Hondo – Kumamoto – Aso san – Beppu – Hita – Nobeoka – Miyazaki – Nichinan-kaigan – Ibusuki – Kagoshima

Autres lieux visibles : Sendai, Fukushima, Niigata, Sado, Péninsule de Noto, DU JAPON, Tottori, OCÉAN PACIFIQUE

4ᵉ jour : Nikkō-Sendai *(194 km)* : visite au site de **Matsushima** où se trouve l'un des plus beaux temples du Japon, le **Chuson-ji** (via Ichinoseki), retour à Sendai.
5ᵉ jour : Sendai-Tōkyō *(374 km)*.
6ᵉ jour : Tōkyō-Kamatura *(45 km)*.
7ᵉ jour : Kamakura-Hakone *(45 km)*. Promenade sur le lac Ashi afin de voir le Mont Fuji (par beau temps seulement).
8ᵉ jour : Hakone-Kyōto *(430 km)*. Premier contact avec Kyōtō.
9ᵉ, 10ᵉ et 11ᵉ jours : visite de la ville et des environs (voir la visite en 3 jours dans la partie descriptive de ce guide).
12ᵉ jour : Kyōto-Nara *(44 km)* et visite du site de Nara et de ses environs (Horyū-ji) ; le soir, retour vers Osaka *(33 km)*.
13ᵉ jour : Ōsaka-Koya-san *(60 km)* ; visite de la nécropole et des temples de ce haut lieu du bouddhisme ; hébergement dans un monastère.
14ᵉ jour : matinée à Koya-san ; retour vers Ōsaka et Kyōto *(145 km)*.
15ᵉ jour : Kyōto-Nagoya-Takayama *(312 km)*. Visite de Takayama, charmante ville blottie au cœur des Alpes japonaises.
16ᵉ jour : Takayama-Kanazawa *(180 km)*. Très beau jardin, le **Kenroku en**.
17ᵉ jour : Kanazawa-Kyōto *(231 km)*.
18ᵉ jour : Kyōto-Himeji *(125 km)*. Visite du plus beau château du Japon.
19ᵉ jour : Himeji-Hiroshima *(250 km)*. Visite de la ville et du parc de la Paix (musée). Transfert en hydroglisseur jusqu'à **Miyajima**. Nuit dans un ryōkan.
20ᵉ jour : Miyajima ; en fin d'après-midi, retour vers Hiroshima en hydroglisseur puis *shinkansen* jusqu'à Kurashiki *(00 km)*.
21ᵉ jour : Visite de Kurashiki, puis *shinkansen* de Kurashiki à Tōkyō, *(694 km)*.

3. - 30 jours au Japon *(6300 km env.)* :
1ᵉʳ et 2ᵉ jours : Tōkyō, visite de la ville.
3ᵉ jour : Excursion à Kamakura, siège de l'ancien *bakufu*, où l'on rendra visite au **Daibutsu** (trains directs depuis Tōkyō) ; vous pourrez vous arrêter au retour à **Yokohama** et visiter le beau *jardin Sankei-en*.
4ᵉ jour : Tōkyō-Atami *(134 km)*, la région de Hakone ; si vous ne vous joignez pas à une excursion organisée, vous gagnerez Hakone via **Odawara** (château) par un train des *J.N.R.* depuis la gare de Tōkyō, ou de l'Odakyū *Electric Railway* depuis la gare de Shinjuku ; d'Odawara prenez une correspondance par le *Hakone Tozan Railway* ou un autocar jusqu'à Gōra. De là vous gagnerez en téléphérique les rives du lac **Ashino-ko** (Tōgendai), d'où vous traverserez en bateau jusqu'à **Hakone** d'où un car par Hakone tôge (vue sur le Mont Fuji) et Hakone Skyline vous mènera à **Atami**.
5ᵉ jour : Atami-Nagoya *(247 km)* ; le plus rapide sera d'utiliser le *shinkansen* (J.N.R.), en vous arrêtant à **Shizuoka** afin d'y visiter au moins Sengen jinja ; consacrez votre fin d'après-midi à **Nagoya**.
6ᵉ jour : Nagoya-Iseshima *(131 km)* ; faites ce trajet en train J.N.R. (changer à Taki) ou *Kintetsu Railway* ; visitez les **sanctuaires** de Geku et Naiku et vous pourrez ensuite continuer vers **Toba**, sanctuaires de la perle de culture (mais aussi du « tourisme de la perle de culture ») que vous atteindrez en car par l'Ise-shima skyline.
7ᵉ jour : Iseshima-Ōsaka *(234 km)* ; journée chargée, nombreuses correspondances. Depuis Ise (Uji-Yamada), empruntez le *Kintetsu Railway* jusqu'à Sakurai, puis les J.N.R. (Sakurai Line) jusqu'à Yamato Takada, et Wakayama Line jusqu'à Hashimoto (pour le *Nankai Railroad*, jusqu'au Kōya-san qui mérite la visite. En fin d'après-midi redescendez à Ōsaka par le Nankai Railroad jusqu'à la gare de Namba.
8ᵉ jour : Ōsaka-Okayama *(160 km)* ; consacrez la matinée à une visite rapide d'**Ōsaka** (Shitennō-ji, château...), puis prenez un train privé ou les J.N.R. depuis les gares d'Ōsaka ou Umeda voisines, jusqu'à **Kōbe** où vous ne

manquerez pas l'ascension du **Rokkō-san**. De Shin-Kōbe le *shinkansen* vous conduira rapidement à Okayama via **Himeji** où vous verrez le plus grandiose château du Japon.

9ᵉ jour : Okayama-Miyajima *(180 km)* ; visite en chemin de **Kurashiki** puis *shinkansen* jusqu'à **Hiroshima** ; visite du mémorial et du parc de la Paix puis hydroglisseur pour **Miyajima**, la perle de la mer intérieure.

10ᵉ jour : Miyajima-Fukuoka *(250 km)* matinée à Miyajima et départ dans l'après-midi pour Hiroshima ; shinkansen jusqu'à Hakata (**Fukuoka**).

11ᵉ jour : Fukuoka-Nagasaki *(142 km)* ; partez de bonne heure afin de visiter le sanctuaire de **Dazaifu** (autocar, ou train *Nishitetsu* depuis Fukuoka en changeant à Futsukaichi). De Futsukaichi, les J.N.R. vous conduisent à **Nagasaki**, où vous passerez la plus grande partie de l'après-midi.

12ᵉ jour : Nagasaki-Beppu *(300 km)* ; les *Kamenoi Bus* vous feront passer par Unzen, Shimabara, Kumamoto et le **Mont Aso**.

13ᵉ jour : Beppu-Ōsaka *(400 km)* ; après une visite matinale de **Beppu**, un avion de *Toa Domestic Airlines* (T.D.A.) vous ramènera à Ōsaka.

14ᵉ jour : Ōsaka-Kyōto *(85 km)* ; depuis la gare de Minatomachi ou celle de Tennōji, rendez-vous (J.N.R.) à **Hōryūji**, où vous visiterez l'un des plus vieux temples du Japon (magnifique). En fin de matinée prenez un bus jusqu'à **Nara** où vous occuperez largement votre après-midi, *Kinki Nippon Railway* vous conduira directement de Nara-Kintetsu à Kyōto.

15ᵉ et 16ᵉ jours : Kyōto ; offrez-vous le taxi et tâchez de voir le maximum en 2 jours.

17ᵉ jour : Kyōto-Kanazawa *(231 km)* ; partez de bonne heure si vous voulez visiter le château de **Hikone** sur votre route, continuez avec les J.N.R. (Hokuriku Main Line) jusqu'à **Fukui** d'où vous pouvez faire un crochet (bus ou *Keikufu Railway*) jusqu'au temple de **Eihei ji** ; arrivez assez tôt à **Kanazawa** pour visiter le jardin de *Kenroku en*.

18ᵉ jour : Kanazawa-Nagano *(195 km)* ; longue journée par la chaîne de **Tate yama**. Empruntez la Hokuriku Main Line (J.N.R.) jusqu'à Toyama, puis le *Toyama Chiho Railway* jusqu'à la station de Tateyama d'où par funiculaire, autocar et téléphérique vous gagnerez le *barrage de Kuroyon* via Tate-yama (V. Parc national de Chūbu Sangaku). De Kuroyon vous redescendrez par trolley puis autocar jusqu'à (Shinano) Ōmachi, d'où un ou deux bus vous mèneront à Nagano.

19ᵉ jour : Nagano-Akita *(467 km)* ; réservez le début de la matinée au *Zenko ji*, puis utilisez des services express des J.N.R. en changeant à Naoetsu ou Niigata.

20ᵉ jour : Akita-Asahikawa *(537 km)* ; après avoir passé la matinée à **Akita**, vous gagnerez Sapporo en avion (T.D.A.), d'où il vous faudra prendre le train jusqu'à Asahikawa.

21 jour : Asahikawa-Abashiri *(218 km)* ; vous emprunterez jusqu'à Rubeshibe les *Dōhoku Bus* qui traversent le **parc national de Daisetsuzan** *via* Sōun kyō. De Rubeshibe à Abashiri les J.N.R. suivent un beau parcours, notamment le long du lac Abashiri.

22ᵉ jour : Abashiri-Kusgiro *(233 km)* ; le train jusqu'à Bihoro, puis empruntez en correspondance un car des *Akan Bus* qui vous permettra de voir les **lacs Kussharo, Mashu et Akan** ; de là vous gagnerez **Kushiro** dans la soirée.

23ᵉ jour : Kushiro-Sapporo *(395 km)* ; par un service express des J.N.R. ou un vol de T.D.A. Terminez l'après-midi à Sapporo.

24ᵉ jour : Sapporo-Hakodate *(327 km)* ; les J.N.R. vous conduiront de Sapporo à Noboribetsu et de la gare de Toya à Hakodate ; entre les deux utilisez les *Donan Bus* via **Noboribetsu Onsen**, Orofure tōge et **Toya-ko**.

25ᵉ jour : Hakodate-Aomori *(113 km)* ; consacrez votre matinée à **Hakodate**, puis prenez un ferry des J.N.R. (4 h de traversée).

26ᵉ jour : Aomori-Morioka *(227 km)* ; descendez en train (J.N.R.) jusqu'à **Hirosaki** ; prenez un car jusqu'à Nenokuchi, sur les bords du **lac Towada** que vous traversez en bateau jusqu'à Yasumiya ; un bus des J.N.R. vous conduira jusqu'à la gare de Minami Towada ; de là train jusqu'à **Morioka**.

27ᵉ jour : Morioka-Kesennuma *(238 km)* ; train J.N.R. jusqu'à **Miyako** d'où il est recommandé de faire une excursion en bateau. De Miyako vous longez en train J.N.R. ou en bus, la côte superbe de **Rikuchū** via Kamaischi et Ofunato jusqu'à **Kesennuma**.

28ᵉ jour : Kesennuma-Sendai *(163 km)* ; empruntez l'Ofunato Line (J.N.R.) jusqu'à **Ichinoseki**, d'où un bus vous mènera au **Chūson ji** qui attire de nombreux pèlerins. De nouveau le bus jusqu'à Ichinoseki ou le train directement depuis Hiraizumu (J.N.R. Tōhoku Main Line), pour atteindre Sendai.

29ᵉ jour : Sendai-Fukushima *(79 km)* ; après une visite rapide de **Sendai**, ne manquez pas de vous rendre à **Matsushima**, l'un des grands sites du Japon (détour de 58 km aller et retour ; ligne d'Ishinomaki, J.N.R.) ; de Sendai à **Fukushima**. *Shinkansen* de Sendai à Fukushima.

30ᵉ jour : Fukushima-Tōkyō *(341 km)* ; partez assez tôt afin de consacrer le maximum de votre temps à **Nikkō** et à ses sanctuaires ; *Shinkansen* de Fukushima à Utsunomiya puis changement de train jusqu'à Nikkō. De Nikkō vous pourrez regagner directement Tōkyō par le *Tōbu Railway* ; arrivée à la gare d'Asakusa.

Plages et stations balnéaires. — Quelques milliers d'îles, 28 000 km de côtes superbes (dont malheureusement 60 % sont maintenant « bétonnées »), des plages de sable blanc, des pins, et pourtant l'on ne peut pas parler véritablement de tourisme balnéaire au Japon. Les plages, surpeuplées en saison, sont dans l'ensemble peu nombreuses : les côtes, le plus souvent formées de récifs, ne facilitent guère une telle implantation ; l'industrialisation et la pollution ont repoussé le baigneur à une distance raisonnable des villes qui pourvoient néanmoins la clientèle balnéaire des côtes. Parmi les stations les plus représentatives nous retiendrons **Ōarai**, à proximité de Mito, la façade maritime de **Kamakura** jusqu'à **Eno shima**, la **presqu'île d'Izu**, surtout, autour de **Shimoda**, la côte du Parc national d'**Ise-shima**, **Shirahama** sur la péninsule de Kii, **Amano-hashidate** et l'extrémité de la préfecture de Yamaguchi tournée vers la Mer du Japon ; c'est à **Kyūshū** que l'on trouvera les plus belles plages ; mais c'est aux **Ryūkyū** qu'on atteint le domaine du rêve, avec plages désertes, une mer chaude et transparente, une végétation luxuriante et des cieux limpides en permanence (sauf durant la période des typhons).

Stations thermales (Onsen). — Il y en a un peu partout au Japon ; nées des phénomènes para-volcaniques, ces fameuses sources chaudes (dont la température peut atteindre 100 ºC) sont distribuées, refroidies, dans les établissements de bains et les hôtels. Leurs propriétés sont à peu près constantes : on soigne les maladies de peau, l'appareil digestif, les névralgies... quelques sources sont radioactives.

Néanmoins, les vertus curatives ne sont pas l'attrait majeur des stations thermales ; le séjour y est généralement de courte durée ; on s'y rend le week-end, à l'occasion d'un congé, attiré surtout par les autres activités qu'offre la station : promenades, sports d'hiver, vie balnéaire...

Les principales stations sont : **Jōzankei** et **Noboribetsu** à Hokkaidō ; **Atami, Itō, Kusatsu, Shirahama, Shiobara** à Honshū ; **Beppu, Ibusuki, Unzen** à Kyūshū.

Renseignements : *Association japonaise de Sources chaudes (Japan Hot-Spring Association)*, Kokusai Kanko Kaikan Bldg., 1-8-3, Marunouchi 1-chome, Chiyoda-Ku, Tōkyō (✆ 231-1640).

Sports d'hiver. — La neige ne manque pas en hiver et les pistes de ski sont nombreuses. Mais là aussi on ne doit pas s'en faire la même idée qu'en Europe. Les stations de ski, presque toutes concentrées dans les « Alpes japonaises » (préfectures de Nagano et Niigata), sont très proches des grands centres de Tōkyō, Nagoya, Ōsaka. Aussi ce sont des foules énormes qui débarquent en hiver des trains et autocars, pour partir à l'assaut des remonte-pentes. L'équipée dure rarement plus de quarante-huit heures, du moins sont-elles occupées pleinement, puisque des projecteurs assistent les skieurs nocturnes. Vous trouverez tout de même de bons hôtels si vous voulez dormir... Les stations **Zao** et de **Naeba** comptent parmi les plus célèbres.

Connaître le Japon

Rencontre avec le Japon

par **Jacques Pezeu-Massabuau**
Docteur ès lettres, chargé de cours à l'Université de Tōkyō

Nous avons tous en nous une image du Japon, fruit de nos lectures ou de nos rêves, prisonnière d'un réseau de mythes, de croyances et d'illusions, fondée sur l'imagination de voyageurs ou de romanciers et le témoignage de journalistes et de cinéastes, sur la contemplation, au hasard d'une exposition, d'œuvres d'art étranges et merveilleuses comme sur la crainte qu'inspire un peuple lointain, étonnamment rapide dans ses entreprises... Depuis la dernière guerre, ses facettes les plus brillantes — chatoiement des kimonos, couchers de soleil sur le cône neigeux du mont Fuji, poudroiement des cerisiers, incantations magiques du théâtre Nô — en laissent apparaître d'autres : visions troublantes d'hommes affairés aux quatre coins de la planète, usines spectaculaires, lourdes chapes de fumées noires sous lesquelles s'éploient les plus vastes cités du globe...
Or tout cela se trouve à présent à portée de la main — quatorze heures de vol —, ramassé sur quelque 369 000 km² en quatre îles majeures et une multitude d'îlots groupés dans le Pacifique à quelques centaines de kilomètres au large du continent asiatique. La multiplicité et la rapidité des trains et des avions à l'intérieur de l'archipel permet d'y voir ce que l'on veut, fût-ce en quelques jours, et il ne reste ainsi qu'à choisir. Non point en lisant trop de choses à l'avance (c'est plutôt au retour qu'on confrontera avec fruit ce qu'on a vu et entendu avec le témoignage des autres), ni en sillonnant le pays à grande vitesse, mais en y recueillant avec soin quelques images et, surtout, en sachant s'étonner...

Une nature merveilleuse et rebelle

Des montagnes omniprésentes. — Présence écrasante des montagnes, étroitesse des plaines, interpénétration poussée de la terre et de la mer, tels sont les grands traits du paysage. Hauteurs voilées de brume et surplombant l'océan, rocs couronnés de pins et battus des vagues, touffes de bambous cernant de douces collines, cônes volcaniques hardis où dorment des lacs verdâtres, hautes cimes rocheuses, lourdes crêtes drapées de forêts, vallées profondes où grondent les torrents : l'essentiel du Japon est constitué de pentes supérieures à 15 %. L'histoire géologique de ces terres, surgies de l'océan à une date peu ancienne, y a entretenu jusqu'à présent de vifs contrastes d'altitude : blocs fracturés de toutes directions, volcans encore actifs dont l'action propre se voit ici renforcée par un système d'érosion vorace : neige, froid et gel, pluies torrentielles qui en rajeunissent constamment les formes.

De celles-ci, ce sont **les volcans** qui dessinent les plus remarquables ; sur les 265 recensés, une vingtaine a fait preuve d'activité depuis 1900, surtout dans le nord du pays, le centre de Honshū, l'île principale, et à Kyūshū. Certains, groupés en familles, suspendent de vastes paysages lunaires au-dessus des plaines, d'autres s'isolent superbement tel le plus beau d'entre eux, le **Fuji** (3 776 m). Toutefois cet énorme cône de cendres n'est en sommeil que depuis le XVIIIe siècle et ses voisins, l'**Asama** notamment, émettent encore des grondements peu rassurants. Ailleurs, les monts Hida (les « Alpes japonaises ») échelonnent pics et crêtes pyrénéennes des approches du Pacifique à la mer du Japon, mais partout des hauteurs plus émoussées et boisées cernent les creux où se ramassent les hommes, leurs cultures et leurs cités.

Des plaines étroites aux collines verdoyantes. — Cadre élu de la civilisation nationale, les plaines ne couvrent ainsi que 16 % du pays. Ce sont toujours des accumulations alluviales dans des dépressions aménagées par la tectonique ou aux échancrures du rivage : cônes de galets grossiers à la périphérie, sables et limons de plus en plus fins jusqu'au centre où court généralement une rivière. Celle-ci, large et divisée en bras, circule au-dessus de ses interfluves et les hommes l'ont de bonne heure corsetée de digues. Certaines de ces plaines sont, il est vrai, fort vastes et dans le centre de Hokkaidō, l'île septentrionale, autour de Tōkyō, de Nagoya ou d'Ōsaka, des étendues sans limite évoquent localement le nord de l'Europe avec leurs routes rectilignes et leur parfaite horizontalité. La plupart toutefois se tassent au cœur des montagnes, barrées à l'aval et à l'amont de gorges sauvages et cernées de tous côtés d'immenses versants boisés. Certains de ces bassins s'ouvrent assez largement et des jeux de terrasses les raccordent aux hauteurs qui les environnent ; d'autres sont d'étroites alvéoles nées à la faveur de confluences et des cônes alluviaux à forte pente les encombrent totalement.

Les plaines les plus nombreuses s'ouvrent sur la mer : c'est le cas des plus vastes (Tōkyō, Nagoya, Ōsaka, Niigata) et de la plupart des autres, nettement limitées par deux promontoires prolongeant au large leur cadre de collines et par une longue plage battue des vagues. Le Japon a plus de 30 000 km de côtes et, comme la plupart des plaines — et toutes les plus peuplées — ont une façade maritime, la quasi-totalité des Japonais vit à proximité de la mer.

La diversité des rivages. — Les paysages littoraux offrent toutefois une grande variété. Sur la mer du Japon, d'immenses plages rectilignes se succèdent régulièrement parce que le rivage se développe parallèlement aux grandes fractures. Sur le Pacifique, au contraire, celles-ci se présentent obliquement et des baies profondes parfois de 50 à 60 km (Tōkyō, Nagoya), des presqu'îles de grandes dimensions (Bōsō, Izu, Kii) en découpent le tracé. La **mer Intérieure** enfin recoupe transversalement de grands gauchissements où elle se resserre et s'élargit tour à tour tandis que des îles innombrables en rappellent en tous lieux la faible profondeur. Subsidence et soulèvements lents affectent enfin ces rivages ; dans le nord du pays, les seconds l'emportent et les côtes sont garnies de terrasses soulevées ; au centre de l'archipel les deux tendances coexistent tandis qu'à l'ouest une subsidence continue ne laisse que des plages étroites et, localement, des rias.

La nature propose et l'homme dispose. — Ce qu'on appelle communément les côtes favorables au trafic : baies rocheuses et bien abritées, ne sont que peu peuplées. Les grands centres de la vie urbaine et économique se trouvent au contraire tous assis au bord de baies plates et marécageuses (Tōkyō, Nagoya, Ōsaka...), drainées ou colmatées depuis des siècles. De nos jours enfin, la poldérisation du rivage pacifique substitue progressivement aux dunes et aux lagunes de longues sections de digues bétonnées.

Les saisons et les plantes. — Voisin au nord (31°) des rivages sibériens et longé par la mer d'Okhotsk qui gèle entièrement deux mois par an, ouvert largement au sud (45°) aux influences tropicales, visité de courants chauds (Kuroshio) et froids (Oyashio), exposé à l'ouest aux vents glacés du continent asiatique et à l'est aux brises et aux typhons du Pacifique, le Japon présente du point de vue du climat une variété que son relief ne lui assurerait sans doute qu'imparfaitement.

Le cycle des saisons y est partout d'une remarquable netteté, mais à la mi-mars, alors que les premiers cerisiers fleurissent dans les jardins de Kyūshū, la mer dégèle à peine au nord de Hokkaidō. En hiver, tandis que les habitants de Tōkyō jouissent d'un ciel clair et d'un froid léger mais ensoleillé, les riverains de la mer du Japon s'ensevelissent sous des mètres de neige (jusqu'à 6 m au niveau de la mer au parallèle de Barcelone) ; partout cependant l'été ramène les mêmes touffeurs tropicales : trois mois dans le nord, six dans le sud-ouest.

Il pleut beaucoup au Japon, surtout en juin-juillet (« pluie des prunes ») et en septembre, et seule la région de la mer Intérieure reçoit moins de 1 m de pluie par an. La carte des températures révèle des contrastes encore plus nets, depuis le minimum absolu de − 40° d'Asahikawa (Hokkaidō) jusqu'aux lourdes chaleurs estivales (moyenne d'août : 23 à 26°), pénibles aux habitants en raison surtout de l'humidité qui les accompagne.

Chaleur et humidité assurent au Japon une épaisse couverture forestière tandis que l'absence des glaciations quaternaires qui ont décimé en Europe la flore du Pliocène a permis ici le maintien de milliers d'espèces disparues chez nous. La forêt couvre 68 % du pays et se cantonne dans les hauteurs que les hommes n'occupent point, là où les fortes pentes rebutent le riziculteur tandis que le bambou nain s'oppose tenacement à l'éleveur. Jusqu'au 38ᵉ parallèle règne la forêt de type subtropical et ses espèces à feuilles persistantes (magnolia, camélia, chêne-vert). La forêt « tempérée » drape le nord de Honshū et les hauteurs de la zone précédente : chênes, hêtres, érables y forment de belles futaies, associées généralement à d'innombrables espèces, à la différence de nos grandes forêts. Les conifères prennent une importance croissante vers le nord : pins de toutes sortes, dont le fameux cryptomère qui dresse en maints endroits son fût de 40 à 70 m. Ils règnent en maîtres au nord de l'archipel et dans les plus hautes montagnes, associés aux frênes et aux bouleaux. De nombreux oiseaux et des mammifères variés habitent ces bois, sans oublier les redoutables ours bruns, qui dévorent, bon an mal an, quelques habitants de Hokkaidō chaque hiver. C'est finalement le bambou qui pourrait symboliser cette flore ; espèces géantes du centre et de l'ouest, formes naines qui tapissent le moindre talus depuis Kyūshū jusqu'aux rivages les plus septentrionaux : partout ils balancent leurs touffes d'un vert tendre et donnent une dimension « humaine » à ces grandioses étendues végétales.

Un milieu naturel violent. — Le Japon se trouve au bord du plus vaste océan du globe et sur le « cercle de feu » du Pacifique ; ce double désavantage lui vaut chaque année la visite de cataclysmes qui ont toujours frappé ici d'un lourd handicap les entreprises des hommes. Un sinistre comme le grand séisme du Kantō (1923) a causé la perte de 150 000 personnes, mais un typhon d'importance moyenne — un tous les quatre ou cinq ans — peut prendre une centaine de vies humaines. Certains de ces excès frappent soudainement (séismes, volcans), d'autres, d'une relative régularité (typhons, glissements de terrain, crues), font partie du rythme « normal » de l'existence.

Il en est d'origine tectonique ou structurale ; parmi ceux-ci, les uns sont rapides : éruptions volcaniques et séismes notamment. Les premières font peu de victimes aujourd'hui (car on peut les prévoir) mais ravagent les œuvres humaines ; les séismes par contre échappent encore à la prévision et frappent surtout les régions les plus peuplées ; la baie de Tōkyō et le rivage du Pacifique en général. Mais le reste du pays n'est pas toujours épargné et le tremblement de terre de Fukui, le 28 juin 1948, fit 3 895 morts. Survenant au large, ils occasionnent des raz-de-marée précipitant sur le rivage des montagnes d'eau dévastatrices.

Ailleurs la terre glisse lentement, ainsi dans la région de Niigata où des fleuves de terre de 1 à 5 km de long sur 50 à 300 m de large emportent sournoisement vers l'aval champs et rizières. Dans les grandes villes des pompages excessifs entraînent des affaissements annuels de 5 à 10 cm, brisant les canalisations et obligeant à de coûteux travaux de voierie.

Le climat ne cause pas moins de désastres : sous leur forme violente, ce sont d'abord les typhons qui font chaque année quelques victimes et détruisent des milliers d'habitations : août et septembre sont les plus meurtriers, Shikoku et Kyūshū les régions les plus frappées, mais Tōkyō elle-même n'y échappe pas toujours. Outre des vents soufflant en tempête, ils amènent d'énormes abats d'eau qui gonflent les nombreux fleuves côtiers et crèvent leurs digues. La fonte printanière des neiges et la « pluie des prunes » en été (jusqu'à 5 ou 600 mm d'eau en 24 heures) précipitent elles aussi avec rage les cours d'eau vers l'aval.

Ailleurs, un enneigement prolongé paralyse la vie trois mois l'an, tout en réduisant de moitié la durée normale de la maison traditionnelle en bois ; ailleurs encore, dans le nord de Hokkaidō notamment, à un hiver glacial succède parfois un été brumeux qui empêche (un an sur quatre) la maturation des récoltes. Il n'est pas jusqu'à la sècheresse qui ne frappe ce pays pluvieux (un an sur dix), entraînant jadis de tragiques famines et décourageant encore à présent maints agriculteurs.

Le Japon doit ainsi être considéré comme une terre de violences, fondamentalement hostile aux entreprises humaines et ses plantureux paysages ruraux, ses riches métropoles expriment une insertion totale de l'homme dans une nature aussi aimée que redoutée, une remarquable victoire de l'intelligence sur des forces aveugles.

L'endroit et l'envers du Japon. — Cette victoire s'affirme surtout le long du Pacifique et de la mer Intérieure, depuis la région de Tōkyō jusqu'à Kyūshū : ici se pressent toutes les grandes villes, les régions clés, l'essentiel des richesses et des hommes : c'est l'« endroit » du pays. L'« envers » échelonne, sur la mer du Japon, depuis Akita jusqu'au détroit de Shimonoseki (entre Honshū et Kyūshū), des secteurs uniquement ruraux, aux cités rares et peu peuplées.
Cette dissymétrie est d'abord naturelle : des rivages plats et battus de la mousson d'hiver s'opposant à des côtes richement découpées et ensoleillées en hiver, mais elle s'est vue entretenue et accentuée par l'histoire. Celle-ci a en effet toujours concentré ici — dans la région de Kyūshū, puis dans le Kansai (Nara et Kyōto), enfin sur la baie de Tōkyō — les forces vives du pays : gouvernements et richesses, et y rassemble aujourd'hui les grands foyers économiques. Ici courait, d'Edo (Tōkyō) à Kyōto et Ōsaka, la vieille route de Tōkaidō, devenue l'axe de la mégalopolis japonaise.
C'est le dernier siècle qui a sanctionné ce partage longitudinal du pays : en 1873, Nagoya (sur le Pacifique) et Kanazawa (sur la mer du Japon), toutes deux capitales féodales, avaient environ 130 000 habitants. L'écart s'accuse dès 1898 (244 000 pour Nagoya contre 84 000) et a grandi sans cesse jusqu'à ce jour (3 millions contre 300 000). Cette dissymétrie dans son développement pose au Japon moderne un des grands problèmes de son développement futur, si elle a préservé pour le voyageur amoureux du passé un « envers » riche de traditions et de paisibles campagnes.

Repères historiques

De la préhistoire à l'histoire. — Selon la mythologie nationale, la terre japonaise est l'œuvre des dieux, plus exactement d'un couple de divinités, *Izanagi et Izanami,* chargé de stabiliser le chaos originel ; leur fille, *Amaterasu O-mikami,* déesse du soleil, serait l'ancêtre du clan impérial, notamment de l'empereur Jimmu, premier souverain — mythique — de la longue lignée des souverains japonais.
Les récentes découvertes archéologiques semblent prouver que les premiers habitants de l'archipel assistèrent à la naissance de celui-ci : à son détachement progressif du continent asiatique. Cette première civilisation *(Jōmon)* était le fait de petites communautés maritimes de chasseurs-pêcheurs. Au IIIe s. av. J.-C. commence le Japon « agricole » (époque *Yayoi*) enrichi de toute une série d'apports spectaculaires venus du continent : le tour du potier, le bronze, la pierre finement polie et surtout la riziculture avec toutes les pratiques d'irrigation qu'elle entraîne. Au IVe s., c'est l'âge du fer, des grands chefs de guerre et des immenses sépultures *(kōfun)* qui parsèment encore les campagnes de Nara et Ōsaka. Un siècle encore et la cour du Yamato (du nom de la province qui entoure Nara) est déjà constituée, ayant absorbé la plupart des clans

en quoi se divisait la société primitive. Apparaissent en même temps les caractères chinois et le bouddhisme qui, bien que ressenti d'abord comme un défi à la religion traditionnelle, se vit soutenu systématiquement par les souverains et devint religion officielle en 594. Simultanément, l'État, sous l'impulsion du régent Shōtoku Taishi, s'organisait sur le modèle chinois.

Nara (710-794). — Peu à peu la centralisation étatique se renforce ; la réforme de *Taika* (645-649) en définit les caractères et de grands codes en posent les bases juridiques. Impôts, répartition des terres, catégories socio-professionnelles sont établis sur le modèle Tang et une grande capitale, Heijōkyō, dont l'actuelle Nara n'est que le faubourg oriental, est tracée à l'imitation de la Tch'ang-Ngan chinoise. Des palais et de grands sanctuaires bouddhiques s'y édifient selon le style du continent. Savants et techniciens coréens puis chinois viennent enseigner le tissage de la soie, l'orfèvrerie, l'art de la laque et la charpenterie.
Les Japonais toutefois se plièrent mal à cette centralisation étatique : familles nobles et monastères s'opposaient sans cesse dans leur conquête des privilèges et se mirent, loin de la capitale, à se créer de grands domaines où l'autorité centrale ne se faisait plus sentir. La population augmentait rapidement, débordant elle aussi les cadres étroits de l'administration théorique. De toutes parts, le pouvoir se voyait miné : lutte des monastères, des grandes familles, extension de la conquête à la quasi-totalité de l'archipel. En proie à la domination tyrannique des grandes sectes bouddhiques (déjà au nombre de six), prisonnier de fait de leurs querelles, l'empereur *Kōnin* décida d'abandonner sa capitale et son successeur, *Kammu,* transporta sa cour à 50 km au nord de Nara. Ainsi fondée, **Heian** (l'actuelle Kyōto) devait rester résidence impériale plus de mille années (794-1868).

Heian (794-1192). — A Heian, la cour devint un monde fermé livré aux joies de la poésie et des arts tandis que la puissante famille des *Fujiwara* exerçait l'autorité réelle, fournissant en outre les impératrices. De temps en temps un sage ministre, tel l'illustre *Michizane,* voire l'empereur lui-même, tentent de la reprendre en mains, vainement toutefois : sur quarante empereurs, vingt abdiquent, trois sont déposés. Deux grands clans de souche impériale, les *Taira* et les *Minamoto* ajoutent par leurs luttes à la confusion ; la cour demeure impuissante et même les Fujiwara ne peuvent protéger Heian, pillée à plusieurs reprises. Les Taira tentent de s'emparer de Shikoku et l'empereur fait appel, contre eux, aux Minamoto dont le pouvoir s'étend ainsi graduellement sur le pays. Au XIIe s., Minamoto Yoritomo se voit à la tête de tout le nord de l'archipel et, en 1185, à la bataille de Dannoura, les Taira sont vaincus.
Cette époque de Heian, riche en épisodes hauts en couleur, est en même temps un grand âge du bouddhisme ; de grands moines revenus de Chine, *Kōbō Daishi, Dengyō Daishi,* fondent des sectes nouvelles tandis que les collines qui enserrent la capitale se couvrent de riches monastères. A la cour, tournois de beaux esprits, assauts de luxe et de raffinement, piques-niques sous les cerisiers en fleurs ou les érables dorés par l'automne amollissent les rouages théoriques du pouvoir et la vieille noblesse qui l'entoure. C'est alors que dans les provinces, à l'abri

des forteresses et sur les champs de bataille naît une nouvelle caste sociale : celle des «bushi» (désignés improprement sous le nom de *samouraï*), les hommes de guerre, fidèles à l'honneur et au devoir, dont l'épanouissement caractérise l'âge de Kamakura.

Kamakura (1192-1333). — C'est dans cette petite baie au sud de l'actuelle Tōkyō que *Minamoto Yoritomo*, devenu en 1192 «généralissime pour la soumission des barbares», établit le siège de son autorité. Postes militaires et délégués de province, doublant les cadres impériaux inefficaces, assurent l'administration de l'empire. A la mort de Yoritomo, la famille des *Hōjō* s'empare du pouvoir et l'exercera jusqu'en 1333 sous le titre de «régent».

Durant le siècle et demi de leur sage administration, les lois féodales furent codifiées, la riziculture s'étendit grâce à la paix relative et le commerce intérieur put se développer. Toute une culture empreinte d'austérité et de vigueur naît pour cette société purement militaire : «Poésie mâle et tendre à la fois, grandes narrations militaires sur le thème des rivalités des premiers clans, arts dépouillés, sculpture noble et sobre, peinture sans éclat ni mièvrerie, d'admirables armes et une architecture au dépouillement campagnard, robuste, aussi solidement plantée que le régime» *(P. Landy).* De nouvelles sectes bouddhiques, celle de *Nichiren,* l'amidisme, rapprochent cette doctrine du menu peuple tandis que le *zen,* fondé sur la quête personnelle du salut, convient davantage à la caste guerrière en rejetant le recours aux textes et aux images pour ne s'adresser qu'à la maîtrise de soi.

Deux invasions mongoles victorieusement repoussées (1274 et 1281) affermirent encore le prestige de la classe militaire tout en lui donnant d'elle-même une idée excessive. Une insatisfaction latente règna dès lors chez ces guerriers tandis que le gouvernement des Hōjō se relâchait. Peu après, une longue querelle de succession entre branche aînée et branche cadette de la famille impériale amenait la chute de Kamakura et l'arrivée à la fonction shogunale de la famille *Ashikaga.*

Muromachi et Momoyama (1333-1600). — Les nouveaux maîtres du pays, établis à Kyōto dans le faubourg de Muromachi, tiennent une cour extrêmement brillante, un peu à la manière des cours italiennes de la Renaissance. Sous l'influence de la culture Song, l'architecture s'affine à l'extrême (Pavillons d'Or et d'Argent), une peinture nouvelle, mariant sur des fonds d'or les couleurs les plus vives, flamboie sur les cloisons des résidences tandis que, dans d'austères pavillons savamment rustiques, s'élaborent les rites dépouillés de la cérémonie du thé. En même temps le Japon se lance dans le commerce extérieur, avec de grands bénéfices au moment où les Portugais, en 1543, arrivent dans l'archipel et y introduisent simultanément les armes à feu et la religion chrétienne.

Les Ashikaga toutefois ne réussirent pas à enrayer l'anarchie. Aux querelles opposant les familles guerrières se superposent des jacqueries, contre l'impôt et les usuriers. De 1467 (révolte d'Onin) à 1570 environ, le Japon se trouve plongé dans l'anarchie la plus complète. On se bat dans les monastères, dans les villes et les campagnes, dans les rues de Kyōto, parcourues de bandes rivales, les empereurs iront jusqu'à mendier leur nourriture. Certains clans féodaux se déclarent autonomes ;

chaque seigneur s'organise dans ses fiefs, s'attache des vassaux et règne en maître sur une portion du territoire japonais.
Trois hommes, les plus grands sans doute de toute l'histoire nationale avec Yoritomo, allaient restaurer l'autorité centrale et le troisième la confisquer au profit de sa famille pour deux siècles et demi. *Oda Nobunaga* détruit les couvents les plus belliqueux et meurt, maître du pays, assassiné en 1582. Son lieutenant *Hideyoshi* le remplace, rêve de conquérir la Corée mais échoue. A l'intérieur toutefois il assure sa domination sur l'ensemble de l'archipel et, alarmé par le pouvoir des missionnaires catholiques, interdit en 1587 la religion étrangère. Homme universel, il développe l'industrie minière, envoie au loin des navires de commerce, organise l'armée tout en encourageant les arts dont il se montre le mécène fastueux et délicat.

Edo (1600-1868). — A sa mort, un de ses lieutenants, *Tokugawa Ieyasu*, a déjà 57 ans. Négociateur perspicace autant que guerrier, il s'assure en 1600, à la bataille de Sekigahara, une victoire définitive sur les grands féodaux. Il avait établi à Edo, la future Tōkyō, le centre de sa domination en y édifiant une immense forteresse, tout en confiant au fur et à mesure l'administration des régions soumises aux seigneurs ralliés, les *daimyo*. Ceux-ci demeurent toutefois étroitement surveillés, leurs alliances et leurs mariages contrôlés et eux-mêmes tenus de construire à Edo des résidences où ils séjournent six mois par an. Les chrétiens, 600 000 environ, jugés des éléments de dissociation de l'empire, se voient sévèrement traqués. Partout un réseau d'espions garde l'ensemble du pays sous l'œil du shogun. Toute relation avec l'étranger est interdite et le Japon se replie sur lui-même.
Étayé officiellement sur la doctrine néo-confucianiste, le système féodal prévoit une division hiérarchique de la société que cimentent des relations d'obligation et de fidélité. « Tout est calibré, ordonné, contrôlé, qu'il s'agisse du nombre des naissances, de celui des soldats, du régime foncier, des règles des professions, des doctrines à enseigner, de la police, des aliments de chaque classe de la société et même de ses vêtements » *(Landy).* Ajoutons-y les dimensions et le degré de luxe des habitations et la culture elle-même. Au sommet règne l'empereur, inaccessible et sans pouvoir, entouré de sa noblesse de cour. Ensuite vient la classe militaire subdivisée en daimyo et vassaux de tous rangs, fidèle à la culture de Heian (étiquette, costume, langage, arts). En dessous, les paysans forment l'immense majorité des habitants ; ils sont « supérieurs » aux artisans des villes, eux-mêmes au-dessus de la bourgeoisie des marchands. Méprisés officiellement, ces derniers, à Edo et à Ōsaka surtout, connaissent une grande prospérité grâce au retour de la paix et en dépit des barrières douanières qui isolent en principe chaque fief. Une culture originale s'élabore à leur usage : théâtre du *kabuki* et du *bunraku* (poupées), estampes reproduisant des scènes de leur vie quotidienne, musique du shamisen et art des geisha. Tout au bas de l'échelle sociale, un million de parias, fossoyeurs ou tanneurs, vivent dans le mépris général.

Meiji (1868). — Un tel ordre social assorti de tant de réglementations, d'abord admis de tous, se trouva progressivement en porte-à-faux lorsque la classe marchande eut concentré peu à peu l'essentiel des richesses du pays (aux dépens de la paysannerie et d'une classe militaire apauvrie) et que les connaissances accumulées du XVIIe au XIXe s. en Occident commencèrent de filtrer par le comptoir hollandais de Nagasaki, seule porte laissée entrebâillée sur le monde extérieur. Aussi, lorsqu'en 1854 les vaisseaux américains du *commodore Perry* se présentèrent dans la baie d'Edo, à l'intérieur toute une fraction de la classe dirigeante se trouva désireuse de renverser le régime shogunal et de restaurer l'autorité impériale, soucieuse aussi d'éviter au Japon le sort de la Chine ou de l'Asie du Sud-Est, lentement dépecées par les Occidentaux, pour accueillir volontairement les étrangers, leurs idées et leurs techniques et moderniser le pays.

Cette «révolution» de *Meiji* (1868) se fit à peu près sans effusion de sang. L'empereur se transporta à Edo, rebaptisée Tōkyō, « la capitale de l'Est», qui devint le siège d'un gouvernement imité, dans ses rouages, de la démocratie anglaise (bien qu'en principe soumis à l'autorité absolue du souverain) mais assurant aux clans partisans de la restauration impériale l'essentiel du pouvoir. La féodalité abolie, le pays divisé en départements et administré depuis la nouvelle capitale, on se mit avec ardeur à l'école des Occidentaux et le pays se vit systématiquement industrialisé, grâce à des emprunts aux grandes puissances et à l'appel en masse de techniciens et d'experts dans toutes les branches du savoir. Le Japon moderne était né.

La société japonaise

La famille : modèle de la société. — Visiter une maison japonaise, mieux : y passer quelques jours est sans doute la plus sûre introduction à la société nippone. S'y trouvent en effet exprimés les principes essentiels qui assurent le fonctionnement de celle-ci. Impermanence de l'homme et de ses œuvres, simple abri sans fondations, matériaux légers — bois, papier (opaque pour les cloisons, translucide pour les fenêtres), nattes du sol (les épais «tatami» où on ne circule que déchaussé). Effacement de l'individu au profit du groupe considéré comme un tout : légèreté des partitions, amovibles et perméables au moindre bruit, pièces communicantes, chacun vivant ainsi sous le contrôle de tous. Hiérarchie des fonctions et des espaces : sol minéral de l'entrée prolongeant la rue ou le chemin, plancher de la cuisine et des circulations, nattes des pièces proprement dites. Au sommet : le zashiki, notre salon, pièce d'honneur marquée par le «tokonoma», renfoncement garni d'un bouquet et d'une peinture, centre esthétique de la maison. Si des variations régionales modifient la pente ou le matériau du toit, voire le plan, l'essentiel demeure : concentration de la vie au rez-de-chaussée, gradation ascendante des fonctions vers le fond, présence du tatami, socle traditionnel du Japonais, assis ou couché.

La famille rurale ne conserve plus qu'affaiblie sa structure ancienne, fondée sur l'éthique confucianiste : autorité absolue du père, la femme régnant dans la maison quoique soumise à son père d'abord, à son mari ensuite, à son fils aîné enfin ; nécessité primordiale de se perpétuer, au besoin par l'adoption pratiquée encore de façon courante ; au niveau de la grande famille : subordination des branches cadettes à la branche aînée, sanctionnée par des relations de protection et d'obligations. Jadis une ou plusieurs de ces « grandes familles » constituaient un village. Que les habitations se dispersent sur les rizières ou se groupent au centre du terroir, les relations communautaires demeuraient, fixées par la coutume et la hiérarchie : relations d'entraide commandées par la vie matérielle (moisson, couverture des toits, réfection des chemins et des digues), ou la vie privée : aux mariages et aux funérailles notamment lors desquels le rôle et les obligations de chacun se trouvaient strictement prévus. De sept à seize ans jeunes gens et jeunes filles vivaient en « dortoirs » où ils faisaient l'apprentissage de la vie communautaire et où, parfois après plusieurs unions à l'essai, ils trouvaient le conjoint idéal.

Depuis Meiji, cette forte continuité s'est vue minée par l'émigration des jeunes gens vers la ville. Arrivés seuls, ils s'y marient avec un partenaire d'une autre région et ne gardent plus avec le « pays » que des relations sporadiques. Le nouveau citadin vit avec sa femme et ses enfants et accepte de moins en moins ses vieux parents chez lui. De producteur, il est devenu consommateur et loge souvent en appartement, même si sa chambre à coucher demeure à tatami. S'il reste au village, le rural travaille en ville à temps partiel et l'ancienne solidarité des hommes et de la terre a cessé d'être exclusive.

Toutefois les forces « groupantes » de la famille traditionnelle ne cessent d'agir dans toutes les formes d'association que suscite la vie moderne. A la ville notamment, le quartier a pris, depuis l'époque féodale, le relais de la communauté rurale, mais c'est surtout la firme où l'on travaille qui remplace les anciens groupements professionnels ou de simple voisinage. Depuis les plus vastes sociétés jusqu'au plus modeste atelier, un réseau complexe et précis de relations personnelles de protecteur à protégé encadre chacun et guide son comportement en toutes circonstances. Au sein des entreprises de caractère plus artisanal, comme dans les associations du « milieu », les appellations anciennes « oyabun » (père) et « kobun » (enfant) demeurent courantes et expriment la permanence du modèle familial dans toute relation unissant deux ou plusieurs individus de « niveau » différent.

Tout récemment, il est vrai, le Japonais des villes sacrifie moins volontiers son bonheur conjugal à ses employeurs et la hausse des prix le lance, chaque printemps, dans des grèves de revendication de plus en plus longues et tenaces. La conscience de classe, au sens classique de ce terme, ne paraît guère cependant près de s'éveiller, en raison de l'élévation rapide du niveau de vie et de l'emprise, si ferme encore, des liens traditionnels. Il était probablement exclu qu'un mouvement tel que le socialisme naisse dans la société japonaise, et c'est au prix de mille accommodements avec leur propre système social que les partis de gauche (socialiste et communiste) — cohérents et sincères au demeurant — ont conquis une fraction importante du corps électoral.

Cette remarquable persistance du modèle familial dans les relations entre individus au sein de la société industrielle moderne assure au pays une force collective peu commune : intégration de la personne au groupe, endurance aux pires conditions de la vie quotidienne (dans le passé), sens aigu des obligations de chacun (dont la négligence est sanctionnée par le rejet, ce qui la rend strictement « impensable ») confèrent une remarquable efficacité à toutes les démarches visant à assurer l'emprise de l'homme sur un milieu naturel dont on a dit l'hostilité. Paradoxalement, cette cohésion subsiste dans les aspects de l'existence où nous verrions plutôt des refuges de l'individu, du goût personnel : la religion ou encore le sens du beau.

Le culte du beau. — Celui-ci revêt sans doute plus d'importance au Japon qu'en Occident. Il prend racine dans l'intimité qui unit depuis toujours l'homme et la nature, la nature japonaise dont l'amour et le culte, la crainte aussi, fondent largement le patriotisme (parfois chauvin) des habitants. Seulement, les monstrueuses visitations, séismes et typhons, qui rythment tragiquement l'harmonieuse alternance des saisons, ont teinté ce culte, dès son origine, d'un sentiment aigu de l'impermanence de toutes choses, que le bouddhisme n'a sans doute fait qu'accentuer. C'est leur chute rapide qui rend si émouvante la beauté des fleurs de cerisier et plus précieuse leur éphémère jouissance. Par-delà la douceur des demi-saisons et la gamme délicate de leurs coloris, la mort n'est jamais loin et la forme parfaite du Fuji, la plus belle peut-être que nous offre cette nature, est celle d'un volcan...
Or ce sens du beau si profond, si « différent », les termes subtils par quoi s'exprime l'appréciation esthétique sont les fruits de siècles d'éducation collective. C'est en groupe qu'on admire les fleurs et les jardins, les montagnes et les cascades, comme aussi les œuvres humaines qui en perpétuent la beauté, et ce plaisir pris en commun, cette quête du terme exact qui doit l'exprimer traduisent un souci d'adhésion profonde à la communauté japonaise. Les formes, les matières délicates (grain du bois ou du mur, couleur tendre du tatami, harmonie du jardin), dont la maison traditionnelle apporte l'image identique dans chaque recoin du pays, répètent, sa vie durant, à chacun de tous les habitants, la même leçon d'esthétique et par là l'insèrent davantage dans le groupe.

Le sacré. — On a dit, avec une apparence de paradoxe, que la seule religion des Japonais était le culte du Japon lui-même. Interrogés sur leurs croyances, bien des hommes et des femmes se déclarent areligieux et le spectacle de leur existence quotidienne n'infirme guère cette assertion. Le Japon paraît s'être voué entièrement à la quête des plaisirs les plus matériels et la fonction ludique éclate au fronton de toutes ses cités. A cet égard, une visite du quartier de Shinjuku, à Tōkyō, constitue une « plongée » inoubliable : allées et venues de gens de tous âges et de toutes conditions avides de sensations de toute origine, costumes excentriques, étalage crû de toutes les voluptés, bruit des machines à sous dans la féerie envoûtante des néons multicolores... Où sont la mystique orientale, l'ascèse zen et la quête patiente de la paix intérieure ? Ils existent encore et le voyageur en trouvera le témoignage en maint endroit : grands sanctuaires shintoïstes d'Izumo ou d'Ise où se pressent des foules de pèlerins, calmes retraites des monastères zen, tel le Eiheiji enfoui dans un vallon solitaire non loin de la mer du Japon. Mais c'est sans doute d'une manière plus subtile et plus diffuse que les deux grandes religions nationales, le shintoïsme et le bouddhisme, pénètrent aujourd'hui encore la pensée et l'existence de chacun.

Le **shintoïsme** est la plus ancienne religion du Japon. C'est un animisme, un panthéisme qui vénère les forces naturelles, si bien qu'on a pu dire que « le véritable sanctuaire shinto est la nature » *(V. Elisseeff)*. Il n'a ni théologie, tout en possédant des millions de dieux, ni métaphysique, bien qu'immatériel. Les dieux existent dans l'eau des sources ou des torrents, dans l'herbe et dans l'arbre, dans le rocher et la montagne et la barrière boisée dont s'entourent leurs temples, ces bois où l'on pénètre comme dans des sanctuaires sont, autant que l'édifice généralement modeste qu'ils abritent, imprégnés de leur présence. Fondé sur la mythologie nationale, le shintoïsme a toujours reçu l'appui de l'État, même à l'époque de Shōtoku Taishi, quand le bouddhisme connaissait ses premiers triomphes. Il retrouva une faveur totale sous les Tokugawa et surtout après Meiji où il fonda spirituellement le nouveau régime en « démontrant » l'origine divine de l'empereur. Privé aujourd'hui théoriquement du soutien officiel, il demeure, au cœur de chaque Japonais, le noyau d'un intransigeant patriotisme.

Le **bouddhisme**, arrivé de Corée au VIe s., fut d'abord imposé par le pouvoir qui y voyait, outre une discipline morale, un moyen d'introduire dans l'archipel la culture chinoise. Avec lui, les Japonais découvraient une foule de notions jusque-là inconnues : le cycle des morts et des renaissances, l'interdiction morale de se livrer à la luxure, la grâce divine promise aux croyants. Toutefois, fidèles à leur vieux tribalisme, ils en rejetèrent tout ce qui ne s'y accordait point et notamment la spéculation métaphysique, déjà largement altérée par le relais chinois.

Surtout, ils lui appliquèrent leur fondamentale tendance au sectarisme, au morcellement en chapelles où, autour d'un maître vénéré, on bénéficie en groupe restreint de l'enseignement sacré : le nombre des réformateurs bouddhistes qui illustrèrent l'histoire religieuse du pays depuis l'époque de Heian est considérable. Enfin, peu épris de la rude discipline monacale et des spéculations intellectuelles du Petit Véhicule, ils adoptèrent dans leur immense majorité le Grand Véhicule dont l'enseignement plus simple fait une part plus grande à l'affectivité. Toutes ces sectes (au nombre de treize aujourd'hui) ont en commun le désir d'éviter les complications philosophiques et de s'adresser à la pratique, au cœur plus qu'à la raison. Comme le shintoïsme et les autres religions, le bouddhisme ne bénéficie aujourd'hui d'aucune aide de l'État, et bien des sanctuaires connaissent des difficultés en dépit des revenus considérables du tourisme et des spéculations (immobilières notamment) où certains n'ont pas hésité à se lancer. Plus que le shintoïsme qui est l'âme japonaise elle-même, le bouddhisme a marqué d'une empreinte toute la civilisation nationale, par exemple, l'architecture. Si la maison traditionnelle, sur pilotis, dérive largement du sanctuaire shintoïste primitif, c'est au bouddhisme qu'elle doit la discrète harmonie de son espace intérieur — matière et couleur des parois, aspect végétal, naturel et comme inachevé de l'ensemble —, l'aménagement de la pièce d'apparat qui transpose à peine l'oratoire monacal, le symbolisme enfin déployé dans le jardin. De même la poésie, le théâtre et toutes les spéculations littéraires et artistiques doivent plus encore au bouddhisme que notre propre culture à la religion chrétienne.

Toutes ces religions (il faudrait y ajouter le confucianisme qui est plutôt une discipline, le christianisme ne comptant que 300 000 fidèles) forment dans l'âme japonaise un syncrétisme dont chacun n'a guère conscience. Si la majorité des habitants ne pratique généralement pas une religion donnée, c'est l'ensemble de la vie, la maison, les préoccupations les plus profanes en apparence, l'attitude devant les grands et les petits problèmes de la vie, la langue et les jeux qui se trouvent marqués. Le spectacle des jardins, la façon d'admirer la nature : autour des grands temples où l'on se rend en bandes joyeuses ou recueillies comme en tout autre endroit de l'archipel, maints gestes et propos devenus des habitudes ou des rites sont scellés d'une empreinte où la religion se confond avec la pensée et l'action.

Dirons-nous que toute la vie japonaise est d'essence religieuse ? ou que la religion s'est dissoute dans le comportement au point de ne s'en plus distinguer ? Quelle que soit la formule adoptée, décréter que les Japonais ont résolu par la négative le problème religieux est faire bon marché des bases profondes de leur civilisation, y compris les formes que celle-ci revêt aujourd'hui. Les temples innombrables, les grands pèlerinages, les autels shintoïstes et bouddhiques dont s'ornent la plupart des demeures ne sont que les signes extérieurs, parfois négligés par les habitants, d'une attitude devant la vie et devant leur propre pays dont l'affectivité fondamentale paraît d'essence religieuse.

Une certaine conception de l'espace et de la matière : l'art japonais

L'architecture. — Cette intime communion de l'homme et de la nature s'affirme en particulier dans l'architecture, la peinture et la sculpture : attitudes spécifiques en face de l'espace à aménager, de la matière à modeler, de la représentation picturale. Château, temple ou maison, l'architecture est d'abord un art du bois, matériau abondant, aisé à travailler, facilement réparable par remplacement d'éléments après un séisme ou un incendie, d'une richesse de grain et de teinte dont la mise en valeur a toujours fait l'orgueil du charpentier japonais. Sa variété est extrême comme aussi sa durée : certaines portions du Hōryūji, à Nara, sont intactes depuis le VIe s. C'est toutefois l'exception, et trop souvent l'incendie a nécessité à plusieurs reprises la reconstruction des édifices dont seule la forme s'est ainsi perpétuée jusqu'à nos jours.

La construction est standardisée depuis le Moyen Age, le tatami lui-même est de dimensions constantes, comme aussi les cloisons mobiles, par là interchangeables, au moins à l'intérieur d'une même région. La structure doit toujours se révéler clairement. La trame régulière des poutres, linteaux, piliers, se détachant sur le crépi immaculé des parois à la manière d'un Mondrian, sous la fine carapace grise de la toiture (de chaume, d'écorce, plus souvent de tuiles), cet ensemble à son tour s'enlevant sur la masse sombre de frondaisons toujours vertes et se reflétant dans un étang : tel paraît être l'idéal esthétique des Japonais en

matière de résidence, incarné de façon miraculeuse au XVIIe s. par **Kobori Enshū** dans le palais de Katsura, aux environs de Kyōto.
Le jardin lui-même, partie intégrante de la demeure, se compose d'éléments dont chacun est chargé de symboles : ponts de formes diverses, présence de l'eau, véritable ou représentée par du sable gris, où sont dessinées au râteau des vagues capricieuses, et semée d'îlots rocheux. La pierre ensuite, inanimée mais qui, polie ou brute, exprime par sa forme bien des choses : lanterne disposée avec art au bord de l'eau, chemin sous les arbres et sur la mousse, berges des étangs et récifs miniatures. La végétation enfin, sculptée en masses de formes et de densités diverses, depuis la mousse rampant sur les pierres du chemin, jusqu'aux grands conifères qui encadrent la montagne proche et y prolongent l'espace du jardin. Parfois celui-ci se contente depuis la véranda de la maison, ailleurs il se déroule pour le promeneur selon un itinéraire savamment calculé : toujours l'artifice recrée la nature et en exprime les forces avec une subtile délicatesse.

La sculpture. — La sculpture japonaise est essentiellement religieuse et si elle s'est éteinte à la fin du XIIIe s., c'est assurément faute d'aliment spirituel. On trouve déjà dans les « haniwa », poteries funéraires des grandes sépultures (IVe-VIIe s.), un talent remarquable d'expression individuelle. C'est toutefois la statuaire bouddhique qui, du VIe au XIIIe s., allait permettre aux artistes japonais de donner leur mesure, à l'exemple des sculpteurs coréens et chinois venus du continent leur enseigner cet art. Groupés en ateliers, travaillant le bronze et le bois laqué ou peint, ces sculpteurs ont surtout brillé aux époques de Nara et de Kamakura. De la première, la merveilleuse **Miroku Bosatsu** qu'abrite le sanctuaire de Chūguji, près de Nara, est peut-être le chef-d'œuvre de la statuaire japonaise et une des grandes œuvres universelles. Les grandes statues de bronze du Tōdaiji, à Nara (VIIIe s.), et de Kamakura (XIIIe s.) sont exceptionnelles à tous égards, mais c'est plutôt dans les représentations en bois finement ciselé, de taille plus humaine, qu'on sentira la virtuosité, parfois la profondeur d'expression des sculpteurs japonais du Moyen Age.

La peinture. — Comme la sculpture, la peinture a été enseignée par les Coréens, plus tard par les Chinois venus au Japon dès le VIe s. Ils apportaient le papier, le pinceau (poil de lapin, de blaireau ou de cerf), l'art de préparer les couleurs végétales ou minérales, solubles à l'eau et posées à plat sans superposition. Mais c'est l'encre de Chine qui demeure le médium favori des artistes japonais qui, comme les autres orientaux, n'ont jamais séparé la peinture de la calligraphie. Du XIVe au XIXe s., la décoration des cloisons des temples et des palais fait appel à des teintes de plus en plus vives dont, à l'époque de Muromachi, des fonds entièrement dorés viennent encore rehausser l'éclat.
Si les premières œuvres sont nettement antérieures au Moyen Age, notamment les fresques qui ornent, à l'imitation des tombeaux chinois et coréens, les chambres funéraires des sépultures aristocratiques, c'est à Nara, avec les **fresques du Hōryūji** (incendiées en 1949), que commence la grande peinture japonaise, d'abord essentiellement bouddhique et d'inspiration chinoise. A l'**époque de Heian**, cet art se « japonise » et

la technique progresse : grandes compositions religieuses, mandara, et les premiers portraits, genre qui a produit ici d'innombrables chefs-d'œuvre. Pour décorer les résidences, on choisit plutôt des thèmes profanes, les saisons par exemple, tandis que de longs rouleaux horizontaux (makimono) illustrent les grands romans du temps, ainsi le Genji Monogatari.

L'**époque de Kamakura** est celle du portrait et de la peinture à l'encre d'inspiration zen, en rouleaux suspendus verticalement (kakemono) aux murs de l'oratoire ou de la pièce d'honneur. C'est l'**époque de Muromachi** qui voit naître et produire les plus grands maîtres japonais de cet art, *Shūbun*, et surtout *Sesshū*. Dans le même temps, l'*école Kanō* représente, avec clarté et dans des coloris brillants, animaux et paysages sur les parois des grandes demeures seigneuriales et abbatiales. Mais c'est l'**époque de Momoyama** et le début de celle d'**Edo** : celle des résidences fastueuses de Nobunaga et de Hideyoshi, puis des Tokugawa, qui verra l'apogée de la grande peinture décorative ; *Kanō Eitoku* décore le château d'Azuchi (aujourd'hui disparu) et le palais de Kyōto. Ampleur de la composition, cadrages ingénieux, couleurs éclatantes, finesse de la touche caractérisent l'école Kanō et les œuvres des plus grands maîtres de ce temps : *Sōtatsu* et *Kōrin*. D'autres écoles, d'autres grands artistes illustrent l'époque d'Edo mais une nouvelle forme d'art se développe alors, vouée uniquement à la représentation des scènes de la vie quotidienne, dans des œuvres de dimensions restreintes : c'est l'**Ukiyoe, l'estampe japonaise** des XVIIIe et XIXe s.

Alors que la grande peinture s'adressait plutôt aux classes dirigeantes, à l'aristocratie, c'est à la bourgeoisie marchande d'Ōsaka puis d'Edo que cet art se destine : elle y retrouve son monde et son existence : paysages urbains animés de passants, scènes des quartiers de plaisir, visages d'acteurs fameux, beautés célèbres. Il s'agit de gravures sur bois tirées sur papier fort et aux coloris délicats ajoutés successivement (jusqu'à 78 retirages, une dizaine en général), pressées jusqu'à l'usure des bois originaux. De très grands artistes, *Hokusai, Hiroshige,* dessinent inlassablement leurs contemporains ou les sites célèbres de leur pays, tels le mont Fuji ou les 53 étapes de la route du Tōkaidō.

Avant eux, *Kiyonobu, Kiyomasu, Harunobu, Utamaro*, d'autres encore avaient déjà représenté avec finesse ou touchantes et figuré avec bonheur ces jeunes femmes drapées de somptueux kimonos, devisant sous les cerisiers, ou se dévêtant avec une exquise nonchalance. Après eux, *Kunisada, Kuniyoshi* et d'innombrables contrefacteurs annoncent la décadence d'un art où l'Occident, dès qu'il le connut, crut découvrir la peinture japonaise dans sa totalité. On sait l'influence qu'en reçurent nos peintres, impressionnistes et nabis en particulier.

Après la restauration de Meiji, peinture et sculpture traditionnelles continuèrent sur leur lancée, tout en s'inspirant plus ou moins ouvertement de l'art occidental et « récupérant » en quelque sorte chez les impressionnistes et les fauves une partie « occidentalisée » de leur propre tradition. Il reste peu de noms de ces années 1868-1945, si l'on excepte *Maeda Sesson* ou *Yokoyama Taikan*. C'est après la Seconde Guerre mondiale que l'art japonais, influencé par le surréalisme et tous les mouvements esthétiques internationaux, devait retrouver paradoxalement le grand courant national de simplicité et de netteté formelle, le culte de la courbe audacieuse et de la matière franche, le goût pour l'abstraction enfin, latent dans les jeux de l'ancienne peinture à l'encre. De leur côté, les élèves japonais du Bauhaus apprenaient à appliquer, dans le béton, le verre et l'acier, la grande leçon de Katsura.

Les objets d'art. — Architecture, sculpture, peinture ne résument nullement la puissance créatrice des artistes japonais ; certains arts, qualifiés de mineurs : textile, céramique, métal, laque, en ont multiplié les manifestations et l'impact jusqu'au cœur de la vie quotidienne et le goût esthétique de ce peuple, essentiellement concret et, pour ainsi dire, tactile, a trouvé peut-être ses réponses les plus parfaites dans les innombrables objets — vêtements, miroirs, boîtes de toutes sortes, pots et vases —, maniés chaque jour. Il n'est guère de matière qui n'ait été travaillée et donné lieu à des créations surprenantes : ivoire, fer, or ou bronze, lin, chanvre ou soie, argile, bois et bambou, papier. Jamais, quand il s'agit d'œuvres de bon aloi, la finesse du tracé et le jaillissement de la forme n'ont tenté de faire oublier cette matière. Bien plus, on peut dire que le talent de l'artiste s'est chaque fois appliqué à en faire sentir la vie propre, le grain, la chaleur, la couleur dans ses jeux les plus subtils dès que la lumière vient à la caresser. Tous ces objets s'adressent au toucher autant qu'à la vue et doivent être longuement contemplés et palpés pour livrer le secret de leur charme.

Il existe actuellement dans l'archipel une quarantaine de villages et de hameaux où l'on cuit encore bols à thé et récipients de toute sorte selon des recettes éprouvées par les siècles. Le pèlerinage à l'un d'entre eux, parfois atteint au prix de longs et exaltants parcours en forêt ou en montagne, est l'une des « épreuves » nécessaires à l'étranger désireux de s'« initier » à la sensibilité japonaise. Ailleurs, on fabrique encore le beau papier dont on revêt les châssis-fenêtres des habitations, ou qui recevra les touches délicates ou puissantes du pinceau imprégné d'encre de Chine. D'autres, grenus et richement colorés, serviront à confectionner poupées et pliages savants. Voici à présent **Nishijin**, le quartier des tisserands en soie de Kyōto : ici, dans le silence de vieilles demeures ouvertes sur de calmes jardins, des générations d'artisans ont tissé les plus riches brocarts du monde. De ceux-ci, on fera les lourdes ceintures qui retiennent les kimonos, parfois même ceux-ci pour les plus luxueux. Ils peuvent encore être teints et c'est un autre art traditionnel que certains maîtres actuels, *Serizawa* par exemple, poussent à un point de perfection digne du passé.

Le **trésor du Shōsōin**, à Nara, recèle des laques incrustées de nacre, des statues en bois laqué, d'autres objets encore où cette matière est saupoudrée d'or. Plus tard, on préféra les laques monochromes, rouge ou noir, où seuls la forme et le poli donnent sa qualité à l'objet. Dès l'époque Muromachi cependant, et surtout à celle d'Edo, on visa de plus en plus à la virtuosité ; boîtes-écritoires, ustensiles de toilette et peignes, boîtes à fard... reçoivent incrusté un décor, souvent champêtre avec personnages : objets éclatants de technique et de goût, moins satisfaisants sans doute pour nous que les beaux monochromes : verseuses, plats ou boîtes oblongues, bols que l'on n'a jamais cessé de produire jusqu'à nos jours. Sculpture sur bois et peinture ou laque s'associent, de façon parfois merveilleuse, dans l'art du masque (de Nô surtout) et de la poupée, ainsi que dans certains objets d'ameublement : crédences, tables basses, toujours légers et d'une grâce souveraine.

Les arts du geste. — Cette beauté qu'il s'efforce depuis des siècles d'inscrire dans sa vie quotidienne, le Japonais l'atteint parfois dans sa propre attitude à laquelle le vêtement traditionnel confère, chez l'homme comme chez la femme, une noblesse indiscutable. C'est au théâtre du nô ou du kabuki qu'on en découvrira l'expression suprême, et la danse, depuis les plus anciens rites shintoïstes, a toujours fait l'objet d'un culte fervent. Sous une forme plus statique, la **cérémonie du thé** est, elle aussi, une école des gestes : accomplie dans un cadre d'une savante simplicité, à l'aide d'objets de céramique, de métal ou de laque, qui sont eux-mêmes des œuvres d'art, elle est aujourd'hui le témoignage le plus pur, le plus dépouillé aussi, du beau à la japonaise. Il en est de même **des arts martiaux,** du tir à l'arc, eux aussi élaborés sous l'influence du zen : la beauté plastique de l'attitude exprime ici un état d'équilibre parfait de l'intention et de l'effort.
Sous une forme plus quotidienne, la **politesse des gestes,** la profonde inclination dont chacun ici se salue par exemple, mais aussi le maniement agile et souple des baguettes à table, la manière de s'asseoir sur le tatami, les jambes repliées sous soi et le buste bien droit, sont à rattacher à cet esthétisme généralisé à la vie entière. Cette discipline pratiquée par tout un peuple avec tant de grâce et de rigueur, s'efface d'ailleurs au contact de l'existence moderne et semble ne plus jouer, hélas, que sur le support traditionnel du tatami.

Les formes de la sensibilité littéraire et musicale

La poésie et le roman. — Le Japon possède une littérature riche et diverse dont l'obstacle d'une langue extrêmement difficile a presque entièrement privé jusqu'à présent le reste du monde. Ici encore, il faut partir de la nature dont les manifestations de beauté et de violence ne lassent pas de captiver ce peuple. Pétri d'affectivité, il a élaboré un vocabulaire propre à traduire les états d'âme les plus subtilement ressentis, le caractère agglutinant de sa langue lui permettant de forger un nombre infini de termes. Langue volontairement imprécise, où le trait nettement cerné cède toujours devant la nuance, le concept devant l'impression. Langue aussi qui se prête aux graphies les plus harmonieuses comme aux déclamations les plus dramatiques.
On ne saurait ici raconter l'évolution de cette littérature, fût-ce à grands traits. La poésie a produit les œuvres les plus courtes du monde sous la forme populaire du **haiku** dont les dix-sept syllabes s'efforcent de créer en trois vers un instant privilégié à la manière d'une peinture à l'encre ou d'une laque. Elle a ses maîtres, *Bashō* surtout qui vécut au XVIIe s., mais tout Japonais aime à s'y livrer et les joutes poétiques, à la cour impériale comme dans les villages de la rizière, ont longtemps été un de ses plaisirs favoris. Si le Japon n'a ni épopée ni grande poésie

amoureuse ou théâtrale, c'est qu'en fait, comme l'a fait remarquer R. Sieffert, la vraie poésie se trouve partout ailleurs, dans le récit et surtout le théâtre.

Les **romans japonais** sont, eux, parmi les plus longs du monde, ce qui donne parfois d'interminables récits et, plus rarement, des chefs-d'œuvre comme le **Genji Monogatari**, le « Dit de Genji », écrit vers l'an 1000 par une femme de la cour de Heian, *Murasaki Shikibu*. Cette biographie romancée d'un rejeton de la famille impériale est demeurée le modèle de tous les écrivains japonais. Sous une forme plus réduite, l'art du récit ou du conte a donné des chefs-d'œuvre que les traductions entreprises sous le patronage de l'Unesco offrent enfin à l'agrément de tous : tels le **Konjaku Monogatari** (« Histoires qui sont maintenant du passé ») du XIe s., l'**Ugetsu Monogatari** (« Contes de Pluie et de Lune ») d'*Ueda Akinari* (XVIIIe s.), ou, au XXe s., les contes d'*Akutagawa Ryōnosuke* parmi lesquels figure le célèbre **Rashōmon**. Le roman proprement dit a fleuri avec l'essor de la bourgeoisie marchande à Ōsaka, dont *Ihara Saikaku* (XVIIIe s.) raconte l'existence, et à nouveau depuis Meiji, largement influencé par les grands romanciers occidentaux du XIXe s. Les espoirs et les angoisses du Japon moderne, nous les découvrons dans les œuvres, largement traduites elles aussi, de *Tanizaki*, *Oe* ou *Dazai*, *Kawabata* ou *Mishima*.

Le théâtre. — Les Japonais sont passionnés de théâtre sous toutes ses formes dont les trois que lui a léguées sa tradition : le nō, le kabuki et le bunraku (théâtre de poupées). R. Sieffert a montré comment le **nō** a pris forme vers l'an 1400 sous l'influence des deux *Kanze*, *Kenami* et son fils *Zeami*, auteurs de l'essentiel du répertoire actuel et, pour le second, codificateur de cet art si complexe. Point d'« histoire » au sens habituel du terme, mais plutôt un « moment » d'une histoire, déployé, analysé, éclairé en profondeur au moyen d'une savante déclamation, de gestes et d'attitudes d'une extrême densité, d'une musique dépouillée et de costumes éclatants.

A l'opposé de ce théâtre savant et aristocratique existaient des diseurs qui utilisaient parfois des poupées pour animer leur récit. Le célèbre **bunraku**, le théâtre de poupées, est né à Ōsaka où des ballades puis, à la fin du XVIIe s., des histoires écrites par *Chikamatsu Monzaemon* étaient présentées à l'aide de marionnettes maniées par des opérateurs vêtus de noir. Le récitant, juché sur une estrade voisine, déclame le texte tandis que les manipulateurs donnent vie aux poupées en exact synchronisme avec le récit. Il s'agit soit de drames de mœurs, soit de pièces historiques qui font revivre pour nous les conflits sociaux ou passionnels de la société aristocratique et bourgeoise de l'époque d'Edo. Grâce au génie poétique de Chikamatsu, à la beauté des poupées, dont les têtes expressives sont l'œuvre de grands sculpteurs, au prodigieux talent des récitants et enfin à la merveilleuse habileté des manipulateurs, un bon spectacle de bunraku est peut-être ce que le théâtre japonais offre aujourd'hui de plus prenant au spectateur étranger. Moins exotique que le nō, plus resserré que le kabuki, c'est une des grandes formes universelles de l'art théâtral.

Le **kabuki** est, il est vrai, plus spectaculaire. Né vers 1600 à Kyōto de danses à thème dramatique accompagnées d'instruments, il se présente aujourd'hui comme un théâtre relativement statique, fait plutôt d'une succession d'instants que d'une progression continue dans l'action. La somptuosité des costumes, les gestes volontiers interrompus afin d'en faire admirer l'harmonie, les poses dans la récitation, la voix toujours riche et nuancée, mais jamais «naturelle», la codification des scènes selon quelques catégories bien définies et attendues par le spectateur averti (la scène d'amour, la rupture, la tuerie, la découverte de la trahison, la fuite dans la forêt...) ont toujours exposé cette forme d'art dramatique aux risques de la convention.

Ici encore, il s'agit de drames sociaux ou passionnels, souvent les deux, conflits d'obligations toujours présentés avec emphase, même après la rénovation opérée sous Meiji dans le sens du réalisme, un peu à la manière, chez nous, d'Hugo ou de Rostand. Pour servir ce théâtre, toute une technique de scène s'est développée : plateau tournant, décors extrêmement élaborés avec changements à vue, pont unissant le fond de la salle à la scène au milieu des spectateurs, permettant à ceux-ci d'admirer de tous côtés les évolutions des danseurs et supportant parfois une partie de l'action. Jamais vulgaire, parfois grandiloquent, toujours magnifique, le kabuki demeure la plus vivante des formes anciennes du théâtre japonais ; de nombreux théâtres en province, deux grandes salles à Tōkyō (le Kabukiza et le Théâtre National — où se donnent également des spectacles de bunraku), en perpétuent quotidiennement les rites.

La musique. — Qu'il s'agisse du nō, du bunraku ou du kabuki, la musique est un élément essentiel de l'ambiance dramatique. Plus que des instruments d'origine chinoise de la cour de Heian (tel le luth appelé «biwa», la flûte ou la longue cithare appelée «koto»), dont l'étude passionne encore des foules d'amateurs et qui restent l'objet de concerts très suivis, il s'agit, sur la scène, du **shamisen**, sorte de guitare à trois cordes (importée des Philippines semble-t-il, mais dont le succès s'affirme à partir de l'époque d'Edo), et de **tambours** de toutes tailles, tenus à la main ou posés sur des chevalets. La **voix humaine** elle-même, dans le nō notamment, contribue à l'atmosphère dramatique, déroulée en modulations rauques ou suraiguës auxquelles une oreille occidentale ne se trouve pas naturellement préparée, mais qui exprime des nuances indispensables à l'accomplissement du drame.

Depuis Meiji, des organisations symphoniques modernes se sont créées ; Tōkyō compte plusieurs grands orchestres dignes des nôtres, tandis que des solistes se produisent avec talent sur les scènes du monde. Récemment toutefois, les jeunes compositeurs japonais se sont mis en quête de formes musicales, de matières sonores faisant appel aussi bien à l'Occident qu'aux ressources émotionnelles de leurs instruments traditionnels. A cet égard, les bouleversantes modulations que permet la flûte à bec («shakuhachi»), venue d'Inde par la Chine voici treize siècles, répondent aussi fortement à notre sensibilité, qu'elles soient l'œuvre d'hommes de notre temps ou venues du fond des âges.

Le cinéma. — Le cinéma japonais a l'âge du siècle ; ses débuts le montrent influencé largement par le kabuki et, aujourd'hui encore, les belles histoires des guerriers de jadis constituent une part importante de la production nationale. Plus tard, le militarisme entretint cette inspiration historique en la teignant fortement de nationalisme. Depuis la guerre les influences occidentales les plus diverses (néo-réalisme italien, comédies américaines, western) se font sentir. Au sein d'une production considérable des chefs-d'œuvre apparaissent parfois, mais les films les plus appréciés par les Occidentaux ne le sont pas forcément des Japonais eux-mêmes. A côté des histoires de l'âge féodal, les drames familiaux réalistes ou sentimentaux forment l'essentiel de la production.

L'existence de nombreuses chaînes de télévision a porté un rude coup à cet art qu'il remplace d'ailleurs en partie ; bien des films ont été produits pour elles où revivent histoires de chevalerie et problèmes de la vie privée : encore et toujours les conflits où se complaît l'âme nationale, entre l'amour et le devoir, plus encore entre deux obligations contradictoires obligeant les protagonistes à des choix déchirants. A cet égard la plupart de ces films, fussent-ils médiocres, constituent un riche enseignement sur la manière japonaise de vivre en société et de vivre tout simplement. Il n'est pas jusqu'à la publicité délirante dont s'accompagne, sur les chaînes privées, la moindre émission qui ne donne, à sa manière, une certaine image des Japonais.

Le Japon d'hier à demain

Être japonais. — Tout cela, dira-t-on, est le passé, la tradition ou son reflet. De quel poids pèsent-ils sur la vie actuelle des habitants ? Que représentent pour le salarié de Tōkyō ou d'Ōsaka qui se vêt, mange et se distrait de la même façon que nous, qui travaille en usine ou dans des bureaux climatisés et sillonne son pays en avion ou en train rapide, le spectacle des cerisiers en fleurs ? et le son du « shamisen » tel qu'il filtre le soir aux fragiles parois de sa demeure ?

Des générations de voyageurs se sont extasiés sur cette double apparence qu'offrent la vie et la civilisation japonaises de notre siècle : un attachement jaloux à tout ce qui apparaît comme spécifiquement national et un « américanisme » parfois agressif. Revêtu du kimono et assis sur le tatami de son logis, se rendant en foules rieuses contempler les érables rougis par l'automne ou, à peine plus recueillies, aux grands sanctuaires de son pays, caressant amoureusement un bol à thé à l'apparence savamment rustique, le Japonais apparaît avant tout comme un homme du passé. Transformant grâce à l'art de l'ingénieur les rivages de l'archipel en d'immenses bases industrielles, s'amusant de tous les gadgets modernes, sillonnant le monde en voyages organisés pour se distraire ou, en groupes disciplinés, pour acquérir à son commerce des secteurs sans cesse plus étendus de la planète : le voici au contraire le type, le symbole même de l'homme de notre temps. Alors ?

Entretenir un Japonais de cette apparente « contradiction » que révèle son comportement le ravit et répond à son vœu le plus secret : demeurer (partiellement) incompris des étrangers, ces « gens du dehors ». Le Japonais se croit unique au sein de l'humanité, non point forcément supérieur, mais absolument irréductible aux autres types humains modelés au cours des millénaires par les autres grandes civilisations. Demander à l'un d'eux s'il est vraiment japonais est ressenti comme un doute intolérable : il est, et se veut par toutes ses fibres, habitant de ces îles tourmentées et fragiles et détenteur d'une parcelle de cette indéfinissable synthèse de valeurs, de rites et de comportements qu'est la « japonéité ». Il se penche continuellement sur ce fait remarquable, et presque chaque mois un ouvrage, au titre alléchant (« Qu'est-ce que le Japon ? » — « Comment est-on japonais ? » — « Soyons Japonais » — « L'âme japonaise »...), offre à cette passion nationale un aliment et une nouvelle raison de croire. Car il s'agit bien d'une foi et c'est au nom de cette foi (jadis reportée officiellement sur la personne impériale, en fait depuis des siècles en le Japon lui-même) qu'il s'est vu demander, et a accepté, d'innombrables sacrifices.

Toutes les qualités que les Occidentaux se plaisent, depuis qu'ils les connaissent, à reconnaître aux Japonais : économie, travail, honnêteté, discipline, sobriété, tolérance, goût du compromis, souci de la fierté d'autrui, sont celles que demandent le fait d'être japonais et la vie à la japonaise. Et, naturellement, la fameuse politesse, qui est encore la meilleure recette qu'ils aient trouvée contre les heurts de la vie quotidienne. Ce sont là les qualités typiquement japonaises, développées par eux en tant que peuple. Par contre, il n'y a pas de « défaut » typiquement japonais ; ils recèlent parmi eux un pourcentage d'indélicats de toute nature sans doute équivalent au nôtre, mais, si l'on excepte peut-être un certain goût volontiers appuyé (en littérature et en art notamment) pour la violence sous ses formes les plus intellectuelles, le contrôle de la collectivité s'exerce ici encore avec plus de force que chez nous.

Être japonais consiste d'abord à ne pas être seul, à se sentir environné d'autres Japonais qui partagent précisément ce désir. Or, vivre ensemble suppose un certain ordre : une hiérarchie fixée par l'usage, le rang, l'ancienneté ou la fortune, les obligations, et le culte de certaines valeurs ressenties communément comme indispensables à la bonne marche du groupe. De l'individu au peuple toutefois la distance est grande et des relais, ici encore, ont été établis et codifiés par la coutume avec la vigueur d'une véritable loi non écrite : la famille, l'entreprise, le quartier, le village, la secte ou le parti politique. Trop étendu, ce cadre dépayse car on ne s'y connaît plus d'homme à homme, d'où ce goût pour le groupuscule en quoi se fragmentent toutes les formations politiques, religieuses, scientifiques... On y sait au moins qui est qui et ce que chacun doit à chacun : on s'y sent pleinement rassuré.

L'emprise sur le milieu. — Ainsi solidement coordonné, subdivisé, cimenté à tous ses niveaux, le peuple japonais peut agir. Il le fait avec audace et rapidité. Il n'a guère le choix à vrai dire. Pas plus qu'il ne l'avait en 1868 quand les colonisateurs occidentaux se pressaient à ses portes, il ne l'a aujourd'hui où il doit vivre, avec cent et quelque millions d'habitants, dans un monde en pleine expansion mais où il ne possède ni sources d'énergie ni matières premières. Pressé par le temps, il laisse l'impression d'avoir toujours agi trop vite : se lançant à corps perdu dans des entreprises impérialistes démesurées puis, repoussé dans ses îles natales, s'industrialisant sans prendre garde aux nuées mortelles que les nuisances accumulaient sur sa tête.

Le goût du risque caractérise encore le Japonais. Il est vrai que les catastrophes naturelles dont il a souffert depuis les débuts de son histoire ont pu l'y entraîner comme aussi le sens aigu de l'impermanence de toutes choses, y compris de sa propre existence. La tâche, la seule, est de vivre et d'abord de survivre : c'est là un objectif impérieux et qui ne souffre guère de délai. A quoi bon effectuer des recherches longues et coûteuses alors que l'Occident a déjà mis au point machines et procédés qu'il est commode d'imiter ? Plutôt qu'inventer, on adaptera à la réalité japonaise, au pays et aux foules, les inventions des autres en les modifiant, associant, perfectionnant aussi. A ce titre, **le Shinkansen**, le nouveau chemin de fer rapide qui relie Tōkyō à Kyūshū (bientôt étendu au reste de l'archipel) constitue le chef-d'œuvre de l'ingénieur japonais : après une étude détaillée des grands trains étrangers, le Mistral notamment, on a synthétisé ces observations, prenant de chacune ce qui paraissait utile au dessein de transporter à 250 km/h de 50 à 100 000 voyageurs par jour. L'application n'est-elle pas ici aussi remarquable que l'invention ?

Pour vivre encore il faut vendre, du moins l'a-t-il longtemps fallu et le Japon s'est ainsi donné un gouvernement de marchands. Financé lourdement à chaque élection par les plus grosses entreprises du pays, le parti libéral-démocrate, tout en perdant du terrain, demeure le parti au pouvoir. Fonctionnant selon des procédés typiquement japonais, cette « démocratie » en vaut bien une autre et laisse en tout cas s'exprimer librement l'opposition, parfois avec une violence remarquable. La liberté d'expression de la presse est, de même, jalousement conservée et, en définitive, c'est cette atmosphère générale de liberté de comportement, de pensée) qui domine la vie actuelle du pays. Dans le comportement individuel aussi : il est rare de voir deux ou plusieurs Japonais s'entretenir longtemps sans rire et le fameux sourire qu'ils arborent en maintes circonstances n'est pas toujours, on ne tarde pas à s'en apercevoir avec soulagement, de convention. De même la sexualité connaît ici ses formes les plus diverses et les plus libres : l'enfant grandit sans complexe au milieu des témoignages d'un érotisme candide et riche de traditions, tandis que la femme hésite peu à donner son cœur et le reste avec une sincérité qui exclut tout marchandage

Cette absence apparente de contrainte s'associe harmonieusement avec le jeu strict des relations d'obligation à tous les échelons de la société. On en trouve un autre exemple dans les rapports qu'entretient le MITI — le tout-puissant ministère de l'Industrie et du Commerce extérieur, avec les grandes firmes du pays et ces dernières entre elles : dosage savant de fermeté et de souplesse, génie du compromis à chaque tournant des négociations, jeu élaboré des contre-signatures tout au long de l'échelle des responsabilités diluant ces dernières sur un nombre infini de personnes. Car c'est bien de cela qu'il s'agit : le peuple japonais, quelles que soient les différences de fortune et d'autorité, les pressions exercées, se comporte en fait comme un tout, « une force qui va » ; on cherche des individus, un nom et on rencontre un groupe, une société tout entière armée des mêmes principes et jalouse de défendre son intégrité avant toute préoccupation.

Les résultats : remarquable cohésion dans l'effort, endurance (jusqu'aux années 45-50) aux pires conditions de la vie quotidienne, intégration de l'individu au groupe qui permettent à ce peuple trop nombreux pour ses huit millions d'hectares d'assurer une emprise efficace sur un milieu naturel difficile. Il y a un siècle environ, trois générations à peine, les paysans laissaient mourir de faim leurs nouveau-nés craignant de ne pouvoir les nourrir et le Japon n'avait alors que trente millions d'habitants. A présent il en a plus de cent et, si la pauvreté existe, elle ne semble pas plus répandue qu'en Occident. Réaménageant constamment les étroites plaines où leur destin les a confinés, acceptant aussi, à leurs risques, de vivre en porte-à-faux sur le reste de la planète, les habitants ont fait de ce pays, si peu doué par la nature, la troisième puissance de la terre et leur niveau de vie s'élève rapidement.

La mégalopolis. — Ceci étant admis, la note a été lourde à payer et, paradoxalement, c'est au moment où la totalité des habitants accède enfin au bien-être matériel que son poids se fait sentir avec une force nouvelle. Si le Japonais a toujours été sobre, si le raffinement suprême — en cuisine, dans le vêtement, dans le style de vie — réside ici dans une sobriété de bon goût, si les plus parfaites réalisations de son art expriment avant tout une savante économie de moyens et, à part quelques réalisations spectaculaires et dues généralement à des parvenus (Nikkō, par exemple), expriment une esthétique du dépouillement, c'est probablement en raison de siècles d'abstinence et de lutte pour la vie.

La grande industrie japonaise de la fin du XIXe s. et du début du nôtre repose, comme en Occident, sur des sommes de misère et d'oppression, et la rigueur du « système » n'a pas plus empêché des grèves violentes d'ensanglanter l'histoire ouvrière du pays qu'elle n'avait fait jadis de violentes jacqueries. Aujourd'hui, c'est toute la hantise des nuisances qui vient visiter ce peuple enfin heureux.

C'est dans la mégalopolis, cette longue traînée de villes et d'usines qui s'étend le long du Pacifique et de la mer Intérieure depuis le nord de Tōkyō jusqu'à Kyūshū, qu'on ressent avec le plus de force la grandeur et la misère du Japon de notre temps. Sur la vieille route du Tōkaidō qui unissait, on s'en souvient, Edo (Tōkyō) à Kyōto et Ōsaka, d'anciennes villes féodales, traversées par la première voie ferrée du pays, ont fixé dès la fin du siècle dernier usines, comptoirs, ports et établissements financiers. Au-delà d'Ōsaka d'autres cités se sont vues à leur tour gagnées par cette fièvre d'investissement, attirant le trop-plein des campagnes surpeuplées et réunissant, par le jeu naturel de la concentration sur place des hommes et des capitaux, l'essentiel de l'activité et des richesses du pays. Tandis que l'« envers » demeurait enfoui dans ses rizières et son mode de vie traditionnel, un monde nouveau mi-urbain, mi-rural se déployait sur les rivages de l'« endroit », sillonné de nouveaux axes de transport (le Shinkansen, une autoroute, des lignes aériennes) acheminant ses hommes d'affaires de l'un à l'autre de ses centres. Ceux-ci : Tōkyō, Shizuoka, Hamamatsu, Nagoya, Ōsaka, Kōbe, Himeji, Okayama, Hiroshima, Shimonoseki, Kita-Kyūshū, se sont étirés à la rencontre l'un de l'autre tandis que les rivages eux-mêmes, poldérisés avec ardeur, recevaient aciéries et installations pétrochimiques.

Tout au long de ces quelque 1 000 km s'allonge une des plus considérables agglomérations humaines. Spectacle aussi fascinant que l'axe Boston-Washington ou que les conurbations de l'Europe du Nord :

mouvement, activité, production, toute une manière d'être de l'homme moderne trouve ici son expression la plus violente. On hésite entre l'admiration, l'horreur ou la crainte, toutes trois justifiées. Cependant, pour ceux qu'effraie ou rebute ce Japon exagérément moderne, l'autre « vrai » Japon est toujours là. Il continue même d'occuper, en superficie, les neuf dixièmes du pays et d'offrir au voyageur inlassablement ses forêts et ses temples, ses lacs et ses volcans, ses chaumières et ses rizières et, partout, la grâce souriante de ses habitants.

Eux et nous

Cette politesse, mieux, cette gentillesse de l'accueil, les habitants des grandes villes ne l'ont eux-mêmes nullement quittée. Il n'existe pratiquement pas d'injures dans la langue japonaise et il est du plus mauvais goût de se laisser aller à la colère. Un visage fermé ne signifie nullement le mépris non plus qu'un rire exagéré une joie sans limite. Connaître le Japon est d'abord découvrir les Japonais eux-mêmes. Pour cela, oublier nos critères : les clés de l'intelligence lucide ouvrent ici moins de portes que celles du cœur ou de l'intuition. Sentir d'abord, tenter de comprendre — si l'on y tient absolument — ensuite.

Ne pas se choquer des bousculades dans les gares, des heurts dans la rue : les Japonais vivent plus serrés que nous et, de toutes façons, ceci n'entre pas dans le code national. Ni d'un silence prolongé après une rencontre chaleureuse : rien n'est brisé et le temps n'a pas d'épaisseur. Ni de tentatives répétées pour entrer en conversation dans un train ou sur une plage : le Japonais n'aura de cesse qu'il ne vous ait exactement « cerné » — et ceci vaut particulièrement lorsqu'il s'agit de nouer des relations d'affaires —, et abréger avec une souriante fermeté ces propos lorsqu'ils importunent. Ni, bien sûr, de la cavalcade des prix : les Japonais en souffrent autant que nous. Ne pas s'impatienter, ce qui est jugé puéril. Ne pas s'afficher ou se vanter, ce qui est jugé ridicule, bien que votre interlocuteur soit toujours bien trop poli pour vous le faire sentir.

Bref, ne jamais s'offusquer mais toujours s'étonner. Ce n'est pas toujours aisé : le centre des grandes villes ressemble étrangement à nos métropoles, métro, trains et avions fonctionnent à la manière des nôtres, dans les magasins on vend et on achète à peu près « comme chez nous » : les Japonais sont nos semblables et, quand un garçon sourit ici à une fille, cela veut dire, à d'infimes nuances près, la même chose qu'ailleurs. Rechercher au contraire ce qui est « différent », ce léger décalage de leurs gestes aux nôtres qui rappelle qu'ici, même chez le citadin le plus « occidentalisé », pensées, paroles et attitudes sont les fruits d'une civilisation élaborée vingt siècles durant à 12 000 km de la nôtre. Les Japonais sont sans doute moins « à part » qu'eux-mêmes ne se plaisent à le croire et à le dire et que bien des journalistes ne le racontent... mais sûrement davantage que le voyageur de passage n'en a l'impression quand il parcourt les campagnes et les villes de l'archipel.

Exposé économique
par Claude Rivière et Philippe Lannois

La dernière ligne droite avant d'aborder le tournant de l'an 2000. En tête, l'américaine, surpuissante et, juste derrière, la japonaise qui attaque sans cesse. Dans ce Grand Prix de l'économie mondiale, le gain d'une place ne peut s'opérer que par « dépassement technique » dans un virage. C'est effectivement sur le plan essentiel des technologies de pointe que s'affrontent les deux bolides de l'économie mondiale. Dépassement technique dans le tournant de l'an 2000 ? Les futuribles se sont trop égarés, ces derniers temps, pour qu'on leur fasse crédit. Qui, par ailleurs, aurait donné quelque chance à ce pays humilié, ruiné, écrasé en 1945. C'était oublier que l'histoire peut être un éternel recommencement et que depuis 1868, début de l'ère Meiji, date à laquelle il rompait avec l'état féodal, le Japon avait connu le taux de croissance le plus élevé du monde. Fabuleuse performance lorsque l'on sait que l'économie du pays souffre d'un mal incurable : l'absence de ressources.

Le défaut de la cuirasse. — Le Japon c'est l'Allemagne et la France sans charbon. Les Pays-Bas sans le gaz naturel et la Grande-Bretagne sans la mer du Nord. Parmi les nations industrialisées, pauvres en énergie, c'est l'une des plus déshéritées. Et son problème est d'autant plus difficile à résoudre que ses besoins sont à peu près incompressibles : l'essentiel de sa consommation va à l'industrie et très peu à la consommation privée, sur laquelle les États s'efforcent d'agir. Et notamment au chapitre de l'énergie. Malgré des efforts gigantesques, la dépendance des Nippons de l'étranger n'a pu descendre de 87 % d'énergie importée en 1965 qu'à 84 % seulement à l'heure actuelle. 62 % des besoins sont couverts par le pétrole, essentiellement grâce à des livraisons du golfe, et malgré un effort de diversification des sources d'approvisionnement, puisque la part de cette région, qui était de 88 % en 1965, est redescendue à 70 %, l'Indonésie ne comptant que pour 18 %.

En fait, l'indépendance énergétique ne saurait être acquise que par la découverte d'importants gisements sur le plateau continental, en mer de Chine. Ou par une volonté de développement du nucléaire — volonté affirmée, puisque l'actuelle capacité, de l'ordre de 18 millions de kilowatts-heures (avec 25 réacteurs et le 3e rang mondial), devrait être portée à 90 millions de kilowatts-heures en l'an 2000.

Le dragon renaît de ses cendres. — Certes, de 1945 à 1952, les autorités américaines affirmèrent leur autorité sur le pays en démantelant les grands groupes industriels — les **zaibatsus** — et en prenant en gestion directe les 400 usines produisant du matériel militaire.

Mais les événements politiques les incitaient à lâcher la bride. La tension avec l'U.R.S.S. fit annuler les réquisitions. La guerre de Corée, à partir de juin 1950, grâce aux commandes américaines favorisant le secteur lourd, provoquait le redémarrage de toute l'industrie. Dès 1950 le Japon avait rattrapé son niveau d'avant-guerre. Les « zaibatsus » qui avaient dès la fin du XIXe s. contrôlé jusqu'à 60 % de l'économie japonaise, renaissaient de leurs cendres. Des liens se tissaient à nouveau entre les sociétés industrielles, les sociétés de commerce, et les établissements financiers. La création d'un « Comité du Mardi », « du Jeudi » ou du « Vendredi » (les initiés désignent de la sorte la réunion de direction hebdomadaire de chaque grand groupe) indiquait que la centralisation résidait dans le fait que les limousines noires n'y amenaient plus des gens de la famille, propriétaire du groupe, mais des managers, tous chenus d'ailleurs, car cette nation d'une vitalité étonnante est gouvernée par une clique de vieillards, discrets et tenaces.

Habiles, sérieux, appliqués. — L'accession du Japon au deuxième rang de l'économie mondiale doit certes beaucoup à l'originalité de ce type d'institutions mais surtout à ses hommes. Et tout d'abord à un peuple qui s'est avec un courage extraordinaire sacrifié pendant de longues années notamment en se contentant de salaires très bas. Et si aujourd'hui il n'en est plus ainsi, les revendications sociales y conservent cependant une forme qui n'est plus de mise en Europe ; on peut se mettre en grève, mais continuer à travailler : il suffit de porter un macaron indiquant que l'on n'est effectivement pas d'accord avec son patron.

L'identification du Japonais avec la société dans laquelle il travaille est la première vérité économique de l'archipel nippon, « Which company ? » vous dira-t-on dès la première rencontre — dans un anglais des plus écorchés au point de vue phonétique. On veut en effet savoir chez qui vous travaillez. La deuxième vérité fondamentale est que le Japon est géré comme une entreprise. Et ces deux postulats ont fait, jusqu'à ces derniers temps, très bon ménage.

Et très efficaces. — L'attitude du travailleur et celle du management japonais sont le reflet de la société japonaise, caractérisée par deux traits : le concept *ie*, l'identification à un groupe, notamment celui de la famille (et transposé à l'entreprise, famille agrandie) ; et le concept *amae*, concept de dépendance qui, à la limite, étouffe la responsabilité individuelle.

La différence qui sépare un manager européen de son collègue nippon apparaît alors avec évidence. A l'ambition correspond la discipline et l'acceptation de la subordination. Au système de relations contractuelles existant en Europe entre patrons et employés, un système paternaliste fait de consentements et d'obligations mutuelles. A la promotion sur le mérite, la promotion à l'ancienneté. A la description de poste et au travail individuel, la pratique courante du travail de groupe. Au risque de renvoi, le confort d'une situation à vie. « Ce qui nous étonne, disent souvent les hommes d'affaires européens, c'est la lenteur de la mise au point des rouages d'une opération. En revanche, l'exécution est sans bavure. »

Beaucoup d'autres choses les étonnent encore, eux qui allaient, il y a peu de temps encore, recevoir la bonne parole du management en fréquentant assidûment les business-schools américaines. Et notamment de trouver, à Tōkyō ou à Ōsaka, des managers américains pendus aux lèvres des chefs d'entreprise japonais pour percer les secrets de l'efficacité et de la flexibilité nippone. Les dernières trouvailles de la robotique transitent immédiatement vers les unités de Detroit et les techniques des «cercles de qualité», destinées à susciter la créativité de la base, sont adoptées dans les pays industrialisés par les entreprises performantes. La leçon est souvent administrée à domicile puisque les grandes firmes japonaises ont couvert le monde de leurs filiales; et notamment, par ordre d'importance, avec des implantations aux États-Unis, en Indonésie, au Brésil, en Australie et en Grande-Bretagne. C'est ainsi que *Matshushita* compte plus de 70 filiales étrangères; que *Nissan,* avec 660 millions de dollars, a réalisé la plus grosse mise et que *Kyocera* a imposé à ses employés et ouvriers la pratique de la gymnastique matinale, réputée rendre son personnel japonais tellement performant.

Une entreprise nommée Japon. — En fait, le «modèle» japonais doit non seulement son succès à un phénomène de société, mais à des stratégies très élaborées. Notamment l'exploitation de la transparence internationale en matière de recherche fondamentale, grâce à l'action d'une admirable organisation de dépouillement, de traitement et de diffusion de l'information scientifique — le travail de ces véritables «services de renseignements» étant prolongé par un développement intensif, caractérisé par le coude à coude des chercheurs et des dessinateurs. On remarquera d'ailleurs que plus les Japonais sont exportateurs de brevets dans une spécialité, plus ils sont également importateurs de technologies avancées dans ce même secteur.

Autres traits caractéristiques : l'absence de services marketing, la satisfaction des besoins de la clientèle étant un état d'esprit vécu à tous les niveaux de l'entreprise; centralisation dans la décentralisation; politique de division internationale du travail avec les pays voisins; concurrence par les investissements avec recherche permanente des matériels les plus modernes; et évidemment marché intérieur important et protégé avec un acharnement et une duplicité (on dit oui avec le sourire et on n'en fait qu'à sa tête) qui continuent d'indisposer les pays submergés par les produits japonais.

Est invoquée également par ses concurrents la «collusion État-industrie». Il est vrai que l'*amakudari,* ou pantouflage à la japonaise, permet aux fonctionnaires, jeunes retraités de 50 ans, d'assumer d'importantes responsabilités au sein des entreprises ou des syndicats patronaux. D'où une efficace lubrification des rouages d'une savante mécanique où le MITI (ministère de l'Économie et de l'Industrie) joue un rôle de réflexion, d'élaboration de la politique industrielle et des stratégies et de dispensateur d'aides aux entreprises. Il convient cependant de remarquer que dans le domaine, capital à l'heure actuelle, de la recherche technologique, les fonds alloués par l'État ne représentent que 25 % des investissements (3ᵉ rang dans le monde). Un phénomène qui s'explique par l'absence de projets de prestige et par la modicité des dépenses de défense (cinq fois moins que la France). D'autre part, l'esprit de risque habite non seulement les grands groupes, mais beaucoup d'industriels qui ne sont pas issus du «moule» académique traditionnel. A côté des grands managers issus de l'Université de Tōkyō, le Japon a également connu une génération de «self-made men» tout à fait remarquable. Les jeunes loups ont toujours aimé les vastes espaces qu'offrent les économies en voie de développement. Et au Japon, certains ont pu s'en donner à cœur joie.

L'exemple d'un petit paysan. — *Honda Soichiro* par exemple, le fondateur de la firme qui domine de la tête et des épaules le marché mondial de la motocyclette. Fils d'un forgeron de village, il démarre une affaire personnelle en montant de vieux moteurs sur des châssis de voitures qu'il vend à des amateurs de sensations fortes. Lui-même expérimente ses modèles... et se retrouve à l'hôpital. C'est au cours de cette période d'inactivité qu'il décide de fonder *Honda Motors*. La fin des hostilités le laisse sans commandes. Il achète un tonneau de saké qu'il épuisera (en compagnie d'amis et légèrement coupé d'eau) en 6 mois. Cette nouvelle méditation l'incite à monter de petits moteurs de surplus sur des bicyclettes. Puis, en 1949, il sort une moto 100 cm³ révolutionnaire. On voit alors apparaître des modèles dans les compétitions européennes. En quelques années, il va rafler tous les grands prix. Les Britanniques qui jusqu'alors étaient les maîtres de la profession sont atterrés. Ils décident de mettre « à plat » une des machines de leur concurrent. Stupeur : c'est monté comme un mouvement d'horlogerie. La puissance tirée de ces minuscules moteurs (aujourd'hui équipant des voitures Honda, des moteurs marins Honda ou des tondeuses à gazon Honda) est étonnante. La révolution se situe aussi dans la propreté de ces machines qui séduit une couche de clientèle jusqu'alors rebutée par les fuites d'huile. « En affaire, c'est comme à la TV, dit-il, les bons gagnent toujours et les méchants sont punis. »

Le best-seller du Japon. — Mais le plus célèbre de ces animateurs de légende est *Matsushita Konosukée* dont la vie, publiée en livre de poche, est le bréviaire de tout jeune homme désirant arriver dans la vie. En 1917, ce fils de paysan pauvre fonde une affaire avec 100 yens en poche et s'oriente vers l'appareillage électrique léger, spécialité jugée mineure par les grands groupes. Il s'attirera la reconnaissance éternelle des ménagères japonaises, régulièrement morigénées par leurs belles-mères, en produisant un auto-cuiseur électrique permettant de faire du riz-qui-ne-colle-pas. Il aspire à devenir le Henry Ford de l'électroménager. Cela arrivera, mais après la guerre seulement. S'il est un pionnier de la production de masse et donc à bas prix, K. Matsushita s'est révélé également très en avance sur les industriels de son temps par son souci du consommateur. C'est son gendre qui gouverne aujourd'hui son empire. Lui cultive son jardin et, ultime étape de sa carrière, prêche le rapprochement des peuples en animant un mouvement dont le nom est évocateur (PHB : Peace and Happiness through Prosperity).

La dimension humaine, malgré les apparences, n'est en effet jamais étrangère dans l'entreprise japonaise. On se déclare très heureux chez Matsushita, même si les chefs de service doivent le matin se réunir avant de travailler pour chanter en chœur :

> « Pour édifier le nouveau Japon
> Durcissons notre effort
> Œuvrons pour développer notre production
> Sans relâche, sans relâche
> Comme l'eau qui sort d'une fontaine ».

Ces mêmes cadres ont, en effet, après cette profession de foi, la possibilité de dire publiquement ce qu'ils ont sur le cœur. Dans certaines sociétés, on leur offre même la possibilité de se défouler en allant boxer un mannequin, supposé représenter leur patron.
Mais la firme poursuit le cadre même hors du bureau. C'est elle qui règle les notes de ces très nombreuses soirées où il entretient clients japonais et étrangers dans les bars, restaurants et autres lieux. On comprend alors qu'à Tōkyō, où tout le monde rencontre tout le monde dans les mêmes endroits, l'information circule à une rapidité foudroyante et remonte vers les zaibatsus.

Le rôle des «shoshas». — Ces zaibatsus qui, depuis 1952, ont pu reprendre leur ancien nom, se sont révélés comme des instruments très adaptés à la mobilité de l'économie. Ils constituent des ensembles dont les frontières sont parfois si incertaines que l'on ne sait si telle société appartient à l'une ou à l'autre de ces entités. Deux types d'organismes jouent à l'égard de ces groupes des fonctions capitales. Les banques qui financent pour l'essentiel ces groupes, et les maisons de commerce — les **shoshas** — qui en sont les fers de lance.
Si l'Europe compte des conglomérats qui ressemblent un peu aux «zaibatsus» et des banques d'affaires qui tiennent en main les industries, elle ne possède aucune institution que l'on puisse comparer aux «shoshas», ces gigantesques organisations, qui peuvent employer jusqu'à 10 000 personnes disséminées à l'étranger (elles ont fait de Dusseldorf la première ville japonaise d'Europe), analysent les marchés, ont une influence déterminante sur les produits et les diffusent avec efficacité. Les dix premières (sur 10 000 environ) réalisent environ 50 % des exportations du Japon et traitent de 60 à 65 % de ses importations. On les voit souvent coordonner au sein d'un groupe les activités de plusieurs sociétés industrielles, soumissionner à des complexes appels d'offres ou à la fourniture d'usines clés en main, négocier pour les industries les importants contrats d'approvisionnement qui leur permettent de tourner, introduire au Japon les techniques étrangères.

Un tissu de petites entreprises. — Si les *Mitsui*, *Mitsubishi* ou *Sumitomo* dominent la vie économique, le tissu industriel japonais demeure assez complexe. 96 % des 4,8 millions d'exploitations existantes emploient moins de 4 travailleurs. La petite entreprise est donc très forte numériquement, même si le quart des salariés est employé par des entreprises possédant plus de 1 000 personnes. Elle est cependant, comme partout ailleurs, vulnérable par rapport à la grande industrie et a souvent tendance pour survivre à entrer dans l'orbite des grands groupes, au titre de sous-traitant. Avec les obligations que cela comporte. Parfois, ce sont des organismes de commerce tout à fait indépendants qui les fédèrent et les rendent compétitives. Ainsi quelle ne fut pas la surprise des industriels allemands de l'optique d'apprendre, il y a quelques années, que les jumelles japonaises qui les concurrençaient si durement étaient réalisées à partir de pièces fabriquées sur de vieilles machines données à d'anciens ouvriers à la retraite et collectées par une firme d'exportation qui se contentait de réaliser l'assemblage final.

Mais dans beaucoup de secteurs de tels « coups » ne sont plus possibles. Les salaires ont été normalisés et même les grandes firmes se voient contraintes d'aller chercher des fournisseurs utilisant de la main-d'œuvre à bon marché ailleurs. C'est-à-dire en Corée, à Formose, à Hong Kong. Mais là encore, la différence entre ces salaires « étrangers » et les salaires japonais a été en s'amenuisant.

Sur les technologies de pointe. — Malgré les deux chocs pétroliers qui auraient dû l'affecter très gravement, le Japon a plus facilement avalé la pilule que la plupart des pays industrialisés. En 1983 avec 4 % de croissance, on pourrait crier au miracle, si on ne savait maintenant — grâce aux Nippons — que peu importe le manque de matières premières si l'on possède la matière grise...

La revue des effectifs de l'économie confirme ce postulat de l'industrie de demain que les Nippons ont compris bien avant les autres, excepté les États-Unis. Les industries lourdes qui ont été un des fers de lance de l'économie japonaise de l'après-guerre sont, comme dans les autres pays, sévèrement touchées : **la sidérurgie**, tout en ayant ravi la 2e place aux États-Unis avec 14 % de la production mondiale, est en crise. **La construction navale** *(V. ci-après)* a vu ses carnets de commandes (surtout celui des super tankers) fondre brutalement, mais n'en demeure pas moins le premier constructeur mondial. **Le textile et la chimie** ne représentent plus respectivement que 4,5 % des exportations japonaises. En revanche, les industries à vocation plus technologique font des ravages sur le marché mondial : l'**automobile**, premier au coude à coude avec les États-Unis grâce à *Nissan* (10e entreprise mondiale au classement de « Fortune ») et *Toyota* (16e). **La motocyclette** fait pratiquement cavalier seul avec *Honda* (40e mondiale), *Kawasaki* et *Suzuki*. **L'optique** avec *Cannon* ouvrant une voie royale à une foule de fabricants plus inventifs et conquérants les uns que les autres. **L'électronique** avec *Sony*, *Hitachi* (12e mondial), *Matsushita*, *Toshiba*, *Mitsubishi*, *NEC*, *Sanyo* pour les calculettes, mini-ordinateurs, TV couleur, magnétoscopes, équipement hi-fi, électroménager, etc. **La montre** avec *Seiko*, *Citizen*, *Casio*, *Orient* et *Ricoh* qui ont, grâce à une plus rapide mise au point de la montre à quartz, détrôné les Suisses. **La robotique** avec 150 constructeurs sur percée de *Kawasaki*, *Nissan* et *Toyota* et un parc de plus de 30 000 robots très intelligents puisqu'ils ne se contentent plus de souder ou de peindre.

Des produits qui sont loin des copies conformes obtenues grâce au zèle photographique d'ingénieurs nippons visitant les foires industrielles de par le monde. Des produits diffusés par des organisations commerciales agressives et ramifiées (130 000 petites fourmis œuvrant à l'étranger en 1983 contre 22 000 en 1966) et bénéficiant de l'assistance de la *Japan External Trade Organisation* (Jetro), créée en 1951 et implantée dans les grandes capitales ou centres d'affaires (26 % du commerce extérieur était réalisé en 1982 avec les États-Unis contre 12 % avec la Communauté européenne).

Le plus moderne mais peut-on y vivre? — Le gouvernement japonais, pour garder son image de pays moderne — probablement le plus moderne du monde —, s'est fixé pour les années 80 trois directions essentielles : recherche des énergies nouvelles (biomasse, solaire, nucléaire, etc.); renforcement des activités de création et de savoir (informatique, bureautique, robotique, communications, avec toutes les études de matériaux nouveaux et de composants électroniques que ces ouvertures fabuleuses peuvent requérir); et enfin qualité de la vie.

Car dans un monde futuriste d'ordinateurs domestiques, de trains-obus, de villes souterraines grandissant autour des métros, les contrastes sont saisissants : médiocrité de l'habitat; urbanisme sauvage; routes et transports urbains insuffisants; équipements collectifs et assistance santé souvent insatisfaisante; population qui au rythme actuel devrait atteindre 120 millions en 1985, 140 en 2025 — si l'on ne prend aucune mesure pour enrayer cette expansion.

La place manque, en effet, cruellement au Japon (la superficie cultivée ne représente que 18 % du territoire, soit l'équivalent de moins de 20 % des surfaces agricoles en France, avec des rendements décevants). L'univers que suscite ce monde industriel, dont ils vivent, n'a rien d'engageant. La pollution a atteint au Japon un degré alarmant. Les paysages chers à Hiroshige sont couverts d'usines. Les fumées cachent le plus souvent le mont Fuji. 57 % des lacs sont pollués; les forêts naturelles ont diminué de 10 % en dix ans. L'opinion publique s'inquiète de cette dégradation de l'environnement. L'affaire de l'empoisonnement par le plomb d'une centaine de pêcheurs de Minamata a eu un retentissement considérable. La conduite des grands groupes est ouvertement critiquée; surtout depuis qu'ils ont été surpris à freiner la distribution de produits alimentaires de base pour profiter de prix à la hausse.

Après s'être lancé à la poursuite des idéaux occidentaux et en avoir souvent présenté une véritable caricature, le Japon reviendra-t-il à cet équilibre que les gens de l'Occident lui prêtaient? Ou bien faudra-t-il s'en remettre à la prophétie d'un des apôtres de la «beat generation» qui clamait qu'en l'an 2200 le Japon serait couvert d'autoroutes et les États-Unis de temples zen?

La construction navale japonaise

Depuis plus d'un quart de siècle l'irrésistible montée en puissance de la capacité japonaise pour la construction navale fascine — et inquiète — l'Europe et l'Amérique. En effet, le Japon a conquis durant cette période la moitié du marché mondial. Une telle ascension, spécialement dans la conjoncture japonaise de l'après-guerre, illustre bien l'image du relèvement économique de ce pays.

L'adoption des techniques occidentales. — Pour la construction navale, elle remonte, comme ailleurs, aux grands bouleversements de l'ère Meiji, lorsque, vers le milieu du siècle dernier, le Japon bascule dans le monde moderne. Il convient ici de souligner, toutefois, l'importance du facteur militaire dans cette évolution. Les navires de guerre européens (ou américains), techniquement plus perfectionnés, s'approchaient toujours plus près de l'archipel, mettant ainsi en danger la pêche qui fournit la nourriture de base du pays.

Une première période se situe donc entre 1868 et 1912. Dès 1876, les chantiers appartenant au gouvernement sont vendus à des intérêts privés et, le premier navire en acier sort en 1890, le premier paquebot à turbines en

1908, tandis que la première unité équipée d'un moteur Diesel sort des chantiers en 1913. Ensuite, la période de dépression de l'économie mondiale, marquée par la « Crise de 1929 », se répercute au Japon sans empêcher pourtant la construction d'un cargo rapide modèle en 1930. Après les catastrophes de la Seconde Guerre mondiale, marquée par la destruction, quasi totale, des chantiers navals, une période de reprise — lente — marque les années 1946-1953 et ce n'est qu'à partir de 1955 que la construction navale japonaise entre dans une période « triomphante » qui culmine en 1973, année du « grand choc pétrolier » retenue comme date de départ de la crise économique actuelle.

Les « Sept Majors ». — La construction navale japonaise se caractérise par une forte concentration et, en fait, on peut dire que l'ensemble reste entre les mains des « Sept Majors » : *Ishikawajima Harima Heavy Industries* (I.H.I.), *Hitachi Zosen, Kawasaka Heavy Industries, Mitsubishi Heavy Industries, Mitsui Engineering & Shipbuilding, Nippon Kokan* et *Sumitomo Heavy Industries*. A elles seules, elles représentent 65 % de la capacité japonaise en matière de construction navale. Mais il existe aussi des chantiers de moindre importance assurant plus spécialement les besoins locaux. A un autre niveau, les armateurs et les constructeurs se sont associés pour former une « Association des constructeurs de navires » et une « Association des armateurs japonais », toutes deux en 1947, tandis qu'un « Conseil pour la rationalisation de la marine marchande et de la construction navale » date de 1951. D'autres encore verront le jour pour traiter des problèmes liés aux chantiers comme, en 1969, la « Conférence des patrons et ouvriers de l'industrie de la construction navale », ou même, tout récemment, une « Commission pour la loyauté dans le commerce »... Tous ces organismes ont, bien sûr, pour fonction de créer une situation favorable dans les échanges syndicaux ou inter-professionnels mais aussi de discuter, sur un pied d'égalité, avec le gouvernement sur les grands projets les concernant, mais encore sur l'économie nationale en général.

Depuis 1973 la crise économique mondiale a, ici comme ailleurs, porté des coups à l'économie japonaise en général, à la construction navale en particulier.

Crise et concurrence. — Différents problèmes se posent. La réduction de la demande en navires de grosse capacité (les fameux super-tankers) due essentiellement, à la réouverture du canal de Suez (1975) et à l'emploi plus grands des pipe-lines tout autant qu'à l'exploitation des gisements de la mer du Nord (Grande-Bretagne et Norvège) ou encore à la baisse généralisée de la demande pétrolière. Vient ensuite le problème de la concurrence, essentiellement coréenne, qui menace la suprématie japonaise. Il convient donc, dans un tel contexte, de tout faire pour préserver, intacte, la compétitivité des chantiers japonais.

Comment vit-on la crise au Japon ? Avec beaucoup de réalisme serait-on tenté de répondre. Avec, ensuite, un grand consensus national. Une reconversion fut envisagée, prévoyant une réduction de la production allant de 20 à 40 % selon les industries. Cela fut d'abord sensible au niveau de l'emploi. Ainsi, les chiffres des travailleurs des chantiers navals passent de plus de 360 000 en 1974 à 228 000 en 1979 avec pourtant une légère remontée en 1980 (234 000). Mais ces chiffres sont appelés à de nouvelles baisses dans les prochaines années.

Le carnet de commandes ne correspond plus à la capacité de production et l'on s'attend, là aussi, à de nouvelles baisses pour 1984, ce qui met en évidence la différence entre les objectifs qui avaient été déterminés et la réalité du marché.

Dans les grandes compagnies, comme *Mitsubishi*, on a réduit la capacité de production de 40 % ; de même chez *Kawasaki*, tandis que celle de *I.H.*

n'atteignait que 20 %. Cette situation conduisit aussi à une reconversion — un développement — des constructions off-shore qui s'est par ailleurs diversifiée. Chez *Mitsui* on estime à 50 % la réduction des activités proprement navales qui conduisit à la fermeture pure et simple des chantiers de la compagnie à Ōsaka.

Pourtant, en dépit de la crise, l'activité des chantiers japonais demeure tournée vers l'exportation pour environ 70 % de sa production, ce qui est moins qu'avant, bien sûr, mais reste toutefois très honorable. Et, dans les chantiers japonais, il y a encore beaucoup d'optimisme et une grande foi dans l'avenir *(Philippe Lannois).*

Panorama historique

par **Jacques Pezeu-Massabuau**
Docteur ès lettres, chargé de cours à l'Université de Tōkyō

Considéré par rapport aux autres pays asiatiques, ou même occidentaux, le Japon est un pays « jeune ». Le Néolithique s'y est prolongé jusqu'au début de notre ère et l'écriture n'y apparaît qu'au Ve siècle. Ce décalage — compensé périodiquement au cours des siècles par des injections de culture chinoise — s'accusa davantage à l'époque d'Edo, lorsque le pays se fut fermé systématiquement aux influences étrangères. A l'avènement de Napoléon III, un système féodal régnait encore dans l'archipel et la machine à vapeur y demeurait inconnue. Ce retard chronique sur les autres grandes civilisations du globe ne fait que mieux ressortir la prodigieuse énergie dont le pays a fait preuve, depuis 1868 (Meiji) et surtout 1945, pour rattraper le peloton de tête des grandes nations.

Du IVe au VIIe s., le Japon passe de la protohistoire à l'histoire. Les grands clans s'épuisent en luttes qui dureront pratiquement jusque vers 1600. Toutefois la cour du Yamato (le clan impérial) affirme peu à peu sa prépondérance et s'organise sur le modèle chinois, grâce surtout à l'impulsion de *Shōtoku Taishi*. L'écriture et le bouddhisme, les arts et les techniques du continent sont reçus et assimilés avec ardeur, bien que le pays n'est pas encore de capitale fixe.

367 : Le premier envoyé coréen arrive au Japon, émissaire du gouvernement de Kudara.

369 : Création en Corée de l'État japonais de Mimana.

Vers 400 : La cour du Yamato a entrepris et réalisé partiellement l'unité japonaise.

Vers 430 : Le Yamato se couvre de grandes sépultures.

538 : Introduction du bouddhisme.

592 : *Shōtoku Taishi* devient régent.

604 : Il promulgue la Constitution en dix-sept articles.

607 : Il envoie une ambassade en Chine, à la cour des Souei. Construction du Hōryūji.

630 : Ambassade à la cour des *Tang*.

645 : Grandes réformes de Taika.

668-701 : Grands codes (Omi, Asuka, Taihô) donnant au régime son armature légale.

Époque de Nara (710-794)

Une capitale fixe est établie à Nara sur le modèle de la capitale chinoise. Le bouddhisme devient religion officielle et la culture continentale pénètre tous les aspects de la vie publique : écriture, arts, techniques. La conquête étend vers le nord de l'archipel la puissance du Yamato, aux dépens des Aïnou, conquérants militaires et grands sanctuaires constituent de grands domaines, base future de leur insoumission au pouvoir impérial. L'imitation de la Chine, l'atmosphère de foi bouddhique font de ces années le premier âge d'or de l'art japonais. La grande famille des *Fujiwara* prend une influence durable à la cour tandis que le clergé bouddhiste devient omniprésent. L'empereur perd peu à peu tout pouvoir réel.

710 : La capitale est établie à Nara.

712 : Date officiélle du *Kojiki*, la plus ancienne chronique du Japon.

718 : Code de Yorō.

741 : L'empereur décide de créer dans chaque région administrative un temple d'État (« kokubunji »).

743 : Les terres récemment défrichées seront propriété privée.

745 : On commence la construction du Grand Bouddha du temple Tōdaiji à Nara — il sera achevé en 752.

766 : Le moine *Dōkyō*, devenu tout-puissant à la cour, tente d'usurper le pouvoir. Il échoue mais cela provoque une violente agitation. Désormais, l'influence des moines grandira sans cesse.

790 : Constitution du premier recueil des plus anciennes poésies japonaises : le *Manyōshū*.
L'empereur *Konin* décide de quitter Nara.

Époque de Heian (794-1192)

Établie à Heian, à 50 km au nord de Nara, la cour est dominée par les Fujiwara. A la fin du IXe s., les relations avec la Chine sont interrompues et, durant deux siècles, le Japon va vivre sur son acquis : un art et une littérature nationale naissent et donnent les premiers chefs-d'œuvre authentiquement « japonais ». Les guerres que se font deux grands clans, les Taira et les Minamoto, ensanglantent le pays. En dépit de quelques tentatives (Horikawa, Go-Shirakawa), les empereurs ne peuvent reprendre le pouvoir et abdiquent ou se voient déposés. La cour, raffinée et décadente, n'exerce plus qu'une autorité littéraire et esthétique tandis que la guerre civile fait rage. Elle s'achève par la nomination de Minamoto Yoritomo au grade de « généralissime pour la soumission des barbares » (sei-i-tai-shogun) et l'installation du siège de son autorité à Kamakura. La cour demeurera, impuissante mais toujours officiellement respectée, à Heian (Kyōto) jusqu'en 1868.

794 : La cour se transporte à Heian (Kyōto).

805-806 : Les moines *Saichō* et *Kūkai* implantent au Japon les sectes bouddhiques Tendai et Shingon.

815 : Introduction du thé au Japon.

841 : Toute-puissance des *Fujiwara*; l'époque 857-1160 est communément appelée « période Fujiwara » par les historiens.

861 : Adoption du calendrier chinois.
Essor de l'école de peinture « Yamato-e ».

866 : *Fujiwara Yoshifusa* devient régent.

894 : *Sugawara Michizane* décide d'interrompre les ambassades en Chine.

905 : Recueil poétique du « Kokinshū ».

950-1000 : Époque des grandes constructions religieuses de Heian : les collines de la « Montagne de l'Est » (Higashiyama) et les pentes du mont Hiei se couvrent de sanctuaires bouddhiques.

966-1027 : Régence de *Fujiwara Michinga*.

1000 : Publication du « Genji Monogatari » (« Dit de Genji »), le plus célèbre des romans japonais.

1053 : Construction du Byōdōin à Uji, au sud de Heian.

1073-1156 : Règne des empereurs cloîtrés.

1123-1166 : Luttes violentes des *Taira* et des *Minamoto*.

1156 : Guerre de succession impériale ; consolidation de la puissance des *Taira*.

1160-1185 : Période des *Taira* ; une révolte des *Fujiwara* et des *Minamoto* contre eux échoue en 1159.

1180 : *Minamoto* regroupe ses armées et s'installe à Kamakura.

1185 : Destruction finale du clan des *Taira* à la bataille de Dan-no-ura.

Époque de Kamakura (1192-1338)

Yorimoto établit son gouvernement militaire à Kamakura, loin de la cour décadente. La sage régence des Hōjō maintient après lui le pays dans la paix jusque vers 1300. C'est un grand âge du bouddhisme : de nouvelles sectes sont fondées (amidisme, de Nichiren), plus populaires que les précédentes, à l'exception du zen qu'adopte la classe militaire. C'est le dernier âge de la grande sculpture japonaise. En peinture, le Yamato-e se survit mais le « sumi-e » (peinture à l'encre de Chine) donne ses premiers chefs-d'œuvre. En architecture, plusieurs styles sont inaugurés ; l'un d'eux, le « style chinois » (Karayō), est adopté pour les grands sanctuaires zen qui s'élèvent à Kamakura. Après 1300, la classe militaire s'amollit et l'empereur tente de reprendre le pouvoir des Hōjō mais il échoue. La famille Ashikaga émerge des luttes qui suivent et reçoit à son tour le titre de shogun. Kamakura est prise en 1333.

1192 : *Minamoto Yoritomo* devient sei-i-tai-shogun.

1199 : Mort de *Yoritomo*.

Vers 1200 : « Hōjōki » (Notes de la cabane de dix pieds carrés).

1219 : Fin des *Minamoto* ; le pouvoir passe aux *Hōjō* (descendants des Taira).

1220-1240 : « Heike Monogatari » (Histoire des Taira).

1229 : Essor des poteries de Seto.

1232 : Code Jōei Shikimoku, base légale du gouvernement de Kamakura.

1250 : « Ima Monogatari » (Contes du temps présent).

1252 : Construction du Grand Bouddha de Kamakura.

1253 : Édification du temple Kenchōji à Kamakura.

1272 : Construction du Nishi-Honganji à Kyōto.

1274 : Première attaque mongole, repoussée à Tsushima.

1281 : Seconde attaque mongole.

1321 : L'empereur *Go-Daigo* reprend le pouvoir.

1324 : « Tsurezure gusa » (Propos des moments perdus) de *Yoshida Kenkō*.

1331-1332 : *Go-Daigo* cherche à écarter les Hōjō du pouvoir ; il est vaincu et exilé à l'île d'Oki.

1333 : Chute de Kamakura, prise par *Yoshisada*.

1336 : Schisme impérial : empereur des Ashikaga à Kyōto, lignée traditionnelle dans les montagnes du Sud ; dure jusqu'en 1392.

Époque de Muromachi (1338-1573)

Un contraste remarquable marque cette période durant laquelle la famille Ashikaga détient la fonction shogunale. Sa cour, établie dans le faubourg de Muromachi à Heian, est la plus raffinée qui soit : « Beaux-arts, belles lettres, architecture, peinture de grand style, folies mystiques, débauches, poésies brèves y sont cultivées à l'envi » (P. Landy). Le pays cependant est en proie à l'anarchie : on se bat dans les villes et les campagnes et dans les rues de la capitale, autour des châteaux et des monastères. La misère gagne la cour elle-même. Partout la guerre civile qui fait rage accélère le morcellement territorial de l'empire ; certaines régions se proclament autonomes.

1338 : *Ashikaga Takauji* devient sei-i-tai-shogun.

1356 : Recueil « Tsukubashū » ; théorie poétique des « poèmes liés » (renga).

1368 : *Ashikaga Yoshimitsu*, 3e shogun, vainc les autres clans et assure la puissance de sa maison. Il abdique ensuite, se fait moine et construit le « Kinkaku-ji » (Pavillon d'Or).
Essor du style architectural shoin-zukuri.

1370 : Chronique « Taiheiki » (Récit de la Grande Paix).

1392 : Fin du schisme dynastique.

1404 : *Ashikaga Yoshimitsu* envoie à la cour des Ming une ambassade qui inaugure les relations commerciales avec la Chine. Renaissance de la poésie chinoise au temple Nanzen-ji à Heian.

1429 : Révolte paysanne.

1467 : Début de la guerre d'Onin, entre les grands clans ; incendie à Heian du palais de Muromachi.

1473 : *Ashikaga Yoshimasa* construit le « Ginkaku-ji » (Pavillon d'Argent).

1477 : Fin de la guerre d'Onin.

1485 : Nouvelle révolte paysanne.

1486 : Mort de *Sesshū*, le plus grand peintre japonais de paysages à l'encre de Chine.

1495 : Début de l'anarchie : les guerres locales s'exaspèrent ; ni l'empereur ni le shogun n'ont plus de pouvoir réel.

1510 : Premières porcelaines japonaises. Essor de l'école de peinture Kanō.

1532 : Révolte du temple Honganji contre le shogun.

1543 : Les Portugais débarquent à Tanegashima ; le Japon découvre les armes à feu.

1549 : *François Xavier* commence sa prédication au Japon.

1573 : *Oda Nobunaga dépose Ashikaga Yoshiaki* : fin du gouvernement militaire de Muromachi.

Époque d'Azuchi-Momoyama (1573-1600)

C'est l'époque, courte mais capitale, de la réunification du pays. Trois hommes, grands capitaines et administrateurs avisés, Oda Nobunaga, Toyotomi Hideyoshi et Tokugawa Ieyasu achèveront successivement cette œuvre. Les chrétiens, devenus nombreux, sont jugés indésirables mais les armes à feu qu'ils ont apportées sont adoptées. C'est l'époque des palais somptueux, éclatants de dorures, par lesquels ces parvenus de génie veulent illustrer leur puissance. Le théâtre voit naître des formes nouvelles qui deviendront classiques à l'époque suivante : bunraku (poupées), kabuki.

1576 : *Oda Nobunaga* (1534-1582) fait construire le château d'Azuchi.

1580 : Il met un terme à la puissance militaire des moines en rasant les monastères du mont Hiei.

1582 : *Nobunaga* est assassiné. **Toyotomi Hideyoshi** (1536-1598) prend le pouvoir. Il entreprend des réformes visant à bloquer les classes sociales dans leur état du moment.

1583 : Il fait construire le château d'Ōsaka.

1587 : Il interdit le christianisme et expulse les missionnaires.

1588 : Il interdit aux paysans le port des armes, réservé à la noblesse.

1590 : Tout le Japon se trouve réunifié sous la férule de *Hideyoshi*.

1592 : *Hideyoshi* tente d'envahir la Corée ; il échoue.

1594 : Il édifie, au sud de Kyōto, le château de Momoyama.

1597 : Seconde tentative d'invasion de la Corée ; échec.
Deuxième édit contre les chrétiens dont vingt-six sont martyrisés à Nagasaki.

1598 : Mort d'*Hideyoshi*.

1600 : Son lieutenant, *Tokugawa Ieyasu,* est vainqueur à Sekigahara et devient de ce fait le maître du Japon.

Époque d'Edo (1600-1868)

Deux siècles et demi durant, les Tokugawa gardent fermement le pouvoir shogunal. La société se voit figée et réglementée, la bourgeoisie marchande en occupant l'avant-dernier rang. Sa puissance grandit toutefois grâce au commerce et, à Ōsaka puis à Edo, encourage l'essor d'une culture nouvelle, différente de celle qui caractérise la cour et l'aristocratie militaire. Sciences et techniques occidentales s'infiltrent peu à peu bien que le pays se soit rigoureusement fermé aux étrangers. Vers la fin de la période, la misère des campagnes entraîne des jacqueries tandis que la classe militaire s'appauvrit et s'ennuie et que la bourgeoisie souffre des monopoles de corporations, les intellectuels du manque de contact avec l'étranger. Toutes ces forces entraînent l'écroulement de l'édifice socio-politique des Tokugawa dès que, en 1853-54, les Occidentaux, sous la forme des Américains, viennent demander l'ouverture commerciale du pays. L'action de quelques clans résolus favorise alors la restauration impériale : c'est la « révolution » de Meiji (1868).

1603 : *Tokugawa Ieyasu* devient sei-tai-shogun, Edo devient la capitale administrative du Japon.

1609-1613 : Hollandais et Anglais s'installent à Hirado (Kyūshū) pour faire du commerce.

1616 : Mort de *Ieyasu*.

1622 : Cinquante-six chrétiens sont mis à mort à Nagasaki.

1636 : Construction des grands mausolées de Nikkō.

1637-1638 : Révolte des chrétiens à Shimabara ; interdiction à tout Japonais de se rendre à l'étranger sous peine de mort.

1641 : Les Hollandais voient limiter leur commerce au comptoir de Deshima (Nagasaki).

1642 : Naissance du romancier *Ihara Saikaku*.

1643 : Naissance du poète *Bashō*.

1649 : Code définissant les obligations de la classe paysanne.

1650 : Essor des porcelaines de Kutani, près de Kanazawa.

1657 : Grand incendie d'Edo (Tōkyō).

1658 : Début de la publication officielle de la « Grande Histoire du Japon » (jusqu'en 1907).

1673 : Décret interdisant le morcellement des terres.

1688-1703 : Époque Genroku, apogée artistique de l'époque d'Edo.

1703 : Grand séisme d'Edo.

1707 : Dernière éruption du mont Fuji.

1709 : *Arai Hakuseki*, chef de la police et réformateur.

1720 : Interdit levé sur les livres étrangers (sauf les ouvrages religieux).

1721 : Recensement (des personnes non nobles).

1728 : Grande famine à Shikoku.

1745 : Premier dictionnaire hollandais-japonais.

1776 : « Contes de Pluie et de Lune » par *Ueda Akinari*.

1783 : Grande famine dans tout le pays ; soulèvements paysans.

1786 : Grand incendie d'Edo.

1788 : Grand incendie de Kyōto.

1792 : *Catherine II* s'efforce de nouer des relations avec le Japon.

1806 : Mort d'*Utamaro*.

1807 : Tentative russe sur Ezo (Hokkaidō).

1825 : Ordre de détruire tout navire étranger s'approchant des côtes.

1832 : Grande famine et jacquerie.

1839 : Châtiment de lettrés désireux d'ouvrir le pays à l'étranger.

1849 : Mort de *Hokusai*.

1853 : Les navires de guerre de *Perry* jettent l'ancre à Uraga, dans la baie d'Edo.

1854 : *Perry* revient ; traité de Kanagawa ouvrant aux navires américains les ports de Shimoda et de Hakodate.

1856 : Le premier consul étranger (américain) arrive au Japon.

1858 : Traités de commerce avec les États-Unis, la Grande-Bretagne, la France.
Mort de *Hiroshige*.

1861-1862 : Meurtres d'Occidentaux.

1863 : Les navires occidentaux bombardent en représailles Shimonoseki et Kagoshima.

1865 : Guerre civile du clan de Chōshū où triomphent les partisans de l'empereur.

1866 : Alliance des clans de Chōshū et de Satsuma (Kagoshima), contre le shogun.

1867 : Fin du gouvernement militaire des Tokugawa.

1868 : L'empereur quitte Kyōto (où la cour réside depuis 1 075 ans) et vient s'installer au château d'Edo ; la ville est rebaptisée Tōkyō.

Époque Meiji (1868-1912)

L'ère Meiji est celle de la modernisation du Japon qui passe en cinquante ans du Moyen Age féodal à la vie politique et économique d'un grand État contemporain. La constitution de 1889 adopte un régime parlementaire imité de l'Angleterre mais réservant l'essentiel du pouvoir à la poignée de conseillers qui entourent le souverain. La presse est créée dès 1868 et le pays compte déjà cent périodiques cinq ans plus tard. En littérature, la « découverte » des écrivains occidentaux entraîne de grands changements. Un courant réaliste accompagne d'abord, comme en Occident, l'industrialisation et l'essor de la science ; ses principaux représentants : Tsubouchi Shōyō, Futabatei Shimei et Mori Ogai développent, sous l'influence des auteurs russes, une littérature sociale. Après 1905 environ, un courant idéaliste se développe à son tour avec Natsume Sōseki, Nagai Kafū, Tanizaki Junichirō. En art, les influences occidentales imprègnent fortement la peinture, la sculpture et l'architecture, coupées de retour à la tradition sans qu'un équilibre harmonieux soit encore trouvé. L'époque Meiji est ainsi celle de la mutation du Japon et de ses premières tentatives de conquête à l'étranger; ces dernières sont couronnées d'un succès qui surprend le monde et lui apprend très tôt à se méfier de ce nouveau venu.

1868 : Abolition du shogunat ; Edo devient Tōkyō.
Création de la presse.

1869 : Fin de la résistance des Tokugawa à Hakodate (Hokkaidō).

1871 : Les fiefs (« han ») sont supprimés et remplacés par une cinquantaine de préfectures.
Début de la colonisation de Hokkaidō, par crainte de l'avance russe en Extrême-Orient.

1873 : Adoption de la conscription qui suscite des révoltes paysannes. Le calendrier grégorien est adopté.

1874 : Expédition à Formose.

1874 : Essor de « Mouvement pour la liberté et les droits du peuple » qui, avec d'autres partis, réclament sous la direction d'Itagaki la création d'une assemblée nationale.

1876 : Premier cours de peinture occidentale à Tōkyō.

1877 : Révolte de Satsuma qui est écrasée par l'armée.
Arrivée de *Josiah Conder*, professeur d'architecture occidentale.

1881 : Création du parti libéral par *Itagaki*.

1884 : Le parti libéral est dissout.

1885 : « La moelle du roman » de *Tsubouchi Shōyō*.

1889 : Promulgation de la Constitution de Meiji.

1890 : « Nuage Flottant » de *Futabatei Shimei*.
Première réunion du Parlement.

1894-1895 : Première guerre sino-japonaise. Traité de Shimonoseki.

1902 : Alliance avec l'Angleterre.
« Les Fleurs de l'enfer » de *Nagai Kafū*.

1904-1905 : Guerre russo-japonaise et victoire japonaise ; traité de Portsmouth.

1905 : « Je suis un chat » de *Natsume Sōseki*.

1906 : « Botchan » de *N. Sōseki*.

1910 : Annexion de la Corée.
« Le cœur » de *N. Sōseki*.

1911 : « Le tatouage » de *Tanizaki Junichirō*.
Construction du palais d'Akasaka, en pierre et selon les canons de l'architecture occidentale classique.

1912 : Mort de l'empereur *Meiji*.

Époques Taishō et Showa (jusqu'en 1945)

L'histoire des ères Taishō et Showa jusqu'en 1945 est celle de l'aventure militaire et impériale du Japon. Des tentatives libérales, au lendemain de la Première Guerre mondiale, accompagnées d'un mouvement social et d'un vif élan vers le modernisme, n'empêchent pas le militarisme de grandir, à cause notamment de l'action de petits groupes d'officiers désireux de rendre au pays ses vertus traditionnelles — «oubliées» dans le nouveau culte pour l'Occident —, tout en rompant l'isolement politique du pays qui a quitté en 1933 la Société des Nations. L'armée et la police contrôlent dès lors de plus en plus étroitement la vie politique et intellectuelle. La vie littéraire, qui accueillait toutes les tendances sous Taishō, se voit limitée par la propagande officielle et la censure. La littérature prolétarienne, née à la faveur des bouleversements sociaux et politiques, ne laisse que peu d'œuvres valables.

1914: Première Guerre mondiale; le Japon déclare la guerre à l'Allemagne. Construction de la gare de Tōkyō, dans le style Louis XIII alors à la mode.

1915: Les «21 demandes» contre la Chine.

1918: Expédition de Sibérie.

1919: Les «21 demandes» sont refusées mais le Japon reçoit des compensations; il ne s'en estime pas moins humilié sur la scène internationale.

1920: Première célébration du 1er mai.

1921: Voyage du prince impérial (l'actuel souverain) en Europe.
Assassinat de *Hara Satoshi* qui sera suivi d'une longue suite d'assassinats politiques jusqu'en 1940.
Le prince impérial devient régent à la maladie de son père.
Conférence de Washington.

1922: Fondation du parti communiste japonais, interdit l'année suivante.
Mort de *Mori Ogai*.

1925: Un cabinet libéral promulgue la loi sur le suffrage universel.
«La prostituée», roman prolétarien de *Hayama Yoshiki*.

1926: Début de l'ère *Showa*, règne de l'empereur actuel. La fin de «l'époque libérale» s'amorce et la réaction de droite va s'accentuer régulièrement jusqu'à la guerre.

1931: Incident de Mandchourie.

1932: Assassinat du Premier ministre *Inukai*, opposé aux militaires.

1933: Le Japon se retire de la Société des Nations.

1936: Complot des jeunes officiers à Tōkyō; il échoue.

1937: Début de l'agression japonaise en Chine.

1940: Pacte tripartite avec l'Allemagne et l'Italie.

1941: Occupation de l'Indochine; les Américains répondent par l'embargo contre le Japon. Attaque de Pearl Harbor.

1941-1942: Période de l'avance japonaise jusqu'en Birmanie à l'ouest, en Nouvelle-Guinée au sud.

1942: Bataille de Midway: début du repli des Japonais.

1943: Création du ministère de la Grande Asie.

1944-1945: Les défaites du Japon s'accentuent; bombardements de Tōkyō. Les Américains prennent Okinawa. Bombes atomiques sur Hiroshima, puis Nagasaki. L'U.R.S.S. déclare la guerre au Japon. Rescrit impérial mettant fin à la guerre.
Le 2 septembre, reddition du Japon.

L'époque actuelle (depuis 1945)

De 1945 à 1952, l'occupation étrangère (en fait, uniquement américaine) va s'efforcer de remodeler la vie et la société japonaises afin d'en éliminer militarisme et nationalisme. Les «zaibatsu» sont démantelés, les syndicats encouragés, une nouvelle constitution met fin à l'autorité absolue (théorique) de l'empereur. Le Japon se voit «démocratisé» docilement. Redevenu maître de ses destinées, le conflit coréen encourage son essor économique d'après-guerre. Il se donne un gouvernement conservateur qui va faire de lui la plus grande puissance économique de l'Ancien Monde après l'U.R.S.S. L'opposition de gauche demeure vive et se manifeste lors de certaines échéances (pacte de sécurité avec les États-Unis, retour d'Okinawa, relations avec Pékin...). Des accords avec la Chine et l'U.R.S.S. inaugurent une ère de paix en Extrême-Orient. Le pays s'ouvre plus que jamais aux influences techniques, intellectuelles, esthétiques de l'Occident et la prospérité matérielle s'accompagne d'une floraison d'œuvres remarquables alliant, d'une façon générale, les grands courants et tendances internationales (surréalisme, art abstrait, existentialisme, structuralisme, musique sérielle, etc.) à la tradition nationale dans tous les domaines. Tout en restant bien lui-même, le Japon est plus que jamais à l'écoute du monde. Sur le plan international toutefois, son influence politique est loin encore d'atteindre l'importance de son «poids» économique.

1946 : L'empereur renonce à son ascendance divine.
Réforme agraire scindant les grands domaines.
Nouvelle constitution.

1947 : Suffrage universel étendu aux deux sexes.

1948 : Loi sur l'eugénisme permettant en fait à de nombreuses femmes d'avoir recours à l'avortement.
Fondation du Zengakuren, syndicat national des associations d'étudiants.

1951 : Traité de paix de San Francisco.

1953 : Début de la télévision japonaise.
Armistice de Corée. L'industrie japonaise amorce en grand sa reconstruction.

1954 : Création des Forces d'autodéfense.

1956 : Normalisation des relations nippo-soviétiques.

1960 : *Kishi,* Premier ministre, démissionne et est remplacé par *Ikeda* qui promet le «doublement du revenu national en dix ans», promesse qui sera plus que tenue.
Assassinat du leader socialiste *Asanuma.*

1962 : Accord semi-officiel entre Tōkyō et Pékin.

1964 : Inauguration de la ligne du super-express Tokaido (dite «Shinkansen»); première autoroute Tōkyō-Nagoya; les XVIIIe jeux Olympiques se tiennent à Tōkyō.

1966 : Révolution culturelle en Chine ; le parti communiste japonais rompt avec le P.C. chinois.

1968-1970 : Bagarres estudiantines à Tōkyō.
Kawabata Yasunari obtient le prix Nobel de littérature.

1969 : Accord avec l'U.R.S.S. sur la mise en valeur de la Sibérie.
Lancement du premier navire atomique japonais.

1970 : Lancement du premier satellite japonais.
Exposition universelle d'Ōsaka.
Suicide spectaculaire de l'écrivain *Mishima Yukio* qui reproche à son pays d'oublier ses anciens idéaux et de ne pas réarmer.

1972 : Restitution d'Okinawa.
Accords *Chou-en-Lai Tanaka*. Suicide du prix Nobel *Kawabata Yasunari*.

1974 : *Miki* succède à *Tanaka* dans une période difficile consécutive à la crise pétrolière.

1975 : Visite de l'empereur *Hiro Hito* aux États-Unis.
Échanges commerciaux accrus avec la Chine, mais, corrélativement, refroidissement des relations avec l'U.R.S.S., avec notamment la question des Kouriles.
Expo' 75 à Okinawa.

1976 : Jubilée (50 ans) du règne *Showa*.
Le scandale Lockheed ébranle la majorité des libéraux-démocrates et provoque l'arrestation de l'ancien Premier ministre *Tanaka* ainsi que la chute de *Miki* qui sera remplacé par *Fukuda*.
L'U.R.S.S. qui avait tenté un rapprochement avec le Japon se rétracte après interception d'un MIG 25 à Hakodate.
« L'Empire des sens », film de **Nagisa Oshima**.

1977 : Les élections de l'été réduisent l'importance des libéraux-démocrates qui gardent pourtant la majorité. *Fukuda* réussit par ailleurs à réduire considérablement l'inflation.
Les accords se montrent difficiles avec Moscou, mais aussi Pékin ; ils se renforcent par contre avec les membres de l'A.S.E.A.N. (Asie du Sud-Est).
Émeutes gauchistes à Narita. Le *shinkansen* atteint Morioka au nord de Honshū.

1978 : Traité de paix et d'amitié signé avec la Chine.
Ohira succède à *Fukuda*.
Ouverture, malgré les nombreuses protestations, de l'aéroport international de Narita.

1979 : Procès de *Tanaka* et de chefs du parti libéral démocrate compromis dans les scandales de 1976 ; le parti se trouve tout juste majoritaire lors de nouvelles élections.
Échange de visites officielles entre *Ohira* et le *président Carter*. Par ailleurs les relations se normalisant avec la Chine, le mécontentement s'accroît vis-à-vis de l'U.R.S.S. qui ne veut rien entendre à propos des Kouriles.

1980 : Nouvelles élections qui redonnent une majorité plus confortable au parti libéral démocrate et permettent l'accession de *Suzuki* comme Premier ministre.
Le film « Kagemusha », de **Kurosawa Akira**, est primé à Cannes.

1981 : 1,2 million de chômeurs au Japon ; plan d'austérité économique, mais pourtant redressement commercial correspondant à un excédent des exportations japonaises mal vues par les pays occidentaux.
Visite de Jean-Paul II au Japon.

1982 : *Nakasone* succède à *Suzuki* que les mesures d'austérité avaient rendu impopulaire.

Aperçu linguistique

par **Fujimori Bunkichi**
Assistant associé à l'Institut National des Langues et Civilisation orientales

La connaissance du japonais peut paraître superflue dans les hôtels et, en général, dans les milieux d'affaires, où l'anglais est assez répandu. Vous vous privez pourtant des aspects les plus attachants du Japon. Si vous souhaitez sortir des sentiers battus, connaître quelques rudiments de la langue du pays devient un moyen appréciable pour vous familiariser avec les habitants. La légendaire hospitalité japonaise fera le reste.

On s'imagine souvent que le japonais et le chinois se ressemblent. C'est surtout l'écriture, empruntée pour l'essentiel au chinois classique, qui entretient cette illusion. En réalité, les deux langues ne possèdent aucun point fondamental commun, ni dans la prononciation, ni, surtout, dans la syntaxe.

Le japonais est une langue dont les origines restent assez obscures. De nombreux spécialistes ont tenté de trouver des preuves de parenté, soit avec les langues malayo-polynésiennes, soit avec le groupe dit ouralo-altaïque, qui comprend notamment le mongol, le mandchou, de nombreuses langues de Sibérie et d'Asie centrale, ainsi que le turc. Cependant, dans l'état actuel des connaissances, il n'est guère que le coréen qui puisse être considéré avec certitude comme appartenant à la même famille linguistique.

Prononciation. — Le japonais est très facile à prononcer, surtout pour un francophone, habitué aux «syllabes ouvertes», se terminant par une voyelle. Quelques précautions suffisent pour se faire comprendre. Le touriste pressé a tout intérêt à connaître les principes de la transcription dite de Hepburn, car c'est celle-ci qu'il rencontrera partout au Japon — chaque fois que les Japonais ont songé à épargner quelques difficultés à leurs hôtes occidentaux...

Cette transcription de Hepburn a le mérite d'être très simpliste : en un mot, le système consiste à transcrire les voyelles à peu près à la manière italienne, et les consonnes grosso modo à la manière anglaise. Toutefois (l'inverse n'est pas vrai), cela ne signifie pas qu'il faille prononcer toutes les consonnes comme en anglais et toutes les voyelles comme en italien. Pour retrouver, à travers la transcription, la vraie prononciation japonaise, il convient d'en connaître au moins quelques caractéristiques, dont voici l'essentiel :

Les voyelles : elles sont au nombre de cinq : A - I - U - E - O (selon l'ordre japonais).

U : Surtout, ne pas prononcer à la française ! Avec la prononciation **ou**, vous arriverez à vous faire comprendre, mais si vous tenez à bien faire, voici la manière dont il faut vous y prendre : prononcez la voyelle neutre française **e** (comme dans **le**) et ensuite, fermez vos lèvres au maximum, en répétant la même prononciation, à voix basse. En même temps, essayez de « décontracter » vos lèvres et votre langue, pour qu'il ne subsiste aucune tension. A ce moment-là, vous aurez prononcé le **U** japonais, qui n'est autre qu'une voyelle neutre très fermée. Essayez de dire, par exemple, MUZU-KASH**I**I-DESU (c'est difficile).

Le caractère gras indique ici l'accentuation. En japonais, l'accent ne porte pas sur l'intensité. Il suffit de relever un peu le ton et de revenir ensuite au ton « bas ».

Souvenez-vous, à ce propos, que les voyelles **U** et **I** peuvent devenir « sourdes » en position finale non accentuée (ainsi, dans l'exemple précédent, « DESU » devient « dess »). Cet « assourdissement » se produit aussi quand **U** ou **I** se trouvent entre deux consonnes sourdes. — T**A**KUSHII (taxi) se prononce « tak'shii » ; ASHIT**A** (demain) se dit « ash'ta ».

E : Se situe entre **é** et **è** et ne correspond jamais au **e** muet. — Par exemple, essayez de prononcer correctement O-K**A**NE (de l'argent).

Voyelles longues : Elles durent deux fois plus longtemps que les voyelles courtes (exemple : Ā=AA, Ū=UU, Ō=OO). D'autre part, deux ou plusieurs voyelles différentes qui se suivent doivent être prononcées séparément, à l'exception de EI=EE. — KIT**E** KUDASAI (Venez), KIITE KUDASAI (Écoutez), IS**O**IDE KUDASAI (Dépêchez-vous).

Les consonnes : en principe, la consonne est toujours suivie d'une voyelle ou, éventuellement, de YA, YU, YO. Pour les francophones, il suffit de faire attention aux points suivants :

CH : Toujours prononcé comme **tch** léger. — O-CH**A** (thé).

F (dans FU seulement) : Prononcez **U** japonais en soufflant (il ne s'agit à aucun titre d'un **f**). — F**U**NE (bateau).

G : GE, GI doivent être lus **gué**, **gui**. G est nasale, sauf au début d'un mot. — K**A**GI (clé).

H : Toujours aspiré. Attention à l'hypercorrection : ne dites jamais **h** là où il n'y en a pas ! — H**A**SHI (baguettes pour manger), HASH**I** (pont) ; ASH**I** (pieds ou jambes).

N : Les voyelles nasales n'existant pas, AN, EN, IN, ON, UN, doivent être prononcés avec les voyelles ordinaires suivies de N à l'état pur. N'ajoutez donc jamais, comme en français, le soupçon de **e** muet, quand N apparaît à la fin d'un mot. Ne faites pas de liaison non plus avec la voyelle qui peut suivre. — HYAKU-EN (cent yen), S**E**N-EN (mille yen), ICHI-M**A**N-EN (dix mille yen). Il en va de même pour les **N'** (ou N) pouvant apparaître dans certains mots : — HON'Y**A**KU (traduction).

R : Appuyez légèrement la pointe de la langue derrière les dents et dites **l**. Ne prononcez jamais **r** à la française, on ne vous comprendrait pas. — Attention à RY**Ō**RI (cuisine, mets), et surtout à FURANSU-JIN-DESU (Je suis français), cette phrase magique qui vous ouvrira toutes les portes au Japon, qu'on prononce à peu près *houlansou-jinn-dess* (!)

S : Ne lisez jamais **z**. — MIS**E** (magasin, boutique).

W (dans WA seulement) : Il s'agit du **U** japonais combiné avec A. Par conséquent, ne dites jamais **va**. WAT**A**KUSHI/WAT**A**SHI (moi, je).

Écriture. — Le système japonais d'écriture est d'une complexité unique au monde. Deux séries de signes spécifiques, de caractère phonétique, appelées KANA (KATAKANA et HIRAGANA, 48 signes pour chaque

série), coexistent avec les caractères empruntés au chinois classique (KANJI, au nombre de 1 850, d'après une liste officielle très limitative). Ces différents signes sont utilisés de manière suivante :
— Les **KATAKANA** servent surtout à la transcription des mots étrangers.
— Les **HIRAGANA** représentent les éléments indigènes, et en particulier tous les éléments d'ordre grammatical.
— Les **KANJI** sont utilisés, d'une part pour représenter les mots d'origine chinoise (dans l'une des prononciations appelées ON, résultant de l'imitation de différents dialectes chinois anciens), d'autre part pour transcrire, en fonction de leur sens, tout ou partie de mots purement japonais. Dans ce dernier cas, il ne peut y avoir aucune équivalence phonétique entre les caractères chinois et leurs «lectures» (KUN), qui ne sont que des traductions de leur sens en japonais. Il en résulte que le même caractère peut être «lu» de manières très différentes selon les mots.
Des efforts de simplification ont été accomplis depuis 1946, mais une solution radicale, telle que la romanisation, est toujours repoussée. L'argument invoqué le plus souvent est que la plupart des mots nécessaires à la vie moderne sont des mots composés à l'aide des caractères, souvent homophones, et que les mots deviendraient inintelligibles sans leur «support visuel».

Le renouveau de la langue. — En effet, depuis la modernisation du Japon, la langue s'est enrichie considérablement dans son vocabulaire. Des notions occidentales ont été traduites en japonais, sous forme de mots composés à la manière chinoise. D'autres termes ont été introduits tels quels, en transcription, et le japonais contemporain semble contaminé par des mots étrangers, anglais pour la plupart.
Cependant, en examinant de plus près, on s'aperçoit qu'un mot d'origine occidentale est employé en japonais dans un sens souvent très spécial : **start** (de l'anglais, transcrit SUTĀTO) signifie *départ* (des athlètes) ou *mise en route* (du moteur) ; **avec** (du français, transcrit ABEKKU) désigne *un homme et une femme* (qui se promènent ensemble) !
Ainsi, tout vocable d'emprunt, chinois ou occidental, devient en japonais un mot invariable (le plus souvent nominal). Pour qu'il soit intégré dans la phrase, il s'avère donc nécessaire de le combiner avec des éléments grammaticaux japonais : SUTĀTO-SURU (SURU «faire») correspond à «partir», et ABEKKU-DE ARUKU (DE particule qui indique l'état, ARUKU «marcher») signifie «se promener à deux».
Comme le montrent ces exemples, cette langue a su sauvegarder toute sa structure fondamentale, malgré un abondant apport étranger et des néologismes renouvelés sans cesse.
Le langage évolue, mais l'essentiel de la langue demeure. De même, les démarches spécifiques de la pensée japonaise restent ce qu'elles furent, à l'image de toute la civilisation de ce pays ; les constantes de la culture survivent au fil des siècles, en s'adaptant parfaitement à la modernisation, dont le rythme est sans doute le plus rapide du monde.
Ce langage, avec sa complexité, est avalé tel quel, chaque jour, par un formidable réseau de télex et d'ordinateurs, qui le traitent «en temps réel» sans sourciller. Il y a là de quoi rêver...

Indications bibliographiques et filmographiques

Les livres

La barrière linguistique qui existe vis-à-vis des ouvrages japonais nous a amené, en plus des traductions existantes d'œuvres littéraires notamment, à sélectionner une approche occidentale du Japon par d'éminents spécialistes du monde nippon. Une grande partie de ces publications existe en langue anglaise et nous en mentionnons un certain nombre. On peut se les procurer dans les librairies anglo-saxonnes spécialisées et bien entendu au Japon.

Vous pourrez consulter avec intérêt les publications de l'*Office franco-japonais d'études économiques* (114, quai Louis-Blériot, 75016 Paris, ✆ 288-52-43), ou vous procurer les volumes des deux collections suivantes :
— *The Heibonsha Survey of Japanese Art* (Weatherhill/Heibonsha, New York-Tōkyō), 30 volumes en anglais sur l'art, l'archéologie et les coutumes traditionnelles du Japon.
— *The Japan Times Photo Books* (Japan Times, Tōkyō), plusieurs ouvrages sur les monuments, sites et aspects de la vie japonaise. De nombreux livres sur le Japon sont en vente auprès des P.O.F. (Publications Orientalistes de France), 2, rue de Lille, 75007 Paris, ✆ 260-67-05).

Librairies japonaises à Paris :
Espace Japon, 12, rue Sainte-Anne, 75001 (✆ 260-69-30).
Tokyo-Do, 8, rue Sainte-Anne, 75001 (✆ 261-08-71).
Junku, 262, rue Saint-Honoré, 75001 (✆ 260-89-12).

Quelques librairies étrangères au Japon :
Jena Seiko, 6-1, Ginza 5-chome, Chūō ku, Tōkyō (✆ 571-7280).
Kinokuniya Bookstore, Toho Twin Tower Bldg, 1-2, Yuraku cho, Chiyoda ku, Tōkyō (✆ 504-08-21), ainsi qu'à Kyōto et Ōsaka.
Maruzen, 6, Nihombashi dōri, 2-chome, Chūō ku, Tōkyō (✆ 272-7211), ainsi qu'à Kōbe, Kyōto, Nagoya, Ōsaka et Yokohama.

La terre et les hommes :

Bout (P.), Derruau (Max) : *Recherches sur les volcans explosifs au Japon* (Paris, C.N.R.S., 1966).

Charles (Raymond) : *Le Japon au Rendez-vous de l'Occident* (Paris, Laffont, 1966).

Cheroy (Jacques) : *Où va le Japon ?* (Paris, Hachette, 1954).

Chie (Nakane) : *La Société japonaise* (Paris, Armand Colin, Coll. U Prisme, 1974).

Courdy (J.-C.) : *Les Japonais* (Paris, Belfond, 1979).

Delassus (Jean-François) : *Japon, Monstre ou modèle ?* (Paris, Hachette, 1970).

Derruau (Max) : *Le Japon* (Paris, P.U.F., coll. Magellan, 1970).

Dufourcq (Elisabeth B.) : *Les Femmes japonaises* (Paris, Denoël-Gauthier, 1969).

Duhamel (Georges) : *Le Japon entre la tradition et l'avenir* (Paris, Mercure de France, 1953).

Elisseeff (Danielle et Vadime) : *La Civilisation japonaise* (Paris, Arthaud, Les Grandes Civilisations, 1974).

Koyama (Takashi) : *La Condition sociale des Japonaises et son évolution* (Paris, Unesco, 1961).

Landy (Pierre) : *Le Japon* (Paris, P.U.F., coll. Nous partons pour..., 1970) ; — *La vie japonaise* (Paris, P.U.F., Que sais-je ?, 1973).

Pezeu-Massabuau (Jacques) : *Géographie du Japon* (Paris, P.U.F., coll. Que sais-je ?, 1968).

Thomas (Guy) : *Tōkyō* (Paris, l'École des Loisirs, coll. Visages de l'Homme, 1970).

Yamata (Kikou) : *Le Japon des Japonaises* (Paris, Domat, 1955).

Le Japon évoqué par le texte et par l'image :

Bouvier (Nicolas) : *Japon* (Paris, Rencontre, coll. L'Atlas des voyages, 1967).

Cloes (Marie-Noëlle) : *Japon, vieux pays tout neuf* (Paris, Castermann, 1966).

Le Japon (Paris, Larousse, coll. Monde et voyages).

Landy (Pierre) : *Le Japon que j'aime* (Paris, Sun, 1969).

Maraini (Fosco) : *Japon* (Paris, Arthaud, 1959).

Mousset (Paul) : *Japon* (Paris, Hachette, Album des guides bleus, 1958).

Ogrizek (Doré) : *Le Japon* (Paris, Ode, 1960).

Seidensticker (Edward) : *Le Japon* (Time-Life, 1967).

Stone (Michel) : *Incroyable Japon* (Paris, Arthaud, 1974).

Yefime : *Japon* (Paris, Le Seuil, coll. Petite Planète, 1973).

Histoire :

Akamatsu (Paul) : *Meiji-1868. Révolution et contre-révolution au Japon* (Paris, Calmann-Lévy, 1968).

Anders (Günther), Eatherly (Claude) : *Avoir détruit Hiroshima* (Correspondance, Paris, R. Laffont, 1962).

Aston (W.G.) : *Nihongi* (traduction anglaise et notes ; Rutland, Tōkyō, Charles E. Tuttle Co., 1972).

Bailey (Ch. W.), Knebel (Fletcher) : *Hiroshima Bombe A* (Paris, Fayard, coll. J'ai lu, 1962).

Bergamini (David) : *La Conspiration de Hiro Hito* (Paris, Fayard, 1974).

Bersihand (R.) : *Histoire du Japon des origines à nos jours* (Paris, Payot, 1959).

Commeaux (Charles) : *L'Histoire du Japon* (Paris, S.E.D.I.P., Les Cahiers de l'Histoire, nos 74 et 86, 1968-69).

Fistié, Lequiller : *Le Japon depuis 1945* (Paris, P.U.F.).

Frédéric (Louis) : *La Vie quotidienne au Japon à l'époque des Samouraï, 1185-1603* (Paris, Hachette, coll. La Vie quotidienne, 1968).

Giuglaris (M.) : *Le Japon perd la guerre du Pacifique : de Pearl Harbor à Hiroshima* (Paris, Fayard, 1958).

Guillain (Robert) : *Le Peuple japonais et la Guerre* (Paris, Julliard, 1947).

Haguenauer (C.) : *Origines de la civilisation japonaise* (Paris, Klincksieck, 1956).

Léonard (J.-N.) : *Le Japon médiéval* (Time-Life, 1969).

Lequiller (Jean) : *Le Japon* (Paris, Sirey, 1966).

Mendes Pinto (Fernâo) : *La Chine et le Japon au XVIe s. vus par un Portugais* (Paris, Calmann-Lévy, 1968).

Millot (Bernard) : *La Guerre du Pacifique* (Paris, R. Laffont, 1968).

Morris (Ivan) : *La Vie de cour dans l'ancien Japon* (Paris, Gallimard, 1969).

Okasaki (Ayomori) : *Histoire du Japon ; l'Économie et la Population* (Paris, P.U.F., 1958).

Papinot (E.) : *Dictionnaire d'histoire et de géographie du Japon* (Tōkyō, Sansaisha, 1907) ; — *Historical and Geographical Dictionary of Japan* (Rutland, Tōkyō, Charles E. Tuttle Co., 1973).

Reischauer (Edwin O.) : *Histoire du Japon et des Japonais*, 2 vol. (Paris, Le Seuil, 1973).

Storry (Richard) : *Histoire du Japon moderne* (Paris, Fayard, 1963).

Thunberg (Ch. T.) : *Le Japon du XVIIIe s. vu par un botaniste suédois* (Paris, Calmann-Lévy, 1966).

Toussaint (François) : *Histoire du Japon* (Paris, Fayard, coll. Les Grandes Études politiques, 1969).

Vié (Michel) : *Histoire du Japon, des origines à Meiji* (Paris, P.U.F., coll. Que sais-je?, 1969) ; — *Le Japon contemporain* (Paris, P.U.F., Que sais-je?, 1971).

Économie et régions :

Allen (G.C.) : *A short economic history of modern Japan* (Londres, London University books, 1962).

Barret : *Une féodalité industrielle, le Japon* (Paris, Ed. du Chêne).

Brochier (Hubert) : *Le Miracle économique japonais* (Paris, Calmann-Lévy, 1965).

Cukierman (Roger) : *Le Capital dans l'économie japonaise* (Paris, P.U.F., 1962).

Guillain (Robert) : *Japon, Troisième Grand* (Paris, Le Seuil, coll. Politique, 1972).

Hewins (Ralph) : *The Japanese Miracle Men* (Londres, Sacker et Warburg, 1967).

Lesage (Jean-Loup) : *Les grandes sociétés de commerce au Japon : les shôshas.* (Paris, P.O.F., coll. Bibliothèque Japonaise, 1983).

Moreau (Maurice) : *L'Économie du Japon* (Paris, P.U.F., Que sais-je?, 1972).

Mosher (J.S.) : *Kyōto, a contemplative guide* (Charles E. Tuttle, Tōkyō, 1973).

Nouet (Noël) : *Histoire de Tōkyō* (Paris, P.U.F., La Maison franco-japonaise, 1961).

Pezeu-Massabuau (Jacques) : *La Maison japonaise et la Neige* (Paris, P.U.F., bulletin de la Maison franco-japonaise, 1966).

Ray : *Le Japon, grande puissance moderne* (Paris, Plon).

Shinichi (Nagai) : *Gods of Kumano* (Tōkyō, Kodansha International, coll. This beautiful world, 1968).

Tanaka (Kakuei) : *Le Pari japonais* (construire un nouveau Japon ; Paris, Presses de la Cité, 1974).

Umesao (Tadao) : *Le Japon à l'ère planétaire ;* trad. R. Sieffert (Paris, P.O.F., coll. Bibliothèque Japonaise ; 1983).

Ushiomi (T.) : *La Communauté rurale au Japon* (Paris, P.U.F., bulletin de la Maison franco-japonaise, 1966).

Philosophie et religions :

Arnold (Paul) : *Le Zen et la tradition japonaise* (Paris, Denoël, 1973).

Arvon (Henri) : *Le Bouddhisme* (Paris, P.U.F., coll. Que sais-je?, 1973).

Blaser (W.) : *Temples et jardins au Japon* (Paris, Morancé, 1958).

Frédéric (Louis) : *Le Shintō* (Paris, Bordas, 1972).

Hajime (Nakamura) : *The Ways of thinking of Eastern Peoples* (Unesco, 1960).

Herbert (Jean) : *Aux sources du Japon : le Shintō* (Paris, Albin Michel, 1964) ; — *Les Dieux nationaux du Japon* (Albin Michel, 1965) ; — *Dieux et sectes populaires du Japon* (Albin Michel, 1967).

Hogg (C. L.) : *Okinawa* (Tōkyō, Kodansha International, coll. This beautiful world, 1971).

Kato (G.) : *Le Shintō, religion nationale du Japon* (Paris, P. Geuthner, 1931).

Kausener (Erick) : *La Croix au Pays du Soleil levant* (Paris, Salvator, 1966).

Linssen (Robert) : *Le Zen* (Paris, Marabout Université, 1969).

Lubac (Henri de) : *Amida* (Paris, Le Seuil, 1955).

Matsumoto (N.) : *Recherches sur quelques thèmes de la mythologie japonaise* (Paris, P. Geuthner, 1928).

Merton (Thomas) : *Zen, Tao et Nirvana* (Paris, Fayard, coll. Documents spirituels).

Monsterleet (Jean) : *Bilan et Prospective du catholicisme au Japon* (Paris, Spes, 1969).

Otani (Chōjun) : *Pages de Shinran* (Paris, P.U.F., bulletin de la Maison franco-japonaise, 1969).

Renondeau (G.) : *La doctrine de Nichiren* (Paris, P.U.F., 1953).

Rochedieu (Edmond) : *Le Shintoïsme* (Paris, Cercle du bibliophile, 1968).

Shibata (Masumi) : *Dans les monastères zen au Japon* (Paris, Hachette, 1972).

Shibata (Maryse et Masumi) : *Le Kojiki, chroniques des choses anciennes* (Paris, G.P. Maisonneuve et Larose, 1969) ; — *Les Maîtres du zen au Japon* (Maisonneuve et Larose, 1969).

Sieffert (René) : *Les Religions du Japon* (Paris, P.U.F., 1968).

Steinilber Oberlin (E.) : *Les Sectes bouddhiques japonaises* (Paris, Éd. Crès et Cie, 1930).

Susuki (Daisetz Teitaro) : *Essais sur le bouddhisme zen* (Paris, Albin Michel, 1958).

Watts (Alan W.) : *Le Bouddhisme zen* (Paris, Payot, Petite collection, 1969).

Wilson Ross (Nancy) : *Le Monde du zen* (Paris, Stock, 1968) ; — *Trois Voies de la Sagesse asiatique* (Stock, 1968).

Les arts au Japon :

Auboyer (J.) : *Les Influences et les Réminiscences étrangères au Kondō du Hōryūji* (Paris, P. Geuthner, 1941).

Berthier (F.) : *La genèse de la sculpture bouddhique japonaise* (Paris, P.O.F., coll. Bibliothèque Japonaise, 1979) ; — *Masques et portraits* (P.O.F., Coll. Arts du Japon, 1981) ; — *Les temps d'avant l'histoire* (P.O.F. Coll. Arts du Japon, 1983).

Buhot (J.) : *Histoire des Arts au Japon* (Paris, Édition d'Histoire et d'Art, 1949).

Daridan (Geneviève) : *Sept siècles de sculpture japonaise* (Paris, Hachette, bibliothèque des Guides Bleus, 1963).

Eckardt (E.) : *Bonsaï* (Paris, Éd. Herscher, 1983).

Elisseeff (Vadime) : *Archéologie japonaise* (Nagel, coll. Archeologia Mundi, 1974).

Feddersen (Martin) : *La Porcelaine japonaise* (Paris, P.U.F., 1961).

Frédéric (Louis) : *Japon, Art et Civilisation* (Paris, Arts et Métiers graphiques, 1969).

Hempel (R.) : *L'Age d'or du Japon* (Fribourg, Office du Livre, 1983).

Kultermann (Udo) : *Architecture nouvelle au Japon* (Morance, 1960).

Landy (Pierre) : *Musique du Japon* (Paris, Buchet Chastel, 1972).

Lane (Richard) : *L'Estampe japonaise* (Somogy, 1962).

Lesoualc'h (Théo) : *La Peinture japonaise* (Lausanne, Rencontre, 1967).

Martzel (G.) : *Le dieu masqué ; fêtes et théâtre au Japon* (Paris, P.O.F., Bibliothèque japonaise, 1982) ; — *La fête d'Ogi et le Nô de Kurokawa* (P.O.F., Coll. Bibliothèque Japonaise, 1982).

Masuda (Tomoya) : *Japon* (Paris, Office du Livre, 1969).

Maybon (A.) : *Les Temples du Japon, Architecture et Sculpture* (Paris, 1929).

Migeon (G.) : *Au Japon ; Promenades aux Sanctuaires de l'Art* (Paris, P. Geuthner, 1926).

Musée National de Tōkyō : *Pageant of Japanese Art*, 6 vol. (Tōkyō).

Noguchi (Yone) : *Hiroshige and Japanese landscapes* (Tōkyō, J.T.B., 1946).

Rambach (Pierre) : *Le Génie du Japon* (Paris, Arthaud, 1963).

Richie (Donald) : *L'Art des Fleurs au Japon* (Paris, Bibliothèque des Arts, 1967).

Shunsho (Katsukawa) : *Estampes japonaises* (Lausanne, Payot, 1954).

Stern (Harold P.) : *Ukiyo-e painting. Freer gallery of art 50th anniversary* *exhibition* (Washington, Smithsonian Institution, 1973).

Swann (Peter) : *L'Art de la Chine, de la Corée et du Japon* (Paris, Larousse, 1964).

Swann (Peter) : *Japon, de l'époque jōmon à l'époque des Tokugawa* (Paris, Albin Michel, coll. l'Art dans le Monde, 1967).

Takeshi (Uno) : *A Guide to Japanese Sculpture* (Tōkyō, Mayuyama and Co., 1963).

Terukazu (Akiyama) : *La Peinture japonaise* (Genève, Skira, 1961).

Vrignaud (Marcel) : *L'Art du Bouquet japonais* (Ikebana, Paris, F. Nathan, 1969).

Yashiro (Y.) : *2 000 ans d'Art japonais* (Paris, Éd. du Port Royal, 1960).

Littérature :

Akinari (Ueda) : *Ugetsu monogatari* (Contes de la Pluie et de la Lune), trad. **René Sieffert** (Paris, Unesco-Gallimard, Connaissances de l'Orient, tome 2, 1956).

Akutagawa (Riyūnosuke) : *Rashōmon et autres contes*; trad. **Arimasa Mori** (Paris, Gallimard, Livre de Poche, 1965).

Ariyoshi (Sawako) : *Les Dames de Kimoto* (Paris, Stock, coll. le Nouveau Cabinet cosmopolite).

Bersihand (R.) : *La Littérature japonaise* (Paris, P. U. F., coll. Que sais-je ?, 1956).

Bonneau (G.) : *Le Haiku* (Paris, P. Geuthner, 1935) ; — *Le Monument poétique de Heian : le Kokinshu*, 3 vol. (Paris, P. Geuthner, 1933-35).

Claudel (Paul) : *L'Oiseau noir dans le Soleil levant* (Paris, Gallimard, 1929).

Clavell (James) : *Shōgun* (Paris, Stock).

Dazai (Osamu) : *Soleil couchant* (Paris, Gallimard, 1961) ; — *Déchéance d'un Homme* (Gallimard, 1962).

Fukazawa (Shichirō) : *Narayama bashi kō (Étude à propos des Chansons de Narayama)*, trad. Bernard Frank (Paris, Gallimard, 1959).

Hachiya (M.) : *Le Journal d'Hiroshima : 6 août-30 septembre 1945 ;* préf. et trad. de **Benoist Méchin** (Paris, Albin Michel, 1956).

Haguenauer (Ch.) : *Le Genji monogatari*, introduction et traduction du Livre (Paris, P. U. F., 1959).

Harada (Yassuko) : *Chants d'Automne* (Paris, Albin Michel, 1964).

Hearn (Lafcadio) : *Lettres japonaises* (Paris, Mercure de France, 1928) ; — *Au Japon spectral* (Mercure de France, 1929) ; — *Pèlerinages japonais* (Mercure de France, 1932).

Inoue (Yasushi) : *Le Fusil de Chasse* (Paris, Stock, 1963).

Ishihara (Shintarō) : *Taiyō no kisetsu* (La Maison du Soleil ; Paris Julliard, 1957).

Kawabata (Yasunari) : *Semba zuru* (Nuée d'oiseau blancs), trad. B. Fujimori (Paris, Plon, 1960) ; — *Yuki guni* (Pays de Neige), trad. B. Fujimori (Albin Michel, 1968) ; — *Le Grondement de la Montagne* (Albin Michel, 1969).

Kobo (Abe) : *La Femme des Sables* (Paris, Stock, 1968) ; — *La Face d'un Autre* (Stock, 1969).

Loti (Pierre) : *Madame Chrysanthème* (Paris, Calmann-Lévy 1947).

Maybon (Albert) : *Le Théâtre japonais* (Paris, Henri Laurens, 1925).

Mishima (Yukio) : *Le Pavillon d'O* (Paris, Gallimard, 1961) ; — *Après le Banquet* (Gallimard, 1965) ; — *Le Marin rejeté par la mer* (Gallimard 1968) ; — *Le Tumulte des Flots* (Gallimard, 1969).

Miyamori (A.) : *Chefs-d'œuvre de Chikamatsu* (Paris, Leroux, 1930).

Morris (Edita) : *Les Fleurs d'Hiroshima* (Paris, Fayard, coll. J'ai lu).

Mousset (Paul) : *Neige sur un amour nippon* (Paris, Grasset, 1953).

Nagai (Paul) : *Les Cloches de Nagasaki* (Casterman, 1965).

Ooka (Shōhei) : *Nobi* (Les Feux ; Paris, Le Seuil, 1959).

Osaragi (Jiro) : *Retour au Pays* (Paris, Albin Michel, 1962).

Péri (Noël) : *Le Nō* (Paris, Maison franco-japonaise, 1943).

Petit (K.) : *La Poésie japonaise* (Paris, Seghers, 1959).

Raspail (Jean) : *Bienvenue honorable visiteur I* (Paris, Julliard, 1970).

Raucat (Thomas) : *L'Honorable Partie de Campagne* (Paris, Gallimard, Livre de Poche).

Renondeau (Georges) : *Nō* (Paris, Maison franco-japonaise, 1952) ; — *Anthologie de la Poésie japonaise classique* (Gallimard, 1971).

Resnais (A.) : *Tu n'as rien vu à Hiroshima* (Hiroshima mon amour ; Bruxelles, Institut de Sociologie de l'Université de Bruxelles, 1962).

Revon (Michel) : *Anthologie de la Littérature japonaise* (Paris, Delagrave, 1918).

Roubaud (Jacques) : *La Première Poésie lyrique japonaise* (Manyōshū ; P. J. Oswald, 1968).

Saikaku (Ihara) : *Koshoku go dai onna* (Cinq Amoureuses), trad. **Boumarchand** (Paris, Unesco-Gallimard, Connaissances de l'Orient, tome 9, 1959).

Sei Shōnagon : *Makura no sōshi* (Notes de Chevet), trad. **André Beaujard** (Paris, Maisonneuve, 1934).

Sieffert (René) : *Bibliographie du théâtre japonais* (Bulletin de la Maison franco-japonaise, 1953) ; — *La Littérature japonaise* (Paris, Armand Colin, 1961) ; — *Encyclopédie permanente du Japon* (Paris, P.O.F., depuis 1976). — Ainsi que de nombreuses traductions dans la coll. Œuvres capitales de la littérature japonaise (Paris, P.O.F.) : *Journaux de Voyage*, de **Basho** (1976) ; *Le dit des Heike* (1976) ; *Le dit de Hōgen et Le dit de Heiji* (1976), *Le dit de Genji* de **Murasaki Shikibu** (1977) et *Journal* (1978), *Journal de Sarashina* (1978) ; *Contes de Yamato et dit de Heichū* (1979), *Mythe des 47 Rōnin* (1981) ; *Le Haikai selon Basho* (1983). Dans la coll. Poèmes d'Étranges Pays (Paris, P.O.F.) : *Poèmes* de **Murasaki Shikibu** (1983), *Poèmes d'amour du Manyō shū* (1976). Dans la coll. Littérature d'Étranges Pays (Paris, P.O.F.) : *Éloge de l'Ombre* de **Tanizaki Junishirō** (1977) ; *Contes du Japon d'Autrefois* de **Yanagita Kunio** (1983).

Soseki (Natsume) : *Le pauvre Cœur des Hommes* (Paris, Gallimard, 1957).

Tanizaki (Junichiro) : *Le goût des Orties* (Paris, Gallimard, 1959) ; — *Deux Amours cruelles* (Stock, 1960) ; — *La Confession impudique* (Gallimard, 1963) ; — *Quatre Sœurs* (Gallimard, 1964) ; — *Journal d'un vieux fou* (Gallimard, 1964).

Toussaint (François) : *La Littérature japonaise* (Paris, N.R.F., coll., Histoire de la littérature, la Pléiade).

Tsutsumi (Seiji) : *Lieu d'Exil* (Paris, Seghers, 1964).

Yamata (Kikou) : *Le Mois sans Dieux* (Paris, Domat, 1956) ; — *Mille Cœurs en Chine* (Del Duca, 1957).

Yoshikawa (Eiji) : *La Chronique des Heike* (Paris, Albin Michel, 1968) ; — *La Pierre et le Sabre* (Paris, Balland, 1983).

Zeami : *La Tradition secrète du Nō*, trad. **René Sieffert** (Paris, Unesco-Gallimard, Connaissances de l'Orient, tome 11, 1960).

Les films :

Nul n'ignore plus que le cinéma japonais, devenu un des grands du cinéma mondial, a fait sensation, en obtenant en 1983 la palme d'or au festival de Cannes avec *la Balade de Narayama*, chef-d'œuvre de *Shohei Imamura*. Depuis les années 60, le cinéma japonais a produit tant de films qu'il paraît impossible de donner ici une sélection complète des meilleurs d'entre eux. Nous avons cependant retenu les quelques titres suivants, témoins des tendances du cinéma nippon d'aujourd'hui :

Hani Susumu : *les Mauvais Garçons* (1961).

Imamura Shohei : *la Femme insecte* (1963) ; — *l'Evaporation de l'homme* (1967) ; — *la Vengeance qui est la mienne* (1979) ; — *la Balade de Narayama* (1983).

Kazuhiko Hasegawa : *l'Assassin de la jeunesse*.

Kinji Fukusaku : *le Lézard noir* (1968).

Kimashiro Tatsumi : *Rue de la Joie* (1974).

Kurosawa Akira : *Rashōmon* (1950) ; — *Vivre* (1952) ; — *les Sept Samouraïs* (1954) ; — *le Trône de Sang* ou *le Château de l'Araignée* (1956) ; — *la Forteresse cachée* (1958) ; — *Barberousse* (1965) ; — *Dersou Ouzala* (1975).

Masumura Yasuzo : *l'Ange rouge* (1966) ; — *Double suicide à Sonezaki* (1978).

Mizoguchi Kenji : *Oyu Sama* (1951) ; — *Vie de O'Haru, femme galante* (1952) ; — *Contes de la Lune vague après la pluie* (1953) ; — *l'Intendant Sansho* (1954) ; — *les Amants crucifiés* (1954) ; — *l'Impératrice Yang Kei Fei* (1955) ; — *le Héros sacrilège* (1955).

Oshima Nigasa : *Comtes cruels de la jeunesse* (1960) ; — *le Petit Garçon* (1969) ; — *la Cérémonie* (1971) ; — *l'Empire des Sens* (1975) ; — *l'Empire de la Passion* (1978) ; — *Furyo* (1983).

Ozu Yasujiro : *Été précoce* (1951) ; — *Histoire de Tōkyō* (1953) ; — *le Goût du saké*.

Tsuchimoto Noriaki : *Minamata, les victimes et leur monde* (1971).

Wakamatsu Koji : *les Six Épouses de Ch'ing* (1968) ; — *les Anges violés* (1967) ; — *Sex Jack* (1970).

Yoshida Kiju : *Eros + Massacre* (1969) ; — *Coup d'État* (1973).

Visiter le Japon

Guide alphabétique
des villes, sites et monuments

SITUATION DES CARTES ET PLANS

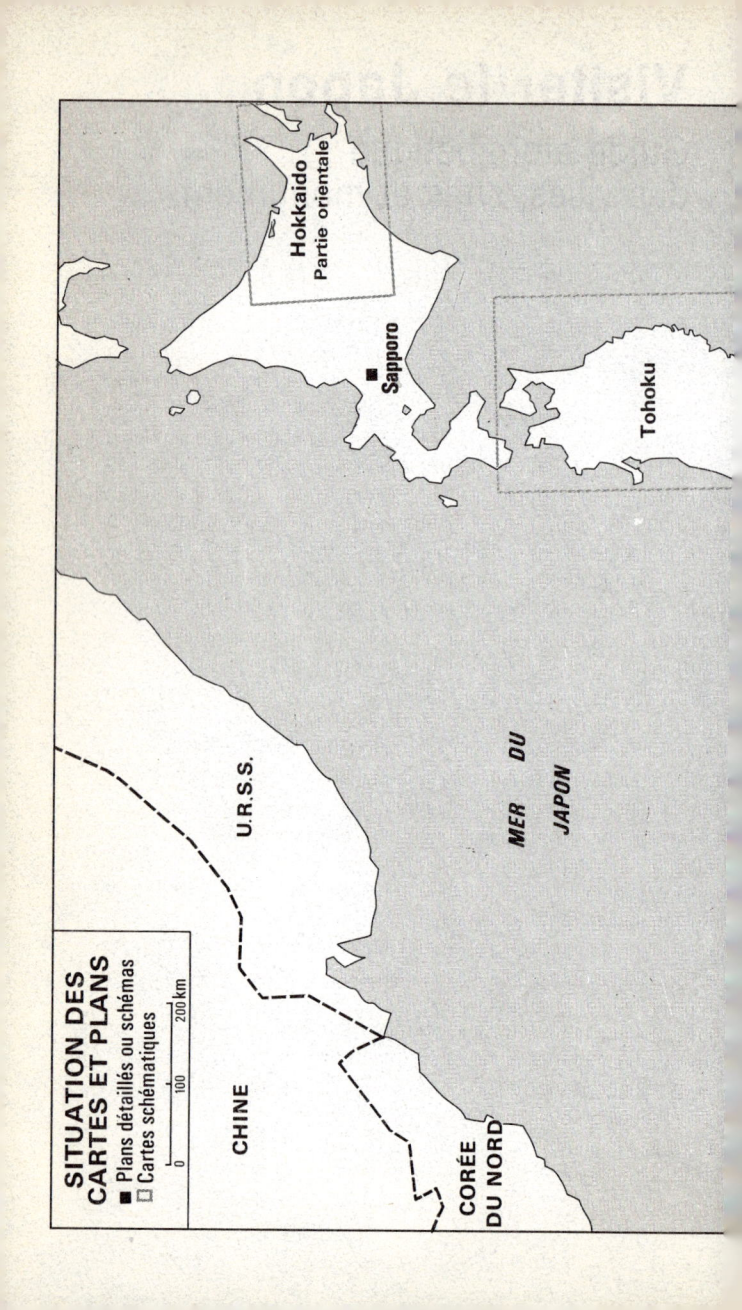

- ■ Plans détaillés ou schémas
- ☐ Cartes schématiques

0 — 100 — 200 km

Hokkaïdo Partie orientale

Sapporo

Tohoku

U.R.S.S.

MER DU JAPON

CHINE

CORÉE DU NORD

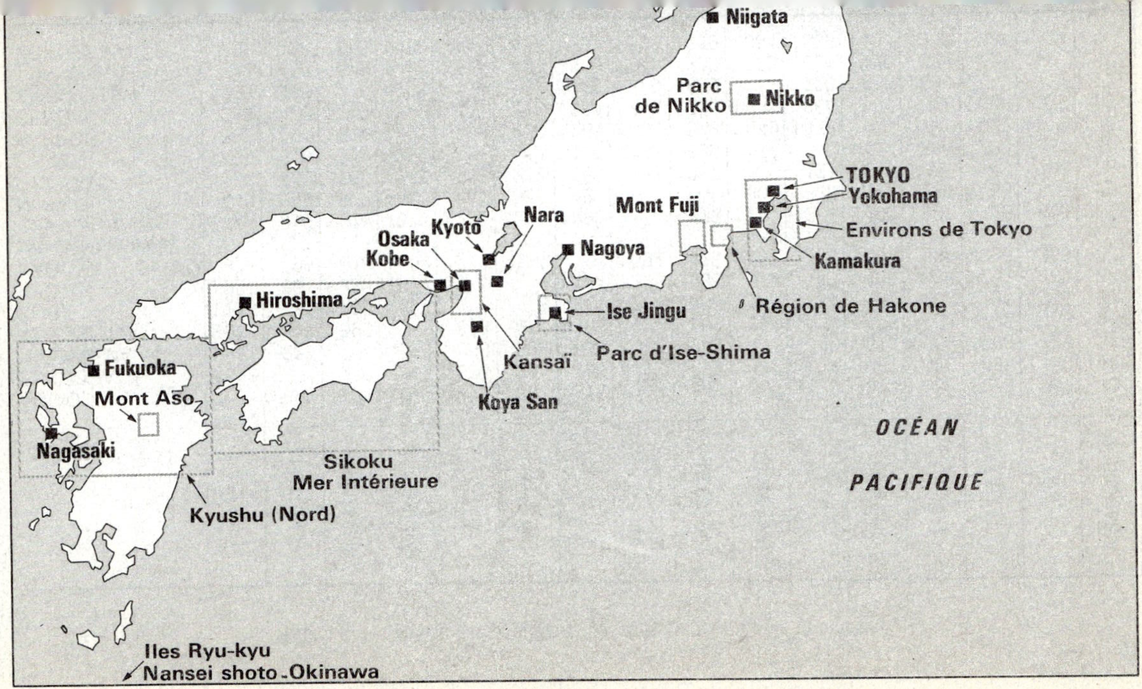
Niigata
Parc
de Nikko
Nikko
TOKYO
Yokohama
Environs de Tokyo
Kamakura
Mont Fuji
Région de Hakone
Nara
Kyoto
Osaka
Kobe
Nagoya
Hiroshima
Ise Jingu
Parc d'Ise-Shima
Kansaï
Koya San
Fukuoka
Mont Aso
Nagasaki
Sikoku
Mer Intérieure
Kyushu (Nord)
OCÉAN
PACIFIQUE
Iles Ryu-kyu
Nansei shoto-Okinawa

Tableau des principales distances par les routes les plus directes.

	AOMORI	FUKUOKA	HIROSHIMA	KAGOSHIMA	KOBE	KYOTO	NAGOYA	NAHA (Okinawa) à vol d'oiseau	NIIGATA	OKAYAMA	ŌSAKA	SAPPORO	SENDAI	TAKAMATSU	TŌKYŌ	YOKOHAMA
AOMORI		1698	1421	2012	1113	1037	876	2144	449	1256	1079	393	388	1299	717	731
FUKUOKA	1698		277	313	585	661	795	912	1249	442	619	2091	1479	485	1150	1126
HIROSHIMA	1421	277		590	308	388	518	1072	972	165	342	1814	1202	208	873	849
KAGOSHIMA	2012	313	590		898	974	1108	672	1562	755	932	2405	1792	798	1463	1439
KŌBE	1113	585	308	898		76	210	1232	664	143	34	1506	894	186	565	541
KYOTO	1037	661	388	974	76		134	1295	588	219	42	1430	818	262	489	465
NAGOYA	876	795	518	1108	210	134		1392	423	353	176	1265	684	396	355	331
NAHA (Okinawa) à vol d'oiseau	2144	912	1072	672	1232	1295	1392		1775	1168	1263	2400	1937	1125	1649	1632
NIIGATA	449	1249	972	1562	664	588	423	1775		807	630	842	230	850	335	359
OKAYAMA	1256	442	165	755	143	219	353	1168	807		177	1649	1037	43	708	684
ŌSAKA	1079	619	342	932	34	42	176	1263	630	177		1472	860	220	531	507
SAPPORO	393	2091	1814	2405	1506	1430	1265	2400	842	1649	1472		781	1662	1110	1134
SENDAI	388	1479	1202	1792	894	818	684	1937	230	1037	860	781		1080	329	353
TAKAMATSU	1299	485	208	798	186	262	396	1125	850	43	220	1662	1080		751	737
TŌKYŌ	717	1150	873	1463	565	489	355	1649	335	708	531	1110	329	751		24
YOKOHAMA	731	1126	849	1439	541	465	331	1632	359	684	507	1134	353	737	24	

A

■ Abashiri (Île de Hokkaidō)

Carte de Hokkaidō, p. 230-231.
Tōkyō, 1 481 km. — Asahikawa, 228 km. — Kushiro, 165 km. — Nemuro, 212 km. — Obihiro, 197 km. — Sapporo, 371 km. — Wakkanai, 347 km.
Hokkaidō. — 44 777 hab. (1); port de pêche et usines de conditionnement des poissons.

Ouverte sur la mer d'Okhotsk, entre le lac et la baie d'Abashiri, la ville est un port de pêche actif bien que mal abrité et bloqué par les glaces en hiver. Divisée en deux par l'Abashiri gawa qui la traverse, c'est la principale ville de Hokkaidō bordant la plus septentrionale des mers japonaises. Pour le touriste, Abashiri constitue surtout une base d'exploration pour les environs de lagunes et régions agrestes, qui forment le parc côtier d'Abashiri (37 412 ha).

Katsuraoka kōen *(1 km S.-E. de la gare)* abrite un petit **musée** local où ont été recueillis les résultats des fouilles effectuées au lieu-dit **Moyoro** *(5 km N.)*; près d'un amas de coquillages *(kaizuka)* ont été relevées les traces d'une civilisation de type néolithique, remontant à 1 000 ou 1 500 ans environ. Le jardin possède également un aquarium et une réserve de plantes tropicales.

Environs

1 — Abashiri ko et Tento zan *(4 km S., car jusqu'au Tentozan)*. — Le lac d'Abashiri (33 km²) gèle en hiver et permet la pratique du patinage ; il est par ailleurs peuplé de carpes. On le découvre dans toute son étendue depuis le Tento zan (207 m), d'où l'on a une vue sur le parc côtier d'Abashiri.

2 — Notoro misaki *(12 km N. env.)*. — Promontoire de falaises à pic à l'E. de Notoro ko, dont les rochers jumeaux, **Futatsu iwa** *(5 km N. d'Abashiri)*, sont caractéristiques.

3 — *Gensei kaen *(17 km E. env.; car)*. — Étalé entre le Tōfutsu ko et la mer, s'épanouit en saison un vaste tapis floral aux teintes variées de mai à septembre, qui attire les foules admiratives.

4 — Saroma ko *(65 km E. env.; car ou train jusqu'à Kami Yūbetsu)*. — 15 km : **Notoro ko**, vaste lagune ouverte par un étroit goulet sur la mer. Huîtres.
35 km : **Tokoro**, d'où l'on peut remonter la vallée de la Tokoro gawa jusqu'à Kitami.

---

(1) Les chiffres de population sont ceux de l'annuaire statistique, communiqué par l'Ambassade du Japon à Paris.

65 km : **Saroma ko**, la plus grande lagune périphérique de l'île de Hokkaidō (149 km²).
87 km : **Yūbetsu**, d'où l'on peut gagner *(79 km N.-O.)* **Mombetsu** et *(32 km S.)* **Rubeshibe**.
5 — Parcs nationaux d'Akan, de Daisetsuzan, de Shiretoko, *V. ces noms*.

Aioi (Ile de Honshū)

Carte de Shikoku et mer Intérieure, p. 502-503.
Tōkyō, 621 km. — Kōbe, 73 km. — Kyōto, 145 km. — Okayama, 55 km. — Ōsaka, 106 km. — Tottori, 131 km.
Hyōgo ken. — 40 657 hab. ; chantiers navals, salines.

Blottie au fond d'une baie étroite dont le front maritime offre un agréable aspect du parc national de Seto Naikai, la ville abrite les importants chantiers navals de la firme I.H.I. qui se classent au deuxième rang dans le monde après ceux de Nagasaki. Spécialiste des pétroliers géants, I.H.I. lançait en 1966 l'*Idemitsu Maru* de 209 000 t, suivi de l'*Universe Ireland* (300 000 t), du *Nisseki Maru* (372 000 t), et en 1973 du *Globtik Tōkyō* (447 000 t), de plus de 300 m de longueur... Mais depuis la crise pétrolière, la réouverture du canal de Suez et la concurrence coréenne, la firme a dû procéder à une sérieuse reconversion.

Aizu Wakamatsu (Ile de Honshū)

Carte des richesses humaines, p. 67.
Tōkyō, 250 km. — Fukushima, 125 km. — Maebashi, 244 km. — Niigata, 120 km. — Sendai, 208 km. — Utsunomiya, 146 km. — Yamagata, 131 km.
Fukushima ken. — 114 528 hab. ; 219 m d'altitude.

Aux confins d'une vallée de montagne que domine à l'O. la chaîne d'Echigo, soutenue à l'E. par les contreforts qui retiennent le bassin du lac Inawashiro, la ville assura depuis une haute époque un rôle stratégique important dans le Japon septentrional.

La Rencontre. — C'est ainsi que s'explique le nom d'*Aizu ;* c'est là qu'en 88 av. J.-C., leur mission accomplie, se seraient retrouvés les deux shoguns *Ohiko* et *Takenukawa wake*, mandés par l'empereur *Sujin* (149-30 av. J.-C. !) pour pacifier le nord du pays. A la fin du XIIe s. *Suwara Yoshitsura,* de l'importante famille des Miura, reçut le fief d'Aizu et son petit-fils prit le nom d'*Ashina*. En 1384, *Ashina Morinori* faisait construire le château alors appelé *Kurokawa*. En 1583, *Ashina Moritaka* mourut sans enfant et le château passa aux mains d'un fils de *Satake Yoshishige* (1547-1612), ancien adversaire des Ashina, qui contrôlait une grande partie du bassin de la Tone. Agé de douze ans, le jeune Satake prit le nom d'*Ashina Morishige,* mais les fidèles du clan Ashina préférèrent s'allier à *Date Masamune* qui trouva l'occasion belle pour assiéger et prendre le château en 1589. Il s'en défit cependant l'année suivante sur la demande de *Toyotomi Hideyoshi*.

Une ultime résistance. — En 1500, Hideyoshi confiait le château à *Gamō Ujisato* (1557-1596), afin de soumettre les daimyo du nord du Japon. Celui-ci reconstruisit le château de Kurokawa et lui donna le nom de Wakamatsu. En 1643, le château revenait à *Hoshina Masayuki* (1611-1672), demi-frère du shogun Iemitsu, et il resta à la charge de cette famille parente des Tokugawa jusqu'à la Restauration de 1868. *Hoshina Katamori*, partisan résolu du pouvoir shogunal, résista vaillamment aux troupes de l'armée impériale qui s'emparèrent ainsi du dernier bastion de résistance dans l'île de Honshū en septembre 1868 ; la ville et le château furent alors rasés.

Tsuruga jō *(3 km S. de la gare d'Aizu-Wakamatsu ; bus)*, l'ancien château de **Wakamatsu**, fut le principal du Tōhoku ; le donjon, récemment reconstitué, a fière allure et abrite un musée où sont réunis des objets d'art local ; du sommet, vue sur la ville et ses environs.

Iimori san *(3 km E. de la gare ; bus jusqu'au pied de la colline).*

La compagnie des Tigres blancs (Byakko tai). — En 1868, lors du siège du château, un groupe de jeunes de moins de dix-sept ans lutta farouchement contre les troupes impériales. Voyant s'élever de la fumée du château, ils conclurent à tort à la défaite de ses occupants et se donnèrent la mort. Sur les vingt jeunes gens un seul survécut ; un monument est élevé à la mémoire des dix-neuf autres qui sont enterrés à proximité.

Environs

1 — Higashiyama Onsen *(5 km S.-E. ; bus)*. — Encadrée de collines, la station thermale possède des eaux sulfatées salines, entre 35 et 65 °C, estimées pour le traitement des rhumatismes et des maladies nerveuses. Il existe plusieurs hôtels *(ryokans)* ; un téléphérique permet de découvrir, depuis le sommet du mont Seaburi (866 m), d'un côté le bassin d'Aizu et de l'autre le lac d'Inawashiro ; piste de ski en hiver.

2 — Yanaizu Onsen *(23 km O., autocar ; train jusqu'à la gare d'Aizu-Yanaizu).* — Charmante station, où l'on visitera l'**Enzō-ji** *(500 m S.-E. de la gare)* qui domine la Tadami gawa.
L'**Enzō ji** ou **Yanaizu Kokūzō** (secte Rinzai) fut fondé en 807 ; les bâtiments imposants que vous voyez aujourd'hui, Niō mon et Hon dō principalement, remontent à l'époque d'Edo.

De Yanaizu, on pourra remonter *(train jusqu'à Koide, 115 km)* le haut cours de la **Tadami gawa**, marqué de gorges et coupé de barrages hydroélectriques dont les plus importants sont ceux de **Tanokura** et d'**Oku Tadami**.

3 — Inawashiro, parc national de Bandai Asahi, V. ces noms.

Akan (Parc national d' ; île de Hokkaidō)**

Carte de Hokkaidō, p. 230-231.

Comment vous y rendre ?

— *Depuis Teshikaga*, à 2 h de train d'Abashiri (96 km N.-O.) et 1 h 20 de Kushiro (73 km au S.), d'où vous pourrez gagner facilement en car Kawayu Onsen, Akan Kohan, Bihoro et les principaux points touristiques.
— *Depuis Bihoro* (28 km S. d'Abashiri, en 30 mn par le train), d'où vous pouvez (en autocar) faire le tour complet du parc jusqu'à Akan Kohan via Teshikaga.
— *Depuis Akan Kohan* (75 km N.-O. de Kushiro ; en 1 h 50 par les cars *Akan Bus*, d'où vous pourrez faire le circuit inverse au précédent jusqu'à Bihoro.
— *Autres services* de cars depuis Teshikaga et d'Akan Kohan à Obihiro, Kitami ou Sōunkyō.

Peut-être le plus beau — et le plus mystérieux — parc national du Japon, là où des lacs transparents disputent aux volcans une existence symbolique et mouvante due aux reflets calmes des eaux, aux brumes bleutées et glissantes et à une végétation mélangée et secrète où les conifères eux-mêmes semblent changer d'aspect et de couleur selon les saisons, participant ainsi pleinement à la magie envoûtante des lieux.

☛ **D'Akan Kohan à Bihoro** *(110 km par la N241 ; itinéraire possible dans un sens comme dans l'autre, avec les Akan Bus.).* — Akan Kohan est une source thermale (60 °C), située au S. du *lac Akan (118 km², 419 m d'alt.), qui s'étend au pied des monts **Me-Akan** (1 503 m) à l'O. et **Ō-Akan** (1 371 m) à l'E., volcans éteints qui ajoutent à la grandeur du paysage.

Le lac, profond de 36 m, est rempli de saumons rouges et d'algues particulières appelées marimo *(aegagropila santeri)* : en forme de petites boules veloutées de 6 à 15 cm de diamètre, elles se trouvent à proximité des îlots, au nord du lac, entre 1 et 3 m de profondeur. On a repéré des algues semblables au Yamanaka ko près du Fuji, ainsi qu'en Suisse et dans les lacs nord-américains. Un bateau fait le tour du lac. Ascension possible des monts Me-Akan et O-Akan ; des sommets*, vue étendue et magnifique. *Festival Marimo* célébré sur le lac par les Aïnous le premier samedi ou dimanche d'octobre.

14 km : *Soko dai, point de vue d'où l'on découvre, après un parcours sinueux contournant par le sud l'Ō-Akan dake, un véritable paysage vosgien de conifères enserrant les charmants lacs Penke et Panke qui se déversent dans l'Akan ko.

40 km : **Keshikaga**, station thermale (sources chaudes de 28 à 96 °C) et centre de rayonnement du parc national d'Akan.

A 1,5 km S.-O., station de **Tobetsu Onsen**, sources de 30 à 70 °C.

49 km : *Mashū Ko, à 351 m d'altitude.

Ce lac de cratère limpide, dont l'œil sonde la profondeur sur plus de 40 m (record mondial) atteint 212 m dans ses plus bas fonds. En fait, on n'aura pas l'occasion de se rendre compte de cette transparence, la surface apparaissant le plus souvent comme un miroir où se reflète le cône caractéristique du **Kamui nupuri** (857 m) ; il est assez difficile de parvenir au lac, car il n'existe aucun chemin d'approche jusqu'à ses rives ; l'absence de toute vie animale accuse encore son aspect insolite et mystérieux, favorable aux légendes. Suivant l'heure et la saison, il apparaît différent au regard ; la vue en est, paraît-il, encore plus étrange depuis la rive opposée, où ne passe pas la route... Souvent enveloppé de brumes, la grande révélation au dire des Japonais, est de pouvoir découvrir l'îlot isolé en son centre. Le *Juhyo matsuri*, festival des arbres couverts de givre, a lieu à la mi-mars.

62 km : **Iō san**, la *montagne de soufre,* est un volcan de 512 m d'altitude d'où émanent des vapeurs brûlantes de soufre (iō) ; il est également connu sous le nom d'**Atosa nupuri**. A sa base fleurit en juillet une espèce alpine d'azalée blanche *(iso tsutsuji).*

63 km : A **Kawayu Onsen** surgissent plusieurs sources entre 40 et 60 °C, dont les eaux s'écoulent jusqu'au **Kussharo ko**. De Kawayu, on gagnera facilement ce lac (à quelques kilomètres vers le N.-O.), le plus important de notre itinéraire (77,5 km²), à 121 m d'altitude. Il s'écoule au S. par la Kushiro gawa.

67 km : Embranchement à dr. vers le **promontoire de Wakoto**, seul appendice de faible dimension s'avançant sur le lac. De là on pourra s'embarquer sur un bateau qui en fait le tour en été. La source alcaline, **Wakoto Onsen**, sourd près des rives, à chaude température, sous les eaux mêmes du lac.

82 km : **Bihoro tōge** (525 m d'alt.), jusqu'où s'est progressivement élevée la route et d'où l'on découvre d'une part le Kussharo ko, où se reflètent les montagnes alentour, d'autre part un panorama qui s'étend jusqu'à Abashiri et la mer d'Okhotsk.

110 km : **Bihoro**, d'où l'on peut prendre le train en direction d'Abashiri ou de Kitami.

■ Akashi (Ile de Honshū)

Carte de Shikoku et mer Intérieure, p. 502-503.
Tōkyō, 570 km. — Kōbe, 22 km. — Kyōto, 94 km. — Okayama, 106 km. — Ōsaka, 55 km. — Tottori, 166 km.
Hyōgo-ken. — 206 525 hab.; ville industrielle.

Dernier prolongement de la vaste agglomération d'Ōsaka-Kōbe qui enserre par le nord la baie d'Ōsaka, la ville fait face à l'île d'Awaji à laquelle elle est reliée par un service fréquent de bateaux à moteur (*Bantan Renraku Kisen Co.*, jusqu'à Iwaya).

Le premier homme du Japon. — C'est sur le territoire d'Akashi que fut découvert le plus ancien squelette du Japon : ces restes honorables sont ceux d'un contemporain du Pithécanthrope de Java : ils témoignent de l'existence au Paléolithique, d'« une civilisation parente lointaine des centres chinois ou sibériens » (D. et V. Elisseeff, *la Civilisation japonaise*).

Akashi est la patrie du prêtre confucianiste *Mikaye Shōsai* (1662-1741).

Parc d'Akashi, au N. de la gare d'Akashi *(J. N. R.)*, sur l'emplacement de l'ancien château de 1618, dont il ne reste que deux tourelles et les remparts, et qui fut entre autres la résidence des daimyo *Matsudaira* de 1693 à 1868 ; en automne, s'y déroule une célèbre exposition de poupées faites de chrysanthèmes.

Hitomaru yama, plus à l'E., est occupé par le **sanctuaire** dédié à *Kakinomoto*, l'un des auteurs de l'anthologie poétique du *Manyōshū* (VIIe s.), et le **Gesshō ji** dans l'enceinte duquel passe le méridien d'Akashi (135° de longitude E.) : il a permis d'établir l'heure officielle japonaise. Sur les pentes de la colline, **musée municipal de science astronomique** avec planétarium ; du sommet vue sur l'île d'Awaji.

Environs

1 — Byōbuga ura *(4 km O. ; bus ; gare de Nishi Akashi — J. N. R. ou Sanyō Electric Railway)*, la « baie du Paravent », qui doit sans doute son nom à l'alignement de falaises en bordure de la côte sur près de 2 km.

2 — Mailo *(4 km E. ; bus ; train J. N. R. et Sanyō E. R.)*. — Au bord de la mer a été préservée une pinède de 2,3 ha célébrée autrefois par les poètes et les peintres, dont *Hiroshige Andō* (1797-1858).

3 — Zenkai *(10 km N.-E. ; car depuis la gare d'Akashi)*. — Le **Taisan ji** (secte Tendai) fut fondé en 716 par *Fujiwara Umakai* (694-737) ; on y remarque le **Hon dō**, élevé en 1304, et le **Niō mon**, avec ses gardiens *Deva*, d'époque Muromachi (XVe s.) ; l'**Amida-dō** abrite une statue assise d'*Amitabha* et

142 AKITA

l'important **sūtra du Lotus** *(Hoke kyō),* composé de trente-deux volumes manuscrits ; par ailleurs, une **collection d'armures anciennes** ainsi que des **peintures bouddhiques** sont présentées le 25 juin (calendrier lunaire) lors de l'aération du trésor. Le temple est enfoui dans un joli cadre sylvestre ; plusieurs petites cascades s'écoulent à proximité.

4 — Awaji shima, Himeji, Kōbe, *V. ces noms.*

Akita (Île de Honshū)

Carte du Tōhoku, p. 234-235.
Tōkyō, 595 km. — Aomori, 195 km. — Morioka, 117 km. — Sendai, 240 km.
— Yamagata, 214 km.

— 284 863 hab. ; Chef-lieu d'Akita ken (668 869 hab.) ville industrielle : pétrochimie, scieries, textiles ; universités nationale et privée.

A proximité du delta de l'Omono gawa, l'ancienne capitale de la province d'Ugo doit son dynamisme actuel, en plus de ses activités traditionnelles (bois, soieries), à la présence de gisements de pétrole et de gaz naturel (Yabase et Saru kawa). Outre sa race canine de haute renommée, la région se glorifie de «produire» les jolies «Obako» au teint de neige, répondant aux plus parfaits canons de la beauté féminine japonaise...

Senshū kōen *(1 km N.-O. de la gare) ;* bordé par les anciennes douves qui longent la grande avenue partant de la gare, ce parc, célèbre pour ses cerisiers et ses azalées, est établi sur un tertre et occupe l'emplacement de l'ancien château d'Akita.

Une première forteresse fut élevée en 733 pour contenir au nord les Ebisu ; ceux-ci se soulevèrent en 878 et brûlèrent le château. C'est à partir du XVe s. qu'*Andō Sanesue* prit le nom patronymique d'Akita, et à partir de 1602 le château passa aux mains des Satake qui le conservèrent jusqu'à la Restauration de 1868.

Le **sanctuaire d'Akita Hachiman**, sis dans le parc, est dédié à *Satake Yoshino* (1570-1633), fondateur de la branche d'Akita.

En contrebas du parc, à proximité des douves, un étrange bâtiment moderne abrite la galerie d'art départementale.

A 2 km N. env. du château se trouve le **Tentoku ji** et, en arrière de celui-ci, **Heiwa Kōen** *(parc de la Paix),* promenade de 20 ha avec cimetière commémoratif.

A 3 km O. env. de la gare, au-delà du centre administratif, de l'**hôtel de ville** et de la **préfecture**, se trouve l'important **centre sportif de Yabase**.

Tsuchizuki *(8 km N.-O. ; autobus, train),* l'important faubourg industriel d'Akita, est séparé de la ville par les forages d'hydrocarbures. Le lit de l'**Omano gawa** est ici entièrement canalisé jusqu'à l'actif **port de Tsuchizaki** ; ce n'est que succession d'établissements industriels, réservoirs pétroliers et terrains progressivement gagnés sur la mer. Au large forage sous-marin.

Environs

1 — Taihei zan *(22 km N.-E., car).* — La route, dépassant les **sanctuaires de Miyoshi** où se déroule en hiver le *festival de Bonten*, atteint presque le sommet du **mont Taihei** (1 171 m) ; ski en hiver ; vue, dit-on, lorsque le temps le permet, jusqu'à l'île de Sado ; sur les pentes, joli **parc forestier de Nibestu**.

2 — Presqu'île d'Oga, parc national de Towada-Hachimantai, *V. ces noms.*

Akkeshi (Ile de Hokkaidō).

Carte de Hokkaidō, p. 230-231
Hokkaidō. — Tōkyō, 1 491 km. — Kushiro, 44 km. — Sapporo, 381 km.

Le nom évocateur d'**Akkeshi**, le *site des huîtres* en langue aïnou, rappelle que ces crustacés font la gloire de la localité et de sa lagune ; celle-ci, qui couvre 32 km^2, est fermée au S. par une presqu'île à la pointe de laquelle se font face **Honcho** et **Shinryu** ; les deux agglomérations, aujourd'hui reliée par un pont de 450 m, forment la ville d'Akkeshi. Quant à la **baie d'Akkeshi** qui se développe plus à l'O., elle reste le dernier lieu de pêche au hareng de Hokkaidō.
Kontai ji *(1 km S.-O. de Honcho),* sur le promontoire dominant la baie d'Akkeshi, est l'un des trois principaux temples de Hokkaidō ; il fut fondé en 1802. Plus au S., l'Université de Hōkkaido a établi un laboratoire de biologie maritime ; il possède un aquarium. Du côté de la lagune, petit **sanctuaire d'Atsugishi Benten jima**. Toute la région d'Akkeshi, jusqu'à Hamanaka, forme une réserve naturelle privilégiée, classée comme parc préfectoral : la côte, d'Akkeshi au **Tōbutsu misaki**, en est la partie la plus intéressante pour le touriste.

Akō (Ile de Honshū)

Carte de Shīkoku et mer Intérieure, p. 502-503
Tōkyō, 632 km. — Kōbe, 84 km. — Kyōto, 154 km. — Okayama, 56 km. — Ōsaka, 117 km. — Tottori, 142 km.
Hyōgo ken. — 45 942 hab. ; cimenteries ; marais salants ; gare : Banshū Akō.

Quelque peu à l'écart des rivages de la mer Intérieure, la ville est attachée au souvenir d'*Asano Naganori*, originaire d'Ako ; il s'était suicidé à la suite d'une simple affaire de protocole et fut vengé par *Ōishi Yoshio* (V. ci-dessous et le Sengaku ji à Tōkyō).

Ōishi jinja *(600 m S.-O. de la gare)* se trouve à l'emplacement de l'ancien château d'Akō.

Construit par *Ukita Naoie* vers 1575, ce château passa aux Ikeda en 1600, puis aux Asano en 1645. Lors du seppuku de Naganori (1701), le château fut confisqué au profit des Nagai, lesquels cédèrent la place aux Mōri à partir de 1706.

Du château restent les puissantes murailles et ont été rétablis les pavillons d'angle, la porte et le joli pont enjambant les douves.
A proximité du château se trouvait la **maison d'Ōishi Yoshio** (1659-1703), qui dirigea la conspiration destinée à venger son ancien maître.

144 ALPES JAPONAISES

Un petit **musée** voisin lui est consacré, ainsi qu'aux quarante-six autres *ronin* (samouraï n'ayant plus de maître) qui le suivirent, après la vengeance, dans la mort. Ceux-ci étant aussi nombreux que les préfectures japonaises, ce sont autant d'artistes issus de ces différents départements qui les figurèrent. Fête commémorative le 14 décembre.

Kagaku ji *(500 m O. de la gare)*; ce temple de la secte *Sōtō*, élevé au XVe s., fut le sanctuaire des *Asano* lorsqu'ils gouvernèrent à Akō. Ici un **mausolée** est consacré aux *rōnin* qui sont enterrés à Tōkyō.

Un autre musée expose des objets et souvenirs de la famille d'Asano et de leur demeure seigneuriale ; remarquer le sabre dont se servit *Naganori* pour se donner la mort.

Environs

1 — Akō misaki *(4 km S.-E. ; bus)*, d'où l'on découvre la mer Intérieure et vers l'O. le port de Sakoshi sur l'estuaire de la Chikusa gawa. La route longeant la côte, en direction d'Aioi, suit un rivage de falaises et de rochers rongés par les vagues.

2 — Himeji, Okayama, parc national de Seto Naikai, *V. ces noms.*

■ Alpes japonaises (Ile de Honshū)

Carte des richesses naturelles, p. 63.

Nous avons regroupé sous ce vocable les massifs centraux de la grande île. On distingue trois chaînes principales : celle de **Hida sanmyaku**, au N.-O., qui culmine au **Hotaka dake** (3 190 m), avec d'importants sommets dont le célèbre **Tate yama** (3 015 m) ; celle, au centre, de **Kiso sanmyaku**, entre les vallées superbes de la **Kiso gawa** et de la **Tenryū gawa** (sommet **Komaga take**, 2 956 m) ; enfin la chaîne plus méridionale d'**Akaishi sanmyaku**, que domine le **Shirane san** (3 192 m), deuxième sommet japonais après le mont Fuji.

Le caractère orogénique de ces jeunes montagnes et les similitudes qu'elles offrent avec les paysages de la grande chaîne européenne leur ont valu, à la fin du XIXe s., le nom d'Alpes japonaises. Alpes s'écrit *Arupusu,* que vous prononcerez plus facilement *Alps* à la mode anglaise ! Formant des ensembles naturels de grande valeur, deux **parcs nationaux** y ont été créés : Chubu sangaku et Minami Arupusu *(voir ces noms).*

Amami shoto (Nansei shoto)

Carte de Nansei shotō, p. 410-411.
Kagoshima ken. — Tōkyō, 1 340 km. — Kagoshima, 400 km. — Okinawa, Nansei shotō 300 km.

Cet archipel, composé de cinq îles principales : Ō shima (ville principale Naze), Kikai jima, Tokuno shima, Okino erabu jima, Yoron jima, est rattaché au grand arc des Ryūkyū qui s'étire vers le S.-O. en direction de Taiwan. Il constitue également la partie méridionale de ce chapelet d'îles au S. de Kagoshimaken, connu encore sous le nom de Satsunan shotō. D'un faible relief (694 m au Yuwan dake d'Amami ōshima), les îles offrent toute la panoplie onirique des mers lointaines : climat subtropical, mers limpides léchant des plages de sable fin, récifs de corail et végétation luxuriante de bananiers, papayers, ananas, passiflores, cycas, etc. Les côtes sont fouillées par les vagues qui y découpent des reliefs fantastiques, et plusieurs grottes complètent cette physionomie enchanteresse. Traditions et coutumes particulières signalent en outre les habitants, qui parlent un japonais dialectal imprégné de mots coréens et chinois.

Amami ōshima ou **Ō shima** est la principale île, atteignant 60 km de longueur ; la côte en est très découpée, notamment dans sa partie méridionale, la *baie de Setouchi, face à l'île secondaire de **Kakeroma jima** ; les plages sont belles et nombreuses. C'est dans l'une de ces criques bien abritées que s'est établie **Naze**, la principale ville de l'île, d'où l'on entreprendra de découvrir Ō shima ou de s'embarquer vers les autres îles de l'archipel. L'île produit : ananas, bananes, oranges, papayes, canne à sucre, bétel.

Kikai jima, à l'E. de la précédente, offre également de jolis paysages marins et une riche végétation ; on y remarque en certains endroits des chemins encaissés entre des murs de pierres sèches de près de 2 m de hauteur, délimitant des enclos privés.

Tokuno shima, au S.-O. d'Ō shima, la deuxième île pour son importance, attire également de nombreux visiteurs ; cultures d'ananas et de canne à sucre ; combats de taureaux.

Okino erabu jima, plus au S. et de forme triangulaire, est peut-être la plus intéressante. Si l'aéroport est au N.-E. de l'île, les deux points d'accès maritime sont **China** et **Wadomari**. Le **Tamina misaki**, à la pointe N.-O. de l'île, tombe en falaise sur la mer. On cultive sur l'île plus particulièrement les lys *erabu* dont l'essence, voire les fleurs, sont exportées vers l'Amérique du Nord et l'Europe ; plusieurs récifs de corail existent également autour d'elle. On notera un type local de grenier à riz *(takagura)* à toit de chaume monté sur de forts pilotis en bois. La *grotte **Shonyū dō**, sur les basses pentes occidentales de l'**Ō yama** (246 m) est la deuxième du Japon après celle d'Akiyoshi dō (Yamaguchi) ; avec ses stalactites féeriques, elle atteint 2 200 m de longueur. Non loin se trouve celle de **Suiren dō**, avec un cours d'eau souterrain.

Yoron jima, la plus méridionale et la plus petite d'Amami shotō, n'est desservie que par bateau ; très plate, moins de 100 m en son point le plus élevé, elle offre une barrière de corail ; la moins visitée sans doute, elle ne manque pourtant pas de charme.

■ Anan (Ile de Shikoku)

Carte de Shikoku et mer Intérieure, p. 502-503.
Tōkyō, 823 km. — Kōchi, 170 km. — Matsuyama, 298 km. — Takamatsu, 104 km. — Tokushima, 20 km.
Tokushima ken. — 58 467 hab. ; agglomération industrielle.

146 ANAN (ENVIRONS) — AOMORI

Située entre l'estuaire de la Naka gawa et la baie de Tachibana, la ville ne présente d'intérêt que dans la mesure où elle constitue le point de départ septentrional du très beau *parc côtier de Muroto Anan.

Environs

Kōnoura *(71 km S.-O. par la N55 ; autocar).* Ce parc côtier se poursuit en fait dans le département de Kōchi et, ayant contourné le cap de Muroto, dépasse la ville de **Muroto** *(V. ce nom).* Non seulement par ses paysages marins remarquables *(Minami Awa Sun Route),* mais aussi pour ses sanctuaire, Muroto Kaigan attire de nombreux visiteurs.

2 km : Embranchement à dr. vers *(4 km O.),* **Yahoko jinja**, sanctuaire qui domine Anan et la baie de Tachibana, il renferme deux statues de divinités d'époque Fujiwara (X^e-XIIe s.).

7 km : **Tachibana**, justement célèbre pour sa baie, dont les îlots lui valent le surnom de *Matsushima de la province d'Awa*, mais dont l'aspect est fâcheusement endommagé par l'expansion industrielle d'Anan ; un bateau fait le tour de la baie ; dans l'îlot de **Benten jima** pousse une flore tropicale. La côte devient beaucoup plus accidentée, mais la grande route et la voie ferrée s'écartent du village de Tsubakidomari et de Kamoda misaki.

31 km : **Hiwasa**, où l'on visite à l'O. de la ville le **Yakuo ji**, au curieux *stūpa* moderne abritant les cinq statues dorées d'Amida Nyorai. Au N.-E. de la localité, jolie **plage d'Ohama kaigan** ; un bateau depuis le port longe la côte de falaises, ***Sembakai Heki**, au S.-O. de la ville.

A Hiwasa, il sera préférable de quitter la route nationale pour emprunter la route à péage ***Minami Awa Sun Route**, qui permet de jouir du panorama marin.

40 km : **Ebisu dō**, d'où un téléphérique mène à une plate-forme d'observation.

47 km : **Mugi**, où l'on retrouve la route nationale qui longe la jolie baie de Yasaka.

61 km : **Kaifu**, à l'embouchure de la Kaifu gawa.

➜ A 25 km N.-O. environ, **vallée de Karei** avec un petit sanctuaire et une cascade.

☞ 71 km : Konoura *(V. ci-dessus, et la continuation de la route vers Muroto).*

Aomori (Ile de Honshū)

Carte du Tōhoku, p. 234-235.
Tōkyō, 717 km. — Akita, 195 km. — Morioka, 210 km.
Chef-lieu d'Aomori ken (938 948 hab.). — 287 594 hab. ; port de commerce, université privée.

Étalée au fond de la vaste baie de Mutsu et à la base S.-E. de la péninsule de Tsugaru, la ville doit surtout son activité à son port, ouvert en 1906, qui reste aujourd'hui le principal moyen d'accès maritime vers Hokkaidō. Cette importante fonction lui valut d'être bombardée en 1945 ; elle est aujourd'hui entièrement reconstruite.

Aomori présente assez peu d'intérêt pour le touriste, si ce n'est son rôle de transit vers Hokkaidō et de bon point de départ pour la découverte des alentours. Aussi ne mentionnerons-nous que le **sanctuaire d'Uto** *(1 km de la gare),* établi sur d'anciens terrains marécageux, et le **Gappokōen**, ou parc d'Aomori, à 3,5 km environ à l'E. de la gare.

ARIDA — ASAHIKAWA 147

Environs

1 — Natsudomari zaki *(33 km N.-E. env. ; autocar).* — 16 km : **Asamushi Onsen** (train et hydroglisseur depuis Aomori), station thermale dont les sources atteignent entre 58 et 79 °C. — Au-delà, les panoramas marins deviennent remarquables.

33 km : **Ō shima**, la partie la plus septentrionale de la **presqu'île de Natsudomari**, s'avance dans la baie de Mutsu. De là, on pourra gagner **Tsubaki yama**, la *colline des camélias*, où ces plantes fleurissent sur un espace de plus de 20 ha. L'itinéraire pourra se poursuivre jusqu'à **Noheji** en passant par la jolie **baie d'Asadokoro** à l'E. de la presqu'île.

2 — Minmaya *(67 km N.-O., par la N 280 ; train).* — La route longe par l'E. et le N. la péninsule de Tsugaru en vue de la baie de Mutsu, puis de la péninsule de Simokita.

44 km : Au-delà de **Tairadate**, la route s'oriente progressivement vers l'O. ; la côte est de plus en plus pittoresque.

52 km : **Takano zaki**, pointe septentrionale de Horozuki kaigan, côte formée de nombreux récifs, précipices et grottes marines attrayants et redoutables.

61 km : **Imabetsu**, où l'on rejoint la voie ferrée.

67 km : **Minmaya** *(Tsugaru Kankyo car ferry pour Fukushima à Hokkaidō)* fut à l'époque Edo un port actif assurant le trafic avec Hokkaidō.

3 — Hirosaki, parc national de Towada Hachiman, *V. ces noms.*

Arida ou Arita (Ile de Honshū)

Carte de Shikoku et mer Intérieure, p. 502-503.
Tōkyō, 613 km. — Nara, 130 km. — Ōsaka, 98 km. — Tsu, 194 km. — Wakayama, 27 km.
Wakayama ken. — 34 257 hab.

A l'O. de la péninsule de Kii et sur l'estuaire de l'Arida gawa, issue des monts de Kōya, la ville voit défiler les nombreux pèlerins qui se rendent aux sanctuaires des localités environnantes.

Environs

1 — Shimotsu *(5 km N. ; train)*, port établi au fond d'une baie bien abritée où fument aujourd'hui les raffineries pétrolières ; au large, petite île agréable de **Benten** *(bateau d'accès).*

2 — Yuasa *(11 km S.-E. par la N 42 ou la route côtière ; train).* — La côte entre Arida et Yuasa, particulièrement intéressante, forme le **parc préfectoral de Nishi Arida**. Parmi les temples de la région de Yuasa nous citerons : **Shōraku ji** *(à 500 m E. de la gare)*, **Choho ji** *(2 km E.)* et **Semui ji** *(3 km N.-O.).*

Asahikawa (Ile de Hokkaidō)

Carte ferroviaire, en page de garde.
Tōkyō, 1 253 km. — Abashiri, 228 km. — Obihiro, 185 km. — Rumoi, 85 km. — Sapporo, 143 km. — Takikawa, 53 km. — Wakkanai, 258 km.
Hokkaidō. — 352 619 hab. ; 113 m d'altitude ; ville industrielle : filé de coton, industrie et chimie du bois, brasseries ; université privée.

Deuxième ville de la grande île de Hokkaidō, sans doute la plus dynamique, Asahikawa s'est établie sur le bassin de la Kamikawa, au voisinage du confluent de plusieurs cours d'eau issus du puissant massif de Daisetsuzan, qui limite l'arrière-plan urbain vers l'E. Ainsi enserrée la ville s'est établie en damier, divisée en deux parties par la Kami kawa ou Ishikari gawa, la rive sud étant plus particulièrement le quartier administratif et des affaires. Rien ne semble devoir arrêter sa progression, qui peut faire d'Asahikawa la plus septentrionale des grandes métropoles japonaises, pas même les rigueurs climatologiques pouvant amener en hiver des températures de − 40 °C, alors que la ville est à la latitude d'Arles...

Tokiwa kōen *(1,5 km N. de la gare ; bus)*, sur la rive g. de l'Ishikari gawa, est un jardin de 16 ha marqué en son centre par le **Chidoriga ike** qu'entourent un important centre sportif et un observatoire astronomique.

Kaguraoka kōen *(3 km S.-E., bus)*, parc établi sur un plateau boisé, bordé par la Chubetsu gawa, dominant la ville, où l'on peut pratiquer le ski en hiver ; **Kamikawa jinja** est le sanctuaire dédié au dieu protecteur de la ville.

Environs

1 — Arashi yama *(8 km N.-O. ; bus ; gare de Chikabumi)*. — 4 km : Chikabumi, où vit une communauté ainou *(V. Hoddaikō)*, ici totalement assimilée à la population japonaise. Un petit **musée** abrite différents ustensiles de la vie courante, armes de pêche et chasse, vêtements et mobilier ainou, etc.
8 km : **Arashi yama**, parc forestier où l'on verra des huttes ainou, habitat traditionnel, construites sans clous.

2 — Kamuikotan *(20 km O., par la N 12 ; car)*. — La route longe les gorges entaillées par l'Ishikari gawa, dans les monts de Yubari, entre les bassins de Kamikawa et d'Ishikari. Les parois de falaises, sur près de 2 km, sont percées de grottes qui servirent d'habitat troglodytique ; une poterie primitive, des ustensiles de fer, etc., y ont été récupérés.

3 — Nimoshiri *(43 km E., par la N 39 ; car ; train jusqu'à Kamikawa)*, autre village dont le peuplement est d'origine ainou ; sur une place où sont disposées quelques huttes, dont un grenier sur pilotis, se trouve un petit bâtiment muséographique polygonal ; des dioramas présentent quelques scènes de la vie aborigène.

4 — Parc national de Daisetsuzan, *V. ce nom.*

■ Ashikaga (Ile de Honshū)

Carte des richesses humaines, p. 67.
Tōkyō, 91 km. — Fukushima, 226 km. — Maebashi, 41 km. — Mito, 104 km. — Utsunomiya, 53 km.
Tochigi ken. — 165 756 hab. ; industries textiles de la soie ; université privée.

C'est au N., sur la rive gauche de la Watarase gawa, affluent de la Tone, que s'est développée cette ville consacrée à la soie ; malgré un certain déclin après 1868, cette activité a repris rapidement, classant Ashikaga deuxième, par sa population, de Tochigi Ken ; en 1832 fut ouvert un marché aux étoffes, concurremment avec celui de la ville de Kiryū qui en avait jusqu'ici le monopole. Le nom d'Ashikaga évoque aussi celui de la famille shōgunale originaire de cette localité, qui fut maîtresse des destinées de Kyōto à l'époque Muromachi (XIVe-XVe s.), et celui de l'une des plus anciennes institutions scolaires du Japon, dont le souvenir reste dans la bouche de nombreux étudiants et lettrés.

□ **Sanctuaire dédié à Confucius** *(600 m N. de la gare) ;* ce sanctuaire de 1668, avec la bibliothèque plus récente qui l'accompagne, constitue tout ce qui subsiste à l'emplacement de l'ancien **Ashikaga gakkō**.

Une école prestigieuse. — La création de cette école est attribuée au lettré *Ono no Takamura* (801-852), qui semble être plutôt l'un des « saints patrons » de cet établissement, dont le fondateur serait alors *Ashikaga Yoshikane* (1147-1196), ancien lieutenant de Minamoto Yoritomo. Ouverte à tous ceux qui voulaient recevoir une formation, elle fut surtout fréquentée par de nombreux prêtres bouddhistes, et attira des étudiants venus de tout l'archipel. A partir de 1350, *Ashikaga Motouji* accroissait l'importance de cette école, qui fut transférée en ces lieux par *Nagao Kagehisa* en 1394. L'école ayant cependant perdu de sa vitalité première, elle fut restaurée en 1432 par *Uesugi Norizane* (1411-1466), qui lui consacra d'importants revenus et en confia la direction au prêtre *Kaigen*; celui-ci l'enrichit de manuscrits et d'ouvrages rapportés de Chine, aujourd'hui conservés à la bibliothèque. Protégée par les descendants de Norizane, l'école vit sa réputation grandir jusqu'au XVIe s. En 1601, cependant, *Tokugawa Ieyasu* détachait l'un de ses enseignants, *Sanyō*, pour fonder une nouvelle école à Fushimi (Kyōto), puis s'ouvrirent d'autres établissements durant l'époque Edo, amenant le déclin progressif d'Ashikaga gakkō et sa fermeture en 1871.

Banna ji *(1 km N. de la gare) ;* ce temple, autrefois voisin de l'Ashikaga gakkō, fut fondé également à la fin du XIIe s. par *Ashikaga Yoshikane* sur le site de sa demeure. Important **Hon dō** abritant une statue de *Dainichi Nyorai ;* remarquer le **beffroi**.

Environs

Gyōdō san *(8 km N. ; car jusqu'au pied de la colline),* promenade surtout intéressante en automne ; au sommet, à env. 400 m d'altitude, se trouve le Join ji de secte rinzai.

■ Ashizuri Uwakai (Parc national d' ; île de Shikoku)★★

Carte de Shikoku et mer Intérieure, p. 502-503.

Comment vous y rendre ?
— *Depuis Nakamura*, à 2 h de train de Kōchi (116 km N.-E.), d'où vous trouverez les services de car en correspondance pour Tosa Shimizu et Sukumo.
— *Depuis Uwajima*, à 103 km S. de Matsuyama, en 2 h 10 par le train ; de là plusieurs services de cars vers Sukumo et Tosa Shimizu.
— *Depuis Tosa Shimizu :* vous êtes ici au cœur du problème et vous trouverez des services d'excursion (car et bateau) à destination des environs.

Ce parc côtier de 10 906 ha occupe la partie la plus méridionale de l'île de Shikoku ; ses paysages marins remarquables se développent de part et d'autre de Tosa Shimizu en direction de Kōchi vers le N.-E., et d'Uwajima vers le N.-O.

☞ **D'Uwajima à Nakamura** *(164 km par les N56 et 321 ; itinéraire possible dans un sens comme dans l'autre en changeant de car à Sukumo et Tosa Shimizu où il sera préférable de passer la nuit).* — Pour la description d'Uwajima et de sa baie, *V. ce nom*.

17 km : **Tsushima**, au fond d'une baie étroite.

29 km : Embranchement à dr. vers le **promontoire** très découpé de **Yurano**, qui limite au N. la ★**baie d'Uchi** que longe désormais la route.

48 km : Dépassé Jōhen, une autre route sur la droite atteint *(11 km O.)* **Nishiumi**, au pied du Gogen yama (491 m) que contourne la route. Il est possible de découvrir en bateau les nombreuses criques des alentours.
67 km : **Sukumo** (25 028 hab. ; *bateau pour Utsuki* ; travail du corail). Petite ville au fond de la baie de Sukumo d'où l'on pourra faire l'excursion à l'île d'Okino *(V. ci-dessous)*.

↦ Sur la **butte de Sukumo** *(1 km O. env.)* ont été trouvés des fragments de poteries des époques jōmon et yayoi.

↦ ***Okino shima** *(25 km S.-O. env. ; bateau depuis le port de Kashima)* mérite bien le déplacement... On débarquera dans le petit port d'**Okino**, ou dans celui de **Hirose**, plus ravissant encore, enfoui au fond d'une crique ; remarquez les étroites terrasses cultivées, et celles supportant les habitations formées de gros blocs mal équarris mais soigneusement appareillés.

84 km : Nouvel embranchement à dr. vers *(12 km S.-O.)* ****Ōdō kaigan** ; les cars font en général le détour jusqu'au parc, où vivent des singes en liberté ; très belle vue sur la côte, découpée de calanques rocheuses, avec en contrebas la petite **île de Kushiwa** à laquelle accède la route, et au loin Okino shima.
95 km : On atteint la côte du Pacifique, tout au S. de Shikoku ; elle est superbe.

113 km : **Tatsukushi**, site curieux de rochers rongés par les vagues perpendiculairement au rivage, dont l'aspect fait penser à d'énormes troncs de bambous. A proximité a été installée une tour pour observations sous-marines. Vers le S. se profile **Senzin misaki**, où **Minokoshi** *(bateau d'accès)* est comparable au site de Tatsukushi *(ci-dessus)*.
128 km : **Tosa Shimizu** (24 122 hab.), port de pêche.

↦ A 11 km S.-E. : ***Ashizuri misaki**, que l'on atteint par la route de crête à péage *(autocar)*, est la pointe méridionale de Shikoku, formée de falaises au pied desquelles se sont écrasés des rochers que fouettent les vagues. Le **Kongofuku ji**, proche du phare, fut créé en 822 par *Kōbō Daishi* en l'honneur de *Kannon aux mille mains* ; les bâtiments datent de 1662.

Coupant à sa base le cap Ashizuri, la route nationale rejoint vers le N. la jolie **baie d'Oki matsubara**, puis se poursuit en direction de :
164 km : **Nakamura** (33 573 hab.), ancienne ville féodale des Ichijō, sur les bords de la Shimanto gawa.

■ Aso (Parc national du mont ; île de Kyushu)**

Carte de Kyūshū, p. 372-373.

Comment vous y rendre ?
— *Depuis Beppu (97 km jusqu'à la gare d'Aso), par des cars d'excursions qui vous conduiront au sommet, vous ramèneront à Beppu ou vous feront poursuivre jusqu'à Kumamoto et Nagasaki.*
— *Depuis Kumamoto, par le train jusqu'à la gare d'Aso (J.N.R. Hohi Line, 50 km en 1 h) ou celle d'Aso Shirakawa (Takamori Line), puis le car ; ou bien en car depuis Kumamoto, par le chemin inverse du précédent.*
— *Depuis Oita par le train jusqu'à Aso (98 km en 2 h) ; car.*

L'attraction majeure de ce parc de 73 087 ha est le magnifique mont Aso, où se mêlent les acres parfums du soufre et les mystères d'une nature indomptable ; par milliers, les pèlerins-visiteurs viennent s'émouvoir auprès du plus grand volcan actif existant au monde. Il faut dire que cette sensation d'être « au bord du gouffre » est absolument sans égale et d'autant plus forte que des abris installés le long du cratère rappellent que de temps en temps le volcan se met en colère! La balade est cependant sans danger et serait interdite par les autorités s'il en existait un. En direction du N.-E., le parc se prolonge par le Kujū san et les montagnes dominant l'admirable baie de Beppu.

De Beppu à Kumamoto, via Aso san *(147 km par Yamanami Highway et la N57; autocars; si vous utilisez un véhicule personnel, il vous faudra monter et redescendre par Aso Tozan Driveway depuis Aso machi).* — Voyez la description de **Beppu** à ce nom. On quitte la station en s'élevant rapidement vers l'O. sur les pentes du **Tsurumi dake**; beaux points de vue vers l'arrière. Si vous avez recours à l'un des nombreux circuits organisés qui font visiter la région, évitez absolument l'arrêt à la prairie aux ours qui n'est en fait qu'un horrible zoo. Les tours locaux sur la région d'Aso peuvent être une façon de voir le maximum en un minimum de temps avec arrêt obligatoire pour déguster le lait du cru. Le tout agrémenté des chansonnettes de la guide-hôtesse chapeautée et gantée.

26 km : **Yufuin Onsen**, à dr. de la route; sources chaudes de 42 à 65 °C, et station de séjour au pied du **Yufu dake** (1 584 m), ancien volcan et belle montagne, d'ascension assez difficile (en 2 h), qui mérite bien son surnom de *Fuji de la province de Bungo;* du sommet vue étendue sur le golfe de Beppu notamment.

33 km : **Mizuwake tōge** (716 m d'alt.), d'où l'on empruntera **Yamanami Highway** qui s'oriente vers le S. en direction du ***Kujū san.**

Point culminant de l'île de Kyūshū, le **mont Kujū** (1 788 m) se complète de sommets secondaires : Daisen, Hiji, Hōshō et Minata. Sur les pentes inférieures se développe le **Kujū Kōgen**, enrichi de pâturages (chevaux et bovins), dont celui de *Shuchikujo* est le plus connu. Des **stations thermales :** Hokkein, Makinoto, Sujiya, Ukenokuchi, complètent ce verdoyant tableau.

Depuis celles-ci ou de **Kujū**, au S.-E. de la montagne, on pourra entreprendre son ascension qui nécessite une moyenne de 4 h de marche. La *vue très étendue depuis le sommet permet de découvrir l'ensemble de l'Aso san et de son vaste cratère, la baie de Beppu, puis vers l'O. le massif d'Unzen et plus loin encore vers le S. des sommets de Kirishima.

72 km : Route à dr. vers Kujū Kōgen, Kujū machi et *(30 km S.-E.)* **Taketa** *(V. ce dernier nom).*

85 km : Nous arrivons sur le rebord externe de l'immense **cratère du mont Aso** : 128 km de circonférence, une largeur de 23 km du N. au S., délimitant un ensemble de 255 km² ; les basses pentes sont consacrées à l'élevage et aux cultures en terrasses, alors que le fond du bassin est tapissé de rizières. La *vue est grandiose et saisissante ; la partie centrale du mont Aso apparaît alors, disent les Japonais, tel un grand bouddha couché dont les principaux sommets dessinent la forme du corps allongé.

Au centre de l'île de Kyūshū, le ****mont Aso** est composé de plusieurs cônes dont **Naka dake** est aujourd'hui le plus actif. Il se complète de quatre autres cônes qui sont de l'E. à l'O. : **Neko dake** (1 408 m), **Taka dake** le plus élevé (1 592 m), **Eboshi dake** (1 337 m) et **Kishima dake** (1 321 m). Comme pour le massif du Cantal en France, on peut supposer que les bords externes du cratère formèrent les pentes d'une montagne éclatée, beaucoup plus importante, dont ne subsistent que les cônes centraux. La plus ancienne éruption enregistrée remonte à 553, mais plus proches de nous sont celles de 1884, dont les cendres retombèrent sur Kumamoto, de 1889, 1929 et 1933. Au N. et au S. des massifs centraux, les vallées d'Aso et de Nangō se rejoignent pour s'échapper vers l'O. en direction de Kumamoto. L'ascension de cette montagne est rendue très facile par les services d'autocar et de téléphérique, surtout depuis sa face nord. Le téléphérique qui amène au sommet les hordes de touristes (en majorité japonais) a pour signe particulier un abus d'explications données par une gentille hôtesse qui ne vous laisse pas une minute de silence pour admirer le paysage. Cette coutume sévit un peu partout au Japon, mais c'est ici qu'elle semble la plus terriblement suivie ! Néanmoins, la balade est recommandée, surtout par beau temps. Gare au brouillard qui enveloppe bien trop souvent le volcan.

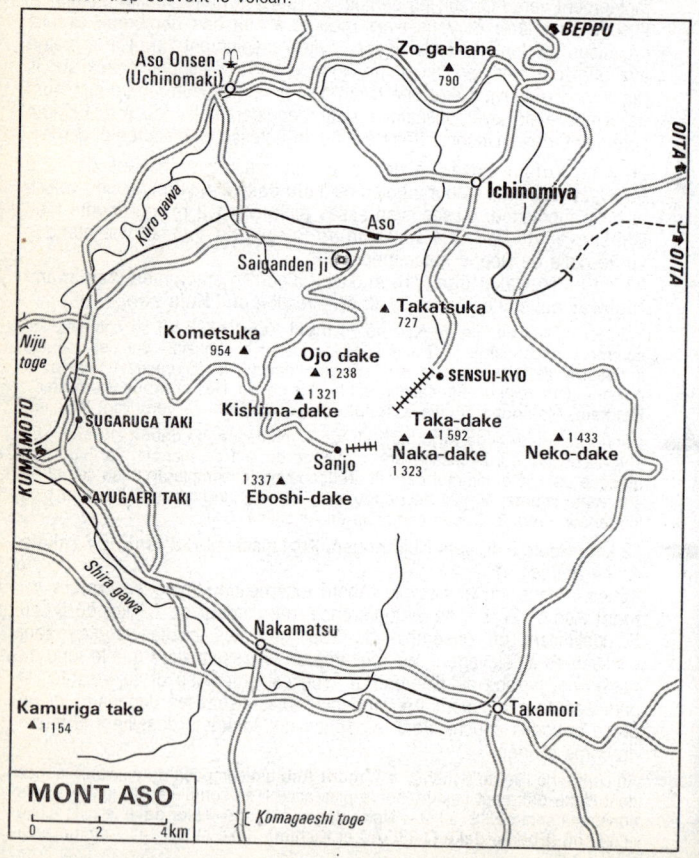

MONT ASO

94 km : **Ichinomiya** (Gare de Miyagi) ; on y visite le **sanctuaire d'Aso** qui aurait été fondé au Ier s. av. J.-C. et qui est dédié à *Takeiwatatsu no Mikoto,* divinité qui s'était établie dans la région ; fêtes : *Tazukuri matsuri* et *Hiburi shinji matsuri* à la mi-mars. D'Ichinomiya, les pèlerins entreprennent l'ascension jusqu'au **Sanjo jinja** *(V. ci-dessous)* voisin du sommet. D'Ichinomiya par la N 265 qui contourne par l'E. Neko dake, on peut rejoindre *(23 km S.)* Takamori.

A 12 km N.-O. d'Ichinomiya : **Aso Onsen** (bus), sources chaudes sulfatées salines de 35 à 50 ºC ; la station est établie sur la Kuro kawa qui draine Aso dani ; on pourra gagner en car **Kikuchi** *(40 km O. env.)* par une belle route passant par le point de vue remarquable de **Daikan bō** (936 m), et coupant la crête du grand cratère externe.

Les automobilistes devront depuis Kurogawa (gare d'Aso), emprunter, comme nous l'avons signalé plus haut, Aso Tozan Driveway jusqu'à (21 km d'Ichinomiya) Sanjō jinja ; cette route passe en vue du *Takatsuka (727 m), cône secondaire, aux lignes naturelles d'une admirable pureté.

Avec le car vous suivrez l'itinéraire suivant : au-delà d'Ichinomiya, la route s'élève rapidement sur les pentes du **Taka dake,** couvertes d'azalées en saison.

101 km : **Sensui,** à proximité d'un stūpa. De là, vous prendrez le téléphérique jusqu'au **Narao dake** (1 323 m), puis un autocar « blindé » vous conduira jusqu'au bord du ***cratère principal du Naka dake.**

Ce cratère, large de 600 m et profond de 160, dégage des vapeurs de soufre incommodantes ; l'impression est néanmoins sublime ; il est possible d'en entreprendre le tour à pied. Un autre téléphérique redescend au lieu-dit **Hondō** à proximité du sanctuaire de Sanjō.

103 km : **Sanjō jinja,** édifié en 1842 ; **fête** le 28 juillet. De là, on retrouvera le car ramenant à Beppu ou poursuivant en direction de Kumamoto.

107 km : A dr. s'embranche **Aso Tozan Driveway,** en direction d'Ichinomiya.

109 km : Route à g. vers *(1 km S.)* **Yunotani Onsen,** à 820 m d'alt. ; source chaude à 72 ºC et geyser pouvant atteindre 30 m de haut ; cette route se prolonge en direction de **Tarutama Onsen** et **Jigoku** dont les eaux de 60 à 97 ºC sont chargées d'acide sulfurique.

116 km : **Akamizu Shimono** où l'on retrouve la N 57 que l'on suit désormais jusqu'à Kumamoto.

121 km : **Tatano ;** à 3 km E. **Toshita Onsen** est au confluent de la Kuro kawa et de la Shira kawa, laquelle s'échappe vers l'O. ainsi que la route et la voie ferrée, perçant le cratère externe du mont Aso.

147 km : **Kumamoto,** *V. ce nom.*

Atami (Ile de Honshū)*

Carte de la région de Hakone, p. 173.
Tōkyō, 95 km. — Kōfu, 128 km. — Nagano, 297 km. — Nagoya, 247 km. — Shizuoka, 72 km. — Yokohama, 70 km.
Shizuoka ken. — 51 281 hab. ; station thermale.

A moins d'une centaine de kilomètres de Tōkyō, admirablement campée à l'origine de la péninsule d'Izu, Atami est l'une des principales stations touristiques japonaises.

154 ATAMI

Le cadre de collines enserrant la ville formerait le périmètre d'un ancien cratère dont une partie se serait affaissée sous l'océan. Quoi qu'il en soit, les caractères volcaniques sont manifestes, des sources chaudes dont la température dépasse souvent 90 °C ont été captées ; celle d'Ō-yu, de 108 °C, la plus chaude du Japon, jaillissait sous forme de geyser avec un débit moyen de 5 300 litres par heure, mais le tremblement de terre de 1923 lui a été fatal.

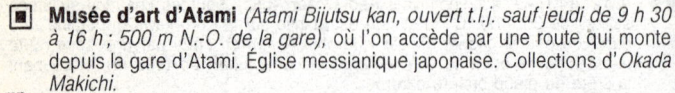

Musée d'art d'Atami *(Atami Bijutsu kan, ouvert t.l.j. sauf jeudi de 9 h 30 à 16 h ; 500 m N.-O. de la gare)*, où l'on accède par une route qui monte depuis la gare d'Atami. Église messianique japonaise. Collections d'*Okada Makichi*.

Parmi les œuvres conservées on verra le double *paravent du Prunier rouge et du Prunier blanc, chef-d'œuvre du peintre *Ogata Korin* (1658-1716), d'appréciables calligraphies poétiques, des estampes *(ukiyo-e)*, le *sūtra* illustré de la Cause et de l'Effet (VIIIe s.), mais aussi des peintures, sculptures et bronzes japonais, chinois, coréens, jusqu'à des œuvres égyptiennes, indiennes ou iraniennes. Scène de nō, pavillon de thé, jardin japonais.

Le **sanctuaire de Kinomiya**, au N. de la gare du même nom *(1,5 km S.-O. de celle d'Atami)*, se glorifie de posséder l'un des plus gros camphriers du Japon.

Soshisha, à 200 m S. de cette gare, est l'ancienne demeure de *Shoyo Tsubouchi* (1859-1935), écrivain et adaptateur japonais de l'œuvre de *Shakespeare (on peut visiter)*.

Bai en, plus à l'O., au-dessus des tunnels ferroviaires, est un parc célèbre pour la floraison de ses pruniers (un millier), de décembre à février.

Uomi zaki *(3 km S.)* limite la ville au S. ; ce cap s'avance dans la mer par les rochers dits de **Kabuto iwa** et d'**Eboshi iwa**, évoquant par leur forme deux types de casques militaires de l'ancien temps (d'où leur nom). Au-dessus du cap, le **château** (restauration moderne ; *téléphérique d'accès*) occupe le site de l'ancienne forteresse locale.

Environs

1 — *Nishikiga ura *(5 km S. env. ; car)*, intéressant parcours côtier, au S du cap d'Uomi, jusqu'au **jardin tropical d'Atami** où prospèrent près de deux cents poissons et un millier de plantes.

2 — Kuro dake (799 m d'alt. ; *5 km S.-O. ; car ; téléphérique d'accès*), d'où l'on domine tout le site d'Atami, à proximité de l'**Izu Skyline** *(V. parc national de Fuji-Hakone-Izu)*.

3 — Yugawara Onsen *(7 km N. ; car ; à 2 km O. de la gare de Yugawara)* — 2 km : **Izusan**, station thermale (sources salines) ; au sommet de la colline d'Izu *(au N.-O., montée difficile)*, le **sanctuaire d'Izusan** fut fondé au début du IXe s.

7 km : **Yugawara Onsen**, dans un joli cadre de montagnes ouvert sur la mer sources de 38 à 92 °C ; à proximité, **cascades de Fudō et de Godan**.

4 — Hatsu shima *(10 km S.-E. ; bateau)* ; cette île au large de la péninsule d'Izu est un rendez-vous favori de campeurs ; floraison de jonquilles e camélias.

Awaji shima

Carte de Shikoku et mer Intérieure, p. 502-503.
Hyōgo ken. — Tōkyō, 600 km. — Kōbe, 52 km. — Tokushima, 40 km.

Fermant la baie d'Ōsaka à l'O., l'île, de forme grossièrement triangulaire, est séparée de Honshū au N. par le détroit d'Akashi, et de Shikoku par la passe mouvementée de Naruto. Toute la façade occidentale d'Awaji est bordée par la mer Intérieure (Seto Naikai), dont elle est la plus grande île. Riche en terres arables, elle est aussi la plus peuplée avec une densité atteignant 600 hab. au km².

A l'origine des temps : Izanagi et Izanami. — Non seulement Celui qui invite *(Izanagi)* et Celle qui invite *(Izanami)* produisirent par leurs amours les innombrables kami (divinités), qui, issus des diverses parties de leurs corps, sont à l'origine des éléments naturels, mais encore et surtout ils s'établirent sur l'île d'Onogoro, créée lors de leur descente des cieux, d'où ils procréèrent l'archipel nippon. Si plusieurs îles, au voisinage d'Awaji notamment, se disputent le privilège d'avoir été Onogoro shima, il ne fait pas de doute dans la mythologie japonaise qu'Awaji shima fut la première née du couple divin. A proximité de la province de Yamato, creuset historique du Japon, Awaji servit naturellement de terre d'exil. L'empereur *Jonin* (732-765) y mourut étranglé sur l'ordre de l'impératrice *Kōken*, qui lui avait cédé le pouvoir, mais qui le reprit, poussée par l'intrigant moine *Dōkyō*, sous le nom d'impératrice Shōtoku. Du XVIIe au XIXe s., l'île releva des seigneurs d'Awa qui gouvernaient à Tokushima (Shikoku).

Bunraku. — Awaji shima peut être considérée comme le berceau des marionnettes japonaises, qui ont sans doute acquis leurs lettres de noblesse à Ōsaka, grâce aux récits de *Chikamatsu Monzaemon* (1653-1724), l'un des grands dramaturges du Japon et de la littérature mondiale. Les marionnettes sont de fines poupées articulées, aux vêtements souvent somptueux, en général maniées par trois assistants camouflés sous une cagoule ; leur jeu plein de vie et d'émotion fait rapidement oublier leur présence au profit du récit et des «personnages».

Sumoto (44 499 hab.), la principale ville d'Awaji, par où l'on abordera le plus fréquemment l'île, n'est en fait qu'une grosse bourgade enserrant un petit port.

Mikuma yama, colline à 1 km S. de la ville, est couronnée par le **château de Sumoto** (restauré) qui passa successivement aux XVIe et XVIIe s. aux Wakizaka, aux Ikeda et aux Hachisuka ; joli **belvédère**.

Yura *(11 km S.-E. ; car)*, où l'on découvrira **Awaji hashidate** ; sans atteindre la valeur de celle d'Amano *(cf. Miyazu)*, cette langue de sable trouve néanmoins sa place lorsqu'on veut lui faire évoquer le pont céleste par lequel descendit le divin couple créateur *(V. ci-dessus, « A l'origine des temps »).*

Sen zan *(6 km N.-O. env. ; jusqu'au pied de la colline)*, au sommet (448 m) se trouve le **Senko ji** (secte *shingon*), le plus intéressant temple de l'île, dédié à *Kannon aux mille mains* ; le trésor conserve plusieurs objets d'époque Muromachi (XVe-XVIe s.), dont une espèce de gong *(waniguchi)* ; la cloche de bronze du beffroi est de 1283 ; vue sur l'ensemble de l'île et les détroits qui la séparent de Shikoku et de la péninsule de Kii.

De Sumoto à Fukura via Iwaya *(102 km ; autocar surtout le long de la côte orientale, ou par la N28 directe de Sumoto à Fukura).* — La route sinueuse longe de près toute la côte de l'île qu'elle contourne par le N.

26 km : **Ura** ; à 5 km S.-O. env., **Myōken zan** (515 m), que surmonte le Joryū ji.

33 km : **Iwaya**, au-delà du minuscule îlot sanctifié d'**E-shima**.

36 km : Pointe septentrionale de l'île, face à Akashi.

58 km : **Ichinomiya** ; à 2 km S. env. : **Izanagi jingū**, dédié à *Celui qui invite* de la genèse nipponne *(V. p. 155).*

69 km : **Goshiki** ; au-delà, **Goshiki hama**, avec sa pinède, est la plus belle plage de l'île.

80 km : **Minato**, d'où l'on s'écarte de la côte pour rejoindre la route à péage qui atteint le promontoire de :

91 km : *****Minami Awaji**, d'où l'on domine admirablement **Naruto kaikyō** *(V. Naruto).* La route se poursuit le long du rivage de la jolie **baie de Fukura** (ou de Nandan).

102 km : **Fukura** ; culture de narcisses dans les environs.

A 12 km S.-E. : **Nada** au pied du **Yururuha yama** (608 m), sommet d'Awaji, face à la petite île de **Nu** ; à proximité monument et **esplanade de la Jeunesse d'Omi yama**.

Bandai Asahi (Parc national; île de Honshū)**

Carte des richesses naturelles, p. 63.

Comment vous y rendre?
— *Depuis Tsuruoka, Yamagata, Yonezawa, V. ces noms.*
— *Depuis Fukushima, services d'autocars (Aizu Bus) vers Inawashiro et Aizu Wakamatsu par les deux routes d'Azuma Skyline et de Bandai Gold Aizu Line.*
— *Depuis Aizu Wakamatsu (126 km S.-E. de Niigata, 2 h 10 par le train) ou Inawashiro (37 km N.-O. de Kōriyama, 40 mn de train) par les Aizu Bus en direction de Fukushima ou Yonezawa.*

Trois zones volcaniques (la chaîne d'Echigo et l'Iide san, le double massif d'Asahi dake et de Dewa, les sommets d'Azuma et Bandai san) et le lac d'Inawashiro composent ce parc montagneux de 189 661 ha, créé en 1950 et en conséquence le plus ancien de Honshū.

En ce qui concerne l'**Iide san**, reportez-vous à *Yonezawa*; pour l'*Asahi dake* voyez *Yamagata*; nous avons inclus **Gassan** *(Dewa san zan)* dans les environs de *Tsuruoka*; quant à l'*Inawashiro ko*, il figure à ce nom.

D'Aizu Wakamatsu (ou Inawashiro) à Fukushima *(98 km N.-E.; services d'autocars dans un sens comme dans l'autre).* — Pour la description d'Aizu Wakamatsu et d'Inawashiro, *V. ces deux noms.*
11 km : Nous abordons **Bandai Gold Line**, route à péage qui s'élève en lacets multiples sur les pentes occidentales (cascades) du Bandai san, en découvrant l'ensemble d'Inawashiro-ko, et plus en contrebas vers l'ouest le bassin d'Aizu Wakamatsu.

*Bandai san (1 819 m), surnommé **Aizu Fuji**, est un volcan violent comme en témoigne la dernière grande éruption de 1888, qui fit éclater le sommet de la montagne, ravagea les vallées alentour, entraîna la formation des lacs et cuvettes du plateau d'Urabandai et engloutit plusieurs villages, faisant environ 460 victimes.

23 km : Le paysage change complètement : la route amorce sa descente vers le *plateau d'Urabandai entièrement remodelé par l'éruption du siècle dernier, qui façonna un ensemble chaotique d'une centaine de lacs de toutes dimensions, dont l'esthétique touche beaucoup plus l'âme humaine que celle du versant opposé d'Inawashiro.
29 km : **Hibara ko**, le plus grand de ces lacs, parsemé de nombreux îlots ; un bateau en fait le tour. De là on peut entreprendre l'ascension du Bandai et faire la belle promenade *(2 km)* de **Goshikinuma** («les étangs multicolores»), qui permet de voir cinq ou six petits lacs aux eaux d'une étrange couleur.

158 BANDAI ASAHI

A 14 km S.-E., **Inawashiro** par une route directe.
A 48 km N., **Yonezawa** *(autocar)*, par une autre route à péage qui longe en partie Hibara ko et contourne par l'ouest **Nishi Azuma san** (2 024 m).

31 km : Embranchement de **Bandai Azuma Lakeline**, qui se développe entre les **lacs Onogawa** et **Akimoto**.
49 km : On emprunte quelque temps la N 115 qui relie **Inawashiro** à Fukushima.
57 km : Embranchement à g. de l'****Azuma Skyline**, sans doute la plus belle route de cet itinéraire, pour les paysages qu'elle permet de découvrir ; on ne compte plus le nombre des lacets !
71 km : Col à proximité du sommet d'**Azuma Kofuji** (1 705 m), dont on atteint facilement l'arête du cratère ; paysage immense ; sentiers balisés dans la montagne. La route, encore plus sinueuse, redescend sur Fukushima.
85 km : **Takayu Onsen**, à 750 m d'altitude, d'où l'on domine toute la région de Fukushima.
98 km : **Fukushima**, *V. ce nom*.

Beppu (Ile de Kyūshū)

Carte de Kyūshū, p. 372-373
Tōkyō, 1 255 km. — Fukuoka, 162 km. — Kumamoto, 149 km. — Miyazaki 213 km. — Ōita, 12 km.
Ōita ken. — 123 786 hab. ; station thermale ; université privée.

Toute comparaison serait sans doute malvenue. Pourtant, Beppu, au fond d'une baie admirable, dominée par des montagnes verdoyantes — dont le Takasaki yama —, avec ses palmiers nonchalants le long des avenues, l'animation colorée des rues, avec sa jeunesse décontractée, évoque irrésistiblement le monde méditerranéen. Monde nuancé toutefois par le costume, par les enseignes au néon étalant d'énormes caractères kanji ou par les curistes en *yukata* qui, aux alentours, se pressent vers les « sources d'Enfer » *(jigoku)*, célèbres dans tout le pays.

Beppu présente deux parties distinctes : la ville proprement dite, serrée en damier autour de la gare, limitée à l'E. par le port et au N. par la Saka gawa, et la station thermale, qui s'étend au-delà, beaucoup plus verdoyante, au hasard du relief et des sources chaudes.

Enfer ou paradis ? — « Jigoku », enfer, est le nom que reçoivent, dans un si joli décor, les sources de Beppu. On n'en dénombre pas moins de 3 000 d'un débit moyen de 78 000 m³ par jour, de plus ou moins grand intérêt chacune a ses particularités : couleur, odeur, chaleur, détonation, geyser mares bouillonnantes, solfatares, sans parler des « fumées » sortant de la montagne, tout ce qu'on peut imaginer dans le royaume d'Hadès. Les plus belles ont été aménagées. Leur température varie entre 37 et 94 °C et elles sont chargées de soufre, gaz carbonique, alcali... Un laboratoire des sciences physiques et l'**Institut d'Étude des sources thermales** de l'Université de Kyōto font des recherches sur ces phénomènes.

Étant donnée la distance importante qui sépare certaines sources, pour la visite il sera préférable de réserver un taxi auprès de votre hôtel.

Les **sources les plus intéressantes seront facilement accessibles depuis la gare de **Kamegawa**, à 5 km N. de Beppu. Parmi celles-ci citons, en remontant vers l'O. depuis la gare :

Tatsumaki jigoku, qui jaillit en geyser à intervalles fixes de 17 mn, durant 3 mn ; *Chino ike jigoku (95 °C), de couleur sang, à cause de l'oxydation subaquatique ; elle atteindrait une profondeur de 165 m. Viennent ensuite **Kamado jigoku** et **Shibaseki Onsen** (carbonate de fer). La même route conduit à *(3 km de Kamegawa)* **Kannawa Onsen** (bains de vapeur à 89 °C), l'une des plus célèbres sources de Beppu. Dans le voisinage se trouvent **Kinryu jigoku, Shiraike jigoku, Oniyama jigoku** (à côté des sources, bassins où vivent des aligators). Plus vers l'ouest *Umi jigoku, couleur de la mer, sans doute la plus belle de toutes, et **Bōzu jigoku**, l'une des plus étranges avec son clapotis de boues grisâtres, où les bulles s'élèvent comme des crânes chauves. D'une colline surmontée d'un simili-château, on peut découvrir l'ensemble du site et les jets de vapeur signalant la présence des sources chaudes.

Si l'on traverse la grande route *(Yamanami Highway)* on atteindra, en direction de Beppu, le **jardin botanique de Fujita kanko**, avec ses serres de plantes tropicales. Prenant de là un autobus du **Daibutsu** *(1 km N.-O. de la gare de Beppu)*, statue récente de 24 m de haut. Proche du port, la **tour de Beppu**, malheureusement trop voyante, atteint 100 m.

Environs

1 — Takasaki yama (628 m ; *4 km S.-E. ; bus*) qui sépare de son beau profil Ōita de Beppu ; on y va surtout pour rendre visite aux nombreux singes qui y vivent. Près de la côte, *Marine Palace,* avec important aquarium.

2 — *Kijima Kōgen *(12 km S.-O. ; car),* sis entre les anciens volcans de **Tsurumi** (1 375 m ; *téléphérique d'accès*), d'où l'on domine Beppu et sa baie, et de **Yufu dake**. A proximité, petit *lac de Shidaka*, très fréquenté (flamants roses).

3 — Ōita, Usa, Usuki, parc national d'Aso, *V. ces noms*.

C

■ Chiba (Île de Honshū)

Carte des environs de Tōkyō, p. 526.
Tōkyō, 37 km. — Mito, 133 km. — Urawa, 61 km.
Chef-lieu de Chiba ken (3 923 911 hab.). — 746 430 hab. ; ville industrielle ; université nationale et universités privées.

Face à Tōkyō, à laquelle elle est reliée par des voies express et de fréquents services ferroviaires, Chiba connaît une expansion industrielle considérable. Dans le plan d'aménagement de la baie de Tōkyō, les terrains acquis sur la mer sont assaillis par la grande industrie (aciéries, centrale thermique géante), et Chiba, l'ancienne capitale des daimyō de ce nom, a vu sa population doubler en dix ans.

Chiba dera *(800 m S.-E. de la gare de Hon-Chiba)* aurait été fondée en 709 par le prêtre d'origine coréenne *Gyōki*.

↔ A **Kasori** *(5 km E.)* se trouve **Kasori kaizuka** (amas de coquillage ; *1,5 km N. de Kasori*), qui témoigne d'une occupation dans la région à l'époque jōmon.

↔ **Environs :** Narita, Tōkyō, V. ces noms.

■ Chichibu (Île de Honshū)

Tōkyō, 86 km. — Chiba, 123 km. — Kōfu, 79 km. — Maebashi, 54 km. — Mito, 172 km. — Nagano, 161 km. — Urawa, 80 km. — Utsunomiya, 133 km.
Saitama ken. — 60 867 hab. ; cimenterie, manufactures : soieries.

Sur le haut cours de l'Ara kawa qui se jette dans la baie de Tōkyō, Chichibu peut être considéré, ainsi que Ōme *(V. ce nom)*, comme un bon point de départ pour la visite du **parc national de Chichibu Tama**. **Chichibu jinja**, voisin de la gare *(Chichibu Railway et Seibu Eelectric Railway)*, est un ancien **sanctuaire** où se pratiquent toujours les danses sacrées *(Kagura)*, notamment lors de la fête du 3 décembre.

☞ Environs

1 — Nagatoro *(12 km N. ; train Chichibu Railway ; car)* ; site fréquenté pour ses floraisons printanières, ses couleurs d'automne, et ses *gorges, aux parois rocheuses, s'étendant sur près de 1 km le long de l'Ara kawa. Le mont Hodo (497 m ; *téléphérique d'accès*) s'élève vers l'ouest ; plate-forme d'observation au sommet.

2 — Parc national de Chichibu Tama, V. ce nom.

Chichibu Tama (Parc national de ; île de Honshū).

Carte des richesses naturelles, p. 63.

Comment vous y rendre ?
— Depuis Chichibu, que l'on atteint de Tōkyō (Ikebukuro) par **Seibu Electric Railway**, via Higashi-Hannō ; ou bien par le **Chichibu Railway** depuis Kumagaya (gare *J.N.R.*, depuis Tōkyō-Ueno).
— Depuis Kōfu ou Enzan, autobus en direction d'Ōme.
— Depuis Ōme ou Hikawa, que l'on atteint de Tōkyō (Shinjuku) via Tachikawa et Hajima.

Créé en 1950, ce parc national (121 000 ha), le plus proche de la capitale, fait partie de la « grande ceinture verte » des environs de Tōkyō. Montagneux, entaillé de vallées admirables, couvert de forêts resplendissantes en automne, creusé de grottes naturelles, ce parc offre un excellent but de promenade, d'alpinisme, de camping et de pêche.

1 — De Chichibu à Kōfu *(79 km S.-O.),* la route remonte la plaisante vallée de l'Ara kawa.
13 km : Mitsumine guchi, terminus du *Chichibu Railway.*
19 km : Owa, d'où part le téléphérique accédant au sanctuaire de Mitsumine *(V. ci-dessous : Mitsumine jinja).*
26 km : Barrage de Futase retenant le lac artificiel de Chichibu, sur le haut cours de l'Ara kawa.

→ A 6 km S. *(autocar d'accès),* par une jolie route en lacet s'élevant au-dessus de la vallée d'Ara, on atteint **Mitsumine jinja**, accroché au *Mitsumine san* (1 332 m) ; fondé au IIe s. de notre ère ce sanctuaire fréquenté par de nombreux pèlerins offre d'importantes parties sculptées. De là, on peut entreprendre l'ascension du **mont Mitsumine** (sanctuaire du sommet) et, beaucoup plus au S., du **Kumotori yama** (2 018 m).

41 km : Karisaka tōge (2 082 m), col élevé sur la ligne de crête des principaux sommets du parc national qui sont d'ouest en est : **Kimpu san** (2 595 m), Kokushiga take (2 592 m), Karumatsuo yama (2 109 m) et **Kumotori yama** (2 018 m).
57 km : Petite station thermale de Kawaura, sur le haut cours de la Fuefuki gawa.
67 km : **Yamanashi**, *V. ce nom.*
79 km : **Kōfu**, *V. ce nom.*

2 — D'Ōme à Kōfu *(97 km O. ; autocar ; train J.N.R. jusqu'à Hikawa).*
— Pour la description d'Ōme, *V. ce nom.*
9 km : **Sawai** ; de Kanzan ji, près de la gare de Sawai, on découvre la belle ***gorge de Shazan**, où s'insinuent la route et la voie ferrée.
11 km : **Mitake**, route à g. vers Mitake san, et téléphérique d'accès.
22 km : **Hikawa**, terminus de la voie ferrée ; service de cars pour *(56 km)* **Itsukaichi** *(V. ci-dessous, km 35).*

→ A 7 km S.-E. *(car)* : **Mitake jinja**, voisin du **Bushū Mitake** (940 m) ; le sanctuaire principal et l'oratoire sont des constructions de style shimmei. Le pavillon du trésor renferme de nombreux miroirs antiques, des armures, des armes et des documents anciens. Belle végétation alentour : cerisiers, azalées, érables, allée de cyprès japonais.

162 CHINO

→ A 15 km N.-O. *(car)* : **Nippara shonyū dō** ; huit grottes naturelles sur cet itinéraire ; la plus importante, celle de **Shingū**, atteint 500 m de longueur *(on visite)*.

28 km : **Barrage d'Ogōchi** (1957) et **lac artificiel d'Oku Tama** alimentant principalement l'agglomération de Tōkyō.
35 km : A g. s'embranche une route panoramique à péage rejoignant *(43 km S.-E.)* Itsukaichi ; service de cars entre cette ville et Hikawa *(V. ci-dessus ; km 22)*.
45 km : **Tabayama**, dans une jolie vallée où l'Oku Tama n'est plus qu'un torrent de montagne.
59 km : **Yanagisawa tōge** (1 472 m) ; la route redescend sur le bassin de Kōfu.
80 km : **Enzan**.
87 km : **Kōfu**, *V. ce nom*.

Chino (Ile de Honshū)

Tōkyō, 197 km. — Gifu, 224 km. — Kōfu, 62 km. — Maebashi, 147 km. — Nagoya, 242 km. — Niigata, 304 km. — Shizuoka, 144 km. — Toyama, 235 km. — Urawa, 225 km.
Nagano ken. — 36 200 hab. ; 788 m d'alt.

Chino sera surtout considérée par le touriste comme la station d'accès du plateau de Tateshina, et du lac artificiel de Shirakaba.

▣ A Chino, le petit **musée archéologique de Togariishi** abrite les résultats de fouilles, poteries jōmon notamment, des sites de Togariishi (Chino) et de Tokuri à Fujimi.

Environs

1 — Shirakaba ko *(33 km N. par la route à péage de Tateshina ; autocar)*.
15 km : **Tateshina Onsen**, au centre du plateau de Tateshina et à proximité d'un petit lac, est un agréable séjour estival (patinage et ski en hiver) que domine au N. la très belle ***montagne de Tateshina** (2 530 m). Un chemin balisé mène au **Shirakaba ko** *(V. ci-dessous, km 33)* et de là au **Kiriga-mine** *(25 km env.)*.

→ A 5 km S.-E. : **Shibu**, autre station thermale limitée à l'E. par la **chaîne de Yatsuga take**, formée de huit sommets dont l'**Aka dake** (2 899 m) est le principal.

21 km : Accès à dr. vers un téléphérique permettant de monter à l'un des sommets de la **chaîne de Yatsuga**, d'où le panorama est très étendu.
33 km : **Shirakaba ko**, petit lac de retenue au cœur du **parc naturel de Yatsugatake-Chūshin kōgen**, à environ 1 400 m d'altitude et dont les abords attirent de nombreux touristes. Le lac gelé en hiver permet le patinage ; des navettes de bateau le traversent en été.

→ A 22 km N.-O. : **col de Wada** (1 531 m d'alt.), sur la route de Suwa à Saku, que l'on atteint en passant par *(11 km O. ; car)* le ***plateau de Kiriga-mine** ; de là, **vue très étendue sur l'ensemble des Alpes japonaises, l'Asama yama au N.-E. et le mont Fuji au S. Au-delà de Waga tōge la route est prolongée en direction de **Matsumoto** ; des autocars assureront certainement bientôt la liaison entre cette ville et Shirakaba ko.

2 — Matsumoto, Suwa-ko, *V. ces noms*.

Chōfu (Ile de Honshū)

Carte des environs de Tōkyō, p. 526.
Tōkyō, 24 km. — Chiba, 61 km. — Kōfu, 120 km. — Urawa, 48 km. — Yokohama, 44 km.
Tōkyō to. — 180 548 hab.

Agglomération de la banlieue immédiate de Tōkyō, reliée à la gare de Shinjuku par le *Keiō Teito Electric Railway.*

Jindai ji *(2 km N.-E. de la gare de Chōfu-Keiō-Teito E. R.; bus),* **temple** *(secte Tendai),* dans une zone boisée de 3 ha, fondé en 733 par le prêtre *Manku*; mais le **Hon dō** ne date que de 1919; à l'intérieur de celui-ci la statue assise de *Sakyamuni,* en bronze doré, d'époque Nara (VIIIe s.).

Au temple est associée depuis 1962 une tour hexagonale pouvant recevoir les cendres de 180 000 animaux; en quelque sorte le cimetière d'Asnières de Tōkyō.

Au N. du temple, **jardin botanique de Jindai** *(Jindai Shokubutsu kōen;* 2,7 ha), établi sur l'ancienne plaine de Musashi.

Au S. de la gare de Chōfu se situent les studios de cinéma *Daiei* et *Nikkatsu,* le **jardin de Keiō Hyakka** *(gare de Keiō-Tamagawa),* fleuri en toutes saisons, puis sur les bords de la Tama, le **vélodrome de Kejō kaku.**

Chōshi (Ile de Honshū)

Carte ferroviaire, en page de garde.
Tōkyō, 115 km. — Chiba, 80 km. — Mito, 88 km. — Urawa, 140 km.
Chiba ken. — 89 416 hab.; port de pêche.

Pointée vers l'océan Pacifique, soutenue à l'E. et au S. par une presqu'île rocheuse jusqu'où s'étire l'embouchure de la **Tone gawa,** le plus long fleuve du Japon (322 km), la ville a tiré parti de sa position pour devenir l'un des principaux ports de pêche du Japon. Aujourd'hui, les échanges sont de plus facilités avec le département d'Ibaraki, au N. par le pont long de 1 450 m qui relie la ville à celle de **Hasaki.** Ne manquez pas le matin l'activité du port avec son marché au poisson.

L'écrivain *Kunikida Doppo* (1871-1908) est né à Chōshi.

L'**Empuku ji** *(1,5 km E. de la gare;* secte *shingon),* construit sur le modèle du Kannon ji d'Asakusa (Tōkyō), abrite une statue de *Kannon aux onze têtes.*

Environs

1 — Iioka *(19 km S.-O.; train Chōshi E.R. jusqu'à Tokiwa, car au-delà).* — Traverser Chōshi vers l'E. parallèlement à la Tone gawa.
2,5 km : **Kawaguchi Myōjin** ou **Hakushi Daimyōjin**; la butte voisine de **Sennin zaka** *(butte des Mille),* d'où l'on contrôle l'estuaire de la Tone gawa, fut élevée en 1614 à la mémoire des disparus en mer.
6 km : **Inubō saki** *(gare d'accès)* est surmonté d'un phare (1874) d'une portée de 37 km. Au N. du cap se situe la belle **plage de Kurobae** et au large les **îlots d'Ashika,** dits des *lions de mer,* parce qu'autrefois fréquentés par ces animaux.

8 km : **Tokawa** ; à partir de là s'amorce *Byōbuga ura, côte digne de nos falaises anglo-normandes, que longe une route de crête à péage.
19 km : **Iioka**, où commence l'immense plage de Kujūkuri hama.

2 — Sawara, *V. ce nom* ; en été des vedettes remontent la Tone jusqu'ici.

3 — Kashima, Narita, Mito, *V. ces noms* ; parc naturel de Suigō-Tsukuba, *V. Tsuchiura*.

Chūbu Sangaku (Parc national de ; île de Honshū)**

Carte des richesses naturelles, p. 63.

Comment vous y rendre ?
— *Depuis Matsumoto ou Shimashima (à 15 km O. de Matsumoto par une voie ferrée privée), d'où vous trouverez des services de cars à destination de Kamikōchi et Takayama.*
— *Depuis Takayama, d'où vous gagnerez en car les environs de Norikura dake ou de Hotaka dake et Matsumoto.*
— *Depuis Ōmachi ; vous gagnerez la gare de Shinano Ōmachi (35 km de Matsumoto) par l'Oito line des J.N.R. ; de là itinéraire pour Toyama par le Tate yama.*
— *Depuis Toyama jusqu'à Ōmachi par le chemin inverse au précédent.*

Au cœur du Japon, ce parc montagneux (169 768 ha) englobe les principaux sommets de la chaîne de Hida que coiffe le Hotaka dake (3 190 m). Ce massif volcanique d'une altitude moyenne de 2 700 m mérite d'être comparé aux Alpes européennes par ses cimes magnifiques, ses vallées et ses paysages : autant de sites grandioses, aussi éloignés que possible du Japon urbanisé, et que l'on traverse pourtant avec la plus grande facilité grâce à la pénétration des routes et des moyens de communications. Si l'axe principal de la chaîne est orienté N.-S., deux grandes radiales coupent celle-ci entre Ōmachi et Toyama, en passant par le barrage de Kuroyon, et entre Matsumoto et Takayama, via les hauts sommets de Hida.

1 — De Matsumoto à Takayama *(97 km par la N 158 ; autocars dans les deux sens).* — La route remonte la vallée de l'Azusa gawa et dépasse le barrage de Nagawado.
45 km : **Nakanoyu Onsen**, d'où s'écoule la rivière Azusa, venant du N. en direction de Matsumoto.

A 7 km N. *(car)* : **Kamikōchi**, très agréable station estivale et thermale environ 1 500 m d'altitude, que l'on atteint après avoir dépassé l'étang de Taisho, formé en 1915 par une éruption du Yake dake. De Kamikochi, on peut réaliser l'ascension de hauts sommets, comme le **Hotaka dake** (3 190 m, sommet de Hida sanmyaku, et le **Yake dake** (2 455 m).

A 9 km S. *(route à péage ; car direct depuis Matsumoto)* : **Shirahone Onsen** petite station thermale que domine le **Norikura dake** (3 026 m), dont on peut également entreprendre l'ascension.

49 km : **Abō tōge**, à 1 812 m d'altitude, entre les départements de Nagano et de Gifu.

58 km : **Hirayu Onsen**, au pied N. du Norikura dake, source découverte par *Takeda Shingen* (1521-1573). **Hirayu Rotemburo** est un bassin en plein air retenant une source chaude ; dans les eaux alcalines de 52 à 88 °C sont élevés des poissons tropicaux. La station est également un centre de sports d'hiver.

Yakushi dō abrite quelques statuettes bouddhiques du moine *Enkū*, qui voyagea dans le pays au XVIIe s. : il dispersa, dit-on, quelques cent mille œuvres semblables, de style naïf mais expressif. Proche de la station thermale, petit **musée** du village *(minzu kukan)*, avec maisons reconstituées, à hauts toits de chaume, typiques des hautes vallées de Hida.

A 2 km S. : **Hirayu no taki**, jolie cascade de 45 m de hauteur ; chemin d'accès.

A 18 km N. *(autocar)* : **Shin Hotaka**, station thermale et de sports d'hiver ; on y accède par *(6 km)* **Shin Hirayu Onsen** (où le **Zentsu ji** conserve une statuette d'*Enkū*), puis *(11 km)* par une route qui laisse sur la gauche la vallée de la **Takahara gawa** *(V. Takayama)*, et dépasse les **sources de Gamada et Yarimi**. Certaines sources surgissent dans le lit même de la Kamata gawa : on peut se baigner. Téléphérique jusqu'au sommet des pistes de ski du **Nishi Hotaka**.

Le **Hotaka dake** (3 190 m) ou **Oku Hotaka** culmine plus au N. ; trois autres pics le composent : Mae Hotaka, Nishi Hotaka et Kita Hotaka ; **Oku Hotaka** est le troisième sommet du Japon après les monts Fuji (3 776 m) et Shirane (3 192 m). Son ascension est possible depuis Shin Hotaka ou Kamikōchi. Plus au N. se dresse **Yari dake** (3 180 m), à l'éperon caractéristique et d'ascension difficile.

68 km : **Hirayu tōge** (1 684 m d'altitude), où s'embranche **Norikura skyline*, la route à péage la plus élevée, la plus «aérienne» du Japon ; panoramas superbes de tous côtés.

A 16 km S.-E. par cette route *(autocar depuis Hirayu, Kamikōchi ou Takayama)* ; refuge au pied du **Norikura dake** (3 026 m), important volcan de forme conique au sud du parc national de Chūbu Sangaku, situé entre les deux grands massifs de Hotaka au N. et d'On take au S.

97 km : **Takayama**, *V. ce nom*.

2 — D'Ōmachi à Toyama *(86 km ; correspondances assurées entre divers moyens de transports ; prenez un titre de transport direct depuis l'une des deux extrémités de l'étape)*. — Cet itinéraire n'est pas possible avec une voiture particulière, mais s'accomplit aisément dans un sens comme dans l'autre selon le schéma suivant :

7 km : **Ōmachi Onsen**, que l'on atteint en car depuis la gare *(J.N.R.)* de **Shinano Ōmachi**.

A 8 km S.-O. : **Kuzu Onsen**, au-delà de laquelle s'engagent les **gorges de Takase keikolu**.

18 km : **Ogisawa**, d'où un trolleybus perce par un tunnel souterrain de 5 400 m les pentes du **Jiiga take** (2 670 m).

24 km : ***Barrage de Kuroyon**, à 1 455 m d'altitude ; ce barrage-voûte, achevé en 1963, de 186 m de haut, d'une largeur maximale de 492 m, ayant une retenue de 200 millions de tonnes d'eau, est un des plus grands barrages du monde ; il peut fournir une puissance électrique de 258 000 kW à la zone industrielle du Kansai. La station hydroélectrique a été établie à 150 m sous terre afin de préserver au maximum le site des gorges de la **Kurobe gawa**, qui en aval rejoignent Kurobe machi *(V. ce nom)*.

En été un bateau circule sur le lac artificiel ; les **gorges de Kumano taira** prolongent celui-ci vers le sud.

Il faudra traverser à pied l'arête du barrage pour gagner *(1 km)* Kurobe eki, afin d'entreprendre l'ascension du Take yama.

25 km : **Kurobe eki**, d'où l'on s'élève en funiculaire, dans la montagne, jusqu'à **Kurobe Daira** ; puis téléphérique qui permet de dominer le lac, le barrage et ses alentours.

27 km : **Daika mine** (2 316 m d'alt.), d'où un car transperce le **Tate yama** par un tunnel de 3 600 m.

Le *Tate yama est avec le Fuji san et le Haku san l'une des trois montagnes sacrées du Japon. La chaîne se compose en fait de plusieurs sommets qui forment l'extrémité nord-ouest des Alpes japonaises et qui sont du N. au S. : **Tsurugi dake** (2 998 m), **Bessan** (2 880 m), **Onanji** (3 015 m), **Ō yama** (2 992 m), **Jodo dake** (2 872 m), **Yakushi dake** (2 926 m). Ces régions restent enneigées toute l'année.

31 km : **Murodo**, plateau (2 440 m) en contrebas des monts **Jodo** et **Ō-Yama** ; on y trouve plusieurs solfatares dont celle de **Ō jigoku**. De là, on peut faire l'**ascension de Ō yama** *(5 km)*, au sommet duquel se trouve un sanctuaire qui aurait été fondé en 703.

On redescend à présent en autocar en direction de Toyama par **Midaga hara** (1 900 m d'alt.), célèbre pour sa flore alpine à la fin juillet. Plus loin, en contrebas de la route, dans une vallée profonde, tombe la *cascade de **Shōmyō**, l'une des plus hautes du Japon avec ses 350 m de chute.

54 km : **Bijodaira**, d'où un funiculaire conduit à **Tateyama** *(Senjuga hara)* ; on prend enfin le train *(Toyama Chiho Railway)* jusqu'à :

86 km : **Toyama**, *V. ce nom.*

Daisen Oki (Parc national de ; île de Honshū)
Carte des richesses naturelles, p. 64.

Comment vous y rendre ?
— *Depuis Kurayoshi, par le car direct ou bien avec une correspondance ferroviaire à Yamamori (18 km S.-O.) jusqu'à Daisen.*
— *Depuis Yonago, relié facilement en car à Daisen.*
— *Depuis Yubara Onsen, au S. du parc, que l'on rejoint en car depuis (21 km S.) la gare de Chūgoku Katsuyama (J. N. R. ; sur la Kishin Line) entre Niimi et Tsuyama (36 km de part et d'autre en 50 mn) ; — cars directs depuis Okayama (à 100 km S.).*

Comme son nom l'indique, ce parc se compose du puissant massif de Dai sen, surnommé le Fuji du Hōki, et au large, dans la mer du Japon, de l'archipel d'Oki *(V. ce nom)* ; plus à l'ouest, est également réunie à ce parc la bordure côtière de la presqu'île de Shimane, au nord d'Izumo et de Matsue, aux noms desquels nous vous prions de vous reporter. L'ensemble couvre 31 927 ha.

De Yubara à Yonago *(76 km ; autocars via Hiruzen kōgen et Daisen).*
— **Yubara Onsen**, dans une vallée de montagne, possède des sources de 45 à 50 °C.

A 1 km N., très beau **lac de barrage de Yubara**, sur le haut cours de l'Asahi gawa, à 402 m d'altitude. Dans toute la région vivent des salamandres géantes dont l'espèce est protégée.

19 km : **Yatsuka**, où l'on quitte la N 313 pour remonter vers l'ouest l'Asahi gawa ; dans les environs, **tombe d'époque kōfun** que l'on peut visiter.

26 km : **Kawakami**, d'où monte une route en direction du plateau de Hiruzen.

28 km : **Hiruzen kōgen**, plateau de verts alpages accroché aux pentes méridionales du **Kami hira yama** (1 200 m), aux pistes de ski en hiver. De là s'embranche une route à péage en direction du mont Giboshi.

36 km : **Giboshi yama** (1 085 m ; refuge), dont on peut entreprendre l'ascension. On redescend en direction de Kōfu, vers le S.-O.

43 km : **Mizukue**, où s'embranche **Daisen kōgen line**, route à péage qui contourne par le sud le Dai sen.

*Dai sen (1 713 m) ; cette « grande montagne », vue de loin, et surtout lorsqu'elle est couverte de neige, rappelle l'admirable Fuji. Elle est le centre d'un ancien massif volcanique qu'enserre aujourd'hui le parc national de Daisen et qu'enveloppe toute une végétation des zones semi-tempérées, brillant de mille feux en automne.

168   DAISEN OKI

57 km : **Daisen**, d'où l'on réalise l'ascension du Dai sen en 2 h environ *(5,5 km)*, est devenue la principale station de sports d'hiver du Chūgoku avec ses quatorze remonte-pentes et ses pistes éclairées la nuit ; on y pratique le ski de fin décembre à fin mars.

Daisen ji, de secte *Tendai*, fondé en 718, connut une grande prospérité mais les incendies successifs réduisirent ses dimensions, bien qu'il eût été reconstruit sur les mêmes principes architecturaux, avec utilisation de poutres d'origine ; parmi les bâtiments qui subsistent, le *Hon dō* et l'*Amida dō* sont les plus intéressants.

Dans le temple sont conservées une **statue de Kannon aux onze visages** en cuivre doré, trois autres figurations de Kannon, et une **statue en bois d'Amida** qui sont classées. La situation du temple, dans la montagne, entouré d'arbres gigantesques, en fait un lieu fort impressionnant : lorsque le vent se lève, les forces de la nature rappellent même au « gaïjin » que les dieux shinto ne sont pas loin ! Il ressort de cet endroit un mysticisme peu commun aux temples japonais. L'ascension jusqu'au temple permet de faire une belle promenade et de jouir d'une jolie vue sur le Dai sen (par beau temps seulement).

A 22 km N. **Akasaki**, au bord de la mer du Japon, dans une région d'élevage de vers à soie. On y accède par *(15 km)* **Senjō san** (616 m), montagne où se réfugia en 1333, sous la protection de *Nawa Nagatoshi*, l'empereur Go Daigo (1288-1339), après son évasion de l'archipel d'Oki (V. ce nom).

76 km : **Yonago**, V. ce nom.

Daisetsuzan (Parc national de ; île de Hokkaidō)**

Carte de Hokkaidō, p. 230-231.

Comment vous y rendre ?
— *Depuis Asahikawa ou Kamikawa (49 km en 50 mn par le train entre ces deux villes), qu'un service de cars relie à Sōunkyō.*
— *Depuis Obihiro ou Tokachi Mitsumata (80 km N. d'Obihiro en 1 h 40 par le train), reliés par le car à Sōunkyō.*
— *Depuis Rubeshibe, à 23 km O. de Kitami et 20 mn de train, en prenant un car pour Sōunkyō via Onneyu Onsen et Obako.*
Pour aller d'Asahikawa à Obihiro, vous pouvez choisir entre deux itinéraires (V. ci-dessous A et B) qui se rejoignent au carrefour des routes N39 et 273 (km 82 it. A ; km 104 it. B).

Occupant le centre de la grande île septentrionale, le plus grand parc national du Japon (231 929 ha), surnommé le « toit de Hokkaidō », est un remarquable ensemble de sommets de 2 000 m environ, que coiffe l'Asahi dake (2 290 m). Les coulées de lave, sources chaudes, fumeroles, solfatares, témoignent de l'activité des phénomènes volcaniques ; des gorges sublimes, cascades grandioses, forêts primitives, lacs naturels ou artificiels rehaussent encore la grandeur du Daisetsuzan.

A — D'Asahikawa à Obihiro via Sōun kyō *(241 km par les N39 et 273, puis routes départementales ; liaisons assurées en autocar via Sōun kyō, Nukabira ko et Shikaribetsu ko).* — D'Asahikawa à Kamikawa *(49 km)*, V. environs d'Asahikawa, p. 148.

Au-delà de *(49 km)* Kamikawa, on laisse la N273, en direction de Mombetsu. La vallée de la Kami kawa se resserre et s'insinue entre les

**gorges de Sōun, dont les hautes parois de falaises basaltiques semblent tomber en rideaux.

69 km : **Sōun kyō**, station thermale au centre des gorges, avec des sources de 46 à 93 °C. Téléphérique d'accès au **Kuro dake** (1 984 m), d'où l'on domine l'ensemble des gorges et d'où l'on peut réaliser l'ascension de l'**Asahi dake**.

72 km : ***Cascades** voisines de **Ryusei no taki** et **Ginga no taki**, les plus belles du Daisetsuzan, séparées par de hauts rochers verticaux d'environ 160 m de hauteur.

75 km : **Kobako**, puis **Obako**, la «petite» et la «grande boîte» : ce nom fait allusion aux parois abruptes de rochers, qui encadrent en ces lieux une retenue d'eau.

82 km : Carrefour des routes N 39 et 273.

A 51 km N.-E. : **Onneyu Onsen**, que l'on atteint par le **col de Sekihoku** (1 050 m) ; jolis paysages.

Du carrefour, la route N 273 se dirige vers le sud, perce le **Mikuni yama** (1 541 m) au N.-E. de l'**Ishikari dake** (1 962 m), puis atteint la vallée de l'Otofuke gawa non loin de sa source.

115 km : **Tokachi Mitsumata**, gare terminus des *J.N.R.* d'où l'on peut gagner directement Obihiro.

135 km : **Nukabira Onsen** (sources à 60 °C), au S.-O. d'un **lac artificiel** de 800 ha formé par le **barrage hydroélectrique de Nukabira**. Un bateau fait le tour du lac depuis la station thermale.

De Nukabira Onsen, il est préférable d'effectuer un détour (cars) par Shikaribetsu ko.

152 km : **Yamada Onsen** et, au-delà, ***Shikaribetsu ko**.

157 km : **Shikaribetsu Onsen**, au S.-O. de ce joli lac de 345 ha dans lequel se reflètent les forêts et montagnes de son pourtour.

160 km : Col d'où l'on découvre Shikaribetsu ko.

190 km : Route à g. en direction de *(41 km S.-E.)* Obihiro ; en continuant par la même route on traverse la Tokachi gawa.

192 km : Route à dr. en direction de Tomuraushi.

A 51 km N. : **Tomuraushi Onsen** *(cars depuis Shintoku ; ci-dessous),* sur le haut cours de la Tokachi gawa, au cœur d'une région sauvage d'où l'on peut entreprendre l'ascension du **Tokachi dake** et la traversée du **Goshikiga hara** (*V. ci-dessous it. B, sous le km 31*).

198 km : **Shintoku**, où l'on retrouve la voie ferrée et la N 38 entre Furano et Obihiro.

241 km : **Obihiro**, *V. ce nom*.

B — D'Asahikawa à Obihiro via Tenninkyō, Onsen, Yukomambetsu Onsen et l'Asahi dake *(263 km ; par une route beaucoup plus accidentée pendant les premiers 104 km ; car jusqu'à Yumogawa ou Tenninkyō).*
— Quitter Asahikawa en direction de Higashikawa *(S.-E.).*

31 km : Embranchement à droite vers Tenninkyō.

A 8 km E. *(car)* : **Tenninkyō Onsen**, sur le haut cours de la Chubetsu gawa, dont les sources jaillissent à 53 °C. En amont de la station, jolie **cascade de Hagoromo** *(robes de plumes),* qui tombe en cinq chutes successives, et celle de **Shikishima**. Le haut cours de la Chubetsu est également marqué par les ***gorges de Tennin**, étroites, avec leurs hautes falaises de tuyaux d'orgues basaltiques.

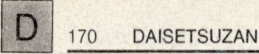

De Tenninkyō, on peut faire les ascensions des Asahi dake et Chubetsu dake, ou bien le parcours du **plateau de Goshiki** *(Goshikiga hara)*, entre les plus hauts sommets du Daisetsuzan, et tout fleuri en été ; se renseigner sur la situation des refuges.

42 km : **Yukomambetsu Onsen**, à 1 050 m d'altitude, sur les pentes du mont Asahi, station de sports d'hiver *(2 remonte-pentes, ski d'octobre à fin juin)* et sources à 60 °C.

***Asahi dake** ou **Daisetsu zan** (2 290 m), à 6 km E. à vol d'oiseau de la station, est le sommet de Hokkaidō ; avec le **Tokachi dake** (2 077 m), plus au S., c'est l'un des deux plus imposants sommets de ce parc ; véritable « Massif central » d'où divergent les principales rivières de l'île (Tokachi, Ishikari) ; l'Asahi est aussi un volcan (récent), dont les pentes se couvrent d'une admirable flore alpine en été.

Au-delà de Yukomambetsu, une route très sinueuse, tracée entre les hautes cimes du Daisetsuzan, contourne par le N. l'Asahi dake, puis domine la vallée de la Kami kawa ; points de vue superbes ; quelques services de cars en été, se renseigner.

104 km : Carrefour des N 39 et 273. De là à Obihiro, 159 km ; *V. ci-dessus it. A, du km 82 au km 241.*

263 km : **Obihiro**, *V. ce nom.*

Ena (Ile de Honshū)

Tōkyō, 390 km. — Fukui, 225 km. — Gifu, 84 km. — Kanazawa, 276 km. — Nagano, 194 km. — Nagoya, 67 km. — Ōtsu, 184 km. — Toyama, 214 km. — Tsu, 174 km.
Gifu ken. — 31 488 hab. ; 270 m d'altitude.

Au pied de l'**Ena san** (2 190 m) qui la domine à l'est, cette ville est surtout intéressante pour les gorges voisines de la Kiso gawa.

Environs

1 — *Ena kyō *(4 km N. ; car de la gare au barrage d'Oi)* ; de mars à décembre un bateau remonte ces jolies gorges sur 6 km environ. Elles se prolongent en amont et en aval.

2 — Mino Kamo (gorges des Hida et Kiso gawa), *V. ce nom.*

Esashi (Ile de Hokkaidō)

Carte ferroviaire en page de garde.
Tōkyō, 913 km. — Hakodate, 83 km. — Sapporo, 298 km.

A l'ouest de la **péninsule d'Oshima**, ce port tira parti d'un îlot aujourd'hui relié par une digue. Autrefois principal port de pêche au hareng de Hokkaidō, sa population avait atteint 30 000 hab. à l'époque Edo. Il assure maintenant le principal trafic avec l'île d'Okushiri.

Environs
Okushiri tō (59 km N.-O. d'Esashi ; bateau en 3 h). Au large de la presqu'île d'Oshima, cette île de 144 km^2 semble avoir été formée par le soulèvement de terrasses côtières, comme en témoignent les érosions marines du sommet de l'île, le **Kamui yama** (585 m). Les habitants sont en même temps pêcheurs et agriculteurs ; ils occupent les petits ports d'**Aonae** et **Okushiri** sur la façade orientale ; ceux-ci servent d'abri maritime en hiver. Un service de cars assure la liaison entre les deux localités, ainsi qu'en direction de l'**Inaho misaki** tout au nord de l'île.

Fuchū (Ile de Honshū)

Carte des environs de Tōkyō, p. 526.
Tōkyō, 33 km. — Chiba, 71 km. — Kōfu, 112 km. — Urawa, 35 km. — Yokohama, 38 km.
Tōkyō to. — 192 198 hab.

Autrefois capitale du Musashi, où divergeaient, venant de Kamakura, les grandes voies à destination du N. de Honshū, la ville s'est vue éclipser par la grande métropole Tōkyō, pour ne plus être que l'un de ses populeux faubourgs.

Okunitama jinja ou **Rokusho jinja** *(300 m E. de la gare de Fuchū-Honmachi, train J.N.R. depuis Kawasaki; ou voisin de celle de Fuchūkei-bajō-Seimonmae du Keio Teito Electric Railway depuis Tōkyō-Shinjuku)* aurait été fondé en 113 de notre ère, mais les bâtiments ne sont pas antérieurs au XVIIe s. Les magnifiques **keyaki** *(zelkowas)* qui peuplent les abords du temple auraient été plantés au XIe s. par *Minamoto Yoriyoshi*; il semble plus probable que ceux que l'on peut voir encore soient à attribuer à *Tokugawa Ieyasu* (XVIe s.).

Plus au S. du sanctuaire, important **champ de course de Tōkyō**.

A 4 km N.-E. env. de la gare de **Fuchū-Honmachi**, proche de la gare de **Tamabochimae** *(Keio Teito E.R.)*, **cimetière de Tama** (100 ha), créé au début du XXe s., où reposent d'éminents personnages, tels l'amiral *Tōgō Heihachiro* (1847-1934) et le docteur *Nitobe Inazō* (1862-1933). L'aspect est plutôt celui d'un parc.

A l'O. de Fuchū, la gare de **Bubaigawara** rappelle la victoire, décisive pour la chute du *bakufu* de Kamakura, de *Nitta Yoshisada* (1301-1338), partisan de la restauration impériale, sur les *Hōjō* qui détenaient le pouvoir.

Fuji-Hakone-Izu (Parc national ; île de Honshū)***

Carte des richesses naturelles, p. 63. — Cartes du mont Fuji, p. 175, et de la région de Hakone, p. 173.

Comment vous y rendre ?

— *Depuis Atami (station du shinkansen), vous trouverez de nombreux cars à destination de Hakone, des cars ou chemins de fer traversant et longeant la péninsule d'Izu.*
— *Depuis Fuji et Fujinomiya; les deux villes reliées en train sont espacées de 12 km; Fujinomiya est le point de départ de l'une des pistes d'ascension*

du Fuji san et est reliée en bus à Kōfu ; Fuji (Yoshiwara) est relié par un car-ferry à Toi sur la côte occidentale de la péninsule d'Izu.

— *Depuis Fuji Yoshida, l'un des meilleurs points de départ pour l'ascension du Fuji (piste et cars) et la découverte de ses lacs. La ville est reliée à Kawaguchiko et Ōtsuki par le **Fuji Kyūko Railway** ; trains J.N.R. directs depuis Tōkyō-Shinjuku ; autoroute depuis Tōkyō (cars).*

— *Depuis Gotemba, sur la Gotemba line (J.N.R.) entre Kōzu et Numazu, d'où l'on accèdera aisément en car à Fuji Yoshida et Kōfu, au massif de Hakone et Atami ou Odawara. Piste d'ascension et car d'accès au Mont Fuji.*

— *Depuis Itō, à 17 km S. d'Atami (train J.N.R.), d'où l'on peut gagner Shimoda en car ou en train **(Izu-Kyūko Railway).***

— *Depuis Kōfu, à 134 km de Tōkyō-Shinjuku en 1 h 50 de train (J.N.R.) ; cars en direction de Fujinomiya et Gotemba via Fuji Yoshida.*

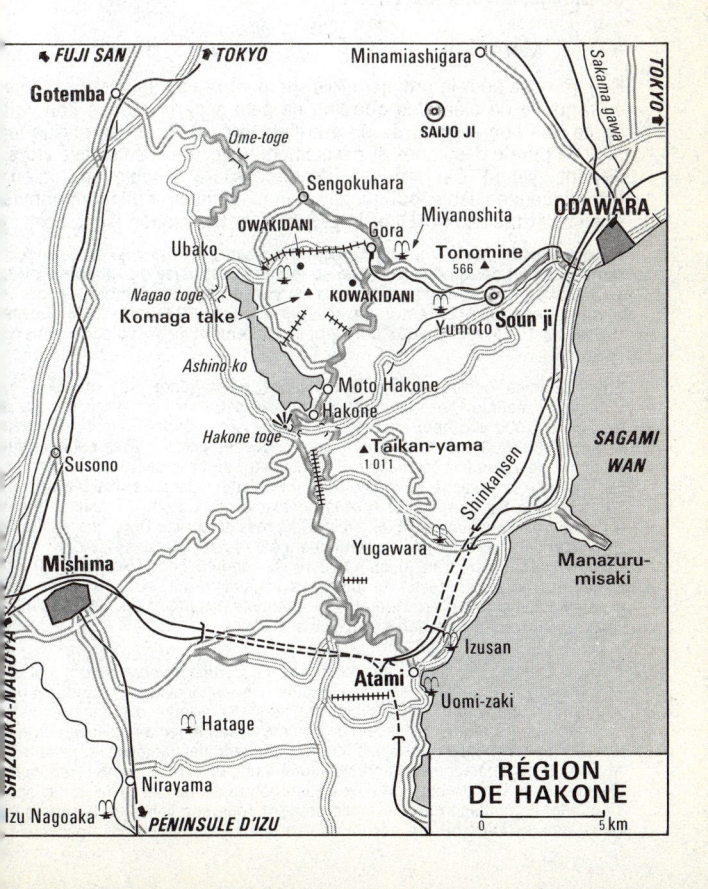

RÉGION DE HAKONE

174 FUJI-HAKONE-IZU (MONT FUJI)

— *Depuis Mishima (gare du shinkansen) et Numazu, d'où l'on peut gagner Atami, Gotemba, Fuji, ou traverser la péninsule d'Izu.*
— *Depuis Odawara, en 45 mn avec le shinkansen depuis Tōkyō (84 km), ou l'***Odakyū Electric Railway** *depuis Shinjuku ; la ville est reliée à Atami et constitue la principale porte d'accès de la région de Hakone.*
— *Depuis Tōkyō, par vos propres moyens jusqu'aux villes précitées, ou dans le cadre d'une excursion (***Fujita Travel Service** *et* **J.T.B.** *; avec guide parlant anglais) d'un ou de deux jours, à destination du Fuji, Hakone, Atami, via Kamakura, avec prolongation possible vers Kyōto.*

D'un accès facile depuis Tōkyō, ce parc de 122 309 ha regroupe l'admirable mont Fuji (3776 m), sommet du Japon et véritable Olympe nipponne, les montagnes de Hakone soulevées autour du lac d'Ashino, la péninsule d'Izu qui sépare les baies de Sagami et de Suruga, et l'archipel d'Izu.

A — ***Mont Fuji

Regard posé pour la première fois sur le mont Fuji, moment sublime et si gonflé de plénitude que l'on ne peut séparer ce que l'on voit de ce que l'on respire, de ce que l'on ressent. Toute sa mystique, faite de pureté des lignes et d'isolement majestueux se réalise alors, devient évident. Car, «à son caractère sacré s'ajoute une valeur esthétique inégalable, qui n'a pas manqué d'inspirer d'innombrables poèmes et tableaux» (*D. et V. Elisseeff*, la Civilisation japonaise).

La déesse du feu. — L'origine étymologique du nom *Fuji* reste incertaine ; il s'agit certainement d'une adaptation japonaise de vocable ainou. La transcription en idéogrammes n'est pas définie et, semble-t-il, purement phonétique. «En ainou, en revanche, *Fuchi* est le nom de la déesse du feu et du foyer, ce qui convient parfaitement à un volcan» (*Fosco Maraini*).

Enfin, l'origine géologique de la montagne n'est guère plus précise. De formation «récente», elle semble remonter au début de l'ère glaciaire : il y a environ 600 000 ans deux montagnes apparaissent successivement ; un peu plus tard (300 000 ans env.), elles sont recouvertes par des laves qui donnent sa forme définitive à la montagne, d'un diamètre de près de 40 km à sa base. Le Fuji san se rattache au grand axe volcanique reliant les îles Mariannes, l'archipel des Bonin, celui d'Izu et la péninsule de ce nom. Certains mettent en relation la formation du Fuji avec la dépression du lac Biwa des environs de Kyōto. Dix-huit éruptions seulement ont été recensées dans l'histoire ; celle de 1707, la dernière, alla jusqu'à couvrir de cendres Edo (Tōkyō), à 100 km de là ; puis le volcan cessa de fumer. La végétation qui recouvre les pentes du mont Fuji est très diversifiée et l'on ne compte pas moins de 1 200 espèces réparties en zones forestières, subalpine et alpine.

N.B. : Évitez, au Japon, de parler du *Fuji yama ;* vous devrez utiliser l'expression : **Fuji san**, selon la lecture sino-japonaise de l'idéogramme signifiant la montagne. Le vocable *san* peut par ailleurs exprimer phonétiquement la particule qualificative d'un homme ou d'une femme, placée derrière le nom patronymique ; ne vous croyez pourtant pas autorisé à parler de M. Fuji ; cette montagne est du reste vouée à une divinité féminine : *Konohana Sakuya hime*. D'autre part, ne soyez pas trop pressé de découvrir le Fuji san. Coquette, la montagne se dissimule souvent sous ses voiles de brouillard et rares sont les jours où elle accepte de se découvrir. Prenez donc patience !

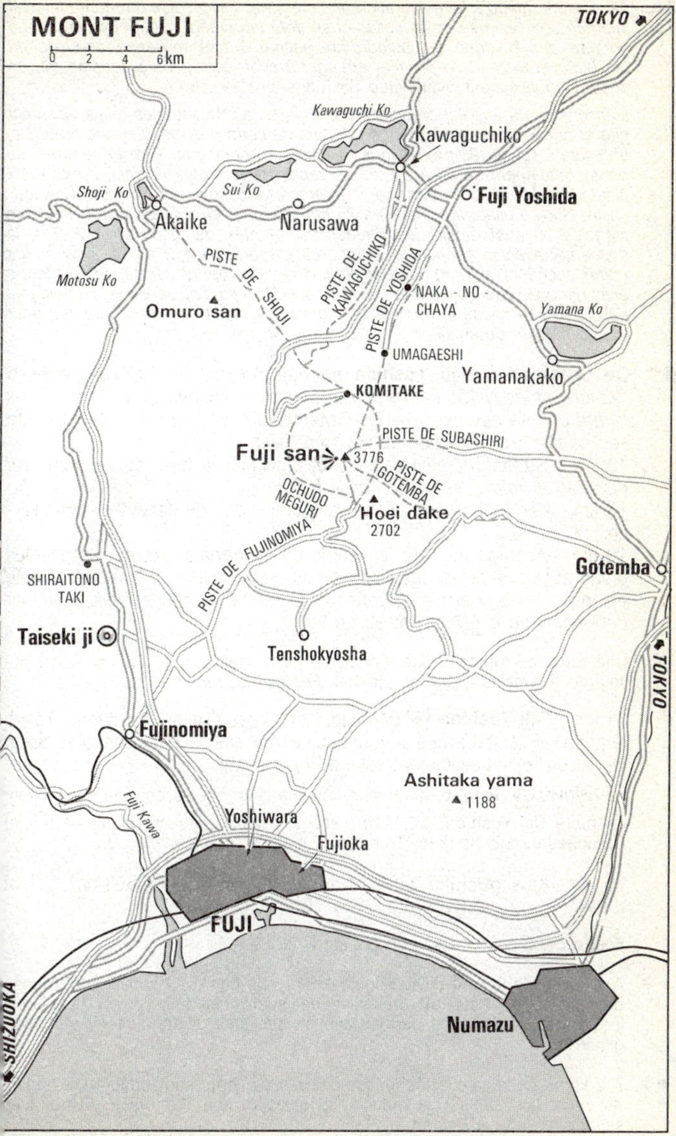

MONT FUJI
0 2 4 6 km
TOKYO
Kawaguchi Ko
Kawaguchiko
Fuji Yoshida
Shoji Ko
Sui Ko
Akaike
Narusawa
Motosu Ko
PISTE DE SHOJI
PISTE DE KAWAGUCHIKO
PISTE DE YOSHIDA
NAKA - NO - CHAYA
Omuro san
Yamana Ko
UMAGAESHI
Yamanakako
KOMITAKE
PISTE DE SUBASHIRI
Fuji san
3776
PISTE DE GOTEMBA
OCHUDO MEGURI
Hoei dake
2702
PISTE DE FUJINOMIYA
Gotemba
SHIRAITONO TAKI
Taiseki ji
Tenshokyosha
TOKYO
Fujinomiya
Ashitaka yama
1188
Fuji Kawa
Yoshiwara
Fujioka
FUJI
SHIZUOKA
Numazu

176 FUJI-HAKONE-IZU (MONT FUJI)

Ascension : jusqu'à la restauration de l'ère Meiji, l'ascension du mont Fuji était interdite aux femmes, mais celles-ci se sont largement rattrapées depuis. Le nombre des pèlerins est aujourd'hui estimé à une moyenne annuelle de 300 000 personnes. Le premier étranger à avoir entrepris l'ascension fut, en 1860, l'ambassadeur britannique Sir Rutherford Alcock.

L'ascension du Fuji est organisée du 1er juillet au 31 août, les relais, assurant gîte et couvert, restent fermés en dehors de cette période. Il faudra toutefois, en saison, suivre les précautions usuelles en montagne. Vers le sommet les pentes atteignent de 23 à 34⁰ et les vents peuvent être violents. Il existe six pistes balisées d'accès principal : Gotemba, Subashiri, Fuji Yoshida, Kawaguchiko, Shoji, Fujinomiya, de 15 à 25 km chacune, et divisées en dix sections inégales où sont établis les refuges. La montée demande de 5 à 9 h, la descente, avec le secours des cendres glissantes, de 3 à 5 h. Des routes (cars) accèdent aujourd'hui aux cinquième et sixième paliers, reliées entre elles par une piste à mi-pente ; de là on accède à pied au septième ou huitième palier, où l'on passe la nuit afin de se trouver avant l'aube au sommet, pour jouir du *lever du soleil.

De Gotemba à Fuji Yoshida en contournant le Fuji par le nord *(92 km par les N 138 et 139 ; car d'excursion dans un sens comme dans l'autre en vue des lacs).* — De **Gotemba** *(V. ce nom)* la route s'oriente vers le N.-O. en direction du lac Yamanaka.

10 km : **Subashiri**, petit sanctuaire, d'où part la piste de ce nom *(car jusqu'au 2ᵉ relais ; ascension en 4 h 30).*

16 km : **Kagosaka tōge** (1 104 m d'alt.), d'où l'on découvre Yamanaka ko.

19 km : **Asahigaoka**, sur les bords du **Yamanaka ko**, qui est le plus grand et le plus élevé des cinq lacs du Fuji (646 ha ; 982 m d'alt.) ; gelé en hiver, le lac permet le patinage et même la pêche *(wakasagi)* par perforation de la glace. Bateau en été.

Une route contourne le lac, offrant de jolies **vues sur le Fuji san** ; au N., sources thermales d'**Oshino Hakkai**. *Festival du lac* le 1er août.

31 km : **Fuji Yoshida** (50 046 hab. ; industries textiles) est depuis Tōkyō le principal point d'accès au mont Fuji et aux cinq lacs qui sont à sa base. De là, on rejoint facilement celui de Kawaguchi.

Le *festival de Sengen,* le 26 août, marque la fin des ascensions au Fuji san.

La **piste de Yoshida** *(20,5 km)* est accessible par car jusqu'à *(9,5 km)* **Umagaeshi**, puis de là en 10 h à pied jusqu'au sommet.

35 km : **Kawaguchiko**, au bord du **lac de Kawaguchi** (608 ha ; 831 m d'alt.).

Festival le 5 août ; bateau en été sur le lac.

- A 1 km N. de la gare de Kawaguchiko, proche des rives du lac, petit **musée du parc national du Fuji**, présentant des spécimens de la flore et de la faune locale, des minéraux et des fossiles, et quelques objets d'intérêt archéologique.

- A 2 km E. de la gare, téléphérique d'accès au **Tenjo san** (1 080 m), d'où l'on découvre la ***vue sur le mont Fuji**, le lac et son **îlot boisé d'Uno** avec sanctuaire dédié à *Benten*.

A 30 km S. *(car d'avril à novembre)* : **Komitake**, à 2 305 m d'alt., que l'on atteint par *Fuji Subaru line, route à péage offrant de nombreux belvédères sur les lacs, les Alpes japonaises et la baie de Suruga. Cette route passe en vue de la *gorge d'Osawa.

Depuis Komitake, cinquième étape de la piste de Kawaguchiko, il faudra encore 4 h 30 d'ascension pédestre pour atteindre le rebord du cratère.

Le ****cratère du mont Fuji,** ou **Nai in** *(sanctuaire),* de forme circulaire, atteint 500 à 600 m de diamètre et une profondeur de 80 m. Huit sommets en marquent la crête : **Kenga mine, Hakusan dake** (ou Shaka dake), **Kusushi dake, Dainichi dake** (ou Asahi dake), **Izu dake, Joju dake** (ou Seishiga dake), **Komaga take** et **Mishima dake**. Le Kenga mine, au S.-O., le plus élevé (3 776 m), est surmonté d'un observatoire avec radar météorologique. Le *lever du soleil depuis le sommet est une chose surprenante. La **vue est illimitée en direction des Alpes japonaises, de la région de Tōkyō et du Pacifique.

Deux pistes, l'une interne *(3 km),* l'autre externe, font le tour du cratère joignant entre eux les principaux sommets. La **piste d'Ochūdō meguri** à hauteur de Komitake et des cinquième ou sixième étapes, à 2 500 m d'altitude en moyenne, fait le tour à mi-pente du mont Fuji, sur 20 km en 8 à 10 h de marche ; elle est surnommée la *frontière entre la terre et le ciel.*

La N 139 s'écarte du lac Kawaguchi en direction de l'ouest.

42 km : **Caverne volcanique de Narusawa** ; elle est peuplée de chauves-souris dont la tête, surmontée d'une touffe de poils, fait penser à un chrysanthème.

45 km : **Koyodai** *(ascension en 30 mn),* colline couverte d'érables d'où l'on découvre les **lacs de Sai**, le plus proche, **de Kawaguchi** *(à l'E.)* et **de Shoji** *(à l'O.),* ainsi que **Jukai** *(mer d'arbres),* épaisses forêts dont celle d'**Aokigahara** où des centaines de personnes vont, chaque année, s'y laisser mourir.

Au S.-O. de Koyodai, **Fugaku Fuketsu** est une grotte de lave dite *du Vent,* avec formation de stalactites.

A 4 km N.-E. *(route d'accès)* : **Sai ko** (230 ha ; 904 m d'alt.), aux rives incertaines, et beaucoup moins fréquenté que les lacs déjà cités ; on ignore jusqu'à présent son mode d'évacuation. Il existe dans toute la région plusieurs grottes formées par les laves lors des éruptions volcaniques : quelques-unes gardent de la glace en permanence.

57 km : **Shoji ko**, le plus petit des cinq lacs du Fuji (87 ha), montagneux et boisé sur trois de ses rives alors qu'il se dégage au S.-E. sur le mont Fuji.

La **piste de Shoji** *(12,5 km)* se développe, depuis **Akaike** (sur les bords du lac), à travers la forêt d'Aokigahara, et dépasse **Omuro san** (1 447 m), creusé par un tunnel de lave appelé *Fuji Feketsu.*

A 26 km N. : **Kōfu**, *V. ce nom.*

62 km : **Motosu**, sur la rive orientale du *lac Motosu (487 ha, 902 m d'alt.), le seul qui ne gèle pas en hiver grâce à sa grande profondeur (138 m). Ses eaux, d'un bleu intense, font sa renommée ; pêche à la truite.

178 FUJI-HAKONE-IZU (MONTS DE HAKONE)

Du haut d'**Eboshi dake** (1 257 m ; *ascension en 1 h 30*), entre les lacs Motosu et Shoji, jolie vue sur le Fuji et le Jukai.

Au-delà de Motosu, la N 139 se dirige vers le sud et se prolonge par la **Fuji Sanroku Highway** *(route à péage)* entre le Fuji et la chaîne orientée nord-sud, qui sépare le volcan de la Fuji gawa.

72 km : **Asagiri kōgen**, joli belvédère, où on laisse sur la droite la N 139.

A 5 km S. : Petit **lac artificiel de Tanuki** *(cars depuis Fujinomiya, ci-dessous km 92)*, au pied du Fuji san. Au sud du lac, **jardin** avec environ deux mille variétés de fleurs ; plusieurs espèces d'oiseaux y vivent aussi.

80 km : ***Shiraito no taki**, la *cascade des fils d'argent*, véritable rideau de 130 m de large et 26 m de haut. Toute proche est celle d'Otodome. On trouve également dans les parages les **tombes des frères Soga et de Kudō Suketsune**.

Une dramatique histoire. — Après l'assassinat de leur père, les deux enfants, Sukenari et *Tokimune*, adoptés par *Soga Sukenobu*, dont ils avaient reçu le nom, décidèrent de le venger ; ils y parvinrent au bout de dix-huit ans de patience, avec l'aide de *Toragozen*, maîtresse de l'aîné. Durant une chasse à laquelle participait le meurtrier, *Kudō Suketsune*, ils l'assaillirent et lui donnèrent la mort. Sukenari fut pris et tué aussitôt, et Tokimune fut condamné. Ceci se passait en 1193 ; le sujet a été maintes fois repris dans la littérature japonaise où les deux frères Soga sont connus sous les noms de *Jūrō* et *Gorō*.

92 km : Fujinomiya, *V. ce nom*.

B — **Les monts de Hakone

La région de Hakone, bloquée entre le mont Fuji et la mer, a été formée sur le site d'un ancien volcan éteint dont le cratère aurait atteint 40 km de circonférence ; les sommets principaux en sont le Kami yama (1 438 m), Komaga take (1 327 m) et Futago yama (1 091 m). Traversée par le Tōkai dō, la région dut son importance stratégique à la barrière douanière de Hakone, à la bataille gagnée en 1335 par *Ashikaga Takauji* sur *Nitta Yoshisada*, et à la ville d'Odawara, sa porte d'accès et de contrôle.

D'Odawara à Atami via Hakone *(44 km par l'itinéraire et les différents moyens de transport que nous indiquons ; toute la région est sillonnée de routes et parcourue de lignes d'autocars. — En outre, depuis Odawara, vous pouvez monter jusqu'à Gōra, ci-dessous km 14, en car ou par un train privé, via Ōhidarai, du **Hakone Tozan Railway** ; de Gora, par funiculaire, téléphérique, puis bateau, vous gagnerez Hakone).* — Départ d'**Odawara** *(V. ce nom)*.

2 km : A g. s'embranche **Hakone Turnpike Driveway**, en direction de *(15 km S.-O.)* Kurakake yama, via Shirogane yama (993 m) et Taikan Yama (1 011 m) ; vues.

5 km : Embranchement à g. de **Hakone Bypass Road**, route à péage remontant la Sukumo gawa en direction de Hakone tōge *(14 km S.-O.)*

FUJI-HAKONE-IZU (MONTS DE HAKONE) 179

6 km : A 1 km sur la g. (route) : **Sōun ji**, fondé par *Hōjō Sōun* (1432-1519), ancêtre de la branche cadette d'Odawara.

Les bâtiments brûlèrent lors du siège d'Odawara en 1569, mais le temple fut reconstruit par *Hōjō Ujimasa* et devint le plus grand du Kantō. En 1590, *Toyotomi Hideyoshi* en faisait son quartier général lors d'un second siège entraînant la chute des Hōjō et la ruine du temple. Les bâtiments actuels, beaucoup moins nombreux, furent restaurés par *Tokugawa Iemitsu* au milieu du XVIIe s.

Le temple conserve une statue de Hōjō Sōun et les portraits de cinq autres chefs du clan, ainsi que deux peintures dues à *Kanō Motonobu*.

7 km : **Yumoto Onsen**, à 120 m d'altitude, au confluent des rivières Haya et Sukumo, possède des sources de 25 à 74 ºC.

A 1 km N. sur les pentes du **Tōno mine** (566 m), se trouve l'**Amida ji** fondé au XVIIe s.; jolie vue.

A 1 km S., proche de la Sumoto gawa, **cascade de Tamadare**.

8 km : **Tōnosawa Onsen**, sources (de 44 à 67 ºC) réputées contre les rhumatismes, maladies nerveuses et maladies de peau.

Fête début novembre de la **Procession des daimyō*, sur l'ancienne route du Tōkai dō, entre Yumoto et Tōnosawa.

9 km : **Ōhidarai**, autre station thermale avec sources salines à 75 ºC.
12 km : **Miyanoshita**, à 451 m d'altitude, la station thermale la plus active de Hakone, avec les sources voisines de **Dogashima** (qui possède la petite pinède de *Matsugaoka*) et de **Sokokura** *(500 m S.-O.)*, fréquentée au XVIe s. par *Toyotomi Hideyoshi*.

A 1 h 30 de marche vers le N., via Dogashima, **Myōjōga take** (924 m) où se déroule le *Daimonji yaki matsuri*, le 16 août.

A 1 h de marche vers le S., **Sengen yama** (802 m), d'où l'on découvre l'ensemble de la région.

Variante de Miyanoshita à Hakone machi par la route du Tōkai dō *(9 km S. au lieu de 14 km par l'it. principal; autocar).* — Prendre la route de *(0,5 km S.-O.)* Sokokura (V. ci-dessus, sous le km 12).
2 km : **Kowakidani**, la « petite vallée des eaux bouillonnantes », dont le nom évoque, comme à Owakidani mentionné plus loin, les solfatares voisines. Proche, **Hosai en**, jardin d'azalées et de cerisiers.

A 1 km N., à proximité de la station de Chokoku no Mori, ***musée de plein air de Hakone** *(Ninotaira, Hakone machi)*; inauguré en 1969 il occupe un espace de 3 ha *(ouvert t.l.j. de 9 h à 17 h).*
« Les espaces réservés aux œuvres exposées à ciel ouvert ont été dessinés par le sculpteur *Inoue Bukichi*; ils renferment un étang où sont placées les œuvres de la Française *Marta Pan*; une œuvre de musique électronique assure le fond sonore. Au milieu du parc, un petit musée couvert retrace les grands courants de la sculpture moderne, de Rodin à Maillol » (D. et V. Elisseeff, *la Civilisation japonaise*). On remarque également des œuvres d'*Archipenko, Bourdelle, Giacometti, Moore, Zadkine*.

A 1 km S. : **cascade Chisujiga** (des *Mille fils*).

180 FUJI-HAKONE-IZU (MONTS DE HAKONE)

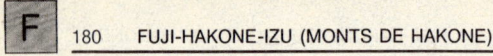

☞ 5 km : **Ashinoyu Onsen**, avec des sources sulfureuses.

↔ A 500 m S. : **Shogen ji**, dans l'enceinte duquel se trouvent trois monuments, à la mémoire des *frères Soga* (Sukenari et Tokimune) et de *Toragozen (V. p. 000)*.

↔ A 2 km O. : départ du funiculaire d'accès au **Kamaga take** *(ci-dessous)* que l'on atteint en passant par la station thermale de Yunohanazawa (sources à 72 °C).

☞ 6 km : Petit lac volcanique de **Shojin**, privé de vie animale. A l'E. s'élève le **Futayo yama** (1 091 m).
7 km : **Moto Hakone**, station thermale à la pointe orientale du lac d'Ashi.

↔ A 500 m O. : **Hakone jinja**, dans un joli cadre sylvestre, avec son *torii* planté dans les eaux du lac.

Dans ce sanctuaire, fondé en 757, se réfugia *Minamoto Yoritomo* après sa défaite à proximité d'Odawara, lors de sa campagne contre les Taira (1180).

Le sanctuaire abrite une statue en bois du prêtre fondateur *Mangan*, un rouleau peint traçant les origines historiques du sanctuaire, l'épée qui servit à la vengeance de *Soga Tokimune (V. ci-dessus)*, etc. Fête le 31 juillet.

↔ A 3 km N.-O. : **Hakone en** *(camping, port de plaisance, jardin d'attractions)*, d'où l'on accède en téléphérique au **Komaga take** (1 354 m). Du sommet vue sur le mont Fuji, Ashi no ko et la péninsule d'Izu. Plus au N., le **Kami yama** (1 438 m), sommet de la région de Hakone, émettant encore des sources sulfureuses.

☞ 9 km : **Hakone machi**, *V. ci-après, km 26*.

Depuis Miyanoshita, la N 138 et le train privé poursuivent en direction de Gōra.

13 km : **Kiga**, sources de 37 à 59 °C, station que fréquenta le général *Lebon* (1845-1923), conseiller militaire français au Japon à la fin du XIXe s.
14 km : **Gōra**, à 788 m d'altitude, terminus du *Hakone Tozan Railway* depuis Odawara.

■ Le **musée d'art de Hakone**, à l'ouest de l'hôtel Gōra *(ouvert t.l.j. de 9 h à 16 h d'avril à novembre)*, expose notamment des **peintures et des porcelaines anciennes de Chine et du Japon**.

☞ **De Gōra à Gotemba** *(19 km N.-O. par la N 138; autocar)*. — La route remonte toujours la Haya kawa, jusqu'aux environs de Sengokuhara.
6 km : **Sengokuhara**, plateau marécageux où sont récupérées les sources voisines de Hyoseki, Motoyu, Owakudani, Sengoku, Shitayu, Urawa, et dont la température varie de 20 à 75 °C.
8 km : Route à g. vers *(3 km S.-O.)* **Nagao tōge** (903 m d'alt.), d'où l'on peut rejoindre Gotemba ou poursuivre vers le S. en direction de la route Ashinoko skyline. La N 138 passe par un tunnel sous le **col d'Otome** (999 m d'alt.) situé entre le **Kintoki yama** (1 213 m) et le **Maru dake** (1 154 m), qui forment les bords de l'ancien cratère du site de Hakone.
19 km : **Gotemba**, *V. ce nom*.

☞ *De Gōra, on pourrait gagner directement Tōgendal et Hakone machi en autocar; il serait préférable de suivre notre itinéraire par funiculaire, téléphérique et bateau.*

FUJI-HAKONE-IZU (MONTS DE HAKONE)

A Gōra, vous prenez le funiculaire à destination de Sōunzan.

15 km : **Sōunzan**, d'où un téléphérique conduit à Togendai, via Owakidani et Ubako.

Du sommet du **Sōun zan** (1 137 m) vue panoramique très étendue.

17 km : **Owakidani**, « la grande vallée des eaux bouillonnantes », que l'on appelle également **Ō jigoku** (le *grand enfer*), est un ancien cratère du Kami yama où se produisent encore des phénomènes volcaniques : sources chaudes, fumeroles, solfatares.

18 km : **Ubako**, à 900 m d'altitude, sources à 36 °C réputées pour le traitement des maladies des yeux et troubles cérébraux.

19 km : **Togendai**, au N. de l'***Ashi no ko.**

Le lac d'Ashi, « lac des roseaux », à 723 m d'altitude, occupe en partie le fond d'un vaste cratère ; il s'échappe au nord par la Haya kawa, qui traversant toute la région de Hakone se jette dans la mer au sud d'Odawara.

Service de bateaux sur le lac entre Tōsendai, Kojiri, Moto Hakone et Hakone machi.

A 12 km S. *(cars)* par **Kojiri tōge** (885 m) et la route à péage ***Ashinoko skyline**, on atteint Hakone tōge ; vues sur le lac, la baie de Suruga et le Fuji san.

De Tōgendai, on s'embarquera à destination de Hakone machi, au sud du lac.

26 km : **Hakone machi.** Au N. du bourg, une stèle marque l'emplacement de l'ancienne **barrière de Hakone**, créée en 1618 et dont a été effectuée une reconstitution moderne.

Un petit **musée** abrite d'ailleurs des souvenirs : sceaux de daimyō, cartes et monnaies anciennes, passeports, etc., évoquent le **Tōkai dō**.

Le Tōkai dō. — C'est surtout à l'époque de Kamakura que furent établies les grandes voies de circulation qui rayonnaient au départ de la capitale des shōgun. La plus importante reliait Kamakura à la capitale impériale, Kyōto ; c'était le Tōkai dō, qui traversait la « région orientale bordant l'océan ». Il fut plus popularisé à l'époque d'Edo, alors prolongé jusqu'à la ville qui est aujourd'hui Tōkyō ; plusieurs octrois s'échelonnaient sur son parcours dont la barrière de Hakone.

Le peintre *Andō Hiroshige* (1786-1858) a représenté les cinquante-cinq étapes du Tōkai dō dans une célèbre suite d'estampes (musée national de Tōkyō). Dans la littérature s'illustra *Jippensha Ikku* (1765-1831), auteur du burlesque « Voyage sur le Tōkaidō ». *Asai Ryoi* publia en 1658 un guide « touristique », accompagné de cartes et de légendes explicatives.

Aujourd'hui le *Tōkai dō* correspond à la route N 1, entre Tōkyō et Ōsaka, qui traverse Hakone ; il se complète par une autoroute et des voies ferrées, dont le *shinkansen*, qui évitent toutefois Hakone. Signalons qu'il a été réalisé sur cet itinéraire un chemin pédestre balisé de 1 376 km, traversant plusieurs parcs régionaux et nationaux ; il est jalonné d'aires de pique-nique, terrains de camping et centres d'accueil ; se renseigner auprès des bureaux du *J.N.T.O.* à Tōkyō ou à Kyōto *(V. partie Renseignements pratiques de ces villes).*

Au nord de l'ancien octroi, le **parc de Hakone**, sur le site d'une ancienne ville impériale et en bordure du lac d'Ashi, permet d'observer le Fuji qui se reflète dans le lac.

182 FUJI-HAKONE-IZU (PÉNINSULE D'IZU)

De Hakone machi on peut gagner en car : Odawara, Yugawara, Mishima, Numazu, Itō, Atami ; nous avons choisi cette dernière solution.

28 km : **Hakone tōge** (849 m d'alt.), au croisement de plusieurs routes et d'où l'on a, lorsqu'il veut bien se dévoiler, une *vue admirable sur le Fuji san. On poursuit par la **Hakone Skyline** en direction d'Atami.

32 km : Téléphérique d'accès au **Kurakake yama** (1 004 m), d'où la vue est plus belle encore.

37 km : Téléphérique d'accès au **Jukkoku tōge** (774 m). *Vue également superbe en direction du Fuji san et d'Atami.

38 km : **Atami tōge**, d'où rayonnent entre autres l'Izu Skyline (*V. ci-dessous, km 6*) vers le S. et une route en direction d'Atami que nous empruntons.

44 km : **Atami**, *V. ce nom.*

C — **La péninsule d'Izu

Cette péninsule est également d'origine volcanique ; de nombreuses sources thermales en témoignent, et le nom d'*Izu*, qui veut dire « jaillir », était précédé autrefois du vocable *yu* (« eau chaude »). La péninsule prolonge vers le sud les monts de Hakone et offre une façade maritime découpée et pittoresque ; en de nombreux points la vue sur le mont Fuji est admirable. L'hiver est beaucoup plus doux qu'à Tōkyō.

1 — D'Atami [ou Itō] à Shimoda (*94 km depuis Atami par les routes à péage Izu Skyline et Higashi Izu Road ; autocar ; train J.N.R. et Izu Kyūko Railway via Itō*). — Depuis **Atami** (*V. ce nom*), on s'engage sur **Izu Skyline, route de crête continuellement entre 500 et 700 m d'altitude, qui permet de découvrir d'une part la baie de Sagami, avec l'île d'Ō shima au large, d'autre part l'ensemble de la presqu'île sur laquelle se détache, si la luminosité est favorable, le Fuji san.

16 km : **Kemeishi tōge** (451 m d'alt.). Une route descend à g. vers Usami ; plus loin une autre à dr. en direction d'Ōhito.

40 km : Embranchement d'une route à dr. en direction du **massif d'Amagi,** qui culmine à l'**Amagi san** (ou Manzaburo ; 1 407 m).

La chaîne d'Amagi est un ancien massif volcanique qui coiffe en son centre la péninsule d'Izu ; il est couvert d'une forêt dense et giboyeuse ; chasse au sanglier organisée de novembre à février (*V. ci-dessous 2 ; sous le km 24 et le km 26*). Les cars accèdent jusqu'à l'**Amagi kōgen,** au pied du **Togasa yama** (1 197 m).

Izu Skyline se dirige à nouveau vers la côte.

48 km : Jardin tropical des cactus sur les pentes orientales de l'**Omuro yama** (581 m).

50 km : On prend à dr. la N 135 qui provient d'Atami et Itō par la côte.

A 10 km N. : **Itō**, *V. ce nom.*

57 km : Prendre à g. *Higashi Izu Road, qui se maintient en corniche jusqu'à Shimoda.

67 km : **Atagawa Onsen**, l'une des stations côtières les plus attrayantes. Près de la gare (*Izu Kyūko Railway*), les sources entretiennent un jardin de plantes tropicales (nombreux bananiers) ; on y élève des crocodiles.

72 km : **Inatori**, station exploitée depuis 1956, au sud du cap d'Inatori qui la sépare de Higaski Izu.

75 km : **Imaihama Onsen** est également une station balnéaire, avec plage de sable fin bordée d'une pinède.

79 km : **Kawazu Onsen**, au débouché de la Kawazu gawa.

A 1 km N.-O. : **Yatsu Onsen** possède trois sources de 41 à 100 °C. Plus en amont, dans le sanctuaire dédié à *Sugihokowake no Mikoto*, se trouve un camphrier géant. La route se poursuit en direction de Mine Onsen et Amagi Yugashima, *V. ci-dessous, 2*.

94 km : **Shimoda** *(terminus de l'Izu Kyūto Railway; bateaux quotidiens ou hebdomadaires pour Kozu shima, Miyake jima, Nii jima, Ō shima, Tōkyō)* est un petit port enfoui au fond d'une jolie baie qu'entourent plages et façades rocheuses. Villa impériale.

Diplomatie américaine. — Impressionnante dut être cette apparition des « vaisseaux noirs » du commodore *Matthew Calbraith Perry* (1794-1858), qui atteignirent Shimoda en 1854, à l'occasion du traité de Kanagawa *(V. Yokohama)*. A Shimoda, un accord commercial complémentaire fut conclu avec l'envoyé shogunal. En 1856-57, la première délégation américaine de *Towsend Harris* (1804-1878) s'établit dans ce port, mais devant ses qualités insuffisantes, Harris sollicita et obtint de s'installer à Edo (Tōkyō) ; le port de Yokohama prit alors le pas sur celui de Shimoda. Par ailleurs, un traité fut signé à Shimoda en 1855 (mis en application en 1875), selon lequel les Japonais renonçaient à l'île de Sakhaline en échange des îles Kouriles.

Kurofune matsuri (fête des bateaux noirs) à la mi-mai.

Ryosen ji, à l'O. de la localité, où furent négociés en 1854 les accords avec le commodore *Perry*.

Benten jima, dans la baie de Shimoda, est l'îlot d'où voulut s'embarquer *Yoshida Shōin* (1831-1860), afin de s'informer de la civilisation occidentale, bien que resté farouchement opposé à une intervention étrangère au Japon. Il avait manqué de peu un vaisseau russe, amarré à Nagasaki, lorsque, l'année suivante (1854), le commodore *Perry* refusa de le faire monter à son bord. L'aventure a été rapportée par *Robert Louis Stevenson*.

A 7 km S.-E. *(par Kakisaki, 2 km)* : **Suzaki**. Dans ce village, le **Gyokusen ji** fut la résidence de *Towsend Harris* lors de son installation à Shimoda. Le temple fut restauré en 1927 par l'Association Amérique-Japon. On y garde plusieurs souvenirs de cet établissement américain et un portrait du consul *Harris*. Dans l'enceinte du temple sont plusieurs tombes de citoyens russes et américains décédés à Shimoda, et un monument au vaisseau de l'amiral russe *Putiatin*, qui échoua en décembre 1854 à Shimoda.

2 — De Mishima à Shimoda par la vallée de la Kano gawa *(65 km ; services de cars ; train Izu-Hakone Railway de Mishima à Shunzenji)*. — Depuis Mishima *(V. ce nom)*, la N 136 rejoint vers le sud la vallée de la Kano gawa, issue du massif d'Amagi et qui, à Numazu, se jette dans la baie de Suruga.

8 km : **Nirayama Onsen**. La station thermale est à 1 km E. de la gare. Au sud de celle-ci subsistent les ruines du **château de Nirayama** : douves et remparts.

Un exilé débonnaire. — C'est au lieu-dit Hirugakojima, ancien nom de Nirayama, que fut exilé en 1160, sur l'ordre des Taira, *Minamoto Yoritomo*

(1147-1199). Placé sous la surveillance d'*Itō Sukechika* et de *Hōjō Tokimasa*, il connut une aventure amoureuse avec la fille de Sukechika, lequel voulut le tuer. Réfugié auprès de Tokimasa, il séduisit Masako, la fille de celui-ci et l'épousa *(V. aussi à Shuzenji, p. 00)*. A partir de 1180, Yoritomo se rallia au prince Mochihito ō afin de combattre les Taira ; c'était le départ d'une ascension qui devait l'amener au pouvoir shogunal à Kamakura.

Le fief des Hōjō. — Au XIIe s., la puissante famille des Hōjō possédait en ce lieu une demeure. En 1457, *Ashikaga Yoshimasa* y établit son frère *Masatomo* (1436-1491) pour gouverner le Kantō ; celui-ci fut assassiné par son fils *Chacha maru* en quête de l'héritage, et vaincu, à son tour, deux ans plus tard par *Ise Nagauji* (1432-1519) qui, par son mariage avec une héritière des Hōjō, prit le nom de *Hōjō Soun*, et récupéra la province d'Izu. Il se fit construire à Nirayama une forteresse où il mourut. En 1590, *Hōjō Ujinori* était assiégé en ce château par les généraux de Hideyoshi : Oda Nobuo et Fukushima Masanori ; le château passa alors sous le contrôle de *Tokugawa Ieyasu*.

A l'E. du village de Nirayama se trouve l'ancienne demeure d'*Egawa Tarōzaemon* (1801-1855), samourai et notable de Nirayama qui introduisit au Japon la logistique occidentale. La maison, que l'on peut visiter, est l'une des plus anciennes du Japon et remonterait au XIIIe s.

11 km : **Izu Nagaoka Onsen**, sur la rive g. de la Kano gawa, sources réputées (rhumatismes et maladies nerveuses). Téléphérique d'accès au **Katsugari yama** (452 m) : jolie vue sur la baie de Suruga et le Fuji.

A 2 km E. : **four à réverbère** qui fut construit au siècle dernier par *Egawa Tarōzaemon* (V. ci-dessous).

15 km : **Ohito**, autre source thermale, d'où l'on découvre le Fuji.

17 km : **Yokose-Shuzenji**, terminus de l'*Izu-Hakone Railway*.

A 3 km S.-O. (car) **Shuzenji**, sur les bords de la Katsura gawa, l'une des trois plus importantes stations thermales d'Izu, avec Atami et Itō. Sources salines de 60 à 72 °C, efficaces contre les troubles gastriques et les maladies de peau, connues depuis le IXe s. ; la **source Tokkonoyu** surgit du lit même de la rivière.

Shuzen ji, sur une colline au centre de la localité, aurait été fondé au début du IXe s. par *Kōbō Daishi*. C'est dans ce temple que *Minamoto Yoritomo* retint son frère cadet *Noriyori*, qu'il fit assassiner (1193) pour n'avoir pas soutenu le nouveau shōgun contre leur frère Yoshitsune. C'est encore dans ce temple que *Hojō Tokimasa* (1138-1215) fit assassiner son petit-fils *Yoriie* (1182-1204), fils de *Yoritomo* et *Masako* (V. ci-dessus Nirayama Onsen ; km 8), afin de s'assurer le gouvernement de Kamakura. Proche de la **tombe de Yoriie** se trouve le **Shigetsu den**, fondé par *Masako* après l'assassinat de son fils.

A 5 km O. : **Grotte de Shogaku-in** (ou d'*Okuno-in*), dans laquelle *Kōbō Daishi* aurait vaincu le diable ; elle a été consacrée en temple.

19 km : **Cascade d'Asahi** qui se déverse dans la Kano gawa ; en arrière, **colline de Shiro** (ou de Shuzenji) couverte de cerisiers et pruniers. Vue sur les alentours.

24 km : **Aobane**, où s'embranche une route en direction de Toi *(V. ci-dessus 3 ; km 50)*.

FUJI-HAKONE-IZU (PÉNINSULE D'IZU) 185

→ A 2 km S.-O. *(car)* : **Funabara Onsen**, sources salines et station agréablement située au N. de l'**Amagi san** *(V. ci-dessus 1, km 40 ; et ci-dessous, km 26 et 36)*, d'où l'on organise la chasse au sanglier.

25 km : **Yoshina Onsen** ; à dr. de la route se situerait la plus ancienne source connue d'Izu. La route devient plus accidentée et plus belle.

26 km : **Amagi Yugashima**, à proximité des sources de Yugashima, Yoshina, Tsukigase et Sagasawa, au départ desquelles peut s'effectuer l'ascension du **massif d'Amagi** *(V. ci-dessus 1 ; km 40)*.

29 km : ***Joren taki**, cascade d'une chute de 25 m en avant d'une grotte basaltique dans laquelle on peut pénétrer.

36 km : **Amagi tōge**, duquel on peut monter aux **sommets d'Amagi** ou atteindre en 2 h de marche le petit **étang de Hatcho** à 1 200 m d'altitude. Une route moderne évite ce col par un tunnel.

39 km : Les ***Sept cascades de Kawazu**, sur le haut cours de la Kawazu gawa, dont celle d'**Odaru**, la plus importante, à 27 m de hauteur.

43 km : **Yugano Onsen**, sources salines de 34 à 46 °C. La route poursuit en direction de Kawazu, sur la côte ; nous tournerons à dr. vers Shimoda.

46 km : **Mine Onsen**, dont les sources alimentent des serres et cultures d'iris ; on y remarque une fougère géante *(sotetsu)* qui aurait 800 ans.

62 km : **Rendaiji** *(gare)*, sources très anciennes dont les eaux sont en grande partie récupérées pour la station de Shimoda.

65 km : **Shimoda** *(V. ci-dessus 1 ; km 94)*.

☞ **3 — De Numazu à Shimoda** par la côte O. de la péninsule d'Izu *(125 km ; cars passant en général par Shuzenji et Toi)*. — Depuis **Numazu** *(V. ce nom)*, la route rejoint la côte et contourne la jolie baie de Mito.

10 km : **Mito hama** ; culture de perles. ***Vue célèbre du Fuji san** (l'une des plus belles) qui se détache sur la baie de Suruga.

En mer, l'**île d'Awa** est reliée par un téléphérique. Un bateau à fond transparent rejoint Numazu. Aquarium au S.-O. de la localité.

A partir de Mito, la côte devient beaucoup plus sinueuse.

18 km : **Kou**, où s'embranche une route en direction du *(9 km)* **col de Heda** (735 m d'alt.) et de Shuzenji *(V. ci-dessous 2, sous le km 17)*.

→ A 2 km S. du col, par une route à péage, le **Daruma yama** (982 m) offre une très belle *vue sur le Fuji, Heda et la baie de Suruga.

26 km : **Oze zaki**, à la pointe N.-O. de la péninsule d'Izu, d'où la vue est tout aussi remarquable. La route s'oriente vers le sud.

34 km : **Heda** abrite au fond d'une jolie crique un petit port de pêche dont les habitants se vouent aux travaux agricoles.

50 km : **Toi** *(bateau pour Yoshiwara)*, station thermale de la côte occidentale d'Izu ; jolie plage. Dans les environs sont exploitées des mines d'or depuis le XVIe s.

Nous poursuivons par la N 136 qui reste très sinueuse.

74 km : **Dogashima**, *site de rochers et de grottes naturelles creusées par l'érosion marine ; celles-ci auraient constitué un habitat préhistorique.

78 km : **Matsuzaki**, station balnéaire, au S.-O. de la péninsule d'Izu. Nous suivons toujours la route côtière ; vue sur ***Hagachi kaigan**.

90 km : Embranchement à dr. vers *(2 km S.-O.)* **Hagachi zaki** ; de ce cap, on découvre la côte, avec ses falaises de 250 à 500 m de hauteur. De nombreux singes vivent dans toute cette région.

108 km : **Nagatsuro** ; embranchement vers le sud d'une route en direction du cap Irō.

→ A 1,5 km S. : **Irō zaki**, à la pointe méridionale de la péninsule d'Izu. Très beau site de rocher d'où l'on découvre l'archipel d'Izu. Proche de l'à-pic des falaises (50 m de hauteur) se dresse le **sanctuaire d'Irō Gongen**, fréquenté par les marins.

117 km : Nous retrouvons la N 136.

→ A 3 km O. : station thermale de **Shimokamo** (sources de 60 à 100 °C).

→ 125 km : **Shimoda** *(V. ci-dessus 1 ; km 94).*

D — **Izu Shotō**, *V. ce nom.*

■ Fujiidera (Ile de Honshū)

Carte du Kansaï, p. 470-471.
Tōkyō, 536 km. — Kōbe, 52 km. — Kyōto, 61 km. — Nara, 36 km. — Ōsaka, 20 km. — Wakayama, 79 km.
Ōsaka fu. — 50 414 hab.

Fujii Dera, au N.-E. de la gare de la ville de Fujiidera *(du Kintetsu E.R. depuis Ōsaka-Tennōji)*, temple fondé en 725 par *Gyōki Bosatsu* (670-749). Il abrite une **statue de bodhisattva aux mille mains**, estimée de la fin du VIIe s.

A 800 m S. env. de la gare, le **Yachūji** possède un remarquable **Miroku Bosatsu** en bronze, de 666.

☞ **Environs**

1 — Takawashi *(2 km O. ; train, Kintetsu E.R.)* où l'on pourra visiter la ferme Yoshimura, maison traditionnelle du XVIIe s.

2 — Habikino, Ōsaka, *V. ces noms.*

■ Fujinomiya (Ile de Honshū)

Carte du mont Fuji, p. 175.
Tōkyō, 146 km. — Kōfu, 88 km. — Nagano, 242 km. — Nagoya, 232 km. — Shizuoka, 46 km. — Yokohama, 118 km.
Shizuoka ken. — 88 880 hab.

Le **sanctuaire de Sengen** *(à 1 km N. de la gare)* est le principal des sanctuaires homonymes du Fuji. Il est dédié à *Konohana Sakuya hime*, protectrice du volcan. *Fête de l'ouverture des ascensions du Fuji san,* le 1er juillet.

De ce sanctuaire part la **piste de Fujinomiya** *(car jusqu'à Shin go gome, puis 3 h 30 à pied)*, autrefois principale piste d'accès au Fuji san ; vues sur la péninsule d'Izu et la baie de Suruga.

Environs

1 — Taiseki ji *(8 km N. ; car depuis Fujinomiya)*, bâti par le bonze *Nikkan* (1246-1333), disciple de *Nichiren*. Ce temple fut le siège de la secte *Nichiren sho* fondée par *Nikkan* et connue depuis 1930 sous le nom de *Soka Gakkai*. Les bâtiments actuels, datant de 1958, sont une intéressante réussite en ciment armé, selon des concepts proches de l'architecture nipponne traditionnelle (architecte : *Yokoyama Kimio*).

La *Soka Gakkai* est en fait une forme laïcisée de la *Nichiren sho shū*, et son objectif est d'apporter à chaque individu sa part quotidienne de bonheur, par sa participation à l'action politisée de cette « grande famille » : cinq à quinze millions de membres, recrutés surtout dans l'opposition socialisante ; elle est en quelque sorte « la renaissance actualisée du vieux bouddhisme nationaliste et combatif de Nichiren *(D. et V. Elisseeff)*.

2 — Parc national de Fuji-Hakone-Isu, *V. ce nom.*

Fujisawa (Ile de Honshū)

Carte des environs de Tōkyō, p. 526.
Tōkyō, 57 km. — Kōfu, 139 km. — Shizuoka, 122 km. — Yokohama, 23 km.
Kanagawa ken. — 228 978 hab.

Bien qu'à une soixantaine de kilomètres du centre de la capitale, Fujisawa est, aux portes de Tōkyō, une échappatoire distrayante : à la belle saison, les voies d'accès sont saturées et les plages couvertes de monde. Établie au sud de la plaine agricole de Sagami, la ville permet d'atteindre une côte balnéaire en avant de laquelle s'avance la petite *île d'Eno*.

Shojoko ji ou **Yugyo ji** *(1 km N.-E. de la gare de Fujisawa)*, créé en 1325, est devenu le siège des bonzes itinérants *(yugyo)* de la *secte Ji*. Le temple possède un portrait sur soie de l'empereur *Go Daigo*. La cloche du beffroi date de 1356.

Enshō Daishi, de son vivant *Ippen Shōnin* (1239-1289), formé aux écoles des sectes Tendai, Jōdo et Nembutsu, fonda une secte nouvelle, la secte Ji : les moines devaient prêcher à travers le pays en accomplissant de pieux services. Cette secte compta jusqu'à treize branches établies pour la plupart à Kyōto.

Fête le 21 septembre.

Dans l'enceinte du temple est élevé un *monument à la mémoire des victimes (hommes et animaux) des luttes qui opposèrent les Uesugi aux Ashikaga en 1416-1417.

En arrière du temple, au *Chōsei in* (ou *Oguri dō*), se trouvent les **tombes** de Teruta Hime et de son amant Oguri Hangan.

Vertus féminines. — De son vrai nom Sukeshige, *Oguri Hangan* (1398-1464), déchu par le shōgun Ashikaga, dut quitter son fief avec une dizaine de serviteurs. En 1426, il rencontra *Yokoyama Daisen,* chargé de le tuer après l'avoir enivré avec du saké. Avertie du complot, *Teruta Hime,* nièce de Daisen, sauva de justesse Hangan et s'enfuit avec lui sur un cheval sauvage jusqu'à Fujisawa. Plus tard, les ennemis de Hangan réussirent à lui faire prendre un bain empoisonné, à la suite duquel il contracta la lèpre. Aussitôt, sa fidèle maîtresse le transporta sur une sorte de brouette jusqu'aux sources bienfaisantes de Yunomine, dans la péninsule de Kii : de nouveau elle lui sauva la vie. Réhabilité, Hangan se fit moine au Shōkoku ji de Kyōto, et Teruta créa, dit-on, le Chōsei in, où tous deux reposent. La littérature japonaise s'est évidemment inspirée de cette légende.

Environs

1 — **Katase** (3 km S. ; bus; trains *Ōdakyū E.R.* et *Enoshima Kamakura Kanko E.R.*). Proche de la gare de Katase-Enoshima, la plage de Katase (*Marine Land* et *aquarium* d'Enoshima) est prolongée vers l'O. par **Shōnan kaigan**, et vers l'E., de l'autre côté de la Katase gawa, par **Shichiriga hama**. Si la luminosité le permet, on aperçoit le Fuji san.

A 200 m E. env. de la gare d'Enoshima (*Enoshima Kamakura Kanko E.R.*) se trouve le **Ryūkō ji** (*fête Oeshiki* le 12 septembre), élevé à la fin du XIIIe s. par des disciples de *Nichiren*.

L'exécution de Nichiren. — Un petit monument marque l'emplacement où aurait dû être décapité le prêtre Nichiren (1222-1282), condamné pour son opposition marquée aux sectes reconnues du bouddhisme et ses prises de position politiques. L'épée du supplice, miraculeusement, se brisa.

2 — **Eno shima** (4 km S. ; bus depuis les gares de Fujisawa et Katase Enoshima). — Ne dépassant pas 2,5 km de tour et 60 m de hauteur, cette petite île de 18 ha, couverte de pins, a beaucoup perdu de son charme, depuis l'époque où s'y déroulait « l'Honorable partie de campagne » de *Thomas Raucat*. En effet elle a eu à souffrir de quelques perfectionnements : son rattachement à la côte (double pont de 600 m de long), l'élévation d'une tour d'observation surmontée d'un phare, la création d'un parc d'attractions avec jardin botanique, la construction d'un port de plaisance pour les jeux Olympiques de 1964, et même l'installation d'escaliers mécaniques, en vue d'accéder aux différents niveaux de l'île.

Au centre d'Eno shima, le sanctuaire de ce nom fut à l'origine consacré (en 1182, par le prêtre *Mongaku*) comme temple (Kōgan ji), sur la demande de *Minamoto Yoritomo*. L'érosion marine a découpé la côte S. de l'île, en creusant plusieurs grottes dont celle de Benten, ou du dragon, accessible aux visiteurs. Nombreux marchands de coquillages rares.

3 — **Kamakura, Odawara**, V. ces noms.

Fukui (Ile de Honshū)

Carte ferroviaire, en page de garde.
Tōkyō, 522 km. — Gifu, 175 km. — Kanazawa, 79 km. — Kyōto, 159 km. — Ōtsu, 147 km.
Chef-lieu de Fukui ken (480 221 hab.). — 200 509 hab. — Industrie de la soie ; universités nationale et privée.

Entièrement reconstruite depuis le séisme du 28 juin 1948, qui fit 3 895 victimes, la ville n'a cessé depuis de s'agrandir en restant vouée principalement à son activité traditionnelle de la soie. C'est par Fukui que transitent les nombreux visiteurs et pèlerins venus se recueillir au Eihei ji ou découvrir les environs.

Industrie de la soie. — A cause de l'influence continentale (Chine et Corée) la fabrication de soieries occupa Fukui dès le Xe s. Cette activité était devenue fort prospère au XVIIe s. lorsque s'établirent les daimyo Matsudaira, qui favorisèrent encore son développement. Ce qui aurait pu rester un vaste artisanat devint une véritable industrie, avec, à partir de 1871, l'apparition des manufactures de type habutae, l'imitation des modèles de Kyōto, puis de nos jours l'adaptation à des procédés modernes : rayonne et fibres synthétiques.

Fukuie jō, à une centaine de mètres au N. de la gare, conserve son enceinte de douves et de remparts à l'intérieur de laquelle s'est établi le siège de la préfecture de Fukui.

Shibata Katsuie (1530-1583) construisit en ce lieu un château, d'où il organisa en 1582 la conquête de la région de Noto. L'année suivante, il entra en lutte avec Toyotomi Hideyoshi et le château fut assiégé. Katsuie, ne pouvant résister, s'y suicida avec sa femme et une trentaine de serviteurs. Au XVIIe s., la ville reçut le nom de Fukui et le château resta aux mains de la famille des Matsudaira jusqu'à la restauration de 1868.

A 1 km N. de la gare, la **galerie d'art Okajima** *(Kenri tsu Okajima Bijutsu kaikan, 3 Hōei chō)*, située à proximité de l'ancienne villa d'un samourai, abrite les collections recueillies à New York par *M. Okajima Tatsugoro* : statues, sabres, travail du cuivre et de l'argent, objets de collection pour fumeurs, etc.

Jenkei ji, à 1 km S.-O. de la gare, abrite la tombe de *Hashimoto Sanai*, partisan malheureux de la cause impériale, qui fut décapité par l'ordre du shogun en 1859.

Asuwa yama, en arrière de ce temple, est une colline couverte de cerisiers d'où l'on découvre la ville et le massif de Haku san.

Asuwa jinja, au N. de cette colline boisée, est dédié à l'empereur *Keitai* (449-531), qui aurait vécu dans la région de Fukui et fait canaliser les rivières Hino, Asuha et Kuzuryū.

Fujishima jinja, plus au S. du précédent, est dédié à *Nitta Yoshisada* (1301-1338), partisan de l'empereur Go Daigo et de la cour de Yoshino, qui fut assassiné à Tomyōji, dans les environs de Fukui, où se dressait jusqu'en 1901 ce sanctuaire.

Le parc d'Asuwa abrite également un jardin botanique et un petit musée d'intérêt local.

Environs

1 — *Eihei ji* *(20 km E. ; car ; train Keikufu E.R. via Higashi Furuichi)*, dans un admirable cadre de verdure et de fraîcheur (forêt de cèdres de 30 ha), est l'un des principaux centres de la secte *Sōtō* du zen. Vous pourrez mener une vie monastique et loger au **Eihei ji** en tant que visiteur (☎ 077 663-3102 ; on parle anglais).

Ce temple fut fondé en 1244 par *Dōgen Zenji* — ou *Shōyō (Jōyō) Daishi* (1200-1253) —, prêtre et poète bouddhiste qui, à son retour de Chine, introduisit le zen au Japon *(V. Kamakura)*. Le temple compte environ soixante-dix édifices, dont sept bâtiments principaux appelés « Shichidō garan » : les bonzes s'y consacrent en communauté aux pratiques de la vie religieuse. Plusieurs constructions modernes peuvent héberger pèlerins et visiteurs.

Visite en groupe guidée par un moine.

La première étape est le **Kichijo kaku**, vaste construction moderne pour la réception des pèlerins, doté de salles de lectures et de méditation, avec logements, cuisines et bains. Parmi les bâtiments principaux, le *San mon (1749) est le plus vieil édifice de l'Eihei ji ; l'étage supérieur abrite la **statue du Bouddha Shakyamuni** prêchant le sūtra du Kegon, accompagné de ses cinq cents disciples (Rakan). Depuis le San mon, des corridors longent à l'O. le **Sōdō**, principale salle de méditation zen, et à l'E. le **Dai Kuin**, vaste bâtiment des cuisines ; on accède ainsi au **Butsu den** ou **Kakuo hoden**, au centre du Schichidō garan, rebâti en 1902 dans le style chinois des Song. En arrière, le **Hattō** ou **salle de Dharma**, reconstruit en 1833 dans le style Song, peut recevoir un millier de personnes. Au S. de celui-ci, escalier et porte d'accès (Itte mon) au **Jōyō den** (1881), qui abrite le **mausolée du fondateur**.

Le **Shōbōkaku** (trésor), voisin du Kichijo kaku, abrite la cloche du temple, de 1327, des souvenirs du prêtre *Dōgen* et une peinture due au prêtre fondateur lui-même.

2 — Maruoka *(13 km N. ; car ; train jusqu'à la gare de Hon-Maruoka, à 2,5 km O. du château).* — Le **château de Maruoka** fut construit en 1575 par *Shibata Katsuie* ; résidence des Arima de 1695 à 1868, c'est l'un des plus anciens châteaux existant au Japon. On peut le visiter.

3 — Awara *(19 km N. ; car ; train Keifuku E.R. ; J.N.R. jusqu'à Kanazu).* — Station thermale fréquentée ; sources salines.

A 9 km O. (car depuis les gares d'Awara ou Mikuni-Keifuku) : *Tojimbō, formé de hautes colonnes basaltiques de 70 à 90 m de haut plongeant directement dans la mer. Plus au N., à la pointe du cap Anto, se situe l'**îlot d'Ōjima** avec son petit sanctuaire.

A 11 km N.-E. *(car),* station thermale de **Yoshizaki**, connue depuis le XVe s. On y visite le **Nishi Hongan ji** ; l'étroit **Kitagata ko**, longé par la route, se jette dans la mer à la hauteur de cette station.

4 — Echizen *(41 km S.-O. ; car).* — Quittant Fukui vers l'O. on atteint :

24 km : **Ōmi**, avec son petit temple voisin de **Hōun ji**. De là, la route longe le *parc côtier d'Echizen-Kaga, très échancré et parsemé de nombreux îlots rocheux.

37 km : **Echizen misaki**, l'un des sites les plus caractéristiques de ce parc, au-delà duquel s'amorce une route à péage jusqu'à :

41 km : **Echizen**.

5 — Parc national de Hakusan, V. ce nom.

Fukuoka (Ile de Kyūshū)*

Carte du nord de Kyūshū, p. 372-373. Plan p. 192-193.
Tōkyō, 1 150 km. — Kumamoto, 112 km. — Ōita, 174 km. — Saga, 53 km.
Chef-lieu de Fukuoka ken (2 807 584 hab.). — 1 089 000 hab. — Ville industrielle (industries lourdes, chimiques, textiles et alimentaires) et portuaire ; universités nationale, préfectorale et privée.

Fukuoka, aujourd'hui capitale économique et industrielle de la grande île méridionale, était autrefois séparée de Hakata par la Naka gawa. Les deux localités ne forment plus aujourd'hui qu'une agglomération où aboutit le rapide *shinkansen,* qui relie Fukuoka à Tōkyō en sept heures, et que dessert également un aéroport de classe internationale. Ces atouts expliquent sans doute le caractère riant de cette ville qui est vraiment une cité « du Sud » ; c'est à

Fukuoka que l'on rencontre ces échoppes en plein air où l'on déguste nouilles et spécialités locales; c'est ici, dans le quartier Nakasu, que l'on découvre la plus grande concentration de bars, boîtes et autres lieux de divertissement du tout Kyūshū qu'il ne faudrait surtout pas manquer. Des environs de Fukuoka, retenons le parc côtier de Genkai et le sanctuaire de Dazaifu, dont le nom s'était autrefois étendu à toute la province.

Les origines. — Facilement reliée par voie maritime à la Corée (grâce aux étapes intermédiaires d'Iki shima et de Tsu shima), Fukuoka fut certainement l'un des premiers points de contact avec la Chine. La région était occupée dès la fin de l'âge de pierre (300 ans av. J.-C.) et les premiers contacts chinois remontent au début de notre ère. La présence de plusieurs tombes (type *kofun*) dans les environs témoigne de l'épanouissement d'une civilisation autochtone, établie avant l'époque de Nara et qui prospéra jusqu'à celle de Heian. Au IXe s. les commerçants chinois installés à Nanotsu (ancien nom de Hakata) introduisaient la civilisation continentale, faisaient parvenir auprès de la cour de Kyōto les riches produits manufacturés en Chine, et exportaient à leur profit les minéraux japonais.

Tentatives d'invasions. — Les barbares djurtchet, originaires du continent asiatique, qui s'étaient emparés au début du XIe s. des îles Iki et Tsu, tentèrent de débarquer à Fukuoka; la cour impériale ne s'en émut guère et c'est *Futiwara Takaie* (979-1044), gouverneur de Dazaifu, qui en 1019 libéra les deux îles. La menace se fit plus sérieuse au XIIIe s. lorsque, à la suite d'une ambassade, Kūbilāy Khan lança en 1274 une armée qui débarqua dans la baie de Fukuoka; mais la tempête obligea les conquérants à réembarquer. Forts de l'expérience, les Japonais établirent un rempart côtier le long de la baie de Hakata, alors que les Mongols préparaient une seconde expédition, considérable, lancée en 1281. Celle-ci, composée de 100 000 hommes, se heurta au rempart et fut balayée par un typhon providentiel baptisé pour la circonstance « souffle divin » (kami kaze). Ces débarquements manqués sont les seules tentatives d'occupation que connut le Japon jusqu'à la Seconde Guerre mondiale.

Fukuoka. — En 1601 Tokugawa Ieyasu établissait son serviteur *Kuroda Nagamasa* à Najima. Il y construisit un château et changea le nom de la ville en celui de Fukuoka. Les deux agglomérations Hakata et Fukuoka fusionnèrent en 1889; celle-ci s'ouvrit plus volontiers au commerce et aux affaires, et celle-là, plus industrialisée, prospéra au voisinage de son port de pêche et de commerce.

Le philosophe et botaniste *Kaibara Ekiken* (1630-1714), le maréchal *Oku Yasukata* (1845-1930) sont nés à Fukuoka.

A — Hakata

Autour de la gare de Hakata *(Pl. F2-3)*, terminus des lignes du *shinkansen (J. N. R.)*, le quartier est envahi d'immeubles de rapport, bureaux, magasins, restaurants, galeries marchandes qui s'alignent et se superposent.

Sumiyoshi jinja *(Pl. E3)*, sur une petite éminence, à 500 m S.-O. de la gare, serait l'un des plus anciens sanctuaires de Chikuzen (ancienne province de Fukuoka), restauré en 1623. Cèdres et énorme camphrier dans l'enceinte du sanctuaire.

FUKUOKA

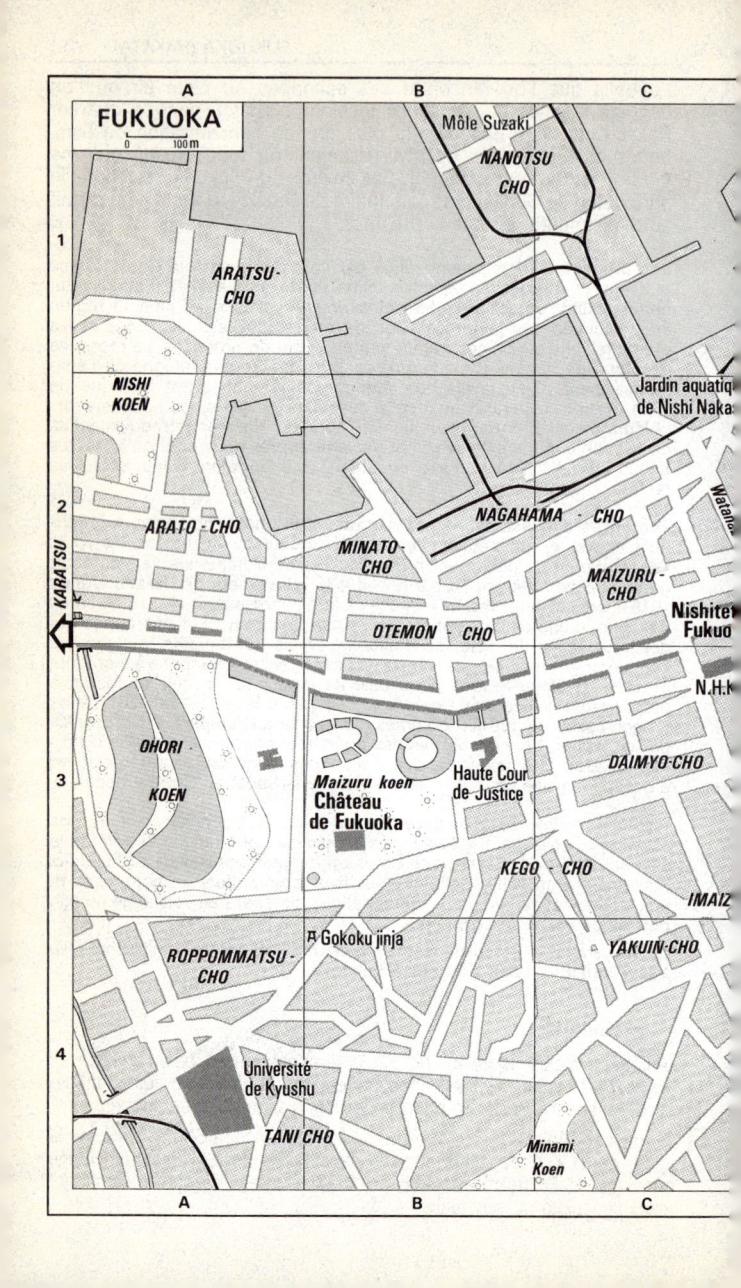

0 — 100 m

- Môle Suzaki
- NANOTSU CHO
- ARATSU-CHO
- NISHI KOEN
- Jardin aquatiq de Nishi Naka
- KARATSU
- ARATO - CHO
- MINATO-CHO
- NAGAHAMA - CHO
- Watana
- MAIZURU - CHO
- Nishite Fukuo
- OTEMON - CHO
- N.H.k
- OHORI KOEN
- Maizuru koen
- Château de Fukuoka
- Haute Cour de Justice
- DAIMYO-CHO
- KEGO - CHO
- IMAIZ
- ROPPOMMATSU - CHO
- Gokoku jinja
- YAKUIN-CHO
- Université de Kyushu
- TANI CHO
- Minami Koen

Map labels

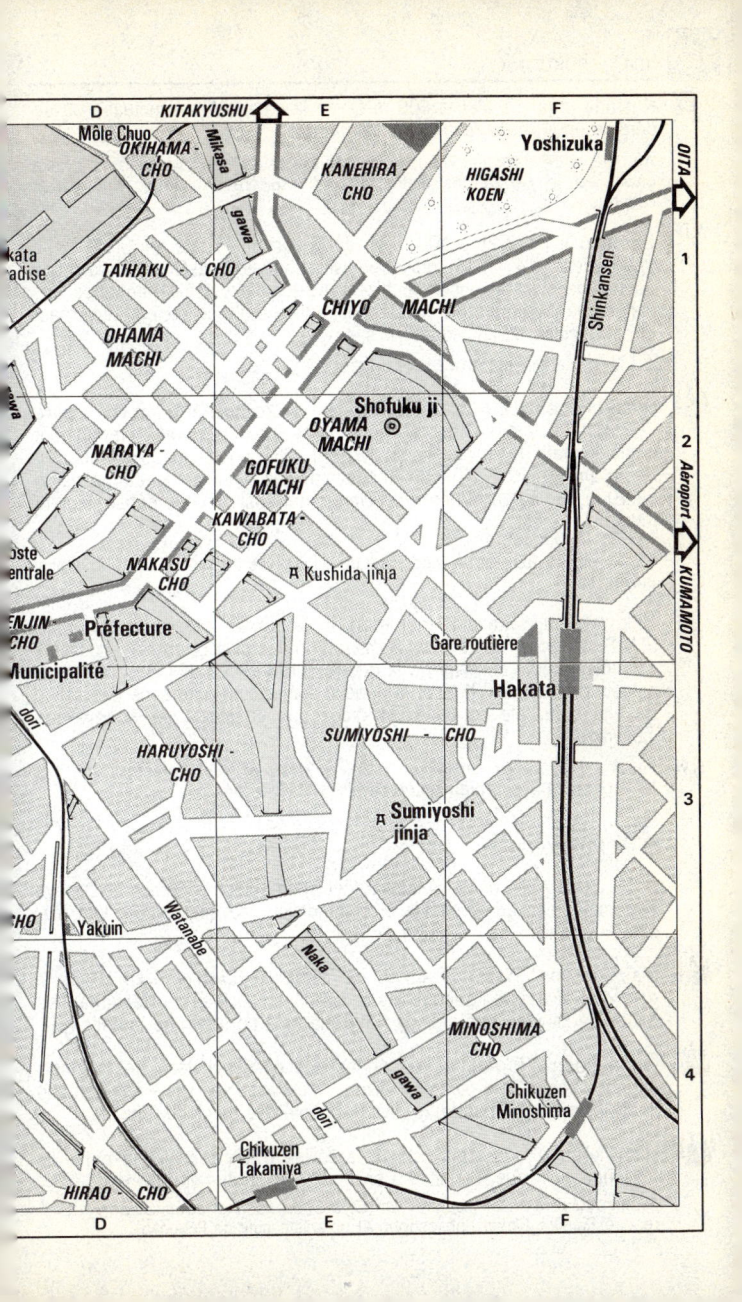

- KITAKYUSHU
- OITA
- Aéroport KUMAMOTO
- Môle Chuo
- OKIHAMA-CHO
- Mikasa gawa
- KANEHIRA-CHO
- HIGASHI KOEN
- Yoshizuka
- TAIHAKU-CHO
- CHIYO MACHI
- Shinkansen
- OHAMA MACHI
- Shofuku ji
- OYAMA MACHI
- NARAYA-CHO
- GOFUKU MACHI
- KAWABATA-CHO
- Poste centrale
- NAKASU CHO
- Kushida jinja
- ENJIN CHO
- Préfecture
- Municipalité
- Gare routière
- Hakata
- HARUYOSHI-CHO
- SUMIYOSHI-CHO
- Sumiyoshi jinja
- Yakuin
- Watanabe
- Naka gawa
- MINOSHIMA CHO
- Chikuzen Minoshima
- Chikuzen Takamiya
- HIRAO-CHO

FUKUOKA

Kushida jinja *(Pl. E2)*, à 500 m O. de la gare, est le sanctuaire où se déroule en juillet le *festival de Yamagasa*.

Au-delà, entre Hakata et Fukuoka, l'**île de Nakasu** *(Pl. D2)*, qu'enserre la Naka gawa, est le centre des distractions où prolifèrent théâtres, cinémas et cabarets.

Shofuku ji *(Pl. E2)*, à 500 m N. de la gare, fut fondé en 1195 par le prêtre *Eisai* (1141-1215), qui introduisit à son retour de Chine la plantation du thé dans la province d'Echizen. Au temple ont été ramenées des statues **haniwa** qui proviendraient de la tombe d'Iwai, ancien gouverneur de la province d'Echizen au VIe s.

Au N. de la Mikasa gawa se trouvent :

Higashi kōen *(Pl. F1)*, à l'O. de la gare de Yoshizuka *(2 km N. de celle de Hakata)* ; c'est un jardin boisé de 32 ha ; on peut y voir un monument commémoratif des invasions de 1274 et 1281, une statue de l'empereur *Kameyama* (1249-1304), contemporain de ces événements, et une statue de 10 m de hauteur du prêtre *Nichiren*, qui avait prédit le débarquement mongol.

A l'O. du parc, **faculté de médecine** de l'Université de Kyūshū avec un hôpital universitaire.

Hakozaki ou **Hakozaki Hachiman gu** *(à l'O. de la gare de Hakozaki ; J.N.R., 3 km N. de celle de Hakata)*, l'un des plus célèbres sanctuaires hachiman, dédié au *kami* de la guerre, fut fondé en 923. Les bâtiments actuels datent du XVIe s. et la porte à étage, construite sans l'utilisation de clous, fut élevée en 1594 grâce aux donations de *Kobayakawa Takakage*.

Fêtes : *Tamaseseri*, du jeu de balle, le 3 janvier ; *Hojo-e* entre les 12 et 18 septembre avec épreuves de cavaliers tirant à l'arc.

B — Fukuoka

A l'O. de la Naka gawa, Fukuoka développe autour de Tenjin et Daimyo ses immeubles administratifs et commerciaux auxquels succèdent plusieurs jardins :

Maizuri kōen *(Pl. B3 ; 1 km O. de Nishitetsu-Fukuoka, 3 km O. de la gare de Hakata)* abrite, outre les installations sportives de **Heiwadai**, les ruines de l'ancien **château de Fukuoka** (une porte et une tourelle).

Ōhori kōen *(Pl. A3)*, établi sur les douves du château de Fukuoka, prolonge vers l'O. le parc de Maizuru ; c'est avec son vaste étang et son chapelet d'îlots au centre, le plus fréquenté des parcs de Fukuoka.

Nishi kōen *(Pl. A2)*, qui occupe la colline d'Asato, ancienne petite île rattachée au rivage, est situé à environ 1 km N. du parc d'Ōhori.

Au **Kinryu ji**, à Nishi machi *(1 km O. d'Ōhori kōen et 5 km O. de Hakata)*, repose *Kaibara Ekiken*, philosophe et botaniste natif de Fukuoka.

Au N. de la gare de Meinohama *(J.N.R. ; 10 km O. de Hakata)*, près de la mer, subsistent les restes des remparts, élevés dans le but de repousser l'invasion mongole.

C — Environs

1 — *Dazaifu (16 km S.-E. ; car ; train Nishitetsu via Futsukaichi, où l'on change de train). 14 km : Futsukaichi Onsen (gares J.N.R. et Nishitetsu)* possède des sources chaudes radioactives (30 à 48 °C) ; c'est la station élégante de Fukuoka. Au S.-O. s'élève **Tempai zan** (258 m), où Michizane pria pour l'empereur Daigo qui l'avait exilé.

16 km : **Dazaifu**, est l'un des plus célèbres sanctuaires du Japon, dédié à la mémoire de Sugawara Michizane.

Un gouvernement pour exilés. — A l'origine, la province de Chikuzen était un petit royaume, entretenant des relations commerciales avec la Chine, et qui passa sous contrôle purement japonais après la défaite de son gouverneur *Iwai*, en 528. Le gouvernement de Dazaifu devint alors le centre politique du nord de Kyūshū, d'où il organisa la conquête du sud de la Corée, qui récupéra les bases japonaises lors de la chute du royaume de Mimana (663). Dazaifu passa sous le contrôle des Fujiwara, des Taira, puis d'un envoyé du *bakufu* de Kamakura. Au nombre des gouverneurs, l'on compte plusieurs princes impériaux qui déléguaient parfois un sous-gouverneur *(nagon)* ou un ministre en exil, comme ce fut le cas pour *Sugawara Michizane* (845-903), *Fujiwara Korechika* (974-1010), rival amoureux de l'ex-empereur Kazan, et *Fujiwara Takaie* (979-1044), qui repoussa l'invasion des Djurtchet. Harcelés par les Minamoto, *Taira Munemori*, « traînant » avec lui le jeune empereur *Antoku*, se réfugia quelque temps à Dazaifu en 1183 ; il en fut chassé par la révolte d'*Ogata Koreyoshi* et les partisans de l'empereur Go Shirakawa.

Sugawara Michizane (845-903). — Devenu très influent auprès des empereurs Uda, puis Daigo, Michizane acquit à Kyōto les plus hautes responsabilités de l'État, aux dépens des Fujiwara et autres ministres qui complotèrent pour sa déchéance. Soupçonné faussement d'avoir voulu détrôner l'empereur Daigo, il fut limogé en 901 au gouvernement de Dazaifu, où il mourut deux années plus tard. Savant et lettré, Michizane fut réhabilité et divinisé sous le nom de *Tenjin* ou *Kanko*, comme patron des lettres et de la calligraphie.

*Dazaifu Temman gū ou **Sugawara jinja** est à 800 m N.-E. de la gare *(Nishitetsu)* ; fondé par *Ajisaka Yasuyuki*, disciple de Sugawara Michizane, qui veilla à la sépulture de son maître et fit édifier à cet emplacement, entre 905 et 919, un sanctuaire en l'honneur de *Kanko*. Après plusieurs incendies le sanctuaire fut reconstruit en 1595, grâce aux donations de *Toyotomi Hideyoshi*. Depuis, la grande porte du sanctuaire fut reconstruite en 1914, et l'ensemble des bâtiments restaurés en 1951.

La couleur vermillon des édifices contraste avec la verdure environnante : **jardin des pruniers** fleurissant en février et mars, **étang des iris** épanouis en juin. Devant le bâtiment principal du sanctuaire, le « prunier volant » *(tobi ume)* aurait été apporté par le vent depuis le jardin de Michizane à Kyōto. A côté, un **camphrier géant** protégé par le gouvernement. La **salle du trésor** (1928) présente des peintures, calligraphies et collections se rapportant à Michizane ; dans le **Bunsho kan** (1902) et le **Kanko Rekishikan**, autres documents et souvenirs le concernant.

196 FUKUOKA (ENVIRONS) — FUKUSHIMA

Kanzeon ji (secte *Tendai*), à 2 km S.-O. du sanctuaire de Dazaifu, fut autrefois le plus grand temple du Japon occidental. Construit en 746, les bâtiments qui subsistent datent du XVIIe s. Dans le **Hon dō**, *statue de Kannon, en bois de camphrier, d'époque Fujiwara (XIIe s.). Le musée attaché au temple abrite des *sculptures d'époques Heian et Fujiwara, du XIe au XIIIe s.

A **Tofuro**, à 2 km N. env. du sanctuaire de Dazaifu, était autrefois établi le siège du gouvernement de Dazaifu ; il en reste quelques vestiges.

Hōman zan (869 m), à 5 km N.-E. env., protège un tombeau d'époque kōfun avec traces de peintures murales ; il est possible de visiter.

2 — *Parc côtier de Genkai (*cars desservant ce parc vers l'E. et l'O. de Fukuoka ; train J.N.R. jusqu'à Saitozaki, Maebaru ou Fukuma ; train Nishitetsu de Kaizuka à Tsuyazaki ; bateau de Hakata à Shikano shima*). — Couvrant 9 710 ha, ce parc s'étale de part et d'autre de Fukuoka, sur environ 90 km ; sa façade maritime offre une succession de plages et de pinèdes, de côtes rocheuses et d'îlots érodés, et parfois les vestiges des « remparts mongols ».

Kashii gu, à 8 km N.-E. de Fukuoka, proche de la gare de Kashii, est dédié à l'empereur *Chūai* et à son épouse *Jingū,* qui se serait embarquée de la plage voisine. Édifice de 1801.

Naissance à terme. — L'empereur *Chūai* étant décédé prématurément, c'est sa femme *Jingū* qui, à titre de régente, dirigea l'expédition de Corée, dont la conquête, selon les révélations divines, devait permettre de soumettre la province d'Echizen révoltée. Jingū, alors enceinte, glissa une pierre dans sa ceinture et dirigea brillamment les opérations. Un orage s'étant déclaré, les poissons allèrent jusqu'à soutenir la nef de la régente. De retour au Japon, elle donna naissance à l'empereur *Ojin.* Selon la datation japonaise, cet événement remonte à l'an 200 de notre ère ; selon les documents coréens, il semble devoir être reporté à 346.

Shikano shima (*10 km N.-O. de Fukuoka, 25 km par la route*) constitue un agréable lieu de délassement en avant de la baie de Fukuoka. L'île est reliée par un pont à la langue de sable qui s'étire jusqu'à elle.

***Keyano ōto** (*35 km O. ; car depuis Fukuoka ou Maebaru*) est un site de rochers à colonnes basaltiques plongeant dans la mer ; toute la côte de la presqu'île d'Itoshina, aux alentours, est également intéressante.

3 — Karatsu, Kitakyūshū, *V. ces noms.*

Fukushima (Ile de Honshū)

Carte ferroviaire, en page de garde.
Tōkyō, 270 km. — Maebashi, 318 km. — Mito, 184 km. — Niigata, 199 km. — Sendai, 83 km. — Utsunomiya, 163 km. — Yamagata, 93 km.
Chef-lieu de Fukushima ken (1 261 764 hab.). — 262 837 hab. — 66 m d'alt. — Industries textiles ; universités nationale et régionale.

La production de filés et tissus de soie, de rayonne, sont à la base du dynamisme économique de l'une des plus importantes villes du Japon septentrional. Fukushima dessert plusieurs stations thermales des alentours, et constitue l'une des principales villes d'accès au parc national de Bandai Asahi.

Vers 1180, *Sugitsuma Yukinobu* construisit un château appelé Sugitsuma jō, où résida sa descendance. Plus tard le château passa aux Gamō (1590-1600), puis aux Uesugi auxquels le shōgun le confisqua en 1601. De 1679 à 1868 se succédèrent les familles Honda, Hotta et Itakura (d'après *E. Papinot*).

L'horizon des rues de la ville est limité à l'O. par la haute chaîne d'Azuma, que l'on découvre plus particulièrement du parc de Shinobu yama, et de la colline du même nom (273 m), à laquelle il s'appuie, à 1,5 km N.-E. env. de la gare.

Environs

1 — Kannon ji *(5 km N.-O. ; car)*, célèbre pour sa pierre *shinobu mojizuri*, haute de 3,50 m, mais en grande partie enfouie dans la terre, sur laquelle on frottait des feuilles printanières afin de faire apparaître le visage de l'être aimé.

2 — Iizaka Onsen *(10 km N. ; car ; train privé)* est située avec sa voisine **Yuno Onsen** de part et d'autre de la Surikami gawa ; ces sources comptent parmi les plus importantes du Tōhoku avec celles d'Onahara et Tennōji, localisées plus en amont.

3 — Ryō zen *(20 km E. ; car jusqu'au sanctuaire)* est une montagne (805 m d'alt.) au profil caractéristique, du sommet de laquelle on découvre la mer jusqu'au Kinka zan. Le **sanctuaire de Ryō zen** (1882) est dédié à *Kitabatake Chikafusa* et son fils *Akiie* (1318-1338), qui construisit en ce lieu un éphémère château afin de résister aux Ashikaga.

4 — Sendai, parc national de Bandai Asahi, V. ces noms.

Fukuyama (Ile de Honshū)

Carte de Shikoku et mer Intérieure, p. 502-503.
Tōkyō, 741 km. — Hiroshima, 110 km. — Matsue, 190 km. — Okayama, 65 km. — Tottori, 202 km. — Yamaguchi, 248 km.
Hiroshima ken. — 255 086 hab. — Industries lourdes.

Proche de l'estuaire de l'Ashida gawa, Fukuyama est la deuxième ville du département de Hiroshima ; elle doit en grande partie sa prospérité à son expansion industrielle.

Le **château de Fukuyama**, au N. de la gare, dresse son élégant donjon, une reconstitution d'après-guerre ; l'intérieur abrite quelques objets anciens. Du sommet vue sur la mer Intérieure.

Fukuyama jō fut élevé de 1619 à 1622 par *Tadamasa Katsushige* (1564-1651), général de Hideyoshi et cousin de Tokugawa Ieyasu, puissant seigneur en conséquence. Le château resta acquis à sa descendance jusqu'en 1698, puis passa successivement aux mains des Okudaira et des Abe, qui le conservèrent jusqu'à la Restauration de 1868.

Environs

1 — Zone industrielle (7 km S.-E. ; car ; — pour visiter les aciéries, adresser une demande préalable à la Nippon Kohan Kabushiki Kaisha, 1-3, Ote machi, 1-chome, Chiyoda ku, Tōkyō, ☏ (03) 212-7111).

2 — *Tomo (14 km S. ; autocar), petit port, qui recevait les ambassades auprès de la cour du Yamato, et station balnéaire dans une jolie crique protégée par l'île de Sensui. Le *homei shu*, spécialité de Tomo, est l'alcool de riz qu'offraient les seigneurs Abe à l'empereur et au shōgun.

A 4 km S.-O. *(car)* : Promontoire d'**Abuto** surmonté du petit **Kannon ji**, où les marins coréens déposaient des offrandes. Vue sur la mer Intérieure. D'**Abuto guchi** *(15 mn à pied depuis le temple)*, où s'arrêtent les cars, on pourra retourner à Fukuyama par une route de crête découvrant de beaux *points de vue sur les nombreuses îles de la mer Intérieure.

3 — Yamano Onsen (24 km N. ; car), station thermale à proximité des gorges d'**Emmei**, surtout intéressantes en automne.

4 — Kurashiki, Onomichi, parc national de Seto Naikai, *V. ces noms.*

Furukawa (Ile de Honshū)

Carte du Tōhoku, p. 234-235.
Tōkyō, 372 km. — Akita, 193 km. — Fukushima, 126 km. — Morioka, 142 km. — Sendai, 43 km. — Yamagata, 106 km.
Miyagi ken. — 57 060 hab.

Furukawa s'est développée à la rencontre de la grande voie du Tōhoku et de l'Arao gawa. A une quarantaine de kilomètres seulement au N. de Sendai, une station du *shinkansen,* établie à Furukawa, facilite l'accès du groupe de stations thermales et de sports d'hiver de Naruko.

Environs

1 — Naruko Onsen (31 km N.-O. ; train J. N. R. ; car). — Il s'agit d'un groupe de stations thermales établies le long de l'Arao gawa, qui ensserre par l'O. l'**Arao dake** (995 m), et le long de quelques-uns de ses affluents. L'ensemble s'associe plus au N. au **parc régional du mont Kurikoma** *(V. env. d'Ichinoseki)*.

Ces sources, d'une température de 50 à 80 °C, furent connues en 835, lorsque, après avoir, dit-on, résonné souterrainement, elles jaillirent soudain de la montagne. Aujourd'hui, Naruko est surtout fréquentée comme station estivale et de sports d'hiver. L'Université du Tōhoku y a créé un **Institut thermal**.

La gare de Naruko est le principal centre de rayonnement de ces sources. De part et d'autre sont les gares de Higashi Naruko et de Nakayama daira, permettant d'accéder respectivement aux sources portant le premier nom, et au plateau portant le second ; bon but de promenades sur celui-ci à env. 300 m d'alt.

A 2 km N. de Naruko, **barrage de Narugo**, sur l'Arao gawa, à 254 m d'alt., et en amont du lac de retenue, à 13 km de Naruko *(car)*, station d'**Onikōbe** où jaillissent les geysers de **Fukiage zawa** et **Megama**.

2 — Matsushima, *V. Shiogama.*

G

■ Gamagōri (Ile de Honshū)

Carte des richesses naturelles, p. 63.
Tōkyō, 294 km. — Gifu, 92 km. — Nagano, 299 km. — Nagoya, 55 km. — Shizuoka, 127 km. — Tsu, 123 km.
Aichi ken. — 82 868 hab. — Station balnéaire.

Au fond de la **baie de Mikawa**, gagnée petit à petit par l'expansion industrielle de Toyohashi, à l'E., et celle des localités dépendant de Nagoya, au N.-O., la région de Gamagōri reste avec son arrière-pays l'un des plus beaux aspects côtiers de cette baie que fréquentent de nombreux estivants.

≋ Gamagōri offre une jolie plage sur la baie de Mikawa, limitée à l'E. par la **station thermale de Miya** où se trouve également une station expérimentale de pêche. Au large, les petites îles d'Ō shima et Take shima ; celle-ci, la plus proche, est reliée par un pont à la côte et dotée d'un petit sanctuaire.

Environs

1 — Nishiura Onsen *(10 km S.-O. ; car)*, autre station thermale et balnéaire, à la pointe d'une presqu'île ; au-delà se dessinent les îlots des Lapins et des Singes (Usagi et Saru jima).

2 — Hazu *(12 km S.-O. ; car ; train Meitetsu)*. On atteindra de préférence cette station balnéaire par la route à péage qui s'élève jusqu'au **Sangane san** (327 m), découvrant d'intéressantes *vues sur la baie de Mikawa et les presqu'îles qui l'enserrent, les Alpes japonaises et le mont Fuji ; à mi-pente du Sangane san, **temple** fondé au VIIe s., dédié à *Kannon*.

3 — Toyohashi *(39 km S.-E. ; train J.N.R. ; car)*. Une autre route panoramique et à péage contourne le site de Gamagōri ; elle offre des points de vue de part et d'autre sur Mikawa wan et l'arrière-pays montagneux dont le Fuji san.

4 — Nagoya, Toyohashi, *V. ces noms.*

■ Gero (Ile de Honshū)

Carte des richesses naturelles, p. 63.
Tōkyō, 412 km. — Gifu, 105 km. — Mino Kamo, 73 km. — Takayama, 55 km.
Gifu ken.

Station thermale de la vallée de la Mashita, haut cours de la Hida gawa, dont les sources (de 45 à 75 °C) comptaient autrefois parmi les plus réputées du Japon pour leurs vertus cicatrisantes.

Mori Hachiman gū, sur la rive g. de la Mashita gawa, abrite une dizaine de statues de divinités shintoistes. **Fête le 14 février.**
Dans le **parc de Gero**, on peut voir une maison de style gasshō, provenant du district de Shirakawa gō *(V. Takayama).*

Environs

1 — Hagiwara *(10 km N. ; train J.N.R. ; car),* où se trouve **Kuza Hachiman gū**, dont la fondation est attribuée à *Minamoto Yoshihira*, qui en 1159 se réfugia dans la région de Hida.

2 — Mino Kamo *(73 km S. ; train J.N.R. ; car)* : Parcours très intéressant, descendant la ****vallée de la Hida gawa** qui le plus souvent se fraye un chemin à travers des gorges, suivies de près par la route et la voie ferrée. Parmi les sites les plus remarquables, on retient *(15 km env.)* ***Nakayama shichiri**, *(30 km env.)* **Fujikura kyō**, *(50 km env.)* **Hisui kyō.** La Hida gawa rencontre la Kiso gawa en amont de Mino Kamo *(V. ce nom).*

3 — Takayama, *V. ce nom ;* **Ontake san**, *V. Kiso Fukushima.*

■ Gifu (Ile de Honshū)

Carte ferroviaire, en page de garde.
Tōkyō, 379 km. — Fukui, 175 km. — Kanazawa, 226 km. — Nagano, 282 km. — Nagoya, 37 km. — Otsu, 85 km. — Tsu, 104 km.
Chef-lieu de Gifu ken (1 056 617 hab). — **Ville industrielle (tissages, papeteries, coutelleries) et commerciale ; universités nationale, régionale et privées.**

Étape commerciale sur l'ancien *Nakasen dō*, qui reliait Kyōto à Edo (Tōkyō) en traversant les « Montagnes du Centre ». Au sud de la Nagara gawa, la ville est également devenue la métropole intellectuelle et le principal satellite dynamique de la région de Nagoya ; de plus, elle concentre une grande partie des activités de la plaine du Nōbi qui s'étend au S. Les touristes, eux, sont attirés à Gifu par la pêche nocturne aux cormorans.

La ville fut totalement reconstruite après le tremblement de terre de 1891 et de nouveau après la Deuxième Guerre mondiale.

Le **parc de Gifu** (ou Gifu kōen ; *3,5 km N. de la gare ; bus, tramway, jusqu'à Gifu kōen*), est avec le **Kinka zan** qui le domine, la principale attraction touristique.

Il fut établi en 1888 au pied d'un ensemble de collines limitées au N. par la Nagara gawa. L'ensemble abrite le **sanctuaire d'Inaba**, fondé en 114 et transféré en ce lieu en 1539, la bibliothèque départementale, un important aquarium et l'**Institut entomologique**, fondé en 1896 par le professeur *Nawa Yasushi* (1857-1926), spécialisé dans l'étude des insectes nuisibles et possédant une collection de plusieurs milliers de spécimens.

Proche d'une **pagode à trois étages**, un téléphérique conduit au sommet du **Kinka zan** ou **Inaba yama** (339 m), où a été reconstitué **Gifu jō**, l'ancien château de Gifu ; vue étendue jusqu'au massif de Hakusan et les hautes montagnes de Hida.

Gifu jō fut construit en 1203 au sommet de l'Inaba yama, par un vassal du shōgun de Kamakura. En 1564, *Oda Nobunaga* (1534-1582) expulsait de ce château les Saito ; il le céda en 1576 à son fils *Nobutada* pour s'établir à Azuchi. *Hidenobu* (1581-1602), fils de Nobutada, n'avait qu'un an à la mort de son père et de son illustre grand-père. Transféré à Kiyosu, il fut ramené en 1585 par *Toyotomi Hideyoshi*. S'étant en 1600 opposé à *Tokugawa Ieyasu*, il fut assiégé en son château par *Fukushima Masanori* et *Kuroda Nagamasa* et dut se rendre. Ieyasu l'exila au Koya san où il mourut ; quant au château, il fut démantelé et abandonné.

De Gifu kōen une route carrossable à nombreux méandres traverse l'ensemble des collines du **Kinka zan**.

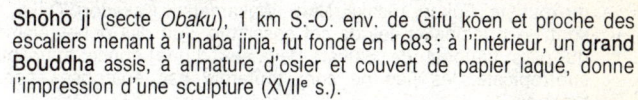

Shōhō ji (secte *Obaku*), 1 km S.-O. env. de Gifu kōen et proche des escaliers menant à l'Inaba jinja, fut fondé en 1683 ; à l'intérieur, un **grand Bouddha** assis, à armature d'osier et couvert de papier laqué, donne l'impression d'une sculpture (XVIIe s.).

Environs

1 — Tanigumi (*24 km N.-O. ; train Meitetsu depuis Tetsumeicho ou Chūsetsu*), colline au sommet de laquelle se trouve le **Kegon ji** (fondé en 798), l'un des trente-trois temples dédiés à *Kannon* dans les provinces de l'Ouest. Les bâtiments, de construction beaucoup plus récente, se dressent dans un cadre agréable de cerisiers et d'érables et abritent une **statue de Kannon** à onze têtes.

2 — Barrage de Yokoyama (*42 km N.-O. ; car ; train Meitetsu jusqu'à Ibigawa*), sur le haut cours de l'Ibigawa que l'on atteint après avoir dépassé les **gorges d'Ibi**, à env. 26 km de Gifu.

3 — Inuyama, Mino Kamo, Nagoya, Ogaki, V. ces noms.

Gotemba (Ile de Honshū)

Carte de la région de Hakone, p. 173.
Tōkyō, 108 km. — Kōfu, 72 km. — Shizuoka, 79 km. — Yokohama, 86 km.
Shizuoka ken. — 55 997 hab.

Gotemba possède une situation privilégiée au pied du mont Fuji, à proximité immédiate des monts de Hakone et au N. de la péninsule d'Izu, pour le touriste qui souhaiterait rayonner depuis cette ville à travers le **parc national de Fuji-Hakone-Izu**.

De Gotemba part la **piste d'ascension du mont Fuji** (*car sur 13 km jusqu'à la deuxième étape, puis 5 h 30 de marche*).

Environs

1 — Mont Fuji (*28 km O. ; car accédant à la cinquième étape sur la face S. du cratère*). — La route découvre d'admirables panoramas.
13 km : Deuxième étape du Fuji, d'où se poursuit la *piste de Gotemba*.
18 km : Route à g. en direction du *belvédère de Jūrigi, établi sur les pentes de l'Ashitaka yama, au N.-E. de l'Echizen dake (1 505 m).
20 km : **Omotefujii Road** se prolonge en direction de (22 km) Fujinomiya. **Fujisan Highway** monte au contraire vers le Fuji.
28 km : **Gogome**, cinquième étape du Fuji, au S.-O. du **Hoei zan** (2 702 m), formé par l'éruption de 1707. *Pour le sommet du Fuji, V. p. 177.*

2 — Parc national de Fuji Hakone Izu, V. ce nom.

Gotō rettō*

H. pl., Kyūshū (N.), p. 372-373.
Tōkyō, 1 450 km. — Fukuoka, 300 km. — Nagasaki, 88 km.
Nagasaki ken.

Cet archipel, au large de Kyūshū, rattaché au département de Nagasaki, offre un fourmillement d'environ cent cinquante îles et îlots, dont les rivages, morcelés et découpés, retiendront l'attention du touriste. Fukue, Hisaka, Naru, Wakamatsu, Nakadōri, Ojika, Uku sont les principales îles de cet ensemble, l'un des riches éléments du parc national de Saikai. Baignées d'une douce atmosphère subtropicale, les îles ne sont toutefois pas épargnées par les typhons.

Gotō rettō reçut une partie des vaincus taira après la défaite de Dannoura (Shimonoseki, 1185), et servit à partir du XVIIe s. de refuge à de nombreux chrétiens qui fuyaient, souvent vainement, les persécutions du gouvernement d'Edo.

Plusieurs services maritimes relient entre elles les diverses îles habitées.

Fukue (33 442 hab.; *bateau pour Nakadōri shima et Nagasaki; avion pour Omura; cars autour de l'île*), petit port de pêche, est la capitale économique de l'archipel. La ville est située dans l'île du même nom dont le **Tetega take** (461 m) est le point culminant.

Ishida jō, proche de la mer, fut la résidence de daimyo, qui ayant pris le nom de Gotō, le conservèrent jusqu'à la Restauration de Meiji. Brûlé en 1614, le château fut reconstruit en 1849 par Gotō Moriakira.
Au N. de Fukue, l'**église de Dozaki**, dont les matériaux proviennent d'Italie, fut élevée en 1909 par le père français *Marmande*.
A 21 km O. *(car)* : **Arakawa**, station thermale face à l'île de Shimayama; joli site.
A 40 km S.-O. *(car)* : ***Ose zaki** est un magnifique promontoire surmonté d'un phare.

Nakadōri shima (*bateaux de Narao à Fukue et Nagasaki; d'Arikawa à Ojika shima, Uki jima et Sasebo; car entre Arikawa et Narao*), la seconde île de l'archipel, au N.-E. de Fukue jima, est dans sa topographie encore plus complexe que la précédente. Tout au N. de l'île, à l'extrémité d'une longue échine rocheuse, pointe **Tsuwa zaki** *(car jusqu'à Tatekushi)*.

Habikino (Île de Honshū)

Carte du Kansaï, p. 470-471.
Tōkyō, 512 km. — Kōbe, 53 km. — Kyōto, 61 km. — Nara, 31 km. — Ōsaka, 24 km. — Wakayama, 74 km.
Osaka fu. — 77 134 hab.

À 1 km N. env. de la gare de Furuichi-Habikino *(Kintetsu E.R. depuis Ōsaka-Tennōji)*, s'élève le **tumulus géant de l'empereur Ōjin** *(Ōjin tennō ryō)*. Par ses dimensions : 700 m dans sa plus grande longueur, 419 m pour le tumulus proprement dit, 36 m de hauteur, il apparaît comme le second du genre après celui de Nintoku, proche de Sakai *(V. ce nom)*.

Ce tumulus, probablement de la fin du Ve s., en forme dite de «trou de serrure», entouré de douves, marque l'apogée de l'époque kōfun ; il se rattache au double groupe de Furuichi et Konda, qui réunissent entre autres les tombeaux, plus modestes, des empereurs *Chūai* et *Inkyō,* situés dans le voisinage.

Homuda (201-310, selon le Nihongi) ou *Ōjin tennō*, fils de l'empereur Chūai et de son épouse Jingū, laissa la régence à sa mère durant soixante-neuf ans. Il entretint des rapports avec la Corée, eut plusieurs favorites et de nombreux enfants. Il a été assimilé, par la religion shintō, au dieu de la guerre et fut le patron des Minamoto.

À proximité se trouve le **Konda Hachiman gū**, l'un des plus anciens sanctuaires du Japon (Ve s.), dédié à l'empereur *Ōjin*.

Hachinohe (Île de Honshū)

Carte du Tōhoku, p. 234-235.
Tōkyō, 640 km. — Akita, 225 km. — Aomori, 111 km. — Morioka, 126 km.
Aomori ken. — 238 179 hab. — Ville industrielle ; port de pêche.

Deuxième ville du département d'Aomori, Hachinohe draine à son profit une grande partie de l'activité économique du Japon septentrional. Grâce à son importante production, le port de pêche de Hachinohe est le second du Japon après celui de Kushiro, à Hokkaidō. Il lui est annexé un port minéralier alors que la ville se développe au centre d'une zone industrielle (industries alimentaires et chimiques) ; en outre existent, au large, des gisements reconnus de charbon et pétrole.

Environs

1 — Tanesashi kaigan *(14 km E.; train J.N.R.; car)*, station balnéaire estivale à proximité d'une belle côte rocheuse.

2 — Parcs nationaux de Rikuchū kaigan et de Towada Hachimantai, *V. ces noms.*

■ Hachiōji (Ile de Honshū)

Carte des environs de Tōkyō, p.526.
Tōkyō, 49 km. — Chiba, 86 km. — Kōfu, 96 km. — Urawa, 59 km. — Yokohama, 44 km.
Tōkyō to. — 387 178 hab. — Usines textiles ; industries alimentaires.

Hachiōji, à la limite occidentale de la plaine de Musashi et au carrefour de voies ferrées en provenance de Tōkyō et Yokohama, reçoit dans ses immeubles résidentiels les travailleurs de ces deux métropoles.

Environs

1 — Takao san *(8 km S.-O., par la N 20 ; car depuis Hachiōji ou de la gare J.N.R. de Takao ; train Keiō Teito depuis Tōkyō-Shinjuku ; puis funiculaire d'accès).* — Colline boisée de 600 m d'alt., célèbre pour ses érables en automne, agréable but de promenade des environs de Tōkyō.
4 km : Route à dr. vers *(600 m)* les **mausolées de Tama**. Deux monticules couverts de dalles de granit superposées abritent les tombeaux de l'*empereur Taisho* (1879-1926), fils de Meiji tennō, et de son épouse *Teimei* (1884-1951), les parents de l'actuel souverain Hiro Hito.
7 km : **Kiyotaki**, d'où l'on gagne en funiculaire le **Takao san**. Petit musée de la nature, proche de la station.
8 km : **Takao san**.

→ A environ 800 m S.-O. : **Yakuō in**, dédié à *Yakushi Nyōrai*, et dont la fondation (744) est attribuée au prêtre *Gyōky*. Un peu plus haut, belvédère.

2 — Tōkyō, Yokohama, parc national de Chichibu-Tama, *V. ces noms.*

■ Hagi (Ile de Honshū)

Carte des richesses humaines, p. 68.
Tōkyō, 1 098 km. — Hiroshima, 225 km. — Matsue, 245 km. — Yamaguchi, 47 km.
Yamaguchi ken. — 53 000 hab. — Port de pêche ; culture d'oranges.

Tournée vers la mer du Japon, la ville est bâtie au fond d'une baie élégante dans laquelle se termine le delta de l'Abu gawa. Hagi est l'une des rares localités japonaises qui, épargnée par le modernisme impersonnel de tant d'autres villes, a su conserver l'atmosphère surannée d'une cité de l'époque d'Edo. Elle reste l'une des plus poétiques évocations du Japon d'autrefois. L'art de la poterie perpétue par ailleurs des traditions plusieurs fois centenaires.

La résidence des Mōri. — Après la défaite de Sekigahara, les Mōri, qui s'étaient opposés à Tokugawa Ieyasu, se virent dépossédés de leurs vastes domaines dont Hiroshima était la capitale. Limités aux provinces de Nagato et Siwa, le département actuel de Yamagichi, ils s'installèrent à Hagi, où *Hidenari* construisit un nouveau château. Ses successeurs se maintinrent jusqu'en 1863, puis s'établirent à Yamaguchi, entraînant avec eux la prospérité de la petite ville.

Sève révolutionnaire. — Hagi se glorifia d'avoir été le berceau d'un certain nombre d'hommes politiques qui participèrent à la restauration de l'autorité impériale. En tête de ceux-ci, *Môri Motonori*, chef du clan de Chōshū, fut un nationaliste influent auprès de l'empereur et un artisan actif de la déchéance shōgunale. Après la Restauration, Motonori céda l'ensemble de ses domaines et revenus à l'empereur Meiji. Par ailleurs, en 1876, *Maebara Issei*, qui avait également favorisé la restauration impériale, déçu par l'évolution politique, profita d'un soulèvement à Kumamoto pour organiser une révolte à Hagi ; défait, il tenta de s'échapper par mer, mais il fut rattrapé et décapité à Yamaguchi.

Ils sont nés à Hagi. — *Sugimori Nobunori*, connu sous le nom de *Chikamatsu Monzaemon* (1653-1724), le plus grand dramaturge japonais ; *Môri Motonori* (1839-1896), mentionné ci-dessus ; le maréchal *Yamagata Aritomo* (1838-1922), qui fut Premier ministre ; *Yamada Akiyoshi* (1844-1892) et *Katsura Tarō* (1847-1913) participèrent aussi à la Restauration et au premier gouvernement de Meiji.

Hagi jō *(4,5 km O. de la gare de Higashi Hagi, 1,5 km , N.-O. de celle de Tamae ; bus),* au pied du **Shizuki yama**, entouré par la mer, ne garde plus que le souvenir de son donjon, démantelé en 1873, de forts remparts et ses douves. Autres ruines au sommet de la colline et petit sanctuaire à ses pieds.

Une première forteresse avait été construite au XIIIe s. par *Hōjō Naomoto*. Les Mōri s'établirent en ce lieu au début du XVIIe s. et firent élever un château, achevé en 1608, et abandonné en 1862.

Edo ga yoko cho, parallèle à la grande rue moderne qui, face au château, rejoint la gare de Higashi-Hagi, est, parmi les anciennes artères de la ville, l'une des plus évocatrices. A son extrémité, si l'on tourne vers la g. *(N.-O.)*, on atteint, à proximité de la grande rue mentionnée ci-dessus, le **musée folklorique** (collections artisanales et locales), établi dans une maison de 1768 ; si l'on tournait au contraire vers la dr. *(S.-E.),* on atteindrait rapidement les maisons voisines de Takasugi Shinsaku et de Kido Takamasa.

Takasugi (1839-1867) fut un valeureux samourai du clan de Chōshū, opposé au shōgun et à l'alliance avec l'étranger. *Kido Takamasa* ou *Kōin* (1834-1877) agit également en faveur de la cause impériale, et inspira la création de départements au lieu des anciennes provinces.

A 2 km env. S.-E. *(se renseigner),* proche de l'Abu gawa, se trouve la maison natale du maréchal *Yamagata Aritomo.*

Shoka Sonjuku *(1,5 km S.-E. de la gare de Higashi-Hagi)* est la petite école où enseigna *Yoshida Shoin* (1831-1860), partisan de l'empereur, nationaliste xénophobe, mais curieux des connaissances occidentales *(V. Shimoda, p. 183).* Le sanctuaire voisin lui est dédié.

Tōko ji, plus au N.-E., dans son cadre de verdure, est l'ancien temple de famille des Mōri et abrite leur mausolée.

Environs

1 — Kasa yama *(6 km N.; car)* est l'un des beaux promontoires, d'origine volcanique (112 m), de la baie de Hagi; *vue d'ensemble sur le parc côtier de Kita Nagato. Non loin, la petite lagune abritée de Myōjin.

2 — Ai shima *(13 km N.-O.; bateau)*, petite île aux côtes entaillées ou en falaises.

3 — *Mi shima *(45 km N.-O.; bateau)*, aux rivages encore plus insolites et dont les promontoires rocheux lui ont valu le surnom d'« Alpes de la mer ».

4 — Susa wan *(38 km N.-E.; car; train J.N.R.)* compte parmi les plus belles criques de Kita Nagato kaigan, qu'on longe entre Hagi et Susa.

5 — Nagato, Yamaguchi, V. ces noms; **Akiyoshi dai, Chōmon kyō** V. Yamaguchi.

Hakodate (Ile de Hokkaidō)

Carte ferroviaire, en page de garde.
Tōkyō, 830 km. — Aomori, 113 km. — Esashi, 72 km. — Otaru, 251 km. — Sapporo, 265 km. — Tomakomai, 252 km.
Hokkaidō. — 320 154 hab. — Port de pêche et de commerce. — Université privée.

Troisième ville de l'île de Hokkaidō, Hakodate demeure le principal point d'accès maritime de cette île. La ville, établie au pied de la colline où fut élevé le fort de Goryōkaku, se rétrécit en un isthme qui s'accroche au Hakodate yama, avancé en mer tel un rocher de Gibraltar nippon. L'ouverture du tunnel sous-marin rejoignant Honshū à Hokkaidō devrait encore souligner l'importance de la ville.

En 1855, Hakodate fut avec Shimoda l'un des premiers ports du Japon ouverts au commerce étranger, à la suite du traité de Kanagawa (1854; V. Yokohama). En 1869, le vice-amiral *Enomoto Takeaki* (1836-1908), l'un des derniers partisans du shōgun, se replia avec sa flotte dans la baie de Hakodate, et au fort de Goryōkaku créa une éphémère république : il soutint une résistance de six mois aux armées impériales commandées par le général *Kuroda Kiyotaka* (1840-1900). La même année (1869) était créé à Hakodate le Commissariat à la Colonisation (kaitakushi); il fut transféré en 1871 à Sapporo.

Dans la partie la plus étroite de l'isthme de Hakodate, au croisement de deux larges artères se tient la **Municipalité** *(500 m S. de la gare).* L'une de ces deux artères conduit vers le S.-O. au Hakodate yama. Si l'on tourne à l'extrémité de cette rue, sur la dr. on atteint le téléphérique d'accès au Hakodate yama, sur la g. on se dirige vers Hakodate kōen.

Hakodate kōen *(2,5 km S.-O. de la gare; bus)* est un jardin anglais sur les basses pentes orientales du mont Hakodate; il abrite la bibliothèque et le musée.

Le **musée de Hakodate**, le plus ancien musée régional du Japon, a pris place aujourd'hui dans un édifice moderne; il fut ouvert en 1879 sur l'initiative du conseiller américain *Horace Capron* (1804-1885). Il abrite quelques collections archéologiques provenant de fouilles locales, notamment des poteries de l'époque *jōmon*; un département d'ethnographie consacré aux civilisations *ainou* et *gilyak* (îles de Hokkaidō et Sakhaline); des souvenirs et manuscrits du poète *Takuboku Ishikawa* (1886-1912). Les collections de science naturelle et de pêche sont demeurées dans l'ancien bâtiment d'origine, qui est une construction en bois de style occidental.

A 500 m S.-O. de Hakodate kōen se dresse le sanctuaire de Hachiman, le plus important de Hakodate (fêtes les 29 juillet et 15 août).

Au N. du téléphérique du mont Hakodate, voici l'**église grecque orthodoxe de la Résurrection**, reconstruite après un incendie, fondée en 1861 par le prélat russe *Ioan Kasatkin Nikolai* (1836-1912), introducteur de cette religion au Japon.

*Hakodate yama *(4 km S.-O. de la gare; bus, téléphérique d'accès)* culmine à 335 m au **Goten yama**. Ancien cône de volcan émergé, il tombe sur la mer en falaises de 100 à 150 m de hauteur. Du sommet, que surmontent des antennes de radio-télécommunication, on découvre le détroit de Tsugaru jusqu'à la mer du Japon, et toute la ville étalée à ses pieds.

Proche du sommet, un monument célèbre la mémoire de l'Anglais *Thomas Wright Blakiston* (1832-1891), commerçant établi à Hakodate, qui laissa son nom à la **ligne zoographique de Blakiston** *(détroit de Tsugaru)*, pour avoir observé que les oiseaux vivant de part et d'autre du détroit étaient d'espèces différentes. Apposé à l'observatoire du mont Hakodate, buste de *Tadataka Ino* (1745-1818), savant japonais qui fit ici ses premières observations topographiques pour l'établissement de son Atlas du Japon.

Fort de Goryōkaku *(3 km N.-E. de la gare; bus)*; ce fort doit son nom *(Étoile à cinq branches)* à sa forme pentagonale; il fut élevé, de 1855 à 1864, sur un plan « à la Vauban », par *Takeda Hisaburo* à son retour des Pays-Bas; ce fut le premier du genre au Japon.

Goryōkaku était sous le contrôle direct des Tokugawa et c'est ici que se retrancha en 1869 *Enomoto Takeaki* (V. historique). Aujourd'hui l'ensemble est aménagé en jardin public et abrite un petit musée qui commémore les combats de 1869. De la tour-observatoire voisine, vue sur la ville et ses environs.

Environs

1 — Monastère trappiste *(26 km S., par la N 228; à 2 km O. de la gare de Tobetsu)*, fondé en 1895 par *Fukie Okada*, d'origine française; on peut visiter *(accès interdit aux femmes)*.

2 — *Ōnuma kōen *(28 km N. par la N 5; car; train)*. — Parc naturel de 94 760 ha dominé par l'éperon **Komaga take** (1 133 m; *V. ci-dessous*), au pied duquel s'étendent les trois étangs peu profonds d'**Ō numa, Ko numa** et **Junsai numa**; patinage sur les lacs en hiver et bateau en été sur celui d'**Ō numa**, le plus grand (5 km^2), situé au N.-O. des deux autres; pêche au *funa* (petite carpe). Du sommet de **Konuma yama**, entre Ko numa et Junsai numa, jolie vue d'ensemble.

Komaga take (1 133 m) ou **Ōshima Fuji** est un volcan actif dont le cratère a pris la forme d'un fer à cheval. *Ascension depuis la gare de Komagatake (6 km) en 3 h 30.*

A 17 km N.-E. (car): **Shikabe Onsen**, au pied du Komaga take, possède des sources de 52 à 101 °C. Le **geyser de Tsurunoya**, le seul de Hokkaidō, en est l'attraction majeure ; il jaillit toutes les dix minutes jusqu'à 5 m de hauteur, à une température de 100 ºC.

3 — E San *(46 km E., par la N 278 ; car).* — On quitte Hakodate vers l'E. en longeant la côte ; vues sur la péninsule de Shimokita.
6 km : **Yunokawa Onsen**, découverte au XVIIe s., est la plus ancienne source chaude connue à Hokkaidō, et reste aujourd'hui la plus fréquentée au S. de cette île ; eaux de 31 à 67 ºC.

A 3 km E. *(car) :* **Couvent trappiste féminin**, fondé en 1898 par une mission d'origine française. Aujourd'hui une centaine de religieuses y vivent, assurant une production de beurre et de fromage *(accès interdit aux hommes).*

21 km : **Shiokubi misaki**.
32 km : **Shirikishinai** : à dr. s'embranche une route qui longe l'E san par le S
41 km : **Todohokke**, où fut découvert un site néolithique d'époque jōmon. Là s'embranche la route d'Esan misaki.
46 km : ***Esan misaki**, qui tombe en falaises, à la pointe E. de l'E san (618 m) volcan actif, dont l'ascension peut se réaliser en une heure. Vue étendue.

■ Hakui (Ile de Honshū)

Tōkyō, 517 km. — Fukui, 123 km. — Gifu, 270 km. — Kanazawa, 44 km. — Toyama, 83 km.
Ishikawa ken. — 28 530 hab. — Centre industriel.

Nombre de voies divergeantes sillonnent la péninsule de Noto ; Hakui peut être considéré comme un point de départ pour l'investigation de cette dernière.

↔ Environs

1 — Togi *(29 km N. par la N 249 ; car).* — En voiture il sera préférable de suivre la route côtière.

4 km : **Sanctuaire de Keta**, face à la mer, sur un arrière-plan forestier, dédié à *Okuninushi no Mikoto*, descendant de *Susano o no Mikoto (V. Izumo).*
8 km : **Myōjō ji** (secte Nichiren) reste l'un des temples les plus importants de la région ; on y remarque principalement les **Hon dō**, **Kaisan dō**, **Kiga dō**, ainsi qu'une **pagode à cinq étages** classés.
22 km : A g. s'embranche une route vers *(4 km env. O.)* ***Noto kōngō**, l'un des plus beaux aspects de la côte avec, entre autres, l'arche naturelle de **Gammon** et le haut rocher de **Takanosu** *(Nid de faucon),* dont le sommet reste seulement accessible à ces oiseaux... Vedettes d'excursion en mer.

A 11 km N.-O. *(cars d'excursion)*, le site rocheux de **Sekino kaigan** pourra faire rêver les amateurs du Club Méditerranée !

2 — Kanazawa *(V. ce nom ; 44 km S. ; car ; train J.N.R.)* par une route péage, établie le long de la côte de la mer du Japon, où s'alignent plusieurs plages. Celle de **Chiri hama**, au S. de Hakui, est l'une des plus intéressantes A partir de **Nanatsuka** *(24 km env.)* la route, dont la prolongation doit être assurée jusqu'à Kanaiwa, contourne la **lagune de Kahoku**, en grande partie poldérisée.

3 — Nanao, Wajima, *V. ces noms.*

Hakusan (Parc national de; île de Honshū)

Carte des richesses naturelles, p. 63.

Comment vous y rendre?
— Depuis Kanazawa, *36 km jusqu'à Hakusanshita, en empruntant le **Hokuriku Railway** ou des cars jusqu'aux stations thermales d'Iwama ou Hakusan.*
— Depuis Katsuyama *(30 km E. de Fukui, par le **Keifuku E.R.** ou un car), en prenant un car pour Hakusan, ou Kanazawa.*
— Depuis Komatsu *(38 km S.-O. de Kanazawa et 77 km N.-E. de Fikui, relié par train J.N.R. à ces deux villes), cars en direction de Hakusanshita.*

De Kanazawa à Katsuyama via Haku san *(96 km; se renseigner sur la praticabilité de la route d'accès au Haku san; car direct entre les deux villes ou jusqu'à Hakusan Onsen; train **Hokuriku Railway** jusqu'à Hakusanshita).* Quitter Kanazawa vers le S.-O. par la N 8.

6 km : **Nonoichi**, où s'embranche à g. la N 157 qui remonte bientôt la Tedori gawa, également longée par la voie ferrée.

26 km : **Tedori Onsen**, en aval des jolies **gorges de Tedori** que l'on traverse.

35 km : **Hakusanshita**, terminus de la voie ferrée.

37 km : A g., route en direction d'Iwama Onsen.

51 km : **Iwama Onsen**; au-delà il faudra s'informer de l'état de la route; celle-ci s'élève jusqu'à proximité du Haku san. Très beaux paysages de montagne.

60 km : **Murodo** (2 455 m d'alt.), d'où l'on entreprend l'ascension du Gozen mine *(V. ci-dessous).*

Haku san est, avec les monts Fuji et Tate, l'une des trois montagnes sacrées du Japon et aussi l'une des plus belles. Cinq sommets principaux la surplombent : **Gozen mine (2 702 m) est le plus élevé ; **Onan ji** (2 646 m) et **Tsurugiga mine** (2 656 m), à l'O., **Bessan** (2 399 m) et **Sanno mine** (2 120 m), plus au S. Un petit sanctuaire se trouve au sommet du Gozen mine, d'où la **vue est remarquable en direction du Tate yama et de l'On take.

60 km : **Hakusan Onsen**, à 965 m d'altitude, au pied du Sanno mine.

74 km : **Shiramine**, où l'on retrouve la N 157 en direction de Katsuyama.

82 km : La route passe en tunnel sous le **col de Tani**, puis descend dans la vallée de la Kuzuryū gawa.

96 km : **Katsuyama** (32 691 hab.); industries textiles.

Hamada (Ile de Honshū)

Carte ferroviaire, en page de garde.
Tōkyō, 988 km. — Hiroshima, 115 km. — Matsue, 126 km. — Tottori, 260 km. — Yamaguchi, 121 km.
Shimane ken. — 49 407 hab. — Port de pêche.

L'économie de cette ville est tournée vers la mer du Japon. Port de pêche actif, il s'y déroule chaque jour un important marché au poisson; celui-ci, traité, mis en conserve, est exporté vers les pays de l'Asie du Sud-Est. La fabrique de céramiques et de tuiles dites d'Iwami constitue également une spécialité traditionnelle de la localité.

210 HAMAMATSU

Kame yama est un parc public, à 1,5 km O. env. de la gare, sur l'emplacement de l'ancien château de Hamada qui, sous les Tokugawa, fut la résidence des Furata, des Matsui, des Honda et des Matsudaira.

La façade côtière des environs de Hamada se distingue par de beaux sites marins, tels ceux de **Tono ura** et **Tatamiga ura**.

■ Hamamatsu (Ile de Honshū)*

Carte des principales voies ferrées, en page de garde.
Tōkyō, 239 km. — Kōfu, 181 km. — Nagano, 291 km. — Nagoya, 108 km. —
Shizuoka, 72 km. — Yokohama, 213 km.
Shizuoka ken. — 432 221 hab. — Ville industrielle : textiles de coton et synthétiques, chimie, motocycles, instruments de musique.

Hamamatsu se maintient en position clef, autour d'un château établi au carrefour des routes Tōkai dō, de Kyōto à Edo, et Shinano dō, issue du nord. Aujourd'hui, Hamamatsu est devenue la principale ville du département de Shizuoka, celle où *M. Honda* commença la construction de son empire financier (la majorité des motocyclettes japonaises y sont fabriquées). Par ailleurs les pianos fabriqués dans cette ville sont exportés et réputés dans le monde entier.

Comme en témoignent les découvertes de *Shimi zuka,* Hamamatsu fut un site d'occupation néolithique ; mais il faut attendre le XIVe s. pour entendre parler du château de Hikuma, ancien nom de la ville, construit par les Miyoshi. Vers 1505, *Okōchi Sadatsuna* construisit un nouveau château, où s'établit (1570) *Tokugawa Ieyasu,* et d'où il dirigea la bataille de Mikatahara (1572) ; puis, le cédant à *Honda Shigetsugu,* il força celui-ci à le reconstruire. En 1590, *Horio Yoshiharu* acquit le château qui, à l'époque des Tokugawa, passa en de nombreuses mains.

L'écrivain *Kamono Mabuchi* (1687-1769) et le metteur en scène *Kinoshita Keisuke* (né en 1912) sont originaires de Hamamatsu.

Hamamatsujō kōen *(1 km O. de la gare),* à l'emplacement du château de Hamamatsu, est un jardin public où subsistent douves et remparts ; l'ancien donjon du XVIe s., de trois étages, fut abandonné à l'époque Meiji et reconstruit en 1958 ; il abrite quelques collections archéologiques et locales. Petit zoo voisin.

Shijimi zuka *(2,5 km O., bus),* à proximité de l'**étang de Sanaru**, est un amas de coquillages, fouillé en 1889 ; le site voisin fut occupé par une population de civilisation néolithique *(jōmon),* il y a environ 3 000 ans. Comme à Toro *(V. Shizuoka),* cinq huttes primitives ont été reconstituées.

☞ Environs

1 — Dune de sable de Nakata jima *(5 km S. ; car)* ; s'étend sur près de 4 km au bord de l'océan Pacifique. Là ont lieu en mai les **compétitions de cerfs-volants**.

2 — *Hamana ko *(circuit de 72 km selon l'itinéraire indiqué ci-après ; car d'excursions au départ de Hamamatsu ; des services de bateau sillonnent lagune).* — Sur le site probable d'un ancien cratère volcanique, la **lagune de Hamana** (73 km², 126 km de côtes) était autrefois séparée de l'Océan par une langue de sable, emportée en 1498 ; il n'en reste que la petite île de

Benten. D'une faible profondeur, entourée de basses collines, la lagune ne manque pas de charme; on y élève de petites anguilles et des algues comestibles. Nombreuses zones de divertissement sur le pourtour.
Quitter Hamamatsu vers le N. par la N 257.

8 km : **Mikatahara**, site de la bataille de 1572, où s'affrontèrent *Takeda Shingen* (1524-1573) et *Tokugawa Ieyasu* (1542-1616), assiégé au château de Hamamatsu. Le conflit, tournant d'abord à l'avantage de Shingen, fut en fin de compte gagné par Ieyasu, qui effectua une sortie subite et décisive.

15 km : L'on tourne à g. en direction de Hosoe et Hamana ko.

A 7 km N.-O. : **Oku yama**, sur les pentes boisées duquel on visite le Hōkō ji (secte *Rinzai*), fondé au XIVe s. par le prêtre *Mumon* (1323-1390), fils de l'empereur *Go Daigo*.

27 km : Route à dr. vers Mikkadi, au N. de la jolie **crique d'Inohana**. Une route à péage sépare celle-ci de Hamana ko, le long de la **presqu'île d'Ozaki**.

32 km : **Seto**; embarcadère où l'on peut prendre un bateau jusqu'à Washizu (V. ci-dessous) au S.-O. de la lagune.

38 km : **Kosai**; le petit **promontoire de Washizu** est surmonté par le *Honko ji, dont le Hon dō (1552) conserve les peintures murales de *Tani Bunchō* (1765-1842), de l'école des Kanō; le **jardin japonais** fut dessiné par le maître du thé *Kobori Enshū* (1579-1647).

41 km : **Arai** contrôlait autrefois la passe d'Imagiri, entre la côte O. de la lagune et Benten jima. L'hôtel de ville, à l'emplacement de l'ancien octroi, en expose quelques souvenirs.

46 km : **Benten jima** est l'ancien îlot qui barrait l'accès au Hamana ko depuis l'Océan; il s'agit surtout aujourd'hui d'un « luna park » traversé par les ponts routiers et ferroviaires. L'un d'eux, **Hamanako ōhashi**, est un pont à péage, incurvé sur 1 600 m, coupant cette lagune vers le N. On l'empruntera en direction de Kanzanji.

57 km : **Kanzanji Onsen** est une autre zone de distractions sur la façade orientale de Hamana ko; un téléphérique relie la station au belvédère d'**Ogusa yama** (112 m). La fondation du **Kanzan ji**, à la pointe de la **presqu'île de Muragushi**, est attribuée à *Kōbō Daishi*, au IXe s.; jolie vue.

L'on reviendra à Hamamatsu par le **parc floral** de ce nom (vastes serres tropicales).

72 km : **Hamamatsu.**

3 — Vallée de la Tenryū gawa, *V. Iida et Tenryū.*

Hanamaki (Ile de Honshū)

Carte du Tōhoku, p. 234-235.
Tōkyō, 476 km. — Akita, 158 km. — Aomori, 252 km. — Morioka, 38 km. — Sendai, 147 km.
Iwate ken. — 68 873 hab.

Sur la grande ligne du Tōhoku entre Tōkyō et Aomori, Hanamaki, une grosse bourgade industrielle, dessert plusieurs sources thermales du voisinage, et par son aéroport la ville de Morioka.

Hanamaki est la patrie du poète *Kenji Miyuzawa* (1896-1933).

Site de Toya jō, ancien nom de Hanamaki, à 1,5 km S.-E. de la gare, proche de la Kitakami gawa. Ce **château** avait été construit au XIe s. par *Abe Yoritoki*.

Environs

1 — Hanamaki Onsen *(9 km N.-O. ; car)*, établie sur la vallée de la Dai gawa récupère les eaux de Dai Onsen. Cascades dans les environs.

2 — Namari Onsen *(18 km N.-O. ; car)*, dans une jolie vallée (érables en automne), le long de laquelle surgissent également les **sources d'Ōsawa** et **Shidotaira**.

A 3 km en amont, barrage et lac de retenue de Toyosawa.

3 — Morioka, parc national de Rikuchū kaigan, *V. ces noms.*

■ Handa (Ile de Honshū)

Tōkyō, 338 km. — Gifu, 81 km. — Nagano, 309 km. — Nagoya, 44 km. — Shizuoka, 171 km. — Tsu, 110 km.
Aichi ken. — 80 663 hab.

A l'embouchure de la Sakai gawa, au N.-O. de la baie de Mikawa, la ville de **Handa** et celle de **Hekinan** qui lui fait face, comptent parmi les satellites industriels gravitant autour de Nagoya. Les deux villes sont reliées par un tunnel sous-marin *(car)*. **Handa**, spécialisée dans les textiles de coton, produit également du vinaigre, de la sauce de soja et du saké. Sur une hauteur à l'O. de la ville, on peut visiter le **parc de Kariyado**.

Environs

*Péninsule de Chita *(circuit de 57 km de Handa à Tokoname ; cars entre ces deux villes et Morozaki, ou depuis Nagoya ; trains J.N.R. jusqu'à Taketoyo, Meitetsu jusqu'à Mihama ; bateau de Handa à Mihama et Morozaki).* — Bel itinéraire, contournant cette péninsule qui limite à l'O. la baie de Mikawa et à l'E. celle d'Ise ; la côte méridionale, plus découpée, est la plus intéressante ; stations balnéaires.

5 km : **Taketoyo**, petite ville industrielle et portuaire au terminus de la voie ferrée *J.N.R.*

14 km : **Mihama**, terminus du *Meitetsu Railway*, au-delà duquel la côte, placée sous la protection d'un *parc naturel*, apparaîtra sous ses plus beaux aspects.

25 km : **Morozaki** *(bateau pour Irako misaki)*, petite station touristique et balnéaire, au S. de laquelle pointe le **cap de Hazu**, le plus méridional de la péninsule de Chita. De là, on peut regagner directement Nagoya *(52 km N.)* par une *route de crête, à péage, qui découvre de jolies vues sur les deux baies de Mikawa et Ise.

A 5 km S.-E. *(bateau)* : **Shino jima**, petite île couverte de pins et située à l'entrée de la baie de Mikawa, entre les presqu'îles de Chita et Atsumi.

29 km : **Toyohama**, petit port au fond d'une crique.

37 km : **Utsumi** ou **Minami Chita**, station balnéaire près de laquelle on visite le **temple d'Iwajiri**.

42 km : **Noma**, et temple voisin d'**Omi dō**.

47 km : **Kasugaya**.

A 3 km E. : **Uno ike**, « étang des cormorans », habité par ces oiseaux ainsi que par des hérons.

57 km : **Tokoname**, d'où l'on peut regagner Nagoya, en car ou en train *(ligne Meitetsu)*.

Haramachi (Ile de Honshū)

Tōkyō, 286 km. — Fukushima, 75 km. — Maebashi, 325 km. — Mito, 181 km. — Niigata, 283 km. — Sendai, 78 km. — Utsunomiya, 226 km. — Yamagata, 156 km.
Fukushima ken. — 46 052 hab.

Ne manquez pas de vous rendre à Haramachi en juillet, pour assister au *festival Nomaoi de Soma*, qui se déroule sur la **lande de Hibarino**, à l'E. de la ville.

Des cavaliers venus des villages alentour, montés sur des chevaux sauvages, sont vêtus à l'ancienne et portent de grandes bannières qu'ils se disputent entre eux. La fête organisée régulièrement à partir du XVIIe s. par les seigneurs locaux, comme exercice de pratique militaire, serait l'évocation d'un combat qui eut lieu au Xe s.

Environs : Futaba *(29 km S. ; train J. N. R.).* — 10 km : Otaka, où subsistent les ruines d'un ancien château. — 29 km : Futaba ; au S. de la localité fut découverte en 1967 la **sépulture de Kiyotosako**, que l'on peut visiter.

Hikone (Ile de Honshū)

Carte des richesses humaines, p. 68.
Tōkyō, 415 km. — Fukui, 107 km. — Gifu, 31 km. — Kyōto, 64 km. — Ōtsu, 52 km. — Tsu, 97 km.
Shiga ken. — 78 753 hab. — Usines textiles ; fibres synthétiques.

Sur les rives orientales du lac Biwa, Hikone s'est développée autour de son château, l'un des plus caractéristiques du Japon féodal, et qui rehausse l'intérêt touristique de cette localité néanmoins méconnue.

Le maître de thé et jardinier-paysagiste *Kobori Enshū* (1579-1647), ainsi que l'homme politique *Ii Naosuke* (1815-1860), sont nés à Hikone.

Château de Hikone *(1 km O. de la gare)* ; il s'élève sur une éminence qu'entourent douves et remparts, aujourd'hui arrangés en parc.

La résidence des Ii. — Cette famille s'illustra à partir du XVIIe s. avec *Ii Naomasa* (1561-1602), qui après la victoire de Sekigahara s'empara du château de Sawayama, alors situé au sommet d'une colline, au N.-E. de la ville actuelle. Son fils *Naokatsu* s'établit à partir de 1603 sur le site du château, mais ayant refusé de participer au siège d'Ōsaka (1615), il en fut dépossédé par le shōgun *Hidetada*, au profit de son frère *Naotaka* (1590-1659). Celui-ci acheva le château de Hikone en 1623, et sa descendance s'y maintint jusqu'à la Restauration, en conservant le titre de *Kamon no kami*, attaché à la maison impériale. En 1845, *Ii Naosuke* (1815-1860) fut le dernier à hériter de ce domaine, à la mort de son frère aîné ; il avait acquis, en 1858, la dignité de *tairō* (Premier ministre) auprès du shōgun *Iesada*, à la mort duquel il imposa le jeune *Iemochi* (1846-1866) ; il signa de sa propre autorité plusieurs traités d'alliance avec des puissances étrangères (États-Unis, Grande-Bretagne, France). Si cette mesure devait marquer un grand tournant dans l'histoire japonaise, elle fut alors très impopulaire, et *Naosuke* fut, deux années plus tard, assassiné en sortant du palais d'Edo (Tōkyō).

Après s'être perdu dans le dédale des différentes enceintes, on accède à une terrasse d'où la vue s'étend sur le lac Biwa, et où s'élève le donjon de trois étages ; à l'intérieur, quelques souvenirs de la famille Ii.

Au N. de l'enceinte du château s'étendent les jardins des seigneurs de Hikone : **Rakuraku-en** dépend aujourd'hui d'un restaurant qui assure son entretien ; ***Hakkei en** est un jardin japonais composé avec art par *Kobori Enshū*, et où figurent, à petite échelle, les huits merveilles du lac d'Ōmi (V. *Ōtsu*).

Environs

1 — Sanctuaire de Taga *(7 km S.-E. ; train Ōmi Railway)*, dédié aux dieux créateurs Izanagi et Izanami *(V. Awaji)*, un des plus célèbres de la contrée.

2 — Azuchi, V. *Ōmi Hachiman ;* **Biwa ko,** V. *Ōtsu ;* **Ibuki yama,** V. *Ōgaki*.

Himeji (Ile de Honshū)*

Carte ferroviaire, en page de garde.
Tōkyō, 601 km. — Kōbe, 53 km. — Kyōto, 125 km. — Okayama, 75 km. — Osaka, 86 km. — Tottori, 132 km.
Hyōgo ken. — 450 000 hab. — Ville industrielle (aciéries ; caoutchouc ; textiles ; cuir) ; université régionale.

Un des « must » du voyage. Le château fort d'Himeji est de loin le plus beau et le plus authentique des châteaux japonais ; s'il en est un qu'il faut voir, c'est celui-là ! C'est en avril, au moment de la floraison des cerisiers que le château prend sa plus belle allure. Mais en toute saison vous ne pourrez qu'admirer la superbe d'Himeji jō, si souvent comparé à l'aigrette ou au héron blanc, en raison de sa gracieuse silhouette. La « personnalité » de la forteresse est encore renforcée par le contraste qu'elle présente avec l'univers d'où elle émerge : foisonnement urbain fait d'immeubles anonymes, d'usines et de rutilantes stations émettrices de télévision. Par ailleurs la ville et son faubourg portuaire de Shikama déploient une grande activité industrielle dans le cadre d'un vaste plan de développement urbain et régional.

De par sa position stratégique sur le Sanyō dō, point de contrôle de l'accès aux provinces de l'Ouest, Himeji se devait d'avoir un château à la hauteur de sa fonction. *Akamatsu Sadanori* en construisait vers 1350 une première version, Himeyama, dont il confia la garde aux Kodera ; ceux-ci, après s'être libérés de leurs liens de vassalité, s'y maintinrent jusqu'en 1577, lorsque *Toyotomi Hideyoshi* (1536-1598) s'empara du château ; il l'agrandit et en fit sa résidence, d'où il assura sa domination sur le centre du Japon, entre 1581 et 1585. Hideyoshi céda alors la place à son beau-frère *Kinoshita Iesada* (1543-1608) qui, après Sekigahara, dut se défaire du château au profit d'*Ikeda Terumasa* (1564-1613), le gendre de *Tokugawa Ieyasu* (1542-1616). Terumasa édifia le château que nous voyons actuellement, mais les Tokugawa continuèrent à surveiller de près l'établissement des familles Honda, Matsudaira, Sakaikibara, Sakai, qui se succédèrent à Himeji jusqu'en 1868.

****Himeji jō** *(800 m N. de la gare)* est aujourd'hui le plus complet des châteaux japonais existant. Il domine de son haut donjon un ensemble compliqué d'enceintes, cours et douves, qui composent un système défensif impressionnant.

Les châteaux forts japonais. — Occupant des positions stratégiques, les premières forteresses japonaises, *yama shiro*, étaient campées au sommet des collines ; puis, par raisons de commodité, sur une simple éminence au centre d'une région dégagée *(hirayama shiro)*. Autour on détournait ou canalisait les eaux (rivière, lac, bras de mer), afin de renforcer la défense ; tel est le cas de Himeji. — Un système d'enceintes, imbriquées les unes dans les autres, formées de murs tombant directement dans les fossés, surmontées de courtines percées de meurtrières etc., délimitaient les différentes parties de l'édifice ; des portes surmontées de passages s'ouvraient en chicane entre les nombreuses cours qui abritaient des salles d'armes, des puits et des magasins de vivres et de munitions. Les palais *(nimonaru* et *sannomaru)* occupaient respectivement les deuxième et troisième cours, et étaient habités par la famille et la maisonnée du seigneur ; celui-ci logeait dans le palais principal *(honmaru)*, généralement situé à proximité du donjon. Le donjon représentait la puissance seigneuriale ; formé de plusieurs étages en dégradé, il dominait tout le château et n'était généralement pas habité ; il constituait, en temps de guerre, l'ultime bastion de résistance, où se repliaient le seigneur et les siens, quitte à y mettre le feu et à s'y donner la mort, « tout étant perdu, fors l'honneur ». En dehors du château, les seigneurs disposaient le plus souvent d'une villa d'agrément, ouverte sur un jardin japonais ; les vassaux *(daimyō* ou *samourai)* possédaient également leur demeure dans les environs immédiats de la forteresse.

L'ensemble du château de Himeji *(V. historique)* a été restauré et consolidé avec soin entre 1956 et 1963.

Après avoir traversé la vaste **cour du sannomaru**, on accèdera sur la gauche à celle de **Nishinomaru** *(palais de l'Ouest)*, longée par un ancien couloir défensif de près de 300 m. Puis, franchies les petites cours qui entourent le **donjon**, on pourra pénétrer à l'intérieur de celui-ci. Flanqué à l'O. de deux donjons plus petits, il renferme lui aussi des cours et des couloirs fortifiés. Du haut de ses 6 m et de ses cinq étages, vue sur les environs jusqu'à la mer Intérieure. Vous pourrez ensuite vous perdre à loisir dans les nombreuses cours où s'élevaient le **hon-maru** et autres bâtiments.

Après la visite du château, pourquoi ne pas flâner dans son parc et le long de l'immense avenue qui le sépare de la gare? De part et d'autre de celle-ci, des galeries marchandes ombragées offrent un shopping intéressant au visiteur.

Nagoyama *(1,5 km O. du château, 2 km N.-O. de la gare)* est un parc autant qu'un cimetière. Un grand *stūpa* moderne (1960) en forme de pagode abrite quelques cendres du *Bouddha Gautama,* offertes par le pandit indien *Jawāharlāl Nehru* (1889-1964).

Tegara yama *(2 km S.-O. de la gare ; bus)* est un vaste parc public, surnommé *Central Park,* équipé de plusieurs installations sportives ; bibliothèque municipale et **galerie d'art de Himeji** (expositions temporaires et collections locales).

Matsubara Hachiman gū *(6 km S.-E. de la gare de Himeji ; bus ; train Sanyō E. R. jusqu'à Shirahamanomiya) ;* situé à 200 m. S. de la gare de Shirahamanomiya, ce sanctuaire est célèbre pour le très animé *Kenka matsuri,* au cours duquel s'affrontent les porteurs de palanquins, et qui se déroule les 14 et 15 octobre.

216 HIMEJI (ENVIRONS) — HIRADO SHIMA

Environs

1 — Hiromine yama *(4 km N.; bus)* : colline couverte de pruniers, qu[i] fleurissent au début de l'année ; à son sommet, un sanctuaire, fondé au VIIIe s. est consacré à *Susano o no Mikoto* et à son fils *Itakeru no Mikoto*.
Fêtes : 3-4 février ; 3 avril ; 17-18 avril.

2 — *Shosha zan *(8 km N.-O. ; car jusqu'au sommet ou jusqu'au pied d[u] téléphérique d'accès).* — Dans un cadre de forêts et de rochers a été élev[é] l'Enkyō ji. Ce temple, autrefois l'un des plus vénérés des provinces d[e] l'Ouest, avec ceux du mont Hiei, voisin de Kyōto, et celui du Daisen ji, sur l[a] montagne du même nom (département de Tottori), fut fondé en 966 par l[e] prêtre *Shōkū* (910-1007).

A 7 km N., petite station thermale de **Shioda**.

3 — Ieshima shotō *(21 km S.-O. ; bateau depuis Shikama)* est un group[e] d'îlots situés entre Himeji et Shōdo shima ; **Ie shima** est le plus grand, **Nish[i] jima**, qui culmine à 276 m, le plus pittoresque.

4 — Akashi, Akō, Tatsuno, Parc national de Seto Naikai, V. ces noms.

■ Hirado shima*

Carte du nord de Kyūshū, p. 372-373.
Tōkyō, 1273 km. — Fukuoka, 123 km. — Nagasaki, 113 km.
Nagasaki ken. — 171 km².

Les Européens connaissent en général le nom de Hirado, île paisibl[e] qui accueillit les « Barbares venus du Sud », et dont les beauté[s] naturelles lui ont valu son incorporation au parc national de Saika[i].

Portugais et Espagnols. — Dès 1549, les Portugais faisaient leur app[a]rition à Hirado ; mais ce n'est qu'après 1584, à la suite des Espagnol[s] qu'ils ouvrirent un comptoir commercial assurant les échanges entre Chine et le Japon, dont ils gardèrent le monopole jusqu'en 1641. En 155[9] *saint François Xavier*, chassé de Kagoshima, débarque à Hirado où [il] reçoit un accueil favorable ; depuis cette île il entreprend de gagn[er] Kyōto à pied et d'y opérer des conversions ; mais ce fut un échec ; [le] père *Cosme de Torrès*, resté sur place, eut davantage de chance. Bient[ôt] leur influence ayant été jugée néfaste, les missionnaires se voie[nt] expulsés du Japon (1597).

Hollandais et Anglais. — En 1609, sur le consentement de *Tokugav[a] Ieyasu*, un comptoir hollandais est ouvert à Hirado par *Abraham Van d[en] Broek. Richard Cocks* et les Anglais s'installent en 1613, et c'est en [se] rendant à Hirado que mourut (1620) *William Adams*, le premier Brita[n]nique établi au Japon *(V. Yokosuka)*. L'arrivée de ces nouveaux Eur[o]péens contrebalançait, aux yeux de Ieyasu, l'influence portugaise ; celu[i]ci, du reste, à partir de 1616, limita à Hirado et à Nagasaki l[es] établissements étrangers. Les persécutions contre les chrétiens [ne] facilitèrent pas non plus la vie à Hirado ; les Matsuura, seigneurs de l'î[le] un temps convertis, répriment bientôt la religion occidentale : destru[c]tion des entrepôts hollandais en 1640, démolition des maisons sur [la] façade desquelles figurait une date de l'ère chrétienne.
Tout n'allait pas non plus pour le mieux entre Européens, parfois [en] guerre dans leurs pays respectifs. C'est ainsi que le comptoir anglais

assiégé en 1618 par des Hollandais, et qu'il fallut une intervention japonaise pour rétablir l'ordre! Les Anglais durent quitter l'île en 1621, et se désintéressèrent du Japon pour se tourner vers l'Inde. Quant aux Hollandais, leur comptoir passa en 1629 sous la direction de *François Caron,* d'une famille calviniste française réfugiée aux Pays-Bas, et engagé auprès de la Compagnie hollandaise des Indes orientales. En 1641, il cédait son poste à *M. Lemaire,* qui fut obligé de transférer le comptoir à Deshima (Nagasaki, *V. ce nom*), seul établissement européen resté ouvert au Japon jusqu'au XIXe s. *Caron* s'engagea en Inde au service de Colbert; en route vers la France, il mourut au large de Lisbonne. Il avait publié, en hollandais, une description du Japon d'alors. Aujourd'hui, bien peu de souvenirs demeurent des comptoirs européens de Hirado, d'autant que la ville fut victime d'un incendie en 1906.

L'île est désormais rattachée à la grande île de Kyūshū par un pont la reliant à la ville de Hiradoguchi.

Hirado (32 865 hab.), la capitale de l'île, s'abrite au fond d'une petite crique.

Miyuki bashi, au S. du port, est un ancien pont de pierre construit en 1702; à proximité se trouvaient les établissements anglais et hollandais. A l'E. de ceux-ci, et dominant tout le port au S., se dresse la colline de Kameoka : on y a tenté une reconstitution moderne du **château de Hirado** (donjon à trois étages); près de là, petit **sanctuaire**, et en contrebas, vers le port, la récente **Maison internationale.**

Vers l'O. et le N. d'autres collines sont occupées par différents monuments; on y accède par des chemins encaissés et en escaliers, dits des Hollandais. L'un d'eux conduit vers l'O. aux **temples chinois** et à l'**église catholique** (XIXe s.).

L'ancienne **résidence des Matsuura,** qui gouvernèrent l'île du XIe au XIXe s., est aujourd'hui un **musée** : collections et souvenirs témoignent du passé historique de l'île et de cette famille; objets japonais, chinois, européens d'usage courant ou scientifiques, militaires, religieux, voire purement artistiques; dans le jardin, petit **pavillon de thé** : *kanun tei.*

Enfin au N. est élevé un **monument** à la mémoire de *saint François Xavier,* qui débarqua dans l'île en 1550.

Le reste de l'île, qui culmine au **Yasuman dake** (535 m), peut être traversé en car jusqu'au **cap de Shijiki,** tout au S. *(43 km),* d'où l'on découvre l'archipel de Gotō. Il sera préférable, si l'on est en voiture, de revenir par la côte occidentale, au paysage plus riche que celle qui regarde la grande île de Kyūshū.

L'**île d'Ikitsuki,** au N.-O. de Hirado shima *(bateau de Hirado à Itsuki, 18 km),* mérite d'être visitée.

Hiratsuka (Ile de Honshū)

Carte des environs de Tōkyō, p. 526.
Tōkyō, 55 km. — Kōfu, 122 km. — Shizuoka, 130 km. — Yokohama, 31 km.

Kanagawa ken. — 163 671 hab. — Industrie du caoutchouc; appareillage électrique; manufacture de tabac.

A l'O. de l'estuaire de la Sagami gawa, Hiratsuka est un centre industriel orienté vers la baie de Sagami, le long de laquelle il est plus courant de trouver des centres de tourisme. Nous attacherons toutefois quelque intérêt aux environs proches.

Environs

1 — Ōiso *(4 km S.-O. ; car ; train J.N.R.)*, importante station balnéaire et résidentielle dont les anciens quartiers peuvent évoquer ceux de Kamakura. On y montre encore l'ancien **ermitage de Shigitatsuan**, où vécut le célèbre poète et tireur à l'arc *Saigyō Hōshi* (1118-1190) ; plus proche de nous se trouve, également à Ōiso, la **villa au jardin remarquable**, où vécut et mourut le Premier ministre de l'après-guerre *Yoshida Shigeru* (1878-1967).

A 1 km N. : **belvédère de Shonandaira** (181 m d'alt.), d'où l'on découvre les monts de Hakone, le Fuji san vers l'O., la baie de Sagami au S. et l'Ō yama au N.

2 — *Parc régional de Tanzawa Ōyama *(20 km N.-O. jusqu'à l'Ō yama ; car depuis Hiratsuka ou de la gare d'Isehara de l'Odakyū E.R. ; puis funiculaire).* — Ce parc de 26 345 ha, situé entre les parcs nationaux de Fuji-Hakone-Izu et de Chichibu-Tama, culmine aux monts Hiro (1673 m) et Tanzawa (1567 m) ; la **Sagami gawa** y prend sa source. Au S.-E. du parc l'**Ō yama** culmine à 1252 m ; le funiculaire accède au **sanctuaire** principal d'**Afuri** ; le sommet, où se trouve un **autre sanctuaire** qui en dépend, est encore à 2 km de marche.

Hirosaki (Ile de Honshū)*

Carte du Tōhoku, p. 234-235.
Tōkyō, 688 km. — Akita, 155 km. — Aomori, 40 km. — Morioka, 174 km.
Aomori ken. — 175 330 hab. — 40 m d'alt. — Université nationale.

A l'origine de la plaine agricole (riz et arbres fruitiers) de Tsugaru, Hirosaki s'est développée autour de son puissant château féodal, et demeure aujourd'hui l'un des principaux centres économiques du département d'Aomori. Vers le N.-O. s'élève l'Iwaki san, qui attire de nombreux skieurs et promeneurs ; en outre la région se vante, comme celle d'Akita, de donner naissance aux plus jolies filles du pays.

Le ***Nebuta matsuri**, semblable à celui d'Aomori, qui se déroule entre le 1er et le 7 août, est l'une des plus belles fêtes du Japon.

Ce n'est qu'à la fin du XVIe s. que la famille d'Ōura confirma sa domination sur la région de Tsugaru et reçut ce nom de Hideyoshi, à qui elle s'était alliée. Au début du XVIIe s., *Tsugaru Nobuhira* (1586-1631) fit élever le château de Hirosaki, où vécurent ses descendants jusqu'à la Restauration de *Meiji*. Nobuhira s'était par ailleurs converti à la religion chrétienne, et il accueillit en 1614 à Hirosaki plusieurs chrétiens, lorsque débutèrent les persécutions contre ceux-ci.

***Ōyo kōen** *(2 km N.-O. de la gare ; bus)* est tracé sur l'emplacement de l'ancien **château**, dont subsistent les douves, les remparts et cinq portes classées. Le donjon actuel fut construit en 1810, au S.-E. de la cour où s'élevait le donjon précédent, achevé en 1611 et qui brûla au début du XIXe s. ; il abrite aujourd'hui quelques souvenirs historiques. Hirosaki jadis autrefois l'un des plus importants châteaux du Japon, reste surtout célèbre pour la floraison remarquable de ses cerisiers, à la fin du mois d'avril.

HIROSAKI (ENVIRONS) 219

Parmi les différents temples et sanctuaires répartis dans la ville, nous mentionnerons : **Hirosaki Hachiman gū** *(à 2 km N. de la gare)*.

Saishō in *(1,5 km O. de la gare)*, dont la **pagode** de 31 m, à cinq étages, fut élevée en 1648 ; **Chōsho ji** *(3 km O. de la gare)*, qui fut édifié par les *Tsugaru* en 1629, et dont la porte à étage abrite les **statues des gohyaku Rakan** (500).

Environs

1 — Ōwani Onsen *(13 km S.-E. par la N 7 ; car ; train J. N. R. ; train privé depuis la gare de Chūō Hirosaki)* est une station thermale célèbre pour ses vergers (pommes), et une station hivernale de ski, pratiqué sur les pentes du **mont Ajara** (709 m) qui s'élève au S.-E.

2 — *Iwaki san *(32 km N.-O. ; car)*. — Cet ancien volcan de 1 625 m dépasse en altitude les sommets avoisinants ; sa forme conique lui a valu le surnom de **Tsugaru Fuji** ou **Oku Fuji**.

6 km : **Ōura** ; à dr. se trouve le site de l'ancien château des seigneurs d'*Ōura*, qui s'établirent à Hirosaki et changèrent leur nom en celui de *Tsugaru*.

12 km : Route à dr. en direction du **Takateru jinja**, dédié à l'ancêtre des Tsugaru et à trois autres divinités, qui se distingue par la décoration des poutres frontales du bâtiment principal.

15 km : **Hyakusawa Onsen**, où l'on visite le luxueux **sanctuaire d'Iwakiyama**, fondé au IXe s., mais dont la décoration, réalisée au XVIIe s., lui a valu le nom de **Nikkō du Nord de Honshū**.

20 km : **Date Onsen**, autre station au pied de l'Iwaki san, dont on peut entreprendre l'ascension ; nombreuses promenades possibles aux alentours.

A 12 km S. : lac de barrage de **Meya**, à 183 m d'alt., au centre d'une zone forestière et en amont duquel tombe la cascade d'Ammon.

22 km : On laisse la route, jusqu'alors empruntée, qui continue en direction de la Nakamura gawa, et qui rejoint la mer du Japon à *Ajigasawa* (25 km N.). On prend sur la dr. la route à péage de Tsugaru-Iwaki pour réaliser l'ascension de la montagne (nombreux lacets).

32 km : Fin de la route ; un télésiège conduit au sommet de l'**Iwaki**, où se dresse le petit **sanctuaire d'Okuyama**.

3 — *Jūni ko *(95 km O., en partie par la N 101 ; train J. N. R. jusqu'à la gare de Matsukami, long parcours ; cars en été)*. — En voiture on quitte Hirosaki vers le N.-O., en laissant sur la gauche l'Iwaki san.

32 km : **Ajigasawa**, petit port de pêche typique de la mer du Japon. La route et la voie ferrée longent désormais la côte rocheuse, sur laquelle se distinguent le méplat d'**Ōdose zaki** et **Todo jima**.

69 km : **Fukaura** fut autrefois un bon mouillage de la mer du Japon. La N 101 continue tout droit par le col de Nakayama ; il sera préférable de suivre la côte parsemée de récifs, de grottes marines et de falaises : on dépassera entre autres les **caps de Nyūmae** et **de Henashi**.

83 km : **Iwasaki**, où l'on retrouve la N 101.

89 km : **Matsukami**, d'où l'on prend vers l'E. la route menant à Jūni ko.

95 km : **Jūni ko** *(les Douze lacs)* ; ils sont en fait plus d'une trentaine, établis sur un plateau, à une altitude moyenne de 150 à 250 m. Le **canyon nippon**, l'un des phénomènes naturels du Japon, fait partie de cet ensemble.

4 — Parc national de Towada-Hachimantai, *V. ce nom*.

Hiroshima (Ile de Honshū)**

Carte de Shikoku et Mer Intérieure, p. 502-503 ; plan, p. 222.
Tōkyō, 873 km. — Matsue, 191 km. — Okayama, 165 km. — Yamaguchi, 141 km.

Chef-lieu de Hiroshima ken. — 902 725 hab. — Ville industrielle (métallurgie, chimie, textiles, produits alimentaires) et portuaire. — Universités nationale, régionale, privées en toutes disciplines. — Évêché.

« Le phénix qui renaît de ses cendres... », l'expression convient pleinement à Hiroshima, ville immortalisée par une tentative de destruction, mais ville qui vit, se développe, s'aggrandit chaque jour, émerveille par son dynamisme. Tout semble avoir été mis en œuvre pour effacer, en une quarantaine d'années, les traces matérielles de la dévastation. Et, le voyageur qui s'arrête ici découvre une ville comme les autres. Pourtant, le Parc de la Paix, au cœur de la cité, est là pour rappeler l'horrible souvenir de ce matin d'août 1945 qui ouvrit une ère nouvelle dans l'histoire de l'humanité. Pour la première fois, en effet, fut ici utilisée — expérimentée ? — à des fins militaires et contre des populations civiles, une énergie nouvelle, à peine découverte et dont les conséquences pour l'être humain et son environnement restaient inconnues.

En visitant le Musée, particulièrement éprouvant par sa froide horreur, il conviendra de se rappeler que la bombe d'Hiroshima était pourtant des milliers de fois moins puissante que celles actuellement renfermées dans les arsenaux modernes.

La ville dans l'histoire

Ri jō. — Entre 1589 et 1593, *Mōri Terumoto* (1553-1625), chef de l'une des plus puissantes familles des provinces occidentales du Japon, édifia sur la grande île (Hiro shima) de l'estuaire de l'Ōto gawa, le château dit de la Carpe (Ri jō). Mais s'étant opposé, à Sekigahara, au parti de Tokugawa, Terumoto ne put obtenir la clémence de Ieyasu et dut se faire moine ; son fils céda le château de Hiroshima à *Fukushima Masanori* (1561-1624), pour se replier dans celui de Hagi. En 1619, *Asano Nagakisa* (1582-1632) s'établissait à Hiroshima, et sa famille s'y maintint jusqu'en 1868. La Préfecture de Hiroshima fut alors installée au château : il eut beaucoup à souffrir des aménagements administratifs, puis militaires, lorsque durant les guerres sino-japonaise de 1894 et russo-japonaise de 1904-1905, Hiroshima, proche de la base navale de Kure devint la première base militaire nipponne.

6 août 1945 ; 8 h 15 du matin. — L'avion américain Enola Gay traverse le ciel dégagé de Hiroshima et lâche au-dessus de la ville une bombe A. L'explosion ravagea tout, sur un rayon de 3,5 km autour de l'épi-centre. Chaleur implacable (2 000 °C), anéantissement soudain de toute forme de vie, souffrances, formations épouvantables de kéloïdes, recherche de l'eau adoucissante et nourricière, fuite éperdue de cet enfer, effets insoupçonnés des radiations atomiques, puis premiers secours à un monde atroce d'êtres horriblement mutilés, dont on ne pouvait seulement pas reconnaître s'ils étaient morts ou vivants. Ce sinistre bilan, don l'estimation est impossible, serait de 200 000 victimes environ le 6 août. Plus de 300 000 aujourd'hui, des centaines de personnes mourant encore chaque année. La ville fut endommagée à 92 % et détruite intégralement à 40 %. La bombe de Hiroshima, puis celle de Nagasaki, devaient décider de la capitulation japonaise en 1945.

Les Américains contribuèrent largement aux premiers secours humains et, après 1949, à la reconstruction urbaine, placés sous la direction du grand architecte japonais Tange Kenzo. Bien que la ville ait aujourd'hui une population supérieure à celle d'avant-guerre, qu'elle soit redevenue la plus importante métropole du Sud-Ouest de Honshū (Chūgoku), l'empreinte terrible subsiste, et « le Japon est resté marqué dans sa chair et dans son âme par la cicatrice atomique. C'est une plaie qui ne s'est jamais complètement fermée. » (Robert Guillain).

Le couturier *Miyake Issey* est né à Hiroshima en 1938.

Visite de la ville

Une demi-journée à Hiroshima. — Le delta de l'Ota gawa partage la ville en plusieurs îles, qui s'étirent vers la baie de Hiroshima ; zones industrielles et portuaires, gagnées progressivement sur la mer, les prolongent au S. ; elles absorbent ainsi d'anciens îlots aujourd'hui devenus parcs publics. Les agences de voyage ne consacrent pas plus d'une demi-journée à la visite de la ville ; elles vous feront voir le Shukkei en, passer en vue du château, monter au Hiji yama d'où l'on découvre la ville, puis par le boulevard de la Paix, gagner le Parc Mémorial de la Paix, dont le musée constitue la triste étape finale.

A pied dans la ville. — Hiroshima est l'une des rares villes japonaises qui puisse être parcourue à pied sans trop de fatigue ; son centre d'intérêt se situe autour du boulevard de la Paix et du vivant quartier de Hon dori ; au N. de celui-ci vous pouvez visiter la cathédrale de la Paix, le Shukkei en et le château de Hiroshima. A l'O. vous traversez le parc mémorial de la Paix et son musée. Démonstration de l'horreur et de la stupidité de la guerre, sous sa forme la plus atroce, il faut absolument le visiter. Enfin vous empruntez le boulevard de la Paix jusqu'au Hiji yama.

Si vous aimez... les jardins japonais : voyez celui de Shukkei, l'un des plus beaux du Japon.

*Shukkei en *(Pl. B1 ; 700 m O. de la gare ; adresse : Kami Nobori chō ; ouvert t.l.j. de 9 h à 18 h, d'avril à septembre, et de 9 h à 17 h d'octobre à mars ; fermé du 29 décembre au 3 janvier).* — Situé au S. de la Kanda gawa, ce jardin de 40 000 m², réalisé en 1620, était la résidence détachée d'*Asano Nagaakira ;* sa famille le céda à la ville en 1940. Détruit en 1945, il fut de nouveau ouvert en 1951, et a retrouvé son ancienne beauté avec son **lac semé d'îlots,** son **pont bombé** de style chinois dit *Koko kyō,* et ses **pavillons de thé** dont celui de *Seifu.* Ce jardin-paysage miniature *(shukkei)* est une figuration du « lac occidental », *Si Huon,* qui s'étendait à l'O. de l'ancienne capitale chinoise des Song, Hang Tcheou.

A l'O. du jardin, presque en face du Grand Hôtel de Hiroshima, s'élève la **Galerie d'Art départementale** *(800 m O. de la gare ; — Kami Nobori chō, 2-22 ; ouverte t.l.j. de 9 h à 17 h sauf mercredi) ;* ce bâtiment muséographique moderne (1968) dispose d'un fond permanent de collections : calligraphies,

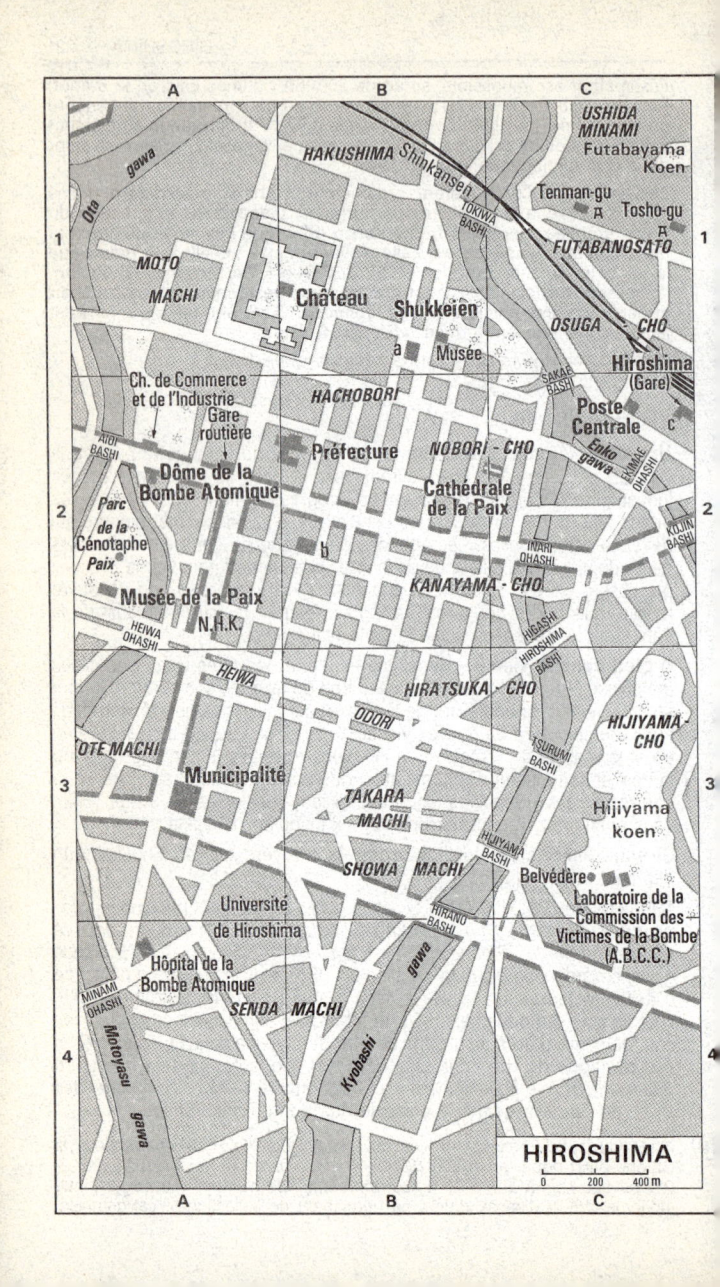

HIROSHIMA

A
- Ota gawa
- MOTO MACHI
- Ch. de Commerce et de l'Industrie
- Gare routière
- AIOI BASHI
- Dôme de la Bombe Atomique
- Parc de la Paix
- Cénotaphe
- Musée de la Paix
- N.H.K.
- HEIWA OHASHI
- OTE MACHI
- Municipalité
- Université de Hiroshima
- Hôpital de la Bombe Atomique
- MINAMI OHASHI
- Motoyasu gawa

B
- HAKUSHIMA Shinkansen
- TOKIWA BASHI
- Château
- Shukkeien
- Musée
- HACHOBORI
- Préfecture
- NOBORI-CHO
- Cathédrale de la Paix
- KANAYAMA-CHO
- HEIWA
- HIRATSUKA-CHO
- ODORI
- TAKARA MACHI
- SHOWA MACHI
- HIRANO BASHI
- SENDA MACHI
- Kyobashi gawa

C
- USHIDA MINAMI
- Futabayama Koen
- Tenman-gu
- Tosho-gu
- FUTABANOSATO
- OSUGA-CHO
- SAKAE BASHI
- Hiroshima (Gare)
- Poste Centrale
- EBISU
- Enko gawa
- HIMAE OHASHI
- INARI OHASHI
- KOJIN BASHI
- HIGASHI HIROSHIMA BASHI
- TSURUMI BASHI
- HIJIYAMA-CHO
- HIJIYAMA BASHI
- Hijiyama koen
- Belvédère
- Laboratoire de la Commission des Victimes de la Bombe (A.B.C.C.)

0 — 200 — 400 m

porcelaines, sculptures, **peintures contemporaines japonaises** (œuvres de *Maruki Suma, Kodama Kibo, Satomi Umrei*) ou **occidentales**; de fréquentes **expositions temporaires** y sont organisées.

A 300 m env. au S.-E. du Shukkei, s'élève la **Cathédrale mémoriale de la Paix** *(Pl. C2)*, édifiée en 1954 par l'architecte japonais *Murano Tôgo*, avec l'aide de fonds internationaux et sur les instances du Révérend Père allemand *Hugo Lassalle*; les **tuyaux d'orgue** ont été offerts par la ville de Cologne, et les **cloches** par celle de Bochum.

Hiroshima jō *(Pl. B1; 1,5 km O. de la gare; ouvert t.l.j. de 9 h à 17 h 30, d'avril à septembre ou 16 h 30 d'octobre à mars; fermé du 29 décembre au 2 janvier).* — Le **château**, élevé par *Mōri Terumoto* à la fin du XVIe s. *(V. histoire)*, fut rasé par la bombe et reconstruit dans son état original en 1958.

Le **donjon** de cinq étages est typique de son époque; il abrite aujourd'hui un **musée sur Hiroshima et sa région**. On y remarque différents objets d'art, poteries anciennes, armures, cartes, manuscrits, collections botaniques et minérales, etc. Du sommet, vue sur la ville et ses environs.

Parc Mémorial de la Paix *(Pl. A2; 2 km S.-O. de la gare; bus)*. — A la pointe septentrionale de **Nakajima**, entre les rivières Hon et Motoyasu, ce parc a été tracé à l'emplacement de l'ancien centre urbain de Hiroshima, totalement rasé par l'explosion atomique. Dans l'axe du **Dôme de la Bombe A**, s'alignent la **Flamme éternelle**, le **Cénotaphe**, le **Musée du Souvenir**, la fontaine de la Prière et la **statue de la Mère et de son Enfant dans la Tempête**. D'autres monuments émouvants sont répartis dans ce jardin.

Le **Dôme de la Bombe A** n'est autre que le squelette de l'ancien Office de Promotion industrielle, seul édifice qui ait partiellement résisté à la force de l'explosion, conservé en guise de témoignage.
Le **Cénotaphe**, et en arrière le **monument de la flamme**, ont été dessinés par *Tange Kenzo* en 1952. Une inscription sommaire : « Restez en paix pour que l'erreur ne soit pas commise à nouveau », a été portée sur le cénotaphe, qui renferme par ailleurs les noms des victimes connues, dont la liste s'augmente chaque année.

Le **Musée du Souvenir et de la Paix** *(Pl. A2; 1-3, Nakajima chō; ouvert t.l.j. de 9 h à 16 h 30 sauf du 29 décembre au 2 janvier; des cassettes en français sont proposées pour la visite)*, également élevé par *Tange*, se dresse sur de forts pilotis. Nous vous laissons méditer sur cette visite dont l'évocation est des plus pénibles; elle se complète par la projection d'un film, dans un bâtiment voisin du musée.

Au S. du Parc Mémorial de la Paix, le long **boulevard de la Paix** traverse sur trois kilomètres tout le centre de la ville.

Hiji yama *(Pl. C3; 1,5 km S. de la gare; bus)* s'élève à l'E. de la Kyōbashi gawa, à l'extrémité du Boulevard de la Paix. Il domine de ses 71 m toute la ville, et la **vue** s'étend jusqu'à la zone portuaire et aux îles de la Mer Intérieure.

Sur cette colline se tiennent les bâtiments de la **Commission des Victimes de la Bombe atomique** *(ABCC)*; ce laboratoire de soins et de recherches est ouvert aux spécialistes.

HIROSHIMA (ENVIRONS)

Environs

1 — ***Itsuku shima *(22 km S.-O. par la N 2 ou une voie express ; car ; train J. N. R.* ou *Hiroshima E. R. jusqu'à Miyajimaguchi, puis un bac ; bateau depuis le port d'Ujina ; excursion d'une demi-journée depuis Hiroshima — avec guide parlant anglais).* — Un site inoubliable, l'un des plus beaux du Japon, Itsuku shima ou Miya jima attire principalement par son sanctuaire « flottant », dont les constructions, sur pilotis, sont isolées à marée haute ; au large se dresse le *torii* de bois, image typique de l'Extrême-Orient, célèbre entre toutes parmi les visages romantiques du Japon. L'île d'Itsuku, d'environ 30 km², loin du Japon industriel et où l'on découvrira au mieux la nature dont raffolent tout les Japonais, compte parmi les trois grands cites *(san kei)* nationaux, avec ceux d'Amano Hashidate et de Matsushima.

Quitter Hiroshima en direction du S.-O.
19 km : **Miyajimaguchi**, où l'on s'embarque pour l'île d'Itsuku.

A 14 km S.-O. : vaste zone industrielle (pétro-chimie) et portuaire d'Ōtaki-Iwakuni.

22 km : **Miyajima.** Le Grand Sanctuaire d'Itsukushima est à environ 300 m à l'O. du débarcadère.

Une île pure. — Il n'existe pas de cimetière à Itsukushima, et les morts sont enterrés à Ono sur la rive opposée. Jusqu'à la Restauration de Meiji il était interdit à quiconque de naître ou de mourir sur l'île sacrée : « Survivance d'une très antique superstition japonaise qui a disparu par la suite, la mort, la consommation d'un mariage et l'enfantement étaient des événements impurs » *(Fosco Maraini).*

Les chiens sont également bannis de cette île, mais de nombreux daims y vivent en liberté. Ceux-ci sont particulièrement gloutons et dévorent sans complexe tout ce que le touriste abandonne dans les poubelles de l'île. Il faut dire qu'en été, Miyajima perd quelque peu de sa quiétude lorsque affluent tous ceux que déversent les bacs et hydroglisseurs. Mais la nuit venue, seuls restent les quelques privilégiés des ryokans insulaires. Après le dîner, ils viennent en yukata jusqu'au Torii illuminé, en suivant le chemin jalonné de lanternes de pierre toutes allumées. La sérénité règne alors près du temple où l'on n'entend plus que le clapotis des vagues sur les piliers de bois. Miyajima mérite qu'on y séjourne au moins une nuit afin de goûter le charme et la beauté du site liés au calme retrouvé.

Après avoir dépassé le **grand torii** (1875), dégagé à marée basse, on aborde le ****Grand Sanctuaire,** établi au fond d'une petite baie : ses divers éléments constitutifs sont reliés entre eux par des galeries couvertes sur pilotis.

Au centre, le **sanctuaire principal** se compose des traditionnelles salles de prière *(Hai den)*, d'offrandes *(Hei den)*, et de la salle principale *(Hon den)* sur un espace dégagé se dresse l'estrade, où se déroulent parfois les danses sacrées shintô *(bugaku* et *kagura)* ; dans leur axe, au large, le **grand torii**.
Au N.-E. du Grand Sanctuaire s'élève celui de **Marōdo**, organisé de la même façon et où se déroulent les premières cérémonies. Au S., se tiennent les bâtiments pour les représentations de Nô ; construits en 1568, mais rebâtis à l'époque Edo, ils composent la plus ancienne scène de Nô qui existe au Japon. Plus en arrière on remarque le **Sori bashi**, bombé à l'extrême.

*Kangen sai, le festival de musique, se déroule annuellement vers la mi-juillet au sanctuaire ; avec son **défilé nocturne de bateaux** sur la mer et l'**illumination des innombrables lanternes** du sanctuaire, il apparaît comme l'un des plus prestigieux du Japon.

HIROSHIMA (ENVIRONS) 225

Revenu, vers le S.-O., sur la terre, et traversant la rivière Mitarashi, on laisse à dr. le **Daigan ji** (fondé en 802) pour accéder au bâtiment du trésor (ou musée) édifié en 1934. Il abrite, entre autres, de riches *sūtra (Heike nō kyō)* offerts par les *Taira* (Heike), rares exemples de rouleaux peints d'époque Heian (XIIe s.) ; la décoration du **coffre** qui les contient est attribuée à *Tawaraya Sōtatsu*; on voit également un petit reliquaire bouddhique portatif, et quatre cents objets (éventails, armures, porcelaines, masques de nō, objets de culte et objets laqués, etc.). En arrière s'élève le **Tahōtō** (pagode).

Contournant le sanctuaire par le S.-E., on peut accéder, sur la colline qui s'élève au N., au *Senjō kaku *(hall des mille tatami);* admirable édifice de bois, il aurait été taillé à partir d'un seul camphrier ; il fut offert en 1587, par *Toyotomi Hideyoshi*, au sanctuaire d'Itsukushima. A côté, une **pagode de cinq étages**, élevée en 1407, conserve quelques **peintures intéressantes**.

Le reste de l'île est un ensemble montagneux et forestier, où poussent environ mille quatre cents espèces différentes de plantes. Le **Mont Misen** (529 m) domine l'ensemble. Son sommet peut être atteint en 50 mn par le téléphérique qui se trouve juste derrière le **parc Momijidani**. Les personnes souffrant de vertige auront certes quelques émotions au cours de l'ascension, mais la vue obtenue depuis les cabines se balançant au-dessus de la vallée d'érables vaut quelques frayeurs : c'est littéralement prodigieux. Arrivé au sommet, vous découvrirez un panorama extraordinaire sur l'île même et la baie de Hiroshima. Il est possible de rejoindre votre point de départ à pied en prenant garde toutefois aux singes qui habitent dans la région. Généralement regroupés au sommet, ceux-ci sont réputés voleurs et amateurs de lunettes d'appareils-photos. Au cours de la descente, arrêtez-vous au **Gumonji-dō**, fondé au IXe s. par *Kōbō Daishi* à son retour de Chine.
Autre plaisir de l'île : les **plages** ; il en existe plusieurs et tout à fait agréables, curieusement propres (ce qui n'est pas toujours le cas sur la Mer Intérieure).

2 — Kure *(30 km S.-E. ; train J.N.R. ; car; bateau)*. — Une route côtière à péage relie Hiroshima à Kure, offrant de jolies vues, notamment sur Eta jima.
30 km : **Kure,** *V. ce nom.*

3 — *Parc naturel de Nishi Chūgoku Sanchi *(81 km N.-O. jusqu'à Sandankyō, par les N 54 et 191 ; car ; train J.N.R. jusqu'à la gare de Sandankyō).*
Établi sur la chaîne de Chūgoku dont les points culminants sont le Juppō zan (1 319 m) et le Kammuri yama (1 339 m), ce parc constitue un joli but de promenade depuis Hiroshima.

La route, et plus particulièrement la voie ferrée, remontent l'**Ota gawa** sur presque tout son parcours.
45 km : Route à g. vers *(11 km S.-O.)* la petite **station thermale de Yuki**.
64 km : Embranchement à g. de la N 186, en direction de *(18 km S.-O.)* **Yoshiwa** d'où l'on peut entreprendre l'ascension du **Kammuri kōgen**.
81 km : **Sandankyō** ; gare d'accès aux *gorges de Sandan *(5 km N.-O.)*, par le haut cours de l'Ota gawa.

➔ A 26 km N.-O., par la N 181 *(car)*, encore plus en amont, se trouve le **barrage de Tarutoko**, avec lac artificiel que longe la route ; les **sources de l'Ōta gawa** ne sont plus qu'à quelques kilomètres.

4 — Iwakuni Parc national de Seto Naikai, *V. ces noms.*

Hita (Île de Kyūshū)

Carte du Nord de Kyūshū, p. 372-373.
Tōkyō, 1 185 km. — Fukuoka, 83 km. — Kumamoto, 116 km. — Miyazaki, 306 km. — Ōita, 91 km.

Oita ken. — 64 866 hab. — Industrie du bois.

Sur le haut cours de la Mikuma gawa, Hita est une vieille cité marchande aux rues étroites bordées de maisons anciennes. Elle retiendra particulièrement le visiteur désireux d'explorer le **parc régional de Yaba-Hita-Hikosan**.

Depuis Hita, il sera agréable de descendre, en été (juin à octobre), les rapides de la **Mikuma gawa** jusqu'à hauteur de Arase *(13 km N.-O. en aval)*; la promenade demande environ 2 h.

Environs

1 — Tsuetate Onsen *(33 km S., par la N 212 ; car).* — Petite station thermale que l'on atteint après avoir remonté le très joli cours de l'**Oyama gawa**.

2 — *Parc régional de Yaba-Hita-Hikosan *(circuit de 81 km selon l'itinéraire indiqué ; cars sur tout le parcours et train J. N. R. entre Kusa et Hita ; cars d'excursion pour Hiko san depuis Fukuoka ou Kitakyūshū, pour Yabakei depuis Beppu)*; ce parc, de 108 809 ha, est caractérisé par ses nombreuses vallées creusées en **gorges**, où se mêlent rochers extraordinaires et végétation luxuriante.
Quitter Hita par la N 212 en direction (N.-E.) de Nakatsu.
18 km : **Morizane Onsen**, d'où la route redescendra les **gorges de la Yamakuni gawa**.

A 22 km N.-O. : **Kaneno torii** *(accès en car depuis la gare J. N. R. de Hikosan)* se trouve à 4 km du **sanctuaire de Hiko-san** ; au sommet de l'ancien pic volcanique (1 200 m), il fut fondé à la fin du VIIe s. par *En no Ozanu* et demeure l'un des plus anciens de Kyūshū ; ce fut un important centre de pèlerinage bouddhique à partir du XVIe s., mais le shintoïsme y reprit ses droits à partir de 1868.

32 km : **Yaba-kei**, au centre des ***gorges de la Yamakuni gawa**, qui furent vantées par le poète *Sanyo Rai* (1780-1832).

A 10 km N,.-E. : **Hon Yabakei**, en aval des gorges ; la route passe dans un tunnel à proximité d'une galerie, qui aurait été creusée en trente ans, au XVIIIe s., par le moine bouddhiste *Zenkai*. De là, s'embranche l'une des vallées de l'ensemble de Yaba kei conduisant, vers le S.-E., au petit temple de **Raka ji** *(télésiège d'accès)* fondé en 645 et accroché à la paroi rocheuse.

De Yabakei remonte vers le S.-E. la ***vallée de Shin Yaba kei**, la plus belle de toutes celles qui composent cette région, avec ses sites de **Hitome Hakke** et d'**Utsukushi dani**.
41 km : **Shigina Onsen**, en amont de cette vallée.
55 km : **Minami Yaba kei**, autre formation de gorges, orientées sur le versant de la Mikuma gawa.
58 km : **Kusa**, où l'on rejoint la N 210 et la voie ferrée, qui restent parallèles à la haute vallée de la Mikuma gawa.
69 km : **Amagase Onsen**, agréable station en amont de Hita.
81 km : Hita.

3 — Parc national d'Aso. *V. ce nom.*

Hitachi (Ile de Honshū)

Tōkyō, 150 km. — Chiba, 151 km. — Fukushima, 180 km. — Mito, 39 km. — Urawa, 176 km. — Utsunomiya, 112 km.

Ibaraki ken. — 204 596 hab. — Mines et usines de traitement du cuivre ; cimenteries ; pétro-chimie.

Située en bordure de l'Océan Pacifique, la ville est le berceau et le principal foyer d'activité de la grande firme métallurgique qui porte son nom. Les mines de cuivre des alentours alimentent les principales usines de cuivre du Japon. Par ailleurs, le centre d'énergie nucléaire de Tōkai est situé dans les environs.

Le poète *Okubo Shibutsu* (1767-1837) naquit à Hitachi.

Environs : — **Tōkai** *(20 km S. ; car ; on ne visite pas)*, où se trouve, proche de la mer, sur un espace de 346 ha, l'**Institut japonais de Recherche à l'Énergie atomique.** Un laboratoire fut créé sur ces lieux en 1956, malgré les protestations, et le premier réacteur atomique américain, à uranium naturel et eau lourde, fut mis en service en 1957. Dès 1965 fonctionnait un réacteur de type Calder Hall, d'une puissance maximum de 166 000 kW. Tōkai reste le premier centre d'énergie nucléaire au Japon.

Hitoyoshi (Ile de Kyūshū)

Carte ferroviaire, en page de garde.
Tōkyō, 1 361 km. — Fukuoka, 211 km. — Kagoshima, 113 km. — Kumamoto, 99 km. — Miyazaki, 127 km. — Oita, 294 km.

Kumamoto ken. — 42 196 hab.

Sur le haut cours de la Kuma gawa, Hitoyoshi se glorifie d'être le *Kyōto de l'île de Kyūshū*. La ville est également une station thermale, dont les sources alcalines, de 43 à 48 °C, sont appréciées pour leurs vertus cicatrisantes et antirhumatismales. On pourra visiter :
Sanctuaire d'Aoi Aso *(500 m S. de la gare)*, dont les bâtiments furent élevés en 1611.
Château de Hitoyoshi *(1,5 km S.-E. de la gare ; bus)* ; il n'en reste en fait, au milieu d'un parc, que les ruines de ce château, qui fut du XIIIe au XIXe s. la résidence des daimyo *Sagara*, issus des *Fujiwara*.

Environs

1 — *Descente des rapides de la Kuma gawa *(entre les mois d'avril et d'octobre ; embarcadère proche du château de Hitoyoshi ; retour en car ou en train)*. Le trajet s'effectue en 2 h 30 environ, sur un parcours de 18 km jusqu'à **Osakama**, et constitue pour ses passes difficiles l'un des plus célèbres du Japon ; on dépasse en route la **grotte naturelle de Konose**.

2 — Yuyama Onsen *(39 km N.-E., train J. N. R. jusqu'à la gare de Yunomae)*. Petite station thermale proche du lac de barrage d'Ichifusa, établi tout en amont de la Kuma gawa, que dominent à l'E. l'Ichifusa yama (1 722 m), et plus au N. l'Eshiro yama (1 607 m).

3 — Parc national de Kirishima-Yaku, V. ce nom.

Hokkaidō (Ile de)

78 521 km² ; 5 576 000 hab.

Hokkaidō connut la célébrité mondiale lorsque sa capitale, Sapporo, accueillit les Jeux Olympiques d'Hiver en 1972. De fait, malgré un début d'industrialisation (Sapporo, Hakodate, Asahikawa...), elle reste un paradis pour les sports d'hiver. Mais la beauté de ses paysages, la fraîcheur de son climat, alors que la canicule sévit partout ailleurs, ses stations thermales promettent un grand développement à son tourisme estival. D'autant plus que le fameux tunnel ferroviaire la reliant à Honshū (ouverture prévue en 1984) devrait permettre au Shinkansen d'arriver à Sapporo.

Votre voyage à Hokkaidō

Comment s'y rendre ? — La *Japan Airlines* assure un service aérien intensif vers Sapporo au départ de Tōkyō (une douzaine de vols par jour) ou d'Osaka. La compagnie intérieure *TDA* dessert, à partir de Tōkyō, les villes de Sapporo, Hakodate, Memanbetsu, Obihiro, Kushiro et Asahikawa.
La compagnie intérieure *ANA* dessert, quant à elle, Sapporo à partir de Tōkyō, Sendai, Nagoya, Niigata, Komatsu et Osaka ; Hakodate à partir de Tōkyō et Nagoya et Kushiro à partir de Tōkyō.
Par chemin de fer, le voyage reste long, environ 13 h en « rapide » malgré l'extension du *Shinkansen* jusqu'à Morioka. Il reste toutefois préférable de voyager de nuit en train wagons-lits ou wagons-couchettes. La traversée entre Aomori et Hakodate reste pourtant une expérience.

Les transports à Hokkaidō. — Pour circuler à travers Hokkaidō, nous vous recommandons d'utiliser les lignes de chemin de fer (le *Japan Rail Pass* est utilisable partout) et pour les compléter, en particulier à travers les parcs nationaux, l'autobus (les *Akan bus*, par exemple). Mais peut-être, si vous avez le temps, apprécierez vous de longues randonnées à bicyclette (location auprès des *Akan bus*), ou, à l'opposé, si vous êtes pressés, les services aériens intérieurs offerts par la compagnie *TDA* entre Sapporo et Asahikawa, Kushiro, Obihiro, Memanbetsu ou ceux de la compagnie locale, la *Nihon Kinkyori-Kōkū* qui dessert les îles de Okushiri, Rishiri et Rebun ou encore Wakkanai et Nakashibetsu.

Hokkaidō touristique

Que voir à Hokkaidō ? — Les sites historiques ou artistiques sont rares à Hokkaidō. Intéressez vous toutefois aux châteaux de Matsumae et de Hakodate (Goryokaku), mais surtout aux villages Ainous dont le plus intéressant reste celui de Shiraoi (à 22 km de Tomakomai), voire certains autres aspects folkloriques de l'île.
Par contre, les Parcs nationaux sauront vous retenir par la beauté presque intouchée de leur paysage, leur flore, leurs volcans (parfois à peine sortis de terre comme le **Showa Shinzan**) et le refuge qu'ils offrent aux animaux, et particuliers les oiseaux : un véritable enchantement.
Enfin, si vous êtes au Japon en hiver, renseignez-vous, peut-être pourrez vous allez voir la mer gelée, au N. de l'île, aux environs d'Abashiri, par exemple, et surtout le festival de la neige de Sapporo.

Proposition de circuit. — Trois jours, cinq jours, sept jours ? Tout dépendra de l'intérêt que vous portez à la nature, puisque c'est là l'essentiel qu'Hokkaido puisse vous offrir.

Programme de 7 jours *(1 652 km ; longues étapes)*.
1er jour : Hakodate-Matsumae *(93 km)* ; découvrez **Hakodate** le matin, puis rendez-vous par le train à **Matsumae** (château).
2e jour : Matsumae-Noboribetsu *(308 km)* ; traversez la **péninsule d'Oshima** *(bus)* par Esashi, jusqu'à Ōnuma ou Ōnuma kōen, dans un joli site lacustre ; puis vous gagnerez par le train **Noboribetsu** *(bus jusqu'à la station thermale)*.
3e jour : Noboribetsu-Sapporo *(246 km)* ; étape difficile ; le train ou le bus jusqu'à la ville de **Tomakomai**, en marquant un arrêt au village ainou de **Shiraoi** ; prenez une série d'autocars jusqu'à Yoichi ou Otaru, pour **Shikotsuko**, Kutchan, Iwanai, Furubira et la remarquable **péninsule de Shakotan** ; un train vous conduira enfin à Sapporo ; nous doutons que vous puissiez faire un détour par la station thermale de Jōzankei.
4e jour : Sapporo-Sōun-kyō *(207 km)* ; consacrez votre matinée à **Sapporo**, puis prenez le train pour **Asahikawa**, d'où vous « attraperez » un bus pour **Sōun-kyō**.
5e jour : Sōun-kyō-Abashiri *(215 km)* ; en bus vous atteindrez, par le superbe défilé de Sōun-kyō, Rubeshibe ; de là bus ou train pour Yubetsu ; puis le train, longeant les lagunes de Saroma et Notoro, gagne le lac d'Abashiri et la ville du même nom.
6e jour : Abashiri-Kushiro *(233 km)* ; le train jusqu'à Bihoro, puis empruntez en correspondance un car des *Akan Bus* qui vous permettra de voir les lacs Kussharo, Mashu et Akan ; de là vous gagnerez Kushiro dans la soirée.
7e jour : Kushiro-Sapporo *(452 km)* ; la plus longue étape ; prenez votre train de bonne heure pour changer à Obihiro d'où vous joindrez Hiroo ; de là vous vous rendrez par le car à la gare de Samani par le **cap Erimo**. Gagnez enfin Sapporo via Tomakomai.

Connaître Hokkaidō

Aspects géographiques. — La grande île septentrionale japonaise n'est séparée de Honshū que par le **détroit de Tsugaru** ; elle est entourée par l'Océan Pacifique, la Mer du Japon et la Mer d'Okhotsk. Au S., les reliefs de Honshū sont relayés par la péninsule d'Ōshima ; par ailleurs deux chaînes montagneuses parallèles traversent l'île du Nord au Sud, et croisent au centre de celle-ci la zone volcanique de Chishima, prolongée vers le N.-E., au large, par l'archipel de ce nom. Le **massif de Daisetsuzan** apparaît ainsi comme le pivot central de l'île, coiffée en cet endroit par ses plus hauts sommets (**Asahi dake**, 2 290 m). Des plaines fluviales et côtières sont délimitées par ces montagnes ; celle de l'**Ishikari gawa** (rivière de 430 km) est la plus vaste du Japon.

On y retrouve, comme partout au Japon, le tapissage des rizières, mais fait particulier à Hokkaidō, on y développe aussi des cultures sèches : légumes, céréales, élevage, pour lesquelles la mécanisation et les superficies moyennes d'exploitation sont importantes. Cependant l'île est couverte à 75 % de forêts (arbres à feuilles caduques, principalement au S., et conifères au N.) où vivent ours bruns, zibelines, faisans asiatiques, etc.

Les conditions climatiques sont dans l'ensemble rigoureuses ; malgré des latitudes équivalentes à celles de la France méridionale, la neige persiste de septembre à mai, et par influence sibérienne le bassin d'Asahikawa connaît des minima de $-30\ °C$. De là vient que la densité de population, à Hokkaidō (la plus tardivement occupée des quatre îles japonaises), soit la plus faible du Japon (71 hab./km^2) ; jeune, dynamique, cette population se concentre principalement dans les villes industrielles et portuaires. La pêche tient une

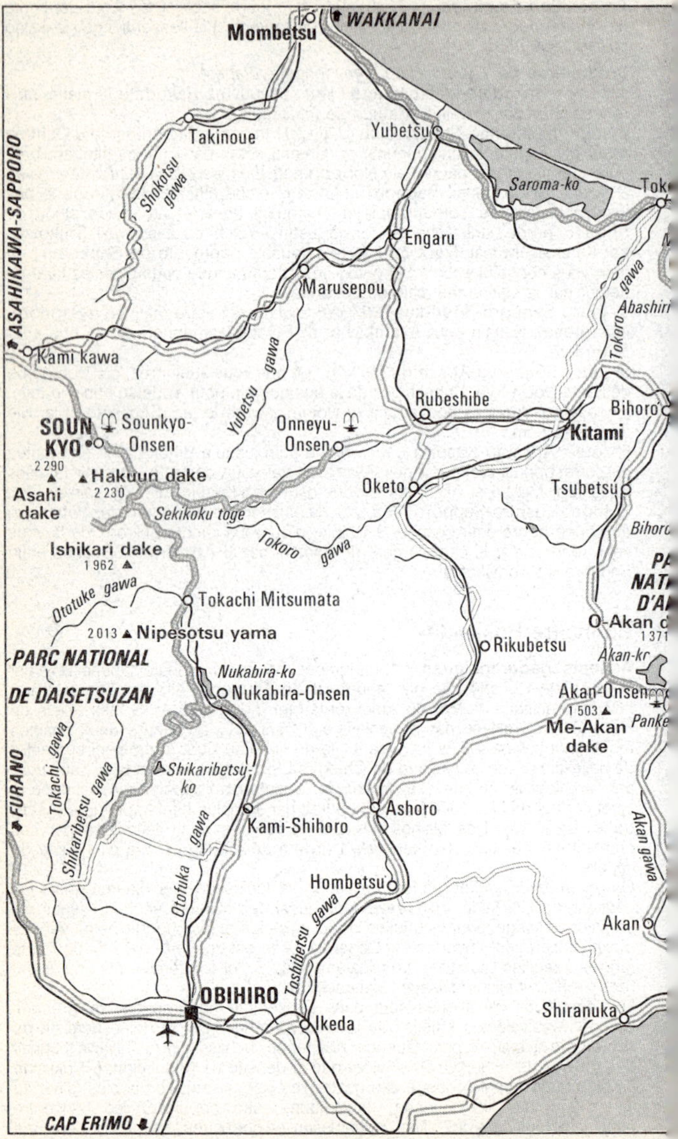

WAKKANAI
Mombetsu
Takinoue
Yubetsu
Shokotsu gawa
Saroma-ko
Engaru
Marusepou
ASAHIKAWA-SAPPORO
Kami kawa
Yubetsu gawa
Tokoro gawa
Abashiri
Rubeshibe
Bihoro
Kitami
SOUN KYO
Sounkyo-Onsen
Onneyu-Onsen
2 290
Asahi dake
Hakuun dake
2 230
Oketo
Tsubetsu
Sekikoku toge
Tokoro gawa
Ishikari dake
1 962
Ototuke gawa
Tokachi Mitsumata
2 013
Nipesotsu yama
PARC NATIONAL DE DAISETSUZAN
Rikubetsu
Nukabira-ko
Nukabira-Onsen
Akan-Onsen
1 503
Me-Akan dake
FURANO
Tokachi gawa
Shikaribetsu gawa
Shikaribetsu-ko
Kami-Shihoro
Ashoro
Otofuka gawa
Hombetsu
Toshibetsu gawa
Akan gawa
Akan
OBIHIRO
Ikeda
Shiranuka
CAP ERIMO

HOKKAIDO
PARTIE ORIENTALE

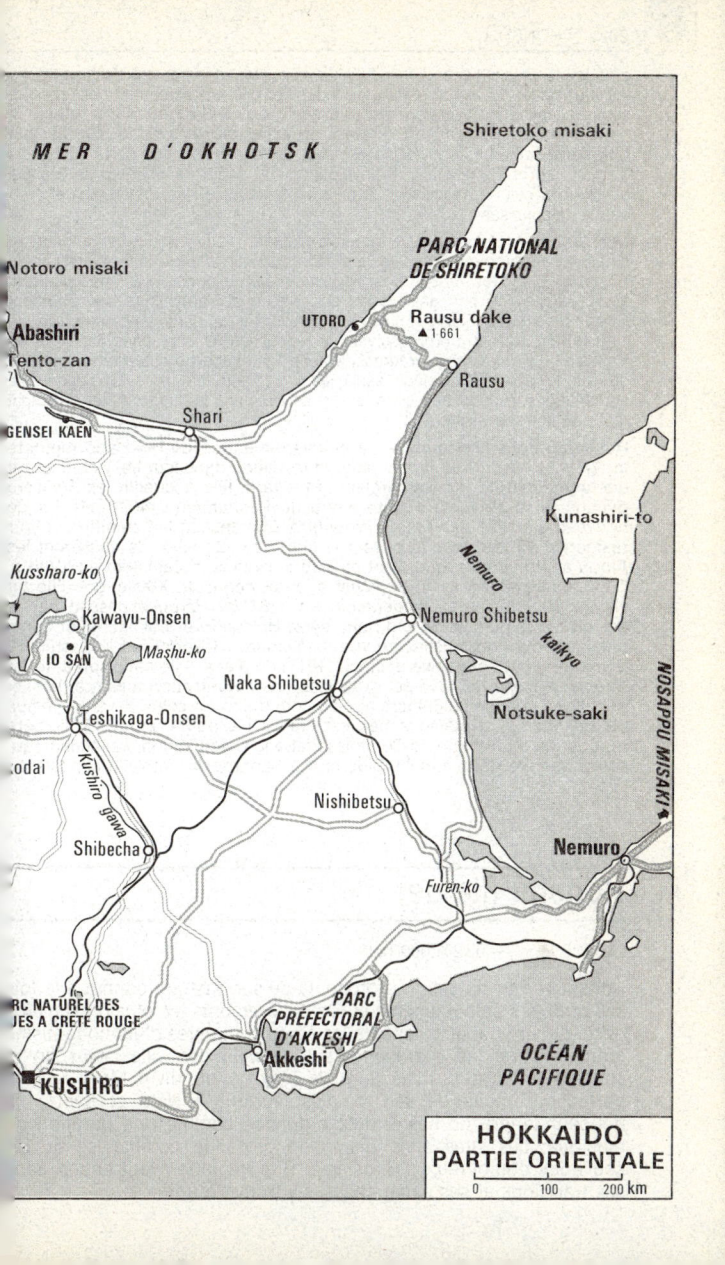

0 — 100 — 200 km

MER D'OKHOTSK

Notoro misaki

Abashiri
Tento-zan

GENSEI KAEN

Shari

Shiretoko misaki

PARC NATIONAL DE SHIRETOKO

UTORO
Rausu dake ▲ 1 661
Rausu

Kussharo-ko
Kawayu-Onsen
IO SAN
Mashu-ko

Teshikaga-Onsen

Kunashiri-to

Nemuro

Nemuro Shibetsu

Nemuro kaikyo

Naka Shibetsu

Notsuke-saki

Kushiro gawa

Nishibetsu

NOSAPPU MISAKI

Shibecha

Nemuro

Furen-ko

PARC NATUREL DES ÎLES À CRÊTE ROUGE

PARC PRÉFECTORAL D'AKKESHI

Akkeshi

KUSHIRO

OCÉAN PACIFIQUE

grande place dans l'économie de Hokkaidō qui réunit les quatre ports de pêche les plus actifs du Japon. Quant à l'industrie, elle est alimentée par un riche sous-sol minier, notamment dans la partie occidentale de l'île (charbon et pétrole). Hokkaidō semble promise à un grand avenir, avec le rattachement ferroviaire sous-marin au N. de Honshū, et l'expansion des ports industriels de Muroran et Tomakomai, le développement urbain de Sapporo, la capitale de l'île, ou celui d'Asahikawa, la plus septentrionale des métropoles économiques japonaises.

Les Ainou. — Hokkaidō était autrefois habitée par une population aborigène, différente racialement du reste des Japonais, que ceux-ci appelaient parfois *Ebisu* ou *Ezo* : les *Ainou*. Possédant une langue et des coutumes propres, leurs activités se partageaient entre la pêche et l'agriculture, certainement héritées de l'ère jōmon. Également établis sur la partie septentrionale de Honshū, ils en furent progressivement repoussés, et cantonnés dans l'île de Hokkaidō, ils disparurent progressivement. Il ne subsiste actuellement qu'une dizaine de milliers d'individus, assimilés à la société japonaise. Quelques uns, authentiques « spécimens », s'efforcent de maintenir les traditions et l'artisanat qui font leur spécificité.

Hokkaidō dans l'histoire. — La première mention de Hokkaidō remonte au VIIe s., lorsque *Abe Hirafu* vainquit les Ainou dans leur île, y établissant quelques comptoirs commerciaux. Plus tard, l'île accueillit les *Fujiwara* déchus, puis après la révolte ainou de Koshamain (1457), elle fut de nouveau soumise par *Takeda Nobuhiro*. Ses descendants édifièrent leur résidence à *Matsumae* et prirent le nom de cette ville ; ils utilisèrent les Ainou à leur service, et il y eut plusieurs révoltes, notamment au XVIIIe s. C'est, également à la fin du XVIIIe s. et au début du XIXe s. que l'île fut visitée par plusieurs occidentaux. En 1787 *La Pérouse* passait par le détroit qui depuis porte son nom, entre Hokkaidō et Sakhaline, et après plusieurs missions russes en vue de Nemuro, Hakodate et Kunashiri, le gouvernement Tokugawa décidait (1812) de placer l'île sous son autorité directe. A partir de 1855 est organisée une colonisation militaire de l'île et celle-ci change (1869) son ancien nom d'*Ezo* en celui, devenu officiel de *Hokkaidō*. La même année est créé à Hakodate, après l'éphémère république d'Enomoto, le Commissariat à la Colonisation, *kaitakushi*, qui sera transféré deux années plus tard à Sapporo la nouvelle capitale de l'île.

Honshū (Ile de)

230 822 km^2. — 93 247 000 hab.

Honshū, cœur du Japon profond, là où son histoire connut à la fois ses premiers balbutiements et ses achèvements les plus prestigieux offre aujourd'hui aux visiteurs les âpres contrastes d'un modernisme industriel presque outrancier, à la Orwell, des villes sans fin et souvent anonymes, mais aussi la majesté du divin Mont Fuji, la perfection fragile de ses temples (surtout à Nara et Kyōto), la douceur tendre de ses jardins ordonnés comme une partition de musique, des sites plein d'émotion profonde comme Ise ou le souvenirs douloureux d'Hiroshima. Bref, le Japon tout entier, dans ses traditions et ses expériences, s'y trouve réuni.

Votre voyage à Honshū

Les transports à Honshū. — Pour les informations concernant la circulation à Honshū, reportez-vous directement au paragraphe concerné dans la partie « Votre Voyage » de ce guide. Sachez toutefois que plus d'une trentaine d'aéroports, desservis quotidiennement par la JAL ou les deux compagnies intérieures japonaises (ANA ou TDA) vous permettront d'abréger les parties les moins indispensables de certains itinéraires.
De la même façon, le réseau de chemin de fer, très dense, permet de suivre presque tous les itinéraires indiqués. Le fameux *Shinkansen* traverse le Honshū dans presque sa totalité, depuis Morioka au N. jusqu'à Tōkyō-Omiya pour reprendre sa course de Tōkyō à Shimonoseki en face de Kyūshū, sans parler de la ligne de Niigata au départ de Tōkyō-Omiya.
Enfin, là où le train ne va pas, vous trouverez toujours un autobus pour terminer le trajet.

Honshū touristique

Que voir à Honshū? — Tout, serions-nous tenté d'écrire. Car tout le Japon traditionnel et moderne se trouve ici conjugués. L'île de Honshū, à elle seule, justifie le voyage au Japon. Et l'on pourrait même dire que certaines de ses provinces (le Kinki par exemple) le justifient elles aussi. C'est dire tout de suite que trois semaines restent le minimum indispensable à sa découverte. Plus si vous comptez combiner cette visite avec celle des îles adjacentes. Quoi qu'il en soit, il reste bien certain que le Japon central vous retiendra le plus longtemps : c'est là que le Japon lui-même s'est né.

Propositions de circuits. — Un voyage dans le Honshū pourra se découper selon les 4 itinéraires proposés ci-dessous, regroupant chacun les grands centres d'intérêt des principales régions : le Tōhoku, le Kantō, le Chubū et le Kinki *(V. les cartes des p. 70-71)*.

1. — Programme de 7 jours dans le Tōhoku *(1 517 km)*.

1er jour : Sendai-Fukushima *(180 km)*; gagnez **Yamagata** en train *(J.N.R., Senzai Line)*, puis empruntez un car via **Zaō Echo Line** jusqu'à Fukushima ; parcours très intéressant surtout en hiver.

2e jour : Fukushima-Niigata *(252 km)*; très belle promenade en car jusqu'à Inawashiro ou Aizu-Wakamatsu (château) à travers le **parc national de Bandai**, via Azuma yama, Azuma skyline et Bandai gold line ; terminez la journée en allant *(train)* à Niigata.

3e jour : Niigata-Akita *(257 km)*; trains directs *(J.N.R.)* via **Tsuruoka** d'où vous pourrez faire un détour jusqu'au pied du **Gassan** *(80 km A. et R.)*.

4e jour : Akita-Hirosaki *(159 km)* en train ; vous pourrez faire un crochet par la presqu'île d'Oga, détour difficile dans la demi-journée.

5e et 6e jours : Hirosaki-Kesennuma *(465 km)* via **Morioka** ; itinéraire conforme au programme de 30 jours *(V. p. 73-74)* depuis Hirosaki les 26e et 27e jours.

7e jour : Kesennuma-Matsushima *(194 km)* ; suivre comme précédemment le programme, au 28e jour jusqu'au **Chūson ji**. D'Ichinoseki on pourra gagner Ishinomaki en autocar et de là **Matsushima** par le train, puis Sendai.

2. — Programme de 8 jours dans le Kantō *(1 318 km)*.

1er jour : Tōkyō-Chōshi *(300 km)*, si l'on fait le tour de la **péninsule de Bōsō**, réalisable en train *(J.N.R.)*, au départ de la gare de Tōkyō par les lignes Uchibō et Sotobō.

2e jour : Chōshi-Mito *(153 km)* ; n'hésitez pas à faire un détour par **Narita** pour y visiter le **Shinshō ji** ; de là reprenez le train jusqu'à Sawara (Katori

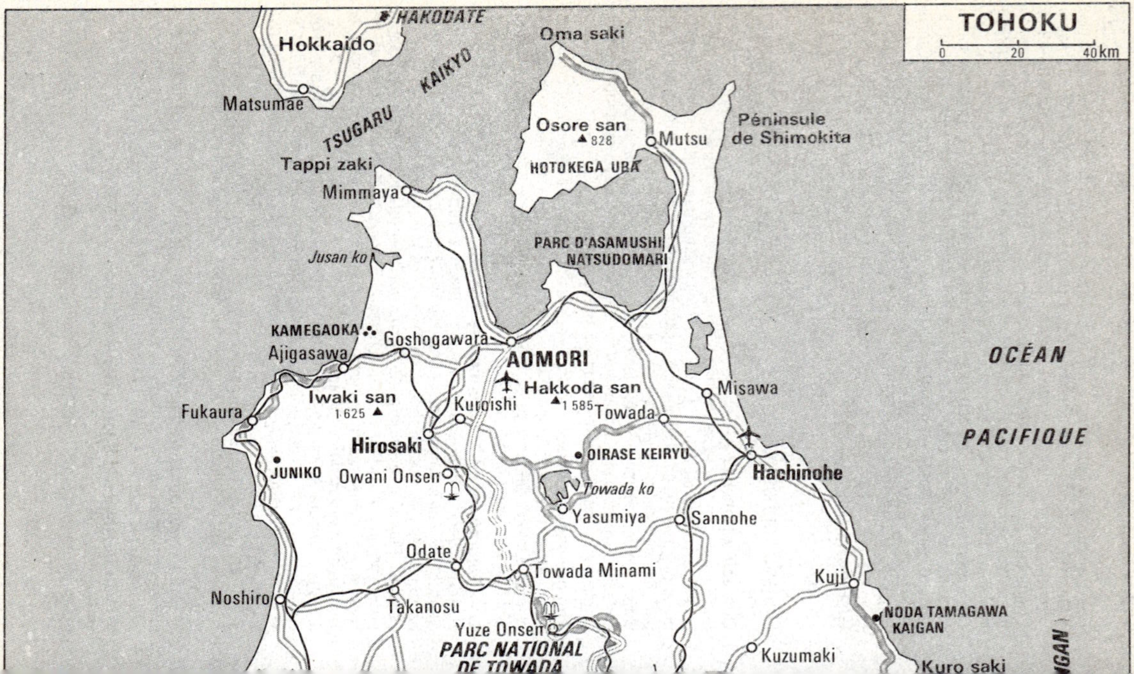
TOHOKU
0
20
40km
HAKODATE
Hokkaido
Matsumae
KAIKYO
TSUGARU
Tappi zaki
Mimmaya
Oma saki
Osore san
828
HOTOKEGA URA
Mutsu
Péninsule
de Shimokita
PARC D'ASAMUSHI
NATSUDOMARI
Jusan ko
KAMEGAOKA
Goshogawara
Ajigasawa
AOMORI
Hakkoda san
1 585
Iwaki san
1 625
Fukaura
Kuroishi
Towada
Misawa
OCÉAN
PACIFIQUE
Hirosaki
OIRASE KEIRYU
Hachinohe
JUNIKO
Owani Onsen
Towada ko
Yasumiya
Sannohe
Odate
Towada Minami
Kuji
Noshiro
Takanosu
NODA TAMAGAWA
KAIGAN
Yuze Onsen
PARC NATIONAL
DE TOWADA
Kuzumaki
Kuro saki

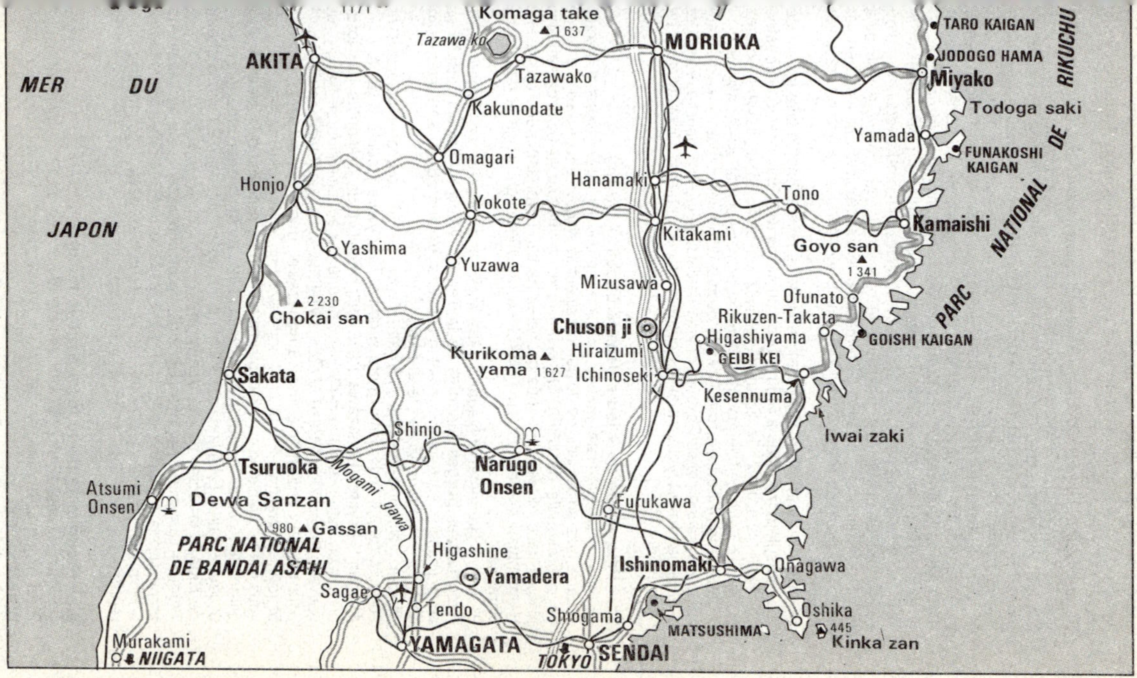
MER DU JAPON
AKITA
Komaga take
1 637
Tazawa ko
MORIOKA
TARO KAIGAN
JODOGO HAMA
Miyako
RIKUCHU
Tazawako
Kakunodate
Todoga saki
Yamada
FUNAKOSHI KAIGAN
DE
Omagari
Honjo
Hanamaki
Tono
Yokote
Kamaishi
NATIONAL
Kitakami
Goyo san
1 341
Yashima
Yuzawa
Mizusawa
Ofunato
PARC
2 230
Chokai san
Chuson ji
Rikuzen-Takata
Higashiyama
GOISHI KAIGAN
Hiraizumi
GEIBI KEI
Kurikoma yama
1 627
Ichinoseki
Sakata
Kesennuma
Shinjo
Iwai zaki
Tsuruoka
Mogami gawa
Narugo Onsen
Atsumi Onsen
Dewa Sanzan
Furukawa
1 980
Gassan
PARC NATIONAL DE BANDAI ASAHI
Higashine
Ishinomaki
Onagawa
Yamadera
Sagae
Tendo
Shiogama
MATSUSHIMA
Oshika
445
Kinka zan
Murakami
NIIGATA
YAMAGATA
TOKYO
SENDAI

jingū), puis gagnez **Kashima-jingū** en traversant la Tone-gawa *(bus)*. En autocar ou en train vous vous rendrez par la région du **Suigō** à **Mito**, où vous attend le jardin *Kairaku-en*.

3ᵉ jour : Mito-Nikkō *(105 km)* ; gagnez Utsunomiya en bus, de là prenez le train *(J.N.R.)* jusqu'à **Nikkō** où vous passerez tout l'après-midi.

4ᵉ jour : Nikkō-Kusatsu *(128 km)* ; intéressant parcours en autocar reliant les **parcs nationaux de Nikkō** et de **Jōshin-Etsu-Kōgen** via Numata. Depuis la station thermale de Kusatsu, vous pourrez faire une pointe au **Shiga-kogen**.

5ᵉ jour : Kusatsu-Kōfu *(160 km)* ; vous atteindrez en autocar Onioshidashi, avec son chaos de laves crachées par l'**Asama yama**, et de là la station d'altitude de **Karuizawa**, puis **Komoro** d'où vous rejoindrez **Kōfu** en train.

6ᵉ jour : Kōfu-Hakone *(187 km)* ; parcours vous permettant de contourner le **Fuji san** à défaut de faire son ascension. Gagnez d'abord Kawaguchiko, d'où vous longerez quatre des **lacs du Fuji** côté Nord, puis côté Ouest jusqu'à Fujinomiya *(autocar)* ; ensuite **Gotemba** par le train, puis de nouveau en car jusqu'à **Gōra** d'où l'on gagne Togendai *(téléphérique)* pour enfin traverser **Ashino-ko** en bateau.

7ᵉ jour : Hakone-Atami *(172 km)* ; nous vous conseillons de faire le tour de la **péninsule d'Izu** jusqu'à **Shimoda** ou du moins de la traverser par la **chaîne d'Amagi** *(autocars)* ; de Shimoda gagnez en train **Itō** d'où vous pourrez poursuivre votre périple jusqu'à **Atami** ou prendre un car via Izu skyline.

8ᵉ jour : Atami-Kamakura *(113 km)* ; gagnez directement **Odawara** (château) par le *shinkansen*, puis Shin-Yokohama (jardin **Sankei-en**), pour redescendre sur **Kamakura** et y terminer la journée ; trains fréquents à destination de Tōkyō.

3. — Programme de 7 jours dans le Chūbu *(1 440 km)*.

1ᵉʳ jour : Nagoya-Hamamatsu *(156 km)* ; prenez un train *Meitetsu* jusqu'à Mihama puis un autocar, ou un autocar direct de Nagoya à Morozaki à la pointe de la **presqu'île de Chita**. De là traversez en bateau la **baie de Mikawa** jusqu'à Irako misaki d'où vous gagnerez en car **Toyohashi** ; de Toyohashi à **Hamamatsu** prenez le train *(J.N.R.)* ou un autocar qui longe la **lagune de Hamana**.

2ᵉ jour : Hamamatsu-Nagano *(352 km)* ; long parcours en train *(J.N.R.)* remontant les **gorges superbes de la Tenryū** (Iida line), jusqu'à Tatsuno où vous changez sans doute avant d'atteindre **Matsumoto** et son intéressant château. A **Nagano** visitez le **Zenkō ji**.

3ᵉ jour : Nagano-Toyama *(135 km)* ; voyez le 18ᵉ jour du programme en 30 jours (p. 73), pris dans l'autre sens via **Tate yama** jusqu'à Toyama.

4ᵉ jour : Toyama-Kanazawa *(326 km)* ; circuit de la presqu'île de Noto ; prenez un train matinal jusqu'à Himi, puis le car à destination de **Nanao** ; de nouveau le car jusqu'à Suzu, d'où, via **Wajima**, vous gagnerez **Hakui** *(en car)* pour poursuivre de même jusqu'à **Kanazawa** ou terminer en train.

5ᵉ jour : Kanazawa-Fukui *(101 km)* ; ayant vu le **Kenroku-en**, vous pourrez vous rendre en car jusqu'à Katsuyama par le **parc national de Hakusan** ; puis utilisez le *Keifuku Railway* jusqu'à Fukui avec un détour par **Eihei-ji**.

6ᵉ jour : Fukui-Takayama *(180 km)* ; parcours en autocar par Ono, la **chaîne de Hida** et la région de **Shiragawagō**.

7ᵉ jour : Takayama-Nagoya *(190 km)* ; après une visite rapide de **Takayama** empruntez la Takayama line *(J.N.R.)* jusqu'à **Gifu** ; vous pourrez quitter le train à Mino Ōta, pour descendre les rapides de la **Kiso gawa** jusqu'à Inuyama, le reprendre jusqu'à Gifu, enfin un autre vers Nagoya.

4. — Programme de 10 jours dans le Kinki *(1 202 km)*.

1ᵉʳ jour : Ōsaka-Kyōto *(85 km)* ; voyez le 15ᵉ jour du 1ᵉʳ programme.

2ᵉ et 3ᵉ jours : Kyōto ; consacrez-lui le maximum et voyez Hiei-zan s'il vous reste du temps.

4ᵉ jour : **Kyōto-Tottori** *(207 km)* ; prenez le train *(J.N.R.)* jusqu'à Fukuchiyama *(San In Main line)* ou Wadayama, puis l'autocar jusqu'à **Tottori**.
5ᵉ jour : **Tottori-Hikone** *(340 km)* ; la plus longue étape, réalisable en train, par le site d'**Amano Hashidate** ; changer à Toyooka et Tsuruga.
6ᵉ jour : **Hikone-Iseshima** *(162 km)* ; *Omi Railway* jusqu'à Kibukawa, puis *J.N.R.* jusqu'à **Ise** où l'on visitera les sanctuaires. Après-midi à **Toba**.
7ᵉ jour : **Iseshima-Nachi Katsuura** *(168 km)* ; changer de train à Taki ; depuis Shingū belle excursion de **Doro Hatchō**.
8ᵉ jour : **Nachi Katsuura-Wakayama** *(189 km)* ; consacrez la matinée au site de **Nachi** avec sa cascade, le **sanctuaire de Kumano** et le **Seiganto-ji** ; dans l'après-midi faites une étape à la station thermale de **Shirahama**.
9ᵉ jour : **Wakayama-Kōya san** *(66 km)* ; le matin site du château de Wakayama ; pensez à changer de train à Hashimoto pour aller passer la nuit à **Koya san** ; ou bien rentrez à Ōsaka.
10ᵉ jour : **Kōya san-Ōsaka** *(65 km)* ; retournez à Ōsaka par le *Nankai Railroad* ; terminez la journée à **Ōsaka** ou faites un arrêt à **Sakai**.

Connaître Honshū

Aspects géographiques. — Honshū ou **Hondō**, la plus grande île japonaise, s'arque et s'étire sur 1 400 km, entre la Mer du Japon et l'Océan Pacifique, comme pour relier entre elles les îles de Hokkaidō au nord, et de Kyūshū au sud. Deux zones volcaniques, celle de **Hakusan** vers le S.-O. et de **Chōkai** vers le N.-E., encadrent de grandes chaînes montagneuses, qui s'allongent jusqu'aux deux extrémités de l'île. Dans la partie la plus large (300 km à vol d'oiseau) de Honshū, ces zones volcaniques s'affrontent à celle de la **Fossa Magna**, qui depuis l'**archipel des Bonin** *(Ogasawara)* vient ici relever, dans un axe N.-S., les principaux massifs centraux des **Alpes japonaises** *(V. ce nom)* ; là, culminent les plus hauts sommets, dont le **Fuji san** (3 776 m), le plus élevé. Quelques bassins fluviaux étroits, et des plaines côtières, dont celle du **Kantō** (région de Tōkyō) et du **Nōbi** (Nagoya), sont les plus importantes ; la riziculture y est poussée à son maximum, et hormis la production fruitière et autres rares exceptions, elle s'impose en monoculture généralisée, gagnant jusqu'aux basses pentes des montagnes. La forêt y tient encore une place prépondérante, et les ressources qu'elle procure sont inépuisables. Les conditions naturelles de vie sont dans l'ensemble difficile à Honshū, où les phénomènes sismiques, volcaniques et climatiques compromettent les récoltes et la sécurité des hommes ; les reliefs montagneux centraux repoussent la majorité de la population vers les côtes, le long desquelles le **Kuro-shio** *(courant chaud)*, venu du Sud, et l'**Ōya-shio** *(courant froid)*, issu des zones arctiques, favorisent les déplacements de bancs de poissons.

Ces courants contribuent également à la formation de deux grandes zones climatiques correspondant respectivement au versant de la Mer du Japon (fortes précipitations neigeuses en hiver) et à celui du Pacifique (hivers secs, fortes pluies d'été). Toutefois, plus que ces données du milieu naturel, c'est l'évolution historique du pays depuis le Moyen-Age qui a accusé progressivement la disproportion ethnique remarquable de ces deux versants, et concentré l'essentiel de la population sur la façade pacifique du Japon ; ainsi « la zone côtière, qui s'étend sur 500 km entre Tōkyō et Ōsaka, se trouve-t-elle surpeuplée. Toute cette partie du Japon est, en fait, une gigantesque nébuleuse urbaine, dont les grands centres empiètent les uns sur les autres, au point qu'on prévoit le moment où Tōkyō et Ōsaka ne formeront plus qu'une unique *mégalopolis* de 50 millions d'habitants » (Office franco-japonais d'Études économiques). La densité atteint 404 hab. au km², et les départements de Tōkyō et Kanagawa (Yokohama) regroupent un sixième de la population nippone.

Devant un tel déséquilibre économique et humain, les Japonais tentent de développer de nouveaux centres industriels, afin de désengorger la mégalopolis et d'équilibrer les grandes régions économiques de Honshū. Celles-ci sont, du Nord au Sud : le **Tōhoku** (**Sendai** capitale), autrefois « arrière-pays » pauvre, mais qui s'ouvre lentement, à partir du Kantō et en quelques points (Sendai, Akita, Hachinohe, Kamaishi) à la vie industrielle. Le **Kantō**, dont toute l'activité est tournée vers **Tōkyō** ; le **Chūbū**, la région centrale, avec ses deux versants du **Tōkai** au S.-E., que domine **Nagoya**, et du **Hokuriku** au N.-O., où **Niigata** et **Kanazawa** sont les deux seules villes de la Mer du Japon à dépasser 300 000 hab. ; le **Kinki**, creuset historique du Japon (**Kyōto**, **Nara**), avec **Ōsaka**, la deuxième ville japonaise ; enfin le **Chūgoku**, composé du **San in**, rural et tourné vers la Mer du Japon, et du **San yō** sur la Mer Intérieure, industriel et urbain (Hiroshima et Okayama).

Honshū dans l'histoire. — L'île de Honshū fut le berceau des plus anciennes civilisations japonaises ; leur évolution, relativement rapide, témoigne de cette extrême facilité d'adaptation des Japonais, qu'ils ont su conserver jusqu'à nos jours, sans toutefois renier les apports du passé. D'abord s'établit la civilisation *jōmon*, où se mêlent des éléments sibériens, chinois, mais aussi venus du S.-E. asiatique ; celle de *yayoi* (âge du bronze) lui succède, issue cette fois d'un courant sud-asiatique. L'âge du fer (époque des tombeaux — *kōfun* —) coïncide à peu près avec les débuts historiques, vers le Ier s. avant notre ère.

L'épopée de l'empereur *Jimmu* correspond à l'implantation politique dans le Kansai (régions de Nara et Ōsaka). Les capitales impériales mouvantes s'y succèdent jusqu'à l'éclosion, avec l'introduction du bouddhisme (VIe-VIIe s.), d'une civilisation adulte qui se fixera à Nara, puis à Kyōto, faisant de ces régions jusqu'à la fin du XIIe s., un foyer culturel de premier ordre. En même temps les *Ebisu* étaient progressivement repoussés vers le nord. Après la défaite de Danno ura (1185), le bakufu de Kamakura établit dans le N.-E. le centre de la vie politique. Kyōto et sa région reprirent leurs prérogatives aux époques Ashikaga et Momoyama, pour les perdre de nouveau (XVIIe s.) au profit de l'Edo des Tokugawa ; cependant Ōsaka retenait une grande partie de la vie économique. En 1869, la capitale impériale s'établissait à Edo qui, sous le nom de Tōkyō, devait devenir la gigantesque métropole que nous connaissons.

■ Hyūga (Ile de Kyūshū)

Carte du Nord de Kyūshū, p. 372-373.
Tōkyō, 1 371 km. — Fukuoka, 295 km. — Kagoshima, 193 km. — Kumamoto, 197 km. — Miyazaki, 67 km. — Ōita, 134 km. — Bateaux pour Hiroshima, Kawasaki, Kōbe, Ōsaka.

Miyazaki ken. — 47 420 hab.

Située sur la façade orientale de Kyūshū, cette ville industrielle reçoit une partie des passagers maritimes qui débarquent dans l'île ; son nom rappelle celui de la province historique de **Hyūga**, où s'établirent les descendants terrestres de la déesse solaire *Amaterasu*, et d'où s'embarqua l'empereur *Jimmu*, pour établir sa domination sur la région de Yamato et le Japon.

La côte des environs de Hyūga découvre de beaux sites, tels ceux de la **baie de l'île d'Oto**, au N., ou de la **plage d'Isega**, au S.

☞ **Environs** : **Shiiba** *(84 km O. ; car)*, joli site, en aval du **barrage de Kam Shiiba**, que l'on atteint après avoir remonté le cours sinueux de la **Mimi gawa**, où se succèdent d'autres **barrages**, dont ceux de Tsukabaru et d'Iwayado.

Ibusuki (Ile de Kyūshū)

Carte des richesses naturelles, p. 64.
Tōkyō, 1504 km. — Fukuoka, 355 km. — Kagoshima, 49 km. — Kumamoto, 244 km. — Miyazaki, 177 km.

Kagoshima ken. — 31 472 hab. — Station balnéaire et thermale.

A l'entrée de la baie de Kagoshima, le site d'Ibusuki est rehaussé par la côte découpée en falaises et en criques, que surplombe le cône du **Kaimon dake**. La ville, jouissant d'un agréable climat subtropical, est célèbre pour ses sources salines, carbonatées et ferrugineuses de 20 à 73 ºC ; celle de **Surigahama**, qui surgit en bordure de mer, permet la pratique des bains de sable. Un des plus fameux « bains tropicaux » *(jungle-buro)* du Japon se trouve ici.

Environs

1 — Kaimon dake *(circuit de 48 km ; car)* ; intéressant parcours, dominé par le Kaimon dake, traversant une partie du *Parc national de Kirishima-Yaku (V. ce nom).
La N 226 quitte Ibusuki vers le S. et contourne la baie de Yamagawa.
5 km : Embranchement à g. vers *(2 km)* le petit port de **Yamagawa**.
10 km : Prendre à g. en direction de Kaimon Onsen.
14 km : Route à g. vers *(1,5 km)* *Nagasaki bana, cap rocheux, érodé par la mer, d'où l'on découvre par beau temps les îles Io, Kuro et Take. Intéressant parc botanique et zoologique voisin.
15 km : **Kaimon Onsen**, jolie vue sur le Kaimon dake ; végétation luxuriante le long de la côte.
20 km : Une route fait le tour du **Kaimon dake**, ancien volcan de 924 m d'alt., qui doit à sa forme le surnom de *Fuji de Satsuma*.
25 km : **Kaimon**, où l'on croise la N 226 pour continuer en direction du nord.
32 km : **Ikeda ko**, ancien lac de cratère, au S.-O. duquel se dresse Kaimon dake ; à 66 m d'altitude, ce lac aux eaux limpides atteint une profondeur de 233 m. Vers le N. une route à péage dégage de belles perspectives sur la baie de Kagoshima *(cars)*.
40 km : **Iwamoto**, où l'on retrouve la côte ; vers le S. la N 226 ramène à :
48 km : **Ibusuki**.

2 — Kagoshima, Ōsumi shotō, *V. ces noms.*

Ichikawa (Ile de Honshū)

Carte des environs de Tōkyō, p. 526.
Tōkyō, 17 km. — Chiba, 24 km. — Mito, 107 km. — Urawa, 41 km.

Chiba ken. — 364 244 hab.

Cette ville, à double vocation industrielle et résidentielle, est séparée de la capitale par l'**Edo gawa**, qui se jette plus au S. dans la baie de Tōkyō.

Guho ji *(500 m N.-E. de la gare de Kōnodai **Keisei E.R.**; 1 km N. depuis celle d'Ichikawa **J.N.R.**);* ce temple, consacré au grand moine *Kōbō-Daishi* (774-835), est situé sur une colline boisée, chantée dans l'ancienne poésie japonaise; la porte à étage **(Niō mon)** abrite les **statues des rois Deva**, attribuées au sculpteur *Unkei* (XIIIe s.).

Kōno dai *(1,5 km N. depuis la gare de Kōnodai **Keisei E.R.**; 2 km N.-O. depuis celle d'Ichikawa **J.N.R.**; bus)* est un site boisé, à l'emplacement du siège de l'ancien gouvernement de la province de Shimōsa; c'est là que les Hōjō vainquirent *Ashikaga Yoshiari* (1538), puis *Satomi Yoshihiro* (1564).

Hokekyō ji *(au N. de la gare d'Onikoshi **Keisei E.R.**; 500 m N. de celle de Shimosa-Nakayama, **J.N.R.**);* fondé par *Nichiren* en 1260, ce temple occupe un espace de 3,2 ha, et conserve quelques **manuscrits** du célèbre prêtre fondateur.

Ichinomiya (Ile de Honshū)

Carte ferroviaire, en page de garde.
Tōkyō, 396 km. — Gifu, 19 km. — Nagano, 261 km. — Nagoya, 19 km. — Tsu, 85 km.

Aichi ken. — 219 274 hab. — Usines textiles.

A mi-chemin entre Nagoya et Gifu, Ichinomiya dépend économiquement, ainsi que les localités environnantes, de cette première ville. En 1564, *Tokugawa Ieyasu* y avait construit un éphémère château.

Masumida jinja *(1 km N.-E. de la gare d'Ichinomiya, **J.N.R.**),* au milieu de la verdure, aurait été dédié dès 628 à *Kunitokodachi no Mikoto*, divinité de la première des sept générations célestes, dans la mythologie shintō; on y conserve de vénérables masques, portés par les danseurs de bugaku.

Myōko ji *(A l'E. de la gare de Myōkoji, **Meitetsu E.R.**; 1 km S. de celle d'Ichinomiya, **J.N.R.**)* possède plusieurs peintures anciennes classées.

Ichinoseki (Ile de Honshū)

Carte du Tōhoku, p. 234-235.
Tōkyō, 418 km. — Akita, 186 km. — Aomori, 310 km. — Sendai, 89 km.
Iwate ken. — 60 214 hab. — 22 m d'altitude. — Soieries.

Importante bourgade de la vallée de la Kitakami gawa, sur la grande voie du Tōhoku, Ichinoseki est un bon point de départ pour visiter les curiosités naturelles alentour et le Chuson ji, l'un des plus célèbres lieux de pèlerinage du Japon septentrional.

Château d'Ichinoseki *(1 km S.-O. de la gare);* sur une hauteur, transformée en parc public, subsistent les ruines de l'ancien château de *Date Munekatsu*, fils de *Masamune*, qui à partir de 1695 passa aux Tamura, branche cadette et affiliée aux Date.

En 1701, *Asano Nagamori* se réfugia en ce château, où il dut se donner la mort après l'affront commis envers *Kira Yoshinoka*; il fut vengé par les quarante-sept rōnin, V. le Sengaku ji à Tōkyō.

ICHINOSEKI (ENVIRONS)

Environs

1 — **Chūson ji *(10 km N., par la N 4 ; train J.N.R. jusqu'à Hiraizumi ; car depuis les gares d'Ichinoseki et de Hiraizumi).* — Quitter Ichinoseki vers le nord.

8 km : **Hiraizumi**, gare d'accès au Chūson ji. *Festival Fujiwara, du 1er au 5 mai.*

A 500 m O. : **Mōtsu ji**, fondé (850) comme le Chūson ji par *Jikaku Daishi*, et entièrement reconstruit au XIIe s. par *Fujiwara Motohira*, au point de devenir l'un des plus beaux temples de la région. Il ne reste aujourd'hui, outre les *Jōgyō dō* et *Hokke dō*, que les bases de colonnes des anciens bâtiments détruits par le feu, et un **jardin** romantique de style Heian.

A 5 km S.-O., par la même route *(car)* : **Takkoku no Iwaya**, où *Sakanoe Tamuramaro* (758-811), qui repoussa dans la région les Ebisu, fit élever un petit sanctuaire à la divinité guerrière *Bishamon*. Une construction en bois, accrochée à la paroi rocheuse voisine, protège une fruste, mais imposante statue de Dainichi Nyōrai, estimée de la fin du XIe s.

10 km : Petite place d'où une allée de cryptomères permet d'accéder aux divers édifices du **Chūson ji.**

Sous la protection des Fujiwara. — Comme le Mōtsu ji, ce temple fut fondé en 850, par le prêtre *Ennin* ou *Jikaku Daishi* (794-864). En 1094, *Fujiwara Kiyohira* († 1126) s'établissait à Hiraizumi, où il éleva un château qu'habitèrent ses descendants. De 1105 à 1108, les Fujiwara enrichirent considérablement le Chūson ji, dans le voisinage duquel ils établirent leurs sépultures. Mais la grandeur des Fujiwara de Mutsu fit ombrage à *Minamoto Yoritomo*. Par ailleurs, *Yoshitsune* (1159-1189), poursuivi par la jalousie de son frère *Yoritomo*, trouva refuge auprès de *Fujiwara Hidehira*, mais il périt peu de temps après sous les coups de *Fujiwara Yasuhira*, fils de ce dernier, à Koromo gawa au N. du Chūson ji. Selon une légende infondée, *Yoshitsune*, échappé en 1189 à la mort et exilé à Hokkaidō, aurait gagné la Mongolie pour devenir le célèbre Gengis Khan. Malgré la complaisance de Yasuhira, Yoritomo fit détruire presque aussitôt le Chūson ji. Reconstruit, le temple brûla de nouveau en 1337, et seuls des quarante bâtiments d'autrefois, subsistèrent Konjiki dō et Kyō zō.

En montant l'allée mentionnée ci-dessus sur environ 200 m, on laisse sur la g. le **Benkei dō** (1826), qui abrite plusieurs souvenirs et reliques, relatifs à Yoshitsune et à son inséparable compagnon Benkei ; une statue est attribuée à sa main (quoique certainement d'époque Edo). Plus haut, sur la dr., après l'**Ōmote mon** (1659) sous lequel on passe, on arrive au **Hon dō**, aujourd'hui bâtiment principal du temple ; il fut élevé en 1908 et contient une statue d'*Amida Nyōrai* (époque Muromachi).

On laisse à dr. le **Mine no Yakushi dō** (1684) et le beffroi (shōrō), reconstruit en 1343, et on atteint les plus vénérables édifices.

Konjiki dō ou **Hikari dō (salle étincelante), au sommet d'une volée de marches, sur la gauche, s'abrite aujourd'hui sous un pavillon moderne (1968) ; petit mais somptueux, recouvert à la feuille d'or, il recèle une triple estrade, dont le piédestal et le baldaquin sont incrustés de représentations animales et divines, en nacre d'Okinawa. Sur l'autel principal, épargné par Yoritomo, et qui servit de mausolée à Fujiwara Kiyohira et à deux de ses descendants, est disposé un ***groupe de onze statues** d'époque Fujiwara, attribuées au sculpteur *Jōchō* : **Amida** trône au centre, entouré de six *Jizō*, en avant desquels se trouvent deux menaçants *Deva ;* remarquer la rosace de bronze doré, finement ouvragée, au-dessus de l'ensemble.

Le **Kyōzō**, en arrière du Konjiki dō, est l'ancien pavillon des sūtra ; élevé en 1108, c'est le plus ancien édifice subsistant du Chūson ji ; mais le feu le priva d'un étage en 1216. Parmi les 2 379 sūtra offerts par les Fujiwara et qu'il abritait autrefois, un grand nombre a été transporté au Kōya san ; d'autres sont actuellement au musée de ce temple ; sur un autel octogonal, à la base ornée de plaques de bronze incisé, se dresse le groupe de *Monjū Bosatsu*, assis sur un lion, accompagné de ses suivants.
Non loin de là, l'ancien édifice du Konjiki dō fut élevé en 1288.

*Sankō zō (1955), en contre-bas du Konjiki dō, est le trésor du temple, où sont exposées plusieurs œuvres des époques Fujiwara et Kamakura. La salle principale abrite les sarcophages de *Kiyohira Motohira* et *Hidehira Fujiwara*, qui reposaient autrefois sous le Konjiki dō ; divers objets, et de riches vêtements retirés des cercueils ; la boîte ayant contenu la tête de Yasuhira qui fut présentée à Yoritomo ; des *sūtra* et leur coffret provenant du Kyō zō ; un rouleau d'époque Muromachi, retraçant l'histoire de Yoshitsune ; des *keman* (plaques de bronze doré finement ouvragées) qui ornaient autrefois le Konjiki dō ; une statue de *Dainichi Nyōrai*, en bois de cerisier, d'époque Heian, etc. ; dans une petite pièce annexe se trouve la ***statue** en bois d'**Ichiji Kirin**, attribuée à *Kōkei* (XIIe s.) ; les yeux sont de cristal. La petite salle du musée abrite une statue d'*Amida Nyōrai*, deux de *Yakushi Nyōrai*, et une *Kannon aux mille Mains* d'époque Fujiwara, ainsi qu'un *Dainichi Nyōrai* d'époque Kamakura.
Au Chūson ji vous pourrez voir encore, vers l'E., une estrade de Nō (1853) où se donnent toujours quelques représentations, en mai et en octobre. Proche de la place d'où part l'avenue de cryptomères du Chūson ji, se trouve la *tombe de Benkei*.

Benkei, originaire de la province de Kii, était devenu moine contre son gré. D'une force herculéenne, il s'opposa sur un pont de Kyōto à Yoshitsune, par qui il fut vaincu ; devenu compagnon fidèle du malheureux frère de *Yoritomo*, il aida celui-ci dans ses campagnes contre les Taira, et mourut avec lui à la bataille de Koromo gawa (1189). La littérature et la légende se sont emparées de ce personnage.

De l'autre côté de la N 4 se tient le **Musée de Hiraizumi**, où sont présentés, sous forme de panorama historique, plusieurs dioramas, des peintures et des objets archéologiques, décoratifs ou artisanaux.

A 800 m S.-E. du Chūson ji, de l'autre côté de la voie ferrée et dominant la vallée de la Kitakami gawa, se trouve le **Yoshitsune dō**, dédié au frère de Yoritomo, à l'emplacement même de sa résidence.

2 — *Geibi kei *(26 km N.-E. ; train J. N. R. jusqu'à Matsukawa, puis car ; car direct depuis Ichinoseki)* ; cette **gorge**, aux à-pics superbes tombant sur la **Satetsu gawa**, peut être en partie remontée en bateau à fond plat.

3 — Kurikoma yama *(46 km O. ; car).* — La route quittant Ichinoseki remonte l'Iwai gawa vers l'O.
7 km : ***Gembi kei**, où le lit de la rivière est bordé de rochers multiformes, à g., en contre-bas de la route.
46 km : Sukawa Onsen, station thermale d'altitude (1 126 m) au N.-O. du Mont Kurikoma, dont l'ascension sur 4 km peut se réaliser en 1 h 30. Cet ancien volcan (1 628 m) est remarquable pour sa végétation, les vues que l'on en découvre, et sa position au point de rencontre de trois départements ; il change d'ailleurs de nom en fonction de ceux-ci : le nom de *Kurikoma yama* est utilisé à Miyagi ken, celui de *Sukawa dake* à Iwate ken, et celui de *Dainichi dake* à Akita ken.

Iida (Ile de Honshū)

Tōkyō, 304 km. — Gifu, 167 km. — Kōfu, 169 km. — Maebashi, 250 km. — Nagano, 169 km. — Nagoya, 150 km. — Niigata, 365 km. — Shizuoka, 204 km. — Toyama, 270 km. — Urawa, 332 km.

Nagano ken. — 77 261 hab. — 516 m d'altitude.

Sur le cours moyen de la Tenryū gawa, issue du lac de Suwa, Iida peut constituer une base de départ pour la descente des gorges de cette rivière.

A Iida existait autrefois un château, construit vers 1195 par *Kondō Kaneie*, et qui passa ultérieurement en de nombreuses mains, dont celles des Hori de 1672 à 1868.

Environs : **Gorges de la Tenryū. — La descente en bateau des rapides de la Tenryū est peut être la plus spectaculaire et la plus belle de ce genre au Japon. Le parcours, réalisable en été et en automne, s'effectue sur une vingtaine de kilomètres, en 1 h 30 environ, entre Ichida *(7 km en amont d'Iida ; gare J.N.R.)* et *Tenryū kyō *(16 km en aval ; gare).* En fait, les plus beaux aspects des gorges se révèlent plus en aval ; nous vous recommandons vivement, malgré les nombreux tunnels, de longer celles-ci depuis Iida, en train *J.N.R.*, en direction de Tenryū. Les montagnes bordant les gorges enserrent celles-ci par des falaises couvertes de pins ; entre des abrupts d'une centaine de mètres, s'insinue la rivière aux eaux plus ou moins abondantes, selon les barrages de Yasuoka, Hiraoka, Saruma et Akiha, qui en coupent le cours. Les plus belles passes sont celles de Tenryū et de Nangū.

Iiyama (Ile de Honshū)

Tōkyō, 263 km. — Gifu, 317 km. — Kōfu, 188 km. — Maebashi, 161 km. — Nagano, 35 km. — Nagoya, 300 km. — Niigata, 152 km. — Shizuoka, 284 km. — Toyama, 168 km. — Urawa, 239 km.

Nagano ken. — 32 159 hab.

Sur le haut cours de la Shinano gawa, qui porte ici le nom de Chikuma gawa, la localité d'Iiyama permet d'atteindre les stations de ski de Madarao et Nozawa.

Ruines du château d'Iiyama, proches de la Chikuma gawa. Ce château, élevé en 1577 par *Uesugi Kagetora* (1552-1579), passa en 1584 à *Mōri Tadamachi* ; sous les Tokugawa plusieurs seigneurs s'y succédèrent, tels les Honda entre 1717 et 1868.

Environs

1 — Madarao kōgen *(6 km O. ; car),* sur les pentes du **Madarao yama** (1 382 m), station de ski d'où l'on réalise d'agréables promenades en été.

2 — Nozawa Onsen *(14 km N.-E. ; car depuis les gares d'Iiyama et Kijima),* station thermale et surtout de sports d'hiver, sur les pentes N.-O. du **Kenashi yama** (1 650 m) : 27 remonte-pentes ; ski nocturne ; saison de début décembre à mi-avril.

3 — Myōkō kōgen, Nagano, Parc national de Jōshin Etsu Kōgen, *V. ces noms.*

Iizuka (Ile de Kyūshū)

Carte du Nord de Kyūshū, p. 372-373.
Tōkyō, 1 134 km. — Fukuoka, 32 km. — Kumamoto, 122 km. — Ōita, 150 km.
— Saga, 64 km.

Fukuoka ken. — 75 643 hab.

Iizuka fait partie de cette pléiade de villes industrielles et minières du Nord de Kyūshū, et se rattache au bassin charbonnier de Chikuho.

Environs : Grande sépulture d'Ōtsuka *(8 km S. ; train J.N.R.).* Ce tumulus d'époque kofun, au N.-E. de la gare de Keisen, est l'un des plus représentatifs du genre ; il dispose d'une **chambre funéraire** richement décorée, dont l'entrée est gardée par deux chevaux peints en noir ; visite sur autorisation.

Ikaruga (Ile de Honshū)**

Carte des environs d'Osaka, p. 470-471. — Plan ci-contre.
Tōkyō, 493 km. — Nara, 11 km. — Yamato Kōriyama, 6 km.

Nara ken

Ikaruga est le nom du village où fut créé le Hōryū ji, dont les nombreux bâtiments, vus de loin, se fondent dans l'intense verdure qui leur sert de cadre. L'œil, précédant le pied sur le sentier rectiligne, se fixe et s'apaise. L'équilibre, presque musical, des toits et des murs, l'un complétant l'autre, les bois et les tuiles de construction dont les angles ne blessent pas un regard qui, avec la main, se prend d'une envie de caresses créant ainsi des liens invisibles se prolongeant au delà des nues : telles sont les premières émotions ressenties à l'approche du Hōryū-ji. La visite détaillée de ce temple peut facilement occuper une journée.

A — Le ***Hōryū ji

Accès : 1,5 km N. de la gare de Hōryū ji-J.N.R. ; train depuis Ōsaka-Minatomachi, puis bus ; car depuis Nara et Yamato-Kōriyama.
Visite : le temple peut se visiter tous les jours, entre 8 h et 16 h.

Le Hōryū ji, qui possède les plus vieilles constructions en bois du monde, est le plus ancien temple du Japon ; c'est le plus complet et le plus parfait pour l'architecture, la sculpture et la peinture de l'époque Asuka ; il comprend aujourd'hui une quarantaine de bâtiments divisés en deux grandes fondations principales : celles de l'Ouest ou **Sai in**, et celle de l'Est ou **Tō in** ; il y a aussi une fondation du Nord (**Kitamuro in**). Le **musée**, ou **trésor du Hōryū ji**, se situe entre les deux fondations occidentale et orientale.

En l'honneur du Bouddha thérapeute. — C'est à l'empereur *Yōmei* (540-587), premier souverain japonais converti au bouddhisme, que l'on doit indirectement la création du Hōryū ji. Tombé malade peu de temps après son avènement, il embrassa cette religion sur les instances de son fils le prince *Shōtoku* (572-621), à qui il demanda de faire réaliser une statue dédiée au Bouddha guérisseur *Yakushi;* l'empereur décéda néanmoins l'année suivante. Sous le règne de sa tante l'impératrice *Suiko* (554-628), le prince *Shōtoku,* à qui l'on doit l'ouverture de relations avec la Chine et l'implantation officielle du Bouddhisme au Japon, devint l'un des plus

HORYU JI

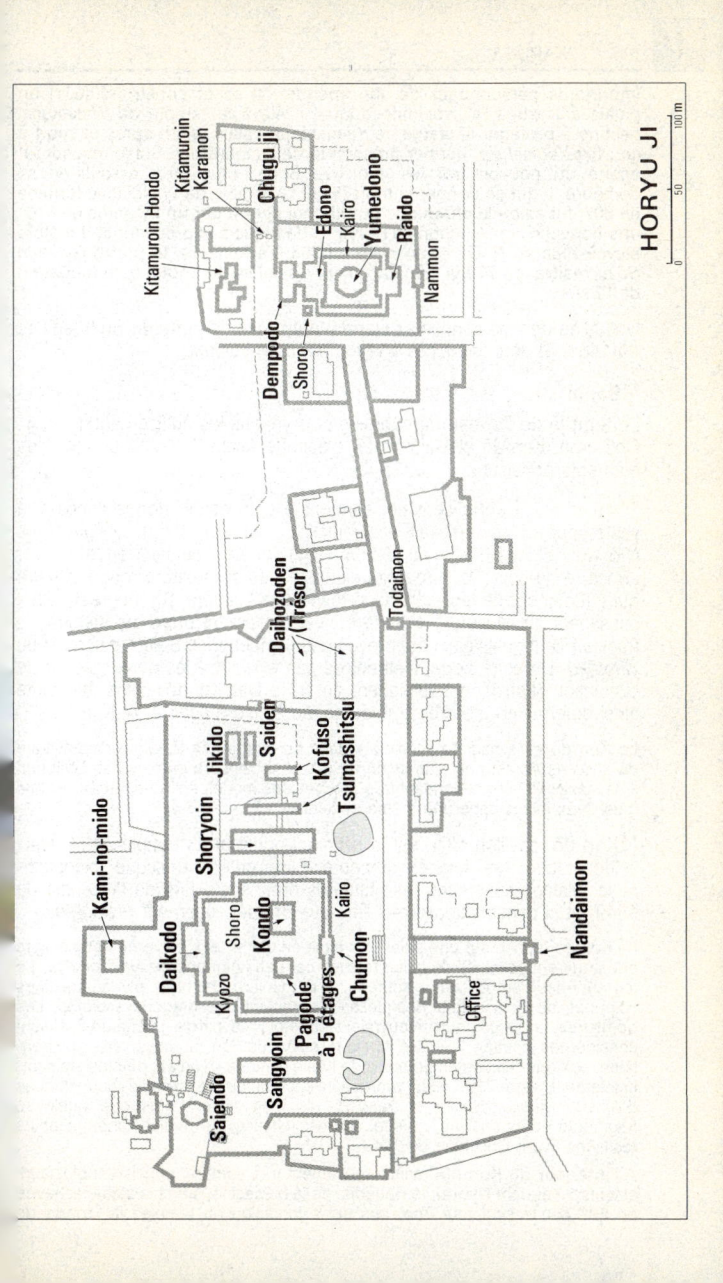

importants personnages de son époque : il se fit construire (601) un palais à Ikaruga, à proximité duquel il éleva le temple de Wakakusa, destiné à protéger la statue de Yakushi. Le palais revint après sa mort à son fils *Yamashiro,* héritier présomptif de l'impératrice Suiko, mais il fut écarté du pouvoir par les ministres Soga; plus tard, assailli en sa demeure, il dut se donner la mort (643). Le temple de Wakakusa, terminé en 607, fut selon la chronique du Nihongi détruit par un incendie en 670; une nouvelle construction, le Hōryū ji, identique à la précédente, fut alors élevée plus au N.-O., et achevée en 708. Par ailleurs, le prêtre *Gyōshin Sōzu* réalisa, en 739, à l'emplacement du palais de Shōtoku, la fondation de l'Est.

Une allée de pins conduit au **Nandai mon** (grande porte du Sud), édifiée en 1439, et donnant accès à la fondation de l'Ouest.

**Sai in

Le temple de l'ouest regroupe les plus vénérables édifices du Hōryū ji; Chū mon, Kon dō et Gojū no tō, d'époque Asuka (VII-VIIIe s.), sont les éléments principaux.

*Chū mon, la porte centrale, surmontée d'un étage, donne accès à la vaste cour du «complexe» occidental. A g. et à dr., les deux *gardiens Niō, les plus anciens du Japon (711), furent sculptés en terre sur armature de bois; ils gardent quelques traces de peinture rouge et noire qui témoignent de leur attribution respective (lumière et ténèbres); deux passages, au lieu d'un, s'ouvrent inhabituellement entre les statues; la tradition veut qu'ils aient été prévus pour l'impératrice *Suiko* et son neveu *Shōtoku.* De cette porte, s'étirent de part et d'autre les deux galeries de circulation **(kairō)**, qui rejoignent au N. le **Dai Kō dō**. Dans l'enceinte ainsi déterminée, se dressent la Pagode à cinq étages et le Kon dō.

Le Kon dō et la pagode se situent dans un même axe E.-O., caractéristique du *style Asuka,* et non plus selon un axe N.-S., encore employé au Shitennō ji d'Ōsaka; ils sont cependant très proches des modèles sino-coréens, restant tous deux inclus dans une même enceinte.

Kon dō, pavillon d'Or, est le bâtiment principal du temple de l'Ouest; la décoration très soignée demeure d'une qualité artistique exceptionnelle. Malheureusement, les peintures ont disparu lors de l'incendie de 1949, et la construction elle-même dut être sérieusement restaurée.

Le Kon dō repose sur une puissante base en pierre, et s'élève de deux étages que couvrent des toits de tuiles relevés par deux pignons de type *irimoya*. Le toit supérieur est en outre soutenu, à la manière chinoise, par quatre fines colonnes de bois autour desquelles s'enroulent des dragons sculptés. Les **peintures**, *a secco,* qui recouvraient autrefois les parois intérieures, étaient considérées comme l'un des chefs-d'œuvre de l'art japonais, et s'apparentaient aux œuvres contemporaines de l'Asie centrale (Ajantā); peintes vraisemblablement vers 710, elles représentaient les quatre paradis bouddhiques d'*Amida, Miroku, Shaka* et *Yakushi;* il n'en restent plus que quelques fragments, déposés au musée, et par chance de belles photographies réalisées avant l'incendie de 1949.

A l'**intérieur du Kon dō**, malheureusement très sombre, subsistent plusieurs statues: **Yakushi Nyorai**, le Bouddha de la Médecine, serait la statue achevée en 607 par le sculpteur *Tori,* lors de la fondation du temple; la *triade de

Shaka (Bouddha historique), plus imposante, sur un piédestal, porte au dos la signature de Tori et est datée de 623 ; elle aurait été sculptée, en guise d'ex-voto, à l'image du prince Shōtoku afin qu'il retrouvât la santé. Ces statues témoignent d'une influence chinoise directe. Au-dessus est suspendu un **dais de bois** sculpté et peint. Faisant pendant à la statue de Yakushi, une autre statue d'**Amida**, le Bouddha du Paradis occidental. Les **quatre gardiens célestes** (Shi tennō) des points cardinaux du Bouddhisme, qui accompagnent l'ensemble, sont au Japon les plus anciennes représentations connues de ces personnages ; ces statues en bois, dotées de leurs attributs respectifs, étaient autrefois peintes aux couleurs symboliques de leur fonction.

*Gojū no tō, la pagode à cinq étage (32,50 m de hauteur), repose également sur un socle granitique ; de très belles proportions, elle fut démontée pendant la guerre et redressée depuis.

A l'étage inférieur, sur les quatre faces du pilier qui soutient l'ensemble, sont représentées autant de scènes miniaturisées, **en haut relief** et en terre cuite ; elles décrivent, de l'E. vers le S. : la *conversation entre Yuima et Monjū* ; le *Paradis de Miroku* ; la *crémation des ossements du Bouddha Sakyamuni* (Shaka) ; l'*entrée du Bouddha au Nirvana*. Certains personnages sont d'un réalisme puissant, mais difficilement visibles par manque de luminosité.

Dai Kō dō, salle de prédication, se trouve au N. de l'enceinte fermée par le Kairō. L'édifice actuel, de style Fujiwara, fut transféré depuis Kyōto en 990, et remplaça le bâtiment primitif qui brûla en 925. Il abrite un groupe de trois statues de même époque, représentant **Yakushi Nyōrai** entouré de *Nikkō* et *Gakkō Bosatsu*, les Bodhissatvas des lumières solaire et lunaire. Dans le Kō dō, sont également exposées plusieurs *maquettes du Hōryū ji*, dont une coupe du Kon dō sur laquelle est signalé l'emplacement des peintures détruites par le feu.

De part et d'autre du Dai Kō dō, se trouvent : à l'O. le **Kyō zō** (dépôt des sūtra), du VIIIe s., et à l'E. le **Shōro** (beffroi), du IXe s.
A l'extérieur de la cour, en arrière du Kō dō, se trouve le **Kamino Mi dō**, temple supérieur, et plus vers l'O. le pavillon octogonal du **Saien dō**, dédié à la princesse **Tachibana**, épouse de *Shōtoku Taishi* ; il abrite une **statue de Yakushi** du VIIIe s.

Shōryō in, premier bâtiment à l'E. de l'enceinte déterminée par le Kairō, est dédié à la mémoire du prince *Shōtoku*, et occupe la partie méridionale de l'ancien dortoir de l'est *(Higashi muro)* ; celui-ci fait pendant, de l'autre côté de l'enceinte, au Sangyo in et dortoir de l'ouest *(Nishi muro)*. Cet édifice, du XIIe s., abrite entre autres les statues du Prince Shōtoku, celles de ses fils et du prêtre Eji.
A l'E. du Shōryō in, s'élèvent le **Tsumashitsu** et le petit bâtiment du **Kōfu zō** ; celui-ci renfermait autrefois les dons impériaux faits au temple, puis en arrière du Sai den, le **Jiki dō** (ancien réfectoire).

■ *Daihezo den, le Musée-Trésor du Hōryū ji, plus à l'E., est un double bâtiment moderne (1941) en ciment où sont exposées un grand nombre des plus belles œuvres d'art du Hōryū ji, provenant notamment du Kōfu zō. Une grande partie des trésors de ce temple se trouve également au Musée national de Tōkyō, dans la galerie construite pour les recevoir. Sans tenir compte de la succession des salles, peu nombreuses, nous avons retenu les pièces suivantes :

248 IKARUGA

Tamamushi no zushi, reliquaire du scarabée d'or, rappelle la présence des neuf mille élytres de scarabée « tamamushi » *(chrysochroa elegans)*, qui brillaient autrefois sous la bordure du piédestal et les montants de bronze. L'architecture de ce tabernacle, qui aurait appartenu à l'impératrice *Suiko*, est conforme au principe des édifices d'époque Asuka, et donc contemporain des plus anciennes constructions du Hōryū ji. La partie supérieure s'ouvre, par trois doubles portes — remarquez le détail des « mille » petits Bouddha —, sur une niche abritant aujourd'hui une statuette de Kannon.

Les *peintures extérieures du reliquaire, rares exemples du VIIe s., sont d'un genre unique : bois laqué, et peinture mélangée d'huile et d'oxyde de plomb. Sur la face externe des portes latérales, sont figurés quatre bodhisattvas, et deux élégants rois divins gardent les portes frontales. Le panneau postérieur de la niche représenterait le *Mont Ryōjū,* où Sakyamuni enseigna le sūtra du Lotus. Les quatre faces du registre inférieur figurent la *vénération des reliques du Bouddha* et, à l'arrière, le *Mont Sumeru,* pilier de l'univers selon la cosmogonie bouddhiste ; les peintures latérales présentent deux *épisodes des vies antérieures du Bouddha* : *sa rencontre avec Indra* et, plus célèbre, son *sacrifice à une tigresse affamée.* L'ensemble est influencé par l'art chinois des Wei.

Le **reliquaire de la dame Tachibana**, plus simple que le précédent, témoigne d'un style de transition entre les époques Asuka et Nara (VIIIe s.) ; il abrite une petite triade d'Amida, en bronze doré, très représentative de son époque (Hakuho).

*Kudara Kannon est une statue en bois de camphrier d'*Avalokitesvara,* prétendument d'origine coréenne *(Kudara),* mais certainement réalisée par un artiste japonais selon des canons chinois ; de l'époque Asuka (VIIe s.), cette statue est toutefois d'une autre facture que celles du Kon dō, et se distingue par la gracieuse élongation du corps, sur lequel viennent s'appliquer les plis soigneux du vêtement ; sur la statue, de plus de 2 m de hauteur, apparaissent encore des traces de laque et de polychromie.

Yumechigai ou **Yumetagai Kannon** est une œuvre élégante en bronze, de l'époque Nara, dont la vertu était de modifier les mauvais rêves.

Le musée abrite d'autres œuvres d'époque Asuka, telle cette petite **triade de Boshinen Shaka** (628), réalisée pour le Ministre *Soga Iname ;* les **six statues de Bodhisattvas** (autrefois huit) de la fin du VIIe s. ; la **statue de Kannon aux neuf têtes**, importée en 718 ; des plaques de bois sculpté ayant servi à l'impression du code dit de Shōtoku ; quelques rares **peintures** sauvées de l'incendie **du Kon dō** ; etc.

Au S. des bâtiments du musée, le **Tōdai mon**, grande porte de l'Est, permet d'accéder à la fondation orientale.

**To in

Une allée conduit du Tōdai mon au temple de l'Est ; divers bâtiments ont été ordonnés autour du Yumedono, que l'on atteint en pénétrant dans la cour fermée par le kairō.

*Yumedono, le Pavillon des Rêves, est le plus ancien édifice religieux octogonal du Japon. D'époque Nara (VIIIe s.), ce bâtiment est élevé comme ceux de la période précédente, sur un double socle en pierre.

C'est en ce lieu que le prince *Shōtoku* recevait, sous la forme de rêves, la réponse à ses problèmes politiques et philosophiques.

Guze Kannon, statue contemporaine de Shōtoku, reçut son surnom de sauveur du Monde à l'époque Heian. Il s'agit d'une œuvre en bois de camphrier, couverte à la feuille d'or, au diadème de bronze ciselé, et dont le

style l'apparente aux statues de Tori, au Kon dō du Sai in ; elle possède cependant une grâce féminine qui n'apparaît pas chez ces dernières. Restée enveloppée et protégée jusqu'au XIXe s., cette statue est remarquablement conservée.
Le Yumedono abrite également une **statue** en laque sèche *(kanshitsu)* du prêtre fondateur **Gyōshin Sōzu**, et une autre en argile du prêtre **Dōsen Risshi** ; elles datent des époques Nara et début Heian.

Edono, au N. du Yumedono, est un édifice d'époque Kamakura (1219), où figurait l'histoire peinte de Shōtoku Taishi par *Hata Chitei* ; les peintures actuelles sont en fait une copie d'époque Edo. Ce bâtiment, divisé en **E den** et **Shari den**, est traversé par un couloir donnant accès au **Dempō dō**, salle de l'enseignement bouddhique, semblable au Kō dō du Sai in, élevé en 739 par une autre princesse Tachibana, mère de l'impératrice Kōmyō.

Il abrite une vingtaine de **statues d'époques Nara et Heian**, parmi lesquelles au centre, une statue d'Amida en laque sèche.

Longeant vers le N. le mur extérieur occidental du Kairō, on dépasse le **Shōrō** du Tō in, beffroi d'époque Kamakura dont les cloches, plus anciennes, proviennent du Chūgū ji. Puis, dépassant le Dempō dō, on atteint l'entrée du Chūgū ji.

Chūgū ji

Ce temple, fondé par le prince *Shōtoku* en l'honneur de sa mère, fut transféré au XVe s. sur son site actuel, et demeura placé sous la dépendance d'une abbesse de sang impérial. Le pavillon principal, moderne, entouré d'une pièce d'eau, abrite quelques trésors de l'époque Asuka (VIIe s.).

**Nyorin Kannon Bosatsu, Bouddha de la compassion, est en fait un Miroku Bosatsu, Bouddha du Futur, assis dans la position de la méditation, la jambe droite reposant sur la gauche et la main droite ramenée vers le visage ; cette statue, avec celle du Kōryū ji de Kyōto, presque semblable et également en bois, est un des chefs-d'œuvre de la sculpture japonaise et de tous les temps.
*La broderie du Tenjukoku Mandara fut tissée en 622 ; le caractère unique et l'âge font l'originalité de « cette tapisserie, dont seuls quelques fragments ont pu être épargnés, et qui est connue sous le nom de *Tenjukoku* (« le Royaume céleste de l'Immortalité »). Elle se composait à l'origine de deux grands panneaux qui furent brodés par les dames de la Cour sur l'ordre de *Tachibana no Oiratsume*, épouse du prince *Shōtoku*, et pour le repos de l'âme de celui-ci après sa mort » (Théo Lésoualc'h). Shōtoku est représenté au Paradis bouddhique, où apparaissent des êtres et des architectures imaginaires ; les couleurs et le dessin dénotent une influence sino-coréenne.

B — Environs

1 — Hōrin ji *(2 km N.-E. du Hōryū ji ; chemin d'accès, ou car jusqu'au Hokki ji)* fut fondé en 621 par *Yamashirō*, fils aîné du prince *Shōtoku*. La pagode à trois étages, d'époque Asuka, fut détruite par la foudre en 1944. Au **Kon dō** sont conservées plusieurs statues, dont un ***Yakushi Nyorai** assis (XIIe s.), dans le style de Tori, et les statues de *Kichijō ten*, *Bishamon ten* et *Shō Kannon*, d'époque Heian. Au **Kōdō**, on remarque

250 IKEDA — IKI ET TSU SHIMA

également une grande et belle statue de **Kannon à onze têtes** (époque Fujiwara), ainsi que les statues en bois de *Jizō* et *Kokuzō Bosatsu ;* cette dernière est en fait une statue de Kannon d'époque Nara.

A 500 m E. du Hōrin ji, le **Hokki ji** fut créé en 638, à la demande du prince Shōtoku, par le prêtre Fukuryō. La **pagode de trois étages**, haute de 24 m, aurait été élevée en 685. On y conserve plusieurs statues dont une **Kannon** d'époque Asuka, en bronze doré, un **Jizō Bosatsu** en bois d'époque Heian, et un **Bouddha** d'époque Kamakura.

2 — Nara, Parc naturel de Kongō-Ikoma, V. *Nara.*

Ikeda (Ile de Shikoku)

Carte de Shikoku et Mer Intérieure, p. 502-503.
Tōkyō, 784 km. — Takamatsu, 65 km. — Tokushima, 75 km.

Tokushima ken. — Gare d'Awa-Ikeda.

Cette localité est établie sur le cours moyen de la **Yoshino gawa**, la plus longue rivière de l'île de Shikoku (194 km), en aval du coude qui l'oriente en direction de Tokushima.

Environs : Tsurugi san *(61 km S.-E. ; car jusqu'à Minokoshi ; ou train J. N. R. jusqu'à Sammyo, puis car).* — Quitter Ikeda vers l'O. par la N 32-192.

3 km : Après avoir traversé la **Yoshino gawa**, on laisse sur la dr. la N 192 qui rejoint la côte à Kawanoe, pour poursuivre par la N 32 et remonter les *gorges de la Yoshino gawa.

8 km : **Iyaguchi**, où on laisse la vallée de la Yoshino pour remonter celle de l'Iya gawa.

A 6 km S. : **Koboke**, d'où les *gorges de la Yoshino gawa, longées par la voie ferrée, sont fort intéressantes sur un parcours d'environ 7 km jusqu'à Ōboke.

La route, remontant la vallée de l'Iya, traverse bientôt *Iya kei, gorges bordées de falaises, percées comme celles de Yoshino dans la chaîne montagneuse de Shikoku ; la couleur des érables en automne ajoute au pittoresque de ces lieux.

25 km : **Nishi Iyayama**, d'où sur la dr., une nouvelle route à péage rejoint *(7 km O. ; car)* la Yoshino gawa à Sammyō.

27 km : **Zentoku**, à proximité de l'**Iya no Kazura bashi**, pont de liane à 16 m au-dessus du torrent, qui permettait aux habitants de ces hautes vallées de franchir la rivière. C'est l'un des rares ponts de ce type subsistant au Japon ; il reste un précieux témoignage d'une autre époque.

54 km : **Nagoro**, d'où se prolonge une route à péage sur les flancs boisés de Tsurugi san ; jolis points de vue.

61 km : **Minokoshi**, à 1 400 m d'alt., au pied du téléphérique accédant au **Mont Tsurigi**, V. *les Environs de Tokushima.*

Iki et Tsu shima*

Carte des richesses naturelles, p. 64.
Tōkyō, 1 218 km (Iki), 1 274 km (Tsu). — Fukuoka, 68 km (Iki), 124 km (Tsu). — Nagasaki, 154 km (Iki), 210 km (Tsu).

Nagasaki ken.

Espacées d'environ soixante-dix kilomètres, ces deux îles, très différentes l'une de l'autre, ont été associées, pour leurs qualités touristiques, en un même parc naturel. On trouvera sur place plusieurs ryokans.

Position stratégique. — La légende veut que ces îles aient compté parmi les premières créées par Izanagi et Izanami *(V. Awa jima)*; nous ignorons si les deux divinités avaient projeté d'en faire des relais maritimes entre la Corée et le Japon : quoi qu'il en soit, leur position d'étape, entre Kyūshū et la péninsule coréenne ou la Chine, leur valut d'accueillir, depuis les temps préhistoriques, marins, commerçants et conquérants, cherchant à établir des relations entre ces pays. Non épargnées par les invasions mongoles *(V. Fukuoka)*, les îles servirent de repaire aux pirates sillonnant les côtes de la Chine orientale, et furent utilisées comme base logistique par *Toyotomi Hideyoshi*, lors de son expédition de Corée en 1592. A cette époque, Iki passa sous le contrôle des Matsuura, seigneurs de Hirado, alors que Tsu restait sous celui des Sō, qui s'y étaient établis lors d'une révolte de ses habitants, en 1246. Plus récemment, le détroit de Tsushima qui s'étend entre les deux îles fut le cadre de la brillante victoire, lors de la guerre russo-japonaise, de la flotte de l'amiral *Togo* sur celle de *Rojestvenski*, venue par le Cap de Bonne-Espérance, qui avait emprunté ce passage pour gagner Vladivostok (mai 1905).

Iki shima *(avion : vols A.N.A. de l'aéroport d'Ishida, 10 km E. de Gōnoura, pour Fukuoka ; — services maritimes de Gōnoura à Fukuoka et Tsu shima; d'Ashibe — Seto — à Fukuoka; d'Ishida — Intsuji — à Yobuko ; de Katsumoto à Tsu shima; — cars autour de l'île).* — Cette île de 138 km² a peu de relief, et découvre une campagne harmonieuse et soignée ; le pourtour maritime est formé de nombreuses criques et îlots, au relief plus particulièrement accidenté au N. **Gōnoura** est la principale localité de l'île, où accostent les bateaux entre Fukuoka et Tsu shima. *Toyotomi Hideyoshi* y avait fait construire un château, lors de son expédition de Corée en 1592. La ville est également une station thermale. Au large plusieurs îlots sont accessibles en bateau.

A 2 km S.-E. se situe le **belvédère du Takeno tsuji** (213 m), sommet de l'île.

Circuit autour de l'île *(51 km ; car).* — Quitter Gonoura vers le N.
2 km ou 10 km : Embranchement d'une route à g. vers **Yunomoto**, la principale **station thermale** de l'île; culture d'huîtres perlières dans la baie voisine, et rocher du singe (Saru iwa) à 4 km N.-O.
20 km : **Katsumoto**, petit port au N. de l'île ; fut autrefois la capitale d'Iki shima, et la résidence d'une branche cadette des Matsudaira, entre 1689 et 1868.

A 3 km N.-O. au large (bateau), se trouve l'**îlot de Tatsuno**, avec la très belle faille rocheuse d'***Ebiga tani**.

29 km : **Seto**, sur la côte orientale ; la route contourne la **baie d'Ashibe**.

35 km : **Ashibe**, au S. de cette baie.

A 6 km S.-E. : **pointe de Yahata** et jolie côte rocheuse de **Sakyō bana**.

44 km : **Ishida**, d'où l'on peut gagner l'aéroport d'Iki, le petit port d'**Intsuji**, ou rejoindre vers l'O. Gōnoura.

A 5 km E. : crique de **Tsutsukiga hama**.

51 km : **Gōnoura**.

*Tsu shima *(services maritimes d'Izuhara à Iki shima et Fukuoka; de Kami-Tsushima — Hidakatsu — à Kitakyūshū; — cars entre Izuhara et*

Kami-Tsushima). — Plus grande, plus montagneuse et encore plus déchiquetée que la précédente. Tsu shima se compose en fait de deux îles (682 km² au total), réunies par un isthme étroit, qui aurait été coupé au XVIe s. pour laisser passer la flotte de Hideyoshi ; ce sont, au N., Kamino shima et, au S., Shimono shima.

Izuhara, la capitale de l'île, est un petit port caché au fond d'une crique, où Hideyoshi fit élever un château par les Mori, lors de l'expédition de Corée. A partir de 1666, *Sō Yoshizane,* seigneur de l'île, y établit sa résidence. En ville il faut voir les **ruines de l'ancien château de Kanaishi**, et le petit **temple de Banshō**.

→ A 9 km N. *(taxi) :* **Kami zaka** est un belvédère d'où l'on découvre l'extraordinaire ****baie d'Asō**, formée d'une myriade d'îlots et de promontoires au dessin compliqué, entre les deux îles principales de Tsu shima.

→ A 18 km O. : **Komoda**, sur la façade occidentale de l'île ; dans le voisinage, remarquer la construction d'un grenier au toit caractéristique, formé de larges dalles de pierres plates.

→ A 25 km S. : **Tsutsu**, au S. de l'île, que l'on atteint par une route le plus souvent en corniche au-dessus de la mer.

☞ **Kami-Tsushima** *(91 km N. ; car).* — Une route traverse l'île dans toute sa longueur et permet d'en découvrir les plus beaux aspects.
9 km : **Mitsushima**, d'où l'on peut s'embarquer en été sur un bateau parcourant la baie d'Asō.
13 km : Pont enjambant le détroit qui sépare Shimono de Kaminoshima.
49 km : **Mine**.

→ A 4 km O. : **Kisaka Kaijin jinja**, dédié au dieu de la Mer dans la mythologie shintō.

→ 91 km : **Kami-Tsushima**, avec son petit port de pêche **Hidakatsu**.

Imabari (Ile de Shikoku)

Carte de Shikoku et Mer Intérieure, p. 502-503.
Tōkyō, 834 km. — Kōchi, 146 km. — Matsuyama, 45 km. — Takamatsu, 115 km. — Tokushima, 181 km. — Services maritimes pour Beppu, Ōsaka, Hiroshima, Onomichi.

Ehime ken. — 111 125 hab.

Port de pêche, de commerce et de transit, Imabari est également une importante ville industrielle de la Mer Intérieure, principalement vouée au tissage de cotonnades, jusqu'à concurrence de 40 % de la production japonaise.

L'architecte contemporain *Tange Kenzo* est né à Imabari, en 1913.

▄▄ **Parc de Fukiage** *(1,5 km E. de la gare ; bus),* situé sur les ruines de l'ancien **château d'Imabari**, dépendant de celui de Matsuyama, qui fut construit au début du XVIIe s. et appartint entre 1635 et 1868 aux Hisamatsu, apparentés aux Tokugawa.

☞ **Environs**

1 — Chikami yama *(5 km N.-O. ; bus)* est un parc boisé à la limite de la ville ; il culmine à 244 m d'alt. avec un **belvédère**, d'où l'on observe le détroit de Kurushima et les îles de la Mer Intérieure.

2 — Hashihama *(6 km N. ; train J.N.R.) ;* à 1 km N. de la gare, s'avance un promontoire, d'où l'on a une des meilleures vues sur le **Kurushima kaikyō**

passage étroit entre Shikoku et Ō shima ; le va-et-vient des marées peut provoquer de violents courants et des tourbillons ; de nombreux navires empruntent néanmoins ce détroit.

3 — Nibukawa Onsen (11 km S.-O. ; car). — Station thermale dans une région montagneuse et boisée (cerisiers et érables), à laquelle on accède après avoir dépassé le barrage de Tamagawa.

4 — Ōmi shima (24 km N. ; bateau depuis Imabari ou Hashihama pour Miyaura), l'une des îles innombrables de la Mer Intérieure, où l'on visite, à l'E. de Miyaura, le **sanctuaire d'Ōyamazumi**, l'un des plus anciens du Japon (reconstruit au XIVe s.) : il conserve de très **belles armures** et autres objets, offerts autrefois par ses illustres visiteurs impériaux et militaires.

5 — Matsuyama, Ishizuchi san, V. Matsuyama.

Imaichi (Ile de Honshū)

Carte du Parc National de Nikkō, p. 440.
Tōkyō, 134 km. — Fukushima, 237 km. — Maebashi, 101 km. — Mito, 101 km. — Urawa, 115 km. — Utsunomiya, 28 km.

Tochigi ken. — 50 423 hab.

Imaichi est une porte d'entrée du Parc national de Nikkō, au nom duquel nous vous renvoyons. De là divergent les routes à destination de Nikkō et ses somptueux sanctuaires, ou des sources thermales de Kawaji et Shiobara.

Proche d'Imaichi se déroule la superbe *avenue de cryptomères, plantés au XVIIe s. sur le chemin des sanctuaires de Nikkō, et offerts au Tōshō gū par Ōkōchi (Matsudaira) Masatsuna (1576-1648). On compte environ treize mille arbres sur un parcours de 38 km.

Environs

1 — Shiobara Onsen (52 km N.-E. ; car via Kinugawa Onsen ; train Tōbu Railway jusqu'à Kinugawa kōgen). — La route (N 121) remonte la jolie **vallée de la Kinu gawa** jusqu'à hauteur de **Fujiwara**.

13 km : **Kinugawa Onsen**, station thermale fréquentée par les pèlerins de Nikkō, dont les eaux ont une température variant entre 15° et 57 °C. La rivière forme en amont les **gorges** connues sous le nom de **Ryūo kyō**.

18 km : **Kawaji Onsenguchi**, d'où s'embranche la route à péage *Nichi en Highway, qui offre de beaux panoramas sur les montagnes du **Parc national de Nikkō**, et contourne par le N.-O. le **Takahara yama**, formé de deux sommets principaux : **Sakaga dake** (1 795 m) et **Keicho zan** (1 766 m).

A 5 km N., par la N 121 (car) : **Kawaji Onsen**, autre source thermale à proximité du lac de retenue et barrage d'Ikari que longe la route.

43 km : **Arayu Onsen**, première des stations thermales du groupe de Shiobara, à 940 m d'alt., et la plus élevée de celles-ci. De là peut se réaliser l'ascension du Takahara yama.

52 km : **Furumachi**, plus facilement accessible en car depuis la gare J.N.R. de Nishi-Nasuno (ligne du Tōhoku), est la localité administrative de *Shiobara Onsen. Sept sources thermales principales sont réparties le long de la Hoki gawa, qui issue du Takahara yama, s'insinue entre cette montagne au S.-O. et le Nasu dake au N.-E.

Le nom de Shiobara, champ de sel, semble devoir son origine aux nombreuses concrétions salines provoquées par les sources. La tradition

254 IMAICHI (ENVIRONS) — IMARI

attribue au prêtre *Kōbō Daishi* (744-835) la découverte de ces sources, qui furent mises en valeur à partir du siècle dernier grâce au gouverneur de Tochigi ken, *Mishima Michitsune* (1835-1888). La température des sources sulfureuses et alcalines varie entre 39 et 75 °C ; elles sont efficaces contre les rhumatismes, névralgies et maladies de peau.

→ A 500 m S. : **Monzen**, séparé de Furumachi par la **Hoki gawa**, est l'une des stations les plus fréquentées de Shiobara. On y visite le **Myōun ji**, fondé au XIIe s. par la religieuse Myōun, apparentée aux Taira.

→ A 2 km E. : **Fukuwata**. A proximité de la rivière s'élèvent de curieux rochers ; celui de Tengu, couvert de pins, se dresse près de la route, et celui de Nodachi est couché dans le lit même de la rivière.

→ A 4 km E. : **Ōami**, dont la source jaillit de la crevasse d'un rocher, au N. de la Hoki gawa. Proche est l'étang de Chigogafuchi, réputé sans fond, et agité d'une eau tourbillonnante.

2 — Parc national de Nikkō *V. ce nom.*

■ Imari (Ile de Kyūshū)

Carte du Nord de Kyūshū, p. 372-373.
Tōkyō, 1 229 km. — Fukuoka, 79 km. — Nagasaki, 84 km. — Saga, 61 km.
Saga ken. — 61 561 hab.

Petite ville industrielle et port d'exportation des **poteries d'Arita** ; Imari s'est acquis une renommée mondiale grâce à cette porcelaine, plus connue sous le nom d'**Imari Yaki**.

Fête Ton-ten-ton, du 22 au 24 octobre, durant laquelle s'affrontent les porteurs de palanquins.

☞ **Environs**

1 — Arita *(16 km S. ; train J.N.R. ; car).* — On y visite le **Musée de la Porcelaine d'Arita** ; installé dans l'immeuble de la Chambre de Commerce et d'Industrie, il présente une collection de pièces remarquables.

Cette poterie aurait été introduite à Arita en 1592, par un artisan coréen de Nagasaki ; la présence d'importants gisements d'argile fine facilita cette implantation. Ce sont surtout les Japonais *Goroshichi* et les *Kakiemon* qui lui donnèrent, au XVIIe s., ses titres de noblesse ; il y avait alors près de trois cents fours de potiers à Arita. Très en faveur auprès des Hollandais de Dejima (Nagasaki), de nombreuses pièces furent exportées aux pays-Bas, et influencèrent directement les productions de Delft, voire celles du reste de l'Europe. Le nom de *Kakiemon* est souvent associé à la poterie même d'Arita. « Il existe deux sortes de « Kakiemon ». L'une, dite « style de brocart », est décorée sur couverte d'un motif tricolore rouge, vert et bleu ; l'autre, dite « style de brocart sous couverte », est caractérisée par l'emploi d'un oxyde de cobalt. Les dessins de *Kakiemon* — roches, fleurs, oiseaux — s'inspirent plus directement de la peinture, tandis que ceux de son oncle répètent aux flancs des poteries ou au fond des vastes plats d'éclatants motifs textiles » *(D. et V. Elisseeff,* la Civilisation japonaise).
Pour certains, les poteries de *Nabeshima* sont les plus belles porcelaines d'Arita.

Du 1er au 5 mai, le **marché aux poteries** est une joyeuse brocante, au cours de laquelle se vendent un grand nombre de porcelaines de toutes sortes.

De belles promenades sont possibles dans les environs du Kurokami yama, qui culmine au N. à 518 m d'alt.

2 — Karatsu, Takeo, V. ces noms.

Inawashiro (Ile de Honshū)

Carte des richesses naturelles, p. 63.
Tōkyō, 279 km. — Aizu Wakamatsu, 29 km. — Fukushima, 58 km.

Fukushima ken.

Au pied du Mont Bandai et au nord du lac Inawashiro, la localité peut servir de point de départ pour la découverte de l'un ou l'autre de ces deux sites.

Le parc d'Inawashiro *(2 km N. de la gare)* est situé à l'emplacement de l'ancien Kamego jō des seigneurs d'Inawashiro.

Environs

1 — Inawashiro ko *(3 km S. ; 1 km S. de la gare ; bus).* — Ce lac est le quatrième du Japon (105 km²). Situé à 514 m d'altitude il aurait été, selon la tradition, créé en 806 par une éruption du Bandai san ; il semble en fait avoir été formé par la retenue de laves issues des **Monts Bandai et Nekoma.** En été, un bateau en fait le tour en 3 h environ.

2 — Okinajima *(5 km O. ; train J.N.R. ; car).* — Petite station thermale et estivale qui fut la patrie du bactériologiste *Noguchi Hideyo* (1876-1928), à qui l'on doit le vaccin anti-amarile. On peut y visiter sa maison natale (intérieur traditionnel du siècle dernier et quelques souvenirs).

3 — Aizu Wakamatsu, Parc national de Bandai Asahi, V. ces noms.

Inuyama (Ile de Honshū)

Tōkyō, 397 km. — Gifu, 25 km. — Nagano, 267 km. — Nagoya, 24 km. — Shizuoka, 230 km. — Tsu, 97 km.

Aichi ken. — 50 594 hab. — Industries textiles.

Facilement reliée à Nagoya, cette ville est un exutoire naturel de la grande métropole du Japon central ; les environs semblent particulièrement aménagés pour recevoir la population urbaine avide de distractions. C'est là que se trouve le débarcadère des bateaux à fond plat descendant le cours de la Kiso gawa, qui coule au N. de la ville *(V. Mino-Kamo).*

Château d'Inuyama *(500 m O. de la gare d'Inuyama-Yuen, Meitetsu).* Au sommet d'un mamelon qui domine le cours de la Kiso gawa, le petit donjon d'Inuyama est l'un des plus anciens du Japon ; il a été récemment restauré.

Connu sous le nom de Château Blanc, Inuyama jō fut édifié, au XVᵉ s., par *Shiba Yoshitake*, qui le confia en 1435 aux Oda. En 1584, *Ikeda Nobuteru* s'en emparait, mais il devait mourir la même année à la bataille de Nagakute, vaincu par Tokugawa Ieyasu. A partir du XVIIᵉ s., les Tokugawa cédèrent le château aux Naruse, qui reconstruisirent (1600) le donjon actuel et y demeurèrent jusqu'à la Restauration.

Au pied de la colline que domine le château, s'étend le jardin japonais d'**Uraku en**, où l'on remarque particulièrement les **pavillons de Jo an et Kyū Shodenin Shoin.**

256 INUYAMA (ENVIRONS) — ISE SHIMA

A l'est de la voie ferrée un groupe de **collines**, bordant la Kiso gawa, a partiellement été aménagé en parc d'amusement public; celui-ci abrite un zoo et un centre d'étude sur le mode de vie des singes *(monorail d'accès).*

Environs

1 — Meiji mura *((9 km S.-E.; train Meitetsu jusqu'à Meijimuraguchi; car depuis Inuyama et Nagoya).* — A 3,5 km E. de la petite gare *(bus d'accès).* sur les bords de l'**Iruka ike**, ont été rapportées plusieurs constructions, dans le but de reconstituer un village modèle de l'époque Mieji (1868-1912). Ces bâtiments proviennent de tout le pays et témoignent de l'influence occidentale dans le mode de construction en bois ou en briques. On y retrouve les demeures de quelques hommes célèbres au temps de la Restauration; l'église Saint-Jean date de 1908. *Le village est ouvert tous les jours de 10 h à 17 h.*

2 — Iwazaki *(10 km S.; train Meitetsu),* où il sera intéressant d'assister (15 mars) aux fêtes de la fécondité du **sanctuaire de Tagata** (processions phalliques).

3 — Gifu, Nagoya, *V. ces noms;* — **rapides de la Kiso gawa,** *V. Mino-Kamo.*

Ise shima [Parc national d'] Ile de Honshū★★

Carte p. 63 et carte du Parc national d'Ise shima, p. suivante.

Comment vous y rendre :

— Depuis Ise ou Toba; ce sont les deux principales localités du Parc national, espacées de 16 km, reliées entre elles par trains J.N.R. ou Kinki Nippon Electric Railway (Kintetsu), avec prolongation jusqu'à Kashikoijima. Les principaux services d'autocars et d'excursions rayonnent également depuis ces deux villes.

— Depuis Kyōto ou Ōsaka, Ise est accessible en trains directs J.N.R. ou Kintetsu (gare de Namba à Ōsaka), en 1 h 50 env. depuis ces deux villes éloignées de 140 à 160 km. — Depuis Ōsaka (Tennōji), existe également un service J.N.R. : 5 h environ en changeant de train à Taki. Services de cars depuis ces deux villes.

— Depuis Nagoya (140 km d'Ise), trains directs J.N.R. (ou via Taki) ou Kintetsu en 1 h 10 env. Services maritimes entre Nagoya et Toba, avec Kinki Nippon Tourist Company ou Shima Katsuura Kanko Steamship Co. Services d'autocars.

— Depuis Shingū, à 153 km S.-O. d'Ise, en 2 h 40 de train J.N.R. via Taki.

— Depuis Tsu, à 36 km N.-O. d'Ise; trains J.N.R. et Kintetsu, en 40 mn environ. Autocars.

Coiffant la presqu'île d'Ise qui, à l'E. de la péninsule de Kii, ferme la baie d'Ise au Sud, ce parc de 52 036 ha est l'un des plus visités du Japon, avec ceux de Fuji Hakone Izu et de Nikkō. Centre de pèlerinage de premier ordre avec le double sanctuaire d'Ise, la région aux côtes découpées fut le berceau, avec Toba, de la perle de culture.

1 — ★★Ise (103 576 hab.). *Cf plan des sanctuaires, p. 259.*

Les deux **sanctuaires** d'Ise (Naikū et Gekū) comptent parmi les plus vénérables du Japon, et attirent chaque année plus de deux millions de visiteurs. Il existe en outre environ cent-vingt sanctuaires mineurs, affiliés aux deux principaux ; l'ensemble est connu sous le nom d'Ise jingū : le grand sanctuaire d'Ise. Il convient, ici, de garder une certaine discrétion. Discrétion faite de silence réceptible. Chaque pas sur le sentier, à travers une nature aménagée au point sublime de demeurer naturelle, provoque un sentiment autre : les arbres, les ruisseaux, les pèlerins remplissent ici une fonction immémoriale. Et les temples eux-mêmes, dans leur mouvance permanente, ne sont-ils pas le symbole de l'immuabilité

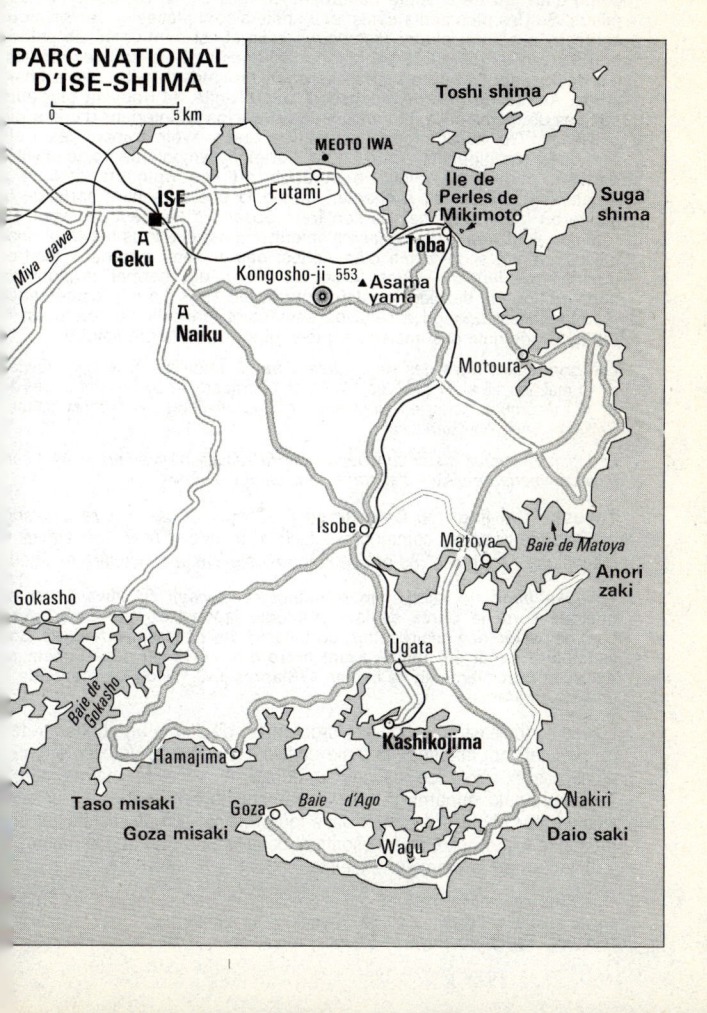

Bien que le sanctuaire intérieur Naikū date du Ier s. avant J.-C. et que Gekū, le sanctuaire extérieur, remonte au Ve s. de notre ère, ils sont tous deux construits dans le même *style shimmei*, dont ils restent le meilleur exemple. Ils se distinguent par un bâtiment rectangulaire, en bois, divisé en deux nefs dans le sens de la longueur et coupé de trois travées ; l'entrée se fait sur la plus longue façade, par la travée centrale. L'édifice coiffé d'un toit de chaume débordant des deux côtés, est porté par des piliers. Sur les plus petits côtés, deux piliers sont placés en renfort pour soutenir la poutre faîtière *(katsuogi)*; celle-ci est surmontée de petites poutres ornées *(chigi)* de sobres incrustations de bois : aux extrémités les deux grandes poutres croisées en X prolongent celles de la charpente. Autour du *Shō den*, consacré à la divinité, se trouvent plusieurs édifices de même style, et l'ensemble est enclos à l'intérieur d'une triple palissade. On accède aux sanctuaires après avoir franchi les trois portiques traditionnels *(torii)*, dont l'origine symbolique reste mystérieuse : certains y voient le perchoir du coq (toujours associé à *Amaterasu*) qui se mit à chanter, quand la déesse solaire sortit de la grotte où les turbulences de son frère *Susano o* l'avaient confinée. La tradition veut que les sanctuaires soient reconstruits tous les vingt ans ; c'est la vente, sous forme d'amulettes, des anciens matériaux (cèdres japonais — *hinoki* — des forêts de Kiso), qui permet la nouvelle construction ; la dernière en date eut lieu en 1973. Le site d'alternance *(kodenchi)* est contigu à celui du sanctuaire, dont l'architecture est la réplique originale des anciens édifices nippons de la préhistoire.

Les *principales fêtes* des sanctuaires d'Ise se déroulent les 4 et 17 février, le 14 mai, les 15 et 17 juin, les 14, 15 et 17 octobre, le 23 novembre, les 1 et 17 décembre ; tous les vingt ans ont lieu les fêtes de reconstruction Shikinen Sengū ou Sengūsai.

La logique voudrait qu'on commençât par le sanctuaire intérieur, mais il sera plus commode de visiter d'abord le sanctuaire extérieur.

Toyouke Dai jingū ou **Gekū jingū** *(700 m S.-O. de la gare d'Iseshi)* — Par une avenue, commençant face à la gare *J.N.R.*, on atteint le magnifique parc boisé (89 ha) dans lequel s'élève le sanctuaire extérieur.

Toyouke bime no kami, fille d'*Izanagi* et *Izanami* (V. Awaji), est en quelque sorte la Cérès de la mythologie japonaise ; elle est vénérée comme protectrice des récoltes, du foyer et des nécessités de la vie. Son sanctuaire aurait été fondé, avant notre ère, au N. du département de Kyōto, et transplanté en ce lieu en 478 après J.-C., selon la volonté de déesse *Amaterasu*.

L'allée conduisant au sanctuaire proprement dit, forme un coude au-delà du premier torii, et atteint la triple enceinte au-delà du deuxième torii. Il n'est pas possible de franchir la deuxième enceinte, barrée par **Tonotamagaki minami gomon** ; à hauteur de cette porte, les pèlerins lancent leur obole et frappent dans leurs mains, afin de manifester leur présence à la divinité, dont l'esprit est dans le **Shō den** que l'on aperçoit à l'intérieur de la première enceinte.

Au S. du sanctuaire s'élève, sur une colline, le petit sanctuaire de **Taka miya**, dédié à l'esprit actif de Toyouke ; en contre-bas, deux sanctuaires mineurs, **Tsuchino miya** et **Kazeno miya**, sont dédiés respectivement

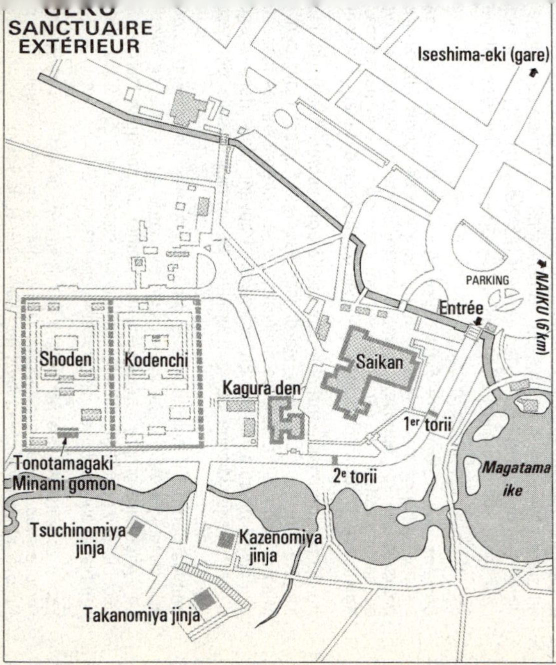
SANCTUAIRE
EXTÉRIEUR
Iseshima-eki (gare)
PARKING
NAIKU (6 km)
Entrée
Shoden
Kodenchi
Saikan
Kagura den
1er torii
2e torii
Tonotamagaki
Minami gomon
Magatama ike
Tsuchinomiya jinja
Kazenomiya jinja
Takanomiya jinja

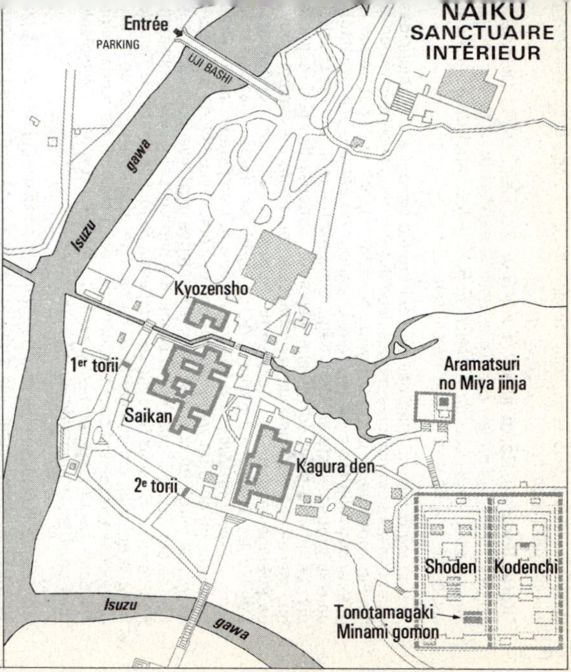
NAIKU
SANCTUAIRE
INTÉRIEUR
Entrée
PARKING
UJI BASHI
Isuzu gawa
Kyozensho
1er torii
Saikan
Aramatsuri
no Miya jinja
Kagura den
2e torii
Shoden
Kodenchi
Tonotamagaki
Minami gomon
Isuzu gawa

gardien du Gekū jingū et au kami du vent *(Kaze)*. Ils possèdent également leur aire du kodenchi.

*Kōtai jingū ou **Naikū jingū** *(4 km S.-E. du Gekū jingū; facilement accessible en bus ou taxi depuis le sanctuaire extérieur, la gare d'Iseshi, ou la gare plus proche du Kintetsu E.R.).* — Le sanctuaire intérieur est dédié à la déesse solaire *Amaterasu*.

Amaterasu o mikami était née de l'œil droit d'*Izanagi* à son retour des enfers ; elle est considérée par les Japonais comme l'ancêtre divin de la famille impériale, et la gardienne de la nation nipponne. Troublée par le différend qu'elle eut avec son frère *Susano o no Mikoto*, elle se réfugia dans la grotte céleste du Mont Kagu, plongeant le monde dans l'obscurité. La lumière revint lorsqu'elle réapparut, curieuse des réjouissances que menaient à l'extérieur de la grotte les autres dieux, qui avaient trouvé ce stratagème pour l'en faire sortir. *Susano o* fut alors condamné à s'établir dans la province d'Izumo (V. ce nom). *Amaterasu* manda sur la terre son petit-fils *Ninigi no Mikoto*, ancêtre de l'empereur Jimmu, et lui confia la garde d'un *miroir sacré*, comme étant le reflet de sa propre image. Le miroir fut conservé dans la résidence impériale, jusqu'à ce que l'empereur Sujin décidât qu'un sanctuaire particulier lui serait consacré. Au Iᵉʳ s. av. J.-C., sous le règne de l'empereur Suinin, la princesse *Yamato hime*, à qui avait échu la garde du miroir, choisit sur les bords de l'Isuzu gawa un emplacement pour le sanctuaire ; celui-ci aurait été fondé, selon les dates du Nihongi, en l'an 4 av. J.-C. ; mais il est plus vraisemblable d'en ramener la fondation au IVᵉ s. de notre ère.

Au-delà de l'**Uji bashi**, en bois de cyprès et zelkowa, qui franchit l'Isuzu gawa, une allée conduit sur la dr. au sanctuaire. A g. du **premier torii** le pavillon **Saikan** est consacré à la purification des prêtres ; non loin un autre bâtiment est réservé aux purifications de l'empereur, lorsqu'il visite ce sanctuaire. Entre les premier et deuxième torii, on peut descendre sur la droite au **Mitarashi**, lieu de purification des pèlerins sur les bords de l'Isuzu gawa.

Certains veulent voir dans cette rivière sacrée le fleuve où se plonge *Izanagi*, échappé des enfers, et fuyant les mauvais esprits lancés à sa poursuite par son épouse *Izanami*, furieuse d'avoir été surprise en état de décomposition... C'est en s'essuyant l'œil qu'il donna naissance à *Amaterasu*. D'autres placent la scène de purification d'Izanagi à Kyūshū.

Au-delà du **deuxième torii**, on dépasse l'**étable sacrée** (Miumaya), puis **Kagura den** où s'exécutent les danses sacrées. Suivent **Gojō den** et **Misaka dono**, autre salle de purification, où s'entreposent les tonneaux d'offrande d'alcool de riz. En arrière se trouvent **Mike den**, la salle d'offrande quotidienne de la nourriture, et l'ancienne salle de trésor **Gehei den**.
Imibiya den est la cuisine sacrée, où sont préparés les aliments offerts à la divinité ; le riz destiné à cet usage est gardé au *Mishine no Mikura*. Le **sanctuaire** proprement dit est au sommet de quelques marches et occupe, ainsi que le Kodenchi, contigu, un espace de 126 × 53 m. Il est semblable au Gekū, selon une même orientation N.-S.

Là est conservé le *yata no kagami*, miroir sacré, l'un des trois *palladia* de l'empire avec l'épée *Murakumo no tsurugi*, qui se trouve à l'Atsuta jingū de Nagoya, et les joyaux *magatama* du Palais impérial de Tōkyō.

Le miroir en bronze est certainement du type de ceux qui furent largement produits à l'époque kôfun, avant le Ve s. de notre ère : d'origine sino-coréenne, ou autochtone, ce type de miroir s'associe à la puissance de son possesseur, et nombreux sont ceux que l'on trouva dans les tumuli de cette période, correspondant à l'établissement de la dynastie impériale japonaise.

De ce sanctuaire dépendent plusieurs autres, dont celui d'**Aramatsuri**, situé en arrière du principal, où est vénéré l'esprit actif d'*Amaterasu*.

A Ise, au Parc de Kuratayama *(500 m E. de la gare de Kintetsu-Uji Yamada)*, se trouvent le Jingū Chōkokan, musée historique qui rassemble des souvenirs se rapportant au sanctuaire, et le Jingū Nōgyōkan, musée agricole.

A 16 km S.-E. d'Ise *(car)* : Isobe *(V. ci-après)*, que l'on atteint par la route à péage *Ise Highway.

2 — D'Ise à Toba, via Ise shima Skyline *(21 km E. ; car depuis la gare d'Iseshi ou le sanctuaire de Naikū)*. — Au-delà du Naikū jingū, la route à péage *Ise shima Skyline s'élève en corniche sur les pentes de l'**Asama yama** (553 m) ; les paysages ne sont pas sans rappeler ceux de la Méditerranée.

13 km : **Kongōshō ji** (secte *rinzai*), établi sur cette montagne, fut fondé par *Kōbō Daishi* en 830. Les bâtiments, reconstruits au XVe s., abritent une **statue de Kokuzō** attribuée à *Kukai* (Kōbō Daishi), une épée qui appartint à Minamoto Yoshitomo (XIIe s.), un portrait de Kuki Yoshitaka (XVIe s.), le jeu d'échec de Tokugawa Ieyasu (XVIIe s.), etc.

16 km : *Belvédère d'où l'on découvre la baie de Toba et ses nombreux îlots.

21 km : Toba, *ci-après*.

Variante d'Ise à Toba par la N 167 *(16 km E. ; trains J. N. R. et Kintetsu ; car)*. — Quitter Ise, vers le N.-E.

7 km : **Futami**, petite station balnéaire ; au large de la côte voisine de **Futamiga ura**, on remarque les célèbres rochers mariés : **Myōto iwa**. Les Japonais associent ces rochers au couple créateur *Izanagi* et *Izanami*. Le « Mâle qui invite » (9 m de haut), surmonté d'un petit *torii*, est relié à la « Femelle qui invite » (4 m) par une corde de paille tressée, dont la rupture serait de mauvais augure ; elle est cérémonieusement changée chaque année, le 5 janvier, époque durant laquelle le lever de soleil, entre les rochers, est particulièrement admiré.

16 km : Toba.

Toba (29 462 hab ; *services maritimes pour Gamagori, Irako, Nagoya, Nishiura*). — La perle de culture a tout envahi, tout conquis à Toba ; vous ne partirez sans doute pas sans l'emporter, sous quelque forme que ce soit... On en a oublié et détérioré le **site marin de Toba**. Face à la jetée de Mikimoto (aquarium voisin), proche de la gare, l'île des perles, réalisation publicitaire de la firme *Mikimoto*, d'un intérêt touristique limité.

C'est autour de cette île que *Mikimoto Kōkichi* (1858-1954) réussit à créer (1893) des perles artificielles. La formation d'une perle demande environ sept années : les jeunes huîtres, nourries par procédés artificiels, sont plongées dans des caissons et parquées pour trois ans ; puis les plongeuses « *ama* » introduisent dans chacune un peu de nacre, autour de laquelle sera secrétée la perle : il faudra encore attendre plusieurs années, au cours desquelles les huîtres seront nettoyées et immergées de nouveau. Les départements de Mie et Nagasaki sont les premiers

262 ISE SHIMA

producteurs de perles du Japon. La région de Toba eut à souffrir du typhon de 1959, qui détruisit 75 % des cultures, mais aujourd'hui on récolte annuellement 80 millions de perles, soit quarante et une tonnes et plus de la moitié de la production nationale.

Un petit musée de la perle est situé dans l'île; on y voit une pagode de 1,20 m de haut, composée entièrement de (plus de dix mille) perles.

Des vedettes relient entre elles Toba et les diverses îles au large; parmi celles-ci:

→ A 5 km N.-O. : **Hyūga jima** ou **Iruka jima** (île aux dauphins), qui possède un **musée océanographique** et des sciences; outre un bassin réservé aux dits dauphins, l'île est un parc d'amusement et héberge d'autres animaux, paons, daims, singes, etc. Démonstrations de pêcheuses de perles.

→ A 6 km N.-E. : **Suga jima** ou **Shinju tō** (île de perle), culminant à 237 m, est également un centre de culture des huîtres perlières, avec ses traditionnelles plongeuses « *ama* ».

→ A 20 km N.-E. : **Kami jima**, toujours vouée aux perles, fut célébrée par le romancier contemporain *Mishima Yukio* (1925-1970).

3 — De Toba à Kashikojima (*37 km S., via Pearl Road et N 167; train Kintetsu E.R.; car*). — Quittant Toba vers le S.-E., on rejoint bientôt la côte pour traverser l'une de ses nombreuses criques entre Imaura et Motoura.

7 km : **Motoura**; de là se poursuit la ***Pearl Road** (route à péage) découvrant la corniche maritime de la péninsule d'Ise, et arrivant bientôt en vue de la jolie baie de Matoya.

25 km : **Matoya**; la baie de Matoya est prolongée vers l'O. par la crique d'Izono ura, célèbre pour ses huîtres et anguilles marines.

29 km : **Isobe**, où l'on retrouve la N 167. On peut y visiter le sanctuaire d'**Izono miya**, dépendant d'Ise jingu (*500 m O. de la gare de Kintetsu — Shima Isobe*).

→ A 12 km E. (*car*) : **Anori zaki**, accessible au-delà d'un temple Kokubun ji Situé au S. de la baie de Matoya, la *vue en est très belle; théâtre de marionnettes au petit village voisin.

→ A 13 km S.-O. (*car*) : **Gokasho ura**, au fond de la baie du même nom, que l'on peut traverser en bateau jusqu'à Hazama ou Tasoura. Cultures d'oranges de Satsuma.

34 km : **Ugata**, où divergent les N 167 et 260 vers Kashikojima et Goza

→ A 11 km S.-O. (*car*) : **Hamajima** (*bateau pour Goza et Kashikojima*) est situé sur la baie d'Ago face à Goza.

D'Ugata à Goza par la route (*25 km S.-O.; car*). — La N 260 quitte Ugata vers l'E. et parcourt dans toute sa longueur la **presqu'île de Saki shima**.
10 km : **Daiō**, petit port de pêche actif à proximité du cap de Daiō, qui pointe au S.-E. du Parc national d'Ise shima, est apprécié des artistes.
19 km : **Wagū**, petit village tourné vers l'Océan Pacifique, avec un pied sur la baie d'Ago; cultures d'huîtres perlières.
25 km : **Goza** (*Bateau pour Hamajima et Kashikojima*), à l'extrémité de la presqu'île de Saki shima. On y montre la statue d'un Bouddha couché, à moitié allongé dans l'eau.

37 km : **Kashikojima** (*bateau pour Goza et Hamajima*) est posté sur l'une des innombrables presqu'îles qui s'avancent tout autour de l'admirab

*baie d'Ago. La culture perlière occupe toute la baie, parsemée d'une infinité d'îlots couverts de pins. Le *laboratoire national de Recherche perlière* fut créé en 1955 à Kashikojima ; il possède quelques collections en ce domaine.

Ishinomaki (Île de Honshū)

Carte du Tōhoku, p. 234-235.
Tōkyō, 403 km. — Akita, 228 km. — Fukushima, 133 km. — Morioka, 178 km. — Sendai, 54 km. — Yamagata, 147 km.
Miyagi ken. — 120 699 hab.

Au débouché de la **Kitakami gawa**, la plus longue rivière du Tōhoku (243 km), sur la baie de Sendai, la ville fut autrefois le port d'embarquement naturel des récoltes de riz du Nord de Honshū. Depuis l'apparition des chemins de fer, cette activité fut détournée d'Ishinomaki, qui est en train de devenir l'un des ports de pêche les plus puissants du Japon.

Hiyori yama *(2 km S. de la gare ; bus)* s'élève à proximité de l'embouchure de la Kitakami gawa ; cette colline, couverte de cerisiers, offre de jolies vues sur la côte et les environs ; intéressant jardin japonais sur les basses pentes.

Environs

1 — *Kinka zan *(57 km S.-E. par l'itinéraire indiqué ; car jusqu'à Ayukawa ; bateau depuis Ishinomaki et Ayukawa).* — Sortant d'Ishinomaki, une route à péage passe sous Maki yama, aménagé en beau parc public, puis rattrape la voie ferrée J.N.R. d'Onagawa.

7 km : Départ sur la dr. d'une route longeant en partie la côte rocheuse jusqu'à Oshika.

A 12 km S.-E. (car) : petite crique de **Tsukino ura**, d'où s'embarqua en octobre 1613 *Hasekura Tsunenaga* (1561-1622), mandaté par Date Masamune, seigneur de Sendai, auprès des cours de Madrid et de Rome.

15 km : Sur la dr. se détache une **route à péage** à destination d'Oshika.

A 1 km E. *(car ; train J.N.R. depuis Ishinomaki)* : **Onagawa**, petit port de pêche (baleiniers), d'où l'on peut embarquer à destination de Kinka zan. L'**Université du Tōhoku** (Sendai) y possède un *laboratoire maritime*.

La route à péage longe dans toute sa longueur la **presqu'île d'Oshika**, qui culmine à 445 m d'alt. au Dairokuten zan, et offre de jolies *vues, de part et d'autre, sur l'Océan Pacifique et la baie de Sendai, puis sur le Kinka zan.

45 km : Extrémité de la route panoramique, après laquelle on coupe le **cap Kuro** avant d'atteindre Oshika.

50 km : **Oshika**, avec le port d'**Ayukawa**, d'où l'on s'embarque pour Kinka zan, en contournant de nouveau le Kuro saki. Petit musée de la baleine à Oshika.

57 km : ***Kinka zan** ; cette petite île ne dépasse pas 5 km dans sa plus grande dimension et culmine au **Kogane yama** (445 m d'alt.). Son nom de « Fleur d'Or » est certainement dû à la nature de la roche granitique, où affleurent des parcelles brillantes de mica. Le visiteur de l'île sera surtout attiré par la végétation riche et variée, où vivent des singes et de nombreux daims. Parcourue seulement de chemins pierreux, elle offre d'agréables promenades sur le pourtour ou vers le sommet. On y vénère les divinités shinto *Kanayama hiko* et *Kanayama hime no Mikoto*, enfants nés d'Izanami.

2 — Matsushima, V. Shiogama.

Itō (Ile de Honshū)

Carte des richesses naturelles, p. 63.
Tōkyō, 117 km. — Kōfu, 150 km. — Nagano, 319 km. — Nagoya, 269 km. — Shizuoka, 94 km. — Yokohama, 92 km.

Shizuoka ken. — 63 003 hab. — Station thermale et balnéaire.

Itō est avec Atami la principale station touristique de la péninsule d'Izu. Également établie sur la façade orientale de celle-ci, elle est un bon lieu de départ pour sa découverte. Les sources thermales d'Itō sont au nombre d'environ huit cents, parfois pompées à plusieurs centaines de mètres de profondeur ; leur température varie entre 25 et 70 °C.

Itō fut, avec Hirugakojima *(V. Nirayama Onsen)*, l'un des lieux d'exil de *Minamoto Yoritomo*, entre 1160 et 1180, et du prêtre *Nichiren* un siècle plus tard.

Masuyu et **Moto Shishido** sont les deux principales sources d'Itō ; la première est connue depuis le XVIe s., la seconde, d'une température de 65 °C, est réputée pour ses vertus cicatrisantes et anti-rhumatismales.

Jono ike *(1,5 km S. de la gare)* est un étang alimenté par une source tiède, et peuplé de poissons d'origines africaine et indienne.

Sur une hauteur à l'E. de cet étang, le **Butsugen ji** conserve une **peinture du Paradis bouddhiste**, attribuée au prêtre *Nichiren* (XIIe s.), qui vécut ici quelques temps d'exil ; les bâtiments datent du XVIIIe s.

Monument à William Adams *(1,5 km S.-E. de la gare)* ; proche de l'estuaire de l'Ō kawa fut élevé un monument à *William Adams* (1564-1620), premier Britannique établi au Japon, et à qui fut confié vers 1605 la construction d'un navire de type occidental, lancé à Itō. Un festival annuel a lieu en son honneur le 10 août *(V. également Yokosuka).*

Environs

1 — Kawana *(5 km S.-E. ; train Izu Kyūko Railway ; car)* ; cette baie, avec pour toile de fond l'**Amagi san** (1 407 m), est l'un des plus beaux sites des environs d'Itō. Plus au S. se trouve l'étang d'Ippeki, agréable centre de divertissement et de délassement.

2 — Atami, Parc national de Fuji-Hakone-Izu, *V. ces noms.*

Itoigawa (Ile de Honshū)

Carte ferroviaire, en page de garde.
Tōkyō, 354 km. — Fukushima, 352 km. — Maebashi, 235 km. — Nagano, 129 km. — Niigata, 169 km. — Toyama, 79 km. — Yamagata, 339 km.

Niigata ken. — 38 395 hab. — Industries chimiques.

Repoussée par les derniers contreforts des Alpes japonaises, sur la maigre bordure côtière de l'estuaire de la Hime kawa, Itoigawa est une étape à la rencontre de la grande voie du Hokuriku et de celle d'Ōita issue du bassin de Matsumoto.

Environs

1 — Oyashirazu et Koshirazu *(12 km O. ; car),* respectivement le Père, et l'Enfant abandonné, sont deux passes rocheuses, autrefois particulièrement difficiles à franchir sur le chemin du Hokuriku. La montagne tombe ici directement dans la mer, et ces noms sont une allusion au risque qu'elles faisaient courir ; on n'assurait son salut que par la méthode du « chacun pour soi »…

2 — Hakuba *(18 km S. ; train J.N.R. ; car)* est le terme générique de plusieurs stations thermales (Gamawara, Himekawa, Kajiyama), réparties sur le cours de la Hime kawa et de rivières adjacentes.

3 — Parcs nationaux de Chūbu Sangaku et de Jōshin Etsu Kōgen, *V. ces noms.*

■ Iwaki (Ile de Honshū)

Carte ferroviaire, en page de garde.
Tōkyō, 209 km. — Fukushima, 120 km. — Maebashi, 245 km. — Mito, 98 km. — Niigata, 255 km. — Sendai, 161 km. — Utsunomiya, 171 km. — Yamagata, 213 km.

Fukushima ken. — 342 074 hab. — Ville industrielle.

Au pied des **monts du Jōban**, à l'E. du département de Fukushima, Iwaki regroupe une pléiade de localités industrielles (Taira, Uchigō, Jōban, Izumi, Onahama, Ueda, Nakoso), alignées sur une trentaine de kilomètres le long du bassin charbonnier de Jōban, le principal de Honshū. Malgré une baisse de la production charbonnière, Iwaki bénéficie d'un programme spécial de développement : la région d'Iwaki-Kōriyama doit devenir une vaste zone d'équilibre économique. Le port d'Ena, à Onahama, constitue le débouché maritime d'Iwaki.

Taira est la principale localité de l'agglomération d'Iwaki. On y voit les ruines d'**Iwaki jō** *(700 m N.-O. de la gare de Taira) ;* ce château, édifié au XIVᵉ s., appartint successivement aux Kitabatake, aux Iwaki, aux Torii, aux Naitō, aux Inoue et aux Andō, qui le conservèrent jusqu'à la Restauration de 1868.

Yumoto *(6 km S.-O. de Taira ; gare),* au centre du bassin charbonnier de Jōban, est également une station thermale aux sources chargées d'hydrogène sulfureux muriaté.

Nakoso *(25 km S.-O. de Taira ; gare)* fut autrefois un poste fortifié, chargé de maintenir les pressions Ebisu vers le N. ; plus tard, on y créa un octroi, sur la route du Jōban, entre les provinces de Hitachi et de Iwaki.

Environs

1 — Kōfun de Nakata *(6 km E. env. de Taira) ;* ce tumulus, situé au bord de la route, fut fouillé à partir de 1969 ; l'intérieur, restauré et assuré d'une protection adaptée, a été ouvert au public ; on y remarque quelques traces de peintures murales.

2 — Akai dake *(11 km N.-O. env. de Taira).* L'ascension de cette montagne (605 m d'alt.) se réalise depuis la gare d'Akaidake, à 5 km N.-O. de celle de Taira ; proche du sommet se trouve le **Jōfuku ji**, dédié à *Yakushi Nyōrai* et fondé en 806.

3 — Gorges de la Natsuigawa *(8 à 24 km N.-O. de Taira)* ; ces gorges, percées dans le massif de Jōban, s'étendent sur environ quinze kilomètres entre les gares d'Ogawa et Kawamae ; elles sont remontées par la voie ferrée.

Iwakuni (Ile de Honshū)

Carte de Shikoku et Mer Intérieure, p. 502-503.
Tōkyō, 911 km. — Hiroshima, 38 km. — Matsue, 229 km. — Yamaguchi, 103 km.

Yamaguchi ken. — 113 000 hab. — Ville industrielle : fibres synthétiques ; pétro-chimie.

A l'embouchure de la **Nishiki gawa**, une place féodale fut autrefois établie sur l'un des derniers méandres de la rivière. Aujourd'hui, Iwakuni est devenu l'un des principaux centres économiques de Yamaguchi ken ; son extension se prolonge au N. avec la ville d'Ōtake (département de Hiroshima), par une importante plate-forme industrielle gagnée sur la mer.

*Kintai bashi *(1,5 km O. de la gare de Nishi-Iwakuni ou 1,5 km N.-O. de celle de Kawanishi ; bus depuis la gare d'Iwakuni)*. Ce pont très bombé, jeté sur la Nishiki gawa, fut élevé en 1673 par Kikkawa Hiroyoshi, seigneur d'Iwakuni.

Long de 193 m et large de 5 m, le pont atteint une hauteur maximum de 12 m ; ses arches sont au nombre de cinq. Détruit par un typhon en 1950, il fut reconstruit en 1953. On le surnomme *Soroban bashi*, pont de l'abaque, car sa forme rappelle le traditionnel boulier japonais. En amont de ce pont, la rivière se resserre en gorges ; elle est bordée par plusieurs pavillons de thé.

Face au pont, un petit téléphérique accède au **château d'Iwakuni**, où le **musée de Nishimura** abrite plusieurs collections, relatives au passé historique d'Iwakuni et des Kikkawa.

Ce château fut édifié entre 1603 et 1608 par *Kikkawa Hiromasa,* qui avait reçu cette terre des *Mōri*. Mais *Tokugawa Iemitsu* le fit abattre peu de temps après ; à son emplacement fut construit en 1962 un édifice inspiré de ceux de l'Europe méridionale.

Izu shotō**

Carte des richesses naturelles, p. 63.
Tōkyō, 334 km (Hachijō jima), 117 km (Ō shima).

Tōkyō to.

Cet archipel est composé de sept îles principales (Izu shichitō : Ō To, Nii, Kōzu, Miyake, Mikura, Hachijō) qui s'égrennent au S. de la baie de Sagami, reliant Honshū aux îles lointaines d'Ogasawara. Ces îles font partie du grand arc volcanique des Bonin, qui s'achève au Japon central par la Péninsule d'Izu et les montagnes au N. du Fuji san. Administrativement dépendantes de la préfecture de Tōkyō, les îles sont incluses dans le Parc national de Fuji Hakone Izu *(V. ce nom)*.

Comme les îles mineures qui entourent le Japon, elles servirent de terre d'exil et de refuge au cours de l'histoire. Parmi les personnages qui y défilèrent, *Minamoto Tametomo* (1139-1170), oncle de Yoritomo, fut un héros semi-légendaire ; banni à Ō shima par les Taira, il s'y établit et réussit à conquérir les autres îles de l'archipel. Au XVIIe s. *Urika Hideie*, vaincu à Sekigahara, fut exilé sur ordre de Tokugawa Ieyasu à Hachijō jima, où il se fit moine bouddhiste.

*Ō shima est la plus proche et la plus grande de ces îles. Située dans la **mer de Sagami**, au large de la péninsule d'Izu, elle culmine au **Mihara yama** (758 m), qui est un volcan en activité. D'un accès facile depuis Tōkyō, l'île attire par la douceur de son climat et sa luxuriance végétale (culture de camélias) ; la population y maintient une activité autochtone traditionnelle. Ōshima (Motomachi) à l'O. et Okada au N., sont les deux points d'accès de l'île.

→ **Mihara yama** *(12 km E. de Motomachi et S. d'Okada ; car).* Une route en lacets, découvrant de beaux ***panoramas** sur l'île et au loin la baie d'Izu, accède rapidement jusqu'au rebord du cratère extérieur ; on dépasse en cours de route la petite station thermale de **Yuba**.

→ **Senzu** *(9 km S.-E. d'Okada ; car),* d'où l'on accède au **parc préfectoral d'Ō shima** (120 ha) : végétation tropicale et subtropicale ; zoo ; terrain de camping. Dans la **grotte de Gyōja** *(au S. du parc),* ouverte sur la mer, est sculptée une figure religieuse attribuée à un ascète bouddhiste du VIIIe s. Au-dessus du parc, vers l'O., sur les pentes du Mihara yama, **figuier géant** *(Sakura kabu)* atteignant trois mètres de haut, très admiré lors de sa floraison au printemps.

→ **Habuminato** *(15 km S.-E. de Motomachi ; car)* est un petit port artificiel, créé en 1751 dans le cratère même d'un volcan ; on y accède par la côte occidentale de l'île, qui est découpée en falaises au-delà de Nomashi ; un site d'époque jōmon fut découvert à Tatsunokuchi, proche de cette dernière localité.

To shima *(27 km S. d'Ō shima ; bateau)* ; entre Ō shima et Kōzu shima, c'est la plus petite île habitée de l'archipel d'Izu ; avec ses cinq cents mètres d'altitude, elle offre de beaux abrupts côtiers.

Nii jima, Shikine jima et Kōzu shima, dans un même alignement, au S. des îles précédentes, sont reliées entre elles et accessibles depuis Ō shima ou Shimoda. On y trouve les sources thermales de **Mamage** et **Jinata Ashitsuki**.

Miyakejima *(73 km S. d'Ō shima)* est une île de forme circulaire, dominée par le volcan **Ō yama** (814 m), dont la dernière éruption eut lieu en 1983.

*Hachijō jima *(105 km S. de Miyake jima ; 175 km S. d'Ō shima)* est la deuxième île d'Izu shichitō, et la plus fréquentée après Ō shima ; bien que plus éloignée de la capitale, elle est aisément reliée par avion. Très attrayante, elle est dominée par deux volcans : **Nishi** ou Hachijō Fuji, au N.-O. (854 m d'alt.), et **Higashi** ou Mihara, au S.-E. (701 m), dont on peut réaliser l'ascension. Au N.-E. de cette île est situé l'épi-centre sismique, dont les secousses se font ressentir jusqu'à Tōkyō. L'île est un paradis pour les pêcheurs, les amateurs de fruits exotiques et de paysages marins.

Izumo (Ile de Honshū)

Carte des richesses humaines, p. 68.
Tōkyō, 895 km. — Hiroshima, 184 km. — Matsue, 34 km. — Okayama, 211 km. — Tottori, 167 km. — Yamaguchi, 207 km. — Aéroport : vols T.D.A. pour Oki shotō et Ōsaka.

Shimane ken. — 69 078 hab.

Izumo est une grosse bourgade, à quelque distance de la mer du Japon et du lac Shinji. Nombre de visiteurs et de pèlerins traversent la localité pour se rendre au **sanctuaire d'Izumo,** sans doute le plus ancien du Japon et le plus vénéré, après celui d'Ise. Nombreuses sont les jeunes filles à se rendre à Izumo-Taïsha : le pèlerinage au sanctuaire est réputé pour la concrétisation des souhaits de mariage.

Environs

1 — **Izumo taisha *(9 km N.-O. ; train J.N.R. pour Taisha ; car ; train Ichibata E.R. depuis Matsue).* — Le sanctuaire, auquel conduit une allée de pins, est à 1 km N. de la gare.

Héritage divin. — Le turbulent prince *Susano o no Mikoto,* issu du nez d'Izanagi, fut envoyé sur terre par l'assemblée des dieux, pour avoir obligé *Amaterasu* à se retirer du monde *(V. Ise);* c'est au pays d'Izumo qu'il débarqua. Il y rencontra un vieux couple, régnant sur le pays, désespéré des désastres causés par un dragon à huit têtes et huit queues, *Yamata no orochi,* auquel ils devaient de surcroît livrer leur dernière fille, la princesse *Inada.* Susano trouva un heureux stratagème : il fit servir à la bête huit larges bols de sake, dans lesquels le monstre énivra ses huit têtes ; il fut alors aisé de les trancher et d'en extraire, ajoute la légende, l'épée sacrée *Murakumo no tsurugi,* aujourd'hui conservée à l'Atsuta jingū de Nagoya. Puis *Susano o* épousa *Inada hime,* et leur descendant *Ōkuninushi* devint le souverain du pays d'Izumo. *Amaterasu,* sœur de Susano o, réclama ce royaume au profit de son petit fils Ninigi no Mikoto, et Ōkuninushi, qui dut s'incliner, s'établit à l'emplacement du sanctuaire d'Izumo qui lui est dédié. Les historiens modernes semblent voir, dans la rivalité mythologique de Susano o et d'Amaterasu, le symbole d'une lutte entre deux clans rivaux, qui vers le IIIe s. de notre ère se disputaient la suprématie gouvernementale. Celle-ci échut aux souverains du Yamato, fondateurs de la dynastie impériale.

Ōyushiro zukuri. — Le style architectural du sanctuaire d'Izumo passe pour le plus ancien du Japon ; il diffère sensiblement de celui d'Ise. Plusieurs enceintes rectangulaires entourent le sanctuaire principal, ou *Hon den.* Celui-ci, de plan carré, est surmonté d'un haut toit (couverture d'écorces de cyprès — *hinoki*) que supporte un pilier central ; aux angles et sur les côtés, huit piliers secondaires délimitent deux espaces pour chacune des faces. On accède à ce sanctuaire surélevé par un escalier couvert, décalé sur la droite par rapport au centre de la façade. Sur le toit se croisent les deux chigi, poutres plates en bois, sommairement ornés.

Les principales *fêtes* du sanctuaire d'Izumo ont lieu du 14 au 16 mai.
Les pèlerins affluent principalement en octobre, époque où les *kami* sont censés se réunir à Izumo, délaissant pour cette période les autres sanctuaires du Japon.
Le périmètre du sanctuaire s'ouvre par un **torii** colossal, haut de 23 m, qui donne accès à une vaste cour où s'élèvent les bâtiments d'Izumo taisha.

Ceux-ci furent reconstruits pour la dernière fois en 1874, et se dressent au pied du **Hanakata sen** (536 m), qui forme un fond de verdure intense. Le **Hon den**, au centre de l'enceinte, fut pour sa part reconstruit au XVIIIe s. A l'O. de la grande cour s'élève un bâtiment moderne, de Kiyonori Kikutake, qui abrite le **trésor** : objets d'art, mobilier religieux et résultats des fouilles effectuées dans l'enceinte du sanctuaire.

➜ A 10 km N.-O. *(car)* : **cap de Hino**, marquant l'extrémité du Hanakata sen, à la pointe occidentale de la **presqu'île de Shimane**. Ancien sanctuaire ; phare. Toute cette zone, ainsi que le sanctuaire d'Izumo, est incluse dans le Parc national de Daisen Oki *(V. ce nom)*.

2 — *Tachikue kyō *(12 km S. ; car)* ; ces gorges rocheuses s'étendent sur près d'un kilomètre, le long de la Kando gawa.

3 — Matsue, Ōda, *V. ces noms.*

J

■ Jōshin Etsu Kōgen [Parc national de]

Ile de Honshū★★

Comment vous y rendre ?

— *Depuis Karuizawa ; cette localité est à 22 km E. de Komoro et 41 km O. de Takasaki ; elle est reliée par train J.N.R. ou autocar à ces deux villes ; des trains directs vont de Tōkyō à Karuizawa (2 h depuis Ueno), et d'Omiya à Takasaki. Services de cars de Karuizawa Onsen à Shirane san.*

— *Depuis Komoro (gare J.N.R.), à 168 km N.-O. de Tōkyō (2 h 15 en train), et 52 km S.-E. de Nagano (45 mn en train) : trains directs depuis ces deux villes ; car de Komoro à Shin Kazawa Onsen.*

— *Depuis Nagano ou Nakano, on peut gagner en train* **(Nagano Electric Railway)** *la gare de Yudanaka (30 km en 1 h 10 depuis Nagano), d'où partent des cars à destination de Shiga kōgen et Kusatsu Onsen ; cars directs depuis Nagano.*

— *Depuis Shibukawa, train J.N.R. jusqu'à (56 km O. en 1 h env.) la gare de Manza-Kazawa guchi (trains directs depuis Tōkyō-Ueno) ; de cette gare rayonnent des autocars à destination de Karuizawa, Shin Kazawa, Kusatsu et Shirane san.*

Ce parc montagneux (188 915 ha) est formé de deux unités distinctes, centrées d'une part autour du **Myōkō san** *(2 466 m), et d'autre part entre le* **plateau de shiga** *et l'***Asama yama** *(2 542 m) ; ces régions, situées au Japon central, sont séparées par le bassin de Nagano. La célèbre station thermale de* **Kusatsu** *est localisée dans ce parc, et* **Karuizawa**, *station mondaine d'altitude, fréquentée par les Tōkyōites, se trouve au S.-E. de l'Asama yama. Nous vous renvoyons à Myōkō kōgen, en ce qui concerne cette partie du Parc national.*

1 — De Karuizawa à Kusatsu *(49 km N. ; car direct ou en changeant à la gare de Manza Kazawa guchi).* — **Karuizawa**, à 939 m d'alt. est une station surtout estivale, appréciée pour sa fraîcheur (moyenne de 20° C en août) et recherchée par les habitants de Tōkyō qui fuient la chaleur humide de la capitale ; c'est, depuis la fin du XIXe s., un lieu de prédilection pour les étrangers. Localité paisible, où un grand nombre de villas sont dispersées à travers un vaste parc forestier, Karuizawa voit sa population quadrupler durant les mois de juillet et août.

➝ A 5 km N.-E. : **Sanctuaire de Kumano**, au-dessus du **col d'Usui** (956 m) que franchissent la route N 18 et la voie ferrée, et par lequel on passe du Kantō aux régions plus élevées du Shinano ; plate-forme d'observation proche du sanctuaire.

De Karuizawa, on pourra gagner directement, via **Hoshino Onsen**, Onioshidashi par une route à péage *(car)*. Le plus souvent, on prendra le car depuis la gare de Karuizawa ou de Naka-Karuizawa.

Quitter Karuizawa vers l'O. par la N 18.

5 km : **Naka Karuizawa**, où l'on emprunte vers le N. la N 146.

8 km : **Senga taki**, où se trouve la **patinoire de Karuizawa** ; promenades possibles aux alentours, sur les pentes de l'Asama yama. La N 146 continue à s'élever sur les flancs de l'Asama yama, et traverse de belles forêts.

14 km : Carrefour, d'où l'on poursuit, par la belle **route forestière** à péage, vers Onioshidashi ; la N 146 continue en direction de Kusatsu.

21 km : *****Onioshidashi** ; extraordinaire chaos basaltique, formé par les laves issues du Mont Asama lors de l'éruption de 1783.

L'*****Asama yama** (2 542 m), qui s'élève vers le S., est l'un des plus célèbres volcans actifs, et l'une des plus hautes montagnes du pays. Son ascension, plus facilement réalisable par la face méridionale, peut se tenter depuis Komoro, ou depuis le carrefour mentionné ci-dessus au km 14. Le **tour du cratère** *(1 km env.)* constitue une impressionnante promenade ; attention au vertige ; vue étendue de toutes parts.

31 km : **Gare de Manza Kazawa guchi,** d'où l'on peut rejoindre la N 146 *(péage)* et gagner Kusatsu, ou poursuivre vers le N. en direction de *(21 km ; route à péage ; car)* Manza Onsen, *V. ci-dessous : 2*.

A 10 km S.-O. : **Shin Kazawa Onsen**, station thermale et de sports d'hiver à 1 250 m d'alt. ; également accessible depuis Komoro.

49 km *****Kusatsu Onsen** *(car direct depuis Naganohara)*, à env. 1 500 m d'alt., est dominé au N.-O. par le **Shirane san**. Cette station thermale est l'une des plus populaires du Japon. Ses sources chargées de soufre, fer, arsenic, alun, sont reconnues efficaces contre les maladies de peau, les rhumatismes, les problèmes de circulation, et jaillissent entre 43 et 64 °C. Connues depuis l'antiquité, elles furent mises à la mode au XIIe s. par *Minamoto Yoritomo*.

La grande attraction de Kusatsu est son bain chaud, en plein air (☆**Netsunoyu**), situé à **Yabatake** ; après avoir traversé plusieurs bassins successifs, l'eau, très chaude, est amenée à la température (encore insupportable) de 50 °C. Le bain, spectaculaire (environ cinquante personnes), rythmé par un « maître de bain », ne dure guère plus de trois minutes ; le traitement complet se répète trois fois par jour sur une période de sept semaines, au bout desquelles les baigneurs iront régénérer leur peau aux sources de Sawatari ou de Shibu.

Les **environs de Kusatsu** offrent de bons buts de promenades : la colline boisée de **Kakomi yama**, les **solfatares de Saino Kawara**, les **rochers de Sesshogawara** (sur les pentes du Shirane san), la **vallée glacée de Kōri**, la **cascade d'Osen**, etc. A Kusatsu, on pratique également les sports d'hiver de décembre à mars.

2 — De Kusatsu à Yudanaka *(36 km N.-O. par la N 292 à péage ; car via Shiga kōgen)*. — La route ****Shiga Kusatsu driveway**, quittant Kusatsu, suit les pentes du **Shirane san** par la *****vallée rocheuse de Sesshogawara** *(téléphérique ; pistes de ski)*.

13 km : Chemin d'accès au *Shirane san (2 150 m), appelé également **Kusatsu Shirane**, pour le distinguer de deux autres sommets homonymes ; ce volcan est formé de trois cratères et celui du centre, **Yugama** (chaudron d'eau chaude), projette de denses vapeurs (geysers).

A 2 km O. *(car) :* **Manza Onsen** est une station thermale et de sports d'hiver *(téléphérique et remonte-pentes)*, entre les monts **Shirane**, **Moto Shirane** (2 176 m) et **Manza** (1 994 m).

18 km : **Shibu tōge**, à 2 172 m d'alt., d'où un télésiège accède au sommet voisin du **Mont Yokote** (2 304 m). La route redescend sur les hautes vallées de Shiga.

22 km : **Kumanoyu Onsen**, première station thermale de *Shiga kogen, plateau à une altitude moyenne de 1 500 m, où étangs, forêts, sources chaudes constituent de tous côtés d'excellents buts de promenades, la plupart balisées ; nombreuses stations de sports d'hiver aux alentours. Les stations thermales de Shiga kōgen, avec celles de Yudanaka, sont connues sous le nom de **Yamanouchi**.

25 km : **Maruike Onsen**, au cœur du Shiga kōgen et du Parc national de Jōshin Etsu ; proche de cette station, un téléphérique accède, en changeant à **Happo Onsen**, au sommet du **Higashi Tate-yama** (2 030 m ; belvédère) ; de là on peut gagner à pied, vers le N.-E., l'**Iwasuge yama** (2 295 m).

36 km : **Yudanaka Onsen** fait partie du groupe thermal de **Yamanouchi**. Parmi les **sources** de Yudanaka, mentionnons vers le S.-E. celles d'**Andai** et de **Shibu**, les plus fréquentées.

A 4 km E. : **Kambayashi Onsen**, d'où l'on accède à la *vallée de Jigoku *(2 km à pied vers le N.),* célèbre pour son cadre de verdure et ses sources chaudes ; geysers ; singes.

*De la gare de Yudanaka, le **Nagano Electric Railway** peut vous conduire jusqu'à Nagano.*

K

■ Kaga (Ile de Honshū)

Tōkyō, 556 km. — Fukui, 34 km. — Gifu, 209 km. — Kanazawa, 45 km. — Toyama, 110 km.
Ishikawa ken. — 56 514 hab. — Industries textiles.

Kaga, au S. du département d'Ishikawa, et proche de la mer du Japon, est dominé à l'E. par la masse du Hakusan. De la ville, on peut facilement accéder aux quelques stations thermales avoisinantes.

Le lettré *Hayashi Dōshun*, ou *Razan* (1583-1657), est né à Kaga.

Ruines du château de Daishōji *(2 km O. ; bus)*. Dans un parc à la limite occidentale de la ville, proche de la Daishōji gawa.

Ce château, qui porte l'ancien nom de la ville de Kaga, fut élevé au XVe s. par les daimyō Tsuba ; il connut divers propriétaires jusqu'à la Restauration de 1868, dont les Maeda à partir de 1600.

A 1 km env. vers le S., se trouve le **sanctuaire d'Enuma**, avec un pavillon de thé, *Choryu tei*, élevé par le maître *Kobori Enshū* (1579-1647).

Environs :

1 — Katayamazu Onsen *(10 km N.-E. ; car ; ou train J.N.R. jusqu'à Ibarihashi, puis car)* ; station établie sur les bords de la **lagune de Shibayama**, d'où surgissent des sources salines (68 °C) ; pêche et canotage sur le lac.

2 — Yamanaka Onsen *(10 km S.-E. ; car)*. — Quitter Kaga vers l'E. par la N 305, qui rencontre la N 8, et continuer tout droit en remontant la vallée de la Daishōji gawa.
5 km : Embranchement vers la station thermale de Yamashiro.

→ A 1 km N.-E. *(car depuis Kaga)* : **Yamashiro Onsen** (source salines de 52 à 67 °C), à proximité du petit village de **Kutani**, célèbre pour ses porcelaines aux couleurs vives ; petit musée à la station thermale.

Kutani yaki. — La présence de kaolin, découvert à Kutani au XVIIe s., attira en ce village quelques potiers d'Arita *(V. Imari)* ; ils y établirent leurs ateliers de céramiques, qui prospérèrent rapidement. « La décoration est souvent un mélange de thèmes géométriques frustes et de thèmes naturalistes hardis, qui sur un objet quelque peu grossier et lourd, donnent une impression de force et d'assurance, alliées à un sens audacieux du dessin » *(Peter C. Swann)*.

→ A 7 km N.-E., par la même route *(car depuis Yamashiro Onsen)* : *****Nata dera** (secte *shingon*) ; ce temple, bâti sur les flancs d'une colline, fut fondé en 717 ; parmi les bâtiments, reconstruits en 1644, on distingue le **Saihin kaku** (salle principale), la **pagode à trois étages**, le **beffroi**, le **Goma dō** et le **Shō in** ; joli **jardin**.

10 km : **Yamanaka Onsen**, station, aux sources d'eaux salines et sulfatées (33 à 51 °C), située dans un joli cadre de collines (érables d'automne). On y

visite le **Io ji**. Téléphérique d'accès au **Minashi yama** (350 m) ; vue. Entre les ponts de Korogi et de Kurodani, on peut remonter en bateau la jolie *gorge de Kuro dani.

2 — Fukui, Kanazawa, Parc national de Hakusan, *V. ces noms.*

Kagoshima (Ile de Kyūshū)**

Cartes des richesses naturelles/p. 63, et humaines p. 68.
Tōkyō, 1 463 km. — Kukuoka, 313 km. — Kumamoto, 194 km. — Miyazaki, 127 km.

Chef-lieu de Kagoshima ken (878 290 hab.). — 403 340 hab. — Centre industriel et commercial. Universités nationales et privée.

De nombreuses villes ont cherché à ressembler à Venise ; Kagoshima se compare à Naples, et le menaçant volcan de Sakurajima, face à la ville, jumelée à la cité italienne, ne peut que confirmer cette ressemblance. Le site est effectivement attachant et enchanteur, par l'harmonie même de ses formes, son climat aux effluves subtropicales (moyenne : 6,6 °C en janvier, 27,1 °C en août), et sa végétation « exotique ». Kagoshima draine, par ailleurs, l'activité économique et intellectuelle du Sud de Kyūshū, et constitue l'un des principaux ports d'accès à l'archipel de Nansei.

Saint François Xavier au Japon. — Kagoshima n'entre véritablement dans l'histoire qu'à partir du XVIe s., lorsque les Portugais y sont favorablement accueillis par les daimyo Shimazu, qui cherchent à établir avec eux des relations commerciales. Le 15 août 1549 *François Xavier* (1506-1552), venu de Malacca, débarque à Kagoshima où il est reçu par *Shimazu Takahisa* (1514-1571). Mais celui-ci, voyant la préférence des Portugais pour le mouillage de Hirado *(V. ce nom)*, imputa ce changement au missionnaire qui dut s'embarquer pour cette île en 1550.

Les Shimazu de Satsuma. — Le fief de Satsuma revint dès la fin du XIIe s. à *Shimazu Tadehisa,* fils adultérin de Minamoto Yoritomo, et resta dans cette famille jusqu'à la Restauration impériale de 1868. Les Shimazu de Kagoshima dirigèrent la piraterie, à destination des Ryūkyū et de la Chine orientale. A partir du XVIe s., ils tentèrent d'accroître leur influence au S. de Kyūshū, mais furent retenus dans leur élan par Toyotomi Hideyoshi. En 1609 *Tadatsune* (1576-1638) se retourna vers les Ryūkyū qu'il plaçait sous sa souveraineté. Au XIXe s., le clan de Satsuma était devenu l'un des plus puissants du Japon, favorable à une reprise impériale du pouvoir, mais hostile à l'ouverture du pays aux étrangers. A la suite d'un incident de courtoisie au cours duquel un commerçant anglais fut tué par les hommes de Satsuma, l'amiral britannique *Kuper* fit bombarder en représailles la ville de Kagoshima en 1863.

Révolte de Satsuma. — Natif de Kagoshima, *Saigō Takamori* (1826-1877), qui s'était distingué comme partisan de la Restauration impériale, acquit le titre de maréchal et prit part au nouveau gouvernement ; mais il désapprouvait l'occidentalisation du pays, et se retira à Kagoshima. Il y forma une école « contestataire », dont le gouvernement prit ombrage ; ce fut la rébellion de Satsuma ; Saigō s'empara (1877) de Kagoshima, puis de Kumamoto, mais vaincu à Hyūga, il se replia sur Kagoshima où il résista farouchement aux troupes impériales ; il se suicida finalement avec ses partisans au Shiro yama. La ville fut alors incendiée, et il y eut de nombreuses victimes. La mémoire de Saigō a été réhabilitée en 1890.

Ils sont nés à Kagoshima. — Plusieurs hommes contemporains sont originaires de cette ville : le maréchal *Saigō Takamori* (1826-1877), le général *Kuroki Tamesada* (1844-1923), les amiraux *Itō Sukeyuki* (1843-1914) et *Tōgō Heihachiro* (1847-1934) ; les hommes politiques *Mōri Arinori* (1847-1889), *Okubo Toshimichi* (1832-1878) et *Sakomizu Hisatsune* ; l'industriel et collectionneur *Matsukata Kōjiro* (1865-1950) ; le metteur en scène *Yamamoto Satsuo*, né en 1910.

*Shiro yama *(2 km N.-E. de Nishi-Kagoshima eki ; 2 km S.-O. de Kagoshima eki ; bus depuis cette dernière).* — Entre les gares de Kagoshima et de Nishi-Kagoshima, cette colline boisée (env. 600 espèces de plantes différentes ; 107 m d'alt.) forme un *belvédère naturel au centre de la ville, d'où l'on découvre celle-ci, retenue à l'E. par la mer, et au-delà le volcan de Sakurajima, qui émet d'épaisses fumées. Les principaux monuments historiques de la ville s'étendent au pied de la colline.

En arrière du Shiro yama, se trouve la **grotte** où *Saigō Takamori* se donna la mort *(V. historique).*

Depuis la gare de Nishi-Kagoshima se détache **Izuro dōri**, l'une des principales artères de la ville moderne ; celle-ci, avant le port, rencontre **Noya dori**, qui rejoint vers le N. la gare de Kagoshima.

Peu après la gare de Nishi-Kagoshima, Izuro dōri enjambe la **Kotsuki gawa**, qui traverse la ville.

Nishida bashi est le premier pont, en amont, sur cette rivière ; élevé en 1839, il fut longtemps l'un des rares ponts de pierre du Japon.

Monument à saint François Xavier *(1,5 km N.-E. de Nishi-Kagoshima eki).* Ce monument, dédié au premier missionnaire chrétien débarqué au Japon *(V. historique)*, est composé d'une arcade sculptée et d'un buste *(à une centaine de mètres vers le N., de l'arrêt de bus ou tramway de Takami Baba).*

Tout près, une **église mémoriale** a été construite en 1949, pour le quatrième centenaire de l'arrivée de saint François Xavier.

Entre cette église et le monument, une rue, établie dans le prolongement du Nishida bashi *(cf. ci-dessus),* croise vers le N.-E. **Tenmonkan dōri**, laquelle conduit vers la g. au sanctuaire de Terukuni.

Terukuni jinja *(2 km N.-E. de Nishi-Kagoshima eki ; bus jusqu'à Tenmonkan dōri)*, élevé à la fin du XIXe s., est dédié à *Shimazu Nariakira* (1809-1858), partisan de l'empereur qui ouvrit son pays aux techniques occidentales ; en arrière du sanctuaire, un escalier accède au Shiro Yama. A proximité, grande **statue de Saigō Takamori**.

Une rue, passant devant le torii de ce sanctuaire, et longeant vers le N.-E. le pied du Shiro yama, permet de voir les monuments suivants :

- **Musée préfectoral des Beaux Arts** *(2 km N.-E. de Nishi-Kagoshima eki ; ouvert t.l.j. de 9 h à 17 h).* — Plusieurs expositions temporaires y sont organisées, et parmi ses **collections**, le musée possède quelques peintures anciennes, des **poteries** de Satsuma, des souvenirs de Saigō Takamori, une collection paléontologique, etc.

Ruines de Tsurumaru jō *(2 km N.-E. de Nishi-Kagoshima eki ; 1 km S.-O. de Kagoshima eki),* dont il ne reste plus qu'une ligne de remparts bordés par les douves. L'intérieur est occupé par la Faculté de médecine de Kagoshima.

Un premier château fut construit à cet emplacement par les Ueyama, auxquels succédèrent les Kimotsuki, eux-mêmes dépossédés en 1341 par *Shimazu Sadahisa. Iehisa*, descendant de ce dernier, reconstruisit en ce lieu le château Tsurumaru au XVIe s., et les shimazu s'y maintinrent jusqu'à la Restauration. Transformé en caserne, le château brûla en 1874.

Satsuma Gishi, monument au pied du Shiro yama, que l'on atteint après avoir contourné le château vers le N.-O. Élevé en 1920, ce monument est dédié à la mémoire des partisans du clan de Satsuma, qui sous la direction de *Yukie Hirata*, tentèrent au XVIIIe s. d'édifier un barrage sur la Kiso gawa, à la demande du Shōgun Tokugawa. Devant leur insuccès, et les dépenses ruineuses occasionnées, une quarantaine d'entre eux se donnèrent la mort.

*Iso Kōen *(3 km N.-E. de Kagoshima eki ; 6 km N.-E. de Nishi-Kagoshima eki ; bus).* — Ce parc fut dessiné au XVIIe s. à la demande de *Shimazu Mitsuhisa* ; jardin japonais caractéristique, il s'agrémente d'une pièce d'eau, d'une végétation soignée et d'une gracieuse villa, dans laquelle aurait été réalisé le dessin du drapeau japonais moderne.

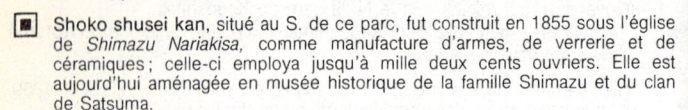

Shoko shusei kan, situé au S. de ce parc, fut construit en 1855 sous l'église de *Shimazu Nariakisa*, comme manufacture d'armes, de verrerie et de céramiques ; celle-ci employa jusqu'à mille deux cents ouvriers. Elle est aujourd'hui aménagée en musée historique de la famille Shimazu et du clan de Satsuma.

A **Ijin kan**, voisin de ce parc, des ingénieurs anglais avaient créé un centre de tissage du coton, sous la protection des Shimazu.

Téléphérique d'accès à l'**Iso yama** (169 m), qui s'élève en arrière du parc ; du sommet vue sur Sakurajima. La *côte au-delà d'Iso kōen est très belle, et pour faire une nouvelle comparaison avec la région de Naples, elle évoque la côte d'Amalfi.

Parc de Kamoike *(3 km S.-E. de Nishi Kagoshima eki ; bus) ;* c'est un vaste ensemble distractif où ont été aménagés un parc de sports, la tour de la Marine, un jardin botanique tropical, etc.

Environs :

1 — **Sakurajima *(3 km E. ; bac depuis la jetée de Sakurajima ; le matin, car d'excursion autour de la montagne).* — Ce volcan actif se compose de plusieurs sommets, qui sont du N. au S. : **Kita dake** (1 118 m), **Naka dake** (1 110 m) et **Minami dake** (1 060 m), le plus actif. Cette ancienne île a été rattachée à la terre par l'éruption de 1914. En dehors des zones désertiques où se sont répandues les laves, les terres fertiles de la montagne produisent des fruits : melons, citrons, cédrats, oranges minuscules (3 cm de diamètre) et radis géants *(daikon)* atteignant 1,4 m de circonférence ! On peut accéder à la station thermale de **Furusato**, au S. (eaux à 48 °C), et aux **belvédères de Yunohira et d'Arimura**.

2 — Ijuin *(18 km N.-O. ; train J. N. R.)* est le centre d'origine de la **poterie de Satsuma** ; d'apparence craquelée, cette porcelaine est très appréciée pour ses motifs floraux richement colorés ressortant sur un fond crème ou doré. Fête au sanctuaire de Tokushige les 20 et 21 octobre.

3 — Ibusuki, Parc national de Kirishima Yaku, V. ces noms.

Kamakura (Ile de Honshū)**

Carte des environs de Tōkyō, p. 526 ; — Plan, p. 278-279.
Tōkyō, 45 km. — Kōfu, 150 km. — Shizuoka, 133 km. — Yokohama, 21 km.

Kanagawa ken. — 139 249 hab. — Station balnéaire.

Au milieu de verdoyantes collines qui encerclent le regard, la célèbre image du Grand Bouddha médite depuis le XIIe siècle. L'afflux des touristes, sans doute en raison de la proximité de Tōkyō, nuit un peu au recueillement poétique, à la disponibilité des sens qu'elle demande. Mais il convient de les oublier car, à ce moment là, devant le Bouddha, rien n'existe plus que le moment lui-même.

1192 : Le Bakufu de Kamakura. — C'est depuis le petit village de Kamakura, où il s'était replié, que *Minamoto Yoritomo* (1147-1199) harcela, jusqu'à leur défaite à Danno ura *(V. Shimonoseki)*, les Taira, maîtres de Kyōto. Personnalité remarquable, n'hésitant pas à faire tuer ses deux frères pour s'assurer des pleins pouvoirs, Yoritomo, doté du titre de *Sei i Taishōgun* (général en chef contre les Barbares), établit officiellement (1192) son gouvernement *(Bakufu)* à Kamakura, dont il fit sa capitale. Cette instauration devait porter à conséquence dans l'histoire du Japon : ainsi s'établirent la lignée des *shōgun*, qui, presque sans discontinuer, gardèrent jusqu'en 1868 les rênes d'un gouvernement autoritaire, aux dépens de l'empereur, représentatif d'une hiérarchie de droit divin, généralement confiné à Kyōto. Kamakura s'agrandit rapidement, et une discipline martiale y amena, par réactions contre les suavités de la cour, une civilisation «virile», ouverte à de nouvelles sectes religieuses.

Les Hōjō. — Les héritiers directs de Yoritomo ne purent se maintenir au pouvoir, et furent rapidement éliminés par les Hōjō qui leur étaient apparentés. Ceux-ci, sans prendre le titre de shōgun, s'accordèrent celui de régent *(shikken)*, et organisèrent la succession de shōgun sans pouvoir, choisis parmi les Fujiwara puis les princes impériaux. Le gouvernement des Hōjō s'imposa plus d'un siècle, montrant cependant des signes de faiblesse ; par ailleurs, après avoir repoussé les invasions mongoles à Kyūshū, à la fin du XIIIe s. *(V. Fukuoka)*, certains chevaliers espérèrent vainement des domaines en récompense ; d'autres raisons économiques soulevèrent des mécontentements. L'empereur *Go Daigo* (1288-1339) fit preuve d'opportunité, et ramena à lui de nouveaux partisans. *Hōjō Takatori* (1303-1333) le fit exiler *(V. Oki Shotō)*, le déchut de sa souveraineté et installa à Kyōto l'empereur Kōgen. *Go Daigo* revint, et avec l'aide d'*Ashikaga Takauji*, s'empara de Kyōto. De son côté, *Nitta Yoshisada* (1301-1338) assiégea Kamakura et précipita la chute du Bakufu, avec la prise de la ville et le suicide de *Takatori* (1333).

Les Kanryō de Kamakura. — Déçu de ne pas avoir été récompensé pour les services qu'il avait rendus, *Ashikaga Takauji* (1305-1358) s'empara de Kamakura (1335), d'où il repoussa les troupes impériales. L'année suivante il jugea plus efficace de s'établir à Kyōto ; l'empereur *Kōmyō*,

KAMAKURA

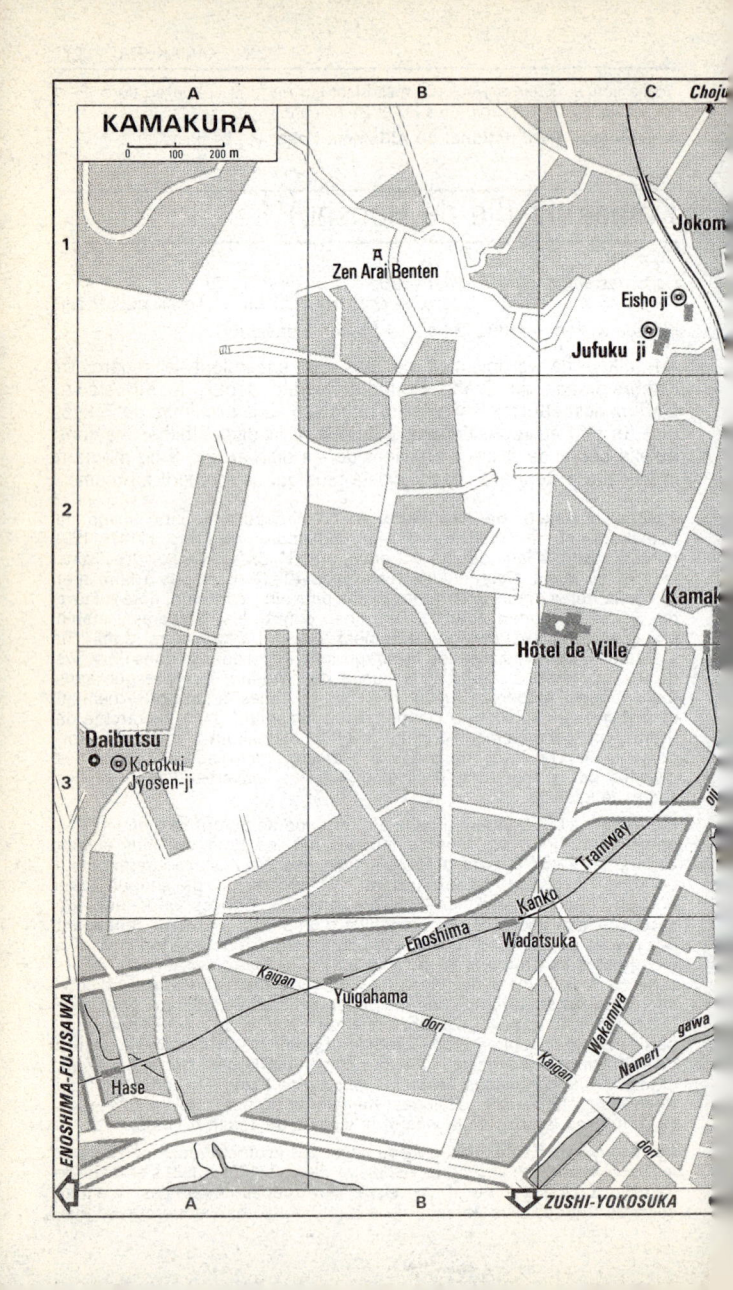

0 100 200 m

- Zen Arai Benten (B1)
- Jokom... (C1)
- Eisho ji (C1)
- Jufuku ji (C1)
- Hôtel de Ville (B2)
- Kama... (C2)
- Daibutsu (A3)
- Kotokui Jyosen-ji (A3)
- Tramway
- Kanko
- Enoshima
- Wadatsuka
- Kaigan
- Yuigahama
- don
- Wakamiya
- Nameri gawa
- Kaigan don
- Hase

ENOSHIMA-FUJISAWA

ZUSHI-YOKOSUKA

Choju...

Map of Kamakura

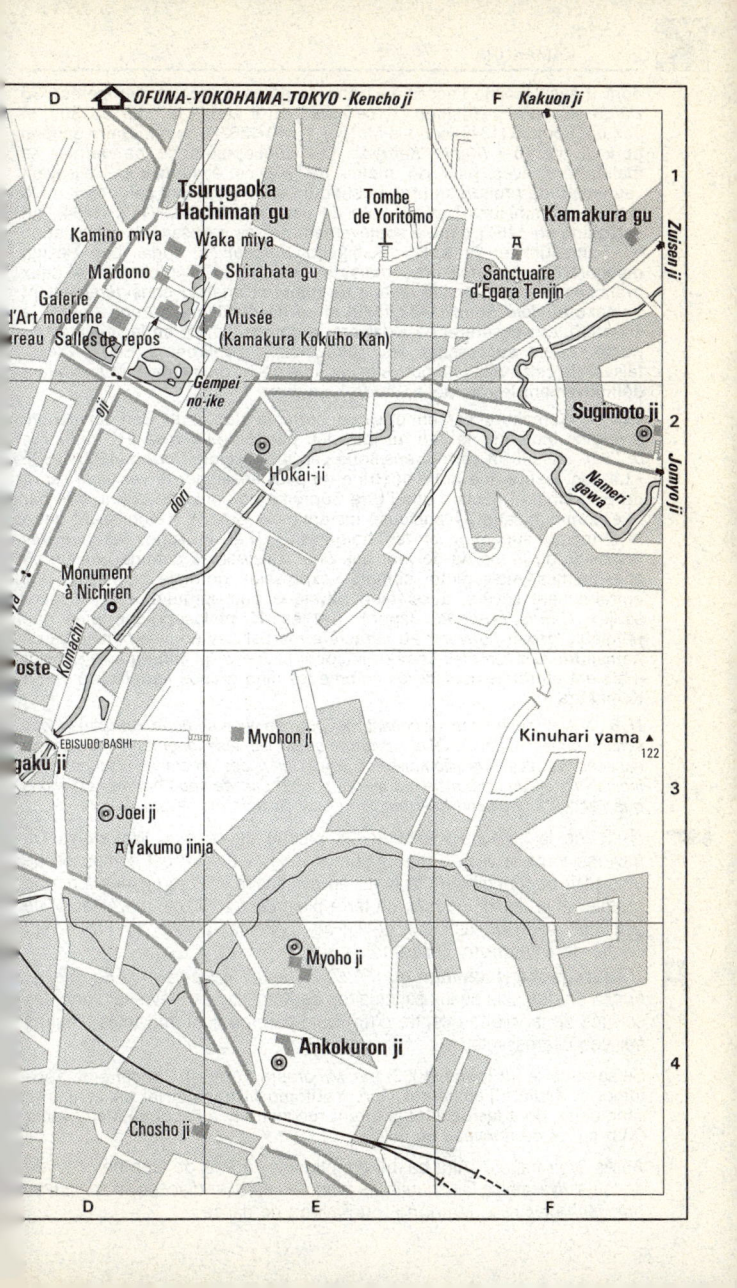

OFUNA-YOKOHAMA-TOKYO · *Kencho ji* — *Kakuon ji*

- Tsurugaoka Hachiman gu
- Kamino miya
- Waka miya
- Maidono
- Shirahata gu
- Galerie d'Art moderne
- Bureau / Salles de repos
- Musée (Kamakura Kokuho Kan)
- Tombe de Yoritomo
- Kamakura gu
- Sanctuaire d'Egara Tenjin
- *Zuisen ji*
- Gempei no-ike
- Hokai-ji
- Sugimoto ji
- *Nameri gawa*
- *Jomyo ji*
- Monument à Nichiren
- *Komachi dori*
- Poste
- EBISUDO BASHI
- ...gaku ji
- Myohon ji
- Kinuhari yama ▲ 122
- Joei ji
- Yakumo jinja
- Myoho ji
- Ankokuron ji
- Chosho ji

dont il avait facilité l'accès au trône, le nomma shōgun, l'empereur *Go Daigo* se replia à Yoshino *(V. ce nom)*, où il établit la cour du Sud, et *Takauji* nomma (1349) son fils *Motouji* (1340-1367) « commissaire général pour le Kantō » *(Kantō Kanryō)*. Les successeurs de ce dernier se maintinrent avec plus ou moins de succès à Kamakura, essayant vainement de prendre le titre de shōgun, et se disputant celui de Kanryō avec leurs ministres Uesugi. L'un de ceux-ci, *Noritada* (1433-1454), fut assassiné en 1454 ; d'où le soulèvement de ses partisans, la dévastation de Kamakura et la fuite d'*Ashikaga Shigeuji* à Koga. Les Uesugi demeurèrent à Kamakura ; mais la rivalité qui s'établit entre deux branches de cette famille amena sa ruine, et affaiblit considérablement Kamakura. *Hōjō Sōun* (1432-1519) et sa descendance mirent à profit la situation, et s'assurèrent à Odawara le gouvernement de la province du Kantō. Leurs successurs, les Tokugawa, s'établirent à Edo (Tōkyō), faisant de cette ville une nouvelle capitale gouvernementale, et annihilant définitivement le rôle politique de Kamakura.

Zen — Kamakura est en quelque sorte la patrie du Zen au Japon. D'origine indienne, le Zen fut introduit par le prêtre *Eisai (V. Jūfuku ji, p. 286)*, mais il fut surtout enseigné par son disciple *Dōgen* (1200-1253). « Le Zen assure que nulle doctrine ne peut enseigner le véritable esprit du Bouddha, et déclare que l'Être Suprême ne peut être connu que par une communication silencieuse instantanée (Satori), s'établissant entre le Principe supérieur et les hommes. (...)Par la suite, les activités normales de la vie ne doivent pas être considérées comme une fin en elles-mêmes, mais plutôt comme l'expression normale de l'esprit. Un entraînement sévère, aussi bien physique que spirituel, est indispensable » (*Louis Frédéric, Japon*), Cet esprit, philosophique plus que religieux, devait convenir au caractère martial des nouveaux maîtres de Kamakura. Les temples Engaku ji, Jōchi ji, Jomyō ji, Jufuku ji et Kenchō ji étaient autrefois considérés comme les cinq grands temples du Zen à Kamakura.

N. B. : *Aux personnes disposant de peu de temps, nous recommandons l'usage du taxi. Outre le relief accidenté de la ville, les monuments sont parfois espacés de plusieurs kilomètres. Il existe bien des itinéraires fléchés, avec indications en anglais, mais qui auront surtout l'art de vous perdre ; signalons que l'accès à la plupart des temples et sanctuaires est payant.*

A l'E. de la gare de Kamakura, et proche de celle-ci, **Wakamiya Ōji** traverse toute la ville. Cette longue avenue (1 400 m) est composée de trois torii et conduit vers le N.-E. au sanctuaire de Tsuraoka. Entre le premier et le deuxième torii, un terre-plein central, planté d'azalées et de cerisiers, évoque l'ampleur de l'allée d'origine, établie au XIIe s. sur l'ordre de *Minamoto Yoritomo*.

**Tsurugaoka Hachiman gū *(Pl. D1 : 1 km N. de la gare de Kamakura ; bus)*, l'un des plus beaux sanctuaires de Kamakura, s'élève sur l'une des collines de la ville, au centre d'un vaste parc où sont implantés d'autres édifices intéressants.

Ce sanctuaire fut fondé (1063) par *Minamoto Yoriyoshi*, ancêtre de Yoritomo, et dédié à l'empereur *Ōjin*. Yoritomo fit transporter en ce lieu le sanctuaire, dont les bâtiments furent reconstruits à l'époque Momoyama (XVIe s.), et de nouveau en 1823.

Après avoir franchi l'**Aka bashi**, qui étrangle l'**étang de Gempei**, couvert de lotus, Wakamiya Ōji aboutit *(au pied de l'escalier d'accès au sanctuaire principal)* devant le **Maidono**, ou Pavillon de danse.

A dr. s'élève le **Waka miya**, sanctuaire mineur, dédié à l'empereur *Nintoku*, fils d'*Ōjin tennō*, et dont le bâtiment fut refait en 1628.

C'est devant ce sanctuaire que *Shizuka*, maîtresse de *Minamoto Yoshitsune*, effectua à la demande de *Yoritomo*, qui cherchait à découvrir la cachette de son frère, une danse restée célèbre dans la chronique japonaise.

A g. de l'escalier indiqué ci-dessus, un arbre *gingko* géant a été replanté à l'emplacement de celui derrière lequel *Kugyō*, grand prêtre du Hachiman gū, jaloux de son oncle le shogun *Minamoto Sanetomo*, se serait caché en 1219, lorsqu'il attenta à la vie de ce dernier.

Ⓐ **Shirahata gū**, un peu plus sur la dr. par rapport au Waka miya, est dédié à Yoritomo et à son fils Sanetomo, et doit son nom à l'étendard blanc de Yoritomo.

Ⓐ ***Kamino miya**, le sanctuaire supérieur, en haut des marches déjà mentionnées, se compose du **Hon den**, d'un **oratoire**, d'une **galerie de circulation**, et s'ouvre par une **porte** à étage ; l'ensemble, bien que refait au siècle dernier, est richement décoré dans le style Azuchi-Momoyama.

Le sanctuaire abrite un important **trésor** exposé dans une partie du corridor de circulation ; on peut voir une **épée**, un **écritoire** au coffret incrusté de nacre et une **statue** en bois **de Benzai Ten** (1225), qu'on habille diversement selon les circonstances ; cette dernière est parfois exposée au Musée des Beaux-Arts. On remarque également des **mikoshi** (sanctuaires portatifs), qui sont promenés dans les rues lors des processions annuelles.

Fêtes : *visite de Nouvel An*, entre les 1er et 3 janvier ; *floraison des cerisiers* entre les 1er et 10 avril ; *festival de Kamakura*, du 7 au 14 avril ; *fête des lanternes*, du 7 au 9 août ; *Yasubame*, le 16 septembre.

Sur les terres du sanctuaires s'élèvent le **Musée d'Art moderne** et le **Musée municipal des Beaux-Arts**.

■ Le **Musée d'Art moderne**, proche du Gempei no ike, fut bâti en 1951 par l'architecte *Sakakura Junzō*, élève de *Le Corbusier*. La construction s'accorde bien à l'environemment ; une partie de l'édifice repose sur de fins piliers métalliques qui plongent dans l'étang. Expositions temporaires seulement.

■ ***Kamakura Kokuhō kan** (*Pl. D-E1 ; 2 km N. de la gare de Kamakura ; adresse : 2-1-1, Yukinoshita ; ouvert t. l. j. de 9 h à 16 h, sauf lundi et jours de fêtes nationales*). — Le Musée municipal des Beaux-Arts est un édifice en béton armé (1928), de style azekura (anciennes constructions en bois élevées sans l'aide de clous, tel le Shōso in à Nara). Les objets que contient ce musée proviennent soit de sanctuaires, soit de collections privées. Ils comprennent quelques chefs-d'œuvre appartenant à une période de quatre siècles, englobant l'époque Kamakura (1192-1333) et l'époque Muromachi (1333-1573). Les collections furent malheureusement appauvries lors du tremblement de terre de 1923.

Sculptures :
Les plus beaux exemplaires de la sculpture Kamakura sont en fait à Kyōto ou Nara ; la sculpture japonaise, qui arrive à une sorte d'accomplissement, se confirme comme une prolongation de celle de Heian, voire un retour aux canons de l'art de Nara. Kamakura se ressent néanmoins de l'empreinte de l'école d'*Unkei*, qui marqua cette époque d'un souffle de force et de réalisme. « La période de Kamakura vit éclore, se développer et se terminer la phase finale d'évolution de la sculpture japonaise » *(Louis Frédéric)*.

La **statue de Shokō ō** (l'un des deux juges infernaux), en bois sculpté (1250), propriété du temple Ennō ji, est le spécimen qui représente le mieux la puissance et la virilité de l'art Kamakura. A l'intérieur, la statue est signée par *Kōyū*. De la même facture, celle de **Fudō** (appartenant au temple Kakuon ji) et celle de **Jizō**, attribuée à *Unkei*, provenant du Jōchi ji. La **statue de Suigetsu Kannon** (appartenant au Tōkei ji), au contraire, est un chef-d'œuvre de grâce et de raffinement, où l'on remarque l'influence de la Chine des Song. Celle d'***Uesugi Shigefusa** appartient au Meigetsu ji (p. 287).

Une **triade de Yakushi Nyōrai** (Bouddha thérapeute), d'époque Heian, est, comme l'indique Louis Frédéric, «de style *Nabatori* (taillée à coups de hache)», et apparaît délibérément inachevée. Remarquer enfin une **statue de Minamoto Yoriyoshi**, fondateur du sanctuaire de Tsurugaoka; d'époque Muromachi (XIVe-XVe s.), elle est en bois sculpté (autrefois peint).

Peintures :
Le musée contient également une précieuse collection d'*emakimono* (peintures horizontales). Ceux-ci tiennent une place importante dans l'art japonais, et leurs thèmes sont souvent empruntés à la vie populaire.

Le ***Taema mandara no Engi**, appartenant au Kōmyō ji, se compose de deux rouleaux et raconte l'histoire d'une jeune nonne, qui reçut en récompense de sa piété exemplaire une tapisserie de provenance miraculeuse.

Les rouleaux qui représentent cette légende mesurent respectivement 7,75 m et 6,88 m de long sur 0,48 m de large, ce qui est exceptionnel. Les pigments, décollés en beaucoup d'endroits, laissent voir le dessin solide des compositions. Certains détails étaient peints en argent; le mandara lui-même est doré, et apparaît trois fois dans le second rouleau. Sans que l'on en connaisse les auteurs, le naturel parfait de ces compositions, aussi bien que leur réalisme, donnent à penser qu'elles datent du milieu de l'époque Kamakura.

Un **rouleau du Kōsoku ji** relate par ailleurs une anecdote arrivée au sculpteur Unkei : une cliente souffleta l'artiste qu'elle jugeait trop lent en besogne. Parmi les objets d'art mineur, citons, entre autres, des **écritoires en bois laqué**, une **cloche en bronze**, de forme élégante, provenant du Jōraku ji, datée de 1248.

A 500 m env. à l'E. du parc du Tsurugaoka Hachiman gū, s'étendent les terrains des **facultés de Pédagogie et des Beaux-Arts** de l'Université de Yokohama; ils sont à l'emplacement même du Palais gouvernemental de Minamoto Yoritomo ou *Okura Bakufu*.

La modeste **tombe de Yoritomo** *(Pl. E1)*, au N. de cet ensemble, est formée de quelques grosses pierres posées l'une sur l'autre en forme de petite pagode. Fête le 13 avril. A 100 m vers l'E. se trouvent les **tombes de Shimazu Tadahisa** (1179-1227), fondateur du clan de Satsuma, fils de Yoritomo et d'*Oe Hiromoto* (1148-1225), ministre et conseiller de ce dernier.

Du parc de Hachiman gū, part vers l'E. une rue qui passe au S. du site de l'Okura Bakufu, et d'où se détache, en oblique, une autre rue menant vers le N.-E. au sanctuaire de Kamakura; cette nouvelle rue laisse à la g. un chemin qui conduit au sanctuaire d'Egara. A 1 km à l'E. du Tsurugaoka Hachiman gū *(Pl. F1; bus depuis Kamakura eki)* : **Egara Tenjin**, dédié à Sugawara Michizane *(V. Dazaifu, p. 195)*.

Kamakura gu *(Pl. F1; 2 km N.-E. de Kamakura eki; bus)*; ce sanctuaire fut élevé en 1869 en l'honneur du *prince Morinaga* (1308-1335), fils de l'empereur Go Daigo, et emprisonné en ce lieu par Ashikaga Takauji, après une tentative de restauration en faveur de son père. Fête le 20 août.

En arrière du sanctuaire se trouve la **grotte** où aurait été emprisonné, puis tué au bout de sept ans de captivité, le prince *Morinaga*. La tombe de ce prince est située sur la colline de Richiko, à 200 m à l'E. du sanctuaire.

↦ A 700 m N., par un chemin partant sur la g. depuis le sanctuaire de Kamakura : **Kakuon ji** *(hors Pl. F1)*, fondé en 1218 par *Hōjō Yoshitoki*. Ce temple abrite une importante **triade de Yakushi Nyōrai**, œuvre d'*Unkei* (XIIe-XIIIe s.), ainsi que la **statue** vénérée **d'un Jizō Bosatsu** (protecteur contre les incendies), en bois, surnommé Jizō noir (Kuro Jizō) ; plafond peint au-dessus des statues d'Unkei. Fête entre les 6 et 9 août. En arrière du temple, nombreuses **grottes**, communément appelées *yagura* ; si l'on en juge par les pierres tombales et les ossements qu'on y a découverts, elles durent être utilisées comme cimetière.

↦ ⊛ A 1 km E., par une rue qui longe sur la droite Kamakura gū, puis traverse un affluent de la Nameri gawa : ***Zuisen ji** *(hors Pl. F1)*, fondé en 1327 par le prêtre Zen *Soseki* (nom posthume de *Musō Kokushi* ; 1271-1346) ; ce temple abrite une statue assise, en bois, de Soseki, au visage serein et expressif, bel exemple de sculpture du début de l'époque Muromachi (XIVe s.). Le **jardin**, dû au moine fondateur, eut beaucoup à souffrir depuis sa création, mais exprime encore en partie l'art de Soseki, qui avait un don particulier pour adapter ses jardins aux paysages environnants. Au sommet du Kimpei san, qui domine ce jardin, le pavillon d'**Ichiran tei** permet de découvrir la région de Hakone et le Mont Fuji.

↦ A 1,5 km N.-E., au N. du Zuisen ji : **Kamakura ten en** (Paradis de Kamakura), parc boisé englobant les collines qui entourent le **Mont Tendai** (141 m) ; vue étendue sur la péninsule de Miura, les baies de Tōkyō et de Sagami.

⊢ Du sanctuaire de Kamakura, on peut rattraper au S. une rue qui remonte vers l'E. le cours de la Nameri gawa ; cette rue, empruntée par les autobus, est issue de la fourche, qui en venant du sanctuaire de Hachiman détache vers le N.-E. une rue menant au Kamakura gū *(cf. ci-dessus)* ; elle passe à proximité des temples Sugimoto et Jomyō.

⊛ **Sugimoto dera** ou **Sampon ji** *(Pl. F2 ; 700 m S. de Kamakura gū ; 2 km N.-E. de Kamakura eki ; bus)*, dont la fondation est attribuée au prêtre *Gyōki* (734), serait ainsi le plus ancien temple de Kamakura. L'édifice actuel, reconstruit en 1678, abrite trois **statues de Kannon aux onze têtes** ; deux d'entre elles sont estimées d'époque Kamakura. La statue centrale aurait été sculptée par *Ennin Jikaku* ; celle de g. serait l'œuvre de *Genshin* ; la troisième, de style archaïque, aurait été exécutée par *Gyōki* (VIIe s.). Ce temple, le premier visité lors des pèlerinages du Kantō, est également surnommé Okura no Kannon.

⊛ **Jōmyōji** *(hors Pl. F2 ; 400 m E. du Sampon ji ; 2,5 km N.-E. de Kamakura eki ; bus)*, fondé en 1188 par *Ashikaga Yoshikane*, fut le cinquième des grands temples de Kamakura ; le seul édifice subsistant (1756) protège une **statue** en bois **du prêtre zen Taikō**. Trois membres de la famille Ashikaga, dont le fondateur, reposent dans le jardin de ce temple.

Plus à l'E. du Jōmyō ji, avant que la route ne traverse la Nameri gawa, se trouvait la résidence des Ashikaga de Kamakura.

⊢ La rue longeant au S. Gempei no ike *(V. Tsurugaoka Hachiman gū)*, aboutit face au Hokai ji à :

Komachi kōji *(Pl. D2)* ; parallèle à Wakamiya Ōji et à la Nameri gawa, qu'elle croise au S., cette rue fut autrefois la principale artère de la ville, le long de laquelle s'élevaient maisons de samouraï et boutiques de commerçants.

Hokai ji *(Pl. E2 ; 300 m E. de Tsurugaoka Hachiman gū ; 800 m N.-E. de Kamakura eki)* se trouve à l'emplacement de la demeure des Hōjō. Il abrite les statues de Jizo Bosatsu et Kanki ten.

Sur la colline de Kofuji, en arrière de ce temple et de l'autre côté de la Nameri gawa, se dressait autrefois le Tōshō ji, où *Hōjō Takatoki* se donna la mort avec les siens (1333), lors de la prise de Kamakura par *Nitta Yoshisada*. Le siège de la Régence se trouvait plus au S.-O. de l'autre côté de Komachi kōji.

Descendant Komachi kōji, vers le S., on dépasse un **monument** dédié au prêtre Nichiren, à l'emplacement où celui-ci enseignait sa doctrine.

Nichiren (1222-1282), né au petit village de Kominato *(V. Kamogawa)*, reçut son éducation religieuse aux monastères du Mont Hiei, proches de Kyōto ; il y forgea la théorie d'une nouvelle doctrine, qu'il commença à prêcher à partir de 1253. Il établit, près de Kamakura, un ermitage sur la colline de Matsuba ga yatsu, et venait enseigner à Komachi kōji le Myōhōrenge kyō (sūtra de la Vraie Loi ; *V. Minobu*) ; il attira de nombreux disciples, mais aussi les foudres du gouvernement, contre lequel Nichiren ne ménageait pas ses critiques ; il fut exilé une première fois à Itō ; condamné en 1271 à être décapité, il échappa miraculeusement à la mort *(V. Fujisawa)*, et de nouveau banni, il partit en exil à l'île de Sado. Il mourut à Ikegami, à l'emplacement actuel du Hommon ji de Tōkyō et ses cendres furent portées au Minobu san.

Hongaku ji *(Pl. D3 ; 300 m S.-E. de Kamakura eki)*, au S. de Komachi kōji, juste avant de traverser la Nameri gawa ; ce temple fut édifié (1436) à l'emplacement de l'Ebisu dō, qu'habita Nichiren à son retour de Sado. Une partie des cendres du grand prédicateur y furent transférées au XVᵉ s., ce qui vaut à ce temple d'être surnommé Minobu san de l'Est.

Le célèbre forgeron *Okazaki Masamune* (1264-1344) est enterré dans l'enceinte de ce temple.

Myōhon ji *(Pl. E3 ; 500 m E. du Hongaku ji ; 700 m E. de Kamakura eki)* ; après avoir traversé la Nameri gawa sur l'**Ebisudō bashi**, on atteint rapidement *(vers l'E.)* ce temple, fondé en 1274 par *Hiki Daigakusaburō*, disciple de Nichiren. Le **Shoshi dō**, salle des Patriarches, abrite une vénérable **statue de Nichiren** (XIIIᵉ s.). Fête le 12 mai.

Komachi kōji, au-delà de l'Ebisudō bashi, rejoint vers le S. une rue plus importante qui traverse Kamakura d'E. en O. ; longeant celle-ci vers l'E., on atteint le quartier d'**Ō machi,** d'où se détache, juste avant de traverser un affluent de la Nameri gawa, une rue plus étroite ; sur la colline de Matsuba ga yatsu, elle mène au :

Ankokuron ji *(Pl. E4 ; 1 km S.-E. de Kamakura eki ; bus jusqu'à Ō machi)*, temple élevé au XVIIIᵉ s., sur l'ordre des Tokugawa, à l'emplacement du premier ermitage de Nichiren.

Dans la **grotte**, que l'on peut voir à dr. du portail principal, *Nichiren* rédigea son traité « sur la Justice et la Paix publique » *(Risshō Ankokuron)*, destiné à conseiller le régent *Hōjō Tokiyori* (1227-1263). Une copie, due au prêtre

Nichirō, l'un de ses principaux disciples, fait partie du trésor. Nichirō repose dans l'enceinte du temple. Fête le 27 septembre.

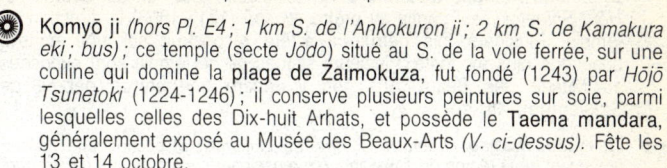

Komyō ji *(hors Pl. E4 ; 1 km S. de l'Ankokuron ji ; 2 km S. de Kamakura eki ; bus) ;* ce temple (secte *Jōdo*) situé au S. de la voie ferrée, sur une colline qui domine la **plage de Zaimokuza**, fut fondé (1243) par *Hōjō Tsunetoki* (1224-1246) ; il conserve plusieurs peintures sur soie, parmi lesquelles celles des **Dix-huit Arhats**, et possède le **Taema mandara**, généralement exposé au Musée des Beaux-Arts (*V. ci-dessus*). Fête les 13 et 14 octobre.

Wakamiya Ōji (p. 280) aboutit vers le S., à proximité de l'embouchure de la **Nameri gawa**, au Shōnan Highway *(route à péage empruntée par les autobus) ;* celle-ci relie Fujisawa à Yokosuka, et longe entre le **cap d'Iijima** et la **pointe d'Inamuraga** *(4 km env. vers l'O.)* les belles **plages de Zaimokuza** et de **Yuiga hama**. Il y avait là un port militaire, et c'est depuis cette côte que *Nitta Yoshisada* envahit (1333) la ville de Kamakura. Au N.-O. du quartier de Yuigahama, se tient celui de Hase où l'on visitera le Dai Butsu.

Kōtokuin Jyōsen ji *(Pl. A3 ; 2 km S.-O. de Kamakura eki ; 400 m N. de la gare de Hase, Enoshima Kamakura Kanko E.R. ; bus)*, où l'on peut admirer la grande statue en bronze du ***Dai Butsu**.

Le **Grand Bouddha de Kamakura** fut élevé, à l'imitation de celui du Tōdai ji de Nara, par l'épouse de Minamoto Yoritomo, *Masako*. Une première statue en bois fut remplacée en 1252 par cette statue en bronze (11,4 m de haut, 124 tonnes), dont la réalisation (par plaques horizontales juxtaposées) est attribuée au fondeur *Ono Goroemon* ; elle s'impose comme l'un des plus beaux exemples de cet art, très supérieure à celle de Nara qui est plus grande. La statue représente *Amida* (Amitabha, en sanscrit), Bouddha de la Lumière éternelle, assis dans la pose traditionnelle de la méditation : l'expression du visage, les yeux mi-clos, est admirable de sérénité ; les mains se rejoignent, paumes tournées vers le ciel, et les pouces se rencontrent en symbole de foi profonde.

Il est possible d'accéder à l'intérieur de la statue. Celle-ci était autrefois protégée par une puissante construction en bois, détruite par un raz de marée en 1495, et dont subsistent les bases.

Hase dera *(Pl. A4 ; 200 m N.-O. de la station de Hase).* Si l'on revient vers le S. depuis le Dai Butsu, pour monter à dr. en direction du Kannon yama, on atteint ce temple qui abrite une **statue vénérée de Kannon aux onze visages**, de 9 m de haut ; cette statue en bois doré est une reproduction médiocre d'époque Edo.

Selon la légende, la statue originale aurait été sculptée en 721, dans une pièce de camphrier, par le prêtre *Tokudō Shōnin*, en même temps que celle du temple du même nom, près de Nara. Celle de Kamakura se serait échouée dans la baie de Sagami, et un premier temple fut élevé pour la recevoir, sur l'ordre de l'empereur *Shōmu*. La cloche en bronze date de 1264.

Gorei sha ou **Mitami jinja**, au S. du Hase dera, est un sanctuaire dédié à *Gongorō Kagemasa*, valeureux chevalier du XIe s., natif de la région de Kamakura.

Gokuraku ji *(700 m S.-O. du Hase dera; au N. de la station Gokurakuji, Enoshima Kamakura Kanko E.R.)* fut établi (1259) en cet endroit par *Hōjō Shigetoki*, qui confia au prêtre *Ninshō* (1217-1303) la direction du temple. Plusieurs fois détruit, il a été reconstruit sur une échelle beaucoup plus modeste. Plusieurs statues de ce temple sont exposées au Musée des Beaux Arts; on y vénère une **statue** debout **de Sakyamuni** (XIIe s.).

Le **musée Nagao** *(1 km N.-O. env. du Gokuraku ji)* occupe une maison provenant de la région de Takayama *(se renseigner sur les heures d'ouverture au bureau de tourisme de la gare de Kamakura)*; il abrite des **peintures**, parmi lesquelles **l'Oiseau sur une branche desséchée**, par *Miyamato Niten*, et le portrait imaginaire de Kanzan, par le prêtre *Kaō; sculptures*, objets en bronze, poteries, vêtements, tissus, sabres, calligraphies anciennes de Chine ou du Japon.

Remontant, vers le N., une longue rue, depuis la station de Wadazuka *(Enoshima Kamakura Kanko E.R.)*, ou rejoignant cette rue vers l'O., à hauteur de l'hôtel de ville, depuis la gare de Kamakura, on atteint:

Jūfuku ji *(Pl. C1; 800 m N. de Kamakura eki)*, fondé en 1200 par *Masako* (1156-1225), épouse de *Minamoto Yoritomo*. Placé sous la direction du prêtre *Yōsai* ou *Eisai* (1141-1215), il fut le troisième des grands temples de Kamakura.

Ce temple conserve une **statue** en bois **de Jizō** aux yeux de jade (époque Kamakura), et la ***statue du prêtre Eisai**, introducteur du bouddhisme zen et de la culture du thé; cette statue en bois, d'époque Kamakura, est parfois exposée au Musée des Beaux Arts. Dans les jardins du temple, deux petites grottes abritent les **tombeaux** présumés de Masako et de son fils le shōgun Sanetomo.

Eishō ji *(Pl. C1)*, au N. du précédent, proche de la voie ferrée, fut élevé en 1636 par *Dame Eishō*, concubine de *Tokugawa Ieyasu*, et descendante d'*Ōta Dōkan* (1432-1486).

Dans le jardin se trouve le tombeau de la religieuse *Abutsu* (XIIIe s.), auteur de l'Izayoi Nikki (Journal du Seizième jour de la Lune).

Jōkōmyō ji *(Pl. C1; 200 m N.-E. de l'Eishō ji)*, que l'on atteint après avoir traversé la voie ferrée, fut élevé (1251) par Hōjō Nagatoki; c'est l'un des plus anciens de Kamakura.

Ce temple est le dépositaire de l'**Izayoi Nikki** d'Abutsu, et de trois statues assises d'Amida, d'époque Kamakura. Dans le jardin reposent les Ashikaga Yoshikane, Motouji et Ujimitsu.

En longeant quelques instants la voie ferrée, on gagnera la raide **montée de Kamegatsu** *(chemin pour piétons)*, qui rejoint la montée carrossable de Kobukuro au **Choju ji** *(800 m N. du Jōkōmyō ji)*. Traversant, au contraire, cette voie ferrée, on atteindrait vers le N.-O. le **Kaizō ji** *(500 m depuis le Jōkōmyō ji)*, temple fondé en 1394, et dont une grotte abrite seize puits légendaires; ou bien le **Zeniarai Benten** *(800 m du Jōkōmyō ji; bus depuis la gare de Kamakura)*, sanctuaire populaire: quelle que soit la somme d'argent que l'on trempe, les jours du serpent (zodiaque chinois), dans la source d'une grotte voisine, on est assuré d'obtenir plus tard le double ou le triple de la «mise».

Longeant à l'O. le parc du sanctuaire de Tsurugaoka Hachiman (p. 280), une rue gravit la **montée de Kobukuro**, puis redescend en direction de la gare de **Kita Kamakura**; sur la droite autre rue en direction du :

*Kenchō ji *(hors Pl. D1 ; 1,5 km S.-E. de Kita Kamakura eki ; 2 km N. de Kamakura eki ; bus)*, qui reste le plus important des cinq grands temples de Kamakura ; il fut fondé en 1253 par *Hōjō Tokiyori* (1227-1263), et confié au prêtre chinois *Daigaku Zenji*. Le temple, qui brûla entièrement en 1415, fut reconstruit par le prêtre *Takuan* (1573-1645) au début de l'époque Edo. Il est enveloppé par une dense végétation où abondent les cèdres japonais. **Kara mon** (porte chinoise) et le **Hon dō** furent élevés en 1646.

Le Hon dō a un plafond à caissons peint par *Kanō Motonobu*, et contient entre autres la **statue en bois de *Hōjō Tokiyori**, chef-d'œuvre de l'époque Kamakura, un **portrait sur soie de Daigaku Zenji**, et huit autres **peintures des Seize Arhats** (disciples du Bouddha), par le prêtre *Minchō* ; la cloche de bronze fut fondue en 1255.

A 500 m N.-E. : **Hanzō bō** que l'on atteint après être passé devant la tombe du physicien japonais *Zuiken Kawamura* (1618-1700). Au-delà, s'étend la zone boisée de Ten en (p. 283).

A 500 m S. : **Ennō ji** ou **Arai Emma dō**, proche de Kobukuro zaka *(V. ci-dessus)*, élevé en 1250, renferme une **statue** de même époque, **d'Emma**, gouverneur des Enfers ; le *Jizō* est au Musée des Beaux Arts.

A 700 m N.-O. : **Meigetsu in** ; on y accède par un chemin qui se détache plus au N., de Kobukuro zaka. Ce petit temple, fondé au XIVᵉ s. par *Uesugi Noritaka*, conserve la **statue en bois de *Uesugi Shigefusa**, l'une des plus remarquables de l'époque Kamakura (XIIIᵉ s.). La statue garde des traces de polychromie ; « l'ensemble est pyramidal, sculpté dans un seul bloc de bois, ce qui lui donne une stabilité et un équilibre caractéristiques » *(Peter C. Swann)* ; elle est le plus souvent exposée au Musée des Beaux Arts (p. 281).

Jōchi ji *(500 m S. de Kita Kamakura eki ; 700 m N.-O. du Kenchō ji)*, que l'on atteint après avoir traversé la voie ferrée en direction de la gare de Kita Kamakura, fut fondé en 1283 par *Hōjō Morotoki*, et placé sous la direction du prêtre chinois *Funei* (1197-1277). La statue de Jizō, attribuée à Unkei, fut déposée au Musée des Beaux-Arts de Kamakura, après le tremblement de terre de 1923 qui ruina ce temple.

Tokei ji *(300 m S. de Kita Kamakura eki)*, tout de suite au N. du Jōchi ji, fut fondé en 1285 par Kakusan, veuve de Hōjō Tokimune.

Ce temple est populairement surnommé **Enkiri dera**, temple du divorce, car jusqu'à la Restauration Meiji, les femmes malheureuses en mariage pouvaient s'y retirer, sous le couvert de la religion. Il renferme l'importante **bibliothèque bouddhique Matsugaoka**, et une **statue** en bois de **Kannon** (XIVᵉ s.). Dans le joli **jardin**, se trouvent les tombeaux de la fondatrice Kakusan, et de plusieurs philosophes de l'époque Meiji.

*Engaku ji *(immédiatement à l'E. de Kita Kamakura eki ; 2,5 km N. de Kamakura eki ; bus)*, fondé en 1282 par *Hōjō Tokimune* (1251-1284), fut l'un des cinq grands temples zen de Kamakura ; il eut beaucoup à souffrir du tremblement de terre de 1923. Les principaux bâtiments sont disposés selon un axe S.-O.-N.-E., depuis le large **San mon**, porte à deux étages, qui en marque l'entrée principale. Seule, la partie du temple la plus éloignée de cette porte prend autour du **Shari den** une orientation N.-S.

Au S.-E. du San mon, au sommet d'un escalier, se trouve le **beffroi** où pend une cloche en bronze de 1301, la plus grosse de Kamakura.

*Shari den, pavillon des reliques, abriterait une dent du Bouddha Gautama, rapportée de Chine. Cet édifice, relevé après le séisme de 1923, fut construit en 1285 par *Hōjō Sadatoki*, fils de Tokimune ; c'est l'un des bâtiments les plus représentatifs de l'art zen de Kamakura, et l'un des deux seuls monuments de style *kara yō* (à la manière chinoise) de cette époque qui subsiste au Japon. Depuis sa restauration, le haut toit de chaume a perdu de son élan audacieux et galbé.

La dent se trouve à l'intérieur d'un tabernacle en quartz. A l'arrière, s'élève le mausolée de Tokimune.

Environs :

1 — Shichiriga hama *(4 km S. ; car ; train Enoshima Kamakura Kanko E.R.)* ; cette côte s'étend sur environ 5 km entre Inamuraga saki et Katase, et est longée par **Shōnan Highway**, d'où l'on découvre de belles vues sur l'île d'**Eno shima** *(V. Fujisawa).*

2 — Ōfuna *(6 km N. ; train J.N.R. ; car),* carrefour ferroviaire et petite localité, où se trouvent les **studios de cinéma de la compagnie de Shōchiku**. Au N. de la gare, sur le **Mugarō san,** se dresse un **buste géant** (25 m de haut) de Kannon, en béton armé et fort disgracieux (1960).

➜ A 1,5 km S.-O. *(bus)* : **jardin botanique d'Ōfuna** : ce parc floral de 7 ha, créé en 1962, organise des expositions florales : il est célèbre pour la floraison de ses pivoines en avril et mai.

➜ A 2,5 km N.-O. *(train J.N.R. jusqu'à Taya ; bus)* : **grottes de Taya** ; sur une colline, en arrière du Josen ji, ces grottes furent creusées au XIIIe s. pour abriter les trésors de la famille Hōjō ; des moines shingon, à l'époque Edo, y sculptèrent de nombreuses figures bouddhiques ; leur profondeur atteindrait 6 km ; il est possible d'en visiter une partie.

3 — Fujisawa, Miura, Yokohama, Yokosuka, Zushi, *V. ces noms.*

■ Kameoka (Ile de Honshū)

Tōkyō, 495 km. — Fukui, 178 km. — Kōbe, 91 km. — Kyōto, 19 km. — Nara, 63 km. — Ōsaka, 74 km. — Ōtsu, 31 km. — Tsu, 107 km.

Kyōto fu. — 47 151 hab. — 99 m d'alt.

Le principal attrait de Kameoka, dans la banlieue de Kyōto, est de constituer la base de départ pour la descente des ***rapides de la Hozu gawa**, qui percent en gorges célèbres la chaîne de Tamba.

Au N. de la gare de Kameoka (J.N.R.), on rejoindra le pont sur la Hozu gawa, et l'embarcadère de Hozuno hama (cars directs depuis Kyōto). La descente dure 1 h 30 env. jusqu'à Arashi yama, et se fait en bateau à fond plat ; elle s'effectue d'avril à la mi-décembre ; les départs sont fréquents et peuvent être réservés depuis Kyōto.

Les plus belles passes sont celles de **Kanaga ga taki**, de **Takase daki**, de **Shishigakuchi** *(gueule du Lion,* la plus difficile) ; on remarque également les azalées de **Gakuga te**, **Byōbu iwa** *(rocher du paravent),* plusieurs cascades etc.

Kameyama (Ile de Honshū)

Tōkyō, 406 km. — Gifu, 95 km. — Kyōto, 78 km. — Nagoya, 64 km. — Nara, 84 km. — Ōtsu, 66 km. — Tsu, 20 km. — Wakayama, 179 km.

Mie ken. — 30 623 hab.

Sur le cours moyen de la **Suzuka gawa**, Kameyama est une ville de passage entre les régions de Nagoya et celles de Kyōto, Nara et Ōsaka.

Ruines du château de Kameyama *(1 km N. de la gare);* elles sont aujourd'hui occupées par un jardin au N. de la localité.

Le château, construit au XVIe s. par *Seki Munekazu,* fut confié par *Oda Nobunaga* à *Gamō Ujisato.* Il revint quelque temps aux Seki, puis passa à plusieurs familles, dont les Ishikawa entre 1744 et 1868.

Sanctuaire de Nobono *(1 km N.-O. de la gare),* en arrière duquel s'élève le **Nobono go ryō,** tombe du prince légendaire *Yamato Takeru* (81-113).

Fils de l'empereur *Keiko,* ce prince se distingua par des exploits de ruse et de bravoure. Ayant soumis les Kumaso à Kyūshū, il se retourna ensuite sur les Ebisu au N.-E. de Honshū, et fut en conséquence considéré comme unificateur du Japon. De retour de cette seconde expédition, il succomba à une fièvre maligne. Après son décès s'éleva une colombe blanche, qui valut à ce tombeau le surnom de Shirahata no Sanryō. Le sanctuaire qui lui est dédié fut élevé en 1879.

Kamogawa (Ile de Honshū)

Carte des environs de Tōkyō, p. 526.

Tōkyō, 121 km. — Chiba, 84 km. — Mito, 209 km. — Urawa, 145 km.
Chiba ken. — 31 680 hab.

Au S.-E. de la péninsule de Bōsō, Kamogawa est l'une de ces agréables localités, portuaires ou balnéaires, qui jalonnent la côte méridionale de la péninsule de Bōsō. Toute cette bordure côtière, accidentée, où alternent plages et falaises rocheuses, est incluse dans le **parc régional de Minami Bōsō.** Plusieurs îlots, au large, font de cette localité la Matsushima de Kamogawa.

Kyōnin ji *(1,5 km N. d'Awa Kamogawa eki; bus)* fut fondé en 1281 par *Nichiryū,* disciple de Nichiren.

Environs :

1 — Futomi *(3 km S.; train J.N.R.; car),* avec au large l'îlot de Niemon, où se réfugia quelques temps *Minamoto Yoritomo,* au XIIe s.

2 — Kameyama Onsen *(21 km N.; car),* petite station thermale sur le haut cours de l'Obitsu gawa, que l'on atteint par une route à péage à travers les collines boisées de la **péninsule de Bōsō.**

3 — Kominato *(12 km E., par la N 128; train J.N.R.; car).* — La route et la voie ferrée longent la jolie *côte de Minami Bōsō.
6 km : Awa Amatsu ; gare.

290 KANAZAWA

→ A 5 km N. *(car)* : **Kiyosumi yama** (383 m d'alt.), sur les pentes duquel s'élève le **Seichō ji** ou **Kiyosumi dera**, temple dont la fondation remonterait à 771 ; en 1253 le prêtre *Nichiren* y fit entendre ses premières prédications ; une statue lui est dédiée. Le **Hon dō**, consacré à *Kokuzo Bosatsu*, est un édifice de l'époque Edo ; le **trésor** du temple conserve plusieurs peintures bouddhiques, et une statue de Kannon. La colline de Kiyosumi est une zone forestière de 2 250 ha, où l'université agricole de Tōkyō surveille des plantations expérimentales. La route, dépassant Kiyosumi yama, rejoint *(24 km N.)* la vallée de la Yōrō gawa, en amont de la gorge de **Yōrō Keikoku**.

12 km : **Kominato**, dont le nom signifie « petit port », est la patrie du célèbre prêtre **Nichiren** (1222-1282, *V. Kamakura*). Le **Tanjō ji**, à 2 km E. de la gare *(bus)*, fut élevé en 1276 par ses disciples ; les bâtiments actuels remontent toutefois au début du XIXe s. Ce temple conserve une **statue de Nichiren**, attribuée à *Jakunichibō Nikka* (XIIe s.), et le symbole sacré de la secte de Nichiren, offert au XVIIe s. par Tokugawa Mitsukuni, seigneur de Mito ; fête le 16 février. Dans la baie voisine de **Taino ura**, vivent en sécurité des dorades sacrées, protégées par une interdiction de Nichiren ; les contrevenants perdraient la vue à vouloir les pêcher.

→ A 5 km E. *(train J.N.R.)* : **Namegawa**, parc d'attraction proche de l'Océan, avec notamment une réserve naturelle d'oiseaux.

Kanazawa (Ile de Honshū)**

Carte ferroviaire, en page de garde.
Tōkyō, 522 km. — Fukui, 79 km. — Gifu, 226 km. — Toyama, 64 km.

Chef-lieu d'Ishikawa ken (652 838 hab.). — 404 000 hab. — Industries textiles. — Universités nationale, régionale et privées.

Établie entre deux cours d'eau, au pied du massif de Hakusan et à 10 km de la Mer du Japon, Kanazawa est la deuxième ville du Hokuriku, après Niigata. Véritable métropole de tradition intellectuelle et artistique, elle a gardé son ancien visage, ayant été épargnée par les bombardements de 1944-45. Le Kenroku en compte parmi les trois plus célèbres jardins du Japon, et les environs de Kanazawa offrent d'excellents buts d'excursions.

Principauté bouddhiste. — C'est en 1471 que le prêtre *Rennyo Shonin* (1415-1499), chef de la secte Jodo du bouddhisme, chassé du Hongan ji de Kyōto, choisit de s'établir sur une petite éminence du village de Yamazaki, à l'emplacement actuel du château de Kanazawa. Il y fit élever un nouveau Hongan ji, rasé en 1475. Néanmoins, les disciples de Rennyo fortifièrent leur nouveau temple, qui fut connu sous le nom d'*Ōyama Gobo;* de là ils assurèrent leur domination sur la contrée, aux dépens des seigneurs Togashi, qu'ils renversèrent en 1488. Les moines réussirent à maintenir cette situation durant près d'un siècle, en développant les ressources économiques de la région. Ils en furent expulsés en 1580 par *Sakuma Morimasa*, qui devint le nouveau maître d'Ōyama.

Un million de koku. — En 1583, *Maeda Toshiie* (1538-1599) recevait de Toyotomi Hideyoshi la province de Kaga, et chassait Morimasa pour s'installer dans cette ville, qu'il rebaptisa Kanazawa. Son fils *Toshinaga* (1562-1614), apparenté à Tokugawa Ieyasu, réussit à s'y maintenir, ainsi que sa descendance, durant toute l'époque Edo. Les puissants *Maeda* recevaient le plus fort revenu annuel parmi les daimyō japonais, soit plus d'un million de *koku* (mesure de riz dont l'unité équivaut à 180,4 l) ; ils reconstruisirent le château et agrandirent la ville, dont ils assurèrent la prospérité économique : industries textiles, porcelaines de Kutani *(V. Kaga)*, port de commerce de Kanaiwa. Plusieurs artistes et lettrés reçurent leur formation à Kanazawa, qui fut également le centre d'une école de théâtre Nō. Malgré un affaiblissement, correspondant au mouvement de la Restauration Meiji, la ville a depuis retrouvé la prospérité qu'on lui connaît.

Ils sont nés à Kanazawa. — Le peintre *Ganku* (1749-1838), le philosophe *Nishida Kitarō* (1870-1945) et le chimiste *Takamine Jokichi* (1857-1922), qui réussit la synthèse de l'adrénaline.

Face à la gare de Kanazawa, se détache une large rue qui s'oriente bientôt vers le S. ; à un croisement, une autre rue importante rejoint vers l'E. un carrefour animé, d'où part vers le S. **Korimbo dōri.** Cette dernière, artère maîtresse de la ville, rejoint vers le S. le quartier commerçant de Kata machi, avant de traverser la Sai gawa. Chemin faisant, elle passe devant l'entrée du sanctuaire d'Ōyama.

Ōyama jinja *(2 km S. de la gare ; bus)* est dédié à Maeda Toshiie, fondateur du clan de Kaga, à l'emplacement d'une villa qui lui appartint.

Ce sanctuaire se distingue par sa porte (1875), dont l'étage supérieur, orné de vitraux colorés, servait autrefois de phare aux navigateurs sur la Mer du Japon. Le trésor du sanctuaire conserve quelques souvenirs de Toshiie. Fête : *Oyama matsuri*, les 14-15 juin.

Kanazawa jō *(2,5 km S.-E. de la gare)*. Le château des Maeda occupe une éminence en arrière de l'Ōyama jinja. Détruit par un incendie en 1881, il n'en subsiste plus que la **porte d'Ishikawa**, à l'appareillage de pierre soigné, qui aurait été élevé en 1788. **Sanjukken Nagaya**, dans l'enceinte du château, est un petit musée d'armes et de souvenirs le concernant. L'univesité de Kanazawa occupe la majorité des terrains.

Au N. de l'enceinte du château, on peut visiter le **sanctuaire d'Ozaki**, fondé (1643) par *Maeda Mitsutaka*, en l'honneur de Tokugawa Ieyasu. Remonté en ce lieu (1878), ce sanctuaire est imité du Tōshō gū de Nikkō.

**Kenroku en *(3 km S.-E. de Kamakura eki ; bus)*, séparé du château de Kanazawa par Hyakkenbori dōri, compte (avec le Kairaku en de Mito, le Koraku en d'Okayama et le Ritsurin de Takamatsu) parmi les plus grands et les plus célèbres jardins du Japon.

Ce parc de 10 ha fut tracé à l'origine (1676) comme jardin extérieur au château de Kanazawa. Agrandi en 1774, il reçut sa forme définitive en 1822, puis fut ouvert au public en 1875. Le nom de Kenroku évoque la « combinaison de six arrangements », correspondant aux thèmes de la beauté idéale dans cet art : extensivité, solennité, vénérabilité, artificialité, beauté décorative, fraîcheur et abondance des eaux.

Plusieurs collines artificielles, et les deux étangs de Kasumi et de Hisaga, constituent les traits principaux de ce parc. Sur les bords du premier, on remarque la lanterne de pierre, Kotoji toro, et le pavillon de thé d'Uchibashi ; proche du second s'élève le Yugao tei, dû au maître *Kobori Enshū* (1579-1647). Le *kiku-zakura* (cerisier-chrysanthème) est une autre célébrité du jardin.

Dans l'angle méridional de ce parc, s'élève le **sanctuaire de Kanazawa** ; un mur voisin entoure le petit jardin de Hikakutei, où s'élèvent le **Seison kaku** et le **Musée des Beaux-Arts**.

Seison kaku est une villa construite en 1863 par *Maeda Nariyasu*, pour sa mère *Shinryū in*.

Le **Musée des Beaux Arts** *(1.1, Kenroku machi ; ouvert t.l.j. de 9 h à 16 h, sauf lundi et jours fériés)* a été ouvert en 1959 ; il abrite, entre autres, un brûleur d'encens réalisé par *Ninsei*, et de très belles procelaines de Kutani *(V. p. 273)*.

Gyokusen en, à l'E. du Kenroku en, fut le jardin de la famille *Nishida* ; il avait été tracé, au XVIIe s., par *Naotaka Wakida*, pour l'épouse de *Maeda Toshinaga*, deuxième seigneur de Kanazawa.

A 1 km S.-E. du Kenroku en *(bus)*, s'élève le **Tentoku in**, construit en 1623 par *Maeda Toshitsune* en l'honneur de sa femme défunte ; la très belle porte à étage (fin du XVIIe s.), influencée par le style de la secte zen *Ōbaku*, est attribuée au prêtre chinois *Kōsen*.

A la pointe O. du Kenroku en aboutit **Hyakkenbori dōri**, creusée en fossé entre ce parc et le château. Ici se forme un carrefour, d'où part une rue vers le S., en direction de Sakura bashi.

Vers le S., à 300 m env. de ce carrefour, on peut visiter l'ancien **jardin de la famille Honda** et le **musée** attenant de **Nakamura** (objets d'art et d'artisanat), dont les collections furent réunies par M. *Nakamura Eishun*.

Depuis ce carrefour, se dirige vers l'O. une rue, qui passe entre la Préfecture et la Municipalité de Kanazawa, et rejoint Korimbo dōri *(p. 291)*.

Le **Musée départemental d'Ishikawa** s'élève à l'O. de la Préfecture. I occupe un bâtiment en briques, qui fut un lycée à la fin du siècle dernier (fermé en 1950). C'est aujourd'hui le musée historique, archéologique et artisanal de Kanazawa et de l'ancienne province de Kaga.

Non loin, le **Musée de la littérature contemporaine**, consacré aux romanciers *Izumi Kyōka*, *Murou Saisei* et *Tokuda Shūsei*, écrivains modernes d'influence occidentale, originaires de la région de Kanazawa. En arrière, s'étend un autre parc public.

Korimbo dōri se prolonge par le **Saigawa Ōhashi**, puis, au-delà, rencontre **Tera machi** *(3 km S. de Kamakura eki)*, qui est parallèle à la Sai gawa et bordé par d'anciens **temples** et habitations d'aspect traditionnel, qui évoquent le Kanazawa d'autrefois.

Parmi ces temples : **Myoritsu ji**, célèbre pour le dédale de ses corridors et salles à secrets ; **Fushimi ji**, qui abrite une statue d'Amida, prétendue d'époque Heian.

Beaucoup plus au S., à 6 km S. de Kanazawa eki *(bus)*, sur les pentes du **Teraji yama**, s'élève le **Daijō ji** (secte *Sōtō*), fondé en 1263, dont le Daiyū den, salle principale, est un bel exemple d'époque Edo. Parc boisé, de pins et cryptomères, autour du temple.

Au-delà on pourra poursuivre jusqu'au **Noda yama**, où fut établi, sur l'ordre de *Maeda Toshinaga* (1562-1614), le cimetière familial des daimyō de Kaga Les tombes sont réparties au milieu d'un espace boisé (pins), couvrant près de 7 ha.

Environs :

1 — Utatsu yama *(3 km S.-E. ; car)* : ce parc montagneux et boisé, d'enviro 50 ha, est aménagé en jardins de jeux, zoo, aquarium, etc. Culminant à 141 m la vue s'étend en direction du massif de Hakusan et de la Mer du Japon *Uesugi Kenshin* (1530-1578) avait fait élever sur cette colline une forteresse éphémère (1577).

2 — Kanaiwa *(7 km N.-O.; car),* proche de l'estuaire de la Sai gawa, fut autrefois le port de commerce de Kanazawa; il établit de bénéfiques relations avec la Corée, malgré l'interdit gouvernemental des Tokugawa.

Zeniya Gohei (1773-1852), natif de Kanaiwa, conseilla aux Maeda, à la suite d'une famine, de reprendre le commerce avec le continent asiatique, redressant ainsi la prospérité de la province et sa propre fortune. Son succès provoqua la jalousie, et il fut accusé d'avoir empoisonné la lagune de Kahoku, qui s'étend plus au N. Les Maeda saisirent l'occasion pour le faire mettre en prison, où il mourut, détournant sur lui le soupçon d'avoir facilité la reprise des échanges commerciaux avec l'étranger. Un petit musée lui est consacré.

A 8 km N. *(car; train Hokuriku Railway depuis Kanazawa)*: **Uchinada**, sur les rives de **Kahoku gata**, séparé de la Mer du Japon par une série de dunes.

3 — Yuwaku Onsen *(14 km S.-E.; car).* station thermale dans un cadre montagneux plaisant. On y visitera avec intérêt le *village Edo qui groupe, sur une étendue de 16 ha, différents édifices de cette époque: hôtelleries, habitations rurales, résidences de maître donc l'aspect intérieur a été reconstitué scrupuleusement.

A 5 km N.-E. *(car direct depuis Kanazawa)*: **Iō zen** (939 m), montagne autrefois considérée comme sacrée, pour la vertu de ses plantes médicinales; une cinquantaine de temples occupaient alors ses pentes; vue sur le Tate yama *(p. 166)* et le Haku san; ski en hiver.

4 — Fukui, Kaga, Komatsu, Parc national de Hakusan, *V. ces noms;* **Péninsule de Noto,** *V. Hakui, Nanao, Wajima.*

Kannonji (Ile de Shikoku)

Carte de Shikoku et Mer Intérieure, p. 502-503.
Tōkyō, 773 km. — Kōchi, 128 km. — Matsuyama, 109 km. Takamatsu, 54 km. — Tokushima, 125 km.
Kagawa ken. — 143 162 hab.

Petite ville du Nord de Shikoku, proche de la mer Intérieure. Le visiteur trouvera à Kannonji de quoi satisfaire sa curiosité.

Le **Parc de Kotohiki** *(1,5 km N.-O. de la gare; bus)* s'étend sur une colline qui domine la plage d'Ariake, elle-même bordée par un bois de pins célèbre, dont les arbres se haussent sur la pointe des racines. Dans ce parc, le **sanctuaire de Kotohiki Hachiman** renferme une peinture bouddhique d'époque Kamakura, représentant la descente céleste du Bouddha Amida.

Kannon ji, au pied de la colline, conserve également une peinture sur soie d'époque Kamakura, représentant le temple et une statue couchée du Bouddha, en bois, d'époque Fujiwara.

C'est du sommet du Kotohiki qu'on remarque le mieux le curieux *Zenigata, empreinte géante d'une monnaie Kan ei (XVIIe s.) qui aurait été creusée dans le sol par les autochtones, pour rappeler à leur seigneur qu'ils n'entendaient pas dépenser inutilement leur argent.

Kanoya (Ile de Kyūshū)

Tōkyō, 1 553 km. — Kagoshima, 98 km. — Kumamoto, 242 km. — Miyazaki, 112 km.
Kagoshima ken. — 66 995 hab.

Étape ferroviaire sur les bords de la Kimotsuki gawa, qui coupe la base de la **péninsule d'Ōsumi**, Kanoya peut être choisie comme base de rayonnement pour la découverte de celle-ci.

Environs :

1 — Uchinoura *(45 km S.-E. ; train J.N.R. jusqu'à Kōyama, puis car).* — Quitter Kanoya vers l'E. par la N220 jusqu'à :
8 km : Embranchement à dr., avant **Kushira** ; on longe la voie ferrée vers le S.
15 km : **Kōyama** ; poursuivre vers l'E., parallèlement à la Kimotsuki gawa.
23 km : Embouchure de la Kimotsuki gawa, sur la très belle *baie de **Shibushi** ; celle-ci recouvre probablement le site d'un ancien cratère, dont l'île de Birō aurait pu marquer l'un des cônes centraux.
45 km : **Uchinoura**, petit port de pêche au fond d'une rade protégée par le cap de Hi.

A 5 km : **Centre spatial de Kagoshima**, dépendant de l'université de Tōkyō, d'où fut lancé le premier satellite artificiel japonais *(Ōsumi)* en 1970.

2 — Sata misaki *(70 km S., par la N269 ; cars via Nejime et Sata).* — Quitter Kanoya vers l'O.
3 km : Embranchement à g. de la N269.
9 km : **Takasu**, en bordure de la baie de Kagoshima, que le route longe vers le S.
24 km : **Ō Nejime** ; bateau pour Ibusuki *(V. ce nom).*
29 km : **Nejime** *(bateau pour Yamagawa),* à l'endroit où la baie de Kagoshima se resserre, avant de s'ouvrir sur la Mer de Chine Orientale ; la côte devient beaucoup plus accidentée et attrayante.
48 km : **Sata** *(bateau pour Yamagawa)* d'où se poursuit vers le S. une route en direction du cap.
61 km : Embranchement d'une route à péage, dominant en corniche les façades orientale et occidentale du cap.
70 km : ***Sata misaki**, à la pointe méridionale extrême de l'île de Kyūshū ; à 31º de latitude N., celle d'Agadir ; petit sanctuaire établi sur le promontoire ; le phare de l'îlot, en contre bas, est le plus ancien du Japon.

3 — Sakurajima, *V. Kagoshima.*

Karatsu (Ile de Kyūshū)

Carte du Nord de Kyūshū, p. 372-373.
Tōkyō, 1 202 km. — Fukuoka, 52 km. — Nagasaki, 112 km. — Saga, 53 km.

Saga ken. — 74 233 hab. — Port de pêche.

Au fond d'une jolie baie, où débouche l'estuaire de la Matsuura gawa, Karatsu peut être considérée comme une agréable station de séjour, au nord de l'île de Kyūshū, d'où l'on pourra effectuer d'intéressantes promenades au Parc régional de Genkai.

Le nom de Karatsu : Port d'où l'on fait voile vers Kara (la Corée), dit l'importance capitale de cette localité, d'où s'organisaient autrefois les relations avec la Corée. Cette activité fut mise à profit par *Toyotomi Hideyoshi,* qui fit élever, lors de son expédition *(V. ci-après, environs, 2)* à la fin du XVIe s., un château confié à *Terazawa Hirotaka,* et demeuré dans la famille de celui-ci jusqu'en 1647. Plusieurs seigneurs s'y succédèrent ensuite, dont les Ogasawara entre 1817 et 1868. Aujourd'hui, Karatsu est resté un important port de pêche. Par ailleurs, Hideyoshi ramena de Corée des artisans, qui s'établirent à Karatsu où, au début du XVIIe s., les fours de potiers étaient très nombreux ; la poterie de Karatsu, sobre et utilitaire, ne manque toutefois ni de vigueur, ni de caractère.

La ville est séparée en deux parties par le large estuaire de la **Matsuura gawa**, qui se resserre par une avancée de sable à l'embouchure même de la rivière ; un pont permet ainsi de relier directement Higashi Karatsu à la ville proprement dite de Karatsu.

Konsho ji *(600 m N.-O. de Karatsu eki)* eut la gloire d'assurer la formation religieuse de *Chikamatsu Monzaemon* (1653-1724) ; mais celui-ci préféra s'établir à Ōsaka, où il se fit connaître comme le plus grand dramaturge du Japon.

Parc de Maizuru *(1 km N.-E. de Karatsu eki ; 1 km O. de Higashi Karatsu eki)* ; le donjon de l'ancien château des Ogasawara y a été relevé. Il fut autrefois appelé Bukaku jō, château de la cigogne volante, car tel était l'aspect qu'il donnait avec ses deux grandes plages de pins, étendues de part et d'autre comme des ailes. Un **musée** abrite des collections archéologiques chinoises et locales ; poteries.

*****Nijino Matsubara** est une superbe pinède, longeant en une courbe élégante, sur près de 6 km, la baie de Karatsu, à l'E. de Higashi Karatsu ; les gares d'accès sont Higashi Karatsu ou Nijino Matsubara.

Environs :

1 — Kagami yama *(5 km S.-E. ; car)* ; une route en lacets accède à cette colline de 284 m d'alt., d'où l'on découvre une fort belle **vue** sur Nijino Matsubara et la baie de Karatsu. Un petit sanctuaire est ici dédié à Benten, en souvenir de *Matsuura Sayohime*.

Signaux d'adieu. — Hirefuri yama (colline du foulard agité) est le surnom donné à cette hauteur, sur laquelle serait montée *Sayohime* afin de saluer, jusqu'à perte de vue, son amant *Otomo no Sadehiko*, qui faisait voile vers la Corée ; la malheureuse, ne pouvant se détacher du lieu, se pétrifia sur place...

2 — Nagoya *(21 km N.-O. par la N 204 ; car)*. — La route contourne par le N. la presqu'île de Matsuura, dont elle suit la côte découpée.
14 km : Embranchement à dr., en direction de *(1,5 km N.)* Nanatsu gama, « la caverne aux sept fours », formée d'autant de grottes marines creusées sous la falaise, et que l'on découvre beaucoup mieux depuis la mer (vedette au départ de Yobuko).
18 km : **Yobuko** *(bateau pour Iki shima)*, petit port établi au fond d'une crique que protègent plusieurs îlots.

A 2 km N. *(bateau)* : **Kabe shima**, contournée de falaises rocheuses et basaltiques, possède un petit sanctuaire dédié à Sayohime *(ci-dessus)*.

21 km : **Nagoya,** que l'on atteint après avoir traversé le pont à péage de **Nagoya Ohashi,** conserve les ruines du château élevé par *Toyotomi Hideyoshi* (1536-1598).

Expédition de Corée. — Hideyoshi souhaitait placer la Corée sous vassalité japonaise, et lança une expédition en 1592. Avec le secours de la Chine, la Corée réussit à se libérer de l'emprise japonaise, mais Hideyoshi jugea inacceptable les propositions de paix, et décida une nouvelle conquête (1596) qu'il abandonna en 1598, sentant approcher la fin de ses jours.

A 4 km N.-O. *(car)* : **Hado misaki,** à la pointe septentrionale de la presqu'île de Matsuura.

3 — Fukuoka, Imari, *V. ces noms.*

Kasama (Ile de Honshū)

Carte ferroviaire, en page de garde.
Tōkyō, 133 km. — Chiba, 130 km. — Fukushima, 204 km. — Mito, 22 km. — Urawa, 114 km. — Utsunomiya, 79 km.

Ibaraki ken. — 31 225 hab.

Première localité importante des collines s'élevant à l'O. de Mito, Kasama est une ancienne ville féodale, dont le château *(ruines à 2 km N.-E., de la gare)* fut élevé par les seigneurs de ce nom, descendants des Taira. Les Makino y résidèrent de 1747 à 1868.

Kasama inari *(1,5 km N. de la gare ; bus)* est dédié à *Ukanomitama no kami* ou *Toyouke bime no kami*, d'Amaterasu et protectrice des récoltes, dont le sanctuaire principale se trouve à Ise *(V. ce nom)*. Celui de Kasama attirerait plus d'un million de pèlerins par an. Exposition florale de chrysanthèmes en novembre.

Environs :

1 — Inada *(4 km S.-O. ; train J.N.R. ; car)*, où l'on visite le **Sainen ji** ou **Inada Gobo** *(1,5 km O. de la gare)*, construit à l'emplacement de l'ermitage du prêtre *Shinran (1173-1262)*, fondateur de la secte *Jōdō Shin Shū*, et où il rédigea (1217-1224) le *Kyōgo shinsho*, exposé des principes de sa doctrine.

2 — Kataniwa *(5 km N.-O. ; car)*, où s'élève le **Ryōgon ji**, qui conserve une statue vénérée de Kannon aux mille mains ; la porte principale du temple est classée. Cette localité est également spécialisée dans l'élevage d'une espèce particulière de cigales, les *hime haruzemi*.

Kashihara (Ile de Honshū)

Cartes des environs d'Ōsaka, p. 470-471
Tōkyō, 515 km. — Kyōto, 65 km. — Nara, 21 km. — Ōsaka, 39 km. — Tsu, 85 km. — Wakayama, 83 km. — Gare J.N.R. d'Unebi.

Nara ken. 75 508 hab.

Au S. du bassin de Nara ou du Yamato, cette localité fut la première capitale historique du Japon où s'établit l'empereur *Jimmu*. Le site voisin d'Asuka fut également choisi comme capitale, au VIIe s. de notre ère. Le musée Yamato Rekishikan recueille de nombreux souvenirs.

Aux origines de l'Histoire. — Les chroniques anciennes du *Kojiki* ou du *Nihongi* rapportent qu'en 660 avant notre ère, *Jimmu tennō*, descendant d'*Amaterasu (V. Ise)*, aurait établi sa capitale au pied du Mont Unebi, sur la plaine des chênes (Kashiwara hara — ou Kashihara). Il s'était rendu maître du Yamato après avoir vaincu le prince semi-légendaire Nagasune hiko, à l'issue de son odyssée à travers la Mer intérieure et de ses campagnes dans la péninsule de Kii. A Kashihara il se fit couronner, éleva son palais et mourut, en 585 avant notre ère. Le site étant alors jugé impur, jusqu'à l'époque de Nara les successeurs de Jimmu établissaient le siège d'une nouvelle capitale à chaque avènement impérial.

C'est cependant au N. de Kashihara que l'empereur *Sujin* fit élever (92 avant J.-C.), indépendamment du palais impérial, un sanctuaire pour protéger le miroir d'Amaterasu, transféré plus tard à Ise *(V. ce nom)*. Ces dates de la chronique officielle sont mises en doute par les historiens modernes : grâce à l'archéologie et aux archives coréennes et chinoises, on pense que l'empereur *Jimmu* vécut entre 62 et 1 avant. J.-C., ce qui reporte la création du sanctuaire d'Ise au IVe s. de notre ère.

Le prince *Shōtoku* (574-622 ; *V. Ikaruga, le Hōryū ji*) naquit à Kashihara.

Kashihara jingū *(700 m N.-O. de la gare de Kashiharajingū, Kintetsu E.R.)* fut élevé en 1889, à l'emplacement présumé du palais de l'empereur Jimmu.

Ce sanctuaire, dont les poutres proviennent de l'ancien palais impérial de Kyōto, fut restauré et agrandi en 1939 ; il est dédié à *Jimmu tennō* et à son épouse *Himetatara isuzu Hime*. Fêtes les 11 février et 3 avril.

L'Unebi yama (199 m d'alt.) s'élève en arrière de ce sanctuaire ; au N. de cette colline on remarque le tumulus entouré de douves et en forme de « trou de serrure », que la tradition prétend être celui de l'empereur *Jimmu*.

Yamato Rekishikan *(Musée historique du Yamato ; ouvert t.l.j. de 9 h à 16 h)* est proche du sanctuaire de Kashihara. Ce musée présente notamment une synthèse des fouilles effectuées à Kashihara et dans la région : objets préhistoriques, poteries, etc. contribuent à évoquer le passé d'un Japon proto-historique, intermédiaire entre l'âge néolithique de yayoi et les premiers temps de la chronique légendaire nipponne.

Parmi les **collections** exposées on remarque : des **poteries**, d'époque *yayoi* (du IVe s. av. au IVe s. ap. J.-C.), provenant des fouilles du site de Karako, à Tawaramoto *(5 km N. de Kashihara)* ; des **sarcophages** de terre cuite, provenant du bassin de Nara ; des personnages « *haniwa* », au corps cylindrique, et des maquettes d'argile de maisons des premiers âges, qui furent déposées dans les tumuli (époque *kōfun*).

Environs

1 — ***Asuka** *(4 km S.-E. ; cars depuis la gare d'Unebi J.N.R., ou celle de Kashiharajingū, Kintetsu)*, sur l'ensemble des collines au S.-E. de Kashihara, fut autrefois le centre d'une capitale impériale qui laissa son nom à une époque chronologique de l'histoire japonaise.

L'impératrice *Suiko* (554-628), à son avènement en 593, établit sa capitale à Asuka. Bien que le gouvernement ait été pratiquement assuré par son neveu, le prince *Shōtoku* (574-622), c'est sous le règne de celle-ci que fut promulgué le code des Dix-Sept articles, qui reconnaissaient notamment l'autorité impériale et protégeait la religion bouddhique. Ce fut une époque de prospérité économique et artistique, dont le Hōryū ji *(V. Ikaruga)* est aujourd'hui un excellent témoignage.

Asuka dera ou **Ango in** est tout ce qui reste du Hoko ji, fondé à la fin du VIe s. par *Soga Umako*, Frère de l'impératrice *Suiko* ; ce fut l'un des premiers temples créés au Japon ; le site a été fouillé en 1956-1957. L'Ango in abrite aujourd'hui le **grand Bouddha d'Asuka**, statue en bronze attribuée au sculpteur *Tori* et réalisée en 606, à la demande de l'impératrice *Suiko*, du prince *Shōtoku* et de *Soga Umako* ; cette statue, caractéristique de l'époque Asuka, peut-être la plus ancienne du Japon, représente le Bouddha Sakyamuni assis et méditant ; elle fut plusieurs fois restaurée.

Oka dera ou **Ryūgai ji** *(1 km S.-E. env. du temple précédent)* fut placé en 663 sous la direction du prêtre *Gien*, puis restauré au début du IXe s. par *Kōbō Daishi*. On y admire encore une statue assise, en bois laqué, de Gien (époque Nara), et une autre statue debout de Nyōrin Kannon (argile du début Heian). Au S. se l'Oka dera s'élève le **tumulus d'Ishibutai** ; il est traditionnellement attribué à *Soga Umako (ci-dessus)*, dont la résidence se trouvait à proximité. De ce tombeau « kōfun » (VIIe s.), subsiste le dessin des douves qui l'entouraient ; il a été débarrassé du tumulus proprement dit, afin de faire apparaître le caveau que soutiennent des blocs cyclopéens.

→ A 1 km O. d'Oka dera : **Tachibana ji** ; la fondation de ce temple est attribuée au prince *Shōtoku*, qui serait né en cet emplacement (574). Des bâtiments, détruits, on ne verra plus que le Kon dō, relevé en 1864, contenant une statue d'époque Muromachi, représentant Shōtoku taishi.

→ A proximité d'Asuka *(se renseigner sur la situation exacte et l'ouverture éventuelle de ce tombeau au public)*, se trouve le *****tumulus de Takamatsu zuka**. Découverte en 1972, cette sépulture remarquable conserve des peintures murales du VIIe ou VIIIe s. ; très riches en couleurs, elles représentent d'élégants personnages qui faisaient sans doute partie de l'entourage du défunt ; en dehors des figures humaines, symboles et animaux mythiques sont une première allusion au confucianisme ; quoique l'influence chinoise reste manifeste, ces peintures sont le reflet d'une expression purement japonaise, annonciatrice du yamato e.

2 — Nara, Sakurai, Yoshino : *V. ces noms.*

■ Kashima (Ile de Honshū)

Cartes des richesses humaines, p. 67.
Tōkyō, 107 km. — Mito, 54 km. — Tsuchiura, 59 km.

Ibaraki ken.

Kashima, qui jusqu'à présent attira les foules par son sanctuaire, l'un des plus anciens du Japon, est aujourd'hui une agglomération industrielle, concentrée autour du nouveau port, créé artificiellement sur l'océan Pacifique afin de dégorger la baie de Tōkyō.

⛩ *****Kashima jingū** *(au S.-E. de la gare de ce nom)* est un sanctuaire fondé selon la légende (660 av. J.-C.) par l'empereur *Jimmu (V. Kashihara)*. Les bâtiments actuels, parmi lesquels on remarque le Rō mon et le Hon den, ont été élevés entre 1604 et 1619.

Il est dédié à *Takemikazuchi no Mikoto* et à *Futsunushi no Kami, envoyés par Ninigi no Mikoto,* premier descendant terrestre d'Amaterasu, pour conquérir la province d'Izumo. Le sanctuaire, placé sous la direction des Onokatomi, était traditionnellement reconstruit tous les vingt et un ans.

En arrière du sanctuaire, s'étendent les vastes **jardins** boisés de pins et de cèdres japonais ; c'est là que se trouvent le mystérieux **étang de Mitara**, dont l'eau ne dépasse jamais la hauteur de la poitrine de ceux qui auraient l'idée de s'y baigner, quelle que soit leur taille, et la non moins légendaire **Kaname ishi**, pierre couvrant le pilier du monde japonais, auquel est attaché le poisson chat souterrain dont les humeurs causent les séismes de ce pays, épargnant toutefois la région de Kashima.

→ Le site du **château de Kashima** se tient à 4 km S.-E. de Kashimajingū eki ; il avait été élevé au XIIe s. par *Kashima Munemoto,* et fut pris en 1590 par *Satake Yoshishige*.

Port industriel de Kashima *(10 km S. de Kashimajingū eki ; bus ; train privé depuis Kita-Kashima eki)* ; ce port, achevé en 1975, s'ouvre au large par deux jetées de 1 050 et 4 500 m ; port minéralier et pétrolier, il peut accueillir des bateaux de 200 000 tonnes.

☞ **Environs :**
1 — Shimotsu kaigan *(3 km E.)* est la plage de Kashima, largement ouverte sur l'océan Pacifique.

2 — Kita ura *(1 km O.)*; cette lagune étroite s'étend sur environ 30 km du N. au S., immédiatement à l'O. de Kashima; c'est au S. qu'elle découvre ses aspects les plus pittoresques, non loin des confluents de Kasumiga ura et de la Tone gawa. Cette région est traversée par une route à péage *(car)*.

3 — Itako *(8 km O.; car; train J.N.R.)*, entre les lagunes de Kita et de Kasumi, est surtout célèbre lors de la floraison des iris en juin.

4 — Choshi, Mito, Sawara, *V. ces noms;* — Parc régional de Suigō Tsukuba *V. Tsuchiura.*

■ Kashima (Ile de Kyūshū)

Carte du Nord de Kyūshū, p. 372-373
Tōkyō, 1 243 km. — Fukuoka, 84 km. — Nagasaki, 77 km. — Saga, 31 km.
Saga ken. — 35 475 hab.

Proche de l'estuaire de la **Shiota gawa** qui se jette dans le golfe d'Ariake, cette ville fut autrefois la résidence des Nabeshima; les ruines du château subsistent à environ 1,5 km S.-O. de la gare.

☞ **Environs : Yutoku Inari jinja** *(5 km S.; car)*, fondé en 1687 par *Yutoku in*, épouse de *Nabeshima Naotomo*, est l'un des plus célèbres sanctuaires d'Inari; on le surnomme, à cause de son ornementation, Nikko du Chinzei.

■ Kawachi Nagano (Ile de Honshū)

Carte des environs d'Ōsaka, p. 470-471
Tōkyō, 539 km. — Kōbe, 62 km. — Kyōto, 76 km. — Nara, 49 km. — Ōsaka, 29 km. — Wakayama, 67 km. — Gare de Kintetsu et Nankai E.R. de Kawachi Nagano.
Osaka fu. — 5 994 hab.

Sur la route d'Ōsaka au Kōya san *(V. Kōya)*, la localité est épaulée au S. par la chaîne montagneuse de Kii.

☞ **Environs :**

1 — Amano san *(7 km S.-O.; car)*, colline sur les pentes de laquelle on visitera le **Kongō ji**; fondation attribuée au prêtre *Gyoki* (668-749); en partie reconstruit en 1171 et à l'époque Kamakura, le temple servit d'asile au XIVe s. aux empereurs Go Daigo et Go Murakami, souverains de la cour de Yoshino *(V. ce nom)*; parmi les trésors sont les *paravents Nichi getsu sansui, avec paysage au soleil et au clair de lune, œuvres anonymes de la fin du XVIe s.

2 — Kongō zan *(12 km S.-E.; car puis téléphérique).* — Quitter Kawachi Nagano vers le S.-E. par la N 310.

3 km : **Kanshin ji**, fondé au VIIe s. puis restauré par *Kōbō Daishi* au IXe s. Le **Kondō** fut reconstruit par *Kusunoki Masashige*, et abrite une vénérable statue de *Nyorin Kannon en bois polychrome (IXe s.); elle est rarement exposée.

7 km : Prendre une petite route à g. en direction de :

9 km : **Chihaya**, où se trouvent les ruines d'un **château** autrefois élevé par *Kusunoki Masashige* (1294-1336). Poursuivre à dr. vers le S.-E.

12 km : **Téléphérique du Kongō zan** (1 112 m), dont l'ascension sera ainsi facilitée; remarquable **belvédère du parc régional de Kongō Ikoma** (15 625 ha ; *V. env. de Nara)*, il en est aussi le sommet.

Kawagoe (Ile de Honshū)

Carte des environs de Tōkyō, p. 526
Tōkyō, 42 km. — Chiba, 80 km. — Kōfu, 138 km. — Maebashi, 105 km. — Mito, 142 km. — Nagano, 202 km. — Urawa, 20 km.— Utsunomiya, 103 km.

Chef-lieu de Saitama ken (4 497 202 hab.). — 259 314 hab.

Kawagoe est une importante agglomération de la grande banlieue de Tōkyō, située au N. de la plaine de Musashi.

Le célèbre graveur d'estampes *Utamaro Kitagawa* (1753-1806) naquit à Kawagoe.

Kita in *(1,5 km N. de Kawagoe eki, J.N.R. depuis Omiya; ou Tobu E.R. depuis Tōkyō-Ikebukuro; 500 m E. de Hon Kawagoe eki, Seibu E.R. depuis Tōkyō Seibu-Shinjuku)* fut fondé en 830 par le prêtre *Ennin* ou *Jikaku Daishi* (794-864). Les bâtiments actuels de ce temple ont été pour la plupart reconstruits à partir d'éléments provenant de l'ancien château des Tokugawa, à Edo (Tōkyō); on y remarquera principalement la figuration caricaturale des **Cinq cents Disciples du Bouddha** *(Gohyaku Rakan).*

Plus au S. se trouve un sanctuaire **Tōshō gū**, élevé au début du XVIIe s. en l'honneur de Tokugawa Ieyasu ; bâtiments peints en vermillon.

Site du **château de Kawagoe**, à env. 500 m N.-E. du Kita in.

Dans la rue principale se succèdent les lourdes habitations d'argile aux toits richement ornés, édifiées au siècle dernier par les marchands de la ville. Ils constituent aujourd'hui le principal intérêt de celle-ci.

Kawasaki (Ile de Honshū)

Carte des environs de Tōkyō, p. 526
Tōkyō, 21 km. — Chiba, 59 km. — Kōfu, 154 km. — Shizuoka, 127 km. — Yokohama, 15 km.

Kanagawa ken. — 973 486 hab. — Ville industrielle. — Université privée.

Exception faite des traversées de la Tama gawa et de la Tsurumi gawa, qui limitent la ville respectivement au N. et au S., Kawasaki, malgré son million d'habitants, passe généralement inaperçue du voyageur se rendant de Tōkyō à Yokohama. Reliées entre elles, ces trois métropoles ne forment qu'un panorama urbain monotone et sans caractère.

Heigen ji ou **Kawasaki Daishi** *(200 m S.-E. de la gare de Kawasaki-Daishi, Keihin Kyūko E.R. depuis Keihin-Kawasaki; 3 km E. de la gare de Kawasaki, J.N.R.; bus).* Ce temple, dédié à *Kōbō Daishi*, fut fondé en 1128 ; réduits en cendres en 1945, les principaux bâtiments (porte principale, beffroi, Fudo dō) étaient redressés en 1964. Fêtes le 3 ou 4 février, ainsi que le 21 des mois de janvier, mars, avril, mai, septembre, décembre.

☞ **Environs :**

1 — Kuji *(15 km N.-O. ; train J.N.R.),* où l'on se rend sur les bords de la **Tama gawa** *(700 m N.),* pour admirer, au printemps, la floraison des pruniers, des pêchers et des poiriers.

2 — Noborito (18 km N.-O.; train J.N.R.), d'où l'on pourra gagner vers l'O., par l'*Odakyū Electric Railway*, la gare de Yomiurirandomae, proche du Parc de distraction de Yomiuri Land, et celle de Kakio, à proximité du Centre de Recherche atomique d'Ōzenji.

3 — Tōkyō, Yokohama *V. ces noms.*

Kirishima Yaku [Parc national de] Ile de Kyūshū**

Carte des richesses naturelles, p. 64.
Comment vous y rendre ?
— *Depuis Kagoshima ou Kokubu*; train J.N.R. pour la gare de Kirishima *(53 km de Kagoshima en 1 h env.)*, d'où l'on gagne aisément, en car, le sanctuaire ou la station thermale de Kirishima; cars directs de Kagoshima à Kirishima Onsen.
— *Depuis Miyazaki*, d'où l'on gagnera, via Miyakonojō, la gare de Kobayashi *(86 km en 2 h 10 env. par train J.N.R.)*, et de là, en car, Kirishima Onsen; cars directs de Miyazaki à Kirishima Onsen.

Ce parc de 55 231 ha regroupe plusieurs éléments séparés qui sont : la côte au N. de Kagoshima et Sakurajima *(V. Kagoshima)*, la région d'Ibusuki et du Kaimon dake *(V. Ibusuki)*, le cap Sata *(V. Sata)* Yaku shima *(V. Ōsumi shotō)*, et la chaîne volcanique et Kirishima que nous abordons ci-dessous.

De Kobayashi à Kirishima *(49 km S., par une route forestière à péage; car).* — Quitter Kobayashi vers le S.-O., par une route qui s'élève sur les pentes du massif de Kirishima.
12 km : **Tamakino**, à l'entrée du Parc national; au-delà se poursuit la route à péage, qui offre de jolies perspectives, tantôt sur les sommets de la chaîne de Kirishima, tantôt sur des horizons beaucoup plus lointains, comme la baie de Kagoshima et le volcan de Sakurajima.

La **chaîne volcanique de Kirishima, noyau montagneux caractéristique du Sud de Kyūshū, couvre 21 560 ha qu'occupent une vingtaine de sommets — les plus importants sont le **Takachihono mine** (1 574 m) et le **Karakuni dake** (1 700 m) —, une dizaine de lacs de cratère, des sources thermales qui sont les plus élevées du Japon, une végétation dense et renouvelée.

25 km : *****Ebino kōgen**, à environ 1 200 m d'altitude, est l'un des sites les plus célèbres de ce parc ; ce plateau est dominé au S.-E. par le Karakuni dake ou Nishi Kirishima (1 700 m d'alt.).

A proximité s'étendent les petits **lacs de cratère** de Rokukannon, de Fudo et de Byakushi. Plus au S., celui plus important d'**Ōnami**, où se reflète le volcan. L'ascension de ce dernier s'effectue généralement depuis la station d'**Eno o** *(ci-dessous)*, à 6,5 km S.-O. du sommet qu'on atteindrait, via Ōnami, en 4 h de marche ; *****vue étendue**, notamment sur le Takachihono mine, Sakurajima *(p. 276)*, et le Mont Aso *(V. ce nom)*.

31 km : **Shin yu**, au centre des sources thermales de Kirishima, qui sont plus d'une douzaine. Parmi celles-ci :

Eno o, à 2 km O., que fréquentaient autrefois les Shimazu, daimyō de Kagoshima ; **Hayashida**, à 5 km O., la plus célèbre, aux eaux ferrugineuses, sulfureuses et carbonatées (40 à 60 °C) ; **Io dani** et **Myoban**, plus au S., qui possèdent des sources sulfureuses entre 40 et 97 °C.

La route à péage se prolonge vers l'E., et parvient rapidement en vue du **Takachihono mine**, au profil remarquable.

37 km : Carrefour ; on laisse sur la droite la route du sanctuaire de Kirishima, pour continuer jusqu'à **Takachiho gawara**, au pied du **Takachi-hono mine**.

Le *Takachihono mine, ou Higashi Kirishima (1 574 m), est cette montagne légendaire sur laquelle se serait posé *Ninigi no Mikoto*, envoyé par son aïeule *Amaterasu*. L'ascension du sommet peut se réaliser en 1 h 30 *(2,5 km E.)*. Le cratère voisin, actif, a un pourtour de 200 m et une profondeur de 68 m ; un sentier vertigineux en fait le tour ; vue très étendue. On remarque également une large brèche, formée par le glaive d'Amaterasu ; cette épée serait conservée dans un abri de bois proche du sommet.

A 10 km N.-E. env. de Takachiho gawara *(piste)* : **Sanu miya** *(accessible par la route depuis Takaharu)* marquerait l'emplacement du lieu de naissance de l'empereur *Jimmu* (711-585 av. J.-C., *V. Kashihara*).

Du carrefour mentionné ci-dessus, nous redescendons en direction de :

43 km : **Kirishima jingū** ; établi dans un très beau boisement de cèdres japonais, ce sanctuaire, reconstruit au XIXᵉ s., est dédié à *Ninigi no Mikoto*. Fête le 19 septembre.

49 km : **Kirishimajingū eki**, gare d'où l'on peut gagner en train *(J.N.R.)* Kagoshima ou Miyazaki ; ces cars rejoignent directement le sanctuaire de Kirishima à Kagoshima.

Kisarazu (Ile de Honshū)

Carte des environs de Tōkyō, p. 526.
Tōkyō, 73 km. — Chiba, 36 km. — Mito, 169 km. — Urawa, 97 km.

Chiba ken. — 110 711 hab. — Ville industrielle.

Kisarazu avec, plus au S., Kimitsu, marquent la limite méridionale du développement industriel de la baie de Tōkyō ; en effet, depuis Yokohama, via Tōkyō, Chiba et Ichihra, tout le pourtour de la baie est complètement gagné par la poldérisation des zones indutrielles, qui modifient jusqu'à saturation l'aspect originel du paysage.

Environs : Kanō zan *(24 km S. ; car)* est une colline boisée, du sommet de laquelle, par beau temps, on a une *vue remarquable sur la péninsule de Bōsō et jusqu'au Mont Fuji, à l'O., ou aux montagnes de Nikkō, au N. Proche du sommet, se trouve **Kanō ji** ou **Jinyū ji**, dont la fondation est attribuée au *Prince Shōtoku* (*V. Ikaruga*). Les nombreux bâtiments, reconstruits aux XVIᵉ et XVIIIᵉ s., abritent plusieurs **statues bouddhiques** dont une de *Shōtoku taishi* ; *Hanayome matsuri*, fête des Mariés le 28 avril. Sur cette montagne, un petit sanctuaire est également dédié au prince *Yamato Takeru* (*V. Kameyama*).

Kiso Fukushima (Ile de Honshū)

Tōkyō, 273 km. — Nagano, 130 km. — Shiojiri, 44 km.

Nagano ken.

A mi-chemin entre Tōkyō et Kyōto par le *Nakasen dō* (chemin de l'Intérieur), Kiso Fukushima fut autrefois un octroi important. Les inépuisables forêts, qui font surtout la gloire de cette contrée, appartenaient aux Tokugawa et sont aujourd'hui propriété domaniale ; l'exploitation, sur plus de 1 000 km², fournit en bois tout le Japon, et sert notamment à la reconstruction de certains sanctuaires, tels ceux d'Ise *(V. ce nom)*.

Elevage de chevaux et foires en juillet et septembre.

Environs :

1 — Agematsu *(6 km S. par la N 19 ; train J. N. R. ; car)*. Jusqu'à Agematsu, la route et la voie ferrée longent les superbes **gorges de la Kiso gawa**, dont les plus beaux aspects s'étendent sur une vingtaine de kilomètres entre Kiso Fukushima et Suhara. Ces gorges comptent, avec celles de la Tenryū gawa et de la Hida gawa, parmi les plus belles du Japon.

A 2 km S. d'Agematsu : *Nezamino toko, site dont la beauté, comme le suggère son nom, tient en éveil celui qui le contemple ; on y remarque de nombreux rochers aux formes multiples, qui ont reçu des noms d'animaux. Plus au S., la **cascade d'Ono** a une chute de 30 m de hauteur.

2 — *Ontake San *(29 km O. ; car jusqu'au Mikasa yama)*. — Quitter Kiso Fukushima vers le S. par la route d'Agematsu *(N 19)*.

2 km : **Confluent** de la Kiso gawa et de l'Ōtaki gawa. Nous remontons le cours de cette dernière, qui est coupée de plusieurs barrages (Makio, Miure).

17 km : **Ōtaki**, d'où l'on s'élève vers le N. par une route à péage.

29 km : **Mikasa yama** (2 256 m), d'où il faudra gagner à pied *(4 km en 5 h env.)* le sommet de l'**Ontake san** (3 063 m) ; nombreux pèlerins en été. Au sommet, se trouve un petit sanctuaire dédié à la divinité de cet ancien volcan, le plus méridional de la grande chaîne de Chūbu Sangaku.

3 — Matsumoto, Parc national de Chūbu Sangaku, *V. ces noms.* — **Komaga take,** *V. Komagane.*

Kitakyūshū (Ile de Kyūshū)

Carte du Nord de Kyūshū. p. 372-373.
Tōkyō, 1 089 km. — Fukuoka, 66 km. — Kumamoto, 160 km. — Ōita, 125 km. — Saga, 103 km.

Fukuoka ken. — 1 042 321 hab. — Ville industrielle. — Université régionale.

Face à Shimonoseki, au S. du détroit de Kammon, s'étale cette agglomération gigantesque, formée depuis 1963 par la réunion de Moji, Kokura, Tobata, Yahata et Wakamatsu, qui composent, au Nord de Kyūshū (Kita Kyūshū), la septième ville du Japon (465 km²). Première ville sidérurgique du monde, Kitakyūshū, autour de la baie de Dōkai, est aisément reliée à Honshū (Shimonoseki) par plusieurs tunnels ferroviaires et routiers, ou par le pont suspendu de Kammon.

Chaque localité composant Kitakyūshū possède un passé historique propre : c'est ainsi que Moji fut, au IIIe s, le port de débarquement des envoyés coréens, qui venaient payer leur tribut au Japon. Les Taira s'y replièrent au XIIe s. avant leur défaite définitive de Danno ura. Simple petit port de pêche à l'époque Edo, Moji dépendait des seigneurs de Kokura. Ceux-ci furent les Ogasawara, de 1632 à 1868. C'est avec le chemin de fer et l'essor industriel, depuis la fin du siècle dernier, que l'ensemble de ces villes trouva la prospérité. La *Yawata Steel Co.*, créée en 1901, tirait profit du bassin charbonnier du Chikuhō ; cette société fusionna en 1970 avec la *Fuji Iron Steel*, afin de former la *Shin Nippon Shitetsu (Nippon Steel Corporation)* ; bien qu'important aujourd'hui la presque totalité de ses matières premières, cette société assure une production sidérurgique annuelle de 1,7 millions de tonnes.

Kokura Ku

Gares de Kokura (J.N.R.) et Uomachi (Nishitetsu).

Centre administratif et commercial de cette vaste agglomération, Kokura, qui s'ouvre au N., face à Shimonoseki, a vu son activité progresser depuis l'ouverture d'une gare du *shinkansen*.

Le **château de Kokura** *(1 km O. de la gare de Kokura J.N.R. ; 300 m S.-E. de la station de Daimon Nishitetsu)* a redressé fièrement, depuis 1959, son ancien donjon, au milieu de jardins qu'enserrent douves et remparts ; là se situe également le **sanctuaire de Yasaka** (fête du 10 au 12 juillet).

Le château d'origine, élevé en 1442 par *Reizei Takasuke*, fut reconstruit en 1596 par *Mōri Katsunaga*, mais brûla en 1866.

Moji Ku

Gares J.N.R. de Moji et de Mojikō.

Au N.-E. de Kokura, Moji est beaucoup plus resserré sur la mer par la presqu'île de Kiku, qui culmine au S. à l'Adachi san (598 m). A Moji, aboutissent depuis Shimonoseki : le tunnel ferroviaire, de 1 300 m de long, creusé en 1942 ; le tunnel routier, avec passage pour piétons, de 3 460 m (780 m sour la mer), achevé en 1958 ; le tunnel ferroviaire du *shinkansen* (1975), de 16 km de long, dont 760 m sous la mer ; enfin *Kammon Ōhashi, pont suspendu autoroutier, ouvert en 1973 (1 068 m de long, dont 712 m entre les deux piles principales).

Le **Parc Mekari,** au N. de Moji *(gare de Moji, Nishitetsu ; ou 2,5 km N. de Mojikō, J.N.R. ; bus),* enveloppe le cap Mekari et domine le pont et le détroit de Kammon.

Dans ce parc, **Mekari jinja** fut fondé par l'impératrice *Jingū,* lorsqu'elle eut conquis la région du *Chōsen* (N. de Kyūshū), en 202. A l'E., sur les pentes du **Mont Kojo**, se trouve une **pagode de la Paix** offerte par la Birmanie en 1958.

Tobata Ku et Yahata Ku

Gares J.N.R. de Tobata, Edamitsu, Yahata, Kurosaki ; stations de Tobata, Makiyama, Chūōmachi, Kurosaki, et Sadamoto de Nishitetsu.

Tobata et Yahata, à l'O. de Kokura et au S. de la baie de Dōkai, où s'étalent sur 4 km de long et 1 211 km² les unités industrielles de la *Nippon Steel Corporation*, forment un ensemble extraordinaire. La **gare de Yahata** abrite un petit musée scientifique.

Hobashira yama *(2 km S. de la gare de Yahata J.N.R. ; bus jusqu'à la station d'Ogurakōen du funiculaire).* Ce parc boisé culmine au **Sarakura yama** (622 m), d'où l'on découvre une vue intéressante sur Kitakyūshū et la baie de Dōkai.

***Wakato Ihashi** *(station de Tobata Nishitetsu)* surplombe Dōkai wan, et relie Tobata à Wakamatsu. Inauguré en 1962, ce pont suspendu (680 m entre ses deux piles maîtresses) a une longueur totale de 2 068 m ; on peut le traverser en bas ; vue sur la zone industrielle de Yahata.

Wakamatsu Ku

Gare J.N.R. de Wakamatsu.

Au N.-O. de la baie de Dōkai, Wakamatsu est le port traditionnel d'exportation des mines de charbon du Chikuhō.

Takatō yama *(700 m N.-O. de Wakamatsu eki ; bus et téléphérique d'accès)* est une autre colline boisée, d'où l'on découvre l'ensemble de Kammon kyō, Dōkai wan et les ponts suspendus de Kitakyūshū.

K Kōbe (Ile de Honshū)*

Carte des Environs d'Ōsaka, p. 470-471 ; Plan p. 306-307.
Tōkyō, 565 km. — Kyōto, 76 km. — Ōkayama, 143 km. — Osaka, 34 km. — Tottori, 193 km.

Chef-lieu de Hyōgō ken (3 879 116 hab.). — 1 367 000 hab. — Port commercial ; ville industrielle ; universités nationale, régionale, privées.

Premier port du Japon et de tout l'Orient, Kōbe offre le spectacle typique du Japon maritime et du Japon moderne tout court. Construite sur une maigre bordure côtière, immédiatement limitée au N. par la chaîne du Rokko-san, la ville s'étire vers l'O. jusqu'à la hauteur de l'île d'Awaji, le pourtour de l'agglomération d'Ōsaka et de ses communes suburbaines. Mais Kōbe c'est aussi — surtout — une vitalité éclatante d'autant plus visible que les travaux en cours associent étroitement la ville et son port. En réalité le port est dans la ville et l'urbanisation dans le port. Des travaux gigantesques comblent la mer en arasant les collines voisines et sur les surfaces ainsi obtenues des habitations sont construites. Une île artificielle (l'île du Port) fut aménagée entre 1966 et 1981 pour élargir les installations portuaires et loger plus de 20 000 habitants. Une autre, l'île de Rokko, est en cours de réalisation. Mais, ce qui frappe le plus devant ces réalisations spectaculaires, c'est l'aspect « modernissime » du Japon d'aujourd'hui qui semble reposer sur la conviction que demain appartiendra d'abord à la technique. Et, à l'admiration indiscutée, se joint pourtant bientôt une pointe d'inquiétude à la pensée de ces lendemains mécanisés, deshumanisés...

Au service des dieux. — Petit port de pêche, dont les habitants étaient dévoués, sous forme de corporation héréditaire *(Be)*, à la divinité du sanctuaire d'Ikuta, Kōbe n'était encore au IVe s. qu'un hâvre sans grande importance, par où filtraient déjà de précieux éléments des cultures chinoise et coréenne.

Le port de Hyōgo. — En 1157, *Taira Kiyomori* (1118-1181) faisait construire un château à Fukuhara, et fondait le port de commerce de Kōbe. Devant la difficulté de l'édification des digues, on décida d'emmurer vivantes une trentaine de personnes ; elles n'échappèrent à cette cérémonie macabre, qui existait dans de nombreux pays, que grâce au sacrifice d'un serviteur de Kiyomori. Lors de la chute des Taira devant les Minamoto, *Taira Munemori* abandonna son château (1183), et le site

KOBE

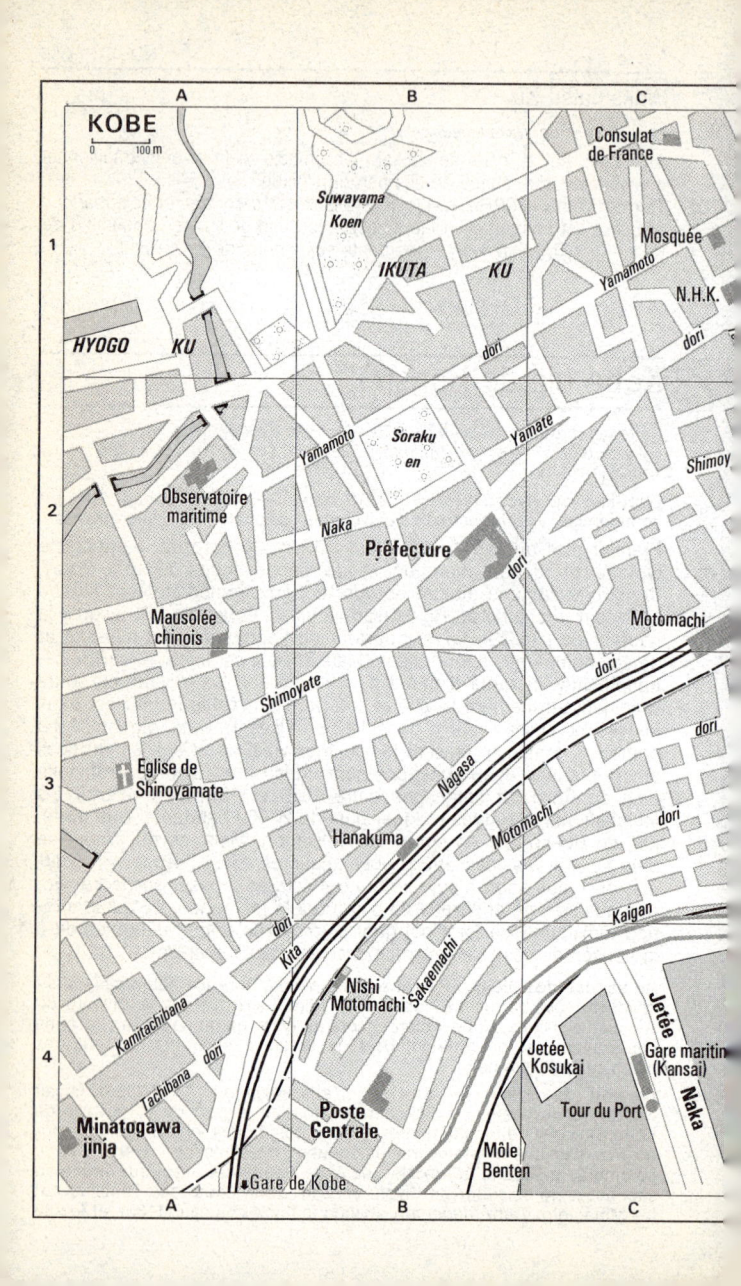

0 — 100 m

- Consulat de France
- Suwayama Koen
- IKUTA KU
- Mosquée
- Yamamoto dori
- N.H.K.
- HYOGO KU
- Yamamoto
- Soraku en
- Yamate
- Shimoy
- Observatoire maritime
- Naka
- Préfecture
- dori
- Motomachi dori
- Mausolée chinois
- Shimoyate
- dori
- Eglise de Shinoyamate
- Nagasa
- Hanakuma
- Motomachi
- dori
- dori
- Kaigan
- Kita dori
- Nishi Motomachi Sakaemachi
- Kamitachibana
- Jetée Kosukai
- Jetée Naka
- Tachibana dori
- Gare maritime (Kansai)
- Minatogawa jinja
- Poste Centrale
- Tour du Port
- Môle Benten
- Gare de Kobe

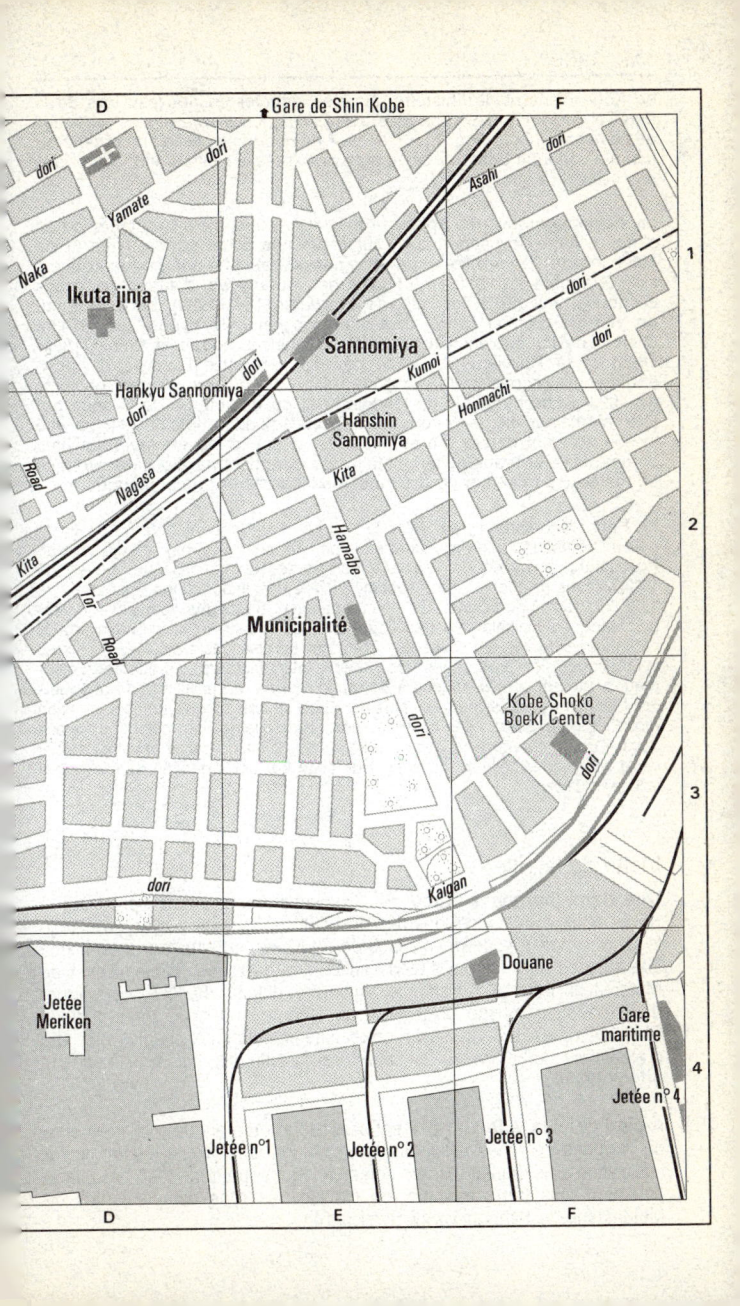

- Gare de Shin Kobe
- Yamate dori
- Naka dori
- Asahi dori
- Ikuta jinja
- Sannomiya
- Hankyu Sannomiya
- Kumoi dori
- Honmachi dori
- Hanshin Sannomiya
- Nagasa dori
- Kita
- Kita
- Hamabe
- Tor Road
- Municipalité
- dori
- Kobe Shoko Boeki Center
- dori
- dori
- Kaigan dori
- Douane
- Jetée Meriken
- Gare maritime
- Jetée n°1
- Jetée n°2
- Jetée n°3
- Jetée n°4

de Kōbe disparut de l'histoire, pour se signaler de nouveau lors de la bataille de Minatogawa, gagnée par *Ashikaga Takauji* sur les partisans de l'empereur Go Daigo (1136). Le port de Hyōgo ne cessait de prospérer, jusqu'à l'époque Edo où il se vit dépassé, après la Restauration impériale, par celui de Kōbe.

Le développement de Kōbe. — En 1867, Kōbe n'était toujours qu'un simple village de pêcheurs, où fut créée une école navale. A partir de 1868, le port connut une expansion considérable ; d'une part la concession étrangère s'établissait à l'ouest de l'Ikuta gawa, d'autre part, grâce au gouverneur de Hyōgo ken, *Itō Hirobumi* (1841-1909), Kōbe devenait un port de premier ordre, plus actif que celui de Hyōgo. En 1874 le chemin de fer parvenait à Kōbe, et les guerres contre la Chine (1894-1895) et la Russie (1904-1905) devaient accroître l'activité du port, entièrement reconstruit à partir de 1902. Lors du tremblement de terre de 1923, Kōbe bénéficia de l'industrie et du commerce de la soie, qui assuraient l'activité de Yokohama. Détruite aux deux-tiers en 1945, la ville et son port ont depuis été reconstruits, et ont renouvelé leurs activités commerciale et industrielle : métallurgie, chantiers navals, constructions de matériel de chemin de fer, industries légères et du caoutchouc, etc.

Le Port : il comprend : au S.-O., le port de commerce intérieur, au N.-E., le port de commerce international et au large, l'énorme (435 ha) île artificielle de **Port Island**, achevée en 1981. Le port assure un trafic annuel moyen de 11,6 millions de tonnes, représentant 23,3 % des exportations japonaises, et 11,6 % des importations. Celles-ci (matières premières, céréales, coton) proviennent principalement des États-Unis, de l'Australie, de la Malaisie, de l'Allemagne de l'Ouet ; celles-là portent sur les tissages de coton, les fibres synthétiques, les porcelaines, les produits manufacturés, les appareils électriques, etc., et sont destinées à un grand nombre de pays en tête desquels les États-Unis. Par ailleurs, le port de Kōbe se classe en première position mondiale pour le trafic des conteneurs et en deuxième pour celui des « vracs secs ». Enfin, il sera dans l'avenir relié à celui d'Ōsaka, par le développement de la zone industrielle de Hanshin, qui longe sur une trentaine de kilomètres la baie d'Ōsaka.

Visite de la ville

Une demi-journée à Kōbe. — Si vous disposez d'une après-midi à Kōbe, nous vous conseillons de l'occuper comme suit : faites en bateau le tour du port *(départ depuis la jetée de Naka)*, puis traversez en taxi le quartier des affaires, qui s'étend au S. des gares de Sannomiya et de Motomachi, pour aller visiter le sanctuaire d'Ikuta *(Pl. D 1)*, ou gagner directement le musée d'Art Namban ; montez en fin d'après-midi au Rokko san, en taxi ou selon notre itinéraire indiqué ci-après ; la vue d'ensemble sur Kōbe et Ōsaka est saisissante de nuit et le matin de bonne heure.

A pied dans la ville. — Kōbe est beaucoup trop étendue pour permettre de longues marches, et nous ne saurions trop vous recommander l'utilisation des transports en commun ; vous pourrez tout de même parcourir sans trop de peine, en badaud, les rues commerçantes de Motomachi, de Sannomiya ou Santica Ton.

A. — Ikuta ku

Gares J.N.R. de Sannomiya, de Motomachi et de Kōbe.

L'arrondissement central d'Ikuta s'étend de part et d'autre des voies ferrées nationales et privées, entre le Futatabi et la mer. Vers le sud, en direction du port se distribuent, autour de **Kaigan dōri, Sakaemachi dōri** et **Motomachi dōri**, les vivants quartiers du commerce, des affaires, des hôtels, des immeubles administratifs et des banques. Au S. de la gare de Sannomiya, se détache une large artère (**Hamabe dōri**) qui traverse le quartier animé de **Santica Town** *(passage souterrain)*; cette rue longe ensuite la **Municipalité de Kōbe** *(Pl. E2)*, au N. de laquelle se dresse un **totem**, offert en 1961 par la ville américaine de Seattle; au-delà de l'Hôtel de Ville, **jardin public** au S. duquel s'élève le **Consulat général des États-Unis** (architecte *Yamasaki Minoru*). Passant sous la route express de Hanshin, Hamabe dōri aboutit, au-delà de l'Immeuble des Douanes, au port de Kōbe.

Depuis Santica Town se déploient, parallèlement aux voies ferrées, les rues commerçantes de **Sannomiya** et de **Motomachi**.

Le vaste **port de Kōbe** *(Pl. C à F4, V. p. 306-307)* est strié de nombreuses jetées, qui s'avancent telles les dents irrégulières d'un peigne, et portent généralement un simple numérotage distinctif. Le pont de Kōbe Ōhashi relie ainsi la jetée n° 4 à **Port Island**, entièrement gagnée sur la mer. Seules se distinguent par leur nom les jetées de Naka et de Meriken (des Américains).

La **jetée de Naka** *(Pl. C4; 500 m E. de Kōbe eki; 1 km S. de Motomachi eki)* est la base de départ de plusieurs services maritimes, et des vedettes qui effectuent entre 11 h et 16 h la visite du port *(durée 50 mn env.)*. Sur cette jetée se dresse la **Tour du Port** (103 m de hauteur), élevée en 1963 par *Nikken Sekkei Kōmu*; **musée du port et de la marine** dans le bâtiment de la Kansai Kisen.

Ikuta jinja *(Pl. D1; 300 m O. de Sannomiya eki)*; ce sanctuaire, que l'on trouve au N.-O. des voies ferrées, après avoir traversé un quartier d'animation nocturne, est le plus intéressant de la ville.

Bien que reconstruit après 1945, dans le style du sanctuaire de Kasuga à Nara, Ikuta jinja aurait été fondé au IIIe s. par l'impératrice *Jingū*; il est dédié à *Wakahirume no Mikoto*, déesse protectrice de Kōbe, dont la corporation officiante *(kami be)* aurait laissé son nom à la ville. Petit bois de cèdres et camphriers, en arrière de ce sanctuaire. Fêtes les 15-16 avril, et 19-23 septembre.

Au N. des terrains de l'Ikuta jinja, passe une large avenue qui vers le S.-O. s'écarte en deux branches, de part et d'autre de la Préfecture de **Hyōgo ken**.

Au cinquième étage du **Zentan Bldg** *(Shimoyate dōri 4-chome)*, **musée de la céramique** locale de Hyōgo. Tout ce quartier (Shimoyamate, Yamamoto) est par ailleurs occupé par des édifices religieux, chrétien, israélite ou musulman.

Soraku en *(Pl. B2; 500 m N.-O. de Motomachi eki)*, au N. de la Préfecture, est un joli jardin japonais particulièrement apprécié lors de la floraison des azalées.

310 KŌBE : FUKIAI KU

Plus au N. de ce jardin, sur les pentes de l'Ikari yama, se trouve le **parc de Suwayama**, où le commandant français *Jules Janssen* (1824-1907) s'établit (1874) pour observer l'une des phases de Vénus ; plaque commémorative.

Sanctuaire de Minatogawa ou **de Nanko** *(Pl. A 4 ; 300 m N.-O. de la gare de Kōbe ; 2,5 km S.-O. de Sannomiya eki)*, proche du site où *Masashige Kusunoki* (1294-1336) se donna la mort, lors de la bataille de Minatogawa *(V. historique)*, qu'il dirigea vainement contre Ashikaga Takauji.

Le sanctuaire, élevé à sa mémoire en 1871, fut incendié en 1945 et reconstruit depuis ; le **tombeau de Kusunoki** fut dressé en 1692 par Tokugawa Mitsukuni, seigneur de Mito. Fête le 25 mai.

B. — Fukiai ku

Gares J.N.R. de Shin Kōbe, de Sannomiya, de Nada ; gares privées de Kasuganomichi (Hanshin et Hankyū).

Fukiai ku s'étend à l'E. d'Ikuta ku, et s'appuie au N. sur les Futatabi et Maya san. Dans sa partie méridionale, cet arrondissement prolonge quelque peu les quartiers centraux des affaires. Il en émerge la haute tour moderne du **Kōbe Shoko Boeki Center** (Centre de Commerce et de l'Industrie ; architecte *Nikken Sekkei Kōmu*).

*Musée municipal d'Art Namban *(Shiritsu Namban Bijutsukan ; 600 m E. de Shin Kōbe eki ; 1,5 km N.-E. de Sannomiya eki ; 700 m N. de Hankyū Kasuganomichi ; — adresse : 4-35-3 kumochi cho 1-chome, Fukiai ku ; — ouvert t.l.j. sauf lundi de 9 h 30 à 16 h 30).* Ce musée présente un panorama de l'art japonais formé à l'école des missionnaires européens de la Renaissance ; ceux-ci, surnommés les Barbares venus du Sud (Namban), laissèrent le qualificatif à ce mode pictural. On observera une collection de ***paravents** : *Namban byōbu*. « Ils traitent, selon une technique purement japonaise, les scènes pittoresques de l'arrivée d'un navire portugais, (...) la venue des prêtres et la célébration de la messe. Ces paravents des *Namban* sont l'œuvre de peintres de genre, issus de l'école des Kanō » (*D. et V. Elisseeff*, la Civilisation japonaise).

Parmi ces paravents, on remarque également une **carte du monde**, sur laquelle se dessinent correctement les contours de l'Europe occidentale ou de l'Afrique, alors que ceux du Japon sont exagérés. Le musée présente aussi des objets d'utilisation courante, influencés par l'art namban.

*Futatabi san ; ce vaste parc boisé s'étend au N. de la gare de Shin Kōbe, sur les pentes du mont Futatabi (468 m) que parcourt une route panoramique à péage *(car)*.

Cette colline, rattachée à la chaîne du Rokko, devrait son nom de « visitée deux fois » au fait que le prêtre *Kukai (Kōbō Daishi)* s'y arrêta avant et après son voyage en Chine, en 804 et en 806.

Futatabi est un excellent but de promenade pour les habitants de Kōbe, qui peuvent y visiter : proche de Shin Kobe eki, les **cascades jumelles de Nunobiki**, appelées *Odaki* et *Medaki* (masculine et féminine) ; proche du sommet, le **Dairyu ji**, fondé en 768 par *Wake Kiyomaro*, et qui abrite une statue de Nyorin Kannon d'époque Nara (VIIIe s.) ; au N.-O. du sommet, l'étang de Shiogara (2 ha), avec un parc d'attractions attenant ; le jardin botanique municipal *(1,5 km N. du Futatabi san)*, avec un arboretum de 100 ha, disposant d'environ mille trois cents variétés du monde entier ; le cimetière des étrangers, où les tombes sont réparties selon les religions.

C. — Nada ku

Gares J. N. R. de Nada et Rokkomichi : — gares Hankyū E.R. de Nishinada et de Rokko.

L'ascension des monts Maya et Rokko constitue le principal attrait de cet arrondissement, qui prolonge vers le N.-E. Fukiai ku.

A l'O. de Hankyū-Nishinada eki, s'étend le parc d'Ōji, avec un zoo et des terrains sportifs.

Au S. du parc, le **Musée d'Art Moderne de Hyōgo** *(8-30 Harada dōri 3-chome, Nada ku)*, construit en 1970, possède un fond de peintures japonaises contemporaines, et organise des expositions temporaires.

*Maya san. On y accède par le funiculaire, puis un téléphérique, depuis la station de Takao *(1,2 km N. de la gare de Hankyū-Nishinada ; — 3,5 km N.-E. de la gare J. N. R. de Sannomiya ; bus nº 18 depuis cette dernière).* Du sommet (699 m), panorama sur Kōbe et ses environs (particulièrement spectaculaire de nuit).

Les pentes du Maya san sont boisées de cèdres, entre lesquels un escalier de 398 marches mène au Tōritenjō ji, fondé en 646 par le prêtre indien *Hōdō*, qui renferme une statue de **Kannon à onze têtes** et une autre de **Maya Bunin**, la mère du Bouddha Gautama.

**Rokko san *(cars depuis Sannomiya).* La station du funiculaire de Dobashi *(Rokkosan cableway)* est accessible depuis la gare de Hankyū-Rokko, par le bus nº 16. Le Rokko san (932 m) fait partie du parc national de Seto Naikai *(V. ce nom)* ; en plus de la vue qu'elle offre sur Kōbe, cette montagne est une « mine » de promenades.

Le visiteur trouvera aménagés pour son plaisir un belvédère avec plate-forme tournante, un terrain de golf, un jardin de plantes alpines, un paturage modèle, etc. Depuis le sommet du funiculaire, un téléphérique rejoint en trois étapes la station thermale d'Arima *(ci-après, environs).*

D. — Hyōgo ku

Gare J. N. R. de Hyōgo ; — gare privée de Shinkaichi.

A l'O. de l'Ikuta ku, cet arrondissement est beaucoup plus étalé, du N. au S. entre les pentes inférieures de la chaîne de Rokko et la mer. On y visite notamment le :

Parc de Minatogawa *(gare de Shintetsu-Minatogawa)*, à l'emplacement de la bataille de Minatogawa (1336), qui eut lieu le long de la rivière de ce nom (déviée en 1892). Statue dédiée à Masashige Kusunoki *(V. p. 310).* Au S. de ce parc, à Shinkaichi, se situe l'un des quartiers d'animation nocturne de Kōbe.

Nōfuku ji *(500 m E. de la gare de Hyōgo, J. N. R.)* possède une statue classée, de Kannon aux onze visages, d'époque Heian (IXe s.).

E. — Suma ku

Gares J.N.R. de Takatori et de Suma.

Rattaché à Kōbe, cet arrondissement prolonge la ville vers le S.-O. et est éloigné d'environ 9 km de la gare de Sannomiya.

Zensho ji *(1,5 km N. de la gare de Sanyō-Itayado)* est situé, au pied du mont Takatori (321 m), au milieu d'un boisement d'érables et à proximité de la Myohoji gawa. Ce temple fut fondé au XIVe s. en l'honneur de *Kannon*; la **porte** du XVIIe s. est classée.

Fukusho ji ou **Suma dera** *(800 m N. de la gare J.N.R. de Suma ou 600 m N.-O. de celle de Suma, Sanyo E.R.)* aurait été élevé en 886, sur l'ordre de l'empereur Koko. Ce temple abrite deux statues de Kannon d'époque Muromachi; beaux cerisiers en avril.

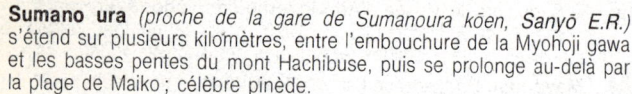

Sumano ura *(proche de la gare de Sumanoura kōen, Sanyō E.R.)* s'étend sur plusieurs kilomètres, entre l'embouchure de la Myohoji gawa et les basses pentes du mont Hachibuse, puis se prolonge au-delà par la plage de Maiko; célèbre pinède.

Sumano ura fut autrefois une passe naturelle, où la chaîne de Rokkō tombait dans la mer. En 1184, les Minamoto et les Taira s'y affrontèrent.

L'**aquarium** de la plage orientale est l'un des plus intéressants du Japon : environ 4 000 espèces de poissons de mer et d'eau douce.

De la gare de Sumanoura Kōen, on peut gagner en téléphérique, puis en télésiège, le sommet du **mont Hachibuse**; vue sur l'île d'Awaji.

Au-delà de Suma ku s'étend l'**arrondissement de Tarumi**, où l'on peut visiter le **Taisan ji** (époque Muromachi) et le **sanctuaire de Wadatsumi**, protecteur des marins et des pêcheurs.

F. — Environs

1 — Arima Onsen *(24 km N.; train Shintetsu E.R. depuis la gare de Shinkaichi; car depuis Sannomiya eki ou depuis le Rokko san; téléphérique depuis Rokko san, V. p. 311).* — Cette station thermale, à 363 m d'alt., est un but de promenade classique au départ de Kōbe; ses sources salines, ferrugineuses, carboniques, sont parmi les plus anciennement connues au Japon.

2 — Akashi, Awaji shima, Ōsaka, Takarazuka, Parc national de Seto Naikai, *V. ces noms.*

Kōchi (Ile de Shikoku)

Carte de Shikoku et de la mer Intérieure, p. 502-503.
Tōkyō, 873 km. — Matsuyama, 127 km. — Takamatsu, 154 km. — Tokushima, 194 km.

Chef-lieu de Kōchi ken (240 481 hab.). — 000 hab. — Ville industrielle et portuaire. — Universités nationale et régionale.

Au fond de la baie fermée d'Urado et au sud de Shikoku, Kōchi est l'une des villes les plus dynamiques de cette île. Autrefois consacrée aux activités traditionnelles de la pêche et des produits de la mer, Kōchi s'est donnée aujourd'hui une vocation industrielle qui réussit à redresser partiellement l'économie méridionale de Shikoku, déséquilibrée par l'attraction des rivages de la mer Intérieure.

Bien que le site ait été occupé depuis les époques jōmon et yayoi, Kōchi n'entre véritablement dans l'histoire qu'à partir du XVIIe s., lorsque *Yamanouchi Kazutoyo* (1546-1605) reçoit la province de Tosa, et fait élever le château de Kōchi, qui resta en possession de sa famille jusqu'à la Restauration de Meiji. En 1874, *Itagaki Taisuke* (1837-1919), d'une famille de samourai originaire de Kōchi, créa en cette ville le «parti public des patriotes» *(Aikokutoko),* dans l'espoir d'apporter une plus grande démocratisation au nouveau gouvernement; il ne s'allia pas, toutefois, aux clans d'opposition de Choshu ou de Satsuma, par souci de préserver sa propre indépendance; Itakagi devait plus tard aboutir, en fondant le premier parti libéral japonais.

Château de Kōchi *(1,5 km S.-O. de la gare),* posté sur une éminence au centre de la ville, conserve le tracé de ses remparts, quelques portes d'accès et le petit **donjon,** élevé en 1748 après l'incendie de 1727. Le château original avait été édifié en 1603 par *Yamanouchi Kazutoyo*.

Le donjon abrite un **musée** d'archéologie locale (poteries néolithiques), des masques de kagura (danses sacrées), des sabres de Tosa et autres souvenirs et documents, relatifs au château et à la province de Tosa. Du sommet, vue sur la ville et ses alentours.

Environs :

1 — *Godai san *(5 km S.-E.; car depuis la gare; téléphérique d'accès).* — Cette colline, élevée de 143 m, permet de découvrir une vue d'ensemble remarquable, sur Kōchi et la baie d'Urado. Proche du sommet se dresse le ***Chikurin ji,** fondé en 724 par le prêtre *Gyōki,* et où logea quelque temps *Kōbō Daishi.* On y visitera le jardin, dessiné à l'origine par *Soseki* (1271-1346), et le **Monjū dō** ou **Hon dō,** qui abrite plusieurs statues bouddhiques des époques Fujiwara et Kamakura; autres statues intéressantes dans le bâtiment moderne du trésor. Au pied des escaliers d'accès au temple, **jardin botanique** avec des serres de plantes tropicales, et petit **musée** dédié au botaniste *Makino Tomitaro* (1862-1957), originaire de la région.

2 — Katsura hama *(11 km S.; car)* est un promontoire fermant au S. la baie d'Urado, et que prolongent, le long de la baie de Tosa (océan Pacifique), des criques de sable blanc, boisées de pins.

3 — Muroto, Nankoku, Tosa, V. ces noms; — **gorges de la Yoshino gawa,** V. Ikeda.

Kōfu (Ile de Honshū)

Carte ferroviaire, en page de garde.
Tōkyō, 145 km. — Nagano, 150 km. — Shizuoka, 107 km. — Urawa, 156 km. — Yokohama, 140 km.

Chef-lieu de Yamanashi ken (383 404 hab.). — 182 669 hab. — cristalleries; tissage de la soie; vignobles.

Kōfu est situé dans le bassin fertile de Kai, au pied des montagnes de Chichibu, qui s'élèvent au N. Vers le S., l'horizon est dominé par la noble forme du mont Fuji, que contourne par l'ouest la Fuji kawa, formée du confluent de plusieurs rivières dans la plaine de Kōfu. Plusieurs sources thermales surgissent en ville et à proximité immédiate, telle celle de Yumara *(3 km N.-O.)*.

Kōfu s'appelait à l'origine Fuchū, et fut à l'époque Kamakura la résidence des Ichijō. En 1582, *Oda Nobunaga* prenait cette ville aux Takeda, qui y résidaient alors. *Hideyoshi* y plaça l'un de ses compagnons, et à partir de 1600 la ville entra dans le domaine shogunal des Tokugawa ; jusqu'à la Restauration de 1868, ils en assurèrent plus ou moins directement le contrôle.

Vins japonais. — La fertilité et l'exposition des coteaux de la région de Kōfu a permis depuis une haute époque la culture de la vigne ; celle-ci fut importée (VIe s.) de la Chine. Elle est plantée uniformément en treilles (à 2 m du sol) sous lesquelles on circule. Aux cépages traditionnels, s'ajoutent des plants originaires du Languedoc ou de la mer Caspienne ; les vins, d'une teneur en alcool de 13 à 14º, sont imités des bordeaux pour les rouges et des vins mosellans pour les blancs. La production annuelle s'élève à 4 800 kl de vin et à 16 000 tonnes de raisin de table.

Parc de Maizuru, au S.-E. de la gare, en arrière de la Préfecture, à l'emplacement d'un ancien château, d'où l'on découvre l'ensemble de la ville.

Parc d'Otamachi *(1,5 km S.-E. de la gare)* : il dépendait autrefois de l'Ichiren ji ; il est célèbre pour ses pruniers, ses glycines et ses boisements de bambous.

Daisen ji *(1,5 km N.-E. de la gare)* fut fondé (1521) par *Takeda Nobutora* ; ce temple abrite une statue de Kannon ; dans les jardins reposent plusieurs membres de la famille Takeda : Nobutora, Shingen, Katsuyori.

Site du château des Takeda *(2,5 km N. de la gare)*, qui furent seigneurs de Kōfu ; outre le tracé des douves et des remparts, on verra le **sanctuaire** dédié à *Takeda Shingen* (1521-1573), fils de Nobutora. Fête le 12 avril.

Zenkō ji *(2 km E. de la gare)* fut fondé au XVIe s. par *Takeda Shingen* pour recevoir une statue provenant du célèbre temple homonyme de Nagano. Les bâtiments ont depuis été reconstruits.

Environs :

1 — Mitake *(17 km N., par une route à péage ; car).* — On gagne vers le N. la vallée de l'Ara kawa encaissée par le *défilé de Shōsen, bordé de falaises rocheuses sur 4 km ; l'un des plus beaux sites du **parc naturel de Chichibu Tama**.
12 km : **Sanctuaire de Kanasakura**, dans un site boisé, agréable en automne.
17 km : **Mitake**, au pied du Kayaga take (1 704 m).

2 — *Minobu san *(46 km S., par la N 52 ; car ; train J.N.R. jusqu'à la g. de Minobu à 2 km du Kuon ji ; bus).* — Quitter Kōfu vers le S. pour rejoindre la N 52, que l'on atteint après avoir traversé la Fuji kawa en aval de *(20 k.)* Kajikazawa. La N 52 suit désormais le cours de cette rivière, dont il est possible, en été, de descendre partiellement les rapides.
39 km : A g. s'embranche la N 300 qui, après avoir retraversé la Fuji kawa, atteint *(2 km E.)* la station thermale de **Shimobe** (sources à 30 ºC).

46 km : **Minobu,** au pied du Minobu san (1 148 m), célèbre pour la retraite qu'y fit *Nichiren*, est devenu une véritable Mecque pour les disciples de ce prêtre, qui édifièrent d'innombrables temples sur environ 1 000 ha.

C'est en 1274 que *Nichiren* (1222-1282 ; *V. Kamakura*) choisit d'établir un ermitage sur les pentes du Minobu san, où il édifia (1281) le temple principal du Kuon ji ; ses cendres y furent déposées, mais c'est seulement à partir du XVᵉ s. que se développa considérablement ce site religieux. Les bâtiments furent victimes de plusieurs incendies (notamment en 1887), qui nécessitèrent une reconstruction partielle ou totale de la plupart des édifices.

Nichiren shū ou *Hokke shū*, la secte de Nichiren, s'appuie sur la doctrine du *Myōhōrenge kyō* (sūtra du Lotus de la Bonne Loi), tirée de l'ultime enseignement du Bouddha. Cette secte eut de nombreuses écoles et reçut des millions d'adeptes ; certaines tendances nationales s'en détachèrent pour former la *Sakka gakkai (V. environs de Fujinomiya).*

Après avoir dépassé le village de Minobu, on atteint les principaux bâtiments du Kuon ji, qui se répartissent au pied d'un escalier interminable ; ce sont : Soshi dō, salle du fondateur, Shinkotsu dō, salle des véritables reliques, et Ikai dō salle des inscriptions posthumes ; puis l'on remarque le shōrō (beffroi), le Hōjō kan qui abrite le cendres de Nichiren, et le Nokotsu dō, qui renferme celles de pieux daimyō.

A 1,5 km env. de là, vers l'O., se trouve Nishiga dani, où Nichiren établit son premier ermitage ; pagode et pavillon octogonal.

Depuis Kuon ji, un téléphérique accède au sommet du Minobu san, où se dresse l'Okuno in, le « Saint des Saints » de tout cet ensemble ; à proximité, deux temples sont dédiés à Nichiren et à Tokugawa Ieyasu. la vue s'étend sur la vallée de la Fuji kawa, et au N. sur le bassin de Kōfu.

3 — Parcs nationaux de Chichibu Tama, de Fuji Hakone Izu, de Minami Arapusu, *V. ces noms.*

Komatsu (Ile de Honshū)

Carte ferroviaire, en page de garde.
Tōkyō, 577 km. — Fukui, 57 km. — Gifu, 226 km. — Kanazawa, 28 km. — Toyama, 93 km.

Ishikawa ken. — 95 684 hab. — Centre commercial ; — fibres synthétiques.

Komatsu, deuxième ville du département d'Ishikawa, est dominée à l'E., ainsi que Kaga et Kanazawa, par le massif du Hakusan ; à l'O., une succession de lagunes la sépare de la mer du Japon.

Environs :

1 — Akata *(5 km O. ; car).* — Cette localité fut autrefois le site d'un célèbre octroi ; en fait son emplacement exact est aujourd'hui submergé par la mer du Japon. En ce lieu s'affrontèrent (1183) *Taira Kiyomori* et les partisans des Minamoto ; quelques années plus tard, *Minamoto Yoshitsune,* poursuivi par les foudres de son frère Yoritomo, y fit étape.

2 — Awazu Onsen *(10 km S. ; car).* — Station thermale connue depuis 717 ; sources sulfureuses réputées pour leurs vertus dermatologiques.

3 — Kaga, Kanazawa, parc national de Hakusan, *V. ces noms.*

■ Komoro (Ile de Honshū)

Tōkyō, 174 km. — Gifu, 352 km. — Kōfu, 100 km. — Maebashi, 77 km. — Nagano, 55 km. — Nagoya, 273 km. — Niigata, 259 km. — Shizuoka, 183 km. — Toyama, 270 km. — Urawa, 150 km.

Nagano ken. — 39 093 hab. — 676 m d'altitude.

Au pied de l'Asama yama (2 542 m), Komoro est une localité historique du haut cours de la Chikuma gawa ; de là on peut visiter le parc national de Jōshin Etsu Kōgen, ou les parcs régionaux de Yatsugatake Chushin Kogen et de Myōgi Arafune Saku kōgen.

Château de Komoro *(300 m S.-O. de la gare)* ; il en reste deux belles portes, et les remparts qu'encadrent aujourd'hui le parc public de Kaiko en, étalé jusqu'aux rives de la Chikuma gawa ; des terrains de jeux et un petit zoo ont été aménagés.

Le château, élevé au XVe s. par *Ōi Iga no kami*, fut conquis en 1553 par *Takeda Shingen* (1521-1573), qui le confia à *Oyamada Bitchū* ; de nouveau confisqué par *Toyotomi Hideyoshi*, le château passa en 159. sous la garde de *Sengoku Hidehisa* (1551-1614). Plusieurs daimyō s' succédèrent à l'époque des Tokugawa, dont les Makino entre 1702 et 1868.

On remarque encore aujourd'hui les portes **San mon** (1766), à l'entrée d Kaiko en, et la belle **Omote mon**, construite en 1613, mais située de no jours au N. des voies ferrées.

Environs :

1 — Kazawa Onsen *(21 km N., par une route à péage ; se renseigner d'un éventuelle liaison routière).* — Quitter Komoro vers le N. afin de gagner route à péage qui s'élève sur les pentes de l'Asama yama. Belles vues s l'ensemble du parcours.

9 km : **Kurumazaki tōge** (1 968 m d'alt.) ; au pied du Takamine (2 105 m).
11 km : Source thermale de **Takamine**.
18 km : **Jizō tōge**, à 1 733 m d'alt., où se termine la route à péage.
21 km : **Kazawa Onsen**, autre station thermale et de sports d'hiver, égaleme accessible depuis Shin Kazawa Onsen *(p. 271)*.

2 — Parc national de Jōshin Etsu Kōgen, *V. ce nom ;* — parc régior de Yatsugatake Chūshin kōgen, *V. Chino ;* — Myōgi san, *V. Tomioka.*

■ Kōriyama (Ile de Honshū)

Carte ferroviaire, en page de garde.
Tōkyō, 233 km. — Fukushima, 49 km. — Maebashi, 217 km. — Mito, 135 k — Niigata, 181 km. — Sendai, 132 km. — Utsunomiya, 117 km. — Yamaga 141 km.

Fukushima ken. — 286 451 hab. — 229 m d'alt. — Ville industrielle.

Carrefour ferroviaire, Kōriyama est également une des villes les p importantes du département de Fukushima ; son activité industrielle s' associée à celle d'Iwaki et du bassin minier de Jōban. Présentant p d'intérêt pour le touriste, la ville reste assez proche du lac Inawashiro du mont Bandai pour qu'on puisse y loger.

Environs :

1 — Bandai Atami Onsen *(17km N.-O., par la N49 ; train J.N.R. ; car)*. — Quitter Kōriyama vers l'O. afin de gagner la N49.
3 km : On rejoint cette route à proximité du **Kaisei zan**, agréable parc public, célèbre pour ses cerisiers ; on y visite un petit **musée ornithologique**.
17 km : Bandai Atami Onsen, sur les pentes de l'Ōtaki san (1 370 m) ; sources recommandées contre les maladies nerveuses ; ski en hiver.

2 — Ōgoe *(31 km E., jusqu'à la gare de Sugaya)*, où l'on pourra visiter *(2 km E. de la gare)* la grotte d'Irimizu. Ascension possible de l'Otakine Yama (1 193 m), à 7 km E.

3 — Inawashiro, parc national de Bandai Asahi, V. ces noms.

Kotohira (Ile de Shikoku)*

Carte de Shikoku et mer Intérieure, p. 502-503.
Tōkyō, 743 km. — Takamatsu, 24 km. — Zentsūji, 6 km.

Kagawa ken.

L'intérêt majeur de Kotohira réside dans la visite du **sanctuaire de Kompira san**, l'un des plus fréquentés parmi les grands centres de pèlerinages japonais.

***Kotohira go** ou **Kompira san** *(800 m S.-O. de la gare J.N.R. au pied des escaliers d'accès) ;* la route d'accès au sanctuaire se détache à l'O. de la N319, qui traverse la localité.

Ce sanctuaire, établi sur les pentes du Zozu san (521 m d'alt.), est dédié à *Ōkuninushi no Mikoto*, descendant de Susano o no Mikoto *(V. Izumo)*, et à *Sotoku tennō*. Une interprétation phonétique semble avoir valu à ce sanctuaire le surnom de Kompira san, et la vénération des voyageurs et des marins dont il assure la protection ; Kompira san serait également prié à Hawai, dans les mers du Sud, voire au Brésil.

Les bâtiments actuels, ornés de riches éléments sculptés, remontent pour la plupart au début du XIXe s. ; on y accède en gravissant progressivement, sur environ 1,5 km, les longs et pénibles escaliers qui conduisent jusqu'au Saint des Saints. Fête annuelle du 9 au 11 octobre. Pratique du jeu de ballon *Kemari*, en costumes anciens, et danses sacrées.

Une première série de marches mène au **Dai mon**, d'où l'on poursuivra jusqu'au **Shō in** ; remarquer la galerie couverte longeant l'escalier que l'on gravit. Le **Shō in**, ou parloir, fut édifié en 1659 et est orné de peintures d'*Okyō Maruyama* (1733-1795). Le **trésor** voisin possède plusieurs peintures d'origine chinoise, des *emakimono* anciens et des statues bouddhiques dont un **Jizō Bosatsu**, les **gardiens du Paradis bouddhique**, et une **Kannon** d'époque Fujiwara.

Face au Shō in, un autre escalier monte au **Chado koro**, ou pavillon de thé ; de là il faudra de nouveau gravir une longue série de marches jusqu'à l'**Asahi sha**, ou salle du Soleil levant, dont les poutres de bois sculpté (début du XIXe s.) sont célèbres pour le réalisme des figurations humaines et animales représentées.

Il faudra encore près d'une demi-heure de marche, à travers un boisement intense de pins, de cèdres et de camphriers, avant d'atteindre l'**Okuno in**. Du sommet, vue jusqu'à la mer Intérieure.

318 KŌYA

> **Environs :**
>
> **1 — Manno ike** *(6 km S.-E. ; train J.N.R. jusqu'à la gare de Shiori, à 1,5 km S.-E. de l'étang)* serait le plus ancien réservoir connu du Japon ; il fut dit-on creusé entre 701 et 704, pour assurer l'irrigation des campagnes avoisinantes.
>
> **2 — Zentsūji,** *V. ce nom.*

Kōya (Ile de Honshū)**

Carte des Environs d'Ōsaka, p. 470-471 ; plan ci-contre.
Tōkyō, 580 km. — Hashimoto, 29 km. — Wakayama, 66 km.

Wakayama ken.

L'élan ascensionnel demandé aux visiteurs par les fondateurs des monastères de Koya san, s'il s'est quelque peu banalisé avec l'installation d'un train à crémaillère, n'en demeure pas moins for présent. Quitter la plaine ronde, s'élever doucement à travers une végétation changeante, arriver enfin dans ce village-couvent où tou parle de la recherche de soi demande une préparation. Un pèleri nage, peut-être pas. Une grande réceptivité à la beauté des lieux des temples, au silence, à la prière, cela suffira pour que l'ascensior ainsi justifiée, apporte sa plénitude émotionnelle.

Kōya est le nom officiel de la localité, à 900 m d'altitude moyenne, o se situent les illustres **monastères du Kōya san** qui, perchés sur l crête de vénérables sommets, constituent autour de la mémoire de *Kōb Daishi* l'un des hauts lieux du bouddhisme japonais.

*Le moyen le plus commode pour se rendre au Kōya san, est d'emprunte depuis Ōsaka (gare de Namba) le chemin de fer privé de **Nankai Railroac** jusqu'au terminus de Gokurakubashi ; de là on gagnera en funiculaire la static de Kōyasan, reliée par des services de bus au village de Kōya. En train J.N.* depuis Wakayama ou Ōsaka (Tennōji), il vous faudra changer à Hashimoto, poursuivre par le **Nankai Railroad**. Depuis Kyōto ou Nara, vous devre changer à Ōsaka ou Ōji, afin de rejoindre, depuis Ōsaka (Namba) o Hashimoto, la ligne de **Nankai Railroad**. Des services de cars existent depu Hashimoto, Ōsaka ou Wakayama.

Il n'y a pas d'hôtel ou de ryokan au Kōya san, mais de nombreux monastère se chargent d'héberger visiteurs et pèlerins ; l'hébergement se fait bie entendu à la japonaise, avec o-furo collectif, et la nourriture est strictemer végétarienne. Si l'excursion de Kōya san est faisable en une journée, il pe être enrichissant de participer quelque temps à l'expérience de la v monastique. Le séjour dans un monastère est un des moments forts du voya pour qui veut découvrir le Japon traditionnel. Peu de lieux peuvent rivalis sur ce point avec Koya san.

Un monastère influent. — Le prêtre *Kukai* (774-835) élut le site du Kō san, que lui concéda le gouvernement de son époque, afin de fonder, 816, le premier monastère du Kongōbu ji. Celui-ci devint le centre de secte ésotérique du bouddhisme *shingon ;* la protection des empereu ou de riches daimyō aidant, il acquit une telle prospérité que l'on comp jusqu'à mille cinq cents bâtiments, occupés par plus de quatre-vingt-c mille moines. Retranchés sur leur hauteur, ils n'en menaient pas moi une vie active, s'opposant ouvertement aux religieux du Hiei zan, de secte rivale de *Tendai,* et allant jusqu'à organiser des milices punitive

KOYASAN

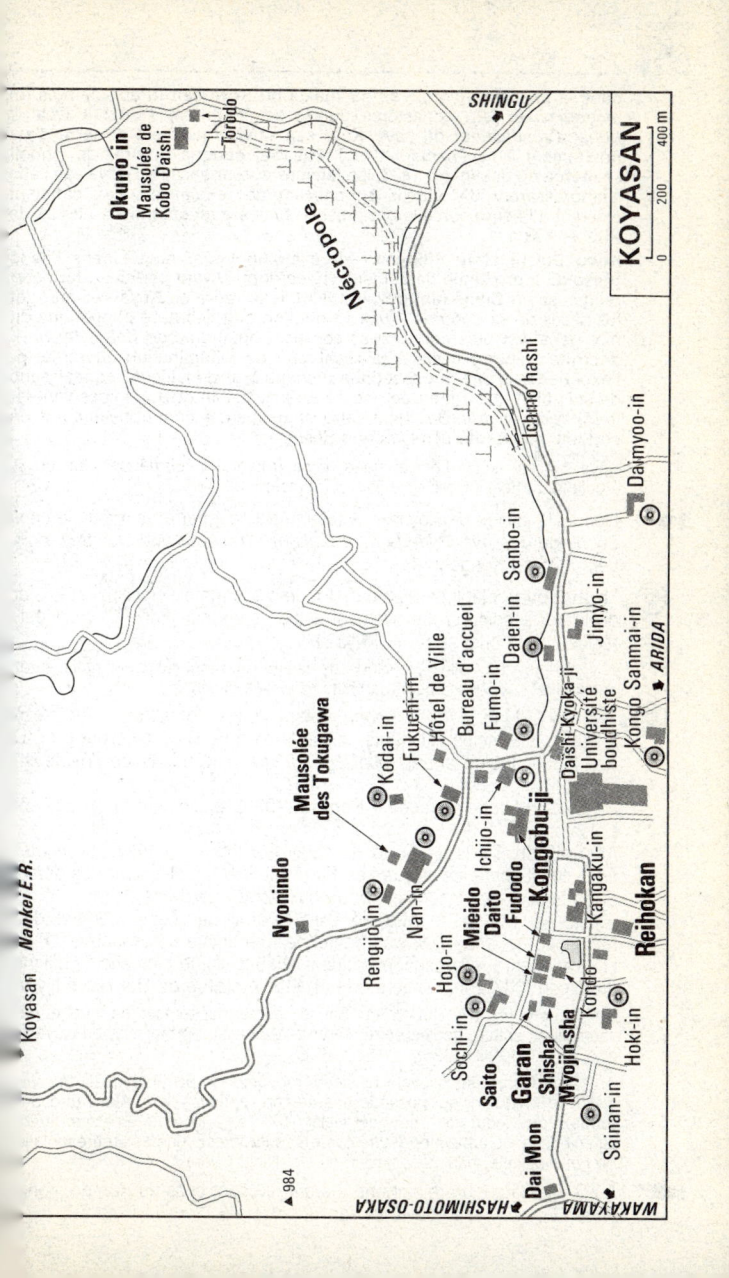

0 200 400 m

- Okuno in
- Mausolée de Kobo Daishi
- Torōdō
- SHINGU
- Nécropole
- Ichino hashi
- Daimyoo-in
- Sanbo-in
- Jimyo-in
- Daien-in
- Kongo Sanmai-in
- ARIDA
- Fumo-in
- Daishi-Kyoka-Ji
- Université bouddhiste
- Bureau d'accueil
- Hôtel de Ville
- Fukuchi-in
- Kodai-in
- Mausolée des Tokugawa
- Nan-in
- Ichijo-in
- Kongobu-ji
- Nyonindo
- Rengjio-in
- Hojo-in
- Mieido
- Daito
- Fudodo
- Kangaku-in
- Reihokan
- Sochi-in
- Saito
- Garan
- Shisha
- Myojin-sha
- Kondo
- Hoki-in
- Dai Mon
- Sainan-in
- ▲ 984
- Koyasan
- *Nankei E.R.*
- HASHIMOTO-OSAKA
- WAKAYAMA

dans la capitale, Kyōto. Les bâtiments du Kōya san furent maintes fois incendiés, et les monastères durent se soumettre (1581) à *Oda Nobunaga*, unificateur du pays. Kōya san servit également de terre d'exil notamment à l'avènement des Tokugawa, époque à partir de laquelle s'amorça un déclin. En 1873, les femmes eurent accès au Kōya san ; elles s'empressèrent d'y établir un couvent de religieuses. Les bâtiments existant à l'heure actuelle ont presque tous été reconstruits au cours des XIXe et XXe s.

Kōbō Daishi et le Shingon. — Le moine *Kūkai* naquit dans l'île de Shikoku, à proximité de Zentsuji *(V. ce nom)*. Ayant parfait sa formation religieuse en Chine (entre 804 et 806), il se retira au Kōya san où il jeta les bases de sa doctrine. *Kukai*, à qui l'on doit l'écriture phonétique dite hira gana, est plus connu sous son nom posthume de *Kōbō Daishi*. La doctrine shingon invite à la recherche de l'illumination suprême, par l'expérience d'une vie ascétique menant à une meilleure connaissance de soi ; bien que cette doctrine ne fût accessible qu'aux initiés vénérant le *Dai Nichi Nyorai* (Bouddha Vairocana), la secte connut néanmoins une certaine prospérité dès l'époque Heian.

Kōya san est aujourd'hui le siège d'une université religieuse ; l'un de ses étudiants se fera un plaisir d'être votre cicerone.

☞ Depuis la station de Kōyasan, vous pourrez gagner en autobus le centre du village de Kōya *(3 km E. de la station)*, d'où vous vous rendrez à pied vers l'O., au Kongōbu ji.

● ***Kongōbu ji**, établi par Kukai (816), devint le temple principal et le siège de la secte shingon. Le bâtiment actuel, d'époque Edo (XIXe s.), est résidence du chef abbé du Kōya san.

A l'intérieur, les salles tapissées de tatami alternent avec de petits jardins traditionnels ; on remarquera la vaste salle des cuisines.

● ***Garan** *(200 m O. du Kongōbu ji)* est l'« enceinte sacrée » où s'élèvent les plus vénérables bâtiments, dominés par une imposante **pagode** (Dai tō ; 1937) dédiée à *Dai Nichi Nyōrai*, grand Bouddha de l'ésotérisme shingon.

Au S.-O. de cette pagode, le **Kon dō** (1929), également fondé par Kōbō Daishi.

Au S.-E. du Dai tō, le **Fudō dō** aurait été fondé en 1197 par le prêtre *Gyosho* ; il abrite les **statues de Fudō** (fin XIIe s.), chasseur des démons et protecteur des incendies, et de huit **gardiens divins**.

A l'O. du Dai tō, le **Mie dō** est construit sur l'emplacement de la résidence de *Kōbō Daishi* ; il renferme une statue de ce dernier. Plus à l'O. on remarque la pagode occidentale **(Sai tō)**, le plus ancien bâtiment du Garan (887), qui contient une vénérable **statue de Dai Nichi Nyōrai**.

Shisha myōjin sha, au S. du Sai tō, est un ensemble de quatre petits sanctuaires shintō, dédiés entre autres à *Nyūmyōjin*, protectrice du Kōya san et à son fils *Kōya Myōjin*.

Au N. du Garan, se trouvent plusieurs monastères, parmi lesquels on pourra visiter le **Myōō in**, qui possède une célèbre peinture de l'***Aka Fudō** (Fudō rouge), du début de l'époque Heian (IXe s.) ; ici doté de ses attributs caractéristiques (un sabre et une corde), ce Fudō est l'une des représentations de cette divinité, parfois assimilée au Dai Nichi Nyōrai.

☞ Au S. du Garan, on rejoint une rue qui, en contrebas du Kon dō, conduit (vers l'E.) au musée du Kōya san.

Le ***Musée,** ou **Reihokan** *(ouvert t.l.j. de 9 h à 16 h sauf les jours fériés),* bien que d'une présentation surannée, possède d'inestimables trésors, et ne compte pas moins de vingt-neuf mille pièces, provenant des différents monastères du Kōya san, présentées par alternance ; parmi les œuvres régulièrement exposées :

En peinture : de nombreux rouleaux peints (dont un grand nombre d'origine coréenne) ; celui de la ***Mort du Bouddha,** ou entrée du Bouddha au Nirvana, appartenant au Kongōbu ji, daté de 1086 ; il oppose d'une manière dramatique la sérénité des bodhisattvas à la douleur non contenue des autres disciples ; — une large composition représentant la ***Descente céleste d'Amida,** escortée d'une trentaine de bodhisattvas musiciens ou porteurs d'offrandes ; ce rouleau, peint sur soie, attribué au prêtre Genshin (942-1017), serait plus probablement une œuvre du début du XIIe s.

En sculpture : plusieurs représentations du Bouddha, notamment sous les traits d'Amida ou de Dai Nichi Nyorai, ainsi que d'autres personnages du monde bouddhique, œuvres s'échelonnant dans l'ensemble entre le XIIe et le XVIIe s. ; on remarquera toutefois un **Fudō** en bois de début Heian (IXe s.) ; noter également les offrandes déposées par les visiteurs au pied de certaines statues. En outre, le musée possède des objets de culte bouddhique, des coffrets à sūtra laqués, des calligraphies, des porcelaines, etc.

A 800 m O., par la rue passant devant le musée, se trouve de ***Dai mon** (1705) qui, jusqu'à l'ouverture du chemin de fer, voyait passer les nombreux pèlerins accédant au Kōya san. A travers les cèdres magnifiques qui s'élèvent alentour, on peut apercevoir, au loin, l'île d'Awaji.

Rejoignant le centre de Kōya, puis poursuivant vers l'E., on atteint à 1,2 km E. du musée l'**Ichino hashi,** à la limite habitée du village de **Kōya.**

Dans le village même, on pourra visiter divers monastères, tels :
Le **Fumon in,** avec son jardin-paysage d'époque Edo, dû à *Kobori Enshū.*
Le **Kongō Sammai in,** dont la pagode fut élevée en 1222, à la demande de *Masako* (1157-1225), épouse de Minamoto Yoritomo.
Le **mausolée des Tokugawa,** dédié à *Ieyasu* (1542-1616) et à son fils *Hidetada* (1579-1632) ; sa décoration rappelle celle du Tōshō gū de Nikkō.

Depuis le **pont d'Ichino** — monument voisin, aux morts de la Seconde Guerre mondiale —, un chemin dallé se déroule à travers la ***grande nécropole** du Kōya san.

Loin de se croire dans un cimetière, le promeneur traverse un boisement superbe de cryptomères, au pied desquels se dressent des milliers de monuments, élevés depuis l'époque Kamakura et particulièrement à l'époque Edo, à la mémoire des plus grandes familles japonaises désireuses de figurer à proximité de Kōbō Daishi ; on y retrouve les noms célèbres d'Asano, Date, Mori, Shimazu, Tokugawa, etc.
N.B. : attention aux féroces moustiques qui peuplent la nécropole. Se protéger en conséquence (l'été surtout).

A 2 km E. de l'Ichino hashi, on atteint le **Tōrō dō** (salle des lampes), où pendent par centaines ces émouvants ex-voto en l'honneur de Kōbō Daishi. En arrière s'élève le **mausolée de Kōbō Daishi,** ou **Okuno in,** le plus sacré des bâtiments du Kōya san, où l'esprit du grand moine est toujours censé méditer dans l'attente de Miroku, le Bouddha de l'avenir.
Le **Nokotsu dō** voisin recueille les cendres de ceux qui ont souhaité reposer près du vénérable Kukai.

Depuis l'Okuno in, on déviera vers le S. afin d'atteindre l'arrêt de l'autobus, qui ramène au centre de Kōya ou à la station du funiculaire.

322   KUMAMOTO

Environs :

1 — Ryūjin Onsen *(56 km S. ; car) ;* une belle route forestière traverse le *parc régional de Kōya Ryūjin dominé par le **Gomada zan** (1 370 m d'alt.) ; très beaux paysages sur les hauteurs du centre de la péninsule de Kii.
56 km : Ryūjin Onsen, sur le haut cours de la Hidaka gawa ; sources alcalines à 47 °C ; on peut poursuivre au-delà *(52 km ; car)* Tanabe.

2 — Parc national de Yoshino Kumano, V. ce nom.

Kumamoto (Ile de Kyūshū)*

Carte du nord de Kyūshū, p. 372-373.
Tōkyō, 1261 km. — Fukuoka, 112 km. — Kagoshima, 195 km. — Miyazaki, 198 km.

Chef-lieu de Kumamoto ken. — 440 020 hab. — Ville industrielle. — Universités nationale, régionale, privée.

Traversée par la Shira kawa qui s'échappe du cratère du mont Aso, Kumamoto, troisième ville de l'île de Kyūshū, s'est développée au centre d'une plaine débouchant sur la baie de Shimabara. Excellente base de départ pour se rendre au mont Aso ou au parc national d'Unzen Amakusa, la ville retiendra le touriste par son château et le parc du Suizenji.

L'histoire de Kumamoto se ramène à celle de son château, élevé par *Ideta Hidenobu*, au XV⁰ s. En 1588, *Toyotomi Hideyoshi* le cédait à *Katō Kiyomasa (1562-1611)*, lequel décida de le reconstruire (1599) sur une plus grande échelle. Les Katō en furent dépossédés en 1632, au profit des Hosokawa qui le conservèrent jusqu'à la Restauration de Meiji. Huit ans plus tard (1876), éclata au château une mutinerie hostile au nouveau régime ; elle fut rapidement réprimée et le château placé sous garnison militaire ; mais l'année suivante le colonel *Tani Tateki* devait y soutenir un siège de deux mois contre les révoltés de Satsuma, dirigés par Saigō Takamori *(V. Kagoshima)*, dont il ne fut délivré que par l'intervention du général *Kuroda Kiyotaka*, en avril 1877.

***Kumamoto jō** *(2,5 km N.-E. de la gare ; bus ; tramway)*, établi au centre ville sur le Chausu yama, est par ses dimensions *(V. historique)* l'un des plus importants du Japon, mais sûrement pas par son authenticité, l'actuel château ayant été entièrement reconstruit.

Avant de pénétrer à l'intérieur du château, on remarque le long mur (Nagabei) que borde la Tsuboi. Après avoir franchi le dédale des remparts on atteint la première cour, où s'élève le double **donjon** qui, détruit lors du siège de 1877, fut redressé en 1960 avec une armature de béton. On y a installé un musée historique (armes, manuscrits, peintures, objets divers) relatif aux daimyo Katō et Hosokawa ; du sommet, vue sur les environs jusqu'au massif du Mont-Aso. Sur les terrains qui s'étendent vers l'O., se dresse un **sanctuaire** dédié à Katō Kiyomasa. On remarquera enfin un pont de pierre, trophée rapporté de l'expédition de Corée (1598), dont Kiyomasa assurait le commandement.

→ A 1 km N.-E. du château *(500 m E. de la gare de Fujisaki **Kumamoto E.R.** bus depuis Kumamoto eki),* proche de la Shira kawa, s'élève le **sanctuaire Hachiman de Fujisaki**, dédié à l'empereur Ojin et à sa mère l'impératrice Jingū ; le 15 septembre s'y déroule le *Boshita matsuri*.

**Suizenji kōen *(4 km E. de Kumamoto eki, J.N.R.; 1 km S.-E. de Suizenji eki, J.N.R.; tramway depuis la première gare, passant à 300 m de la seconde).* Sans avoir la célébrité de ceux de Kanazawa, Mito, Okayama ou Takamatsu, le jardin-paysage de Kumamoto peut rivaliser avec les plus beaux du Japon. Comme partout, des foules se pressent autour de l'étang central afin de nourrir les énormes carpes multicolores qui y pullulent.

En 1632, *Hosokawa Tadatoshi* établit en ces lieux un moine de Kyōto, Gentaku, qui fonda le Suizen ji. Ce temple fut déplacé plus tard et sur son emplacement on aménagea un parc d'agrément, de 608 ha, dessiné autour d'un pavillon de thé, Joju en, sous le nom duquel est également connu le jardin. Collines artificielles, étangs, plantations, évoquent en miniature les cinquante-trois étapes du Tōkai dō ; le mont Fuji est l'un des éléments les plus réussis. A l'O. du jardin, se situe également le sanctuaire d'Izumi, consacré en 1879 à la famille des Hosokawa.

Autour du Suizenji kōen se sont regroupées des dizaines d'échoppes rivalisant en articles pour touristes et quelques restaurants où l'on peut déguster la spécialité locale le *sakura,* fines lamelles de viande de cheval crue à tremper dans la sauce de soja.

A 600 m S. du Suizenji kōen, s'étale l'**étang d'Ezu**, alimenté par une source froide issue du parc; petit zoo voisin.

Tatsuda yama *(6 km N.-E. de Kumamoto eki, J.N.R.; 1 km E. de Kitakumamoto eki,* **Kumamoto E.R.***; bus depuis la première gare)* est une colline, au pied de laquelle le **parc de Tatsuda** entoure le **Taishō ji** (1646), avec les tombes de *Hosokawa Tadaoki* (1564-1645) et de son fils *Tadatoshi* (1586-1641), qui acquit la seigneurie de Kumamoto. On remarque également le pavillon de thé Koshō ken.

Plus à l'E., proche de la N 57, se trouve un petit **musée d'arts populaires**.

Environs :

1 — Kimpō zan *(10 km O.; car);* sur les pentes de cette colline (665 m d'alt.) à l'O. de Kumamoto, ont été sculptées, par un moine du nom de Ryōzen, les petites statues des Cinq cents disciples du Bouddha (Gohyaku Rakan). Du sommet, vue sur la baie de Shimabara et le massif d'Unzen.

2 — Parc nationaux d'Aso, d'Unzen Amakusa, *V. ces noms.*

Kurashiki (Ile de Honshū)**

Carte de Shikoku et mer Intérieure, p. 502-503.
Tōkyō, 694 km. — Hiroshima, 150 km. — Kōbe, 146 km. — Okayama, 17 km. — Tottori, 155 km.

Okayama ken. — 404 000 hab. — Industries sidérurgies et textiles.

Kurashiki offre en raccourci l'image même de ce que l'on ressent le plus à travers tout le Japon, en opposant aux satellites de Kojima, Mizushima et Tamashima, perdus sur les côtes de la mer Intérieure, dans les brumes industrielles d'une activité en pleine expansion, le monde traditionnel de la vieille ville. A Kurashiki, on a l'impression en effet de vivre en marge du monde moderne : les vieilles maisons, les ravissants ponts enjambant la Kurashiki gawa, les ruelles d'un autre temps font de cette étape, pourtant touristique, un des « musts » du voyage.

Commerce du riz. — Kurashiki est une abréviation de Funakurayashiki ; ce nom évoque les entrepôts et greniers, recueillant le riz et le sake, qu'on embarquait sur la Kurashiki gawa. Ce commerce connut une très grande prospérité à l'époque Edo, et fut placé sous le contrôle direct des shōgun Tokugawa. Ceux-ci protégèrent et favorisèrent l'activité des négociants de Kurashiki, qui se mirent à l'école des riches marchands d'Ōsaka ou d'Edo (Tōkyō), et construisirent, à proximité de leurs entrepôts, d'opulentes résidences.

A. — Kurashiki

Face à la gare de Kurashiki, suivre *(vers le S.E., sur environ 500 m)* Motomachi dori, jusqu'à hauteur de la Kurashiki gawa.
Ce que nous pourrions appeler le ****quartier des musées** est le regroupement de ces maisons anciennes et entrepôts, remontant aux ères Tokugawa et Meiji, et aujourd'hui occupés par différents musées. L'ensemble s'aligne le long de la Kurashiki gawa, qui est canalisée et forme un coude vers le S. en direction du Maigami bashi.

■ Le ***Musée d'art occidental Ōhara** *(adresse : 1, Chūō ; ouvert t.l.j. de 9 h à 16 h, sauf lundi et du 28 décembre au 1ᵉʳ janvier)* porte le nom de son fondateur, *Ōhara Magosaburo*, à qui l'on doit la mise en valeur de Kurashiki, ainsi que la restauration d'anciens entrepôts et greniers à riz qui abritent aujourd'hui une partie des collections.

Insolite, le batiment principal, de style néo-grec (1930), expose des peintures occidentales ; en arrière un nouvel édifice (1961) recueille les collections d'art et d'archéologie orientales, ainsi que des peintures japonaises contemporaines ; dans les entrepôts proprement dits, sont rassemblés des céramiques et des objets d'art mineur ou d'artisanat.

Les ****collections de peintures occidentales** sont d'une richesse inattendue dans cette ville provinciale du Japon. Les meilleures écoles françaises et occidentales contemporaines y sont représentées. Outre une **Annonciation* du *Greco* (1541-1614), peinte en 1600, qui est le plus ancien tableau du musée, nous trouvons les noms de *Monet* (Nymphéas), *Gauguin* (le Jardin parfumé, 1892), *Segantini* (Midi dans les Alpes, 1893), *Utrillo* (Rue de la Banlieue parisienne, 1910), *Renoir* (Jeune Femme à sa toilette, 1914), *Picasso* (la Cage, 1925), *Miro* (Femmes dans la Nuit, 1946), *Pollock* (Cut Out, 1949), *Cézanne, Chagall, Matisse, Pissaro, Puvis de Chavannes, Rouault* etc. La **sculpture contemporaine** est représentée par *Rodin* (l'Homme qui marche, St Jean, un Bourgeois de Calais) et *Bourdelle* (Bacchante âgée, Beethoven). La **galerie moderne* abrite des œuvres d'**artistes japonais** influencés par la peinture contemporaine occidentale, notamment le réalisme allemand. Parmi ces peintres figurent : *Kishida Ryūsei* (1891-1929) : Nature morte (1920) et Jeune Danseuse (1924) ; — *Yasui Shōtaro* (1888-1955) : Deux Ouvriers (1923), Paysage rouge (1925), Portrait d'une Fillette (1950), l'Atelier (1951) ; — *Umehara Ryusaburo* : Lever de Soleil (1945-1947) ; — *Koide* (1887-1931) : la Famille N. (1919), Femme sur un Divan chinois (1930) — *Sakamoto Shigeshiro* (1882-1969) : Jeune Fille se lavant les cheveux (1917), Cheval bai (1930) ; — *Fujita Tsuguji* (1886-1968) : Avant le Bal (1925).

Le **département d'archéologie proche-orientale** *(dans la nouvelle galerie)* offre un vaste panorama : antiquité égyptienne, Mésopotamie, art hellénistique, Rome, Perse (céramiques du XIIe au XVIe s.). Ces collections sont complétées par un **département d'art asiatique** : Chine notamment.

La **galerie de céramiques** dispose d'œuvres contemporaines du Japon, voire de l'étranger, des maîtres *Hamada Shōji, Kawai Kanjiro, Tomimoto Kenkichi, Bernard Leach,* etc.

La **salle de tissus imprimés et des bois gravés** expose des travaux artistiques de *Munakata Shiko* et de *Keizuke Serizawa.*

A l'E. du musée Ōhara, à l'angle formé par le canal, l'**ancienne mairie de Kurashiki** (époque Meiji) abrite aujourd'hui un petit **musée historique de la ville.** A côté, musée récent exposant des céramiques, statues, bronzes occidentaux du XIXe s. L'hôtel de ville actuel fut élevé par *Tange Kenzo,* sur Motomachi dōri, au S.-O. du quartier des musées.

■ ***Musée des Arts populaires*** *(adresse : 1 Chūō ; ouvert t.l.j. de 9 h à 16 h, sauf lundi et du 30 décembre au 1er janvier).* Au S. de l'ancienne mairie, ce musée créé en 1949 occupe également d'anciens entrepôts restaurés à cet effet. Riche collection d'objets artisanaux japonais (bois, céramiques, textiles), reconstitution d'un intérieur traditionnel etc.

Au S. du musée des Arts populaires, se tient le **Musée des Jouets** *(ouvert t.l.j. de 8 h à 17 h) ;* plus de cinq mille jouets, en provenance du monde entier, dont japonais, en particulier. Une boutique annexée au musée permet de repartir avec quelques spécimens, neufs et colorés.

■ **Musée archéologique** *(adresse : 1 Chūō ; ouvert t.l.j. de 9 h à 16 h sauf lundi ; fermé le 29 avril),* au N. du canal, face au pont qui traverse celui-ci devant l'ancienne mairie ; il est encore aménagé dans un ancien grenier.

Ce musée, ouvert en 1950, a recueilli les résultats de fouilles effectuées dans la région de Kurashiki et dans le Kibi *(V. environs d'Okayama)* : objets, armes, ustensiles, poteries, d'époques paléolithique, néolithique (jōmon, yayoi, kōfun), et proto-historique. Il possède en outre quelques pièces d'archéologie chinoise, coréenne, persane et même inca.

Au-delà du musée archéologique, vers l'O., sur le même quai et face au musée Ōhara, se trouve l'ancienne demeure d'*Ōhara Magosaburo,* donateur du musée qui porte son nom.

La **place Ivy**, située à l'opposé des musées, de l'autre côté de la rivière, cœur du vieux Kurashiki, est le rendez-vous de la jeunesse du cru. Boutiques et restaurants.

B. — Kojima

Kojima prolonge vers le S., jusqu'à la pointe du Washū zan, l'agglomération de Kurashiki. On y visitera le petit port de pêche de **Shimotsui.**

Washu zan *(3 km S.-E. de Shimotsui ; bus ; — 26 km S. de Kurashiki ; car).* Le plus agréable sera d'approcher ce promontoire, depuis Kurashiki, par la route à péage, Washūzan Skyline. Élevé de 133 m au-dessus de la mer, le Washu zan est l'un des plus renommés et des plus beaux belvédères de la mer Intérieure.

→ A 3 km au large de Shimotsui *(bateau)* : la petite île **de Mukuchi**, célèbre pour son rocher caractéristique, formé par l'érosion marine, dit de l'éléphant.

→ A 10 km N.-E. de Shimotsui *(car)* : **Yuga san jinja**, sur une hauteur boisée, dédié à *Yuga Daigongen*, divinité protectrice des voyageurs en mer.
Au **Rendai ji** voisin, on peut voir encore les appartements des seigneurs Ikeda d'Okayama.

→ A 12 km E. de Shimotsui *(car)* : **Ojiga dake** est un promontoire rocheux, où les blocs granitiques semblent posés les uns sur les autres comme dans un jeu de construction. Un télésiège accède au sommet, d'où l'on découvre également la mer Intérieure.

C. — Mizushima

Mizushima est la zone industrielle proprement dite de Kurashiki, établie sur l'estuaire de la Takahashi gawa. Le complexe pétrochimique et sidérurgique ainsi créé, presque entièrement sur la mer, est le cinquième du Japon. Il est en passe de devenir le plus important du genre au monde. Il possède, outre ses aciéries, des usines automobiles, des chantiers navals, et ses raffineries traitent 58 100 kl d'hydrocarbures par jour ; des pétroliers de plus de 100 000 tonnes peuvent y accoster. La renommée de ce complexe est aussi fort négative puisque la pollution de l'endroit atteint des sommets vertigineux. Certains jours l'air y est pratiquement irrespirable. A noter que la nouvelle route reliant Honshū à l'île de Shikoku passe par Mizushima.

D. — Tamashima

Au S.-O. de l'ancienne localité de Kurashiki, Tamashima, face à la zone industrielle de Mizushima, s'est développé à l'O. de l'estuaire de la Takahashi gawa.

◉ **Entsu ji** *(3 km S.-O. de la gare de Shin Kurashiki J.N.R.)*, où se forma le prêtre du zen, poète et calligraphe, *Ryokan*. Joli jardin autour du temple, et du sommet de la colline, vue sur la mer Intérieure.

→ A 9 km S.-O. de Tamashima eki : plage populaire de **Sami**.

Environs : Okayama, parc national de Seto Naikai, *V. ces noms* ; — **région du Kibi,** *V. Okayama*.

■ Kurayoshi (Ile de Honshū)

Tōkyō, 740 km. — Hiroshima, 284 km. — Kōbe, 242 km. — Matsue, 94 km. — Okayama, 130 km. — Tottori, 53 km.

Tottori ken. — 49 629 hab.

Au pied oriental du Dai sen, Kurayoshi est traversée par la Tenjin gawa qui se jette, un peu plus au N., dans la mer du Japon. La ville retiendra principalement par les stations thermales qui gravitent dans sa périphérie et par le parc national de Daisen.

Environs :

1 — Asozu Onsen *(9 km N.-E. ; car)* est une petite station thermale, établie vis-à-vis de la station de Tōgō, sur la lagune du même nom, connue par l'élevage de ses anguilles.

2 — Misasa Onsen *(10 km S.-E. ; car)* possède la plus importante station de sources radioactives du Japon. On y a créé un **Institut de Recherche de la Radioactivité**, dépendant de l'Université d'Okayama ; buste en l'honneur de *Marie Curie*.

A 7 km E. *(car) :* **Sambutsu ji**, temple fondé au VIIIe s., établi sur les pentes du **Mitoku san** (900 m d'alt.).

A 11 km S.-E. *(route à péage ; car)* : joli **gorge d'Oshika**.

3 — Sekigane Onsen *(13km S.-O. ; train J.N.R. ; car)*, deuxième station radioactive du Japon, après celle de Misasa. D'une hauteur voisine, vue sur le Dai sen et plusieurs sommets de la chaîne du Chūgoku.

4 — Parc national de Daisen Oki, *V. ce nom.*

Kure (Ile de Honshū)

Carte de Shikoku et mer Intérieure, p. 502-503.
Tōkyō, 845 km. — Hiroshima, 29 km. — Matsue, 220 km. — Okayama, 168 km. — Tottori, 305 km. — Yamaguchi, 170 km.

Hiroshima ken. — 235 193 hab. — Industries sidérurgiques et chantiers navals.

Kure doit sa prospérité à sa position choisie, à l'abri des îles d'Eta et de Kurahashi, qui en fit la principale base navale de l'Extrême-Orient ; c'est de là que furent dirigées les flottes japonaises de la guerre du Pacifique. De nos jours, Kure s'est convertie à la construction de pétroliers géants et elle est devenue, avec Eta jima, le siège de la marine nationale des forces de sécurité.

Le touriste de passage pourra s'intéresser à l'**hôtel de ville**, l'un des grands moments de l'architecture moderne japonaise dû à *Sakakura*, ou encore visiter le **Musée de la Marine japonaise** (en fait partie du Mémorial à l'amiral Togo, « père de la marine japonaise »), situé à Eta jima.

Environs :

1 — Niko kyō *(3 km N. ; car)*, agréable promenade, immédiatement au N. de la ville.

2 — Noro san *(26 km E., par la N185 et une route à péage ; car)*. — Quitter Kure vers l'E.
7 km : Horo.

A 6 km N. : **gorge de Nikyū**, encaissée au pied du barrage du même nom, établi sur la Hironishio kawa.

16 km : **Kawajiri**, où s'embranche la route à péage qui gravit le Noro san.
26 km : **Noro san** (839 m d'alt.) ; la route s'arrête en contrebas du sommet, et offre un belvédère sur la mer Intérieure.

3 — Ondo *(7 km S. ; car)*. — Quitter Kure vers le S.

6 km : **Ondo Ōhashi** ; ce pont auquel accède une double spirale routière relie l'île de Kurahashi à Honshū ; il fut ouvert en 1961.

Le pont d'Ondo enjambe le détroit d'Ondo no Seto, large de 70 m, et dont la tradition attribue l'ouverture à *Taira Kiyomori* (1118-1181); le soleil aurait même ralenti sa course, afin que les travaux puissent être achevés.

→ A 5 km N. *(car)* : **Yasumi yama** (501 m), d'où l'on découvre l'ensemble de Kure et des îles avoisinantes.

7 km : **Ondo**, à l'entrée de l'île de Kurahashi.

→ A 18 km S. : **Kurahashi**, à l'extrémité méridionale de cette île découpée, qui ne dépasse pas 500 m d'altitude.

4 — Eta jima *(7 km O. ; bateau).* — Le centre du bourg d'**Eta jima** est à 1 km O. du débarcadère, et est ouvert à l'O. sur une baie admirablement abritée. On peut y visiter le **Musée historique de la marine japonaise**. Un monument a été élevé à la mémoire de l'amiral Tōgō *Heihachiro* (1847-1934).

5 — Hiroshima, parc national de Seto Naikai, V. ces noms.

Kuroiso (Ile de Honshū)

Carte des richesses naturelles, p. 63.
Tōkyō, 173 km. — Fukushima, 109 km. — Maebashi, 156 km. — Mito, 127 km. — Utsunomiya, 63 km.

Tochigi ken. — 46 574 hab.

Kuroiso, au S. de la Naka gawa, est la principale station d'accès aux sources thermales et stations de sports d'hiver de Nasu, qui sont un élément du **Parc national de Nikkō**.

Environs :

1 — Nasu Yumoto Onsen *(16 km N. ; car).* — A 850 m d'altitude Nasu Yumoto est la première de cinq stations thermales d'eau sulfureuse, efficace contre les rhumatismes et maladies nerveuses : **Benten, Daimaru** (ou Omura), **Kita, Sandogoya** et **Takaomata** ; l'ensemble est dominé par le massif volcanique de Nasu. A Nasu Yumoto la source de **Shikano yu** est la plus célèbre.

Cette source, dont les vertus sont comparables à celles de Kusatsu (p. 000), fut dit-on repérée par un chasseur qui, ayant atteint une biche (d'où le nom de la source), la trouva à proximité de l'animal blessé.

Proche de Nasu Yumoto le **sanctuaire de Yuzen** est dédié à *Ōkuninushi*, fils de Susano o no Mikoto et son acolyte *Sukuna bikona* qui l'aida à conquérir la province d'Izumo. Ce sanctuaire est célèbre pour la « pierre de mort » (sesshoseki), à proximité de laquelle s'échappent les vapeurs de soufre dont périrent de nombreux animaux ; le site dénudé où elle se trouve est connu sous le nom de rives du fleuve de l'enfer : Saino Kawara.

→ A 9 km N.-O. : *****Chausu yama** ou **Nasu dake**, que l'on atteint par une route à péage *(car)* jusqu'à la station d'Omaru, puis par les téléphériques de Kakkodaira et Tenguhama. Deux grands cratères se creusent au sommet, présence de solfatares et émissions de vapeurs de soufre. La chaîne volcanique de Nasu comprend les sommets principaux du Chausu (1 917 m), de Nangetsu (1 776 m), de Kurooya (1 583 m), d'Asahi (1 903 m) et de Sambonyari (1 915 m).

→ A 21 km O. *(car)* : station thermale d'**Itamuro**, sur la haute vallée de la Naka gawa ; sources à 37 °C ; belle route à péage entre Nasu et Itamuro.

2 — Shiobara, V. *Imaichi* ; — **Parc national de Nikkō**, V. *ce nom.*

Kurume (Île de Kyūshū)

Carte du nord de Kyūshū, p. 372-373.
Tōkyō, 1 187 km. — Fukuoka, 37 km. — Kumamoto, 74 km. — Ōita, 138 km.
— Saga, 24 km.

Fukuoka ken. — 194 178 hab. — Tissages de coton. — Industrie du caoutchouc. — Université privée.

Cette importante ville industrielle du nord de Kyūshū s'est développée au centre de la plaine de Tsukumi, que traverse la Chikugo gawa. La première activité de cette ville est l'industrie du caoutchouc, qui classe Kurume aux premières places de la production mondiale.

Suiten gū *(300 m O. de la gare)*; proche de la Chikugo gawa, ce sanctuaire, fondé à la fin du XIIe s., est dédié à l'empereur *Antoku* (1178-1185) ; une partie fut transférée en 1818 à Edo (Tōkyō), par les seigneurs Arima qui gouvernaient alors la contrée.
Le **château de Kurume** *(500 m N. de la gare)*, avec ses remparts et ses jardins environnants, occupe le site de l'ancienne résidence des Arima.
Le **Centre culturel d'Ishibashi** *(4 km E. ; bus)* est agrémenté d'un parc public, d'une galerie d'expositions, d'une salle de concerts due à *Kikutake Kiyonori*, etc.

Environs : Harazuru Onsen *(30 km E., par la N 210 ; car ; train J.N.R. jusqu'à Ukiha, puis car).* — La route et la voie ferrée quittent Kurume vers l'E., et remontent la vallée de la Chikugo gawa.
25 km : **Yoshii**, d'où l'on peut gagner directement Harazuru Onsen. Dans la région ont été fouillés plusieurs tumuli (tels ceux de Hino oka ou de Mezurashi), aux chambres sépulcrales couvertes de peintures symboliques.
30 km : **Harazuru Onsen**, au N. de la Chikugo gawa, sur laquelle se pratique en été la pêche aux cormorans.

Kushiro (Île de Hokkaidō)

Carte de Hokkaidō, p. 230-231.
Tōkyō, 1 443 km. — Abashiri, 165 km. — Nemuro, 125 km. — Obihiro, 123 km.
— Sapporo, 333 km.

Hokkaidō. — 214 694 hab. — Port de pêche et cité industrielle.

Avec tout un arrière-pays marécageux, Kushiro est, au S. de Hokkaidō et sur l'océan Pacifique, le **premier port de pêche du Japon** ; il a le privilège d'être épargné par les glaces en hiver. L'expansion industrielle récente de la ville, fondée sur les produits de la pêche, les produits laitiers, le bois, les engrais, font de Kushiro le principal centre d'activité de l'est de Hokkaidō. Par ailleurs, des réserves minières de charbon, dont les gisements se prolongent sous la mer, sont estimées à deux milliards de tonnes.

Harutori ko *(2 km S.-E. de la gare ; bus)* est un petit étang où vivent un type particulier de carpes ; patinage en hiver. Un fort fut construit sur une éminence, au N.-O., d'où l'on découvre l'ensemble de la ville.

330 KYŌTO

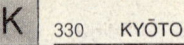

Environs :

1 — Akan *(33 km N.-O., par la N 240 ; car).* — Quitter Kushiro vers l'O. par la N 38.
14 km : Ōtanoshike, où s'embranche vers le N.-O. la N 240.
24 km : Tancho zuru, lieu de rassemblement des grues blanches à crête rouge ; non loin de la route, sont enfermés quelques spécimens de ces oiseaux, qui trouvent sur les nombreux terrains marécageux alentour (27 km² env.) un lieu d'asile entre mai et novembre (rarement visibles par ailleurs).
33 km : Akan, où l'on pourra visiter le Musée des Transports et des Mines, qui s'intéresse aux exploitations ferroviaires et minières de la région.

2 — Nemuro, parc national d'Akan, V. ces noms.

Kyōto (Ile de Honshū)***

Carte des richesses humaines, p. 68. — Plans : Ensemble, p. 332 ; Centre, p. 336-337 ; — Higashiyama, p. 344-345.
Tōkyō, 489 km. — Fukui, 159 km. — Kōbe, 76 km. — Nara, 44 km. — Ōsaka, 42 km. — Ōtsu, 12 km. — Tsu, 98 km.

Chef-lieu de Kyōto fu (1 799 468 hab.). — 1 473 000 hab. — 50 m d'alt. — Ville industrielle : tissage de la soie. — Universités nationale, régionale et privées. — Ville de congrès.

Ville de la plaine, Kyōto, la « Ville-Capitale », fut construite en damier selon le plan chinois. Mais cette horizontalité que l'on retrouve dans les immenses toitures des temples est vite démentie par une ligne d'horizon faite de collines douces s'arrêtant aux portes mêmes de la cité, là où, dans la verdure, entourés de quartiers ayant gardé leur image de légendes, s'élèvent quelques-unes des plus belles constructions du Japon éternel.

Épargnée par les bombardements de la Deuxième Guerre mondiale, Kyōto offre donc encore, dans sa périphérie immédiate ou au cœur même de la ville tentaculaire, l'image presque intacte du vieux Japon : celui des temples de bois suspendus au-dessus de paysages que l'on croit sortis d'un rouleau de peinture sur soie, des jardins rêveurs, des pavillons oniriques, des moines hiératiques et, peut-être encore plus ici qu'ailleurs au Japon, un attachement aux modes de jadis : les kimonos, nombreux, nuancent partout la couleur de la rue.

Mais, si Kyōto n'a pas vraiment souffert de la guerre, elle n'en reste pas moins une ville en plein développement et le voyageur risque fort d'être surpris en débarquant de la gare centrale : partout ce ne sont que gratte-ciel, tours de télévision, immenses publicités au néon, trafic intense... Et cette évolution marque la ville depuis le début de l'ère Meiji, le parsemant de surprenants édifices de style « victorien corrigé Japon »...

Pourtant le « charme de Kyōto opère doucement, à votre insu », et la ville « finit par se révéler un des lieux les plus attachants du monde » *(Fosco Maraini)* ; l'emprise est insidieuse, et vous pousse chaque jour à en découvrir davantage : la matière est en fait inépuisable, tant à Kyōto que dans ses environs.

Et puis, à Kyōto, la ville « où l'on vit bien », l'artisanat traditionnel est resté vivace, en particulier celui de la soie qui est toujours tissée selon d'antiques méthodes venues de Chine et de Corée, celui de la broderie ou encore celui de la laque. Cet aspect de la ville demande que l'on s'y attarde : il permet une approche plus sensible. Enfin, Kyōto est jumelée avec Paris et Florence.

La ville dans l'histoire

Capitale de la Paix. — Devant l'influence grandissante des monastères bouddhiques établis à Nara, l'empereur *Kammu* (736-805), sous la pression des Fujiwara, décida en 784 de transférer la capitale. Le site de Nagaoka, au S.-O. de l'actuelle Kyōto, fut d'abord retenu, mais des circonstances — assassinats de *Fujiwara Tanetsuga* et de *Sawara*, frère de l'empereur — firent que *Kammu tennō* s'établit (en 794) à Kyōto. La ville, d'abord appelée Heiankyō, capitale de la Paix, prendra le nom de Miyako, ville impériale, puis de Kyōto, ville capitale. Le nom fut définitivement adopté, mais la fonction maintenue seulement jusqu'en 1868. La ville, dessinée sur le modèle des capitales chinoises, est orientée N.-S. selon l'axe de la Kamo gawa, et forme un quadrilatère de 4 km de côté, à l'intérieur duquel les principales avenues se recoupent à angle droit ; elles sont numérotées de un à dix (Ichijō dōri, Nijō dōri, Sanjō dōri, etc.) depuis le Palais impérial (Dai Dairi), au N. de l'enceinte, jusqu'à la porte Rashō mon, au S. de la ville. Temples et sanctuaires sont rejetés au-dehors, ce qui n'empêchera pas l'Enryaku ji, fondé dès 788, de devenir un domaine religieux puissant et menaçant pour la capitale.

L'ère des Fujiwara. — Du IXe au XIe s., la puissance des Fujiwara atteint son apogée ; ils occupent les meilleurs postes de *sesshō* (régent) ou de *kampaku* (grand rapporteur) auprès du gouvernement, et deviennent, par alliance, membres de la famille impériale. Ils confinent la cour dans le luxe et le libertinage, écartant à l'occasion les hommes trop influents, comme *Sugawara Michizane* (845-903). *Fujiwara Michinaga* (966-1027) fut le plus brillant de la famille, mais après lui celle-ci amorça son déclin. L'empereur *Go Sanjō* (1034-1073), attribuant les faiblesses du gouvernement à la suprématie des Fujiwara, reprit les rênes du pouvoir.

Heike contre Genji. — L'empereur *Shirakawa* (1053-1129) prolongea l'autorité de son prédécesseur Go Sanjō, mais se retira, à partir de 1086, au profit de son fils *Horikawa* (1078-1107), puis de son petit-fils *Toba* (1103-1156) ; il continuait néanmoins d'exercer, subrepticement, le pouvoir. Ce nouveau système de *in sei*, particulier au Japon, entraîna la rivalité des familles Minamoto et Taira *(Genji* et *Heike)*, d'ascendance impériale, des guerres civiles que ne purent éviter les Fujiwara et qu'accentuèrent par ailleurs les luttes entre les moines des grands temples qui entouraient Kyōto. A la mort de *Toba tennō* éclatèrent les conflits (1156-1160) qui aboutirent à l'accession au pouvoir de *Taira Kiyomori* (1118-1181), consacré *Dajō daijin* (Premier ministre), et à l'exil de *Minamoto Yoritomo* (1147-1199). Les luttes reprirent de plus belle à partir de 1181, amenant l'insécurité des Taira à Kyōto, leur fuite de part et d'autre de la mer Intérieure, et leur chute définitive à Danno ura (1185), suivie de l'accession au pouvoir de *Yoritomo*, qui établit le siège du bakufu à Kamakura *(V. ce nom).*

L'époque Muromachi (1333-1573). — Les Hōjō, successeurs de Minamoto Yoritomo à Kamakura, exercèrent également leur contrôle sur la capitale impériale ; ils établirent leur résidence de Kyōto à l'emplacement de l'ancien palais impérial et supervisèrent la nomination des empereurs. L'un de ceux-ci, *Go Daigo* (1287-1338), ayant tenté de se soustraire à leur tutelle, fut exilé à Oki en 1331. Revenu sous la protection de plusieurs partisans, dont *Kusunoki Masashige* (1294-1336), Go Daigo voit sa cause

KYOTO (ENSEMBLE)

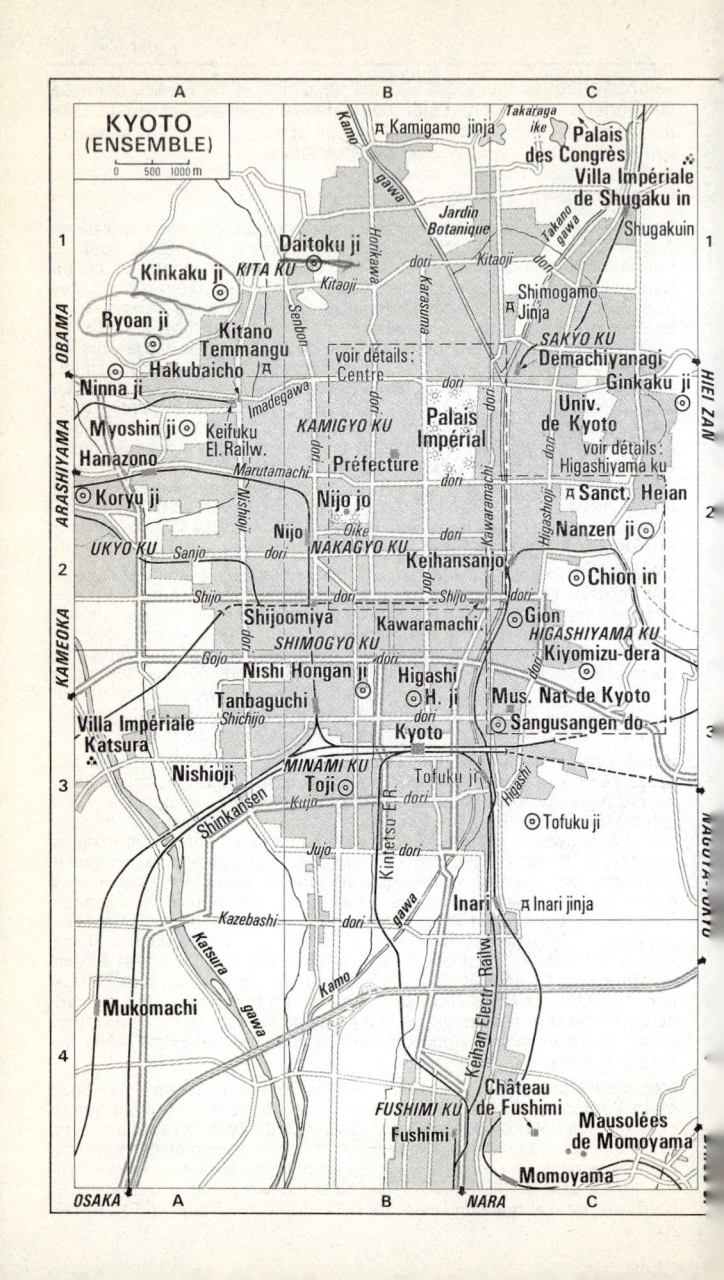

0 500 1000 m

A
- OBAMA
- ARASHIYAMA
- KAMEOKA
- Kinkaku ji
- Ryoan ji
- Kitano Temmangu
- Hakubaicho
- Ninna ji
- Myoshin ji
- Hanazono
- Koryu ji
- Keifuku El. Railw.
- UKYO KU
- Villa Impériale Katsura
- Nishioji
- Shinkansen
- Katsura gawa
- Mukomachi
- OSAKA

B
- Kamigamo jinja
- Kamo gawa
- Daitoku ji
- KITA KU
- Horikawa
- Kitaoji dori
- Karasuma dori
- Senbon dori
- Imadegawa dori
- KAMIGYO KU
- voir détails: Centre
- Préfecture
- Nijo jo
- Marutamachi dori
- Nishioji dori
- Nijo dori
- NAKAGYO KU
- Oike dori
- Sanjo dori
- Shijoomiya
- Shijo dori
- SHIMOGYO KU
- Kawaramachi
- Gojo dori
- Nishi Hongan ji
- Higashi H. ji
- Tanbaguchi
- Shichijo dori
- Kyoto
- MINAMI KU
- Toji
- Kujo dori
- Kintetsu E.R.
- Jujo dori
- Kamo gawa
- Kazebashi dori
- Inari
- FUSHIMI KU
- Fushimi

C
- Takaraga ike
- Palais des Congrès
- Villa Impériale de Shugaku in
- Takano gawa
- Jardin Botanique
- Shugakuin
- Shimogamo Jinja
- SAKYO KU
- Demachiyanagi
- Ginkaku ji
- Univ. de Kyoto
- voir détails: Higashiyama ku
- Sanct. Heian
- Higashioji dori
- Nanzen ji
- Kawaramachi dori
- Keihansanjo
- Chion in
- Gion
- HIGASHIYAMA KU
- Kiyomizu-dera
- Mus. Nat. de Kyoto
- Sangusangen do
- Higashi dori
- Tofuku ji
- Inari jinja
- Keihan Electr. Railw.
- Château de Fushimi
- Mausolées de Momoyama
- Momoyama
- HIEI ZAN
- NAGOYA-TOKIO
- NARA

soutenue par *Ashikaga Takauji* (1305-1358), qui était pourtant venu le combattre (1333). Insatisfait de ne pas avoir été reconnu shōgun, Ashikaga s'empara de Kamakura ; après la bataille de Minatogawa (1336, *V. Kōbe*), il se rendit maître de Kyōto d'où il chassa l'empereur Go Daigo *(V. Yoshino)* pour introniser l'empereur *Kōmyō* (1321-1380) à sa place. A partir de 1392 les dynasties du Nord et du Sud (cours de Kyōto et de Yoshino) fusionnèrent, mais le pouvoir demeura aux shōgun Ashikaga, qui entretenaient une cour brillante. Pourtant au luxe et aux arts *(période de Higashiyama,* 1443-1489), se mêlent intrigues et rivalités intestines qui atteignent leur paroxysme sous le gouvernement d'*Ashikaga Yoshimasa* (1443-1496), dédaigneux des affaires publiques ; sa succession entraîna la *guerre civile d'Ōnin* (1467-1477) dont la famille Hosokawa tira profit, mais qui ruina totalement la ville de Kyōto. A la mort de Yoshimasa, régnait une complète anarchie ; la situation économique était catastrophique, et Kyōto fut victime de nombreux pillages. Ce désordre dura près d'un siècle, jusqu'à la prise de la ville (1568) par *Oda Nobunaga* (1534-1582), et l'abolition du shogunat des Ashikaga en 1573.

Azuchi, Momoyama et Edo. — Ayant presque réalisé l'unification du pays, Nobunaga fut assassiné, à Kyōto, par l'un de ses généraux, *Akechi Mitsuhide* (1526-1582). *Toyotomi Hideyoshi* (1536-1598) s'empara alors du pouvoir. Il redressa l'activité économique et artistique de Kyōto ; il fit restaurer les temples Enryaku et Hongan qu'avait réduits Nobunaga. A partir de 1603, les Tokugawa transférèrent le siège du gouvernement shogunal à Edo (Tōkyō), mais Kyōto n'en restait pas moins la capitale impériale et une importante ville religieuse et commerciale. A cette époque, elle eut à souffrir d'un terrible incendie (1788) qui détruisit tout le centre de la ville. Les événements évoluèrent rapidement au XIXe s. lorsqu'après le décès de l'empereur *Kōmei* (1831-1867), le shōgun *Keiki* fut amené à abdiquer et que la restauration du pouvoir impérial fut promulguée à Kyōto. Le nouvel empereur *Mutsuhito* (*Meiji tennō*, 1852-1912) décida en 1869 d'établir sa capitale à Tōkyō. Le couronnement impérial s'effectue toutefois à Kyōto. Kyōto fut épargnée par les bombardements de la Seconde Guerre mondiale grâce à l'intervention de l'orientaliste français *Serge Elisseeff*.

Ils sont nés à Kyōto. — De nombreux empereurs virent le jour dans l'ancienne capitale japonaise, dont l'*empereur Meiji* (1852-1912) qui transféra cette capitale à Tōkyō. Sont également originaires de Kyōto : le lettré et homme politique *Sugawara Michizane* (845-913) ; — le célèbre *Minamoto Yoritomo* (1147-1199), fondateur du bakufu de Kamakura ; — le poète *Kamo no Chōmei* (1154-1216), auteur du *Hōjōki* ; — le prêtre *Shinran* (1174-1268), fondateur de la nouvelle secte Jōdo ; — les peintres *Tosa Mitsunobu* (1435-1525), *Kanō Eitoku* (1543-1590), *Kanō Tanyū* (1602-1674), *Sumiyoshi Gukei* (1631-1705), *Tosa Mitsunari* (1646-1710), *Ogata Kōrin* (1658-1716), *Uemura Shoen* (1875-1949), *Domoto Isao* (né en 1927) ; — l'écrivain *Kamo Mabuchi* (1697-1769) ; — l'homme politique *Iwakura Tomoyoshi* (1835-1883) ; — la femme poète *Kujo Takeho* (1887-1928).

Porcelaines et soies. — L'industrie de la soie est une activité traditionnelle de Kyōto, depuis la fondation de la ville à la fin du VIIIe s. L'essor se fit particulièrement sentir avec l'introduction de procédés chinois et coréens, à l'époque des Tokugawa et depuis l'ouverture du pays à l'étranger. Tissus imprimés ou peints à la main, broderies et autres dérivés, complètent ce secteur semi-artisanal. La porcelaine, abondante, est également renommée, principalement depuis le XVIIe s., avec les productions de Kiyomizu et d'Awata.

334 KYŌTO

Aujourd'hui, la ville fabrique encore des métiers à tisser, des appareils électriques, des outils de précision, des instruments médicaux ; sake de Fushimi, produits chimiques et pharmaceutiques, métallurgie du cuivre complètent les ressources de la ville.

Jardins japonais. — C'est à Kyōto qu'on pourra le plus à loisir admirer les jardins japonais ; ceux-ci révèlent un art complet et réunissent, sur une superficie généralement réduite, raffinement, tranquillité, domination du paysage miniaturisé, et invitent à l'étonnement devant le changement subit des perspectives, ou à la méditation contemplative. Comme en d'autres domaines, l'inspiration en est venue de Chine et de Corée, rapidement remodelée par le génie japonais. Après Nara, les palais de Heiankyō s'agrémentèrent de jardins-paysages (collines, lacs, bois artificiels) pour se conformer, à l'époque de Kamakura, aux disciplines du zen ; d'où ces jardins chargés de symboles exprimés par l'arrangement de sable et de rochers (jardins secs : *kare sansui*), dont le **Daisen in** du Daitoku ji et le **Ryoan ji** sont les plus célèbres exemples. Aux époques Azuchi, Momoyama et Edo, les jardins se multiplièrent autant que les innombrables villas des empereurs ou des daimyō ; des maîtres tels *Sōami* (1472-1523), *Senno Rikyū* (1520-1591) ou *Kobori Enshū* (1579-1647), s'imposèrent en la matière. Autour d'une villa, le jardin est l'élément fondamental qui coordonne la disposition des édifices (bâtiments de la villa ou pavillons de thé), d'où l'on admirera au mieux le paysage ainsi discipliné. La **villa de Katsura** (XVIIe s.) en est le plus parfait exemple. Dans les monastères notamment ceux du zen, le jardin sec invite au recueillement ; chaque plantation, chaque pierre, soigneusement choisie, chaque ratissage, chargé de sens, invite la libre imagination du contemplateur. Les jardins japonais nécessitent des soins constants et minutieux, pour contrôler l'évolution végétale, et garder au jardin son aspect ordonné et « naturel ».

Visite de la ville

Deux jours à Kyōto. — C'est vraiment peu, nous vous conseillons de rester au minimum cinq jours, afin de vous faire une bonne idée d'ensemble de la ville et de ses environs proches. Dans l'espace de deux journées nous vous suggérons, le premier jour, d'utiliser les services touristiques d'une agence (Fujita Travel Service, J.T.B., en anglais départ depuis les principaux hôtels) ; les circuits du matin et de l'après-midi vous feront découvrir entre autres : Higashi Hongan ji, Nijō jō Kinkaku ji, le Palais impérial, le sanctuaire Heian, Sanjusangen dō et Kiyomizu dera. Le soir, vous pourrez assister à un spectacle traditionnel de Nō, Kabuki, Miyako ou Kamogawa Odori (en avril, mai ou octobre) ou vous joindre, en été, à un circuit organisé pour participer au spectacles du Yasaka Hall (Gion Corner), ou à une pêche aux cormorans Le deuxième jour, si le système vous convient, vous pourrez vou joindre, certains matins d'été, au circuit de quelques jardins classique (Koke dera, Ninna ji, Ryoan ji), et terminer l'après-midi au mont Hie Sinon, vous pouvez prendre rendez-vous auprès des Services de l Maison impériale *(V. Renseignements pratiques « service de la Maiso impériale »),* afin de visiter la villa Katsura ou celle de Shugaku in (o vous visiterez au moins le jardin du Daisen in, puis le Ryoan ji), et d poursuivre jusqu'à la gare de Demachiyanagi *(Keifuku E.R.),* afin d gagner le mont Hiei, où vous terminerez l'après-midi. Depuis Shugak in, vous pouvez accéder directement au mont Hiei, en prenant le tra privé à la gare de Shugakuin ; réservez-vous du temps pour visiter le Ryoan ji. Si vous préférez rester dans Kyōto, vous trouverez toujours de quoi vous occuper à Higashiyama, auprès du Ginkaku ji, du Chion in ou du Tofuku ji, voire du Musée national.

Un jour à Kyōto. — En si peu de temps, nous vous conseillons de participer (comme ci-dessus) à un tour de ville, ou d'engager, par l'intermédiaire de votre hôtel, les services d'un taxi dont le chauffeur pourra parler l'anglais. Fiez-vous alors à la sélection de votre cicerone ou convenez, avec lui, d'un itinéraire. Essayez de visiter Higashi ou Nishi *(visites à heures fixes)* Hongan ji, Nijō jō, Daitoku ji, Ryoan ji, Kinkaku ji, Ginkaku ji, Heian jingū, Chion in, Sanjusangen dō, et terminez l'après-midi au Kiyomizu dera, pour contempler le coucher du soleil.

A pied dans la ville. — Vous vous apercevrez rapidement que vouloir parcourir Kyōto à pied est une gageure : les distances entre les principaux monuments sont trop importantes. Le seul parcours envisageable serait d'aborder, l'un après l'autre, les temples et sanctuaires de Higashiyama, à l'E. de la Kamo gawa, entre Ginkaku ji et Tofuku ji ; vous en aurez facilement pour la journée. La simple visite détaillée d'un temple comme le Daitoku ji, peut aisément vous retenir plus d'une demi-journée. En conséquence, nous vous engageons à utiliser les services d'un taxi ou les transports publics ; renseignez-vous auprès de votre hôtel ou du J.N.T.O. pour connaître les lignes d'autobus ou de tramway, et les arrêts où descendre. Il existe, à Kyōto, une carte journalière pour les transports en commun qui s'obtient auprès de l'*Office des Transports Urbains*, juste à la sortie de la gare centrale. Enfin, lors de vos promenades à pied, prenez garde aux bicyclettes qui, au Japon, circulent sur les trottoirs. L'entrée, aux principaux temples et sanctuaires, est payante.

Si vous aimez...

Les temples et sanctuaires : Kyōto recense 253 sanctuaires shintō et 1 598 temples bouddhistes. Voilà de quoi dépasser toutes vos espérances ! D'évidence, une sélection s'impose. Parmi les sanctuaires citons : Heian jingū, Kitano Temman gū, Kamigamo et Shimogamo jinja, Inari jinja ; les temples les plus remarquables sont : Higashi et Nishi Hongan ji, Daitoku ji, Myoshin ji, Ninna ji, Nanzen ji, Chion in, Kiyomizu dera, Tofuku ji, Tō ji, ainsi que dans les environs immédiats de Kyōto, Enryaku ji (mont Hiei) et Daigo ji.

Les jardins japonais : la plupart des temples et sanctuaires sont entourés d'un jardin, invitant le visiteur à la méditation. Les plus célèbres se trouvent aux : Daitoku ji, Ninna ji, Saiho ji (Koke dera), Ryoan ji, Kinkaku ji, Ginkaku ji, Nanzen ji, Tofuku ji et Heian jingū ; il faut ajouter les remarquables jardins des villas impériales de Katsura et de Shugaku in.

Les anciens palais japonais : visitez le Palais impérial, Nijo jō et Fushimi jō, dont l'architecture remonte aux époques Momoyama, Edo et pseudo-Heian.

La sculpture japonaise : Kyōto se distingue en ce domaine, et la plupart des grands temples sont intéressants à ce point de vue. Signalons

KYOTO (CENTRE)

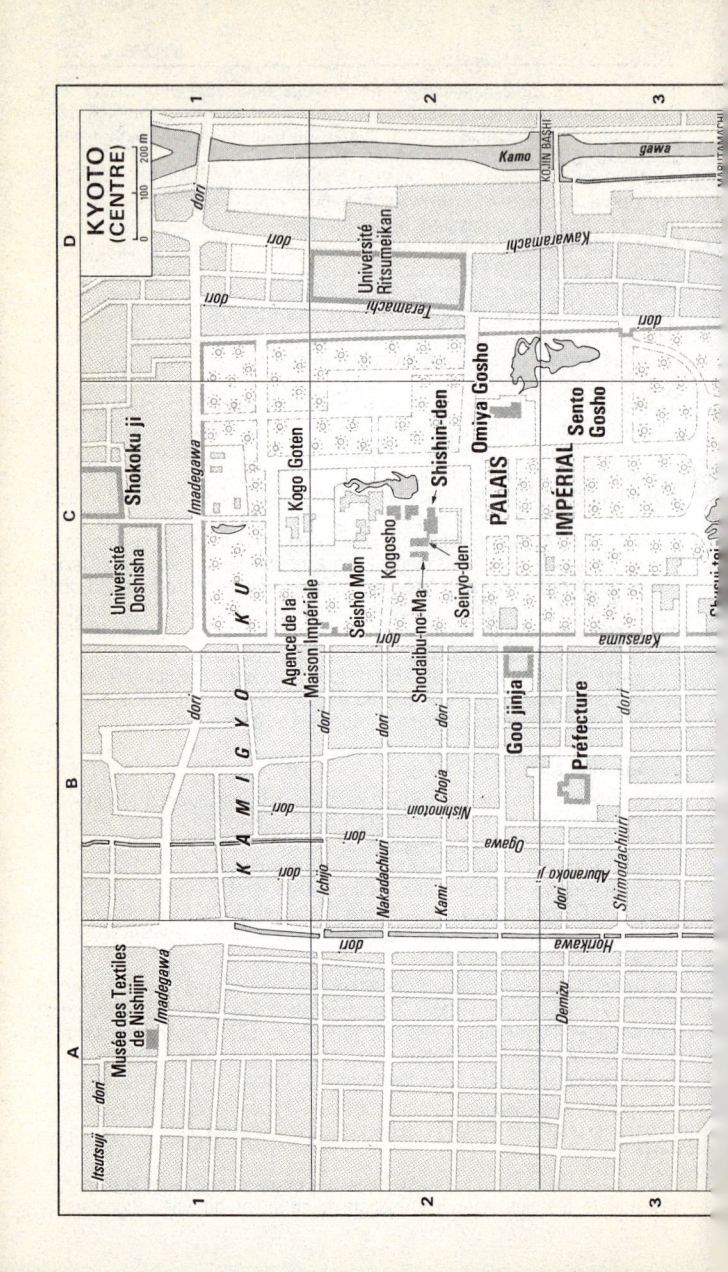

0 100 200 m

- Musée des Textiles de Nishijin
- Tsutsuji dori
- Imadegawa
- KAMIGYO-KU
- Université Doshisha
- Shokoku ji
- Imadegawa
- Université Ritsumeikan
- Kamogawa
- KOJIN BASHI
- Teramachi
- Kawaramachi
- Agence de la Maison Impériale
- Seisho Mon
- Kogo Goten
- Shishin-den
- Kogosho
- Shodaibu-no-Ma
- Seiryo-den
- PALAIS IMPÉRIAL
- Omiya Gosho
- Sento Gosho
- Karasuma
- Goo jinja
- Nakadachiuri dori
- Kami Chojamachi
- Nishinotoin
- Aburanokoji
- Ichijo dori
- Préfecture
- Shimodachiuri dori
- Horikawa
- Ogawa
- Demizu
- MORITAMACHI

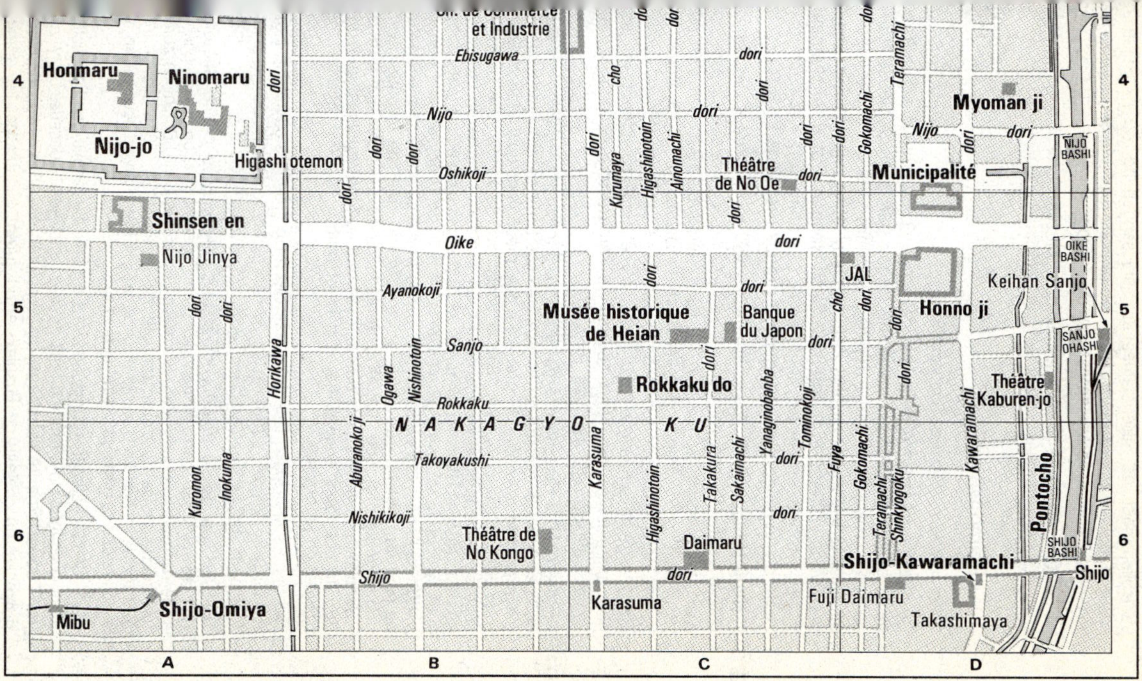

et Industrie
Ebisugawa
Honmaru
Ninomaru
Nijo-jo
Higashi otemon
Nijo
Oshikoji
Shinsen en
Nijo Jinya
Oike
Ayanokoji
Sanjo
Horikawa
Ogawa
Nishinotoin
Rokkaku
N A K A G Y O K U
Aburanokoji
Takoyakushi
Nishikikoji
Kuromon
Inokuma
Shijo
Shijo-Omiya
Mibu
Théâtre de No Kongo
Karasuma
Kurumaya
Higashinotoin
Ainomachi
Théâtre de No Oe
Musée historique de Heian
Banque du Japon
Rokkaku do
Yanaginobanba
Tominokoji
Takakura
Sakaimachi
Daimaru
Fuya
Gokomachi
Teramachi
Shinkyogoku
JAL
Honno ji
Municipalité
Myoman ji
Nijo Bashi
Oike Bashi
Keihan Sanjo
Sanjo Ohashi
Théâtre Kaburen-jo
Kawaramachi
Pontocho
Shijo Bashi
Shijo-Kawaramachi
Fuji Daimaru
Takashimaya
dori
cho
A
B
C
D
4
5
6

particulièrement les mille statues du Sanjusangen dō, ou l'« unique » statue (Miroku Bosatsu) du Koryū ji, les œuvres du Tō ji, et conseillons vivement de visiter le Musée national de Kyōto.

La peinture japonaise : retournez alors au Musée national, mais visitez aussi quelques temples : Nishi Hongan ji, Daitoku ji et Myoshin ji.

A. — Shimogyō ku

Gares J. N. R. de Kyōto et Tambaguchi.

Ce quartier central de Kyōto est celui que l'on découvre à la sortie de la gare. Vous serez sans doute frappé par la disgrâcieuse tour de Kyōto (vue panoramique depuis le sommet : 131 m), et par le peu de caractère des immeubles commerciaux et des larges avenues ; mais vous visiterez avec intérêt Higashi Hongan ji et Nishi Hongan ji. Cet arrondissement est limité au N. par Shijō dōri, rue commerçante où se rencontrent banques et grands magasins.

Nishi Hongan ji *(Pl. Ensemble B3 ; — 900 m N.-O. de Kyōto eki et 600 m E. de Tanbaguchi eki, J. N. R. ; — bus nº 9 depuis la gare de Kyōto ; — ouvert de 10 h à 16 h 30 ; visite intérieure à 10 h, 11 h, 13 h 30 et 14 h 30, sauf samedi après-midi).* Immédiatement au N. du Kōshō ji, le long de Horikawa dōri, ce temple, l'un des plus vénérables de Kyōto, est le siège de la nouvelle secte Jōdo. Les bâtiments comptent parmi les plus complets et les mieux réussis de l'architecture bouddhique au Japon. Fête *Ho onko* du 9 au 16 janvier.

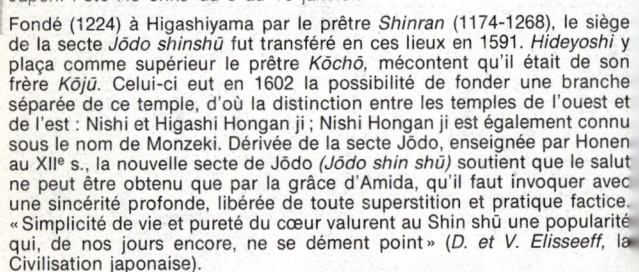

Fondé (1224) à Higashiyama par le prêtre *Shinran* (1174-1268), le siège de la secte *Jōdo shinshū* fut transféré en ces lieux en 1591. *Hideyoshi* y plaça comme supérieur le prêtre *Kōchō*, mécontent qu'il était de son frère *Kōjū*. Celui-ci eut en 1602 la possibilité de fonder une branche séparée de ce temple, d'où la distinction entre les temples de l'ouest et de l'est : Nishi et Higashi Hongan ji ; Nishi Hongan ji est également connu sous le nom de Monzeki. Dérivée de la secte Jōdo, enseignée par Honen au XIIe s., la nouvelle secte de Jōdo *(Jōdo shin shū)* soutient que le salut ne peut être obtenu que par la grâce d'Amida, qu'il faut invoquer avec une sincérité profonde, libérée de toute superstition et pratique factice. « Simplicité de vie et pureté du cœur valurent au Shin shū une popularité qui, de nos jours encore, ne se dément point » *(D. et V. Elisseeff,* la Civilisation japonaise).

Sur la cour principale, face à l'entrée Sei mon (1645), s'ouvrent le Hon dō (salle principale, 1760), et au S. de celui-ci le Daishi dō (salle du fondateur, 1637).

Dans le Hon dō se trouvent les **statues d'Amida**, du **prince Shōtoku** *(V. Ikaruga)* et du **prêtre Hōnen** ; les portes coulissantes, ornées de phénix et de paons, sont dues à des artistes de l'école des Kanō. Daishi dō abrite une **statue assise du prêtre fondateur Shinran** (1174-1268), auto-portrait qu'il réalisa à l'âge de soixante et onze ans ; la statue serait laquée avec un mélange des cendres du prêtre lui-même.

Au S. de ces bâtiments, on accèdera à la partie du temple que l'on visite sous la conduite d'un moine, aux heures indiquées ci-dessus. On y voit les ****appartements abbatiaux**, qui regroupent les anciens appartements provenant du château de Fushimi, et qui furent décorés par les grand maîtres de l'époque : les peintres Kanō (Eitoku, Hidenobu, Koi, Ryokei, Ryotaku et Tanyu) et Maruyama (Okyo et Ozui).

L'école des Kanō. — « Issu d'une petite famille guerrière de la région de l'est, d'un village appelé Kanō dans la province d'Izu, Kanō Masanobu (1434-1530), fondateur de l'école, vient à Kyōto et se met au service du shōgun. Chez Shūbun ou Sōtan il perfectionne son métier, qu'il avait appris vraisemblablement de son père Kagenobu. Son talent est apprécié, et lui vaut d'être reçu à l'académie shōgunale pour succéder à Sōtan ; il est bientôt le premier peintre laïque pratiquant la technique du lavis, jusqu'alors monopole des moines-peintres des milieux Zen. Ses œuvres montrent déjà les caractéristiques fondamentales de l'école Kanō : clarté de l'expression, netteté des lignes et équilibre de la composition, tandis qu'elles traitent des sujets traditionnels d'inspiration chinoise. Dégagée du symbolisme ou du mysticisme Zen, cette peinture laïque répondait plus directement au goût de la classe militaire » (Akiyama Terukazu, la Peinture japonaise). Les peintres Eitoku, Sanraku, Sansetsu, Kaihoku Yūshō, Koi et Tanyū, furent également les grands maîtres de cette école.

Au Daisho in, Kono ma (chambre des cigognes), la plus importante des pièces, devenue la salle d'audience des abbés, fut la salle du conseil de Hideyoshi, décorée par Kanō Ryokei, Tanyu et Maruyama Okyo ; les parties en bois sculpté sont dues à Hidari Jingoro. **Shirosho in** ou Shimei no ma fut également une salle importante de Fushimi jō, et est ornée par Kaiho Yusetsu, Kanō Koi et Kanō Ryotaku. **Kurosho in** possède des portes coulissantes, réalisées par Kanō Eitoku. Deux scènes de Nō existent de part et d'autre du Daisho in ; celle du N., provenant du château de Fushimi, est l'une des plus anciennes du Japon. A l'E. du Daisho in, s'étend un petit jardin sec de sables et rochers : Kokei niwa ; toute la partie occidentale du temple est occupée par un jardin-paysage plus vaste : Hyakka en. Dans le coin S.-E. du Nishi Hongan ji, se tient le *Hiun kaku (1587), pavillon qui dépendait autrefois des appartements de Hideyoshi et qui est en partie ornée par Kanō Eitoku, Kanō Sanraku et Kanō Tanyū ; à l'étage supérieur, peinture du Mont Fuji par Kanō Motonobu (1476-1554).

Honkoku ji ; au N. du Nishi Hongan ji, ce temple de secte Nichiren fut transféré en ce lieu, depuis Kamakura, en 1345. La bibliothèque à sūtra, reconstruite en 1607, conserve un exemplaire manuscrit du Rissho Ankokuron, écrit par Nichiren. Le sanctuaire de Seishoko, au centre de l'enceinte de ce temple, est dédié à Katō Kiyomasa (1562-1611).

***Higashi Hongan ji** (Pl. Kyōto Ensemble, B3 ; — 500 m E. de Nishi Hongan ji ; 500 m N. de Kyōto eki ; — ouvert de 9 h à 16 h 30). A l'E. du Nishi Hongan ji, ce temple, ouvert sur Karasuma dōri, est le siège de la secte dissidente du Jōdo Shin shū ; c'est l'un des plus vastes de Kyōto et du Japon. Il fut plusieurs fois reconstruit après maints incendies. Le **Daisho dō** (salle du fondateur) soutient le plus grand toit de bois du monde ; il abrite une statue de Shinran, attribuée au prêtre lui-même. Au **Hon dō**, au S. de l'enceinte, on remarque une grosse *corde tressée avec des cheveux féminins ; offerte par les dévotes du temple, elle servit à tirer les poutres de bois, lors de la reconstruction de cette salle (en 1895).

Le temple conserve six volumes du **Kyōgyō shinsho**, dans lesquels sont transcrits les fondements de la doctrine de Shinran par le prêtre lui-même (1224).

Shosei en *(300 m E. du Higashi Hongan ji ; 600 m N.-E. de la gare),* entre les rues Kamizuzuyamachi et Shimozuzuyamachi, qui partent vers l'E. depuis Higashi Hongan ji, temple plus connu sous le nom de **Kikoku tei,** autrefois la villa des abbés du Higashi Hongan ji.

A l'emplacement d'une résidence de Minamoto Tōru (822-895), les terrains furent offerts (1631) par le shōgun Iemitsu au prêtre Sennyō. Le *jardin fut à l'origine dessiné par *Ishikawa Jōzan* (1583-1672) et *Kobori Enshū* (1579-1647).

B. — Nakagyō ku

Gare J.N.R. de Nijō.

Au nord de Shimogyō ku, cet arrondissement central est le plus dynamique de la ville, et recouvre le tracé du cœur de l'ancienne Heiankyō ; là se situent les principaux hôtels, la Municipalité de Kyōto, les quartiers commerçants et de distraction. La large **Oike dōri,** plantée d'arbres, traverse cet arrondissement dans le sens E.-O. Kawaramachi, Shin Kyōgoku et Pontocho, au S.-E. de Nakagyō ku, sont les quartiers du shopping et des distractions ; le château de Nijō est l'un des monuments les plus représentatifs de la ville.

**Nijō jō *(Pl. Kyōto Centre A4 ; — 800 m N.-E. de Nijō eki et 3 km N. de Kyōto eki, J.N.R. ; bus n° 9 depuis cette dernière gare ; — ouvert de 8 h 45 à 16 h),* à hauteur de Nijō dori (la deuxième rue) ; bordé à l'E. par Horikawa dōri, ce palais fut autrefois la résidence officielle des Tokugawa à Kyōto.

Le château, élevé à partir de 1603 sur l'ordre de *Tokugawa Ieyasu,* fut agrandi entre 1624 et 1626 ; les meilleurs artistes de l'époque, sous la direction de *Kobori Enshū* (1579-1647), ornèrent les appartements du Nino maru et récupérèrent de riches éléments du château de Fushimi ; mais Nijō jō fut plus ou moins délaissé. Après l'abdication du dernier shogun *Keiki,* proclamée en ce lieu (1867), le château reçut en 1868 le siège du gouvernement impérial ; puis il devint, de 1871 à 1884, le siège de la Préfecture de Kyōto, pour constituer alors une résidence détachée du Palais impérial. La Maison impériale le céda à la ville en 1893.

Le château est limité par des douves et une enceinte, à l'intérieur de laquelle sont dessinés les différents bâtiments, cours et jardins. Par la porte de l'Est (Higashi Ōtemon), puis la porte chinoise (Kara mon), on accède à la cour du *Nino maru. On pénètre dans les **appartements** par un porche au fronton richement sculpté ; les pièces de réception, en retrait les unes des autres, sont bordées au S.-O. par les jardins, et reliées entre elles par des couloirs dont les planchers « sifflent » sous les pas, annonçant la venue des visiteurs. Les pièces, aux plafonds à caisson, possèdent des alcôves, portes coulissantes et autres surfaces peintes par *Kanō Tanyū* (1602-1674) et son école. Dans deux salles ont été placés des mannequins de cire, habillés à l'ancienne mode (« La visite au shōgūn »).

Un autre fossé entoure l'enceinte, de plan carré, du **Hon maru,** qui brûla au XVIIIe s., et où fut transféré (1893) le palais de Katsura no miya ; i faisait partie du domaine impérial.

KYŌTO : NAKAGYŌ KU

Shinsen en *(Pl., Kyoto Centre A5)*; au S. de Nijō jō, cet étang n'est plus qu'un souvenir de l'ancien palais impérial de Heiankyo qui, élevé à la fin du VIIIe s., brûla plusieurs fois et fut définitivement abandonné en 1177.

Au S. du Shinsen en, sur Ōmiya dori, s'ouvre **Nijō jinya** *(visite sur rendez-vous ; se renseigner auprès du J.N.T.O.)*, ancienne hôtellerie d'un commerçant qui fut compagnon d'arme d'Oda Nobunaga. La maison, élevée au XVIIe s., offre une série de retranchements et de passages secrets ; elle échappa, grâce à des moyens spéciaux de sécurité, au grave incendie de 1788.

Empruntant vers le S. Horikawa dōri, qui longe à l'E. les douves de Nijō jō, on atteint, troisième rue au-delà d'Ōike dōri, Rokkaku dōri, qui conduit vers l'E., juste après avoir traversé Karasuma dōri, au Rokkaku dō. Il serait également possible de suivre vers l'E. Ōike dōri, puis de prendre vers le S. Karasuma dōri, où la troisième rue vers l'E. est Rokkaku dōri.

Choboji ou **Rokkaku dō** *(Pl. Kyōto Centre C5; — 2,5 km N. de Kyōto eki, J.N.R. ; 400 m N. de Shijō Karasuma eki, Hankyū E.R. ; — bus n° 2, 25 et 26 depuis ces deux gares jusqu'à Karasuma Sanjō)*; ce temple hexagonal aurait été fondé en 587 par le prince *Shōtoku* ; il fut vénéré au début du XIIIe s. par le prêtre *Shinran* (V. Nishi Hongan ji), qui y fit un pèlerinage quotidien pendant cent jours, venant à pied depuis le mont Hiei. Le bâtiment actuel date de 1876 et abrite plusieurs statues, dont une de Shōtoku Taishi âgé de deux ans, et une autre de Shinran avec son bâton de pèlerin, toutes deux postérieures aux personnages.

En arrière du Chobo ji, la **maison Ikenobo** est célèbre pour une école d'arrangement floral (ikebana) qui fut créée au XVe s. par *Ikenobo Senkei*, prêtre du temple.

Honnō ji, autrefois résidence à Kyōto d'*Oda Nobunaga* (1534-1582), se trouvait au S. du Rokkaku dō. C'est là que le valeureux guerrier fut assailli par *Akechi Mitsuhide* (1526-1582), qui avait su attendre cinq ans pour assouvir une vengeance personnelle ; succombant sous les flèches, Nobunaga eut le temps de mettre le feu au temple, d'égorger sa femme et ses enfants, avant de s'ouvrir le ventre.

Au N. de Rokkaku dō, Karasuma dōri est croisée par Sanjō dōri qui conduit *(vers l'E., au-delà d'un bureau de poste)* au Musée historique de Heian.

Musée Heian *(Pl., Kyōto Centre C5; — adresse : Sanjō Takakura dōri, Nakagyō ku ; — 200 m N.-E. de Rokkaku dō ; 1,2 km S.-E. de Nijō jō ; 2,5 km N. de Kyōto eki ; — bus n° 2, 25 et 26 jusqu'à Karasuma Sanjō ; — ouvert t.l.j., sauf lundi, de 9 h à 16 h 30)*. Ce musée de Kyōto, méconnu mais pourtant intéressant, évoque le passé archéologique de l'ancienne capitale Heiankyō.

Le bâtiment en brique, d'époque Meiji, est situé sur l'emplacement d'anciennes demeures historiques de la ville. Outre une collection d'objets remontant aux époques préhistoriques et découverts à Kyōto ou aux environs, le musée a recueilli des objets des époques historiques ; on y verra en outre plusieurs documents, cartes, plans et photographies explicatives, ainsi qu'une reconstitution de la vie de cour au Seiryō den (ou palais de la cour impériale) à l'époque Heian ; une salle est dédiée à la Dame Murasaki Shikibu, auteur (Xe s.) du célèbre récit de Genji (Genji Monogatari).

342   KYŌTO : KAMIGYŌ KU

☞ Longeant Sanjō dōri vers l'E., puis prenant à g. Teramachi dōri et de nouveau à dr. Anekoji dōri, on atteint, juste avant Kawaramachi dōri :

● **Honno ji** *(Pl., Kyōto Centre D5; — 600 m E. du Musée Heian; 1,6 km S.-E. de Nijō jō; 2,7 km N.-E. de Kyōto eki; — bus n° 5 depuis cette dernière gare jusqu'à Kawaramachi Sanjō)*, qui remplace aujourd'hui, après de multiples incendies, le temple évoqué ci-dessus, qui se trouvait à proximité du Rokkaku dō. Une statue, dédiée à Oda Nobunaga, a été élevée dans la cour.

☞ Au S.-E. du Honno ji, entre Sanjō dōri et Shijō dōri, au bord de la rivière Kamo, **Pontocho** *(Pl., Kyōto Centre D5-6)* est le quartier nocturne de Kyōto et c'est donc là qu'il faudra vous précipiter dès la tombée de la nuit. Bars, restaurants, boîtes de nuit, maisons à geishas, s'alignent le long des ruelles qui ont su garder leur charme d'antan. Les kimonos sont ici plus nombreux qu'ailleurs et la vision fugitive de quelques geishas disparaissant derrière les panneaux coulissants ravira l'étranger en quête d'authenticité.

C. — Kamigyō ku

Au N. des arrondissements précédents, Kamigyō ku constituait également le N. de l'ancienne capitale Heiankyō; là se dressait l'ancien palais impérial Dai Dairi; le palais actuel aurait occupé le coin N.-E. de la ville. Cet arrondissement est avec Nishijin le centre de l'industrie textile de la soie à Kyōto. On y visitera particulièrement le Palais impérial et Kitano Temman gū.

☞ ***Palais impérial** ou **Gosho** *(Pl., Kyōto Centre C2; — 4 km N. de Kyōto eki, J.N.R.; 2,2 km N. de Karasuma ou de Kawaramachi eki, Hankyū E.R.; — bus n°s 2 ou 36 depuis la première gare, n°s 30, 32 ou 47 depuis l'une des deux autres jusqu'à Karasuma Nakatachiuri ou Kawaramachi Marutamachi; — visite : t.l.j. sauf samedi après-midi, dimanche et jours fériés; fermé entre le 25 déc. et le 5 janv.; obtenir une autorisation de visiter, sur présentation du passeport, auprès des Services de la Maison impériale, situés à l'O. de Seisho mon, porte d'accès au palais, visite accompagnée)*. Le palais actuel est enclos à l'intérieur d'un vaste parc à l'anglaise, **Kyoto Gyoen** (84 ha), limité au N. et au S. par les rues Imadegawa et Marutamachi, à l'O. et à l'E. par les rues Karasuma et Teramachi.

L'ancien palais impérial de Heiankyō, élevé en 794, était plus à l'O. par rapport au palais actuel, et occupait un rectangle d'environ 870 m sur 1 100 m, entre Ichijō et Nijō dōri. Ce palais fut détruit et reconstruit à plusieurs reprises. Ce n'est qu'après l'incendie de Kyōto, en 1788, que fut retenu le site actuel du Gosho, reconstruit dans le style original de Heian, mais qui brûla de nouveau en 1854 pour être reconstruit tel que nous le voyons aujourd'hui.

Le visiteur découvrira, sans y pénétrer, les principales salles qui composent actuellement ce palais. Ce sont : **Shodaibu no ma** (salle des dignitaires), en arrière de laquelle se tient **Seiryō den**, salle de cérémonie, décorée par des peintres de l'école de Tosa; **Shishin den**, salle principale, où se déroulent les cérémonies du couronnement, précédée de galeries couvertes entourant une vaste cour; Kogo shō et Ogakumon jō, qui s'ouvrent sur le jardin intérieur Oike niwa; Ōtsune Goten, appartements impériaux, richement décorés. Au

N., à l'intérieur de l'enceinte du Gosho, se trouve le palais de l'impératrice, semblable à celui de l'empereur, mais sur une échelle plus modeste *(on ne visite pas)*.

Au S.-E. du Palais impérial, dans l'enceinte du Kyōto Gyōen, se trouvent entourés par un même mur les anciens **palais de Sentō et d'Ōmiya**, agrémentés d'un agréable jardin japonais ; aujourd'hui, à la disposition d'hôtes du gouvernement en visite à Kyōto, ils sont inaccessibles au public. **Sentō gosho** fut à partir du XVIIe s. la résidence d'empereurs retirés selon le système de l'*in sei* (V. *historique de la ville*) ; **Ōmiya gosho** servit de résidence aux impératrices douairières, et fut reconstruit en 1867 pour l'impératrice Eishō, veuve de *Kōmei tennō*, le dernier souverain ayant régné à Kyōto.

A l'O. du parc du Palais impérial, à l'extérieur de l'enceinte, se trouve : **Goo jinja** *(pl., Kyōto Centre B2)*, dédié à *Wake Kiyomaro* (733-799), qui dissuada l'impératrice Shōtoku d'épouser le moine intrigant Dōkyō *(V. Usa)*, et fut l'un des grands « urbanistes » de la nouvelle capitale Heiankyō.

Au N. du Palais impérial, se trouve l'importante université chrétienne de **Doshisha**, fondée en 1873. Au N. de celle-ci, on visite le Shokoku ji.

Shokoku ji *(Pl., Kyōto Centre C1 ; — 900 m N. du Palais impérial ; 5 km N. de Kyōto eki ; — depuis cette gare, bus n° 4 ou 14 jusqu'à Karasuma Kamitachiuri, ou bus n° 65 jusqu'à Doshishamae)*. Ce temple de secte *Rinzai* fut élevé en 1392 par *Ashikaga Yoshimitsu* (1358-1408), à la demande de l'empereur Go Kameyama (1347-1424). Ravagé au XVe s., le temple fut relevé au début du XVIIe s. par Toyotomi Hideyori, puis Tokugawa Ieyasu. Le **Kō dō** (salle de lecture, 1605) est le seul témoignage important de cette époque qui abrite une statue de Sakyamuni. Dans les jardins sont inhumés (entre autres) le shōgun *Ashikaga Yoshimasa* (1435-1490) et le lettré *Fujiwara Seika* (1561-1619).

Entre le Palais impérial et l'université de Doshisha, passe Imadagawa dōri qui conduit vers l'O. au quartier des tisserands de **Nishijin.**

Les artisans de la soie fournissaient traditionnellement le Palais impérial et la cour, qui assuraient la plus grande partie de leurs revenus. La guerre civile d'Onin (1467-1477) en fit s'enfuir un grand nombre, qui s'installèrent à Sakai ou Yamaguchi, et s'initièrent aux nouvelles techniques chinoises. La paix revenue ils réintégrèrent Kyōto, et s'établirent au quartier dévasté de Nishijin (du camp militaire de l'ouest), qui connut une très grande prospérité à l'époque Edo. Malgré un léger déclin lors du transfert de la capitale à Tōkyō, l'activité a connu un nouvel essor avec l'importation depuis la France de métiers Jacquard, et l'automatisation moderne de cette industrie.

Le Musée de Nishijin *(Pl. Kyōto Centre A1 ; — Imadegawa Ōmiya dōri, Kamigyō ku ; — 1,5 km N.-O. du Palais impérial ; 5 km de Kyōto eki ; — bus n° 59 depuis Karasuma dōri, le long du Palais impérial jusqu'à Imadegawa Ōmiya ; — ouvert t.l.j. de 9 h à 17 h)*. Ce « musée », qui occupe un bâtiment de 1925 (*deuxième pâté de maison après le carrefour d'Imadegawa dōri et de Horikawa dōri*), est en fait un centre d'exposition-vente des produits de la soie réalisés dans le quartier de Nishijin ; présentation de kimono.

Imadegawa dōri se prolonge vers l'O. et atteint le sanctuaire de Kitano.

KYOTO
HIGASHIYAMA

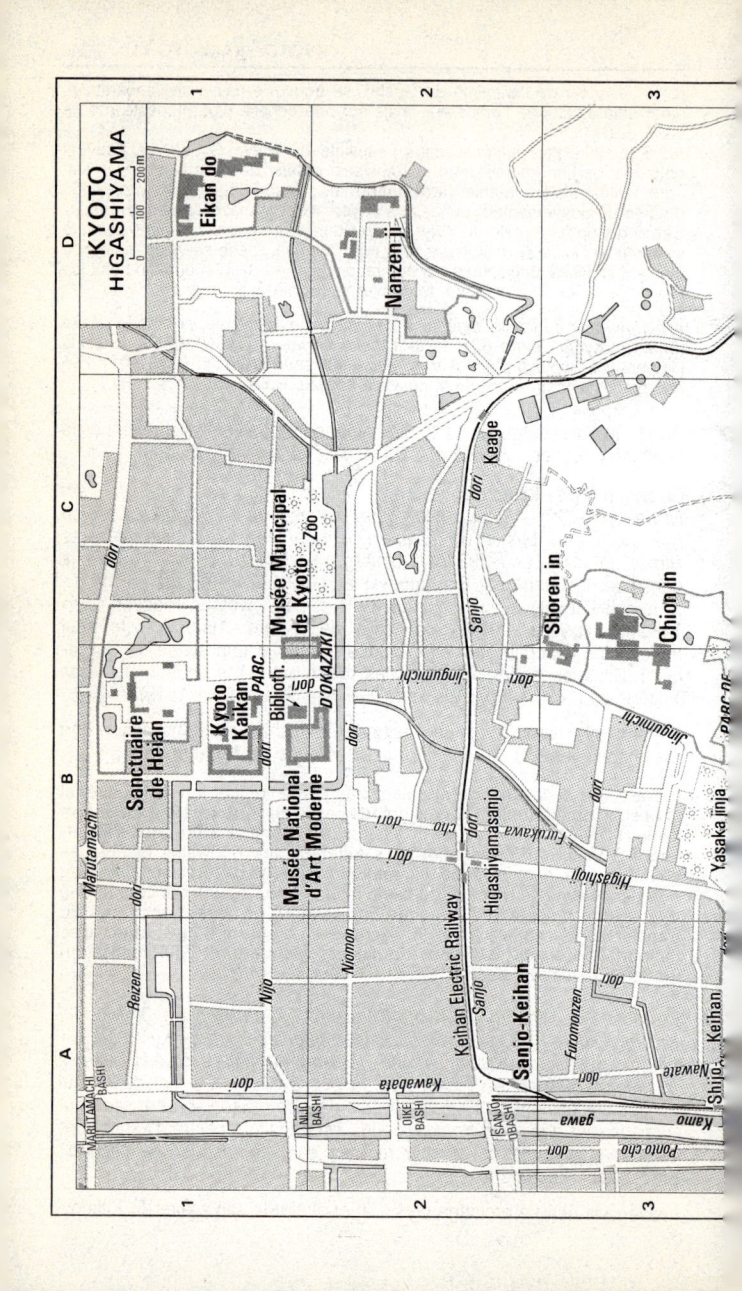

0 100 200 m

- Eikan do
- Nanzen ji
- Sanctuaire de Heian
- Kyoto Kaikan
- Biblioth.
- Musée Municipal de Kyoto
- Zoo
- PARC D'OKAZAKI
- Musée National d'Art Moderne
- Shoren in
- Chion in
- Keage
- Yasaka jinja
- Sanjo-Keihan
- Keihan Electric Railway
- Higashiyamasanjo
- Furukawa cho
- Marutamachi
- Reizen
- Nijo
- Nionon
- Kawabata
- Higashioji
- Jingumichi
- Sanjo dori
- Ponto cho
- Kamo gawa
- Shijo-Keihan
- Nawate
- Furumonzen
- MARUTAMACHI BASHI
- NIJO BASHI
- OIKE BASHI
- SANJO OBASHI

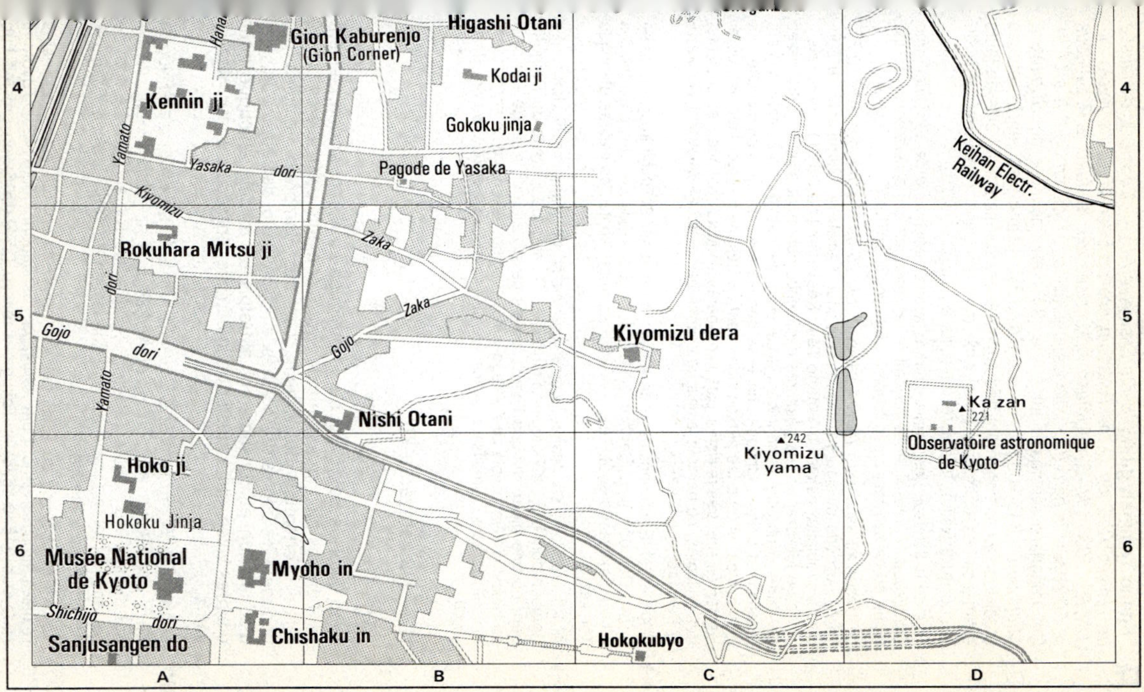
Higashi Otani
Gion Kaburenjo
(Gion Corner)
Kodai ji
Kennin ji
Gokoku jinja
Yamato
Yasaka
dori
Pagode de Yasaka
Keihan Electr.
Railway
Kiyomizu
Zaka
Rokuhara Mitsu ji
dori
Zaka
Gojo
Kiyomizu dera
Gojo
dori
Yamato
Ka zan
221
Nishi Otani
242
Kiyomizu
yama
Observatoire astronomique
de Kyoto
Hoko ji
Hokoku Jinja
Musée National
de Kyoto
Myoho in
Shichijo
dori
Chishaku in
Sanjusangen do
Hokokubyo
4
5
6
A
B
C
D

*Kitano Temman gu (Pl. Kyōto Ensemble A1 ; — 1,4 km O. du Musée de Nishijin ; 2,5 km O. du Palais impérial ; 5,5 km N.-O. de Kyōto eki, J.N.R. ; 500 m N.-E. de Kitano Hakubaicho eki, **Keifuku E.R.** ; — bus nº 50 depuis la gare de Kyōto jusqu'à Kitano ; — ouvert de 6 h à 17 h). Cet important sanctuaire fut fondé (947) en l'honneur de *Sugawara Michizane* (845-903, V. Dazaifu, p. 195), patron des lettrés et des étudiants ; il est avidement fréquenté par ces derniers à la veille de leurs examens. Les bâtiments principaux, dont les plans inspirèrent ceux du Tōshō gū à Nikkō, furent reconstruits en 1607.

Fête de la floraison des pruniers (arbre favori de Michizane) le 25 février ; fête *Ochatsubo Hokensai* le 26 novembre, en souvenir de la cérémonie du thé tenue en ce sanctuaire par *Toyotomi Hideyoshi*, en 1587.

Le **trésor** du sanctuaire *(ouvert seulement le 25 de chaque mois, de 10 h à 16 h)* possède plusieurs peintures d'époque Kamakura, Muromachi ou Edo, dont les rouleaux peints du *Kitano Tenji Engi (début du XIIIe s.)*, qui retracent la vie de Michizane ; ces peintures d'influence purement shintō sont libérées de toute contrainte bouddhique. « Le style de ces rouleaux est vraiment étonnant et unique. Chaque scène se déroule avec un sens dramatique des faits contés, et tous les personnages sont animés avec verve. Les visages et les gestes sont très réalistes, parfois exagérés jusqu'au comique ; les couleurs, très brillantes, ne perdent jamais un charme harmonieux » *(Akiyama Terukazu, la Peinture japonaise)*.

→ A 400 m N.-E. du sanctuaire de Kitano, ouvrant sur Shichihonmachi dōri, se trouve **Daihoon ji** ou **Senbon Shaka dō**, qui possède l'un des plus anciens édifices existant à Kyōto, élevé au XIIIe s., et qui abrite des statues d'époque Terukazu.

→ A 1,3 km S.-E. du Kitano Temman gū, au N. de Marutamachi dōri, entre Sembon dōri à l'E. et Rokkenmachi dōri à l'O., se situe : le **site du Daigoku den**, où une pierre marque l'emplacement de la salle du palais de Dai Dairi de Heiankyō. On projeta au XIXe s. d'y élever un nouvel édifice de style Heian, mais finalement on réalisa le sanctuaire du parc d'Okazaki *(V. ci-après, Heian jingū)*.

D. — Higashiyama ku

Gares J.N.R. de Tofukuji et de Yamashina.

Avec celui de Sakyō ku, qui le prolonge au N., cet arrondissement est l'un des plus importants de Kyōto, et mérite particulièrement de retenir l'attention du visiteur. Les très nombreux temples qui occupent les pentes des collines, à l'E. de Kyōto, demeurent un sujet d'admiration et constituèrent autrefois un modèle artistique pour d'autres villes, qui à l'instar de la capitale, possédaient leur Higashi yama.

*Tōfuku ji *(Pl., Ensemble C3 ; — 1,5 km S.-E. de Kyōto eki et 400 m S.-E. de Tōfukuji eki, J.N.R. et Keikan E.R. ; — bus nº 207 depuis Karasuma Shijo jusqu'à Tōfukuji ; — ouvert de 9 h à 16 h).* Le nom de ce temple (secte *Rinzai*) est une contraction de Tōdai ji et de Kōfuku ji, noms de deux temples de Nara.

Tōfuku ji fut fondé en 1236, par le moine *Ben en*. Les embellissements réalisés successivement par *Ashikaga Yoshimochi* (1386-1428), *Toyotomi Hideyoshi* (1536-1598) et *Tokugawa Ieyasu* (1542-1616), en ont fait l'un des plus beaux de Kyōto. Malheureusement, les principaux bâtiments brûlèrent en 1881 ; ils furent reconstruits entre 1911 et 1927.

Les principaux bâtiments du temple, organisés selon un axe général N.-S., s'ouvrent au midi par le *San mon (XIVe s.), la plus ancienne porte du genre existant au Japon.

A l'étage, plusieurs **statues** bouddhiques dues au prêtre *Jōchō* (XIe s.), avec au centre une statue du **Bouddha** assis, par le moine *Koei* (XVIe s.) ; le **plafond** a été peint par *Chō Densu*, moine du temple, et par son élève *Kan Densu*.

Au N. du San mon, le **Hon dō**, reconstruit en 1932, est orné d'un plafond peint par *Dōmoto Inshō*.

Le trésor du temple conserve une œuvre précieuse de *Chō Densu* (1352-1431) : *l'entrée du Bouddha Sakyamuni au Nirvana ; cette large peinture (12 x 18 m) est exposée dans le Hon dō, lors des fêtes du 15 mars.
Au-delà, les appartements abbatiaux, **Hōjō**, reconstruits en 1890, s'ouvrent sur un jardin de rochers, redessiné en 1938 par *Shigemori Mire* ; l'artiste réussit une composition moderne influencée par l'esprit Zen.

Un **pont couvert**, sur de hauts pilotis, traverse une ravine romantique, et permet d'accéder à la **salle du fondateur**, qui abrite une statue du prêtre Ben en ; on y verra un autre beau jardin.

Depuis Tōfuku ji, on rejoindra vers le N. Higashiōji dōri, large artère qui, après avoir traversé les voies ferrées, rejoint vers le N. Shichijō dōri, à hauteur du Musée national. A 200 m sur la g., s'ouvre, sur Shichijō dōri, Sanjūsangen dō.

Renge ō in ou **Sanjusangen dō *(Pl., Higashi yama, A6 ; — 1,4 km N. du Tōfuku ji ; 1,2 km E. de Kyōto eki, J. N. R. ; 400 m E. de Shichijō eki, Keihan E. R. ; — bus n° 208 depuis Tōfukuji ou Shijō Karasuma jusqu'à Higashiyama Shichijō ; — ouvert de 8 h à 17 h)* est l'un des monuments célèbres de Kyōto.

Fondé en 1164 à la demande de l'empereur *Go Shirakawa* (1127-1192), ce temple brûla en 1249, et fut reconstruit en 1266. Il s'agit d'une **vaste salle** de 119 m de long, divisée en trente-trois *(san ju san)* baies : ce chiffre évoque le nombre d'incarnations effectuées par la déesse de la compassion, *Kannon Bosatsu* (Avalokitesvara). Au centre, *statue de Kannon à onze faces (3 m de hauteur), en bois de cyprès, couverte à la feuille d'or, et due au ciseau de l'artiste *Tankei* (1254). De part et d'autre s'alignent en quinconces, disposées sur des gradins, les *mille et une statues de Kannon, sculptées par *Unkei, Tankei, Kōzyō*, et leurs élèves ; dotées des mêmes attributs, elles sont différentes les unes des autres. En arrière de cet ensemble se tiennent également la plupart des **vingt-huit statues *(Nijūhachi Bushū)* de la suite protectrice de Kannon, œuvres réalistes de la sculpture japonaise d'époque Kamakura ou postérieure. Parmi ces dernières : *Mawaranyō*, vieille femme en prière ; les dieux *Gobujō* et *Kongō Yasha, Karura o Basū Sennin, Fūjin*, dieu du vent, *Raijin*, dieu du tonnerre, etc.
Fête du tir à l'arc *(Toshiya)* le 15 janvier.

**Musée national *(Pl., Higashi yama, A6 ; — adresse : Yamato Ōji Shichijō Kita, Higashiyama ku ; — face au Sanjusangen dō ; bus n°s 206 ou 208 depuis la gare ; — ouvert t.l.j., sauf lundi, de 9 h à 16 h 30)*. L'un des plus riches musées du Japon, le musée de Kyōto dispose d'un nombre d'œuvres considérable, qui ne peuvent toutes être exposées en même temps. On fait donc une présentation tournante des collections, comme c'est l'usage au Japon, que complètent des expositions.

Fondé en 1875 comme musée impérial, il fut inauguré en 1897 dans le bâtiment « néo-Renaissance » en briques, exposant à l'origine les collections impériales en provenance de temples et de sanctuaire de Kyōto. Ce musée fut cédé à la ville en 1924, et nationalisé en 1952. Un nouveau bâtiment, dû à l'architecte *Keiichi Morita,* ouvrit en 1966.

Le musée regroupe dans ses deux bâtiments des départements d'archéologie, de sculpture, de peinture, de calligraphie, d'arts mineurs, le tout complété par un laboratoire de recherche et de photographie. De nombreuses œuvres appartenant aux temples et sanctuaires de Kyōto sont en dépôt et présentées dans ce musée.

Archéologie. — Les collections proviennent des fouilles et découvertes recoupant les époques préhistoriques et protohistoriques : *jōmon, yayoi* et *kōfun.* A remarquer des outils en os ou en corne, des poteries d'époque jōmon et yayoi, des objets de bronze d'époques yayoi et kōfun, tels des « cloches » **dotaku**, des **miroirs** et des **épées**, ainsi que des figurines d'argile « **haniwa** », trouvées dans les tumuli. Figurent également les objets contemporains des premiers temps du bouddhisme, tel un vase reliquaire d'époque Nara provenant du département de Wakayama.

*****Sculptures.** — Le musée présente une abondante collection d'œuvres des époques Nara, Heian et Kamakura.

Ce sont les plus beaux moments de la sculpture japonaise, qui produisit d'éminents chefs-d'œuvre dont le monde occidental ignore souvent jusqu'à l'existence. A l'époque Heian, la sculpture japonaise atteint une forme d'expression purement nationale ; les thèmes généralement choisis appartiennent à l'iconographie bouddhique, mais naissent également des œuvres influencées par le syncrétisme entre bouddhisme et shintoïsme *(ryōbū-shintō).* Les matériaux utilisés sont variés : bronze, terre cuite et surtout bois, mais très faible utilisation de la pierre.

Parmi les œuvres régulièrement exposées, notons : une **statue de Nyorin Kannon** (VIIIe s.), en bronze doré provenant d'Oka dera (Asuka) ; des statues d'époque Heian : **Kannon aux Mille mains, Kichijō ten** (provenant du Koryū ji), du début Heian (IXe s.), et une statue de **divinité shintō** de même époque, provenant d'un sanctuaire de Kyōto ; les statues de **Jizō Bosatsu** et d'**Amida**, dans le style de *Jōchō* (XIe s.) ; les statues de **Jikoku ten**, provenant du Rokuharamitsu ji, et de **Tamon ten**, gardiens célestes, de la fin Heian ; une *****statue** en bois **du moine Hōshi** (XIIe s.), dont le visage éclaté laisse apparaître celui de *Jūichimen Kannon,* dont ce prêtre serait une incarnation : « œuvre très curieuse, unique et d'une réalisation remarquable » (*Louis Frédéric,* Japon). Du XIIIe s., autre statue en bois de *Jizō Bosatsu*, attribuée à *Chōsei*.

******Peintures.** — Les collections picturales du musée national de Kyōto offrent un ensemble complet, depuis l'époque Heian jusqu'à l'époque Edo, témoignant du génie nippon dans ce moyen d'expression artistique.

Tantôt d'influence chinoise, tantôt purement japonaise, la peinture, depuis l'époque Heian, s'inspire du bouddhisme ou des sujets romancés et mythologiques en faveur à la cour, dans les temples ou les sanctuaires. Réaliste, elle domine l'art du portrait ; narrative et traditionaliste, elle se confine dans l'art national du yamato e ; abstraite, elle atteint une très grande sûreté avec les encres de chine *(sumi e)* ; enfin, purement décorative avec l'école des Kanō, elle trouve une nouvelle voie dans la réalisation des estampes (tendance peu représentée au musée de Kyōto).

Mentionnons par ailleurs : **Naki Fudō Engi**, rouleau du XIIIe s. rapportant les miracles de Fudo, chasseur des mauvais esprits ; — **Peinture du Nirvana** (*kakemono* sur soie, XIVe s.), provenant du Zenrin ji ; — **kakemono**, attribué à *Minchō* (1352-1431), représentant les **Cinq cents Rakans** (disciples du Bouddha) ; — peinture de *Sesshū Tōyō* (1420-1506), représentant ***Amano Hashidate**, où le peintre réussit « à saisir nettement la qualité intense d'un site célèbre, et sans perdre la solidité plastique, parvient à renouer avec le lyrisme traditionnel des paysagistes japonais » *(Akiyama Terukazu,* la Peinture japonaise*)* ; — œuvres de *Soami* (1472-1523) : **canards et image de la campagne** ; — « **images de fleurs et d'oiseaux** » *(sumi e)* par *Unkoku Toeki* (1591-1644) ; — double ***paravent des Dieux du Vent et du Tonnerre**, par le peintre *Sōtatsu* (XVIIe s.), fondateur de l'école Kōrin, qui « réussit à harmoniser effet décoratif et énergie du mouvement » *(Akiyama Terukazu).*

Plusieurs ***calligraphies** feront l'admiration des spécialistes ; elles sont japonaises, d'époques Nara, Heian, Kamakura, Muromachi, mais aussi chinoises d'époques Song, Yuan et Ming.

Les **arts mineurs** sont bien représentés : ***poteries et céramiques** depuis l'époque de Nara jusqu'à celle d'Edo, proposées parallèlement à une collection de porcelaines chinoises des mêmes époques, depuis la Chine des Han à celle des Ming. **Objets laqués, métaux ouvragés, tissus et vêtements, jouets et poupées japonaises.**

Au N. du musée, donnant sur Yamato ōji dōri, se trouve **Hokoku jinja** ou sanctuaire de Toyokuni, dédié à *Toyotomi Hideyoshi* (1536-1598) ; fondé en 1598, ce sanctuaire fut reconstruit au XIXe s. La belle porte, Kara mon, provient de l'ancien château de Fushimi.

Immédiatement au N. de ce sanctuaire, on peut visiter le **Hōkō ji**. Ce temple a été construit par Hideyoshi, qui y fit élever un grand Bouddha (haut de 19 m). La statue de bronze fut redressée en 1801, puis disparut dans un incendie en 1973. Remarquer une **cloche de bronze** monumentale, offerte par *Toyotomi Hideyori*, fils de Hideyoshi, et sur laquelle Tokugawa Ieyasu voulut reconnaître, gravée, la transcription de son nom.

Chishaku in *(Pl., Higashi yama, A6 ; — 200 m E. du Musée national ; 1,5 km E. de Kyōto eki ; — bus n° 16 depuis Shijō Karasuma ; — ouvert de 9 h à 16 h).* Bordant Higashiōji dōri, à l'E. du Musée national et du Sanjusangen dō, ce temple de secte shingon fut élevé entre 1598 et 1601 à la demande de Tokugawa Ieyasu. Sa reconstruction est aujourd'hui achevée, après le grave incendie qui (1947) fit malheureusement disparaître une grande partie de ses trésors ; parmi ceux-ci, plusieurs **portes coulissantes** *(fusuma)*, peintes au XVIe s., par *Kanō Eitoku* et *Kanō Sanraku*.

Une petite construction moderne regroupe aujourd'hui quelques ***peintures** (érable entouré d'herbes d'automne, érables et cerisiers, pin et pruniers, pin et plantes d'automne) qui échappèrent au sinistre, et qui sont montées en paravents ; elles sont attribuées sans certitude aux peintres *Hasegawa Tōhaku* et *Hasegawa Kyūzō*, qui vécurent à la fin du XVIe s. et représentent brillamment l'époque Momoyama. Le ***jardin** du temple est une œuvre remarquable de *Senno Rikyū*, qui se serait inspiré du mont Rozan en Chine.

350 KYŌTO : HIGASHIYAMA KU

Myōhō in *(Pl., Higashi yama, A6)* ; au N. du Chishaku in, ce temple était autrefois établi sur le mont Hiei. Il conserve d'intéressantes **peintures** (chambre des pruniers : ume no ma), œuvres de *Kanō Shoei* (1519-1592) et de *Kanō Eitoku* (1543-1590).

Entre les Chishaku in et Myōhō in, une longue montée mène, vers l'E., jusqu'à l'**Amidaga mine** *(1 km E. de Higashiōji dōri)*, au sommet duquel se trouve **Hokokubyō**, ou tombe de *Toyotomi Hideyoshi* (1536-1598) ; une pagode de cinq étages y fut élevée à sa mémoire en 1897.

Higashiōji dōri se prolonge vers le N., et après être passée sous l'amorce de la voie express **Higashiyama Bypass**, rencontre sur la dr., à hauteur de Gojō dōri, une allée montant vers le temple de Nishi Otani.

Nishi Otani *(Pl., Higashi yama, B5 ; — 400 m N. du Myōhō in ; 2 km N.-E. de Kyōtō eki, J.N.R. ; 900 m E. de Gojō eki, Keihan E.R. ; — bus n°s 6, 16 ou 44 depuis Shijō Karasuma jusqu'à Gojōzaka)*. Les bâtiments actuels de ce temple (1870) précèdent le cimetière de Toribeyama, où sont inhumés les prêtres du Nishi Hongan ji (p. 338), dont *Shinran*, le fondateur de la nouvelle secte Jōdo.

Traversant ce cimetière ou montant **Gojō zaka** depuis le carrefour de Gojō dōri et Higashioji dōri, on atteint le temple de Kiyomizu. Sur Gojō zaka, on peut visiter la **maison de Kawai Kanjirō** *(ouverte t.l.j., sauf lundi, de 10 h à 17 h)*, qui expose des poteries et des meubles japonais anciens. Cette rue rejoint **Kiyomizu zaka** ou *Tea Pot lane*, surnom que les Anglais donnèrent à cette montée, à cause des nombreux étalages de potiers du quartier de Kiyomizu. Cette ruelle rappelle le côté pittoresque, voire désagréablement achalandé, de l'approche du Mont-Saint-Michel.

**Kiyomizu dera *(Pl., Higashi yama, C5 ; — 700 m N.-E. de Nishi Otani ; 2,5 km N.-E. de Kyōtō eki ; — bus 207 ou 206 depuis la gare Shijō Karasuma jusqu'à Kiyomizumichi ou Gojōzaka ; — ouvert jusqu'au coucher du soleil)*, ce temple (secte Hosso), l'un des plus visités de Kyōto, surtout à l'approche du crépuscule, est particulièrement célèbre pour la puissante armature de bois qui soutient le Hon dō.

Kiyomizu dera ou Seisui ji fut fondé en 798, à la demande du prêtre *Enchin*, par *Sakanoe Tamuramaro* (758-811), vainqueur des Ebisu ; dédié à Kannon Bosatsu, le temple s'enrichit du Shishin den, provenant de l'ancien Palais impérial de Nagaoka. Les bâtiments actuels furent pour la plupart élevés en 1633, sur l'ordre de *Tokugawa Iemitsu*.

Après avoir dépassé la porte principale d'accès, **Niō mon** (XVe s.), on monte jusqu'au **shōrō**, beffroi de 1607 (avec cloche de 1478) et au **Sai mon**, porte de l'ouest ; en arrière, la **Pagode à trois étages** abrite une statue de Dai Nichi Nyorai. Au-delà se remarquent la **salle des sūtra** *(Kyō zo)*, la **salle du Fondateur** *(Tamura dō)*, la **salle Asakura**, élevée à l'origine en 1510, et le ***Hon dō**.

Le Hon dō est précédé d'une ***terrasse**, créée pour les cérémonies religieuses, et qui repose sur une forêt de pilotis dont on peut admirer en contrebas le savant assemblage. Vue sur Kyōto.

Plus à l'E. s'alignent le **Shaka dō**, l'**Amida dō** et l'**Okuno in**, qui serait situé à l'emplacement de l'ermitage du prêtre Enchin. C'est là que surgit la triple **chute d'eau d'Otowa**, sous laquelle se tiennent parfois les pèlerins, pour adresser leurs prières au Fudō Myō ō.

Le **trésor** du temple possède une statue de **Kannon à onze têtes**, exposée seulement une fois tous les trente-trois ans, et qui serait l'œuvre du moine *Enchin* (VIIIe s.), ou du moins une reproduction d'icelle (d'après le *Gouverneur Mosher*, Kyōto : a Contemplative Guide).

Au N. du Hon dō se trouve le petit **sanctuaire de Jishu Gongen**, lui aussi, dit-on, fondé en 798 et reconstruit en 1633. Encore plus au N., la **résidence des abbés** entoure un ravissant ***jardin**, attribué à *Kobori Enshū* (1579-1647).

Dévalant Kiyomizu zaka puis poursuivant, au-delà de Higashiōji dōri, par Matsubara dōri, on atteint par une rue sur la g., avant Yamato ōji dōri, le temple de Rokuharamitsu.

***Rokuharamitsu ji** (Pl., Higashi yama, A5 ; — 1 km O. de Kiyomizu dera ; 2 km N.-E. de Kyōto eki ; — bus n° 102 de Shijō Karasuma à Yamotoōji Gojō). Fondé en 963 par le prêtre *Kūya* (903-972), ce temple, reconstruit en 1463, est surtout intéressant par les ***statues** qu'il préserve.

Parmi ces statues (des XIIe et XIIIe s.), on compte des œuvres d'*Unkei* : un autoportrait, et les quatre gardiens du paradis bouddhiste. D'autres œuvres sont attribuées à ses descendants : une **statue de Taira Kiyomori** lisant un sūtra (fin du XIIe s.) : un autoportrait présumé du sculpteur *Tankei* (1254) ; une **statue du prêtre Kūya Shōnin** évoquant le nom d'Amida Butsu, dont les petites figurines sortent de sa bouche (XIIe s.).

Se dirigeant vers le N. depuis Rokuharamitsu ji, on atteint les terrains du :

Kennin ji (Pl., Higashi yama, A4 ; — 400 m N. du Rokuharamitsu ji ; 2,2 km N.-E. de Kyōto eki ; — bus n° 16 depuis Shijō Karasuma jusqu'à Gion ; — ouvert de 9 h à 16 h). Fondé en 1202 par le prêtre *Eisai* (1141-1215), fut le plus ancien temple zen du Japon. Il ne subsiste, de cette époque, que la porte du Messager impérial (**Chokushi mon**). La **salle principale** fut reconstruite en 1763, alors que les **appartements abbatiaux** proviennent d'un temple élevé au XIVe s. par Ashikaga Takauji, dans la province d'Aki (Hiroshima). Le prêtre Eisai est enterré dans ce temple.

Kanzen ji conserve plusieurs **peintures et paravents**, dus notamment à *Kaihōku Yūshō* (1533-1615) ; le célèbre paravent de **Sōtatsu** (Dieux du Vent et du Tonnerre) est aujourd'hui exposé au Musée national, p. 349. Voyez le **jardin du Ryosoku in**, dépendant de ce temple.

Au S. de l'enceintre du Kennin ji, passe Yasaka dōri, dans l'axe de laquelle se dresse **Yasakano tō**, pagode à cinq étages (39 m de hauteur) élevée en 1440 par Ashikaga Yoshinori. Au N.-E. de cette pagode, terrains du Kōdai ji.

Kōdai ji (Pl., Higashi yama, B4 ; — 600 m E. du Kennin ji ; 2,8 km N.-E. de Kyōto eki ; 900 m S.-E. de Shijō eki, **Keihan E.R.** ; — bus n° 16 depuis Shijō Karasuma ou Shijō eki jusqu'à Higashiyama Yasui ; — ouvert de 9 h à 16 h). Ce temple fut fondé en 1606 par Yodogimi (1569-1615), veuve de Toyotomi Hideyoshi, en mémoire de son époux.

Kaisan dō, l'un des principaux bâtiments de ce temple, épargné par les incendies, fut décoré au début du XVIIe s. par des artistes des écoles Tosa et Kanō. La chapelle mortuaire, à l'E. de ce bâtiment, est célèbre pour son travail de laque en relief *(tatamaki e)*; quant aux deux pavillons, en arrière de cette chapelle, ils proviennent de l'ancien palais de Fushimi. Le *jardin du temple est l'œuvre de *Kobori Enshū*.

Au S. de ce temple, **Ryozen Kannon** est une statue en ciment, de 24 m de haut, représentant cette divinité (1955).

A 300 m N. du Kōdai ji, se trouve **Higashi Otani**, où reposent depuis 1671, comme au Nishi Otani *(V. ci-dessus),* les prêtres du Higashi Hongan ji (p. 339); une chapelle est dédiée au prêtre fondateur *Shinran*.

De part et d'autre de Shijō dōri, au N. du Kennin ji et à l'O. du Yasaka jinja, s'étend le « quartier des plaisirs » de **Gion**, où l'on retrouve une atmosphère « traditionnelle », luxueux kimono et geisha ; de nombreux artisans et antiquaires se sont établis là. Immédiatement à l'E. du carrefour de Higashi ōji dōri et de Shijō dōri, s'ouvrent les terrains du sanctuaire de Yasaka.

Yasaka jinja *(Pl., Higashi yama, B3; — 400 m N.-O. du Kōdai ji; 2,6 km N.-E. de Kyōto eki, J.N.R.; 600 m E. de Shijō eki, Keihan E.R.; — bus nos 16 et 31 depuis Shijō Karasuma).* Ce sanctuaire, reconstruit en 1654, fut dédié à *Susano o no Mikoto*, son épouse *Inadahime* et leurs enfants. Le ryōbu shintō en avait fait le Gion ji, qui était devenu le plus célèbre temple de Kyōto ; il retourna au shintoisme pur après la Restauration impériale. Le *Gion matsuri*, le 16 juillet, dépend de ce sanctuaire.

Un grand **torii** de pierre donne accès, depuis Shijō dōri, au **bâtiment principal** qui laissa son nom au style architectural Gion. Le **trésor** conserve deux sculptures en bois de *koma inu* (chien-lion mythologique), attribuées à *Unkei* (XIIIe s.).

A l'E. du sanctuaire de Yasaka s'étend, sur une dizaine d'hectares, le **parc de Maruyama**, accroché sur les pentes du Higashi yama; les cerisiers attirent les visiteurs.

Au N. de ce parc on parvient au Chion in.

**Chion in *(Pl., Higashi yama, B-C3; — 500 m N.-E. du Yasaka jinja; 3,5 km N.-E. de Kyōto eki, J.N.R.; 1 km S.-E. de Keihan Sanjō eki, Keihan E.R.; — bus 203 ou 206 depuis la gare jusqu'à Chionmae; — ouvert de 9 h à 16 h).* Ce temple, l'un des plus considérables de Kyōto, est le siège de la secte Jōdo du bouddhisme; la plupart des bâtiments ont été reconstruits depuis le XVIIe s.

Fête en souvenir de *Hōnen Shōnin*, entre les 19 et 25 avril.

Élevé en 1234 par le prêtre *Genchi*, autour du mausolée de *Genkū* ou *Hōnen Shonin* (1133-1212), à proximité du lieu où celui-ci établit un ermitage, le temple fut maintes fois reconstruit, victime des incendies qui s'échelonnèrent jusqu'en 1633. Le shōgun *Tokugawa Hidetada* fit alors redresser la plupart des bâtiments visibles aujourd'hui, achevés en 1639. Jusqu'à la Restauration de Meiji, le supérieur de ce temple était de la famille impériale.

Le prêtre *Hōnen*, également connu sous son nom posthume d'*Enkō Daishi*, établit les fondements de la secte *Jōdō*; celle-ci ne voit le salut que dans la grâce suprême du Bouddha Amida, dont il faut vanter la gloire universelle pour renaître au Paradis occidental de la Terre Pure (Jōdo). La formule du nembutsu (Namu Amida Butsu : sauve-moi Bouddha rédempteur) doit être récitée indéfiniment à sa louange.

L'accès principal du temple se fait au S.-O., par la grande porte *San mon (1619), surmontée d'un étage, et qui serait la plus parfaite du genre au Japon.

Sur la grande cour du temple, s'élève au N. l'imposant Mie dō, ou Hon dō, relié par une galerie à l'E. à l'Amida dō ; au S. de ce bâtiment se trouve la pagode, Re tō, de 1959. A l'E. s'élève le Kyō dō, salle des sūtra — le temple en possède plus de 5 600 —, et au S. le Taihei tei (1958), pavillon allongé réservé aux cérémonies du thé.
Plus au S.-E., après avoir gravi un court chemin coupé de marches, on aperçoit le shōrō ou beffroi, dont l'énorme cloche de 74 tonnes fut fondue en bronze au XVIIe s.

Le *Mie dō, le bâtiment le plus important du temple, est dédié à Hōnen Shōnin ; il possède une statue passant pour être l'autoportrait du fondateur ; elle est entourée d'un autel à baldaquin richement décoré, mais généralement cachée à la vue des visiteurs. D'autres statues existent dans cette salle, comme celles d'Amida, du moine Genchi, de Tokugawa Ieyasu, etc.
Amida dō, reconstruit en 1910, abrite une grande statue d'Amida, le vénérable Bouddha de la secte Jōdo.

En arrière du Mie dō, une galerie couverte mène au Shūe dō et aux appartements des prêtres. Les couloirs aux planchers sonores, qui émettent le cri de l'uguisu (rossignol), sont dus au charpentier Hidari Jingorō.

Shūe dō, dite salle des mille tatami (en fait 360), est lors des grandes cérémonies la salle d'assemblée des prêtres qui s'y réunissent avant de rejoindre le Mie dō. A l'E. du Shūe dō se trouvent les deux salles des hôtes, Ōhōjō et Kohōjō (grande et petite), élevées en 1639, et qui s'ouvrent sur le *jardin dessiné (1644) par Kobori Enshū.

Les salles Hōjō possèdent des *peintures de l'école Kanō. Parmi les chambres citons celles des Grues (Tsuru no ma), attribuée à Kanō Naonobu (1607-1650) et, au Kohōjō, les salles dites Sansui no ma (paysage couvert de neige), Rakan no ma (des disciples), et Kachō no ma (des fleurs et des oiseaux). Remarquer également la peinture (sur bois) du *« Chat regardant fixement dans trois directions », la chambre des chrysanthèmes (Kiku no ma) ou de l'*envol de moineaux (Nuke suzume), du Héron (Sagi no ma) et du Saule (Yanagi no ma).

Gravissant la pente de la colline à l'E. du Mie dō, on parvient au Seishi dō, situé à l'emplacement de l'ermitage de Hōnen Shōnin. Ce bâtiment, élevé en 1530, est par sa structure le plus ancien du Chion in (il fut toutefois reconstruit en 1639). Au-dessus se trouve le mausolée du fondateur, élevé à l'origine en 1234, puis refait à la fin du XVIe s.

Dans la grande cour, le bâtiment moderne du trésor recueille plusieurs objets et documents relatifs au passé et à la vie du Chion in.

Sortant du Chion in par le N.-O., on atteint tout de suite, au N. de celui-ci :

354 KYŌTO : SAKYŌ KU

Le **Shoren in** (Pl., Higashi yama, B-C3 ; — 300 m N. du Chion in ; 3,2 km N.-E. de Kyōto eki ; 500 m S.-E. de l'arrêt Higashi yama Sanjō-Keihan E.R. ; — bus n° 39 depuis Shijō Karasuma ou n° 104 depuis Kyōto eki jusqu'à Jingū dōri ; — ouvert de 9 h à 17 h). Ce temple fut autrefois la résidence des abbés de la secte *Tendai* ; malgré un incendie qui nécessita la restauration de la plupart des bâtiments après 1893, on y admire encore plusieurs peintures des écoles Kanō et Tosa ; l'Ao Fudō est aujourd'hui au Musée national de Nara. Magnifiques **jardins** réalisés par les plus grands maîtres de cet art : *Sōami* et *Kobori Enshū*.

En arrière de Higashi yama, une route à péage (**Higashiyama Driveway**) accède au **belvédère de Shōgun zuka** (Pl., Higashi yama, C4 ; — 7 km N.-E. de Kyōto eki ; — bus n° 102 depuis Shijō Karasuma, n° 103 depuis Kyōto eki), d'où l'on découvre l'ensemble de Kyōto et particulièrement, en contrebas, les temples de Higashi yama. Là fut enterré, lors de la fondation de Heiankyō, la statue d'un géant armé assurant la protection de la ville. Il s'agirait de la tombe de *Tamuramaro*, fondateur du Kiyomizu dera (p. 350).

A 1 km S.-E. du Shōgun zuka, s'élève le **mont Kazan** (221 m d'alt.), où a été établi l'**observatoire astronomique**, dépendant de l'Université de Kyōto.

E. — Sakyō ku

Gares Keihan Sanjō, Keihan E.R., et Demachiyanagi, Keifuku E.R.

Cet arrondissement prolonge vers le N. celui de Higashiyama ; il se pare, entre le sanctuaire de Heian et les villas de Shugaku in, d'intéressants édifices, parmi lesquels le Ginkaku ji. L'importante Université nationale de Kyōto y a établi ses quartiers.

Depuis Shōren in, Jingū dōri croise au N. Sanjō dōri et arrive à la hauteur de Niōmon dōri, face au parc d'Okazaki. Il suffit de longer vers l'E. le canal de la Shirakawa, qui borde au S. ce parc, pour atteindre rapidement le Nanzen ji.

****Nanzen ji*** (Pl., Higashi yama, D2 ; — 1 km N.-E. du Chion in ; 1 km S.-E. de Heian jingū ; 4,2 km N.-E. de Kyōto eki, J.N.R. ; 400 m N.-E. de l'arrêt Keage, Keihan E.R. ; — bus n° 103 depuis Kyōto eki ou n° 39 depuis Shijō Karasuma jusqu'à Keage ; — ouvert de 9 h à 16 h 30). Ce temple, de la secte Rinzai, compte parmi les grands monastères de Kyōto.

Nanzen ji fut créé à partir de 1291, grâce à la donation que fit l'empereur Kameyama (1259-1305), d'une villa qu'il avait fait construire en ce lieu. Les bâtiments, rebâtis à la suite d'incendies, remontent pour les plus anciens à l'époque de Tokugawa Ieyasu (XVIIe s.).

A l'O. s'élève la grande porte **San mon** (1628), dont l'étage supérieur (rarement visible) abrite les statues du Bouddha et de ses disciples, et un plafond peint par les artistes des écoles Kanō et Tosa.

A l'E. du San mon l'élève le **Hon dō**, bâtiment principal qui fut reconstruit après l'incendie de 1895.

A l'E. du Hon dō, on visitera avec intérêt le **Dai Hōjō**, appartements abbatiaux provenant du Seiryo den (Palais impérial), transféré ici en 1611 ou bien de l'ancien château de Fushimi.

Ces bâtiments abritent une statue de Kannon d'époque Heian, mais plus particulièrement des **peintures**, sur les portes coulissantes (fusuma), par *Kanō Motonobu* (1476-1559), *Kanō Eitoku* (1543-1590) et *Kanō Tanyū* (1602-1674). De ce dernier, on remarque « les Tigres dans un bois de bambous » ; les poutres sculptées sont l'œuvre de *Hidari Jingorō* (1594-1634) ; le *jardin, du XVIIe s., est justement célèbre.

Parmi les autres temples dépendant du Nanzen ji *(mais généralement fermés au public)*, citons : au S.-O. du Hōjō, **Nanzen in**, à l'emplacement de la résidence de l'empereur Kameyama, doté d'un jardin-paysage dessiné au XIVe s. ; immédiatement au S. du San mon, le **Tenjū an**, dans l'enceinte duquel repose le général et poète *Hosokawa Yusai* (1534-1610) ; enfin, tout à l'O. le **Konchi in**, dont le jardin est attribué à *Kobori Enshū* (1632).

Par Shishigatani dōri, on atteint vers le N. (après avoir dépassé une école) l'Eikan dō.

Zenrin ji ou **Eikan dō** *(Pl., Higashi yama, D1 ; — 500 m N. du Nanzen ji ; 1,2 km E. de Heian jingū ; 4,5 km N.-E. de Kyōto eki ; bus n° 5 depuis Kyōto eki jusqu'à Tennocho ; — ouvert de 9 h à 17 h).* Fondé par un disciple de Kōbō Daishi, ce temple, reconstruit au XVe s., est entouré d'admirables jardins.

On y montre une **statue d'Amida**, surnommée *Mikaeri no Amida* (qui regarde en arrière), car elle se retourna vers le prêtre *Eikan*, qui lui adressait ses prières, et l'appela par son nom ; cette époque explique la position déviée de la tête de la statue.

En arrière de ce temps, s'élève vers l'E. le **Daimonji yama** ou **Nyoiga dake** (466 m), sur les pentes duquel sont allumés (le 16 août) pour les **fêtes du Bon**, des feux dessinant l'idéogramme **Dai** (grand), visible depuis la ville. L'origine de cette tradition est le feu allumé par le prêtre *Kukai* (*Kōbō Daishi*) en vue de conjurer une épidémie et une famine dont souffrait Kyōto.

Revenant vers l'O. depuis ce temple, on peut rejoindre le :

Parc d'Okazaki *(Pl., Higashi yama, B1)*, longé par la Shira kawa canalisée, à l'intérieur duquel s'élèvent plusieurs édifices culturels contemporains.

Au S., de part et d'autre du **colossal torii**, se trouve sur la g. (O.) la **Bibliothèque départementale** (1872) et le **Musée national d'Art moderne** *(Okazaki Enshōji cho, Sakyō ku ; — ouvert t.l.j. sauf lundi de 10 h à 17 h)*, qui expose principalement des œuvres en provenance du musée d'Art moderne de Tōkyō, et possède un fonds de tableaux de peintres japonais du XXe s., de porcelaines ou d'autres objets d'artisanat contemporain. A l'E., le **Musée d'art municipal** *(Okazaki, Enshōji cho, Sakyō ku ; — ouvert t.l.j. de 9 h à 16 h 30)*, qui organise également des expositions, et détient plusieurs peintures et sculptures depuis l'époque Meiji jusqu'à nos jours. A l'E., en arrière de ce musée, s'étend le **parc zoologique** municipal. Au N. du Musée d'Art moderne, on remarque le **Kyōto Kaikan** (architecte *Maekawa Kunio*, 1962), équipé de salles de congrès et d'exposition, pourvu d'un auditorium de 2 500 places.

La partie septentrionale du parc est occupée par le **sanctuaire Heian**.

***Heian jingū** *(Pl., Higashi yama, B1 ; — 1,2 km N. du Chion in ; 4 km N.-E. de Kyōto eki, J.N.R. ; 800 m N.-E. de l'arrêt Higashi yama Sanjō du Keihan E.R. — bus n° 5 ou n° 203 depuis Kyōto eki ; — ouvert de 8 h 30 à 17 h).* Ce sanctuaire fut élevé en 1895, en commémoration du mille centième anniversaire de la création de Heiankyō par l'empereur Kammu.

Construit dans le style Heian à l'imitation du palais impérial d'alors, le sanctuaire, aux vives couleurs, est dédié aux empereurs *Kammu* (736-805) et *Kōmei* (1831-1867), qui furent les premier et dernier souverains à résider à Kyōto.

Fêtes : **Takagi Nō*, pièce de Nō jouées à la lumière des torches (les 1er et 2 juin), et **Jidai matsuri*, défilé historique (le 22 octobre).

Le **trésor** du sanctuaire conserve maints souvenirs et documents à propos des empereurs Kōmei et Meiji.

En arrière s'étendent les très beaux **jardins*, estimés selon les saisons pour leurs cerisiers, leurs iris ou leurs érables. Dans ces jardins on trouve le **Shobi Kan**, provenant de l'ancien Palais impérial (*fusuma* peints par *Mochizuki Gyokukei* au XIXe s.) et un élégant pont couvert, surmonté d'un phénix.

A 1 km N. du Heian jingū, s'élève le **Yoshida yama** (102 m), sur les pentes duquel on trouve le **Yoshida jinja**, surtout fréquenté par les étudiants de l'**Université de Kyōto**, qui s'étend vers l'O. Au N. de l'Université et du Yoshida yama, passe Imadegawa dōri, qui rencontre vers l'O. Higashiōji dōri.

Proche du carrefour se trouve **Chion ji** *(600 m N.-O. du Yoshida jinja)*, fondé par *Hōnen Shōnin* et qui a reçu le surnom de **Hyakumanben**, en souvenir du *nembutsu* (V. Chion in p. 352) qui fut répété un million de fois lors d'une épidémie en 1331.

Imadegawa dōri rejoint vers l'E. Shirakawa dōri, puis se prolonge par une rue plus étroite, qui s'élève en direction du Pavillon d'argent.

Jisho ji ou **Ginkaku ji *(Pl., Ensemble C2 ; — 1,8 km N.-E. du Heian jingū ; 6 km N.-E. de Kyōto eki ; — bus 203 depuis Shijo Karasuma ; — ouvert de 9 h à 16 h 30).* Il s'agit de l'un des endroits les plus délicieux de Kyōto, malgré la relative simplicité de cet ensemble.

Entre 1479 et 1482, *Ashikaga Yoshimasa* (1435-1490) fit élever, à l'imitation du Kinkaku ji (p. 361), au pied des collines à l'E. de Kyōto, la villa de plaisance de Higashi yama, convertie en temple peu après sa mort.

L'élégant **Pavillon d'argent** *(ginkaku)*, principal attrait du temple, devait être recouvert de plaques d'argent, ce qui ne fut jamais réalisé. Surmonté d'un étage, il abrite une **statue de Jizō Bosatsu**.

Au N. du pavillon, on remarque le **Hon dō** (XVIIe s.) et le **Tōgū do** (1487), qui abrite une statue en bois d'*Ashikaga Yoshimasa*, et deux autres statues, du **Bouddha** par *Jōchō* (XIe s.) et de **Kannon** par *Unkei* (XIIIe s.). Le ****jardin**, attribué à *Sōami*, est l'un des plus appréciés de Kyōto ; il évoque un paysage de la Chine occidentale, et « est composé de deux parties, l'une classique, avec un lac, l'autre du type "sable et pierres", d'une implantation particulière, symbolisant la mer et les montagnes » (*Louis Frédéric*, Japon).

*Shisen dō *(2 km N. de Ginkaku ji ; 3 km N.-E. du Heian jingū ; 7 km N.-E. de Kyōto eki ; — bus n° 5 depuis cette dernière, ou Shijō Karasuma jusqu'à Ichijōji ; — ouvert de 9 h à 17 h).* Ce temple fut fondé en 1631 par *Ishikawa Jozan* (1588-1672). Dans l'une des pièces, sont accrochés les trente-six portraits de poètes chinois, attribués au peintre *Kanō Tankyū*. Le *jardin du temple est un modèle du genre.

Shirakawa dōri se poursuit vers le N. ; à hauteur de la gare de Shugakuin *(Keifuku E.R.)*, se détache une rue conduisant à *(700 m sur la dr.)* la villa de Shugaku in.

**Shugaku in Rikyū *(Pl., Ensemble, C1 ; — 1,5 km N. du Shisen dō ; 4,5 km N.-E. du Heian jingū ; 9 km N.-E. de Kyōto eki ; — bus n°s 5, 36 et 65 depuis cette gare, ou n° 31 depuis Shijō Karasuma, jusqu'à Shugakuinmichi ; — train Keifuku E.R. de Demachiyanagi à Shugakuin ; — visites : le matin ou l'après-midi, sur rendez-vous ; s'adresser, au moins 24 h à l'avance, auprès des services de la Maison impériale — ☏ 211-1211 —, au Palais impérial, où l'on devra retirer sa convocation ; fermé les samedi après-midi, dimanche et fêtes, ainsi que du 21/12 au 5/1).* Établies sur les basses pentes du mont Hiei, au N.-E. de Kyōto, les trois villas impériales de Shugaku in (28 ha) laissent au visiteur un très attachant souvenir.

Situées à l'emplacement du temple Shugaku, qui disparut au XVe s., ces villas, ou pavillons de thé, furent créées sur l'ordre du shōgun Tokugawa, en faveur de l'empereur retraité *Go Mizuno o* (1596-1680) qui y fit de fréquents séjours. Les villas supérieure (Kami no chaya) et inférieure (Shimo no chaya) furent achevées en 1659 ; la villa intermédiaire (Naka no chaya) avait été construite pour une fille de cet empereur ; devenue plus tard le temple Rinkyū, une partie fut de nouveau convertie (1885) pour former cette villa.

Le visiteur sera successivement conduit à travers les jardins des villas inférieure, intermédiaire, puis supérieure. La villa intermédiaire possède des peintures attribuées à *Gukei Sumiyoshi* (1631-1705) ; la *villa supérieure, avec les pavillons Rinun tei et Kyūsui tei, est la plus importante et la plus belle des trois ; la vue s'étend de là sur Kyōto et les collines avoisinantes, au-delà d'un jardin verdoyant encadrant un lac suspendu.

A 700 m S. de Shugaku in, **Manju in** possède son propre jardin et pavillon de thé.

Si l'on rejoint *(vers l'O. de Shugaku in)* la voie ferrée *(Keifuku E.R.)*, et qu'on traverse la Takano gawa, on atteint *(à 1 km O. de la gare de Takaragaike, Keifuku E.R.)* le lac de Takaraga.

Takaraga ike kōen *(Pl., Ensemble, C1 ; — 2 km O. de Shugaku in ; 5 km N. du Heian jingū ; 9 km N. de Kyōto eki ; — bus n° 17 depuis Keihan Sanjō eki, ou n° 72 depuis Shijō Karasuma jusqu'à Takaragaike kōen).* Cet étang est bordé par un parc de distractions, et par le vaste **Palais international des Congrès** (Kokuritsu Kyōto Kokusai Kaikan ; architecte *Otani Yukio*, 1966), doté de plus de soixante-dix salles de réunions et d'un auditorium de 2 000 places.

A 1,5 km N.-O. *(1 km S.-O. de Kinomachi eki, Keifuku E.R.)* se trouve : **Entsu ji** *(ouvert de 10 h à 16 h)*, qui fut élevé comme villa impériale au XVIIe s., en attendant l'achèvement du Shugaku in ; le jardin fut habilement restauré, après la Seconde Guerre mondiale, d'après l'original de *Kobori Enshū* ; statue de **Kannon**, conservée en ce temple, attribuée au prêtre *Jōchō* (XIe s.).

Par les bus n° 17 ou 72, depuis Takaragaike kōen jusqu'à Shimogamojinjamae, ou bien par le train *(Keifuku E.R.)*, de Takaragaike à Demachiyanagi, après avoir traversé la Takano gawa et vers le N. les jardins du sanctuaire, on atteint :

*Shimogamo jinja *(Pl., Ensemble, C1 ; — 2,5 km S. de Takaraga Ike ; 2,5 km N. du Heian jingū ; 6 km N. de Kyōto eki, J.N.R. ; 1 km N. de Demachiyanagi eki, Keifuku E.R. ; — bus n° 4 et 14 depuis Kyōto eki, ou n° 72 depuis Shijō Karasuma jusqu'à Shimogamojinjamae ; — ouvert de 9 h à 17 h)*. Ce sanctuaire est avec son jumeau, Kamigamo *(ci-dessous)*, l'un des plus connus de Kyōto. Fête : *Aoi matsuri*, le 15 mai, instaurée au VIe s.

Fondé par l'empereur *Kimmei* (510-571), ce sanctuaire est dédié à *Hono Ikatsuchi no Mikoto*, dieu des montagnes, et à son épouse, déesse des rivières, tous deux protecteurs de la province de Yamashiro, qui entoure Kyōto. Reconstruit en 1628 et en 1863.

Longeant la Kamo gawa vers le N.-O. on atteint :

Le **jardin botanique de Kyōto** *(Pl., Ensemble, B1 ; — 1,5 km N.-O. de Shimogamo jinja ; 4,5 km N.-O. du Heian jingū ; 7 km N. de Kyōto eki ; — bus n° 36 depuis cette dernière ou Shijō Karasuma jusqu'à Shokubutsuen)* ; ce jardin fut ouvert en 1923, pour commémorer le couronnement de l'empereur *Taishō* (1879-1926). On y trouve plusieurs serres et une salle commémorative. A l'E. du parc, la bibliothèque municipale abrite un petit musée.

F. — Kita ku

A l'O. de Sakyō ku et au N. de Kamigyō ku, cet arrondissement s'étend sur une partie des collines qui s'élèvent au N. de Kyōto. Si une sélection devait s'opérer pour la visite de Kita ku, nous retiendrions l'ensemble du Daitoku ji, et le Kinkaku ji ou Pavillon d'or.

Continuant de longer la Kamo gawa depuis le jardin botanique, on parvient au :

*Kamigamo jinja *(Pl., Ensemble, B1 ; — 3 km N.-O. de Shimogamo jinja ; 2 km N.-E. du Daitoku ji ; 8 km N. de Kyōto eki ; — bus n°s 6, 16 ou 46 depuis Shijō Karasuma ; — ouvert en permanence)*. Associé au Shimogamo jinja, Kamigamo est dédié au dieu du tonnerre, né de l'union des divinités qui protègent l'autre sanctuaire.

A l'O. du Kamigamo jinja, s'étend un champ pour les courses rituelles ; le 5 mai dix chevaux concourent qui sont tous vainqueurs, car les kami n'aiment pas les perdants...

Après avoir traversé, au S. de ce sanctuaire, la Kamo gawa, on rejoint Horikawa dōri qui rencontre beaucoup plus bas vers le S. Kitaōji dōri, par où l'on gagnera rapidement vers l'O. le Daitoku ji.

KYŌTO : KITA KU

**Daitoku ji *(Pl., Ensemble, B1 ; — 3,2 km N. de Nijō jō ; 6,5 km N. de Kyōto eki ; — bus n° 206 depuis Kyōto eki jusqu'à Daitokujimae ; — ouverture de la plupart des monastères de 9 h à 17 h).* Cet ensemble de monastères constitue un élément capital de la visite de Kyōto. Il regroupe, en plus des bâtiments principaux, vingt-trois temples dont sept se visitent ; parmi ceux-ci le Daisen in est le plus célèbre.

Ce temple de secte *Rinzai* fut élevé, entre 1319 et 1324, par le prêtre *Daito Kokushi* (1282-1337), à la demande de l'empereur *Go Daigo* (1287-1338) ; il fut aussitôt réputé pour la richesse de ses bâtiments ; ceux-ci brûlèrent en 1453, puis en 1468, et furent reconstruits, sous la direction du prêtre *Ikkyū* (1394-1481), à une date ultérieure (1479). C'est surtout à partir du XVIe s. qu'on ajouta les nombreux temples secondaires. Ceux-ci possèdent d'inestimables trésors qui sont, le plus souvent, exposés au mois d'octobre.

Depuis Kitaōji dōri, un chemin pénètre directement parmi les monastères, et conduit à hauteur du Chokushi mon ; une petite rue longe ce temple vers l'E., et donne accès à un parking d'où l'on entrera directement à hauteur de cette même porte.

Chokushi mon (1599), la porte du messager impérial, s'élève au S. des bâtiments principaux du Daitoku ji. Cette porte provient de l'ancien Palais impérial, et fut remontée en ces lieux en 1640.
*San mon, en arrière de la précédente, fut terminée en 1589 par *Senno Rikyu* ; à l'étage se trouvent plusieurs **statues bouddhiques**, dont celles des seize disciples (Rakan) ramenées de Corée par *Katō Kiyomasa,* et offertes à ce temple ; le plafond a été peint par *Hasegawa Tohaku* (1539-1610).
Le **Butsu den** ou **Daiyū den**, bâtiment principal du temple, au N. du San mon, fut élevé en 1664 ; il est caractéristique de l'architecture Zen ; on y trouve les **statues** du Bouddha Sakyamuni, de ses disciples Anan et Kayo, et du prêtre fondateur Daito Kokushi.
Hatto, salle de prédication, toujours plus au N., fut élevé en 1636 ; plafond peint par *Kanō Tanyū*.
Au N. du Hatto se situe le **Honbō** ou ***Hōjō** (appartement du supérieur du Daitoku ji), également reconstruit en 1636.

Les ***panneaux amovibles** *(fusuma)* furent décorés dans le style *sumi e* (encre monochrome), par *Kanō Tanyū* ; ceux des *aigrettes* et des *singes* sont particulièrement célèbres ; **jardins** attribués à *Tenyū Joka* (1586-1666) et *Kobori Enshū* (1579-1647).
A l'E. du Hōjō se trouve ***Kara mon**, ou **Higurashi mon**, porte provenant de l'ancien château de Fushimi, et décorée de délicates sculptures par *Hidari Jingoro* (1594-1634).

Contournant le Honbō par l'O., on parvient en arrière de celui-ci au ***Daisen in**, qui est le plus visité des monastères du Daitoku ji.

Ce temple fut créé en 1509 par *Kogaku Shūko* (1465-1548). On y visite principalement le Hon dō ou Hōjō, dont les ***fusuma** (portes coulissantes) furent peints par *Sōami* (1472-1523) : **paysage des quatre saisons** ; par *Kanō Motonobu* (1476-1559) : **fleurs et oiseaux des quatre saisons** ; et par *Kanō Yukinobu* (1513-1575) : **Travaux agricoles**. Ce bâtiment est entouré de trois

jardins de style *kare sansui*, attribués tantôt à *Sōami*, tantôt (d'une façon plus vraisemblable) au fondateur *Kogaku Shūko*. Celui qui s'étend du N.-E. à l'E. retient surtout l'attention : il est divisé en deux par une plate-forme d'observation ; au coin N.-E. s'élève le symbolique mont Horai, d'où s'écoule une non moins symbolique cascade ; celle-ci tombe dans la « rivière » — un chemin de sable — figurant le courant de vie, qui entoure les « îles » de la tortue et de la grue (limites du savoir humain) ; elle s'écoule vers l'O. en direction de la « mer Intérieure » et vers le S., après avoir franchi un barrage, se transforme en un fleuve (élargissement de l'esprit) sur lequel flotte la nef de l'entendement humain ; une autre petite tortue essaye vainement de remonter le courant — le passé. Au S. du Hon dō, s'étend l'océan d'éternité.

Les **autres temples du Daitoku ji** méritent également la visite *(certains sont fermés au public)* ; ils possèdent généralement un ou plusieurs jardins de qualité. Nous avons retenu :

Sortant du Daisen in, immédiatement sur la g. (E.), le **Shinju an**, qui fut la résidence du prêtre *Ikkyū* et qui conserve des **peintures** de *Hasegawa Tōhaku*, *Sōami* et de l'école des *Kanō*.

A l'O. du Daisen in, s'ouvre le **Hōshun in**, fondé en 1608 par l'épouse de Maeda Toshie ; agréable *jardin, attribué à *Kobori Enshū*, au milieu duquel s'élève le gracieux pavillon **Donko kaku** (1617) ; tombes de la famille Maeda dans l'enceinte de ce temple.

Immédiatement au S. du Hōshun in, face au Honbō du Daitoku ji, se trouve le **Juko in**, où le maître de thé *Senno Rikyū* (1520-1591) se suicida ; il abrite des *peintures de *Kanō Eitoku*.

Contigu à ce temple se trouve celui de **Sōken in**, où *Toyotomi Hideyoshi* fit célébrer le service funèbre d'*Oda Nobunaga*, assassiné à Kyōto en 1582.
Au-delà, s'amorce un carrefour de chemins, au S.-O. duquel on peut visiter le **Kōtō in**, fondé en 1601 par *Hosokawa Tadooki* (1563-1645), ancien compagnon d'arme de Hideyoshi et de Nobunaga ; le jardin est réputé pour ses érables.
Un peu plus loin vers l'O. on pourra encore visiter le **Kohō an**, avec *jardin dû à *Kobori Enshū*.

Revenu à l'allée principale qui longe les bâtiments majeurs du Daitoku ji, on pourra pénétrer dans les temples suivants :
Sangen in, le premier face au Hatto, fondé en 1589 par *Ishida Mitsunari*, possède des *fusuma (le tigre et les singes sont particulièrement célèbres) peints par *Hara Zaichū*.
Plus au S. se succèdent le **Shoju in**, le **Korin in**, avec pavillon de thé *(Kankyo tei)* et jardin sans rochers, puis le **Zuiho in** avec un *jardin abstrait moderne, par *Shigemori Mirei* (1961).

Par l'allée s'ouvrant face au Chokushi mon, on trouve tout de suite au S. et à dr. : **Ryogen in**, avec **jardin** de mousse et rochers, et un autre tout petit jardin intérieur ; ce temple conserve l'échiquier sur lequel jouèrent, dit-on, Toyotomi Hideyoshi et Tokugawa Ieyasu, ainsi qu'un fusil « tanegashima », l'un des plus anciens modèles connus au Japon, imitation d'armes européennes.

Depuis le Daitoku ji, Kitaōji dōri se prolonge vers l'O. et forme, au-delà de Senbon dōri, un coude vers le S. La rue prend alors le nom de Nishiōji dōri ; une autre s'en détache presque aussitôt vers l'O. et conduit au Kinkaku ji.

Rokuon ji ou **Kinkaku ji *(Pl., Ensemble, A1; — 1,5 km O. du Daitoku ji; 7 km N.-O. de Kyōto eki; — bus n° 12 depuis Shijō Karasuma ou Daitoku ji, jusqu'au Kinkaku ji; — ouvert de 9 h à 17 h 30).* Le Pavillon d'or *(Kinkaku ji)* est l'un des monuments les plus visités de Kyōto et des plus connus du Japon.

Établi au pied du mont Kinugasa (200 m d'alt.), Kinkaku ji fut à l'origine une villa de plaisance de *Saionji Kintsune* (1171-1244), qui était apparenté à Minamoto Yoritomo et aux empereurs *Go Saga* et *Go Fukakusa*. Le brillant shōgun *Ashikaga Yoshimitsu* (1358-1408), ayant cédé le pouvoir à son fils Yoshimochi, élut cet endroit comme retraite, fit construire (1394) le Pavillon d'or et dessiner le jardin qui l'entoure. L'ensemble fut converti en temple Rokuon après sa mort. La plupart des bâtiments disparurent depuis lors, et le pavillon brûla en 1950, lors du suicide d'un jeune moine du temple; celui que nous voyons aujourd'hui fut reconstruit, identique au précédent, en 1955.

Les bâtiments du **Rokuon ji** renferment plusieurs **statues bouddhiques**, dont une de Kannon attribuée au prêtre *Jōchō* (XIe s.), ainsi que celle du shōgun *Yoshimitsu*; les décorations des panneaux amovibles sont l'œuvre des écoles *Minchō* et *Kanō*.

Le **Pavillon d'or** — couvert à la feuille d'or — s'élève à proximité d'un bel étang; il est surmonté de deux étages, que coiffe un phénix de bronze. Dans les ***jardins** s'élève le pavillon de thé **Sekka tei**, construit au XVIIe s. par l'empereur *Gomizuno o*; à la sortie de ceux-ci, petit temple dédié à Fudō Myō ō.

G. - Ukyō ku

Gares J. N. R. de Hanazono et de Saga.

A l'O. de Kyōto, ce vaste arrondissement s'étend de part et d'autre de la Hozu gawa, qui est coupée à hauteur d'Arashiyama par le célèbre pont de Togetsukyō. Nombreux temples également à Ukyō ku. On remarque particulièrement Myōshin ji et Ninna ji. Les jardins du Ryoan ji, de Koke dera ou de Katsura Rikyū, comptent parmi les plus beaux de Kyōto.

Kitsuji dōri longe par le S. le mont Kinugasa, et relie entre eux les temples Kinkaku ji, Ryoan ji et Ninna ji.

Ryoan ji *(Pl., Ensemble, A1; — 1,2 km S.-O. du Kinkaku ji; 1,2 km N. du Myōshin ji; 4,5 km N.-E. d'Arashiyama; 6,5 km N.-O. de Kyōto eki, J. N. R.; 800 m N. de la station Ryoanjimichi, Keifuku E. R.; — bus n° 52 depuis Kyōto eki et Shijō Karasuma jusqu'au Ryoan ji; — ouvert de 8 h à 17 h).* Ce temple possède le plus estimé des **jardins secs *(kare sansui)* du zen, mais son exploitation commerciale lui fait malheureusement perdre beaucoup de sa valeur, en compromettant la méditation à laquelle il devrait inviter.

Temple, créé en 1473 par *Hosokawa Katsumoto* (1430-1473), l'un des plus grands seigneurs de son époque, sur des terrains ayant appartenu aux Tokudaiji; reconstruit en 1499 après la guerre civile d'Onin (1467-1477), puis de nouveau en 1797 après un incendie.

362   KYŌTO : UKYŌ KU

Le **jardin de sable et rochers, attribué au maître *Sōami* (1472-1523), mesure 30 m sur 10 ; il est limité par un mur, qui joue un grand rôle dans la composition du jardin zen.

Quinze rochers, de forme et de taille différentes, au pied desquels un peu de mousse est retenue, sont répartis en cinq groupes ; une mer de sable s'étend autour, soigneusement ratissée chaque jour ; quelle que soit la position du contemplateur, il ne verra jamais plus de quatorze pierres à la fois. Chaque école de Zen y trouve l'image d'un symbolisme qui lui est propre.

En arrière du temple se dressent les **tombes** de plusieurs membres de la famille Hosokawa, et plus en arrière encore, celles de l'empereur Go Shujaku (1009-1045) et de ses fils les empereurs Go Reizei (1025-1068) et Go Sanjō (1034-1076).

Au S. du jardin sec on traversera le remarquable *jardin-paysage, établi autour du lac Oshidōri, que fit creuser au XIIe s. *Tokudaiji Sanesada* ; dans ce parc se trouve notamment le **pavillon de thé Zoroku tei.**

Depuis le Ryoan, Kitsuji dōri amorce un virage vers le S., afin de rejoindre l'entrée méridionale du :

*Ninna ji *(Pl., Ensemble, A1 ; — 800 m S.-O. du Ryoan ji ; 800 m N.-O. du Myōshin ji ; 3,5 km N.-E. d'Arashiyama ; 6 km N.-O. de Kyōto eki J.N.R. ; 200 m N. de la station Omuro, Keifuku E.R. ; — bus n° 59 de la gare de Keihan Sanjō jusqu'à Ninna ji ; — ouvert de 9 h à 16 h).* Voici encore l'un des grands temples de Kyōto, bien qu'il retienne un peu moins l'attention des visiteurs.

Ce fut à l'origine un palais, élevé à partir de 886 par l'empereur *Kōkō* (830-887), et achevé par son fils *Uda tennō* (867-931) qui s'y retira plus tard comme abbé. Jusqu'à la Restauration de Meiji, les abbés de ce temple furent, du reste, choisis parmi les princes de la famille impériale. A cause des incendies successifs, les bâtiments ont été plusieurs fois reconstruits, et les plus anciens datent du XVIIe s.

Au N. du **San mon** se trouvent sur la dr. l'**Omuro Gosho**, sur le site de l'ancienne résidence impériale, reconstruite au début du XXe s. dans le style Momoyama. Vers le fond, au-delà du **Chū mon**, se dressent les bâtiments principaux du temple ; parmi ceux-ci, le **Kon dō**, qui abrite une statue en bois d'Amida, la **pagode de cinq étages** (33 m de hauteur) et le **Kyō zō** (salle des sūtra) ; à l'O. s'élève le **Miei dō**. Le temple possède un *jardin remarquable avec pavillon de thé **Ryokaku tei** ; Ninna ji est particulièrement visité deuxième quinzaine d'avril, lors de sa célèbre floraison de cerisiers.

Du Ninna ji se détache vers le S.-E. Ichijō dōri, qui après avoir traversé les voies du chemin de fer privé *(Keifuku E.R.)*, longe le mur septentrional de l'enceinte du Myōshin ji.

Myōshin ji *(Pl., Ensemble, A2 ; — 800 m S.-E. du Ninna ji ; 4 km N.-E. d'Arashiyama ; 5,5 km N.-O. de Kyōto eki et 600 m N.-E. de Hanazono eki, J.N.R. ; 300 m S.-E. de la station Myōshin ji, Keifuku E.R. ; bus n° 26 depuis Kyōto eki ; — ouvert de 9 h à 16 h).* D'une importance comparable à celle du Daitoku ji, le Myōshin ji est également un temple zen de secte Rinzai.

Ce temple fut élevé, de 1337 à 1342, à l'emplacement d'une villa de l'empereur *Hanazono* (1297-1348) ; ruinés par divers incendies, les bâtiments furent reconstruits aux époques Momoyama et Edo, entre les XV et XVIIIe s. Les nombreux temples secondaires qui composent ce vaste monastère furent agrémentés de jardins et enrichis de peintures, notamment de l'école des Kanō.

Le temple s'ouvre au S. par la belle porte **San mon** (1599), en arrière de laquelle se trouvent le **Butsu den** (qui abrite une statue de Sakyamuni), puis le **Hatto**, au *plafond décoré par *Kanō Tanyū* (1602-1674). A l'O. du Hatto, on remarque le **shōrō** (beffroi) dont la cloche, fondue en 698, est la plus anciennement connue au Japon.

Parmi les temples secondaires mentionnons :

Tenkyū in (1635) ; proche de la porte N. de l'enceinte du Myōshin ji, possède des *fusuma (portes coulissantes) peintes par *Kanō Sanraku* (1559-1635).
***Reiun in** ; au N.-O. du Hatto, à l'O. et face au Hōjō, possède de nombreuses **peintures, aujourd'hui montées en kakemono, dues à *Kanō Motonobu* (1476-1559). « Ce sont surtout des paysages bien aérés, tantôt décorés d'arbres fleuris et d'oiseaux, tantôt peuplés de personnages historiques chinois » (*Akiyama Terukazu*, la Peinture japonaise).
Taizo in ; à l'O. du Butsu den, conserve plusieurs peintures à l'encre de Josetsu ; parmi elles : *l'Homme pêchant un poisson chat avec une calebasse **(Hyōnen zu)**.
Ryusen an, à l'E. du San mon, où l'on admirera les singes pleins de vie peints par *Hasegawa Tohaku* (fin du XVIe s.).

Face à l'entrée méridionale du Myōshin ji, se détache une rue vers le S.-O. qui après avoir traversé la voie ferrée *J. N. R.*, rejoint la station d'Uzumasa *(Keifuku E. R.)* ; au N.-O. de celle-ci se trouve le Kōryū ji ; il sera possible de gagner ce temple en empruntant, au N.-O. du Myōshin ji, le train *Keifuku E. R.*, de Myōshin ji à Katabiranotsuji ; de là, on changera pour revenir vers l'E. sur Uzumasa.

***Kōryū ji** *(Pl., Ensemble, A2 ; — 1,8 km S.-O. du Myōshin ji ; 2,5 km E. d'Arashi yama ; 5,5 km N.-O. de Kyōto eki, J. N. R. ; 100 m N.-O. de la station d'Uzumasa, Keifuku E. R. ; — bus n° 11 depuis Shijō Karasuma, ou n° 28 depuis Kyōto eki jusqu'à Uzumasa ; — ouvert de 9 h à 17 h).*
Également connu sous le nom d'**Uzumasa dera**, ce temple fut fondé en 622 par Hata Kawakatsu, en l'honneur du prince *Shōtoku* (572-621). Fête *Ushi matsuri* le 12 novembre.
Le **Kō dō**, salle de prédication (1165), est l'un des plus vieux édifices qui existe à Kyōto. Il abrite une **statue du Bouddha** et deux autres de Kannon. Le **Taishi dō** (1720), en arrière du Kō dō, dédié à *Shōtoku taishi*, conserve une **statue** qui serait un **autoportrait** de ce prince. Au N.-O. du temple, le pavillon octogonal, ***Keigu in** ou **Hakkaku dō** (1251), renferme une autre statue de *Shōtoku*, une statue de Nyōrin Kannon, qui serait originaire de Corée, et une troisième statue d'Amida.

Enfin le **trésor** du temple *(Reiho kan)*, en arrière du Taishi dō, possède d'autres statues bouddhiques de l'époque Heian, et le célèbre **Miroku Bosatsu** d'époque Asuka.

Cette statue aurait été offerte en 623 par le royaume coréen de Silla, ou bien fut peut-être réalisée à la demande du prince *Shōtoku* ; quoi qu'il en soit, l'influence coréenne est manifeste, et cette statue est très semblable à celle du Chūgū ji (V. Ikaruga). Sculptée dans une seule pièce de bois elle fut plusieurs fois restaurée et a perdu les ornements qui la complétaient. Ce

Bouddha de l'Avenir a le regard « tourné intérieurement, vers un univers de douceur et de spiritualité, avec une pudeur et une timidité exceptionnelles » (*Peter C. Swann,* Japon) ; quant à François Toussaint il voit dans son sourire « un air de parenté avec celui de l'Ange de Reims ».

Au-delà du Kōryū ji, on pourra gagner en bus ou par le train *(Keifuku E. R.)* — depuis la station d'Uzumasa — le quartier d'**Arashiyama,** sur les bords de la Hozu gawa, que fréquentent en masse les habitants de Kyōto, à la recherche de fraîcheur et de détente. En cet endroit aboutissent les bateaux qui descendent les rapides de la **Hozu gawa** *(V. Kameoka).* Pêche aux cormorans sur la rivière en été ; réserver auprès des hôtels ou du J.N.T.O.

Tenryū ji *(3 km O. du Kōryū ji ; 8,5 km N.-O. de Kyōto eki, et 800 m S.-O. de Saga eki, J.N.R. ; 400 m O. de la station Arashiyama, Keifuku E. R. ; — bus n° 11 depuis Shijō Karasuma, ou n° 28 depuis Kyōto eki jusqu'à Arashiyama ; — ouvert de 9 h à 17 h).* Ce temple fut fondé en 1339 par *Ashikaga Takauji,* en l'honneur de l'empereur Go Daigo (1287-1338). Bien que reconstruit après 1900, il conserve un *jardin attribué à *Sōseki* (ou *Murō Kokushi,* 1271-1346), qui fut le supérieur du temple.

En arrière s'étend le **parc de Kameyama,** où l'empereur de ce nom avait fait planter (XIIIe s.) des cerisiers, provenant de Yoshino *(V. ce nom)* ; le site est toujours célèbre pour sa végétation et ses floraisons de printemps.

Depuis Arashiyama, on peut gagner en autobus *(n° 28),* vers le N. :

Le ***Daikaku ji** *(1,5 km N. d'Arashiyama ; 8,5 km N.-O. de Kyōto eki ou 1,2 km N. de Saga eki, J.N.R. ; — bus n° 28 depuis Kyōto eki ; — ouvert de 9 h à 16 h 30).* Ce temple fut créé par l'empereur *Junna* (786-840) à l'emplacement d'une villa de son frère, l'empereur *Saga* (785-842), qui s'étendait à l'O. de l'étang d'Osawa.
Il abrite cinq **statues bouddhiques** que la tradition attribue à *Kōbō Daishi* (774-835), et se glorifie de posséder des peintures de l'école des *Kanō (Motonobu, Eitoku, Sanraku, Tanyū ;* XVIe-XVIIe s.) et d'*Ogata Kōrin* (1661-1716).

A 13 km N. d'Arashiyama, par la route à péage ***Arashiyama Takao Parkway** (vues sur Kyōto et ses environs ; *bus n° 104),* on atteint **Takao,** au pied de l'**Atago yama** (928 m), sur la vallée de la **Kiyotaki gawa.** Les pentes environnantes sont réputées pour le flamboiement des érables en automne.

A Takao on visite le ***Jingo ji,** fondé en 806, qui possède plusieurs ***statues** d'époque Heian ; on remarque également les peintures de ***Sakyamuni et Robe rouge** (XIIe s.) ; les ***portraits de Fujiwara Mitsuyoshi, Taira Shigemori et de Minamoto Yoritomo,** par *Fujiwara Takanobu* (1142-1205).

En amont de Takao, à **Makino o** et à **Togano o,** se trouvent les temples Saimyō ji (1699) et Kozan ji ; ce dernier possédait de célèbres peintures aujourd'hui au Musée national de Tōkyō. Bus direct *(n° 8)* depuis Takao jusqu'au centre de Kyōto.

La Hozu gawa est traversée à Arashiyama par le beau **pont de Togetsukyō,** au S.-O. duquel s'élève l'**Arashi yama** (375 m), dont les pentes sont occupées par le **parc d'Iwade yama** ; là vivent des singes en liberté. Au pied de cette colline on peut visiter le **Horin ji** *(600 m S. de la station d'Arashiyama, Keifuku E. R. ; 400 m O. de celle d'Arashiyama, Hankyū E. R.),* fondé en 713 ; fête **Jusan Mairi** le 13 avril, des enfants âgés de treize ans.

Depuis Arashiyama (rive N. de la Hozu gawa), on pourra prendre un car direct jusqu'à Koke dera.

Saihō ji *(2,5 km S. d'Arashiyama ; 6,5 km O. de Kyōto eki ; — bus nº 29 depuis Shijō Karasuma ; — ouvert de 9 h à 17 h ; réservation préalable).* Ce temple possède l'un des plus célèbres jardins de mousse de Kyōto, d'où son surnom de **temple des mousses : Koke dera.**

Saihō ji aurait été fondé en 731 par le prêtre *Gyōki* (670-749), à l'emplacement d'une villa du prince Shōtoku ; il fut rebâti en 1339 par le prêtre *Soseki* (1271-1346), à qui l'on attribue la création du ****jardin**. Celui-ci est tapissé de mousses (une vingtaine d'espèces différentes) qui font tout le charme du parc ; la visite est recommandée après une ondée. L'étang, que borde un pavillon de thé (Shōnan tei), a la forme de l'idéogramme chinois *kokoro :* cœur, esprit.

Depuis Koke dera, le bus nº 29 atteint la gare de Kami Katsura *(Hankyū E.R.)*, d'où l'on peut gagner en train celle de Katsura, qui se trouve à 800 m S.-O. de la villa de Katsura.

**Katsura Rikyu *(Pl., Ensemble, A3 ; — 2,5 km S.-E. de Koke dera ; 4,5 km S.-E. d'Arashiyama ; 5 km O. de Kyōto eki, J.N.R. ; 800 m N.-E. de Katsura eki, Hankyū E.R. ; — train Hankyū E.R. d'Arashiyama ou de Kawaramachi à Katsura ; — visite : V. Shugaku in Rikyū, p. 357).* Nous avons de nouveau affaire à l'un des plus beaux jardins de Kyōto ; il relève, comme ceux de Shugaku in, du domaine de la Maison impériale.

Cette villa fut réalisée sur les bords de la Katsura ou Hozu gawa, au début du XVIe s., en faveur du prince *Toshihito Hachijō* (1579-1629), frère de l'empereur *Go Yozei* (1571-1617). Les plans furent, dit-on, confiés à *Kobori Enshū* (1579-1647), et les travaux se poursuivirent entre 1620 et 1624. A partir de 1642, la villa fut agrandie par le prince *Toshitada*, mais demeura dans le même esprit de sobriété, caractérisé par les quelques bâtiments qui s'élèvent autour de l'étang central.

En tous points le jardin est étudié pour ses effets de perspectives, ses plantations, le détail imprévu au détour du chemin, l'harmonie de l'ensemble, la disposition des pavillons de thé, et le bâtiment principal (Shoin), qui est muni d'une plate-forme d'observation, afin de pouvoir admirer le spectacle nocturne les soirs de clair de lune. Les pavillons de thé (Shoka tei, Shokin tei et Gepparo) ont chacun leur individualité ; le Shoin fut décoré par des peintres de l'école *Kanō*.

H. — Minami ku

Gares J.N.R. de Kyōto et de Nishiōji.

Ce quartier essentiellement populaire de Kyōto s'étend au S. des voies ferrées (ligne du shinkansen), dans l'angle formé par les rivières Kamo gawa à l'E. et Katsura gawa à l'O. On y visitera principalement le Tō ji.

Kyō Ogokoku ji ou **Tō ji *(Pl., Centre B3 ; — 1 km S.-O. de Kyōto eki, J.N.R. ; 400 m O. de Tō ji eki, Kintetsu E.R. ; — bus nº 208 depuis Kyōto eki, ou nº 207 depuis Shijō Karasuma jusqu'à Tōjimae ; — ouvert de 9 h à 16 h).* Ce temple, de secte shingon, possède plusieurs édifices intéressants et une collection de **sculptures remarquables. L'entrée est au N.-E. de l'enceinte.

Tō ji, temple de l'E., par opposition à Sai ji qui s'élevait à l'O. de l'entrée méridionale (Rashō mon) de Heiankyō, fut fondé en 796 par l'empereur *Kammu*, et placé en 823 sous la direction du prêtre *Kūkai* ou *Kōbō Daishi* (774-835); la plupart des édifices détruits durant les guerres civiles du XVe s. furent reconstruits à partir du XVIIIe s.

Parmi les bâtiments nous remarquons :
Minami Dai mon, tout au S. de l'enceinte du temple; élevé au XVIe s., provient du Sanjūsangen dō.
La *Pagode de cinq étages (55 m de haut), qui s'élève dans le coin S.-E. est la plus haute du Japon; elle fut reconstruite en 1644.
Trois bâtiments s'élèvent au N. du Minami Dai mon.
Au S., le Kon dō, salle principale du temple, fut reconstruit sur l'ordre de Toyotomi Hideyori, entre 1599 et 1606.

Ce bâtiment abrite la triade du Bouddha thérapeute : *Yakushi Nyorai, entouré des deux divinités, lunaire et solaire : Gakkō et Nikkō Bosatsu. Remarquer, sous la statue centrale, les douze gardiens célestes dont l'exécution est attribuée au prêtre *Kōchō*.

Le Kō dō, salle de prédication, au centre, fut également redressé au début du XVIIe s.

A l'intérieur vingt et une **statues sont disposées autour du Dai Nichi Nyōrai selon les préceptes du *mandara de Mikkyō* décrits dans le principal sūtra de la secte ésotériques *shingon (V. Kōya san)*. Six statues furent restaurées au début du XVIIe s. sur l'ordre de Toyotomi Hideyori, les quinze autres sont l'œuvre du prêtre *Kūkai* (aux alentours de 825). Du moins doit-on considérer que ces statues remontent dans leur ensemble à l'époque Heian (794-1185).

Le Jiki dō, réfectoire (au N.), fut reconstruit en 1930 dans le style Muromachi originel (XIVe-XVIe s.).

Enfin, au N.-O. de cet ensemble le *Hozo, ou salle du trésor, fut construit à l'époque Kamakura (1197), dans le style azekura, sans l'aide de clous.

Le temple possède également quelques peintures religieuses d'époque Heian : mandara du Diamant, Paravent des Paysages, etc.

I. — Fushimi ku

Gares J.N.R. d'Inari et de Momoyama.

Rattaché à Kyōto, cet arrondissement en est presque un faubourg méridional, aujourd'hui enserré entre l'Uji gawa au S. et l'autoroute Meishin au N. Le nom de Fushimi évoque la splendide résidence de Momoyama, qui donna son nom à une époque artistique du XVIe. Le sanctuaire d'Inari et le Daigo ji méritent aussi la visite.

**Fushimi Inari jinja *(Pl., Ensemble C3; — 1,3 km S. du Tōfuku ji; 3 k S.-E. de Kyōto eki et 380 m E. d'Inari eki, J.N.R.; 400 m E. de la station de Fushimi Inari, Keihan E.R.)*. Ce sanctuaire, l'un des plus célèbres Japon, retient surtout l'attention du touriste par la présence des innombrables torii de bois — il y en aurait plus de dix mille — offerts au cours des âges, et portant le nom des donateurs.

Le sanctuaire, consacré en 711, est dédié à *Ukanomitama no Mikoto* (ou *Inari*), qui ne serait autre que *Toyouke bime no kami*, fille d'Izanagi et d'Izanami ; vénérée à Ise *(V. ce nom)*, protectrice de la nourriture et principalement du riz. Dans les sanctuaires d'Inari, les statues de renards — animal assimilé à la divinité — sont censées assurer le gardiennage du riz. Le sanctuaire fut reconstruit en 1499 dans le style Momoyama.

Depuis Inari on pourra prendre le train J. N. R. jusqu'à la station suivante de Momoyama.

Fushimi jō ou **Mamoyama** jō *(Pl., Ensemble C4 ; — 3 km S. de Fushimi Inari jinja ; 5,5 km S.-E. de Kyōto eki et 1 km N.-E. de Momoyama eki, J. N. R. ; 1 km E. de Tanbabashi,* **Keihan** *et* **Kintetsu** *E. R. ; — bus n° 56 depuis Shijō Karasuma et Momoyama eki).* Momoyama, la colline des pêchers, célèbre pour la floraison de ces arbres, est le site que choisit au XVIe s. *Toyotomi Hideyoshi* pour y élever un château qui fut le reflet de sa puissance.

***Toyotomi Hideyoshi* (1536-1598).** — Originaire de Nagoya, le jeune *Hiyoshi* fuit la vie monastique pour entreprendre une carrière militaire. Il s'engage au service d'Oda Nobunaga, et prend à partir de 1562 le nom de *Hideyoshi*. Chargé par Nobunaga de soumettre les provinces de l'O., opérations qu'il dirige depuis Himeji *(V. ce nom),* lorsque Nobunaga est assassiné (1582), il élimine le meurtrier de son ancien maître, puis assure le pouvoir suprême après en avoir écarté les Oda. D'abord établi à Ōsaka, Hideyoshi se fait construire deux palais successifs à Kyōto, d'où il dirige une double expédition contre la Corée (1592 et 1596), ayant même des visées sur la Chine. Toyotomi, qui mourut à Fushimi jō en 1598, fut l'une des trois grandes figures japonaises de la fin du XVIe s., qui après les troubles des siècles précédents réalisèrent l'unification et la pacification du Japon.

Château de Fushimi. — En 1593, de retour de la première expédition de Corée, *Hideyoshi* fit élever au S. de Kyōto un puissant château et délaissa celui de Juraku tai, situé en ville. Les meilleurs artistes de l'époque travaillèrent à Fushimi, et achevèrent le plus luxueux château qui ait probablement existé au Japon. Malheureusement il fut délaissé après la mort de son propriétaire (1598), et les Tokugawa qui s'en assurèrent le contrôle le firent entièrement démanteler à partir de 1623 ; les principaux éléments servirent à l'édification de nombreux temples et palais de Kyōto. Puis le site fut endommagé par les violents affrontements qui opposèrent, en 1868, les troupes impériales aux partisans du shōgun. De nos jours, on a dressé un nouveau Momoyama jō, qui donne vaille que vaille une idée de la splendide demeure de Hideyoshi.

Le **donjon** actuel (1964), renforcé de béton armé et couvert de bois à l'ancienne, s'élève au milieu du parc de Momoyama ; il abrite quelques documents et souvenirs, relatifs à Hideyoshi et à son glorieux passé.

A l'O. du parc de Momoyama, **mausolée de l'empereur Kammu** (736-805), fondateur de Heiankyō.

Au S. du parc de Momoyama, se trouvent les **mausolées** voisins **de l'empereur Meiji** (1852-1912) et de son épouse l'**impératrice Shoken** *(1 km E. de Momoyama eki, J. N. R. ; — 600 m N. de Momoyama Minamiguchi,* **Keihan** *E. R.).*

368 KYŌTO : FUSHIMI KU

Au S.-O. de ces monuments *(à 300 m E. de Momoyama eki, J.N.R.)*, on remarque **Nogi jinja**, élevé en 1916 à la mémoire du général *Mogi Maresuke* (1849-1912) qui se suicida, selon le rite (seppuku), à la mort de l'empereur Meiji. Dans le jardin du sanctuaire, se trouve un édifice qui servit de quartier général à Nogi Maresuke lors du siège de Port Arthur (guerre russo-japonaise, 1904-1905), et qui abrite des souvenirs le concernant.

A proximité de la gare de Momoyama-Minamiguchi *(Keihan E.R.)*, on peut prendre le bus *(n° 26)* pour se rendre au Daigo ji. Depuis la gare de Tanbabashi *(Keihan E.R.)*, on pourra gagner par le train privé celles de Chūjojima, puis de Rokujizō; depuis l'une de ces deux dernières gares, le bus n° 26 rejoint **Daigo**, ancien village de la vallée de la Yamashina gawa, rattaché à l'agglomération de Kyōto.

**Daigo ji *(Hors Pl. Ensemble C4 ; — 4 km N.-E. de Momoyama jō ; 7 km S.-E. de Kyōto eki, J.N.R. ; 3 km N.-E. de Rokujizō eki, Keihan E.R. ; — bus n° 26 depuis Chūjojima et Rokujizō eki, ou n°s 39, 40 et 41 depuis Shijō Karasuma jusqu'à Daigo ; — ouvert de 9 h à 16 h)*. Ce temple, divisé en temple supérieur et temple inférieur (Kami et Shimo Daigo), est l'une des plus anciennes fondations de Kyōto.

De secte *shingon*, le Daigo ji fut créé en 874 par le prêtre *Shōbō* ou *Rigen Daishi* (832-909). Les temples supérieur et inférieur se développèrent jusqu'au XIIIe s., lorsque des incendies détruisirent la plupart des bâtiments. Seule la pagode de Shimo Daigo échappa aux guerres civiles d'Onin (XVe s.), et il fallut attendre Toyotomi Hideyoshi pour que soit décidée la restauration complète du Daigo ji et la reconstruction du Sambo in. Une grande partie des nouveaux édifices provient d'un temple ruiné de la péninsule de Kii.

Shimo Daigo

Passé le **Niō mon**, d'époque Kamakura (XIIIe-XIVe s.), on remarque le **Kon dō**, de même époque ; tous deux furent transférés depuis la péninsule de Kii au XVIe s. Le Kon dō abrite une triade de Yakushi Nyōrai (XIIe s.), avec les statues des gardiens célestes.

Au S. du Kon dō, la ***pagode** (936-951) de cinq étages est le plus ancien monument existant à Kyōto ; elle renferme des ***peintures** sur bois illustrant deux mandara de la secte *shingon* (époque Heian ; généralement fermé au public).

A l'O. de la pagode, petit sanctuaire shinto de **Seiryū gū**, fondé en 1094, reconstruit en 1517.

Au N.-O. du Niō mon s'élève le ***Sambo in** *(l'entrée est au N.-O.)*, monastère secondaire fondé en 1115, puis reconstruit de 1598 à 1606 sur ordre de *Toyotomi Hideyoshi*.

Les **appartements** furent décorés par *Hasegawa Tōhaku* (1539-1610) et *Kanō Sanraku* (1559-1635) ; le **Hon dō** possède une statue de **Miroku Bosatsu** par *Kaikei* (XIIe-XIIIe s.) ; très beau ***jardin** de style momoyama, d'une part, avec pavillon de thé **Chinryu tei** et jardin sec, d'autre part, plus modeste ; proche de l'entrée, cerisier vénérable très admiré au printemps.

Au S.-O. du Niō mon, le **Reihō kan** ou trésor *(ouvert en avril, mai, octobre et novembre)* renferme de nombreuses statues et peintures bouddhiques des époques Heian, Kamakura et Muromachi (VIIIe au XVIe s.), et une riche collection de sūtra et de calligraphies.

Kami Daigo

Cette partie du sanctuaire est répartie sur les hauteurs boisées accessibles au S.-E. du Shimo Daigo, au-delà de la petite rivière qui passe en arrière de celui-ci.

On y remarque un autre sanctuaire shintō de **Seiryū** (1434), et le **Yakushi dō** (1211) qui abrite une **statue de Yakushi Nyōrai**, du début du Xe s. Plus loin se situe le **Kyō zō**, salle des sūtra (1198), et près du sommet, le **Nyōrin dō** (statue de Kannon du XIe s.) et le **Miei** (ou **Kazan dō**), reconstruit en 1608.

A 2 km S. du Daigo ji *(taxi, ou bus n° 26 jusqu'à Ishida à 700 m N.-O. du Hōkai ji)* : **Hino**, où l'on visite le **Hōkai ji**, dont l'**Amida dō** (1057) abrite une *statue d'Amida de même époque, attribuée au prêtre *Jōchō*; traces de peintures murales. Fête *Hadaka Odōri* le 14 janvier.

J. — Environs de Kyōto

1 — **Hiei zan *(22 km N.-E., par la route à péage Hiei Driveway; — bus n° 101 depuis Kyōto eki; — train Keifuku E.R. de Demachiyanagi eki à Yase-Yuen, puis funiculaire et téléphérique de là au Hiei zan).* Proche du terminus du téléphérique du Hiei zan, le *belvédère du mont Hiei (848 m d'alt.) est aménagé (parc d'attractions, plate-forme tournante) en vue d'observer les environs de Kyōto et le lac Biwa. De là il faudra prendre un autobus, afin de gagner l'****Enryaku ji**, à 1,5 km S. plus bas *(accès direct depuis Ōtsu, par le funiculaire de Sakamoto à Eizanchūdō).*

L'Enryaku ji fut fondé en 788 par le prêtre *Saichō*, ou *Dengyō Daishi* (767-822), propagateur de la secte Tendai, qui exige de chacun la perfection dans la pratique du bouddhisme. Il devint rapidement l'un des temples les plus importants de la proximité de Kyōto. Il entra en conflit avec les temples des autres sectes, notamment celui du *Kōya san (V. Kōya)*; les conflits armés se déroulèrent parfois dans la capitale et entraînèrent à plusieurs reprises la ruine du temple. Enfin, *Oda Nobunaga* réduisit au XVIe s. les turbulents moines du mont Hiei, et détruisit de nouveau les bâtiments; ils furent redressés, avec le consentement de *Toyotomi Hideyoshi*, et augmentés par *Tokugawa Iemitsu* (XVIIe s.). Des prêtres aussi célèbres que *Genkū* (1133-1212), *Shinran* (1174-1268) ou *Nichiren* (1222-1282), acquirent leur formation sur le mont Hiei.

Les bâtiments du temple sont répartis en trois ensembles principaux, de l'E. (**Tō to**), de l'O. (**Sai to**), et plus au N. de **Yokawa**.

Depuis l'arrêt du bus, proche du temple de l'E., ou de la station du funiculaire d'Eizanchūdō, on gagnera vers le N.-E. le **Daikō dō** (refait en 1963), près duquel se trouvent à l'O. le **Kaidan in** (1604) et à l'E. le **beffroi**; de là on descendra vers le *Kompon chū dō, bâtiment principal de l'Enryaku ji, construit à l'origine par le prêtre Saichō, puis redressé en 1642; il abrite la triade de **Yakushi Nyorai**, accompagné de Gakkō et Nikkō Bosatsu; la statue originale de Yakushi par Saichō n'est pas visible.

Au-dessus du Kompon chū dō, le **Monju rō**, qui date de la même époque.

Depuis le Daikō dō, on peut monter vers le S.-O. à l'**Amida dō** (1937), d'où l'on gagnera, à pied vers le N.-O., l'enceinte de l'O. *(bus assurant la liaison)*. A pied on dépassera le **Sannō in** et le **Jōdo in**, derrière lequel se trouve la tombe de *Dengyō Daishi*.

On approche du **Sai to** par les bâtiments voisins, du **Jogyō dō** et du **Hokke dō**, reconstruits en 1595. Au-delà s'élève la ***Shaka dō**, principal bâtiment de l'O., élevé au XIIIe s. et reconstruit sur le mont Hiei, à la demande de Toyotomi Hideyoshi ; la **statue de Sakyamuni** par Saichō n'est généralement pas exposée ; on en voit une copie qu'entourent les quatre gardiens célestes. Au N.-O., pagode **Sorin tō**, élevée à l'origine en 820.

→ A 5 km N. du Sai to, par l'***Oku Hiei Driveway** (car) : **Yokawa**, avec les bâtiments du **Nyoho dō** et du **Chū dō**, fondés en 848, mais reconstruits au XVIIe et au XXe s. De là on pourra poursuivre en car jusqu'à **Ogoto Onsen** ou **Katada**, sur les bords du Biwa ko, d'où l'on rentrera à Kyōto par le car, via Ōtsu, ou par un train direct *J.N.R. (se renseigner de la mise en service de cette ligne).*

☞ **2 — Ōhara** *(18 km N.-E. ; car depuis Demachiyanagi ou Yase-Yuen ; train Keifuku E.R. entre ces deux gares).* Sur la vallée de la **Takano gawa**, Ōhara est un agréable village, rattaché à l'agglomération de Kyōto, où l'on peut visiter plusieurs temples.

→ A 500 m E. : ***Sanzen in**, fondé au IXe s. par le prêtre *Saichō* ; la salle principale, avec plafond en forme de carène renversée, fut élevée en 985 par le prêtre *Eshin* (942-1017) et décorée par lui : mais les vingt-cinq Bosatsu du plafond sont effacés, et sur les murs l'illustration des mandara, Kongo kai et Taizo kai, est difficilement visible ; statues d'Amida par *Eshin*. Jardin d'époque Edo. En arrière de ce temple, se trouvent les tombes des empereurs *Go Toba* (1179-1239) et *Juntoku* (1197-1242).

→ A 800 m N.-O. : **Jakkō in**, couvent féminin où se retira au XIIe s. l'impératrice *Kenreimon in*, mère de l'empereur Antoku.

☞ **3 — Kurama yama** *(15 km N. ; train Keifuku E.R. de Demachiyanagi à Kurama, puis funiculaire).* Sur les pentes de cette colline (570 m), le **Kurama dera** fut fondé en 770 par le prêtre *Kantei*. Reconstruit après 1945, ce temple est célèbre pour les fêtes de la taille des bambous (20 juin) et du grand feu de Kurama (22 octobre).

☞ **4 — Yawata** *(14 km S.-O., en partie par la N 1 ; train Keihan E.R. de Keihan Sanjo à Yawatacho).* — Quitter Kyōto vers le S.

8 km : Otetsuji, à g. en direction de Fushimi ; prendre une route à dr orientée vers le S.-O.

11 km : **Yodo** ; hippodrome de Kyōto. En ce lieu exista un château appartenant aux Hosekawa, et que Toyotomi Hideyoshi offrit à son épouse. Les Inaba y résidèrent de 1723 à 1868.

14 km : **Yawata.** On y visite le **Jōbon Rendai ji**, qui conserve « le Sūtra illustré des Causes et des Effets du Passé et du Présent ("Einga kyō"), premier exemple de rouleau enluminé, ou emakimono, dont la mode se développa surtout pendant les époques Heian et Kamakura » *(Théo Les louac'h)* ; cette ***peinture** d'influence chinoise date du VIIIe s.

Un funiculaire accède à l'**Iwashimizu Hachiman gū** ; sur les pentes d l'**Otoko yama** (143 m), ce sanctuaire fut fondé en 859 ; Hon den richement décoré. Fête le 15 septembre.

☞ **5 — Kameoka, Nara, Ōsaka, Ōtsu, Uji,** *V. ces noms ;* — **Biwa ko,** V Ōtsu.

Kyūshū (Ile de)

42 030 km^2 ; 12 965 000 hab.

Kyūshū la méridionale, première porte japonaise ouverte sur l'Europe au siècle dernier, mais aussi première image offerte par le Japon à l'Occident, reste peu visitée par les touristes étrangers. Ce qui est fort dommage. Sans doute son éloignement par rapport aux centres d'intérêt traditionnels que sont Tōkyō ou Kyōto en est-il la raison, encore que le développement des services aériens et l'arrivée du *Shinkansen* à Hakata en facilitent l'accès.

Si Kyūshū ne saurait être comparée, pour la richesse de ses monuments, avec Kyōto ou Nara, elle n'en renferme pas moins quelques très beaux temples et des « sites-souvenirs » émouvants. Mais ce sera surtout la beauté majestueuse de ses paysages très « méditerranéens » qui sauront vous retenir, tout autant d'ailleurs que son atmosphère, tellement plus ouverte, plus décontractée que dans le N. de l'archipel.

Votre voyage à Kyūshū

Comment s'y rendre ? — Il existe de nombreuses liaisons aériennes quotidiennes entre Kyūshū (aéroports principaux à Nagasaki, Fukuoka, Kumamoto, Kagoshima et Miyazaki) et les grandes villes japonaises desservies par les compagnies intérieures *(All Nippon Airways — A. N. A.* et *Toa Domestic Airlines — T. D. A.)* ainsi que par la *Japan Airlines* vers Fukuoka. Mais il reste tout aussi aisé de rejoindre Kyūshū par le train *Shinkansen* (liaisons régulières depuis Tōkyō, Kyōto et Ōsaka) jusqu'à Hakata-Fukuoka. Des correspondances sont ensuite assurées vers toutes les destinations importantes.

Il existe enfin des liaisons maritimes — pour ceux qui disposent de temps — au départ de Tōkyō, Ōsaka et Kobe vers Kokura (Kitakyūshū) et Oita (Beppu).

Les transports à Kyūshū. — Des services ferroviaires bien organisés et fréquents, quoiqu'un peu lents, permettent de réaliser les itinéraires indiqués plus bas. Des services d'autobus les doublent ou les complètent. Ils vous paraîtront relativement moins onéreux, d'autant plus, bien sûr, si vous êtes muni du *Japan Rail Pass*.

Kyūshū touristique

Que voir à Kyūshū ? — Nous ne vous indiquons ici, réunis par catégorie, que les principaux centres d'intérêt de l'île. Pour en savoir plus, reportez-vous à leur description dans la partie alphabétique de ce guide.

Les **sites historiques et artistiques** : le sanctuaire de **Dazaifu** (aux environs de Fukuoka), la ville de **Nagasaki** (pour les sanctuaires, les temples, les églises et souvenirs chrétiens, le quartier de Dejima et le « quartier hollandais », le parc de la Paix...), la ville de **Kumamoto** (le château mais surtout le jardin Suizenji), la petite ville d'**Usuki** (pour elle-même, mais aussi pour le site rupestre de Usuki Sekibutsu), le sanctuaire d'**Usa**.

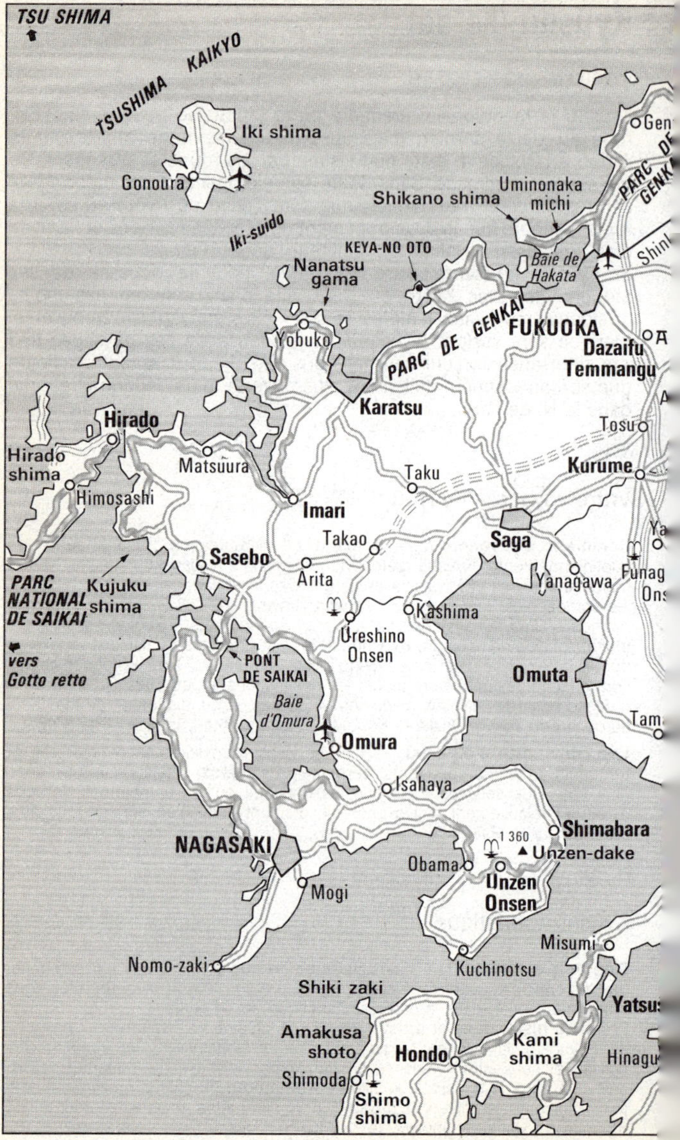
TSU SHIMA
TSUSHIMA KAIKYO
Iki shima
Gonoura
Iki-suido
Shikano shima
Uminonaka michi
PARC DE GENKAI
KEYA-NO OTO
Baie de Hakata
Nanatsu gama
Yobuko
PARC DE GENKAI
FUKUOKA
Dazaifu Temmangu
Karatsu
Hirado
Hirado shima
Himosashi
Matsuura
Imari
Taku
Tosu
Kurume
Saga
Takao
Sasebo
Arita
Yanagawa
PARC NATIONAL DE SAIKAI
Kujuku shima
vers Gotto retto
Ureshino Onsen
Kashima
PONT DE SAIKAI
Baie d'Omura
Omura
Omuta
Isahaya
NAGASAKI
1 360
Shimabara
Unzen-dake
Obama
Unzen Onsen
Mogi
Nomo-zaki
Kuchinotsu
Misumi
Shiki zaki
Amakusa shoto
Hondo
Kami shima
Shimoda
Shimo shima
Hinagu

KYUSHU
(PARTIE NORD)

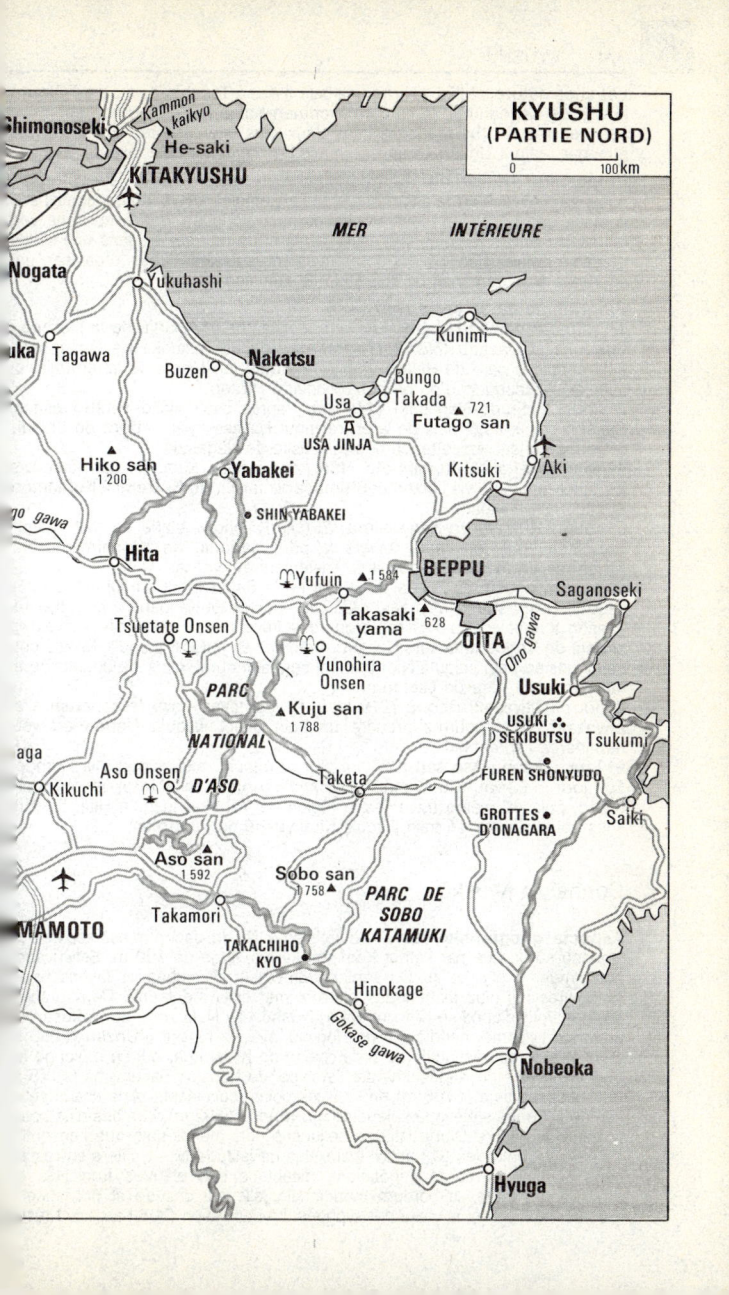

0 — 100 km

MER INTÉRIEURE

Shimonoseki — Kammon kaikyo — He-saki
KITAKYUSHU

Nogata — Yukuhashi

uka — Tagawa — Buzen — **Nakatsu**

Kunimi

Usa — Bungo Takada — ▲ 721 Futago san

USA JINJA

▲ Hiko san 1 200

Yabakei — Kitsuki — Aki

• SHIN YABAKEI

o gawa

Hita

♨ Yufuin — ▲ 1 584

BEPPU

Tsuetate Onsen ♨ — ▲ Takasaki yama 628

Saganoseki

♨ Yunohira Onsen

OITA

Ono gawa

PARC

▲ Kuju san 1 788

Usuki

aga

USUKI SEKIBUTSU

NATIONAL

Aso Onsen ♨ **D'ASO**

Tsukum

Kikuchi

Taketa

FUREN SHONYUDO

GROTTES • D'ONAGARA

Saiki

▲ Aso san 1 592

Sobo san 1 758 ▲

Takamori

PARC DE SOBO KATAMUKI

MAMOTO

TAKACHIHO KYO •

Hinokage

Gokase gawa

Nobeoka

Hyuga

Les **sites naturels** : l'île d'**Hirado**, la baie d'**Aso** à **Tsushima**, la baie d'**Omura**, la ville de **Kagoshima**, le parc de **Nichinan-Kaigan** et le volcan **Aso**.

Les **centres de thermalisme** : les deux plus intéressants pour le touriste étranger restent **Unzen-Onsen** (non loin de Nagasaki) et la ville de **Buppu**.

Proposition de circuit. — Une dizaine de jours pourrait être utilement occupée pour une visite approfondie de l'ensemble de Kyūshū qui combinerait la visite des principaux sites artistiques ou historiques, des excursions vers les sites naturels les plus impressionnants et un bref séjour dans une station thermale. Mais cinq ou six jours seraient suffisants pour organiser une approche bien comprise de la grande île méridionale.

Programme de 10 jours *(1 577 km)*.

1er jour : **Fukuoka-Hirado** *(113 km)* ; consacrez une partie de la matinée à Fukuoka et Dazaifu *(Nishitetsu Railroad* depuis Fukuoka via Futsukaichi) puis depuis la gare de Hakata, gagnez **Karatsu** (château) ; de là, en train, ou autocar, Hiradoguchi d'où un pont conduit à **Hirado**.

2e jour : **Hirado-Nagasaki** *(110 km)* ; après avoir visité **Hirado** gagnez Sasebo par le train, puis de là en car pour Nagasaki par le pont de Saikai.

3e jour : consacrez cette journée à la visite de **Nagasaki**.

4e jour : **Nagasaki-Kumamoto** *(150 km)* ; prenez *Kamenoi bus (autocars* jusqu'à Kumamoto via Unzen et Shimabara. Jardin du Suizenji à Kumamoto et important château.

5e jour : **Kumamoto-Kagoshima** *(251 km)* ; longue étape en train jusqu' Kobayashi, puis en car à travers le **parc national de Kirishima** jusqu' **Kirishima jingū** ; puis Kagoshima, également en autocar.

6e jour : **Kagoshima** ; visite de la ville et de **Sakurajima** qui lui fait face.

7e jour : **Kagoshima-Miyazaki** *(238 km)* ; quittez tôt Kagoshima pour **Ibusuki** (station thermale et balnéaire), d'où vous traverserez (ou depuis Yamakawa la baie de Kagoshima vers Nejime ; remontez en autocar jusqu'à Takasu po continuer en train jusqu'à **Nichinan** ; il sera alors préférable de poursuivre e autocar par la côte de **Nichinan**.

8e jour : **Miyazaki-Beppu** *(219 km)* ; si vous avez visité le **sanctuaire d Miyazaki**, vous pourrez prendre un train direct jusqu'à **Beppu** où vou terminerez l'après-midi.

9e jour : **Beppu-Aso san** *(200 km aller et retour)* ; excursion de la journée

10e jour : **Beppu-Kitakyūshū** *(296 km)* ; gagnez en autocar le sanctuair d'**Usa**, puis de même traversez la région de **Yabakei** jusqu'à Hita. De Hit vous vous rendrez en train jusqu'à **Kitakyūshū** ou Fukuoka.

Connaître Kyūshū

Aspects géographiques. — La troisième île du Japon n'est séparée Honshū au N. que par l'étroit Kammon kaikyō, large de 700 m. Ses rivage notamment à l'O. et au S., sont extrêmement découpés et favorisent l rencontres les plus inattendues entre la mer et la montagne. Deux grand chaînes volcaniques se rencontrent à Kyūshū : au N. la zone de **Hakusan** prolonge la partie méridionale de Honshū, avec le massif d'**Unzen** (1 360 comme sommet distinctif ; au S. la chaîne de **Kirishima**, qui se prolonge delà de la baie de Kagoshima par l'archipel de Nansei ; Sakurajima (1 118 et Kirishima yama (1 700 m) en sont les points culminants. A la charnière ces deux zones s'élève le splendide **mont Aso** (1 592 m), l'un des plus bea volcans du Japon. D'une latitude beaucoup plus méridionale que l'ensemb du pays — entre les 31e et 34e parallèles de latitude N. —, l'île s'en ress dans son climat et sa végétation ; réceptrice des effluves tropicales enveloppent toute sa bordure méridionale, elle est chaude et pluvieuse reçoit annuellement la visite des typhons. La population (308 hab./km²) rési surtout dans les plaines et sur les côtes, et aborde les plus basses pentes montagneuses par les cultures en terrasses (rizières) que limite la zone forestière. Le nord de l'île, avec son sous-sol minier, a drainé une grande partie de la population et de l'activité industrielle. **Fukuoka** et **Kitakyūshū** sont les deux plus grandes agglomérations.

Kyūshū dans l'histoire. — La légende affirme que *Ninigi no Mikoto*, envoyé par son aïeule Amaterasu, se posa sur terre sur le massif de Kirishima et que c'est de Kyūshū que partit *Jimmu*, son descendant, pour aller conquérir le Japon. Quoi qu'il en soit, l'île, ouverte au N. vers la Chine et la Corée, subit très tôt l'influence continentale, dans cette zone où se développa une importante civilisation à l'époque *yayoi*. C'est également depuis le Nord que le gouvernement nippon s'assura le contrôle de l'île et que l'impératrice *Jingū* organisa son expédition de Corée (IIIe s.). Plus tard l'île devint la base d'activités de pirates, parfois à la solde des Taira, qui s'attaquèrent principalement au commerce chinois et prospérèrent surtout au XVIe s. A cette époque, *Toyotomi Hideyoshi* profita d'une querelle entre les principaux seigneurs de l'île pour imposer son autorité sur celle-ci (1587). Il dirigea également depuis Kyūshū les expéditions de Corée, de 1592 et 1596. C'est encore à Kyūshū qu'apparurent, à partir du XVIe s., les Portugais venus du Sud. Favorablement accueillis par les Shimazu de Kagoshima (1549), ils délaissèrent le sud de l'île pour s'établir à Hirado, mais furent progressivement détrônés par les Espagnols, les Anglais, puis les Hollandais. Avec l'arrivée des Européens le christianisme *(St François Xavier)* réalisa de nombreuses conversions à Kyūshū, mais les rivalités entre les divers comptoirs et le discrédit de ceux-ci auprès de Hideyoshi et des Tokugawa entraînèrent la persécution religieuse. Après la révolte de Shimabara (1637) les Hollandais furent cantonnés à Nagasaki, qui jusqu'au XIXe s. demeura la seule porte d'infiltration occidentale au Japon. Après la Restauration impériale, le sud de Kyūshū resta hostile à l'ouverture du pays sur le monde extérieur, ce qui fut une des raisons de la révolte de Satsuma, dirigée par *Saigo Takamori* en 1877. Doit-on enfin rappeler que la seconde bombe nucléaire éclata au-dessus de Nagasaki le 9 août 1945 ?

M

Maebashi (Ile de Honshū)

Tōkyō, 130 km. — Fukushima, 318 km. — Nagano, 128 km. — Niigata, 243 km. — Urawa, 100 km. — Utsunomiya, 104 k. — Gare du shinkansen à Takasaki (11 km S.-O.).

Chef-lieu de Gumma ken (1 157 925 hab.). — 265 169 hab. — 107 m d'alt. — Industries textiles (soie).

Sur la haute vallée de la **Tone gawa**, Maebashi est une ancienne ville seigneuriale qui s'est développée, ainsi que les villes voisines d'Isesaki et de Kiryu, grâce à l'industrie de la soie.

Autrefois connue sous le nom d'Umayabashi, la ville appartenait à la famille de ce nom, vassale des Uesugi. A partir du XVIe s. s'y succédèrent les Hōjō, les Takeda et de nouveau les Hōjō. En 1590, Tokugawa Ieyasu céda la ville à *Hiraiwa Chikayoshi* qui à partir de 1601 fut remplacé par les Sakai, puis (1749) par les Matsudaira.

Environs : *Akagi san *(24 km N., par une route à péage ; car).* Cette montagne s'élève au N. de Maebashi et se compose de plusieurs sommets **Kurobi san** (1 828 m), **Komaga take** (1 689 m) et **Jizō take** (1 674 m). La route parvient jusqu'au petit lac d'Ono qu'entourent ces différents sommets, situé à 1 320 m d'alt., le lac est fréquenté en hiver par de nombreux patineurs et par les campeurs en été. Au S.-E. du lac se trouve **Daido**, avec le sanctuaire d'Akagi d'où l'on réalise l'ascension des différents sommets télésiège et téléphérique depuis Daido. Ski en hiver.

Masuda (Ile de Honshū)

Tōkyō, 991 km. — Hiroshima, 118 km. — Matsue, 168 km. — Tottori, 301 km. — Yamaguchi, 82 km.

Shimane ken. — 50 071 hab.

Traditionnellement vouée aux produits agricoles et au commerce du bois, cette ville septentrionale du Chūgoku, sur la mer du Japon, s'est récemment trouvée une vocation industrielle : dérivés du bois et fibres synthétiques.

C'est au **Taikian ji** *(2 km N.-E. de la gare ; bus)* que se retira et mourut le peintre *Sesshū* (1420-1507), l'un des plus grands artistes de son époque, qui donna à la peinture à l'encre *(sumi e)* ses plus hautes lettres de noblesse.

On lui attribue aussi les jardins des temples **Mampuku ji** et **Iko ji** *(2 km de la gare).*

Takatsune yama *(2 km O. de la gare ; bus)*, colline au pied de laquelle le sanctuaire de Kakinomoto est dédié au poète Kakinomoto Hitomaro (VIIIe s.) ; il aurait habité une petite maison située dans l'enceinte de ce sanctuaire, qui remonterait à l'an 720 ; fête le 15 avril.

A 800 m au N. du sanctuaire : **pinède de Fukiage**, en bordure de la mer du Japon, où l'on remarque les deux pins *Takatsu Renri no Matsu*, reliés entre eux à 4 m au-dessus du sol.

Environs : Hikimi *(44 km S.-E. ; car)* ; en amont de cette localité on rencontre les belles *gorges creusées par la **Hikimi gawa** dans les montagnes du Chūgoku, remarquables pour les rochers multiformes qu'on y trouve ; des singes vivent en liberté sur les hauteurs boisées des alentours. Les gorges de Hikimi font partie du **parc régional de Nishi Chūgoku Sanchi** *(V. Environs de Hiroshima).*

Matsue (Ile de Honshū)*

Carte des richesses humaines, p. 65 à 68.
Tōkyō, 820 km. — Hiroshima, 191 km. — Tottori, 133 km. — Yamaguchi, 250 m.

Chef-lieu de Shimane ken (415 000 hab.). — 132 000 hab.

Peu visitée des étrangers, Matsue, cité de l'eau, mérite absolument une visite. Située au point de rencontre du lagon Nakaumi et du lac Shinji, c'est une ville remplie de charme qui vous attend ; ses canaux et ses maisons anciennes, son château et ses temples font planer sur Matsue l'ombre du passé que le présent n'a pas encore bousculé.

Le **parc de Shiroyama** *(1,6 km N.-O. de Matsue eki, J. N. R. ; bus)* est une colline boisée, au sommet de laquelle s'élève le Chidōri jō ou *château de Matsue.

Le domaine de Matsue revint après la bataille de Sekigahara à *Horio Yoshiharu* (1543-1611), qui y fit construire un château. Après la mort de son petit-fils *Tadaharu* (1599-1633), le château devint propriété des Tokugawa, qui le confièrent aux Kyōgoku, puis aux Matsudaira à partir de 1638.

Le **donjon** de trois étages fut élevé en 1642 ; c'est actuellement l'un des mieux conservés au Japon ; il est remarquable pour son armature de bois ancienne. A l'intérieur plusieurs documents, maquettes et photographies retracent le passé de Matsue. Du sommet vue sur la ville et ses alentours.

Dans le parc de Shiroyama s'élève le **Matsue Kyōdo kan**, édifice en bois d'époque Meiji qui abrite un musée d'intérêt local (ustensiles de cuisine, tissus, livres et cahiers d'école, poupées, etc.).

Au N. du parc de Shiroyama, proche des douves qui le contournent, se trouve une ancienne **maison de daimyō**, qui fut habitée par *Lafcadio Hearn ;* adresse : Okutani chō, 322.

Lafcadio Hearn (1850-1904) naquit sur une île de l'archipel grec, d'une mère hellène et d'un père irlandais ; après avoir fait ses études en France, il fut quelque temps journaliste aux États-Unis, puis s'établit comme professeur d'anglais au Japon. Il vécut à Matsue (de 1890 à 1891), s'installa à Kumamoto, et enfin enseigna à l'Université Waseda de Tōkyō où il termina ses jours. Hearn, qui avait épousé une femme japonaise, adopta le pseudonyme de *Yakumo Koizumi*. Avec des ouvrages comme « Coup d'œil sur le Japon méconnu » (Glimpses of Unfamiliar Japan), « Kokoro ou Kaidan », il fut l'un des premiers écrivains occidentaux à révéler la civilisation japonaise.

En arrière du musée Lafcadio Hearn, vers le N.-E., on a reconstruit le joli pavillon de thé Meimei-an, datant de l'époque Edo et de style *Irimoya-zukuri*. Il y est très agréable de déguster l'*o-cha* accompagné d'un gâteau confectionné à base de pâte de haricots rouges, ou parfumé au thé vert ; l'endroit est paisible, surtout le matin, et l'on peut jouir de la terrasse, située non loin du pavillon, d'une vue sur le château.

Au S. du parc de Shiroyama s'élève la **Préfecture de Shimane** ; proche de celle-ci la **Bibliothèque départementale** (arch. *Kikutake Kiyonori*) abrite un **musée**, qui possède une collection d'instruments de musique anciens, dont le luth de l'empereur *Saga* (785-842).

A 1 km O. de la Préfecture, le **Gesshō ji** est un parc paisible où s'élèvent les monuments funéraires des *Matsudaira*, anciens seigneurs de Matsue.

Environs :

1 — Yaegaki jinja *(4 km S. ; car)* ; ce sanctuaire, dont la divinité favorise les rencontres amoureuses, serait situé sur le lieu même où Susano o no Mikoto vainquit le dragon qui dévastait la province d'Izumo (V. ce nom).

2 — Tamatsukuri Onsen *(9 km S.-O., par la N 9 ; car.)*. — Quitter Matsue vers le S.-O., par la N 9 qui longe le **lac de Shinji**, dont Lafcadio Hearn vanta les couchers de soleil ; au large petite île de Yomega avec un torii.
7 km : **Tamayu** ; on remonte une petite vallée vers le S. en direction de :
9 km : **Tamatsukuri Onsen**, station réputée du département de Shimane, dans un joli site boisé.

3 — Kaga *(17 km N. ; car)*, l'une des belles criques de la presqu'île de Shimane, d'où l'on gagne en bateau la grotte marine de **Kake dō**.

4 — Mihonoseki *(31 km N.-E. ; car)*. — Quitter Matsue vers le N.
10 km : A g. s'embranche une route à péage *(car)* qui accède au **Makuragsan** (456 m) ; de là on découvre l'ensemble de la ***presqu'île de Shimane** extrêmement découpée sur sa bordure côtière de la mer du Japon, et qui fait partie du parc national de Daisen Oki.
23 km : Nouveau pont à dr. permettant de rejoindre **Sakaiminato**.
31 km : **Mihonoseki** est un ravissant petit port resserré au fond d'une crique de la presqu'île de Shimane. Le **sanctuaire de Miho**, voisin, est dédié à *Kotoshironushino Mikoto*, fils d'*Ōkuninushi* (V. Izumo), et protecteur des voyageurs en mer. Télésiège d'accès aux **pins de Gohon matsui**, vue sur Oki shōtō et le Dai sen.

A 3 km E. : **Jizō zaki** marque la pointe orientale de cette presqu'île.

5 — Daikon jima *(13 km E. ; bateau jusqu'à Yatsuka)* ; cette île au centre de la lagune de Naka est d'origine volcanique ; sur la côte S.-E., à Osoe, *** « trou du vent »** : tunnel formé par la lave, qui s'enfonce de 93 m sous la mer. Par poldérisation on projette de relier cette île à la côte septentrionale de la lagune.

6 — Izumo, Oki shōtō, Yonago, parc national de Daisen Oki, V. ces noms.

Matsumae (Ile de Hokkaidō)

Carte des richesses humaines, p. 65 à 68.
Tōkyō, 924 km. — Hakodate, 94 km. — Sapporo, 417 km.
Hokkaidō. — Port de pêche.

Matsumae est la plus méridionale des localités de Hokkaidō et la plus proche de Honshū ; en conséquence, elle fut l'une des premières villes d'implantation japonaise à Hokkaidō.

Le **château de Matsumae** *(1,2 km O. de la gare)*, dont le donjon fut reconstruit en 1961, occupe un parc public célèbre pour la floraison de ses cerisiers (début mai).

Takeda Yoshihiro (1550-1618) fit construire en 1599 le château de Fukuyama et prit le nom de Matsumae. Son fief devient le premier centre économique et politique de Hokkaidō. Détruit par un incendie (1606), le château fut de nouveau reconstruit (1854) par les Tokugawa qui s'en assurèrent le contrôle direct. En 1869 il était assailli par l'amiral *Enomoto Takeaki*, fondateur de la République de Hakodate *(V. ce nom)* ; en 1949 le donjon fut encore incendié.

Matsumoto (Ile de Honshū)*

Carte des richesses humaines, p. 65 à 68.
Tōkyō, 252 km. — Gifu, 273 km. — Kofu, 105 km. — Maebashi, 152 km. — Nagano, 72 km. — Nagoya, 193 km. — Niigata, 258 km. — Shizuoka, 188 km. — Toyama, 189 km. — Urawa, 218 km.
Nagano ken. — 162 931 hab. — 592 m d'alt. — Industries alimentaires et textiles ; sériciculture.

Située à un carrefour routier important au cœur de Chūbu, Matsumoto, l'une des villes les plus élevées du Japon, est encadrée par les superbes montagnes des Alpes japonaises ; celles-ci composent à l'E. le parc régional de Yatsugatake Chūshin kōgen, et à l'O. le parc national de Chūbu Sangaku ; elles forment par ailleurs un décor altier au château de Matsumoto.

Château de Matsumoto *(1 km N.-E. de la gare)* ; les douves, alimentées par une petite rivière captée à proximité, entourent le superbe donjon, seul vestige d'un ancien château de type *hija shirō*, c'est-à-dire élevé en plaine.

Il existait déjà, avant le XVIe s., une forteresse à Matsumoto que fit reconstruire en 1504 *Shimadate Sadanaga*. Devenu la résidence d'*Ogasawara Nagatoki* (1519-1583), ce château fut pris en 1549 par *Takeda Shingen* (1521-1573), qui le confia aux Masatoki. Par la suite, *Oda Nobunaga* (1534-1582) puis *Uesugi Kagekatsu* (1555-1623) s'y succédèrent. Toyotomi Hideyoshi y plaça (1590) *Ishikawa Yasumasa*, et enfin les Toda s'y maintinrent entre 1725 et 1868.

Le donjon actuel, élevé en 1597 par les Ishikawa, demeure l'un des plus anciens du Japon. Doté de six étages il est doublé d'un donjon plus petit et abrite une collection de souvenirs historiques sur Matsumoto.

380 MATSUMOTO (ENVIRONS) — MATSUYAMA

Environs :

1 — Nakayama *(5 km S.-E.)*, élévation au pied du Hachibuse yama (1 929 m), où fut découvert un site préhistorique d'époque jōmon. Sur les pentes du mont Hachibuse se trouve le Gofuku ji *(chemin d'accès)*, qui conserve plusieurs statues bouddhiques des époques Heian et Kamakura.

2 — Utsukushigahara Onsen *(5 km E. ; car)*. On y accède par une route qui passe devant le Musée d'Art populaire de Matsumoto *(adresse : Satoyamabe ; ouvert t. l. j. d'avril à novembre, sauf les 3, 13 et 23 de chaque mois, de 10 h à 16 h)* ; ce petit musée, créé dans un ancien entrepôt par *M. Maruyama*, s'intéresse plus particulièrement à l'artisanat du bois. Depuis la station thermale, vue sur l'ensemble des montagnes avoisinantes.

3 — *Utsukushiga hara *(28 km E., par une route à péage ; car).* — Quitter Matsumoto vers le N. par la N 254.
5 km : Asama Onsen, sources réputées pour leurs vertus dermatologiques. Au-delà s'engage la route à péage d'Utsukushigahara.
12 km : Misuzu ko, petit lac (patinage en hiver) sur le flanc occidental du plateau d'Utsukushi.
28 km : Utsukushiga hara ; plateau montagneux, apprécié pour la promenade et la détente, et la *vue qu'il découvre vers l'O. sur la chaîne montagneuse de Hida. Il fait partie du parc national de Yatsugatake Chūshin.

4 — Parc national de Chūbu Sangaku, *V. ce nom.*

Matsuyama (Ile de Shikoku)

Carte de Shikoku et mer Intérieure, p. 502-503.
Tōkyō, 880 km. — Kōchi, 127 km. — Takamatsu, 162 km. — Tokushima, 199 km.

Chef-lieu d'Ehime ken. — 396 000 hab. — Université privée.

A l'O. de Shikoku, Matsuyama est aujourd'hui la plus importante agglomération de cette île ; Mitsuhama en est le principal faubourg industriel et un port commercial. Ancienne ville féodale des Matsudaira, elle continue d'attirer les visiteurs qui se rendent aux sources thermales de Dōgo. Il est également possible de projeter depuis Matsuyama une excursion à destination de l'Ishizuchi san, sommet de l'île de Shikoku.

La ville de Matsuyama fut confiée à *Katō Yoshiaki* (1563-1631) par Tokugawa Ieyasu. En 1627 *Gamō Tadatamo* (1605-1634) s'établissait à Matsuyama, et laissait à Yoshiaki le fief d'Aizu dont sa famille était titulaire. Les Matsudaira, de la branche de Hisamatsu, succédèrent à Tadatomo et se maintinrent jusqu'à la Restauration impériale.

Le poète *Shiki Masaoka* (1867-1902) est né à Matsuyama.

Katsu yama ou Shiro yama *(1,5 km E. de Matsuyama eki, J. N. R. ; 1 km N. de Matsuyamashi eki, Iyo Railway ; — bus et tramway depuis ces deux gares ; téléphérique et télésiège)* ; sur cette colline, au centre de la ville se tient le *château de Matsuyama.

Construit à l'origine (1601) par *Katō Yoshiaki*, le château fut rebâti après les incendies de 1624 et 1784 ; le donjon actuel, redressé en 1854, a été aménagé en **musée** (armes, palanquins et autres souvenirs des anciens seigneurs de Matsuyama, les Matsudaira). La partie inférieure des jardins du château est occupée par plusieurs immeubles administratifs, dont la **salle de congrès**, construite par *Tange Kenzo*. On peut jouir d'une excellente vue sur la ville et les environs depuis le château, mais plus amusante est celle que l'on aura depuis le télésiège qui mène au sommet de la colline.

Dōgo (*4 km N.-E. de Matsuyama eki; bus et tramway*), à la limite orientale de Matsuyama, est un centre de détente où règne l'ambiance nonchalante d'une station thermale : les « curistes » y déambulent entre hôtels, maisons de bain et magasins de souvenirs.

D'après la légende, les sources de Dōgo comptent parmi les plus anciennement connues du Japon, puisque le divin *Okuninushi* lui-même les fréquenta. Depuis, les sources ont été visitées par plusieurs empereurs et éminents personnages historiques ; les eaux alcalines (42 °C) sont réputées (appareils digestif, respiratoire, et système nerveux). Fête du 19 au 21 mars.

Le **parc de Dōgo**, célèbre pour la floraison des cerisiers, occupe le site d'un ancien château, élevé (1335) par *Doi Michihara* et démantelé par Katō Yoshiaki, qui construisit celui de Matsuyama.

Passer près de Dōgo sans s'y arrêter prendre un bain, est presque un crime ! Comment résister au plaisir de l'*o-furo* dans cette bâtisse de bois à 3 étages qui est le plus ancien bain public de l'endroit ? Pour ceux qui prendront le temps de la détente, sachez que plusieurs tarifs sont en vigueur dans l'établissement, mais que le plus élevé, comprend massage, puis thé et gâteau, à déguster enveloppé d'un splendide *yukata*.

A 1 km E. *(bus)* : **Ishite ji** est un intéressant petit temple, élevé à l'époque Kamakura (entre 1318 et 1333) ; la **porte** surmontée d'un étage, le **beffroi**, la **pagode**, le **Goma dō**, en sont les éléments les plus remarquables.

A 4 km N.-E. *(car)* : **Oku Dōgo**, d'exploitation récente, est une station bien équipée dans un site de collines boisées.

Environs :

*Parc régional d'Ishizuchi (*72 km E., par la N 11 et une route à péage; car*). — Quitter Matsuyama vers le S.-E., par la N 11.

20 km : emprunter sur la droite une route sinueuse, qui s'élève jusqu'à un col (1 074 m d'alt.) puis redescend au-dessus du **barrage d'Omogo**.

45 km : **Omogo**, petite localité au-delà de laquelle on prendra sur la g. une route qui remonte la vallée de la Niyoda gawa.

55 km : Départ de la route à péage d'Ishizuchi san, et embranchement vers le N. d'une petite route à destination de :

3 km N. : ***Omogo kei**, l'une de ces gorges si typiques, où forêts, rochers et eaux courantes composent un paysage sauvage et délicieux ; elles sont dominées au N. par l'***Ishizuchi san** (1 981 m), point culminant de l'île de Shikoku. L'ascension, réalisable depuis Omogo, est généralement entreprise — pèlerinage religieux du 1er juillet — depuis Saijō, au N.-E. de la montagne ; une route *(car)* sur 24 km, puis un téléphérique abrègent considérablement la distance. Du sommet, où se trouve un petit sanctuaire, on découvre l'île de Shikoku, la mer Intérieure et le détroit de Bungo Suido, entre Kyūshū et Shikoku.

72 km : Terminus de la route à péage, qui après avoir traversé une partie du **parc régional d'Ishizuchi**, que domine cette montagne, aboutit au pied du **Kamega Mori** (1 897 m) dont on peut effectuer l'ascension.

Minakami (Ile de Honshū)

Tōkyō, 192 km. — Maebashi, 62 km. — Numata, 20 km.
Gumma ken.

Au cœur de la chaîne de Mikuni, que transpercent au N. de Minakami les grandes voies de pénétration de Jōetsu à destination de Niigata, cette grande station thermale, très fréquentée par les amateurs de sports d'hiver, est également au centre d'une région de sources, qui fait partie du parc national de Jōshin Etsu Kōgen.

Environs :

1 — Doai *(11 km N. par la N 291 ; train J. N. R. ; car).* Au-delà de la **station thermale de Yubiso**, la voie ferrée *(J. N. R.)* s'engage dans un tunnel hélicoïdal qui permet d'accéder à la gare de **Doai**. Au-delà de cette gare, long **tunnel de Shimizu** *(9,7 km),* qui perce le **Tanigawa dake** (1 963 m), et rejoint le versant de l'Uono gawa en direction de Niigata. Le contraste climatique est souvent violent entre les deux régions, séparées par la **chaîne de Mikuni**, et il n'est pas rare, au printemps, de trouver de la neige sur le versant du Hokuriku, alors que les cerisiers du Kantō sont déjà en fleurs. Depuis Doai, on peut gagner (téléphérique) la station de ski de **Tenjin daira**, sur les pentes du **Tanigawa dake**, à 1 400 m d'alt.

2 — Uenohara kōgen *(19 km N.-E.).* — Suivre vers le N. la N 291.
4 km : **Yubiso**, où l'on emprunte sur la droite une route qui remonte la haute vallée de la Tone gawa, ici coupée par les barrages de Fujiwara et de Sudagai
19 km : **Uenohara kōgen** ; cette plate-forme panoramique naturelle, au N. du Hotoka yama (2 158 m), permet d'observer la chaîne montagneuse de Mikuni

3 — Yuzawa, parc national de Jōshin Etsu Kōgen, V. ces noms.

Minami Arupusu [Parc national de] Ile de Honshū*

Carte des richesses naturelles, p. 61 à 64.

Comment vous y rendre ? *— Les villes d'Iida, Komagane, Ina, Okaya, Suwa Chino, Nirasaki et Kōfu entourent le parc. Une route reliant Kōfu à Ina par l col de Yashajin et la gorge de Mibukawa traverse la chaîne dans sa parti septentrionale.*

Au sud du Chūbu, ce parc national des Alpes japonaises du Sud (nou vous invitons à lire « Arupusu » à la manière anglaise : Alps) recouvre sur 35 798 ha, la chaîne montagneuse d'Akaishi, qui s'étend entre le départements de Nagano et de Shizuoka, et déborde quelque peu su celui de Yamanashi. Les principaux sommets approchent 3 000 r d'altitude ; on distingue le **Komaga take** (2 966 m), le **Hōō zan** (2 841 m le **Shiomi dake** (3 047 m), l'**Akaishi dake** (3 120 m), l'**Arakawa dak** (3 146 m) et le **Shirane san** (3 192 m), second sommet du Japon aprè le **Fuji san** (3 776 m). Falaises granitiques, gorges encaissées, cascade forêts denses ou flore alpine constituent les attraits classiques de cett montagne, qui reste difficilement accessible ; seuls des alpinistes che vronnés pourront tenter l'ascension. Quelques relais de montagne refuges d'hébergement populaire *(kokumin shukuska, V. p. 34)* pa sèment la route mentionnée ci-dessus.

Mino Kamo (Ile de Honshū)

Tōkyō, 336 km. — Fukui, 176 km. — Gifu, 32 km. — Kanazawa, 228 km. — Nagano, 258 km. — Nagoya, 41 km. — Ōtsu, 113 km. — Toyama, 216 km. — Tsu, 119 km. — Gare J.N.R. de Mino Ota.

Gifu ken. — 35 075 hab.

Au confluent des rivières Hida et Kiso, Mino Kamo constitue une base de départ, soit pour la descente des rapides de la Kiso gawa (le « Rhin japonais »), soit pour remonter l'une de ces deux vallées qui composent le parc régional de Hida-Kisogawa.

Tsubouchi Shōyo (1859-1935), dramaturge et traducteur de Shakespeare en japonais, naquit à Mino Kamo.

***Rapides de la Kiso gawa;** ils comptent parmi les plus célèbres du Japon. Départ au N. du pont d'Ota, à 1,5 km S.-E. de la gare de Mino Ota, *J.N.R. (bus)* ou 500 m N. de la gare d'Imawatari, *Meitetsu E.R.*

Le parcours de 13 km, jusqu'à Inuyama *(V. ce nom)*, dure environ 1 h 15; départs toutes les heures entre 9 h 30 et 15 h; service réduit de décembre à mars. Les passes les plus belles sont celles de Nishinoho et de Fuji, entre lesquelles surgissent des rochers multiformes, dont celui « du Lion ».
En fait, les ***vallées de Hida** et **Kiso gawa** sont beaucoup plus intéressantes en amont de Mino Kamo et en direction de Gero ou d'Ena *(V. ces noms)*. La première rivière est longée par le chemin de fer *J.N.R.*, la seconde par un service d'autocars.

Mishima (Ile de Honshū)

Tōkyō, 111 km. — Kōfu, 105 km. — Nagano, 255 km. — Nagoya, 231 km. — Shizuoka, 56 km. — Yokohama, 86 km.

Shizuoka ken. — 78 141 hab. — Ville industrielle.

Au pied du Fuji san, des monts de Hakone et de la péninsule d'Izu, Mishima est venue troubler, par ses activités industrielles, le superbe site naturel du parc national. On peut trouver ce rapprochement navrant, même (ou surtout) si les puissantes **aciéries de Kawasaki**, établies à Mishima, possèdent l'un des plus importants hauts fourneaux du monde, d'un volume de 3 300 m^3.

En ville on pourra visiter le **sanctuaire de Mishima**, à 1 km S.-E. de la gare *(J.N.R.)*, et le **Rakuju en**, proche de la gare de ce nom *(Izu Hakone Railway)*, qui appartenait à la famille royale de Corée.

Environs :

1 — Hatage Onsen *(9 km S.-E. ; car)*, à proximité de la vallée de la Kano, d'où l'on découvre une vue intéressante sur le mont Fuji.

2 — Atami, Numazu, parc national de Fuji Hakone Izu, *V. ces noms.*

Mito (Ile de Honshū)

Carte des richesses humaines, p. 65 à 68.
Tōkyō, 114 km. — Chiba, 124 km. — Fukushima, 183 km. — Urawa, 140 km. — Utsunomiya, 76 km.

Chef-lieu d'Ibaraki ken (1 247 058 hab.). — 215 566 hab.

Proche de l'embouchure de la Naka gawa, Mito, au S. du Joban, est un important carrefour routier et ferroviaire. le Kairaku en de Mito est l'un des plus célèbres jardins-paysages du Japon.

Résidence de *Hitachi Daijō*, puis d'*Edo Michifusa* au XVe s., la ville de Mito passe en 1590 aux puissants Satake, qui contrôlaient tout le N. du Kantō. Mais après la bataille de Sekigahara, *Tokugawa Ieyasu* (1542-1616) plaça successivement ses fils *Nobuyoshi, Yorinobu*, puis *Yorifusa* (1603-1661) à la tête de la province de Hitachi. Ce dernier devint l'ancêtre de la branche des Tokugawa de Mito, qui avaient droit de succession au titre de shōgun. *Tokugawa Mitsukuni* (1628-1700) et *Tokugawa Nariaki* (1800-1860) furent les plus remarquables représentants de cette famille. Le fils de Nariaki, *Tokugawa Yoshinobu* ou *Keiki*, fut le dernier shōgun (entre 1866 et 1868).

Parc de Mito *(300 m N.-E. de la gare)*, à l'emplacement de l'ancien château de Mito, qui fut presque entièrement détruit lors de la Restauration Meiji (1868), puis par les bombardements aériens de 1945.

Le parc proprement dit s'étend vers l'O., en avant de la **Préfecture d'Ibaraki** En arrière, deux petits sanctuaires dédiés à Confucius et à la divinité protectrice de Kashima *(V. ce nom).*

***Kairaku en** ou **Tokiwa kōen** *(2 km O. de la gare de Mito ; bus ; 200 m N.-O. de la gare de Kairaku en).* Ce jardin fut dessiné et achevé en 1842 on y a reconstruit le **Kobun tei**, pavillon de thé où *Noriaki* recevait des hommes de lettres, et où lui-même se plut à composer quelques poèmes. Le parc est célèbre pour ses pruniers (plus d'un millier au total) qui fleurissent entre la fin février et la mi-mars.

A l'E. de ce parc le **sanctuaire de Tokiwa**, construit en 1874, est dédié *Tokugawa Mitsukuni* et *Tokugawa Nariaki*, ici vénérés sous leurs noms de *Gikō* et de *Rekkō*.

A 1,5 km N. du kairaku en et à 2,5 km N.-O. de la gare, le **sanctuaire de Yahata**, provenant de Kūji, fut élevé entre 1596 et 1614 sur l'ordre de *Satake Yoshinobu* ; très beaux arbres plusieurs fois centenaires dans le parc.

A 500 m N. de ce sanctuaire, le **Taninaka Chūgan ji** s'accompagne d'un agréable ***jardin paysage**.

Environs :

1 — Ōarai *(12 km S.-E. ; car)*, station balnéaire de Mito, au S. du cap d'Ōarai On y visite, outre l'**Ōarai Isezaki jinja** et le **Ganyū ji**, le **musée Meiji** dédié à l'empereur *Mutsuhito* (1852-1912) ; plusieurs souvenirs personnels de l'empereur, de son épouse et de la famille impériale.

A 5 km S.-O. d'Ōarai, s'étend la **lagune de Hi**, qui couvre 9,40 km^2.

2 — Parc régional de Suigo-Tsukuba, *V. Tsuchiura.*

Miura (Ile de Honshū)

Carte des environs de Tōkyō, p. 526.
Tōkyō, 70 km. — Kōfu, 181 km. — Shizuoka, 164 km. — Yokohama, 46 km.
Cars depuis Yokosuka et Zushi pour Misaki.
Kanagawa ken. — 45 532 hab.

A l'extrême pointe méridionale de la péninsule de Miura, cette localité est un agréable but d'excursion à proximité de Tōkyō, Yokohama ou Kamakura. Le port de pêche de Misaki, centre urbain de Miura, est protégé par l'**île de Jōga**, aujourd'hui reliée par un pont long de 575 m à la péninsule.

***Jōga shima** (spécialité de poteries), d'environ 4 km de pourtour, est surmontée d'un **phare** d'une portée de 29 km ; au-dessus des falaises de la côte méridionale de cette île, le **musée du phare** expose notamment un cadran solaire de 1893 et le plus ancien baromètre à mercure japonais d'importation anglaise (1870).

A 5 km N.-O. de Misaki, jolie ***crique d'Aburatsubo** *((car et vedette d'excursion depuis le port de Misaki).* La baie, aménagée en port de plaisance, est bordée au N. par un **jardin de plantes tropicales**, avec **laboratoire de biologie marine** dépendant de l'Université de Tōkyō.

A 7 km N. de Misaki *(car ; train Keihin Kyūko E.R. depuis Tōkyō)*, la belle **plage de Shita** s'étend sur près d'une dizaine de kilomètres.

Miyako shotō (Nansei shotō)

Carte de Nansei shotō, p. 410-411.
Tōkyō, 1 952 km. — Kagoshima, 975 km. — Okinawa, 303 km.
Okinawa.

Au S.-O. de l'île d'Okinawa, entre la mer de Chine orientale et l'océan Pacifique, cette composante de l'archipel de Nansei regroupe les trois îles principales de **Miyako, Irabu** et **Tarama**.

Miyako shima *(vols Swal pour Ishigaki et Okinawa ; — services maritimes pour Ishigaki, Okinawa, Tarama)*, l'île principale de cet archipel, est de forme triangulaire et de très faible altitude (109 m au Nobaru dake) ; production de canne à sucre ; Miyako est la seule île des Ryukyu sur laquelle ne vit pas le serpent *habu*. La capitale, **Hirara** (29 721 hab.), à l'O. de l'île, est un petit port et une cité lumineuse qui rappelle les riantes bourgades de la Grèce insulaire.

A la sortie de Hirara sur la route de Karimata, la **Pierre des Taxes** évoque les époques difficiles des XVIIe et XVIIIe s., quand les habitants de l'île payaient de lourds impôts à la Chine ou au clan japonais des Satsuma, et que leur taille dépassait la hauteur de la pierre. Sur cette même route qui borde la côte nord-est, dans la **baie de Sunayama**, belle plage de la Dune de Sable.

A 4 km E. de Hirara *(taxi)*, on pourra visiter le **jardin botanique** de plantes semi-tropicales.

A 9 km S. de Hirara, la route longe la belle plage de **Yonahamae** où est prévue la construction d'un grand complexe touristique. Voisin, à **Hisamatsu**, se trouve le monument construit en 1966 à la mémoire des cinq pêcheurs japonais qui aperçurent la flotte russe de la Baltique dans sa route vers le nord lors de la guerre russo-japonaise ; la flotte japonaise, prévenue à temps, put se poster à Tsu shima et remporter la célèbre victoire de ce nom, en 1905. Sur la même route on voit le monument philanthropique érigé en 1878 par l'empereur Guillaume Ier en hommage aux habitants de Miyako, qui, au cours d'un typhon, ayant sauvé les marins d'un navire allemand, mirent à leur disposition un bateau pour rentrer chez eux.

Au sud de l'île les hautes falaises du **cap Mizaki** dominent les récifs.

Irabu jima *(8 km N.-O. de Miyako jima ; bateau entre Hirara et Sarahama)* est encore moins élevée que Miyako shima ; cette île est à peine séparée de celle de **Shimoji** *(5 km O. de Sarahama)*, et la traversée de l'une à l'autre peut se faire à pied. Grâce à la construction de l'aéroport d'entraînement de l'École de l'Air, sur Shimoji, la *Japan Air Lines* a pu redonner un essor aux deux îles qui se dépeuplaient lentement.

Tarama jima *(67 km S.-O. de Miyako jima ; bateau pour Miyako et Ishigaki)* ; ne dépassant pas 33 m d'altitude, cette île à peine émergée est entourée d'un atoll corallien.

Miyazaki (Ile de Kyūshū)

Carte ferroviaire, en page de garde.
Tōkyō, 1 487 km. — Fukuoka, 349 km. — Kagoshima, 127 km. — Kumamoto 198 km. — Ōita, 201 km.

Chef-lieu de Miyazaki ken. — 202 862 hab. — Université nationale.

Proche de l'embouchure de l'Ōyodo gawa, Miyazaki est une ville aérée (parcs et larges avenues), reconstruite après la guerre, qui par son activité attire une bonne partie de la population méridionale de l'île.
Au N. du parc côtier de Nichinan, la ville et sa région sont fréquentées par de nombreux estivants.

Tachibana kōen *(1 km S. de la gare)* est une promenade plantée d'arbres exotiques, qui s'étend le long de l'Ōyodo gawa.

Miyazaki jingū *(3 km N.-O. de Miyazaki eki ; 600 m O. de Miyazaki jingū eki)* ; ce sanctuaire, dédié à l'empereur semi-légendaire *Jimmu (Kashihara)*, se tient au centre d'un parc superbe.

Le **musée Chokokan**, au N. de ce parc, est un édifice moderne : collections archéologiques *(fouilles de Saito, V. ce nom)* et ethnographiques.

Heiwadai *(1,5 km N.-O. de Miyazaki jingū ; 5 km N.-O. de Miyazaki en bus)* est un vaste parc boisé, où s'élève la disgracieuse **tour de la Paix** (37 m de hauteur), élevée (1940) par le Japon impérialiste de l'époque.

Dans ce parc ont été regroupées les reproductions d'environ quatre cents figurines d'argile « **haniwa** ».

Ces « haniwa », placés tout autour des tombes, furent d'abord de simples cylindres annelés. Dès le IVe siècle, ils commencent à représenter des objets des animaux, des êtres humains. Leur nombre et leur diversité constituent une précieuse documentation sur les usages vestimentaires, armures, armes, coiffures, instruments de musique, etc., utilisés par les gens de cette époque (IVe au VIIe siècle). Certaines chroniques japonaises attribuent l'origine de ces haniwa à des potiers Hajibe venus d'Izumo la demande de l'empereur *Suinin.* Celui-ci les aurait fait fabriquer comme substituts des sacrifices humains. En réalité, ceci n'est qu'une tentative d'explication, car on ne possède jusqu'à présent aucune preuve de massacres funérairees, à cette époque au Japon. Ces haniwa avaient plutôt une valeur magique de protection (d'après *Louis Frédéric,* Japon).

Environs

1 — Nichinan *(55 km S., par la N 220 ; train J.N.R. ; car).* — Alors que la voie ferrée s'en écarte à mi-parcours, la route continue à longer de près la belle côte du *parc régional de Nichinan.

16 km : **Ao shima ; cette petite « île bleue » de 1,2 km de tour est entièrement recouverte par près de trois mille *biro* (palmier à béthel). A marée basse tout autour de l'île se dégage une extraordinaire plate-forme rocheuse, striée de faisceaux parallèles qui semblent avoir été peignés par la mer. Un petit sanctuaire s'élève au centre, sur la côte de Kyūshū, jardin d'attractions et parc botanique avec serres de plantes tropicales.

26 km : **Saboten,** jardin de cactus en bordure de la mer, où l'on compterait près d'un million de plantes de cette espèce.

43 km : **Udo jinja,** petit sanctuaire établi dans les anfractuosités d'une falaise, autrefois creusée par l'érosion marine.

55 km : Nichinan, *V. ce nom.*

2 — Nichinan, Saito, parc national de Kirishima Yaku, *V. ces noms.*

Miyazu (Ile de Honshū)

Carte des richesses naturelles, p. 61 à 64.
Tōkyō, 561 km. — Fukui, 186 km. — Kōbe, 171 km. — Kyōto, 122 km. — Nara, 166 km. — Ōsaka, 159 km. Ōtsu, 134 km. — Tsu, 220 km.

Kyōto fu. — 31 603 hab.

Peut-être Miyazu serait-elle restée méconnue au fond de sa crique, si les Japonais n'avaient, dans le site voisin d'Amano Hashidate, découvert une page de leur genèse mythologique ; ils en ont fait un des trois hauts lieux *(san kei)* des paysages côtiers de l'archipel nippon.

*****Amano Hashidate** *(gare J.N.R. de Amanohashidate ; 4 km N. de celle de Miyazu ; bus)* est cette langue de sable couverte de pins qui barre à l'E. la lagune d'Aso et s'étire sur plus de 3 km, entre Ichinomiya et Monjū. Un pont tournant, qui laisse passer les bateaux entre Miyazu et Ichinomiya, la relie à la rive de Monjū.

Cet appendice naturel (cent mètres de largeur) est souvent comparé au « Pont céleste » (Amanouki hashi) sur lequel s'établirent Izanagi et Izanami, lorsqu'ils tirèrent du néant les premières îles de l'archipel japonais *(V. Awaji shima).*

Peintres et poètes se sont souvent inspirés de cette légende et les Japonais font grand cas de ce site célèbre effectivement plein de charme. L'exploitation balnéaire, qui attire en été des milliers de baigneurs, en altère néanmoins quelque peu la valeur.

A **Monjū,** proche de la lagune d'Aso, se trouve le **Chion ji** dont la plupart des édifices (Bonshū dō, San mon, Taho tō) datent des XVIe et XVIIIe s. Un télésiège, entre Urashima et Otohime, permet d'accéder au **belvédère** et au parc d'attractions, d'où l'on a une jolie **vue sur Amano Hashidate.**

Par la langue de sable d'Amano Hashidate, on pourra se rendre à pied jusqu'à Ichinomiya, ou emprunter un bateau d'excursion. Proche du sanctuaire de Kanō, un funiculaire ou un autre télésiège mènent au *belvédère de Kasamatsu : la vue plonge cette fois dans le sens opposé; si l'on regarde entre ses jambes le «pont céleste», celui-ci semble alors vraiment flotter entre ciel et mer : mais dans une telle position, toute chose se met à flotter...

A 3 km au-delà de Kasamatsu *(car)*, on peut se rendre au **Nariai ji**, l'un des trente-trois temples des provinces de l'Ouest.

A 1 km S.-O. d'Ichinomiya, gagner **Mizoshiri** où l'on visite le **musée folklorique du Tango** : souvenirs historiques et ethnographiques concernant cette ancienne province. On montre également dans les parages le site d'un temple national : **Kokubun ji**.

Morioka (Ile de Honshū)

Carte du Tōhoku, p. 234-235.
Tōkyō, 513 km. — Akita, 117 km. — Aomori, 210 km. — Sendai, 184 km.

Chef-lieu d'Iwate ken (800 321 hab.). — 229 114 hab. — 126 m d'alt. — Foire aux chevaux en septembre et octobre. — Universités nationale et privée.

Ancienne capitale de la province de Nambu, dont l'horizon est barré au N.-O. par l'Iwate san (2 041 m), Morioka est devenue l'une des villes les plus actives du Tōhoku. L'arrivée du shinkansen, en 1982, qui sera ensuite prolongé vers Aomori et Hokkaidō, ne peut qu'accroître son dynamisme.

Iwate Kōen *(1 km E. de la gare);* bordant la Nakatsu gawa, ce parc public fut tracé à l'emplacement de l'ancien château, dont subsistent quelques remparts. Sanctuaire de Sakurayama.

Au N.-O. de ce parc, proche du Palais de Justice, on remarque dans un petit jardin le célèbre **Ishiwari zakura**, cerisier dont les racines sont enfoncées dans un bloc de granite.

Gohyaku en ou **Shimin kaikan** *(1 km N.-E. d'Iwate kōen)*, au N. de la Nakatsu gawa, est un jardin paysage, mais également un jardin botanique de plantes médicinales, créé au XVIIe s.

Josyū ji *(400 m O. du Gohyaku en)*, l'un des nombreux temples de Morioka, possède parmi ses **Gohyaku Rakan** (500 disciples du Bouddha), sculptés entre 1732 et 1736, les statues de Kubilai Khan, de Marco Polo et d'Erasme.

Takumatsu no ike *(1 km N. de Kita Morioka eki; 1,5 km N. de Morioka eki en bus)*, vaste étang dont les bords attirent de nombreux promeneurs; patinage en hiver.

Environs

1 — Amihari Onsen *(35 km N.-O., par la N 46 et une route à péage; car)*. — Quitter Morioka vers l'O. par la N 46.
10 km : Embranchement à dr. en direction de Takizawa.

A 3 km N. : **Takizawa** où l'on peut visiter le **Sozen jinja** : le 15 juin, fête *Chagu Chagu Umakko;* enfants et paysans du voisinage amènent leurs chevaux richement caparaçonnés, afin de recevoir une bénédiction de longévité.

15 km : Prendre à dr. la route à péage de l'Iwate san.

↪ A 2 km S. : petite station thermale de **Tsunagi**.

35 km : **Amihari Onsen**, station thermale et de sports d'hiver (à 750 m d'alt.), sur les pentes de l'**Iwate san** (2 041 m), dont on peut entreprendre l'ascension. La station de ski est équipée de plusieurs remontées mécaniques. Saison : du début décembre à la mi-mai.

L'*****Iwate san**, volcan éteint, très distinct et facilement repérable, est le sommet du Tōhoku (Japon septentrional). Il est surnommé le Fuji de Nambu. Depuis Amihari, son ascension peut être réalisée en 4 h 30.

2 — Parcs nationaux de Rikuchū Kaigan, de Towada Hachimantai, V. ces noms ; — **Tazawa ko,** V. Omagari.

Muroran (Ile de Hokkaidō)

Carte ferroviaire, en page de garde.

Tōkyō, 1 026 km. — Asahikawa, 252 km. — Hakodate, 196 km. — Otaru, 197 km. — Sapporo, 158 km. — Tomakomai, 69 km.

Hokkaidō. — 150 199 hab. — Ville industrielle. — Université nationale.

A la limite orientale de la baie d'Uchiura, Muroran occupe une position privilégiée, au fond d'une rade naturelle fermée au S. par le **cap d'Etomo**. Le port ainsi formé est le deuxième pour sa superficie, après celui de Yokohama. Muroran fut, avant Tomakomai, la première ville industrialisée de Hokkaidō ; elle a été bombardée en 1945. Aujourd'hui, industries sidérurgiques (implantées depuis 1909), chimiques, pétrochimiques, cimenteries, chantiers navals, etc., ont accaparé les terrains disponibles ; le port exporte charbon, bois, soufre, et importe la presque totalité des matières premières (exploitation locale du minerai de fer) ; également port de pêche actif.

Mont Sokuryō *(1 km O. de Muroran eki, J. N. R. ; bus)* ; sur cette colline d'environ 200 m de hauteur est établi un *****belvédère**, d'où l'on peut observer la **presqu'île d'Etomo**, avec ses falaises à pic plongeant d'une centaine de mètres dans la mer ; vers l'E. se profilent la **plage de Charatsunai**, avec son laboratoire d'algues marines, et le **cap Chikiu**, bordé de falaises rougeâtres. Vers le N. on distingue, à l'horizon, le Yotei zan *(V. p. 505)*.

Environs

1 — Etomo misaki *(4 km O. ; car)*, à la pointe de la presqu'île de ce nom ; l'aquarium voisin *(ouvert d'avril à novembre)* nourrit quelque deux cent cinquante espèces de poissons de mer et d'eau douce.

2 — Tomakomai, parc national de Shikotsu Toya, V. ces noms.

Muroto (Ile de Shikoku)

Carte de Shikoku et mer Intérieure, p. 502-503.
Tōkyō, 953 km. — Kōchi, 80 km. — Matsuyama, 207 km. — Takamatsu, 234 km. — Tokushima, 141 km.

Kōchi ken. — 27 445 hab. — Port de pêche.

Le port du Muroto, ouvert sur la baie de Tosa, n'est situé qu'à quelques kilomètres du Muroto misaki, qui pointe au S. dans l'océan Pacifique. Le parc côtier de Muroto Anan s'étend de part et d'autre de ce cap.

Environs : Kannoura *(46 km N.-E., par la N 55 ; car).* — Quitter Muroto vers le S.

6 km : *Muroto misaki plonge et éclate en multiples rochers dans l'océan Pacifique ; proche du phare, le *Hotsumisaki ji, fondé (807) par le prêtre *Kōbō Daishi*, conserve quelques statues bouddhiques anciennes.

A 4 km N. *(car) :* *belvédère du Muroto misaki, à 258 m d'alt., d'où l'on domine l'ensemble du cap et des mers qui l'entourent.

Au-delà de Muroto misaki, la route s'accroche en corniche le long du *parc côtier de Muroto Anan.
25 km : Sakihama, où l'on peut visiter le Kongōchō ji ; ce temple, récemment reconstruit, accueillit le moine *Kūkai (Kōbō Daishi)* à son départ pour la Chine (804) ; le trésor conserve plusieurs peintures et sculptures des époques Heian et Kamakura ; fête le 21 mars.
46 km : Kannoura (bateau pour Kōchi et Ōsaka) est un petit port, au fond d'une crique ouverte sur le Pacifique, d'où l'on peut poursuivre en direction d'Anan *(V. ce nom).*

Mutsu (Ile de Honshū)

Carte du Tōhoku, p. 234-235.

Tōkyō, 738 km. — Akita, 297 km. — Aomori, 101 km. — Morioka, 225 km.

Aomori ken. — 47 610 hab.

Au N. de la baie de Mutsu, là où s'étrangle la **péninsule de Shimokita**, s'est développée la ville portuaire de Mutsu, qui regroupe en fait les anciennes localités d'Ōminato, Shimokita et Tanabu.

Environs :

1 — Osore zan *(10 km O. ; car),* Osore ou Usori zan, le mont Terrible, est un ancien volcan dont le cratère est aujourd'hui occupé par un lac (6 km de circonférence). L'**Entsu ji**, au N. de ce lac, fut fondé par le prêtre *Ennin (Jikaku Daishi*, 794-864) ; lors des fêtes du temple, fin juillet, les habitants viennent communiquer avec les disparus grâce à l'intermédiaire de voyantes établies dans les environs.

2 — Ōma *(55 km N., par la N 279 ; car ; train J. N. R. jusqu'à Ōhata).* — Quitter Mutsu vers le N. afin de rejoindre la côte du Pacifique.
15 km : Ōhata, petit port de pêche au N. de la péninsule de Shimokita, ouvert sur le Pacifique face à Hokkaidō.

A 10 km O. *(car) :* Yagen Onsen, petite station thermale enfouie dans une vallée d'érables, au pied de l'Asahina dake (874 m).
55 km : Ōma (bateaux pour Hakodate et Muroran), à 2 km au S. de l'Ōmazaki et de Benten jima, qui marquent la pointe septentrionale de Honshū.

A 32 km S. *(car en été via Sai ; service de bateau le long de la côte occidentale de Shimokita hantō jusqu'à Wakinosawa) :* *Hotokega ura est une section de falaises côtières, dénudées et érodées par ravinements de façon spectaculaire. Cette façade maritime rocheuse, l'Osore zan et Yagen Onsen sont autant d'éléments du *parc régional de Shimokita Hantō.

Myōkō Kōgen (Ile de Honshū)

Carte des richesses naturelles, p. 61 à 64.
Tōkyō, 278 km. — Arai, 18 km. — Niigata, 162 km.
Niigata ken.

Immédiatement au N. de Nagano, les monts Hiuchu (2 462 m) et Myōkō (2 446 m) culminent à une vingtaine de kilomètres seulement de la mer du Japon. Centre de sports d'hiver agrémenté de plusieurs sources thermales, Myōkō Kōgen fait partie du **parc national de Jōshin Etsu Kōgen** *(V. ce nom).*

Akakura *(6 km N.-O. de la gare de Taguchi; car),* à 750 m d'alt., est en quelque sorte la station centrale autour de laquelle gravitent celles d'**Ikenotaira, Seki, Tsubame**, etc., pourvues de **sources thermales** et équipées pour les sports d'hiver. Depuis la station thermale d'Akakura, la vue s'étend au N. sur le bassin de l'Ara gawa, jusqu'à Naoetsu et la mer du Japon.

L'ascension difficile du **Myōkō san** (2 446 m) peut être réalisée en 6 h depuis la station d'Akakura. Deux itinéraires, par les **vallées de Kita Jigoku** ou de **Minami Jigoku**, se rejoignent à 2 km en contrebas du sommet. De là-haut la **vue** s'étend parfois jusqu'à l'île de Sado.

N

Nagahama (Ile de Honshū)

Tōkyō, 415 km. — Fukui, 100 km. — Gifu, 56 km. — Kyōto, 75 km. — Ōtsu, 63 km.

Shiga ken. — 51 027 hab. — 88 m d'alt. — Ville industrielle.

Sur les rives du lac Biwa cette ancienne ville féodale s'est aujourd'hui industrialisée, et traite notamment les dérivés du polyéthylène.

Uesaka Yasusada construisit en 1510 le château d'Imahama, que *Nobunaga* céda (1573) à *Toyotomi Hideyoshi*. Celui-ci le reconstruisit et le dota du nouveau nom de Nagahama ; il en fit sa première base d'opérations, et commença son ascension politique. Les Tokugawa concédèrent ce château aux Naitō qui l'abandonnèrent à partir de 1628.

Un parc public, à l'E. de la gare, recouvre l'emplacement de l'ancien château de Hideyoshi. A proximité s'élève le **Daitsu ji** (ou **Nagahama Betsu in**), dont certains éléments structuraux proviennent de la résidence de Fushimi à Kyōto. Le **jardin-paysage** de ce temple est inspiré de ceux de l'époque Momoyama (XVIe s.).

Environs :

1 — **Shizuga take** *(19 km N.-O. ; car ; train J. N. R. jusqu'à Kinomoto)* est l'un des huit sites célèbres du lac Biwa (V. *Ōtsu*), à proximité duquel *Toyotomi Hideyoshi* emporta une victoire sur les armées de *Shibata Katsuie* (1583) ; un téléphérique accède au sommet (423 m), d'où l'on découvre au N. le **lac de Yogo**, au S.-O. le **Biwa ko**, et au S.-E. l'**Ibuki yama**.

2 — ***Chikubu jima** *(12 km N.-O. ; bateau)*, au centre de la moitié septentrionale du lac Biwa ; on visite, sur cette île boisée de bambous et de cryptomères : le **Hogon ji**, fondé au VIIIe s. par le prêtre *Gyōki*, et le petit **sanctuaire de Tsukubusuma**, reconstruit au début du XVIIe s. avec des éléments du château de Fushimi ; ce sanctuaire abrite plusieurs peintures de *Kanō Eitoku* (1543-1590).

3 — **Hikone**, V. ce nom ; — **Biwa ko**, V. *Ōtsu* ; — **Ibuki yama**, V. *Ōgaki*.

N

Nagano (Ile de Honshū)★

Carte des richesses humaines, p. 65 à 68.
Tōkyō, 236 km. — Gifu, 345 km. — Kōfu, 150 km. — Maebashi, 128 km. — Nagoya, 265 km. — Niigata, 186 km. — Shizuoka, 233 km. — Toyama 261 km. — Urawa, 206 km.

Chef-lieu de Nagano ken. — 285 355 hab. — 362 m d'alt. — Industrie textiles et alimentaires.

Principale ville du bassin intérieur de la Chikuma gawa (Shinano gawa), Nagano, développée autour du grand temple Zenkō ji, est devenue la capitale de l'ancienne province de Shinano; elle continue d'attirer les foules de pèlerins qui se rendent au sanctuaire, dont elle portait autrefois le nom.

*Zenkō ji *(1,8 km N. de Nagano eki, **J.N.R.**; bus; — 600 m O. de Zenkōjishita eki, **Nagano E.R.**).* Partant des environs de la gare, une longue avenue traverse tout le centre de la ville (du N. au S.) et monte en pente douce en direction du temple, l'un des plus vénérés du Japon.

Premières statues bouddhiques. — Le temple est voué à *Amida Nyōrai*, *Kannon* et *Seishi*, dont les statues en bronze doré auraient été offertes par le souverain du royaume coréen de Paektche à l'empereur japonais *Kimmei* (510-571). Celui-ci leur fit élever un premier temple, mais à la suite d'une épidémie, le bouddhisme déjà impopulaire fut d'autant plus critiqué et les statues jetées dans un canal de Naniwa (auj. Ōsaka). *Honda Yoshimitsu* ou *Zenkō* (autre lecture de son nom) récupéra ces statues et les rapporta dans son village natal, où il leur éleva (602) un oratoire; quelques années plus tard (670) le Zenkō ji fut fondé. Les statues furent à nouveau restituées au temple en 1598, et les bâtiments dans l'ensemble redressés à partir du XVIIe s. Fêtes les 14 mars et 31 juillet.

Avant la première porte d'accès, **Niō mon**, on voit à g. (O.) le monastère du **Dai Hongan**, l'un des plus importants couvents bouddhistes féminins du Japon.

Au N. du **Niō mon** (statues du XIXe s.), on dépassera l'allée des « marchands du temple » pour franchir la belle porte San mon, construite en 1750. A l'O. de cette porte le **Dai Kanshin**, bordé d'une douve, est la résidence de l'abbé du Zenkō ji.

Le vaste ***Hon dō**, élevé en 1707, est par ses dimensions le second édifice en bois du Japon, après le Tōdai ji de Nara. Il abrite de vénérables statues, protégées à l'intérieur d'un reliquaire du XIVe s. Remarquer également l'élégant **Kei zo** (1759) à l'O. du Hon dō.

Au N.-E. des terrains du temple, s'étend le parc public de Jōyama.

A 800 m au N. du Zenkō ji, le **Nihonchiryō den** fut élevé en 1970 à la mémoire des victimes de la guerre.

En arrière de cet édifice, on peut accéder *(téléphérique)* au **belvédère du Jitsuke**, d'où l'on domine le Zenkō ji et la ville de Nagano.

Environs :

1 — Matsushiro *(10 km S.; car; train **Nagano E.R.** via Suzaka).* — Quitter Nagano vers le S. par la N 18.
2 km : Prendre à g. la route de Matsushiro qui se poursuit vers le S.
4 km : Au lieu-dit **Kawanakajima**, proche du confluent de la Sai et de la Chikuma gawa, s'affrontèrent à plusieurs reprises (entre 1553 et 1563) *Takeda Shingen* (1521-1572) et *Uesugi Kenshin* (1530-1578), deux grandes figures militaires de leur époque; un monument leur est consacré.
10 km : **Matsushiro**, petite station thermale où l'on verra les ruines du **Kaizu jō**, reconstruit (1537) par *Takeda Shingen* et offert par *Oda Nobunaga* à *Mori Nagakazu*. Les *Tokugawa* le confièrent à partir de 1662 aux Saneda. Le poète nationaliste *Sakuma Shōzan* (1811-1864) était originaire de Matsushiro.

2 — Shinano *(25 km N. ; car ; train J. N. R. jusqu'à la gare de Kashiwabara).*
— Quitter Nagano vers le N., au-delà du Zenkō ji.
25 km : **Kashiwabara**, centre de la commune de **Shinano**, où l'on peut visiter la maison du poète *Kobayashi Issa* (1763-1827), auteur de nombreux *haiku* *(V. p. 95)*. Au N.-O. de la localité, culmine le Kurohime yama (2 053 m).

A 4 km N.-E. *(car)* : Nojiri ko, situé à 654 m d'alt. au pied des monts Myōkō et Kurohime ; ce lac attire de nombreux visiteurs qui pratiquent pêche, camping, patinage ou canotage ; vedettes sur le lac en été.

3 — Iiyama, Matsumoto, Myōkō Kōgen, parcs nationaux de Chūbu Sangaku et de Joshin Etsu Kōgen, *V. ces noms.*

Nagasaki (Ile de Kyūshū)**

Carte du nord de Kyūshū, p. 372-373 ; — Plan p. 396.
Tōkyō, 1 303 km. — Fukuoka, 154 km. — Saga, 110 km.

Chef-lieu de Nagasaki ken (927 394 hab.). — (442 000 hab.) — Industries lourdes ; port de pêche. — Universités nationale, régionale et privée. — Archevêché.

Enfouie au fond d'un véritable fjord verdoyant et alimenté par l'Urakami gawa, Nagasaki semble construite pour vivre avec et par la mer. Et, de fait, c'est ici, par ses confins extrêmes, que le Japon communiqua longtemps avec l'extérieur. Point ultime et unique du contact entre diverses visions de l'univers, Nagasaki a su engendrer les images controversées et souvent opposées des heurts créatifs ainsi provoqués. Ils en firent une des villes les plus agréables du Japon, celle où l'Orient nous renvoie, d'une certaine façon, notre image, revue et corrigée.

Avant les Européens. — A la fin du XIIe s. ce petit port de pêche, appelé Fukaenoura ou Tamanoura, fut confié par Minamoto Yoritomo à *Nagasaki Kotarō* qui lui donna son nom. La famille de celui-ci se maintint jusqu'au XVIe s. lorsqu'*Ōmura Sumitada*, nouveau maître des lieux, décida d'ouvrir (1568) le port de Nagasaki aux comptoirs étrangers.

Christianisme et persécutions. — Portugais, Espagnols, Hollandais, Chinois, donnèrent sa véritable impulsion économique à la ville ; pour leur part les Japonais assuraient des échanges avec la Chine, la Corée, l'Inde, le Sud-Est asiatique, les Philippines et le Pacifique Sud. En 1587, *Toyotomi Hideyoshi* faisait de Nagasaki sa base d'opération, dans le but de soumettre l'île de Kyūshū. Les Européens introduisirent la religion chrétienne, et les jésuites opérèrent de nombreuses conversions ; mais trop entreprenants ils s'attirèrent l'hostilité des autorités japonaises, qui dégénéra en persécutions. En 1597 vingt-six chrétiens furent crucifiés sur ordre de *Hideyoshi ;* puis ce furent des prêtres espagnols, italiens, portugais, qui au cours du XVIIe s. périrent brûlés, crucifiés, enterrés vivants, jetés au fond d'un puits. Un certain nombre de convertis maintinrent une foi secrète et camouflèrent une religion repliée sur elle-même, déphasée par rapport à l'évolution romaine, qui se dévoila lors de la fondation de l'église d'Oura, à la fin du XIXe s.

Dejima : « porte laissée entrebaîllée sur le monde extérieur » *(J. Pezeu-Massabuau).* — Les commerçants hollandais, de confession protestante, virent progressivement évoluer la situation en leur faveur. Après les Portugais, confinés (1639) à Dejima à la suite de la révolte de Shimabara, les Hollandais furent retenus dans cette île (1641) ; ils restèrent les seuls Européens à posséder un comptoir autorisé au Japon. La ville, placée sous l'autorité directe d'un gouverneur mandé depuis Edo (Tōkyō), entretint par ce seul intermédiaire des relations avec le monde extérieur. Le Japon, replié sur lui-même, était coupé de l'étranger, sauf par le port de Nagasaki, où filtraient péniblement de rares idées venues d'ailleurs. Un certain assouplissement se produisit pourtant à partir du XVIIIe s. ; le shōgun « encourageait même ouvertement l'étude de la culture occidentale et, en 1745, parut le premier dictionnaire hollandais-japonais. Quelques savants se rendirent à Nagasaki et, se joignant aux interprètes officiels, se mirent à l'étude de cette civilisation nouvelle » (*D. et V. Elisseeff*, la Civilisation japonaise).

Une évolution irréversible. — Dès la fin du XVIIIe s. des navires étrangers firent avec plus ou moins de succès leur apparition dans la rade de Nagasaki, arborant parfois, tels les Américains (1797), un pavillon hollandais. Les Français se manifestèrent en 1846 avec les vaisseaux Cléopâtre, Sabine et Victorieuse, mais ne purent engager de négociations. Il fallut encore attendre une dizaine d'années, le traité de Kanagawa, pour que Nagasaki et d'autres ports s'ouvrissent aux Occidentaux et que l'industrialisation s'emparât de la ville. Dès 1861 des ateliers de réparation de bateaux furent créés, pris en main (1887) par les chantiers navals de *Mitsubishi ;* les collines de Yamate se couvrirent alors de résidences de style occidental et une nouvelle communauté catholique s'établit. Le développement économique de la ville se poursuivit jusqu'au 9 août 1945, lorsque éclata la deuxième bombe nucléaire (appelée « Fat Boy ») qui fit officiellement 23 753 victimes... Aujourd'hui, la ville a intensifié son activité d'antan, tout en préservant les secteurs historiques qui en font tout le charme.

Ils sont nés à Nagasaki : le jésuite et martyr *Francisco Marquez* (1611-1643) ; — le peintre *Mori Sosen* (1747-1821) ; — *Ueno Hikoma* (1838-1904), qui introduisit la photographie au Japon ; — le sculpteur *Kitamura Seibo* (né en 1884).

Port et industries. — L'activité de Nagasaki est dominée par les **chantiers de Mitsubishi**, équipés pour la construction de pétroliers et de cargos géants (dépassant 100 000 tonnes ; *V. aussi p. 109*) ; le dock Koyagi, le plus grand du monde, atteint 990 m de longueur et 100 m de profondeur. Matériel de chemin de fer, imprimeries, produits pharmaceutiques, ateliers photographiques complètent cette industrie. Le **port** importe des matières premières (pétrole, cuivre, nickel), mais aussi des appareils électriques, de l'orge ; exportation de charbon, engrais, machines-outils, verre et céramiques, produits alimentaires et oranges de Satsuma. Par ailleurs premier port de pêche de l'île de Kyūshū, avec une production de 275 000 tonnes en 1981.

N. B. : plusieurs lignes d'autobus et de tramway sillonnent la ville de Nagasaki, reliant entre eux les principaux centres d'intérêt parfois éloignés de plusieurs kilomètres. Sachez qu'il existe un billet de transport urbain journalier très avantageux (il s'obtient à l'Office du Tourisme — J. N. T. O. — à la gare de Nagasaki).

Nishi zaka *(Pl. A1 ; — 300 m N. de Nagasaki eki, J. N. R. ; — arrêts de tramway : Nagasaki Ekimae ou Mifune machi) ;* immédiatement en arrière de la **Maison de la Radio** (N. H. K.), parc créé (1949) à la mémoire des Vingt-six Martyrs de Nagasaki ; **monument, musée et chapelle commémorative** furent élevés en 1962 ; pèlerinage le 5 février.

NAGASAKI

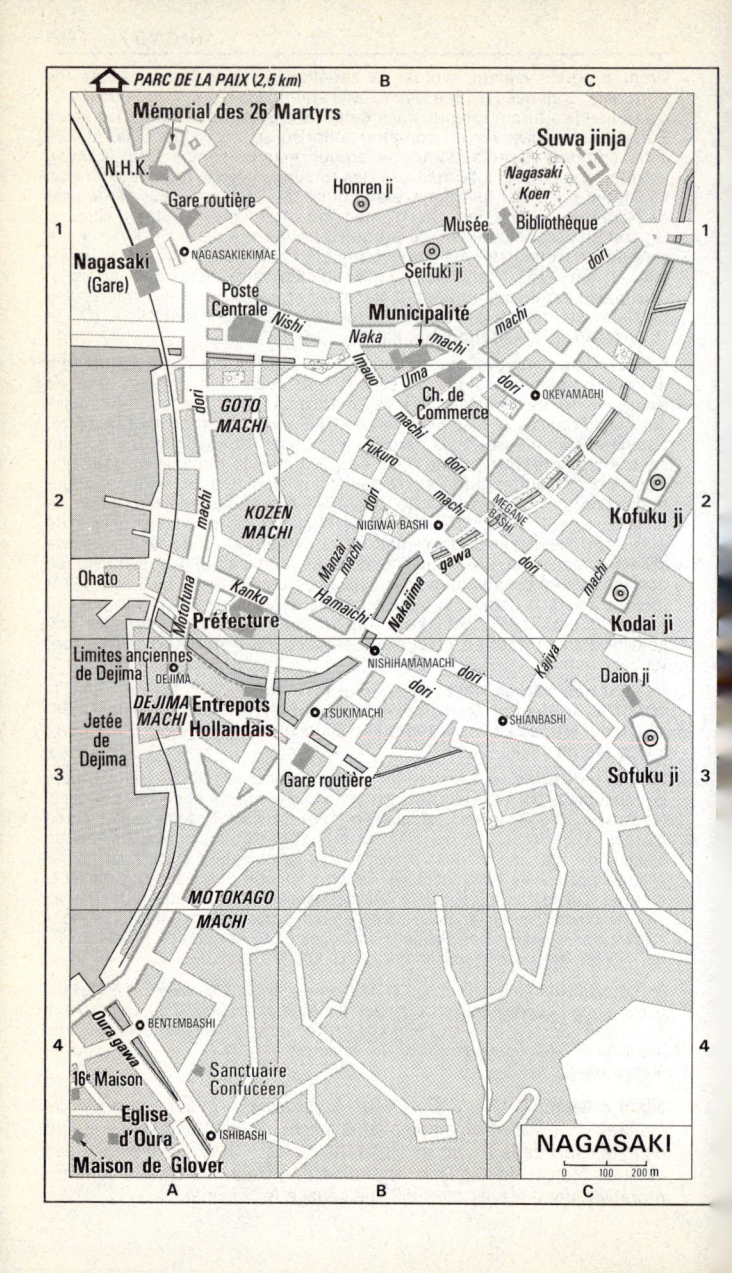

PARC DE LA PAIX (2,5 km)

A1 / B1 / C1
- Mémorial des 26 Martyrs
- N.H.K.
- Gare routière
- Nagasaki (Gare)
- NAGASAKIEKIMAE
- Poste Centrale
- Honren ji
- Seifuki ji
- Musée
- Suwa jinja
- Nagasaki Koen
- Bibliothèque
- Nishi dori
- Naka machi
- Municipalité
- machi dori

A2 / B2 / C2
- GOTO MACHI
- KOZEN MACHI
- Ohato
- Mototuna machi
- Préfecture
- Kanko
- Uma machi
- Ch. de Commerce
- Fukuro dori
- Manzai machi
- NIGIWAI BASHI
- Hamaichi
- Nakajima gawa
- MEGANE BASHI
- OKEYAMACHI
- Kofuku ji
- Kodai ji
- machi dori

A3 / B3 / C3
- Limites anciennes de Dejima
- DEJIMA
- Jetée de Dejima
- DEJIMA MACHI
- Entrepots Hollandais
- NISHIHAMAMACHI dori
- TSUKIMACHI
- Gare routière
- Kajiya
- SHIANBASHI
- Daion ji
- Sofuku ji

A4 / B4 / C4
- MOTOKAGO MACHI
- Oura gawa
- 16e Maison
- Eglise d'Oura
- Maison de Glover
- BENTEMBASHI
- Sanctuaire Confucéen
- ISHIBASHI

0 100 200 m

Premiers martyrs japonais. — Les prêtres jésuites établis à Nagasaki ayant opéré plusieurs conversions au catholicisme, ils furent dénoncés auprès de Toyotomi Hideyoshi comme précurseurs d'un projet de conquête du Japon par les Espagnols. La réaction de Hideyoshi ne se fit pas attendre : six prêtres occidentaux et vingt convertis japonais furent crucifiés sur cette colline le 5 février 1597. Parmi eux *Pedro Bautista* (1545-1597), ambassadeur d'Espagne au Japon, et *Luis Ibaraki*, le plus jeune (12 ans). Quelques jours plus tard, des miracles se produisirent, et les martyrs furent canonisés en 1862. Ces hauts lieux du christianisme japonais reçurent la visite du pape Jean-Paul II en février 1981.

Le **monument** dédié aux saints de Nagasaki représente une large croix de bronze sur laquelle figurent en relief les vingt-six martyrs, sculptés par *A. Funakoshi*. En arrière, le **musée** (arch. *Imai*) est couvert de vastes mosaïques coloriées représentant l'Espérance, la Foi et la Charité. Il retrace le martyre des jésuites et l'histoire de la religion chrétienne au Japon ; reliques des martyrs, peintures et sculptures religieuses, une lettre de Saint François-Xavier à Juan III du Portugal. Remarquer la statue de **St Paul Miki** en croix par *Masahiro Sawada*. L'**église Saint-Philippe**, également due à l'architecte Imai Kenji, symbolise par ses deux clochers l'union entre Dieu et les hommes.

Nagasaki kōen *(Pl. C1 ; — 900 m E. de Nagasaki eki ; bus) ;* autrefois dépendant du sanctuaire de Suwa ; on remarquera dans ce parc, aujourd'hui public, des **monuments élevés à la mémoire de savants étrangers** qui vécurent à Nagasaki et introduisirent sciences et techniques européennes au Japon : le Suédois *Carl Peter Thunberg* (1743-1822), directeur du comptoir hollandais de Dejima, les Allemands *Engelbert Kaempfer* (1651-1716) et *Franz von Siebold* (1796-1886) ; Kaempfer publia une Histoire naturelle, civile et ecclésiastique de l'Empire du Japon, Siebold, médecin et chirurgien, est l'auteur d'un livre : « Nippon ».

Dans ce parc un arbre banian *(ficus indica)* fut planté (1879) par le général américain *Ulysses S. Grant*. Dans le coin S.-O. du parc s'élève la **Bibliothèque départementale**, documentée sur l'histoire de la ville et de son port. Tout à côté se trouve le **Musée d'art préfectoral**, où sont organisées plusieurs expositions annuelles.

***Suwa jinja** (Pl. C1 ; — au N.-E. de Nagasaki kōen ; — 1,2 km E. de Nagasaki eki ; — arrêt de tramway de Suwajinjamae)*, précédé d'une longue série d'escaliers décorés de **torii** dont le premier serait le plus haut du Japon ; ce sanctuaire, transféré en ce lieu en 1550, proviendrait des sanctuaires homonymes de Suwa *(V. ce nom)*. Il est surtout célèbre pour le *festival Okunchi* (7-9 octobre), au cours duquel depuis le XVIIe s. les quartiers de Nagasaki présentent à tour de rôle leurs danses folkloriques.

Depuis Suwa jinja on pourra gagner vers le S. la **Nakajima gawa**, coupée par plusieurs ponts de pierre dont le populaire **Megane bashi**, « pont des lunettes ». Il fut construit en 1634 par un prêtre chinois du Kōfuku ji.

Les promeneurs passeront d'agréables moments à traverser, à l'E. de la Nakajima gawa, les quartiers de **Kōjiya**, de **Furukawa** et de **Kajiya**, l'un des secteurs les plus attrayants de Nagasaki, qui évoque un passé révolu par ailleurs ; céramistes et antiquaires s'y sont établis, et les basses pentes du Kazagashira yama sont occupées par plusieurs temples qui méritent d'être visités.

*Kōfuku ji (Pl. C2; — 700 m S. du Suwa jinja; — 1,5 km S.-E. de Nagasaki eki; — 400 m S.-E. de l'arrêt de tramway Okeya machi), fondé en 1623, fut le temple des Chinois de Nankin; l'un des prêtres du temple, *Itsune* (1601-1668), introduisit l'art de la peinture chinoise à Nagasaki. Remarquer la porte d'entrée, **San mon**, le **Hon dō**, reconstruit en 1883, et l'élégant beffroi, **Shokorō**; l'ensemble des bâtiments fut restauré après 1945, dans le style chinois d'origine; les toits très incurvés sont caractéristiques.

Kōdai ji (Pl. C2; — 400 m S. du Kōfuku ji; — 1,5 km S.-E. de Nagasaki eki; — 400 m E. de l'arrêt de tramway Nigiwai bashi), troisième temple au S. du Kōfuku ji, où se trouve une **statue du Bouddha** de 7 m de hauteur; y sont enterrés *Takashima Shuhan* (1798-1866), introducteur de la logistique occidentale au Japon, et *Ueno Hikoma* (1838-1904), qui créa à Nagasaki le premier atelier photographique nippon.

Pour la petite histoire, rappelons que la première photographie ici développée provoqua la mort du sujet : un samourai qui se fit *seppuku* à la vue de son portrait...

*Sōfuku ji (Pl. C3; — 500 m S. du Kōdai ji; — 1,6 km S.-E. de Nagasaki eki; — arrêt de tramway de Shian bashi); ce temple, que l'on atteint après avoir contourné par l'O. le Daion ji et dépassé le Daikō ji, fut également élevé par la communauté chinoise de Nagasaki en 1629. Originale porte d'accès (Ryūgū mon), reconstruite en 1849.

On conserve dans ce temple un énorme **chaudron de bronze** utilisé lors de la famine de 1682. Remarquez le jeu élégant des **toits**, que l'on peut dominer en montant quelques marches en arrière du temple; la plupart des bâtiments furent élevés aux XVIIe et XVIIIe s.

Dejima ou De shima (Pl. A3; — 1 km O. du Sōfuku ji; — 1 km S. de Nagasaki eki; — arrêts de tramway de Dejima ou de Tsukimachi). Il ne reste pour ainsi dire qu'un souvenir de l'ancien établissement hollandais qui occupait autrefois un terrain à l'embouchure de la Nakajima gawa. En 1958, d'anciens **entrepôts hollandais** furent reconstitués; ils sont protégés par un **musée** que borde un petit jardin.

« A l'intérieur de Deshima, les Hollandais avaient bâti des maisons à l'européenne; leur mode de vie, leur culture allaient peu à peu rayonner discrètement et donner naissance aux études scientifiques étrangères connues sous le nom d'études hollandaises (rangaku) » (D. et V. Elisseeff, la Civilisation japonaise).

Sanctuaire confucéen (Pl. A4; — 1 km S. de Dejima; — 2 km S. de Nagasaki eki; — arrêt de tramway d'Ishibashi); au N. de l'Oura gawa, ce sanctuaire fut fondé (1893) en l'honneur de Confucius par les commerçants chinois de Nagasaki, et complètement reconstruit en 1967. Brillamment ornementé et coloré, il paraît insolite au Japon, mais ne le serait pas dans la Chine méridionale ou dans d'autres pays de l'Asie du Sud-Est.

Le **Tojin kan**, attaché à ce sanctuaire, est un centre d'exposition d'art chinois; on y exécute parfois des danses de ce pays.

En arrière du sanctuaire s'élève **Higashi Yamate**, où l'on peut voir quelques anciennes résidences des premiers Occidentaux installés à Nagasaki en dehors des limites de Dejima.

Minami Yamate ou **Oura** *(Pl. A4; — 400 m S. du sanctuaire confucéen; — 2,5 km S. de Nagasaki eki; — arrêt de tramway de Bentembashi);* accroché sur les collines orientales qui s'élèvent au S. de l'Oura gawa, ce quartier fut ouvert à partir de 1859 aux concessions étrangères; quelques demeures intéressantes subsistent encore dans un quartier aujourd'hui transformé en une surprenante « petite Hollande » !

En gravissant l'une de ces **montées des Hollandais** *(Oranda zaka)* on atteint, après avoir dépassé le Miyogyō ji, l'**église catholique d'Oura**. Consacrée aux Vingt-six Martyrs de Nagasaki, cette église fut fondée en 1864 par *Bernard Petitjean* (1829-1884), missionnaire originaire de Saône-et-Loire, auquel se confièrent les chrétiens japonais d'Urakami qui avaient jusqu'alors dissimulé leur religion *(V. historique)*. Première construction de style néogothique au Japon, l'église en bois fut restaurée après 1945; elle est connue sous le nom de Furansu dera, le temple des Français. A proximité subsiste la résidence de l'évêque de Nagasaki.

Au-dessus de l'église d'Oura on visite les **résidences d'Ault, Ringer et Glover** *(Pl. A4).*

Thomas Blake Glover, aventurier et industriel britannique, s'établit à Nagasaki en 1859 et fit élever cette maison. Les maisons Ault et Ringer furent également habitées par divers citoyens britanniques, à l'époque Meiji.

Ces demeures (intérieurs meublés à l'européenne) sont entourées d'un agréable jardin, d'où l'on découvre la baie de Nagasaki en direction du large. Les Japonais se plaisent à situer sur ces hauteurs l'attente désespérée de *Madame Butterfly*.

Face à l'entrée du parc de la résidence Glover, **Jūroku Bankan**, la résidence n° 16, renferme de nombreux souvenirs relatifs au séjour des étrangers à Nagasaki, ainsi que le dragon de papier et la baleine qui font l'attraction du festival Okunchi au Suwa jinja (p. 397).

Parc de la Paix *(Pl. A1; — 4,5 km N. d'Oura; — 2,5 km N.-O. de Nagasaki eki; — arrêt de tramway de Matsuyamamachi).* Ce parc commémore l'explosion atomique qui eut lieu le 9 août 1945 à 11 h du matin. Il fut dessiné en 1955; haute **statue de la Paix** (9,7 m de hauteur), due au sculpteur *Kitamura Seibo,* natif de Nagasaki. Un poteau marque l'**épicentre de l'explosion**; une **fontaine** agrémente le parc; des vestiges de la cathédrale d'Urakami y sont déposés. Dans le parc, monuments offerts par différents pays du monde dont certains sont très beaux (R.D.A., Portugal...).

Au S.-E. du parc s'élève la **Maison internationale de la Culture** *(adresse 2, Tateyama machi; — ouverte t.l.j. de 9 h à 16 h);* les événements dramatiques de 1945 y sont évoqués par des souvenirs tout aussi atroces que ceux du musée de Hiroshima.

L'édifice abrite enfin un auditorium pour les conférences.

A 400 m E. de la statue de la Paix, s'élève la nouvelle **cathédrale d'Urakami**. L'église d'origine avait été bâtie (entre 1895 et 1925) d'après les plans du missionnaire français *Fraineau*; six mille personnes pouvaient s'y recueillir. Complètement détruite par la guerre, l'église fut reconstruite sur une échelle plus modeste en 1958; quelques statues de l'ancienne cathédrale ont été placées dans les jardins qui entourent la nouvelle.

*Inasa yama *(2 km O. de la gare; bus jusqu'au téléphérique d'accès);* ce belvédère surmonté d'antennes de télévision permet de dominer l'ensemble de la ville et de ses environs; vue nocturne recommandée.

Environs

1 — Mogi *(8 km S.-E. ; car)*, petit port de pêche sur la baie de Tachibana, d'où l'on peut gagner Reihoku sur l'île de Shimo (Amakusa shotō) ; la région s'est spécialisée dans la production d'oranges de Satsuma.

2 — Omura, Sasebo, parc national d'Unzen Amakusa, *V. ces noms.*

Nagato (Ile de Honshū)

Tōkyō, 1 125 km. — Hiroshima, 252 km. — Matsue, 272 km. — Yamaguchi, 74 km.

Yamaguchi ken. — 27 815 hab. — Port de pêche.

Tournée vers la mer du Japon, Nagato est une agréable localité dont les alentours sont mis en valeur par le très beau **parc côtier de Kita Nagato**. Dans les environs, station thermale de Yumoto et **parc régional d'Akiyoshidai**.

Environs

1 — Yumoto Onsen *(5 km S. ; train J.N.R. ; car)* ; établie au pied du mont Zuiun, cette source connue de longue date est réputée contre les névralgies, rhumatismes et maladies de peau ; eaux entre 26 et 42 °C.

2 — *Ōmi shima *(5 km N.-E. ; car)* ; au N. de Nagato, cette île de 18 km² sépare les baies de Nagato et de Senzaki. Sur la côte occidentale, on remarque la langue de terre de **Namino Hashidate** ; la côte septentrionale bordée de falaises, comporte de nombreuses grottes marines, aiguilles rocheuses, etc. ; très belle baie de Senzaki, à l'E. de l'île. A **Ōhibi**, sur la côte orientale, on visite le Saien ji et à la pointe E. le Seigetsuan ji, où existe depuis 1692 un *cimetière pour les baleines. Cette île fait partie du *parc côtier de Kita Nagato, qui s'étend sur 8 030 ha jusqu'au-delà de Hagi.

3 — Hagi, *V. ce nom ;* — **parc régional d'Akiyoshidai,** *V. Yamaguchi.*

Nagoya (Ile de Honshū)*

Carte ferroviaire, en page de garde ; plan p. 402-403.
Tōkyō, 342 km. — Gifu, 39 km. — Nagano, 265 km. — Shizuoka, 175 km. — Tsu, 74 km.

Chef-lieu d'Aichi ken (4 390 914 hab.). — 2 088 000 hab. — Port de commerce et ville industrielle : constructions automobiles ; manufactures textiles ; machines industrielles ; produits chimiques ; poteries ; jouets. — Universités nationale, régionale, privées. — Évêché.

Troisième ville du Japon, Nagoya est également l'une des plus dynamiques du pays. A deux heures de train de Tōkyō et une heure seulement d'Ōsaka, elle est la métropole d'équilibre du Japon central ; elle draîne par son activité les populations des hautes vallées montagneuses du Chūbu. Établie au fond de la baie d'Ise l'ancienne capitale de la province d'Owari s'est progressivement étalée sur le vaste bassin alluvial de la plaine de Nobi ; ceci aux dépens des rizières conquises par l'urbanisation et l'industrialisa tion. D'un aspect d'abord peu accueillant, cette cité révèlera finalement sa personnalité, et on découvrira, à quelque distance du centre, des quartiers propices à la flânerie touristique.

Une ville de création récente. — La formation de Nagoya remonte seulement à l'époque des Tokugawa, lorsque *Ieyasu* (1542-1616) transféra le siège du gouvernement d'Owari à Nagoya ; il fit élever le château pour son fils *Yoshinao* (1600-1650), qui s'y établit en 1610, et dont la descendance se maintint jusqu'à la Restauration (1868). C'est depuis cette période que Nagoya a connu sa véritable expansion économique et industrielle. La ville ne comptait alors que 70 000 hab. ; dès 1880 les sociétés commerciales s'intéressèrent à Nagoya, et six ans plus tard une première voie ferrée était inaugurée. La guerre sino-japonaise (1894-1895) donna un nouvel élan à l'activité de la ville, qui s'étalait de toutes parts jusqu'à atteindre le port, achevé en 1907. La Seconde Guerre mondiale devait encore profiter à l'équipement industriel de Nagoya, mais la ville fut détruite à 50 % lors des bombardements de 1945. Aujourd'hui, reconstruite selon un vaste plan d'urbanisme, elle a retrouvé toute la prospérité et le dynamisme qui en font une des cités pilotes de l'archipel nippon.

Ils sont nés à Nagoya : *Toyotomi Hideyoshi* (1536-1598), l'un des plus grands hommes de la nation, et ses généraux *Katō Kiyomasa* (1562-1611) et *Koide Masahide* (1539-1604) ; — l'homme politique *Katō Takaakira* (1859-1926).

Port et industries. — Couvrant une superficie d'environ 10 000 ha, en grande partie conquis sur la mer, le port de Nagoya est le troisième du Japon après ceux de Kōbe et de Yokohama. Protégé au large par une digue de 8 km, il peut accueillir des bateaux de fort tonnage et est équipé pour recevoir 950 000 tonnes d'hydrocarbures. Nagoya continue aujourd'hui à développer ses industries traditionnelles de bicyclettes, machines à coudre, textiles (85 % de la production japonaise des textiles de laine), ses industries alimentaires et du bois, de porcelaines de Noritake (exportation de 92 % de la poterie japonaise), mais assure aussi des activités nouvelles : industries chimiques, constructions aéronautiques et automobiles (Toyota).

*Atsuta jingū *(5,5 km S.-E. de Nagoya eki, J. N. R. ; — 300 m S.-O. d'Atsuta eki, J. N. R. ; gare de Jingūmae, Meitetsu E. R. ; — station de métro de Jingūmae).* Avec ceux d'Ise et d'Izumo, le sanctuaire d'Atsuta est l'un des plus vénérés du Japon. Dédié à la déesse *Amaterasu*, il se situe au cœur d'un parc très boisé (pins, cryptomères, camphriers), où circulent des coqs en liberté, et mérite que vous lui accordiez vos premiers pas lors de votre visite de Nagoya.

Fêtes au début de l'année, *danse de Bugaku* le 1er mai, *Shinyo Togyō Shinji* le 5 mai, et grand festival le 5 juin.

Le sanctuaire fut fondé, selon les chroniques anciennes, en 86 de notre ère pour recevoir l'épée sacrée *Kusanagi no tsurugi*. Celle-ci, l'un des trois joyaux de l'empire japonais, fut offerte par la déesse Amaterasu au prince unificateur du Japon, *Yamato Takeru (V. Ise et Kameyama)*. Assailli par une troupe de rebelles, il réussit grâce à l'épée à se dégager en coupant autour de lui l'herbe enflammée par ses ennemis. Le sanctuaire actuel, très semblable dans son architecture à ceux d'Ise, fut reconstruit (1955) dans le style shimmei ; il est également voué à Yamato Takeru, son épouse Miyasu hime, son frère Take inadane, et à Susano o no Mikoto, frère d'Amaterasu *(V. Izumo)*. Très tôt, ce sanctuaire fut visité par les empereurs qui en favorisèrent l'embellissement.

Map labels

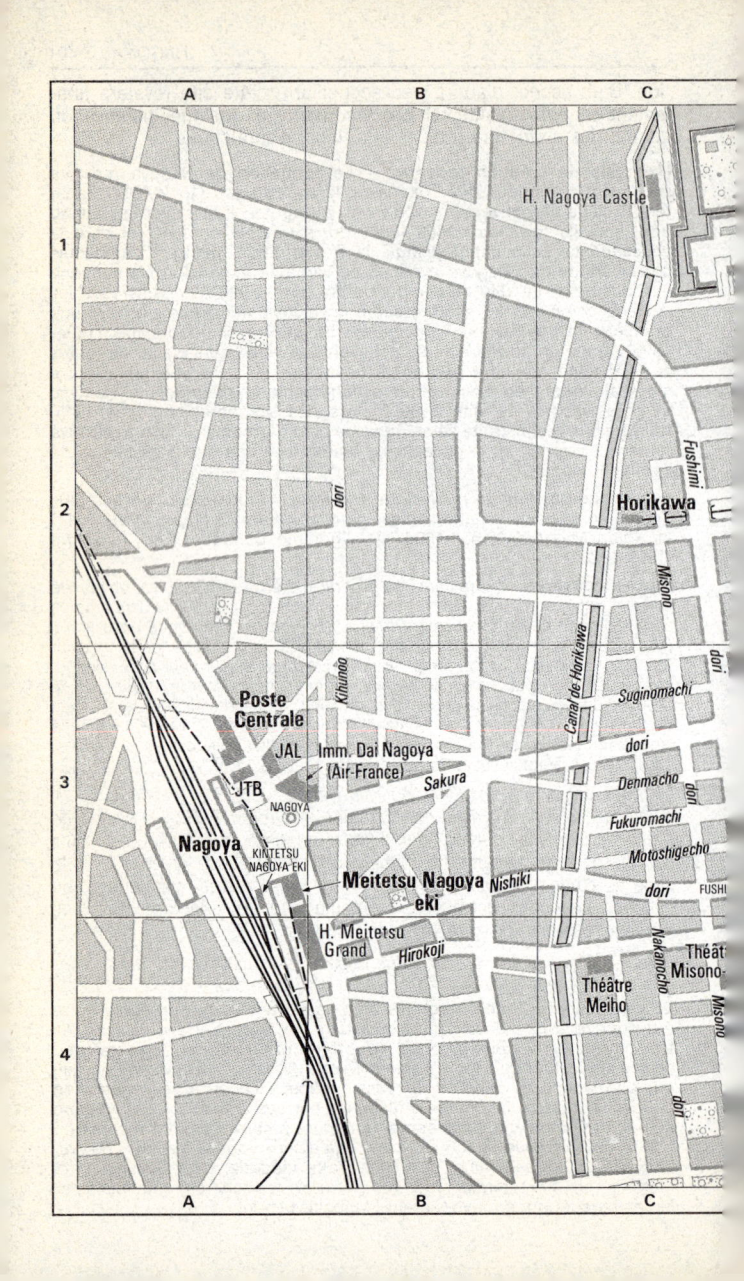

- H. Nagoya Castle
- Fushimi
- Horikawa
- Misono
- dori
- Canal de Horikawa
- Suginomachi
- dori
- Kihunoo
- Poste Centrale
- JAL
- Imm. Dai Nagoya (Air-France)
- Sakura
- Denmacho
- dori
- JTB
- NAGOYA
- Fukuromachi
- Nagoya
- KINTETSU NAGOYA EKI
- Motoshigecho
- Meitetsu Nagoya eki
- Nishiki
- dori
- FUSHI
- H. Meitetsu Grand
- Hirokoji
- Nakanocho
- Théâtre Meiho
- Théât Misono-
- Misono
- dori

NAGOYA

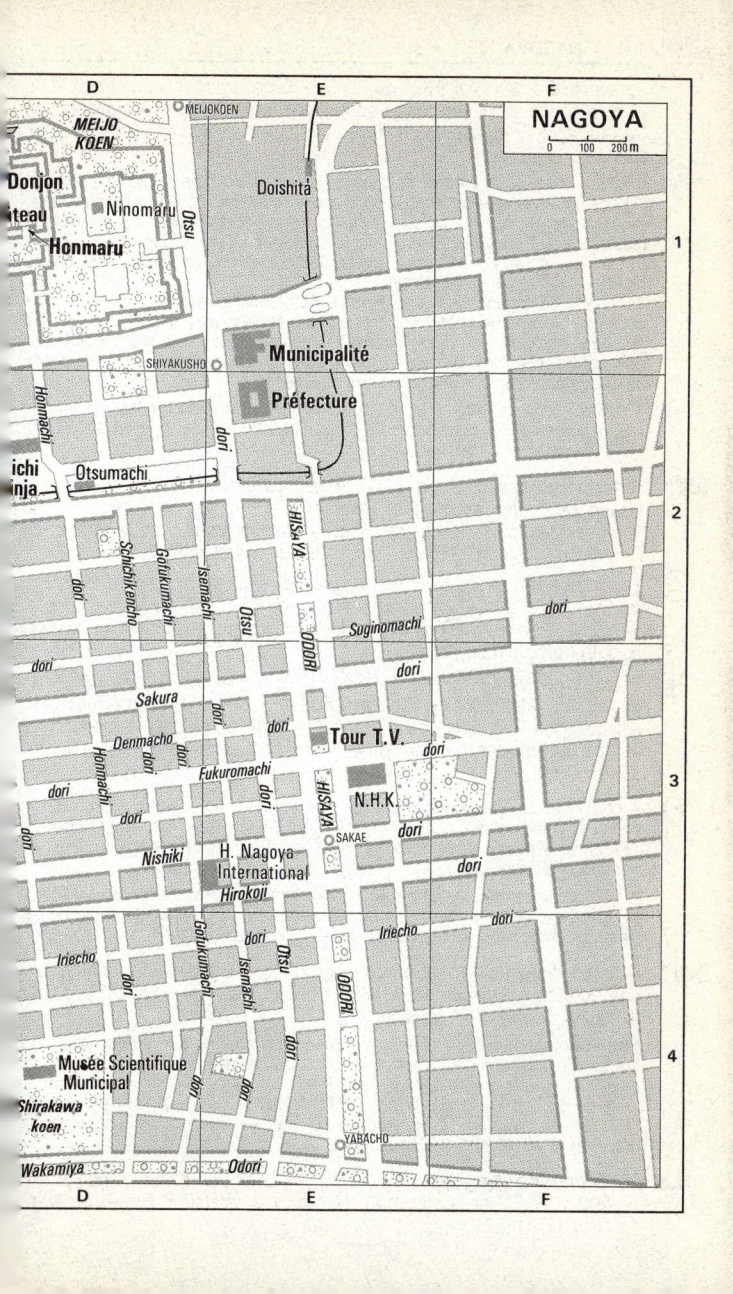

0 100 200 m

MEIJO KOEN
MEIJOKOEN
Donjon
[teau
Ninomaru
Doishita
Honmaru
Otsu
SHIYAKUSHO
Municipalité
Préfecture
ichi
Honmachi
inja
dori
Otsumachi
HISAYA
Gofukumachi
Schichikencho
isemachi
Otsu
ODORI
Suginomachi
dori
dori
dori
Sakura
dori
Denmacho
dori
dori
Fukuromachi
Tour T.V.
Honmachi
dori
HISAYA
dori
N.H.K.
dori
Nishiki
H. Nagoya
International
Hirokoji
SAKAE
dori
dori
Iriecho
dori
Iriecho
Gofukumachi
dori
isemachi
Otsu
ODORI
dori
dori
Musée Scientifique
Municipal
Shirakawa
koen
YABACHO
Wakamiya
Odori

Le sanctuaire principal, **Hon gū**, s'élève dans la partie septentrionale du parc, précédé d'un sanctuaire secondaire, qu'entoure l'enceinte sacrée **Nakanoe**; celle-ci est inaccessible aux fidèles qui s'approchent jusqu'au **Hai den**, porche d'entrée de cette enceinte.

Il existe plus de quarante sanctuaires mineurs répartis dans le parc; de dimensions et d'aspects multiples, ils restent toutefois associés au sanctuaire principal. Au S. de celui-ci, autour de l'**étang de Magatama**, sont disséminés plusieurs **pavillons de thé** dont celui de Matabei qui rappelle les constructions rurales de la région de Hida; remarquer également un **camphrier géant**, planté au IXe s. par *Kōbō Daishi*.

A l'E. de ce jardin s'élève le **Bunka den**, édifice moderne dans le style azekura, où sont exposés les **trésors du sanctuaire**; parmi ceux-ci, des peintures anciennes ou modernes (sutra du yushutsu bon) et des calligraphies, des miroirs et bijoux anciens, des *masques de bugaku, des vêtements, quelques poteries et plusieurs lames ou épées.

A 600 m N.-O. de l'Atsuta jingū : le **Shiratori no Misasagi**, butte de l'oiseau blanc, abriterait les restes du prince *Yamato Takeru* qui mourut à Nobono *(V. Kameyama et ci-dessus)*.

Higashi Hongan ji *(3 km S.-E. de Nagoya eki; — 200 m N.-O. de la station de métro de Higashi Betsuin)*. Ce temple, fondé en 1692 et reconstruit depuis 1945, se tient à l'emplacement du château de Furuwatari, élevé (1535) par *Oda Nobuhide*, père de Nobunaga.

Tsumura kōen *(4 km S.-E. de Nagoya eki; — au S.-E. de la gare J.N.R. de Tsurumai; — 1,2 km E. de la station de métro de Kamimaezu)*, parc de 23 ha avec installations sportives, bibliothèque, auditorium et salle de concerts en plein air.

Shirakawa kōen *(Pl. D4; — 1,8 km S.-E. de Nagoya eki; — 800 m O. de la station de métro de Yabachō; 500 m S. de celle de Fushimi)*; dans ce jardin, plus modeste que le précédent, s'élève le **Musée des sciences et des techniques** de Nagoya *(ouvert t.l.j. sauf lundi de 9 h à 17 h)*, planétarium.

A 500 m S. de Shirakawa kōen, par Fushimi dōri, on atteint : **Shimpuku ji** connu sous le nom d'**Osu Kannon ji**, qui fut établi en ce lieu (1612) par *Tokugawa Ieyasu*; il est célèbre pour sa **bibliothèque** qui conserve de nombreuses archives.

Au S. de ce temple, le **Chōfuku ji** (ou **Nanatsu dera**) fut fondé en 735 et transféré en ce lieu en 1611; endommagé en 1945, il abrite toujours les statues d'Amida, de Kannon et de Seishi (époque Fujiwara).

La large **Hisaya Ōdōri**, artère le long de laquelle s'élèvent quelques-uns des principaux édifices de la ville moderne, s'allonge vers le N., depuis la station de métro de Yabachō.

Cette voie est coupée, à hauteur de Sakae, par **Nishiki dōri** et **Hirōkoji dōri** qui sont également deux rues maîtresses de Nagoya, venant de la gare. Au niveau de Sakae s'est développée une ville commerçante souterraine, où se croisent les deux lignes de métro. Au N. de Sakae s'élève la **tour de Nagoya** (180 m de hauteur), avec plate-forme d'observation d'où l'on découvre notamment les Alpes japonaises.

***Château de Nagoya** *(Pl. C-D1; — 2 km N.-E. de Nagoya eki — 800 m N.-O. de la station de Horikawa, Meitetsu E.R.; — au N.-O*

de la station de métro de Shiyakusho ; — ouvert de 9 h à 16 h 30).
Autrefois la gloire de Nagoya, l'un des plus beaux châteaux du Japon, Nagoya jō fut anéanti lors des bombardements de 1945 ; il a été reconstruit, avec une armature de béton armé, en 1959.

Les Oda possédaient en cet emplacement une forteresse, qui fut totalement reconstruite par *Tokugawa Ieyasu* pour son fils *Yoshinao*. Ieyasu s'assurait par là le contrôle de la province d'Owari, et la soumission des derniers partisans des Toyotomi. Jusqu'en 1867 le château resta en possession de la branche des Tokugawa d'Owari ; devenu garnison militaire à partir de 1872, le château de Nagoya servit de résidence détachée du domaine impérial, puis fut offert à la municipalité (1930) qui l'ouvrit au public.

Dans la cour intérieure subsistent les fondations du **Hon maru**, bombardé en 1945, mais dont quelques vestiges sont exposés dans le **donjon** actuel. Cette tour de cinq étages (48 m de hauteur) est aménagée en musée, où sont présentés des maquettes de l'ancien château, des fragments originaux et la reconstitution des **dauphins dorés** de la crête du toit, des peintures de **portes coulissantes** provenant du Hon maru (tigre endormi, charrette chargée de fleurs, chute d'eau, etc.), une collection de sabres. Vue étendue sur la ville et ses environs depuis le dernier étage.

Les dauphins, couronnant de nombreux châteaux japonais, ont la réputation de protéger ceux-ci contre les incendies. Mais ceux de Nagoya sont accusés d'avoir provoqué le raz-de-marée de 1959.

A l'E. du Hon maru, le **jardin du Nino maru** est une intéressante reconstitution d'ancien jardin féodal. Au N.-O., dans un autre jardin, on remarque quelques entrepôts anciens et un caveau funéraire d'époque kōfun, transféré ici en 1949, depuis le département de Shimane.

A 600 m S. du château, bordant Fushimi dōri, on trouvera : le **sanctuaire d'Aichi**, reconstruit en 1952 et dédié aux victimes de la guerre.

Plus au S., après avoir traversé la ligne du chemin de fer privé, on peut visiter le **Tōshō gū**, fondé en 1619 en l'honneur de Tokugawa Ieyasu (reconstruit en 1952 ; fête les 16 et 17 avril), et le **sanctuaire de Nagoya**, à l'E. du précédent, à l'origine fondé par l'empereur Daigo (fête les 15 et 16 juillet). Non loin de là se trouve le **sanctuaire Tagata**, centre des cultes phalliques au Japon.

*Musée d'Art Tokugawa *(adresse : 27, 2-chome, Tokugawa chō, Higashi ku ; — 5 km N.-E. de Nagoya eki ; — 700 m S.-O. de la gare d'Ozone, J. N. R. ; — 1 km S. des stations de métro et de **Meitetsu E. R.** d'Ozone ; — ouvert t. l. j. sauf lundi, de 10 h à 16 h ; fermé du 25/12 au 1/1).* Riche d'environ douze mille œuvres, ce musée, ouvert depuis 1935, a récupéré l'ensemble des collections des anciens Tokugawa d'Owari. Parmi les œuvres les plus célèbres, parfois exposées, mentionnons :

Le ****Genji Monogatari emakimono**, illustration du célèbre récit de la dame *Murasaki Shikibu*, attribué à **Fujiwara Takayoshi** (XIIe s.) ; le musée détient un ensemble de treize scènes ; six autres fragments sont conservés au musée Gotō de Tōkyō.

« Cette importante série devait à l'origine (...) être composée de dix rouleaux, qui contenaient au total quatre-vingts à quatre-vingt-dix scènes illustrant les cinquante-quatre chapitres de ce roman fleuve (...). Les illustrations ont été soigneusement exécutées sur des feuilles de papier de même format (22 cm de hauteur sur 48 ou 36 cm de largeur) ; elles représentent chacune un épisode marquant du roman, et sont précédées d'un extrait du texte magnifiquement calligraphié en cursive sur un papier richement décoré. Le choix des sujets montre que l'artiste, plutôt que de rechercher les actions des personnages, a voulu traduire sous une forme plastique le lyrisme et la sentimentalité qui animent le roman.

Les scènes obéissent toutes, en principe, à un même effet particulier de perspective, très différent des habitudes occidentales; elles sont regardées obliquement de haut en bas et de droite à gauche, selon le mouvement naturel de l'œil lorsque le rouleau se déroule de la droite vers la gauche. Par une autre convention, l'artiste supprime le toit des maisons pour en laisser voir parfaitement l'intérieur » (*Akiyama Terikazu*, la Peinture japonaise).

Également attribué à *Takayoshi*, le *Murasaki Shikibu ekotobu illustre les notes intimes de cette dame de la cour de Heian. On remarquera en outre plusieurs **kakemono** et **calligraphies** d'époque Kamakura, des **paravents** d'époque Edo, un portrait de Tokugawa Ieyasu, des épées et armures anciennes, des poteries, etc.

Nittai ji *(7 km E. de Nagoya eki; — 500 m N. de la station de métro de Kakuozan);* ce temple, dédié à l'amitié nippo-thaïlandaise, fut édifié en 1904 pour abriter une statue dorée du Bouddha, offerte en 1900 par le roi du Siam *Rama V;* dans les jardins, monument aux morts de la guerre russo-japonaise (1904-1905).

A proximité, un édifice abrite les petites statues des cinq cents disciples du Bouddha *(Gohyaku Rakan);* sculptées au XVIIIe s. elles sont en partie dues au ciseau de Kita Tametaka.

Heiwa kōen *(8 km E. de Nagoya eki; — 1 km N. de la station de métro de Higashiyama kōen);* ce « Parc de la Paix » est en fait un vaste **cimetière** d'environ deux cent mille tombes récupérées, après la guerre, dans l'ancienne ville de Nagoya; parmi celles-ci se trouve la **tombe d'Oda Nobunaga** (1534-1582), unificateur du Japon et originaire de la province d'Owari; en 1964 fut élevée une pagode de la Paix, pour recevoir une statue de Kannon offerte par la Chine.

Higashiyama kōen *(8 km S.-E. de Nagoya eki; 500 m S. de la station de métro de Higashiyama kōen).* Ce parc de 82 ha recouvre les hauteurs boisées qui, avec le Heiwa kōen et le Yagoto yama, s'élèvent à l'E. de Nagoya.

Dans l'ombrage de ce parc se sont établis les **jardins zoologique et botanique** de Nagoya, l'observatoire astronomique et le **centre culturel** de la ville. A l'O. s'étend l'Université de Nagoya (arch. *Maki Fumihiko*).

Yagoto yama *(8 km S.-E. de Nagoya eki; bus),* collines prolongeant vers le S. Higashi yama, où s'élève le **Kosho ji** : pagode à cinq étages ; fêtes des Mille lanternes en été.

Parc d'Odaka *(13 km S.-E. de Nagoya eki; — 1,5 km S.-E. d'Odaka eki, J.N.R.);* parc public avec zones d'attractions, à la limite méridionale de la ville.

Au S. de la gare d'Ōdaka se trouvent les **ruines** du château de ce nom, qu appartint quelque temps à Tokugawa Ieyasu.

Nakamura kōen *(3 km O. de Nagoya eki; — à l'O. de la station de métro de Nakamura kōen);* ce parc fut établi à l'emplacement de la ferme où naquit le célèbre *Toyotomi Hideyoshi* (1536-1598; *V. château de Fushimi à Kyōto*); un sanctuaire à lui dédié fut élevé en 1897.

Environs :

1 — Jimoku ji *(7 km N.-O.; train Meitetsu E.R. de Nagoya eki à la gare de Jimokuji)*; situé à 500 m S.-E. de la gare, ce temple fut fondé au VIIe s. en l'honneur d'une statue de Kannon récupérée dans la mer par Jimoku Tatsumaro; les statues des rois Deva de la porte **Niō mon** datent du XIIIe s.; le temple abrite en outre une **statue de Fudō** et une **peinture du Nirvana**.

2 — Kiyosu jō *(8 km N.-O.; train J.N.R. jusqu'à la gare de Kiyosu)*; au S.-E. de la gare se trouvent les **ruines du château** élevé au début du XVe s. par Shiba Yoshishige, et confié aux Oda. En 1553 *Nobunaga* s'en emparait aux dépens de son cousin Nobutomo; *Hideyoshi* y établit son fils adoptif *Hidetsugu*, puis *Ieyasu* y plaça ses fils *Tadayoshi* et *Yoshinao*.

3 — Gamagōri, Gifu, Handa, Inuyama, Seto, Yokkaichi, parc national d'Ise shima, *V. ces noms.*

Nanao (Ile de Honshū)

Tōkyō, 511 km. — Fukui, 148 km. — Gifu, 281 km. — Kanazawa, 69 km. — Toyama, 70 km.

Ishikawa ken. — 47 855 hab.

Principale ville de la péninsule de Noto, ouverte sur la **baie de Nanao**, la ville fut autrefois la base navale des Maeda, seigneurs de Kanazawa; les chantiers créés par cette famille furent repris par la firme *Kawasaki Heavy Industries*. Les Maeda fondèrent également une école célèbre, d'où sortit *Takamine Jokichi* (1845-1922), à qui l'on doit la découverte de l'adrénaline.

Ikutamahiko jinja *(1 km O. de la gare)* aurait été fondé sous l'empereur Kōgen qui vécut, selon le Nihongi, entre 273 et 158 av. notre ère. Ce sanctuaire, dédié à *Ōkuninushi no Mikoto (V. Izumo)*, fut vénéré par de nombreux guerriers nippons dont Minamoto Yoritomo au XIIe s.

Environs :

1 — Site du château de Nanao *(5 km S.-E.; car)*; sur une éminence boisée, ce château fut élevé (1398) par *Hatakeyama Mitsunori*. *Uesugi Kenshin* s'en empara en 1577, et *Maeda Toshiie* (1538-1599), après l'avoir reçu, l'abandonna en 1583 pour Kanazawa *(V. ce nom)*.

2 — Wakura Onsen *(7 km N.-O.; car; ou train J.N.R. et bus)*; ces sources thermales, qui jaillissent sur le cap de Benten à une température de 85 °C, sont appréciées pour leurs vertus cicatrisantes et anti-rhumatismales.

3 — Noto shima *(6 km N.; bateau)*; cette île occupe presque toute la baie de Nanao et ne dépasse pas deux cents mètres d'altitude; plusieurs petits ports de pêche, dont *Notojima*, en occupent la périphérie; sa façade orientale est bordée de **falaises** qui lui ont valu le surnom d'île du paravent.

4 — Hakui, Wajima, *V. ces noms.*

Nankoku (Ile de Shikoku)

Carte de Shikoku et mer Intérieure, p. 502-503.
Tōkyō, 883 km. — Kōchi, 10 km. — Matsuyama, 137 km. — Takamatsu, 164 km. — Tokushima, 184 km. — Gare de Gomen.

Kōchi ken. — 41 096 hab.

A peu de distance de Kōchi, Nankoku est l'une des principales localités de l'ancienne province de Tosa, au N. de laquelle s'élève la chaîne des montagnes de Shikoku : on peut entreprendre d'intéressantes randonnées.

Environs :

1 — Kokubun ji *(3 km N. ; car)* ; ce « temple national » fut fondé par le prêtre *Gyōki* (670-749) ; la salle principale, reconstruite en 1558, abrite une statue de Yakushi Nyorai.

2 — *Ryūga dō *(15 km N.-E., par la N 55 et une route à péage ; car)* ; découvertes en 1931, ces grottes comptent parmi les plus célèbres du Japon ; la visite demande 1/2 h env. On y a repéré les traces d'une civilisation d'époque yayoi. A proximité de l'entrée, un petit musée relatif à ces grottes expose par ailleurs plusieurs *coqs *(onaga dōri)* typiques de la région de Tosa, dont le panache peut atteindre trois mètres de longueur.

3 — Monobe *(29 km N.-E., par la N 195 ; car)*. Une route mène à ce village en longeant, mieux que la nationale, la vallée de la Monobe gawa ; elle passe par la **station thermale d'Inono**, la **gorge d'Oku Monobe** et le **barrage de Nagase**.

4 — Ōtaguchi *(37 km N.-E. ; train J. N. R.)*. — Par la route, il faudra rejoindre vers le N. la N 32.
15 km : **Wakamiya Onsen** ; sources sulfureuses à 16 °C.
30 km : **Ōsugi**, où l'on visite, à 500 m S.-O. de la gare, le **sanctuaire de Yasaka** ; dans l'enceinte de celui-ci poussent deux **cèdres géants** ; l'un d'eux le plus grand du Japon, atteint 68 m de haut ; ces arbres seraient millénaires
37 km : **Ōtaguchi**, où l'on peut se rendre au **Buraku ji** *(1 km N. de la gare)* dont le **Yakushi dō** date de 1150 ; ce temple conserve les **statues anciennes** d'Amida, de Gautama et de Yakushi Nyorai.

5 — Kōchi, V. ce nom.

Nansei shotō (Archipel de)

2 244 km². — 969 000 hab.

Aspects géographiques. — Allongé sur un millier de kilomètres entre l'île de Kyūshū et Taiwan, cet archipel sépare la mer de Chine orientale de l'océan Pacifique. En fait deux grandes zones le composent : au N., Satsunan shotō (département de Kagoshima), avec les archipels mineurs d'**Amami shotō** et d'**Ōsumi shotō** *(V. ces noms)* ; au S., **Ryūkyū rettō** (préfecture d'Okinawa nom communément donné à tout l'ensemble, qui regroupe Okinawa shotō Miyako shotō et Yaeyama shotō *(V. ces noms)*. Au large de cet archipel, fosse marine des Ryūkyū atteint plus de 7 800 m de profondeur ; la mer prend partout des teintes fascinantes, et les eaux sont d'une grande limpidité ; certaines îles sont entourées d'un atoll de corail (Tarama jima). Grâce à sa latitude subtropicale (entre les 24e et 31e parallèles), Nansei shotō bénéficie d'un climat ensoleillé et particulièrement agréable tout au long de l'année (moyenne à Naha : 16,3 °C en janvier ; 35 °C en août) ; la période des typhons, entre les mois d'avril et d'octobre, est cependant à craindre. La végétation répond au climat : abondance de plantes subtropicales et de cultures spécialisées, comme l'ananas ou la canne à sucre ; mais si l'archipel vit d'une économie principalement agricole, les récoltes sont parfois endommagées par les typhons et les raz-de-marée. Une planification industrielle apporte, notamment à Okinawa, une nouvelle forme d'activité économique, car l'archipel est resté jusqu'à ces dernières années dans un état de sous-développement qui a fait des Ryūkyū le « mezzogiorno » de l'archipel nippon. Industries pétrochimiques, constructions de machines et d'appareillage électrique viennent aujourd'hui s'implanter dans la préfecture méridionale ; des gisements de pétrole sont signalés au N. de Senkaku rettō (à l'O. d'Okinawa) ; mais l'eau potable fait sérieusement défaut. Quoi qu'il en soit, tout est mis en œuvre pour rattraper le temps perdu, et l'exposition océanographique d'Okinawa aura également participé à l'expansion économique de l'archipel. De plus en plus, le tourisme constitué pour la majeure partie de Japonais, devient une ressource économique importante des Ryūkyū.

Nansei shotō dans l'histoire. — Les habitants des Ryūkyū se prétendent issus d'un fils du soleil, qui donna naissance aux divinités mâle et femelle à qui l'on doit la création de l'archipel. La légende sensiblement différente de la genèse nippone reste dans un contexte asiatique qui témoigne des origines chinoise, coréenne, voire malaise de la population de ces îles. On y reconnaît en fait une ethnie beaucoup plus proche des peuplements du Pacifique ou du Sud-Est asiatique qu'au Japon proprement dit. Connu dès le IIIe s. av. J.-C. par les marins chinois, l'archipel de Nansei resta durant son histoire en rapport commercial avec le continent et confirma, en 1372, sa soumission à l'Empire du Milieu. En 1187 pourtant, accéda au pouvoir le roi des Ryūkyū (*Liu Ch'iu* pour les Chinois) *Shunten,* qui serait, selon la version japonaise, un fils de Minamoto Tametomo, réfugié en cette île au XIIe s. Certains historiens modernes voient plus volontiers dans les souverains *Sho* la descendance des Taira vaincus à la bataille de Danno ura *(V. Shimonoseki).* A partir de 1451, en plus de l'allégeance chinoise, le royaume des Ryūkyū adressa une ambassade annuelle à Kyōto ; mais en 1609, après interruption de ce geste de vassalité, *Shimazu Iehisa,* seigneur de Kagoshima, s'empara de Shūri (Okinawa) et plaça l'archipel d'Amami sous son autorité directe : il laissait l'actuelle préfecture d'Okinawa dans une semi-dépendance, et contrôlait le marché de la soie à destination d'Ōsaka. A partir du XIXe s. des missionnaires européens faisaient escale et s'établissaient à Naha *(V. Okinawa).* En 1879, l'archipel des Ryūkyū était rattaché au Japon et son dernier souverain, *Sho Tai* (1843-1901), recevait en compensation le titre de marquis ; malgré les protestations chinoises la situation fut confirmée par le traité de Shimonoseki (1895), après la guerre sino-japonaise. Lors de la guerre du Pacifique, après une héroïque résistance aux forces américaines, en 1945, l'archipel d'Okinawa, avec celui d'Ogasawara *(V. ces noms),* servit de base d'opérations lors des bombardements du Japon. En 1952 le statut des Ryūkyū restait indéterminé et ce n'est qu'en 1972 que l'archipel fut directement rattaché au Japon. Néanmoins l'île d'Okinawa est restée la principale base du Pacifique des États-Unis, d'où les Américains opèrent en direction du Sud-Est asiatique.

OKINAWA

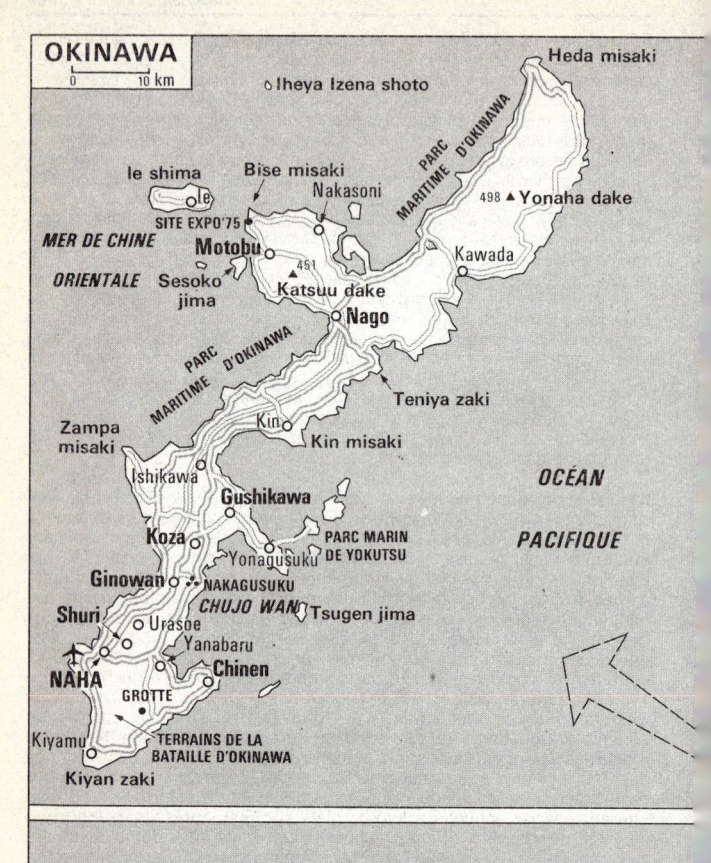

0 — 10 km

- Heda misaki
- Iheya Izena shoto
- PARC MARITIME D'OKINAWA
- Ie shima
- Bise misaki
- Nakasoni
- 498 ▲ Yonaha dake
- SITE EXPO '75
- Ie
- **MER DE CHINE ORIENTALE**
- Motobu
- Kawada
- Sesoko jima
- 461
- Katsuu dake
- Nago
- PARC MARITIME D'OKINAWA
- Teniya zaki
- Kin
- Kin misaki
- Zampa misaki
- Ishikawa
- Gushikawa
- **OCÉAN PACIFIQUE**
- Koza
- Yonagusuku
- PARC MARIN DE YOKUTSU
- Ginowan
- NAKAGUSUKU
- *CHUJO WAN*
- Tsugen jima
- Shuri
- Urasoe
- Yanabaru
- NAHA
- Chinen
- GROTTE
- Kiyamu
- TERRAINS DE LA BATAILLE D'OKINAWA
- Kiyan zaki

- Kume jima

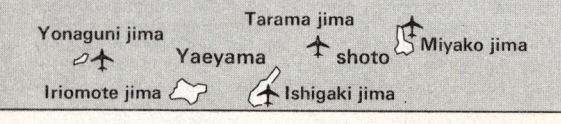

- Tarama jima
- Yonaguni jima
- Yaeyama shoto
- Miyako jima
- Iriomote jima
- Ishigaki jima

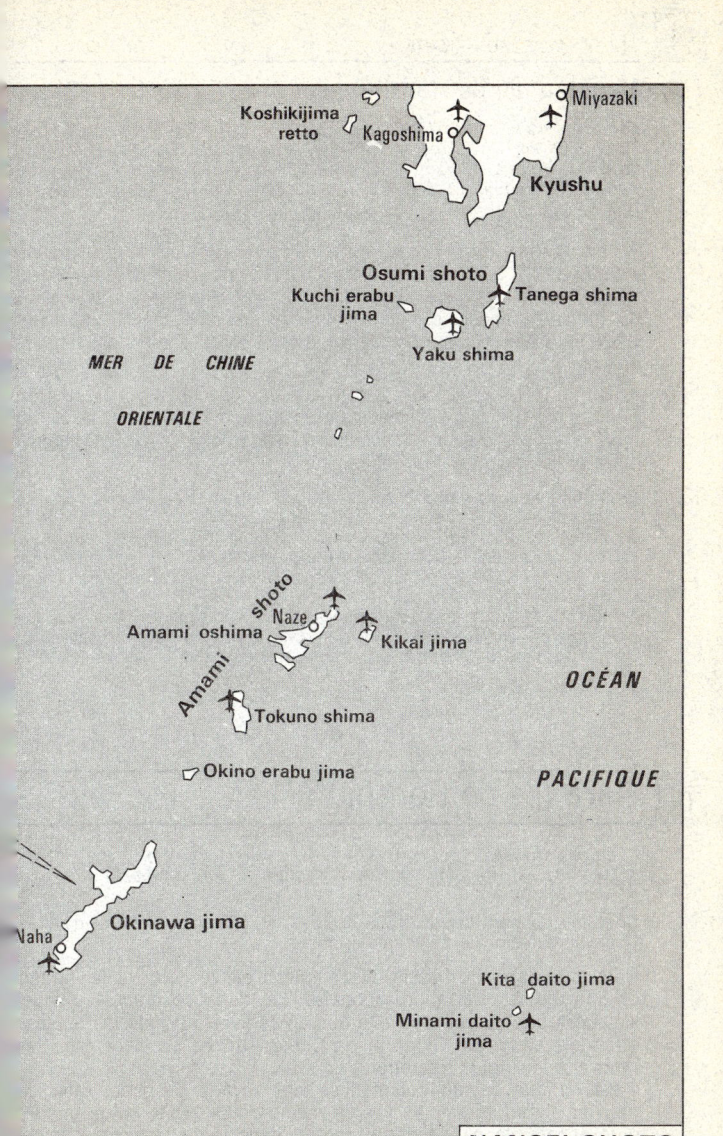

NANSEI SHOTO (LES RYU KYU)

0   100 km

■ Naoetsu (Ile de Honshū)

Carte ferroviaire, en page de garde.
Tōkyō, 306 km. — Fukushima, 309 km. — Maebashi, 204 km. — Nagano, 86 km. — Niigata, 126 km. — Toyama, 123 km. — Yamagata, 296 km. — Service maritime pour Sado.
Niigata ken. — 45 357 hab. — Production d'hydrocarbures.

A l'embouchure de l'Arakawa sur la mer du Japon, la ville de Naoetsu est aujourd'hui l'un des principaux ports d'accès à l'île de Sato. La région tourne ses efforts vers l'exploitation du gaz naturel ; les principaux gisements s'étendent sur une bordure côtière d'environ 10 km, entre Kuroi et Katamachi ; une grande partie de la production est dirigée vers Tōkyō.

◉ Kokubun ji *(1,5 km O. de la gare)* ; au lieu-dit Gochi, ce temple fut créé (VIIIe s.) à la demande de l'empereur Shōmu ; on y admire encore le **Niō mon**, avec des statues attribuées au prêtre *Gyoki*, la **bibliothèque à sūtra** et une **pagode de trois étages**.

☞ **Environs : Kasuga yama** *(5 km S.-O. ; car)* ; sur une colline boisée de pins s'élevait autrefois un **château** construit par *Uesugi Noriaki*. Ses descendants en furent expulsés par *Uesugi Kenshin* (1530-1578), qui reconstruisit le château et s'assura la domination de la province d'Echigo ; en 1596, *Hori Hideharu* (1575-1606) s'établissait dans ce château qu'il abandonna pour la localité voisine de Takada.
Au pied du Kasuga yama, le **Rinsen ji** fut un grand monastère à l'époque d'Uesugi Kenshin ; détruit par le feu il en reste aujourd'hui quelques bâtiments, dont le **Hon dō** et le **beffroi** ; le temple conserve des souvenirs relatifs à Kenshin.

■ Nara (Ile de Honshū)★★★

Carte des Environs d'Ōsaka, p. 470-471 ; — plan p. 414-415.
Tōkyō, 491 km. — Kyōto, 44 km. — Ōsaka, 33 km. — Tsu, 104 km. — Wakayama, 106 km.
Chef-lieu de Nara ken (573 530 hab.) — 281 693 hab. — 98 m d'alt. — Universités nationale, régionale et privée.

Nara, au centre du bassin de Yamato, c'est le cœur et le moteur originel de la civilisation japonaise. Là, dans ce creuset unique, s'élabora une culture nouvelle qui, après avoir accepté les apports étrangers venus de Chine et de Corée, sut les sublimer pour les rendre, à leur tour, créateurs.
C'est ici que devrait commencer tout voyage au Japon afin de pouvoir s'y imprégner de l'esprit même de ce pays, rendu encore plus accessible par le cadre naturel dans lequel ses plus beaux fleurons ont été préservés. La présence des daims sacrés — et apprivoisés — rend encore l'atmosphère plus accessible et les dieux plus proches.

Heijōkyō. — Sous l'influence probable de *Fujiwara Fuhito* (659-720), l'impératrice *Gemmei* ou *Gemmyō* (662-722) transféra depuis Fujiwara le site de la capitale impériale à l'emplacement de Nara. Ainsi fut créée (710) Heijōkyō, la capitale de la paix, qui devait garder cette fonction, pour la première fois permanente, jusqu'à son transfert à Nagaoka, puis Kyōto, en 784; la ville, « inscrite dans un carré parfait d'un peu plus de quatre kilomètres de côté, était quadrillée de rues perpendiculaires. Temples et palais s'y côtoyaient, rivalisaient de richesses afin de mieux manifester la splendeur des temps » *(D. et V. Elisseff,* la Civilisation japonaise).

Un moine trop influent. — Sept empereurs se succédèrent à Nara, qui connut sous l'ère Tempyō (722-748) l'une des plus brillantes périodes artistiques du Japon. Les deux grandes chroniques mythologico-historiques du Kojiki et du Nihongi furent écrites à cette époque, c'est alors que l'anthologie poétique du Manyōshū (Recueil des Dix Mille Feuilles) fut publiée. Artistes et artisans contribuèrent à produire des chefs-d'œuvre encore conservés de nos jours par les grands temples. La plupart se formèrent auprès des monastères; ceux-ci, fort nombreux dans la ville, acquirent une importance croissante et ne manquèrent pas de s'ingérer dans les affaires politiques. L'un des prêtres, *Dōkyō,* devint très influent auprès la cour et réussit à devenir l'amant de l'impératrice *Kōken* ou *Shōtoku* (718-770), au nom de qui il exerça bientôt le pouvoir; il ne parvint cependant pas à l'épouser, la lignée impériale étant prétendue d'origine divine; il fut exilé, après le décès de l'impératrice, par le nouveau souverain *Kōnin tennō;* à Kōnin succéda l'empereur *Kammu* (736-805), qui décida du nouveau transfert de la capitale. Heijōkyō était désormais connue sous le nom de Nara. Quoi qu'il en soit la ville perdit son importance politique et n'eut plus à subir que les contre-coups des événements historiques. Un incendie (1180) détruisit la plupart des temples, lors des rivalités entre Taira et Minamoto.

N. B. : Une grande partie des principaux monuments de Nara sont dispersés dans le parc de Nara (528 ha), où vivent de nombreux daims en liberté. Sanjō dōri depuis Nara eki (J. N. R.), ou Noboriōji dōri depuis Kintetsu-Nara, accèdent vers l'E. à ce parc. Il sera facile d'en faire le tour en une demi-journée. Mais une visite plus complète de Nara nécessitera plus d'une journée ; un certain nombre de temples et le musée Yamato Bunkakan, situés dans la périphérie de Nara, seront mentionnés dans la seconde partie de notre itinéraire. La plupart des temples sont ouverts de 9 h à 16 h ; l'entrée est parfois payante.

A. — Parc de Nara (Nara kōen)

**Kofuku ji *(Pl. B3 ; — 300 m S.-E. de Kintetsu-Nara eki; — 1 km E. de Nara eki, J. N. R.; bus depuis cette dernière jusqu'à hauteur de la Préfecture, au N. du temple);* c'est l'un des principaux temples de Nara, et avec le Yakushi ji *(p. 423)* le siège de la secte *Hossō,* propagée en 654 par le moine *Dōshō.*

Ce temple fut fondé (669) à Yamashina, près de Kyōto, en l'honneur de *Fujiwara Kamatari* (614-669), ancêtre de la dynastie des grands ministres qui dominèrent le Japon du VIIIe s. Avant la création de Heijōkyō, le temple fut transféré en ces lieux par *Fujiwara Fuhito,* fils du précédent, et les empereurs *Genshō* et *Shomu.* Étalé sur plus de 4 ha, il devint à l'époque Tempyō l'un des sept grands temples de Nara ; mais bientôt vint le déclin et il fut ruiné en 1180 par les Taira. Redressé par *Minamoto Yoritomo,* le temple eut encore à souffrir des guerres civiles (XIVe et XVe s.) et de nombreux incendies, dont celui de 1717, qui ne lui laissèrent que les bâtiments que l'on peut voir aujourd'hui.

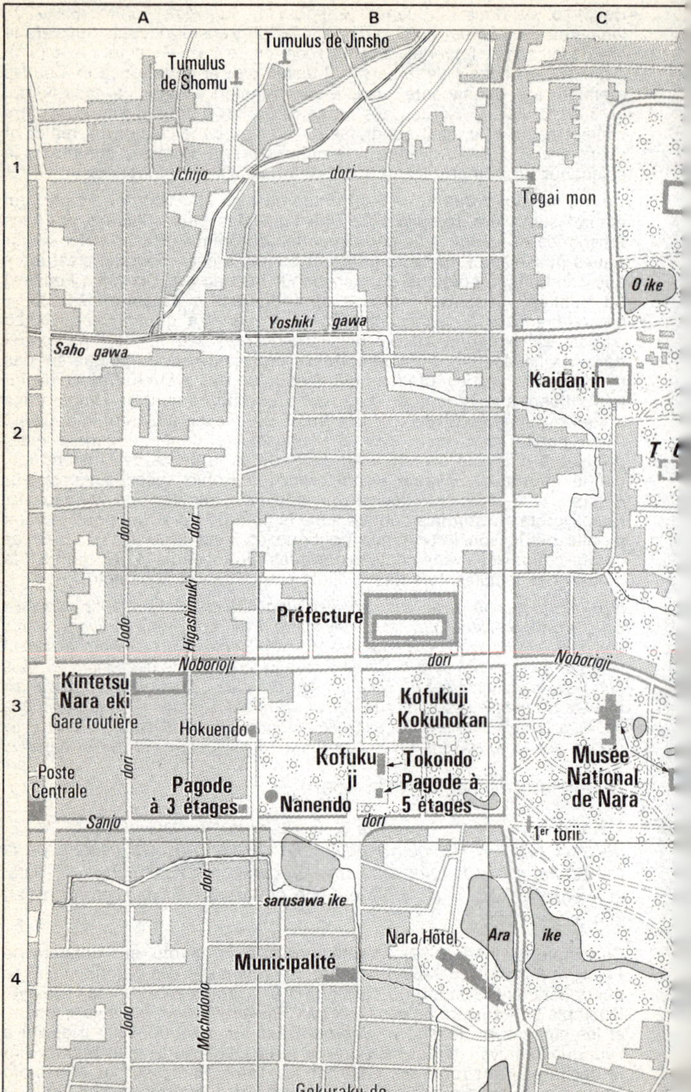

A
B
C
1
2
3
4
Tumulus de Jinsho
Tumulus de Shomu
Ichijo
dori
Tegai mon
O ike
Yoshiki gawa
Saho gawa
Kaidan in
T
dori
dori
Jodo
Higashimuki
Préfecture
Noborioji
dori
Noborioji
Kintetsu Nara eki
Gare routière
Hokuendo
Kofukuji Kokuhokan
Kofuku ji
Tokondo
Pagode à 5 étages
Musée National de Nara
Poste Centrale
dori
Pagode à 3 étages
Nanendo
Sanjo
dori
1er torii
dori
sarusawa ike
Nara Hôtel
Ara
ike
Municipalité
Jodo
Mochiidono
Gokuraku do
A
B
C

MIKASA ONSEN

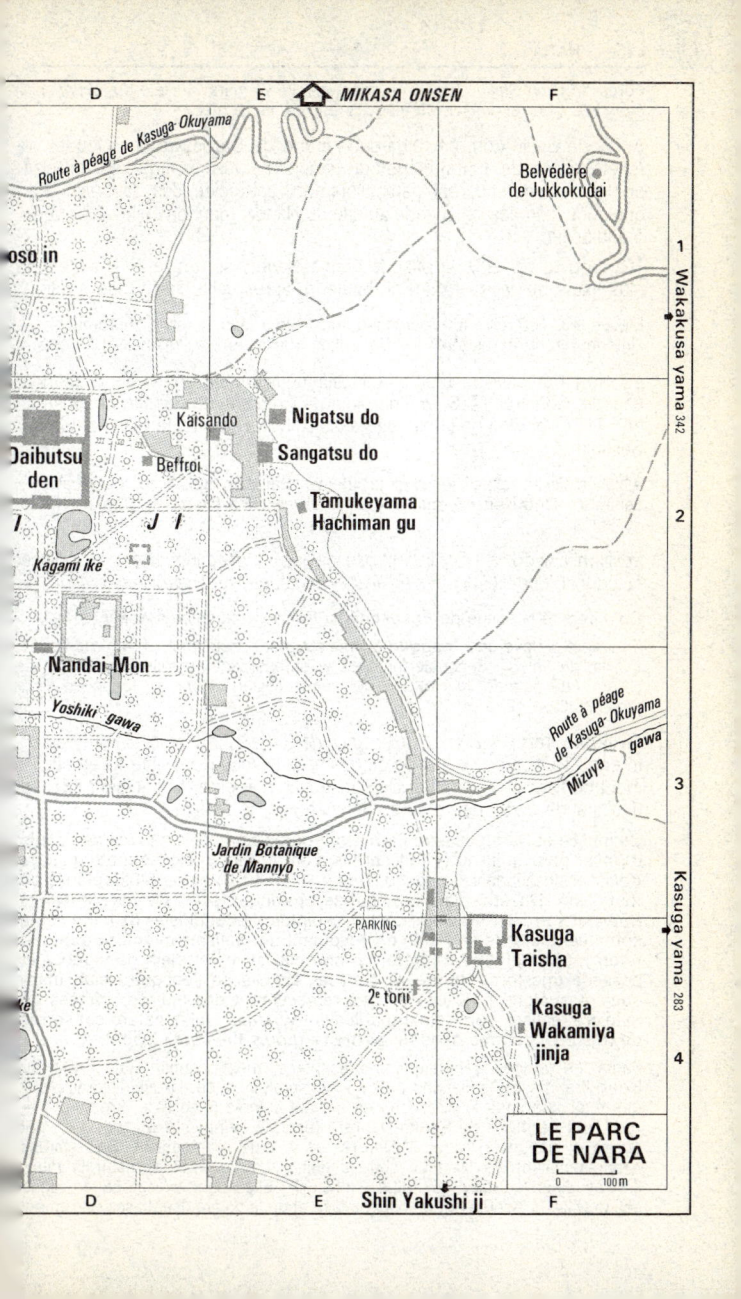

Route à péage de Kasuga-Okuyama

Belvédère de Jukkokudai

oso in

Wakakusa yama 342

Kaisando Nigatsu do
Daibutsu Beffroi Sangatsu do
den
Tamukeyama
Hachiman gu

Kagami ike

Nandai Mon

Yoshiki gawa

Route à péage de Kasuga-Okuyama

Mizuya gawa

Jardin Botanique de Mannyo

Kasuga yama 283

PARKING

Kasuga Taisha

2e torii

Kasuga Wakamiya jinja

LE PARC DE NARA

0   100m

Shin Yakushi ji

Fêtes : *Tsuina Shiki*, chasse des démons, le 13 mars ; — *fête du lancer des éventails*, pour exorciser les mauvais esprits, le 19 mai.

Au S. de Sanjō dōri, on remarque l'**étang de Sarusawa** dans lequel se reflète la pagode à cinq étages du temple. La vue nocturne, par un clair de lune d'automne, est particulièrement appréciée des Japonais. Par quelques marches on accède au site du Nandai mon, où s'élevait la porte méridionale.

*Gojuno tō *(Pl. B3)*, la pagode à cinq étages, se trouve à l'E. ; c'est la plus haute du Japon (55 m de hauteur), après celle du Tō ji de Kyōto.

Élevée en 730 elle fut redressée en 1426, dans le style muromachi. A l'intérieur sont représentés les Bouddhas Shaka, Amida, Yakushi et Miroku.

Tō Kon dō, pavillon d'or oriental, immédiatement au N. de la grande pagode. Construit (726) en l'honneur de l'impératrice Genshō, reconstruit en 1415 ; il abrite une triade, de Yakushi Nyorai assisté de Nikkō et Gakkō Bosatsu.

A l'O. s'élevait le pavillon d'or occidental, **Sai Kon dō**, et au N. le pavillon central ou **Chū Kon dō**, qui fut reconstruit en 1819 (statue de **Shaka Nyorai** du XIIe s.).

Le **Nan En dō**, à l'O., à l'opposé de la grande pagode, est un édifice octogonal fondé (813) par *Fujiwara Fuyutsugu*, reconstruit en 1741.

On y vénère la statue de **Fukukenjaku Kannon**, attribuée à *Kōkei* (1189).

En arrière s'élève une ***pagode à trois étages**, construite en 1143, redressée à la fin du XIIe s. ; décoration intérieure représentant les Mille Bouddhas ; au N. de cette pagode, le **Hokuen dō**, autre pavillon octogonal, fondé en 721, reconstruit en 1208.

■ ***Kokuho kan** *(Pl. B3 ; — ouvert t.l.j. de 9 h à 17 h)* ; au N.-E. du Gojuno tō et du Tō Kon dō, le musée du trésor du Kōfuku ji est situé à l'emplacement de l'ancien réfectoire. De construction récente, ce bâtiment expose une grande partie des œuvres détenues par le temple.

Ce musée et Nara possèdent un assez grand nombre d'œuvres de l'école d'*Unkei* pour qu'il nous soit permis d'en dire ici quelques mots. Fils de *Kokei* et descendant de *Jocho*, *Unkei* (1148-1223) est le plus célèbre de toute une dynastie d'artistes, qui se prolongea avec ses fils *Tankei* et *Kōen*, et son petit-fils *Kōgen*. « Les sculpteurs bouddhistes de cette école continuent le style de Heian en y ajoutant un réalisme qui montre un net retour aux traditions de Nara. Le nouveau style est plein de vigueur et possède une force intérieure dont les statues de l'époque Heian manquaient quelque peu. Les images représentant des moines, traitées de manière réaliste, sont remarquablement vivantes : ici la nature est serrée de très près comme dans un portrait » (*Louis Frédéric*, Japon).

Parmi les œuvres généralement présentées, mentionnons : une ***tête du Bouddha**, d'époque Hakuho (VIIe s.), qui serait celle du Yakushi Nyorai, peut-être exécutée sous la direction des maîtres chinois (d'après L. Frédéric) ; — « les **Huit gardiens de Shaka Nyorai** » (époque Tempyō — en fait on en voit quatre et un buste), dont l'***Ashura** est le plus représentatif. Ces statues « représentaient les Hachibu shū ou huit classes d'êtres surnaturels mentionnés dans le *Sūtra* du Lotus (Hokekyō). Elles sont exécutées en laque sèche (734 ?). Ashura est le roi de la faim et de la colère. Il est assez rarement

représenté. Ici, il est debout avec six bras dont deux aux mains jointes en prière. Il possède trois visages dont les expressions en véritablement très belles » *(Louis Frédéric).* — Les trois *grands disciples du Bouddha *(Furuna, Kazenen, Ragora)* datent du VIIIe s. et les **quatre gardiens célestes** *(Tamon, Komoku, Jikoku et Zocho ten)* du IXe s. — Les statues des *Patriarches de la secte Hossō dont celles de *Gyōga,* de *Mujaku* et de *Seshin ;* ces statues, d'époque Kamakura furent exécutées aux XIIe et XIIIe s. sous la direction de *Kōkei* avec la collaboration de son fils *Unkei.* — *Statues de Ryūtōki et de Tentōki, démons porteurs de lanternes, sculptées par *Kōben* en 1215. — D'autres statues d'époque Kamakura, tel *Kongō Rikishi (attribué à Jōkei), Bonten, Senju Kannon et Amida, sont du XIIe s.
Parmi les peintures on trouve un **portrait sur soie du prêtre Jion** (XIe s.)

**Musée national de Nara *(Pl. C3 ; — adresse : 50, Noborioji dōri cho ; — 500 m E. du Kōfuku ji ; — 1,7 km E. de Nara eki, J. N. R. ; ouvert t.l.j. de 9 h à 16 h, de novembre à février et de 8 h à 16 h 30 de mars à octobre ; fermé le 3e lundi de chaque mois et du 26/12 au 3/1).* Ce musée, fondé comme musée impérial en 1895, est composé de deux édifices distincts, placés en équerre : à l'O. un bâtiment de style européen, édifié à la fin du siècle dernier, au S. un édifice moderne rappelant le style du Shōsō in.

Le premier édifice abrite, dans une présentation quelque peu surannée, les collections archéologiques du Musée de Nara ; le second de conception muséographique moderne, expose une quantité considérable d'œuvres d'art (peintures et sculptures principalement), qui pour la plupart sont en dépôt au musée de Nara et proviennent de nombreux temples de cette ville et de ses environs ; comme partout ailleurs, il ne faudra pas s'attendre à découvrir une exposition exhaustive des collections, mais un choix d'œuvres temporairement sélectionnées. Un grand nombre, détenues par Shōsō in *(ci-après),* sont également présentées par roulement dans ce musée. Dommage que soient si limitées les inscriptions explicatives en anglais.

Sculptures. — Œuvres d'époques Asuka et Hakuho (552-710) : plusieurs *statuettes dont celles de *Kannon,* provenant du Hokki ji, de *Miroku Bosatsu,* du Kono dera, de *Shō Kannon,* du Kakurin ji, de *Miroku (?) Bosatsu,* du Horyū ji. Une *plaque en bronze repoussé, provenant du Hase dera, serait d'époque Asuka ; elle représente un *mandara* imité d'un modèle chinois.

— Époque Tempyo (710-794) : statue de **Miroku Basatsu** (laque sèche) et statuette de *Tanjō Butsu, placée au centre d'un bassin.

— Époque Heian (794-1192) : **statue assise** très expressive, en laque sèche, de *Gien (début Heian), et statue de **Binzuru Sonja** de la fin Heian. Statue de *Yakushi Nyorai, provenant du Gankō ji ; « l'ensemble produit une impression de grandeur imposante, allégée par le rythme et la vie de la sculpture » *(Peter C. Swann).* Autres statues de **Jūichimen Kannon,** aux bras très longs ; de **Senju Kannon,** de **Shaka Nyorai,** de **Daichi Nyorai** et d'**Amida Nyorai,** de **Kichijō ten.** *Statuettes shintō en bois de cyprès et peintes, provenant du Yakushi ji. *Plaques en bois en bas-relief représentant sans doute les douze gardiens de Yakushi Nyorai ; ces figurines pleines de vitalité sont attribuées à *Genchō* (d'après L. Frédéric).

— Époque Kamakura (1192-1333) : Plusieurs statues dont une **couchée du Bouddha, Batō Kannon et Aizen Myō ō,** « divinité symbolisant l'amour, malgré son aspect terrible » *(Louis Frédéric).*

— D'époque Muromachi (XIVe au XVIe s.), une belle statue en bois de *Shaka Bosatsu descendant de la montagne après sa période d'ascétisme (XVe s.).

Peintures. — Parmi les peintures conservées au musée signalons : les représentations de **Bon ten** et de **Juni ten**, du XIIIe s. ; — l'***emakimono de Hōnen Shōnin Eden**, qui retrace en quarante-huit rouleaux la vie du prêtre *Honen* ; peints entre 1307 et 1317, ils appartiennent au Chion in de Kyōto. — **Peinture du *Nirvana**, d'époque Fujiwara, provenant du Shin Yakushiji, et comparable à celle que détient le musée du Kōya san *(V. ce nom)*. — Peinture de l'***Ao Fudō** (Fudō bleu), estimée du milieu du XIe s., provenant du Shōren in de Kyōto. Richement colorée, cette peinture « est conforme à l'iconographie habituelle de la divinité ; son corps est bleu, elle est assise sur un rocher flanquée de deux assistants, Kongara (Kinkarah) et Seitaka (Cetakah), qui ont l'allure de jeunes garçons. La disposition triangulaire des figures donne une stabilité classique à la composition, et la puissance sublime du dieu s'exprime par le mouvement des flammes, qui suggèrent les formes symboliques du Karula (Garuda), l'oiseau mythique » *(Akiyama Terukazu*, la Peinture japonaise*)*. Trois rouleaux peints de la ***Descente d'Amida** (début du XIe s.) : « Dans le rouleau central, Amida assis sur une fleur de lotus rouge regarde le spectateur en face. Les couleurs sont simples et la robe n'a d'autre décoration que le motif peu visible de svastikas dessinés en rouge foncé » *(Akiyama Terukazu)* ; ces peintures proviennent du Hokke ji.

Objets d'art. — Ils sont nombreux et divers : **masques de bugaku et de gagaku** ; — **objets de culte** et mobilier d'autel ; — **vases à parfum** ; — belle **cloche de bronze** du Kofuku ji ; — **keman** (pendentif d'ornementation des temples, en bronze ciselé) représentant des sirènes-oiseaux ; — petit ***reliquaire** (1249) en bronze ciselé et doré provenant du Saidai ji, etc.

Dans l'ancien bâtiment du musée national de Nara on remarque : plusieurs objets de fouilles ; des poteries et ustensiles anciens ; des figurines **haniwa** et des sarcophages d'époque kofun ; de belles **tuiles** provenant des larmiers de toits des temples disparus ; des bijoux et magamata ; des épées ; etc.

A l'E. du musée national on atteint rapidement Hi Ōji, qui rencontre vers le N. la grande porte méridionale du Tōdai ji.

***Tōdai ji *(Pl. D2 ; — 500 m N.-E. du Musée national. 2 km N.-E. de Nara eki. J.N.R. ; bus jusqu'à Kasugano chō)* ; ce temple, l'un des monuments les plus considérables du Japon, possède le plus grand édifice en bois du monde ; en arrière, le trésor du Shōsō in peut pour sa part être considéré comme le plus ancien musée de la planète. Le Tōdai ji est le siège de la secte Kegon, établie selon le dernier enseignement du Bouddha Sakyamuni, qui fut introduite au Japon (735) par le prêtre chinois *Dōsen*.

A la suite des malheurs qui marquèrent le début de son règne, l'empereur *Shōmu* (718-758) fonda le Tōdai ji, afin d'abriter la statue colossale du Bouddha. Construit « pour la protection du pays et la prospérité de la nation », ce temple fut l'un des plus beaux monuments du VIIIe s. Détruit au XIIe s., rebâti, de nouveau ruiné par un incendie (1567), il fut alors reconstruit à une échelle sensiblement plus modeste.

*Nandai mon *(Pl. D3)* ; surmontée d'un étage, cette porte de 29 m de hauteur (1199) abrite les deux statues de ***Niō** ou rois Deva ; très admirées, ces statues apparaissent l'une « la bouche fermée symbolisant la puissance contenue et l'autre la bouche grande ouverte, manifestant l'expression de la puissance » *(D. et V. Elisseeff)* ; elles sont attribuées à *Unkei* et *Taikei*.

« Tout en respectant les curieuses conventions d'une anatomie fantaisiste, les artistes ont réussi à donner, d'une manière sublime, l'impression d'une formonstrueuse qui correspond au déchaînement soudain de la colère ; effet d'autant plus extraordinaire qu'ils ont dû maîtriser une matière raide et peu docile » *(Fosco Maraini)*. En arrière de ces statues se trouvent deux chiens-lions *(koma-inu)*, attribués au sculpteur chinois *Chinnakei* (1196).

Face au Nandai mon, une allée conduit au **Chū mon** que des corridors *(koro)* relient au **Daibutsu den** ; la partie supérieure de celui-ci se reflète dans l'étang du Miroir **(Kagami ike)** ; de part et d'autre de cet étang on pourra reconnaître les **sites des pagodes** orientale et occidentale, qui étaient hautes de sept étages.

Daibutsu den ou **Kon dō *(Pl. D2)*, avec une façade de 57 m et une hauteur de 48,5 m, est la plus importante construction en bois du monde ; elle abrite la grande statue en bronze doré du ***Bouddha Vairocana** ou **Birushana Bosatsu**. Le toit est surmonté de deux énormes *kutsugata*, à l'imitation des édifices chinois, qui sont censés protéger le temple contre les incendies. Superbe **lanterne octogonale de bronze**, d'époque Nara, en avant de l'entrée ; restaurée en 1974.

Ce bâtiment fut élevé entre 747 et 751, en même temps que la statue exécutée par le Coréen *Kimimaro*. L'inauguration grandiose du temple eut lieu en présence de l'empereur *Shōmu*, de toute la cour et d'environ dix mille religieux. Un premier tremblement de terre endommagea la statue en 885 ; la tête et la main droite fondirent lors de l'incendie de 1180 qui détruisit également le Kon dō ; l'ensemble fut restauré à la demande de *Minamoto Yoritomo*, entre 1185 et 1195, par le prêtre *Chōgen*, mais souffrit de nouveau dans l'incendie de 1567. Le bâtiment actuel a été redressé en 1708 ; sa structure ne représente plus en fait que les 3/5 de l'édifice original.

Aujourd'hui la **statue du Bouddha** reste intéressante par ses dimensions exceptionnelles qui l'emportent sur sa valeur artistique, dont la qualité s'est amenuisée au fil des restaurations : seuls, la partie inférieure et le socle sculpté témoignent de l'œuvre originelle. D'une hauteur totale de 16,2 m (longueur d'une oreille : 2,5 m) c'est la plus grande statue en bronze du monde ; elle dépasse en hauteur le Bouddha de Kamakura, dont l'esthétique reste en revanche bien supérieure. L'obscurité de la salle et le manque de recul permettent difficilement de l'observer convenablement. On remarque également les statues de Nyorin Kannon, de Kokuzo Bosatsu, en bois doré du XVIIe s., et en arrière du Dai Butsu celles des gardiens célestes : **Komoku ten** et *Tamon ten*. Une maquette de l'ancien Tōdai ji existe dans le Kon dō, dont l'une des colonnes, en partie évidée, apporte la richesse à qui peut la traverser.

Kaidan in *(Pl. C2)*. Sur une petite éminence, à 300 m à l'O. du Daibutsu den ; sur ce tertre réalisé (754) avec la terre provenant du mont Wa Tai Shan, en Chine, le prêtre *Ganjin* (688-763) ordonna de nombreux religieux du Todai ji.

Reconstruit en 1731, ce temple abrite les **statues de Sakyamuni et de Taho Nyorai** ; elles sont entourées des quatre ***gardiens célestes**, œuvres remarquables de l'époque Tempyō.

Au N. du Daibutsu den se trouvait autrefois le **Kō dō**, ou salle de prédication ; au N.-O. du site de celle-ci on parvient au :

***Shōsō in *(Pl. D1 ; — 300 m du Daibutsu den ; — seulement ouvert quelques jours en avril et en octobre)* ; autrefois salle du trésor du Tōdai ji, ce vénérable bâtiment est aujourd'hui administré par les Services de la Maison impériale. Une partie des collections est d'ordinaire présentée au musée national de Nara *(V. ci-dessus)*.

Le *bâtiment, assis sur de forts pilotis, fut élevé dans le style *azekura* (sans clous), à la manière des greniers à riz de l'époque yayoi. Par dilatation ou contraction du bois selon la saison sèche ou humide, il offre un système ingénieux de climatisation qui a permis de conserver jusqu'à nos jours les objets d'une exceptionnelle collection ; ils furent réunis au VIIIe s. par l'empereur *Shōmu* et servirent lors de l'inauguration du Todai ji en 752.

Parmi ces milliers d'objets offerts au trésor du temple par la veuve du souverain, certains provenaient de pays aussi divers que la Chine, la Corée, l'Inde, la Perse, la Grèce et l'Empire byzantin ; ils témoignent des relations commerciales alors entretenues par le Japon, et du goût éclectique des Japonais, dont l'art en plein épanouissement sut d'ailleurs tirer parti.

Au nombre des pièces les plus notoires, mentionnons : *le paravent des Beautés sous l'arbre, œuvre unique de la peinture japonaise d'époque Nara, hélas endommagée ; des dessins bouddhiques au trait affirmé, à l'encre, sur étoffe de chanvre ; une série d'instruments de musique ornés de **plaques de cuir** peintes, avec des scènes miniatures (« Musiciens sur le dos d'un éléphant blanc ») ; des **masques de bugaku** ou de **gagaku** ; des **armes** ; des **étoffes et vêtements** ; des **céramiques** et **poteries** de provenances diverses ; une infinité d'**objets décoratifs** ; du **mobilier** religieux ou profane ; tous ces objets datent pour la plupart du VIIIe s.

A 300 m O. du Shōsō in, proche de la route Nara Kaidō, le **Tegai mon** est l'une des plus anciennes structures du Todai ji encore existante (VIIIe s.).

Une série d'escaliers, à l'E. du Daibutsu den, mènent au **Shōrō** ou beffroi (1207-1210), qui soutient une cloche énorme, fondue en 1239, de 2,8 m de diamètre. Proche de celui-ci le **Shunjō dō** abrite une statue de Chōgen. Continuant de monter sur les pentes du Wakakusa yama, vers l'E., on atteint le Nigatsu et le Sangatsu dō.

⚫ **Nigatsu dō** *(Pl. E2 ; — 400 m E. du Daibutsu den)*, le plus septentrional des deux édifices, le « temple du deuxième mois », fondé en 752, reconstruit en 1669. Fête *Onizutori* le 12 mars.

Ce bâtiment, construit sur une terrasse de bois supportée par de nombreux piliers, renferme **deux statues de Kannon**, cachées au public et dont on ignore les dimensions. La plus petite, découverte dans la baie d'Ōsaka par le prêtre *Jichū*, paraîtrait toujours chaude au toucher.

⚫ *Sangatsu dō *(Pl. E2)*, le « temple du troisième mois » ou **Hokke dō** achevé en 747, est aujourd'hui le plus ancien bâtiment existant du Tōdai ji ; il abrite de remarquables *statues d'époque Tempyō.

Au centre se dresse **Fukukenjaku Kannon**, qu'entourent **quatorze autres statues** en laque sèche. La principale est de belles proportions ; « sa tête sereine, avec un troisième œil au milieu du front en plus du Byakugō (touffe de poils blancs entre les sourcils symbolisée par un joyau), est couronnée par un diadème en argent ajouré. Une statuette d'Amida Nyorai, qui se trouvait au sommet de cette couronne, fut volée et jamais remplacée. Le halo qui entoure la statue est d'un type unique, composé d'un grand nombre de rayons retenus en place par des barres concentriques » *(Louis Frédéric, Japon)*. Kannon est assistée de **Nikkō** et **Gakkō Bosatsu**, les bodhissatvas lunaire et solaire, de quatre gardiens célestes. Parmi les autres statues, remarquez un beau **Jizō Bosatsu** d'époque Kamakura.

Depuis le Sangatsu dō on peut rejoindre, vers le S.-O., le Nandai mon du Tōdai ji, d'où l'on gagnera vers le S. Sanjō dōri ; cette rue est en fait devenue une allée piétonnière, qui accède vers l'E. au sanctuaire de Kasuga, après avoir dépassé le **jardin botanique de Manyō** ; au-delà du deuxième torii de ce sanctuaire, le chemin est bordé de nombreuses lanternes de pierre.

Il est possible de se rendre directement au Kasuga taisha, en se dirigeant vers le S., au-delà du **sanctuaire de Tamukeyama Hachiman** ; fondé en 749, il fut reconstruit en 1691 ; on y remarque deux petites constructions de style azekura.

**Kasuga taisha (Pl. F4 ; — 1,2 km S.-E. du Tōdai ji ; — 2,5 km E. de Nara eki ; bus). Sur les basses pentes du Wakakusa yama, à l'E. du parc de Nara, ce sanctuaire shintō est le plus important de la ville et des environs ; les bâtiments peints en vermillon contrastent violemment avec la profonde verdure du parc.

Fête des lanternes, les 3-4 février, et le 15 août ; — *Kasuga matsuri,* le 13 mars ; — danses de *gagaku* le 3 novembre ; — *On matsuri* au Kasuga Wakamiya, le 7 décembre.

Ce sanctuaire fut fondé par *Fujiwara Nagate* (714-771). Très enrichi par la famille Fujiwara, le temple a conservé plusieurs œuvres d'art remontant à l'époque Heian. Les nombreux daims du parc de Nara sont considérés comme les messagers des dieux, et vénérés comme tels.

Le sanctuaire est entouré d'environ dix mille lanternes de fer, de bronze, de bois ou de pierre ; les plus anciennes remonteraient au VIIIe s., certaines sont datées de 1323 ; leur illumination, deux fois par an, est un très beau spectacle. La porte **Nandai mon** (1179), au S., ouvre sur la cour pincipale ; puis, après avoir franchi le **Chū mon** (1179), on accède à une seconde cour où sont alignés **quatre petits sanctuaires** de *style Kasuga,* élevés lors de la fondation de Kasuga taisha, et périodiquement reconstruits.

Dans la cour principale remarquez l'arbre ***yadogine,** sur lequel sont greffées d'autres plantes indigènes telles que glycine, érable, camélia, cerisier.

Face à l'entrée méridionale une allée conduit *(une centaine de mètres)* au sanctuaire mineur de **Wakamiya,** consacré au XIIe s.

A l'O. du sanctuaire principal, on peut visiter le **trésor** qu'abrite un édifice moderne. Quelques kakemono, de beaux masques de danses rituelles, des armes et armures anciennes, une planche de koto en bois laqué d'époque Heian, etc.

Le **Kasuga yama,** qui s'élève à l'E. du sanctuaire, était autrefois considéré comme la demeure des dieux ; près du sommet, on a remarqué de petits bas-reliefs figurant le Bouddha, sculptés sur les parois de divers abris rocheux ; ils semblent d'époque Heian.

A 500 m S. du Kasuga taisha : **Shin Yakushi ji** (hors Pl. F4), temple fondé par l'impératrice *Kōmyō* (701-760), lors d'une maladie de son époux l'empereur *Shōmu.* Des anciens bâtiments subsiste le **Hon dō,** construit à la fin de l'époque Nara et qui abrite un remarquable groupe de ***statues** : **Yakushi Nyorai,** le Bouddha de la médecine, en bois monoxyle (IXe s.), est entouré d'une douzaine de gardiens célestes (***Juni Shinshō).** « Ces statues, de 1,60 m de haut, sont en terre recouverte de Gofun (carbonate de chaux) et peintes ou dorées à la feuille. La couleur a maintenant à peu près complètement disparu (...). Les yeux des guerriers sont incrustés d'obsidienne. Période Tempyō (710-794), ou fin Hakuhō » *(Louis Frédéric).* Le temple possède également une peinture du Nirvana, conservée au Musée national.

422 NARA

→ A l'E. du Parc de Nara s'élèvent les **collines de Wakakura**, culminant à 342 m, et que traversent de belles routes forestières à péage dont la **Kasuga Okuyama Driveway** *(car depuis Nara eki et Kintetsu nara eki)* ; cet itinéraire permet de se rendre au **belvédère de Jukkokudani**, et à la petite station thermale de **Mikasa** *(2 km N.-E. du Tōdai ji)*.

☞ Vous pouvez voir encore...

● **Gokuraku dō** *(Pl. B4 ; à Chūin chō ; — 800 m S.-E. de Kintetsu Nara eki ; — 1 km S.-E. de Nara eki, J.N.R.)* ; ce bâtiment, reconstruit à l'époque Kamakura, est tout ce qui reste de l'ancien *Ganko ji*, qui fut en son temps l'un des principaux temples de Nara.

Mausolée de l'empereur Kaika *(pl. B4 ; — 300 m S.-O. de Kintetsu Nara eki ; — 500 m N.-E. de Nara eki, J.N.R.)* ; au S. de Nororiōji dōri, ce *kōfun* serait celui du neuvième empereur semi-légendaire japonais, qui aurait vécu 110 ans (208-98 av. J.-C.) ; la critique historique démontre cependant que de tels mausolées n'existaient pas avant le IVe s. de notre ère.

→ Quant au **mausolée de l'empereur Shōmu** (718-758), il s'élève à 1 km N. de Kintetsu Nara eki. En arrière, la **butte de Tamon** était autrefois occupée par un château construit (1567) par Matsunaga Hisahide. A 1 km N.-E. de là par Nara Kaido : **Hannya hi**, qui conserve une belle statue en bois de **Monju Bosatsu** posté sur un lion (1324) ; on remarquera la **pagode en pierre** de treize étages (hauteur : 15 m ; époque Kamakura) de ce temple.

B. — Secteur occidental de Nara

☞ Face au Tegai mon du Tōdai ji *(p. 420)*, **Ichijo dōri** conduit vers l'O jusqu'au **Kairyūō ji** (belle **pagode** à cinq étages ; Hon dō et Kyō zō d XIIe s.), au N.-O. duquel s'étend le :

● **Hokke ji** *(3 km O. du Tōdai ji ; — 800 m N. de Kintetsu-Shinomiya ek — 2,5 km N.-O. de Nara eki, J.N.R. ; bus)*. Ce temple fut fondé (VIIIe s. ainsi que le Kairūō ji, par l'impératrice *Kōmyō* à l'emplacement de terrain qui appartenait à son père Fujiwara Fuhito (659-720). Ce fut autrefoi un important monastère féminin.

Le **Hon dō**, reconstruit en 1601, abrite une statue de *****Kannon à onze tête** en bois de santal, qui aurait été exécutée à l'image de l'impératrice Kōmyō remarquer la longueur démesurée des bras, pourtant d'une grande élégance Les trois rouleaux peints de la **descente d'Amida** sont aujourd'hui conservé au musée national de Nara.

→ A 1 km O. env. du Hokke ji : **Site du Palais impérial de Heijōkyō** ; le D
∴ Dairi, dont on a retrouvé les fondations, s'élevait autrefois au N. de la capital et recouvrait un espace de 107 ha ; ce palais fut abandonné par l'empere Kammu en 784. Aujourd'hui les enfants viennent y jouer au cerf-volant, ce q rend l'endroit très romantique.

☞ Après avoir contourné le Kairyūō ji et le Hokke ji, le prolongement d'Ich dōri aboutit vers l'O. à **Saidaiji** *(Carte des Environs d'Osaka, p. 470-47* carrefour des lignes du chemin de fer privé *Kintetsu*.

● **Saidai ji** *(200 m S.-O. de la gare de Kintetsu Saidaiji ; — 4 km N.-O. Nara eki, J.N.R. ; bus)*. Contrairement au Tōdai ji, qui s'élève à l'E.

l'ancienne capitale, le grand temple occidental a beaucoup perdu de sa gloire passée. Fête *Ōchamori*, les deuxièmes samedi et dimanche d'avril ; le thé est consommé dans un bol gigantesque.

Construit (780) à la demande de l'impératrice *Shōtoku*, ce temple devint l'un des sept principaux de la capitale. Détruit à plusieurs reprises il ne fut qu'en partie reconstruit à partir de 1752.

Le **Shaka dō**, bâtiment principal, abrite une **statue de Sakyamuni** attribuée à *Eison* (1201-1290), l'un des plus grands moines réformateurs de ce temple, à l'époque Kamakura.

Le **Shio dō**, reconstruit en 1771, renferme les **statues de Jūichimen Kannon** et de quatre **gardiens célestes**, d'époque Heian.

Au **Kon dō** se trouvent les statues de **Monju** et de **Miroku Bosatsu**, d'époque Kamakura. Autrefois, le Kon dō était luxueusement orné à la manière chinoise, et il fut l'un des plus beaux temples de Nara. Devant le bâtiment actuel (XVIIIe s.), on remarque la base quadrangulaire de la pagode orientale ; la pagode occidentale se trouvait à une centaine de mètres vers l'O. ; à l'origine, ces pagodes de cinq étages étaient de section octogonale.

Aizen dō, dont le bâtiment proviendrait de Kyōto, renferme une statue d'Aizen Myō ō d'époque Kamakura.

Le temple détient enfin une très belle *statue d'Eison par *Zenshun* (1280), et une série de douze rouleaux représentant les gardiens célestes (*Jūni ten*).

→ A 1 km N. du Saidai ji : **Akishino dera**, fondé en 780, dont seul le *Kō dō échappa à l'incendie de 1135. Aujourd'hui salle principale, ce bâtiment abrite quelques statues dont le *Gigei ten, « l'une des plus sensibles que l'art de Nara ait produite (...). Gigei ten représenterait la divinité qui préside aux arts et à la danse. C'est la seule représentation qu'on en connaisse au Japon » *(Louis Frédéric)* ; seule la tête, en laque sèche, subsiste de l'époque Nara ; le corps, en bois, fut sculpté par *Unkei* au début du XIIIe s.

→ A 1 km N.-E. du Saidai ji, au S.-E. de la station de Heijō *(Kintetsu E.R.)*, se trouvent les **tombeaux de l'empereur Seimu** (83-190, d'après le Nihongi) et de l'**impératrice Kōken**, ou *Shōtoku* (733-769).

→ A 1,5 km S. du Saidai ji, proche de la station d'Amagatsuji *(Kintetsu E.R.)* : **mausolée de l'empereur Sainin**, qui aurait vécu entre 70 av. et 70 ap. J.-C. (en réalité au IVe s. de notre ère), et sous le règne duquel fut fondé le sanctuaire d'Ise.

— ***Yakushi ji*** *(3 km S. du Saidai ji ; — 100 m S.-E. de la station de Kintetsu-Nishinokyō, la deuxième vers le S. après Saidaiji).* Voici encore un temple très intéressant de l'ancienne nara ; il est, avec le Kōfuku ji, l'un des sièges de la secte *Hossō* du bouddhisme. Fondé en 680, ce temple fut presque totalement reconstruit à partir du XIIIe s.

Le **Kō dō**, premier bâtiment que l'on aborde au N., reconstruit en 1858, abrite une belle **triade sculptée de Yakushi Nyorai** (époque Kamakura), mais d'un intérêt moindre que celle du Kon dō.

Au **Kon dō** (1600-1635) se trouve le très bel ensemble de ***Yakushi Nyorai***, Bouddha thérapeute, accompagné de **Nikkō** et **Gakkō Bosatsu**, en bronze doré ; ces statues, d'époque Hakuhō (fin du VIIe ou début du VIIIe s.), témoignent d'une influence directe de l'art T'ang.

Au S.-E. du Kon dō s'élève le **Tō tō** ou *Pagode orientale (entre 680 et 729). Haute (35 m) de trois étages, elle paraît en avoir six en raison des auvents intermédiaires *(mokoshi)* à chaque niveau ; elle est surmontée d'un élégant **sōrin** en bronze, dont le *suien* (partie terminale), finement ouvragé, est décoré d'anges musiciens. La base de la pagode occidentale (sai tō) est encore visible à l'O.

Au N. de la pagode orientale, un **beffroi** moderne soutient une cloche d'origine coréenne.

Le **Tōin dō** (1285), à l'E. du Tō tō, conserve la statue en bronze de *Shō **Kannon**; comparable à celles du Kon dō, elle est connue sous le nom de Kadura Kannon; autres statues (Jikoku ten, Tamon ten, gardiens célestes) d'époque Heian ou Muromachi.

Au **Bussoku dō**, au S. de la base du Sai tō, on peut voir une **pierre gravée** dite « empreinte du pied de Bouddha », remontant à 753.

Le temple conserve également plusieurs peintures anciennes, dont la célèbre *Kichijo ten (VIIIe s.), exposée au printemps et en automne ; « le portrait, avec ses résonnances humaines, son corps voluptueux et son visage très fardé, a un aspect nettement profane et illustre à quel point l'époque de Nara fut influencée par le prestige de la civilisation des T'ang » (Peter C. Swann, Japon); — le *portrait de Jion Daishi (632-682), fondateur de la secte Hossō; « ce portrait, dont la composition est vraisemblablement basée sur un original chinois, exprime bien la vigueur spirituelle du grand moine, dont l'attitude suggère qu'il prend part à une discussion théologique. Son costume somptueux de patriarche, le traitement du corps modelé en rose, ou l'encrier finement décoré qui se trouve à son côté, sont des détails qui reflètent la bonne tradition des T'ang ; en même temps, l'effet de couleurs légères et harmonieuses indique plutôt le goût japonais du XIe s. » (Akiyama Terukazu). Les **statues shintō** du IXe s. appartenant à ce temple sont aujourd'hui déposées au musée national.

➜ A 2,5 km E. du Yakushi ji, par Rokujō dōri : **Daian ji**, autrefois l'un des temples les plus somptueux de Nara dont on a repéré, sur des terrains aujourd'hui privés, le site du Kon dō, du Kō dō, de Naka mon et de Nandai mon, ainsi que, plus au S., celui des deux pagodes du temple. La statue de Sakyamuni vénérée en ce temple, était considérée comme l'une des plus belles de Nara.

☞ ****Toshō dai ji** (700 m N. du Yakushi ji et de la station de Kintetsu Nishinokyō), également digne d'intérêt, fut créée en 759 par le prêtre chinois Kien Tchen ou Ganjin (688-763), fondateur aveugle de la secte Risshū dont ce temple est le siège. C'est aujourd'hui le premier séminaire bouddhiste du Japon.

Le **Kon dō**, face au Nandai mon, élégant édifice d'époque Nara, est influencé par l'architecture chinoise. A l'intérieur la statue de *Birushana **Butsu** (Bouddha Vairocana), dont l'auréole est chargée d'un millier de petits bouddhas, est attribuée aux prêtres T'an Ching et Szu T'o, disciples de Ganjin ; laque sèche peinte et dorée.

Les parois murales de la salle étaient autrefois couvertes de deux mille autres figurations peintes du Bouddha, aujourd'hui presque totalement effacées ; beau plafond à caissons peints. Birushana est entouré de deux *statues : un **Kannon aux mille bras** et un **Yakushi Nyorai**, exécutés en laque sèche au VIIIe s. ; en avant se trouvent les statues plus petites de **Bon ten**, de **Taishaku ten**, et de **quatre gardiens célestes**.

Le ***Kō dō** (748), en arrière du Kon dō, faisait partie autrefois du palais impérial de Nara ; il fut placé ici en 760 puis remonté au XVIIe s. ; c'est aujourd'hui le seul édifice connu du Dai Dairi de Nara. A l'intérieur se dressent plusieurs statues dont le **Miroku Bosatsu**, qui est, pense-t-on, une œuvre de Chun Fa Li.

Entre le Kon dō et le Kō dō, on remarque à l'E. le fort joli *Kōrō (1240), ou salle du tambour ; en arrière s'allonge le **Sobo** ou **Higashimuro** (résidence des prêtres), ouvert au S. par le **Raidō** (1202) ; à l'E. de cet édifice enfin, remarquer le **Kyō zō**, petite salle des sūtra, de style *azekura*.

Au N.-E. du Kō dō, le **Miei dō**, salle du fondateur, abrite une statue en laque sèche polychrome de *Ganjin (763), visible seulement le 6 juin de chaque année.

« D'après la légende, c'est un élève de Ganjin qui exécuta ce portrait à son dernier jour, un songe prémonitoire l'ayant averti de la mort prochaine du maître. Assis sans ostentation, mais rayonnant de sérénité et de puissance, le maître semble fermer les yeux pour mieux appréhender le fil de sa méditation intérieure ; en fait, ce regard clos est celui d'un aveugle : Ganjin, qui ne parvint au Japon qu'à la sixième tentative de traversée, avait dit-on perdu la vue au cours des naufrages répétés et sous les coups des innombrables peines du voyage. Cette statue est la plus ancienne effigie de laque que l'on connaisse » (*D. et V. Elisseeff*).

On remarquera enfin l'ancien **Shin den** du Kōfuku ji, édifice d'époque Edo (1650), avec salles de réception, transféré au Tōshōdai ji en 1964, ainsi que le monument moderne, offert en 1981 par le gouvernement populaire chinois.

Yamato Bunkakan (*adresse : 1-11-6, Gakuen minami, Sagawara chō ; — 300 m S.-E. de Kintetsu-Gakuenmae, la 2ᵉ station vers l'O. depuis Saidaiji ; — ouvert t. l. j., sauf lundi, de 10 h à 17 h ; fermé du 28/12 au 4/1*) ; ce musée, qui occupe une légère éminence à l'O. de l'étang d'Ayame**, fut ouvert en 1960 (arch. *Isoya Yoshida*) ; c'est l'un des plus intéressants musées privés du Japon, offrant une sélection renouvelée d'œuvres d'art orientales.

Parmi les ****peintures** conservées : les **emakimono du Yamai zōshi**, ou rouleaux des maladies (fin du XIIᵉ s.), dénotant un sens de l'observation plein de finesse et d'humour, et de l'**Ise monogatari** (XIIIᵉ s.), sur lequel fut portée en sanscrit la transcription d'un sutra. — Le **Sanjuroku Kasen Emaki**, attribué à *Fujiwara Nobuzane* (1177-1265), décrivant la vie des poètes anciens. — Portrait, à l'encre de chine, de Yuima par *Bunsei* (1457), « très différent des portraits conventionnels Zen, par sa force et sa liberté d'expression. Son animation et sa vigueur sont typiquement japonaises » (*Peter C. Swann*). — **Auto-portrait de Sesson** (1504-1589) et **portrait de Ryodohin**, également du XVIᵉ s. — **Paysage**, monté sur paravent, par *Shūbun* (XVIᵉ s.) et **Torrent**, traité en *sumi e* par *Kanō Motonobu* (même époque). — **Paravent de Matsuura** (XVIIᵉ s.) : scènes de la vie domestique, peinture anonyme au dessin affirmé, dont les personnages colorés se détachent sur un fond doré. — **Portrait de Fujin**, par *Miyagawa Chōshun* (1682-1752).

Le musée possède encore un **plateau** peint par *Ogata Kōrin* (1658-1716) ; belles calligraphies ; céramiques et poteries ; objets de bronze et de métal de Chine et du Japon.

C. — Environs de Nara

1 — *Parc régional de Kongō Ikoma (*44 km O. jusqu'au Chōgosonshi ji, par Hanna road et Shigi-Ikoma Skyline ; — car depuis le Hōzan ji*). — Le plus simple sera de quitter Nara par le train *Kintetsu E. R.* (ligne d'Ōsaka), jusqu'à la gare d'Ikoma.

18 km : **Ikoma**, d'où l'on accède *(funiculaire)* au Hōzan ji.

20 km : **Hōzan ji**, sur les pentes de l'**Ikoma yama** dont un funiculaire gagne le sommet (642 m d'alt. ; belvédère et observatoire astronomique). Du Hōzan ji on poursuivra en autocar par la *Shigi Ikoma Skyline, qui longe les collines boisées séparant le bassin du Yamato (Nara) de la plaine d'Ōsaka ; le contraste est saisissant entre le versant oriental, encore plongé dans un autre âge, et l'immense agglomération urbaine qui s'étale vers l'O. jusqu'à la mer.

42 km : station de funiculaire du **Shigi san**, d'où l'on pourra redescendre sur la gare de Shigisanguchi *(Kintetsu)*, afin de gagner Ōsaka.

44 km : *Chōgosonshi ji, sur les pentes du **Takayasu yama** ou **Shigi san** (488 m d'alt.) ; temple dédié à Bishamon ten et fondé par le prince *Shōtoku* (572-621 ; *V. Ikaruga*) ; il fut restauré par *Toyotomi Hideyori* (XVIIe s.).

Shigisan Engi emaki, possession de ce temple, compte parmi les plus beaux rouleaux de style *yamato e* de la peinture japonaise. Loin de la solennité que devrait inspirer la religion, ces trois rouleaux évoquent d'une manière humoristique ou émouvante les miracles du prêtre Myōren : le bol de riz magique, la guérison de l'empereur Daigo, le pèlerinage de la sœur du prêtre à la recherche de celui-ci. « Cet emaki, dû à un auteur anonyme du XIIe siècle fait avec les rouleaux de Genji *(V. musées Tokugawa de Nagoya et Gotō de Tōkyō)* un étrange contraste, non seulement par le choix du sujet, mais surtout par l'utilisation qui a été faite de la couleur, ici très légère, et qui court sur le dessin à l'encre, lui-même d'une mobilité et d'une adresse surprenante » *(Théo Lésoualc'h, la Peinture japonaise).*

Fêtes du temple les 1er, 3 et 15 de chaque mois, et plus particulièrement le 3 juillet.

Depuis le temple on pourra redescendre *(funiculaire)* en direction d'Ōji, d'où l'on retournera, par le train *(J.N.R.),* jusqu'à Nara.

☞ **2 — Kashihara, Kyōto, Ōsaka, Sakurai, Tenri, Uji, Yamato Kōriyama, Yamato Takada, Yoshino,** *V. ces noms;* — **Horyūji,** V. *Ikaruga.*

Narita (Ile de Honshū)

Carte des richesses humaines, p. 65 à 68.
Tōkyō, 60 km. — Chiba, 30 km. — Mito, 101 km. — Urawa, 84 km. — Aéroport international de Tōkyō et train shinkansen (J.N.R.). V. Renseignements Pratiques/Tōkyō.

Chiba ken. — 68 418 hab.

C'est à proximité de Narita qu'a été édifié le nouvel **aéroport international de Tōkyō**. En dépit du côté futuriste de l'aéroport, Narita reste pour le pèlerin et le touriste la ville du Shinshō ji, l'un des temples les plus vénérés du Japon.

*Shinshō ji *(800 m N. des gares de Narita, J.N.R. ou Keisei E.R. ; bus, e plus populaire des temples dédiés au Fudō Myō ō, qui chasse les passions de l'âme, est également connu sous le nom de **Narita sa**

Avec le parc qui l'entoure, il occupe un espace de 17 ha; l'ensemble constitue un but d'excursion agréable au départ de Tōkyō.

Fêtes principales le 1er janvier *(Nouvel An)*; — les 3 ou 4 février *(Setsubun)*; au cours de l'année le temple attire environ sept millions de visiteurs.

Afin de réduire *Taira Masakado*, rebelle qui dominait tout le Kantō et alla même jusqu'à usurper le titre impérial, les Fujiwara lancèrent une expédition (940) contre lui. Les militaires étaient accompagnés par le prêtre *Kanchō*, qui s'était armé d'une statue de Fudō et de l'épée sacrée Amakuni no tsurugi. Après la victoire, la statue ne voulut pas reprendre le chemin de Kyōto; on éleva un temple à Kōzu, près de Narita, où elle était installée; en 1705 il fut transféré à Narita.

Sur une première cour s'élève, au sommet de quelques marches, le **Niō mon** (1831); à g. le vaste **Korinkaku** (1974), construit pour l'hébergement des visiteurs. Au pied de celui-ci le **Dōshigaido**, puits des ablutions, où les pèlerins viennent s'asperger d'eau froide. Passé le Niō mon, une volée de marches conduit à la vaste terrasse où le nouveau **Dai Hon dō** (arch. *Yoshida Isohachi*), construit en 1968, a pris la place de l'ancien Hon dō de 1857.

Dans la vaste salle sont suspendus un large dais et d'autres ornements de métal doré; on y vénère la statue sacrée du Fudō qui provient du Jingō ji; elle est accompagnée de celles des deux assistants Kongara et Seitaka, peut-être de la main de *Kōbō Daishi*.

A dr. du Dai dō se dresse la **Pagode à trois étages** (1803) et en arrière de celle-ci le **beffroi** (1706); à proximité, l'**Issaikyō dō** (1809) abrite les sutra dans une bibliothèque à casiers tournants. Derrière le Dai Hon dō, l'**Okuno in**, grotte abritant une statue de Dainichi Nyorai.

A l'O. du temple s'élève le **Shaka dō** (1858) et sur une autre terrasse en retrait, le Komyō dō (1701) où sont également conservées une statue de **Dainichi Nyorai** et plusieurs **peintures votives**.

Parmi les trésors du temple, on peut voir l'**épée Amakuni no tsurugi** *(V. plus haut)* fondue sous le règne de l'empereur Mommu (VIIIe s.) par le forgeron *Amakuni*; une statue de **Namikiri Fudō**, taillée par *Kōbō Daishi* dans une pièce du bateau qui l'emmena en Chine. Une plaque de bois sculptée en bas-relief par *Matsumoto Ryōzan*, d'après une esquisse des cinq cents disciples du Bouddha **(Gohyaku Rakan)** par *Kanō Kazunobu* (XIXe s.).

Le ***parc**, tantôt dessiné à la japonaise, tantôt à l'anglaise, voire à la française, avec ses plantations, ses rochers et son étang, est l'un des plus beaux éléments du temple; il fut réalisé en 1928.

Environs :

1 — Aéroport international de Narita *(6 km E.)*; le plus grand aéroport du Japon.

2 — Chiba, Chōshi, Kashima, Sawara, Tōkyō, *V. ces noms.*

Naruto (Ile de Shikoku)

Carte de Shikoku et Mer Intérieure, p. 502-503.
Tōkyō, 792 km. — Kōchi, 210 km. — Matsuyama, 215 km. — Takamatsu, 73 km. — Tokushima, 16 km.
Tokushima ken. — 60 634 hab. — Port de pêche; marais salants.

428 NEMURO

Large seulement de 1,3 km, la passe de Naruto sépare l'île de Shikoku d'Awaji shima ; dans ce couloir étroit se produisent de violents tourbillons, qui font la renommée de Naruto.
A 600 m E. de la gare a été reconstitué le **château d'Okazaki**, qui abrite une collection archéologique locale.

Environs :

1 — *Naruto kaikyō (12 km N ; car).* — On atteint l'île d'Ōge après avoir franchi le pont suspendu de Konaruto. Un jardin public, aménagé en belvédère, a été créé au-dessus du détroit. C'est là que se rencontrent les eaux de la Mer Intérieure et de l'Océan Pacifique ; une dénivellation de près de 1,40 m provoque, notamment lors des grandes marées, des **tourbillons** de 15 m de diamètre ; ils ont valu au site le surnom d'**Awa no Naruto**, ou passe rugissant d'Awa. Depuis Ōge jima ou Naruto, un service de bateaux relie Awaji shima (Fukura), s'approchant le plus possible des tourbillons.

A 8 km O. : **Parc boisé de Konaruto**, que l'on peut atteindre en car par **Naruto Skyline**, qui rattache Ōge jima et Shimada jima à la côte de Shikoku.

2 — Bandō *(11 km O. ; — train J.N.R. via Ikenotani ; — car).* — A 1 km au N. de la gare, on peut visiter le joli Ryōzen ji, dont la fondation est attribuée au prêtre Gyōki (VIIIe s.).

3 — Awaji shima, Tokushima, Parc national de Seto Naikai, *V. ces noms.*

Nemuro (Ile de Hokkaidō)

Carte de Hokkaidō, p. 230-231.
Tōkyō, 1 568 km. — Abashiri, 212 km. — Kushiro, 125 km. — Sapporo, 458 km.

Hokkaidō. — 45 381 hab. — Port de pêche ; conserveries de poisson.

Nemuro est établi, au S. de la baie de ce nom, sur l'appendice oriental de l'île de Hokkaidō qui se prolonge au large par l'archipel de Habomai.

Environs

1 — Nosappu misaki *(20 km E. ; car),* à la pointe de la péninsule de Nemuro, découpée de falaises ; au-delà du détroit de Goyōmai se découvrent les îles de Habomai.

2 — Shibetsu *(108 km N.-O. jusqu'à la gare de Nemuro-Shibetsu ; — train J.N.R. via Attoko et Naka-Shibetsu).* — La **baie de Nemuro** et ses alentours forment le **parc régional de Notsuke Furen**. Quitter Nemuro vers le S.-O. par la N 44.

33 km : Attoko, où l'on prend vers le N. la N 243.
44 km : Okuyukiusu, gare à environ 4 km O. de la **lagune de Furen** qui s'étend sur 52 km^2 ; elle héberge, entre les mois d'octobre et de mars, une dizaine de milliers de cygnes blancs, ce qui fait un spectacle assez fantastique.
56 km : Nishibetsu ; la N 243 fait un coude vers l'O. Une autre route et la voie ferrée poursuivent vers le N. en direction de :
79 km : Naka-Shibetsu, où l'on atteint la N 272, qui gagne vers le N.-E. :
98 km : Shibetsu, ouvert sur le **détroit de Nemuro** entre Hokkaidō et Kunashiri.

A 12 km S.-E. *(car) :* Odaito, petit village de pêcheurs, établi sur la langue de terre qui s'avance jusqu'au **cap de Notsuke** *(vedette d'accès en été) ;* on y remarquera une étrange forêt, morte et semi-pétrifiée. Dans la lagune formée par le cap, vivent comme à Furen kō de nombreux cygnes en hiver.

3 — Habomai shotō *(200 km N.-E. jusqu'à Shikotan tō).* — Cet archipel prolonge vers le N.-E. la péninsule de Nemuro ; les principales îles sont Suishō, Akiyuri, Yuri, Shibotsu, Taraku et Shikotan (255 km²), la plus importante.

4 — Chishima rettō *(Kunashiri est à 200 km N. de Nemuro et Etorofu à 400 km N.-E.).* — Autre archipel (4 640 km²) dont **Kunashiri tō** et **Etorofu tō** sont les deux îles principales ; il se prolonge vers le N. par les **îles Kouriles**, qui relient le Japon à la péninsule de Kamchatka (U.R.S.S.) ; très montagneuses, elles culminent au Chacha dake (1 822 m ; île de Kunashiri) et font partie de la longue chaîne volcanique de Chishima. Actuellement sous le contrôle de l'Union soviétique, ces îles sont réclamées par le Japon depuis la fin de la seconde guerre mondiale ; il est donc impossible de les visiter depuis Hokkaidō.

Nichinan (Ile de Kyūshū)

Carte des richesses naturelles, p. 61 à 64.
Tōkyō, 1 542 km. — Fukuoka, 404 km. — Kagoshima, 131 km. — Kumamoto, 24 km. — Miyazaki, 55 km. — Ōita, 256 km.

Miyazaki ken. — 53 288 hab. — Port de pêche. — Usines de bois et de papier.

Au Sud du département de Miyazaki, ville remarquable par la bordure maritime du **parc régional de Nichinan Kaigan**, qui se déploie sur 46 643 ha, de part et d'autre de l'estuaire de la Hiroto gawa.

Environs

Toi misaki *(46 km S. ; car ; — train J.N.R. jusqu'à Nangō).* — Quitter Nichinan vers le S. par la N 222, puis la N 220.
3 km : **Aburatsu** ; petit port de Nichinan à proximité de la côte d'**Umega hama**, formée de bizarres stries rocheuses.
12 km : **Nangō** ; au large **Ō shima** est dotée d'un parc sous-marin où vivent des poissons tropicaux. Au-delà de Nango, on laisse la N 220 pour poursuivre par une route côtière, qui se maintient en corniche le long de *****Nichinan kaigan**, sur presque tout le reste du parcours.
26 km : **Ichiki**, et au large **Kō jima**, où vivent de nombreux singes en liberté.
40 km : **Toi**, d'où l'on prend vers le S. la route du cap.
46 km : *****Toi misaki**, limite à l'E. la baie de Shibushi ; un élevage de chevaux a été installé à la pointe de ce cap que couronne un phare.

Niigata (Ile de Honshū)

Carte ferroviaire, en page de garde ; — Plan page suivante.
Tōkyō, 335 km. — Fukushima, 199 km. — Maebashi, 243 km. — Nagano, 186 km. — Toyama, 249 km. — Yamagata, 170 km.

Chef-lieu de Niigata ken (1 395 545 hab.). — 383 919 hab. — Port de commerce. — Ville industrielle (pétro-chimie). — Cultures florales. — Université nationale.

NIIGATA

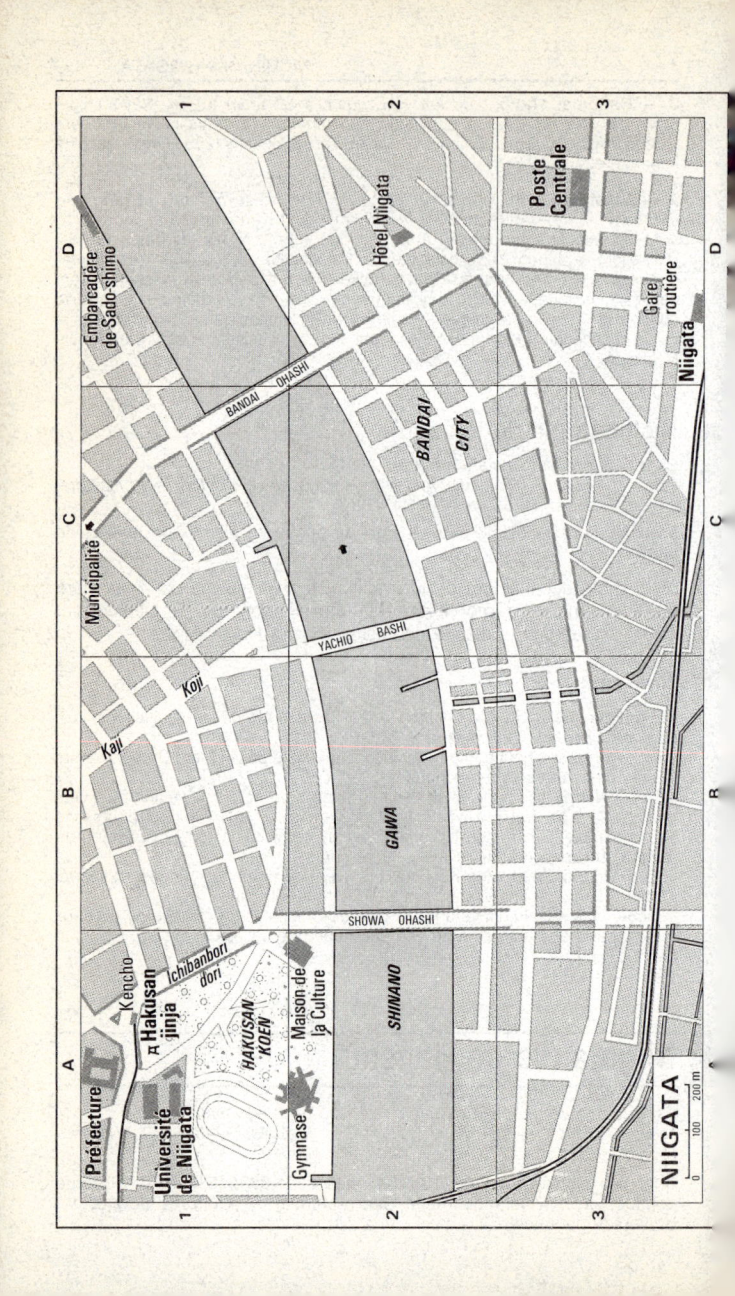

- Préfecture (A1)
- Université de Niigata (A1)
- Kencho (A1)
- Hakusan jinja (A1)
- Ichibanbori dori (A1)
- HAKUSAN KOEN (A1-2)
- Maison de la Culture (A2)
- Gymnase (A2)
- Kaji (B1)
- Koji (B1)
- Municipalité (C1)
- SHOWA OHASHI (A-B2)
- YACHIO BASHI (B-C2)
- BANDAI OHASHI (C-D1)
- SHINANO GAWA (A-C2-3)
- Embarcadère de Sado-shimo (D1)
- Hôtel Niigata (D1-2)
- BANDAI CITY (C-D2)
- Gare routière Niigata (D3)
- Poste Centrale (D3)

NIIGATA

A l'embouchure de la Shinano gawa — le plus long fleuve du pays (369 km) —, qui draine une grande partie du Japon central, Niigata est également le point d'aboutissement de la grande transversale Jōetsu, reliant Tōkyō à la Mer du Japon. Cette double situation lui valut, dès 1869, d'être un port commercial ouvert aux négociants étrangers et de devenir, grâce à son activité industrielle, la principale ville du Hokuriku, reliée désormais à Tokyo-Omiya par le Shinkansen.

Niigata est séparée du large par un cordon de dunes qui l'abritent en partie des influences climatiques froides sévissant en hiver. La ville, étalée de part et d'autre de la Shinano gawa, et traversée notamment par le Bandai Ōhashi, est sillonnée de larges artères bordées d'immeubles commerciaux modernes. Dans son ensemble, Niigata reste d'un faible intérêt pour le touriste.

Bandai City *(800 m N.-O. de Niigata eki ; bus)* est l'un des quartiers commerciaux (grands magasins, centre de distractions) les plus animés de la ville ; il est dominé par la **Rainbow Tower** (100 m de hauteur), avec plate-forme tournante d'observation.

Le Parc de Hakusan *(2,5 km N.-O. de Niigata eki ; bus)*, établi au centre ville, s'étend jusqu'aux rives de la Shinano gawa. On y visitera le petit **sanctuaire de Hakusan**. Un **jardin zoologique**, la **Préfecture**, l'**Université de Niigata** et des installations sportives sont établies dans le voisinage de ce parc.

Hiyori yama *(3 km N.-O. de la gare ; bus)*, en bordure de la Mer du Japon, est la dune la plus élevée du front de mer de Niigata. Aménagée en parc public et en belvédère, elle permet de découvrir l'île de Sado.

Environs

1 — Yokogoshi *(16 km S.-E. ; car)*, sur les bords de l'Agano gawa, que plusieurs canaux relient à la Shinano gawa avant l'embouchure de ces deux rivières, et où l'on visitera le **Hoppo Bunka Hakubutsukan** ; cette ancienne maison japonaise entourée de son jardin a été convertie en **musée** archéologique, historique et ethnographique spécialisé sur le Japon septentrional.

2 — Parc régional de Yahiko *(37 km S.-O. ; train J. N. R. jusqu'à la gare de Yahiko, via Yoshida)*. — Quitter Niigata vers le S.-O. par la N 116.

8 km : **Takeo**, où l'on peut visiter le **jardin botanique** et les **pépinière de Niigata** ; on y cultive de nombreuses fleurs à bulbe : tulipes, jacinthes, mais aussi pivoines, narcisses, etc.

10 km : **Uchino**, où l'on quitte la N 116, pour poursuivre le long de la base orientale de la chaîne Yahiko.

35 km : **Sanctuaire de Yahiko**, entouré de beaux cèdres japonais ; fête des lanternes *(Tanabata)* les 25 et 26 juillet. En arrière de ce sanctuaire, un téléphérique mène au sommet du **Yahiko yama** (638 m) ; vue en direction de l'île de Sado.

37 km : **Yahiko**, et à proximité petite station thermale de **Kannonji**. Une route à péage suit sur 14 km *(car depuis la gare de Yahiko)* la crête des *monts de Yahiko.

A 17 km N. *(car) :* **Kakuda misaki**, qu'on atteint par une route à péage qui suit en corniche la côte de la Mer du Japon.

432 NIKKŌ

Nikkō [Parc national de] Ile de Honshū**

Carte des richesses naturelles et des richesses humaines, p. 61 à 64 et 65 à 68.
Carte du Parc national de Nikkō, p. 440 ; — Plan de Nikkō, p. 434-435.

Comment vous y rendre ?

— **Depuis Numata**, à 89 km S.-O. de Nikkō, par les cars de *Tōbu Railway Bus* ; le service peut être suspendu une partie de l'année (se renseigner).

— **Depuis Tōkyō** ; le plus simple sera d'emprunter un train express direct (*Tōbu Railway*) depuis la gare d'Asakusa qui relie Tōkyō à Nikkō (135 km) en 1 h 05. Par les chemins de fer nationaux (*J. N. R.*), depuis la gare d'Ueno, il vous faudra généralement changer à Utsunomiya ; cet itinéraire, plus long que le précédent, est sans doute le plus rapide depuis l'ouverture de la ligne shinkansen entre Tōkyō-Omiya et Utsunomiya. Si vous ne disposez que d'une ou deux journées, confiez votre sort à *J. T. B.* qui organise des excursions quotidiennes au départ des principaux hôtels de la capitale

— **Depuis Utsunomiya** ; reportez-vous ci-dessus pour les liaisons ferroviaires.

Si vous disposez d'un peu de temps à Tōkyō, faites l'excursion (une ou deux journées) de Nikkō. Le sanctuaire «magnifique» a acquis une réputation mondiale ; il montre un aspect architectural du Japon totalement différent de ce qu'on découvre par ailleurs au Kinki (Kyōto, Nara...) ; l'art atteint ici une expression baroque où tout semble poussé à l'extrême. D'aucuns reprochent au Tōshō gū d'avoir trahi les idéaux traditionnels de l'esprit japonais. Mais malgré, ou grâce à leur exhubérance, les sanctuaires de Nikkō constituent un ensemble admirable. Il vous suffira de quelques jours supplémentaires pour découvrir également le Parc national de Nikkō, et plus au N.-E. les stations thermales de Shiobara (V. Imaichi) et de Nasu (V. Kuroiso). L'ensemble couvre 140 698 ha.

A. — Nikkō : temples et sanctuaires

Une visite détaillée de Nikkō (23 885 hab.) et de ses sanctuaires occupera aisément une journée. Tōshō gū, évoqué plus haut, dédié à *Tokugawa Ieyasu*, est le plus célèbre de tous ; il donna dès le XVIIe s. un regain de ferveur religieuse à la petite localité des bords de la Daiya gawa. Les opinions portées sur le Tōshō gū peuvent être diverses ; un proverbe japonais affirme : «Nikkō wo minai uchi wa, kekkō to iu na», ce qui peut se traduire par : «Tu ne connais pas le Beau, si tu ne connais pas Nikkō» ; Fosco Maraini, au contraire, écrit : «Nikkō, c'est l'épuisement, la vieillesse, le flasque, le faux esthétisme qui veut se sauver par l'or, le grandiose, le fantastique, l'époustouflant, l'excessif.»

Avant Ieyasu. — Le premier temple fondé à Nikkō fut le Shihonryū ji, créé par le prêtre *Shōdo Shōnin* (735-817). En 808 *Tachibana Toshitō* reconstruisit ce temple, connu dès lors sous le nom de Futarasan. Deux années plus tard le prêtre *Kyōbin*, disciple de Shōdo, élevait le Mangan ji (Rinnō ji). Le site s'appelait Futara yama (ou Nikkō san en chinois : la lumière solaire) ; il fut visité à l'époque par *Kōbō Daishi* (774-835). A partir de 850 *Jikaku Daishi* (794-864) établissait trois nouveaux temples à Nikkō ; ils furent suivis d'une trentaine d'autres qui leur étaient subordonnés. Empereurs et grands personnages firent de nombreux dons à Nikkō ; sa prospérité fut considérable jusqu'en 1590, lorsque *Toyotomi Hideyoshi* (1536-1598) imposa son autorité sur la cité religieuse pour n'y laisser que neuf temples. Nikkō retrouva sa splendeur en 1617, lorsque les cendres de *Tokugawa Ieyasu* y furent transportées.

***Tokugawa Ieyasu* (1542-1616).** — Originaire d'Okazaki, il imposa rapidement son autorité sur le Japon central. Malgré quelques affrontements sans conséquence avec Oda Nobunaga, puis Toyotomi Hideyoshi, il sut être assez diplomate pour ne pas compromettre sa sécurité et s'assurer, sitôt que l'occasion s'en présenta, la succession de Hideyoshi. La bataille de Sekigahara (1600) renforça son pouvoir et, en 1603, il redressa au profit de sa famille le titre de shōgun, que les Tokugawa conservèrent jusqu'au XIXe s. Ayant officiellement abdiqué (dès 1605) en faveur de son fils Hidetada, il continua à s'immiscer dans les affaires publiques ; il provoqua le siège d'Ōsaka qui, en éliminant les héritiers des Toyotomi, affirma la puissance de sa famille, et enferma le Japon dans le type de société qui devait être le sien durant près de deux siècles. Décédé à Shizuoka, Ieyasu fut provisoirement enterré au Kanō zan *(V. Shizuoka)*, avant de reposer au Tōshō gū de Nikkō.

Après Ieyasu. — La construction du Tōshō gū ne fut commencée qu'en 1634, par son petit-fils *Iemitsu* (qui sera également enterré à Nikkō). A cette époque, l'empereur Go Kōmyō (1633-1654) élève Ieyasu au titre posthume de Tōshō Daigongen, et il est décidé qu'un prince impérial assumera la présidence du monument, coutume qui fut maintenue jusqu'à la chûte du shōgunat en 1868. Lors de la Restauration Meiji, le sanctuaire, considéré comme trésor national, échappa de justesse à la destruction, quelques partisans des Tokugawa ayant investi les bâtiments, bien résolus à s'y maintenir. Heureusement une intervention de l'homme d'Etat *Itagaki Taisuke* (1837-1919) les persuada d'évacuer la place.

Fêtes : 13 avril, *Yayoi matsuri* au sanctuaire de Futarasan ; — 2 mai, *Gohan shiki*, cérémonie du riz au Rinnō ji ; — 17 et 18 mai, *fête du Printemps* au Tōshō gū, avec défilé de Mille personnes habillées à l'ancienne *(*Sennin Gyoretsu)* ; — 7 août, *Waraku Ōdōri* ; — 17 octobre, *festival d'automne*. — Temples et sanctuaires sont ouverts de 8 h à 16 h (en hiver) et 17 h (en été, d'avril à octobre) ; on perçoit un droit d'entrée.

Une longue rue, partant de la gare, mène vers l'O. à la Daiya gawa, que l'on traverse à proximité du **Pont Sacré** *(Pl. F4 ; — 1,5 km O. des gares de Nikkō, J.N.R. et Tōbu)*, reconstruit (1907) d'après l'original de 1636.

La légende rapporte que le prêtre *Shōdo*, voulant traverser en ce lieu la rivière, deux énormes serpents lui servirent de pont. Long de 28 m, ce « pont divin » (Shin kyō ou Mihashi) n'est ouvert qu'à l'occasion des grandes cérémonies.

Au-delà on remarque un petit **monument** dédié à Matsudaira Masatsuna, qui fit planter (1628) sur quarante kilomètres la superbe **allée de cryptomères** menant aux sanctuaires de Nikkō *(V. Imaichi)*.

Map Grid

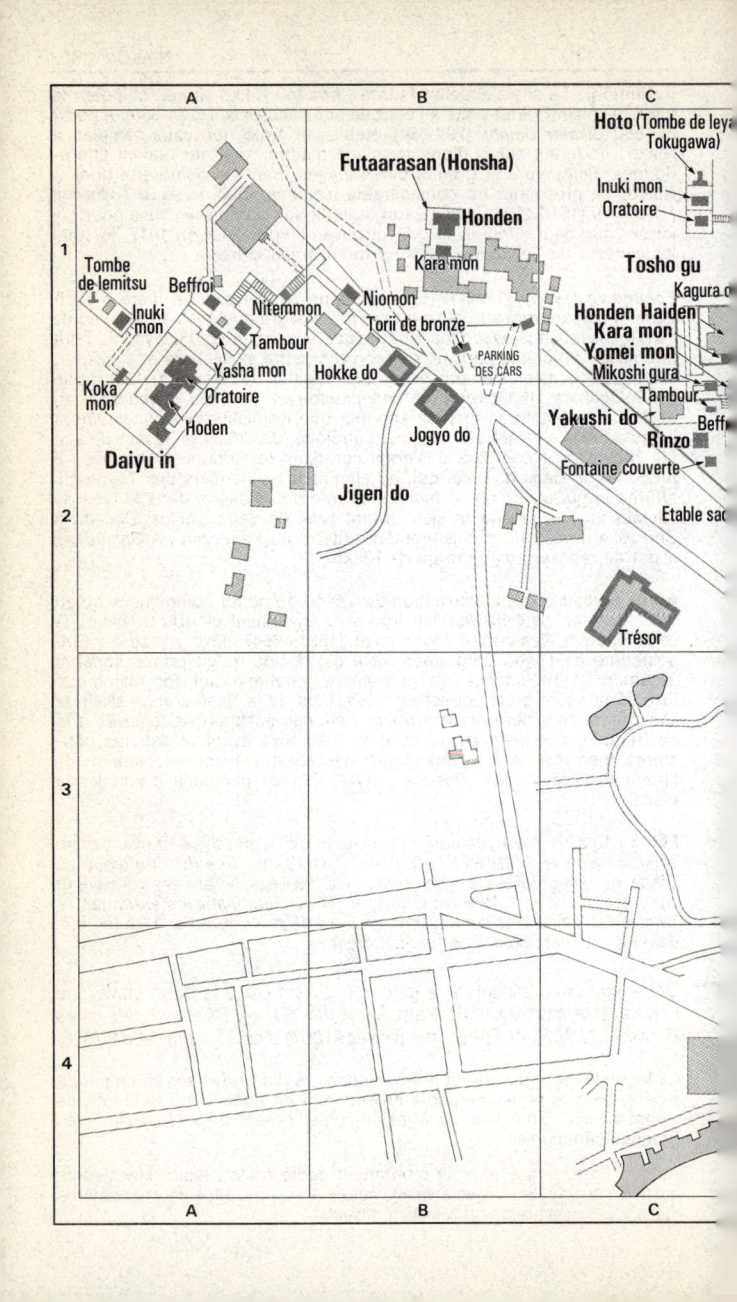

	A	B	C
1	Tombe de Iemitsu, Beffroi, Inuki mon, Nitemmon, Tambour, Koka mon, Yasha mon, Oratoire, Hoden, **Daiyu in**	Futaarasan (Honsha), Honden, Kara mon, Niomon, Torii de bronze, Hokke do, PARKING DES CARS	Hoto (Tombe de Ieyasu Tokugawa), Inuki mon, Oratoire, Tosho gu, Kagura, Honden Haiden, Kara mon, Yomei mon, Mikoshi gura, Tambour, Yakushi do, Beffroi, Rinzo
2		Jogyo do, Jigen do	Fontaine couverte, Etable sac, Trésor
3			
4			

NIKKO

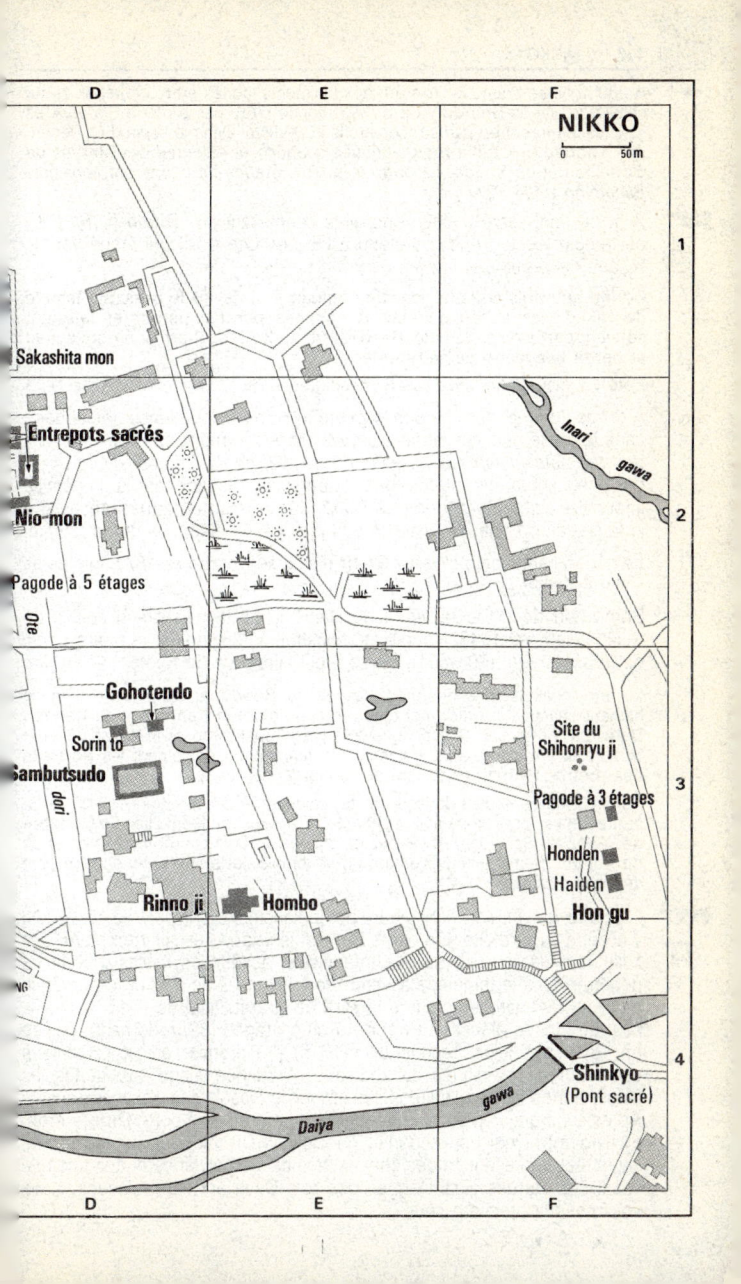

0 — 50 m

- Sakashita mon
- Entrepots sacrés
- Nio mon
- Pagode à 5 étages
- Ote
- Gohotendo
- Sorin to
- Sambutsudo
- dori
- Rinno ji
- Hombo
- Inari gawa
- Site du Shihonryu ji
- Pagode à 3 étages
- Honden
- Haiden
- Hon gu
- Shinkyo (Pont sacré)
- Daiya gawa

A 200 m N. se trouve le **Hon gū**, aux bâtiments laqués en rouge, et au N. de celui-ci le site du **Shihonryū ji** *(Pl. F3)*, fondé (766) par le prêtre *Shōdo*. Ces sanctuaires furent en partie reconstruits au XVIIe s. Dans le second on vénère une **Kannon aux mille bras**, attribuée à Shōdo et entourée des **statues de Godaison** et de **Shōdo**. La **pagode à trois étages** fut offerte par *Minamoto Sanetomo* (1191-1219).

A g. du pont sacré s'élève une allée conduisant au ***Rinno ji** (Pl. D3)*; ce temple (secte *Tendai*) s'étend à l'E. de l'**Ōte dōri**, qui mène vers le N. au Toshō gū.

Connu autrefois sous le nom de Mangan ji, il devint le principal temple de Nikkō; les abbés en étaient nommés par l'empereur et faisaient souvent partie de sa famille. Reconstruit au XVIIe s., il prit son nom actuel et perdit beaucoup de sa grandeur.

Fête : 2 mai, *Gohanshiki,* au Sambutsu dō.

A dr. de l'entrée, sur Ōte dōri, s'ouvre le **Hon bō** (résidence des abbés), dans la partie orientale duquel on visitera le **bâtiment spirituel** *(demander une autorisation aux bureaux du temple, de l'autre côté d'Ōte dōri)*; on y conserve les **stèles des supérieurs**, appartenant à la famille impériale, qui se succédèrent à Nikkō ; luxueux **autel laqué**, rehaussé à la feuille d'or. Le **jardin** est l'un des plus beaux éléments de ce temple.

Le général américain *Ulysses Grant* résida au Hon bō en 1879, lors de sa visite à Nikkō.

Sambutsu dō *(Pl. D3)*, au N. du Hon bō, est le plus grand édifice de Nikkō ; élevé en 1648, il aurait été construit à l'origine par le prêtre *Ennin* ou *Jikaku Daishi* (794-864), sur le Mont Hiei près de Kyōto.

Le temple abrite trois énormes **statues du Bouddha**, de plus de 8 m de hauteur chacune : **Amida** est entourée de **Juichimen Kannon** et de **Kannon Batō**, qui porte une tête de cheval sur le front ; cette divinité est vénérée comme la protectrice des animaux. On remarquera également les **portraits des prêtres Ryōgen** (912-985) et **Tenkai** (1536-1643).

Au N.-O. du Sambutsu dō le **Sōrin tō**, colonne de cuivre érigée (1643) par le prêtre Tenkai, est comparable à celle de l'Enryaku ji du Mont Hiei. Le **Gohoten dō**, au N. du Sambutsu dō, abrite les statues de Daikoku, de Bishamon et de Benzai ten. Remarquer également un vénérable cerisier, connu sous le nom de *kongō zakura*.

****Tōshō gū** *(Pl. C1)* est aujourd'hui le sanctuaire principal de Nikkō. On y accède au N. d'Ōte dōri par le **Sennin ishidan**, « escalier en pierre des Mille hommes » : les classes inférieures, auxquelles il était interdit de pénétrer dans le temple, s'assemblaient les jours de fête en cet endroit. En haut des marches s'ouvre le **torii en granit**, haut de 8 m.

A g. du torii se dresse la **Pagode à cinq étages** (32 m de haut), édifiée en 1659, incendiée, reconstruite (1815). Au premier étage, l'architrave est décorée des signes du zodiaque. A chaque étage, sur toutes les faces, portes laquées noires. Remarquer le blason des Tokugawa.

Après avoir gravi un escalier en pierre, on entre par la porte **Ōmote mon**, ou **Niō mon**, qui est le portail principal. Au fronton et sur les piliers, sculptures représentant des chrysanthèmes, des pivoines et des têtes de lions. Les **statues gigantesques des rois Deva** ont été replacées. Nous voici dans la première cour.

Rien n'a été épargné pour que les monuments soient aussi nombreux que possible ; les crédits engagés par l'État furent presque illimités. Les meilleurs ouvriers, venus pour la plupart de Kyōto et Nara, rivalisèrent de talent pour rendre l'œuvre digne de celui qu'on voulait honorer. On adopta le style de Momoyama, celui d'Edo ne s'étant pas encore imposé dans le pays ; l'influence chinoise de l'art Ming est également manifeste. Les bâtiments sont restés en réparation continuelle : la coutume voulait qu'ils fussent restaurés tous les vingt ans. La réunion du matériel demandait dix ans et les travaux exigeant le même nombre d'années, les chantiers étaient toujours ouverts...

A droite de la cour se trouvent les trois **magasins sacrés** en pierre, le dernier décoré de relief représentant des éléphants, exécutés d'après les dessins de *Kanō Tanyū* (1602-1674). A gauche, l'**écurie sacrée** est la seule construction de l'ensemble qui ne soit pas laquée.

Sur le second panneau en partant de la g., apparaît la fameuse *****trinité simiesque**.

Au fond de la cour, proche du bassin destiné aux eaux lustrales, le **Rinzō**, bibliothèque sacrée qui renferme 7 000 volumes de sūtra bouddhistes. En montant un autre escalier, on accède, au pied du Yōmei mon, à une terrasse où se dressent un fort **candélabre** et deux **lanternes de bronze**, présents hollandais offerts en 1636 par l'intermédiaire de *François Caron (V. Hirado)*. Une **cloche de bronze** provient de Corée.

A g., en arrière de la **tour du tambour**, s'élève le **Yakushi dō** ou **Honji dō**, dédié à Yakushi Nyorai ; ruiné par un incendie en 1961, il fut reconstruit entre 1967 et 1974 ; son plafond était décoré d'un célèbre « Dragon gémissant » **(Naki ryū)**, peint par *Kanō Yasunobu* (1616-1685) ; un nouveau dragon est dû au peintre contemporain *Nampu Katayama*.

****Yōmei mon** *(Pl. C2)*, le « portail de la lumière du soleil », s'élève au sommet d'une nouvelle série de marches ; c'est le monument le plus célèbre du Tōshō gū. Là s'arrêtaient les samourai d'un rang inférieur, tandis que les grands samourai pouvaient pousser plus avant, en abandonnant toutefois leur épée à la porte.

Réputé d'une beauté sans pareille, le portail est censé retenir l'attention admirative de l'observateur jusqu'au soir, d'où son surnom de Porche du crépuscule. Surmonté d'un étage, il est orné d'une profusion de sculptures fantastiques blanches ou dorées ; un encorbellement compliqué soutient le balcon du niveau supérieur. Les douze colonnes qui supportent le portique sont en bois de *keyaki* (zelkowa), peintes en blanc ; dans les médaillons, oiseaux, animaux, fleurs sculptés en bas-relief. Sur l'une des colonnes centrales, remarquer deux tigres sculptés : le grain du bois a été adroitement utilisé pour représenter la fourrure de ces animaux qu'on appelle pour cette raison *mokumeno tora* (tigres à l'essence de bois) ; sur une autre colonne, nommée *Sakasa bashira* (colonne inversée), les motifs sont sculptés à l'envers afin de conjurer le mauvais sort.
La porte Yōmei mon est prolongée par des **galeries** d'E. en O. ; sur les panneaux extérieurs sont sculptés des pins, bambous, pruniers, oiseaux.

Après avoir franchi Yōmei mon, on pénètre dans une cour qu'une nouvelle enceinte sépare au N. du sanctuaire principal. A g. s'élève le **Mikoshi gura**, édifice où sont déposés les palanquins sacrés, contenant des reliques, et utilisés lors des processions des fêtes annuelles.

Au plafond de l'édifice, on remarquera de grands **tennin** (anges bouddhistes), peints par *Kanō Ryōtaku*.

A l'opposé du Mikoshi gura se trouve le **Kagura den** (scène pour les danses sacrées) ; sur une paroi, une corbeille sculptée, d'après un dessin de *Kanō Korenobu* (1753-1808), dénote une influence occidentale ; c'est le seul exemple à Nikkō.

*Kara mon au N. de cette cour donne accès au Hon den ; cette porte est richement décorée. Les piliers et les vantaux sont incrustés d'ornements sculptés, en bois, représentant des dragons et des fleurs ; au plafond figure une fée jouant de la harpe.

Il faudra se déchausser, avant de franchir sur la droite le **tamagaki**, barrière sacrée qui entoure le **Hai den** et le **Hon den** ; l'ensemble constitue l'édifice le plus important du sanctuaire.

Le *Hai den ou oratoire, en quelque sorte l'antichambre du Hon den, est divisé en trois salles dont les piliers laqués sont enfermés dans des cadres métalliques.

Sur les linteaux des portes de la salle centrale, frises représentant des plantes et des oiseaux au-dessus des linteaux, portraits des Trente-six Poètes, peints par *Tosa Mitsuoki* (1617-1691). Plafond à caissons ornés de dragons. Au fond, le miroir sacré (0,80 m de diamètre) figure l'esprit saint de la divinité. La salle orientale était réservée autrefois aux shōgun des trois maisons Tokugawa d'Owari (Nagoya), de Kii (Wakayama) et de Hitachi (Mito). La salle occidentale était destinée au supérieur du Rinnō ji, qui appartenait à la famille impériale. Les panneaux de ces deux pièces sont incrustés de fleurs de paulownia et de phénix.
Par le passage appelé **Ishino ma**, nom dû au sol de tatami reposant sur un dallage de pierre, on accède au Hon den.

Le *Hon den se compose de trois parties : le **heiden**, où sont conservés les gohei d'or (papier d'or), le **naijin** (salle intérieure) et le **nai-naijin**. Dans cette dernière, entourée des plus grands chefs-d'œuvre de l'art, se trouve le resplendissant sanctuaire laqué or (Palais sacré), où sont adorées les trois divinités : Ieyasu, Hideyoshi et Yoritomo. Les salles intérieures ne sont pas ouvertes au public.

Depuis la cour située entre Yōmei mon et Kara mon, s'ouvre une porte sur laquelle est sculpté le fameux *Nemuri neko, le « chat qui dort », œuvre du grand sculpteur *Hidari Jingorō* (1594-1634). Après avoir franchi cette porte, on parvient au **Sakashita mon**, richement décoré, au-delà duquel un escalier s'élève jusqu'au **mausolée de Ieyasu**, que précèdent l'**Inuki mon** et un **oratoire**. Ce monument en bronze, en forme de petite pagode, fut refait en 1683 après un tremblement de terre.

☛ Revenant à Ōte dōri, au pied des escaliers menant au grand torii et à la Pagode à cinq étages *(p. 436)*, on longera une avenue qui conduit vers le N.-O. au sanctuaire de Futarasan.

Ce chemin dépasse, sur la g., le **Kōyō en** où fut créé en 1915 le **musée du trésor** *(Pl. C2)* : grand nombre d'objets et œuvres d'art provenant des temples et sanctuaires de Nikkō. Poursuivant dans cette direction on rencontre sur la dr. un torii, ouvert sur une série de marches qui montent au :

Sanctuaire de Futarasan *(Pl. B1)*, situé à l'O. du Tōshō gū ; fondé en l'honneur d'*Ōkuninushi no Mikoto* (V. *Izumo*), ce sanctuaire fut reconstruit en 1610. Danses sacrées du 13 au 17 avril.

Devant le Hon den on remarque une vieille **lanterne en bronze**, nommée *Bake dōrō*, la « lanterne du Spectre » (1293) ; la légende prétend qu'à la lueur de cette lanterne plusieurs spectres apparurent et livrèrent un combat : on peut voir encore des traces de coups d'épée.

A 200 m S.-O. de ce sanctuaire, *****Mausolée de Tokugawa Iemitsu** (1603-1661), beaucoup plus simple, appelé aussi **Daiyū in** *(Pl. A1-2)* ou **Daiyū byō**. Ce tombeau fut construit en un an, alors qu'il en avait fallu treize pour édifier le Tōshō gū. Le **Hai den** fut décoré par *Kanō Tanyū* et *Kanō Yasunobu*.

A 5 km N. de Nikkō *(car)* : **cascade Kirifuri** (cascade de la brume) sur l'Itana gawa, dont la double chute atteint 70 m de hauteur ; sur le chemin (depuis le pont sacré) on passe par le **Ritsu in**, célèbre pour ses pruniers fleuris. Au-delà de la cascade, une nouvelle route à péage aborde le **plateau de Kirifuri** (ski de janvier à mars).

B. — De Nikkō à Numata

89 km S.-O. par la N 120 ; car.

Au-delà du Pont de Nikkō qui double le Pont sacré, la route dépasse les terrains des sanctuaires de Nikkō.

2 km : **Tamozawa bashi**.

A 500 m S. : **jardin botanique de Nikkō** dépendant de l'Université de Tōkyō, riche de plusieurs milliers de plantes, notamment alpines ; l'ancienne villa impériale de Tamozawa, rattachée à ce parc, abrite le **Musée de Nikkō** consacré au Parc national : géologie, flore, faune, histoire, etc.

En arrière de ce parc se trouve le **Gammanga fuchi**, effondrement où tombent les eaux de la Daiya ; on remarquera à proximité les innombrables **statues de Jizō Bosatsu**, qu'on dit ensorcelées car nul ne peut en déterminer le nombre exact. En montant toujours plus vers le S. on rencontrerait Somen daki.

A 3 km N.-O. : **cascade de Jakkō** ou **Nunobiki**, sur la Tamozawa gawa.

7 km : **Kiyotaki**, où l'on peut visiter le sanctuaire et le temple de ce nom. Laisser sur la g. la N 122 en direction de *(61 km S.-O.)* Kiryū.

9 km : **Umagaeshi**, d'où part *****Irohazaka**, route aux multiples virages qui s'élève jusqu'au lac Chūzenji.

Il existe en fait deux routes *(à péage)* semblables, de part et d'autre de la **gorge de Kegon** ; la plus méridionale, ou **Daini** (la seconde), est empruntée pour la montée ; l'autre, **Daiichi**, pour la descente.

16 km : **Akechidaira**, belvédère découvrant la vallée de la Daiya gawa ; de là un téléphérique mène au **Tembō dai** (1 365 m).

Au sommet, magnifique *****panorama** sur le mont Nantai, le lac Chūzenji, les cascades de Kegon et, en arrière, la plaine du Kantō.

18 km : **Chūgushi**, à l'extrémité orientale du *****Chūzenji ko** (1 271 m d'alt. ; *bateau sur le lac en été ; téléphérique du Mont Chanoki Daira*).

Ce lac (11,6 km²) d'origine volcanique forme la partie méridionale d'un vaste cratère dont le Nantai san occuperait le cône central. Il est particulièrement apprécié en été et en automne ; nombreuses installations de sports et de détente. Fête des lanternes du 31 juillet au 2 août.

PARC NATIONAL DE NIKKO

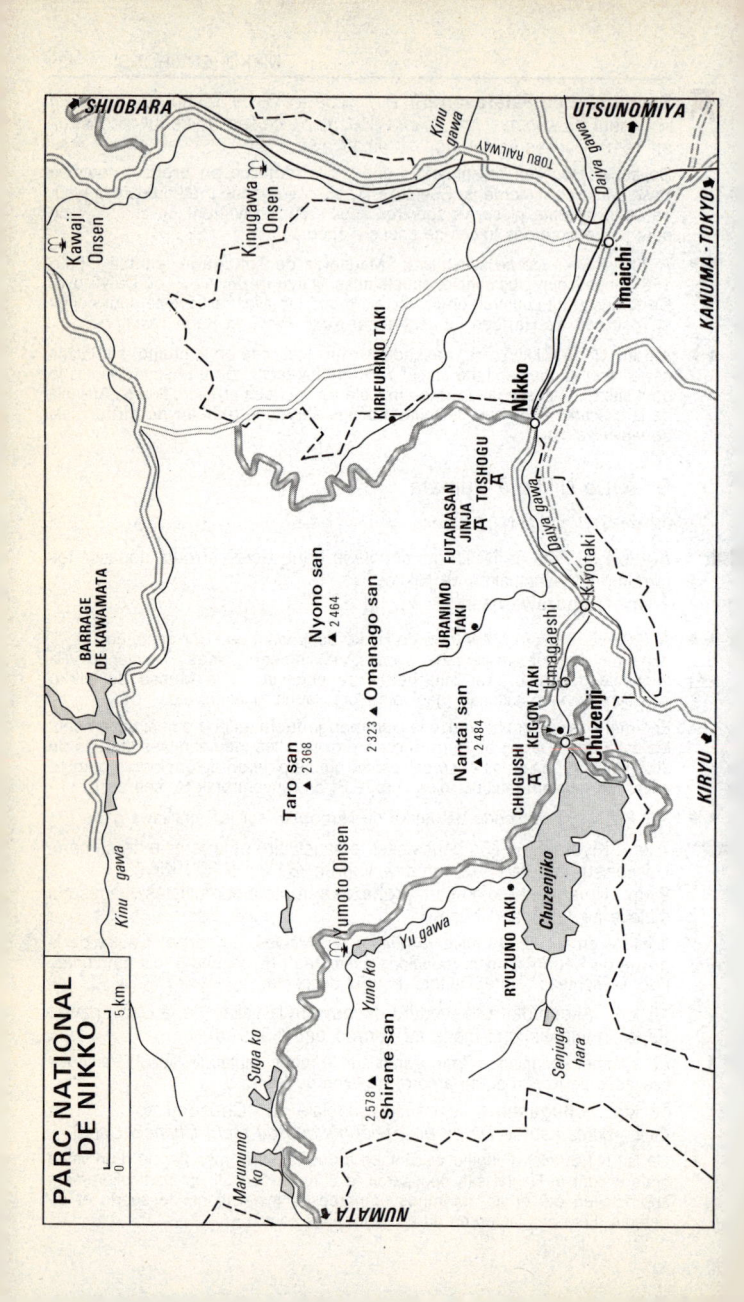

De Chūgushi un ascenseur descend au pied de la *chute de Kegon (96 m), qui s'échappe du lac ; c'est sans doute la plus célèbre du Japon, malheureusement appréciée aussi par trop de couples candidats au suicide...

Shirakumo taki, cascade du nuage blanc, ainsi qu'une douzaine d'autres chutes mineures, sont à proximité.

A l'O. de la localité, sur les bords du Chūzenji ; se dresse le **Futarasan Chūgushi** (sanctuaire du Milieu), d'où l'on peut réaliser *(5 h env.)* l'ascension du **Nantai san** (2 484 m) ; au sommet de celui-ci se trouve l'**Oku miya** (sanctuaire supérieur). Entre les 1er et 7 août, *Tohai matsuri* : ascension d'environ 10 000 personnes, vêtues du costume blanc des pèlerins ; le spectacle est grandiose.

A 1 km S. de Chūgushi, sur les rives orientales du lac : **Chūzen ji** ou **Tachiki Kannon**, créé (784) par *Shōdo Shonin* ; ce temple abrite une **statue de Kannon** aux mille mains, attribuée au prêtre *Shōdo*.

A 7 km S. *(route à péage ; car)* : **Hangetsu tōge**, sur les pentes du **Hangetsu zan** (1 753 m), d'où l'on découvre le Chūzenji ko.

20 km : **Musée d'Oku Nikkō** ; au-delà du Futarasan Chūgushi, petit musée d'histoire naturelle qui conserve une hache ayant appartenu, paraît-il, au prêtre Shōdo. La N 120 continue à longer le Chūzen ji.

24 km : **Jigokuchaya** ; la cascade de la Tête du Dragon, **Ryūzuno taki**, coupe le cours de la Jigoku gawa qui se jette dans le Chūzenji ko.

26 km : Plaine marécageuse de **Senjōga hara** que traverse la Yu gawa. Cette rivière est issue au N. du petit **lac de Yuno** (1 478 m d'alt.), qui s'échappe par la cascade de **Yu daki**.

32 km : **Yumoto**, station thermale (eaux de 56 à 68 °C) entourée par les hautes montagnes d'**Oku Nikkō**. Depuis Yumoto, la *route à péage de **Konzei tōge** passe en tunnel sous le **col de Konsei** (2 024 m), entre les **monts Konsei** (2 242 m) et **Yuzenga** (2 333 m), qui sépare les départements, de Tochigi et de Gumma.

Les marcheurs pourront relier **Konsei tōge** à **Nikkō** via Kaneda tōge (1 865 m), Orokura san (2 020 m), Sannōbōshi zan (2 085 m), Tarō san (2 368 m), Fujimi tōge (2 033 m), la vallée de l'Ara gawa et Jikanno taki. Parcours d'environ deux journées qui peut se faire en randonnée *(se renseigner à Nikkō)*.

40 km : **Suge numa** (1 719 m d'alt.), lac formé par une retenue de lave du Nantai san. Ce versant occidental de la montagne est encore plus sauvage que le précédent ; le site est grandiose. Le lac se déverse, par la chute de Hatchō, dans le lac de Maru qui lui fait suite.

58 km : **Katashina**, *V. Numata (environs)*.

89 km : **Numata**, *V. ce nom*.

■ Nobeoka (Ile de Kyūshū)

Carte du Nord de Kyūshū, p. 372-373.
Tōkyō, 1 349 km. — Fukuoka, 244 km. — Kagoshima, 216 km. — Kumamoto, 145 km. — Miyazaki, 89 km. — Ōita, 112 km.

Miyazaki ken. — 128 292 hab. — Port de pêche. — Industries textiles.

Sur la façade orientale de l'île de Kyūshū, Nobeoka est le meilleur point d'accès aux gorges de Takachiho.

442 NOBEOKA (ENVIRONS) — NUMATA

Site du château de Nobeoka *(1,5 km S.-O. de Nobeoka eki)*, sur une île formée par la Gokase gawa, aujourd'hui occupée par un parc public. Ce château fut (entre 1587 et 1868) la résidence successive des Takahashi, Arima, Miura, Makino et Naitō.

Environs

1 — Kitaura *(36 km N.-E. ; car)*, petit port de pêche, au fond d'une anse qui s'ouvre au N. de la très belle région côtière parsemée d'îlots, surnommée **Hyūga Matsushima** par analogie au site célèbre des environs de Sendai *(V. Shiogama)*.

2 — Takachiho *(56 km N.-O., par la N 218 ; train J. N. R. ; car).* — Depuis Nobeoka, la route et la voie ferrée remontent la vallée de la Gokase gawa.
6 km : A dr. se détache un chemin en direction du *(6 km N.-O.)* **Mukabaki yama** (831 m d'alt.), montagne boisée où coule la **cascade de Munobiki** ; pas de moyen de transport pour y accéder.
39 km : **Hinokage**, localité au-delà de laquelle la vallée se resserre et devient plus pittoresque.
56 km : **Takachiho**, localité des bords de la Gokase gawa, d'où l'on peut effectuer de belles promenades dans les alentours. Survivances de traditions locales.

A 1 km S. : ****Takachiho kyō**, l'une des gorges les plus spectaculaires du Japon ; le site de rochers escarpés, formés de laves du Mont Aso, et d'où tombent des cascades, a donné naissance à de nombreuses légendes.

A 17 km N. : limite des départements de Miyazaki et d'Ōita *(cars pour Taketa)* ; toute la zone montagneuse qui s'étend dans ces parages est connue sous le nom de ***parc régional de Sobo Katamuki** (22 000 ha), dont le **Sobo san** (1 758 m) et le **Katamuki yama** (1 605 m) sont les principaux sommets ; forêts et animaux sauvages (daims, antilopes, ours) font sa renommée.

3 — Hyūga, Parc national du Mont Aso, *V. ces noms.*

Numata (Ile de Honshū)

Tōkyō, 171 km. — Fukushima, 299 km. — Maebashi, 41 km. — Nagano, 120 km. — Niigata, 202 km. — Urawa, 141 km. — Utsunomiya, 125 km.
Gumma ken. — 47 150 hab.

Sur un plateau contrôlant le confluent de l'Usune et de la Katashina avec la Tone gawa, Numata peut être choisie comme base de découverte du Parc national de Nikkō *(V. ce nom)*, et notamment des sommets d'Oku Nikkō.

Ruines du château de Numata *(800 m N. de la gare)*, élevé à l'origine (1153) par Numata Kagetoki. Tokugawa Ieyasu en fit cadeau aux Sanada qui en furent dépossédés. Reconstruit (1703), le château devint la résidence des Honda, puis des Kuroda jusqu'en 1868.

Environs

1 — Oze numa *(55 km N.-E. ; car jusqu'à Oshimizu)*. — Toute la zone s'étendant à l'O. d'Oze numa est connue sous le nom d'**Ozega hara** ; cette région n'est accessible qu'aux marcheurs, qui trouveront quelques refuges de montagne. L'ensemble fait partie du Parc national de Nikkō. Quitter Numata vers l'E. par la N 120, qui remonte la vallée de la Katashina.

31 km : **Katashina** : on laissera la N 120 qui prend la direction de Nikkō *(itinéraire décrit en sens inverse, p. 441)*. Station de sports d'hiver sur les pentes orientales du Hotaka san (2 158 m).
37 km : **Tokura**.

A 5 km : **Fujimishita**, d'où l'on peut réaliser le circuit de l'Ozega hara.

51 km : **Oshimizu**, où s'arrêtent les cars ; il faudra poursuivre à pied.
54 km : **Sampei tōge** (1 762 m), d'où l'on découvre l'Oze numa et le Hiuchiga take.
55 km : ***Oze numa**, petit lac de 1,67 km², riche en plantes aquatiques. Au N. s'élève le **Hiuchiga take** (2 346 m), volcan éteint, au sommet duquel la vue embrasse toute la région. L'Oze numa forme la partie orientale du vaste plateau marécageux d'Oze, qui se trouve à environ 1 400 m d'alt. ; il est agrémenté de cascades, et parsemé en saison de tapis de fleurs rares, qui attirent promeneurs et botanistes. Un circuit balisé permet de relier, en deux journées de marche, Oshimizu et Tokura via l'***Ozega hara**.

2 — **Yuzawa** *(61 km N.-O., par la N 17 ; car)*. — Quitter Numata vers le N.
7 km : **Tsukinoyu**, localité au-delà de laquelle on laisse sur la dr. la N 291 en direction de Minakami *(V. ce nom)*.
22 km : **Sarugakyō**, petite station thermale en amont du lac de retenue d'Akaya.
27 km : La route passe *(tunnel)* sous le col de Mikuni (1 244 m), qu'empruntait autrefois le Mikuni kaidō. Jolis paysages au-delà.
33 km : Station de sports d'hiver de **Naeba** au pied du Naeba san (2 145 m d'alt.) ; l'une des meilleures stations de ski du Japon (compétitions internationales).
61 km : **Yuzawa**, station thermale et de sports d'hiver, au sortir du tunnel ferroviaire de Shimizu, sur la vallée de l'Uono gawa.

3 — **Parcs nationaux de Jōshin Etsu Kōgen et de Nikkō,** *V. ces noms.*

Numazu (Ile de Honshū)

Tōkyō, 117 km. — Kōfu, 99 km. — Nagano, 249 km. — Nagoya, 225 km. — Shizuoka, 50 km. — Yokohama, 92 km.
Shizuoka ken. — 189 038 hab. — Ville industrielle et portuaire.

Bien que gagnée par l'expansion industrielle, cette ville ouverte sur la baie de Suruga, à l'embouchure de la Kano gawa, reste une agréable station de séjour, d'où l'on peut entreprendre la visite du Parc national de Fuji-Hakone-Izu. La ville fut la résidence des Mizuno jusqu'au XIXe s. De nos jours, la famille impériale japonaise possède une villa dans les environs.

Sembon Matsubara *(1,5 km S.-O. de la gare ; bus)*, jolie plage des « Mille pins », étendue au N. de l'estuaire de la Kano gawa ; aquarium.

Kanuki yama *(2 km S.-E.)*, élevé de 193 m, d'où l'on obtient une vue célèbre sur la baie de Suruga et le Mont Fuji.

Environs : Parc national de Fuji Hakone Izu, *V. ce nom.*

O

■ Obama (Ile de Honshū)

Carte des richesses naturelles, p. 61 à 64.
Tōkyō, 515 km. — Fukui, 114 km. — Gifu, 134 km. — Kanazawa, 193 km. — Kyōto, 108 km. — Ōtsu, 92 km.
Fukui ken. — 33 702 hab. — Port de pêche.

Au fond de la jolie baie de ce nom, Obama peut être choisie comme base pour la découverte du **parc côtier de Wakasan wan**.

A proximité de la mer *(1,5 km N. de la gare)*, subsistent les **ruines du château d'Obama** où résidèrent, entre 1585 et 1868, les Kinoshita, les Kyōgoku et les Sakai.

Environs

1 — Onyū *(4 km S.-E. ; train J.N.R.)*, où l'on pourra visiter, à 3 km S. de la gare, le **Jingū ji**, dont le **Hon dō** et le **Niō mon** sont deux édifices intéressants ; le **Myōraku ji** *(à 4 km S.-E., par une autre route)* est remarquable pour le **Yakushi dō** et une **pagode à cinq étages**. Il existe d'autres temples dans les environs d'Obama, conservant d'intéressantes statues bouddhiques *(se renseigner)*.

2 — Kusuyaga take *(15 km N. ; car)* ; par une route *(péage)* sinueuse, on peut atteindre le sommet (619 m) de la presqu'île rocheuse qui délimite la baie d'Obama au N. ; vue sur les alentours et nombreuses curiosités naturelles dans le voisinage.

3 — *Wakasa sotomo *(9 km N. ; bateau)*, ensemble extraordinaire de calanques, arches naturelles et grottes marines, accessible seulement depuis la mer.

4 — Takahama *(20 km O. ; train J.N.R.)*, d'où l'on pourra gagner en été *(bateau ; 7 km N.-O.)* les superbes ***falaises d'Otomi**, limitées par le cap de Tai.

5 — Miyazu, Tsuruga, V. ces noms ; **6 — Biwa ko,** V. Ōtsu.

■ Obihiro (Ile de Hokkaidō)

Carte de Hokkaidō (partie orientale), p. 230-231.
Tōkyō, 1 320 km. — Abashiri, 197 km. — Asahikawa, 185 km. — Kushiro, 123 km. — Sapporo, 210 km.
Hokkaidō. — 153 861 hab. — Raffineries sucrières. — Université nationale.

Obihiro s'est développée au point de rencontre de plusieurs rivières : Otofuke, Shikaribetsu Satsunai et Tokachi ; elle se situe au cœur de la plaine fertile de Tokachi que dominent le massif de Daisetsuzan au N. et la chaîne de Hidaka à l'O. Son activité industrielle récente en fait la septième ville de Hokkaidō. Obihiro peut être prise comme point de départ pour la découverte des Parcs nationaux d'Akan ou de Daisetsuzan.

Le **Parc de Midorigaoka** *(2 km S.-O. de la gare; bus)* est un ensemble de hauteurs boisées, couvrant 42 ha, et possédant des installations sportives.

Environs

1 — Tokachigawa Onsen *(11 km E.; car)*; les sources, de 41 à 46 ºC, jaillissent dans le lit de la Tokachi gawa.

2 — Hidaka *(88 km O., par les N 38 et 274 ; car).* — Depuis Obihiro, la N 38 remonte vers l'O. la vallée de la Tokachi gawa.
33 km : **Shimizu**, où l'on emprunte la N 274 qui franchit la chaîne de montagnes de Hidaka en passant *(tunnel)* sous le **col de Nisshō**; très beau *parcours. Cette barrière montagneuse, issue du Daisetsuzan, se termine dans la mer à l'Erimo misaki et culmine au **Horoshiri dake** (2052 m).
88 km : **Hidaka**, sur la haute vallée de la Saru gawa. Depuis Hidaka il est possible de descendre par le train les vallées de la Saru, puis de la Mu kawa.

3 — Parcs nationaux d'Akan et de Daisetsuzan, *V. ces noms ;* **4 — Erimo misaki,** *V. Samani.*

■ Ōda (Ile de Honshū)

Tōkyō, 885 km. — Hiroshima, 163 km. — Matsue, 65 km. — Tottori, 198 km. — Yamaguchi, 185 km.
Shimane ken. — 36 192 hab.

Avec ses faubourgs de Kute et de Torii, Ōda est un important centre commercial de la façade du Chūgoku, vers la Mer du Japon.

Environs : Sambe Onsen *(20 km S.-E. ; car)*; sources à 42 ºC ; la station est située au pied méridional du *Sambe san (1126 m), dont une route à péage fait le tour *(circuit d'env. 16 km ; car).* Grottes, solfatares, coulées de lave et petit lac d'Ukinu témoignent de l'existence d'un ancien volcan, surnommé Fuji d'Iwami.

■ Odawara (Ile de Honshū)

Carte de la région de Hakone, p. 173.
Tōkyō, 77 km. — Kōfu, 104 km. — Shizuoka, 91 km. — Yokohama, 52 km.
Kanagawa ken. — 156 654 hab.

A l'embouchure de la Sakawa gawa, sur la baie de Sagami, Odawara est la principale clé d'accès aux Monts de Hakone ; elle fut dans le passé un point stratégique sur le Tōkai dō ; c'est aujourd'hui une ville touristique ; de là, on se dirigera vers l'Ashino ko ou la péninsule d'Izu.

Château d'Odawara *(200 m S. de la gare)*, situé au centre d'un agréable jardin public. Le donjon de quatre étages, redressé en 1960, abrite souvenirs et documents concernant le passé historique d'Odawara.

Le fief des Hōjō. — En 1494 *Hōjō Nagauji*, plus connu sous le nom de *Hōjō Sōun* (1432-1519), s'empara du château d'*Ōmori Yoriaki* dont il fit sa résidence. Son fils *Ujitsuna* et son petit-fils *Ujiyasu* s'imposèrent progressivement dans toute la région du Kantō aux dépens des Uesugi, décadents, qui en avaient la charge théorique ; *Uesugi Kenshin* assiégea vainement le château, en 1561. En 1578 *Oda Nobunaga* reconnut à *Hōjō Ujimasa* ses prérogatives sur le Kantō, mais celui-ci, refusant de se soumettre à Toyotomi Hideyoshi, fut assiégé à Odawara, où il se suicida. Le château passa alors aux Ōkubo, et le gouvernement du Kantō fut confié à Tokugawa Ieyasu. Les Abe, puis les Inaba succédèrent aux Ōkubo qui reprirent possession (1686) d'Odawara.

A proximité du château se tient le sanctuaire de **Hotoku Ninomiya**, dédié au botaniste *Sontoku Ninomiya* (1787-1856), natif d'Odawara.

Environs

1 — Minami Ashigara *(11 km N.-O. ; train Izu Hakone Railway jusqu'au terminus de Daiyūzan).* — On y visite, à 3 km S.-O. de la gare *(bus)*, le **Saijō ji** ou **Doryōson**. Établi sur les pentes septentrionales du Myojinga take (1 169 m), ce temple (XVe s.) abrite une Kannon à onze têtes, et les statues du prêtre Doryōson et de Tengū (démon à long nez), qui serait la métamorphose posthume du prêtre fondateur. Fête les 27 et 28 de chaque mois.

2 — Manazuru *(15 km S. ; train J.N.R. ; car).* — A 3 km S.-E. de la gare *(car)*, pointe le joli cap rocheux de Manazuru, d'où l'on découvre les régions d'Atami et d'Odawara. Aquarium à proximité.

3 — Atami, Gotemba, Itō, Kamakura, Parc national de Fuji Hakone Izu, *V. ces noms.*

Oga (Ile de Honshū)

Carte du Tōhoku, p. 234-235.
Tōkyō, 625 km. — Akita, 30 km. — Aomori, 192 km. — Morioka, 147 km. — Sendai, 270 km. — Yamagata, 244 km.

Akita ken. — 38940 hab.

Oga et sa presqu'île, comme un ergot sur la bordure occidentale du Tōhoku, est l'un des plus agréables buts d'excursion du Nord de Honshū, depuis la ville d'Akita. A l'E. s'étend l'ancienne lagune bonifiée de Hachirō.

Environs :

1 — Hachirō gata *(12 km N.-E. env.)* ; cette ancienne lagune de 223 km² fut bonifiée à 80 % entre 1958 et 1968. On y a créé des fermes coopératives modèles, avec mécanisation intensive, en vue d'augmenter le rendement de la production rizicole. Ce lac était autrefois le second du Japon après le Biwa ko.

2 — *Circuit de la Presqu'île d'Oga *(71 km, selon l'itinéraire indiqué ci-dessous ; — excursion d'une journée réalisée par Oga bus ; plusieurs variantes au départ des gares d'Oga ou d'Akita).* — Quitter Oga vers le N.-E. en direction d'Akita.

8 km : Prendre vers le N. une route en direction de la route à péage **Panorama Line** qui accède au :

13 km : **Kampū zan** (355 m d'alt.), belvédère d'Oga d'où la vue s'étend de part et d'autre sur la péninsule et Hachirō gata.

25 km : **Kitaura**, petit port de pêche au N. de la presqu'île d'Oga ; au-delà on emprunte ***Hachibō Highline**, qui passe en vue de la crique de Toga, entre Ichinome gata et Ninome gata.

38 km : **Nyūdo zaki**, à la pointe nord-occidentale de la presqu'île ; ce cap rocheux est couronné d'un phare. Longer la côte septentrionale vers l'E.

44 km : **Oga Onsen**, où l'on pourra éventuellement passer la nuit ; gagner la baie de Toga vers le S. en croisant Hachibō Highline.

47 km : **Toga**, petite baie de pêcheurs ouverte à l'O. sur la Mer du Japon ; bateau pour Oga via Monzen, et pour Kitaura via Nyūdo misaki.

49 km : Cuvette de **Sannome gata**, au-delà de laquelle s'embranche une route *(à péage)* en corniche le long de la ***côte occidentale de la presqu'île d'Oga** ; c'est l'un des plus beaux parcours du circuit : formations de récifs, arches naturelles, et autres accidents du relief ; la côte est ici dominée par le **Hon zan** (716 m d'alt.). On passera notamment en vue du **Daisankyō** *(bateau d'accès)* et du **Kōjakuno iwaya**.

62 km : **Monzen**, à l'extrémité de la route à péage, où l'on visite les petits sanctuaires voisins de Gosha dō.

71 km : **Oga**.

3 — Akita, *V. ce nom.*

Ōgaki (Ile de Honshū)

Tōkyō, 377 km. — Fukui, 156 km. — Gifu, 16 km. — Kanazawa, 242 km. — Nagano, 298 km. — Nagoya, 53 km. — Ōtsu, 69 km. — Toyama, 282 km. — Tsu, 84 km.

Gifu ken. — 134 942 hab. — Industries : textiles, produits chimiques et alimentaires ; machines industrielles.

A l'O. de l'Ibu gawa qui se jette dans la baie d'Ise, Ōgaki doit sa prospérité à l'industrie textile (filatures et tissage de coton) ; la ville est aujourd'hui devenue la deuxième du département de Gifu, avec une industrialisation très diversifiée.

Château d'Ōgaki *(500 m S. de la gare)* ; le donjon reconstruit s'élève au centre du parc d'Ōgaki et renferme un musée d'histoire locale.

Ce château fut construit (1535) par *Miyagawa Yasusada*, à la demande du shogun Ashikaga Yoshiharu. En 1546, *Oda Nobuhide*, père de Nobunaga, s'en empara. Le château fut la résidence des Toda de 1634 à 1868.

Environs :

1 — Yōro *(12 km S.-O. ; train Kintetsu E. R.).* — A 1 km S.-O. de la gare *(car)*, joli site de collines boisées, célèbre par la légende du bûcheron *Yōrō* (VIIIe s.). Celui-ci aurait découvert une source de sake qui lui permit de secourir son père malade ; un sanctuaire lui est dédié. Le parc retiendra l'attention par sa riche végétation, changeante avec les saisons ; la **cascade de Yōrō**, au-delà du sanctuaire, a une chute de 32 m.

2 — Ibuki yama *(32 km N.-O. ; car ; train J. N. R. jusqu'à Sekigahara).* — Quitter Ōgaki vers l'O. par la N 21.

15 km : **Sekigahara**, où l'on quittera la route nationale. Un monument marque *(1,5 km O. de la gare)* le site d'une ancienne **barrière douanière** ; mais Sekigahara reste beaucoup plus célèbre par la bataille de ce nom, qui assura le pouvoir aux Tokugawa de 1600 à 1868.

Ieyasu triomphe. — C'est à Sekigahara que s'affrontèrent (21 octobre 1600) les forces coalisées des deux grands partis de *Toyotomi Hideyori*, successeur de Hideyoshi, prétendant légitime au gouvernement, et de *Tokugawa Ieyasu*, qui briguait le pouvoir absolu. Toute la noblesse japonaise, ou presque, fut présente à Sekigahara ; les adversaires de Tokugawa se placèrent sous le commandement d'*Ishida Kazushige*, qui provoqua le conflit; certains, comme *Kobayakawa Hideaki*, surveillèrent l'évolution du combat avant de se ranger dans le clan des vainqueurs; d'autres, comme *Mōri Terumoto*, devant la défaite tentèrent vainement d'obtenir la clémence de Ieyasu. Il y eut près de trente mille victimes, parmi les 210 000 combattants. Cette grande bataille de l'histoire japonaise entraîna la déchéance des vaincus et un remaniement complet des seigneuries au profit des partisans du vainqueur. Ce fut également l'établissement du gouvernement des Tokugawa, qui s'assurèrent un contrôle direct sur la destinée des daimyō.

17 km : A dr. s'embranche la route à péage sinueuse qui accède à l'Ibuki yama.

32 km : *Ibuki yama (1 377 m d'alt.); importante station de sports d'hiver et réserve botanique considérable, où furent dénombrées plus de 230 espèces d'herbes médicinales. La vue s'étend sur le lac Biwa, le Haku san et les Alpes japonaises.

C'est sur le mont Ibuki que le héros légendaire *Yamato Takeru* fut pris d'une fièvre maligne, provoquée par le génie de la montagne; il en mourut quelque temps plus tard à Nobono *(V. Kameyama)*.

3 — **Gifu, Nagoya,** *V. ces noms*; 4 — **Biwa ko,** *V. Ōtsu.*

■ Ogasawara shotō [Parc national d']

Hors carte, richesses naturelles, p. 61 à 64.
Tōkyō, 975 km.

Comment vous y rendre?
— *Depuis Tōkyō, par l'Ogasawara Kisen, service hebdomadaire pour Chichi jima (Ōmura); trajet en 38 h; les départs peuvent être suspendus pour raisons climatiques.*
— *Liaison locale assurée entre Chichi jima et Haha jima; pas de ligne régulière pour Iō jima.*

L'archipel d'Ogasawara, ou des Bonin, regroupe environ quatre-vingt-dix-sept îles, réparties entre les 20e et 35e parallèles N. Parmi celles-ci, on distingue les deux groupes principaux d'Ogasawara guntō et d'Iō rettō. D'une altitude moyenne faible, ces îles culminent avec Minami Iō jima (918 m); englobées dans la chaîne volcanique du Fuji, elles sont agitées constamment de mouvements orogéniques. A l'E. se creuse la fosse marine d'Izu Ogasawara; c'est l'une des plus profondes du globe (10 680 m au large de Tori shima). Éloigné de la capitale et encore difficilement relié à celle-ci, l'archipel exploite de nos jours une double vocation : la pêche et le tourisme; le parc national, créé en 1972, recouvre 6 434 ha.

Les îles inhabitées. — L'archipel reçut son nom d'*Ogasawara Sadayori*, originaire de la province de Shinano, qui le découvrit en 1593. Ces îles désertes furent également connues sous le vocable de *munin* (d'où Bonin), qui veut dire inhabité. Reconnues (1639) par le navigateur hollandais *Mathieu Quast*, elles furent explorées sur l'ordre du shōgur *Tokugawa Ietsuna* à partir de 1675. Au XIXe s., après une tentative d'occupation européenne, le gouvernement japonais y installa des pêcheurs de Hachijō jima *(V. Izu shotō)*. Reconnues japonaises en 1875, les îles furent rattachées à la préfecture de Tōkyō en 1880. Durant la Seconde Guerre mondiale, l'île d'Iō servit de base à l'aviation militaire nationale tombée, à l'issue d'un terrible combat (février 1945), aux mains des Américains, cette île fut utilisée lors du bombardement de l'archipe nippon jusqu'à la capitulation d'août 1945. L'archipel d'Ogasawara fut restitué au Japon par les États-Unis en 1968.

Parmi les îles de l'archipel, mentionnons du N. au S. :

Tori jima, à mi-chemin entre les archipels d'Izu et d'Ogasawara, où une centaine de chasseurs d'albatros furent victimes en 1902 de l'éruption subite d'un volcan.

Nishino shima, au S. de laquelle s'est manifesté en mai 1973 un nouveau volcan, dont l'évolution est observée de près par les spécialistes.

Chichi jima, la plus importante et la plus active de l'archipel ; son relief montagneux toutefois ne dépasse pas 319 m au Chūō zan ; on y remarque la jolie **baie de Futami,** où se trouve la localité d'**Ogasawara** ou **Ōmura.**

Au S. de cette île, **Minami jima** a une physionomie saharienne malgré la présence océane de toutes parts.

Haha jima, où une poignée d'habitants cultivent citrons, ananas, bananes et cannes à sucre.

Iō jima, la plus importante des îles d'Iō rettō, où se déroula la terrible bataille évoquée plus haut, qui fit 4 000 victimes (monuments commémoratifs).

Okino Tori shima, à environ 715 km S.-O. d'Iō jima, est l'île la plus méridionale de toute l'archipel nippon ; 20° 25′ de latitude N., à la hauteur de la Nubie (Égypte) et de Guadalajara au Mexique.

Ōita (Île de Kyūshū)

Carte du Nord de Kyūshū, p. 372-373.
Tōkyō, 1 236 km. — Fukuoka, 175 km. — Kumamoto, 137 km. — Miyazaki, 201 km.

Chef-lieu d'Ōita ken (756 579 hab.). — 260 584 hab. — Ville industrielle et portuaire. — Universités nationale et privée.

Ōita, séparée de Beppu par le Takasaki yama, s'est étalée à l'embouchure de l'Ōno gawa — faubourg de Tsurusaki — et a conquis sur la mer les terrains qui lui manquaient pour son développement portuaire et son expansion industrielle. Implantation d'aciéries, d'industries pétrochimiques et de raffineries pétrolières.

Funai, l'ancien nom d'Ōita, était au XVIᵉ s. la résidence des Ōtomo. Capitale de la province de Bungo, la ville établit des relations commerciales avec les Portugais, et fut visitée en 1551 par *Saint François Xavier.*

Site du château d'Ōita *(1 km N.-E. de la gare),* aujourd'hui aménagé en jardin public qu'entourent de vastes douves.

Environs :

1 — Saganoseki *(30 km E., par la N 197 ; car) ;* de cette petite localité ouverte au S. sur la **baie d'Usuki,** on pourra gagner à pied *(4 km N.-E.)* le **cap de Seki,** qui fait face à Taka shima et Sada misaki, pointe extrême de l'île de Shikoku, de l'autre côté du **détroit de Hōyō.** Au N. une petite crique abrite un port de pêche *(service maritime pour Misaki).*

450 OKAYAMA

2 — Yunohira Onsen *(32 km O., par la N 210 ; train J.N.R. ; car) ;* dans un joli site à 600 m d'altitude, cette station thermale *(4 km O. de la gare ; car)* est traversée par la Hanano gawa ; sources de 59 à 84 °C. Fête du 7 au 9 mai.

3 — Beppu, Usuki, Parc national du Mont Aso, *V. ces noms.*

Okayama (Ile de Honshū)

Carte de Shikoku et Mer Intérieure, p. 502-503.
Tōkyō, 708 km. — Hiroshima, 163 km. — Kōbe, 143 km. — Tottori, 137 km.

Chef-lieu d'Okayama ken (1 057 247 hab.). — 546 000 hab. — Ville industrielle (caoutchouc ; produits chimiques ; machines). — Universités nationale et privée.

A 4 h 10 de Tōkyō par super express, Okayama offre au voyageur l'aspect d'une ville moderne et industrielle. Centre politique, culturel et économique de la préfecture portant le même nom, Okayama n'est pourtant pas une toute jeune cité. Ancienne capitale de la province de Bizen, la ville est réputée pour la porcelaine Bizen yaki dont la tradition remonte à 1 200 ans. Ces poteries, même si on les trouve dans les magasins d'Okayama, sont l'apanage de la ville d'Imbe, située à 45 minutes de train de la capitale du San yo ; elle doit faire l'objet d'une visite. Autres raisons de séjourner à Okayama : le château, le jardin Korakuen et tous les alentours (région du Kibi).

Le peintre *Kuniyoshi Yasuo* (1893-1953) naquit à Okayama.

**Kōrakuen *(1,5 km E. d'Okayama eki)* est le principal attrait touristique de la ville d'Okayama. Avec les jardins de Kanazawa, de Mito et de Takamatsu, il compte parmi les plus célèbres du Japon. Celui d'Okayama (11,5 ha) occupe une île de l'Asahi gawa, au N. de l'ancien château des Ikeda.

Ce parc fut créé (1700) à la demande d'*Ikeda Tsunamasa,* sous la direction de *Nagata Tsuda.* Jardin-paysage type, il réunit en un espace relativement restreint les artifices d'une nature disciplinée où se combinent rochers, étang, cascades artificielles, tertres de verdure (Keshige yama et Misao yama), pavillon de thé (Kokumei kan), plantation de thé, etc., qui répondent aux enseignements du grand maître *Kobori Enshū* (1579-1647). Le jardin fut cédé à la ville par la famille Ikeda en 1884.

Au N. du Kōraku en, on pourra visiter le **Musée d'Art d'Okayama** *(ouvert de 9 h à 18 h),* en partie créé grâce aux donations du collectionneur Ichiro Hayashibara ; œuvres d'art, souvenirs concernant les Ikeda (armures, épées) et objets intéressant le département d'Okayama ; poteries de Bizen anciennes

Le **château d'Okayama**, au S. du Kōraku en, est relié à celui-ci par un passerelle. Le donjon, qui semble avoir été imité de celui d'Azuchi (V. *Omi Hachiman),* fut détruit par les bombardements de 1945 et reconstruit en 1966 ; on peut le visiter.

Ujō, château de la corneille, est le surnom de ce « château noir », par opposition au « château blanc », ou du héron, Himeji *(V. ce nom*

OKAYAMA 451

Okayama jō fut élevé par *Ukita Naoie* (1530-1582) ; son fils *Hideie* en fut dépossédé après la bataille de Sekigahara, puis exilé à l'île de Hachijō jima. Le château passa alors aux Kobayakawa, puis aux Ikeda à partir de 1603.

Saidai ji ou **Kannon in** *(1 km S. de la gare de Saidaiji ; 11 km E. d'Okayama ; bus)* est surtout célèbre pour le festival d'*Eyō* ou *Hadaka*, qui se déroule, à minuit, le troisième samedi de février ; dix mille jeunes gens nus se bousculent dans l'obscurité pour saisir un *singi*, baguette magique censée leur apporter du bonheur pendant l'année ; il y a beaucoup d'animation ! Ce temple, que borde la Yoshii gawa, fut fondé au VIIIe s. en l'honneur de Kannon aux mille bras.

L'ancienne localité de Saidaiji est aujourd'hui rattachée à l'agglomération d'Okayama, distante d'une dizaine de kilomètres.

Environs

1 — *Kōnan dai *(16 km S. ; car).* — Quitter Okayama vers le S.-E. en direction du port.
9 km : Digue de Kojima (longue de 1,6 km), qui divise depuis 1956 la baie de Kojima et retient à l'O. un **lac d'irrigation** ; celui-ci permet la mise en culture, sur 10 000 ha, de nouvelles terres poldérisées où la mécanisation agricole est très poussée. Au-delà de la digue, la route s'élève en lacets sur le Kōnan dai.
16 km : Kinko zan (403 m d'alt.), sommet d'où l'on découvre la ville d'Okayama, Kojima wan et au S. la Mer Intérieure avec ses îles nombreuses.

2 — Sōja *(23 km O., par la N 180 ; excursion du Kibi par les Chutetsu Bus, le dimanche, depuis la gare d'Okayama ; car et train J.N.R. pour Sōja).* — A la charnière entre les anciennes provinces de Bizen et de Bitchū, la région du ****Kibi**, comprise dans un triangle dont les sommets sont Kurashiki, Okayama et Sōja, est chargée d'un riche passé historique : tumuli d'époque kōfun, temples et sanctuaires de fondation ancienne en sont le témoignage. Quitter Okayama vers l'O. par la N 180.
8 km : Ichinomiya *(gare)*, où l'on visite Kibitsu hiko jinja ; fondé en 1563 au pied de la colline de Kibi, ce sanctuaire fut achevé à la fin du XVIIe s. par *Ikeda Mitsumasa* ; il est célèbre pour son jardin et deux grandes lanternes de pierre, proches de l'entrée ; le trésor conserve plusieurs peintures et épées anciennes.
10 km : Kibi, où l'on visite *(à 500 m S. de la gare),* sur les pentes du Kibino Nakayama, le ****Kibitsu jinja**, fondé au IVe s. en l'honneur du prince semi-légendaire *Kibitsu hiko*, qui pacifia (IIe s. av. J.-C.) les provinces de l'O. ; il aurait vécu plus de deux cents ans... Le sanctuaire qui lui est dédié, reconstruit en 1425, est caractéristique du *style Kibitsu* : toits à double pignons sur les côtés, précédé, au-dessus de l'oratoire **(hai den)**, ici sans cloisons, d'un autre toit perpendiculaire à ceux qui couvrent le saint des saints **(hon den)**. A dr. de l'oratoire on atteint une très belle **galerie couverte** (1578 ; remarquez le toit incurvé, long de 360 m) qui descend jusqu'au **Kama dono**, salle du chaudron ; ce chaudron est célèbre pour les prophéties qu'il délivre lors du rituel de Narukama.
11 km : Route à g. en direction de Kiyone, qui passe en vue de plusieurs tumuli dont *(sur la dr.)* celui de Tsukuriyama, l'un des plus importants du Japon (350 m de longueur).

A 6 km O. par cette route : Bitchū Kokubun ji, dont on repère la pagode à cinq étages. Fondé au VIIIe s. lors des créations de l'empereur Shōmu, brûlé au XIVe s., ce temple fut partiellement reconstruit à son emplacement actuel, en 1707 ; on pourra se faire montrer, à 500 m E. env., le site du temple original ; à mi-chemin se trouve le petit kôfun boisé de **Komori zaka**, dont on peut voir la chambre sépulcrale.

13 km : **Takamatsu** ; gare de Bitchū-Takamatsu.

→ A 800 m N. : Site du **château de Takamatsu**, dont s'empara (1582) *Toyotomi Hideyoshi*.

Retournement de situation. — *Shimizu Muneharu* défendait ce château au nom de *Mori Terumoto* que combattait alors *Hideyoshi*. Devant la difficulté du siège, ce dernier fit appel à Oda Nobunaga qui envoya en renfort *Akechi Mitsuhide*. En fait Mitsuhide profita de la situation pour assassiner *Nobunaga* à Kyōto, et devint maître de la ville. *Hideyoshi*, qui entre-temps avait fait détourner la rivière voisine pour inonder les abords du château, réussit à enlever le siège ; il fit la paix avec Terumoto et vainquit Mitsuhide aussitôt.

→ A 3 km N. *(car)* : **Myōkyō ji**, surtout célèbre pour le sanctuaire voisin de **Saijō Inari**, fondé au VIIIe s. et autrefois connu sous le nom de Mogami Inari ; c'est l'un des principaux sanctuaires japonais dédiés à la déesse *Toyouke hime (V. Ise et Inari jinja à Kyōto)* ; curieuse porte en pierre à coupoles des rois Deva (1958) ; en arrière le **Ryūō san**, avec un petit temple dédié à Nichiren.

15 km : **Ashimori**, autrefois la résidence des *Kinoshita* (de 1600 à 1868).

→ A 3 km N. : **Omizu kōen** est un charmant jardin d'époque Edo, dans le style de Kobori Enshū, dessiné à la demande des seigneurs d'Ashimori.

23 km : **Sōja** (37 371 hab.), patrie du grand maître *Sesshū* (XVe s.) ; jolie gorge de Gokei.

3 — Kurashiki, Tsuyama, Shōdo shima, Parc national de Seto Naikai, V. ces noms.

■ Okazaki (Ile de Honshū)

Carte ferroviaire, en page de garde.
Tōkyō, 304 km. — Gifu, 72 km. — Nagano, 290 km. — Nagoya, 35 km. — Shizuoka, 137 km.

Aichi ken. — 210 515 hab. — Industries textiles. — Université nationale.

Bordée à l'O. par la Yahagi gawa, Okazaki entre aujourd'hui dans la grande périphérie industrielle de Nagoya. La ville est plus particulièrement vouée à l'industrie textile et près d'un demi-millier d'usines, établies le long du fleuve, produisent 80 % des pièces de tissu fabriquées au Japon.

Okazaki est la patrie du célèbre *Tokugawa Ieyasu* (1542-1616).

Château d'Okazaki *(3 km N. de la gare J.N.R. ; bus)* ; c'est au centre d'un jardin public dessiné par les douves de l'ancien château qu'a été récemment redressé le donjon ; à l'intérieur *Ieyasu* est à l'honneur.

Le château fut acquis par *Tokugawa Kiyoyasu* (1511-1536), aïeul de Ieyasu qui y naquit. Ayant confié le gouvernement du Kantō à Ieyasu Toyotomi Hideyoshi plaça *Tanaka Yoshimasa* à Okazaki.

■ Oki shotō*

Carte des richesses naturelles, p. 61 à 64.
Tōkyō, 910 km. — Matsue, 90 km.

Shimane ken.

Deux unités principales, **Dōgo** et **Dōzen** (Nishino, Nakano et Chiburi jima), et près de 180 îlots composent cet archipel d'origine volcanique (3 500 ha), aux contours insaisissables tant sont nombreux les promontoires, caps, falaises, criques et autres accidents côtiers qui en font l'attrait principal. Cet archipel est rattaché par ailleurs au Parc national de Daisen Oki (V. ce nom).

Exils impériaux. — Comme un certain nombre d'îles mineures de l'archipel nippon, les îles d'Oki servirent d'exil politique; les Hōjō y envoyèrent deux empereurs. C'est d'abord Go Toba, qui ayant essayé de reprendre le pouvoir aux shikken de Kamakura, fut exilé en 1221 à Ama (Nakano shima), où il mourut. En 1331 ce fut le tour de l'empereur Go Daigo, banni pour des raisons semblables à Chiburi jima. Mais celui-ci s'échappa en 1333, et débarqua à Hōki. Nawa Nagatoshi l'accompagna jusqu'à Kyōto, où Ashikaga Takauji, qui était venu les combattre, prit finalement le parti de l'empereur (V. Kyōto).

Dōgo (services maritimes depuis Saigō pour Nakano shima, Nishino shima, Shichirui, Sakaiminato; — vols T.D.A. pour Izumo, Yonago); de forme circulaire, cette île, la plus importante de l'archipel, s'ouvre au S. par la baie de Saigō; de là on pourra rayonner (autocars). Le pourtour, spécialement découpé, offre une grande variété de paysages.

De Saigō à Fuse (35 km N.; car via Goka). — Quitter Saigō vers le N.-O. 4 km : On trouve sur la dr. le site d'un temple **Kokubun ji**, à proximité duquel fut élevé un palais pour l'empereur Go Daigo.

6 km : route à g. vers (10 km S.-O.) **Tsuma**, au fond d'une belle crique.

15 km : joli **sanctuaire de Mizuwakasu**, dont le style rappelle celui d'Izumo; fête le 3 mai.

A 4 km O. : **Goka**, où l'on peut visiter dans une maison de bois (époque Meiji) un petit **musée folklorique**.

24 km : *****Shirashima kaigan**, côte spetentrionale de l'île que l'on suit vers le S.-E.

35 km : **Fuse**, d'où l'on pourra d'une part gagner vers l'E. le beau site de Jōdoga ura, et d'autre part faire l'ascension du Daimanji san (608 m), sommet de l'île, qui s'élève au S.-E.

Dōzen, à 30 km S.-O. de Dōgo, forme également un ensemble plus ou moins circulaire, dont la mer aurait séparé en différentes îles les reliefs principaux.

Nakano shima (services maritimes d'Ama à Dōgo, Nishino shima, Sakaiminato); on visitera, à 4 km S.-E. du port (car), le **sanctuaire d'Oki**, construit (1939) en l'honneur de l'empereur Go Toba, dont le tombeau est situé à proximité.

Nishino shima (2,5 km N.-O. de Nakano shima; — services maritimes de Beppu ou Nishinoshima, à Chiburi jima, Dōgo, Nakanoshima, Sakaiminato). — ****Kuniga kaigan**, qui occupe toute la façade « externe » (N.-O.) de cette île, en est la partie la plus intéressante : **cap de Maten**, d'un pic de 300 m, arche naturelle de **Tsuten, Bibi ura**, etc.; côte située à 13 km O. de Beppu (car); élevage de chevaux et de bovins.

Chiburi jima (10 km S. de Nishino shima; services maritimes pour les autres îles et Sakaiminato) fut la terre d'exil de l'empereur Go Daigo. On se rendra à pied (8 km S.-O. du port de Chibu) au Chibu Sekiheki, barrière rocheuse de 100 à 180 m de hauteur.

Okinawa shotō (Nansei shotō)*

Carte de Nansei shotō et Okinawa, p. 410-411.
Tōkyō, 1 649 km.

Okinawa.

Rétrocédées au Japon en 1972, ces îles lointaines de l'archipel sont recherchées pour le dépaysement qu'elles procurent. Baignant dans une douceur subtropicale, elles offrent une végétation et une atmosphère « autres ». La meilleure saison, pour visiter Okinawa, s'étend d'octobre à avril (le reste de l'année des typhons sont à craindre). L'île d'Okinawa proprement dite ne correspond pas toujours à l'image idyllique que l'on s'en fait, notamment dans sa partie méridionale où se succèdent des localités surpeuplées et de nombreuses bases américaines. Aujourd'hui, Okinawa cherche à s'industrialiser et à rattraper le mouvement dynamique du reste du Japon. Il y a quelque chose de méditerranéen dans la nonchalance des habitants, l'animation des rues, la chaleur humaine. La société traditionnelle conserve un caractère matriarcal et la femme tient un grand rôle dans les croyances populaires : les prêtresses des sanctuaires font généralement office de shaman ; d'autres coutumes (rites funéraires, légendes de la mer, langage, etc.) caractérisent encore ces îles.

A. — Okinawa jima

Ile principale d'Okinawa shotō, allongée sur 120 km env. pour une largeur de 5 à 20 km seulement ; le N. de l'île, plus montagneux, contraste avec le S. urbanisé et voué à l'agriculture.

Naha (276 380 hab.), capitale de l'île, est également chef-lieu de la Préfecture d'Okinawa, dont elle réunit la moitié de la population (575 323 hab). Entre l'ancienne ville royale de Shuri et le port de Tomari, Naha devint à partir de 1879 le centre administratif de l'île. Dans cette ville entièrement reconstruite après le bombardement de 1944, les quartiers aux maisons basses, qui avec leurs toits de tuiles gardent un aspect traditionnel, contrastent avec un centre dynamique où s'élèvent, plus ou moins anarchiquement, des immeubles de toutes tailles et de toutes fonctions.

Naha est traversée d'O. en E. par la longue **Kokusai Chūō dōri** *(1,5 km)*, rue Internationale, tracée depuis la guerre sur des terrains d'anciennes rizières ; elle est bordée de nombreux magasins.

Heiwa dōri, centre d'un marché pittoresque, coupe Kokusai à angle droit et rejoint directement le quartier de **Tsuboya** (ci-après).

Kokusai dōri aboutit au N.-E. à Sogen ji dōri, d'où l'on gagnera vers l'O. le port de Tomari ; cette nouvelle rue passe devant le **Sogen ji**, annoncé par un puissant mur avec arches de pierre ; en arrière reposent les anciens souverains des Ryūkyū ; remarquer les curieuses tombes, avec couverture en « carapace de tortue », où étaient déposés les os des défunts ; ce type de sépultures se rencontre dans tout l'archipel d'Okinawa.

Tomari, au N. de la ville, est l'ancien port de Shuri *(services maritimes pour les Ryūkyū).* Un remodelage complet en a agrandi et modifié les infrastructures ; port commercial et de passagers, il occupe aujourd'hui toute la façade maritime de Naha et se prolonge au S. jusqu'à l'embouchure de la Kokuba gawa, connue sous le nom de Port de Naha.

Visiteurs occidentaux. — Vers le milieu du XIXe s., plusieurs vaisseaux étrangers tentèrent d'approcher le Japon en faisant escale à Naha ; des contacts furent alors pris avec le roi des Ryūkyū, en vue d'établir des accords commerciaux ; plusieurs missionnaires français faisaient partie des expéditions. Citons : *Théodore Augustin Forcade,* futur archevêque d'Aix-en-Provence, qui resta à Okinawa de 1844 à 1846 ; *l'amiral Cécille* et *Nicolas François Guérin,* qui abordèrent aux Ryūkyū avec la frégate la Cléopâtre, et obtinrent en 1847 un traité de commerce, toutefois non ratifié par la France et blâmé par le gouvernement japonais ; le *commodore Perry* qui fit escale en 1853, en route vers Shimoda et Kurihama ; les missionnaires *Prudence Girard,* en 1855, fondateur de l'église de Yokohama et *Bernard Petitjean,* en 1860, qui s'établit plus tard à Nagasaki.

A 1 km S.-O. de Tomari, l'ancien **sanctuaire de Naminoue** est resté le plus populaire d'Okinawa ; il a été reconstruit après la guerre.

Au S.-O. de ce sanctuaire s'étend l'ancien **quartier réservé de Tsuji**, où se sont développés bars et maisons de jeu ; le 20e jour du 1er mois lunaire (décembre ou janvier), a lieu le défilé des geisha *(Juri uma)* de ce quartier ; celles-ci sont alors revêtues de leurs plus beaux habits, particulièrement colorés à Okinawa.

A 1,5 km S.-E. de Kokusai dōri, on atteint par Kainan dōri, au-delà de Himeribashi dōri, le parc public de **Yogi kōen**.

Au S.-E. de ce parc se trouve le **quartier des potiers de Tsuboya** ; de nombreuses entreprises emploient maintenant les procédés modernes de fabrication, mais il existe encore plusieurs artisans traditionnels, dont certains utilisent un four de cuisson creusé à même la paroi rocheuse des collines avoisinantes. Il est recommandé de visiter une fabrique d'objets laqués (*Bembo Lacquerware,* 2-21-8 Matsuyama) et un atelier de batek, le bingata (Natoyama Industrial Arts, 4-79-3 Shuri Gibo-cho).

Environs

1 — Shuri *(6 km E. ; bus).* — Ce faubourg de Naha domine le site de la ville moderne ; il fut autrefois la résidence des souverains d'Okinawa. L'**université des Ryūkyū** fut construite en 1950 à l'emplacement de l'ancien **palais royal de Shuri**, détruit lors des bombardements de 1944 ; seule subsiste l'église voisine.

Le château fut élevé au début du XVe s. par *Hashi,* seigneur de Sashiki, qui détrôna la dynastie alors régnante d'Okinawa. Après avoir couronné son père, il lui succéda en 1421 et releva le nom royal au profit de sa descendance. Celle-ci fut en fait renversée (1470) par un nouveau souverain, *Shō En,* dont le fils *Shō Shin* réussit à imposer son autorité sur l'ensemble de l'île ; ses héritiers se maintinrent jusqu'au rattachement d'Okinawa au Japon en 1879.

Seul témoignage de l'ancien château, le **Shurei no mon**, Porte de la Courtoisie, est le plus célèbre monument d'Okinawa ; elle fut élevée à l'origine en 1527 ; le **Benzaiten dō**, ancien pavillon à sūtra, fut reconstruit au centre du petit étang d'Ekan. Au N. de l'étang de Ryūtan, qui fait partie de l'ensemble, se trouve le **Musée préfectoral d'Okinawa** *(Onaka chō, Shuri ; — ouvert t. l. j. de 9 h à 17 h, sauf lundi et jours fériés ; fermé du 28 déc. au 4 janv.)*, ouvert en 1972, qui a pu recueillir une partie des collections autrefois exposées au château de Shuri : objets d'arts locaux, sculptures, peintures, calligraphies, textiles, joyaux des anciens souverains, maquette de la salle d'audience du palais de Shuri, etc.

2 — Okinawa Senseki — champs de batailles d'Okinawa — *(circuit de 60 km ; autocars ; excursion).* — Dans toute la partie méridionale de l'île, se déroulèrent les violents combats d'Okinawa.

La bataille d'Okinawa. — Après un premier bombardement en octobre 1944, les Américains débarquèrent à Toguchi (Motobu) le 1er avril 1945 ; les combats qui se poursuivirent jusqu'au 21 juin, notamment dans la partie méridionale de l'île, furent parmi les plus meurtriers de la seconde guerre mondiale : 12 000 tués du côté américain, 90 000 morts parmi les Japonais, sans compter les innombrables blessés et victimes civiles, ni parler des suicides « collectifs » des femmes d'Okinawa qui, avec leurs enfants dans les bras, se précipitèrent du haut des rochers dans la mer ; l'île fut alors dévastée. Après la guerre les États-Unis participèrent, jusqu'en 1972, au redressement de l'économie d'Okinawa.

Quitter Naha vers le S. par la N 331.

11 km : **Itoman**, où l'on visitera le **musée des Forces armées** du Fort Buckner, où sont retracés les épisodes de la bataille d'Okinawa : photographies, cartes et documents. A Itoman se trouvent également les **monuments** de *Kochibara Monchū* et du *général Simon Bolivar Buckner*, commandant de la 10e armée américaine. Courses de bateau en été à Itoman.

18 km : **Komesu**. Non loin de cette localité s'élèvent plusieurs **monuments commémoratifs** : celui de *Himeyuri*, dédié à la mémoire des élèves et enseignants du lycée départemental et de l'école normale d'Okinawa ; celui de la colline, dédié à la mémoire du lieutenant-général *Mitsuru Ushijima*, qui se donna ici la mort.

28 km : **Minatogawa**, d'où l'on gagne :

A 2 km N.-O. *(car direct depuis Naha) :* ****Gyokusen dō**, une des plus importantes grottes naturelles de l'Orient, découverte en 1967. 900 000 stalactites ; longueur 5 km dont 800 m ouverts au public depuis 1972. Voisin, un grand **centre de recherches** sur le serpent *Habu* (fabrication des vaccins ; combats entre habu et mangouste).

40 km : **Chinen**, où se trouvent les ruines de l'un des nombreux châteaux d'Okinawa. Les souverains de cette île y faisaient autrefois étape en se rendant en pèlerinage à l'île de Kudaka.

A 7 km au large *(bateau depuis Sashiki) :* **Kudaka jima**, île légendaire où s'établit le premier couple divin de la mythologie des Ryūkyū ; il donna naissance à cinq enfants qui organisèrent la société traditionnelle de l'archipel méridional ; parmi ceux-ci, *Tenteishi* fut le premier roi légendaire d'Okinawa.

46 km : **Sashiki**, petit port au S. de la baie de Nakagusuku, d'où l'on peut atteindre Kudaka jima, ci-dessus.

51 km : **Yonabara**, d'où l'on regagne par la N 329, vers l'O. :

60 km : **Naha**.

3 — *Parc côtier d'Okinawa Kaigan *(circuit de 285 km, en partie par les N 58 et 329 ; car ; aéroglisseur de Naha au site de l'Expo 75).* — Malgré les distances relativement faibles, le circuit presque complet de l'île demandera au minimum une journée ; les routes le plus souvent encombrées sont parfois difficiles, notamment sur la côte orientale de l'île, même si une autoroute relie sur 28 km Nakadomari à Kyoda. Quitter Naha vers le N., par la N 58.

7 km : Embranchement à dr. vers :

→ 2 km E. : **Urasoe** (41 768 hab.), ancienne ville féodale d'Okinawa, à proximité de laquelle se trouvent les **tombeaux de Yodore**, de la première dynastie d'Okinawa. On y remarque également le mausolée du prince Shō Nei, emprisonné en 1609 par les Shimazu à Kagoshima.

12 km : **Isa**, l'un des quartiers de **Ginowan** (39 390 hab.), dont **Futenma** *(2 km E.)* est le principal centre.

30 km : **Yamada**, où l'on atteint de nouveau les bords de la Mer de Chine Orientale ; toute cette portion de côte jusqu'à Nago fait partie du **Parc régional d'Okinawa Kaigan**, créé en 1972. A côté de Yamada, centre de recherches sur le serpent *Habu* (nombreux serpents venimeux dont 2 000 habu).

33 km : **Nakadomari**, d'où l'on pourra gagner *(vers le S.-E.)* la nouvelle autoroute qui facilite la liaison avec Nago. A Nakadomari, l'intéressant **musée du coquillage** réunit des spécimens d'Okinawa et du monde entier.

34 km : célèbre station balnéaire **Moon-Beach**.

56 km : **Imbu**, d'où l'on peut se rendre *(vers le N.)* au **Bushina misaki** : tour d'observation sous-marine. Construction d'un centre de loisirs sur la grande plage voisine.

62 km : **Yofuke**, où aboutit la N 329.

→ A 3 km S. *(à pied)*, jolie **cascade de Todoroki**.

64 km : **Nago** (39 799 hab.), agglomération de développement récent ; il sera intéressant de faire un détour par Motonobu. — Quitter la N 58 pour gagner par la route côtière, ou la route 116, qui contourne au N. Katsuu dake (461 m) :

81 km : **Toguchi**, le port de **Motobu**, où la flotte de la 10ᵉ armée américaine débarqua le 1ᵉʳ avril 1945.

→ A 10 km N.-O. *(bateau)* : **le shima**, dont le Gusuku yama culmine à 172 m ; très belle plage ; on y voit le monument au journaliste américain *Ernie Pyle*, qui mourut lors du débarquement d'Okinawa.

→ A 45 km N. *(bateau)* : archipel d'**Iheya-Izena shotō**, avec les deux îles principales de ce double nom.

83 km : **Urasaki**, d'où la route 114 gagne vers l'O. Bise misaki par le :

85 km : **Site de l'Expo 75** *(aéroglisseur depuis Naha)* ; première exposition océanographique mondiale, réalisée à Okinawa en 1975-1976, sur le thème de « l'Homme et la Mer ». Le clou de cette exposition était l'**Aquapolis** (ingénieurs : *MM. Hoshino Mamoru* et *Kokino Akira*), cité maritime flottante (10 000 m²) amovible, reliée par un pont de 400 m à la côte ; dotée d'un générateur solaire et d'une usine de désalinisation, elle fut montée près de Hiroshima. Aujourd'hui les installations semblent à l'abandon. Les principales unités de l'exposition (Bateaux, Sciences et technologie, Histoire et Ethnies, Zoo marin) sont reliées grâce à de petits véhicules télécommandés par ordinateur ; port au S. du site et plage au N. Au lendemain de l'exposition, l'ensemble (couvrant 100 ha, sur 4 km de longueur) a été converti en station balnéaire.

93 km : **Oyadomari**, d'où l'on pourra gagner vers le S. les ruines du **château de Nakijin** ; campées sur une falaise découvrant la mer, ces ruines demeurent les plus importantes d'Okinawa.

109 km : **Nakaoshi**, où l'on retrouve la N 58 et le ***parc régional d'Okinawa kaigan**, qui apparaîtra désormais sous ses plus beaux aspects. Le relief de toute la partie septentrionale de l'île est beaucoup plus accentué ; beaux contrastes avec la mer qui garde des teintes et une transparence de rêve.

120 km : **Shioya ōhashi**, pont moderne coupant l'embouchure d'un petit estuaire.

154 km : *****Hedo misaki**, à la pointe septentrionale de l'île d'où l'on découvre par beau temps Yoron jima *(p. 145)*.

159 km : **Oku**, où s'achève la N 58, au N. d'Okinawa ; se renseigner sur l'état de la route au-delà, et sur l'éventualité d'un service de car ; sinon il faudra revenir par la N 58 pour gagner Futami ou Ishikawa. Au-delà d'Oku la route, beaucoup plus sinueuse, longe la façade orientale d'Okinawa que borde l'océan Pacifique.

170 km : **Aha**, d'où l'on peut remonter la vallée de l'Aha gawa en direction du Yonaka dake (498 m), sommet de l'île d'Okinawa.

192 km : **Higashi**, où s'ouvre à l'E. la petite baie de Taira.

210 km : **Futami**, où l'on rencontre la N 329 que l'on suivra vers le S.-E.

245 km : **Ishikawa** (15 761 hab.) que borde à l'E. le **golfe de Kin**, fermé au N. par Kin misaki et à l'E. par Ikei jima ; jolie plage de Nankai, à 7 km N.-E. d'Ishikawa.

250 km : **Yenobi**. Route à g. vers **Gushikawa** (37 292 hab.) et son arène où, chaque dimanche, se déroulent des combats de taureaux. La route continue sur le **cap de Katsuren**, qui sépare les **baies de Kin** et de **Chūjō** (Nakagusuku).

→ A 10 km S.-E. *(par cette route)* : **Yonagusuku**, d'où l'on peut gagner les îles qui ferment à l'E. la baie de Kin. Il est projeté de les relier à la terre par une plate-forme de 200 ha qui recevra le plus grand terminal pétrolier du Japon ; à **Ikei jima**, la plus septentrionale de ces îles, on va construire une usine d'aluminium.

257 km : **Koza** (58 658 hab.), deuxième ville d'Okinawa, doit surtout son développement au voisinage des bases militaires américaines ; les quartiers de distraction de cette ville sont réputés auprès des citoyens des États-Unis résidant à Okinawa.

265 km : **Nakagusuku**, où fut élevé un **château** au XVe s. pour défendre celui de Shuri. Au pied du château, il est recommandé de visiter la *****maison de Nakamura**, magnifique résidence construite en 1700 dans le style des maisons d'Okinawa.

276 km : **Yonabaru**, d'où la N 329 ramène vers l'O. à :

285 km : **Naha**.

4 — Kerama rettō *(35 km O. ; bateau pour Tokashiki et Zamami shima)*, groupe de plusieurs îles dont Tokashiki et Zamami sont les plus importantes. Les Américains y débarquèrent en mars 1945 ; ces îles attirent aujourd'hui touristes, campeurs et amateurs de plongée sous-marine.

B — Kume jima

Service maritime et vols Swal pour Okinawa ; quelques ryokans.

Cette île est située, dans la Mer de Chine Orientale, à environ 150 km O. d'Okinawa ; culminant à 326 m d'alt. ; elle est entourée de récifs de corail. L'aéroport de Gushikawa est à 10 km O. de Nakazato, la principale localité de l'île.

Sur la petite île de **Sai Ōjima** *(2 km S.-E. du port de Nakazato ; bateau)*, curieuse chaussée de laves concrétisées, dite **Tatami ishi**.

Ōmagari (Ile de Honshū)

Carte du Tōhoku, p. 234-235.
Tōkyō, 542 km. — Akita, 50 km. — Aomori, 236 km. — Morioka, 92 km. — Sendai, 185 km. — Yamagata, 167 km.

Akita ken. — 41 764 hab.

ŌMI HACHIMAN 459

Au confluent de l'Omono gawa avec la Tama gawa, Ōmagari est également un important embranchement ferroviaire d'où la ligne d'Ou bifurque d'une part vers Akita, au N.-O., et d'autre part vers Morioka au N.-E.

Environs

1 — Tazawa ko *(44 km N.-E., par les N 105 et 46 ; train J.N.R. jusqu'à la gare de Tazawako, puis car).* — Quitter Ōmagari vers le N.-E. par la N 105 en remontant la vallée de la Tama gawa.

20 km : **Kakunodate**, ancienne ville féodale qui releva des Tozawa au XVIe s., des Satake un siècle plus tard. On y remarque encore d'anciennes **maisons de samourai** qui donnent un certain cachet à cette ville ; une rue, bordée de cerisiers, attire les foules au printemps. Poursuivre vers l'E. par la N 46.

28 km : **Jindai**, d'où l'on pourra gagner :

A 3 km S.-E. : ***Dakigaeri keikoku**, très beau ravin de montagne où s'abrite un petit sanctuaire, et plus en amont, à 8 km de Jindai *(car),* la station thermale de **Natsuse**.

38 km : **Tazawako**, gare d'accès du lac de ce nom ; le chemin de fer poursuit vers l'E. en direction de Morioka et remonte de fort jolies **gorges** avant de passer *(tunnel)* sous le col de Sengan (894 m d'alt.). Quitter la N 46 et continuer à remonter vers le N. la vallée de la Tama.

42 km : Traverser la Tama gawa, qui se poursuit vers le N. au-delà du **barrage de Yoroibata**, afin d'accéder au :

44 km : ***Tazawa ko**. Ce lac de 26 km², à une altitude de 250 m, atteint la profondeur record de 425 m ; la teinte lapis lazuli de ses eaux et leur transparence inégalée font sa célébrité. Une ***route à péage** le contourne sur 15 km *(car)* et des services de bateau permettent de le traverser. Il est dominé à l'E. par le **Komaga take** (1 637 m), dont il est possible de réaliser l'ascension *(car jusqu'à la huitième station, depuis la gare de Tazawako) ;* pèlerinage du 15 juillet au 20 août.

2 — Akita, Yokote, Parc National de Towada Hachimantai, *V. ces noms.*

Ōmi Hachiman (Ile de Honshū)

Tōkyō, 439 km. — Fukui, 153 km. — Gifu, 96 km. — Kyōto, 47 km. — Ōtsu, 35 km. — Tsu, 88 km.

Shiga ken. — 43 832 hab.

Quelque peu en retrait du lac Biwa, à l'E. de celui-ci, Ōmi Hachiman est la ville la plus proche des ruines célèbres d'Azuchi.

Environs

1 — Chōmei ji *(7 km N.-O. ; car),* dont la fondation est attribuée au prince *Shōtoku,* fut reconstruit au XVIe s. ; le village voisin est classé parmi les merveilles du lac Biwa.

2 — Azuchi *(5 km N.-E. ; train J.N.R.) ;* le site de l'ancien **château d'Azuchi** se trouve à 1,5 km N. de la gare.

Le palais-forteresse d'Oda Nobunaga. — Azuchi fut en son temps l'un des plus formidables châteaux du Japon : son édificateur, *Oda Nobunaga* (1534-1582), s'imposa comme le premier unificateur d'un Japon dévasté par les guerres civiles ; après avoir déposé le dernier shogun Ashikaga, il se rendit maître d'Azuchi où il établit le siège de sa puissance ; il fut assassiné à Kyōto par Akechi Mitsuhide, qui détruisit aussitôt l'éphémère château.

Nobunaga avait confié la direction des travaux d'Azuchi au daimyo *Niwa Nagahide*. Les plus grands artistes, parmi lesquels *Kanō Eitoku* (1543-1590), participèrent à sa luxueuse décoration ; le donjon de six étages devait atteindre 36 m de hauteur et dépasser celui de Himeji ; peint de couleurs vives, le château se remarquait de loin et se reflétait dans les eaux des étangs qui en défendaient les abords. On reconnaîtra les différentes enceintes et on pourra voir, au Hon maru, un monument dédié à Nobunaga ; le **Soken ji** conserve une statue et quelques rares souvenirs du grand homme.

3 — Biwa ko, *V. Ōtsu.*

Omura (Ile de Kyūshū)

Carte du Nord de Kyūshū, p. 372-373.
Tōkyō, 1 277 km. — Fukuoka, 127 km. — Nagasaki, 38 km. — Saga, 74 km. — Vols A. N. A., pour Fukue jima, Kagoshima, Osaka, Tōkyō.
Nagasaki ken. — 56 538 hab. — Culture d'huîtres perlières.

En bordure de la vaste baie d'Ōmura qui est presque fermée au N., la ville est dominée par le **Kyōga dake** (1 076 m), dont on peut réaliser l'ascension.

Le physicien *Nagaoka Hantaro* (1865-1947) naquit à Ōmura.

Parc d'Ōmura *(2 km S. de la gare, J. N. R.)*, à l'emplacement de l'ancien château qui couronnait un promontoire avancé sur la baie.

Le château fut à partir du XIIe s. la résidence des descendants de Fujiwara Sumitomo, qui prirent le nom d'Ōmura. Cette puissante famille étendait son autorité jusqu'à Nagasaki et c'est Ōmura Sumitada (1532-1587) qui ouvrit ce port aux étrangers ; *Sumitada* fut par ailleurs le premier daimyō japonais baptisé, sous le nom de Barthélemy. Son fils *Sumiyori*, également baptisé, renia plus tard la religion chrétienne et fut l'instigateur de nombreuses persécutions ; il assura par là le maintien de sa famille en ce château jusqu'à la Restauration de 1868. Le Hollandais *Peter Nuyts*, gouverneur du comptoir de Taiwan, fut emprisonné à Ōmura ; il dut sa libération à l'intervention de *François Caron (V. Hirado).*

Onomichi (Ile de Honshū)

Carte de Shikoku et Mer Intérieure, p. 502-503.
Tōkyō, 858 km. — Hiroshima, 89 km. — Matsue, 173 km. — Okayama, 82 km. — Tottori, 219 km. — Yamaguchi, 220 km.

Hiroshima ken. — 101 363 hab. — Port de pêche.

Onomichi, port de la Mer Intérieure, n'est en fait séparé que par un étroit chenal de l'île de Mukai qui lui fait face. Cette confrontation de la mer et de la montagne donne à Onomichi un cachet naturel remarquable, apprécié par les artistes qui ont fait de la localité une ville de prédilection. S'il faut en croire les esthètes la vue du port, par clair de lune, est un spectacle inoubliable.

Senko ji *(1 km N.-E. de la gare)* ; ce temple, fondé en 806, est entouré d'un **parc**-belvédère, d'où l'on peut observer les **îles de Geiyo** au S. d'Onomichi.

Saikoku ji *(3 km N.-E. de la gare)* ; temple où chaque année on offre rituellement une paire de sandales en paille de riz tressée au géant *Niō sama*, afin d'obtenir sa protection.

☞ **Environs**

1 — Mukai jima *(7 km S., par un pont à péage ; car)* est la plus proche des îles de l'archipel Geiyo qui se succèdent jusqu'à l'île de Shikoku. Cultures florales, notamment de chrysanthèmes.

2 — Fukuyama, Inno shima, Parc national de Seto Naikai, *V. ces noms.*

Ōsaka (Ile de Honshū)*

Carte des Environs d'Ōsaka, p. 470-471 ; — plans, p. 462-463-466.
Tōkyō, 515 km. — Kōbe, 33 km. — Kyōto, 39 km. — Nara, 33 km. — Wakayama, 68 km.

Chef-lieu d'Ōsaka fu (7 405 747 hab.). — 2 648 000 hab. — Ville industrielle, commerciale et portuaire. — Universités nationale, régionale et privées. — Ville de congrès.

La seconde ville du Japon s'est développée à l'embouchure de la Yodo gawa, sur la baie d'Ōsaka. Population, superficie, activité industrielle et économique en font véritablement une deuxième capitale, dont l'influence se fait sentir dans toute la partie occidentale du pays. La ville est une immense masse urbaine, limitée au N. et à l'E. par les montagnes, à peine arrêtée par la mer sur laquelle sont gagnées les grandes zones portuaires. D'un moindre intérêt touristique que Tōkyō, la cité est sérieusement concurrencée en ce domaine par Kyōto, sa voisine. Si Kyōto est culturelle, Ōsaka, elle, est la ville des affaires par excellence. Traversée d'autoroutes qui serpentent entre des immeubles standardisés, sillonnée de larges avenues souvent sans caractère, fourmillère où grouille, le long des arcades commerçantes, une foule compacte, la ville peut sembler bien rébarbative. C'est qu'Ōsaka ne montre son visage avenant qu'à la nuit tombée, lorsque les quartiers nocturnes donnent à la ville des affaires son caractère enjoué : après le travail, la détente ! D'énormes quartiers d'amusement brillent de tous les feux de leurs néons, affichant en caractères chinois les noms des bars, restaurants et night-clubs qui accueillent une clientèle ouverte, toujours prête à entamer la conversation avec l'étranger. Mais Ōsaka c'est aussi un château magnifique, des temples et des jardins et la porte ouverte à d'intéressants alentours.

La ville dans l'histoire

Naniwa. — C'est à l'embouchure de la Yodo gawa que, selon la chronique nippone, l'empereur *Jimmu* débarqua (VIIe s. av. J.-C.), à l'issue de son odyssée sur la Mer Intérieure ; à cause des « vagues rapides » *(naniwa)* du fleuve, l'empereur donna ce nom au site où il venait d'aborder. Mais il fallut attendre le IVe s. de notre ère pour que l'empereur *Nintoku* choisit de faire de Naniwa sa capitale ; tirant profit du delta de la Yodo gawa, il fit tracer les premiers canaux et assainir le site qui devait devenir celui d'Ōsaka. Les empereurs *Kōtoku* (VIIe s.), *Temmu* (VIIe s.) et *Shōmu* (VIIIe s.) élirent également Naniwa comme résidence impériale. Le port entretenait alors des relations commerciales avec la Corée, et c'est

OSAKA
KITA KU

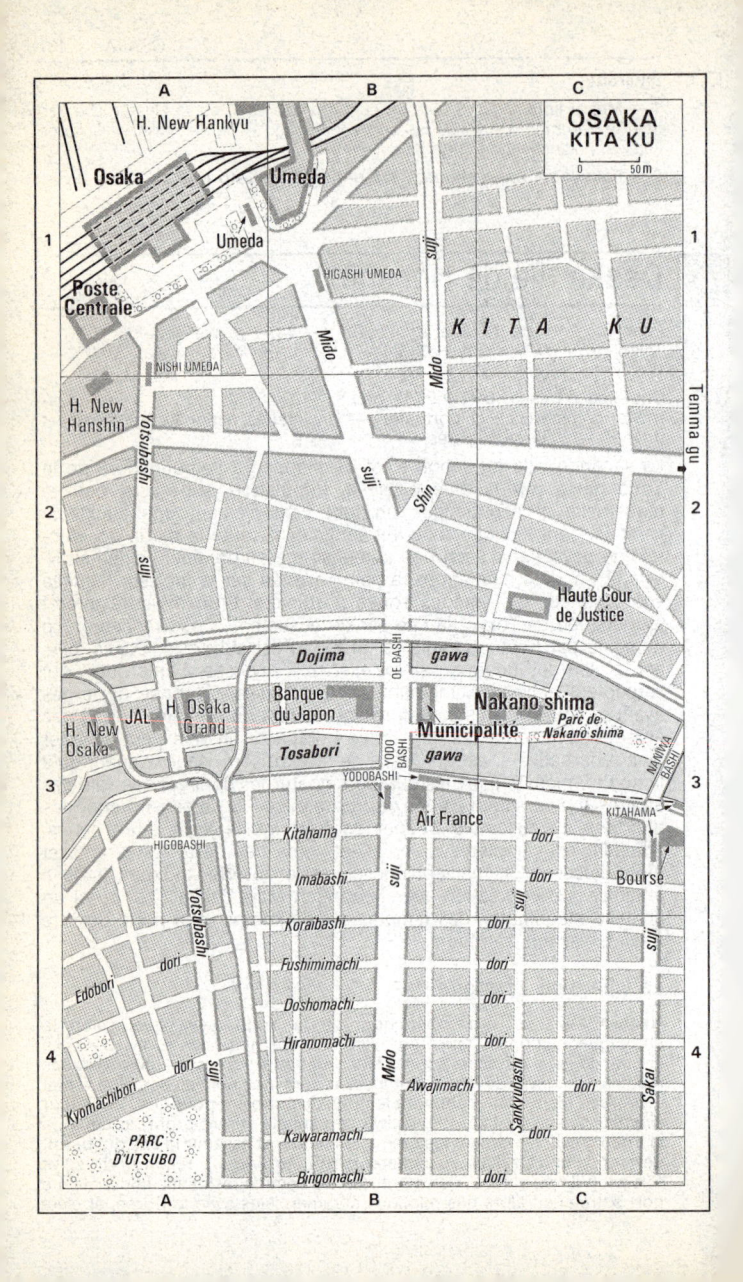

0 50 m

- H. New Hankyu
- Osaka
- Umeda
- Umeda
- Poste Centrale
- HIGASHI UMEDA
- KITA KU
- NISHI UMEDA
- Mido
- Mido suji
- Temma gu
- H. New Hanshin
- Yotsubashi suji
- Shin
- Haute Cour de Justice
- Dojima gawa
- DE BASHI
- H. New Osaka
- JAL
- H. Osaka Grand
- Banque du Japon
- Nakano shima
- Municipalité
- Parc de Nakano shima
- MANIWA BASHI
- Tosabori gawa
- YODO BASHI
- YODOBASHI
- Air France
- KITAHAMA
- HIGOBASHI
- Kitahama
- dori
- dori
- Imabashi
- suji
- Bourse
- Koraibashi
- dori
- Yotsubashi dori
- Fushimimachi
- dori
- Edobori
- Doshomachi
- dori
- dori
- Hiranomachi
- dori
- suji
- Kyomachibori
- Mido
- Awajimachi
- Sankyubashi dori
- Sakai suji
- PARC D'UTSUBO
- Kawaramachi
- Bingomachi
- dori

OSAKA TENNOJI KU

0 50 m

- Imaniya Ebisu Jinja
- Tour de Tsutenkaku
- Shinsekai
- Zoo
- Chausu yama
- PARC DE TENNOJI
- Keitaku en
- Musée d'Art Municipal
- Shitennoji
- TENNOJI-KU
- H. Osaka-Miyako
- Tennoji
- Université de Kyoiku

NAMBA

SHITENNOJIMAE Katsuyama dori

Matsuyamachi suji

Tanimachi suji

Sakai suji

Ebisucho

Dobutsuenmae

Shinimamiya

Abeno

Teradacho

à Naniwa qu'arrivèrent les premières statues bouddhiques, envoyées par le roi de ce pays en 553 *(V. Nagano)*.

Hideyoshi lance la prospérité commerciale d'Ōsaka. — Ce n'est qu'au XVIe s. qu'Ōsaka prit le pas sur le port de Sakai, lorsque *Toyotomi Hideyoshi* força les commerçants à s'établir dans cette ville au détriment de l'autre. *Hideyoshi* choisit lui-même de faire construire un puissant château à l'emplacement du temple Hongan ji d'Ishiyama midō *(V. ci-après, Château d'Ōsaka)*, qui résista plusieurs années aux attaques d'Oda Nobunaga. Délaissé pour celui de Fushimi *(V. Kyōto)*, ce château devint le dernier bastion de résistance de *Toyotomi Hideyori* contre *Tokugawa Ieyasu*. Ce dernier fit diriger par son fils *Hidetada* le siège d'Ōsaka (été 1615), éliminant définitivement les Toyotomi et affirmant la toute puissance des Tokugawa.

Le « siècle d'Ōsaka » (René Sieffert). — Préférant Edo (Tōkyō) à Ōsaka, les Tokugawa placèrent néanmoins un gouverneur *(jōdai)* au château d'Ōsaka. Indépendante des daimyō, la classe des marchands bénéficia de l'endettement des samourai et de la protection shōgunale, et garda le monopole d'un commerce presque exclusivement limité à l'archipel nippon. Les marchands jouaient ainsi le rôle de banque centrale et les grandes familles, dont certaines subsistent encore, virent alors le jour. Les marchands favorisèrent également toute une génération d'artistes, qui s'épanouit en littérature comme en peinture (roman, théâtre kabuki, estampes), et sut exprimer avec beaucoup de talent les mœurs libertines et violentes de l'époque.

Au deuxième rang. — A partir du XVIIIe s. toutefois, la prospérité commerciale d'Ōsaka fut dépassée par celle d'Edo (Tōkyō), siège du gouvernement shōgunal, et resta dès lors au second plan. La société sclérosée du Japon replié sur lui-même entraîna de par ailleurs une situation économique alarmante et des soulèvements populaires ; en 1837 Ōshio Heihachirō dirigea à Ōsaka l'une des plus importantes émeutes de cette époque. A la fin du XIXe s., l'ouverture du port au commerce international, l'industrialisation de la ville, devaient mener celle-ci à la prospérité. Reconstruite depuis la guerre, la ville symbolise au mieux l'image du miracle économique japonais ; elle fut en 1970 le siège de la première Exposition internationale tenue en Orient.

Ils sont nés à Ōsaka : le romancier *Ihara Saikaku* (1641-1693) ; — le peintre *Hanabusa Itchō* (1652-1724) ; le graveur *Tachibana Morikuni* (1679-1748) ; le peintre et auteur célèbre de haiku *Taniguchi Yosha Buson* ou *Buson* (1716-1783) ; — le peintre d'estampes *Nakajima Tetsujirō* ou *Hōkusai* (1760-1849) ; — *Fukuzawa Yukichi* (1834-1901), fondateur de l'Université Keio de Tōkyō ; — *Kawabata Yasunari* (1899-1972), prix Nobel de littérature ; — le philanthrope *Sasagawa Ryoichi* (né en 1899) ; — le compositeur *Matsushita Shin Ishi*, né en 1922 ; — l'actrice de cinéma *Kyō Machiko*, née en 1924.

L'*Asahi* et le *Mainichi shimbun*, deux des plus grands quotidiens japonais, virent également le jour à Ōsaka.

Port d'Ōsaka. — Ouvert au commerce international en 1868, le port actuel s'est développé à l'embouchure de la Yodo gawa et englobe aujourd'hui l'ancien port d'Ajikawa ; gagné en grande partie sur la mer, il se dispute avec Nagoya la troisième place des ports commerciaux japonais ; assurant 40 % des exportations japonaises, il tend même à soustraire à Kōbe une partie de son activité. Avec son prolongement vers le S. en direction de Sakai, et vers l'O. à la rencontre de Kōbe, il formera autour de la baie d'Ōsaka le vaste port de Hanshin, dont la réalisation est en cours. Fête le 15 juillet.

Visite de la ville

Un jour à Ōsaka. — On peut se faire une idée succincte de la ville en une seule journée. Nous vous conseillons de visiter en priorité le château d'Ōsaka et le Shitennō ji ; à quelque distance de là vous pourrez vous rendre au Parc de Tennoji, où s'élève le Musée d'art municipal. L'après-midi pourra être consacrée au sanctuaire de Sumiyoshi ou au site de l'Expo 70. Terminez la journée parmi les galeries marchandes de la ville souterraine ; vous trouverez enfin de quoi occuper la soirée à Dōtombori.

A pied dans la ville. — Les distances sont trop importantes et les centres d'intérêt touristique trop éloignés les uns des autres pour qu'on puisse les découvrir à pied ; seuls quelques quartiers commerçants permettront la flânerie. Outre les taxis, le métro et le chemin de fer de ceinture permettent de se déplacer aisément.

A. — Kita ku

Gares : J.N.R. : Ōsaka, Temma ; — Hankyū et Hanshin E.R. : gare d'Umeda ; métro : Umeda, Higashi Umeda, Nishi Umeda, Minami Morimachi, Ōgimachi, Tenjin Bashisuji. Plan p. 462.

Voici l'un des arrondissements les plus animés d'Ōsaka, concentré autour des gares principales d'Ōsaka *(J.N.R.)* et d'Umeda *(métro et lignes privées)*; il est limité au S. et à l'E. par un bras de la Yodo gawa, qui entoure l'île de Nakanoshima. Des édifices publics (Poste Centrale, Chambre de commerce et industrie, Hôtel de ville, Cours de justice, Hôtel des monnaies) sont établis à Kita ku. Grands magasins, rue commerçante de *Tenjinbashi*, galeries marchandes souterraines d'Umeda, théâtres et cabarets complètent cet ensemble, où l'on visitera le Temma gū.

Temma gū *(Hors-Pl., Kita ku, C2 ; — 1,6 km S.-E. de la station de métro Minami Morimachi)* ; ce sanctuaire fut fondé en 949 en l'honneur du lettré Sugawara Michizane (845-903 ; *V. Dazaifu, env. de Fukuoka*) ; les bâtiments actuels ont été restaurés en 1901.

Tenjin matsuri, les 24 et 25 juillet, est la plus célèbre fête de ce sanctuaire et d'Ōsaka ; défilé de bateaux, portant les mikoshi (reliquaires) sur la Dōjima gawa.

Nakanoshima *(Pl. Kita ku, A-B-C3 ; — 1 km S. d'Ōsaka eki ; — au N. des gares et stations de métro de Kitahama et Yodoyabashi, Keihan E.R.)* ; l'île étroite est enserrée par la Dōjima gawa au N. et la Tosabori gawa au S. ; elle est aujourd'hui longée et traversée par des voies express postées sur de forts pilotis, qui n'ont même pas épargné le parc de Nakanoshima (1891) qui s'étend à l'E.

Hôtel des Monnaies *(2,3 km S.-E. d'Ōsaka eki et 400 m S. de Sakuranomiya eki, J.N.R. — 400 m E. de la station de métro Minami Morimachi)* ; sur les bords de la Yodo gawa, cet édifice (1871) conserve le monopole de la frappe des pièces de monnaies japonaises ; le fleuve est ici bordé de nombreux cerisiers.

B. — Higashi et Nishi ku

Gares J.N.R. de Morinomiya ; — gares Keihan E.R. et stations de métro : Yodoyabashi, Kitahama, Temmabashi ; — autres stations de métro : Awaza, Honmachi, Kūjō, Nishi Nagahori, Sakaisuji Honmachi, Tanimachi Yon (4) chōme, Yotsubashi.

Ce sont les quartiers centraux d'Ōsaka, limités au N. par la Yodo gawa ; ils sont traversés par la large avenue de Mido suji *(sens unique N.-S.)*, qui unit la place de la gare J.N.R. au grand quartier commercial de Dōtombori ; de part et d'autre de cette rue, la plus belle d'Ōsaka, se sont développés les banques, les compagnies aériennes et les immeubles commerciaux ; c'est le centre des affaires de la ville, où se trouve la Bourse d'Ōsaka. Le principal intérêt pour le touriste sera la visite du Château.

Château d'Ōsaka *(Pl.-ci-dessous ; — 3 km S.-E. d'Ōsaka-Umeda eki et 1 km N.-O. de Morinomiya eki, J.N.R. ; — 800 m S.-E. de la station Keihan et métro de Temmabashi).* On atteint le château à l'E. de Tanimachi suji. Les vastes terrains encerclés de larges douves sont pourtant beaucoup plus réduits qu'à l'origine. Ils sont limités au S. et à l'O. par le stade Nissei, la Maison de la Radio (N.H.K.), le gymnase central municipal, la Préfecture d'Ōsaka et la Préfecture de Police.

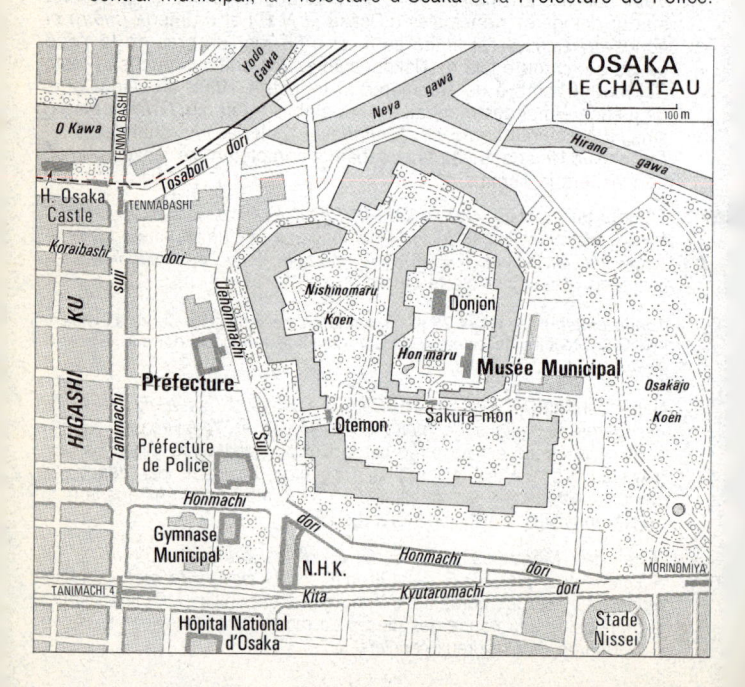

OSAKA — LE CHÂTEAU

A hauteur de cette dernière un pont franchit les fossés et permet d'accéder à l'intérieur de l'enceinte.

Une puissante forteresse. — En cet emplacement se dressait au XVIe s. le Hongan ji ou Ishiyama mido, qui devint le siège de la secte Jodo shinshū, lors de l'incendie du grand temple de Kyōto ; un considérable ensemble défensif fut établi autour de ce temple, dont *Oda Nobunaga* entreprit le siège en 1574 : il ne s'en rendit maître que six ans plus tard. En 1583 *Toyotomi Hideyoshi* choisit le site de l'Ishiyama mido pour faire construire un château à l'image de son orgueilleuse puissance. Près de cent mille ouvriers auraient participé à la construction, à laquelle s'associèrent financièrement les grands daimyō. En 1598 *Yodo gimi*, veuve de Hideyoshi et leur fils *Hideyori*, âgé de cinq ans, s'y retranchèrent dans l'espoir d'y maintenir l'autorité des Toyotomi. Après une tentative infructueuse, *Tokugawa Hidetada* réussit à s'emparer du château lors du siège de 1615. *Ieyasu* mourut d'une blessure reçue lors de cette attaque. Restauré par les Tokugawa, le château fut placé à partir de 1619 sous la responsabilité d'un gouverneur : le premier fut *Naito Masanobu*. Le château fut détruit en 1868 lors des affrontements entre les armées impériales et les partisans du shōgun ; une garnison militaire devait alors s'y établir. Le donjon actuel a été reconstruit en 1931, puis de nouveau après les bombardements de la seconde guerre mondiale.

Une série de **remparts** aux pierres cyclopéennes, dont la plupart furent apportées de Shodo shima, dessinent les différentes cours du château ; seules quatre tourelles subsistent, sur la vingtaine qui couronnaient autrefois l'enceinte.

La plus grosse pierre des remparts, proche de la porte de Kyōbashi, présente une superficie de 80 m² et pèse 520 tonnes ; elle est connue sous le nom de *higo ishi* et serait un cadeau du général *Kato Kiyomasa*.

Entre Kyobashi mon et Ote mon fut reconstitué le jardin de **Nishino maru**. **Sakura mon**, porte des cerisiers, accède à la cour intérieure, Hon maru, où s'élève le **donjon** de 42 m de hauteur ; collection d'armes et d'armures, calligraphies, plans du château, etc., à l'intérieur.

On y remarque un **paravent** exécuté par un artiste inconnu et représentant le siège du château en 1615 ; on y a dénombré 5 071 personnages... ; **portrait** peint sur soie de **Hideyoshi** et **statue en bois** représentant le même personnage.

▣ A l'E. de la cour intérieure, s'élève le **Musée municipal du château d'Ōsaka** *(adresse : Bamba cho, Higashi ku ; ouvert t. l. j. de 9 h à 17 h)*, qui retrace l'évolution historique, économique et culturelle de la ville et de ses environs.

Objets et documents témoignent d'une occupation préhistorique de la ville, et retracent le développement commercial d'Ōsaka jusqu'à nos jours : résultats de fouilles archéologiques, maquette de l'ancien palais impérial de Naniwa ; souvenirs concernant la grande famille de banquiers de Kōnoike, qui s'imposa au XVIe s. ; parmi les peintures se trouvent plusieurs **paravents** d'époque Momoyama (XVIe s.) dont plusieurs, dits *Namban byobu*, montrant la vie des Portugais au Japon ; collections d'**armures** et d'**épées** anciennes et très belles **poupées du théâtre bunraku** ; objets d'artisanat.

Au S. du Hon maru a été reconstruit le **sanctuaire de Hōkoku**, fondé en 1880 en l'honneur de Toyotomi Hideyoshi et de ses deux fils.

A l'E. du château, l'ancienne cour de Sanno maru fut aménagée en **parc public d'Ōsaka jō**, également surnommé **Central park**.

468　ŌSAKA : MINAMI KU,

- A 800 m env. au S. du château, on a repéré le **site de l'ancien palais de Naniwa** ; cet espace est aujourd'hui protégé.

- A 1 km O. du château d'Ōsaka, on remarque l'**Ōsaka Merchandise Bldg.** qui, avec ses vingt-deux étages, est le plus haut immeuble commercial de la ville (78 m) ; restaurant panoramique au sommet.

Utsubo kōen *(Pl. Kita ku, A4 ; — 400 m N.-O. de la station métro de Honmachi)* est l'un des jardins publics qui aèrent la ville ; au S., à l'angle de Naniwa suji, s'élève le **Musée municipal des Sciences naturelles** *(2-27, Utsubo, Nishi ku ; ouvert t. l. j. de 9 h à 17 h sauf lundi et jours de fête)*, spécialisé dans la faune et la botanique régionales.

Musée scientifique de l'électricité *(adresse : 1-6, Nishi Nagabori, Kita dōri, Nishi ku ; — station de métro de Yotsuyabashi ; — ouvert t. l. j. de 9 h 30 à 16 h 30 sauf lundi)*. Ce musée créé en 1937 est devenu le plus important du genre au Japon ; axé sur la technologie de l'électricité et ses applications dans le secteur industriel ou privé, il aborde également les problèmes de la radio et des télécommunications, ainsi que ceux de l'énergie nucléaire.

C. — Minami ku

Gare Nankai et Kintetsu E.R. de Namba ; — stations de métro de Nagahoribashi, Namba, Nippon bashi, Shinsaibashi, Tanimachi Kyū (9) chome, Tanimachi Roku (6) chome.

Minami ku, au S. des arrondissements précédents, est également l'un des quartiers centraux de la ville.

Toute l'Ōsaka épicurienne semble s'y être concentrée et le nom de **Dotombori** évoque depuis le XVIIe s. le quartier réservé d'Ōsaka, entretenu autrefois par la bourgeoisie commerçante de la ville ; jusqu'à la gare de **Namba**, nombreux bars, restaurants, cabarets, théâtres (**Shin Kabuki za** — arch. *Murano Togo* — et **Asahi za** pour les spectacles classiques). De grands magasins, des « villes souterraines », et l'« arcade » de **Shinsaibashi suji**, parallèle à Midō suji, s'ajoutent à la liste des plaisirs.

D. — Tennōji ku

Gares J.N.R. de Momodani, Tennōji, Teradacho et Tsuruhashi ; — gares Kintetsu E.R. d'Abenobashi, Tsuruhashi et Uehonmachi ; — stations de métro de Shitennōjimae, Tsuruhashi, Tennōji, Tanimachi Kyū (9) chome. Plan p. 463.

Le seul nom du Shitennō ji devrait motiver un voyage à Ōsaka ; bien que reconstruit depuis la guerre, ce sanctuaire serait aujourd'hui la plus ancienne fondation bouddhiste existant au Japon. Non loin de Tennōji eki, l'une des principales gares d'Ōsaka, on visitera le Parc de ce nom où se trouve le musée des Beaux Arts.

*Shitennō ji *(Pl. Tennōji ku, C2 ; — 800 m N. de Tennōji eki ; — 400 m S.-E. de la station de métro de Shitennōjimae)* ; la chronique attribue la fondation de ce temple au prince *Shōtoku*, en 592, c'est-à-dire avant la création du Hōryū ji *(V. Ikaruga)*. L'orientation des bâtiments principaux, placés selon un axe N.-S., témoigne d'une influence sino-coréenne directe. L'ensemble, bombardé en 1945, fut reconstruit en 1960.

Fêtes : *Doyadoya,* des pèlerins nus, le 14 janvier ; — *cérémonies des jours d'équinoxe ;* — *danse bugaku* le 22 avril.

Chū mon donne accès à la cour principale, au centre de laquelle s'élève la **pagode à cinq étages** ; au N. de celle-ci, le **Kon dō** ; le **Kō dō**, salle de prédication, limite cette cour au N.

Au N. de cette enceinte, le **Rokuji dō** est précédé de l'*Odera no ike,* coupé par la plate-forme réservée aux danses rituelles de bugaku. Le **trésor du temple,** en arrière de l'Eisie dō, abrite plusieurs objets importants dont une boîte reliquaire couverte de rares tissus d'époque Heian, des épées qui auraient appartenu au prince Shōtoku, et des extraits du *Hoke kyo,* sutra de la Bonne Loi, transcrits sur une centaine d'éventails (XIIe s.).

A 1,8 km N. du Shitennō ji, par Uehonmachi suji, on peut atteindre le **Homyō ji** où repose *Chikamatsu Monzaemon* (1653-1724), le plus grand dramaturge japonais.

Parc de Tennōji *(Pl. Tennōji ku, B2 ; — 400 m N.-O. de Tennōji eki) ;* ce vaste jardin public regroupe plusieurs centres d'intérêt ; le ***Musée municipal des Beaux-Arts** (Tennōji kōen, Tennōji ku ; ouvert t. l. j. de 9 h à 17 h)* expose d'intéressantes collections archéologiques et artistiques, de la préhistoire à nos jours.

Parmi les objets d'époque néolithique, remarquez une étrange statuette dōgu (époque jōmon) provenant du nord de Honshū ; parmi les peintures citons une illustration du Genji monogatari d'époque Heian (XIIIe s.), attribuée au prêtre *Denkō,* et plusieurs œuvres du peintre *Ogata Kōrin* (1661-1716).

A l'E. du musée s'étend le joli **jardin de Keitaku,** cédé à la ville par le baron Sumitomo en 1926.

Au N. du parc de Tennōji, sur le petit tertre de **Chausu yama** (28 m d'altitude), *Tokugawa Ieyasu* établit son camp lors du siège d'Ōsaka en 1614 ; on a également fouillé une sépulture préhistorique à cet emplacement. La partie occidentale du parc de Tennōji est occupée par le **zoo d'Ōsaka.**

E. — Naniwa ku

Gares J. N. R. d'Ashiharabashi, Imamiya, Minatomachi, Shinimamiya ; — gares Nankai E. R. d'Ebisucho ; — Imamiyaebisu, Shinimamiya, Shiomibashi ; — stations de métro : Daikokuchō, Dobutsuenmae, Ebisuchō, Sakuragawa.

Cet arrondissement, dont le nom rappelle celui de l'ancienne capitale Naniwa, s'étend à l'O. de Tennōji ku et au S. de Minami ku, qu'il prolonge directement autour du quartier animé de Namba.

Tour de Tsutenkaku *(Pl. Tennōjiku, A2 ; — 300 m S.-E. d'Ebisuchō).* Elle s'élève à l'O. du parc de Tennōji *(ci-dessus) ;* c'est une tour métallique et panoramique de 103 m de hauteur. A ses pieds **Shinsekai,** quartier où l'animation nocturne est intense.

Sanctuaire d'Imamiya Ebisu *(Pl. Tennōji ku, A2 ; — 300 m N.-O. d'Ebisuchō ; à l'E. de la station d'Imamiya ebisu),* dédié entre autres à Amaterasu no mikoto.

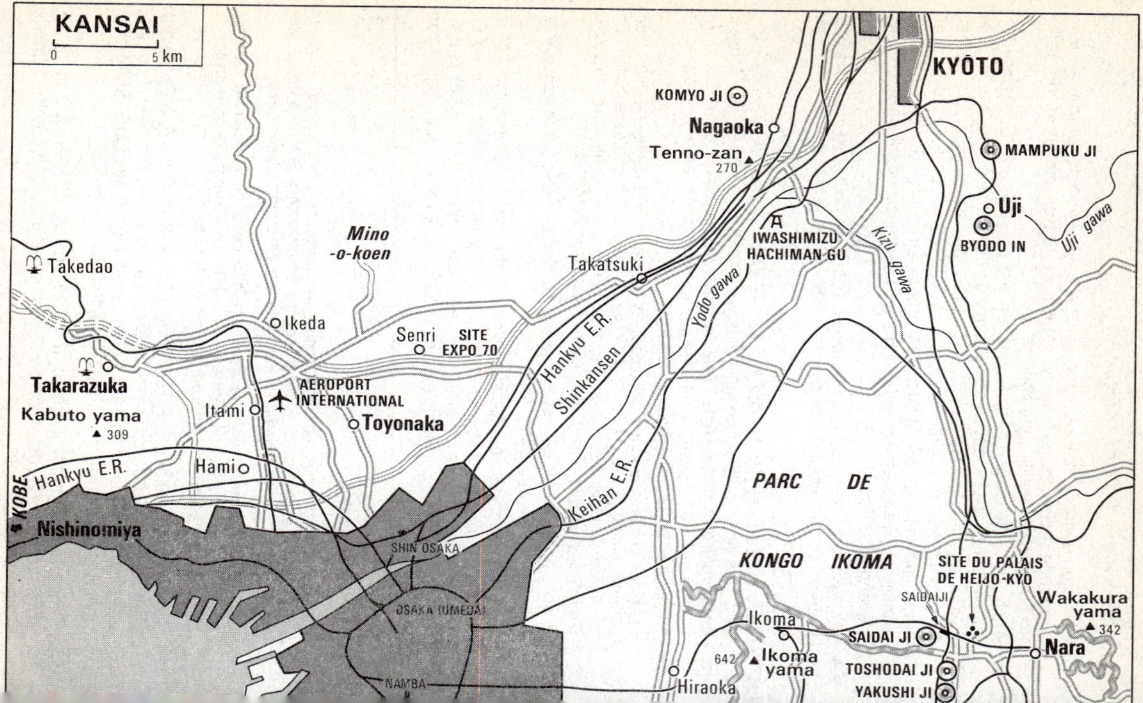
KANSAI
0
5 km
KYŌTO
KOMYO JI
Nagaoka
Tenno-zan
270
MAMPUKU JI
Uji
BYODO IN
Uji gawa
Kizu gawa
IWASHIMIZU
HACHIMAN GU
Takatsuki
Yodo gawa
Mino
-o-koen
Takedao
Ikeda
Senri
SITE
EXPO 70
Hankyu E.R.
Shinkansen
Takarazuka
Kabuto yama
309
AEROPORT
INTERNATIONAL
Itami
Toyonaka
Hamio
Hankyu E.R.
KOBE
Nishinomiya
Keihan E.R.
PARC DE
KONGO IKOMA
SHIN OSAKA
OSAKA (UMEDA)
NAMBA
SITE DU PALAIS
DE HEIJO-KYO
SAIDAIJI
Wakakura
yama
342
Ikoma
SAIDAI JI
Nara
642
Ikoma
yama
TOSHODAI JI
YAKUSHI JI
Hiraoka

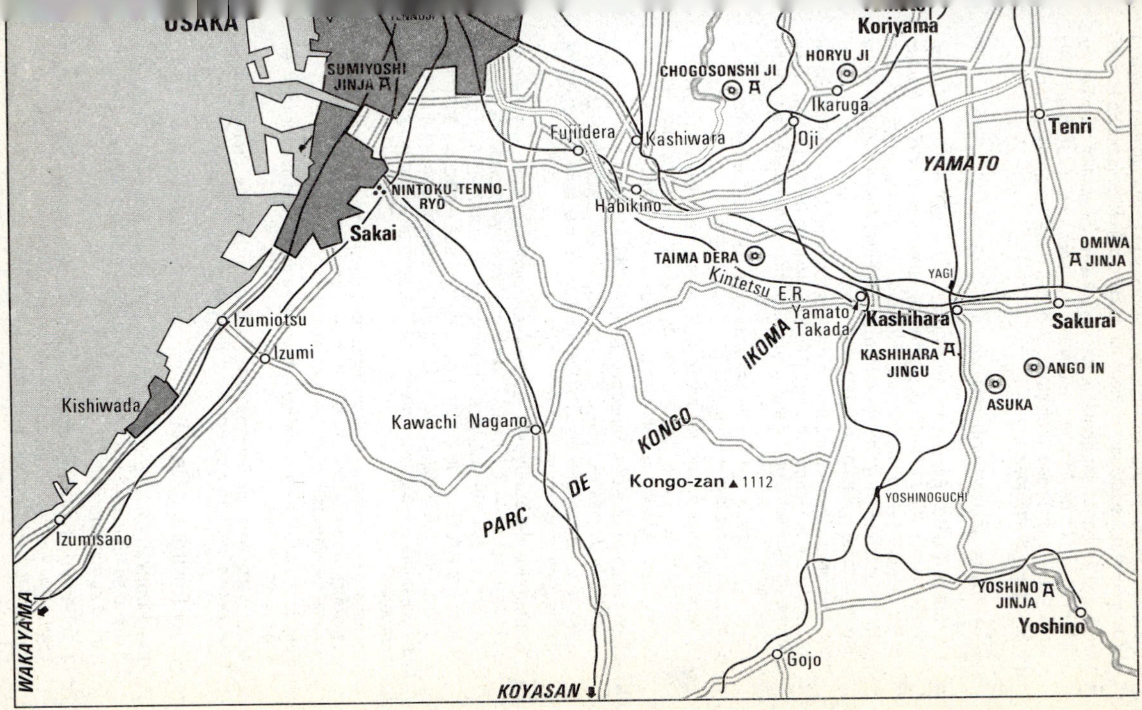

OSAKA
Koriyama
HORYU JI
CHOGOSONSHI JI
SUMIYOSHI JINJA
Ikaruga
Tenri
Fujiidera
Kashiwara
Oji
YAMATO
NINTOKU-TENNO-RYO
Habikino
Sakai
TAIMA DERA
OMIWA JINJA
YAGI
Kintetsu E.R.
Izumiotsu
Yamato Takada
Kashihara
Sakurai
Izumi
IKOMA
KASHIHARA JINGU
ANGO IN
ASUKA
Kishiwada
Kawachi Nagano
KONGO
Kongo-zan ▲ 1112
DE
YOSHINOGUCHI
PARC
Izumisano
YOSHINO JINJA
Yoshino
WAKAYAMA
Gojo
KOYASAN

472   ŌSAKA (ENVIRONS)

Ce sanctuaire, reconstruit en 1956, est célèbre pour la fête de *Taka Ebisu* (9 et 10 janvier) qui se donne en l'honneur de cette divinité de la bonne fortune.

- **Musée d'artisanat japonais** *(adresse : 3-618 Shankawa Naniwa ku, 300 m au S.-O. de Namba ; — ouvert t. l. j. sauf lundi de 10 h à 17 h)* ; au S.-O. du gymnase préfectoral, il abrite d'intéressantes collections folkloriques et artisanales.

F. — Vous pouvez voir encore...

- Le **musée Fujita** *(Ajima cho, Miyakojima ku ; — 2,5 km E. d'Ōsaka-Umeda eki ; — 400 m N.-O. des gares de Katamachi, J.N.R. et Keihan E.R. : — ouvert au printemps et en automne, t. l. j., sauf lundi, de 10 h à 15 h)* occupe l'ancienne résidence de M. *Fujita Densaburō*, et abrite une importante collection d'objets d'art.

Parmi les pièces conservées, remarquables porcelaines pour la cérémonie du thé et **portrait de l'empereur Saga** (785-842), exécuté (XIIIe s.) sur un papier incrusté de parcelles d'or et d'argent qui est lui-même une œuvre d'art. Jardin remarquable.

A l'O. de ce musée, le **Parc de Sakuranomiya** borde la rive orientale de la Yodo gawa, et fait face à l'Hôtel des Monnaies (p. 465).

La **Tour d'Ōsaka** *(Ōsaka tower)*, près de la gare de Fukushima *(J.N.R.)*, la plus haute de la ville (160 m), sert de relais de radiodiffusion ; elle est dotée d'une plate-forme panoramique à 102 m de hauteur.

- **Musée scientifique des transports** *(Benten chō, Minato ku ; — 5 km S.-O. d'Ōsaka-Umeda eki ; — à l'E. de la gare de Bentencho, J.N.R. ; — fermé le lundi)*, créé en 1962 par le Japan Travel Bureau ; panorama historique et scientifique.

*Sanctuaire de Sumiyoshi *(Carte des Environs d'Ōsaka ; — 9 km S. d'Osaka-Umeda ; — 300 m S.-E. de la gare de Sumiyoshikōen — Nankai E.R. depuis Namba)* ; dédié à l'impératrice *Jingu* (170-269, d'après le Nihongi) et aux dieux de la Mer qui protégèrent son expédition en Corée, ce sanctuaire aurait été fondé en 202 (plus vraisemblablement au IVe s.). Les bâtiments actuels, reconstruits en 1810, sont caractéristiques du style sumiyoshi.

On remarquera la présence de nombreuses lanternes de pierre, offertes par des marins et armateurs, et le **Sori hashi**, pont arqué à l'extrême, dû à l'épouse de Hideyoshi, et récemment reconstruit.

Fête de la plantation du riz, *Otaue matsuri*, le 14 juin, et fête du sanctuaire les 31 juillet et 1er août.

A l'O. de la gare de Sumiyoshikoen, s'étend le **parc de Sumiyoshi**, où poussent de très beaux pins et des camphriers.

G. — Environs d'Ōsaka

1 — Hiraoka *(15 km E. ; train Kintetsu E.R. depuis Namba)* ; on peut y visiter le sanctuaire de ce nom, établi au pied du Mont Ikoma ; en arrière parc d'abricotiers (vue sur Ōsaka).

2 — *Parc de Hattori Ryokuchi *(12 km N. ; train Hankyū E.R., ligne de Takarazuka, jusqu'à Sone, puis bus)*, vaste parc naturel où ont été transplantées quelques maisons de la région de Shirakawagō *(V. Takayama)*, un grenier à riz de Dojima, et un autre sur pilotis des îles d'Amami : l'ensemble constitue un **intéressant musée folklorique** *(fermé le lundi).*

3 — Senri *(20 km N. ; train Hankyū E. R. de Tenjinbashisuji à Minami Tenri ; car depuis les gares d'Ōsaka, Shin Ōsaka ou Ibaraki pour le site de l'Expo 70) ;* il est possible de visiter le **site de l'exposition internationale**, qui s'est tenue de mars à novembre 1970 sur le thème de « Progrès et harmonie en faveur du genre humain » ; 77 pays y furent représentés ; l'architecte *Tange Kenzo* participa à l'élaboration de la « zone du symbole » ; la Tour du Soleil est l'œuvre du sculpteur *Okamoto Tarō* ; cette exposition coïncidait avec l'apogée de l'expansion économique japonaise, qui en 1970 plaçait ce pays au troisième rang dans le monde. Le site de l'exposition est aujourd'hui aménagé en parc d'attractions publiques et une université vient d'y être créée ; un beau jardin-paysage a été dessiné. Le **Musée Ethnographique** (Minzokugaku Hakubutsukan) à l'emplacement de l'exposition Universelle de 1970 dans un bâtiment, très beau, de Kurokaura Kusho. Très belles collections, surtout celles consacrées à la musique de monde.

Accès : depuis Shin-Ōsaka, Umeda Namba, ligne Midosuji pour Senri-chūō puis bus pour Ekipso Lando. La ville nouvelle de Senri s'étend sur les collines avoisinantes.

4 — Awaji shima, Kōbe, Kyōto, Nara, Sakai, Wakayama, Parc national de Seto Naikai, *V. ces noms ;* **5 — Hōryū ji,** *V. Ikaruga.*

Ōsumi shoto (Nansei shotō)
Carte de Nansei shotō, p. 410-411.
Tōkyō, 1 560 km. — Kagoshima, 100 km.

Kagoshima ken.

Cet archipel, rattaché à celui de Satsunan, s'intercale entre la grande île de Kyūshū, au N., et les îles d'Amami au S. Deux îles principales le composent : Tanega et Yaku shima ; celles-ci, quoique rapprochées, sont très différentes l'une de l'autre. La première, allongée sur environ 55 km, apparaît à peine soulevée au-dessus des flots ; la seconde, de forme circulaire, est un ancien volcan aux contours imprévus et grandioses, dont le sommet est le point culminant de tout le Japon méridional. Yaku shima, couverte d'une végétation extraordinaire (arbres banians, cryptomères, cèdres primitifs, etc.), connaît de nombreuses précipitations (360 jours de pluie par an...).

Tanega shima
Le petit port de Nishinoomote (26 222 hab.) est la principale localité de l'archipel d'Ōsumi. De là on pourra gagner *(15 km N.)* le sanctuaire de Misaki, à proximité du cap de ce nom, où en 1542 les Européens débarquèrent pour la première fois. Un monument leur fut élevé en 1927.

Repoussés des Ryūkyū par la tempête, le Portugais *Fernâo Mendez Pinto* et ses hommes furent assimilés aux « barbares venus du Sud » Nambanjin ; ils introduisirent avec eux les premières armes à feu, imitées par les Japonais et appelées tanegashima ; la voie était ouverte à de nouveaux échanges commerciaux entre le Japon et l'Asie du Sud-Est.

474 OTARU

Shimama *(52 km S.-O. ; car).* — La route se dirige vers le S. en longeant la côte occidentale de l'île, pour rejoindre, au centre de celle-ci :

25 km : **Nakatone** ; de là une autre route bifurque, qui par la côte orientale (jolie baie de Shōtōin) atteint Kukinaga à proximité du cap Take et du centre spatial de Tanegashima.

39 km : **Shimotane** ; dans le site voisin de Hirota un habitat préhistorique (époque yayoi) a été fouillé ; on a découvert des coquillages ornementaux taillés en méplat (influence chinoise).

52 km : **Shimama**, d'où l'on peut gagner en bateau Yaku shima, visible du cap de Shimama.

*Yaku shima

Beaucoup plus attrayante que l'île précédente, Yaku shima pourra être découverte sur sa périphérie, depuis les petits ports de **Miyanoura** au N. ou d'**Ambō** à l'E.

Depuis **Ambō** on peut gagner en taxi *(16 km)* le site de *Kosugi dani ; un chemin a été aménagé entre les pentes de la montagne, au-dessus du torrent et à travers une véritable forêt vierge dont certains arbres exceptionnels auraient de deux à trois mille ans d'âge. Les marcheurs pourront gagner **Kurio**, au S.-O., en contournant le **Miyanoura dake** (1 935 m), sommet de l'île ; cerfs et singes en liberté.

Onoaida *(15 km S.-O. d'Ambō)* est dominé par le superbe **Mochomu dake** (944 m).

■ Otaru (Île de Hokkaidō)

Carte ferroviaire, en page de garde.
Tōkyō, 1 081 km. — Hakodate, 251 km. — Sapporo, 39 km. — Tomakomai, 106 km.

Hokkaidō. — 180 728 hab. — Port de pêche. — Université nationale.

Débouché maritime de Sapporo et du bassin d'Ishikari, Otaru offre l'avantage de ne pas être pris par les glaces en hiver ; la ville actuelle s'est développée autour d'un village de pêcheurs ainou, créé en 1850 par les seigneurs de Matsumae. Son expansion, qui en fit la troisième ville de Hokkaidō (après Sapporo et Hakodate), connaît depuis quelques années une phase stationnaire et la cité se voit aujourd'hui dépassée par d'autres villes plus dynamiques comme Asahikawa et Kushiro. Depuis Otaru, on pourra entreprendre la découverte de la péninsule de Shakotan.

Le metteur en scène *Kobayashi Masaki* est né à Otaru en 1916.

Environs :

1 — Asarigawa Onsen *(9 km S.-E. ; car)*, station thermale et de sport d'hiver ; eaux à 35°C.

2 — Tengu yama *(7 km S. ; car et téléphérique)* ; de cette colline de 532 m on découvre Otaru et la baie d'Ishikari ; bonne station de ski en hiver.

3 — Iwanai *(98 km S.-O., par les N5 et 229 ; car ; train J.N.R. via Kozawa)* — Quitter Otaru vers le N.-O.

1 km : Embranchement à dr. en direction de :

➔ 2 km N. : **Temiya**. Face à la gare de ce faubourg d'Otaru, statue à la mémoire de *Joseph U. Crawford*, Américain qui réalisa en 1880 la première voie ferrée de Hokkaidō, entre Sapporo et Temiya. Plus au N. s'étend le parc de Temiya où fut découverte (1865) une **grotte avec inscriptions rupestres** dont l'origine, probablement préhistorique, reste mystérieuse. Cette route se prolonge jusqu'au **cap de Takashima**.

6 km : Route à dr. vers *(1 km N.)* la jolie **côte rocheuse d'Otamoi** ; vue sur la presqu'île de Shakotan.

13 km : **Oshoro** ; tunnel routier, avant lequel se détache à dr. une petite route vers la ravissante *****baie d'Oshoro**, et au-delà duquel une autre, sur la g., mène au *(se renseigner)* :

1,5 km S.-E. : **cercle mégalithique d'Oshoro**, où un certain nombre de pierres dressées forment une ellipse de 28 m en son plus grand diamètre. De datation indéterminée, cet ensemble pré ou proto-historique est l'un des plus représentatifs du Japon.

14 km : **Ranshima** ; petite gare, à 1 km O. de laquelle fut découverte (1950) la **grotte de Fugoppe**, avec inscriptions, figurations humaines et animales, comparables à celles de Temiya ; par assimilation avec de semblables découvertes faites sur le continent asiatique, on a pu voir là un témoignage d'occupation de la fin du paléolithique.

20 km : **Yoichi** : on peut y visiter les distilleries de whisky Nikka (curieuses constructions en pierre de caractère européen) ; dans les environs station expérimentale (vergers) de l'université de Hokkaidô. Au-delà de Yoichi, la N 229 (nombreux tunnels) longe la superbe *****presqu'île de Shakotan** : côte bordée de falaises, promontoires, aiguilles rocheuses.

38 km : **Furubira**, d'où la N 229 coupe vers le S. la péninsule de Shakotan. A 27 km N.-O. : *****Kamui misaki** *(car depuis Yoichi)*, que l'on atteint via Bikoku et Yobetsu ; cette seconde localité est située entre les beaux **caps Kamui** et **Shakotan** ; la partie septentrionale de la péninsule est coiffée par le **Shakotan dake** (1 255 m) et le **Yobetsu dake** (1 298 m), qui restent enneigés presque à longueur d'année.

69 km : **Kamoenai**, sur la côte occidentale de la péninsule de Shakotan.

98 km : **Iwanai**, petit port situé entre la presqu'île de Shakotan et la côte remarquable de Raiden qui plonge, par de nombreux abrupts, dans la mer. *****Raiden kaigan** correspond au débouché sur la mer des **monts de Niseko**, d'une altitude moyenne de 1 000 m. Ces montagnes, dont certains sommets sont aménagés pour les sports d'hiver, sont comparées par les Japonais à celles de la région de Saint-Moritz.

Ōtsu (Ile de Honshū)

Carte des richesses humaines, p. 65 à 68
Tōkyō, 467 km. — Fukui, 152 km. — Gifu, 108 km. — Kyōto, 12 km. — Tsu, 86 km.

Chef-lieu de Shiga ken (456 844 hab.). — 171 777 hab.

Au S. du lac Biwa *(V. ci-après, Environs)*, Ōtsu est un centre d'intérêt touristique, où l'on visitera plusieurs temples remarquables et d'où l'on pourra découvrir le Biwa ko.

La ville d'Ōtsu fut choisie au VIIIe s. comme capitale impériale ; c'est là qu'eut lieu (mai 1891) la tentative d'assassinat du tsarevitch, futur Nicolas II.

Le prêtre *Saicho*, ou *Dengyō Daishi* (767-822), fondateur de l'Enryaku ji, est né à Ōtsu.

Environs :

1 — *****Biwa ko** *(services de bateaux sur le lac)* ; avec 674 km^2 et 235 km de pourtour, ce lac est le plus grand du Japon ; il occupe une fosse de rupture qui serait en relation avec le soulèvement du Mont Fuji *(p. 174)*. Sa profondeur atteint 96 m, et son nom lui viendrait de la forme de luth arabe, ou *biwa*, que dessinent ses contours ; il s'échappe au S., à 85 m d'alt., par l'Uji gawa.

Les beautés naturelles de ce lac lui ont valu l'autre nom d'**Ōmi Hakkei**, les huits merveilles d'Ōmi. « Les huits beautés du lac Biwa, énumérées par les poètes japonais, sont les suivantes : la neige sur le mont Hira au coucher de soleil; le vol des canards sauvages à Katata; la pluie nocturne à Karasaki; le son de la cloche du temple de Mii au crépuscule; le soleil et la brise à Awazu; les dernières clartés à Seta; la lune d'automne à Ishiyama; le retour des bateaux à Yabase » (Fosco Maraini).

De nos jours, la plupart ont perdu beaucoup de leur charme; le lac Biwa a été englobé dans un parc régional de 101 000 ha, où l'on a découvert **huit nouvelles merveilles** d'une portée touristique plus grande : grande vue du Shizuga take; falaises granitiques de Kaizu Osaki; vue par temps calme de l'île de Chikubu; ancien château de Hikone; plage blanche d'Omatsuzaki; villages côtiers d'Azuchi Hachiman; épaisses frondaisons du Mont Hiei; flots calmes de Seta-Ishiyama.

2 — Ishiyama (8 km S.-E.; train Keihan E.R. jusqu'à Ishiyamadera). — Quitter Otsu vers le S.-E. par la N1, ou une route plus proche du lac.

2 km : **Zeze**; à proximité de la gare d'Ishiba (Keihan E.R.), on visite le Gichu ji (1550), dans l'enceinte duquel repose Matsuo Munefusa, ou Bashō (1644-1694), le plus grand auteur japonais de poèmes haiku (p. 95); à Zeze se trouve également le parc de Baisenkutsu, célèbre pour ses plantations de pruniers nains.

6 km : **Ishiyama**, d'où l'on descend l'Uji gawa vers le S.; la rivière est traversée par le double **pont de Seta**, classé parmi les splendeurs d'Ōmi deux ponts ferroviaires, un pont autoroutier et une route à péage viennent hélas altérer le site originel.

8 km : Ishiyama dera (500 m S. de la gare de ce nom) doit sa dénomination aux formations rocheuses environnantes. Le temple, fondé (VIIIe s.) par le prêtre Roben, fut reconstruit au XVIe s.; on y remarquera : la porte de l'E Tōdai mon, d'époque Kamakura; la pagode, Tōhotōba, coiffée en forme de stūpa; le Genjino ma, pavillon reconstruit à l'emplacement de celui où la dame Murasaki Shikibu (975-1031) aurait écrit le célèbre Genji Monogatari; depuis ce pavillon, la vue sur le lac Biwa au clair de lune d'automne est l'une des merveilles d'Ōmi (V. ci-dessus); le trésor du temple abrite plusieurs œuvres d'art, dont une **statue de Kannon** d'époque Hakuhō (VIIIe s.), une Nyōri Kannon d'époque Kamakura, et un emakimono retraçant l'histoire du temple

3 — Imazu (56 km N., par la N161; car; train J.N.R. depuis Shiga et Keihan E.R. de Hama Ōtsu à Sakamoto). — Quitter Ōtsu vers le N. par la N161.

1 km : *Onjo ji, plus connu sous le nom de **Mii dera** (500 m O. de la station de Miidera, Keihan E.R.), doit cette seconde appellation aux trois puits dont l'eau servit au premier bain des empereurs Tenchi et Temmu et de l'impératrice Jitō (VIIe s.).

Fondé en 674 en l'honneur de l'empereur Kōbun, ce temple fut l'un des plus importants de la secte Tendai; il entra fréquemment en rivalité avec l'Enryaku ji et maintes fois fut ruiné par les moines du Mont Hiei. Sur les 859 qui faisaient autrefois sa gloire, une soixantaine d'édifices seulement subsistent aujourd'hui.

Parmi les bâtiments de ce temple, on remarquera le Kon dō, où est conservée une statue de **Miroku Bosatsu** attribuée à Unkei; l'Issaikyō zō, bibliothèque octogonale tournante, où sont rangés les sūtras (1601); le **Kannon** du Shoho ji, l'édifice le plus vénéré du Mii dera, d'où l'on découvre une jolie vue sur le lac Biwa. Le temple conserve deux cloches de bronze célèbres; l'une de 1602, pour sa sonorité, l'autre, plus ancienne, qui aurait été hissée

Benkei, compagnon de Minamoto Yoshitsune *(V. Chūson ji, p. 241).* Au Mii dera on pourra se procurer quelques reproductions d'estampes de style *Ōtsu e*, inspirées d'*Iwasa Matabei*, l'un des peintres de l'école Tosa (XVIIe s.).
Au Homyo in, près du Mii dera, se trouve la tombe d'*Ernest Francisco Fenollosa* (1853-1909), critique d'art américain qui enseigna à l'université impériale de Tōkyō et se convertit au bouddhisme.
3 km : Sanctuaire d'**Ōmi** *(400 m O. de la gare d'Ōmijingūmae, Keihan E.R.)*, dédié en 1938 à l'empereur *Tenchi* (VIIe s.), qui avait fait établir la résidence impériale en ces lieux ; vue sur le lac Biwa ; sur les bords de celui-ci (Karasaki), pin célèbre, aujourd'hui mort, après avoir vécu un millier d'années ; son envergure exceptionnelle (48 m) le fit classer parmi les « vues d'Ōmi » ; il inspira le peintre d'estampes *Hiroshige ;* un « nouveau pin de Karasaki » a été replanté à Hietsuji *(2 km plus au N.)*, à partir d'une pousse de l'arbre ancien.
9 km : **Sakamoto,** où l'on pourra visiter, à 300 m O. de la gare *(terminus du Keihan E.R.)*, le sanctuaire de Hiyoshi, et gagner au-delà le funiculaire qui accède à Eizanchūdō, proche de l'Enryaku ji *(p. 369).*
Hiyoshi taisha ou **Hie jinja** renferme les sept divinités protectrices du Mont Hiei ; bâtiments reconstruits depuis 1586 ; fête : *Sanno matsuri* les 13 et 14 avril. A proximité de ce sanctuaire se trouve le **Saikyō ji**, l'un des nombreux temples de secte Tendai de *Sakamoto*, fondé au VIIe s. ; reconstruit à l'époque Momoyama (XVIe s.), il conserve plusieurs objets d'art de cette période.

Sakamoto relevait aux XVe et XVIe s. du domaine des Ashikaga ; c'est là que se replièrent les membres de cette famille opposés au shōgun établi à Kyōto ; le shōgun *Yoshihara* lui-même, chassé de la capitale par *Hosokawa Harumoto*, s'y réfugia en 1547. Oda Nobunaga y plaça *Mori Yoshinari*, puis son futur assassin *Akechi Mitsuhide*. Le cousin de ce dernier, *Akechi Mitsuharu*, s'y retrancha après le meurtre de Nobunaga ; il fut assailli par Hideyoshi et se donna la mort après avoir tué toute sa famille.

11 km : **Ogoto**, station thermale aux sources alcalines.
16 km : **Katata**, où le lac Biwa forme un étranglement qu'enjambe le **Biwako ōhashi** (1 350 m de long), par où l'on pourra gagner Moriyama et Kusatsu, sur l'autre rive *(car)*. Katata est également l'un des hauts lieux du lac Biwa ; on visitera le « pavillon flottant », l'**Uki midō** ou **Mangetsu ji** (époque Momoyama, XVIe s.), construit sur pilotis au bord du lac.
24 km : Petite route à g. vers le téléphérique du **Mont Hira** (1 174 m), dont on peut ainsi gagner le sommet ; vue panoramique sur le lac Biwa et le Mont Hiei ; ski en hiver. Sur les rives du lac s'allonge la plage d'Omi Maiko ou d'Omatsuzaki.
56 km : **Imazu**, d'où l'on peut gagner en car Obama, et en train Tsuruga.

4 — Hikone, Kyōto, Ōmi Hachiman, Uji, V. ces noms ; **5 — Hiei zan,** V. *Kyōto.*

R

Rikuchu Kaigan [Parc national] (Ile de Honshū)**

Carte du Tōhoku, p. 234-235

Comment vous y rendre ?

— Depuis Ichinoseki *(93 km N. de Sendai en 1 h de train J.N.R.)*, d'où l'on pourra gagner en 1 h 20 Kensennuma par l'Ōfunato line (J.N.R.); car direct *(50 km par la N 284)*.

— Depuis Morioka *(184 km N. de Sendai en 2 h de train; 204 km S. d'Aomori en 2 h 20)*, d'où l'on pourra gagner en 2 h 20 Miyako par la Yamada line *(J.N.R.)*; car pour Miyako *(111 km par la N 106)*; car également jusqu'à Kuji *(113 km par les N 4 et 281, en 3 h)*.

— *Depuis Kuji, Miyako ou Kesennuma*; ces villes sont reliées entre elles, dans un sens comme dans l'autre, par plusieurs services de cars nécessitant plusieurs changements en cours de route. La N 45 et la voie ferrée restent en général assez en retrait de la côte; on trouvera quelques cars et des services de bateau permettant d'atteindre les sites les plus intéressants.

Protégée sur 8614 ha, la côte orientale du Tōhoku présente vers l'Océan Pacifique une façade extraordinaire de reliefs tourmentés forgés par une érosion marine constante; falaises, promontoires, criques, rochers et îlots isolés, grottes naturelles, cascades, sont les éléments de cette orchestration sublime, et forment l'une des plus belles images japonaises d'une nature encore insoumise. Entre Kuji et Kesennuma, Miyako est la principale localité, étape toute indiquée lors d'une visite de ce parc national.

De Kuji à Kesennuma *(254 km S., par la N 45; cars via Omoto, Miyako, Kamaishi, Rikuzen Takata; train J.N.R. de Miyako à Kesennuma).*

Kuji *(39 013 hab.; train J.N.R. pour Hachinohe)*; ville commerciale sur le Kuji gawa, d'où l'on prendra vers le S. la N 45.

A 9 km S.-E. *(car)* : **Kosode hama**, l'une des criques de *Kuji kaigan qu offre plusieurs falaises rocheuses et grottes marines, et s'avance jusqu'au M saki.

13 km : **Noda**, où se déploie jusqu'à l'embouchure de l'Akka gawa l large baie de Noda Tamagawa.

30 km : **Fudai**, d'où l'on pourra atteindre, sur la g., une route à péag *(car direct entre Kuji et Omoto)*, qui domine sur une quinzaine de kilomètres l'une des plus belles sections de la côte de Rikuchū; falaise de deux à trois cents mètres de hauteur, arches naturelles, etc, s'aligne de part et d'autre du **Kitayama zaki.

47 km : **Tanohata**, d'où l'on pourra se rendre au :

RIKUCHU KAIGAN

5 km : petit port de **Shimanokoshi**, d'où il est possible de faire une excursion en bateau, le long de la côte mentionnée ci-dessus, jusqu'au Kitayama zaki, ou de gagner vers le S. Miyako.

65 km : **Omoto**, proche de l'embouchure de l'Omoto gawa, et d'une autre portion intéressante de la côte de Rikuchū.

Variante de Kuji à Omoto, par la route intérieure *(67 km S. ; car via Iwaizumi)*. — Quitter Kuji vers le S.-O. en remontant un affluent de la Kuji gawa.

9 km : Osanai keiryū, vallée encaissée et boisée au-delà de laquelle on longe les pentes orientales du Tōshima yama (1 262 m), l'un des sommets de la chaîne de Rikuchū.

30 km : Pont sur l'Akka gawa ; on peut visiter, un peu plus en amont, la grotte naturelle d'Akka dō.

47 km : *Ryūsen dō, la plus belle grotte naturelle connue dans la région.

49 km : Iwaizumi, d.où l'on descendra vers l'E. le cours de l'Omoto gawa.

67 km : **Omoto**, *V. ci-dessus*.

La N 45 se poursuit sineuse, parfois coupée de tunnels.

87 km : **Tarō**, d'où l'on peut gagner vers le N.-E. le **Ma saki** ; bateau pour Miyako.

96 km : **Miyako** (62 478 hab.), ancien port de pêche, sur une baie longue et étroite, d'où il est possible de regagner Morioka *(train, autocar)* ; de Miyako partent des vedettes d'excursion qui longent la côte de Rikuchū et font plusieurs escales. Face à la ville s'élève le **Gassan** (458 m), qui pointe au N. par le cap Hei.

A 4 km N.-E. *(car ; bateau)*, rochers insolites de *Jōdoga hama, l'un des sites les plus célèbres de ce parc national.

Au-delà de Miyako la côte paraît beaucoup plus découpée et se présente comme une succession de promontoires plus ou moins importants entre lesquels s'échancrent des rias et des calanques.

120 km : **Yamada**, au fond de la jolie baie de ce nom, d'où il sera intéressant de contourner en bateau le Konega saki et la *presqu'île de **Funakoshi**, pour gagner la *baie de Funakoshi.

124 km : Route à g. vers *(3 km S.-E.)* Funakoshi.

150 km : **Kamaishi** (65 250 hab.) ; principale localité de la côte de Rikuchū ; cette ville portuaire et industrialisée (minerai de fer dans les environs) fut équipée en 1874 du premier haut fourneau construit au Japon.

Depuis Kamaishi un bateau d'excursion fait le tour de la baie de Ryōishi jusqu'à la petite île de Sangan.

Au-delà de Kamaishi, la N 45 coupe la base des promontoires qui s'avancent en caps multiples dans l'Océan.

153 km : On pourra atteindre sur la g. **Kamaishi dai Kannon**, statue géante de *Kannon Bosatsu* (48 m de haut), à l'intérieur de laquelle il est possible d'accéder.

176 km : **Sanriku** s'ouvre sur la baie d'Okkirai, que limitent au N. et au S. les caps Kōbe et Sune.

209 km : **Ōfunato** (40 023 hab.), au fond de la baie étroite de ce nom ; cet ancien port de pêche s'oriente aujourd'hui vers une activité industrielle.

A 3 km N.-O. se trouve le **Choan ji**, fondé au début du XIXe s. et construit dans le style Momoyama ; riche décoration.

215 km : Prendre un embranchement à g. qui rallonge de 4 km.

217 km : Sur la g. on pourra gagner *(5 km S.-E. ; car depuis Ōfunato)* la belle arche triple de *Goishi misaki, qui s'avance au S. d'Ōfunato wan.

232 km : **Rikuzen Takata** (29 356 hab.) donne sur la baie de Hirota que ferme à l'E. la *presqu'île de Hirota. On pourra visiter le **Fumon ji**, fondé au XIIIe s. (belle **pagode** à trois étages).

254 km : **Kesennuma** (68 551 hab.), agréable port de pêche ouvert sur la jolie *baie de ce nom occupée par l'île d'*Ō shima.

On peut contourner en bateau le **cap d'Osaki**, et gagner **Karakuwa** ou l'île d'**Ō shima** dont un car fait le tour ; un télésiège mène au **Kame yama** (235 m), d'où l'on découvre l'ensemble de l'île et de la baie de Kesennuma.

A 10 km S.-E. *(car)* : **Iwai saki**, où se produit un phénomène curieux du flux de la mer, qui fait jaillir entre les rochers une colonne d'eau connue sous le nom de *Shio fuki.

Depuis Kesennuma, on pourra se rendre en train à Ichinoseki, ou en car à Ishinomaki (V. ces noms).

Rishiri - Rebun - Sarobetsu [Parc national]
(Ile de Hokkaidō)

Comment vous y rendre ?

Depuis Wakkanai, des services de car gagnent (7 km O.) la plaine côtière de Sarobetsu, alors que des bateaux desservent Rishiri (40 km N.-O.) et Rebun (50 km). D'autres services existent entre les deux îles ainsi que des cars su[r] chacune d'elles. Possibilités de logement.

Ce parc est constitué par la plaine de Sarobetsu, célèbre pour ses fleurs sauvages et les deux îles de Rebun et Rishiri, espacées seulement d'une dizaine de kilomètres, mais s'opposant par leu[r] forme et leur relief. De charmants villages de pêcheurs sont à visite[r] sur chacune de ces îles.

La *plaine marécageuse de **Sarobetsu** forme en été un admirable tapi[s] floral ; vers l'O., on découvre, au large, le Rishiri zan.

*Rebun

Allongée sur une vingtaine de kilomètres, l'île, célèbre pour sa faun[e] ornithologique et sa récolte de varech, présente une succession de cap[s] et falaises plongeant dans la mer ; elle ne dépasse toutefois pas 490 [m] d'alt. au Rebun dake.

Kabuka est le principal point d'accès de l'île, au S.-E. de celle-ci. De l[à] on peut gagner en car, vers le N., la **lagune de Hamanaka** et, depu[is] cette dernière, faire une excursion le long de la belle **côte occidental[e]** (rocher de **Jizō iwa**).

*Rishiri

De forme circulaire, elle est dominée par le superbe **Rishiri za[n]** (1 719 m), volcan actif surnommé Fuji de Rishiri.

Oshidomari, au N. de l'île, constitue son principal accès. On peut e[n] faire le tour *(car)* et découvrir les petits lacs de Hime numa et de Numau[shi] ko, dans lesquels se reflète le Rishiri zan ; au S., on remarque d[es] coulées de lave solidifiées qui s'avancent dans la mer.

Sado (Ile)*

Carte des richesses naturelles, p. 61 à 64.
Tōkyō, 390 km. — Niigata, 55 km.

Niigata ken.

Au large de la côte du Hokuriku, l'île de Sado (857 km²) est la plus importante de la Mer du Japon et la cinquième de l'archipel nippon. Deux chaînes parallèles, qui prolongent en mer les reliefs de la péninsule de Noto, déterminent sa géomorphologie d'ensemble. Entre ces montagnes une plaine, orientée comme elles N.-E.-S.-O., relie les baies de Ryōtsu et de Mano ; là se sont développées les rizières qui, avec la pêche et le tourisme, constituent la principale ressource économique de l'île. Réchauffée par le courant de Tsushima, elle connaît un climat moins rigoureux que celui de la côte de Honshū, qui lui fait face ; le port de Ryōtsu est parfois amené, en hiver, à recevoir les bateaux qui ne peuvent aborder à Niigata. Pour le touriste, Sado offre un bel ensemble de paysages montagneux et côtiers, notamment sur toute la moitié occidentale de l'île.

Terre d'exil. — Sado semblait naturellement désignée pour recevoir les exilés politiques de la terre nipponne. Parmi ceux-ci on compte l'empereur *Juntoku* (1197-1242), qui avait tenté de renverser les régents Hōjō, et le prêtre *Nichiren* (1222-1282), grand réformateur bouddhiste aux idées jugées subversives par le gouvernement d'alors. Yuzaki Motokiyo *Zeami* (1363-1443), à qui l'on doit les « traités sur le Nō », l'un des principaux auteurs de cette forme théâtrale, connut également l'exil de Sado à l'époque Ashikaga (1434).

Ryōtsu (23 483 hab.) est la principale localité de l'île, établie au N. de la dépression qui sépare les deux chaînes montagneuses de Sado ; au S. de Ryōtsu s'étend la vaste **lagune de Kamo**, qui a 16 km de pourtour.

▶ A 30 km N. *(car)* : Washisaki, petit port d'où l'on partira pour faire en bateau le tour du *Hajiki saki et gagner, en longeant *Soto kaifu kaigan, Ōgura ; la pointe septentrionale de l'île présente tous les plus beaux aspects côtiers.

▬ **1 — Aikawa** *(35 km S.-O. ; car).* — Quitter Ryōtsu vers le S.-O. par la route de Sawata.
9 km : Izumi, où se trouve le site du **Kuroki Gosho**, qui fut la résidence de l'empereur *Juntoki* lors de son exil (XIIIᵉ s.).

14 km : A dr. embranchement de la route qui conduit au *(2 km N.)* **Myōshō ji**, élevé à l'emplacement du second lieu de résidence du prêtre *Nichiren*, exilé lui aussi à Sado.

15 km : **Sawata**, où l'on gagne la **baie de Mano**, qu'on peut longer vers l'O. pour contourner **Daino hana** et dépasser **Nanaura kaigan**, avant d'atteindre Aikawa. Depuis Sawane, une route coupe la montagne et gagne directement :

35 km : **Aikawa**, l'un des principaux centres touristiques de l'île, sur la façade « externe » de celle-ci (**Soto kaifu**) ; spécialité de *mumyoi yaki*, poteries à base d'argile ocre, extraite des mines d'or voisines.

A 7 km N. *(car)* : **Tassha**, d'où l'on pourra visiter en bateau la *côte rocheuse avec les sites remarquables de **Senjō jiki** et de **Senkaku wan**. On peut se rendre en car à Ogura, puis poursuivre en bateau vers Washisaki et Ryōtsu *(V. ci-dessus).*

Depuis Aikawa il est possible de regagner Ryōtsu par la très belle **route de crête** *(car)* qui atteint les plus hauts sommets de l'île, dont le **Kimpoku zan** (1 173 m) est le point culminant. Cette route offre de très belles échappées de part et d'autre et passe, non loin d'Aikawa, par la **mine d'or de Sado**, exploitée depuis 1601 (production annexe d'argent et de cuivre) ; musée établi dans les anciennes galeries d'exploitation, avec automates.

2 — Ogi *(43 km S. ; car via Mano).* — Quitter Ryōtsu en longeant à l'E. le **Kamo ko**.

9 km : **Niibo**, où l'on visitera le **Kompon ji** ; dans le voisinage, reconstitution de la cabane où aurait vécu pendant six mois le prêtre *Nichiren*. Dans la région sont protégés quelques rares oiseaux toki.

12 km : **Hatano**.

A 15 km S.-E. : **Tada**, que l'on atteint en passant par *(4 km)* le temple de **Hase dera**, qui possède quelques *fusuma* dans le style des *Kanō*. Au N. de Tada, la région côtière de **Kōnose bana** est dominée par l'**Ōchi yama** (646 m), sommet de la moitié orientale de l'île.

14 km : Embranchement à g. vers le **Myōsen ji** (bâtiments du XVIIe s., dont une belle **pagode à cinq étages**), où repose *Hino Sakemoto*, l'un des partisans de l'empereur Go Daigo, exilé à Sado par les Hōjō et assassiné sur l'ordre de ceux-ci (1332).

A 1 km de là, on peut voir le **Kokubun ji** de l'île de Sado.

17 km : **Mano**, ouvert sur la baie de ce nom ; au S. de la localité, **sanctuaire de Mano**, dans le voisinage duquel repose l'empereur *Juntoku*, décédé à Sado au bout de vingt ans d'exil. Le **musée de Sado** *(au N.)* s'intéresse à tout ce qui concerne l'île : collections minéralogiques et de sciences naturelles ; reconstitution d'un intérieur paysan d'époque Edo, etc.

27 km : **Nishi Mikawa**, petite localité au-delà de laquelle la route s'écarte de l'anse de So hama pour traverser la pointe méridionale de Sado ; les paysages de collines ne sont pas sans rappeler les Downs en Grande Bretagne.

39 km : petit temple de **Rengeho** ou **Kobirei**, à quelque distance à dr. de la route, dont la fondation est attribuée à l'empereur Saga (IXe s.).

43 km : **Ogi**, petit port séparé en deux bassins par un promontoire ; de là, on pourra faire une excursion en bateau jusqu'à hauteur de **Sawasaki bana**, en passant en vue de la côte rocheuse de *Nansen kyō.

Saga (Ile de Kyūshū)

Carte du Nord de Kyūshū, p. 372-373.
Tōkyō, 1 203 km. — Fukuoka, 53 km. — Nagasaki, 110 km.

Chef-lieu de Saga ken (424 254 hab.). — 143 454 hab. — Industries textiles. Universités nationale et privée.

Généralement Saga passe inaperçue du voyageur occidental pressé. En 1874, *Etō Shimpei* organisa dans cette ville une révolte éphémère contre le gouvernement Meiji avec lequel il était en désaccord.
L'homme politique *Ōkuma Shigenobu* (1838-1922) est né à Saga.

La ville de Saga est traversée d'E. en O. par la longue **avenue de Ginko**, que bordent les douves de l'ancien **château des Nabeshima**, qui régnaient autrefois sur la province Hizen. Une partie des terrains est aujourd'hui occupée par la Préfecture ; beaux camphriers.

Environs

Mitsuze *(21 km N., par la N 263 ; car).* — Quitter Saga vers le N.
7 km : **Yamato**, petite localité au-delà de laquelle la Kase gawa traverse le **Kawakami kyō** ; station thermale.
8 km : A g. se détache la N 323, qui après avoir traversé la Kase gawa continue à remonter cette vallée en direction de la station thermale de **Kamanokawa** et du **barrage de Hikuzan**.
21 km : **Mitsuze** d'où l'on pourra gagner le **lac de barrage de Hakuzan**, à 347 m. d'alt. ; le lac de réservoir, alimentant Fukuoka et la plaine de Saga, est équipé d'installations qui assurent l'exploitation touristique de ses rives.

Saikai [Parc national de] (Ile de Kyūshū)*

Carte des richesses naturelles, p. 61 à 64.

Comment vous y rendre ?

— *Depuis Imari et Karatsu, vous pourrez gagner Hiradoguchi en autocar ; un service de train (J.N.R.) relie Karatsu à Sasebo via Hiradoguchi.*

— *Depuis Sasebo : des services de train, d'autocar ou de bateau (depuis Kashimae) relient Sasebo à Hirado.*

— *Depuis Nagasaki, il vous faudra rejoindre directement Sasebo en car par le pont de Saikai (74 km) ou par un service ferroviaire (J.N.R.).*

Une côte morcelée, précédée d'un éclatement d'îlots (Kujūku shima), caractérise ce parc qui occupe l'extrémité occidentale de l'île de Kyūshū. Hirado shima et l'archipel de Gotō *(V. ces noms)* ont également été associés au parc de Saikai, dont l'ensemble couvre 24 324 ha.

De Sasebo à Hiradoguchi *(55 km N.-O., en partie par la N 204 ; train J.N.R., car).* — Quitter **Sasebo** *(V. ce nom)* vers l'O. en direction de :
3 km : **Kashimae** ; de là il sera intéressant de s'embarquer sur un bateau d'excursion à destination de Hirado, afin d'obtenir une meilleure vue de la côte depuis la mer, et de découvrir l'ensemble des îlots de *Kujūku shima (plus de 170), qui sont de tailles et de formes différentes et recouverts d'une végétation subtropicale.

7 km : On rejoint la N 204 que l'on prend vers la g.
13 km : **Saza**, où l'on quittera la route nationale pour rejoindre la côte vers le S.-O.

A 6 km N.-E., par la N 204 *(car; train J. N. R.)* : **Yoshii**, où furent découvertes, au lieu-dit **Fukui**, des poteries préhistoriques estimées du préjomon (env. 7 500 av. J.-C.).

25 km : **Ka Saza**, bonne vue d'ensemble sur l'archipel de Kujūku.
45 km : **Emukae** ; la N 204 conduit directement à :
55 km : **Hiradoguchi**, pont pour **Hirado** *(V. ce nom)*.

Saito (Ile de Kyūshū)

Carte des richesses humaines, p. 65 à 68.
Tōkyō, 1 465 km. — Fukuoka, 324 km. — Kagoshima, 152 km. —.Kumamoto 226 km. — Miyazaki, 25 km. — Ōita, 298 km.

Miyazaki ken. — 38 509 hab.

Saito baru *(4 km N.-O. ; car depuis la gare de Tsuma)* est la principale curiosité des environs de Saito. Il s'agit d'un ensemble curieux d'environ 380 tumuli (époque kôfun, V^e-VIe s. après J.-C.), de plans circulaire, quadrangulaire, ou en « trou de serrure » (la combinaison des deux précédents).

Les sépultures d'**Osaho zuka** et de **Mesaho zuka** (respectivement 219 m et 106 m de long) sont les plus importantes du groupe. Le résultat des fouilles exécutées en 1912, 1913 et 1936 est en grande partie exposé au musée voisin. Ce site de sépultures princières vient confirmer les récits légendaires qui placent dans la province de Hyūga l'origine historique de la dynastie impériale japonaise.

Depuis Saito on pourra gagner *(6 km N.-O.)* la **gare de Sugiyasu** *(terminus de la voie ferrée J. N. R.),* en amont de laquelle se forment les **gorges de Sukiyasu**, sur la Hitotsuse gawa.

Sakai (Ile de Honshū)

Carte des Environs d'Ōsaka, p. 462-463.
Tōkyō, 526 km. — Kōbe, 44 km. — Kyōto, 50 km. — Nara, 44 km. — Ōsaka, 11 km. — Wakayama, 57 km.

Ōsaka fu. — 810 000 hab. — Ville industrielle et portuaire.

Sakai se confond avec l'immense agglomération d'Ōsaka, qu'elle prolonge au S. ; bordée d'une zone industrielle conquise sur la mer et d'une conglomération résidentielle qui ne se distingue plus de la grande métropole occidentale du Japon, la ville semble vouloir oublier un passé qui pourtant brilla d'une gloire particulière.

Plusieurs sépultures impériales (V. **Nintoku ryō**, ci-après) donnèrent une importance historique à la région de Sakai dès les IIIe et IVe s. de notre ère. C'est surtout en tant que port de commerce que la ville conserva jusqu'au XVIIe s. une riche activité, avec les avantages d'une véritable autonomie politique. « Sakai avait obtenu l'immunité fiscale et administrative à la fin du XIVe s. Après la guerre d'Ōnin, elle attira les artisans de Kyōto et le gros du commerce chinois, la route qui conduisait à Hyōgo (Kōbe) étant menacée par les pirates. Les *daimyō* des provinces voisines, le Hongan ji, le Kōya san, confiaient à ses marchands le transport leurs revenus provinciaux» (*Michel Vié*, Histoire du Japon). Sakai fut au XVIe s. le premier port de commerce du pays. Les Portugais y créèrent naturellement un comptoir et le jésuite *Gaspard Vilela* y établit, sous la protection d'*Oda Nobunaga,* une communauté chrétienne. Ce dernier, cependant, plaça à partir de 1577 la ville sous la responsabilité d'un gouverneur; ce fut l'amorce d'un déclin, accéléré par l'essor d'Ōsaka qui favorisait Toyotomi Hideyoshi. En 1635 le commerce fut suspendu avec les étrangers, et à partir de 1703 le cours de la Yamato gawa, qui traversait la ville, fut dévié vers le N.

Le maître de l'ikebana, de la cérémonie du thé, peintre et créateur de jardins japonais *Senno Rikyū* (1520-1591) naquit à Sakai.

Myōkoku ji *(500 m S.-E. de la gare de Myokokujimae, Nankai E.R. depuis Ōsaka Namba);* ce temple est particulièrement célèbre pour une fougère géante *(cycas revoluta)* qui atteint 6 m de hauteur et qui aurait environ 450 ans d'âge.

Seppuku à la française. — En 1868, des marins français, surpris par des samourai du clan de Tosa à dresser des relevés de la côte voisine, furent pris à parti et tués. Le nouveau gouvernement de Meiji obligea une vingtaine de Japonais, commis dans l'affaire, à se donner la mort dans l'enceinte du Myōkoku ji, en présence d'officiers français; ceux-ci, extrêmement choqués et bouleversés, demandèrent grâce à partir du dixième samourai; les neuf victimes reposent aujourd'hui dans ce temple.

Nintoku tenno ryō *(à l'O. des stations de Mozu, J. N. R. ou Mikunigaoka, Nankai E.R.);* cette sépulture, traditionnellement reconnue pour celle de l'empereur *Nintoku* (290-399, d'après le Nihongi), est rattachée au groupe de Mozu et semble dater du IVe s. de notre ère.

Par ses dimensions, c'est le plus vaste mausolée du Japon, voire le plus grand du monde; d'une longueur totale de 1 000 m, il entoure d'une triple douve un tumulus long de 486 m, large de 305 m et haut de 35 m; il occupe une superficie de 46 ha; une vue aérienne permet d'avoir une impression saisissante de ce tombeau, en forme de «trou de serrure», qui marque l'apogée de l'ère kōfun, à une époque où les grands seigneurs étaient inhumés, avant l'introduction du Bouddhisme qui pratique l'incinération. Le tombeau fut certainement élevé par des milliers d'esclaves et prisonniers d'origine continentale.

A l'intérieur furent découverts de nombreux objets en fer et des poteries en terre cuite *« haniwa » (V. Miyazaki).* D'autres sépultures, de moindre importance, existent dans le voisinage immédiat.

Sakata (Ile de Honshū)

Carte du Tōhoku, p. 234-235.
Tōkyō, 495 km. — Akita, 100 km. — Fukushima, 194 km. — Niigata, 165 km. — Sendai, 155 km. — Yamagata, 104 km.

Yamagata ken. — **102 600 hab.** — **Ville industrielle.**

A l'embouchure de la Mogami gawa sur la mer du Japon, Sakata s'est développée comme port de pêche et de commerce; c'est là qu'était embarqué le riz à l'époque Edo, et des greniers furent construits à cet effet. Une nouvelle activité industrielle (produits chimiques) fait aujourd'hui de Sakata la seconde ville de son département.

En ville on pourra se rendre au **Parc de Hiyoriyama** *(1,5 km O. de la gare ; bus)*, établi sur une hauteur d'où l'on découvre la mer du Japon. Dans ce parc s'élèvent le **sanctuaire de Hie**, une importante **bibliothèque** et le **musée folklorique de Homma**.

Environs

1 — Chōkai san *(37 km N.-E. ; train J.N.R. jusqu'à Fukura, puis car).* — Gagner au N. de Sakata la N 7 qui longe, à quelque distance, la mer du Japon où s'alignent plusieurs plages.

20 km : **Fukura**, d'où s'embranche une route à péage qui réalise en partie l'ascension du Mont Chōkai ; nombreux virages. La route passe à 6 km du sommet principal *(2 h de marche)*, à proximité duquel est établi un refuge où passer la nuit ; ski l'hiver.

Le ***Chōkai san** (2 237 m), considéré comme la plus belle montagne du Tōhoku, est surnommé Fuji de Dewa ; il constitue le plus haut sommet de la chaîne de Chōkai, qui s'élève à la limite des départements d'Akita et de Yamagata. Par beau temps la vue s'étend jusqu'à l'île de Sado au S.-O. et la péninsule d'Oga au N.-E. ; les amateurs apprécieront, lors d'un beau lever de soleil, l'ombre de la montagne sur la mer du Japon.

Au N.-O. de la montagne, on pourra redescendre vers la petite localité de **Kisakata** *(23 km)*, d'où il est possible de gagner *(train J.N.R.)* Akita, ou retourner à Sakata.

2 — Rapides de la Mogami gawa *(38 km S.-E. ; train J.N.R.)*, que l'on peut descendre sur 8 km *(1 h 30)*, d'avril à octobre, entre **Furakuchi** *(gare)* et **Kusanagi Onsen** ; de là car jusqu'à la gare de Kiyokawa.

3 — Tobi shima *(40 km N.-O. ; bateau jusqu'à Katsuura)*, groupe d'îlots parmi lesquels celui de **Tobi** est le plus important ; formation de grottes rocheuses dues à l'érosion marine.

Sakurai (Ile de Honshū)

Carte des environs d'Ōsaka, p. 462-463.
Tōkyō, 497 km. — Kyōto, 67 km. — Nara, 26 km. — Ōsaka, 47 km. — Tsu 80 km. — Wakayama, 89 km.

Nara ken. — 52 081 hab.

Au S. du bassin de Yamato, Sakurai s'appuie sur les chaînes montagneuses de la péninsule de Kii. De là on pourra rayonner ; plusieurs centres d'intérêt dont le Murō ji, qui constitue l'un des éléments les plus remarquables.

Environs

1 — Ōmiwa jinja *(2 km N. ; train J.N.R.)* ; à 500 m N.-E. de la gare de Miwa, ce sanctuaire, également connu sous le nom de **Miwa Myōjin**, est établi au pied du **Mont Miwa** (467 m) ; dédié à **Ōkuninushi no Mikoto**, c'est l'un des plus anciens du Japon ; le 1er janvier, les pèlerins viennent y recueillir le feu sacré, en vue d'allumer le foyer de leur premier repas de l'année.

2 — Danzan *(6 km S. ; car)*, où l'on visite le sanctuaire de ce nom. Fondé sur les pentes du **Tono mine** (619 m) par le prêtre *Jōe*, fils de *Kamatari* (VIIe s.), le sanctuaire est dédié à ce second personnage, qui fut l'ancêtre des Fujiwara ; les bâtiments, reconstruits en 1850, sont richement décorés dans le style Momoyama ; on remarque plus particulièrement une pagode de treize étages élevée à l'origine en 1532. Au sommet du mont Tono, qui s'élève au N., se trouve la **tombe de Kamatari**.

3 — Murō *(24 km E. jusqu'au Murō ji; train Kintetsu E. R. jusqu'à la gare de Murōguchi, puis car).* — Quitter Sakurai vers l'E. par la N 165.

2 km : Poursuivre par la N 165 qui traverse, à g., la voie ferrée.

6 km : *****Hase dera** *(800 m N. de la station de Hasedera)* ; fort agréablement situé, ce temple fut fondé en 686. Le **Kannon dō**, bâtiment principal, fut reconstruit en 1650 ; il abrite une **statue de Kannon** en bois de camphrier (12 m de hauteur) ; les pentes du Hase san, qui s'élèvent en arrière des édifices du temple, sont couvertes de pins et de cerisiers ; elles permettent de dominer les toits du temple et les vallons alentours ; jardin de pivoines fleurissant en avril et en mai.

18 km : Murō, en aval du **barrage de Murō**, établi sur l'Uda gawa. Depuis Murō une route remonte vers le S.-E. un affluent de cette rivière. Avant d'arriver au Murō ji, tout à coup sur la gauche se creuse dans la paroi rocheuse « une niche colossale où les artistes du XIIIe siècle ont fixé la songeuse image de Maitreya (Miroku), le Bouddha des temps futurs » *(Fosco Maraini).*

24 km : ****Murō ji,** dont les bâtiments sont annoncés par un boisement de cryptomères.

« A une époque qui se perd au-delà des premiers textes écrits, on vénérait déjà dans les monts du Murō un *kami*, protecteur des sources qui jaillissent dans la région et fertilisent les vallées de Yamato (...). Il fut identifié avec (...) *Ryuketsu Jin* (le « Dragon divin qui habite la grotte ») et conquit une immense renommée. Son pouvoir semblait si grand qu'on attendait de sa miraculeuse faveur non seulement qu'il fît tomber la pluie, mais qu'il dispensât toute espèce de bienfait à l'homme. C'est ainsi qu'entre 770 et 780, au cours d'une grave maladie du prince héritier de l'empire (le futur Kammu tennō), cinq prêtres restèrent des journées en prières dans les solitudes du mont Murō » *(Fosco Maraini);* on devrait à l'un de ces prêtres, *Kenkei*, la fondation du Murō ji qui est parfois également attribuée à *Kōbō Daishi;* du moins ce dernier en assura-t-il la rénovation.

Parmi les bâtiments de ce temple on remarque : l'harmonieux *****Gojuno tō** (IXe s.), la plus petite pagode à cinq étages existant au Japon (16 m de hauteur). Le *****Kon dō**, du IXe s., fut remanié au XVIIe ; il y a à l'intérieur quelques traces de peintures murales et plusieurs statues d'époques Heian et Kamakura. Le **Hon dō**, ou **Kancho dō**, d'époque Kamakura, s'élève au-delà du Kon dō et abrite une statue de Nyorin Kannon en bois d'époque Heian. Le **Miroku dō** possède une belle statue en bois de Shaka Nyorai (IXe s.). En arrière de la pagode, on peut accéder à l'**Okuno in Miei dō**, consacré à *Kōbō Daishi*, dont la statue se trouve à l'intérieur. Au trésor de ce temple sont conservées plusieurs statues dont l'une est attribuée à *Unkei*, ainsi qu'un Miroku Bosatsu en bois de santal qui semble une œuvre chinoise d'époque T'ang.

4 — Kashihara, Nara, Yoshino, V. ces noms.

Samani (Ile de Hokkaidō)

Carte de Hokkaidō, p. 230-231.
Tōkyō, 1 179 km. — Sapporo, 165 km. — Urakawa, 17 km.

Hokkaidō.

A l'extrémité de la Hidaka main line *(J. N. R.)*, Samani sera le point de départ d'une excursion à destination du cap Erimo.

Le **Toju in**, à 1,5 km N.-O. de la gare, fut considéré au XIXe s. comme l'un des trois principaux temples d'Ezo (Hokkaidō).

488 SAMANI (ENVIRONS) — SAN IN KAIGAN

☞ **Environs : Hiroo** *(82 km N.-E. ; car).* — Quitter Samani vers l'E. par la N 236.
6 km : **Fuyushima**, d'où l'on peut réaliser l'ascension du **Mont Apoi** qui s'élève au N.-E. ; couverte d'une flore alpine intéressante, cette montagne domine le site rocheux de *Hidaka Yaba kei, que longe la route avant que :
11 km : l'estuaire de la **Horoman gawa**.
25 km : **Horoizumi**, localité au-delà de laquelle on laissera sur la g. la N. 236, qui coupe la base du **Toyoni dake** (1 105 m), afin d'atteindre :
35 km : *Erimo misaki, qui à la pointe extrême de la chaîne de Hidaka plonge dans l'océan Pacifique en falaises et rochers multiples avancés sur plusieurs kilomètres ; phare érigé en 1889. Au-delà du cap Erimo, la route longe la côte de Hyakunin.
78 km : On remarque sur la g. la chute d'eau de **Fumbe**.
82 km : **Hiroo**, d'où l'on pourra gagner en train Obihiro *(V. ce nom)*.

■ San in Kaigan [Parc national] Ile de Honshū*

Carte des richesses naturelles, p. 61 à 64.

Comment vous y rendre ?

— Depuis **Tottori** et **Toyooka** : à 232 km et 150 km de Kyōto ; ces villes sont respectivement atteintes par la Sanin main line *(J. N. R.)* en 4 h et 2 h 45. Elles sont liées entre elles par cette ligne de chemin de fer et par des services d'autocars. Tottori est également en liaison avec Okayama et Himeji, et Toyooka avec cette dernière ville.

Entre Tottori et Toyooka, ce parc national rassemble 8 995 ha de côtes prises sur la façade du Chūgoku vers la Mer du Japon et connue dans son ensemble sous le nom de côte de San in.

☞ **De Tottori à Toyooka** *(109 km ; train J.N.R. ; car).* — Prendre vers le N.-E., à la sortie de Tottori, la N 9.
8 km : *Dune de sable de Tottori (Tottori Sakyie), qui s'étend sur une quinzaine de kilomètres, de part et d'autre de l'estuaire de la **Sendo gawa**, la rivière de Tottori ; d'une largeur de 2 km, c'est la plus importante formation de dunes au Japon et l'un des phénomènes naturels les plus remarquables du pays (malgré son exploitation touristique).
14 km : On laisse la N 9 et l'on poursuit sur la g. par la N 178.

➡ A 8 km E. *(car) :* petite **station thermale d'Iwai**, où surgissent de nombreuses sources.

16 km : Embranchement d'une route à g. *(car)* qui atteint la *côte d'Uradome, formée de criques, falaises, rochers et îlots couverts de pins.
38 km : **Hamasaka** d'où l'on pourra gagner :

➡ 7 km N.-E. *(car) :* **Tajima Mihonoura**, en vue du **cap** rocheux d'**Amarube**.
8 km S. *(car) :* **Yumura Onsen** ; sources de 57 à 98 ºC, efficaces contre les rhumatismes et les troubles digestifs.

57 km : **Kasumi**, petit port de pêche, de part et d'autre duquel se succèdent de beaux *aspects côtiers du Parc national de San in ; vedette d'excursion en été.

➡ A 2 km S. *(car) :* **Daijō ji** ou **Ōkyo ji**, dans un site boisé proche de la **Ya gawa**. Fondé par le prêtre *Gyōki* (VIIIe s.), le temple fut presque totalement
☸ reconstruit au XVIIIe s. et décoré par *Maruyama Ōkyo :* belles *portes coulissantes (fusuma)*.

67 km : A g. se détache une route côtière à péage qui longe la très belle **côte de Kinosaki** ; détour recommandé, emprunté par les autocars ; cette route contourne au N. les belvédères de **Hiyori yama** et de **Tsui yama**.

92 km : **Kinosaki** : station thermale, sur les bords de la Maruyama gawa ; sources de 48 à 58 °C connues depuis le VIIe s. Téléphérique pour le Daishi yama (567 m), sur les pentes duquel s'élève l'Onsen ji.

97 km : **Gembu dō**, à 500 m E., sur la rive dr. de la Maruyama gawa ; il s'agit de trois grottes voisines dont le nom vient de l'inscription gem bu dō, gravée sur le roc au XVIIIe s. par le prêtre *Shibano Ritsuzan*.

102 km : **Toyooka** (44 094 hab.), au centre d'une région agricole et marécageuse, où se réunissent les seuls groupes de cigognes que l'on puisse encore voir au Japon.

Sapporo (Ile de Hokkaidō)

Carte ferroviaire, en page de garde. — Plan p. 490-491. — Carte d'Hokkaidō p. 230-231.

Tōkyō, 1 110 km. — Asahikawa, 143 km. — Otaru, 39 km. — Rumoi, 137 km. — Tomakamai, 67 km.

Chef-lieu de Hokkaidō (3 982 676 hab.). 1 401 757 hab. — Ville industrielle : machines agricoles, textiles, papeteries, industries alimentaires (bière). — Universités nationale, régionale, privées. — Ville de congrès.

A la latitude de Marseille, cette ville géante où vit un tiers de la population de Hokkaidō est soumise aux rigueurs d'un climat continental d'influence sibérienne (moyennes : janvier, 5,5 °C ; août, 21,7 °C). Ne cherchez pas à Sapporo les restes de l'ethnie ainou ; autrefois propre à Hokkaidō, elle s'est complètement assimilée à une population japonaise dynamique, jeune et chaleureuse. Dessinée à l'américaine sur un plan en damier, Sapporo, ville par ailleurs de peu de caractère, s'est développée dès 1871 au centre de la plaine fertile d'Ishikari, au lieu-dit *Sato poro petsu* (grand fleuve sec). C'est ici que fut transféré, depuis Hakodate (en 1869), le Commissariat à la Colonisation qui devait devenir plus tard le gouvernement de Hokkaidō. Sapporo accueillit les jeux olympiques d'hiver en 1972.

A 500 m S. de la gare de Sapporo *(métro : Ōdori)*, on trouve la superbe **Ō dōri** (105 m de large, 1,3 km de long) ; ornée de pelouses, massifs, fontaines et statues, cette rue est en hiver le **cadre du festival de neige de Sapporo**.

De part et d'autre s'ordonne la ville : les principales avenues parallèles vont en ordre numéral croissant vers le N. (Kita) ou le S. (Minami). D'E. en O. (Higashi et Nishi), le partage se fait de part et d'autre d'**Ishikari kaidō**, longée par la Sōsei gawa canalisée, qui coupe l'extrémité orientale d'Ō dōri. Non loin de ce croisement s'élève la **tour de télévision** (147 m de hauteur ; plate-forme d'observation) ; en avant se trouve le bel édifice de la **Municipalité de Sapporo**. La bibliothèque municipale occupe l'ancienne salle d'entraînement militaire du collège agricole de Sapporo ; la **tour de l'horloge**, qui surmonte cet édifice en bois (1881), est devenue en quelque sorte le symbole de la ville.

SAPPORO

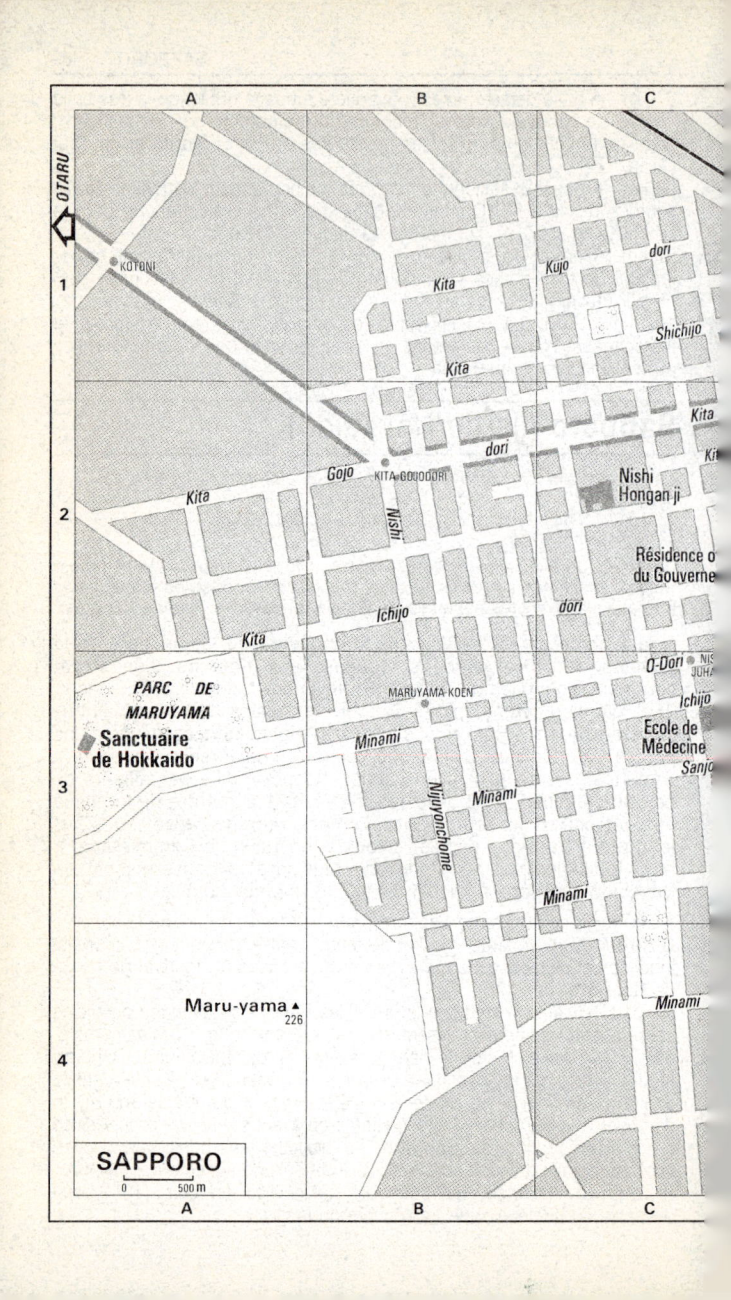

- OTARU
- KOTONI
- Kita
- Kujo dori
- Shichijo
- Kita
- Kita dori
- Kita
- Gojo
- KITA-GOJODORI
- Nishi
- Nishi Hongan ji
- Résidence du Gouverne[ur]
- Kita
- Ichijo dori
- O-Dori
- NIS[HI] JUHA[CHIJO]
- PARC DE MARUYAMA
- Sanctuaire de Hokkaido
- MARUYAMA-KOEN
- Ichijo
- Ecole de Médecine
- Minami
- Sanjo
- Nijuyonchome
- Minami
- Minami
- Maru-yama 226
- Minami

0 — 500 m

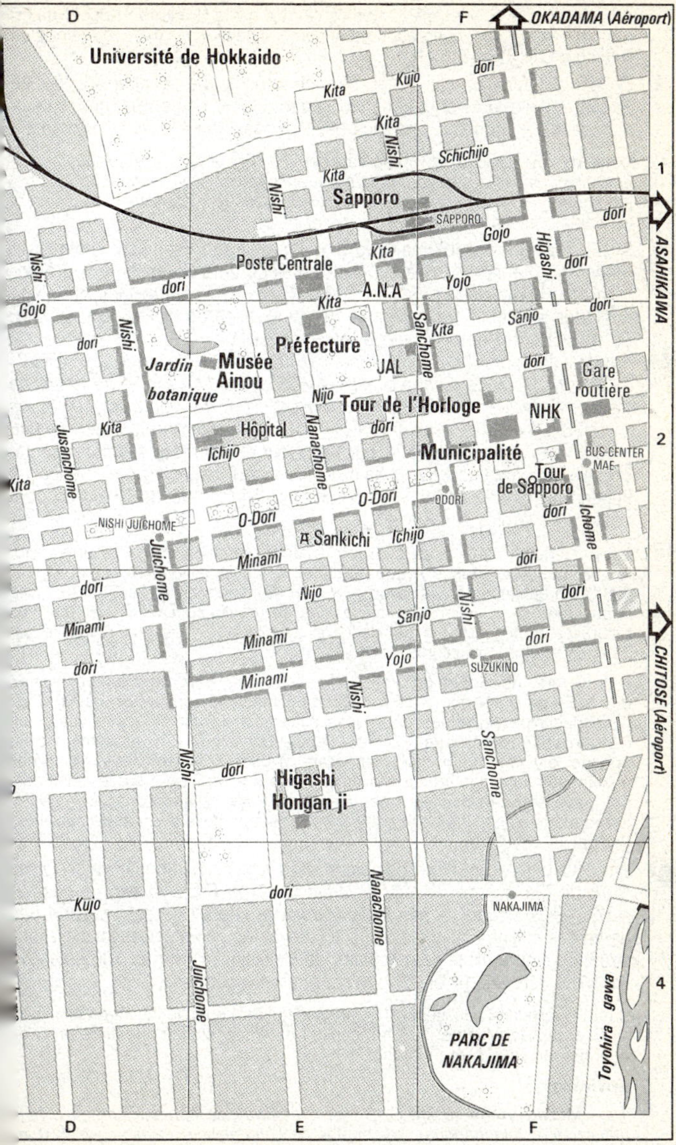
D
F
OKADAMA (Aéroport)
Université de Hokkaido
Kita
Kujo
dori
Kita
Nishi
Schichijo
Kita
Nishi
Sapporo
SAPPORO
dori
ASAHIKAWA
Gojo
Higashi
dori
Kita
Poste Centrale
Nishi
dori
A.N.A
Yojo
Gojo
Kita
Sanjo
dori
Kita
Nishi
dori
Préfecture
Jardin
botanique
Musée
Ainou
JAL
Sanchome
dori
Gare
routière
Nijo
Tour de l'Horloge
NHK
Kita
Hôpital
Nanachome
dori
Jusanchome
Ichijo
Municipalité
BUS CENTER
MAE
Kita
Tour
de Sapporo
O-Dori
ODORI
dori
Ichome
NISHI JUICHOME
O-Dori
Sankichi
Ichijo
Juichome
Minami
dori
dori
Nijo
dori
Nishi
Minami
Sanjo
Minami
dori
CHITOSE (Aéroport)
dori
Yojo
SUZUKINO
Minami
Nishi
Sanchome
Nishi
dori
Higashi
Hongan ji
dori
Kujo
Nanachome
NAKAJIMA
Juichome
PARC DE
NAKAJIMA
Toyohira gawa
1
2
4
D
E
F

A son extrémité occidentale, Ō dōri est bordée par le **Hokkaidō Kōsei Nenkin Kaikan**, palais des congrès de Sapporo, achevé en 1971, et doté d'un auditorium de 2 300 places.

Ō dōri est croisée par **Nishi San chōme**, la rue la plus animée de Sapporo ; elle est longée par le métro et en partie par une galerie marchande souterraine ; les plus beaux magasins de la ville la bordent.

Cette rue mène au S. à Nakajima kōen *(Pl. F4 ; 2 km S. de Sapporo eki ; entre les stations de métro de Nakajima et Horohirabashi)*, parc public (22 ha) proche de la Toyohira gawa, où se trouvent plusieurs installations de sports et attractions, un lac artificiel, etc.

A l'O. de **Sapporoekimae dōri**, qui prolonge Nishi san chōme, on rencontre, précédé d'un jardin, l'ancien siège du **gouvernement préfectoral de Hokkaidō** *(Pl. E2 ; — 500 m S.-O. de Sapporo eki)*, qui abrite quelques souvenirs de la période de colonisation de Hokkaidō au XIXe s. La nouvelle **Préfecture** s'élève tout près de là.

Poursuivant vers l'O. on atteindra le ***Jardin botanique** *(Pl. D-E2 ; — 700 m S.-O. de Sapporo eki ; — 500 m N. d'Ō dōri et de la station de métro de Nishi Jūi chōme ; — ouvert t. l. j. de mai à octobre et les mercredis, samedis et dimanches en avril et novembre)*. Ce très beau parc à l'anglaise, limité au N. par Kita Gojō et à l'O. par Nishi Jūichōme, occupe une superficie de 13 ha où sont réunies environ six mille espèces florales du monde entier, entretenues par l'Université de Hokkaidō dont dépend ce jardin.

On remarquera dans ce parc un **jardin alpin** renommé, et l'on pourra visiter les bâtiments du **musée Ainou**, dédié au britannique *John Batchelor* (1854-1944) qui étudia cette civilisation *(V. Hokkaidō)* : objets d'artisanat et de la vie quotidienne des anciens peuples ainou et gilyak, collections de sciences naturelles (flore et faune de Hokkaidō : collection d'oiseaux recueillie par Thomas Wright Blackiston), etc.

L'**Université de Hokkaidō** *(Pl. D-E1 ; — 700 m N.-O. de Sapporo eki ; — 300 m O. de la station de métro Kita Jūni jō)* s'étend sur environ 70 ha. C'est l'une des plus anciennes universités nationales du Japon, créée autour de l'ancien **collège agricole**, transféré depuis Tōkyō en 1875, et animé à cette époque par le commissaire américain *William S. Clark*. Les disciplines enseignées sont aujourd'hui multiples. **Buste du Dr. Clark** ; sur le monument est gravé son mot d'adieu à ses élèves : « Boys be ambitious ! ». Au N., la ferme modèle de l'Université est traversée par une belle **avenue de peupliers lombards**.

Entre Ō dōri et le jardin botanique, Kita Ichijō dōri aboutit vers l'O. au **Parc de Maruyama** *(Pl. A3 ; — 4 km S.-O. de Sapporo eki ; — bus ; — à l'O. de la station de métro de Maruyama kōen)* ; ce parc occupe une partie des collines qui s'élèvent à l'O. de la ville ; nombreuses installations sportives ; on y visite le sanctuaire de Hokkaidō, fondé en 1869, achevé en 1915 (fête les 14 et 15 juin) ; parc zoologique.

Dans le voisinage poussent de nombreux cerisiers qui fleurissent en mai ; plus au S.-E. le **Maru yama** (226 m), couvert d'une végétation forestière primitive dont les espèces sont protégées.

☞ **Environs :**

1 — Moiwa yama *(8 km S.-O. ; car ; tramway de Minami Ichijō à Minam Jūkujō, puis téléphérique)* ; les pentes de cette colline majestueuse (531 m sont également couvertes de forêts primitives ; pistes de ski sur le versant oriental. Du sommet, où aboutit une route à péage, vue sur Sapporo et ses environs : plaine d'Ishikari, massif de Daisetsuzan, mer du Japon.

■ **2 — Parc préfectoral de la Forêt de Nopporo** *(Doritsu Nopporo Shinrin Köen ; 14 km E. ; car depuis Sapporo eki).* En bordure de la forêt primitive de Nopporo, **Parc du Centenaire de la création du gouvernement préfectoral de Hokkaidō** (1968). On y visite le **Musée commémoratif de l'exploitation de Hokkaidō** *(Hokkaidō Kaitaku Kinen Kaikan ; ouvert t.l.j., sauf lundi, de 9 h 30 à 16 h 30)*, qui expose souvenirs et documents sur l'ethnie ainou, le progrès industriel, la vie des populations nordiques, le développement contemporain de l'île. Le soin donné à la présentation en fait l'un des plus intéressants du Japon en ce domaine. La **tour commémorative** voisine, de forme insolite, fut érigée en 1970 ; du sommet, vue d'ensemble sur le bassin d'Ishikari.

3 — Otaru, Parc national de Shikotsu Toya, *V. ces noms.*

Sasebo (Ile de Kyūshū)

Carte du Nord de Kyūshū, p. 372-373.
Tōkyō, 1 261 km. — Fukuoka, 111 km. — Nagasaki, 74 km. — Saga, 69 km.
Nagasaki ken. — 247 898 hab. — Ville industrielle ; chantiers navals.

Deuxième ville du département de Nagasaki, Sasebo s'est développée au fond d'une baie bien abritée, et depuis la seconde guerre mondiale est devenue un important chantier naval et l'une des bases de défense des forces de sécurité japonaises.

Dans le voisinage immédiat de la ville, on pourra accéder au *(2 km N.-O. ; car)* **Yumihari yama**, colline belvédère (370 m d'alt.) d'où la vue s'étend jusqu'à l'archipel de Kujuku *(p. 483).* A la base septentrionale de cette colline *(3 km N. de Sasebo),* on peut voir la curieuse arche naturelle en forme de lunettes, dite **Megane iwa**. Au S.-O. de Sasebo s'élève l'**Ishi dake** (191 m), au pied duquel s'étend le beau **jardin botanique de Sasebo** : serres de plantes tropicales ; parc zoologique.

■ **Environs :**

1 — Saikai bashi *(21 km S. ; car ; vedette d'excursion) ;* ce pont métallique (317 m de long, 34 m au-dessus de la mer) enjambe depuis 1955 la passe d'Inoura qui sépare la baie d'Ōmura de la mer de Gotō ; les courants marins violents qui se forment en ce passage étroit rendent le site particulièrement intéressant. Le pont permet de relier beaucoup plus rapidement Sasebo à Nagasaki.

2 — Hirado, Imari, Nagasaki, Ōmura, Parc national de Saikai, *V. ces noms.*

Sawara (Ile de Honshū)

Carte des richesses humaines, p. 65 à 68.
Tōkyō, 82 km. — Chiba, 53 km. — Mito, 75 km. — Urawa, 104 km.
Chiba ken. — 49 200 hab.

Sur les bords de la Tone gawa, cette localité sillonnée de canaux où circulent des bateaux à fond plat est l'un des points de départ pour la visite du parc régional de Suigo *(bateau, en été, à destination de Chōshi).* A proximité de la ville se trouve le sanctuaire de Katori, l'un des plus vénérés de la région.

494 SAWARA (ENVIRONS) — SENDAI

→ A 1 km S.-E. de la gare *(J.N.R.)*, on peut visiter la **maison natale d'Inō Tadayoshi** (1730-1807), astronome et géographe qui établit le premier atlas japonais ; instruments de mesure et objets personnels.

Environs :

1 — *Katori jingū *(4 km S.-E. ; car)*, l'un des plus anciens sanctuaires du Japon, fondé au IIIe s. sous le règne de l'impératrice *Jingū*. Il est dédié à *Futsunushi no kami*, compagnon de Takemikazuchi no kami, qui est vénéré à Kashima *(V. ce nom)*. Les bâtiments s'élèvent au milieu d'un boisement de cryptomères ; on remarquera les portes **Chokushi mon** et **Rō mon** (1701) ; le **Shin den**, édifice principal, fut reconstruit en 1914 ; fête les 14 et 15 avril. En arrière s'élève une colline, couverte de cerisiers, d'où la vue s'étend au-delà de la Tone gawa jusqu'à Kashima. Le **Kampuku ji** renferme une statue de Kannon à onze têtes, estimée du IXe s.

2 — Suishei shokobutsu en *(5 km N. ; car)* ; particulièrement agréable au printemps et en été, ce jardin, établi sur un site marécageux (15 ha), est orné de nombreuses plantes aquatiques (iris, lotus, nénuphars) ; des bateaux à fond plat y circulent en été.

3 — Chōshi, Kashima, Narita, Tsuchiura, *V. ces noms*.

Sendai (Ile de Honshū)

Carte du Tōhoku, p. 234-235 ; — plan ci-après.
Tōkyō, 329 km. — Akita, 240 km. — Fukushima, 83 km. — Morioka, 184 km. — Yamagata, 63 km.

Chef-lieu de Miyagi ken (1 280 650 hab.). — 664 868 hab. — Ville industrielle. — Universités nationale et privées.

Sendai est la grande métropole du Tōhoku. Le nom de la ville semble dérivé de l'ainou *Sebunai* (la grande rivière), c'est-à-dire la Hirose gawa, sur les bords de laquelle la ville se développa, quand *Date Masamune* (XVIIe s) en fit sa capitale. La ville actuelle reconstruite et agrandie depuis la seconde guerre mondiale, s'impose également comme important carrefour ferroviaire et centre de rayonnement touristique, notamment à destination de Matsushima. Par ailleurs, la nouvelle zone portuaire de Sendai fut ouverte en 1971, afin d'accueillir de nouvelles implantations industrielles qui faisaient jusque-là défaut.

Le savant *Shiga Kiyoshi* (1870-1957), qui isola le germe de la dysenterie naquit à Sendai.

La ville qui s'étend principalement à l'E. de la **Hirose gawa**, est parcourue de larges artères ; l'une des plus importantes, **Higashi Niban chō** traverse tout le centre de Sendai du N.-O. au S.-E. Elle est coupée par la large et belle **Aoba dōri**, qui mène de la gare à la Hirose gawa. Higashi Niban chō se prolonge au N., au-delà de Jōzenji dōri, par **Koto dai dōri** qui passe entre la **Préfecture** et l'**hôtel de ville** (arch. *Yamashita Toshirō*). Avant d'aboutir à l'**Ō hashi**, Aoba dōri longe au S. le **Parc de Sakuragaoka** ou **Nishi Kōen** *(Pl. A3 ; — 1,8 km O. de Sendai eki ; bus,*

SENDAI

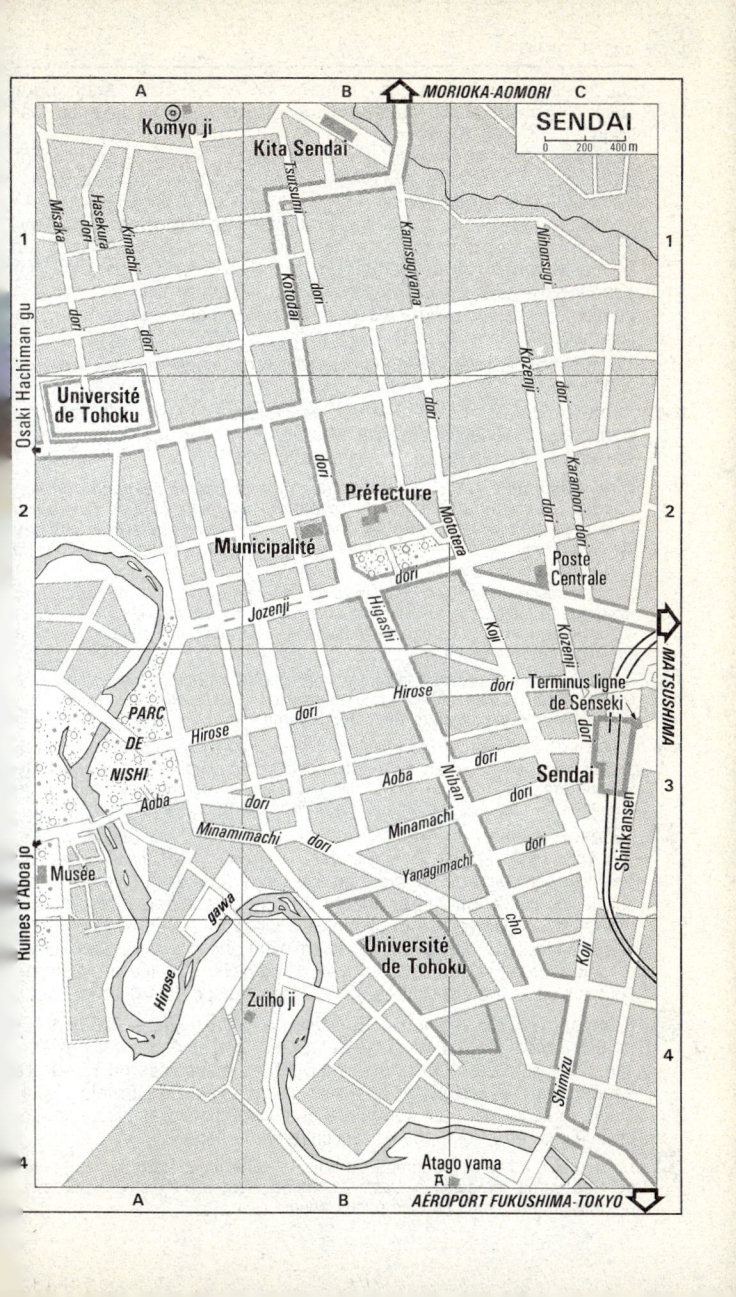

0 200 400 m

MORIOKA-AOMORI

Komyo ji
Kita Sendai
Misaka dori
Hasekura dori
Kimachi dori
Tsutsumi dori
Kotodai dori
Kamisugiyama dori
Nihonsugi dori

Osaki Hachiman gu

Université de Tohoku

Kozenji dori
Karanhori dori

Préfecture
Municipalité
Motoera dori
Poste Centrale

MATSUSHIMA

Jozenji dori
Higashi dori
Koji dori
Kozenji dori

PARC DE NISHI
Hirose dori
Hirose dori
Terminus ligne de Senseki

Aoba dori
Niban dori
Sendai

Minamimachi dori
Aoba dori
Minamachi dori

Ruines d'Aoba jo

Musée
Yanagimachi dori
cho
Shinkansen

Hirose gawa
Zuiho ji
Université de Tohoku
Shimzu Koji

Atago yama

AÉROPORT FUKUSHIMA-TOKYO

qui faisait autrefois partie du domaine privé des Date. **Auditorium municipal**, **observatoire astronomique** et **Sakuragaoka jinja** ou **Dai jingū**.

La Hirose gawa est en partie bordée de falaises crayeuses qui coupent brutalement les collines à l'O. Sur l'une de celles-ci, **Aoba yama**, s'élevait le château de Sendai.

Au-delà d'Ō hashi, on remarque une **tourelle**, rare vestige de ce château, près de laquelle s'amorce une route en lacets qui mène à l'**Aoba jō**.

Le **musée municipal de Sendai** *(Pl. A3 ; — adresse : Sannomaru ato, Kawauchi ; — 2,3 km O. de Sendai eki ; — ouvert t.l.j. sauf lundi et dernier jours du mois, de 9 h à 16 h)* se trouve à quelques pas à l'E. de cette route.

Ce musée est installé dans un édifice moderne : collections et souvenirs de la famille Date.

Aoba jō *(Hor Pl. A3 ; — 3 km O. de Sendai eki ; taxi)* fut autrefois la somptueuse résidence de *Date Masamune* ; il n'en reste plus que le souvenir et les vestiges de quelques remparts.

Date Masamune (1566-1636), l'un des plus puissants seigneurs de son époque, combattit au service de Toyotomi Hideyoshi, puis de Tokugawa Ieyasu, et vainquit les Uesugi au nom de ce dernier. Il fit élever le château de Sendai où sa famille demeura jusqu'à la Restauration de 1868 ; le château brûla un peu plus tard.

Sur la terrasse de l'ancien château, d'où l'on découvre la ville de Sendai, on remarque le sanctuaire de **Shōkon sha**, dédié aux victimes de la guerre, et la **statue équestre** en bronze de **Masamune**, inspirée d'une statue conservée au Zuigani ji de Matsushima.

Au S.-O. de cette terrasse la route franchit la Yatsugi gawa, petit affluent de la Hirose, par un pont jeté à 80 m au-dessus du ravin creusé par la rivière ; au-delà s'étend le **parc public de Yatsugi yama**.

A 800 m E. de l'Aoba jō, la Hirose gawa contourne le **Kyōga mine**, où s'élève le **Zuihō ji** ; dans le voisinage de ce temple se trouvent les **tombes de Date Masamune**, ainsi que de vingt fidèles qui se suicidèrent à sa mort, et de membres de sa famille ; monument aux victimes de la Révolution de Meiji.

*Ōsaki Hachiman gū *(Hors Pl. A2 ; — 3,5 km N.-O. de Sendai eki ; — 2,5 km N. de l'Aoba jō ; proche du terminus Hachimanjinjamae du tramway provenant de la gare)* ; ce sanctuaire s'élève au sommet d'une colline, au N. de **Hachiman machi dōri** qui passe devant les anciens bâtiments de l'**Université du Tōhoku**. Il fut élevé entre 1604 et 1607 à la demande de Date Masamune ; le bâtiment principal est un bel édifice d'époque momoyama, laqué en noir ; la corniche sculptée et peinte de couleurs vives a été restaurée. Fête *Dondo matsuri*, le 14 janvier.

Kōmyō ji *(Pl. A1 ; — 2 km N.-E. d'Ōsaki Hachiman gū ; — 300 m N.-O. de Kita Sendai eki et 3 km N. de Sendai eki ; bus entre ces deux gares)* dans l'enceinte de ce temple se trouvent les **mausolées de Hasekura Tsunenaga** (1571-1622) et du missionnaire jésuite **Luis Sotelo** (1574-1624), protégés par Date Masamune et qui furent envoyés par ce dernier en Espagne et à Rome, où ils rencontrèrent le Pape Paul V.

Un peu plus à l'O. de ce temple se trouve l'**Aoba jinja**, établi sur les pentes du **Kita yama**, et dédié à *Date Masamune* ; fête les 24 et 25 mai, avec procession d'hommes habillés à l'ancienne.

Toujours plus à l'O. le **Rinno ji** possède un joli **jardin-paysage**, dessiné au XIVe s. par *Date Mochimune*.

A 1,5 km E. de Kita Sendai eki, on pourra visiter le **Tōshō gū**, sanctuaire élevé (1654) par *Date Tadamune* en l'honneur de Tokugawa Ieyasu.

Parc de Tsutsujigaoka *(1,5 km E. de Sendai eki ; au N.-O. de la gare de Tsutsujigaoka) ;* autrefois dépendant du domaine des Date, ce parc est célèbre pour ses azalées et ses cerisiers.

Plus à l'E. on trouvera l'Institut des Arts industriels, et au S.-E. de celui-ci les terrains de sports de Miyaginohara.

Environs :

1 — Akiu Onsen *(21 km S.-O. ; car) ;* station thermale (sources de 45 à 70 ºC) sur la vallée de la Natori gawa, en amont des gorges de **Rairai kyō**. Plus en amont encore *(14 km O.)* se trouve la chute d'**Akiu Ō taki** (55 m de haut et 45 m de large).

2 — Sakunami Onsen *(28 km N.-O., par la N 48 ; car ; train J.N.R. jusqu'à la gare de ce nom, puis car).* — Quitter Sendai vers l'O. en remontant le cours de la Hirose gawa.

11 km : Route à dr. vers le **barrage d'Ōkura** (à 271 m d'alt.) et :

15 km N.-O. : **Station thermale de Jogi** (eaux salines à 35 ºC) sur les pentes de l'**Ushiro Shirokami** ; le temple voisin, **Jōgi Nyorai**, est vénéré par les célibataires et les femmes stériles.

28 km : **Sakunami Onsen** dans un joli site boisé, sur le haut cours de la Hirose gawa ; les sources, de 57 à 66 ºC, ont des vertus reconnues contre les maladies nerveuses ; elles jaillissent au bord même de la rivière où l'on peut se baigner ; pistes de ski à proximité. La N 48 se poursuit en lacets, par le col de Sekiyama (594 m), pour rejoindre Tendō et Yamagata *(V. ce nom).*

3 — Kinkazan, *V. Ishinomaki ;* **Matsushima**, *V. Shiogama ;* **Naruko,** *V. Furukawa.*

Seto (Ile de Honshū)

Carte des richesses humaines, p. 65 à 68.
Tōkyō, 386 km. — *Gifu,* 50 km. — *Nagano,* 249 km. — *Nagoya,* 29 km. — *Shizuoka,* 219 km. — *Tsu,* 103 km.

Aichi ken. — 92 681 hab. — Production de céramiques.

Grosse agglomération de la banlieue de Nagoya, Seto peut être considérée comme la capitale de la porcelaine japonaise, communément nommée seto mono. L'implantation des premières fabriques remonte au XIIIe s. ; il en existe aujourd'hui plus d'un millier, dont la production est exportée à 65 %. Centre d'expérimentation de céramique.

Seto mono. — Les premiers fours furent ouverts (1227) par *Kato Toshirō* qui, à son retour de Chine, trouva dans la région une bonne qualité d'argile. « Les céramiques cuites à haute température devaient l'aspect particulier de leur couverte aux cendres qui entraient dans sa composition. Le décor était incisé directement sur les flancs nus de la poterie, réalisée au colombin, puis égalisée au tour. On obtenait des vases dont la forme imparfaite et la stylisation linéaire du décor s'accordaient particulièrement avec l'esprit de vigueur et d'austérité qui fit la grandeur de l'âge de Kamakura » (*D. et V. Elisseeff,* la Civilisation japonaise). Seto et la région de Mino connurent une nouvelle expansion avec la vogue de

498 SETO NAIKAI

la cérémonie du thé ; des potiers d'origine coréenne, d'abord établis dans la région de Karatsu, influencèrent (fin du XVIe s.) les ateliers de Seto. Ceux de Shino et d'Oribe comptent parmi les plus célèbres, avec ceux qui produisaient les bols de style raku, « nom qui signifie « la joie » » ; c'est dit-on Hideyoshi, qui donna un sceau portant ce caractère au fils du créateur des fameux bols » *(Elisseeff).*

En ville le **sanctuaire de Suehiko** est dédié à *Kato Toshirō* ; une statue lui est élevée dans le parc de Seto et les chiens-lions *(koma inu)* en céramique du sanctuaire de Fukagawa lui sont attribués.

Seto Naikai [Parc national de]**

Carte de Shikoku et Mer Intérieure, p.502-503

Comment vous y rendre ?

— *Depuis Beppu, Kōbe, Ōsaka, Takamatsu ; ce sont les étapes principales de la Kansai Kisen, qui traverse quotidiennement Seto Naikai entre Ōsaka et Beppu, dans les deux sens. De nombreux autres services relient entre elles les localités côtières, et diverses îles qui s'échelonnent de toutes parts ; nous en mentionnons un grand nombre dans le corps de ce guide.*

La Mer Intérieure est le nom communément donné à cet extraordinaire bassin maritime, qui s'étend sur environ 440 km entre la péninsule de Kii à l'E. et l'île de Kyūshū à l'O. ; elle est limitée au N. par le Chūgoku, extrémité occidentale de l'île de Honshū, et au S. par l'île de Shikoku. Six cents îles et îlots, de formes et dimensions très diverses, parsèment et embellissent ce parc marin remarquable. Aujourd'hui, les plus beaux aspects de la Mer Intérieure sont placés sous la protection d'un Parc national de 65 909 ha.

Correspondant à une fosse d'effondrement peu profonde, cette mer constitue un « liant » naturel entre les îles principales qui l'entourent. Dès les origines de la civilisation japonaise, les hommes empruntèrent cette voie privilégiée. Riche de légendes merveilleuses et de souvenirs prestigieux, la Mer Intérieure laissa s'infiltrer les apports des civilisations chinoise, coréenne, voire européenne qui se pénétrèrent ou se heurtèrent au Japon. De longue date, le nombre et la variété des espèces de poissons ont fait le bonheur des pêcheurs qui parcourent ces eaux. L'expansion économique est aussi l'une des caractéristiques majeures de cet ensemble, qui concentre sur ses rives de vastes complexes industriels et d'importantes agglomérations urbaines aspirant littéralement les populations d'un arrière-pays en voie de dépeuplement.

D'Ōsaka à Beppu *(390 km en 14 h environ par service quotidien direct de la Kansai Kisen ; empruntez de préférence un service diurne ; départ vers 7 h d'Ōsaka, 8 h 30 de Kōbe ; ou 8 h — en sens inverse — de Beppu ; certains bateaux transportent les voitures).* Embarquement depuis Ōsaka ko *(V. Ōsaka aux renseignements pratiques).*

21 km (1 h 20) : **Kōbe** *(V. ce nom).* Le bateau passe ensuite entre **Akashi** et ***Awaji shima** *(V. ces noms),* et pénètre dans la mer de Harima.

102 km *(4 h 10)* : On est au large de **Sakate**, au S. de l'île de **Shōdo** *(V. ce nom)* dont on aperçoit la brèche de **Kanka kei**.

132 km *(5 h)* : Au N. de **Takamatsu** *(V. ce nom)*. C'est l'une des plus belles sections du trajet ; les îles innombrables, couvertes de pins, se remarquent de toutes parts ; noter celle de **Yo** (forme conique). Honshū et Shikoku sont alors très rapprochées ; vers le N. le **Washū zan** *(V. Kurashiki)* se forme bientôt.

234 km *(8 h 20)* : *****Passe** étroite **de Kurushima**, entre **Ō shima** et **Imabari** *(V. ce nom)*, qui sépare les mers de Hiuchi et d'Aki.

279 km *(10 h)* : Le bateau passe entre les îles de **Gogo** et de **Muzuki**, au large de **Matsuyama** *(V. ce nom)*. Nous voici dans la vaste **mer d'Iyo** ; la **côte de Shikoku** se profile au S. et s'allonge jusqu'à la pointe extrême de **Sada misaki** *(V. Yawatahama)*.

390 km *(14 h)* : **Beppu** *(V. ce nom)*, dont la jolie baie est annoncée par le **Takasaki yama**.

■ Shibukawa (Ile de Honshū)

Carte des richesses naturelles, p. 61 à 64.
Tōkyō, 151 km. — Fukushima, 319 km. — Maebashi, 21 km. — Nagano, 140 km. — Niigata, 242 km. — Urawa, 121 km. — Utsunomiya, 125 km.
Gumma ken. — 47 035 hab.

Au S. du confluent de l'Agatsuma gawa et de la Tone gawa, Shibukawa est un bon centre d'excursions, à destination des massifs montagneux qui l'entourent (Parc national de Jōshin Etsu Kōgen) et de plusieurs stations thermales.

Environs :

1 — Haruna ko *(21 km O. ; route à péage, car)*.

9 km : **Ikaho Onsen**, importante station thermale établie en terrasse, à 750 m d'alt., sur les pentes N.-E. du **Mont Haruna** ; sourses (50ºC) ferrugineuses et sulfatées. La station est fréquentée toute l'année et surtout en été, lorsque les montagnes se couvrent de fleurs. Vue étendue depuis le sanctuaire d'Ikaho au S.

21 km : *****Haruna ko**, lac de cratère, à 1 084 m d'alt., dominé par les cimes du **Haruna san** qui fait face à l'**Akagi san** *(V. Maebashi)* ; parmi les sommets principaux citons à l'E. le Haruna Fuji (1 391 m ; *téléphérique d'accès*), au N. l'**Eboshi dake** (1365 m), à l'O. le **Kamon dake** (1 448 m). En hiver pistes de ski, patinage et pêche au trou sur le lac qui s'échappe par la cascade de Benten.

A 3 km S.-O. *(car)* : **sanctuaire de Haruna**, dans un site de cryptomères et de rochers fantastiques qui lui donnent beaucoup d'attrait ; remarquer quelques beaux éléments de bois sculpté.

2 — Kawarayu Onsen *(39 km N.-O. ; train J.N.R.)*. — Quitter Shibukawa vers le N. par la N 17.

3 km : Prendre à g. une route qui remonte l'Agatsuma gawa, doublée par la voie ferrée, et rejoint :

22 km : **Nakanojō**, où l'on suit vers l'O. la N 145.

26 km : **Agatsuma**, d'où l'on peut gagner vers le N. le joli site de **Shima Onsen** et vers le S. le village de **Haruna**.

39 km : **Kawarayu Onsen**, en amont des gorges de l'Agatsuma que bordent de belles falaises de couleur ocre.

3 — Maebashi, Numata, Parc national de Jōshin Etsu Kōgen, *V. ces noms.*

Shikoku (Ile)

18 782 km². — 4 163 000 hab.

Shikoku, située entre la Mer Intérieure et l'Océan Pacifique, attire plus les pélerins venus visiter ses quatre-vingt-huit temples que les touristes. Ile des contrastes entre un N. industrialisé, presque intégré dans le grand centre économique Osaka-Kobe qui lui fait face, et un S. rural et agricole, elle offre pourtant quelques beaux paysages - surtout dans le S. - et elle a su préserver une très grande authenticité, particulièrement sensible dans l'accueil de ses habitants, dans la cuisine ou encore au cours des nombreuses fêtes religieuses ou folkloriques.

Votre voyage à Shikoku

Comment vous y rendre? — Les deux compagnies aériennes intérieures (ANA et TDA) assurent des vols réguliers à partir de Tōkyō et Ōsaka vers Takamatsu et, plus rarement vers Kōchi. Il existe aussi des vols, peu fréquents, vers les mêmes destinations au départ de Nagoya, Okayama, Fukuoka et Kagoshima. Indépendamment des services maritimes au départ de Tōkyō, Ōsaka, Kōbe, de la péninsule de Kii ou de Kyūshū, le plus simple reste encore de prendre le train pour Okayama d'où une navette conduit au ferry de Uno. La traversée vers Takamatsu dure 25 mn tandis que le voyage, depuis Ōsaka, ne demande pas plus de 4 h.
Notons enfin qu'un pont de 13 km est en cours de construction entre Kojima (S.O. d'Okayama) et Sakaide au N.-E. de Shikoku. Il devrait être achevé en 1987.

Les transports à Shikoku. — Les services ferroviaires sont assez complets et réguliers, mais aussi assez lents. Ils permettent toutefois de faire un tour presque complet de l'île. Les services d'autocars sont plus fréquents et plus rapides, mais aussi plus difficiles à utiliser pour les touristes ne lisant pas et ne parlant pas le japonais. Si vous voyagez en petits groupes n'hésitez pas à louer un taxi à la journée, ou pour faire les excursions de Dōchū ou de Kotohira-gû.

Shikoku touristique

Que voir à Shikoku? — Bien que restant la moins visitée des grandes îles japonaises, Shikoku offre de nombreux sites intéressants.
Sites historiques ou artistiques : le sanctuaire **Kotohira-gû** et le sanctuaire **Kotohiki Hachiman** (tous deux proches de Takamatsu), le château de **Matsuyama**.
Sites naturels : l'ensemble de la **côte Sud** de l'île, la petite île d'**Okino shima**, le **Parc National d'Ashizuri Uwakai**, le **Parc régional d'Ishizuchi**, le site de **Dochu** (cheminées de Fées), etc.

Proposition de circuit. — A moins que vous n'entrepreniez, dans la tradition, le pèlerinage des quatre-vingt-huit principaux temples de l'île (ce qui vous demanderait entre 45 et 60 jours de marche), quatre jours pleins pourraient suffire pour visiter Shikoku, cinq jours permettant une visite plus complète.

Programme de quatre jours *(690 km)*

1er jour : A partir de **Takamatsu** *(200 km env.)*, gagnez **Tokushima** *(train J.N.R.)* : ruines de l'ancien château situées dans un joli parc. Puis de là rejoindre Awa Ikeda via **Dōchū** (cheminées de fée), en car. De retour vers Takamatsu, s'arrêter à **Kotohira** (sanctuaire de **Kompira San**).

2e jour : Takamatsu-Matsuyama (Dogo ; *200 km)*. En train *J.N.R.*, traverser le Nord de Shikoku *(3 h de trajet)* ou en bateau *(croisière organisée par la compagnie Kansai Kinsen)*. A **Matsuyama**, visite du château et des bains publics de Dogo *(à 4 km de Matsuyama)*. Logement dans un ryōkan de Dogo.

3e jour : (Dogo) Matsuyama - Kochi *(130 km)*. En car, traversée de l'île jusqu'à Kochi, via le parc côtier d'Ashizuri. Visite de Kochi, nuit à Kochi.

4e jour : Kochi - Takamatsu *(160 km)* en train *J.N.R.* Visite de la ville (jardin Ritsurin). Retour vers Honshū par bateau.

Connaître Shikoku

Aspects géographiques. — Quatrième île japonaise par son importance, Shikoku est séparée de Honshū par la Mer Intérieure ; elle est coupée de la péninsule de Kii (île de Honshū) par le **chenal de Kii**, et de l'île de Kyūshū par le **Bungo suidō**. Au S., l'île est bordée par l'océan Pacifique, dans lequel s'avancent, de part et d'autre de la baie de Tosa, les caps d'Ashizuri et de Muroto. Essentiellement montagneuse, l'île est traversée par la chaîne de Shikoku dont l'Ishizuchi san (1 981 m) est le point culminant. Son économie repose principalement sur la pêche et l'agriculture ; cette dernière trouve peu de terrains disponibles, bien que ceux-ci, parfois très fertiles (régions de Kōchi), permettent deux récoltes annuelles de riz ; la forêt occupe presque la totalité de l'île. Les habitants (moyenne de 221 hab./km^2) émigrent vers les principaux centres économiques, notamment sur les rivages de la Mer Intérieure, au N., où se sont développées les principales agglomérations industrielles : **Takamatsu, Sakaide, Imabari, Matsuyama** ; au S., seule **Kōchi** possède une activité économique capable de retenir les populations.

Shikoku dans l'histoire. — Awa, Iyo, Sanuki, Tosa, tels sont les noms des «quatre pays» *(Shi koku)* qui autrefois partageaient l'île ; ils correspondent aujourd'hui aux départements de Tokushima, Ehime, Kagawa et Kōchi. Selon la chronique du Kōjiki, Shikoku fut la troisième des îles créées par Izanagi et Izanami *(V. Awaji shima)*. A la chute des Taira (1185), Minamoto Yoritomo la confia à quatre de ses vassaux ; à partir de 1334 les Hosokawa se rendirent maîtres de l'ensemble de Shikoku. Les Chōsokabe leur succédèrent, que Hideyoshi confina dans la province de Tosa, donnant le reste du territoire à de nouvelles familles ; cette situation fut maintenue jusqu'à la Restauration de Meiji.

SANDAN KYO
Ota gawa
HIROSHIMA
Fukuyama
Onomichi
Mihara
TOMONO UR
Itsukushima
(Miyajima)
Kure
Innoshima
Iwakuni
Eta jima
Omi shima
Ondoseto
NAIKAI
INTÉRIEURE)
SETO
(MER
O shima
Kurushima kaikyo
KITAKYUSHU-FUKUOKA
Yanai
Imabari
Niihama
MATSUYAMA
SHIKOK
Ishizuchi san
1 981
OMOGO KEI
Yoshino gawa
Niyodo gawa
Nagahama gawa
KOC
Ozu
Yawatahama
Tosa
Sada misaki
Susaki
Uwajima
Shimanto gawa
Nakamura
Sukumo
TATSUKUSHI
Tosa Shimizu
Okino shima
Ashizuri misaki

SHIKOKU
MER INTÉRIEURE

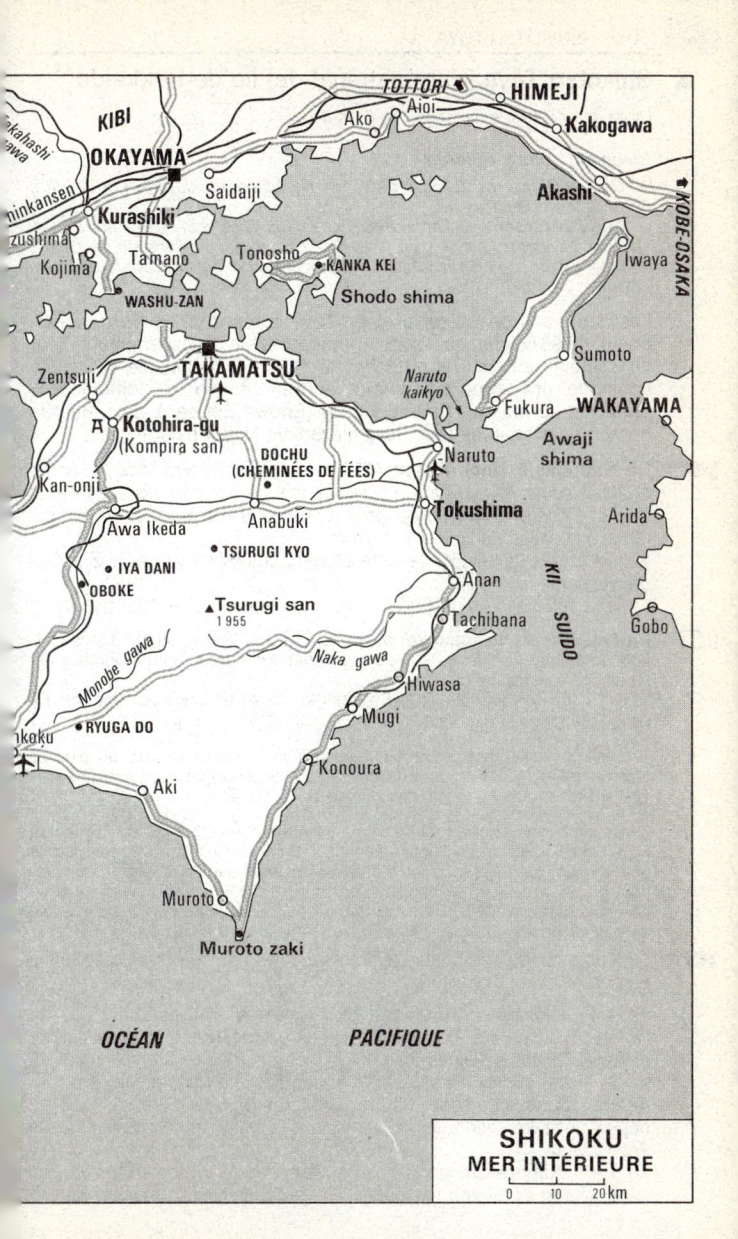

0 10 20 km

Shikotsu Tōya [Parc national de] Ile de Hokkaido**

Carte des richesses naturelles, p. 61 à 64.

Comment vous y rendre ?

— *Depuis Sapporo ;* services de cars à destination de Jōzankei et des lacs de Shikotsu et de Tōya.
— *Depuis Muroran ou Tomakomai ;* ces deux villes sont reliées entre elles, ainsi qu'à Sapporo, par le train *(J.N.R.)* et l'autocar ; de l'une ou de l'autre, on pourra gagner en car la station thermale de Noboribetsu et poursuivre vers Tōya ko.

Les deux lacs de Shikotsu et de Tōya composent ce parc montagneux de 98 660 ha, qu'il sera surtout agréable de visiter en été. Tout ce secteur, auquel se rattache au S.-O. la péninsule d'Oshima constitue une zone volcanique active, comme en témoigne la présence de montagnes très jeunes (Showa Shinzan), ainsi que de nombreuses sources thermales (Jōzankei, Noboribetsu).

De Sapporo à Noboribetsu *(157 km selon l'itinéraire indiqué, par la N 230 jusqu'à Tōyako Onsen ; car sur tout ce parcours via Jōzankei et Tōyako Onsen).* — Quitter Sapporo *(V. ce nom)* vers le S. par la N 8 qui rattrape la vallée de la Toyohira gawa.
8 km : A dr. s'embranche la route à péage du **Moiwa yama** *(V. Environs de Sapporo).*
11 km : Bifurcation d'une route conduisant vers le S. au Shikotsu ko.

De Sapporo au Shikotsu ko *(39 km S. ; car).* — Suivre sur 11 km la N 8, puis emprunter vers le S. la route mentionnée ci-dessus qui se poursuit par un itinéraire montagneux.
32 km : **Itō** ; la route atteint le Shikotsu ko, et se prolonge par une route à péage qui longe la rive septentrionale du lac.

A 3 km S. : *Marukoma Onsen (bateau pour Shikotsu kohan),* au pied de l'**Eniwa dake** (1 320 m ; *ascension en 3 h*), et d'où l'on découvre une jolie vue sur les monts Fuppushi et Tarumae au S. du lac.

39 km : **Shikotsu kohan** *(services de bateau sur le lac),* à l'E. du *Shikotsu ko (76 km^2 ; 248 m d'alt.) qui s'échappe ici par la Chitose gawa ; ce lac ne gèle pas en hiver. Au S.-O. se dresse le **Tarumae san** (1 024 m), volcan actif dont on peut réaliser l'ascension ; l'éruption de 1909 le coiffa d'un dôme de lave qui obstrue actuellement le cratère. Depuis Shikotsu kohan, il est possible de gagner en car Chitose *(24 km E.)* et Tomakomai *(24 km S.-O.).*

La N 8 continue à remonter la Toyohira gawa, qui se resserre en forme de gorges avant d'atteindre

29 km : **Jōzankei**, l'une des plus célèbres stations thermales de Hokkaidō, située à 300 m d'altitude, aux eaux salines chargées d'acide borique. Connues depuis longtemps, ces sources reçurent le nom du prêtre Jōzan qui (1871) fit relier la station par une route à Sapporo.
49 km : **Nakayama tōge** (836 m d'alt.), jusqu'où la route s'est élevée depuis Jōzankei, parmi les boisements d'érables ; très belle vue sur le Yōtei zan.
70 km : **Kimobetsu**, sur la haute vallée de la **Shibetsu gawa**, qui contourne le **Yōtei zan** et se jette vers le N.-O. dans la mer du Japon.

A 26 km N.-O. *(train J.N.R.)* : **Kutchan**, au pied des **montagnes de Niseko**, qui se terminent dans la mer par la **côte de Raiden** *(V. Environs d'Otaru)* et du **Yōtei zan**, dont on peut réaliser l'ascension.

Le *****Yōtei zan** (1 893 m) est une belle montagne surnommée l'Ezo Fuji ; elle est couverte sur ses basses pentes d'épaisses forêts à feuilles caduques, puis de conifères, alors que les laves couronnent encore le sommet. Trois cratères occupent ce dernier, respectivement baptisés le Père, la Mère et le Petit chaudron ; le plus grand, le « Père », fait 2 km de tour.

90 km : Route à g. qui descend à (5 km) **Mukai Tōya**, sur la rive septentrionale du lac Tōya, d'où l'on pourra gagner en bateau l'île qui en marque le centre et Tōyako Onsen ; la N 8 se poursuit en belvédère à l'O. du lac.

105 km : **Toyako Onsen ;** il sera bon d'y passer la nuit afin de couper l'itinéraire en deux ; station fréquentée ; sources de 48 à 53 °C.

De Tōyako Onsen on peut gagner la gare (J.N.R.) de Toya, à 7 km O. ; car.

Le *****Tōya ko** (70 km², 83 m d'alt.), l'un des plus beaux de Hokkaidō, est un lac de cratère de forme circulaire, occupé en son centre par l'île boisée de Nakano et par deux îlots plus petits. Le lac est dominé au S. par l'**Usu zan**, alors que se profile au N. le cône enneigé de Yōtei zan *(V. ci-dessus).*

110 km : **Sōbetsu Onsen**, autre station thermale au S. du Tōya ko *(bateau pour Tōyako Onsen, Mukai Tōya et Nakano shima).*

A 2 km S. *(car)* : Téléphérique d'accès à l'**Usu zan** (727 m), volcan actif aux éruptions particulièrement violentes ; celle de 1910 forma le **Meiji Shinzan** (nouvelle montagne de Meiji) sur le versant N., et celle de 1944-1945 le *****Shōwa Shinzan** ; cette dernière montagne atteignit brutalement son altitude actuelle (408 m) en septembre 1945 ; un petit musée retrace le phénomène de sa formation.

Depuis Sōbetsu, on gagnera vers le S.-E. la vallée de l'Osaru gawa, que l'on remonte sur 7 km avant de s'élever sur les pentes de l'Orofure zan (1 231 m).

138 km : *****Orofure tōge**, très beau belvédère d'où l'on domine d'une part la région du Tōya ko, et d'autre part celle de Noboribetsu ; la route redescend, sinueuse, en direction de cette station.

148 km : **Karurusu Onsen**, à 333 m d'alt., dont le nom est l'adaptation japonaise de Karlsbad (auj. Karlovy Vary en Tchécoslovaquie) ; sources de 55 à 62 °C.

157 km : **Noboribetsu Onsen** (56 503 hab.), la plus célèbre station thermale de Hokkaidō, agréablement située dans la vallée de la Noboribetsu gawa, à 200 m d'alt. au pied du Hiyori yama.

Les sources de 45 à 92 °C, chargées de fer, radium et sels divers, sont connues de longue date ; elles furent visitées au XVIe** s. par le prêtre Enku, qui introduisit le Bouddhisme à Hokkaidō. La station fut lancée en 1858. L'université de Hokkaidō y possède un Institut de Recherche thermale.**

Au N. de la station on verra *****Jigoku dani** (vallée d'enfer), site désertique de formations sulfureuses d'où s'échappent vapeurs et sources chaudes.

Un téléphérique accède au *****Shirorei** (560 m d'alt.), qui sépare Noboribetsu du **Kuttara ko** (257 m d'alt. ; *car d'accès pour ce lac depuis Noboribetsu ; à 4 km E.*) ; fosse d'ours bruns, dont l'espèce est particulière à Hokkaido, Sakhaline et aux îles Kouriles.

Shimada (Ile de Honshū)

Carte ferroviaire, en page de garde.
Tōkyō, 195 km. — Kōfu, 135 km. — Nagano, 261 km. — Nagoya, 156 km. — Shizuoka, 28 km. — Yokohama, 170 km.

Shizuoka ken. — 66 489 hab.

Centre traditionnel de commerce du bois sur le cours inférieur de l'Ōi gawa, Shimada fut autrefois une importante étape du Tōkai dō *(p. 181)*, qui traversait ici cette large rivière issue des montagnes d'Akaishi *(V. Parc national de Minami Arupusu)* ; le passage, évoqué par l'une des célèbres estampes de Hiroshige, se faisait alors en palanquin ou à bras d'homme.

Environs :

1 — Omae zaki *(47 km S. ; car)*. — La N 1 traverse à l'O. l'Ōi gawa.
6 km : **Kanaya**, d'où part vers le S. une route qui parcourt le plateau de Makino hara.
10 km : **Station expérimentale de thé**, où sont cultivées diverses espèces de thé vert ou noir ; les plantations, qui s'étendent sur 20 900 ha, sont l'une des principales productions agricoles du département de Shizuoka ; les rangées d'arbustes bombés, qui serpentent sur les pentes vallonnées de la région, sont une particularité du paysage ; la récolte des petites feuilles s'effectue au début de l'été.
25 km : **Sagara**, où l'on atteint la côte et la N 150 que l'on suit vers le S.
37 km : **Jitōgata** ; on laisse ici la N 150 pour poursuivre vers le S.-E. en direction de :
47 km : **Omae zaki**, qui ferme au S.-O. la baie de Suruga.

2 — Ikawa *(74 km N. ; train Ōigawa Railway depuis la gare de Kanaya ; pas de route entre Hon Kawane et Ikawa)*. — Gagner en train *J. N. R.* la gare de :
6 km : **Kanaya** *(V. ci-dessus)*, où l'on prendra la ligne privée qui remonte le très beau *cours de l'Ōi gawa.
55 km : **Senzu**, station de Hon Kawane, d'où l'on pourra gagner en car :

➜ A 11 km N. : **Sumatakyō Onsen**, dans une vallée profondément encaissée où se forment les *gorges de Sumata ; petit lac de retenue, ponts de bois suspendus, cerfs et singes ; cette région est dominée par le **Kuroboshi dake** (2 067 m) au S.-O. et le **Daimuken zan** (2 329 m) au N.-E.

62 km : **Sesso kyō**, autres gorges superbes que longe ici la voie ferrée.
74 km : **Ikawa**, d'où l'on pourra gagner *(car)* le *lac de retenue d'Ikawa dominé par les hauts sommets des **montagnes d'Akaishi** ; barrage hydroélectrique de 100 m de hauteur. De là, on pourra accéder en car jusqu'à la station thermale de *(17 km N.)* Akaishi, ou redescendre, par les hauteurs d'Ikawa (vue sur le Fuji), en direction de *(59 km S.-E.)* Shizuoka.

Shimizu (Ile de Honshū)

Tōkyō, 157 km. — Kōfu, 97 km. — Nagano, 223 km. — Nagoya, 185 km. — Shizuoka, 10 km. — Yokohama, 132 km.

Shizuoka ken. — 234 966 hab. — Produits agricoles : thé vert, mandarine et industries alimentaires. — Chantiers navals. — Port de pêche.

Protégé au S. par la langue de sable de Mihono, ce port est un belvédère remarquable pour admirer le Mont Fuji qui s'élève au N.-E. Aujourd'hui

Shimizu est devenue l'une des principales villes industrialisées du département de Shizuoka.

Sur les collines qui s'élèvent à l'O. de la ville, on pourra visiter *(5 km S.-O. ; bus)* le **Ryūge ji**, d'où l'on découvre la baie de Suruga, le Fuji san et Mihono Matsubara.

Environs :

1 — Mihono matsubara *(6 km E. ; car)* : langue de sable qui s'allonge sur 3 km, au S. du port de Shimizu ; les installations industrielles se sont emparées de la façade occidentale de cet appendice, mais les plages, du côté de l'océan, sont bordées par une pinède ; vue célèbre en direction du Mont Fuji.

2 — Okitsu *(6 km N.-E. ; train J.N.R. ; car)* fut autrefois l'une des étapes du Tōkai dō ; en ce temps-là, les daimyō faisaient halte à l'auberge de Minakuchiya, qui existe toujours, reconvertie en ryokan. Un centre de recherche horticole a été créé dans cette localité.

A 1 km O. de la gare, on peut visiter le **Seiken ji** (fondé en 572) ; ce temple possède un **jardin-paysage** de l'époque Edo ; sur les pentes de la colline qui s'élève en arrière, statues des Cinq cents disciples du Bouddha (Gohyaku Rakan).

3 — Parc national de Fuji-Hakone-Izu, *V. ce nom ;* — **Nihon daira**, *V. Shizuoka.*

Shimonoseki (Ile de Honshū)

Carte du Nord de Kyūshū, p. 372-373.
Tōkyō, 1 078 km. — Hiroshima, 205 km. — Matsue, 322 km. — Yamaguchi, 72 km.

Yamaguchi ken. — 262 000 hab. — Ville industrielle. — Port de pêche et de commerce. — Université régionale.

Sur la pointe occidentale de l'île de Honshū, l'importante ville de Shimonoseki occupe une position stratégique de premier ordre ; elle contrôle, avec Kitakyūshū qui lui fait face, l'étroite passe de Kammon entre la mer du Japon et la mer Intérieure. Ce détroit (moins d'un kilomètre de large) est franchi aisément par les routes et les voies ferrées *(V. Kitakyūshū),* qui font de Shimonoseki la tête de pont d'un passage à destination de l'île de Kyūshū.

Danno ura, un tournant de l'histoire japonaise. — Shimonoseki dépendait autrefois de la province de Nagato (partie occidentale du département de Yamaguchi), dont Chōfu était la capitale ; cette localité avait été choisie comme résidence impériale par l'empereur *Chūai* (IIe s.) lors d'une expédition contre Kyūshū. C'est sur la plage de Danno ura, entre Chōfu et Shimonoseki, qu'eut lieu en 1185 la retentissante défaite des Taira : poursuivis durant plusieurs années à travers Shikoku et la mer Intérieure, ceux-ci furent finalement acculés dans le détroit de Kammon, et leur flotte écrasée par celle de *Minamoto Yoshitsune ;* devant la défaite, la veuve de *Taira Kiyomori* se jeta à la mer, entraînant avec elle son petit-fils, le jeune empereur *Antoku* (1178-1185) ; la chute des Taira ouvrait l'ère de *Minamoto Yoritomo,* qui devait établir son gouvernement à Kamakura *(V. ce nom).*

Intrigues et diplomatie. — De nouveau, au XIXe s., Shimonoseki joua un rôle important dans l'histoire japonaise ; alors que le pays venait d'ouvrir ses portes aux Occidentaux, *Mōri Motonori*, seigneur de la province de Nagato (ou Chōsku), ordonna de faire feu (juillet 1863) sur les vaisseaux américains, hollandais et français qui empruntaient le Kammon kaikyō. L'année suivante, sous les ordres de l'amiral *Jaurès*, la flotte française bombarda Shimonoseki. La ville fut enfin choisie, en 1895, pour la signature des accords de paix entre *Itō Hirobumi* et *Li Hong-tchang*, à l'issue de la guerre sino-japonaise ; la Chine reconnaissait les droits du Japon sur les Ryūkyū et Taiwan.

Plusieurs collines s'élèvent en ville, entourées par les différents quartiers de Shimonoseki ; au S.-E. le port, en regard de Moji (Kitakyūshū), a conquis sur la mer des terrains qui le soudent à Hiko shima, île avancée du site de Shimonoseki, où plonge le tunnel ferroviaire sous-marin (creusé en 1942).

A 2,5 km N.-E. de la gare, la **butte de Kame** est couronnée par le **Kameyama Hachiman gū**, dédié aux empereurs *Chūai, Ōjin, Nintoku* et à l'impératrice *Jingu*, leur parente. Jolie **vue sur le Kammon kyō**.

A 500 m N.-E. de-là s'élève le **Benishi yama**, où l'on peut visiter l'**Akama gū**, dédié à l'empereur *Antoku tennō* ; le jeune monarque et sept membres de la famille Taira reposent dans l'enceinte de ce sanctuaire ; fête du 23 au 25 avril. Jolie vue.

A proximité, **auberge de Shumpan rō**, où fut signé (1895) le traité de Shimonoseki *(V. historique)*.

La côte de **Danno ura**, qui s'étend plus bas, est aujourd'hui surplombée par le pont autoroutier de **Kammon Ohashi**, qui relie Shimonoseki à Kitakyūshū *(V. ce nom)*.

Au N.-E. de cette autoroute s'élève le **Hino yama** (286 m d'alt. ; *4 km N.-E. de Shimonoseki eki ; 5 km S. de Shin Shimonoseki eki ; car ; route à péage et téléphérique d'accès)*. Cette colline forme un belvédère au-dessus du détroit et du pont suspendu de Kammon ; la vue s'étend sur la mer Intérieure et Kitakyūshū, et vers l'O. jusqu'à la mer du Japon.

Au-delà du Hino yama, la N 9 se prolonge vers le N.-E. en direction de la gare de Chōfu *(12 km N.-E. de celle de Shimonoseki ; 5 km E. de Shin Shimonoseki eki)* ; on pourra visiter, 2 km avant cette gare, le **sanctuaire d'Imino** ; il serait situé à l'emplacement du palais que *Chūai* fit élever à Chōfu *(V. historique)*. Le **sanctuaire** voisin **de Nogi** est dédié au général *Nogi Maresuke*, héros de Port Arthur lors de la guerre russo-japonaise (1904-1905).

■ Shiogama (Ile de Honshū)*

Carte des richesses naturelles, p. 61 à 64.
Tōkyō, 346 km. — Akita, 257 km. — Fukushima, 100 km. — Morioka, 201 km. — Sendai, 17 km. — Yamagata, 80 km.

Miyagi ken. — 61 040 hab. — Port de pêche.

La baie de Matsushima, sur laquelle s'ouvre la ville de Shiogama constitue le principal attrait de cette localité qui dépend économiquement de la grande ville voisine de Sendai. Au S. de Shiogama s'étend la nouvelle zone portuaire artificielle de Sendai.

SHIOGAMA 509

Sur une hauteur, à 1 km N.-O. de la gare de Hon Shiogama, **Sanctuaire de Shiogama** (fin du XVIIe s.; *on visite*).

Établi dans un site boisé qui domine la ville, ce sanctuaire est vénéré par les voyageurs en mer et les femmes enceintes; **lanterne de bronze** du XIIe s., **cadran solaire** avec chiffres romains, et cerisier de 400 ans. En arrière, l'**Okama jinja**, dédié au kami qui produisit du sel pour la première fois; on montre quatre récipients, copies de ceux qui servirent à la première opération de cristallisation.

A 2 km à l'O. de la gare de Shiogama se trouvent les **ruines du château de Taga**, élevé à l'origine au VIIIe s.; au S. de celui-ci on remarque le **monument dit de Tagajō**, sorte de « poteau indicateur » dressé en 762 qui signalait la distance de ce point par rapport à Hitachi, Kyōto, Shimotsuke, le pays d'Ezo et... la Mandchourie.

Environs :

1 — ***Matsushima (*au N.-E. de Shiogama; bateau d'excursion; train et cars le long de la côte*); avec Itsuku shima et Amano Hashidate, Matsushima est l'un des trois grands sites (*san kei*) traditionnellement reconnus par les Japonais comme les plus beaux de l'archipel. Matsushima est un ensemble d'environ 260 îlots, de tailles et de formes multiples, pour la plupart inhabités; érodés par la mer, percés de grottes marines, bordés de plages et couverts de pins, ils sont aussi hélas assaillis par toutes sortes de pollutions...

Quittant Shiogama vers le N. par la N 45 on atteint :

7 km : Une route à péage qui gravit sur 3 km (*car*) les pentes de l'**Ogidani**, d'où l'on a une ***vue d'ensemble** sur Matsushima wan.

10 km : **Matsushima kaigan**, où l'on peut visiter, sur le charmant îlot de **Godaidō**, le petit temple de ce nom (1610, de style momoyama); il abrite les **statues** des cinq gardiens bouddhiques, d'époque Heian.

Non loin de l'hôtel de Matsushima Park, qui fait face à cet îlot, on peut voir encore le **pavillon de Kanran tei**, qui proviendrait du château de Fushimi (Kyōto); à l'intérieur subsistent quelques traces de **peintures** attribuées à *Kanō Sanraku* (1559-1635). Au musée de Matsushima, peinture représentant le baptême de Hasekura Tsunenaga (1561-1622, *V. Sendai*).

Enfin, au N.-E. de la station de Matsushima-Kaigan (*J.N.R.*), il est possible d'accéder au ***Zuigan ji**, fondé en 828 par le prêtre *Jikaku Daishi* et reconstruit au début du XVIIe s. La plupart des bâtiments sont de beaux édifices de style momoyama; les **fusuma** (portes amovibles) du **Hon dō** sont ornés de ***peintures** exécutées par les artistes de l'école des *Kanō*; dans la **salle du paon**, la plus remarquable, se trouve une **statue en bois** de Date Masamune vêtu de son armure; **candélabres** offerts par le Pape Paul V à *Hasekura Tsunenaga*; le temple est précédé d'une **avenue de cryptomères**, le long de laquelle on remarque plusieurs cavités creusées dans le rocher; c'est là que s'asseyaient, dit-on, les prêtres voyageurs pour la méditation.

17 km : **Tomi yama** (117 m d'alt.), que la N 45 contourne au N. et dont l'ascension est possible depuis la gare de Rikuzen Tomiyama; belle **vue** depuis le sommet ou le **temple Daigyō**, qui s'élève sur ses pentes.

22 km : **Kawakudari**, sur les bords de la Naruse gawa dont on peut descendre le cours jusqu'à la plage de Suzaki et :

31 km : **Miyato shima**, la plus grande île de l'archipel qui ferme Matsushima wan à l'E.; vue d'ensemble depuis le sommet de l'**Ōtaka mori** (106 m). On pourra regagner en bateau Matsushima kaigan ou Shiogama.

2 — Ishinomaki, Sendai, *V. ces noms.*

Shirahama (Ile de Honshū)*

Carte des richesses naturelles, p. 61 à 64.
Tōkyō, 678 km. — Tanabe, 16 km. — Wakayama, 117 km.

Wakayama ken.

La double station thermale de **Shirahama** et de **Yuzaki** occupe un site remarquable, formé par un éperon méridional de la large péninsule de Kii. Toute l'année le climat y permet un séjour agréable, et il est possible de réaliser de belles promenades alentour. Shirahama (sources alcalines) attire traditionnellement les jeunes mariés en lune de miel. On y trouvera de nombreux ryokans luxueux.

Shirahama et Yuzaki sont séparées par le **promontoire** secondaire **de Seto**, et tournées, la première vers l'E. avec le petit port de Shirahama, l'autre vers l'O., avec la jolie **baie de Kanayama**, le long de laquelle s'étend la **plage de Shirara**.

Les sources thermales de Yuzaki comptent parmi les plus anciennement exploitées du Japon ; sept d'entre elles ont été fréquentées par des empereurs.

Depuis **Shirara Oka**, à l'E. de Yuzaki, téléphérique d'accès au **Heisogen yama** (131 m), sommet et belvédère de la péninsule de Shirahama ; terrain de golf à proximité.

A 3 km N.-O. *(car depuis Shirahama et Yuzaki)* : *Seto zaki, cap rocheux et découpé, où l'on peut visiter l'aquarium du Laboratoire expérimental marin de l'Université de Kyōto, ainsi que le **jardin des plantes tropicales de Banshoyama**. On pourra aussi visiter un repaire de corsaire, le « San-Danheki », ou « Trois escaliers » ainsi que, plus loin, un phénomène naturel appelé « Les 100 Tatamis ». Au S. le double îlot d'Engetsu tō est relié par une arche naturelle due à l'érosion marine.

Environs

1 — Tsubaki Onsen *(18 km S.-E. ; car depuis Shirahama et Yuzaki)* est atteint par une route à péage qui longe en partie, depuis Yuzaki, la belle *côte méridionale de la presqu'île de Shirahama (sites rocheux remarquables comme celui de Sandampeki).

Tsubaki est une autre station thermale, établie en belvédère sur la côte découpée de la péninsule de Kii.

2 — Parc national de Yoshino Kumano, *V. ce nom.*

Shiretoko [Parc national de] Ile de Hokkaidō*

Carte de Hokkaidō, p. 230-231.

Comment vous y rendre ?

— *Depuis Abashiri* : train J. N. R. (37 km en 50 mn) jusqu'à Shari d'où l'on pourra gagner, par le car (37 km supplémentaires), Utoro.
— *Depuis Kushiro* : gagner en train Shari (132 km N. en 2 h 20) ou Nemuro Shibetsu (114 km N.-E. en 2 h) ; de là il est possible de prendre un autocar jusqu'à Rausu (51 km N. de Shibetsu).

Ce parc national de 41 375 ha enveloppe la belle péninsule de Shiretoko, qui s'avance, au N.-E. de Hokkaidō, dans la mer d'Okhotsk. C'est un pays vierge, encore peu fréquenté par l'homme ;

crête montagneuse de Shiretoko culmine au Rausu dake (1 661 m), auquel font suite vers le N. les monts Iō (1 563 m) et Shiretoko (1 254 m), recouverts de neiges éternelles. Les pentes inférieures de ces montagnes, habillées de forêts, plongent par de beaux abrupts dans une mer prise en hiver par les glaces ; l'été, on peut faire en bateau le tour de la péninsule, entre Rausu et Utoro.

Le service de bateau reliant Rausu à Utoro *(6 h dans un sens comme dans l'autre)* permet de découvrir les belles falaises côtières, d'où plonge parfois une cascade (*Kashunyu no taki), et double le cap de Shiretoko.

Depuis le joli port d'**Utoro**, une route à péage longe en corniche une partie de la côte occidentale ; une bifurcation mène aux cinq petits lacs de **Shiretoko**. De **Rausu**, et au large de la côte orientale, vue sur l'île de Kunashiri.

Shizuoka (Ile de Honshū)

Carte des richesses humaines, p. 65 à 68.
Tōkyō, 167 km. — Kōfu, 107 km. — Nagano, 233 km. — Nagoya, 175 km. — Yokohama, 142 km.

Chef-lieu de Shizuoka ken (2 266 982 hab.). — 416 378 hab. — Centre de commerce du thé vert ; région agricole (élevage, agrumes). — Universités nationale et régionales.

Entre Tōkyō et Nagoya sur le Tōkai dō, Shizuoka fut autrefois choisie comme lieu de retraite par *Tokugawa Ieyasu,* qui y mourut. La ville est une vivante agglomération, et sa visite mérite plus d'intérêt qu'on ne lui en accorde en général.

L'auteur burlesque *Shigeta Sadakazu,* dit *Jippensha Ikku* (1765-1831), naquit à Shizuoka.

Site du **château de Shizuoka** *(600 m N.-O. de la gare de Shizuoka, J.N.R.) ;* une double enceinte de douves et des vestiges de remparts délimitent au centre de la ville le château de Sumpu, nom ancien de Shizuoka ; un **parc municipal,** la **Préfecture** et d'autres édifices publics (bibliothèque, gymnase) occupent aujourd'hui l'emplacement du château.

C'est en 1582 que *Tokugawa Ieyasu* reçut, de *Toyotomi Hideyoshi,* le domaine de *Sumpu.* Il s'y retira, après avoir cédé le shogunat à son fils *Hidetada,* et y termina ses jours. Le dernier shōgun, *Tokugawa Keiki,* fit également retraite à Sumpu (de 1869 à 1897). Le château fut détruit lors des bombardements de 1945.

Sanctuaires de Sengen *(800 m N.-O. du château ; — 1,5 km N.-O. de la gare ; bus) ;* plusieurs sanctuaires furent construits au pied méridional du **Shizuhata yama ;** trois d'entre eux (Kambe, Asama, Otoshimioya) sont regroupés sous le nom de **Sengen,** qui est également celui de l'**Asama jinja,** le plus important.

Reconstruits en 1804, ces sanctuaires, protecteurs de la cité, furent restaurés entre les deux guerres mondiales ; fête du 1er au 4 avril.

En arrière, télésiège d'accès au **Shizuhata yama,** dont les pentes, couvertes de cerisiers, fleurissent début avril.

512 SHIZUOKA — SHODŌ SHIMA

A 1 km N. des sanctuaires de Sengen *(bus)*, on peut visiter le **Rinzai ji**, accroché aux pentes du Shizuhata yama ; ce temple (XVIe s.) est décoré de **fusuma** peints par *Kanō Tanyu* (1602-1674) et possède un joli *jardin de même époque. Près de là se trouve la tombe d'*Imagawa Yoshimoto* (1519-1560), ancien seigneur de Shizuoka.

Toro *(2,5 km S.-E. de la gare ; bus)* ; c'est l'un des principaux sites du Japon préhistorique, aujourd'hui mis en valeur par la reconstitution d'anciennes habitations d'époque *yayoi* et la présence d'un musée.

Le site fut découvert en 1943. Les hommes de Toro s'étaient installés sur les rives de l'Abe gawa, qui borde Shizuoka, et au pied du Kunō zan au S.-E. L'économie, essentiellement agricole, reposait sur la riziculture.

Quelques **huttes** de forme ovale ou circulaire, posées sur une levée de terre, un **grenier** monté sur pilotis, ont été reconstitués avec la plus grande fidélité.

Le **musée**, dont l'architecture s'inspire des habitations de Toro, a recueilli céramiques, bijoux et objets divers retrouvés lors des fouilles ; photographies, textes, dessins, etc. expliquent la campagne des fouilles et le mode de vie à Toro durant l'époque yayoi.

Environs : Shimizu *(17 km N.-E., par la route à péage de Nihondaira ; car)*. — Gagner à l'E. de Shizuoka, au-delà de l'autoroute Tōmei et du zoo, la route à péage qui parcourt en lacets le *Nihon daira : collines de moyenne altitude couvertes de plantations de thé vert et d'orangers ; la vue s'étend sur la côte dominée par des falaises, la ville de Shimizu et le Mont Fuji.
10 km : Téléphérique d'accès au **Kunō zan** (270 m d'alt.), au S. du Mont Udo (308 m), où l'on visite le *Tōshōgū Daigongen**, dédié à *Tokugawa Ieyasu*.

En 1636, le sanctuaire de *Kunō jinja* fut rebaptisé *Tōshō gū*, lorsque les restes vénérables de *Ieyasu* furent transférés à Nikkō *(V. ce nom)*.

17 km : **Shimizu**, *V. ce nom*.

■ Shodō shima*

Carte de Shikoku et Mer Intérieure, p. 502-503.
Tōkyō, 666 km. — Takamatsu, 18 km.

Kagawa ken.

Deuxième île de la Mer Intérieure par sa superficie (155 km²) après cell[e] d'Awaji, Shōdo shima, d'aspect méditerranéen, mérite une visite, n[e] serait-ce que pour le grandiose spectacle de Kanka kei.
Tonosho, à l'O., est la principale localité d'accès de Shōdo shima ; d[e] là on entreprendra la découverte des principales curiosités de l'île.

Circuit autour de l'île *(93 km ; excursion par Shōdoshima Bus, en 5 h env.)*. — Quitter Tonosho vers l'E. en direction d'Ikeda.
5 km : Accès à dr. au **Kujaku en** ; promontoire aménagé en parc public (paon[s] en liberté).
15 km : Petit port de **Kusambe**, où aboutit la route issue de Kanka kei, c[i-] après. Dans le voisinage existent les seules oliveraies exploitables du Japo[n].
16 km : Centre de la localité d'**Uchinami** (production de sauce de soya [et] d'huile d'olive), d'où l'on peut gagner vers le S. le port de **Sakate** (3 km[).] Poursuivre en direction de la route qui bientôt arrive en vue de la cô[te] orientale, l'une des plus belles façades maritimes de l'île ; elle est dominé[e] par le **Hoshigajō** (817 m).

31 km : **Fukuda**, jolie crique par laquelle il est également possible d'accéder à Shōdo shima. La route se poursuit sinueuse et dépasse, au-delà du **Fujiga saki**, les célèbres **carrières de pierre** de l'île de Shōdo, d'où proviendraient certains blocs énormes des fortifications du château d'Ōsaka *(p. 467)*.
43 km : Petit port d'embarquement d'**Ōbe** ; on rencontre au-delà une crique, où *Toyotomi Hideyoshi* fit armer les navires de l'expédition de Corée (1592), puis le site d'embarquement des blocs des carrières de Shōdo shima.
50 km : Quitter la route côtière, puis emprunter vers le S. une route qui gravit rapidement les montagnes du centre de l'île.
52 km : Délaissant la direction de Tonosho, on s'engage à g. sur une route qui remonte les ***gorges de Chōshi kei** ; très jolie vue en direction de Tonosho ; on pourra visiter une réserve naturelle (singes en liberté).
63 km : ****Kanka kei ;** le plus beau site de Shōdo shima et l'un des plus grandioses du Japon ; des rochers fantastiques sont taillés en forme d'arêtes vertigineuses ; végétation et points de vue vers la baie d'Uchinami viennent rehausser la valeur du site, que surplombe en partie un téléphérique. Une route à péage, contournant à l'E. le Hoshigajō, redescend par de nombreux lacets jusqu'au port de :
78 km : **Kusambe**, d'où l'on pourra s'embarquer pour Takamatsu, ou regagner :
93 km : **Tonosho**.

■ Suwa (Ile de Honshū)

Carte des richesses naturelles, p. 61 à 64.
Tōkyō, 204 km. — Gifu, 217 km. — Kōfu, 69 km. — Maebashi, 140 km. — Nagano, 110 km. — Nagoya, 235 km. — Niigata, 297 km. — Shizuoka, 151 km. — Toyama, 228 km. — Urawa, 232 km.

Nagano ken. — 48 125 hab. — Station thermale. — Industries de précision (optique, horlogerie).

Sur les rives du lac Suwa, cette localité est l'une des plus élevées du Japon ; de hautes montagnes forment le cadre naturel de Suwa, qui attire les estivants et amateurs de sports d'hiver, mais aussi les curistes (sources de Suwa) et les pèlerins qui fréquentent les sanctuaires de Shimo et Kami Suwa.
Au S. de la ville, le **site du château de Takashima**, ancienne résidence des seigneurs de Suwa, est occupé par un jardin public. Visite du donjon.

Environs :

1 — Les sanctuaires de Suwa (Kami sha et Shimo sha) représentent l'un des attraits majeurs de Suwa et sont visités par un grand nombre de pèlerins, notamment lors de la fête, renouvelée tous les sept ans, au mois de mai.

Kami sha ou Ichino miya, sanctuaire supérieur, à 6 km S. de Kami Suwa *(car)*, s'abrite dans un joli cadre forestier qui met en valeur la couleur vermillon de ses bâtiments. **Shimo sha**, sanctuaire inférieur, proche de la gare de Shimo Suwa *(4 km N.-O. ; train J.N.R.)*, comprend en fait deux sanctuaires distincts, élevés sur les pentes de la colline de Shimo Suwa.

2 — Suwa ko (14,5 km^2) ; à 759 m d'alt. ce lac de faible profondeur (7 m maximum) s'échappe vers l'O., au S. d'Okada (manufactures textiles), par la Tenryu gawa dont les gorges sont fort célèbres *(V. Iida)*. Plusieurs sources thermales jaillissent à proximité des rives de ce lac, qu'encadre un bel ensemble montagneux ; patinage sur le lac en hiver.

3 — Matsumoto, *V. ce nom ;* **4 — Parc régional de Yatsugatake Chūshin Kōgen,** *V. Chino ;* **5 — Gorges de la Tenryū gawa,** *V. Iida.*

Tajimi (Ile de Honshū)

Carte ferroviaire, en page de garde.
Tōkyō, 403 km. — Fukui, 192 km. — Gifu, 47 km. — Kanazawa, 233 km. — Nagano, 232 km. — Nagoya, 34 km. — Ōtsu, 161 km. — Toyama, 235 km. — Tsu, 108 km.

Gifu ken. — 63 522 hab. — Manufactures de porcelaines.

Traversée par la **Toki gawa**, Tajimi (avec Seto et Toki qui gravitent dans son voisinage) est l'un des grands centres de production de porcelaines japonaises *(V. Seto)*. On y visitera avec intérêt la salle d'exposition de l'**Institut préfectoral de la Céramique** ; présentation de poteries anciennes.

A 2 km N.-E. de la gare, on pourra visiter l'**Eihō ji**, sur les pentes du **Kokei zan**, dans un très joli site à proximité d'une boucle encaissée de la Toki gawa. Ce temple fut fondé au début du XIVᵉ s. par le prêtre *Soseki* ou *Muso Kokushi* ; le **Kannon dō** et le **Kaisan dō**, salle du fondateur, sont les deux plus remarquables édifices ; il en existait une trentaine autrefois ; intéressante **peinture de Kannon aux Mille mains**.

Environs : Jōkō ji *(10 km S. ; car).* — Une route à péage longe vers l'aval la belle vallée de la Toki gawa, avec entre autres la gorge de *Koko kei.
9 km : Embranchement d'une petite route menant vers l'E. à :
10 km : **Jōkō ji**, ancien temple vénéré par les Tokugawa de Nagoya.

Takahagi (Ile de Honshū)

Carte ferroviaire, en page de garde.
Tōkyō, 162 km. — Chiba, 170 km. — Fukushima, 164 km. — Mito, 54 km. — Urawa, 189 km. — Utsunomiya, 133 km.

Ibaraki ken. — 32 436 hab.

Takahagi est une grosse bourgade située sur la côte orientale de l'ancienne province de Hitachi.
A 2 km S.-O. de la gare se trouve le **Centre de Recherche des Communications spatiales** de l'I.T.T. *(International Telegraph & Telephone)*, qui capta en 1963 la première transmission télévisée assurée par le satellite Relay I depuis la Californie.

Environs :

1 — Maison natale du botaniste Matsumura Jinzō *(5 km N. env. ; car).*

2 — Hananuki keikoku *(15 km O.),* jolie vallée boisée (cascades) sur les pentes du Tateware san (658 m) ; en 1972 fut achevé le barrage hydroélectrique de Hananuki, d'une capacité de 2 880 millions de m³ d'eau.

Takamatsu (Ile de Shikoku)*

Carte de Shikoku et Mer Intérieure, p. 502-503.
Tōkyō, 751 km. — Kōchi, 154 km. — Matsuyama, 199 km. — Tokushima, 75 km.

Chef-lieu de Kagawa ken (476 144 hab.). — 309 000 hab. — Industries légères.

Donnant sur la Mer Intérieure, Takamatsu est la principale porte d'accès de Shikoku et l'une des villes les plus dynamiques de cette île, bien que Matsuyama l'emporte sur le plan économique. Encerclée par les belles collines qui se prolongent avec les îles de la Mer Intérieure, la ville est un centre de rayonnement touristique, et se distingue en ce domaine par le parc de Ritsurin.

Tamamo kōen *(300 m E. de Takamatsu eki)* ; limité au N. par le port de Takamatsu, ce jardin, où subsistent trois tourelles et un porche ancien, se situe à l'emplacement de l'ancien **château de Takamatsu**, édifié au XVIe s. par *Ikoma Chikamasa*, propriété de la grande famille des *Matsudaira* entre 1642 et 1868.

**Ritsurin kōen *(2,5 km S. de Takamatsu eki, par la large Chūō dōri ; bus).* — Au S. de la ville, ce beau jardin, appuyé sur le flanc oriental du Mont Shiun, se classe parmi les plus célèbres du Japon avec ceux de Kanazawa, Mito et Okayama.

Le **parc de Ritsurin** (75 ha) dépendait autrefois du domaine des Matsudaira qui le firent dessiner au XVIIIe s. ; sa réalisation demanda, dit-on, une centaine d'années ; **jardin paysage** par excellence, il développe tous les artifices d'une nature disciplinée selon l'esthétique japonaise : vallonnements, lacs artificiels et îlots, boisement d'arbres qui fleurissent au printemps et feuillages flamboyants en automne ; le pavillon de **Kikugetsu tei**, au S. du parc, fut reconstruit selon l'original de l'époque Edo. Le jardin s'agrémente d'une galerie d'expositions temporaires, d'un centre artisanal avec magasin de vente et d'un petit zoo ; il est ouvert tous les jours jusqu'au coucher du soleil.

☞ Environs

1 — Megi jima *(4 km N. ; bateau)*, ou **Oniga shima** ; on y visite la grotte des démons, associée à la légende de *Momotarō*. Jolie vue sur la mer Intérieure.

Momotarō est très connu des jeunes enfants japonais ; aidé de ses trois compagnons, un singe, un chien et un faisan, ce brave serait venu à bout des démons qui habitaient la grotte. Celle-ci servit également de repère de brigands.

2 — *Shiramine san *(21 km O. ; car)* ; on y accède en suivant sur 12 km une route qui se rapproche de la côte, puis vers le S. une autre route *(à péage)*, qui atteint presque le sommet (479 m) de cette montagne ; **vue étendue** sur Takamatsu, à l'E., les villes industrielles de Sakaïde, Marugame vers l'O. et la mer Intérieure. Par une route redescendant en direction de Sakaide, on peut atteindre *(5 km)* le **mausolée de l'empereur Sutoku** (XIIe s.).

516 TAKAMATSU (environs) — TAKAOKA

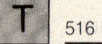

3 — Shinoe Onsen *(31 km S. ; car)* ; agréablement située dans la montagne, cette station thermale est principalement fréquentée par les habitants de Takamatsu.

4 — Shido *(13 km E., par la N 11 ; trains J. N. R. et Takamatsu-Kotohira E. R. ; car)*. Quitter Takamatsu vers l'E. en direction de Yashima.

5 km : Route à péage d'accès au Yashima dera ; au N. de la station de Kotoden-Yashima *(Takamatsu Kotohira E. R.)*, on pourra également accéder au sommet du *Yashima par le funiculaire, entre *Yashima Tozanguchi* et *Yashima Sanjō*.

La poursuite des Taira. — Harcelés par les *Minamoto* et leurs partisans, les *Taira* trouvèrent refuge à deux reprises sur ce plateau. *Taira Munemori* s'y replia en 1182, après avoir été chassé de Dazaifu (Kyūshū) ; ayant reçu l'appui de seigneurs locaux, il tenta de s'établir à Fukuhara (Kōbe), mais fut de nouveau expulsé par *Minamoto Yoshitsune*, qui le poursuivit jusqu'à Yashima et de là jusqu'à Danno ura (Shimonoseki) ; c'est là que périt le clan des Taira (1185).

Le Yashima culmine au **Hokurei** (282 m), et s'avance dans le mer par le cap de Naga saki ; très belle vue sur la mer Intérieure au coucher du soleil. On y visite le **Yashima dera**, dont le musée retrace les événements de la lutte entre les *Taira (Heike)* et les *Minamoto (Genji)* ; souvenirs historiques et archéologiques.

8 km : Mure ; route d'accès au *Goken zan, autre promontoire boisé qui s'avance dans la mer Intérieure ; il est formé de quatre sommets distincts, dont le plus élevé atteint 366 m ; c'est l'un des plus beaux *belvédères de la mer Intérieure, avec vue au N. sur Shōdo shima ; cette montagne s'appelle également Yakuri, à cause du **Yakuri ji**, temple (fondé au VIIIe s.) qui s'élève sur ses pentes.

13 km : Shido, au fond d'une jolie baie, où l'on visitera avec intérêt le **Shido ji** ; ce temple (VIIe s.) conserve plusieurs statues d'époque Heian (*Kannon* à onze têtes, *Fudō*, *Bishamon ten*), et des peintures anciennes représentant *Jūichimen Kannon* et le *Shidodera Engi zue* (histoire peinte de ce temple).

A 10 km S.-E. *(train J. N. R., jusqu'à la gare de Sanuki Tsuda)* : Tsuda, au débouché de la plaine de Sanuki, où l'on peut visiter le parc de Kinrin avec une belle pinède s'étendant sur 4 km en bordure de la mer. A 3 km N.-O. de là, le Chōfuku ji abrite une grande statue en bois de Yakushi Nyorai (époque Kamakura).

5 — Kotohira Shōdo shima, Zentsuji, Parc national de Seto Naikai, *V. ces noms*.

■ Takaoka (Ile de Honshū)

Carte ferroviaire, en page de garde.
Tōkyō, 444 km. — Gifu, 238 km. — Kanazawa, 45 km. — Nagano, 226 km. — Niigata, 257 km. — Toyama, 19 km.

Toyama ken. — 159 664 hab. — Ville industrielle (textiles).

A l'O. de la Shō gawa, Takaoka est l'un des principaux centres économiques du département de Toyama, dont le débouché est assuré par le port de Fushiki à Shimminato, sur la baie de Toyama.

En ville on pourra visiter, à 1,5 km S. de la gare, le **Zuiryū ji**, où s'élèvent quelques beaux édifices anciens.

Ce temple fut édifié au XVIIe s. par *Maeda Toshitsune*, en l'honneur de son père *Toshinaga*; il conserve des **lettres autographes** de l'empereur *Go Yōzei* (1571-1617), d'*Oda Nobunaga* et de *Toyotomi Hideyoshi*.

Au N. de la gare, le **parc de Sakurababa** occupe l'emplacement d'un ancien champ de manœuvres; de là une belle **allée de cerisiers** conduit en direction du *(1,5 km N.)* **parc de Takaoka**, où autrefois s'élevait le **château** : douves et anciens remparts. Construit en 1609 par *Maeda Toshinaga*, il fut bientôt abandonné par son fils *Toshitsune*, qui lui préférait la résidence de Kanazawa *(V. ce nom)*.

Environs

1 — Barrage de Komaki *(22 km S.; car)*; depuis ce barrage, établi sur la Shō gawa, on peut remonter en bateau, jusqu'à la petite station thermale d'Ōmaki, les jolies ***gorges de la Shō gawa**. Plus en amont se trouvent d'autres barrages, et la belle **région de Shirakawagō** *(V. Takayama)*.

2 — Kanazawa, Toyama, *V. ces noms*; — **Péninsule de Noto**, *V. Hakui, Nanao, Wajima*.

Takarazuka (Ile de Honshū)

Carte des Environs d'Ōsaka, p. 470-471.
Tōkyō, 528 km. — Kōbe, 34 km. — Kyōto, 52 km. — Okayama, 180 km. — Ōsaka, 29 km. — Tottori, 223 km.

Hyōgō ken. — 127 179 hab. — Station thermale.

Établie sur la Muko gawa qui se fraie un passage au N. de la chaîne de Rokkō, Takarazuka n'est pas seulement une station thermale (sources radioactives à 30 °C), c'est aussi le royaume des « amusement centers », « children playgrounds », « luna parks » en tous genres, la glorification du pachinko et autres distractions américano-épicuriennes où les Japonais excellent.

Par ailleurs le **Théâtre de revues de Takarazuka** a acquis une grande notoriété, depuis sa fondation en 1919; ces spectacles, exclusivement féminins, ont été créés par réaction au théâtre classique, dont tous les rôles sont tenus par des hommes.

Environs :

1 — Takedao Onsen *(9 km N.-O.; car; train J.N.R.)*, autre station thermale de la vallée de la Muko gawa.

2 — Arima Onsen *(12 km O.; car; — V. Environs de Kobe)*; très **belle route** sur les pentes septentrionales du Rokkō san, par la gorge de Hōrai.

3 — Kōbe, Ōsaka, *V. ces noms*.

Takasaki (Ile de Honshū)

Carte ferroviaire, en page de garde.
Tōkyō, 119 km. — Fukushima, 329 km. — Maebashi, 11 km. — Nagano, 117 km. — Niigata, 254 km. — Urawa, 89 km. — Utsunomiya, 115 km.

Gumma ken. — 221 429 hab. — Industries alimentaires.

Takasaki est une importante étape sur la grande voie du Jōetsu, en direction de Niigata; à cet endroit bifurque une ligne ferroviaire à

518 TAKASAKI — TAKAYAMA

destination du bassin de Nagano, qu'elle atteint après s'être élevée jusqu'au site de Karuizawa. Takasaki est par ailleurs la seconde ville de son département.

L'homme politique *Nakasone Yasuhiro*, devenu premier ministre en 1982, naquit à Takasaki en 1918.

Non loin de la gare, le **parc de Takasaki** occupe l'emplacement de l'**ancien château**; on y visite aujourd'hui le **sanctuaire de Yorimasa**.

Autrefois connu sous le nom de *Wada jō*, le château de Takasaki fut élevé au XVe s. par les *Wada*. Il passa ensuite aux *Uesugi*, puis aux *Takeda*; les Hōjō s'en emparèrent au XVIe s. De 1717 à 1868 il fut la propriété des Ōkōchi, apparentés aux Matsudaira.

Il est à noter que le **Centre musical de Gumma** est dû à l'architecte *Antonin Raymond*.

☞ **Environs**

1 — Kannon yama *(3 km S.-O.; car)*; sur les pentes de cette colline se dresse la **statue géante de Kannon** (42 m de hauteur).

2 — Yoshii *(11 km S.; car; train Jōshin E.R.)*; c'est dans cette localité que se situe le **monument de Tako**; avec ceux de Yamanoue et Yamana à Kanaizawa et Nekoya (autres stations le long de cette voie privée), il constitue l'un des rares témoignages historiques transcrits sous cette forme lapidaire; tous trois sont appelés les **monuments de Kōzuke**, ancien nom du département de Gumma.

■ Takayama (Ile de Honshū)**

Carte des richesses humaines, p. 67.
Tōkyō, 342 km. — Fukui, 180 km. — Gifu, 156 km. — Kanazawa, 180 km. — Nagano, 169 km. — Nagoya, 165 km. — Ōtsu, 282 km. — Toyama, 92 km. — Tsu, 229 km.

Gifu ken. — 62 000 hab. — 580 m d'alt.

Après avoir quitté la belle vallée de la Hida et franchi un tunnel, la voie ferrée descend par une courbe harmonieuse dans la vallée de la Miya gawa, tout en amont de laquelle se trouve, sertie dans un écrin de hautes montagnes, la « Petite Kyōto des Alpes » : Takayama (le nom signifie : « Haute Montagne »). Loin des grandes voies de passage, cette localité ne manque pas d'intérêt pour le touriste; riche en témoignages du passé, toujours imprégnée de traditions, elle est également un excellent point de départ pour la visite du Parc national de Chūbu Sangaku, ou de la région de Shirakawagō.

Au cœur de la province de Hida. — L'occupation de la région de Hida (dont Takayama est la capitale) est fort ancienne, puisqu'on y a retrouvé des vestiges de l'époque jōmon. Plus tard, à travers tout le Japon féodal, les habitants de cette province s'acquirent la réputation d'habiles charpentiers et menuisiers, et exercèrent leur talent dans la capitale et près des grands centres religieux du Japon, qu'ils approvisionnaient également en bois. Au XVe et XVIe s., Takayama et sa région dépendaient des Anenokōji; le dernier d'entre eux, *Koretsuna*, en fut dépossédé en 1587 par *Kanamori Nagachika*, qui s'empara de la province de Hida à la demande de Toyotomi Hideyoshi. A partir de 1692, la ville passait directement sous le contrôle des shōgun *Tokugawa* qui y placèrent un gouverneur.

La ville est traversée du S. au N. par la **Miya gawa**, qui délimite vers l'O. une zone plane, étendue jusqu'à la gare et la Sunori gawa, et à l'E. une région plus accidentée, qui s'élève jusqu'au quartier des temples de **Higashi yama**.

☐ **Takayama Jinya ato** *(600 m S.-E. de la gare ; ouvert t.l.j. de 9 h à 16 h 30)*, dont l'entrée donne sur une petite place proche de la Miya gawa (marché animé tous les matins), fut à l'époque des Tokugawa le siège du gouvernement de la province de Hida.

On y visite les anciens **appartements**, séparés par des cloisons amovibles ouvrant à l'O. sur un **jardin** ; au S. de celui-ci, les anciens **greniers** à riz sont aujourd'hui divisés en plusieurs salles, où sont disposés divers documents d'intérêt historique et économique ; l'ensemble fut restauré en 1974.

Traversant la Miya gawa par le **Naka bashi**, on trouve en face de soi le **Shiro yama** *(1 km S.-E. de la gare)*, aujourd'hui aménagé en parc public, où s'élevait autrefois le **château** construit par les *Kanamori* ; vue étendue sur Takayama et les montagnes qui l'entourent.

Le **Shoren ji**, au N. de ce promontoire, possède de jolis bâtiments reconstruits au XVIe s. dans le style Momoyama ; la fondation de ce temple remonte cependant au XIIIe s. ; il s'accompagne d'un joli petit jardin japonais, et renferme d'intéressantes calligraphies et quelques peintures d'époque Edo, dues à Kanō Tanyū et Maruyama Okyō.

Redescendant vers la ville, une rue se dirige au N. vers la mairie de Takayama, après avoir rencontré Hirokouji dōri. Parallèlement vers l'O., on trouve les rues : **Ichinomachi**, **Ninomachi** et **Sannomachi** (la plus intéressante pour ses maisons anciennes), le long desquelles on pourra visiter plusieurs **musées** de plus ou moins grand intérêt ; ils occupent d'anciennes **maisons privées** ; ce sont : Kyōdo Gangu kan (collections de jouets japonais traditionnels), musée Hirata, Hida Minzoku kokokan (coll. archéologiques), Fujii Bijutsu Mingei kan (artisanat), Hachiga Minzoku Bijutsu kan (artisanat).

■ **Kyōdo kan** *(900 m E. de la gare ; Kami Ichinomachi ; fermé du 29 décembre au 1er janvier)* est le plus intéressant ; c'est essentiellement un musée d'artisanat et de folklore, où sont réunis de nombreux objets traditionnels (parfois encore utilisés) provenant des montagnes de Hida ; méthode de fabrication du sake ; **calligraphies** anciennes et **sculptures** dues au prêtre *Enku* (p. 165).

Poursuivant vers le N. on rencontre **Yasukawa dōri**, principale artère de la ville, puis le cours canalisé de l'**Enako gawa**, qui se jette un peu plus loin dans la Miya gawa.

Dans le prolongement de Ninomachi, on empruntera ***Ōjin machi** *(800 m N.-E. de la gare)*, l'une des rues de la ville ayant gardé son aspect traditionnel.

On y visitera avec beaucoup d'intérêt le **Kurakabe Mingei kan**, qui fait angle avec l'**Enako gawa**, et un peu plus loin **Yoshijima ke**, maisons autrefois habitées par de riches familles portant ces noms ; elles restent aujourd'hui un modèle d'intérieur traditionnel à Takayama.

A l'extrémité d'Ōjin machi gagner vers l'E. le **Hachiman gū**, en avant duquel on remarque (édifice moderne) le **Takayama yatai kaikan**, où son exposés quelques beaux **chars du festival de Takayama**, la plupart construits aux XVIIe et XVIIIe s. et restaurés depuis ; le plus beau d'entre eux, **Kirin tai**, est attribué au sculpteur *Yoroku Tamiguchi*.

Depuis Hachiman gū gagner vers le S.-E. **Tera machi** ou **Higashi yama**, quartier où s'élèvent de nombreux temples (Daio ji, Soyū ji, etc.). On reviendra vers la gare par Yasukawa et **Kokubunji dōri**.
Cette seconde rue passe devant le **Kokubun ji** *(300 m N.-E. de la gare)* de la province de Hida, fondé au VIIIe s. et en conséquence le plus ancien de Takayama. Parmi les bâtiments (reconstruits en 1588) subsiste une belle pagode à trois étages ; on y verra deux **statues** remarquables de **Kannon** et de **Yakushi Nyorai**.

A 1,5 km S.-O. de la gare, sur les collines qui s'élèvent au S. de la N 158, on ne manquera pas de visiter le ***Hida minzoku mura** *(musée du village de Hida ; ouvert t.l.j. de 9 h à 17 h ; fermé du 29 décembre au 1er janvier)*, ensemble exceptionnel de maisons de la région de Hida ; un bon nombre sont de style *gassho zukuri*, que l'on rencontre dans la région de Shirakawagō *(ci-après)*, et proviennent de cette vallée ; la **maison Tanaka** est l'une des plus anciennes (XVe s.) ; la **maison Nishioka**, l'une des plus belles, appartenait autrefois à un prêtre bouddhiste. A l'intérieur sont exposés d'anciens instruments d'agriculture et de sériciculture, des ustensiles de cuisine, des vêtements, etc.

Environs

1 — Shonyū dō *(22 km E., par la N 158 ; car)*, grotte naturelle que l'on peut visiter.

2 — Kamioka *(41 km N. ; car)* ; sur le haut cours de la Takahara gawa, qui se jette au N. dans la baie de Toyama, Kamioka est une petite cité minière où l'on exploite depuis l'époque Edo des gisements de zinc, d'argent, d'or et de cadmium. Les environs sont surtout remarquables par les belles ***gorges de Takahara**, pénétrant vers le S. jusqu'aux hauts sommets du Chubu Sangaku *(V. ce nom)*, et que longe la voie ferrée en direction de Toyama.

3 — **Shirakawagō *(88 km N.-O. jusqu'à Shirakawa ; car)* ; cette très belle région du haut cours de la **Sho gawa** est aujourd'hui en partie engloutie par le lac de **barrage de Shirakawagō**, retenu par le **barrage de Mihoro**, à 760 m d'altitude. De nombreuses maisons traditionnelles ont été transportées au Musée du village de Hida *(ci-dessus)* ; on en verra cependant quelques-unes, dans le style particulier *gassho zukuri* : hauts toits de chaume à forte pente, sous lesquels s'abritent les trois à quatre étages de la demeure habitée par plusieurs familles. Dans ces vallées se réfugièrent autrefois une partie des *Taira*, vaincus par les Minamoto (XIIe s.) ; les habitants émigrent aujourd'hui vers les villes et la conversion des maisons en musée s'impose, si l'on veut assurer leur conservation. **Shōkawa** et **Shirakawa**, distants d'une trentaine de kilomètres, sont les deux villages les plus intéressants de cette vallée ; fête au sanctuaire de Shirakawa, du 14 au 19 octobre.

4 — Gero, Parc national de Chūbu Sangaku, *V. ces noms.*

Takeo (Île de Kyūshū)

Carte du Nord de Kyūshū, p. 372-373.
Tōkyō, 1236 km. — Fukuoka, 86 km. — Nagasaki, 88 km. — Saga, 33 km.
Saga ken. — 35 377 hab.

Avec **Ureshino**, éloignée d'une douzaine de kilomètres, **Takeo** est l'une des deux principales stations thermales du département de Saga ; dans un agréable site de collines, cette localité, ancien relais de poste sur la route de Nagasaki, conserve l'atmosphère des vieux quartiers traditionnels ; les sources, de 23 à 52 °C, sont chargées d'un fort pourcentage de radium.

Environs :

1 — Ureshino *(13 km S. ; car)* ; ses diverses sources alcalines (36 à 98°C) font de cette station l'une des plus fréquentées de l'île de Kyūshū ; sur les pentes à proximité d'Ureshino ondoient des plantations de thé ; on montre à Fudoyama un arbre à thé, ayant 3 m de ciconférence à sa base et plus de 250 ans d'âge.

2 — Karatsu, Parc national de Saikai, *V. ces noms* ; — **Arita,** *V. Imari.*

Tamano (Île de Honshū)

Carte de Shikoku et Mer Intérieure, p. 502-503
Tōkyō, 732 km. — Hiroshima, 187 km. — Kōbe, 167 km. — Tottori, 161 km. — Services maritimes pour Shōdo shima, Takamatsu.
Okayama ken. — 68 446 hab. — Chantiers navals.

L'importante localité de Tamano, que borde la mer Intérieure au S. d'Okayama, constitue avec son **port d'Uno** le principal point d'accès maritime de Takamatsu et de l'île de Shikoku *(ferry des J.N.R.)*.

Environs :

1 — Plage de Shibukawa *(8 km S.-O. de la gare d'Uno ; car)*, l'une des plus fréquentées de la mer Intérieure, avec un arrière-pays de hautes collines remarquables ; c'est là que se situe le Laboratoire maritime de l'Université d'Okayama (musée océanographique et aquarium).

2 — Kurashiki, Okayama, Shōdo shima, Parc national de Seto Naikai, *V. ces noms.*

Tateyama (Île de Honshū)

Carte des Environs de Tōkyō, p. 526
Tōkyō, 129 km. — Chiba, 92 km. — Mito, 234 km. — Urawa, 151 km.
Chiba ken. — 56 257 hab. — Port de pêche.

Au fond d'une jolie baie Tateyama se trouve à la rencontre des voies ferrées qui font le tour de la **péninsule de Bōsō** ; de là on pourra longer, dans un sens ou dans l'autre, les belles façades maritimes (**Uchibō** ou **Sotobō**) de cette péninsule, dont les reliefs, aux formes toujours renouvelées, plongent dans la mer. Tateyama est une agréable station de séjour en toutes saisons.

522 TATEYAMA (environs) — TENRI — TENRYŪ

Environs :

1 — Kisarazu *(56 km N., par la N127 : train J.N.R. ; car).* — La route et la voie ferrée longent vers le N. la très belle *côte occidentale (Uchibō) de la péninsule de Bōsō.

22 km : **Hota**, avec la station balnéaire voisine de **Katsuyama**, est l'une des plages les plus fréquentées de la péninsule ; culture de perles.

25 km : **Kanaya** *(bateau pour Yokosuka-Kurihama),* d'où l'on pourra accéder *(téléphérique)* au **Nokogiri yama** (329 m) ; sur le flanc méridional de celui-ci se trouvent le **Nihon ji** et les **grottes** où sont sculptés les **Cinq cents disciples du Bouddha** ; autres statues réparties sur les pentes de cette montagne.

41 km : **Sanuki** ; de là il est possible de gagner vers l'E. le **Kanō zan** *(V. Environs de Kisarazu).* La route, qui s'est désormais éloignée de la côte, traverse la Koito gawa avant d'atteindre l'agglomération industrielle de :

56 km : **Kisarazu**, *V. ce nom.*

2 — Kamogawa *(69 km N.-E., via Shirahama ; car ; train J.N.R. direct).* — Quitter Tateyama en longeant au S. la baie de ce nom jusqu'au :

10 km : **Suno saki** ; vers le S. une route à péage longe la baie de Mera.

20 km : **Mera**. La route se poursuit en corniche par la **côte de Sotobō**, qui devient plus accidentée, voire plus belle que celle d'Uchibō.

28 km : **Shirahama** ; station balnéaire fréquentée, au S. de laquelle pointe le Nojima zaki, à l'extrémité méridionale de la péninsule de Bōsō ; on y voit des plongeuses en quête de coquillages et d'algues comestibles.

43 km : **Chikura**, agréable localité, au S. de la péninsule de Bōsō, d'où l'on rejoindra vers le N., par une route à péage, la N128 et au-delà :

69 km : **Kamogawa**, *V. ce nom.*

Tenri (Ile de Honshū)

Carte des Environs d'Ōsaka, p. 470-471
Tōkyō, 484 km. — Kyōto, 49 km. — Nara, 12 km. — Ōsaka, 44 km. — Tsu 102 km. — Wakayama, 96 km.

Nara ken. — 57 020 hab.

Tenri, au centre du bassin de Nara, est depuis 1838 le siège d'une secte dissidente du shintō *(Tenri kyō),* qui rassemble aujourd'hui près d'un million d'adeptes ; fêtes les 26 janvier et 26 octobre. On visitera avec intérêt le musée local d'archéologie et d'ethnographie.

➜ A 1,5 km E. de Tenri, le **santuaire d'Isonokami** détient l'épée que l'empereur *Jimmu* aurait reçue de Takemikazuchi no Mikoto, principale divinité vénérée au sanctuaire de Kashima *(V. ce nom).*

➜ A 3 km N., à **Ichinomoto** *(train J.N.R.),* on peut visiter le **Kakinomoto ji**, où se trouve la **tombe de Kakinomoto Hitomaro**, célèbre poète du VIIIe s.

Tenryū (Ile de Honshū)

Tōkyō, 258 km. — Kōfu, 198 km. — Nagano, 272 km. — Nagoya, 227 km. — Shizuoka, 81 km. — Yokohama, 232 km.

Shizuoka ken. — 27 716 hab.

Tenryū est établi à la sortie des gorges de la Tenryū gawa, sur le bassin de Hamamatsu ; de là on peut réaliser une intéressante excursion, en amont vers le barrage de Sakuma, ou en aval en descendant la rivière en bateau sur 14 km.

Environs :

1 — Sakuma *(43 km N., par la N152 ; car)*. — La route remonte vers le N. et suit de près le *cours de la Tenryū gawa, bordée de pentes montagneuses boisées.

21 km : **Tatsuyama**, en aval du barrage d'Akiha, construit sur la Tenryū ; de là il est possible d'accéder à :

5 km E. *(2 h à pied)* : **Akiha san** (836 m d'alt.) ; jolie vue sur les vallées de la Tenryū et de son affluent la Keta gawa. Près du sommet se dresse le **sanctuaire d'Akiha**, fondé au VIIIe s., et dédié à *Kagutsuchi no Kami*, le dieu du feu ; fête dans la nuit du 15 au 16 décembre.

35 km : Quitter la N152 qui remonte un affluent de la Tenryū gawa, et poursuivre tout droit vers le N.

43 km : **Sakuma**, en aval du **barrage de Sakuma**, à 260 m d'altitude sur la Tenryū gawa ; ce barrage, achevé en 1956, atteint une production de 350 000 kW.

2 — Hamamatsu, *V. ce nom.*

Tokorozawa (Ile de Honshū)

Carte des Environs de Tōkyō, p. 526
Tōkyō, 36 km. — Chiba, 73 km. — Kōfu, 77 km. — Maebashi, 136 km. — Mito, 154 km. — Nagano, 224 km. — Urawa, 40 km. — Utsunomiya, 125 km.

Saitama ken. — 236 476 hab. — Industries textiles. — Centre de recherches aéronautiques.

Au N.-O. de Tōkyō, Tokorozawa est l'un des principaux satellites urbains qui gravitent autour de la capitale ; on peut gagner les **lacs de Tama** et **Sayama**. Plantations de thé vert de Sayama, sur les collines des environs.

Environs :

Sayama ko *(5 km S.-O. ; train Seibu E.R. depuis les gares de Tokorozawa ou de Tōkyō-Ikebukuro, jusqu'à celle de Sayamako ; changer à Nishi-Tokorazawa)*. A 500 m N.-O. de la gare de Sayamako s'étend le **lac de Sayama** (réservoir de Yamaguchi), à l'E. duquel se trouve le **village de l'Unesco** ; on y a construit divers pavillons, dans le style des différents pays représentés aurpès de cet organisme ; piste artificielle de ski. Le **Konjo in**, ou **Yamaguchi Kannon**, aurait été élevé par *Kōbō Daishi* au IXe s. ; ce temple fut reconstruit au XVIe puis au XVIIIe s.

Le **lac de Sayama** est relié par une ligne de tramway au **lac de Tama** et au **Seibu en** (parc d'attractions) ; **Tama ko** ou **Murayama ko** est un lac artificiel, et avec le lac de Sayama, il constitue la plus grande réserve d'eau alimentant la ville de Tōkyō ; les alentours, vallonnés et boisés, en font une zone très fréquentée des environs de Tōkyō. On pourra regagner Tōkyō depuis les gares de Seibuen ou de Tamako *(Seibu E.R.)*.

Tokushima (Ile de Shikoku)

Carte de Shikoku et Mer Intérieure, p. 502-503
Tōkyō, 796 km. — Kōchi, 194 km. — Matsuyama, 199 km. — Takamatsu, 77 km.

Chef-lieu de Tokushima ken (383 059 hab.). — 223 451 hab. — Ville industrielle et portuaire. — Universités nationale et privée.

524 TOKUSHIMA

Port de pêche à l'embouchure de la Yoshino gawa, la ville est ouverte, à l'E. de Shikoku, sur le chenal de Kii ; le milieu aquatique joue un grand rôle à Tokushima, surnommée la ville de l'eau. Détruite à 80 % lors de la seconde guerre mondiale, elle a été entièrement reconstruite et occupe la quatrième place parmi les cités de l'île de Shikoku.

La ville, limitée au N. par la Yoshino gawa, est sillonnée de canaux et de bras de rivières, que recoupent de larges artères.

Au N.-E. de la gare, le **Parc de Tokushima** recouvre la colline boisée de **Shiro yama**, où se trouvent les ruines de l'ancien **château de Tokushima** ; on y voit aujourd'hui un très joli jardin paysage, de style momoyama. Le château, élevé (1586) par *Hachisuka Iemasa*, demeura dans sa famille jusqu'en 1868.

Depuis la gare une belle et large avenue (avec allée centrale plantée de palmiers) conduit par le pont de Shinmachi au pied du :

***Bi zan** (600 m S.-O. de la gare ; car et téléphérique d'accès) ;* une route à péage de 4 km mène au sommet de cette colline boisée (280 m d'alt.) ; vue sur la ville jusqu'à la mer Intérieure ; une **pagode** en forme de stūpa, dédiée aux victimes de la seconde guerre mondiale, y fut élevée en 1958.

A 600 m S. du point de départ du téléphérique, au pied du Bizan, se trouve le **quartier d'Iga machi** où vécut l'officier portugais *Wenceslao de Moraes* (1854-1929) ; il fut consul à Tokushima à partir de 1893, et mourut dans cette ville après avoir épousé une Japonaise ; il a écrit plusieurs ouvrages sur le pays.

Environs :

1 — Nyorin ji *(17 km S. ; car).* — Quitter Tokushima vers le S.-E. par la N 55 9 km : On laisse sur la g. la N 55 qui atteint **Komatsushima**, localité prolongeant vers le S. la zone industrielle de Tokushima.

11 km : **Joroku ji.** Fondé au VIIe s. ce temple abrite une statue de Kannon attribuée au prête *Gyōki* ; élégante **porte** surmontée d'un étage.

17 km : **Nyorin ji** est établi sur les pentes du *Nakatsu mine* (773 m), dans un cadre sylvestre de pins et d'érables, où bondissent plusieurs cascades ; ce temple conserve une **statue** en bois, classée, **de Nyōrin Kannon.**

2 — *Tsurugi san *(88 km S.-O., par l'itinéraire indiqué ; train jusqu'à Anabuki puis autocar).* — Quitter Tokushima vers l'O. par la N 192 qui remonte le cours de la Yoshino gawa.

31 km : **Yamakawa**, ou 39 km : **Anabuki** ; de là on peut gagner vers le N. *(4 km depuis chaque localité)* le site de **Dōchū** ; l'érosion a formé des crevasses et des sortes de cheminées de fée : certains piliers peuvent atteindre de 15 à 20 m de hauteur.

Depuis Anabuki une route de plus en plus sinueuse remonte vers le S. l'Anabuki gawa, affluent de la Yoshino gawa (gorges de Tsurugi kyō), puis franchit une première barrière montagneuse en avant du Tsurugi san.

88 km : **Minokoshi**, à 1 400 m d'alt. ; **Enfuku ji** et sanctuaire de **Tsurugi** (fête le 17 juillet) ; de là on peut gagner vers l'O. **Ikeda** *(V. ce nom)* par une route à péage et la vallée de l'Iya gawa. De Minokoshi un télésiège permet d'accéder à **Nishijima** ; encore 1 km de marche *(30 à 40 mn)* jusqu'au sommet.

Le ***Tsurugi san** (1 955 m) est la seconde montagne de Shikoku et l'une des plus belles de cette île ; par beau temps la vue s'étend de toutes parts, sur les montagnes couvertes d'une végétation dense et variée (très nombreuses espèces) ; cette zone a été transformée en parc régional protégé de 21 197 h.

3 — Naruto, Parc national de Seto Naikai, *V. ces noms.*

Tokuyama (Ile de Honshū)

Carte ferroviaire, en page de garde.
Tōkyō, 968 km. — Hiroshima, 95 km. — Matsue, 286 km. — Yamaguchi, 46 km.

Yamaguchi ken. — 98 520 hab. — Industries pétro-chimiques.

La baie de Tokuyama, fermée par une série d'îles au large, s'est aujourd'hui consacrée à l'industrie ; celle-ci fait de Tokuyama l'une des villes les plus dynamiques du Chūgoku ; le *shinkansen* y fait étape. Par ailleurs, l'exploitation de carrières de granite maintient une forme d'activité traditionnelle.

Le général *Kodama Gentarō* (1852-1906) est né à Tokuyama.

Environs : Yashiro *(17 km N.-E. ; car)*, refuge des grues à crête blanche, qui viennent (octobre) de Mongolie et de Sibérie orientale.

Tōkyō (Ile de Honshū)★★★

Carte des Environs de Tōkyō, p. 526 ; — Centre, p. 532-533 ; — Bunkyō ku, p. 562-563 ; — Shinjuku ku, p. 556-557 ; — Minato ku, p. 548-533.
Chiba, 37 km. — Kōfu, 141 km. — Urawa, 24 km. — Yokohama, 24 km.

Capitale du Japon (117 060 396 hab.). — Chef-lieu de Tōkyō to (11 471 892 hab.). — 8 351 893 hab. Ville industrielle et port de commerce. — Université nationale (facultés en toutes disciplines), universités régionales, nombreuses universités privées. — Archevêché. — Ville de congrès. Températures : moyenne annuelle : 14,7 °C (janvier 3,7 ; août 26,4) ; — précipitations : 1 563 mm par an. — Moyenne hygrométrique de 80 % de juin à septembre. — 140° de longitude E. ; 35° de latitude N., celle d'Oran et de Bagdad.

« Il y avait deux ans et demi que je n'avais pas revu le Japon, et Tōkyō m'apparaît méconnaissable... comme d'habitude ! (...) C'est une ville en perpétuel changement, et d'un séjour à l'autre, j'y constate des métamorphoses toujours plus rapides » *(Robert Guillain).* Cette introduction au « Japon, Troisième Grand » donne le ton de cette ville extraordinaire. La plus grande ville du monde — à moins que ce ne soit Shanghaï — occupe une superficie (Yokohama et villes satellites comprises) de plus de 1 700 km². La ville apparaît en fait comme le regroupement de plusieurs cités, qui ne correspondent pas forcément aux divisions administratives (23 ku ou arrondissements), mais sont autant de villes dans la Ville, avec leurs quartiers d'animation, leurs parcs, leurs immeubles de toutes tailles et leurs petites maisons individuelles — celles-ci de plus en plus repoussées vers une périphérie résidentielle.

Tōkyō est une ville hors du commun, qui, à l'exemple de New York plait ou ne plait pas ; on peut tomber amoureux fou de Tōkyō ou la détester, mais en aucun cas y rester indifférent. Mais lorsqu'on s'y attache, c'est presque pour toujours. Cette ville si trépidante, si

ENVIRONS DE TOKYO (KANTO)

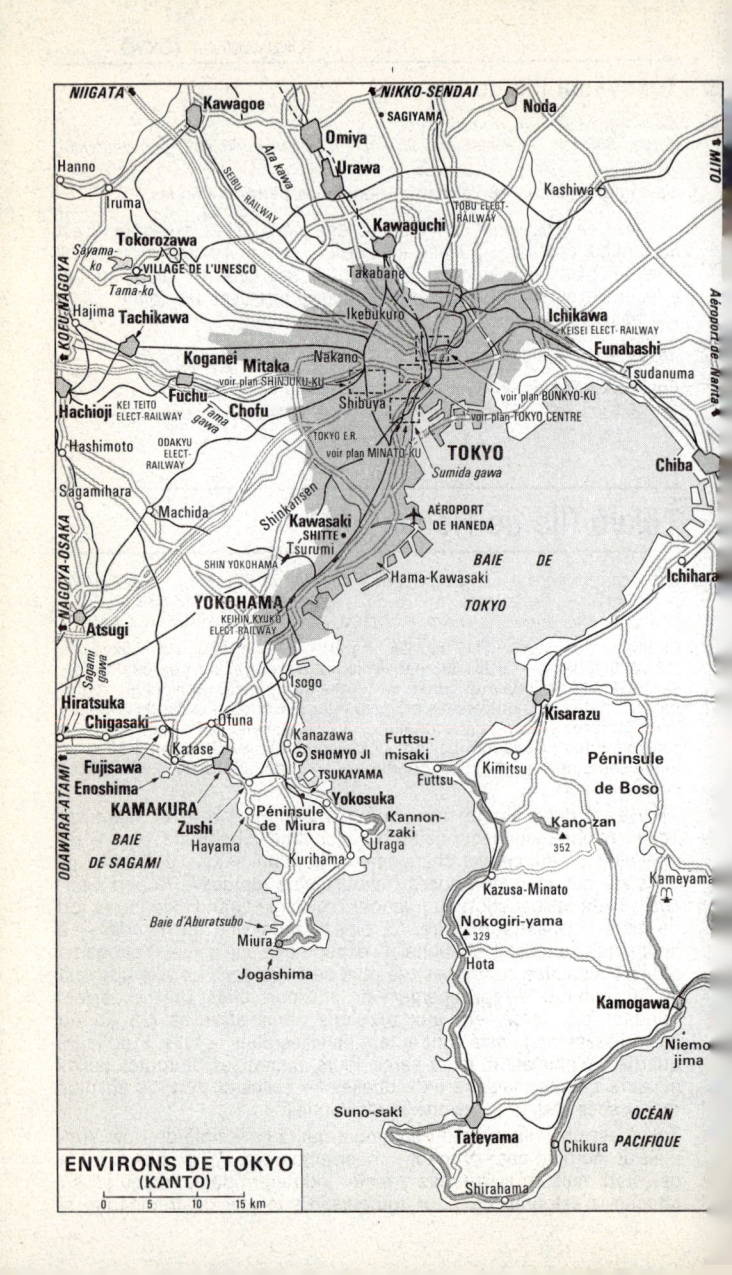

0 — 5 — 10 — 15 km

pleine de vie et de mille choses à faire et à voir n'est pas aussi monstrueuse qu'on veut bien nous le dire : il est tout à fait facile de s'y déplacer, en métro ou en train urbain, et la gentillesse de sa population n'a d'égale que sa disponibilité ; l'étranger perdu, le nez dans sa carte, sera vite remis sur le bon chemin, parfois tout simplement raccompagné par un citadin obligeant. Tōkyō c'est aussi des ambiances si différentes d'un quartier à l'autre, un modernisme qui a su conserver la tradition et les maisons anciennes, une population jeune prête aux plus folles exubérances vestimentaires, des femmes en kimonos les jours de fêtes, des chauffeurs de taxis en gants blancs. Tōkyō c'est l'élégance d'Akasaka, le caractère cosmopolite de Harajuku, la folie du gadget de Shinjuku se transformant le soir venu en Pigalle local, le sérieux de Marunouchi et de ses hommes d'affaires pressés... Tōkyō est passionnante tant on a l'impression d'y vivre pleinement.

Tōkyō est une ville qui bouge et son image perçue à l'étranger n'est plus qu'un pâle reflet de la métropole actuelle : de cité polluée et harassante, l'image de Tōkyō est passée à celle d'une ville où l'on respire sans peine et où les parcs et jardins apportent au citadin quelques havres de paix en plein centre de l'immense métropole. Contradiction perpétuelle Tōkyō ne peut que fasciner par ces extrêmes : exemple de ces tours de Shinjuku que l'on admire du jardin japonais si plein de délicatesse du parc Shinjuku Gyoen.

La ville dans l'histoire

Survol historique avant le XVIIe s. — Le site de Tōkyō est d'une occupation fort ancienne, comme en témoignent des découvertes d'habitats préhistoriques, en plusieurs points de la capitale ; l'une d'elles se fit dans le quartier Yayoi, et ce nom sert depuis à caractériser une période du néolithique japonais (IIIe s. av. J.-C., IIIe s. apr. J.-C.). A la fin du VIe s. *Hashino Nakatamo* fut limogé près de l'estuaire de la Sumida gawa ; on lui attribue la fondation du temple d'Asakusa, et l'établissement d'une communauté de pêcheurs qui se maintint durant quelques siècles. La véritable origine historique de Tōkyō remonte en fait à l'année 1457, lorsque *Ōta Dōkan* fit élever le premier château d'Edo, autour duquel se développèrent (fin du XVe s.) les premiers fondements de la ville actuelle. Après l'assassinat de Dōkan par *Uesugi Sadamasa*, la ville entra dans le domaine de cette famille, puis passa aux mains des Hōjō qui contrôlèrent tout le Kantō.

Edo, capitale des Tokugawa. — En 1590, Toyotomi Hideyoshi confia la province du Kantō à *Tokugawa Ieyasu* (1542-1616) qui venait de soumettre Hōjō Ujinao. Ieyasu choisit pour résidence l'ancien château d'Ōta Dōkan à Edo ; à la mort de Hideyoshi, il contrôlait une grande partie du Japon central, et ayant assuré son autorité par la bataille de Sekigahara (1600), il choisit de faire d'Edo le nouveau siège du gouvernement shōgunal, dont la fonction venait d'être rétablie en sa faveur. Pour affirmer leur puissance politique, les shōgun Tokugawa forcèrent les daimyō à résider autour du château d'Edo, les obligeant à laisser leur famille en otage s'ils s'absentaient : la construction des résidences autour du palais shōgunal détermina ainsi le plan de la ville actuelle. Tōkyō acquit rapidement une importance considérable, au point de l'emporter sur la capitale impériale, Kyōto, et de dépasser au siècle suivant l'activité économique d'Ōsaka. Les marchands s'enrichirent de

528 TŌKYŌ

l'endettement des daimyō ; les artistes reçurent la protection des négociants ; la société tokyoite et nipponne était échafaudée. Malgré plusieurs tremblements de terre, incendies, révoltes qui ruinèrent la ville et son château (à plusieurs reprises, entre les XVIIe et XIXe s.), Edo était déjà en 1840 la seconde ville au monde, après Londres, avec plus de 500 000 hab. Une page devait être tournée avec l'apparition (milieu du XIXe s.) des vaisseaux américains dans la baie de Tōkyō, et l'ouverture des relations commerciales et diplomatiques avec les États-Unis ; les pressions faites sur le pouvoir shōgunal affaibli, l'assassinat (1860) du ministre Ii Naosuke (qui signa les accords avec les Américains), le mouvement nationaliste en faveur de la restauration impériale, amenèrent en 1867-1868 la chute du shōgunat que ses ultimes partisans défendirent à Tōkyō, par la bataille d'Ueno (1868). Les derniers shōgun avaient du reste fui, dès 1863, le château d'Edo encerclé par les demeures des daimyō (revers de la médaille...), pour se replier sur Kyōto ou Ōsaka.

Tōkyō, capitale du Japon. — L'empereur *Mutsuhito, Meiji tennō* (1852-1912), fait d'Edo la capitale de l'Est (Tōkyō) et décide de transférer depuis Kyōto, le site de la résidence impériale au château des Tokugawa, siège actuel du Palais impérial ; les résidences des daimyō sont alors rasées pour faire place aux nouveaux édifices gouvernementaux, commerciaux ou industriels. « L'économie urbaine s'appuie sur les richesses agricoles de l'arrière-pays, le bassin du Kantō ; l'essor des manufactures et du trafic portuaire, la concentration de la main-d'œuvre préludent à l'extension de la ville. Entre 1890 et 1920, les investissements des Zaibatsu permettent l'édification d'immeubles modernes. De 596 000 habitants en 1868, Tōkyō passe à 2 220 000 en 1923. Cette date est tristement célèbre dans l'histoire de la cité : le grand séisme de septembre détruit une partie des quartiers de l'est et du nord, faisant plus de 200 000 victimes » (*Maurice Moreau*, l'Économie du Japon). Enfin, en 1936, à la suite d'élections jugées peu favorables au régime militariste de l'époque, de jeunes officiers, dans la nuit du 25 au 26 février, commettent plusieurs attentats politiques et tentent d'imposer une dictature militaire ; ils seront rapidement matés, mais le gouvernement n'en persistera pas moins dans une politique impérialiste qui entraînera le pays dans la guerre.

Tōkyō depuis la guerre. — La capitale japonaise souffrit terriblement de la seconde guerre mondiale. Les bombardements massifs de mars à mai 1945 firent plus de ravages et de victimes que la bombe atomique d'Hiroshima. L'allocution radiodiffusée de l'empereur régnant Hiro Hito le 14 août 1945, fut suivie de nombreux suicides de militaires qui n'acceptaient pas la reddition japonaise ; celle-ci fut officiellement signée, bord du Missouri, dans la baie de Tōkyō, le 2 septembre 1945. Jusqu'en 1951 Mac Arthur établit le quartier général de l'occupation américaine au Dai Ichi Seimei Bldg. ; il introduisit une série de réformes qui, avec celle de l'ère Meiji, contribuèrent à l'organisation du Japon moderne. Comme partout ailleurs au Japon, les États-Unis participèrent activement au redressement et à la reconstruction de la capitale, qui a depuis retrouvé ses fonctions multiples de ville politique, industrielle, économique et artistique. Depuis les Jeux Olympiques de 1964, le visage de la ville entraînée dans une frénésie irrésistible, s'est profondément modifié.

Ils sont nés à Tōkyō. — Parmi les nombreuses personnalités qui virent le jour à Tōkyō nous pouvons mentionner : l'empereur régnant *Hiro Hito* (né en 1901), son père l'empereur *Yoshi Hito, Taishō tennō* (1879-1926) et son fils le prince héritier *Akihito* (né en 1933) ; — parmi les hommes politiques : *Yoshida Shigeru* (1878-1967), *Ishibashi Tanzan* (né en 1884) ; — parmi les militaires : le vice-amiral *Enomoto Buyō* (1839-1908), le général *Nogi* (1849-1912), l'amiral *Shimada Shigetaro* (1883-1976), le général *Tojo Hideki* (1884-1918), ainsi que le général britannique Sir *Colin McVean Gublins* (1896-1976) ; — parmi les scientifiques : *Tomonaga Shin Ichiro* (1906-1979) et *Yukawa Hideki* (1907-1981), tous deux prix Nobel de physique ; — parmi les écrivains : *Enomoto Kikaku* (1661-1707), *Kyōden* (1761-1816), le peintre et poète *Sakai Hoitsu* (1761-1828), *Takizawa Kai* dit *Kyokutei Bakin* (1767-1848), *Shikitei Samba* (1776-1822), *Kawatake Mokuami* (1816-1893), *Hasegawa Tatsunoke* dit *Futabatei Shimei* (1864-1909), *Natsume Sōseki* (1867-1912), *Arishima Takeo* (1878-1923), *Higuchi Ichiyō* (1872-1896), *Tanizaki Junichirō* (né en 1886), *Akutagawa Ryunosuke* (1892-1927), *Yoshida Kenichi* (1912-1977), *Mishima Yukio* (1925-1970) ; — le peintre et artiste laqueur *Shibata Zeshin* (1807-1891) ; — les compositeurs : *Iamada Kosaku* (né en 1886), également chef d'orchestre, *Matsudaira Yoritsune* (né en 1907) et *Takemitsu Toru* (né en 1930) ; — les metteurs en scène : *Kinugawa Teinosuke* (né en 1896), *Ozu Yasujiro* (1903-1963) et *Kurosawa Akira* (né en 1910); — l'acteur de kabuki *Mitsugoro Bandao VIII* (1906-1975) ; — la championne de golf *Higuchi Hisako* (née en 1945) et le champion sportif *Aoki Hiroaki* dit *Rocky Aoki* (né en 1938).

Le Port. — Reconstruit après la Seconde guerre mondiale, le port de Tōkyō se classe parmi les premiers du Japon. Conçu pour recevoir des navires de 1 000 à 2 000 tonneaux, il est pourvu de zones de stockage pétrolier, d'entrepôts équipés pour tous les types de marchandises, et constamment développé par l'emprise de nouveaux môles sur la mer. Il ne parvient pourtant pas à répondre à l'afflux des navires, qui doivent patienter dans la baie de Tōkyō avant d'accoster. C'est pourquoi se poursuit l'extension de cette immense zone portuaire qui enserre progressivement toute la partie septentrionale de la baie de Tōkyō (d'une part vers Kawasaki et Yokohama, d'autre part vers Chiba et Ichihara).

Industries et aménagement. — Tōkyō et son agglomération comptent parmi les principaux centres commerciaux et industriels du pays. Bien que les entreprises soient presque toutes de petite ou moyenne importance, la capitale concentre quelques grands complexes qui réunissent leurs efforts pour fournir (en ordre décroissant) : appareils et machines électriques, machines textiles, industries alimentaires, industries chimiques et industries métallurgiques. Ces entreprises emploient 41,5 % de la population laborieuse de Tōkyō. On sera surpris par les innombrables chantiers, développés partout dans la ville ; équipement industriel et travaux publics sont en effet les domaines de pointe du secteur industriel ; la zone portuaire et les infrastructures de transports comptent parmi les activités les plus dynamiques. Quant aux sociétés commerciales, principalement dans le centre de la capitale, elles s'attachent à assurer l'exportation des produits tokyoites et japonais dans leur ensemble ; de nombreuses sociétés étrangères sont représentées dans la capitale. Tout ne va pas sans problèmes.

Visite de la ville

Deux jours à Tokyo. — C'est le temps qu'on lui consacre habituellement au cours d'un voyage au Japon. Faire un tour de ville, au cours de la première matinée, tel qu'il est proposé par les agences spécialisées : cela vous donnera un aperçu rapide et superficiel de Tōkyō, mais vous permettra aussi un utile premier repérage. Vous verrez ainsi les principaux monuments et centres d'intérêt : les alentours du Palais Impérial, la Diète, le Sanctuaire Meiji, la Tour de Tōkyō, Ginza, etc. Consacrez ensuite votre après-midi à la visite du Musée National (et, s'il est ouvert, du Trésor du Horyū ji) ainsi qu'à une promenade dans le parc de Ueno.

La soirée se passera au théâtre Kabuki-za, pour un spectacle traditionnel. Durant l'entre-acte, il est possible d'y fort bien dîner (en particulier d'anguilles grillées servies dans de jolies boîtes laquées). Mais, il aura été préférable d'organiser l'ensemble de cette soirée à travers une agence (pour plus de sécurité).

Après, vous serez à « pied d'œuvre » pour passer la fin de soirée dans les bars de Ginza.

Pour le deuxième jour, nous vous proposons un « plongeon » dans la vie japonaise en commençant votre journée par la visite d'un grand magasin dans le quartier de Nihonbashi : Mitsukoshi *(fermé le lundi)* ou le Takashimaya *(fermé le mercredi)*. Point n'est besoin d'acheter. Promenez vous à travers les étages en vous attardant plus particulièrement au sous-sol (réservé à l'alimentation), aux rayons des kimonos, à celui des cadeaux (poupées), de l'ameublement ou de la vaisselle. Remarquez « l'élégance » des vendeurs et des vendeuses, le calme, l'ordonnance et la parfaite harmonie de l'ensemble. Cette visite, qui pourra même comprendre une leçon d'art floral, constitue réellement une des meilleures introductions à la vie quotidienne japonaise moderne. Vous pourrez aussi, bien sûr, y faire votre shopping ou y déjeuner, souvent fort bien.

Partez ensuite, en taxi ou en métro (une expérience indispensable), visiter le plus beau jardin de Tōkyō, le Korakuen ou, pour les amateurs d'art, admirer les collections du Musée Nezu. Terminez l'après-midi en retournant dans le charmant quartier d'Asakusa ou vous dînerez dans une ambiance « vieux Japon ». Finissez la journée au proche théâtre Ko-Kusai (Kokusai Gekijo) pour un hallucinant spectacle de jeux d'eau et d'incendie... ou allez à Shinjuku, le quartier « des plaisirs » de Tōkyō. Et puis, si vous trouvez le temps au cours de ces deux journées, déjeunez ou prenez un verre au restaurant du dixième étage de l'Hôtel Palace où, en évoquant le souvenir de l'écrivain Mishima, habitué des lieux, vous jouirez d'une belle vue sur l'intérieur du Palais Impérial.

Une semaine à Tōkyō. — Il serait dommage d'être venu au Japon pour ne consacrer qu'une journée à Tōkyō ; aurez-vous seulement le temps de participer aux programmes des agences comme nous le suggérons ci-dessus ? En fait, un séjour minimum d'une semaine vous sera nécessaire, si vous voulez jugez plus équitablement cette ville formidable, dans toutes les acceptions du terme. Vous pourrez ainsi visiter l'un après l'autre les principaux centres d'intérêt, revenir vers ceux qui auront su vous plaire, découvrir les nombreux parcs et musées, mieux comprendre le sens de l'animation, différente selon les quartiers, sentir enfin tout ce que cette ville a de repoussant et d'envoûtant — mais alors, craignez de ne pouvoir vous en arracher !

A pied dans la ville. — Tōkyō est une ville très fatigante : la foule presque partout, les encombrements d'automobiles, les distances entre les principaux points de visite et donc les longs parcours par les transports urbains, le bruit constant des haut-parleurs à l'intérieur de ceux-ci... Les Japonais en ont pris leur parti et nombreux sont ceux qui s'endorment, ayant eu la chance de trouver place assise... Les marcheurs se contenteront généralement d'un périmètre limité à certains quartiers fréquentés de la ville : Marunouchi et Ginza, entre 10 h du matin et 10 h du soir, Asakusa et Shinjuku, animés le soir, les grands parcs et jardins qui compensent le manque de verdure. Ueno avec ses musées, enfin, aura de quoi combler votre sens esthétique, et saura retenir votre intérêt durant une journée entière.

Si vous aimez...

Les temples et sanctuaires japonais. — Les édifices religieux de Tōkyō, de construction ou reconstruction récente, sont dans l'ensemble loin d'égaler ceux de Kyōto ; pour vous faire une idée des principaux lieux où se recueillent les Tokyoites, visitez Meiji jingū, Yasukuni jinja, Hie jinja et Tōshō gū (Ueno), qui comptent parmi les plus célèbres sanctuaires de la ville. Parmi les temples, citons : Asakusa, Zōjō ji, Gokoku ji, Sengaku ji, Hommon ji, Nishiarai Daishi, etc.

Les jardins japonais. — En fait ce sont des parcs ; on en trouvera un grand nombre, tout à fait remarquables ; sans solliciter le recueillement et la méditation, comme ceux des temples de Kyōto, ils satisfont agréablement le plaisir des yeux : Kōraku en, Rikugi en, Hama Rikyu kōen, Shinjuku gyoen, Kiyosumi kōen, le jardin d'iris de Meiji jingū, Myoshuno Taki kōen, Chizan so, Happo en *(ces deux derniers sont privés)*.

Les arts japonais. — Les musées de Tōkyō sont parmi les plus riches du Japon, et réunissent des œuvres d'art (présentées épisodiquement comme partout ailleurs) de première importance ; le Musée National, au parc d'Ueno, vient en tête ; vous visiterez également les musées ou galeries Okura, Nezu, Idemitsu, etc. ; le musée national d'art moderne témoigne de l'expression contemporaine des artistes japonais.

Les arts occidentaux. — Une sorte de frénésie pousse les Japonais à recueillir tout ce qui est de provenance occidentale et les musées, dit-on, ne lésinent pas sur l'acquisition d'œuvres. Visitez le musée national d'Art occidental, la galerie Bridgestone, et les expositions temporaires réalisées par les autres musées ou les grands magasins.

Les sciences et techniques. — Il existe à Tōkyō plusieurs musées consacrés à ces domaines : musée national des sciences, musée des sciences, musée des transports, musée de la Tour de Tōkyō, etc.

Les plaisirs de la vie. — Les noms de Asakusa, Ginza, Roppongi, Shibuya, Shinjuku, aux oreilles des étrangers comme à celles des Japonais, suffisent à évoquer le monde épicurien de ces quartiers « où l'on s'amuse » : restaurants, bars d'hôtesses, salles de spectacles, magasins et arcades commerçantes offrent de quoi occuper vos soirées.

TOKYO (CENTRE)

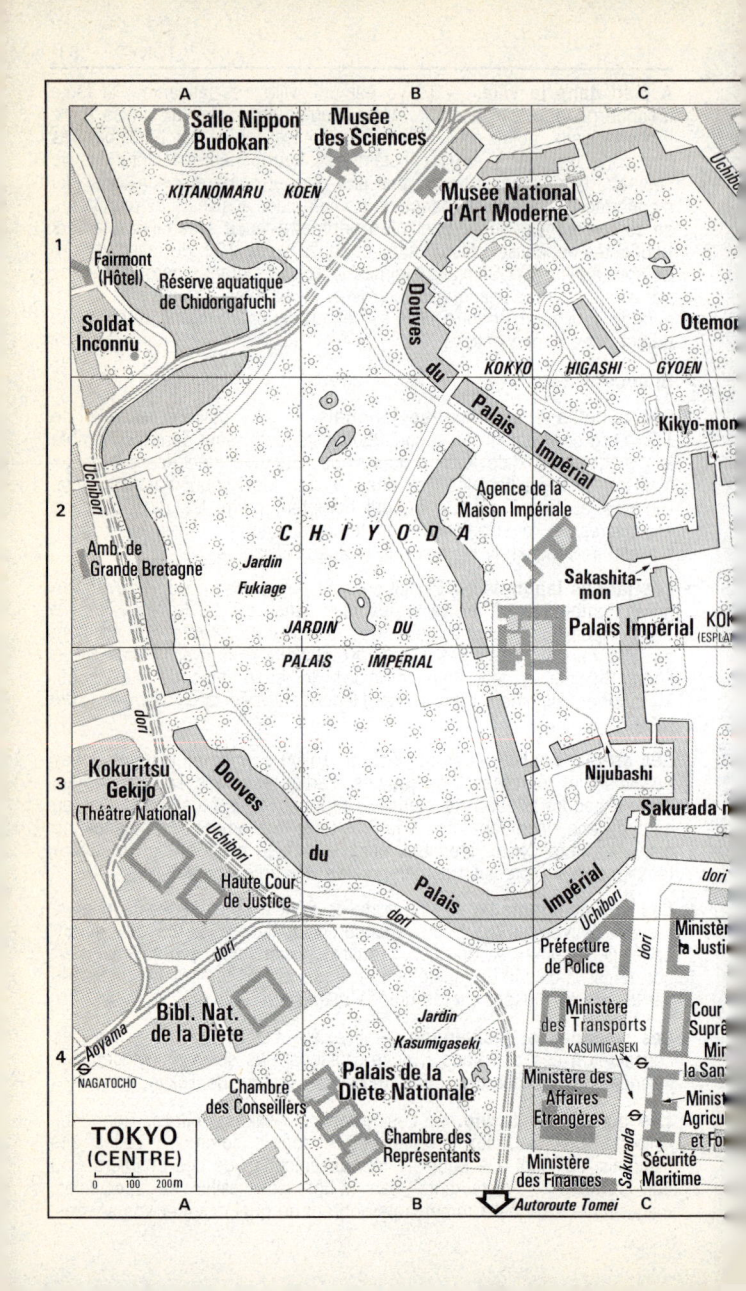

Map grid: A, B, C × 1, 2, 3, 4

- Salle Nippon Budokan
- Musée des Sciences
- KITANOMARU KOEN
- Musée National d'Art Moderne
- Fairmont (Hôtel)
- Réserve aquatique de Chidorigafuchi
- Soldat Inconnu
- Douves du Palais Impérial
- KOKYO HIGASHI GYOEN
- Otemon
- Kikyo-mon
- CHIYODA
- Amb. de Grande Bretagne
- Jardin Fukiage
- Agence de la Maison Impériale
- Sakashita-mon
- JARDIN DU PALAIS IMPÉRIAL
- Palais Impérial KO (ESPLA)
- Uchibori dori
- Kokuritsu Gekijo (Théâtre National)
- Douves du Palais Impérial
- Nijubashi
- Sakurada
- Haute Cour de Justice
- Uchibori dori
- Ministère la Justi
- Préfecture de Police
- Bibl. Nat. de la Diète
- Aoyama
- NAGATOCHO
- Jardin Kasumigaseki
- KASUMIGASEKI
- Ministère des Transports
- Cour Suprê
- Mir la San
- Chambre des Conseillers
- Palais de la Diète Nationale
- Ministère des Affaires Étrangères
- Minist Agricu et Fo
- Chambre des Représentants
- Ministère des Finances
- Sakurada
- Sécurité Maritime
- Autoroute Tomei

Échelle: 0 — 100 — 200 m

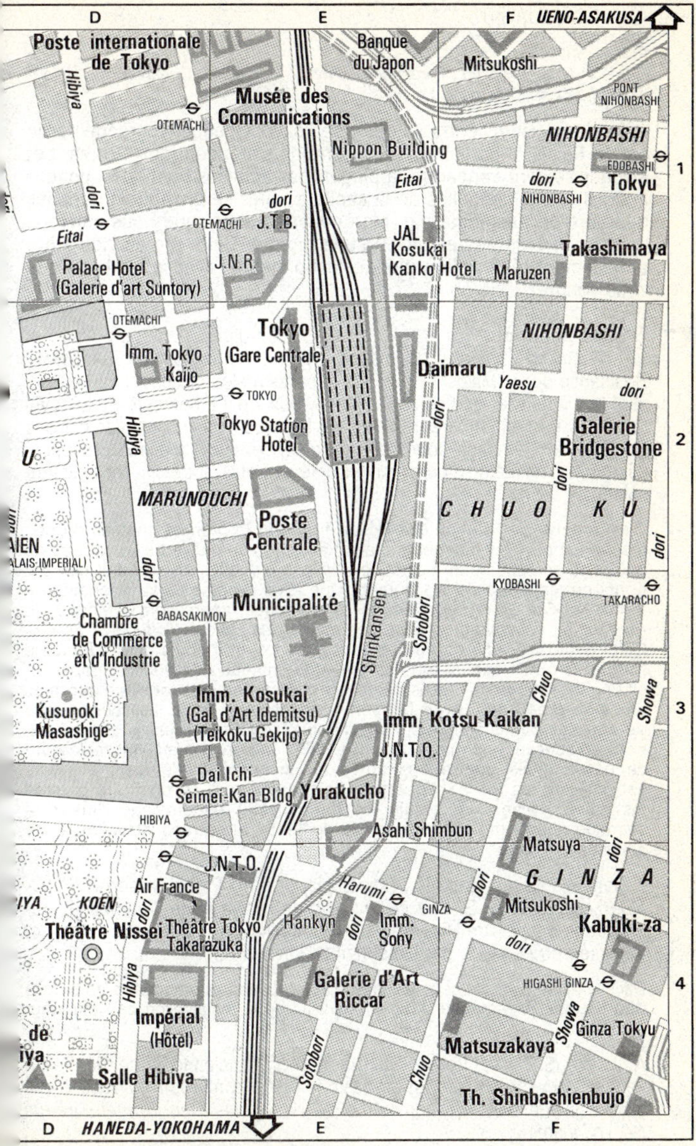

D
E
F
UENO-ASAKUSA
Poste internationale de Tokyo
Banque du Japon
Mitsukoshi
PONT NIHONBASHI
Musée des Communications
OTEMACHI
NIHONBASHI
Nippon Building
EDOBASHI
Eitai
dori
Tokyu
NIHONBASHI
Hibiya
dori
Eitai
OTEMACHI
J.T.B.
JAL
Kosukai Kanko Hotel
Takashimaya
Maruzen
Palace Hotel
(Galerie d'art Suntory)
J.N.R.
OTEMACHI
Tokyo
(Gare Centrale)
NIHONBASHI
Imm. Tokyo Kaijo
Daimaru
Yaesu
dori
TOKYO
Tokyo Station Hotel
Hibiya
dori
Galerie Bridgestone
dori
MARUNOUCHI
Poste Centrale
C H U O K U
dori
dori
KYOBASHI
TAKARACHO
BABASAKIMON
Municipalité
Shinkansen
Sotobori
Chambre de Commerce et d'Industrie
Chuo
Showa
Imm. Kosukai
(Gal. d'Art Idemitsu)
(Teikoku Gekijo)
Kusunoki Masashige
Imm. Kotsu Kaikan
J.N.T.O.
Dai Ichi Seimei-Kan Bldg
Yurakucho
HIBIYA
Asahi Shimbun
Matsuya
dori
J.N.T.O.
G I N Z A
Air France
Harumi
dori
KOEN
dori
GINZA
Mitsukoshi
Théâtre Nissei
Théâtre Tokyo Takarazuka
Hankyu
dori
Imm. Sony
Kabuki-za
dori
Hibiya
HIGASHI GINZA
Galerie d'Art Riccar
Impérial (Hôtel)
Showa
Ginza Tokyu
Matsuzakaya
Sotobori
Chuo
Salle Hibiya
Th. Shinbashienbujo
HANEDA-YOKOHAMA
1
2
3
4

A — Chiyoda ku

Plan p. 532-533.
Gares J.N.R. : Tōkyō, Yurakuchō, Kanda, Akihabara, Ochanomizu, Suidobashi, Iidabashi, Ichigaya, Yotsuya.

Chiyoda ku est le centre, le cœur de Tōkyō. Occupé en grande partie par le Palais Impérial, dont les terrains s'étendent sur 101 ha, cet arrondissement concentre la plupart des activités politiques, économiques et intellectuelles de la capitale ; elles se distribuent dans les quartiers de Kasumigaseki, Marunouchi, Kanda, que nous suivrons en sens inverse des aiguilles d'une montre. Cette promenade étant difficilement réalisable à pied, sélectionnez à l'avance les lieux que vous voudrez visiter.

*Palais Impérial *(Plan C2 ; — 1 km O. des gares J.N.R. de Tōkyō et de Yurakucho ; stations de métro : Hibiya, Nijūbashimae, Takebashi).* Résidence de Sa Majesté *Hiro Hito,* le palais reste inaccessible au public, sauf les 2 janvier (présentation des vœux de l'Empereur) et 29 avril (anniversaire de l'Empereur). Avec ses larges douves enjambées par des ponts et ses remparts couronnés de pins, ce lieu rappelle la présence, aujourd'hui discrète, d'une souveraineté qui était autrefois de caractère sacré.

C'est à partir de 1457 qu'*Ōta Dōkan* fit élever le premier château d'Edo ; à cette époque, les bâtiments étaient entourés de plusieurs kilomètres de murailles percées de 25 portes fortifiées, auxquelles on accédait par des ponts qui enjambaient les douves. Une allée de pins reliait le château à la mer, et Ōta Dōkan pouvait, de sa résidence, apercevoir le Mont Fuji. Au XVIe s., ce domaine passa des mains des Hōjō à *Tokugawa Ieyasu.* Celui-ci fit raser une partie des constructions, et il édifia une redoutable forteresse qu'on appela ultérieurement le château de l'Ouest. Il construisit une triple ligne de fossés, renforcée d'escarpements formés d'énormes blocs de granit qu'il avait fait venir par mer de Hyōgo. Les dimensions du nouveau palais étaient si considérables, qu'il fallut quarante-neuf ans pour en achever la construction. En 1869 l'empereur *Meiji* vint résider en ce palais, mais quatre ans après un incendie le détruisit, et seuls subsistèrent les fossés. Toutefois, l'empereur le fit reconstruire d'après les mêmes plans. Le palais fut de nouveau endommagé durant la seconde guerre mondiale (incendie de 1945), et sa reconstruction a été achevée en 1968.

Devant le Palais s'étend la vaste **Esplanade du Palais Impérial** *(Pl. C-D2-3),* séparée, au S. et à l'E. du parc de Hibiya et de Marunouchi, par les larges douves de **Hibiyabōri** et **Babasakibōri** (carpes et cygnes), et traversée du N. au S. par l'importante Uchibōri dōri.

Dans la partie S.-E. de cette esplanade, s'élève la **statue équestre** en bronze de **Kusunoki Masashige** (XIVe s.), partisan de la restauration de l'empereur Go Daigo.

A l'angle S.-O. se trouve **Sakurada mon,** ancienne porte du Palais impérial, devant laquelle fut assassiné (1860) le ministre *Ii Naosuke* qui avait signé le traité de commerce de Kanagawa avec *Towsend Harris (V. Yokohama).*

Depuis Sakurada mon, le Palais est séparé de l'esplanade par un fossé d'eau que franchit, plus au N., l'**Ishibashi** (pont de pierre à deux arches), emprunté par les visiteurs du Palais impérial; ceux-ci arrivent ainsi par la **porte de Nijūbashi** (généralement fermée au public).

Derrière l'Ishi bashi se dresse la **tourelle de Fushimi**, rare vestige du XVIIe s., et au pied de celle-ci un pont métallique jeté à l'emplacement du **Nijū bashi**, autrefois célèbre pont de bois formé de deux tabliers superposés.

C'est ici que se suicidèrent en 1945 une cinquantaine de Japonais, à l'annonce par l'empereur de la capitulation.

A l'**intérieur du Palais**, Nijū bashi mène à une large terrasse, où peuvent se réunir 20 000 personnes lors des apparitions de l'empereur au **balcon du Chowa den**; en arrière de celui-ci, le palais, orienté selon un axe E.-O., fut reconstruit par l'architecte *Yoshimura Junzō* dans un style moderne, profondément inspiré des édifices des époques Nara et Heian; des artistes contemporains participèrent à sa décoration. La résidence privée (Fukiage) de l'empereur, un laboratoire de biologie, les services de la Maison impériale se trouvent également dans l'enceinte du palais.

Succédant vers le N. à Nijūbashi mon, se trouvent **Sakashita mon**, puis **Kikyō mon**, qui donne accès au jardins orientaux du Palais Impérial.

***Higashi gyoen** *(Pl. C1; — métro Otemachi et Takebashi; ouvert t. l. j. sauf lundi, vendredi et jours de cérémonies officielles, de 9 h à 16 h; se présenter avant 15 h).* On accède à ces jardins (21 ha) au S. depuis **Kikyō mon**, au N. depuis **Hirakawa mon**, et à l'E. depuis **Ōte mon**, cette dernière ayant été reconstruite en 1967 d'après l'original de 1620.

Ces jardins, établis sur plusieurs niveaux, occupent les anciens sites de **Hon maru** et **Nino maru** *(V. Himeji)* du château d'Edo; ce dernier était autrefois occupé par la résidence des héritiers du shōgun; le joli **jardin**, que *Kōbori Enshū* aurait réalisé en 1630, fut redessiné à partir de 1961. Le palais des shōgun, qui s'élevait à l'emplacement du Hon maru, a été détruit par le feu en 1863; le **donjon** *(Tenshudai)*, dont on voit les fondations au N.-O., avait déjà brûlé en 1657; il fut en son temps le plus haut de tout le Japon. A l'E. de ce dernier on remarque le Togaku dō, salle de concerts (1966).

Au S. du Hon maru, la **tourelle de** Fujimi Yagura servait autrefois de belvédère pour admirer le Fuji, aujourd'hui masqué par les fumées qui enveloppent Tōkyō.

Les larges douves, qui longent à l'E. l'Esplanade du Palais Impérial, sont bordées par les beaux édifices de :

Marunouchi *(Pl. D-E2; — métro : Hibiya, Nijūbashimae);* en regard du Palais Impérial c'est le quartier des affaires et du commerce; principaux édifices bancaires et sièges de sociétés japonaises ou étrangères (environ 8 000).

Lorsque Tōkyō devint la capitale du Japon, les édifices gouvernementaux s'établirent en ce quartier, mais furent détruits par un incendie en 1872. Les terrains furent rachetés en 1893, à la demande de l'empereur, par *Mitsubishi*. On éleva alors de nombreux édifices commerciaux en brique, qui valurent au quartier le surnom de « Petit Londres ». Les bombardements de 1945 ruinèrent de nouveau Marunouchi, et depuis ont été construits les beaux édifices qui forment actuellement un ensemble harmonieux; l'uniformité en est toutefois rompue par la construction du Tōkyō Kaiji Bldg., en briques rouges.

536 TŌKYŌ : CHIYODA KU

Entre Hibiya dori à l'O. et les voies ferrées J.N.R. à l'E. s'allonge l'**artère maîtresse** de ce quartier, dont les trottoirs sont bordés de plates-bandes fleuries ; de part et d'autre se dressent des immeubles d'une dizaine d'étages qui, avec leurs bureaux multiples, boutiques et restaurants (ceux-ci occupent en général le rez-de-chaussée et les sous-sols), forment autant d'unités individualisées ayant chacune une sphère de vie autonome ; des milliers de personnes y travaillent. On remarquera le **Kokusai Bldg.** *(Pl. D3 ; quatrième bloc sur la g. depuis Harumi dori),* immeuble qui s'étend à l'O. jusqu'à Hibiya dori ; il est occupé, entre autres, par le théâtre impérial et la :

■ ***Galerie d'art Idemitsu*** *(Pl. D3 ; — adresse : 1-1, 3-chôme, Marunouchi, Chiyoda ku ; — 300 m N.-O. de Yurakucho eki, J.N.R. ; — métro : Hibiya ; — accès par la façade méridionale du Kokusai Bldg,. prendre l'ascenseur jusqu'au 9ᵉ étage ; — ouvert t. l. j. sauf lundi de 10 h à 17 h).* Fondé à partir des collections de *M. Idemitsu Sazō*, ce musée ouvrit ses portes en 1966 ; il expose plusieurs dessins à l'encre, des estampes et calligraphies, mais surtout de belles ***poteries et céramiques*** d'origine japonaise, chinoise, persane, méditerranéenne ou européenne.

Une pièce est consacrée au moine bouddhiste *Sengai* (1750-1837) ; ses œuvres artistiques sont chargées d'humour, et fort influencées par le zen ; parmi ses **calligraphies**, périodiquement exposées, on remarque l'association **d'un carré, d'un triangle et d'un cercle** : l'Univers (cette interprétation symbolique n'a pas fait encore l'unanimité chez les critiques).
Les plus grands centres traditionnels de production de **poteries japonaises** *(Karatsu, Kutani, Kyōtō, Seto,* etc.) sont représentés ; la collection de céramiques chinoises, tant par sa variété que par l'échantillonnage historique, est l'une des plus importantes du pays ; une intéressante **salle de comparaison** des différentes céramiques de l'ancien monde (l'accent est mis sur les influences chinoises du XIVᵉ s., découvertes dans les environs du Caire). Parmi les auteurs d'**estampes** *(ukiyo e)* présentés dans ce musée, figurent environ soixante-dix artistes : on retrouve les grands noms de *Moronobu, Utamaro, Hokusai, Hiroshige*.

Au S. du Kokusai Bldg., donnant sur la douve de Hibiyabôri, s'élève le **Dai ichi Seimei Bldg.**, un des rares édifices épargnés par les bombardements de 1945 ; le général *Douglas Mac Arthur* y établit jusqu'en 1951 son quartier général.

☛ A l'E. et au S. de Marunouchi s'étend **Yuraku chō** *(Pl. E3 ; — gare J.N.R. de Yurakucho ; métro : Hibiya),* de part et d'autre des voies ferrées et limité à l'E. par une voie express (avec au-dessous les galeries marchandes : *International Arcade* et *Sukiyabashi*) et **Sotobôri dōri**. Moins guindé que Marunouchi, pourtant adjacent, ce quartier est l'un des plus actifs et plus cosmopolites de la capitale.

On remarquera, à l'E. des voies ferrées, le **Tōkyō Kotsu Kaikan** Bldg. (siège du *J.N.T.O.* ; restaurant tournant panoramique au sommet), l'**immeuble de presse Asahi**, siège du journal ayant le plus fort tirage au monde, et le **théâtre de Nichigeki** (music-halls, revues légères, cinémas).
Au S. de Harumi dori, en bordure du Parc Hibiya (p. 541), s'élève l'imposant **hôtel Impérial**, l'un des plus luxueux de la ville.

Il remplace depuis 1968 l'ancien hôtel élevé (1887), à la demande de l'empereur par l'architecte américain *Frank L. Wright,* pour recevoir les visiteurs étrangers ; spécialement conçu pour résister aux tremblements de terre, cet édifice ne souffrit guère du séisme de 1923.

Les **théâtres Nissei, Takarazuka** et **Yarakuza** font face à l'Impérial ; on trouve également, entre l'hôtel et Harumi dori, plusieurs cinémas importants (version originale le plus souvent), des cafés et petits restaurants qui foisonnent de part et d'autre de la voie ferrée, les agences de nombreuses compagnies aériennes, le **bureau d'informations** du *J. N. T. O.,* ouvert sur Harumi dori, etc. Ce quartier, parfois comparé à Montparnasse ou Broadway, est en fait une prolongation de Ginza *(p. 542)* qui s'étend à l'E. des voies ferrées.

Au N. de Yuraku chō, on trouve le **siège du Gouvernement métropolitain,** ou **Municipalité de Tōkyō** (arch. *Tange Kenzō;* décoration de fresques et céramiques par *Okamoto Taro*) ; devant celle-ci s'élève la **statue de Ōta Dōkan** (*V. historique*). A l'O. de l'Hôtel de Ville, la **chambre de commerce et Industrie de Tōkyō** abrite également une branche de la chambre américaine, d'autres firmes étrangères et une importante bibliothèque.

Au N. de Marunouchi et de Yuraku chō, se trouve la **gare centrale de Tōkyō** *(Pl. E2),* d'où rayonnent la plupart des lignes à destination de tout le pays, et qui est le terminus du train super-express, shinkansen.

Les anciens bâtiments en briques, de style néo-renaissance (1914), s'ouvrent à l'O. sur une large place (**Tōkyōekimae**) où s'élèvent *(au S.)* la **Poste centrale de Tōkyō,** *(au N.)* le **siège des chemins de fer nationaux** *(J. N. R.)* et *(à l'O.)* les **immeubles Marunouchi** et **Shin Marunouchi.** Sur **Yaesuguchi,** à l'E., la gare de Tōkyō est un haut édifice moderne où l'on trouvera le **grand magasin Daimaru,** et en sous-sols un parking et plusieurs galeries commerciales (nombreux cafés et restaurants).
Plus d'un million de personnes transitent chaque jour à la gare de Tōkyō, d'où partent plus de deux mille convois quotidiens. Les voies du shinkansen seront reliées, depuis Tōkyō, à la gare d'Ueno ; on envisage même la construction d'une nouvelle gare centrale entre ces deux dernières.

▬ Au N. de la gare de Tōkyō et de Marunouchi s'étend le quartier d'**Ōte machi,** limité au N. par Sotobori dōri et traversé d'E. en O. par Eitai dōri. Plusieurs journaux et services de presse ont établi leurs quartiers généraux dans ce secteur.

Eitai dōri aboutit à l'O. au Palais impérial, face à l'**Ōte mon** *(p. 535).* Au S., entre cette rue et les douves du Palais impérial, s'élève le **Palace Bldg.,** où se trouve le **Palace Hotel** *(adresse : 1-1-1, Marunouchi, Chiyoda ku ; — 600 m N.-O. de Tōkyō eki ; métro : Otemachi).*

▬ Entre Eitai Dōri et Sotobōri dōri, vers le N., on pourra voir, d'une part l'**Ōtemachi Bldg.** (élevé en 1958), qui offre la plus grande surface de bureaux de l'Orient (111 300 m²), et où travaillent environ 10 000 personnes, et d'autre part le **musée des Postes et télécommunications** *(general communication museum ; ouvert t. l. j., sauf lundi, de 9 h à 16 h 30)* : objets et instruments scientifiques, timbres et cartes postales, etc.

▬ Sotobōri dōri est longée par un ancien canal d'Edo, que surplombe une voie express moderne. Au N. de cette rue s'étend le quartier de :

538 TŌKYŌ : CHIYODA KU

Kanda *(Pl. de Bunkyō ku p. 562-563, B4 ; — gare J.N.R. de Kanda ; station de métro : Awajichō, Kanda)*, au N.-E. du Palais impérial, où se trouvent plusieurs grandes écoles privées *(universités Chūō, Hōsei, Meiji et Nihon*, créées à la fin du XIXe s.) ; ici prospèrent les maisons d'édition et les librairies, qui attirent les nombreux étudiants de la capitale et font comparer Kanda au quartier latin de Paris ; la population, jeune et cosmopolite, rend les abords du quartier sympathiques ; il déborde en fait largement sur ceux de **Surugadai** (au N.-O.) et de **Jimbo chō** (à l'O.), où l'on peut trouver toutes sortes de livres anciens, japonais et occidentaux ; les deux tiers des livres d'occasion sont vendus ici.

Depuis la gare de Kanda, en longeant **Chūō dōri** vers le N., on peut atteindre, non loin de cette rue et d'une courbe formée par la voie ferrée, le :

Musée des Transports *(Pl. de Bunkyō ku p. 562-563, B4 ; adresse : 1-25, Suda chō, Chiyoda, ku ; — 600 m N. de Kanda eki, J.N.R. ; 300 m N.-E. de la station de métro Awajichō ; — ouvert t.l.j., sauf lundi, de 9 h 30 à 17 h)* ; ce musée, créé par le *Japanese Travel Bureau*, expose (environ vingt-mille pièces et objets) tous les moyens de locomotion possibles et imaginables ; parmi les pièces les plus intéressantes, signalons la **première locomotive japonaise**, mise en service en 1872 entre Tōkyō et Yokohama et fabriquée en Angleterre ; la **locomotive Benkei** (d'origine américaine, 1880) qui fut utilisée à Hokkaidō.

La deuxième artère importante vers l'O. depuis Chūō dōri est **Hongō dōri**, qui prolonge Hibiya dori et longe, avant d'atteindre la voie ferrée *(Chūō line)*, l'abside de la :

Cathédrale Nicolaï *(Pl. de Bunkyō ku p. 562-563, A4 ; — 200 m S. de la gare d'Ochanomizu-J.N.R. et 200 m N. de la station de métro : Shin Ochanomizu)*, église orthodoxe grecque qui porte le nom de son fondateur.

Construite par le père russe *Ioan Kasatkin Nikolaï* (1836-1912), elle du être restaurée à la suite du tremblement de terre de 1923.

A mi-chemin entre Chūō dōri et Hongō dōri, **Sotobōri dōri** traverse l voie ferrée *(Chūō line)* et un profond canal ; celui-ci est longé quelqu temps vers l'O. par Sotobōri dōri, d'où se détache bientôt, sur la dr., un bifurcation en direction de Hongō dōri, que l'on rattrape un peu plus haut auparavant cette nouvelle artère longe :

Yushima Seidō *(Pl. de Bunkyō ku, p. 562-563, B4 ; — 200 m N.-E. de la gare J.N.R. et station de métro : Ochanomizu)*, sanctuaire dédié Confucius, fondé (1690) par *Tokugawa Tsunayoshi* ; reconstruit en 193 il abrite les statues de Confucius et d'autres sages chinois.

En face une petite rue mène au **Kanda Myōjin** *(Pl. B3)*, sanctuaire dédié a VIIIe s. à *Ōkuninushi no Mikoto*, et reconstruit en 1934 ; on y vénère sous nom de Kanda *Taira Masakada*, qui essaya au Xe s. de faire du Kantō un ét indépendant *(V. Narita)* ; fête : *Kanda Matsuri* du 14 mai au 16 mai.

Kanda est prolongé au N. par **Akihabara** *(gare J.N.R. de ce nom)*, deven le domaine de l'audio-visuel à Tōkyō.

TŌKYŌ : CHIYODA KU 539

Traversant Kanda et Surugadai, la large **Kudan Yasukuni dōri** aboutit à la pointe septentrionale du :

Parc de Kitanomaru *(Pl. Tokyo centre, p. 532-533, A1 ; — 2 km O. de la gare de Kanda ; — 300 m S. de la station de métro de Kudanshita et 300 m O. de celle de Takebashi)*, aujourd'hui séparé du Palais Impérial dont il faisait partie. On y verra :

☐ Le **Nippon Budokan** *(Pl. A1)*, salle des Arts martiaux, élevée en vue des Jeux Olympiques de 1964 (épreuves de judo) ; toujours utilisé pour des tournois sportifs, ce bâtiment polygonal (1 500 places), inspiré du Yumedono du Horyū ji *(V. Ikaruga)*, sert également de salle de congrès, concerts et autres manifestations.

■ Le **Musée des Sciences** *(Pl. B1 ; — 300 m S.-E. du Nippon Budokan ; — adresse : 2-2, Kitanomaru Kōen, Chiyoda ku ; — ouvert t. l. j. sauf lundi de 9 h 30 à 16 h 50)* ; ouvert en 1964, ce musée occupe un important édifice et présente un bon nombre de dioramas, schémas, maquettes et modèles qu'il est possible d'actionner ; de quoi réjouir les jeunes écoliers qui en font la visite ; nous vous conseillons d'entreprendre celle-ci depuis le cinquième étage.

Le ***Musée national d'Art Moderne** *(Pl. B1 ; — 300 m S. du musée des sciences ; — 300 m O. de la station de métro de Takebashi ; — adresse : 3, Kitanomaru kōen, Chiyoda ku ; — ouvert t. l. j. de 10 h à 17 h)* ; ce musée, dont la conception architecturale est de *Taniguchi Yoshirō*, possède un grand nombre d'œuvres d'art et d'artisanat de facture japonaise, réalisées depuis le début du siècle.

Parmi les **œuvres exposées**, la plupart témoignent d'une grande fidélité aux traditions esthétiques de l'art japonais, tout en ayant assimilé les nouvelles tendances nationales ou étrangères ; mentionnons en **peinture** des œuvres de : *Shimomura Kanzan* (rouleau d'*Ōhara Gokō* d'après la légende Heike, 1908) ; *Yorozu Tetsugoro* (Femme couchée, 1917) ; *Yasuda Yukihiko* (Éclipse de soleil, 1925) ; *Maeta Kanji* (Nu, 1928) ; *Kondō Kōichiro* (Scène théâtrale nocturne après la pluie, 1929) ; *Koide Narashige* (Paysage marin, 1930) ; *Uemura Shōen* (Mère et son enfant, 1934) ; *Kawabata Ryūshi* (Incendie de Kinkaku, 1950) ; *Kayama Matazō* (l'Hiver, 1957) ; *Umehara Ryūzaburō* (le Mont Asama, 1959) ; *Iwashashi Eien* (Érosion, 1959) ; *Maeda Seison* (Sarcophage de pierre, 1962) ; *Higashiyama Kaii* (Arbre en hiver, 1964). Des **aquarelles, dessins et estampes** par *Onchi Kōshiro* (Étude du Printemps) ; *Hagiwara Hideo* ; des **poteries** par *Imaizumi Yoshiaki* ; ainsi qu'une jarre (1958) par *Tomimoto Kenkichi* et un **vase en bronze** (1963) par *Nishi Daiyū*.

⌐ Depuis le Parc de Kitanomaru, **Kudan Yasukuni dōri** longe vers l'O. le :

Yasukuni jinja *(800 m N.-E. de la gare d'Ichigaya et 800 m S.-O. de la station de métro de Kudanshita)*, élevé sur la colline de Kudan à la mémoire des soldats morts pour la patrie depuis 1868. Près de l'entrée principale, à g., on remarque la **statue** de l'homme d'État *Shinagawa Yajirō* (1843-1900).

Le bâtiment principal, construit selon le style orthodoxe shintō, est d'une grande simplicité. Le **torii** d'accès au sanctuaire est le plus grand en marbre du Japon (1933).
Fêtes du 21 au 25 avril et du 18 au 21 octobre ; spectables de *Nō* en plein air lors des fêtes d'*Ō bon* (13-14 juillet).

La rue longeant vers le S. les douves qui bordent à l'O. le parc de Kitanomaru aboutit, avant de retrouver Uchibōri vers l'O., au **Monument du Soldat inconnu** *(600 m S.-E. du Yasukuni jinja)*, élevé en 1959. Continuant à longer à l'O. les douves du Palais impérial, Uchibōri dōri rencontre vers le S. l'amorce de **Shinjuku dōri**, qui conduit vers l'O. à :

Yotsuya *(Pl. Shinjuku ku p. 556-557, F1 ; — 2 km S.-O. de Yasukuni jinja ; — gare J. N. R. et station de métro de Yotsuya)* ; on remarque au S.-E. de la gare l'**église catholique de Saint-Ignace** (1949) : autel offert par l'église de Brooklyn à New York ; vitraux fabriqués en Belgique.

En arrière de cette église se trouve l'**université catholique Sainte-Sophie** *(Sophia University,* fondée en 1914), dont les terrains de sport tirent profit des anciennes douves asséchées qui s'étendent en contrebas vers l'O. Au S.-E. de cette université, on repère aisément l'**hôtel New Otani** (haute tour d'un millier de chambres ; joli jardin japonais), l'un des plus grands établissements de Tōkyō.

Sur une petite rue longeant cet hôtel à l'E. s'ouvre **Shimizudani kōen** *(700 m S.-E. de Yotsuya ; 400 m N. de la station de métro : Akasaka-Mitsuke)*, petit jardin public : monument à la mémoire d'Okubo Toshimichi, l'un des promoteurs de la restauration Meiji, assassiné non loin de là en 1878.

Au S. de ce jardin on traverse une ancienne douve et un important carrefour, au-dessus desquels se croisent les viaducs des voies express ; au-delà nous sommes à :

Akasaka *(1 km S.-E. de Yotsuya ; station de métro d'Akasaka-Mitsuke)*, quartier animé traversé par Sotobōri dōri (hôtels, restaurants et bars). Akasaka est le quartier nocturne chic de la capitale. Boudant Shinjuku et Roppongi, plus populaires, la société aisée de Tōkyō se retrouve davantage dans les établissements coûteux de cette partie de la ville.

Dans le **Suntory Bldg.**, au 11e étage, le **musée d'Art Suntory** *(ouvert t. l. j sauf lundi de 10 h à 17 h)* présente des objets d'art et d'artisanat japonais.
En arrière de l'**hôtel Hilton** on montera sur la butte de Hoshigaoka, qui porte le **sanctuaire de Hie** ou **Sannō sama** *(400 m S.-E. de la station de métro d'Akasaka-Mitsuke)*, transféré au XVIIe s. par Ieyasu depuis le château d'Edo ce fut le plus populaire de la capitale à l'époque des Tokugawa. L'édifice principal et les autres bâtiments, qui offraient un exemple typique d'architecture shintō au début de la période Edo, furent détruits durant la Seconde Guerre mondiale et en partie reconstruits depuis.

Le 15 juin a lieu la grande fête du sanctuaire, avec cortège de palanquins.

Non loin, sur une autre colline, vers le N.-E., se trouve le **Parlement** ou **Bâtiment de la Diète japonaise** *(Pl. Tōkyō Centre, p. 532-533, B4 ; 600 m N.-E. du Hie jinja ; station de métro ; Kokkaigijidōmae)*. – Sakurodamon, siège du Gouvernement, construit en béton armé et e granit provenant de Yamaguchi et de Hiroshima. Il est décoré en marbre de Yamaguchi et d'Okinawa.

Commencé en 1918, il fut terminé en 1936. Sa tour massive (66 m d haut) domine tout le quartier et marqua longtemps le bâtiment le plu élevé du Japon. La Diète est constituée de deux chambres : la *Chambr des Conseillers,* avec 252 sièges, à laquelle est réservée la partie droite de l'édifice, et la *Chambre des Représentants,* 491 sièges, située dans la partie gauche. Les membres élus par suffrage universel désignent le Premier Ministre, dont la fonction est confirmée par l'Empereur.

La façade principale de la Diète, tournée vers le Palais impérial, domine le jardin de Kasumigaseki. Dans le hall central on remarque les statues en bronze du prince Itô, du marquis Okuma et du comte Itagaki, trois grands hommes d'État du Japon moderne qui militèrent en faveur du régime constitutionnel. *Pour visiter, s'adresser au J. N. T. O.*

La Résidence officielle du Premier Ministre se trouve à quelque distance au S. de la Diète.

Au N. du jardin de Kasumigaseki, se tient le musée dédié à Ozaki Yukio (1859-1954), membre de la chambre des Représentants de 1890 à sa mort ; il fut surnommé le père du parlement japonais.

Au N. du Parlement, on peut voir la Bibliothèque de la Diète *(Pl. A4 ; — ouverte de 9 h 30 à 17 h, sauf dimanche, jours de fêtes et dernier jour de chaque mois) ;* équivalent de la Bibliothèque Nationale (arch. *Mayekawa Kunio*), elle possède aujourd'hui plus de trois millions d'ouvrages.

En traversant *(au N. de la bibliothèque)* Aoyama dōri, on remarque à proximité des douves du Palais impérial :

La *Haute Cour de Justice *(Pl. A3 ; — 600 m N. de la Diète),* très bel édifice moderne, achevé en 1974 (arch. *Okada Shinichi*) ; il est formé de plusieurs volumes cubiques de béton et granit, composant des masses équilibrées sur lesquelles n'apparaissent pas de fenêtres. La salle principale des séances est surmontée d'une vaste coupole où filtre la lumière.

Plus au N., Théâtre National *(Kokuritsu Gekijō ; Pl. A3),* composé de deux salles (1 764 et 630 places), où sont représentées périodiquement les différentes formes de l'art théâtral japonais ; arch. *Takenaka Kōmuten.*

Longeant de nouveau les douves du Palais impérial *(vers le S.-O.),* on atteint à la hauteur de Sakurada mon *(p. 534),* au-delà de la Préfecture de Police :

Kasumigaseki *(Pl. C4 ; — 700 m S.-E. de la Diète ; station de métro : Kasumigaseki),* le quartier des Ministères, où se situent les principaux édifices gouvernementaux de la capitale.

Au S. de ce quartier, près du Ministère de l'Éducation, s'élève le haut **Kasumigaseki Bldg.**, qui fut le premier gratte-ciel réalisé à Tōkyō (35 étages).

A l'E. de Kasumigaseki, **Hibiya kōen** *(Pl. D4 ; — 500 m E. de Kasumigaseki ; — 500 m S.-O. de la gare de Yurakuchō J. N. R. ; métro Hibiya).* Ce parc, d'une superficie de 16 ha, est le jardin le mieux situé de Tōkyō. Tracé en 1904, ce fut le premier parc à l'occidentale du Japon, bien que le style japonais y apparaisse quand même. Autrefois, les daimyō avaient là leur résidence. Après la Restauration Meiji, il fut transformé en terrain militaire.

Il renferme deux petits lacs, au milieu de parterres de fleurs, de pelouses et de fontaines ; exposition d'azalées en mai, de chrysanthèmes en novembre. Au S. de ce parc s'élèvent la **salle Hibiya** où se tiennent des réunions, conférences et concerts, et la **bibliothèque municipale de Hibiya.**

542 TŌKYŌ : CHŪŌ KU

☞ Plus au S., donnant sur Hibiya dōri, se trouve la **Maison de la Radio-Télévision japonaise** *(Nihon Hosō Kaisha, N.H.K.)*, dont le bâtiment principal fut achevé en 1939 ; elle comprend 18 studios de radio, 7 de télévision et un auditorium de 800 places.

☞ Au N.-E. du jardin Hibiya, on retrouve le quartier de **Yuraku chō** *(p. 536)*.

B — Chūō ku
Plan p. 532-533.
Gares J.N.R., de Bakurocho et Shin Nihombashi.

Cet arrondissement, prolongeant Chiyoda ku à l'E., a été progressivement gagné, depuis le XVIIe s., sur l'estuaire de la Sumida gawa. Deux artères maîtresses (Chūō dōri et Harumi dōri) s'y croisent à la hauteur de **Ginza**, l'un des centres de la vie nocturne de Tōkyō, où s'élèvent également les plus beaux magasins de la ville. Le centre financier de la capitale se situe au N., près de **Nihombashi**, et plus au S. on trouvera le **marché central de Tōkyō**, quelques grands centres hospitaliers (hôpital Saint-Luc, centre national du Cancer), le Centre de la Foire internationale de Tōkyō (Harumi).

☞ **Ginza** *(Pl. F4 ; — 500 m S.-E. de la gare de Yurakuchō-J.N.R. ; — stations de métro : Ginza et Higashi Ginza, reliées entre elles par un passage souterrain)* est l'un des plus brillants quartiers de Tōkyō, dont les carrefours de Sukiyabashi et de Harumi dōri avec Chūō dōri marquent les principaux centres. En fait, Ginza est en continuité directe avec Yuraku chō *(V. Chiyoda ku)*.

Ginza fut asséché sur l'ordre du shōgun *Tokugawa Ieyasu,* en 1603. L'étymologie de *Ginza* (*gin*, argent ; *za*, siège) vient du fait que Ieyasu, en 1612, aurait fait transférer la Monnaie de Shizuoka en ce lieu de Tōkyō. En 1873 Ginza fut, entre Kyōbashi et Shimbashi, la première rue pavée (de briques) de Tōkyō. Le symbole de Ginza est le saule pleureur et une ancienne chanson japonaise dit « le marronnier à Paris, le saule à Ginza » ; la présence de ce dernier n'est malheureusement plus qu'un souvenir.

Tout le jour et le soir les badauds se promènent à Ginza devant les vitrines des beaux magasins. Cela s'appelle une *gin bura* (*bura*, promenade, errer ici et là) ; **Chūō dōri** est du reste fermé à la circulation automobile le dimanche, jour où les grands magasins restent ouverts. Ici sont groupés les plus fameux bars, restaurants, salons de thé, cabarets et, la nuit, tout le quartier brille sous les néons publicitaires ; cependant après 22 h, à la sortie des cinémas, Ginza se vide alors que l'animation bat toujours son plein à Shinjuku.

Harumi dōri longe vers le S.-E., au-delà du Chūō dōri et Shōwa dōri, **Kabuki za** *(Pl. F4 ; — 800 m S.-E. de Yurakuchō eki-J.N.R. ; — métro Higashi-Ginza)*, l'un des théâtres les plus populaires de Tōkyō, où se produisent les principaux acteurs de Kabuki ; sa fondation remonte à 1624 ; il fut reconstruit en 1950, selon une architecture moderne d'inspiration traditionnelle (2 200 places).

☞ Parallèle à Harumi dōri, vers le S., court **Miyuki dōri**, plus étroite et tracée dans le prolongement d'une rue qui longe l'hôtel Impérial ; après être passé sous les ponts des voies ferrées et de la route express, on arrive à l'immeuble Riccar où l'on peut visiter le :

TŌKYŌ : CHŪŌ KU 543

■ **Musée d'Art Riccar** *(Pl. E4 ; — 200 m S.-O. du métro : Ginza ; — adresse 2-3, Ginza 6-chōme, au 7ᵉ étage ; — ouvert t.l.j., sauf lundi, de 11 h à 18 h) ;* collections d'estampes *(ukiyo e)* anciennes et de bois gravés servant à leur impression.

La large **Chūō dōri** *(Pl. F1, 2, 3, 4 ; métro : Ginza, Takarachō, Nihombashi),* «rue centrale» de Chūō ku, relie du S. vers le N. Shimbashi à Nihombashi, espacés de 2,5 km, en traversant à hauteur de Harumi dōri, le quartier de Ginza ; le long de cette rue et dans sa proximité immédiate se trouvent les plus belles boutiques, les immeubles des grandes marques de produits japonais et les plus **grands magasins de Tōkyō** ; citons du S. au N. : *Matsuzakaya, Wake, Matsuya, Takashimaya* (le plus luxueux sans doute), *Maruzen, Tōkyū,* etc. ; ces grands magasins organisent pour la plupart une série d'expositions remarquables.

Remontant Chūō dōri vers le N. on dépassera, au-delà du magasin Matsuya, le **Ginza Boeki**, qui abrite le **musée central des Beaux arts de Tōkyō** *(adresse : 2-7-18, Ginza, Chūō ku ; — ouvert t.l.j. sauf lundi de 10 h à 18 h) :* peintures occidentales et japonaises. Au-delà de Kyobashi, Chūō dōri rencontre Yaesu dōri, tracée dans l'axe de la gare de Tōkyō dont le vaste bâtiment moderne s'élève à l'O. A l'angle de Yaesu dōri et de Chūō dōri s'élève le **Bridgestone Bldg.**, qui abrite la :

■ ***Galerie d'art Bridgestone** *(Pl. F2 ; — 400 m E. de Tōkyō eki ; — 1 km N. de Ginza-Harumi dōri ; — 400 m N. de la station de métro : Kyōbashi ; — adresse : 1-1, Kyōbashi, Chūō ku ; entrée sur Yaesu dōri ; — ouvert t.l.j., sauf lundi de 10 h à 17 h 30 ; fermé du 28/12 au 4/1).* Ce musée, fondé grâce aux donations de M. *Ishibashi Shojirō,* constitue l'une des plus riches collections privées d'art occidental à Tōkyō et au Japon. On y trouve de nombreuses **peintures européennes**, du XVIIᵉ s. à nos jours, dont un grand nombre d'œuvres impressionistes françaises ; le musée est également possesseur d'**estampes**, d'**œuvres sculptées** de l'Antiquité et de la période contemporaine, de cuivres, poteries anciennes, etc. ; des expositions diverses y ont également lieu de temps à autre.

Parmi les **peintres occidentaux** vous verrez des œuvres de : *Rubens* (Portrait d'homme), *Rembrandt* (St Paul et les soldats, 1628), *Guardi* (vue de Venise), *Gainsborough* (Portrait d'une dame) ; les peintres du XIXᵉ s., impressionnistes et autres, sont représentés par : *Corot* (l'Italienne, vers 1826-1828), *Courbet* (La Neige), *Pissaro* (le Potager, 1878), *Manet* (Portraits de M. Brun, 1879 et de Méry Laurent, 1882), *Degas* (Après le Bain, vers 1900), *Sisley, Cézanne* (Autoportrait et la Montagne Saint-Victoire, vers 1898-1900), *Monet* (Crépuscule à Venise, 1908), *Renoir* (*Baigneuse, 1914), *Gauguin* (Portrait de jeune femme, 1886), *Sisley* (St Mammès un matin de juin, 1884), *Van Gogh* (Nature morte), *Utrillo* (le Canal St-Denis, vers 1906-1908) ; parmi les **peintres plus contemporains** figurent : *Bonnard* (Paysage près de Vernon, 1929), *Matisse* (Odalisque aux bras levés, 1921), *Rouault* (Pierrot, 1925), *Dufy, Picasso* (Tête de femme, 1923), *Modigliani,* des œuvres peintes de *Bourdelle,* etc.

Parmi les **peintres japonais** d'inspiration ou de formation occidentale figurent principalement : *Asai Chū* (1856-1907 ; le Pont à Grez sur le Loing, 1901) ; *Kuroda Seiki* (1866-1924 ; **Jeune fille de Bréhat**, 1891) ; *Fujishima Taheji* (1867-1943 ; une soixantaine d'œuvres dont **Ciociara**, 1924), *Okada Saburosuke* (1869-1939), *Mitsutani Kunishiro* (1874-1936), *Aoki Shigeru* (1882-1911 ; une vingtaine de toiles dont un **Autoportrait**, 1903, et la **Bonne Pêche**, 1904) ;

Fujita Tsuguji (1886-1968 ; une quinzaine d'œuvres dont une **Nature morte avec un encrier et une pipe**, 1926) ; *Koide Narashige* (1887-1931, dont les **Roses**, 1931) ; *Yasui Sotaro* (1888-1955) ; *Umehara Ryūzaburō* (né en 1888, **Sorrente vue de Naples**, 1921) ; *Kishida Ryūsei* (1891-1929, **Portrait de sa fille Reiko**, 1920) ; *Koga Harue* (1895-1933) ; *Saeki Yuzo* (1898-1928) ; *Sekine Shōji* (1899-1919 ; Garçon, 1919).

La **sculpture** est représentée par d'intéressantes pièces du bassin méditerranéen antique et proto-historique ; on remarque notamment : un **buste de femme de Sumer** (env. XXIVᵉ s. av. J.-C.) ; un fragment de **bas-relief égyptien** en calcaire représentant une procession (XXVᵉ s. av. J.-C.) et une statue en granit noir de **Sokhmit à face de lionne** (env. XIVᵉ s. av. J.-C.) ; une **jeune Kore** (marbre grec du VIᵉ s. av. J.-C.) et une jolie statue en marbre d'**Aphrodite** (époque hellénistique). Plus proche de nous, belle **tête de Christ** en bois provenant du Nord de la France (XIVᵉ s.) ; la sculpture française contemporaine expose des bronzes de : *Barye*, *Degas* (**Tête de femme**), *Rodin* (**Faunesse debout**, pierre, 1884), *Bourdelle* (**Pénélope**, vers 1907-1912), *Maillol* (**le Désir**, vers 1905), *Despiau* (tête de Cra-Cra, 1919).

Le musée s'enorgueillit également de posséder des **estampes** de *Rembrandt* et *Manet*, des **lithographies** de *Toulouse Lautrec*, des **eaux fortes** de *Picasso*. Enfin on pourra admirer quelques **poteries** d'époques et provenances diverses (Grèce VIᵉ s. av. IVᵉ s. av. J.-C. ; Perse XIᵉ et XIIᵉ s.), et des **cuivres** d'origine romaine (Iᵉʳ et IIᵉ s. apr. J.-C.).

☞ Chūō dōri atteint au N., au-delà d'Eitai dōri, l'ancien pont de :

Nihon bashi *(Pl. F1 ; — 800 m N.-E. de Tōkyō eki ; métro Nihombashi)*, point central à partir duquel on mesurait autrefois toutes les distances. Le pont, construit en bois à l'origine, a été refait en granit en 1911 ; il est aujourd'hui complètement étouffé par les viaducs autoroutiers qui le chevauchent.

☞ Au-delà de Nihombashi, on atteindrait le quartier de **Muro machi**, que traverse Chūō dōri. A hauteur de la station de *Mitsukoshimae*, on remarque le grand magasin de **Mitsukoshi**, et en arrière de celui-ci le siège de la **Banque du Japon** *(Pl. E1)*. Se dirigeant vers l'E., on pourra voir *(Muromachi 1-chōme)* face au grand magasin, le **monument à la mémoire de William Adams** *(V. Yokosuka)*, qui marque l'emplacement de sa maison à Edo.

Un quartier traditionnel réputé être celui de quelques artisans s'étend entre les stations de métro *Ningyocho* et *Higashi-Nihombashi*. Il peut être agréable de s'y perdre tant les ruelles et maisonnettes y ont de charme.

☞ Immédiatement au S. de Nihombashi, deux rues conduisent vers l'E. à **Kabuto chō** où s'élève la **Bourse de Tōkyō** *(Tōkyō shōken torihiki sho — 400 m E. de Nihombashi ; — 400 m N.-E. de la station de métro Edobashi)*, l'une des plus importantes du monde, et la plus ancienne du Japon, qui fut construite en 1878 *(pour visiter, écrire à l'avance : Chūō ku Nihombashi, Kabuto chō, 1-chōme)*.

↔ Dans ce quartier, au S. de la Bourse, on pourra visiter le **Musée d'A Yamatane** *(300 m S. de la bourse ; métro : Kayabachō ; — adresse : 2-1 Kabuto chō, Nihombashi, Chūō ku ; — ouvert t.l.j., sauf lundi, de 11 h à 17 h* qui expose un certain nombre d'œuvres japonaises, peintes depuis l'époque Meiji (1868).

↔ En remontant, depuis Kayaba chō, **Shin Ōhashi dōri** vers le N.-E., on atteindrait *(700 m N.-E. de la station de métro de Kayabachō)* le **Suiten gu** sanctuaire populaire dédié à *Ameno Minakanushi no kami*, protecteur des marins et des femmes enceintes ; fêtes le 15 de chaque mois, et le 5 mai ainsi que les 31 décembre et 1ᵉʳ janvier.

Poursuivant son chemin, Shinh Ōashi dōri aboutit à la **Sumida gawa** qu'elle traverse; avant le pont s'étend au N. le **parc de Hamachō** *(3 km N.-E. de Harumi dōri; — 500 m N.-E. du Suiten gū; — 500 m S.-E. de la station de métro : Higashinihombashi)*, équipé de terrains de sports et proche du **Meija za** (1 770 places) qui, depuis sa reconstruction en 1950, est devenu l'un des théâtres les plus modernes de la ville.

Depuis Ginza, **Harumi dōri** se poursuit vers le S.-E. en direction du Port de Tōkyō. Au-delà du Kabuki za *(p. 542)*, cette rue atteint le quartier de :

Tsujiki *(800 m S.-E. de Ginza; — station de métro de Tsukiji)*, en quelque sorte le ventre de Tōkyō; c'est en effet le centre d'approvisionnement de la capitale, où se trouvent quelques-uns des restaurants de cuisine japonaise les plus réputés.

Au N. de Harumi dōri, on remarque le **Tsuki ji Hongan ji**, ce temple (fondé en 1521) de secte Nishi Honganji fut reconstruit en 1934, d'après les plans de l'architecte *Itō Chūta*; c'est un mélange de styles indien et moderne; cloche en provenance du château d'Ōta Dōkan, et tambour horaire rapporté de Corée par *Toyotomi Hideyoshi*.

Au-delà de Tsukiji, Harumi dōri traverse le **pont basculant de Kachidoki** (construit entre 1931 et 1940), et aboutit, près de l'**hôtel Urashima**, à **Harumi chō**; depuis l'hôtel on peut gagner vers le S.-O. le **Centre Commercial international de Tōkyō** *(2 km S. de Tsukiji; bus le long de Harumi dōri)*, où se tiennent sur 25 000 m² les grandes foires; l'un des bâtiments (arch. *Murata Masachika*), construit en forme de demi-sphère, peut contenir 15 000 personnes.

La partie méridionale du quartier de Tsukiji est occupée par le **Marché central de Tōkyō** *(1,2 km S. de Ginza; — 1 km S.-O. de la station de métro : Tsukiji)*; construit en 1934 il occupe une superficie de 195 000 m².

A l'origine, le marché au poisson avait lieu à Nihombashi *(p. 544)* et ce fut, durant plus de trois cents ans, le plus important d'Edo. Actuellement, le marché central groupe toutes les transactions, qu'elles concernent le poisson (marché au poisson très animé le matin vers 5 h), la viande, les légumes ou les fruits.

Des bateaux jaugeant 3 000 tonnes peuvent accoster, et plus de 30 000 personnes y circulent chaque jour. A proximité se trouvent des banques, bureaux de poste, et de nombreuses ruelles grouillant de monde le long desquelles s'ouvrent d'innombrables étals particulièrement animés le matin. A Tsukiji « passent une grande partie des 1 850 tonnes de riz, des 450 tonnes de poisson, des 100 tonnes de viande (...), des 30 tonnes d'algues, du million et demi d'œufs, des 1 000 tonnes de légumes et de fruits que le monstre engloutit chaque jour » *(Fosco Maraini)*. Six succursales du marché central sont réparties dans différents quartiers de la ville : Kanda, Sumida, Shinagawa, Toshima, Shinjuku et Adachi, et font de Tōkyō l'un des plus grands marchés d'approvisionnement du monde.

Il ne faut en aucun cas manquer la visite du marché au poisson : circuler entre les étals si joliment arrangés et chargés de pieuvres, thons, sèches, d'incroyables sortes de coquillages et de crustacés est certes une expérience enrichissante. Goûter, comme le font les acheteurs, au poisson crû le sera tout autant : le vendeur découpera pour vous un petit carré de la chair rose d'un énorme thon afin de vous faire découvrir la fraîcheur et la saveur de son produit. L'ambiance est très décontractée et fort sympathique, mais plutôt humide : les bottes ou chaussures fermées peuvent être fort appréciées.

546 TŌKYŌ : MINATO KU

Au S., parallèlement au marché central, s'étend sur 25 ha :

*Hama Rikyū Onshi kōen *(Pl. F1, 2 ; — 500 m S.-O. du marché central ; — 1,2 km S. de Ginza ; — 800 m S.-E. de la gare J.N.R. et station de métro de Shimbashi ; — ouvert t.l.j. de 9 h à 16 h et 17 h en juillet et août ; entrée à l'angle septentrional du parc)*, exemple typique et très pur d'un jardin de daimyō à l'époque Edo, qu'il faut voir au printemps quand les cerisiers sont en fleur.

C'était à l'origine une villa des daimyō Matsudaira de Kōfu, qui devint propriété de la Maison impériale en 1871. Offert à la ville en 1945, le jardin est depuis ouvert au public.

Le parc est orné d'une belle pièce d'eau, dont le niveau varie avec les marées. Trois ponts ombragés de glycines permettent d'accéder à un îlot. De l'esplanade bordée de pins, qui longe la partie S.-E. des jardins, on aperçoit l'estuaire de la Sumida qui se jette dans la baie de Tōkyō.

En contournant le jardin, il est possible de rejoindre l'embarcadère Takeshiba afin d'utiliser une vedette jusqu'à Asakusa. La balade permet d'emprunter la Sumida et d'éviter ainsi métro ou embouteillages, tout en profitant d'une découverte supplémentaire.

C. — Minato ku

Plan p. 548-549.
Gares J.N.R. : Hamamatsuchō, Shimbashi, Shinagawa, Tamachi.

Minato ku, arrondissement du « Port », situé au S. du centre ville, est limité à l'E. par la baie de Tōkyō et le port, à l'O. par Azabu (Roppongi, constituant la partie la plus animée de ce quartier) et Akasaka, zones résidentielles particulièrement élégantes. Cet arrondissement formait avant 1932 la limite S. de la ville ; nombreux hôtels et ambassades. Un labyrinthe de ruelles innombrables (malheureusement dépourvues de nom) rendra difficile l'orientation du promeneur dans tout ce secteur, dont les centres d'intérêts sont de plus éloignés des principaux axes de communication et des stations de métro ou de chemin de fer.

Shimbashi *(Pl. F1 ; — gare et station de métro de ce nom)* ; ce quartier animé forme au N. de Minato ku, la charnière entre cet arrondissement et Chiyoda ku.

C'est dans la gare de Shimbashi qu'a été inaugurée (1872) la première ligne ferroviaire de Tōkyō à Yokohama.

Au N. de Shimbashi, Sotobōri dōri s'oriente vers l'O. en direction de Kasumigaseki et d'Akasaka *(V. Chiyoda ku).*

Depuis Shimbashi, part en direction du S. et dans le prolongement de Chūō dōri *(p. 543)* Dai ichi Keihin kokudō, importante artère qui traverse tous les quartiers S. de Tōkyō, et se prolonge par le *Tokai dō* (route N. 1). A 1 km S. de Shimbashi cette rue atteint :

Hamamatsu chō, quartier aujourd'hui dominé par le gigantesque World Trade Center Bldg. *(Sekai Boeki Center, Pl. F2 ; — 1 km S. de Shimbashi ; — gare J.N.R. de Hamamatsuchō)* ; cette tour de 40 étages

(152 m de hauteur), l'une des plus élevées de la capitale (arch. Nikken Sekkei Kōmu), est occupée par de multiples services commerciaux ; une plate-forme d'observation donne une vue admirable sur le port de Tōkyō ; du bas de cet immeuble, part le monorail qui relie Hamamatsu chō à l'aéroport de Haneda *(13 km S.)*.

Au pied de ce gratte-ciel, de l'autre côté des voies ferrées, on pourra visiter **Shiba Rikyū Onshi teien** *(Pl. F2)*, jardin typique de la période Edo ; créé par *Okubo Tadatomo* (1698) il fut offert à la ville par l'empereur *Hiro Hito* à l'occasion de son mariage, en 1924. L'effet en est aujourd'hui diminué par les immeubles qui l'entourent. Au-delà on atteint vers l'E. la jetée de Takeshiba, d'où partent les bateaux pour l'archipel d'Izu.

Depuis Hamamatsu chō on gagne vers l'O. le **parc de Shiba**, précédé par les portiques du Zōjō ji et la tour de Tōkyō.

Shiba kōen *(Pl. D-E2 ; — 3 km S. du Palais impérial ; — 800 m O. de la gare de Hamatsuchō ; — station de métro : Onarimon, Shibakōen)* ; ce parc qui s'étend sur 26 ha, entre les rues Hibiya dōri, à l'E., et Sakurada dōri, à l'O., appartenait autrefois au temple bouddhiste **Zōjō ji** ; il abritait également plusieurs mausolées et le temple de Benzaiten, mais il fut profondément remanié ces dernières années.

Le **Zōjō ji**, siège de la secte du bouddhisme Jodō dans la région du Kantō, fut l'ancien temple de la famille des Tokugawa. Le portail (San mon) à deux étages laqué rouge date de 1605. En arrière s'élève le nouveau bâtiment principal du temple.

Au S. de ce temple fut repéré le gisement préhistorique de Maruyama. Au N. du Zōjō ji le parc de Shiba est occupé par le **Tōkyō Prince Hotel** (arch. *Takenaka Kōmuten*), l'un des plus grands de la capitale.

Derrière le Zōjō ji se dresse la **tour de Tōkyō** *(Pl. D2 ; — 1,2 km O. de la gare J.N.R. de Hamamatsuchō ; 500 m S. de la station de métro : Kamiyacho)*, 333 m de hauteur ; élevée en 1958 pour la transmission locale des programmes de télévision, elle est alors devenue la plus haute tour métallique du monde.

Deux plates-formes (à 118 m et à 234 m) permettent d'avoir une vue panoramique sur la ville, la baie de Tōkyō, les péninsules d'Izu et de Bōso. A sa base, musée scientifique sur plusieurs étages, avec boutiques de souvenirs et restaurants.

Depuis Shiba kōen, Sakurada dōri et Hibiya dōri rejoignent vers le S. Dai ichi Keihin Kokudō *(p. 546)* ; la première rue longe l'**Université Keiō**, fondée vers la fin du shōgunat Tokugawa par *Fukuzawa Yukichi* (1834-1901) ; c'est l'une des plus importantes universités privées du Japon.

Dai ichi Keihin Kokudō gagne vers le S. le quartier populaire de :

Shinagawa *(Hors Pl. C4 ; — 3,5 km S. de Shiba kōen ; — gare et station de métro de Shinagawa)*, important échangeur ferroviaire à proximité duquel s'élèvent plusieurs grands hôtels de la capitale.

Derrière l'**hôtel Pacific**, on peut visiter le **musée d'art Takanawa** *(4-10-30, Takanawa, Shiba, Minato ku ; — ouvert t.l.j., sauf lundi, de 10 h à 16 h)*, qui a réuni plusieurs objets d'art et d'artisanat anciens de la Chine et du Japon.

TOKYO
MINATO KU

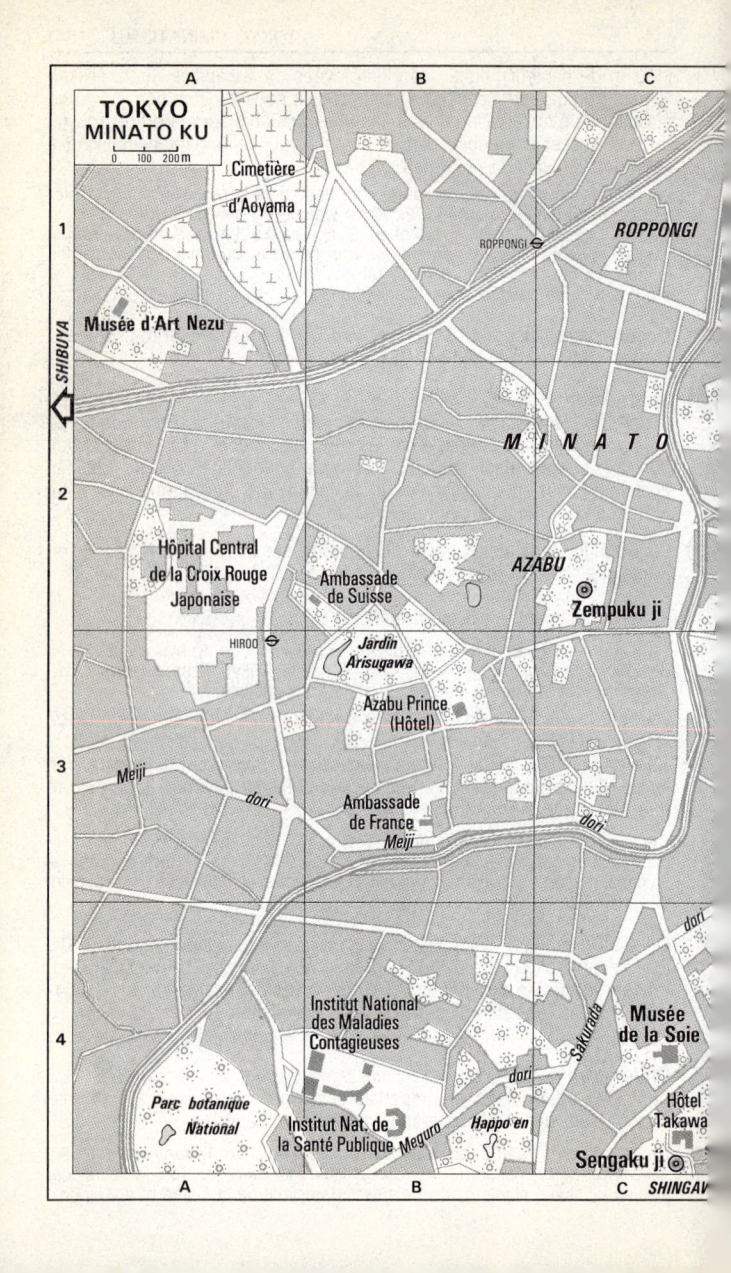

0 100 200m

- Cimetière d'Aoyama (A1)
- ROPPONGI (C1)
- Musée d'Art Nezu (A1-2)
- SHIBUYA (A2)
- MINATO (B-C2)
- Hôpital Central de la Croix Rouge Japonaise (A-B2-3)
- Ambassade de Suisse (B2)
- AZABU (C2)
- Zempuku ji (C2)
- HIROO (B3)
- Jardin Arisugawa (B3)
- Azabu Prince (Hôtel) (B3)
- Meiji dori (A-B3)
- Ambassade de France (B3)
- Meiji (B3)
- dori (C3)
- Sakurada dori (C4)
- Institut National des Maladies Contagieuses (B4)
- Musée de la Soie (C4)
- Parc botanique National (A4)
- Institut Nat. de la Santé Publique (B4)
- Meguro (B4)
- Happo en (B4)
- Hôtel Takawa (C4)
- Sengaku ji (C4)
- SHINGAWA (C4)

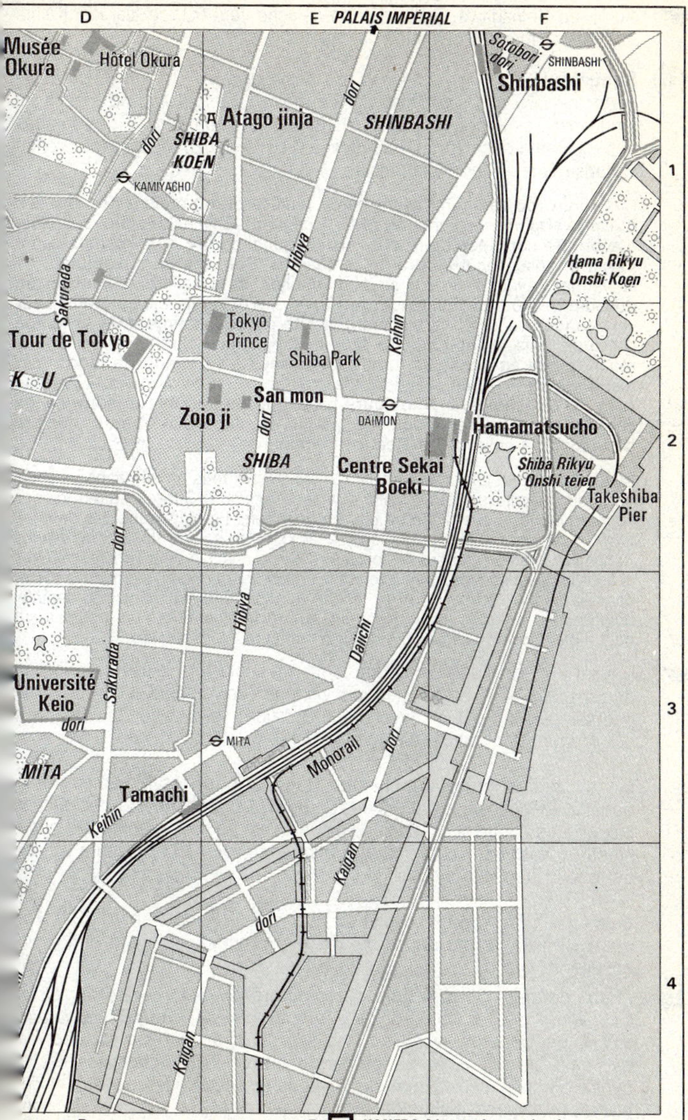

D
E
PALAIS IMPÉRIAL
F
Musée Okura
Hôtel Okura
Atago jinja
SHIBA KOEN
dori
KAMIYACHO
SHINBASHI
Sotobori dori
SHINBASHI
Shinbashi
Hibiya
Sakurada
Hama Rikyu Onshi Koen
Tokyo Prince
Shiba Park
Keihin
Tour de Tokyo
K U
San mon
Zojo ji
dori
DAIMON
Hamamatsucho
SHIBA
Centre Sekai Boeki
Shiba Rikyu Onshi teien
Takeshiba Pier
Hibiya
Daiichi
Université Keio
Sakurada
dori
MITA
Monorail
dori
MITA
Tamachi
Keihin
Kaigan
dori
Kaigan
1
2
3
4
HANEDA-Aéroport International

TŌKYŌ : MINATO KU

Au N. de Shinagawa, Shiba dōri se détache vers l'O. de Dai ichi Keihin Kokudō, et mène à quelques pas au :

Sengaku ji *(Pl. C4; — 1 km N. de Shinagawa; — 2,8 km S. de Shiba kōen; — 200 m O. de la station de métro : Sengakuji);* ce temple fut fondé par Tokugawa Ieyasu en 1612. Sur la g. on accède aux tombes des quarante-sept **rōnin**, condamnés au seppuku pour avoir vengé l'offense faite à leur ancien maître.

Ces rōnin (ou samourai ayant perdu leur suzerain) étaient des vassaux d'*Asano Naganori*, seigneur d'Ako *(V. ce nom).* En 1701, Asano, coupable d'avoir tiré son épée dans le palais shōgunal contre *Kira Yoshinaka* qui l'avait offensé, reçut l'ordre de se suicider. Ses serviteurs résolurent de le venger. Ayant réussi à se faire oublier, ils assaillirent soudain, en décembre 1702, la résidence de Kira *(p. 576)* qu'ils exécutèrent. Leur vengeance assouvie, ils placèrent la tête de leur victime dans la tombe d'Asano, puis ayant rapporté leur haut fait, attendirent calmement la réaction des autorités. Ils furent condamnés à se donner la mort. Leur histoire a été mise en scène au théâtre Kabuki, et ce drame, qui porte le nom de *Chūshingura*, a toujours beaucoup de succès. Le souvenir de ces rōnin reste très populaire parmi les Japonais et leur nombre correspond à celui des préfectures nipponnes.

La tombe de leur chef *Oishi Yoshino* a été placée sous un toit, dans un angle du jardin. A côté se trouve celle d'*Asano Nagamori*. Sur les autres tombes sont gravés le nom et l'âge de chacun des rōnin. Le plus jeune, fils du chef, *Oishi Yoshikane*, n'avait que quinze ans ; le plus âgé des rōnin, *Horibe Kanamaru*, était un vieillard de soixante-dix-sept ans. On peut encore voir dans la cour le bassin où les rōnin lavèrent la tête de leur ennemi, avant de la placer dans la tombe d'Asano. A l'intérieur de l'un des bâtiments du temple, nombreuses **reliques** ayant appartenu aux rōnin ainsi que leurs portraits sur bois. Fêtes le 4 février, du 6 avril au 5 mai et le 14 décembre.

Devant le Sengaku ji, Shiba dōri forme un coude et s'élève en direction de Sakurada dōri ; Sakura dōri, qui vient de l'université Keio *(p. 547)*, se poursuit vers le S.-O. en direction de Gotanda ; de cette rue bifurque vers l'O. Meguro dōri, qui se dirige vers Meguro.

Meguro dōri longe bientôt l'**Institut National pour les Maladies infectieuses**, dépendant de l'Université de Tōkyō, centre de recherches biologiques contre les maladies épidémiques. Le même immeuble abrite l'**Institut National de la Santé publique**, créé en 1939 grâce à un don de la fondation Rockefeller.

Presque en face de cet institut on peut voir le **Happo en** *(Pl. B4)*, l'un des plus jolis jardins privés de Tōkyō (restaurant). Meguro dōri arrive ensuite en vue du :

***Parc national pour l'étude de la nature** *(Pl. A4; — 1,5 km O. de Sengaku ji; — 1,8 km N.-O. de Shinagawa; — 500 m N.-E. de la gare J.N.R. de Meguro; — ouvert t.l.j., sauf lundi et jour suivant une fête nationale, de 9 h à 16 h);* ce parc d'une vingtaine d'hectares est un centre d'études écologiques de la vie des insectes, des oiseaux et des plantes ; il dépendait autrefois du domaine des Matsudaira de Takamatsu à Edo, et fut ouvert au public en 1955.

L'importante végétation de ce parc boisé évoque les anciennes forêts du Musashi qui s'étendaient dans les environs d'Edo.

Entre le parc et l'Institut de la Santé publique, une rue assez large se dirige vers le N. et dépasse l'**Institut Kitazato** (recherches sur les maladies infectieuses) ; il fut fondé en 1914 par le Dr *Kitazato Shibasaburō* (1852-1931), l'un des grands bactériologistes du Japon. Notre rue passe sous une voie express, croise Ebisu dōri, la Furu gawa, et, au-delà de Meiji dōri, atteint **Hiroo** ; elle se poursuit vers le N. en direction du cimetière d'Aoyama *(p. 554).* Sur la droite, depuis Hiroo, une petite rue conduit au :

Arisugawa no miya Kinen kōen *(Pl. B3 ; — 1,5 km N. du parc national pour l'étude de la nature ; — 1,3 km N.-E. de la gare d'Ebisu J.N.R. ; — 200 m E. de la station de métro : Hiroo).* Ce parc appartint, durant la période Edo, à Nambu, seigneur de Mino, puis devient la propriété du prince Arisugawa en 1896. C'est en 1934 que le prince Takamatsu en fit don à la ville de Tōkyō, en mémoire de la famille Arisugawa dont il avait hérité.

Aux alentours de ce parc s'étend l'agréable quartier d'**Azabu,** l'un des plus résidentiels de la capitale, où parmi les maisons basses entourées de jardinets, se sont établies de nombreuses ambassades. Le côté S. du parc d'Arisugawa est longé par une petite rue ; suivre celle-ci vers l'E. ; la quatrième qui s'en détache sur la g. conduit (se renseigner) au :

Zempuku ji *(Pl. C2 ; — 800 m N.-E. du parc d'Arisugawa ; — 1,3 km S.-O. de Shiba kōen ; — 1 km S. de celle de Roppongi) ;* ce temple aurait été fondé en 832 par *Kōbō Daishi ;* plusieurs fois détruit par les incendies, il a été reconstruit après la Seconde Guerre mondiale.

A l'intérieur, **trésor** qui contient la formule sacrée écrite par Kōbō Daishi, et des peintures et sculptures bouddhiques. Un monument en pierre a été élevé en 1936 par la Société américano-japonaise, pour rappeler que le temple abrita la légation américaine durant plus de dix ans. Le monument porte un médaillon en bronze représentant *Towsend Harris,* Premier ministre de la délégation américaine en 1859. Dans le parc, très bel arbre ginko, le plus grand et sans doute le plus vieux de Tōkyō, qui selon la légende aurait surgi de la canne du fameux prêtre *Shinran* (XIIIe s.).

Depuis le Zempuku ji, on gagnera vers le N.-E. le parc de Shiba.

Au N. du Parc de Shiba s'élève **Atago yama,** longé à l'O. par Sakurada dōri ; au N. de cette éminence on peut visiter :

Atago jinja *(Pl. E1 ; — 1 km N. de Shiba Kōen ; — 300 m N.-E. de la station de métro : Kamyyachō),* auquel on accède, sur le flanc occidental de la colline, par une route sinueuse, et depuis le flanc oriental par deux escaliers de pierre : le « chemin masculin » *(Otoko zaka),* qui compte 86 hautes marches et débouche devant le sanctuaire ; le « chemin féminin » *(Onna zaka),* dont les marches sont moins élevées.

On raconte que le chemin Otoko zaka fut emprunté par *Magaki Heikurō* (1634), lorsque sur l'ordre du shōgun Tokugawa Iemitsu, il se rendit à cheval au sommet de la colline pour y cueillir une fleur de prunier. On dit aussi qu'autrefois, les élégants et les poètes s'y rendaient afin de contempler la neige et la lune.

552 TŌKYŌ : MINATO KU

Au S. de la colline d'Atago on peut visiter le **Musée de la Radiodiffusion** *(1-10, Atago chō, Shiba, Minato ku ; — ouvert t.l.j., sauf lundi, de 9 h 30 à 16 h 30)* : histoire de la radio et de la télévision au Japon.

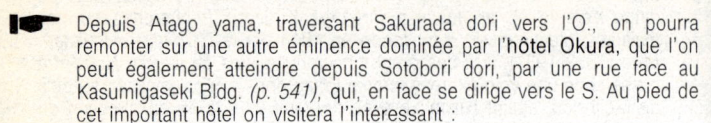

Depuis Atago yama, traversant Sakurada dori vers l'O., on pourra remonter sur une autre éminence dominée par l'**hôtel Okura**, que l'on peut également atteindre depuis Sotobori dori, par une rue face au Kasumigaseki Bldg. *(p. 541)*, qui, en face se dirige vers le S. Au pied de cet important hôtel on visitera l'intéressant :

***Musée Okura** *(Pl. D1 ; — 500 m N.-O. d'Atago yama ; — 1,3 km N.-O. de Shiba kōen ; — 600 m S.-O. de la station de métro : Toranomon ; — adresse : 3, Aoi chō ; Akasaka, Minato ku ; — ouvert t.l.j., sauf lundi, de 10 h à 16 h)*. Il abrite une **collection d'antiquités du Japon, de la Chine et de l'Inde**, ayant appartenu au baron *Okura Kihachirō* ; c'est l'un des plus remarquables de la capitale ; il s'accompagne d'une importante bibliothèque. Parmi les œuvres périodiquement exposées, on trouve :

Au rez-de-chaussée sont exposées les **sculptures**. Parmi les œuvres **indiennes et chinoises** : intéressante statue en grès du Bouddha (Ve s.) provenant de la province de Hopei en Chine ; petit bronze doré du XIe s. représentant Vishnou (provenance incertaine du Bengale ou du Népal) ; statue en bois de Kuan Yin (Kannon), belle pièce de la Chine septentrionale d'époque Song (XIIe-XIIIe s.). Parmi les **œuvres japonaises** : belle ***statue de Fugen** assis sur un éléphant, rare exemple sculpté inspiré du Hoke kyō (bois peint d'époque Fujiwara, XIIe s.), et statue du prêtre Hōren (XIIIe s.).

L'**étage** est plus particulièrement réservé aux **peintures** : plusieurs rouleaux peints *(emakimono* et *kakemono)*, du XIIIe au XVe s., avec entre autres : le ***zuishin teiki emaki** (XIIIe s.), rouleau enluminé dit « des Aides-cavaliers », représentant neuf membres de la garde impériale ; ils accompagnent les empereurs retirés Go Shirakawa et Go Saga ; ces emakimono sont attribués à *Fujiwara Nobuzane* (1177-1265) ; — un portrait posthume du prince Shōtoku (rouleau de style *yamato e,* d'époque Kamakura XIIIe s.) lors d'une lecture du Srimala sūtra ; — l'Iwashimizu Hachiman mandara, provenant du sanctuaire de ce nom à Kyōto et le représentant tel qu'il était au XIIIe s. (époque Kamakura) ; — une peinture du Nirvana (XIVe s.) qui, bien que postérieure, n'est pas sans rappeler les peintures similaires du musée du Kōya san et du musée national de Nara *(V. ces noms)* ; — Seize **rouleaux peints des disciples du Bouddha** *(Jūroku Rakan ;* époque Kamakura, XIVe s.). Plusieurs peintures sont influencées par l'**école des Kanō** : Oiseau et célosie à crête par *Maejima Sōyū* (XVIe s.), élève de *Kanō Motonobu* ; **Cueillette du thé à Uji et Courses de chevaux au sanctuaire de Kamogawa** (Kyōto), paravents (XVIIe s.) par *Kusumi Morikage*, élève de *Kanō Tanyū* et une autre paire de paravents représentant la Pêche aux cormorans *(ukai)* par *Tanyū* lui-même ; les paravents des éventails flottants sont attribués à *Sōtatsu*. Plusieurs peintres traditionnels, des XIXe et XXe s., sont représentés dans ce musée : Bambous et orchidées, paravents de *Tsubuki Chinzan* (1801-1854) ; Chutes d'eau dans les montagnes en automne, peinture sur soie de *Kawai Gyokudō* (1873-1957), etc. On remarquera également des écrits chinois imprimés sur papier par l'application de bois gravés (Chine, époque Song), et une ***introduction à l'anthologie Kokin shū**, calligraphie attribuée à *Minamoto Toshiyori* (1058-1129).

Le musée détient par ailleurs de beaux **costumes et masques de Nō ou de kyōgen**, d'époque Edo ; des **poteries**, dont un plat hexagonal exécuté par *Ogata Kenzan* et décoré d'un *Jurō* par son frère *Ogata Kōrin* (1658-1716) ; des **objets laqués**, dont un coffret d'origine coréenne (époques Koryo, 918-

1392) avec incrustations de nacre, et un secrétaire qui aurait été offert par Tokugawa Tsunayoshi (1646-1709) à l'un de ses vassaux; enfin plusieurs **objets d'archéologie chinoise** (époques Fu, Chou, Chin, entre les XVIIe et IIIe s. av. J.-C.), dont une pièce rare : un bol laqué Chin, du IIIe s. av. J.-C.

Le musée Okura est à peu près à mi-chemin entre Sakurada dōri à l'E. et une avenue surplombée par une voie express, à l'O.; cette avenue conduit vers le S.-O. à :

Roppongi *(Pl. C1; — 1 km S.-O. du musée Okura; — 1,5 km O. de Shiba kōen; — station de métro : Roppongi);* un quartier débordant de vie et d'animation, voilà Roppongi. Dès que les néons allument leurs yeux, la fête commence : centaines de restaurants de toutes spécialités, bars japonais ou pubs anglais, discothèques et cabarets. La jeunesse « in » y côtoie le Japonais moyen, l'élégance y croise le débraillé-chic et la mode punk japonaise.

Au-delà de Roppongi, la route mentionnée ci-dessus traverse Zaimoku chō, puis rencontre Gaien Higashi dōri; avant cette dernière rue on peut visiter, au S.-O. de la route express, la **galerie Pentax** *(Kasumichō Corp., 3-21-20, Nishi Azabu, Minato ku; — ouvert t.l.j., sauf lundi et fêtes nationales, de 10 h à 17 h),* le seul musée de la photographie au Japon.

Au-delà de Gaien Higashi dōri s'oriente vers l'O., près de l'**immeuble Fuji**, une route qui se détache de la voie express et traverse Takagi chō en direction d'Aoyama dōri. On trouvera, un peu plus loin, l'entrée aux jardins de l'ancienne villa Nezu, où s'élève :

Le ***musée d'Art Nezu*** *(Pl. A1; — 1,2 km O. de Roppongi; — 700 m S.-E. de la station de métro : Omotesandō; — adresse : 6-5-36, Minami Aoyama, Minato ku; — ouvert t.l.j., sauf lundi et lendemains de fêtes nationales, de 9 h 30 à 16 h 30).* L'édifice qui abrite le musée (fondé en 1941) se trouve à l'angle septentrional du parc, où s'élèvent plusieurs pavillons réservés à la cérémonie du thé.

Le musée possède environ 4 800 œuvres d'art, collection de M. *Nezu Kaichirō*. Parmi les œuvres les plus célèbres, citons : Pièces du «sūtra de la Cause et de l'Effet» (époque Nara); le Pèlerinage de Zenzai Dōji aux cinquante-cinq saints (période Heian, couleurs sur soie). Image de Mahatejas (période Kamakura, couleurs sur soie). ***Chute d'eau de Nachi*** (époque Kamakura, XIVe s.), peinture traitée à la manière chinoise : « le soleil d'or qui apparaît derrière les montagnes, la pure blancheur de la cascade, contrastant avec les tons sombres des rocs et des arbres, soulignent la grandeur du phénomène naturel » *(D. et V. Elisseeff,* la Civilisation japonaise); cette peinture n'est malheureusement visible que deux mois par an. Paysage, attribué à *Shūbun* (période Muromachi, encre et couleurs sur papier). Paysage par *Kenko Shōkei* (rouleau vertical de la période Muromachi, encre et couleurs légères sur papier); Glaïeuls par *Ogata Kōrin* (paravent de la période d'Edo), et le ***paravent des Iris***, l'une des œuvres les plus célèbres de ce peintre : «sur un fond or, les fleurs sont disposées sans interruption, parallèles et droites, peintes seulement de deux sortes de bleus qui s'opposent au vert du feuillage. Avec ces trois seules couleurs et quelques iris, Kōrin suggère un rythme véritablement envoûtant » *(Théo Leslouac'h,* la Peinture japonaise).

Notons également : trois grands bronzes funéraires chinois (époque Chéou, XIIe s. av. J.-C.), des porcelaines, laques, calligraphies, objets en métal, ces derniers spécialement destinés à la cérémonie du thé.

554 TŌKYŌ : SHINJUKU KU

En sortant du musée Nezu, on pourra gagner vers le N.-E. :

Le **cimetière d'Aoyama** *(Pl. A1 ; — 500 m N.-E. du musée Nezu ; — 900 m O. de Roppongi ; — station de métro : Nogizaka),* créé en 1872 ; c'est l'un des plus importants de la capitale avec celui de Tama, dans la banlieue occidentale de Tōkyō, à proximité de Fuchū.

Au cimetière d'Aoyama se trouvent les **monuments funéraires** de nombreuses personnalités japonaises, dont un grand nombre participèrent à la Restauration impériale de Meiji, en particulier Ōkubo Toshimichi (1830-1878). Mentionnons également : trois grands acteurs du kabuki : Ichikawa Danjurō (premier, neuvième et dixième) ; les hommes politiques : Inukai Tsuyoshi (1855-1932), Ikeda Hayato (1899-1965), Yoshida Shigeru (1899-1967) ; les romanciers : Ozaki Kōyō (1867-1903), Shiga Naoya (1883-1971) ; Kitazato Shibasaburō (1852-1931), fondateur de l'Institut qui porte son nom *(p. 551) ;* Mikimoto Kōkichi (1858-1954), «roi de la perle japonaise» *(V. Toba) ;* le général Nogi Maresuke (1849-1912).

Ce dernier, vainqueur de Port Arthur lors de la guerre russo-japonaise (1904-1905), se donna la mort, ne voulant pas survivre à son suzerain l'empereur Meiji (1854-1912).

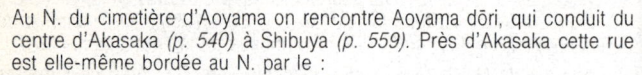

Au N. du cimetière d'Aoyama on rencontre Aoyama dōri, qui conduit du centre d'Akasaka *(p. 540)* à Shibuya *(p. 559).* Près d'Akasaka cette rue est elle-même bordée au N. par le :

Palais d'Aoyama *(Pl. Shinjuku ku, p. 556-557, F3),* entouré d'un immense parc qui comprend le palais détaché d'Akasaka et le Palais Togu, résidence officielle du prince héritier. Durant l'époque Edo, ce domaine appartint aux seigneurs de Kii et de Sasayama. En 1874, il servit de résidence à l'impératrice douairière (palais d'Omiya).

Au N. du parc s'élève le **Palais détaché d'Akasaka** *(Pl. F2 ; — 2 km N. du cimetière d'Aoyama ; — 2 km O. du Palais Impérial ; — 600 m S. de la gare J.N.R. de Yotsuya ; — 800 m N.-O. de la station de métro : Akasaka-Mitsuke).* Il est construit à l'emplacement de l'ancienne résidence de la branche de Kii des Tokugawa, et l'empereur Meiji l'habita pendant la reconstruction du Palais impérial.

Le nouveau palais, dont la construction dura dix ans, fut inauguré en 1909. Il devint le palais du prince couronné et servit également d'annexe au Palais Impérial. L'architecte *Katayama Tōyū* en dressa les plans dans le style classique européen ; c'est un édifice à deux étages, en granit et en marbre de différentes couleurs provenant de France, d'Italie, de Grèce et de Norvège. Plusieurs salles ont été décorées par des peintres français et japonais. Aujourd'hui, le palais d'Akasaka est mis à la disposition des hôtes étrangers du gouvernement japonais.

Dans le parc a lieu la traditionnelle cérémonie de la «contemplation des chrysanthèmes», sorte d'exposition de spécimens variés de ces fleurs, que viennent admirer l'empereur (le chrysanthème est son emblème, comme le lys était celui des rois de France), l'impératrice, ainsi que toutes les hautes personnalités.

D. — Shibuya ku et Shinjuku ku

Plan p. 556-557.
Gares J.N.R., : Ebisu, Harajuku, Ōkubo, Sendagaya, Shibuya, Shinjuku, Shin Ōkubo, Takadanobaba, Yoyogi.

Ces deux arrondissements, que nous considérons comme un tout, s'étendent à l'O. de Chiyoda ku *(p. 534)* et de Minato ku *(p. 546)*; les quartiers, tantôt populaires, tantôt résidentiels, sont dominés par deux centres vitaux : Shibuya et Shinjuku, qui avec leurs grands magasins et leurs salles de spectacles assurent une grande partie des distractions des Tokyoites. Quelques grands parcs sont également situés dans le secteur : Shinjuku gyoen et les parcs intérieur et extérieur de Meiji jingū ; dans ce dernier on visitera particulièrement le sanctuaire de Meiji. C'est là que se trouvent les plus hauts édifices de Tōkyō et les principaux ensembles sportifs de la capitale, élevés pour les jeux Olympiques de 1964 (Yoyogi est une réussite architecturale).

Depuis le palais d'Akasaka *(ci-dessus)*, une rue qui longe au N. le parc d'Aoyama atteint vers l'O. Gaien Higashi dōri ; elle est bordée, juste avant celle-ci, par le **Meiji Kinen kan** *(Pl. E2)* ; ce bâtiment dépendait autrefois du palais d'Aoyama ; le prince *Itō Hirobumi* y lut, en présence de l'empereur *Meiji*, le projet d'une première constitution nationale ; depuis la dernière guerre, ce pavillon est utilisé pour les cérémonies de mariages et autres réunions.

Au-delà de Gaien Higashi dōri on pénètre dans le :

Jardin extérieur du sanctuaire Meiji *(Pl. D/E-2/3 ; — 1 km N. du cimetière d'Aoyama ; — au S. des gares J.N.R. de Sendagaya et de Shinanomachi)* ; il occupe le site de l'ancien terrain de parade d'Aoyama. Au N.-E. de ce parc on peut visiter la **galerie Meiji** *(ouvert t.l.j. de 9 h à 16 h 30)*, dédiée à l'empereur Mutsuhito et à sa femme. A l'intérieur du bâtiment massif, quatre-vingts peintures retracent la vie du souverain et de son épouse.

La partie occidentale du parc est occupée par les installations sportives du **parc olympique de Meiji**, avec notamment le stade, qui compte 85 000 places, un terrain de base-ball (60 000 places), un terrain de football (du prince Chichibu, 20 000 places), une piscine (13 000 spectateurs) et un ring (20 000 places). Est adjoint un musée des sports *(Sendagaya Kokuritsu Kyogijo, Shibuya ku ; ouvert t.l.j. de 10 h à 17 h sauf lundi)* : souvenirs du prince Chichibu, amateur de sports, à qui ce musée est dédié ; photographies et documents sur les jeux Olympiques au Japon et dans le monde.

On sort à l'angle N.-O. du parc, entre la piscine et la stade, afin de passer sous les voies ferrées et d'atteindre vers le N. **Shinjuku dōri**, qui vers l'O. rejoint le centre de Shinjuku ; au S. de cette rue, le long d'une autre qui lui est parallèle, on trouvera une entrée du :

*Shinjuku gyoen *(Pl. C/D-1/2 ; — 1 km N. du parc olympique de Meiji ; — 800 m S.-E. depuis les gares J.N.R. de Shinjuku et Yoyogi)* ; ce parc de 58 ha, où furent plantées les variétés les plus rares de cerisiers, est fréquenté en fin de semaine par de très nombreux Tokyoites. Havre de paix proche de la vie trépidante de Shiujuku, ce parc peut être une halte reposante avant de repartir affronter Tōkyō la turbulente. Les jardins à la japonaise y sont particulièrement paisibles.

Ces jardins occupent presque entièrement l'ancienne résidence des Naitō, une famille de daimyō. La garden-party impériale des « bourgeons

TOKYO
SHINJUKU KU

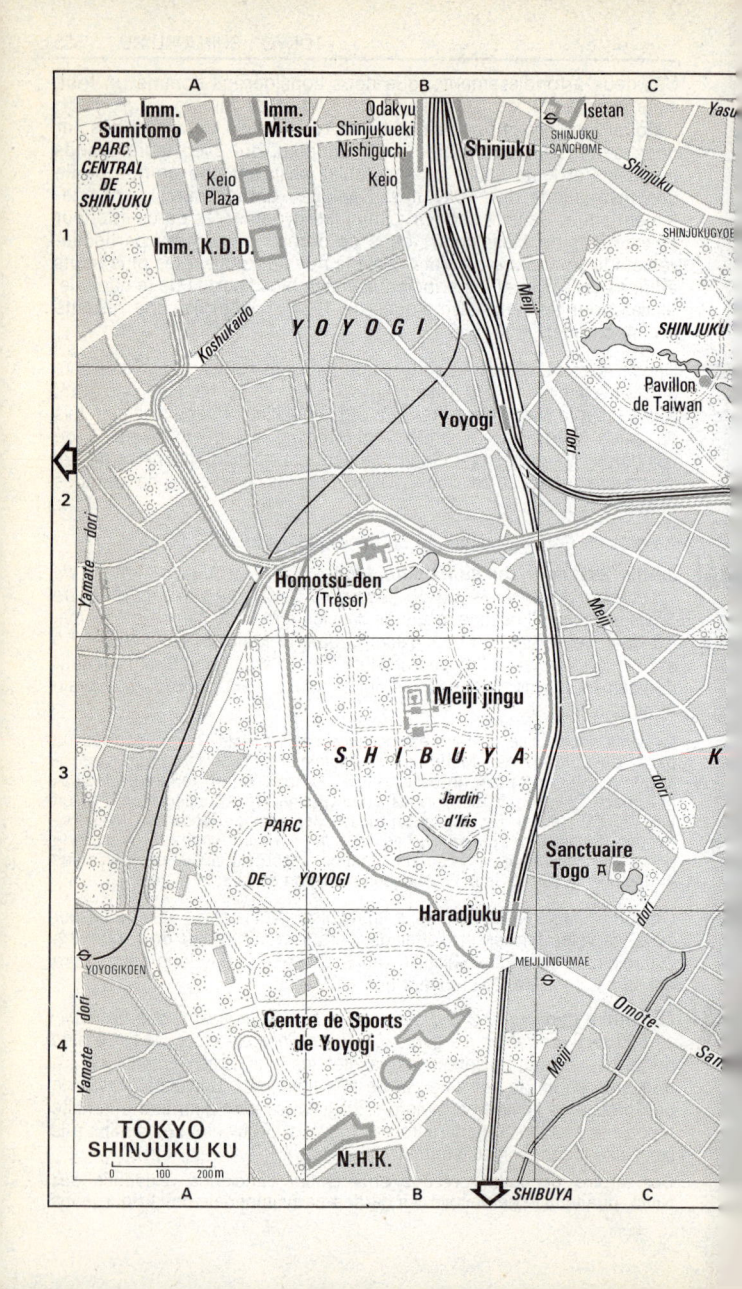

0 100 200m

A1: Imm. Sumitomo, PARC CENTRAL DE SHINJUKU, Keio Plaza, Imm. K.D.D.
B1: Imm. Mitsui, Odakyu Shinjukueki Nishiguchi, Keio, Shinjuku
C1: Isetan, SHINJUKU SANCHOME, Yasu..., Shinjuku, SHINJUKUGYOE, SHINJUKU

A2: Koshukaido, Yamate dori
B2: YOYOGI, Yoyogi, Homotsu-den (Trésor)
C2: Meiji dori, Pavillon de Taiwan

A3: PARC DE YOYOGI
B3: SHIBUYA, Meiji jingu, Jardin d'Iris, Haradjuku
C3: Sanctuaire Togo, dori, K, MEIJIJINGUMAE, Meiji, Omote-San...

A4: YOYOGIKOEN, Yamate dori
B4: Centre de Sports de Yoyogi, N.H.K.
C4: SHIBUYA

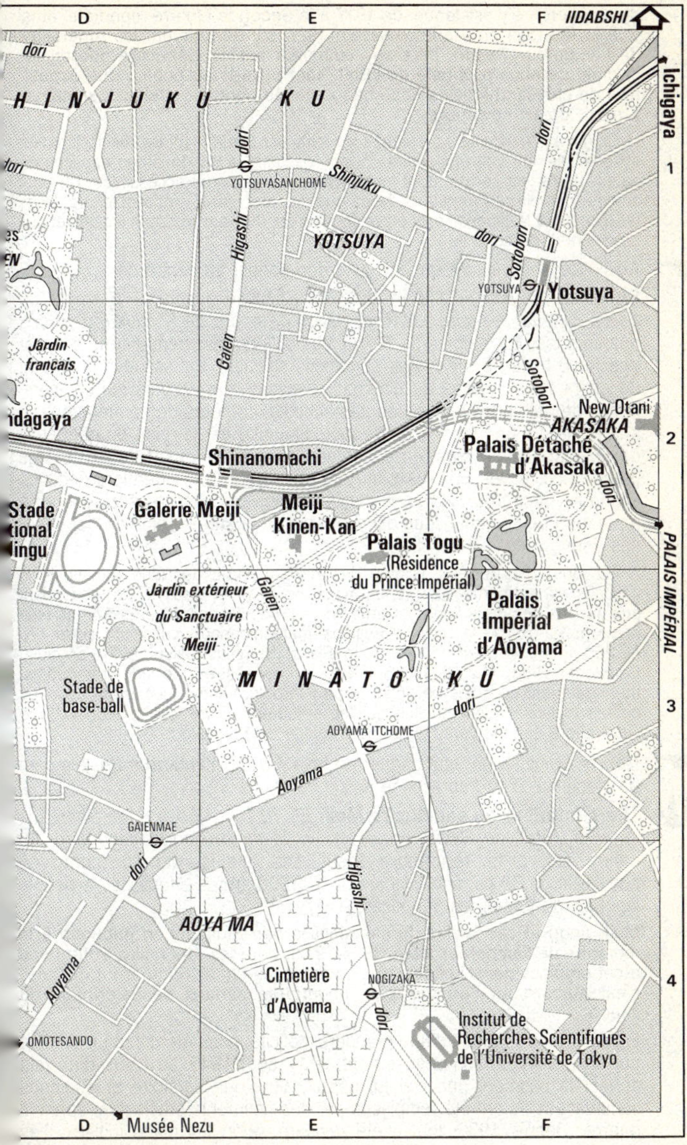

D
E
F
IIDABSHI
Ichigaya
1
2
3
4
dori
HINJUKU KU
dori
YOTSUYASANCHOME
Shinjuku
dori
Higashi
YOTSUYA
Sotobori
dori
YOTSUYA
Yotsuya
Jardin français
ndagaya
Gaien
Sotobori
New Otani
AKASAKA
Palais Détaché d'Akasaka
dori
Shinanomachi
Stade
tional
ingu
Galerie Meiji
Meiji Kinen-Kan
Palais Togu (Résidence du Prince Impérial)
PALAIS IMPÉRIAL
Jardin extérieur du Sanctuaire Meiji
Gaien
Palais Impérial d'Aoyama
Stade de base-ball
MINATO KU
dori
AOYAMA ITCHOME
Aoyama
GAIENMAE
dori
Higashi
AOYA MA
Aoyama
Cimetière d'Aoyama
NOGIZAKA
dori
Institut de Recherches Scientifiques de l'Université de Tokyo
OMOTESANDO
D
Musée Nezu
E
F

de cerisiers » s'y est tenue, de 1917 à la Seconde Guerre mondiale, ainsi que la fête des chrysanthèmes. En 1927, s'y déroulèrent les funérailles de l'empereur *Taisho,* père de l'empereur actuel. Depuis la guerre, les jardins, devenus propriété de l'État, sont ouverts au public. Une exposition de chrysanthèmes a lieu chaque année pendant quelques semaines à partir du 1er novembre.

Un jardin à la française y a été créé en 1906 par Henri Martinet, maître jardinier à Versailles. On voit également un jardin anglais, avec de larges espaces de gazon. Dans les serres, dont certaines seulement sont accessibles, on peut admirer des plantes tropicales, telles que des orchidées, des cactus, etc. Dans les jardins à la japonaise, s'élève le pavillon de Taiwan, dont les matériaux proviennent de cette île.

Au N. de Shinjuku gyoen, Shinjuku dōri aboutit au centre de :

Shinjuku *(Pl. B1 ; — 800 m N.-O. de Shinjuku gyoen ; — 5 km O. du Palais impérial ; — gare J.N.R. et station de métro de Shinjuku),* l'un des quartiers les plus animés de Tōkyō, particulièrement fréquenté le soir par une foule bigarrée, de toutes conditions sociales, qui assouvit là sa soif de distractions : salles de cinémas, restaurants de toutes sortes, bars, boîtes de nuit, bruyantes salles de pachinko, conteurs de bonne aventure à la lumière d'un lumignon... De jour, Shinjuku est la reine du gadget et de l'électronique : c'est en effet dans ce quartier qu'on trouve le plus grand choix et les prix les plus bas pour la hi-fi, les derniers-nés des appareils *Canon* ou *Nikkon,* les walkman, les calculatrices scolaires et le reste, bref tout ce qui risque d'intéresser le touriste en peine de dépenser ses yens.

A l'O. des voies ferrées, la gare de Shinjuku, l'une des plus actives de la capitale, est surmontée de grands magasins *(Keio* et *Ōdakyū)* correspondant aux départs des deux lignes privées de ce nom ; au-delà se dressent les plus hauts gratte-ciel de la capitale, édifices impressionnants culminant entre 170 et 200 m de hauteur : hôtel Keio Plaza, Shinjuku Mitsui Bldg, Shinjuku Sumitomo Bldg, K.D.D. Bldg ; image extraordinaire que ces immeubles, théoriquement capables de défier le plus terrible séisme, coexistant avec les petites maisons traditionnelles qui les entourent. Entre les immeubles, une large artère conduit vers l'O. au parc central de Shinjuku.

Depuis Shinjuku on peut gagner en train *(J.N.R. Yamanote line)* la gare de Harajuku, d'où l'on accède au :

*Parc intérieur du sanctuaire Meiji *(Pl. B3 ; — 1,5 km S. de Shinjuku ; — gare J.N.R. de Harajuku ; — station de métro de Meijijingūmae).* Au centre sélève le **sanctuaire Meiji**. Les jardins, qui occupent une superficie de 72 ha, sont plantés de 130 000 arbres offerts par le peuple japonais de toutes les provinces.

Meiji jingū et ses jardins furent réalisés par souscription publique à la mémoire de l'empereur *Meiji* (1854-1912), dont les funérailles eurent lieu à cet emplacement. Les travaux, commencés en 1915, durèrent dix ans ; c'est aujourd'hui l'un des plus importants centres de pèlerinage du Japon.

Le sanctuaire original, d'une grande simplicité, avait été construit dans le pur style shinto. Malheureusement, le 1er août 1945, au cours d'un raid aérien, le bâtiment principal fut détruit, ainsi que l'oratoire et quelques sanctuaires ; ils ont été remplacés par des bâtiments provisoires après la guerre. Depuis 1958, tout a été restauré selon les plans initiaux. Les

TŌKYŌ : SHINJUKU KU 559

larges torii qui se trouvent aux entrées sont exécutés en bois de hinoki provenant du mont Alisan à Taiwan. Fêtes les 3 mai, 1er et 3 novembre.

Au N. *(à 100 m)* du sanctuaire principal on remarque **Hōmotsu den**, le Trésor *(ouvert t.l.j. de 9 h à 16 h 30)*, édifice en béton armé où sont exposés des objets ayant appartenu à l'empereur Meiji. Notamment le carrosse qu'emprunta ce souverain lorsque la constitution impériale fut promulguée en 1889. Il était tiré par six chevaux.

Au S. du sanctuaire principal se trouve un ***jardin impérial**, où l'empereur et sa femme, de santé délicate, aimaient à se promener.

On y cultive de nombreuses espèces d'iris et des nénuphars très beaux à la fin juin et au début juillet ; il est connu sous le nom de jardin des iris.

Face à l'entrée du parc intérieur du sanctuaire Meiji proche de la station *J.N.R.* de Harajuku, entre les stations de métro Meijingumae et Omotesando, il vous faudra absolument flâner le long de cette très belle avenue plantée d'arbres et bordée de magnifiques boutiques qu'est **Omote sando**, les « Champs-Élysées de Tōkyō. Le Tōkyō chic et occidentalisé s'y rencontre dans un univers très européen ; on y trouve d'excellentes pâtisseries, des cafés avec terrasses, des antiquaires, etc.

*Musée d'estampes japonaises *(Pl C4 ; — gare J.N.R Harajuku ; — stations de métro : Meiji-jingūmae ; — 1-10-10, Jingu-maé, Shibuya ku ; — ouvert de 10 h 30 à 17 h)*. Collection privée de 12 000 estampes dont 500 originaux parmi lesquels on remarquera **Beauté dans la neige** de *Koryusai*, et le **Mont Fuji** d'*Hokusai*, chefs-d'œuvre uniques. La collection comprend également une bibliothèque de 200 volumes sur l'estampe japonaise et 900 paravents.

Au S. du parc intérieur du sanctuaire Meiji, s'étend le ***Parc des sports de Yoyogi** *(Pl. B4 ; — 800 m S. de Meiji jingū ; — gare J.N.R. de Harajuku ; stations de métro : Meijijingūmae et Yoyogikōen)*, réalisé pour les jeux Olympiques de 1964.

Là s'élève, entre autres, le remarquable gymnase national dû à l'architecte *Tange Kenzo ;* entre deux piliers colossaux sont tendus des câbles d'acier, qui supportent le toit métallique ; l'annexe voisine se soutient autour d'un pilier unique.

Au S.-O. de cet ensemble on remarquera la **Maison de la Radio** (N.H.K.), élevée par *Yamashita Toshirō.*

Au S. de Yoyogi, on atteint le centre de :

Shibuya *(Hors Pl. B4 ; — 1 km S. de Yoyogi ; — 3,5 km S. de Shinjuku ; — gare J.N.R. et station de métro de Shibuya)*, quartier populaire très animé autour de la gare de Shibuya, d'où partent plusieurs voies ferrées privées. La gare de Shibuya est réputée pour être celle des rendez-vous ; ceux-ci se donnent devant le monument du célèbre chien *Hachikō*. L'endroit est fort vivant, peuplé pour la plupart d'étudiants et de toute une jeunesse très occidentalisée ; restaurants et magasins nombreux.

Shinjuku ku est limité au N. par l'Edo gawa, qui longe la partie septentrionale de cet arrondissement entre les gares *(J.R.N.)* de Takadanobata et d'Iidabashi. Depuis Shibuya et Shinjuku, **Meiji dōri** rejoint vers le N. cette rivière, avant laquelle elle coupe **Waseda dōri** qui mène vers l'E. à :

560 TŌKYŌ : BUNKYŌ KU

L'**Université de Waseda** *(6 km N. de Shibuya; — 3 km N.-E. de Shinjuku; — 500 m N.-O. de la station de métro de Waseda; — se renseigner)*, fondée en 1882 par le marquis Okuma Shigenobu, l'une des plus importantes institutions privées du Japon.

Au N. de cette université on peut visiter le **Musée du Théâtre** *(1-chōme, Totsuka, Shinjuku ku, ouvert t.l.j., sauf lundi et lendemain de fête nationale de 9 h à 16 h; fermé du 1er août au deuxième lundi de septembre)*, créé à la mémoire de Tsubouchi Shōyo (1859-1935), grand dramaturge et traducteur de Shakespeare. Ce musée, seul du genre au Japon, situé sur les terrains de l'université, abrite un grand nombre d'objets ainsi qu'une scène de théâtre.

E. — Bunkyō ku

Plan p. 562-563.
Gares J.N.R. de : Ochanomizu, Suidobashi.

Bunkyo ku, situé au N. de Shinjuku ku et de Chiyoda ku, constitue la partie N.-O. du vieux Tōkyō. Dans cet arrondissement résident les nombreux étudiants des universités nationale et privées. C'est également un secteur résidentiel de la capitale, où dominent les petites maisons basses, dont les îlots enserrés dans un entrelacs inextricable de ruelles calmes, alternent avec des jardins publics qui comptent parmi les plus agréables de Tōkyō.

Au N. de l'Université de Waseda, on peut traverser l'Edo gawa et s'élever jusqu'à Mejiro dōri, qui sur la g. conduit à l'université féminine de Nihon (créée en 1901), et sur la dr. à la cathédrale de Tōkyō ; se repérer au campanile de cette église ou se renseigner.

La **cathédrale Sainte-Marie** *(800 m N.-E. de l'Université de Waseda; — 1 km N. de la station de métro : Waseda)*, élevée par *Tange Kenzo*, forme au sommet de ses voûtes une croix latine; les murailles courbes de l'édifice lui confèrent une légèreté impressionnante.

La chapelle des fonts baptismaux, en forme de main ouverte, est due à *Seiji Shimizu*; l'autel est en marbre d'Italie; les orgues sont du Hollandais *Verschueren*; les cloches du campanile (62 m de haut) ont été offertes par l'Allemagne de l'Ouest.

***Chinzan so**, qui s'ouvre face à la cathédrale, au S. de Mejirō dōri, est l'un des plus beaux jardins privés de la ville; le restaurant de ce nom dont il dépend, en altère malheureusement le charme.

Ce jardin fut à l'ère Meiji la propriété du prince *Yamagata Aritomo,* puis du baron *Fujita Denzaburō* qui y fit transporter (1925), depuis la région de Hiroshima, la pagode à trois étages (IXe s.); le jardin fut restauré et embelli après la guerre; les lanternes proviennent de Kyōto et Nara.

Mejiro dōri mène vers l'E. à Otowa dōri, qui aboutit vers le N.-O. à Shinobazu dōri, à la hauteur du :

Gokoku ji *(1 km N. de la cathédrale de Tōkyō; — 1,5 km S.-E. de la gare J.N.R. d'Ikebukuro; — 500 m S.-O. de la station de métro : Shin Ōtsuka)*; ce temple, l'un des plus grands de la ville, appartient à la secte shingon et fut fondé en 1681 en l'honneur de *Keishō in*, mère du shōgun

Tokugawa Tsunayoshi; le bâtiment principal date de 1697; le Gekko den (1600) provient du Mii dera *(V. environs d'Ōtsu)*.

Parmi les trésors du temple citons un mandara qui date sans doute de la période Kamakura; on vénère aussi, comme statue principale, une Kannon incrustée d'ambre, originaire de l'Inde. La colline qui s'élève à l'arrière du temple a été transformée en cimetière pour la famille impériale depuis 1873.

A l'O. de ce temple, au cimetière de Zoshigaga, repose *Lafcadio Hearn (V. Matsue)*.

Shinobazu dōri *(V. ci-dessus)* croise vers le N.-E., au-delà du Gokoku ji, Kasuga dōri.

A 1,5 km S.-E., par Kasuga dōri, on peut atteindre le **Denzu in**, élevé en 1602 par *Tokugawa Ieyasu* en l'honneur de sa mère; ce temple, reconstruit depuis la guerre, abrite une *statue d'Amida* due au prêtre Eshin (XIe s.) et une statue de Daikoku ten originaire de l'Inde.

Shinobazu dori rencontre ensuite une autre rue, qui atteint vers le S.-E. **Hisakata cho,** où l'on pourra visiter le:

***Jardin botanique de l'Université de Tōkyō** *(Koishikawa Sho-Kubutsu en; — 1,5 km E. du Gokoku ji; — 500 m O. de la station de métro: Hakusan)*, qui appartient à la faculté des sciences. Sur 16 ha sont cultivées six mille sortes de plantes ainsi que quelques beaux arbres de la fin du XVIIe s., époque à laquelle ces jardins furent créés par les Tokugawa; ils étaient destinés à la culture des plantes médicinales.

Shinobazu dōri, qui se poursuit vers le N.-E., rencontre Hakusan dōri, puis Hongō dōri; près du croisement de cette deuxième rue, on peut gagner vers le N.-O. le:

****Rikugi en** *(1,5 km N. du jardin botanique; — 2,5 km N.-E. du Gokoku ji; — 500 m S. de la gare J.N.R. de Komagome; — 600 m N.-E. de la station de métro: Sengoku; — entrée par le coin E. du parc)*, jardin dessiné au XVIIIe s. par *Yanagisawa Yoshiyazu*, et cédé à la ville en 1934 par le baron *Iwasaki*. Presque entièrement occupé par une pièce d'eau, au centre de laquelle s'élève une île voulant symboliser le mont Fuji, ce jardin (10 ha) est l'un des plus charmants de Tōkyō.

A l'angle des rues Shinobazu et Hongo s'élève la bibliothèque orientale Toyo Bunko, spécialisée sur la Chine et l'Extrême-Orient; elle dépend aujourd'hui de la bibliothèque de la Diète *(p. 541)*.

Au S. du Rikugi en, Hakusan dōri *(ci-dessus)* rejoint vers le S. Kasuga dōri; près du croisement de ces deux artères, on trouve vers le S.-O.:

****Kōraku en** *(3,2 km S. du Rikugi en; — 2,8 km S.-E. du Gokoku ji; — 600 m N.-O. de la gare J.N.R. de Suidobashi; — station de métro: Kōrakuen)*, qui s'étend sur 7 ha (il en faisait autrefois 25); c'est l'un des plus beaux jardins de Tōkyō; la perspective est malheureusemnt gênée par les immeubles alentour.

Le Koraku en marque l'emplacement de l'ancienne résidence de *Tokugawa Yorifusa,* premier seigneur de Mito. Le plan a été influencé par *Shu Shun Sui* (1600-1659), savant chinois réfugié au Japon qui avait été accueilli par Tokugawa Mitsukuni, seigneur de Mito.

Sur le lac, dessiné par Tokugawa Iemitsu, se trouve une petite île avec un temple dédié à Benten. L'île est reliée au jardin par le pont de la Pleine Lune,

Map: Ueno / Bunkyo-ku area

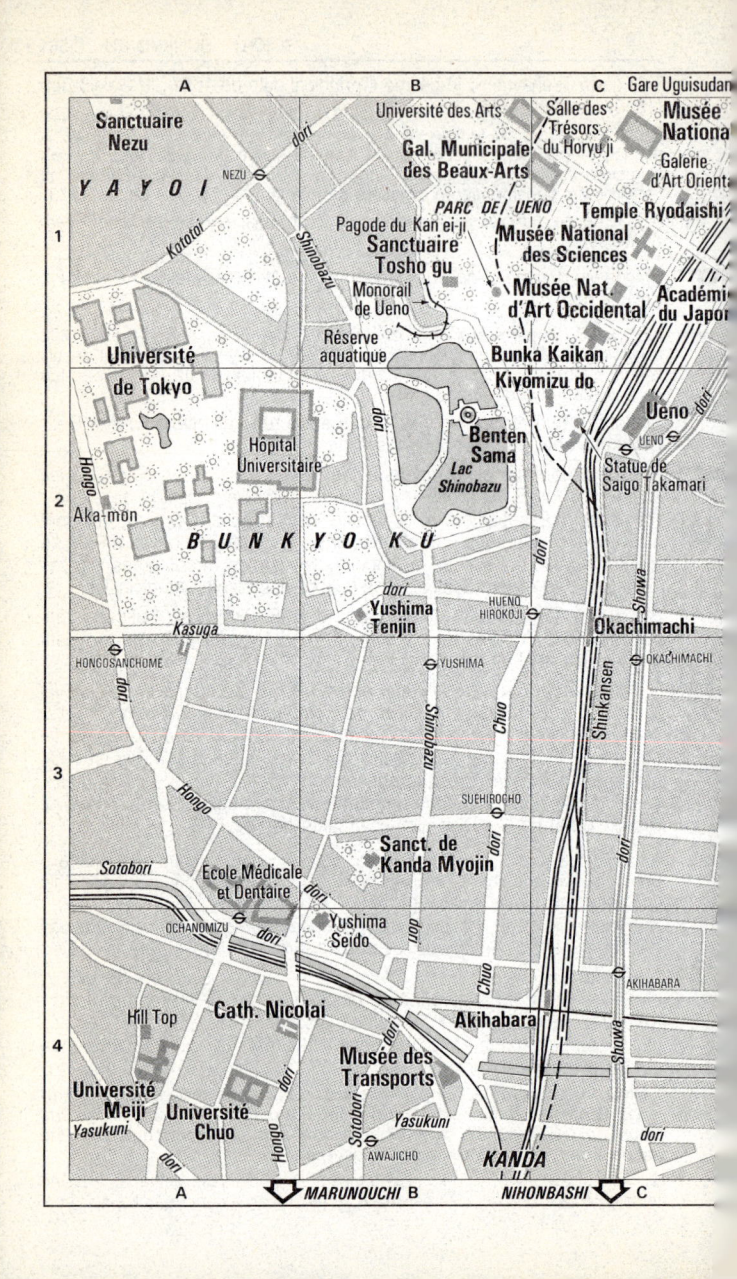

Grid columns: A, B, C
Grid rows: 1, 2, 3, 4

Labels on map

- Gare Uguisudan
- Musée National
- Sanctuaire Nezu
- Université des Arts
- Salle des Trésors du Horyu ji
- Gal. Municipale des Beaux-Arts
- Galerie d'Art Oriental
- YAYOI
- NEZU
- Kototoi dori
- Shinobazu dori
- PARC DE UENO
- Pagode du Kan ei-ji
- Sanctuaire Tosho gu
- Temple Ryodaishi
- Musée National des Sciences
- Monorail de Ueno
- Musée Nat. d'Art Occidental
- Académie du Japon
- Réserve aquatique
- Université de Tokyo
- Bunka Kaikan
- Kiyomizu do
- Hongo dori
- Hôpital Universitaire
- Ueno dori
- UENO
- Benten Sama
- Lac Shinobazu
- Statue de Saigo Takamori
- Aka-mon
- BUNKYO KU
- Showa dori
- Kasuga dori
- Yushima Tenjin
- UENO HIROKOJI
- Okachimachi
- HONGOSANCHOME
- YUSHIMA
- OKACHIMACHI
- Shinobazu dori
- Chuo dori
- Shinkansen
- Hongo dori
- SUEHIROCHO
- Sotobori dori
- Sanct. de Kanda Myojin
- École Médicale et Dentaire
- Yushima Seido
- OCHANOMIZU
- AKIHABARA
- Hill Top
- Cath. Nicolai
- Akihabara
- Musée des Transports
- Université Meiji
- Université Chuo
- Yasukuni dori
- Hongo dori
- Sotobori dori
- Yasukuni dori
- AWAJICHO
- KANDA
- Showa dori
- MARUNOUCHI
- NIHONBASHI

TOKYO
BUNKYO KU
TAITO KU

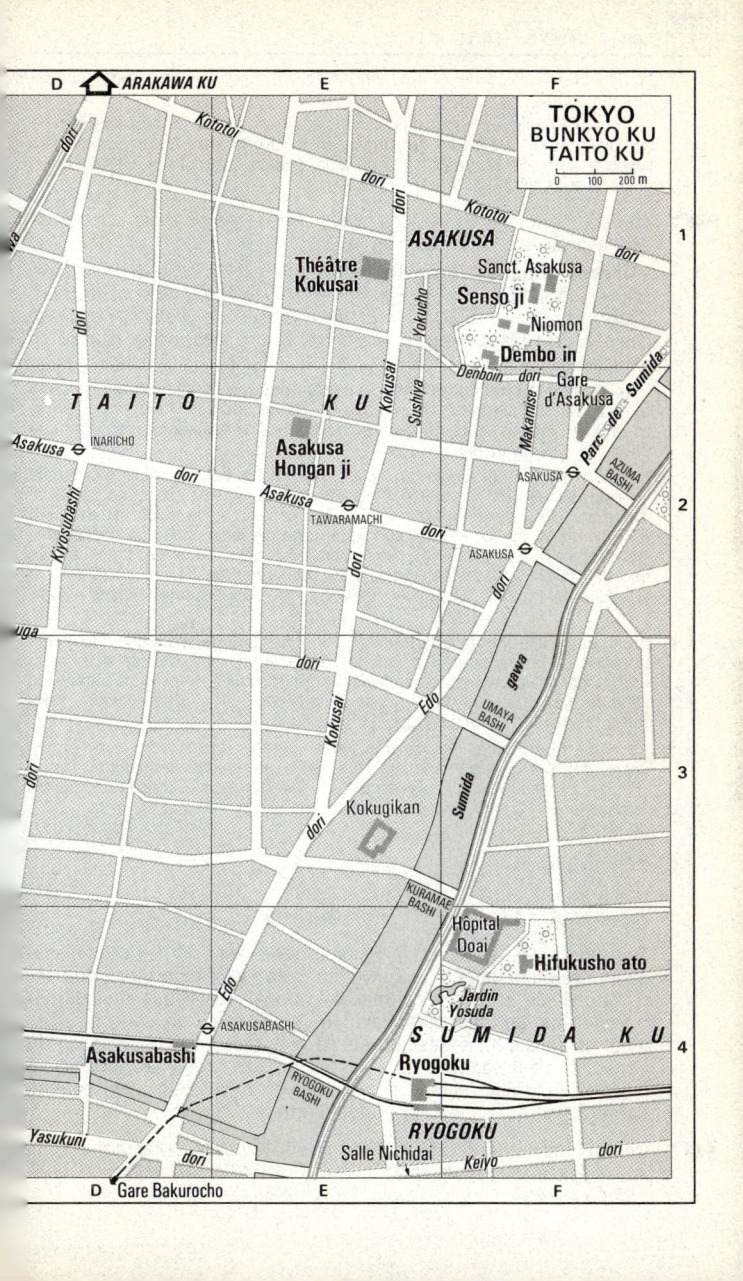

0   100   200 m

ARAKAWA KU

Kototoi dori

Kototoi dori

ASAKUSA

Théâtre Kokusai

Sanct. Asakusa
Senso ji
Niomon
Dembo in

Denboin dori

Makamise

Gare d'Asakusa

T A I T O   K U

Asakusa — INARICHO

Parc de Sumida

AZUMA BASHI

Yokucho

Kokusai

Sushiya

Asakusa Hongan ji

Asakusa dori — ASAKUSA
TAWARAMACHI — ASAKUSA

Kyosubashi

uga

dori

Kokusai dori

Edo dori

Sumida gawa

UMAYA BASHI

Kokugikan

Sumida

KURAMAE BASHI

Hôpital Doai

Hifukusho ato

Jardin Yosuda

S U M I D A   K U

Asakusabashi — ASAKUSABASHI

Ryogoku

Edo dori

RYOGOKU BASHI

Yasukuni

RYOGOKU

Salle Nichidai

Keiyo dori

Gare Bakurocho

construit en demi-cercle, et qui forme avec son reflet une circonférence, d'où ce nom imagé.

A l'E. du Kōraku en, parc d'attractions, piscine, palais de glace, stade de 3 800 places et vélodrome de Koraku en. Le **Kōdō kan**, école de judo très réputée, sorte de centre national du judo, s'élève à l'angle de Hakusan dōri et de Kasuga dōri.

☞ Au-delà du Kōraku en, Kasuga dōri croise Hongō dōri, par laquelle on peut gagner vers le N. Aka mon et :

L'**Université nationale de Tōkyō** *(Pl. A2 ; — 1,2 km N.-E. du Kōraku en ; — 2,5 km S.-E. du Rikugi en ; — 1,1 km N.-O. de la gare J.N.R. d'Okachimachi ; — 500 m N.-E. de la station de métro : Hongosan chome)*, dont les différentes facultés sont groupées autour d'un jardin paysage.

L'université, la plus importante du Japon, occupe l'ancien domaine de la famille Maeda, seigneur de Kanazawa. Seule subsiste l'Aka mon (porte rouge), érigée en 1827 en commémoration d'une alliance matrimoniale entre les Maeda et les Tokugawa.

L'université d'État fut fondée en 1869 ; c'est la plus haute institution culturelle du pays, et elle est directement placée sous le contrôle de l'État. Dans sa forme actuelle, elle comprend les facultés de lettres, de sciences, de droit, d'économie, d'agriculture, de technique et de médecine avec un hôpital, des laboratoires, des salles d'étude, etc. La bibliothèque, malheureusement détruite en 1923, a été reconstituée grâce à de nombreux legs. L'université est par ailleurs détentrice de riches collections archéologiques (préhistoriques notamment).

➜ Au N. de l'université, le **quartier de Yayoi** fut (1889) le site d'une importante trouvaille archéologique : les poteries découvertes permirent de déterminer une étape de la civilisation japonaise, correspondant au passage rapide de l'âge du bronze à celui du fer ; cette période reçut le nom du quartier : *yayoi* (IIIe s. av. au IIIe s. apr. J.-C.).

➜ Au S. de l'Université, Kasuga dōri forme un léger coude vers le N.-E. ; en continuant tout droit par une rue plus petite, on atteindrait **Yushima Tenjin** *(Pl. B2)*, fondé au XIVe s., puis restauré par Ōta Dōkan ; il est dédié à *Sugawara Michizane (V. Dazaifu, env. de Fukuoka).*

F. — Taito ku

Plan p. 562-563.
Gares J.N.R. : Asakusabashi, Ueno, Uguisudani.

Taito ku, limité à l'E. par la Sumida gawa, est l'un des arrondissements les plus connus de Tōkyō, en raison de l'importance du parc d'Ueno et de ses musées (musée national), ainsi que du quartier d'Asakusa, l'un des plus gais de la capitale, où sont groupés théâtres, music-halls, restaurants de nuit, etc. ; avec la présence du Senso ji, c'est sans doute l'un des rares secteurs au monde où profane et sacré soient si intimement mêlés, un peu comme l'association qui existe entre Montmartre et Pigalle...

☞ Depuis l'Université de Tōkyō, **Kasuga dōri** *(ci-dessus)* rencontre avant la voie ferrée *(Yamanote line)* Chūō dōri *(p. 543)*, qui conduit vers le N. à Ueno.

Le **lac Shinobazu** *(Pl. B2)*, situé en bas de la colline où se trouve le parc d'Ueno, mesure environ 2 km de circonférence.

Il y a environ cinq siècles, la baie de Tōkyō s'avançait jusqu'à ce lac, au milieu duquel se trouve un temple dédié à Benzai ten ; nombreux lotus et animaux aquatiques ; de là un monorail rejoint le parc zoologique d'Ueno.

A l'E. du lac Shinobazu, Chūō dōri aboutit devant la série de marches qui mènent au :

Parc d'Ueno *(Pl. C1 ; 1,2 km N.-E. de l'Université de Tōkyō ; — 4 km N. du Palais impérial ; — gare J.N.R. et station de métro : Ueno)*, l'un des plus importants de la capitale ; il doit son intérêt aux monuments et aux musées qu'on y visite.

Ce parc appartint à plusieurs daimyō, notamment aux Tōdō, Tsugaru et Hori. Durant la période Kan ei (1624-1644), le shōgun *Iemitsu* s'en empara et fit déplacer toutes les maisons des daimyō. Son conseiller, le moine *Tenkai*, construisit alors le Kanei ji pour la famille Tokugawa, mais ce temple fut incendié au moment de la Restauration Meiji, lors d'une bataille entre les partisans de l'empereur et ceux des Tokugawa. Après la Restauration, le parc fut converti dans sa totalité en jardin public (1878) ; il a été offert à la ville en 1924.

Au sommet des marches indiquées ci-dessus, on atteint **Sannō dai** ou **Sakuragaoka**, petite plate-forme plantée de cerisiers avec la statue en bronze de *Saigō Takamori* (1827-1877), l'un des chefs de la Restauration Meiji ; en arrière, monument au Shōgitai ; le « shōgitai » est le nom collectif des partisans du dernier shōgun, opposés à la Restauration.

Au N.-O. de la statue, à g., temple **Kiyomizu dō** construit en 1631, à l'imitation du Kiyomizu dera de Kyōto *(V. ce nom)*. En poursuivant toujours vers le N.-O., on dépasse le restaurant Seiyōken, à proximité duquel se dresse le beffroi d'Ueno, souvent mentionné dans les poèmes japonais ; on se repérera à la pagode, proche du Tōshō gū, afin d'accéder à celui-ci.

Le ***Tōsho gū*** *(Pl, B1)* fut fondé en 1626 à la mémoire de *Tokugawa Ieyasu (V. Nikkō)*. Les bâtiments actuels, soigneusement décorés, furent remaniés en 1651.

A l'intérieur, parmi les trésors, lettres autographes de *Ieyasu* et de ses descendants ; collection d'armes de guerre. Les cinquante lanternes en bronze qui entourent le sanctuaire ont été offertes par les daimyō.

La belle pagode de cinq étages, qui s'élève devant ce sanctuaire, est l'un des rares vestiges du Kanei ji ; elle fut transférée ici en 1957.

Au N. du Tōshō gū sont établis les **jardins zoologiques d'Ueno** *(ouvert t.l.j. de 9 h à 16 h 30, sauf les trois derniers jours de l'année)* ; créé en 1882 et cédé à la ville en 1924, c'est le plus important zoo du Japon.

Du Tōshō gū ou du zoo on regagne vers l'E. l'allée centrale, Takeno dai, du parc d'Ueno qui conduit vers le N. au Musée national. Avant d'atteindre celui-ci on dépasse sur la g. la **Galerie métropolitaine des Beaux-Arts** (1926), qui abrite une série d'expositions temporaires (artistes japonais contemporains notamment) dont les plus intéressantes se déroulent en automne.

TŌKYŌ : MUSÉE NATIONAL

Le ***Musée national** *(Tōkyō Kokuritsu Hakubutsu kan; Pl. C1; 600 m N.-E. du Tōshō gū; — 800 m N. de la gare J.N.R. d'Ueno; — adresse: Ueno kōen, Taito ku; — ouvert t.l.j., sauf lundi, de 9 h à 16 h 30)*, créé en 1871, est aujourd'hui sans conteste le plus complet et le plus intéressant de tout le Japon ; quelle que soit la durée de votre séjour à Tōkyō, il a droit à votre visite.

Le bâtiment principal du musée fut construit entre 1932 et 1937, pour remplacer l'ancien musée de la Maison impériale qui avait été gravement endommagé lors du tremblement de terre de 1923. En 1947, il fut légué à l'État ainsi que toutes les pièces de collections qu'il renfermait.

Présentation muséographique et collections. — Les terrains du musée national s'étendent sur une dizaine d'hectares, au milieu desquels s'élèvent les divers bâtiments. Face à l'aile d'entrée, le bâtiment principal du musée (**Hon kan**) couvre 2 ha ; il fut édifié en 1937 et expose sur deux étages les principales **collections japonaises** : sculptures, peintures, costumes et tissus anciens, poteries, laques, armures et objets divers. A sa g. le **Hyōkei kan**, de 1908, est le plus ancien édifice du musée : collections archéologiques japonaises de la préhistoire et de la proto-histoire. Sur la dr. le **Toyo kan**, galerie d'art oriental, achevée en 1968 ; c'est l'édifice le plus moderne, où sont réunies les œuvres (sculptures notamment) d'origine orientale, de la Chine à la Méditerranée, qui ont pu avoir une influence sur l'art japonais. Derrière le Hyōkei kan, le **Horyūji Homotsu kan** (construit en 1962) abrite les œuvres précieuses du Horyū ji *(V. Ikaruga)*, offertes à la Maison impériale durant l'ère Meiji (1868-1912) ; ce dernier bâtiment est surnommé le Shōsō in de Tōkyō, par allusion au shōsō in de Nara *(V. ce nom)*. L'ensemble s'accompagne de bureaux, d'un auditorium, d'un restaurant, etc.

Le musée est équipé d'installations techniques très modernes. En plus des dispositifs contre les incendies et les tremblements de terre, il est muni des derniers perfectionnements destinés à maintenir la même température et le même degré d'hygrométrie, ainsi que la lumière et la ventilation appropriées à la conservation des trésors. Les œuvres, changées périodiquement, sont exposées de telle sorte qu'on puisse les admirer sous leurs aspects les plus flatteurs. Toutes ne peuvent être présentées en même temps, puisque le musée ne recense pas moins de 11 155 peintures, 3 392 calligraphies, 3 421 tissus, 5 162 céramiques, 4 028 laques, 20 053 objets de métal, 1 521 sculptures.

Nous empruntons une grande partie de nos informations à l'ouvrage : Tōkyō, le musée national (les Deux Coqs d'or, 1968), préfacé par *M. Okada Jō*, directeur du département Arts et Sciences.

Hon kan

Au **rez-de-chaussée** du bâtiment principal sont exposées les sculptures, kimonos et tissus anciens, arts du métal, sabres et armures, porcelaines, maquettes architecturales ; à l'**étage** on trouvera les peintures, calligraphies, et arts des laques et du bois. La visite se fait dans le sens inverse des aiguilles d'une montres par rapport à la façade principales de l'édifice.

***Sculptures** *(V. Nara, Kyōto, Kamakura).* — Œuvres japonaises d'expression bouddhiste, jusqu'à la période de Nara. « Dans l'histoire de la sculpture japonaise, la statuaire bouddhique occupe une position prédominante. Presque toutes les sculptures exposées au musée de Tōkyō sont la propriété de différents temples, et la collection d'œuvres japonaises appartenant en propre au musée est en fait très modeste » *(Okada Jō)* ; parmi les œuvres les plus remarquables citons néanmoins :

Plusieurs **statues** d'époque Nara (Nikkō Bosatsu) et Heian (Jūni shinshō), mais aussi des œuvres d'époque Kamakura, dont le célèbre **Minamoto Yoritomo assis**, en bois polychromé, aux yeux incrustés de cristal de roche.

« Le personnage humain disparaît ici dans les formes sommaires et homogènes du bloc de bois, qui a conservé, même après le travail du sculpteur, sa dureté d'origine comme pour indiquer l'inébranlable unité de caractère du modèle. Les jambes, repliées suivant un angle accusé, sont projetées en avant avec une puissance qui fait de ce détail l'élément dominant de la figure; (...) la tête est la seule partie expressive, car les mains et les pieds ont peu de relief : elle traduit la réflexion calme et décidée de l'homme d'action » (le musée national, les Deux Coqs d'or) : cette statue ressemble à celle d'Uesugi Shigefusa, conservée à Kamakura (V. ce nom).

*Masques. — « Quand on parle de sculpture japonaise, il ne faut pas oublier le développement de l'art du masque. les plus anciens sont ceux du gigaku. On rapporte que le gigaku fut introduit au Japon, en l'an 612 (vingtième année du règne de l'impératrice Suiko), par un homme de Paekche, du nom de *Mimashi*; sa vogue fut considérable, de l'époque Asuka à l'époque Nara (...). Le gigaku céda la place au bugaku à l'époque Heian, et d'autres masques furent fabriqués pour ce type de spectacle, mais dès l'époque Muromachi, on vit fleurir le Nô (...). Les masques du Nô sont de petites dimensions et stylisés; leur visage délicat a pour caractéristique de pouvoir exprimer tour à tour la douleur ou la joie, selon les mouvements de l'artiste. On trouve également des chefs-d'œuvre parmi les masques du Kyogen, au caractère comique très poussé » *(Okada Jō).*

**Costumes. — « A l'époque moderne, tandis que s'épanouissent les diverses activités artisanales, l'art du tissage fit preuve d'une vitalité particulière et produisit des œuvres d'un luxe extrême » *(Okada Jō).* Dessins, couleurs, procédés de teinture, techniques du tissage permettent une grande richesse dans les costumes, principalement exprimée sur ceux portés par les acteurs du Nô.

*Arts du métal. — Les Japonais excellèrent, depuis l'époque yayoi, dans ces arts qualifiés souvent à tort de mineurs. Le musée de Tōkyō a recueilli de nombreux objets de culte bouddhiste, et des objets pour la cérémonie du thé, qui présentent un échantillonnage entre les époques Heian et Muromashi (VIIIe au XVIe s.). Par ailleurs on verra des miroirs, gardes et montures d'épées, poignards, harnais, armures japonaises, qui sont parmi les plus originales du monde ; les *kotō* sont les vieux sabres du début de l'époque Heian à la période Momoyama, et les *shintō* les sabres récents d'époques plus tardives.

Porcelaines *(V. Imari, Kaga, Karatsu, Seto).* — Elles témoignent, par l'exposition de plusieurs spécimens, d'une originalité propre, selon l'époque et le lieu où elles ont été produites. Parmi les plus beaux objets on admirera un plat décoré de fleurs et d'oiseaux (poterie de Kutani, fin du XVIIe s.) ; un vase décoré de fleurs de prunier par *Ninsei Nonomura* (Kyōto, XVIIe s.) ; un plat décoré de haies de bambous et de sarments de vigne (porcelaine de Nabeshima, XVIIIe s.). Le musée possède par ailleurs les *collections de M. *Hirota Matsushige*, parmi lesquelles de très belles poteries pour la cérémonie du thé (originaires de Bizen ou de Mino) dont de superbes Raku.

Maquettes architecturales. — Ces modèles reproduisent quelques monuments, qui comptent parmi les plus célèbres du Japon : Byōdo in à Uji, Yumedono du Horyū ji, etc.

L'étage du Hon kan est presque exclusivement occupé par le département des **peintures** ; elles occupent la meilleure place dans ce musée et comptent parmi les plus riches collections japonaises. Sont également exposées de belles calligraphies, les objets de bois et l'art des laques.

***Peintures.** — Toutes les écoles japonaises d'avant le XXe s. sont représentées par des œuvres remarquables ; les estampes ont également une place importante.

Époque Heian (794-1185). — Elle se distingue essentiellement par des peintures religieuses influencées par le bouddhisme qui jouait alors un rôle important (nouvelles sectes *Tendai* et *Shingon*). « La fin de l'époque Heian vit apparaître un grand nombre de peintures à caractère profane, destinées à orner les demeures des seigneurs. Les peintures décoratives sur portes coulissantes (fusuma) et sur paravents (byobu) étaient monnaie courante dans les maisons de la haute société. Le style de ces peintures, typiquement japonais, fut appelé yamato e (peinture du Yamato), d'un ancien nom du Japon » *(Okada Jō)*.

**Kujaku Myōō (début du XIIe s.) « est le « roi paon », l'oiseau déifié qui dévore les serpents » ; c'est l'une des plus anciennes et des plus belles peintures du musée.

« La divinité aux quatre bras, symbole de ses multiples pouvoirs, est assise, les jambes croisées, sur une fleur de lotus placée sur un paon aux ailes déployées. Chacune de ses mains tient un emblème : la fleur de lotus, l'orange, la grenade et la longue plume de paon. Le fond de la peinture porte une double auréole irisée et un large nimbe vert et or qui reprend le motif des plumes, et représente l'oiseau en train de faire la roue. Aux quatre angles, de petits vases liturgiques sont posés sur un piédestal en forme de lotus ; ils contiennent un bouton de lotus à peine entrouvert d'où s'élève le vajra, symbole sacré de la foudre. La composition est rigoureusement frontale et le traitement précieux des ors et des vêtements rappelle la miniature » (le musée national).

**Fūgen Bosatsu (début du XIIe s.), rouleau peint représentant le bodhissattva Samantabhadra, « divinité miséricordieuse » qui est le personnage central du populaire *Sūtra du Lotus*. L'artiste le représente assis sur un éléphant blanc, dans une attitude de prière calme, figure essentiellement féminine avec des joyaux splendides et une chair rosée. L'artiste Fujiwara a mêlé ici le sensuel et le spirituel d'une manière très saisissante » *(Peter C. Swann,* Japon).

*Kokuzō Bosatsu (milieu du XIIe s.), « qui dispense la sagesse aux humains, apparaît ici dans un disque lunaire supporté par un rocher (...). Les lignes qui dessinent les traits impassibles de la divinité sont d'une finesse extrême. La subtilité de cette œuvre caractérise bien le goût aristocratique et efféminé de la fin de l'époque Heian (*Akiyama Terukazu,* la Peinture japonaise).

**Semmen Hokke kyō, quelque-uns des extraits du Sūtra du Lotus, calligraphiés sur éventails, avec scènes de vies peintes qui semblent indépendantes du texte ; les éventails de cette collection sont pour la plupart conservés au Shitennō ji d'Ōsaka *(V. ce nom)*.

Voir également les **Jūroku Rakan**, les Seize disciples du Bouddha (fin du XIe s.) provenant du Raijō ji (département de Shiga).

Époque Kamakura (1185-1333). — Dès la fin de l'époque Heian et durant toute l'époque Kamakura, se développa une forme de peinture particulière aux Japonais : les emakimono, rouleaux de soie peinte qui se déroulent dans le sens horizontal ; la peinture de style yamato e trouva un excellent moyen d'expression sur les emakimono.

Parmi ces rouleaux, le ***Jigoku Zōshi** (Rouleau des Enfers) et le ***Gaki Zōshi** (Rouleau des Spectres affamés) « furent sans doute rédigés dans un but de prosélytisme religieux, entre la fin de la période Heian et le début de la période Kamakura » *(Okada Jō)* ; ces rouleaux, dont les éléments les plus importants sont exposés au musée national, sont répartis également dans les musées de Kyōto et de Nara.

Le musée détient les six rouleaux du ***Kegon shū**, exécutés à l'époque

Kamakura, originaire du Kōzan ji à Kyōto. « Leur style particulier manifeste un changement important dans la conception du dessin. La grande liberté de trait, ainsi que la fluidité des couleurs, distinguent en effet cette œuvre de toutes celles qui l'ont précédée » *(Théo Lésoualc'h).*

Du même temple proviennent les rouleaux du ***Chōjū giga**, qui sous des représentations animales sont une caricature satirique de la vie bouddhiste de l'époque ; pourtant « ces dessins monochromes ne présentent pas d'unité de sujet ni de style. D'ailleurs en l'absence totale de texte, il est assez difficile de comprendre la signification de chaque scène ainsi que le lien qui unit les représentations de ces quatre rouleaux, et plusieurs interprétations différentes ont déjà été proposées » *(Akiyama Terukazu).*

***Heiji Monogatari Ekotoba** (fin du XIIIe s.), l'un des principaux rouleaux de style yamato et de sujet profane, retrace les troubles politiques qui se déroulèrent à la fin du XIIe s. « Ces rouleaux se caractérisent par une suite de compositions pleines de mouvement, et toujours bien équilibrées. L'artiste s'attache surtout à décrire la beauté des armures et des harnais, qui ont réellement atteint à cette époque leur plus haute perfection. Malgré les caractéristiques communes à un même atelier, ces rouleaux présentent de légères différences d'expression : cela nous incline à penser que l'exécution de la série complète a dû s'étendre sur un demi-siècle » *(Akiyama Terukazu).*

***Ippen Shōnin Eden** (1299), « série de rouleaux qui racontent la vie de pèlerinage du moine *Ippen* (XIIIe s.). Peu de temps après sa mort, son disciple favori, *Shōkai*, qui avait toujours accompagné son maître, composa l'histoire de sa vie. Le peintre *En i*, sans doute lui aussi compagnon de pèlerinage du grand moine, l'a illustrée en quarante-huit scènes montées en douze rouleaux. Contrairement à l'habitude de l'époque, où l'on employait le papier comme support des rouleaux, cette œuvre est soigneusement réalisée sur soie » *(Akiyama Terukazu).*

Époque Muromachi. — « A côté du *yamato e*, tout empreint de lyrisme dans son harmonie de lignes et de couleurs, la peinture monochrome à l'encre de Chine *(sumi e)* d'époque Muromachi (1337-1573) traduit la sévérité de l'esprit du bouddhisme zen (...). Les bases de la peinture à l'encre de Chine furent posées par les moines *Nyosetsu* et *Shūbun* (Lecture dans les roseaux). Avec l'apparition de *Sesshū* (Paysage, Paysages d'automne et d'hiver), les paysages japonais à l'encre atteignent la perfection » *(Okada Jō).* A cette époque apparaît également l'école des Kanō *(V. Kyōto).*

***Le moine Sien tzǔ**, par le moine *Kao Shūnen*, est l'une des premières œuvres à l'encre de Chine (début XIVe s.). « Sur ce rouleau, l'artiste a figuré Sien tzǔ, figure légendaire de moine ermite qui, avec son compagnon Chu tou, se nourrissait d'animaux et surtout de petits crustacés qu'il réussissait à pêcher (...). Kaō Shūnen a représenté ici le moine avec son épuisette sur le bord d'un cours d'eau, tout radieux d'avoir capturé une écrevisse (...) ; le personnage, caricaturé de façon amusante, est à peine ébauché et rendu en peu de lignes, dans un style sobre et concis, mais avec des effets impressionnistes très heureux » (le Musée national, les Deux Coqs d'or).

****Trois Paysages** de *Sesshū.* « Le célèbre peintre *Sesshū Tōyō* (1420-1506) fit au Japon la gloire de la peinture à l'encre (...). Confirmé par un séjour en Chine à l'époque de sa pleine maturité créatrice, Sesshū peignit d'un pinceau nerveux de puissants tableaux classiques comme le paysage d'automne ou celui d'hiver, où l'on sent la main du calligraphe. Mais il excellait aussi dans le style impressionniste des "tachistes", qui tiraient leurs plus beaux effets de l'économie de l'encre et de l'utilisation des taches créées par la plus ou moins forte charge du pinceau » *(D. et V. Elisseeff*, la Civilisation japonaise).

Par ailleurs, on remarquera un très beau **portrait** réaliste, au bas d'une calligraphie, du moine *Ikkyū* par *Bokusai* (XVIe s.).

Époque Momoyama (1586-1615). — Cette période, relativement courte, mais brillante, est en partie influencée par l'arrivée des Européens qui introduisent de nouvelles techniques picturales *(V. musée Namban à Kōbe).* Pour affirmer le prestige des grands seigneurs de l'époque, « la peinture fut appelée à décorer aussi bien les grandes surfaces que le mobilier, comme par exemple les paravents. Le *yamato e*, déjà décoratif par lui-même, se fondit avec la technique du *suiboku* pour produire des effets d'une splendeur inusitée, grâce à un coup de pinceau vigoureux, large et éblouissant. (...) C'est surtout les peintres de l'école de Kanō qui se consacrèrent à ce genre de travail, mais ceux de l'école Tosa se joignirent à eux avec succès et on leur doit avant tout, semble-t-il, d'avoir fait fusionner le *yamato e* et le *kara e* de style chinois, dont il ne restait, à l'époque, que le « blanc et noir » de la tradition Song et Yuan » (le Musée national, les Deux Coqs d'or).

De l'**école Tosa** : Paysage au clair de lune attribué à *Tosa Mitsuyoshi* (fin XVIe s.).

De l'**école de Kanō** : *Promenade à Takao, par Kanō Hideyori* (XVIe s.), *Arbre, Nuages et Montagne* et Tchao fu et le Bœuf, par *Kanō Eitoku* (1543-1590) ; *Bois de pins : « grâce au mouvement, sérénité des tons et fraîcheur d'expression caractérise la maîtrise de *Hasegawa Tōhaku* » *(Akiyama Terukazu).*

On remarquera également une Scène de vie champêtre, œuvre anonyme du début du XVIIe s.

Époque Edo (1615-1867). — « Durant celle-ci, en plus des écoles Kanō et Tosa déjà bien établies, apparurent progressivement d'autres écoles, comme celles de *Sotatsu* et *Korin*, l'école *bujiuga* (peinture des lettrés), l'école de *Maruyama Shijo*, l'école *ukiyo e*, l'école de tendance occidentale » *(Okada Jō).*

Du début de cette époque datent le Pont d'Uji, paravent peint, dû à un artiste inconnu, et aussi le Kabuki, attribué à *Hishikawa Moronobu.*

Les **estampes (l'ukiyo e). — « L'art de la gravure sur bois et de l'impression en couleurs appartient plus à celui de l'illustration qu'à la véritable peinture. Cependant, quelques artistes surent développer un réel talent dans l'exécution et la reproduction de leurs planches. Leur renommée fut si grande qu'elle leur valut d'être considérés comme des peintres. (...) Certains artistes commencèrent, avec *Hishikawa Moronobu* (1618-1694), à produire des bois gravés représentant surtout la vie des femmes galantes des « quartiers des fleurs », ou bien des acteurs célèbres du Kabuki. Ces peintures furent alors appelées *ukiyo e*, ou « images d'un monde flottant » *(Louis Frédéric, Japon).* Les plus grands maîtres de l'*ukiyo e* furent, aux XVIIIe et XIXe s. : *Harunobu Suzuki* (1725-1770), *Kiyonaga Torii* (1752-1815), *Utamaro Kitagawa* (1753-1806), *Hōkusai* (1760-1849) et *Hiroshige Andō* (1797-1858). Les estampes japonaises connurent, surtout par leur côté libertin, une grande réputation en Occident à partir du siècle dernier.

Tous les artistes mentionnés ci-dessus sont représentés au musée de Tōkyō. On verra plus particulièrement les séries : Femmes dans le Vent par *Kaigetsudō Andō* ; des portraits d'acteurs par *Tōshūsai Sharaku* ; Trente-six vues du mont Fuji par *Hōkusai* ; Cinquante-trois Relais du Tōkai dō par *Hiroshige.*

Objets laqués. — Très belles collections ; les plus anciens objets en bois laqué remontent à l'époque Heian ; un grand nombre d'entre eux sont réalisés selon « la technique du *maki e* (peinture saupoudrée), typiquement japonaise ; elle consiste à composer le dessin avec de la laque liquide, mélangée de couleurs végétales ou minérales, sur laquelle on passe ensuite une limaille d'or ou d'argent » (le Musée national, les Deux Coqs d'or) ; la plupart de ces objets sont incrustés de nacre ; certains sont signés des grands noms de l'époque Edo : *Hon Ami Kōetsu, Ōgata Kōrin*, etc.

**Calligraphies. — Le musée national permet de suivre une intéressante évolution de la calligraphie qui, si elle conserve son style originel chinois à l'époque Nara, se transforme en une gracieuse écriture cursive d'expression purement japonaise, dès l'époque Heian; durant les périodes Kamakura et Muromachi, elle prit un caractère plus vigoureux tandis que l'époque Edo remettait à l'honneur le style ancien de l'écriture. On remarquera, de l'époque Heian, de beaux écrits attribués à *Ono no Michikaze*, et d'autres exemples remarquables de l'époque Edo.

Toyo kan

Les salles de ce bâtiment s'élèvent sur plusieurs niveaux; on y trouve les départements d'art de la Méditerranée, de l'Asie du Sud-Est et du Pacifique, de la Corée, et surtout de la Chine; le sous-sol est généralement réservé aux expositions temporaires. Les **arts du grand continent chinois** sont particulièrement bien représentés, et il est possible d'en suivre l'évolution, tant en sculpture qu'en peinture et en céramiques.

Parmi les **sculptures** : bas-relief calcaire, traité en méplat, avec scènes de danse et de cuisine; cette pièce provient d'un sarcophage Han (IIe s. apr. J.-C.); une très belle tête du Bouddha en pierre (dynastie des Wei du Nord, IVe s.).

Parmi les **peintures** : *Personnages sous un arbre, peinture sur papier (VIIIe s.), provenant de la province du Sin Kiang; Bodhissattva Kshitigarbha (dynastie T'ang, VIIIe ou IXe s.), cédée par le musée Guimet de Paris, en 1957; ***Deux patriarches purifiant leur cœur**, par *Che K'o* (époque des Cinq Dynasties, Xe s.); œuvres de la dynastie des Song du Sud : Voyage imaginaire dans la région de Siao siang, attribué à *Li Long Mien* (fin du XIe s.); plusieurs *œuvres de *Liang K'ai* (début du XIIIe s. : Paysage sous la Neige, Portrait du Poète Li Po, le Sixième Patriarche coupant un bambou); Pêcheur solitaire sur la rivière par *Ma Yuan* (début du XIIIe s.); les génies « théorie » et « pratique », Han Shan et Shi tè, par *Yen Houei* (dynastie Yuan, XIVe s.); Paysage fantastique par *Li Tsai* (dynastie Ming, XVe s.); *Fleurs et oiseaux des quatre saisons par *Liu Ki* (dynastie Ming, début du XVIe s.); Paysage de Neige par *Kou Touan* (dynastie Ming, XVIe s.).

Parmi les **poteries** (très belles pièces chinoises et coréennes) : vase peint de la période Yang Chao (2 000 à 2 500 ans av. J.-C.); ***poteries vernissées** (dynastie T'ang, VIIIe s.); poteries des dynasties Song (XIe et XIIe s.); belle **coupe de porcelaine bleue Tchao tan** ou céladon de type Kouan (dynastie Song du S., XIIe s.); ***céramiques en blanc et bleu** des dynasties Yuan et Ming (XIVe et XVe s.).

On verra également plusieurs objets laqués et en bronze, dont un beau vase Yu (période Chang Yin, XIe s. av. J.-C.).

Hyōkei kan

Alors que le rez-de-chaussée de ce bâtiment est consacré à la préhistoire japonaise depuis le paléolithique, l'étage est réservé à la civilisation des *kōfun* (grandes sépultures).

« Jusqu'à l'époque contemporaine, le Japon fut un bout du monde, un finistère. Chaque élément de civilisation y parvenait avec un retard plus ou moins important, selon les circonstances historiques et les distances géographiques des centres chinois, sibériens, indiens ou sud-est asiatiques. La chronologie du Japon apparaît donc toujours marginale, décalée par rapport à celle du continent, et les civilisations s'y mélangent parfois au mépris des chronologies initiales (...). La civilisation Jōmon fut mise en évidence à la fin du siècle dernier par l'Américain *E. S. Morse,* qui trouva, pour la première fois au Japon, un amas de coquillages *[p. 579]* (...). Si l'époque Jōmon et la vie semivagabonde de ces hommes chasseurs et pêcheurs sont aujourd'hui bien oubliées, il n'en est pas de même de l'étrange céramique au décor d'impressions cordées (jōmon), faite à la main, dont l'existence permet de déterminer tout ce qui, au Japon, est antérieur à l'âge du bronze (...). La nature du décor et les modifications de forme et de volume qui se succédèrent au cours des âges ont permis de diviser l'époque Jōmon en cinq périodes, suivant que la base des poteries s'arrondit ou s'aplatit, que la panse s'orne plus ou moins, que le col s'évase jusqu'à se gonfler en de volumineuses protubérances dont les courbes baroques plaisent à l'œil moderne.

Le Japon agricole, et l'on serait tenté de dire le Japon de toujours, commence aux environs du IIIe s. av. J.-C. avec l'éclosion, en apparence subite, d'une culture évoluée, celle de Yayoi, caractérisée par la pratique dominante de l'agriculture, l'usage généralisé du tour de potier et la connaissance de la métallurgie (...). Le mérite des porteurs de la culture de Yayoi, du nom de la poterie qui la caractérise, est justement d'avoir su immédiatement — brûlant les étapes — extraire de cet apport les éléments d'une culture chalcolithique. Au bronze s'ajoutait en effet toute une série de techniques, qui devaient provoquer, sur le riche sol nippon, l'éclosion fulgurante d'un plein néolithique : le tour de potier permit la réalisation d'une céramique aux lignes très pures, imitées des modèles métalliques, et fonctionnelles.

Selon un mécanisme que l'on n'a pu encore comprendre avec précision, la civilisation Yayoi déboucha brusquement, au début du IVe s. de notre ère, sur un plein âge du fer (époque des tumuli : kōfun) (...). Le visage des antiques guerriers, dont l'énergie permit la fondation du premier État japonais, n'est aujourd'hui connu que par les silhouettes stylisées des haniwa » [V. Miyazaki] (D. et V. Elisseeff, la Civilisation japonaise).

Parmi les objets représentatifs des périodes évoquées ci-dessus, figurent de nombreuses *céramiques et poteries; on remarquera des figurines de terre cuite, d'aspect anthropomorphe, qui remontent au jōmon moyen ; elles sont connues sous le nom de *dōgu*, et leur apparition semble correspondre à la première pratique de rites funéraires, dont on trouve le prolongement parmi les nombreuses figurines *haniwa dont dispose ce musée. Les bronzes sont représentés par des armes, de beaux miroirs, images symboliques de la divinité shintō par excellence Amaterasu (V. Ise), et des « cloches » de bronze (dōtaku) dont l'utilité ancienne reste fort incertaine.

Horyūji Homotsukkan

Ouvert seulement le jeudi si la situation climatique (humidité de l'air) le permet.

Réunies sur deux étages, ces collections rassemblent quelques-uns des plus beaux **objets qui dépendaient autrefois du Horyū ji, proche de Nara (V. Ikaruga). Parmi les plus beaux, notamment d'époque Asuka, mentionnons : une petite *statue assise du Bouddha (cuivre plaqué d'or, d'époque Asuka, VIIe s.) ; un **miroir de bronze du VIIIe s. de 46,5 cm de diamètre ; un *étendard bouddhique (bronze ciselé et doré, VIIe-VIIIe s.) ; *Shōtoku Taishi Eden, bibliographie illustrée du prince Shōtoku (panneaux peints de paravents, attribués à Hata no Chitei, 1069) ; très beau groupe de statuettes de *dame Maya et ses suivantes (bronze doré d'époque Asuka). On verra également de nombreuses calligraphies, tissus, objets de culte en bronze ou en bois, miroirs sacrés, *objets laqués, instruments de musique, des *masques de gigaku ; la plupart de ces objets sont d'origine japonaise ou chinoise.

Le jardin qui s'étend au N. du musée national renferme, outre le petit lac, un dépôt de l'époque Kamakura (style azekura), le Rokusō an (pavillon de thé, XVIIe s.), l'Okyo kan (décoré par Maruyama Okyo, 1742) et le Kyō kan.

A l'O. des terrains du musée national se trouvent les facultés des Beaux-Arts et de Musique, dépendant de l'Université de Tōkyō (p. 564) Longeant les jardins du Musée national à l'O., on atteint vers le N. le :

TŌKYŌ : MUSÉE D'ART OCCIDENTAL

Kanei ji *(400 m N.-O. de la gare J. N. R. d'Uguisudani)*, centre bouddhiste très important sous le régime Tokugawa ; construit sur l'emplacement du musée national, il fut incendié lors de la restauration Meiji.

Le temple actuel, reconstruit à l'emplacement du **Daiji in**, ancien édifice principal du Chōraku ji de Serata (département de Gumma), fut transféré ici en 1875.

Au S.-E. du Kanei ji, et au N. du musée national, se trouvent les **tombeaux de la famille Tokugawa** *(le public n'est pas admis dans l'enceinte)* ; ce sont les monuments funéraires des shōgun *Tokugawa Ietsuna* (1639-1680) et *Tokugawa Tsunayoshi* (1646-1709), malheureusement endommagés pendant la guerre ; il subsiste cependant une belle porte, au cartouche de l'empereur.

Continuant à contourner le Musée national, on trouvera à l'E. de celui-ci le **Jigen dō** ou temple **Ryōdaishi** *(Pl. C1)* ; il renferme le portrait du Grand Maître Jigen Tenkai sōjō, fondateur du Kanei ji *(ci-dessus)*.

Au S. de ce temple s'élève l'**Académie du Japon** (Gakushi in), composée de 150 membres qui se répartissent en deux sections : littérature et sciences sociales ; sciences naturelles et leurs applications ; à l'O. de cette académie se trouve le :

Musée national des sciences *(Kokuritsu Kagaku Hakubutsu kan ; — Pl. C1 ; — 500 m N. de la gare d'Ueno ; — adresse : Ueno kōen, Taito ku ; — ouvert t.l.j., sauf lundi, de 9 h à 16 h 30)*, créé en 1928 par le ministère de l'Éducation nationale.

Il abrite des collections concernant la zoologie, la botanique, la géographie physique, la physique, la chimie, l'astronomie, la météorologie, l'océanographie, l'espace, l'électricité, la botanique et la minéralogie. Il renferme également des appareils pour les expériences, des laboratoires, une bibliothèque, une salle de conférences.

Au S. de ce musée :

Le ****Musée national d'art occidental** *(Pl. C1 ; — 500 m S. du musée national ; — 400 m N. de la gare d'Ueno ; — adresse : Ueno kōen, Taito ku ; — ouvert t.l.j., sauf lundi, de 9 h 30 à 17 h)*, édifice en béton armé à trois étages, fut construit (1959) d'après les plans de *Le Corbusier*, pour abriter la collection de *Matsukata Kojiro* (1865-1950) ; chefs-d'œuvre de peinture et de sculpture occidentales.

On y verra des *sculptures de *Rodin, Bourdelle, Maillol* et des **peintures des XIXe et XXe s., principalement des œuvres de : *Cézanne* (la Buire et la Soupière ; en Bateau) ; *Cottet* (Femmes au Moulin Rouge) ; *Courbet* (la Vague, Femme au Sein nu) ; *Delacroix* (études) ; *Gauguin* (Petites Bretonnes à l'horizon, Paysage de la Bretagne) ; *Monet* (Peuplier au soleil ; en Barque ; Nymphéas) ; *Pissaro* (la Conversation) ; *Renoir* (Femme au chapeau ; les Parisiennes déguisées en Algériennes) ; *Signac* (Ile de Groix) ; etc.

Au S. de ce musée : **Maison municipale de la Culture** *(Pl. C1)*. C'est un grand bâtiment, édifié à l'occasion du cinquième centenaire de Tōkyō, œuvre de l'architecte *Maekawa Kunio*. Cet édifice renferme deux salles de concert qui peuvent contenir 2 300 et 600 auditeurs. L'acoustique est particulièrement remarquable.

TŌKYŌ : PARC D'ASAKUSA

Proche est l'**Académie japonaise des Beaux-Arts** (danse, musique, arts), bâtiment de style Heian (arch. *Yoshida Isoya*) où ont lieu des concerts, conférences, projections, expositions, cérémonies et représentations théâtrales.

Au S.-E. du parc d'Ueno s'élève la **gare d'Ueno** *(Pl. C2),* point de départ des lignes pour le N., le N.-E. et le N.-O. du Japon.

Reconstruite en 1932, cette gare est l'une des plus importantes du pays. De là, par une ligne souterraine percée sous le parc d'Ueno, un service spécial dessert la gare du Shinkansen d'Omiya pour Morioka et Niigata.

En sortant de la gare d'Ueno du côté opposé au parc d'Ueno, on emprunte Asakusa dōri en direction de la Sumida gawa.

A la hauteur de la station de métro de Tawaramachi, on peut gagner vers le N. l'**Asakusa Hongan ji** *(Pl. E2 ; — 1 km E. de la gare d'Ueno),* communément appelé Monzeki ; ce temple, fondé en 1657, fut utilisé pour recevoir les envoyés de Corée, et à l'époque de la guerre avec la Chine (1894-1895), il hébergea de nombreux prisonniers. Détruit par le tremblement de terre de 1923, le bâtiment reconstruit depuis lors souffrit encore des bombardements aériens de 1945, mais il a retrouvé sa splendeur passée.

Poursuivant par Asakusa dōri on atteindra, au-delà de Kokusai dōri, et peu avant Edo dōri, la rue des boutiques de souvenirs, Nakamise dōri, bordée de nombreuses échoppes ; elle conduit vers le N. au :

Parc d'Asakusa *(Pl. F1 ; — 1,7 km N.-E. de la gare d'Ueno ; — 600 m N. de la station de métro : Asakusa),* situé au centre de l'un des districts les plus vivants de Tōkyō, ceci grâce à l'énorme « quartier d'amusement » qui s'étend parallèlement à Kokusai dōri : théâtres, restaurants et « lovehôtels » avoisinent ; les salles de bowling et les cinémas brillent de toutes leurs lettres de feu dès la tombée du jour.

Le parc d'Asakusa renferme plusieurs monuments, en particulier le **Sensō ji** (Asakusa dera), connu sous l'appellation de Kannon d'Asakusa, à qui ce temple est dédié.

Le temple, qui a toujours joui d'une grande renommée, aurait été fondé au VIIe s. par trois pêcheurs, *Hashino Nakatomo, Hinokuma Hamanari* et *Takenari,* qui avaient recueilli dans leurs filets une petite statue en or de Kannon.

L'imposant bâtiment principal, ou Kannon dō, qui datait de 1651, fut incendié durant la dernière guerre, ainsi que le portail principal (Niō mon) et la pagode à cinq étages. Une réplique en béton armé du Kannon dō a été achevée en 1955, grâce à la générosité des fidèles. Au plafond de la salle principale, œuvres de peintres contemporains : Dragons, par *Kawabata Rūshi,* et Pluie de Fleurs par les Divinités, par *Dōmoto Inshō ;* le Niō mon fut reconstruit en 1964 et la pagode également rééditifiée à la même époque.

La porte orientale (Nitem mon) et le sanctuaire d'Asakusa (communément appelé Sanja sama), au N. de cette porte, ont échappé aux destructions de la guerre. Le sanctuaire a été construit sur l'ordre du troisième shōgun Iemitsu, en mémoire des pêcheurs fondateurs du temple d'Asakusa ; fête les 17 et 18 mai.

Dans le parc d'Asakusa se trouve aussi le **Dembō in**, avec *jardin-paysage *(visible sur demande écrite)* tracé au XVIIe s. par *Kobori Enshū*.

TŌKYŌ : SUMIDA KU 575

→ A 1 km N.-O. du parc d'Asakusa, par Kokusai dōri, on atteindrait l'Otori jinja, dédié entre autres à Yamato Takeru *(V. Kameyama)*. En novembre s'y tient un marché aux râteaux de bambous ornés de porte-bonheur, qui attire toujours une grande foule.

→ A 1,5 km S. du parc d'Asakusa, par Edo dōri *(ci-dessus)* et Kuramae dōri, on pourrait se rendre au **Kokugi kan** *(Pl. E3)*, construit après la Seconde Guerre mondiale et où l'on pratique le sumō. Combats en janvier, mai et septembre. A proximité le **musée du Sumō** *(2-1-9, Kuramae, Taito ku ; ouvert t.l.j., sauf lundi, de 9 h à 17 h)* abrite une exposition concernant l'histoire de ce sport, et des objets ayant appartenu à des champions célèbres.

G. — Sumida ku et Kōtō ku

Gares J.N.R. : Kameidō, Kinshicho, Ryōgoku.

Ces deux arrondissements, compris entre la Sumida et l'Ara kawa, furent profondément affectés par le tremblement de terre de 1923. Sillonnés de canaux et fortement industrialisés, ils furent progressivement gagnés vers le S. sur la mer : développement du port de Tōkyō.

Depuis Asakusa, l'Asukusa dōri traverse la Sumida gawa par le pont de Komagata, et se prolonge vers l'E. A la hauteur de la station de métro de Honjo Azumabashi, elle croise Mitsume dōri, qui vers le N. conduit au :

Parc de Sumida *(Pl. F2 ; — 800 m E. du parc d'Asakusa ; — 500 m N. de la station de métro : Honjo Azumabashi)* ; celui-ci s'étend de part et d'autre de la Sumida gawa.

La partie du parc qui longe la rive g. de la Sumida est située dans **Mukōjima**. Elle était l'un des endroits les plus recherchés de la capitale. Malheureusement, beaucoup d'arbres ont été abattus et la création d'une voie express, le long du fleuve, lui a ôté beaucoup de son charme.

→ Au N. de ce parc se trouve le **Mimeguri jinja**, et à 400 m au N. de celui-ci le **Chōmyō ji**, dédié à Benzai ten ; fête la première semaine de janvier.

Mitsume dōri (ci-dessus) se prolonge par Mito kaidō, qui rencontre vers le N.-E. une autre artère importante, en direction du Hyakka en et du pont de Shirahige.

Hyakka en *(1,5 km N.-E. du Sumida kōen ; — 400 m S.-O. de la station Tamanoi, Tobu Railway depuis Asakusa)*, ou le jardin des « Cents fleurs ».

Créé par *Sahara Kikuu* entre 1804 et 1817, endommagé par la guerre, ce jardin a été reconstitué. Les shōgun, surtout *Tokugawa Ienari* (1773-1841), se rendaient souvent dans le « pavillon des fleurs » (également reconstruit) ; dans le jardin, monument à la mémoire des poètes japonais célèbres.

Depuis le pont de Komagata *(ci-dessus)*, Kototoi dōri traverse du N. au S. les arrondissements de Sumida et de Koto.
Après son intersection avec Kuramaebashi dōri, Kototoi dōri longe le :

Tōkyō to Ireidō *(Pl. F4 ; — 1,5 km S.-O. du parc de Sumida ; — 1,8 km S. d'Asakusa ; — 500 m N.-E. de la gare J.N.R. de Ryōgoku)*, où s'élève le **Hifukushō ato**, Mémorial du Tremblement de Terre.

Le 1ᵉʳ septembre 1923, lorsqu'eut lieu le tremblement de terre où périrent 58 000 personnes, les habitants de Tōkyō se réfugièrent sur ce grand terrain découvert, afin de fuir les incendies qui s'allumaient de toutes parts. Mais des étincelles, jaillies des bâtiments environnants, mirent le feu aux objets que ces malheureux avaient voulu sauver. Encerclés par les flammes ils ne purent s'échapper, et 35 000 d'entre eux furent brûlés vifs.

Dans la pagode à trois étages, les os calcinés des victimes sont enfermés dans de très grandes urnes. Ce monument abrite aussi les cendres de 100 000 victimes civiles de la Seconde Guerre mondiale, aussi depuis 1951, porte-t-il le nom de Bâtiment Funéraire de Tōkyō Métropole pour les victimes du tremblement de terre et de la guerre *(Tōkyō to Ireido)*; l'ossuaire se trouve au sous-sol.

En arrière se trouve l'**hôpital mémorial de la Fraternité** *(Doai Kinen Byōin)*, édifié grâce à une souscription ouverte en Amérique lors du tremblement de terre. Au S. de celui-ci se **jardin de Yasuda**, en partie reconstitué, fut cédé en 1912 à la ville, par le baron de ce nom. Poursuivant vers le S., Kototoi dōri rencontre, au-delà de la voie ferrée, Keiyo dōri, tracée dans le prolongement de Ryōgoku bashi, pont célèbre. C'est là que se situaient les quartiers d'attractions de la capitale à l'époque Edo, ainsi que la résidence de *Kira Yoshinaka*, assassiné en 1702 par les quarante-sept rōnin *(V. Sengaku ji, p. 613)*.

Imperturbablement rectiligne, Kototoi dōri consent enfin à former un léger coude vers le S.-O. à hauteur duquel on visitera le :

**Kiyosumi kōen *(2 km S. du Tōkyō to Ireidō; — 2,2 km E. de Nihombashi; — 1,7 km S. de la gare J. N. R. de Ryōgoku; — 1 km N. de la station de métro : Monzennakachō)*; bien que peu visité, c'est l'un des plus beaux jardins-paysages de Tōkyō.

C'était, à l'époque Edo, la demeure de *Kuze Yamatono kami;* elle devint au XIXᵉ s. la propriété du baron *Iwasaki* qui la céda à la ville en 1913. Restauré depuis la guerre, le jardin a retrouvé les beaux rhododendrons qui font sa célébrité.

Prolongeant son tracé, Kototoi dōri longe, avant d'atteindre Eitai dōri, l'extrémité occidentale du **parc de Fukagawa**, où se trouvent le temple de **Fukagawa Fudōson** et le **Tomioka Hachiman gū**.
Kototoi dōri se poursuit au-delà d'Aioi bashi, par Tsukishima dōri qui rejoint vers le S.-O. Harumi dōri *(p. 542)*.

H. — Vous pouvez voir encore...

— **Depuis Asakusa**, le long de la *Tobu Isesaki line (Tōbu E. R.)*, on peut gagner la station de *Daishimae (12ᵉ station)*; à 400 m O. de la station, on visite le ***Nishi Arai Daishi** *(Nishi Arai machi, Adachi ku)*, fondé par *Kōbō Daishi*. On y vénère la statue de Zōwō Gongen, qui date de l'époque Fujiwara (XIIᵉ s.), ainsi que celle de Kannon attribuée à *Kōbō Daishi;* une troisième statue représentant ce prêtre a la réputation d'éloigner les catastrophes ; fête le 21 de chaque mois ; beau jardin de pivoines autour du temple.

— **Depuis Tōkyō** *(p. 537)* **ou Ueno** *(p. 574)*, le long de la *Keihin-Tōhoku line (J. N. R.)*, on peut se rendre à :

Nippori, d'où l'on gagnera par le *Keisei E. R. : Horikirishōbuen (5ᵉ station)*, où l'on visite *(à 1,5 km S.-O. de la station)* le **jardin d'Iris de Horikiri** *(Horikiri Shobu en; — Horikiri machi, Katsushika ku)*, premier jardin où aient été cultivées ces fleurs durant l'époque Edo ; aujourd'hui réduit à 4,5 ha, il attire de nombreux visiteurs lors de la floraison, vers la mi-juin.

Il faudra le plus souvent changer à **Aoto** pour gagner *Shibamata (9ᵉ station depuis Nippori)* ; on peut visiter *(à 500 m N.-E. de la station)* le ***Daikyo ji** ou **Taishaku ten** *(Shibamata chō 1-chōme, Katsushika ku)*, fondé en 1644 par le prêtre *Nitchū* (secte *Nichiren*). Dans la salle principale du temple, la petite statue (en bois de poirier) de Taishaku ten est attribuée à *Nichiren* ; la porte d'accès au temple est ornée de belles sculptures (dragons et tigres), considérées dans leur genre comme les plus anciennes qui existent. Ce temple attire de nombreux visiteurs, qui fréquentent les petites boutiques alignées le long de la ruelle qui le relie à la gare.

Kaminakazato, d'où l'on peut gagner :

A 500 m S. de la station, le *Kyū Furukawa teien (27-2-3, Nishigahara 1-chōme, Kita ku)*, qui appartenait à l'origine à *Mutsu Munemitsu*, diplomate fameux de l'époque Meiji ; ce jardin renferme des pavillons à la mode anglaise, et des maisons de thé construites en paulownia du Japon.

Ōji, d'où l'on peut visiter :

Au S.-E. de la gare *(prendre la sortie S. sur le quai)*, le **musée du Papier** *(1-1-18, Horifune, Kita ku ; ouvert t. l. j., sauf lundi et jours fériés, de 9 h 30 à 16 h 30)* ; il renferme une collection didactique sur la fabrication du papier, ses utilisations multiples, et diverses sortes de papiers orientaux et occidentaux.

Sur une hauteur, au S.-O. de la gare, le **parc d'Asukayama** *(Oji machi, Kita ku)*, étendu sur 4,5 ha ; planté au XVIIIᵉ s. par le shōgun Tokugawa Yoshimune, il reste renommé pour ses cerisiers qui fleurissent en avril.

A 1 km N.-O. de la gare, le ***jardin de Nanushi no taki** *(Kishi machi, Kita ku)*, ou jardin des Cascades de Narumi, renommé dès l'époque Edo pour ses jeux aquatiques.

— **Depuis Ikebukuro,** district important et centre commercial qui se développa depuis le début du XXᵉ s. ; gare importante au centre d'un quartier très animé.

A 700 m S. de la gare, **Kishimojin dō**, fut fondé en 810 par le prêtre Jikaku.

A 800 m O. de la gare se trouve l'**université Rikkyō**, que les étrangers connaissent sous le nom d'université Saint-Paul.

Le long de la *Seibu-Ikebukuro line (Seibu E. R.)* on rencontre :

Le terminus de *Toshimaen (6ᵉ station)*, d'où l'on gagnera, à 300 m N.-O. de la station, le **parc de Toshima** *(Mukōyama machi, Nerima ku)*, grand parc d'attractions équipé de terrains de sports, jardins d'enfants, théâtres de plein air, parc zoologique, jardin d'agrément, etc.

Shakujiikōen (8ᵉ station), d'où l'on peut rejoindre *(à 500 m S.-O. de la station)* le **parc de Shakujii**, en grande partie occupé par le **lac Sampōji** évoquant le souvenir de l'ancienne plaine de Musashi qui entourait autrefois Edo ; à proximité : **Sampō ji**, fondé au XIVᵉ s., et **musée Katō** (musée des cigales ; *Shakujii 2-chōme, Nerima ku ; ouvert t. l. j., sauf les jours de pluie, de 9 h à 16 h*) qui dépend de l'Institut entomologique Katō.

— **Depuis Seibu Shinjuku,** où se trouve la gare de *Takadanobaba (J. N. R.)*, on peut gagner par la *Seibu Shinjuku line (Seibu E. R.)* :

Araiyakushimae (3ᵉ station depuis Takadanobaba), où l'on visitera :

A 500 m S.-O. de la station, le temple d'**Arai Yakushi** *(Arai machi, Nakano ku)*, ermitage en l'honneur du Bouddha guérisseur fondé en 1586 par *Umehara*

Shogen; on y vénère une **statue du Bouddha** attribuée à *Kōbō Daishi*. Ce temple, connu sous le nom de *Kosodate*, est fréquenté par les femmes qui désirent avoir des enfants et pour la guérison de ceux-ci ; fêtes surtout les 8 et 12 des mois de janvier, mai, septembre.

A 600 m N. de la station, le **Tetsugaku dō** *(Ekoda 1-chōme, Nakano ku)*, temple de la philosophie, fondé en 1904 « pour la culture de l'esprit » par le Dr *Inoue Enryo* (1859-1919), éminent philosophe et moraliste. Parmi les bâtiments, mentionnons le sanctuaire dédié aux « Quatre Sages du monde » : Bouddha, Confucius, Socrate, Kant. Dans le jardin, pavillon du Cosmos et pavillon Reimei Kaku ; fête de la philosophie au mois de novembre.

☛ — **Depuis la gare de Shinjuku** *(p. 558),* par la *Keio line* **(Keio Teito E.R.)** jusqu'à :

Rokakoen (10e station), pour visiter *(à 1 km S. de la station)* le **parc de Roka** ou **Koshun en** *(Kasuya machi, Setagaya ku),* où s'élève la maison du romancier *Roka Tokutomi* (1868-1927) : manuscrits et souvenirs.

En changeant à *Shimotakaido* (6e station depuis Shinjuku), on peut gagner vers le S. *(3e station au-delà) Miyanosaka,* où l'on visite, à 300 m N.-E. de la station, le **Gōtoku ji** *(Setagaya 2-chōme, Setagaya ku),* fondé en 1480 par *Kira Sakyōdayū Masatada;* y est enterré *Ii Naosuke* (1814-1860), qui fut assassiné devant le palais d'Edo *(p. 534).*

➜ Proche de la station de *Shōinjinjamae (3e station au-delà de Miyanosaka),* on peut visiter le **Shoin jinja** *(Wakabayashi machi, Setagaya ku),* fondé en l'honneur de *Yoshida Shōin* (1830-1859), nationaliste et éducateur remarquable de la fin de l'époque Tokugawa ; fête le 17 octobre. La route de Setagaya s'étend sur près de 2 km ; les 15 et 16 décembre s'y tient le *Setagaya Boroichi,* sorte de marché aux puces de Tōkyō.

☛ — **Depuis la gare de Shibuya** *(J.N.R.),* par l'*Inokashira line* du *Keio Teito E.R.* jusqu'à :

Komaba Todaimae (2e station), où s'étend, au N. de la station, la **faculté des Arts libéraux,** dépendant de l'Université de Tōkyō ; à l'O. de cette enceinte on pourra visiter le **Mingei kan** *(3-30, 4-chōme, Komaba, Meguro ku ; ouvert t.l.j., sauf lundi, de 10 h à 17 h ; fermé du 1er janvier au 28 février) ;* très important pour le folklore nippon ; il renferme environ vingt mille objets, dont un grand nombre provient également de Corée. Au N. on trouve le **Musée de la Littérature japonaise moderne** *(4-3-55, Komaba, Meguro ku ; ouvert t.l.j., sauf dimanche et jours fériés, de 9 h 30 à 16 h 30).*

Eifukuchō (8e station), où l'on peut gagner *(à 1 km N. de la gare)* l'**Omiya Hachiman gū** *(Omiya kōen, Omiya machi, Suginami ku),* au milieu d'un vaste jardin dont une partie, près de la rivière Arai, est plantée de rhododendrons ; fête le 19 septembre.

➜ A 2,5 km N. *(ou 600 m S.-O. de la station de métro Higashikōenji)* : le **Myōho ji,** reconstruit en 1771 ; on y vénère une statue de Nichiren, gravée par *Nichirō,* l'un de ses disciples, à la fin du XIIIe s. ; grande fête annuelle Oeshiki en octobre.

☛ Par la *Tōkyōko line* **(Tōkyū E.R.),** depuis **Shibuya,** on peut gagner :

Yūtenji (3e station) où l'on visite *(à 500 m E. de la gare)* le **Yūten ji** *(Naka Meguro 3-chōme, Meguro ku),* édifié en 1719 à la mémoire du prêtre Yūten, enterré dans l'enceinte de ce temple.

Toritsudaigaku (5e station), d'où l'on pourra se rendre au *(1,5 km N.-O.)* **parc olympique de Komozawa,** qui s'étend sur une quarantaine d'hectares ; remarquez le stade d'athlétisme, dont la toiture ne nécessite aucun pilier de support.

— **Depuis Meguro** *(gare J.N.R.)*, au centre d'un quartier très vivant dont la périphérie est essentiellement résidentielle.

A 600 m O., par Meguro dōri, on peut atteindre le **sanctuaire d'Otori**, près duquel on visite le **Meguro Kiseichū kan** *(Shimo Meguro, Meguro ku ; ouvert t.l.j., sauf dimanche et fête de 11 h à 14 h)*, rare exemple d'une collection d'environ 4 000 spécimens de parasites, domaine dans lequel s'est spécialisé ce musée.

Par la *Mekawa line (Tōkyū E.R.)*, on peut gagner :

Fudomae (1ʳᵉ station) où l'on visite *(à 600 m N.-O.)* le **Ryūsen ji** ou **Meguro Fudō** *(Shimo Meguro, 3-chōme, Meguro ku)*. Ce temple fut fondé (808) par *Ennin (Jikaku Daishi)* qui réalisa à la suite d'un rêve la statue du Fudō qu'on y vénère ; le **Hon dō**, de construction récente, a un plafond peint (dragon) par *Kawabata Ryushi* ; dans les jardins, au N.-E. du temple, le **Rakan ji** abrite les statues de trois cents Rakan, sculptés par *Matsuoka Genkei* au XVIIᵉ s. ; fête le 28 de chaque mois. Le 28 octobre on offre des patates douces, dont *Aoki Konyō* (1698-1769), enterré à proximité, fut l'introducteur au Japon.

— **Depuis la gare J.N.R. de Shinagawa** *(p. 549)*, le long de la *Keihin Tōhoku line (J.N.R.)* :

Oimachi, d'où l'on gagnera par la *Denen Toshi line (Tōkyū E.R.)* :

Kuhonbutsu (10ᵉ station), où l'on visite *(à 100 m N. de la station)* le ***Jōshin ji**, temple des « 9 Bouddha » *(Okusawa 7-chōme, Setagaya ku)*, fondé (XVIIᵉ s.) à l'emplacement du château d'Okusawa ; Hon dō de 1698 ; Niō mon de 1793 ; grande fête lors du Bon matsuri du 16 au 18 août.

Kaminoge (13ᵉ station), où l'on visite *(à 500 m S. de la station)* le **Gotō Bijutsu kan** *(3-9-25, Kaminoge, Setagaya ku ; — ouvert t.l.j., sauf lundi, de 9 h 30 à 16 h 30)*, dans le style de l'époque Heian ; il abrite les collections de *M. Gotō Keita* ; celles-ci renferment entre autres quelques-uns des célèbres ***rouleaux du Genji Monogatari** (encre et couleurs sur soie) de la période Heian *(V. le musée Tokugawa à Nagoya)*.

Omori, au centre d'un quartier résidentiel fréquenté par les hommes d'affaires de Tōkyō et de Yokohama.

Au N. de la gare, un monument indique l'emplacement où furent découverts des vestiges préhistoriques au cours de fouilles exécutées par le professeur américain *E.S. Morse*.

A 2 km S.-O. de la gare *(bus)*, le temple d'**Hommon ji** *(1 km S. de la station de métro : Nishimagome ; Ikegami Hon machi, Ōta ku)*, grand centre de la secte Nichiren, s'élève sur une colline boisée. En dehors de la pagode à cinq étages, édifiée en 1608, et du pavillon des sūtra, tous les édifices ont été détruits en avril 1945 et progressivement reconstruits depuis. Dans le temple, statue en bois de Nichiren (1222-1282, *V. Kamakura*), mort à proximité dans l'ancien village d'Ikegami ; grande fête annuelle *Oeshiki* le 12 octobre.

Katamata, où s'étend *(à 500 m S.)* **Umeyashiki**, jardin de pruniers centenaires dans lequel aimaient à se retrouver, au début de l'ère Meiji, les grands hommes du gouvernement.

Par l'*Ikegami line (Tōkyū E.R.)*, depuis la gare de Katamata, on peut gagner :

Ikegami (2ᵉ station), à 800 m S. du *Hommon ji*, V. ci-dessus.

Senzokuide (8ᵉ station), proche de l'étang fréquenté de Senzoku ; on y voit une statue de Nichiren, qui avait l'habitude d'y faire ses ablutions, et un monument à *Saigō Takamori* (1827-1877, *V. Kagoshima*).

☞ Par la *Keihin Kyūko line* (*Keihin Kyūko E.R.* ; *services directs depuis Shimbashi*), depuis *Shinagawa* (*ci-dessus*), on atteint :

Aomono Yokochō (4ᵉ station) ; visite possible (à 400 m O.) du **Kaian ji** *(Minami Shinagawa 3-chōme, Shinagawa ku)*, fondé par Hōjō Tokiyori (XIIIᵉ s.) ; ce temple doit son nom (*kaian*, mer calmée) à une légende : une statue de Kannon aux mille bras aurait été découverte dans le ventre d'un requin ; dès la mort de l'animal la tempête qui sévissait se calma tout d'un coup.

Anamori Inari (14ᵉ station, par l'embranchement de Haneda), à proximité du sanctuaire de ce nom, précédé d'une longue avenue de torii peints en rouge.

Hanedakuko (15ᵉ station), d'où l'on peut se rendre (800 m E.) à l'**aéroport de Haneda** *(monorail depuis Hamamatsuchō, p. 546)*, construit près de la mer et mis en service dès 1931.

I. — Environs de Tōkyō

Chiba, Chōfu, Fuchū, Hachiōji, Kamakura, Kawasaki, Narita, Yokohama, parcs nationaux de Chibu Tama, de Fuji Hakone Izu, de Nikkō : *V. ces noms ;* ces destinations peuvent faire l'objet d'une excursion d'une journée ou d'une demi-journée au départ de Tōkyō ; se renseigner auprès des agences.

■ Tomakomai (Ile de Hokkaidō)

Carte ferroviaire, en page de garde.
Tōkyō, 1 082 km. — Asahikawa, 184 km. — Hakodate, 252 km. — Otaru, 106 km. — Sapporo, 67 km.
Hokkaidō. — 192 000 hab. — Ville industrielle (papeteries, industries du bois, sidérurgie) et portuaire.

Tomakomai est l'une des villes les plus dynamiques de Hokkaidō ; sa population a presque doublé en dix ans. Modeste port de pêche à l'époque Edo, c'est aujourd'hui la capitale du papier journal, voisinant avec un vaste port de création artificielle, achevé en 1963. Avec la ville de Muroran *(V. ce nom)*, à une soixantaine de kilomètres vers l'O., Tomakomai forme l'un des secteurs de pointe de l'activité industrielle à Hokkaidō.

☞ **Environs :**

1 — Shiraoi *(22 km S.-O. ; train J.N.R. ; car)* ; à 500 m N.-E. de la gare, en bordure du petit lac Poroto, on pourra visiter le village ainou de Shiraoi, qui compte parmi les plus connus de Hokkaidō. On y voit une demi-douzaine d'habitations au toit de chaume, qu'on atteint après avoir dépassé de nombreuses boutiques de souvenirs. La maison du chef est la plus intéressante ; petit musée où sont exposés de nombreux objets et présentées des scènes de la vie ainou *(V. Hokkaidō)*.

2 — Biratori *(100 km E. en partie par la N 235 ; train J.N.R. jusqu'à la gare de Saru, puis car sur 13 km)*, autre village ainou sur la vallée de la Saru que bordent des collines escarpées. En arrière de ce village, se situait un fort où fut élevé (1799) un sanctuaire en l'honneur de *Minamoto Yoshitsune*, qui aurait trouvé refuge dans cette région après avoir échappé à la bataille de Koromogawa *(V. le Chūson ji, dans les Environs d'Ichinoseki)*.

3 — Muroran, parc national de Shikotsu Tōya, *V. ces noms.*

Tomioka (Ile de Honshū)

Tōkyō, 128 km. — Fukushima, 312 km. — Maebashi, 31 km. — Nagano, 121 km. — Niigata, 306 km. — Urawa, 102 km. — Utsunomiya, 145 km.
Gumma ken. — 48 000 hab. — Filatures.

Établie sur un affluent de la Tone gawa, Tomioka est la première ville japonaise où aient été mis en œuvre (à partir de 1872) les procédés modernes de filature de la soie grège, dite de Tomioka.

Environs : Myōgi san *(36 km N.-O. jusqu'à Matsuida ; train Jōshin Etsu E. R. jusqu'à Shimonita, puis car)*. — Quitter Tomioka vers l'O. par la N 254.
13 km : **Shimonita**, terminus de la voie privée, d'où l'on poursuit par la même route.
17 km : Embranchement à dr. vers le **Myogi san**.

A 16 km O., par la N 254, puis une autre route *(car depuis Shimonita)* : **Pâturage de Kōzu**, zone d'élevage et de promenades sur les pentes de l'Arafune san (1 423 m), dont on peut réaliser l'ascension.

21 km : Embranchement sur la gauche d'une *route à péage, qui longe les pentes du Myōgi san.
Le *Myōgi san est formé des monts **Haku un** (1 081 m), **Kinkei** (856 m) et **Kondō** (1 140 m) ; ce dernier est à l'O. le sommet de cet ancien volcan que l'érosion sculpta d'abrupts, falaises et rochers isolés aux formes étranges. Du sommet *(ascension en 1/2 h environ)*, vue sur le bassin du Kantō et les montagnes voisines qui composent le *parc régional de Myōgi Arafune Saku kōgen.
Au pied de cette montagne se trouve le **sanctuaire de Myōgi**, édifié à l'ombre d'un bois superbe de hauts cèdres japonais.
36 km : **Matsuida**, d'où l'on peut gagner en train *(J. N. R.)* Annaka et Takasaki *(V. ce nom)*.

Tosa (Ile de Shikoku)

Carte de Shikoku et mer Intérieure, p. 502-503.
Tōkyō, 889 km. — Kōchi, 16 km. — Matsuyama, 121 km. — Takamatsu, 276 km. — Tokushima, 216 km.
Kōchi ken. — 32 000 hab.

A l'O. de la Niyodo gawa, Tosa porte le nom de l'ancienne province qui l'entoure, aujourd'hui département de Kōchi, célèbre pour la superbe race canine qui porte ce nom.

Environs : *Yokonami sanri *(27 km jusqu'à Susaki, car)* ; au S. de Tosa on atteint Usa, et de là, traversant par un pont à péage l'étroit bras de mer de Yokonami (allongé sur 12 km env.), on gagne Shiraga hana et la côte méridionale que borde l'océan Pacifique ; cette côte, parsemée de nombreux îlots, est suivie par une belle route à péage.

Tottori (Ile de Honshū)

Carte ferroviaire, en page de garde.
Tōkyō, 689 km. — Hiroshima, 300 km. — Kōbe, 191 km. — Matsue, 133 km. — Okayama, 137 km.
Chef-lieu de Tottori ken. — 118 000 hab.

Proche de l'embouchure de la Sendai gawa, sur la mer du Japon, Tottori est située au centre d'une plaine que barre au N. un célèbre massif dunaire; la ville est devenue l'un des principaux centres économiques du San in, la façade septentrionale du Chūgoku.

Depuis la gare, vers le N.-E., l'une des principales artères de Tottori traverse la ville jusqu'à hauteur de la Préfecture.

▪ A 200 m de la gare elle croise une rue, qui sur la g. passe devant le *musée d'art populaire de Tottori (Sakae chō, ouvert t.l.j., sauf lundi)*; celui-ci occupe un ancien grenier restauré, comparable à ceux de Kurashiki *(V. ce nom)*, et dont les intéressantes collections réunissent : meubles locaux, objets laqués, poteries anciennes.

Une construction circulaire voisine abrite une collection de statuettes du Jizō Bosatsu recueillies dans la région de Tottori.

Au N.-O. de la préfecture, le parc de Hisamatsu *(1,8 km N. de la gare)* occupe l'emplacement de l'ancien château de Tottori, dont subsistent le tracé des douves et quelques remparts.

Ce château fut élevé au XVIe s. par *Yamana Masamichi*; il passa ensuite sous le contrôle des Mori et fut confié, à partir du XVIIe s., par les Tokugawa aux Ikeda.

Au N. du château, téléphérique d'accès au Hisamatsu yama, d'où la vue s'étend jusqu'aux fameuses dunes de Tottori et la mer.

A 1,5 km S.-E. du château *(2 km N.-E. de la gare ; bus)* on pourra visiter le joli sanctuaire d'Ōchidani, élevé en 1650 en l'honneur de Tokugawa Ieyasu ; en arrière s'étend le parc d'Ōchidani.

➜ A 700 m S.-O. de l'Ochidani jinja *(se renseigner)*, petit temple de Kannon in qui s'agrémente d'un fort joli jardin-paysage.

☞ **Environs :**

1 — Yoshioka Onsen *(12 km O. ; car)* : station thermale (sources de 41 à 55 °C) que l'on atteint après avoir longé au S. la vaste lagune de Koyama, parsemée de plusieurs îlots.

2 — Aoya *(25 km O., par la N 9 ; train J.N.R. ; car)*. — A la sortie de Tottori la route et la voie ferrée traversent la Sendai gawa et longent quelque peu, au N., la lagune de Koyama ; le cordon littoral des dunes de Tottori sépare la route de la mer du Japon que l'on atteint à la plage de Hakuto.

17 km : Route à g. vers Ketaka et *(2 km)* la station thermale de Hamamura dont les sources jaillissent parmi les sables.

25 km : Aoya, d'où l'on pourra gagner vers le N. la jolie plage de Natsudomari fermée à l'E. par le cap de Nagao.

3 — Parcs nationaux de Daisen Oki et de San in Kaigan, *V. ces noms.*

▪ Towada Hachimantai (Parc national de, île de Honshū)**

Carte du Tōhoku, p. 234-235.

Comment vous y rendre ?

— *Depuis Aomori, on peut prendre l'autocar jusqu'à Nenokuchi (61 km) e Yasumiya, sur les bords du lac de Towada. On pourra également gagner pa le train (J.N.R.) les gares de Towada Minami (116 km en 1 h 50), d'où l'o accède au Towada ko, ou de Hachimantai (130 km en 2 h 15), d'où l'on pe traverser le plateau de Hachimantai.*

— *Depuis Hirosaki (41 km S.-O. d'Aomori) ou Kuroishi (11 km N.-E. de Hirosaki), il est possible d'atteindre en autocar Nenokuchi (63 km S.-E. de Hirosaki), au N.-E. de Towada ko.*
— *Depuis Morioka, on peut se rendre en train (J. N. R.), jusqu'à Hachimantai (83 km en 1 h 15) et Towada Minami (97 km en 1 h 40), d'où l'on gagne, comme précédemment, le lac de Towada ou le plateau de Hachimantai. Depuis Morioka il est possible également de descendre à la gare d'Obuke (28 km N.), afin de traverser le plateau de Hachimantai.*
— *Depuis Towada, sur la N 4, entre Aomori et Morioka, on peut rejoindre en car Nenokuchi et le Towada ko.*

Le parc de Towada et le plateau de Hachimantai sont les deux éléments principaux de ce parc national (83 351 ha), l'un des plus beaux du Japon septentrional. L'importante chaîne montagneuse d'Ōu, d'origine volcanique, constitue la dominante géographique de cet ensemble ; l'Iwate san (2 041 m, *V. Morioka*) en est le point culminant.

1 — De Towada Minami à Aomori *(10 km N., en partie par la N 103 ; car de la gare de Yasumiya, bateau de là à Nenokuchi, puis car pour Aomori).* — Depuis la gare de Towada Minami, la N 103 gagne vers le N.-E. la :

7 km : **Station thermale d'Ōyu.**

A 2 km S.-E. : *Cercle mégalithique de Nonakado, qui figurerait un cadran solaire préhistorique ; cette représentation unique se compose d'une pierre dressée, autour de laquelle sont disposées, comme les rayons d'une roue, d'autres pierres allongées plus petites.

22 km : A dr. s'embranche la N 104, que l'on peut emprunter jusqu'à *(1,5 km E.)* la **cascade de Chōshi.**
28 km : *Hakka tōge (647 m d'altitude), d'où l'on découvre subitement l'ensemble du lac de Towada.
36 km : **Yasumiya**, au S. du **lac de Towada**, et au pied occidental du promontoire de Nakayama. De là nous vous conseillons de poursuivre en bateau *(1 h environ)* jusqu'à Nenokuchi.

Au N. de Yasumiya on peut visiter le **sanctuaire de Towada**, dédié à *Yamato Takeru (V. Kameyama)*, d'où l'on gagnera **Ouranaiba**, point culminant du promontoire de Nakayama. Sur le bord du lac se trouvent les **statues** de deux Jeunes filles en bronze doré, souvenir de Takeda Chiyosaburo, d'Ogasawara Koichi et de l'écrivain Omachi Keigetsu, qui à la fin du XIXe s. popularisèrent cet endroit.

Towada ko (59 km^2 ; 401 m d'altitude) atteint une profondeur de 378 m ; ancien lac de cratère, c'est l'un des plus grands et des plus profonds du Japon ; entouré d'une série de collines boisées il est dominé à l'E. par le Herai dake (1 159 m). Au S. s'avancent deux promontoires : Nakayama et Ogura, qui divisent la partie méridionale en trois bassins distincts et plongent dans ceux-ci par une série de rochers abrupts, dont les sommets forment autant de belvédères. Le bateau contourne successivement les deux promontoires.

44 km : **Nenokuchi**, d'où l'on peut faire l'ascension de l'**Onko dake** (1 054 m) : belle vue d'ensemble sur le lac.

A 63 km N.-O., par la N 102 *(car)*, on peut gagner **Hirosaki** *(V. ce nom)* en s'élevant de nouveau au-dessus du lac, et en rejoignant, au-delà du Takino-sawa tōge, la vallée de la Hiyakko gawa, bordée par plusieurs stations thermales dont celle de Kuroishi.

584 TOYAMA

Depuis Nenokuchi, la N 102 longe la très belle vallée boisée d'érables d'*Oirase keiryū, par où s'échappe le Towada ko au N.-E.; plusieurs cascades rebondissent parmi les rochers qui en jalonnent le parcours.

58 km : **Yakeyama**, petite station thermale ; on abandonne la vallée de l'Oirase gawa et la N 102 pour gagner *(vers le N.-O.)* Aomori.

62 km : **Tsuta Onsen**, station thermale dont le site boisé fut vanté par *Omachi Keigetsu* ; plusieurs petits lacs dans le voisinage.

78 km : **Sukayu Onsen**, où l'on peut réaliser l'ascension du Hakkōda san *(ci-après)*. L'Université du Tōhoku possède dans cette station un Institut de recherches sur les plantes alpines.

85 km : Téléphérique d'accès au Hakkōda san.

Le *Hakkōda san est un ancien volcan formé de huit sommets dont l'Ō dake (1 583 m) est le plus important. Vue par temps clair jusqu'à la baie de Mutsu, la mer du Japon et l'océan Pacifique. Belle couverture forestière ; ski en hiver.

106 km : **Aomori**, *V. ce nom*.

2 — De Hachimantai à Ōbuke, par le plateau de Hachimantai *(63 km S.-E. ; car)*. — Depuis la gare de Hachimantai on gagne vers le S. :

18 km : **Toroko** ; station thermale où s'embranche la route à péage de Hachimantai ; très bel itinéraire.

A 54 km S.-O., par une autre route *(car)* : **Tazawako** *(V. env. d'Ōmagari)*, que l'on atteint par la station thermale de **Tamagawa** (sources à 98 °C), le barrage de Yoroibata et la vallée de la Tama, qui passe entre le lac de Tazawa et le Komaga take.

La zone de hauts plateaux montagneux de **Hachimantai** s'étend sur environ 41 000 ha. C'est une zone volcanique dont les sommets d'Iwate (2 041 m, *V. Morioka*), Komaga (1 637 m, *V. Ōmagari*), Hachimantai (1 614 m), Chausu (1 578 m) et Yake (1 366 m) sont les plus importants. Les manifestations de phénomènes para-volcaniques sont encore très fréquentes dans cette région (ébullitions boueuses, émissions de vapeurs plaques de soufre), et les sources chaudes nombreuses : Fukenoyu Goshogake et Tamagawa parmi les plus célèbres. L'ensemble se pare en outre d'un tapis floral (plantes alpines) et forestier qui enrichit les grandioses paysages montagneux.

45 km : **Goshogake Onsen**, à l'extrémité de la route à péage ; station à 1 100 m d'altitude, aux alentours de laquelle on remarque plusieurs phénomènes volcaniques ; on peut réaliser l'ascension du Chausu yama (1 578 m) ; vue étendue ; téléphérique.

63 km : **Ōbuke**, gare *J. N. R.* d'où l'on peut gagner par le train Morioka *V. ce nom*.

■ Toyama (Ile de Honshū)

Carte ferroviaire, en page de garde.
Tōkyō, 434 km. — Gifu, 266 km. — Kanazawa, 64 km. — Nagano, 261 km — Niigata, 249 km.
Chef-lieu de Toyama ken. — 290 000 hab. — Industries textiles, chimique et pharmaceutiques.

Proche de l'embouchure de la Jinzu gawa, sur la baie de Toyama, cett ancienne ville féodale a depuis sa création tiré parti des rizières qui o pu s'étendre sur les plaines environnantes. Les Maeda conférèrent à Toyama sa vocation industrielle ; dès le XVIIe s. elle exportait déjà ses produits vers la Chine, la Corée et l'Asie du Sud-Est. Toyama reste aujourd'hui un centre commercial dynamique, et un important carrefour ferroviaire dont le faubourg portuaire de Higashi-Iwase assure le débouché commercial. C'est aussi la capitale japonaise de la médecine traditionnelle par les plantes.

En ville on pourra voir le site de l'ancien **château des Maeda** *(900 m S. de la gare),* aujourd'hui occupé par un jardin public.

Les Jimbo construisirent un château en cet emplacement (au XVIe s.), dont *Sasa Narimasa* s'empara en 1581 ; il en fut délogé quelques années plus tard par *Maeda Toshiie,* qui céda Toyama à son petit-fils *Toshitsugu.* Sa famille s'y maintint jusqu'à la Restauration de 1868, et favorisa le développement économique de la ville.

Environs :

1 — Kureha yama *(4 km O. ; car) ;* parc public établi sur une colline boisée d'où l'on découvre la ville et ses environs, avec notamment la chaîne majestueuse de Tate yama *(V. Parc national de Chūbu Sangaku).*

2 — Yatsuo *(14 km S. ; train J.N.R. ; car) ;* station thermale et centre traditionnel de production de papier japonais. Intéressante visite du Himpō ji, qui conserve une vingtaine de peintures bouddhiques classées.

3 — Kanazawa, Takaoka, Takayama, parc national de Chūbu Sangaku, *V. ces noms ; —* **péninsule de Noto,** *V. Hakui, Nanao, Wajima.*

Toyohashi (Ile de Honshū)

Carte ferroviaire, en page de garde.
Tōkyō, 274 km. — Gifu, 107 km. — Nagano, 317 km. — Nagoya, 68 km. — Shizuoka, 107 km. — Tsu, 142 km.
Aichi ken. — 275 000 hab. — Ville industrielle : usines textiles, conditionnement de la soie.

A l'embouchure de la baie de la Toyo gawa, l'ancienne ville féodale de Toyohashi est devenue l'un des centres vitaux sur le Tokai dō, à la rencontre de la grande voie naturelle drainée par la Tenryū gawa. La ville, aujourd'hui fortement industrialisée, déborde sur la baie même dont elle modifie, par ses emprises sur la mer, tout le secteur oriental.

A 1 km N.-E. de la gare, dominant la ville et un méandre de la Toyo gawa, jardin public tracé à l'emplacement de l'ancien **château de Toyohashi**.

Celui-ci fut construit à la fin du XVe s. par *Makino Naritoki*. Il connut divers propriétaires dont les Imagawa, les Ikeda, les Matsudaira et enfin, de 1712 à 1868, les Ōkōchi qui étaient apparentés aux Matsudaira.

Environs :

1 — Irako misaki *(46 km S.-O., par la N 259 ; ou train Toyohashi Railway jusqu'à Mikawa Tahara, puis car) ;* ce cap marque l'extrémité de la péninsule d'Atsumi, qui ferme au S. la baie de Mikawa ; à proximité on remarque le sanctuaire d'Irako et l'arche marine de Hii ; d'Irako misaki, on peut gagner en bateau Morozaki, Nishiura ou Toba, ou bien revenir par une route qui suit la côte du Pacifique. Jolis paysages marins de part et d'autre de la péninsule.

2 — Gamagōri, Hamamatsu, *V. ces noms.*

Tsu (Ile de Honshū)

Carte des richesses humaines, p. 67.
Tōkyō, 416 km. — Gifu, 104 km. — Kyōto, 98 km. — Nagoya, 74 km. — Nara, 104 km. — Ōtsu, 86 km. — Wakayama, 166 km.
Chef-lieu de Mie ken. — 132 000 hab. — Ville industrielle.

Tsu fut autrefois, sous le nom d'Anotsu, à l'embouchure de l'Anō gawa, l'un des principaux ports japonais de relations commerciales avec la Chine. Les Taira en avaient fait leur base navale, mais plusieurs séismes, à la fin du XVe s., portèrent un coup fatal à l'activité maritime de la ville.

A 300 m S.-O. de la gare de Tsu *(J.N.R. et Kintetsu)* on pourra visiter le joli **parc de Kairaku**, qui s'élève sur les pentes d'une colline à l'O. de la ville, et d'où l'on découvre l'ensemble de celle-ci et la baie d'Ise.

Ce parc appartenait à la famille Tōdō, dont dépendait la ville de Tsu. On y visitera le musée préfectoral : collections artistiques et archéologiques.

Depuis ce parc, traversant les voies ferrées au S. de la Préfecture, on atteint aussitôt sur la dr. le *Shitennō ji (700 m S. de la gare)*, l'un des plus beaux temples de Tsu, créé au VIIe s. par le prince *Shōtoku* (V. *Ikaruga*).

Le bâtiment principal du temple fut reconstruit en 1615 ; on y conserve les portraits du prince Shōtoku et d'un seigneur de Tōdō, ainsi qu'une statue en bois de Yakushi Nyorai.

Au S.-E. de ce temple on traverse l'Anō gawa ; jusqu'à l'Iwada gawa, la ville est occupée par une large avenue, la plus belle de la ville, sur laquelle donne la municipalité de Tsu.

A l'E. de cette artère, par Higashi machi on peut gagner le **Kannon ji** *(1,5 km S. de la gare)*, l'un des plus célèbres temples dédiés à Kannon, divinité de la Miséricorde. Comme celui d'Asakusa à Tōkyō *(p. 574)*, il se dresse au centre d'un turbulent quartier de distractions.

A l'O. de la rue centrale, à hauteur de la Municipalité, on gagne le **château de Tsu**, aujourd'hui occupé par un jardin public ; une tour a été reconstruite.

Ce château avait été offert, en 1575, par *Oda Nobunaga* à son fils *Nobuo* ; il fut la propriété des Tōdō de 1608 à 1868.

Immédiatement au S. de l'Iwada gawa, à 1,8 km S.-E. du château de Tsu s'étend, en bordure de la baie d'Ise, la jolie **plage d'Aoki** *(1,8 km E. de la gare J.N.R. d'Aoki)*.

On pourra enfin visiter, au S. de la ville, à 1 km S.-E. de la gare d'Aoki *(4 km S. de la gare de Tsu)*, le **sanctuaire de Yūki** dédié à *Yūki Munehiro* ; celui-ci fut (XIVe s.) un partisan de l'empereur Go Daigo, et soutint sa cause contre Ashikaga Takauji ; fête les 1er et 2 mai avec tournois de sumo.

Environs :

1 — Isjinden *(4 km N.-O. ; train J.N.R. ; car) ;* à proximité de la gare on peut visiter le *Senshū ji*, fondé au XIIIe s., par le prêtre *Shinran*, dans le département de Tochigi, et transféré au XVIIe s. en cet emplacement. Le Ho dō abrite une statue d'Amida, offerte au XVIIIe s. par l'empereur Sakuramachi et le Miei dō, une autre statue du prêtre Shinran, exécutée au XVIIe s. L temple conserve également plusieurs rouleaux peints d'époque Kamakura et un écrit autographe du prêtre Shinran.

2 — Sakakibara Onsen *(15 km O. ; car)*, dans un site de collines boisées où jaillissent plusieurs sources chaudes ; dans les environs fut repéré l'amas de coquillages de Kaiichi.

3 — Aoyama kōgen *(42 km O., par la N 165 et une route à péage ; car).* — Cette région montagneuse, culminant à 845 m d'alt., fait partie du **parc régional d'Akame Ichishikyo**, et permet de découvrir le versant maritime de la baie d'Ise et le bassin de la Kizu gawa ; au S.-O. se profile la péninsule d'Ise shima.

4 — Kameyama, parc national d'Ise-shima, V. ces noms.

■ Tsuchiura (Ile de Honshū)

Tōkyō, 66 km. — Chiba, 75 km. — Fukushima, 242 km. — Mito, 49 km. — Urawa, 100 km. — Utsunomiya, 97 km.
Ibaraki ken. — 112 000 hab.

Proche de l'une des pointes de la vaste lagune de Kasumi, Tuschiura se trouve au cœur du parc régional de Suigō Tsukuba ; elle peut être choisie comme point central de rayonnement. Célèbre parc de cerisiers, sur les bords de la **Sakura gawa**, « rivières des cerisiers ».

Environs :

1 — Kasumiga ura *(bateau sur le lac en été)*, à l'E. de Tsuchiura, présente un paysage caractéristique du S. du département d'Ibaraki, où l'élément aquatique domine ; c'est l'un des plus grands lacs japonais (178 km^2) ; il s'échappe au S.-E., entre Kashima et Sawara *(V. ces noms)*, vers le Kita ura et la Tone gawa.

2 — Iwase *(42 km N. ; train Kantō Railway).* — Prendre à la sortie de Tsuchiura la N 125.
17 km : **Hōjō**, où l'on quitte la N 125 pour continuer à remonter vers le N. la vallée de la Sakura gawa.
20 km : **Tsukuba**, d'où l'on peut gagner :

A 4 km E. *(car)* : le sanctuaire de Tsukuba, et de là accéder au *Tsukuba san : massif boisé culminant aux sommets de **Nantai** (masculin, 870 m) et de **Nyotai** (féminin, 876 m) ; chacun est couronné d'un petit sanctuaire, très beaux *points de vue ; le mont Fuji est visible par belle luminosité. Une route à péage longe vers le S. la crête de cette montagne sur une dizaine de kilomètres.

31 km : **Makabe**, au pied septentrional du Tsubuka san.

A 1,5 km S.-E. on peut visiter le **Denshō ji**, fondé en 1268 par le prêtre *Hosshin*, originaire de Makabe ; le temple, qui relevait autrefois du domaine des Asano, détient les statues des quarante-sept rōnin *(V. le Sengaku ji à Tōkyō, p. 550)* ; beaux cerisiers alentour.
42 km : **Iwase** où l'on visite, à 2 km N. de la gare, le temple de Tomiya Kannon ou **Ōyama ji**, qui possède une belle pagode à trois étages de 1465.

A 4 km E. *(train J.N.R.)* : **Haguro**, avec à 2 km N.-O. de la gare le **sanctuaire d'Isobe** qu'entoure le parc de cerisiers de Sakugarawa ; floraison en avril.

■ Tsuruga (Ile de Honshū)

Carte des richesses humaines, p. 67.
Tōkyō, 467 km. — Fukui, 64 km. — Gifu, 118 km. — Kanazawa, 143 km. — Kyōto, 100 km. — Ōtsu, 88 km.
Fukui ken. — 68 000 hab. — Ville portuaire.

TSURUGA

Au fond d'une baie étroite, fermée au N.-O. par le Tateishi misaki, Tsuruga occupe un très beau site de la mer du Japon d'où l'on pourra gagner vers le N. la côte d'Echizen et longer vers l'O. les rivages découpés de la baie de Wakasa. Dans la région de Tsuruga fut établie en 1969 la seconde centrale nucléaire japonaise.

Depuis une haute époque, Tsuruga fut le débouché du Yamato sur la mer du Japon et la localité a été le premier port à entretenir des relations avec la Corée, voire la Sibérie orientale. Très prospère à l'époque de Nara, la ville connut un certain déclin à l'époque Kamakura, mais servit alors de base pour des expéditions punitives contre les populations septentrionales du pays. Dans les environs de Tsuruga, les partisans de Go Daigo livrèrent en 1337 un vain combat contre les armées d'Ashikaga Takauji.

En ville on pourra visiter, à 1 km N. de la gare, le **Kehi jingū**, dédié à l'empereur Chūai et son épouse l'impératrice Jingū; le haut torii de ce sanctuaire a été réalisé avec du bois qui aurait dérivé depuis l'île de Sado; fête du 2 au 5 septembre.

Poursuivant vers le N. depuis ce sanctuaire, et à 2 km N. de la gare, on atteint : le **Kanagasaki gū**, dédié à *Takanaga* et *Tsunenaga,* fils de l'empereur Go Daigo.

Ces princes, soutenus par le général *Nitta Yoshisada,* se retranchèrent au château qui s'y trouvait alors; ils y furent assaillis par *Ashikaga Takauji* et y trouvèrent la mort.

Joli parc de cerisiers alentour; vue sur la ville et la baie de Tsuruga.

A 2,5 km N.-O. de la gare *(bus),* s'étend, proche de la côte, le vaste **parc de Kehino Matsubara**, avec une plage bordée de pins; vedettes sur la baie. On y visitera le **sanctuaire de Matsubara**, dédié à *Takeda Kōunsai* (1803-1865) et ses partisans.

Originaires de la région de Mito, *Kōunsai* avait pris parti pour le mouvement impérialiste et s'était révolté contre les accords des Tokugawa avec les étrangers. Retranché en ces lieux il fut forcé de s'y donner la mort.

Environs :

1 — Tateishi misaki *(16 km N.; car jusqu'au Jōgū jinja).*

9 km : **Jōgū jinja**, dont la fondation remonte à 703; ce sanctuaire est célèbre pour l'**Ōmu ishi** (pierre du perroquet), qui émet un son chaque fois qu'on la choque. La cloche du sanctuaire aurait été rapportée de Corée au retour de l'expédition de Toyotomi Hideyoshi, à la fin du XVIe s.

16 km : **Tateishi misaki**, que couronne un phare; vue étendue sur l'ensemble de la baie de Wakasa et celle de Tsuruga au S.-E.

2 — Mikata *(42 km O., via Baijōga take; train J.N.R.).* Après avoir coupé la base de la presqu'île de Tateishi, la N 27 gagne vers l'O. la côte de Kugushi.
18 km : **Mihama**, d'où l'on pourra gagner en car une route à péage qui fait l'ascension de :
28 km : ***Baijōga take** : très belle vue sur les ***cinq lacs de Mikata** (Kugushi, Suigetsu, Mikata, Suga, Hiruga) et la baie de Wakasa.
31 km : Embranchement d'une route côtière qui atteint :

↔ 8 km N.-O. : ***Tsunekami misaki**, joli site marin face à la petite île d'Ogami.
42 km : **Mikata**, d'où l'on pourra regagner en train Tsuruga ou poursuivre vers Obama.

3 — Obama, *V. ce nom;* — **Biwa ko,** *V. Ōtsu.*

Tsuruoka (Ile de Honshū)

Carte du Tōhoku, p. 234-235.
Tōkyō, 481 km. — Akita, 120 km. — Fukushima, 193 km. — Niigata, 149 km. — Sendai, 159 km. — Yamagata, 101 km.
Yamagaten ken. — 99 800 hab. — Ville industrielle (textile, bois, conserves).

Tsuruoka se trouve à l'O. de l'Ōtori gawa, au pied d'une région montagneuse d'origine volcanique, dont le Gassan est l'élément dominant. Plusieurs stations thermales gravitent autour.

Le romancier *Chogyū Takayama* (1871-1902) est né à Tsuruoka.

A 800 m S. de la gare on pourra visiter la maison natale de *Chogyū Takayama*.

Au centre ville, à 2 km S.-O. de la gare, le **parc de Tsuruoka** est établi sur le site de l'ancien **château** qui appartenait à la famille de *Sakai*. **Sanctuaire de Shonai**, dédié aux ancêtres de cette famille.

On pourra également visiter *(2,5 km S.-O. de la gare)* le **musée Chidō**, qui détient des collections locales d'artisanat, d'archéologie et divers objets réunis par les Sakai.

Environs :

1 — Yutagawa Onsen *(8 km S.-O. ; car),* station thermale connue depuis le VIIe s. ; de là ascension possible du **Kimbō zan** (459 m), qui domine cette station à l'E. ; du sommet (petit sanctuaire), vue sur Tsuruoka et la mer.

2 — Yunohama *(15 km N.-O. ; car ; chemin de fer privé).* — A l'O. de Tsuruoka une route se détache de la N 7 et franchit vers le N.-O. les voies ferrées.

7 km : **Uzen Ōyama**, d'où l'on pourra gagner vers le N.-O. le parc boisé d'Ōyama.

A 3 km N. *(station du chemin de fer privé)* : temple de **Zempo ji** dont la fondation remonte au Xe s.

15 km : **Yunohama**; station balnéaire et thermale, établie à la limite d'une côte rocheuse qui se prolonge vers le N. par une côte rectiligne correspondant au bassin alluvionnaire de la Mogami gawa, laquelle se jette plus au N. à Sakata.

3 — Atsumi *(31 km S.-O., par la N 7 ; train J.N.R. ; car).* — Quitter Tsuruoka vers l'O. par la N 7.

16 km : **Yura**, petite station thermale au-delà de laquelle on longera vers le S. la belle côte rocheuse de la mer du Japon, avec notamment le site de Yaotome ura.

31 km : **Atsumi**, d'où l'on peut gagner :

A 2 km E. *(car)* : **Atsumi Onsen**, l'une des plus anciennes stations thermales connues au Japon ; toujours très fréquentée elle est célèbre pour ses eaux salines qui changent de teintes suivant les saisons. La station, établie dans une petite vallée (plusieurs cascades alentour), est dominée au N.-E. par l'**Atsumi dake** (736 m) ; on peut en réaliser l'ascension.

A 9 km S. d'Atsumi *(train J.N.R. ; car)* : **Nezugaseki**, que l'on atteint en longeant la belle *côte rocheuse parsemée de boisements de pins ; au large, petit îlot de Benten jima.

4 — **Dewa Sanzan *(44 km S.-E. jusqu'au Yudono san, par la N 112 ; car).* — Les « trois montagnes de Dewa » font partie du parc national de Bandai Asahi *(V. ce nom).*

Les montagnes sacrées de Dewa se composent du **Gassan** (1 980 m), du **Yudono san** (1 504 m) et du **Haguro san** (436 m); elles font partie de la grande chaîne volcanique d'Asahi, dont l'Asahi dake (1 780 m), qui s'élève plus au S., est l'un des éléments dominants. Ces montagnes sont particulièrement vénérées par les prêtres itinérants de la secte Shūgendō, et attirent environ 200 000 pèlerins par an; fête le 15 juillet, en l'honneur des divinités de ces sommets, au sanctuaire d'Ideha, sur le mont Haguro.

A 17 km E. de Tsuruoka *(car)* : **Haguro san** (436 m d'alt.) constitue une butte avancée au N. du Gassan; là s'élève l'**Ideha jinja**, dédié à la divinité de ce nom, et qui est le plus accessible des sanctuaires de Gassan, depuis Tsuruoka.

42 km : Embranchement d'une route à péage en direction du **Yudono san**.

44 km : Terminus de cette route d'où il faudra poursuivre à pied vers le **Yudono san** (1 504 m) et le ***Gassan** (1 980 m), sommet principal, dont l'ascension peut se faire en 3 h; vue étendue depuis le sommet.

A 28 km S. : **Yudonosan junja**, d'où l'on peut entreprendre l'ascension de l'***Asahi dake** (1 870 m), puissant massif à l'écart des voies de pénétration; inaccessibilité, relief alpin, faune sauvage (ours, singes, antilopes), flore alpine et solitude.

Tsuyama (Ile de Honshū)

Tōkyō, 698 km. — Hiroshima, 228 km. — Kōbe, 150 km. — Matsue, 139 km. — Okayama, 63 km. — Tottori, 76 km.
Okayama ken. — 85 000 hab. — 92 m d'altitude.

A mi-chemin entre Okayama et Tottori, Tsuyama est un important carrefour routier et ferroviaire, aujourd'hui complété par l'arrivée de l'autoroute transversale du Chūgoku, qui permet de donner un regain d'activité à cette ancienne ville féodale, autrefois établie sur la Yoshi gawa.

A 1,5 km N. de la gare, le parc de Kakuzan occupe l'emplacement de l'ancien **château de Tsuyama**, dont les remparts s'élèvent en terrasses superposées; beaux cerisiers.

A 2,5 km N.-E. de la gare, on peut visiter le **site préhistorique de Numa**; quelques demeures de type yayoi ont pu être reconstituées sur des bases archéologiques précises.

Environs :

1 — Tanjō ji *(16 km S.; train J.N.R.)*; à 500 m N.-O. de la gare, le **Tanjō ji** fut édifié (1193) par l'un de ses disciples à l'emplacement du lieu natal du prêtre Hōnen, fondateur de la secte Jodō *(V. Kyōtō)*; le temple conserve une statue de Hōnen Shōnin exécutée par le prêtre lui-même.

2 — Yunogō Onsen *(21 km S.-E.; car; train J.N.R. jusqu'à la gare de Mimasaka, puis car).* — La station, d'exploitation ancienne, est située dans un joli cadre verdoyant; sources à 37 °C ayant des propriétés dermatologiques.

3 — Okutsu Onsen *(32 km N.-O.; car)*; ensemble de plusieurs sources thermales formé de trois groupes principaux : Okutsu, Otsuri et Kawanishi les eaux de 40 à 43 °C ont des vertus curatives contre les troubles digestifs nerveux, et l'asthme; jolies gorges d'Okutsu à la hauteur d'Otsuri.

U

■ Ube (Ile de Honshū)

Carte ferroviaire, en page de garde.
Tōkyō, 1 042 km. — Hiroshima, 169 km. — Matsue, 286 km. — Yamaguchi, 36 km.
Yamaguchi ken. — 165 000 hab. — Ville industrielle.

A l'embouchure de la Kotō gawa, sur la mer Intérieure, Ube est un important centre industriel, grâce à la production minière qui assure la principale activité de la ville ; c'est avec la région du Jōban *(V. Iwaki)* l'un des rares bassins charbonniers de l'île de Honshū. Le port assure le débouché de cette localité, également vouée aux industries chimiques.

A l'E. d'Ube on visite le beau **parc de Tokiwa** *(5 km E. ; car ; train J.N.R.)*, développé sur les bords de l'étang Tokiwa et en vue de la mer Intérieure.

■ Ueno (Ile de Honshū)

Tōkyō, 444 km. — Gifu, 138 km. — Kyōtō, 76 km. — Nagoya, 102 km. — Nara, 50 km. — Ōtsu, 88 km. — Wakayama, 141 km.
Mie ken. — 64 000 hab. — 167 m d'altitude.

Établie sur l'ancienne voie qui reliait Nagoya à Ōsaka, Ueno devint une étape importante de cet itinéraire et se développa autour du château des Tōdō, également seigneurs de Tsu.

Le poète de haiku *Matsuo Munefusa,* dit *Bashō* (1644-1694), naquit à Tsuge dans les environs d'Ueno.

Au centre de la ville, près de la gare de Uenoshi *(Kintetsu E.R.)*, se dresse dans le **parc d'Ueno** le donjon de Hakuko, reconstruit en 1953 d'après l'original de 1611.

Le château avait été bâti au XVIe s. par *Takigawa Katsutoshi* ; il devint la propriété des Tsutsui, puis des Tōdō.

Dans ce parc le **musée Bashō** expose une collection d'écrits et de souvenirs concernant ce poète, le plus grand auteur japonais de haiku *(p. 95).* Le pavillon de thé de Minomushi an est également attaché à sa mémoire.

■ Uji (Ile de Honshū)★

Carte des environs d'Ōsaka, p. 470-471.
Tōkyō, 495 km. — Fukui, 183 km. — Kōbe, 95 km. — Kyōto, 19 km. — Nara, 30 km. — Ōsaka, 47 km. — Ōtsu, 31 km. — Tsu, 115 km.
Kyōto fu. — 110 000 hab. — Production de thé vert.

UJI

Au pied des collines qui limitent à l'E. le bassin de Kyōto et d'où s'échappe l'Uji gawa, cette importante localité, qui avec Kyōto et Nara forme un vaste ensemble touristique, est particulièrement célèbre pour le Byōdō in.

**Byōdō in *(500 m S.-E. de la gare d'Uji),* à proximité de l'Uji gawa ; ce temple, dont le Hōō dō est le bâtiment principal, offre l'un des plus harmonieux exemples d'architecture japonaise de l'époque Heian.

En cet emplacement s'élevait à la fin du IXe s. une villa appartenant à *Minamoto Tōru*. Un siècle plus tard les terrains relevaient de *Fujiwara Michinaga* (966-1027), l'un des plus grands ministres Fujiwara, au début de l'époque Heian. Son fils *Yorimichi* fit élever le Hōō dō, où il se retira. Ayant la double fonction de temple et de palais, le Byōdō in continua d'être habité par différents membres de la famille Fujiwara, et échappa comme par miracle aux destructions qui affectèrent les autres bâtiments.

**Hōō dō. « Le pavillon central (1053), dit Pavillon du phénix (Hōō dō), est flanqué de deux bâtiments latéraux, de taille moins grande et auxquels le relient deux galeries : c'est le type même de l'architecture *shinden*, qui fut celle des palais à l'époque de Heian (...). Le palais, enfin, se mire dans les eaux d'un étang artificiel et doublé de son reflet, il évoque plus que jamais cette silhouette d'oiseau en vol que recherchaient particulièrement les architectes de l'époque Heian » *(D. et V. Elisseeff,* la Civilisation japonaise).

Dans le pavillon se trouve la ****statue d'Amida**, œuvre admirable du XIe s. attribuée au prêtre *Jōchō* ; elle est formée de pièces de bois sculptées et assemblées (technique de *yōsegi*). La statue, assise sur un piédestal en forme de lotus, servit de modèle aux œuvres postérieures.

Amida « est assis, calme et impassible, dans l'attitude de la méditation, le regard fixé au loin, devant un vaste nimbe, sous un dais surchargé d'ornements. Ses traits lisses et sa simplicité contrastent avec les sculptures compliquées qui l'entourent. L'atmosphère qui se dégage de cette statue est caractéristique de la transformation de la foi, maintenant bienveillante, accueillante et paisible. La complication du nimbe, où de petits personnages sans les lotus représentent les âmes nouvellement arrivées au paradis, reflète le goût de la Cour pour le style fleuri » *(Peter C. Swann,* Japon).

Les **panneaux intérieurs** du Hōō dō sont ornés de peintures laquées représentant le ***Paradis d'Amida**, attribuées à *Tamenari Takuna*. « Sur les vantaux des cinq portes et sur les trois parois intérieures sont représentées neuf Descentes d'Amida (raigō), qui correspondent aux neuf grades de salut selon la conduite, bonne ou mauvaise, qu'ont eue les défunts. Les scènes, sur les deux portes latérales ainsi que sur les deux portes de côté de la façade, sont relativement mieux conservées et nous montrent le style le plus authentique de la peinture de cet âge d'or » *(Akiyama Terukazu,* la Peinture japonaise). Ces peintures sont accompagnées de paysages d'exécution également remarquable, illustrant les quatre saisons.

Au N. du Hōō dō, le **Kannon dō** possède une statue de cette divinité (fin Heian) et est surnommé le *Tsuridono*, salle de la pêche, car il était autrefois possible, directement depuis ce bâtiment, d'attraper les poissons de l'Uji gawa qui passait au-dessous.

On remarquera à proximité un monument à la mémoire de *Minamoto Yorimasa* qui, vaincu par les Taira sur le pont d'Uji en 1180, fut forcé de se donner la mort en ce lieu.

La *cloche* du beffroi du Byōdō in serait d'origine indienne.

Proche du Byōdō in le **sanctuaire d'Agata** est dédié à *Konohana Sakuyahime no Mikoto*, épouse de Ninigi no Mikoto et déesse du mont Fuji à qui sont consacrés les sanctuaires de Sengen ; fête le 5 juin.

Au N. du Byōdō in l'Uji gawa est traversée par le célèbre **pont d'Uji**, qui aurait été construit à l'origine (milieu du VIIe s.) par le prêtre *Dōchō*.

Sur la route de Kyōto à Nara ce pont joua une grande importance stratégique, notamment aux époques Heian et Kamakura ; il fut souvent l'occasion de combats livrés pour s'en assurer la possession. L'un des plus célèbres eut lieu en 1180, entre *Taira Tomomori* et *Minamoto Yorimasa* qui fut vaincu. En 1184, *Kiso Yoshinaka* y était également battu par son cousin *Minamoto Yoshitsune*. De ce pont *Toyotomi Hideyoshi* aurait puisé, au XVIe s., de l'eau de la rivière lors d'une cérémonie du thé ; on continue depuis, le 1er octobre de chaque année, à pratiquer en ce lieu une cérémonie rituelle du thé.

Sur une petite île au S. du pont, on remarque une pagode en pierre de treize étages ; elle fut dressée an XIIIe s. par le prêtre *Eison*, et restaurée en 1908.

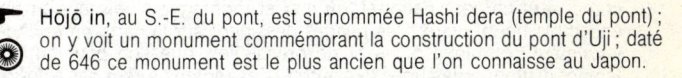

Hōjō in, au S.-E. du pont, est surnommée Hashi dera (temple du pont) ; on y voit un monument commémorant la construction du pont d'Uji ; daté de 646 ce monument est le plus ancien que l'on connaisse au Japon.

Un peu plus loin le **sanctuaire d'Uji** aurait été fondé en 313 sur le site d'une résidence du prince *Uji Wakiiratsuko*, fils de l'empereur *Ōjin*. Ce site religieux se compose d'un sanctuaire inférieur, avec des édifices d'époque Kamakura et d'un *sanctuaire supérieur, édifié au Xe s. et dont les bâtiments seraient les plus anciens de la religion shintō au Japon.

Continuant à gravir la colline d'Asahi, qui s'élève en arrière du sanctuaire, on peut atteindre le **Kōshō ji**, établi sur les pentes boisées de cette colline ; ce temple fut fondé en 1233 par le prêtre *Dōgen*, introducteur de la secte *Sōtō* et à qui l'on doit également l'Eihei ji *(V. env. de Fukui)* ; les bâtiments furent remaniés en 1649.

Environs :

1 — *Mampuku ji *(3 km N. ; trains J. N. R. et Keihan E. R. jusqu'à Obaku)* ; temple élevé entre 1661 et 1688 par le prêtre chinois *Ingen*, témoignant du style architectural de l'époque Ming. On remarque parmi les bâtiments : le Daiyū Hō den, construit en bois de teck importé de Thaïlande ; le Hattō, où sont conservées 60 000 matrices de bois utilisées au XVIIe s. pour l'impression du sûtra de la secte Obaku dont dépend ce temple.

2 — Jōruri ji *(25 km S.-E. ; train J. N. R. jusqu'à Kamo — changer à Kizu —, puis autocar)* ; à 4 km S. de la gare de Kamo, ce temple est célèbre pour la statue de *Kichijō ten, en bois de cyprès, qui s'y trouve. L''image de la divinité, influencée par la sculpture chinoise, apparaît luxueusement parée ; tous ses attributs sont autant de pièces de bois ouvragées et rapportées : « l'ensemble donne l'impression de richesse qui convient à la déesse de la Bonne Fortune » *(Peter C. Swann)* ; on remarquera également une statue du Fudo Myō ō, due au ciseau de *Kōen* (1311). Le Hon dō et la pagode (1178) du temple datent de l'époque Fujiwara.

3 — Kyōto, Nara, *V. ces noms* ; — **Biwa ko,** *V. Ōtsu*.

Unzen Amakusa (Parc national d') Ile de Kyūshū**

Carte du nord de Kyūshū, p. 372-373.

Comment vous y rendre ?

— *Depuis Isahaya, Nagasaki et Sasebo. Isahaya est relié par train J.N.R. à Fukuoka, ainsi qu'à Nagasaki (32 km en 20 mn) et Sasebo (61 km en 50 mn); services directs de cars de Nagasaki et Sasebo à Isahaya. Depuis Isahaya on peut poursuivre (car) en direction d'Unzen et Shimabara, et de là vers l'archipel d'Amakusa. Des cars relient directement Nagasaki à Kumamoto, et Hondo via Unzen et Shimabara.*
— *Depuis Hondo, Shimabara, Ushibuka; ces localités sont incluses dans le parc lui-même; Shimabara est reliée à Kami Shima par bateau et Ushibuka à Hondo par autocar.*
— *Depuis Kumamoto on gagnera directement Hondo (car) par les cinq ponts d'Amakusa; il est également possible de se rendre à Nagasaki via Misumi, Shimabara et Isahaya, par les Kyūshū Kokusai Kanko Bus qui relient Beppu à Nagasaki.*

Le superbe massif volcanique d'Unzen et l'archipel d'Amakusa composent ce parc national, où mer et montagne s'unissent en un ensemble harmonieux; les rivages dessinent sur la carte un enchevêtrement complexe d'îles et de presqu'îles, que l'on peut difficilement distinguer les unes des autres. Ces régions furent par ailleurs le cadre d'un épisode sanglant dans l'histoire du catholicisme japonais. Le parc national d'Unzen Amakusa couvre 25 600 ha.

D'Isahaya à Hondo *(136 km S.-E., selon notre itinéraire, car depuis Isahaya; car direct depuis Nagasaki empruntant le bac entre Shimabara et Misumi; depuis Kumamoto, car en direction de Hondo ou de Shimabara et Nagasaki, via Misumi).* — **Isahaya** (72 000 hab.) est une ancienne ville féodale à la rencontre des routes de Fukuoka, Nagasaki et Sasebo.

D'Isahaya à Kuchinotsu, par la côte orientale de la péninsule de Shimabara *(78 km S.-E.; train Shimabara Railway).* La voie privée longe de près la belle façade côtière de cette péninsule, que domine le massif d'Unzen.

29 km : **Taira,** avec le petit port de Kunimi, d'où l'on peut gagner en bateau Nagasu, de l'autre côté de la baie de Shimabara.

42 km : **Shimabara,** *V. ci-après itinéraire principal, au km 60.*

45 km : **Shimabara Gaiko,** d'où l'on peut gagner en bateau Hondo, Matsushima, Misuni, Nagasu ou Ōmuta.

66 km : **Minami Arima** (gare de Harajō) d'où l'on gagne, à 500 m S.-E. de la gare, proche de la mer, le site du **château de Hara.**

Révolte de Shimabara. — En ce château se replièrent en 1637, 35 000 paysans révoltés contre les seigneurs locaux de Shimabara et d'Amakusa. Après l'échec de *Matsakura Shigeharu,* daimyo de Shimabara, c'est *Ōkōchi Nobutsuna* qui, à l'issue de plusieurs mois de siège, parvint (avril 1638) à vaincre les résistants déjà affaiblis par le manque de vivres; pour la plupart de confession chrétienne, ces malheureux furent massacrés pour s'être soulevés contre leurs seigneurs et les persécutions religieuses. A leur tête étaient *Ashizuka Chuemon* (1578-1638) et *Masuda Shirō,* âgé seulement de 16 ans. Cette révolte fut déterminante pour la fermeture du Japon aux influences étrangères. Un monument est élevé à la mémoire des nombreuses victimes.

78 km : **Kuchinotsu**, petit port à l'extrémité méridionale de la péninsule de Shimabara d'où l'on peut gagner en bateau Oniike, sur l'île de Shima.

Depuis Isahaya, on suit vers l'E. la N 57 qui, à la hauteur de *(12 km)* **Aino**, coupe le pied de la péninsule de Shimabara et atteint :

16 km : Un *belvédère admirable d'où l'on domine la baie de Tachibana ; vue superbe, vers l'E., en direction du massif d'Unzen.

19 km : **Chijiwa**, petit port de pêche, au fond de la baie de Tachibana que domine le massif d'Unzen.

28 km : **Obama**, agréable station thermale exploitée depuis le XVIIe s., au pied du massif d'Unzen ; ce dernier, qui joue le rôle de paravent climatique, fait également d'Obama une station balnéaire et de séjour appréciée ; la source de Fukiage s'échappe sous forme de geyser.

A 22 km S. *(car)* : **Kuchinotsu** *(V. ci-dessus)*, que l'on atteint par la côte occidentale de la péninsule de Shimabara.

42 km : ***Unzen,** ensemble de sources thermales réparties à environ 700 m d'altitude, au cœur du massif d'Unzen ; quelque peu surannée la station n'en est que plus plaisante ; exploitée surtout depuis le XVIIe s. elle fut, de la fin du XIXe s. à la Seconde Guerre mondiale, le séjour favori des Européens vivant au Japon.

On distingue trois groupes principaux de sources qu'accompagnent de curieux phénomènes de caractère volcanique : solfatares, vapeurs de soufre, boues chaudes, geysers, etc. La station est regroupée dans le *parc boisé d'Unzen où l'on visite plusieurs « enfers » *(jigoku, V. Beppu)*.

A 2 km S., par la route d'Obama, cascade d'Issaikyō.

Depuis le centre de la station une **route à péage *(car)* permet de circuler sur env. 11 km entre les principaux sommets du massif d'Unzen ; vues de part et d'autre sur les baies de Tachibana et de Shimabara ; la vue s'étend jusqu'au massif du Mont-Aso *(V. ce nom)*. Le **Fugen dake** (1 360 m), sommet principal, est accessible en téléphérique ; l'ensemble du massif constitue d'excellents buts de promenades et d'ascensions.

60 km : **Shimabara Gaiko** *(V. ci-dessus, itinéraire secondaire, km 45)*, au S. de la localité de **Shimabara** (51 000 hab.), qui est également une station thermale au pied oriental du massif d'Unzen.

Proche de la gare de Shimabara *(Shimabara Railway ; 3 km N. de Shimabara Gaiko)* on visitera le **Moridake jō**, dont le fier donjon de cinq étages fut récemment reconstitué. Il fut au XVIIe s. la résidence de *Matsukura Shigeharu*, contre qui se révoltèrent les chrétiens de Shimabara et qui périt lors du siège de Hara jō.

Le château abrite aujourd'hui un intéressant musée qui a regroupé des souvenirs concernant notamment cet épisode historique, et qui évoque le christianisme secret de l'époque Edo. Dans un angle du château, le **musée Seibo** expose des œuvres du sculpteur contemporain *Seibo Kitamura*.

A 500 m O. du château, Kamishin chō, rue très évocatrice des anciennes villes de l'époque Edo.

A 21 km S.-O. : Hara jō *(V. ci-dessus, itinéraire secondaire, au km 66)*.

De Shimabara prendre le bateau *(Kyūshū Shosen)* pour Misumi ; à proximité de Shimabara on remarque les nombreux îlots de **Tsukumo**

jima, provoqués en 1792 par une éruption du mont Bizan (819 m), qui s'élève à l'O. de la localité.

87 km : **Misumi,** à la pointe d'une presqu'île qui sépare les baies de Shimabara et de Yatsushiro. De là on pourra gagner en car ou train *(J.N.R.)* la ville de Kumamoto *(45 km N.-E. ; V. ce nom).* Il sera préférable de poursuivre *(car)* vers le S. par la N 266 et les cinq **ponts d'Amakusa** (*Amakusa Pearl line), qui relient entre elles la péninsule de Misumi avec Ōyano shima, puis Kami shima. Le plus grand de ces ponts, Maejima bashi, mesure 510 m de longueur ; ils furent achevés en 1966.

104 km : **Matsushima,** au N.-E. de l'île de **Kami shima,** d'où l'on peut gagner *(bateau)* vers le N.-O. Shimabara et vers l'E. Yatsushiro.

136 km : **Hondo** (43 000 hab), principale ville d'Amakusa shotō, au N.-E. de Shimo shima, elle-même île principale de cet archipel. Hondo est séparé de Kami shima par un étroit chenal que franchit un pont.

■ A Hondo on visitera le **musée chrétien,** qui a recueilli objets et documents témoignant de la religion cachée ; le **parc des Martyrs** occupe l'emplacement de l'ancien château de Hondo ; cimetière chrétien.

***Amakusa shotō** comporte au total plus d'une centaine d'îles ; celles de **Shimo** (570 km^2) et de **Kami** (231 km^2) sont les plus importantes ; d'altitude modeste (682 m au Kura dake), ces îles offrent une très belle façade maritime où se multiplient criques et îlots variés ; culture de perles ; une argile de qualité permet également la production de céramiques. Ces îles sont parsemées de souvenirs des chrétiens qui malgré les persécutions, tentèrent de maintenir leur religion.

☞ **De Hondo à Ushibuka** *(104 km S.-O., par la N 324 et la côte occidentale de Shimo shima ; car via Tomioka et Amakusa).* — Quitter Hondo vers le N.

14 km : **Oniike,** au N. de Shimo shima, d'où l'on peut gagner Kuchinotsu *(p. 595).*

32 km : **Reihoku,** que le **cap de Shikizaki** sépare du petit port de **Tomioka,** dont le château *(à 2 km N.-O. près du cap)* fut également investi par les révoltés de Shimabara.

44 km : **Shimoda,** la seule station thermale d'Amakusa (sources de 42 à 49 °C), au-delà de laquelle on remarque les rochers de **Myōken ura.**

54 km : **Amakusa** ; au-delà la côte devient beaucoup plus découpée et pittoresque ; elle forme le ***parc maritime d'Amakusa.**

70 km : **Sakitsu,** l'un des plus beaux sites d'Amakusa, avec charmant village entourant curieuse église de style néo-gothique.

86 km : On atteint la N 266 qui relie directement Hondo à Ushibuka.

104 km : **Ushibuka** (31 000 hab.), important port de pêche à l'extrémité méridionale de Shimo shima ; îles de toutes tailles au large, face à la côte orientale de Shimo shima.

■ Urawa (Ile de Honshū)

Carte des Environs de Tōkyō, p. 526.
Tōkyō, 24 km. — Chiba, 54 km. — Kofu, 175 km. — Maebashi, 100 km. — Mito, 136 km. — Nagano, 205 km. — Utsunomiya, 93 km.
Chef-lieu de Saitama ken. — 358 000 hab. — Ville industrielle et résidentielle.

Au N.-O. de Tōkyō, Urawa se fond dans la vaste agglomération de la capitale, et ne garde son individualité que grâce à son activité de centre administratif et à la présence de quelques industries locales.

Environs : Sagi yama *(14 km N.-E. ; car)*, dite colline des aigrettes de Noda ; il s'agit d'une réserve naturelle ornithologique, où se réunissent de nombreux oiseaux de la famille du héron, entre les mois de mars et de septembre.

Usa (Île de Kyūshū)

Carte du nord de Kyūshū, p. 372-373.
Tōkyō, 1 155 km. — Fukuoka, 113 km. — Kumamoto, 184 km. — Miyazaki, 262 km. — Ōita, 61 km.
Ōita ken. — 59 000 hab.

A l'écart de la ville, le vaste sanctuaire d'Usa est le principal attrait de cette localité.

**Sanctuaire d'Usa *(6 km S. de la gare J.N.R. ; car, excursion depuis Beppu)*. Proche de la N 10 ce sanctuaire occupe un vaste *parc, où de nombreux bâtiments vermillon contrastent avec le vert intense des frondaisons. C'est, avec ceux d'Ise et d'Izumo, le plus important sanctuaire du Japon. Fête principale le 18 mars.

Usa Hachiman gū est l'une des plus anciennes fondations shintō du Japon. Usa entrait déjà dans la légende, lorsque l'empereur *Jimmu* y fit escale lors de son voyage entre la province de Hyūga et le Yamato. Le sanctuaire actuel aurait été fondé en 570 selon les uns, en 725 selon les autres ; il fut dédié à l'empereur Ōjin et à sa mère l'impératrice Jingū. *Wake Kiyomaro* se rendit en 768 au sanctuaire, à la demande de l'impératrice Shōtoku qui souhaitait épouser le moine Dōkyō ; la réponse fut négative, la famille impériale ne pouvant contracter de mésalliance. En 1556 *Otomo Sōrin*, seigneur de Funai (Ōita) et maître du Kyūshū, réduisit en cendres le sanctuaire d'Usa, dont les moines étaient jugés trop turbulents. *Yoshimune*, fils de Sōrin, restaura à la fin du XVIe s. ce sanctuaire qui fut depuis plusieurs fois reconstruit.

Après avoir franchi la Yorimo gawa, une large allée traverse les jardins du sanctuaire du N. au S. A la hauteur du petit sanctuaire de Tōgū cette allée forme un coude vers l'E. et accède, par une série de marches, au **Kamimiya** (sanctuaire supérieur) ; là s'élèvent les bâtiments principaux. Le **Hon den** est entouré d'un corridor sur lequel s'ouvre une belle porte à étage ; en avant de celle-ci s'étend une vaste cour.

A l'E. de cette cour on visitera avec intérêt le **trésor** du sanctuaire qui possède plusieurs peintures anciennes, des mikoshi, des épées et objets de bronze, des masques et costumes de Nō, deux statues en bois des rois Deva, etc.

Dans le prolongement de l'allée centrale, à l'O. du Kamimiya, on pourra également visiter le **Shimo jinja**, sanctuaire inférieur ; au N. de ces deux sanctuaires le **Hishigata ike** donne beaucoup de charme au jardin paysage ; au centre de cet étang se trouve le **pavillon Emadono**.

Usuki (Ile de Kyūshū)

Carte du nord de Kyūshū, p. 372-373.
Tōkyō, 1 268 km. — Fukuoka, 219 km. — Kumamoto, 194 km. — Miyazaki, 188 km. — Ōita, 50 km. — Service maritime pour Yawatahama.
Ōita ken. — 44 500 hab.

Usuki est un agréable port de pêche au fond d'une jolie crique, où *Ōtomo Sorin* avait fait élever un château en 1564. L'intérêt d'Usuki sera pour le touriste dans la visite des Bouddha rupestres, du centre ville et de la pagode à trois étage **Tshi-to** (époque Heian, style Nara).

Environs :

1 — *Usuki Sekibutsu *(8 km S.-O. ; car ; excursion depuis Beppu ; train J.N.R. depuis Beppu où Ōita : arrêt de Kamisuki)*. Il s'agit d'un ensemble exceptionnel d'une soixantaine de figures bouddhiques, sculptées en haut-relief à même le rocher : la *première (3,20 m) reste la plus impressionnante. Ces œuvres empreintes de grandeur et de sérénité, influencées par l'art chinois de l'époque, sont un rare exemple japonais de sculpture sur pierre, et les plus belles **statues rupestres** que l'on connaisse dans ce pays ; on y remarque encore des traces de polychromie ; ces statues semblent avoir été exécutées, au XIIe s., sous la protection d'un moine influent ou de seigneurs locaux. Sans être un exemple unique dans le département d'Ōita, elles en sont néanmoins les plus importantes ; dans leur voisinage s'élevait autrefois le Mangetsu ji.

2 — Fūren shōnyūdō *(29 km S.-O. ; car)*, formé de deux grottes naturelles creusées dans la montagne ; la plus grande mesure 420 m de longueur. Ce site est dominé par le **Yato kōgen** (716 m), d'où l'on découvre la côte découpée entre Usuki et Saiki.

3 — Ōita, V. ce nom.

Utsunomiya (Ile de Honshū)

Carte ferroviaire, en page de garde.
Tōkyō, 115 km. — Fukushima, 171 km. — Maebashi, 103 km. — Mito, 75 km. — Urawa, 93 km.
Chef-lieu de Tochigi ken (1 173 000 hab.). — 377 800 hab. — 113 m d'alt. — Université nationale.

Traversée par un affluent de la Kinu gawa, qui coule à l'E. de la ville, Utsunomiya fut autrefois une importante étape commerciale à la bifurcation de la voie de Tōhoku et d'une route en direction de Nikkō. Aujourd'hui chef-lieu, principal centre économique, et la ville la plus dynamique du département de Tochigi.

L'historien et homme politique *Gamō Kumpei* (1768-1813) naquit à Utsunomiya.

Face à la gare *(J.N.R.)*, la ville est traversée d'E. en O. par une artère maîtresse, à 700 m S. de laquelle on verra le parc de l'ancien **château d'Utsunomiya** *(1,2 km S.-O. de la gare J.N.R. ; — 600 m S.-E. de celle de Tobu Utsunomiya)*, dont subsistent douves et remparts.

Ce château avait été édifié (XIe s.) par la famille d'Utsunomiya.

UWAJIMA 599

Au N. de la grande rue mentionnée ci-dessus, une éminence est coiffée par le **Futarasan jinja** *(1 km O. de la gare ; 500 m N.-E. de celle de Tōbu Utsunomiya)*, dans l'enceinte duquel repose *Gamō Kumpei*.

Plus au N. s'étend le vaste **parc de Hachiman yama**, où se trouvent d'autres édifices religieux et des installations sportives. Vue étendue sur Utsunomiya et ses environs, notamment en direction des montagnes de Nikkō.

Environs :

1 — *Ōya ji *(9 km N.-O. ; car)*, temple fondé au IXᵉ s. par *Kōbō Daishi*, à proximité d'un abri rupestre où furent sculptées plusieurs statues bouddhiques, les plus anciennes de ce genre au Japon ; la statue de Kannon aux Mille bras atteint 4 m de hauteur.

Au N.-O. de ce temple s'élève le **Kogashi yama** (583 m ; *7 km jusqu'au sommet*), dont les pentes boisées proposent d'agréables promenades ; dans une carrière au flanc de cette montagne a été sculptée (1956) une statue géante de Kannon (27 m de hauteur).

2 — Imaichi, parc national de Nikkō, *V. ces noms.*

Uwajima (Ile de Shikoku)

Carte de Shikoku et mer Intérieure, p. 502-503.
Tōkyō, 1 027 km. — Kōchi, 154 km. — Matsuyama, 83 km. — Takamatsu, 308 km. — Tokushima, 348 km.
Ehime ken. — 69 000 hab. — Port de pêche.

Au fond de l'une des baies les plus découpées de l'île de Shikoku, Uwajima fut une ville commerciale et féodale ; elle reste l'un des principaux centres d'activité de la partie méridionale de l'île, mais se voit dépassée par les cités industrialisées du Nord, en bordure de la mer Intérieure. La ville pourra être choisie comme étape en vue d'accéder au parc national d'Ashizuri Uwakai.

A 700 m S.-O. de la gare, sur une colline dominant la ville, le port et la baie, se trouve le **château d'Uwajima** dont on remarque une tour à trois étages élevée en 1665. On y a établi un musée historique concernant le passé d'Uwajima et de son château.

Celui-ci avait été édifié en 1600 par *Toda Katsutaka*. A partir de 1614 il fut la résidence de *Date Munezumi*, petit-fils de *Masamune* (V. *Sendai*), dont la famille se maintint à Uwajima jusqu'en 1868.

Au-delà du château, à 2 km S.-O. de la gare *(bus)*, on visitera le beau jardin-paysage de **Tensha en**, tracé au XVIIIᵉ s. à la demande des Date. A 2 km S.-E. de la gare se trouve l'**Uwasuhiko jinja**, établi au parc d'Atago d'où la vue s'étend jusqu'à l'île de Kyūshū.

Environs :

1 — Nametoko keikoku *(7 km S.-E. à vol d'oiseau)*; accessible depuis le village de **Matsuno** *(17 km S.-E. par train J. N. R.)*, cette cascade glisse sur une vaste paroi rocheuse ; elle est située dans un bel ensemble montagneux du parc national d'Ashizuri Uwakai.

2 — Parc national d'Ashizuri Uwakai, *V. ce nom.*

Wajima (Ile de Honshū)

Carte ferroviaire, en page de garde.
Tōkyō, 632 km. — Fukui, 209 km. — Gifu, 355 km. — Kanazawa, 130 km. — Toyama, 216 km.
Ishikawa ken. — 38 500 hab. — Port de pêche.

Au N. de la péninsule de Noto, qui s'avance dans la mer du Japon et s'oriente dans l'axe de l'île de Sado, Wajima est un très bon point de départ pour la découverte de cette belle péninsule.

Environs :

1 — Hegura jima *(48 km N. ; bateau)*, petite île au N. de la péninsule de Noto, où émigrent en été plusieurs pêcheurs de Wajima ; plongeuses *ama*.

2 — Monzen *(25 km S.-O., par la N 249 ; car)*, où l'on visitera avec beaucoup d'intérêt le ***Sōji ji**, qui fut jusqu'à l'incendie de 1898 l'un des principaux temples de la secte *Sōtō*.

Ce temple fut fondé, ainsi que l'Eihei ji *(V. Fukui)*, par le prêtre *Dōgen* ou *Shōyō Daishi*. La plupart des bâtiments du temple ont aujourd'hui été restaurés.

Avant de franchir le pont bombé de Hakuji on remarque *(sur la g.)* le Kyō zō, bibliothèque à sūtra, avec casiers sur un tambour tournant ; elle est due au charpentier *Gondo Yoshiharu* (1743). Après avoir franchi le pont on accède au San mon, belle porte en bois de zelkowa qui abrite, à l'étage, les statues de Kannon et Jizō Bosatsu. Cette porte ouvre sur une cour qu'entourent de beaux ***édifices** aux riches sculptures décoratives : à dr. le Butsu den abrite une statue de Shaka Nyorai ; en face, dans le Hattō ou Taiso dō, on rend hommage au prêtre fondateur *Shōyō Daishi ;* à g. le Sō dō ou Zazen dō est un bâtiment réservé à la pratique du zen. On remarquera également à l'extérieur de cette enceinte le Dantō in, construit au XIVe s., et le Kannon dō, le plus ancien édifice de ce temple, dont la fondation est attribuée au prêtre *Gyōki* (VIIIe s.).

→ A 6 km O. de Monzen *(car)* : joli petit port de Kuroshima, qui a conservé son caractère de l'ancien temps.

3 — Noto *(105 km S.-E., en contournant la péninsule de Noto ; service d'excursion)*. — Quitter Wajima vers l'E. par la N 249.
6 km : Route à dr. accédant au *(3 km S.)* Kōnosu zan (567 m d'alt.), d'où l'on observe la côte septentrionale de la péninsule de Noto.
11 km : Shirayone ; remarquer au-delà, sur les flancs des collines, les rizières en terrasses qui épousent le dessin des courbes de niveau ; c'est une image très caractéristique de la riziculture en Orient.

20 km : **Machino**, où l'on peut voir la **ferme des Tokikuni**, l'une des plus grandes du Japon, qui serait toujours occupée par les descendants de *Taira Tokikuni*, exilé ici par Minamoto Yoritomo au XIIe s. Au-delà la route longe la côte d'*Oku Noto Kongo, superbe succession des reliefs plongeant dans la mer, dont l'aspect accidenté se maintient jusqu'au Suzu misaki.

27 km : *Sosogi kaigan, l'un des plus beaux sites de cette côte rocheuse.

33 km : **Ōtani**; on laisse vers la dr. la N 249, afin de poursuivre par la route côtière.

50 km : **Rokkō zaki** puis *(55 km)* **Suzu misaki**, qui marquent l'extrémité nord-est de la péninsule de Noto.

65 km : **Takojima**, gare terminus des *J.N.R.*, d'où l'on pourra gagner Kanazawa en longeant la côte méridionale de la péninsule de Noto.

71 km : **Suzu** (33 500 hab.), important port de pêche au N.-E. de Noto Hantō; au-delà se forme la jolie côte de Mitsukejima kaigan, fermée au S. par l'Aka saki.

77 km : **Uchiura**, d'où l'on quittera de nouveau la N 249 afin de gagner :

89 km : *Tsukumo wan, crique très découpée en calanques nombreuses, surnommées les quatre-vingt-dix-neuf anses.

93 km : Petit port et station thermale d'**Ogi**.

105 km : **Noto**, autre port d'où l'on peut gagner en bateau Nanao et en train Kanazawa *(V. ces noms).*

W | Wakayama (Ile de Honshū)

Carte des richesses humaines, p. 68.
Tōkyō, 582 km. — Nara, 101 km. — Ōsaka, 71 km. — Tsu, 166 km.
Chef-lieu de Wakayama ken. — 395 000 hab. — Ville industrielle et portuaire. — Universités nationale et régionale.

A l'embouchure de la Kino kawa, au N.-O. de la péninsule de Kii, Wakayama fut une importante cité féodale et reste de nos jours le principal centre économique de cette péninsule. Pour le touriste, Wakano ura compte parmi les sites les plus remarquables du Japon.

Depuis la gare de Wakayama part vers l'O., en direction de la Kino kawa, l'une des artères maîtresses de la ville ; à la hauteur de la Municipalité elle rencontre l'importante Komatsubara dōri, qui traverse la ville du N. au S.

Au S.-E. de ce carrefour le **parc de Wakayama** *(1,5 km O. de la gare de Wakayama; 1 km S.-E. de celle de Wakayamashi)* est occupé par le **château de Wakayama**, qui autrefois s'élevait au centre de la ville.

Après s'être rendu maître du temple de Negoro *(V. environs)* en 1585, *Toyotomi Hideyoshi* céda Wakayama à son frère *Hidenaga*. Celui-ci y fit construire un château, qu'il confia à *Kuwayama Shigeharu;* en 1600 *Tokugawa Ieyasu* y plaçait *Asano Yukinaga;* puis *Yorinobu* (1602-1671), fils de Ieyasu, en prenait possession en 1619 ; il fut l'ancêtre de l'importante branche *Tokugawa de Wakayama*.

Le château fut en fait entièrement reconstruit vers 1850, et le donjon actuel à trois étages, en 1958. Il abrite quelques souvenirs historiques, des documents concernant les Tokugawa et des objets d'artisanat local. Du château on découvre l'ensemble de la ville et ses environs.

Longeant le parc de Wakayama, Komatsubara dōri gagne vers le S. le **parc d'Akiba yama** *(4 km S. de Wakayama eki ; bus)*, où s'élèvent le sanctuaire de ce nom et plusieurs autres édifices religieux.

Au-delà d'une bifurcation cette rue conduit vers la g. (N 42) en direction de la Waka gawa ; vers la dr. on dépasse les sanctuaires de **Tōshō gū** et de **Temman gū**, et on atteint le Mitara ike au N. de :

*****Wakano ura** *(5 km S. de Wakayamashi et 6 km S.-O. de la gare de Wakayama ; bus depuis ces deux gares)*, la station balnéaire de Wakayama et l'un des plus beaux sites de la péninsule de Kii. De là on peut accéder en téléphérique au belvédère du Takatsushi yama, ou poursuivre vers l'O. jusqu'au parc de Saiga zaki qu'entoure un promontoire rocheux.

Depuis la bifurcation mentionnée ci-dessus on peut gagner l'estuaire de la **Waka gawa**, et au-delà, poursuivant tout droit, passer sous les voies ferrées afin d'atteindre le :

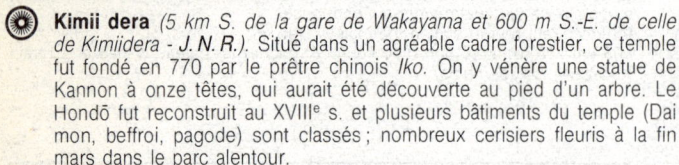

Kimii dera *(5 km S. de la gare de Wakayama et 600 m S.-E. de celle de Kimiidera - J. N. R.)*. Situé dans un agréable cadre forestier, ce temple fut fondé en 770 par le prêtre chinois *Iko*. On y vénère une statue de Kannon à onze têtes, qui aurait été découverte au pied d'un arbre. Le Hondō fut reconstruit au XVIIIe s. et plusieurs bâtiments du temple (Dai mon, beffroi, pagode) sont classés ; nombreux cerisiers fleuris à la fin mars dans le parc alentour.

Environs :

1 — Kada *(12 km N.-O. ; train Nankai E. R.)*, petit port face aux *****îles de Tomoga** que l'on peut gagner en bateau ; entre la péninsule de Kii et Awaji shima *(V. ce nom)*, ces îles offrent de jolies vues ; promenades et possibilités de camping.

2 — Kokawa *(23 km E. par la N 24 ; train J. N. R.)*. — Quitter Wakayama vers l'E. en remontant la vallée de la Kion kawa.

16 km : **Iwade** ; route à g. vers :

4 km N. *(car)* : *****Negoro dera** ; temple fondé en 1126 par le prêtre *Kōkyō Daishi* ; bien qu'en partie ruiné par Toyotomi Hideyoshi à la fin du XVIe s., ce temple conserve d'intéressants édifices comme le **Daishi dō**, construit en 1391 (statue de Kōkyō Daishi), et le **Taho tō**, pagode en forme de stūpa, reconstruit vers 1515 ; joli site boisé autour du temple, avec cerisiers fleuris au début avril.

23 km : **Kokawa**, petite localité de la vallée de la Kino gawa, que dominent les montagnes de Kii.

A 1 km N. : **Kokawa dera** ; ce temple créé en 770 fut ruiné en 1585 par Toyotomi Hideyoshi et reconstruit en 1715 ; on y vénère une belle statue de Kannon aux Mille mains. Au Mike Shōin, qui dépend de ce temple, habita au XIXe s. le peintre *Reizei Tamechika* ; on lui doit un rouleau peint dans le style yamato e, retraçant l'histoire du temple.

3 — Kōya san, parc national de Seto Naikai, *V. ces noms.*

Wakkanai (Ile de Hokkaidō)

Carte ferroviaire, en page de garde.
Tōkyō, 1 447 km. — Abashiri, 347 km. — Asahikawa, 258 km. — Rumoi, 192 km. — Sapporo, 337 km.
Hokkaidō. — 54 000 hab. — Port de pêche.

Wakkanai est la plus septentrionale des villes japonaises; elle sera choisie par le touriste désireux de découvrir le parc national de Rishiri Rebun Sarobetsu. C'est par ailleurs une importante base de pêche, ouverte à la rencontre des mers d'Okhotsk et du Japon; ce port a l'avantage de ne pas être pris par les glaces en hiver.

A l'O. de la ville s'étend le **parc de Wakkanai**, avec plusieurs monuments dont celui dédié aux victimes de Sakhaline, dit *Porte de la Glace;* un monument en l'honneur de *Mamiya Rinzo,* premier explorateur japonais de Hokkaidō en 1800, un autre à la mémoire des chiens de Sakhaline, morts dans l'expédition antarctique de 1955.

Environs :

1 — Noshappu misaki *(5 km N.-O. ; car);* couronné par un phare ce cap marque l'extrémité occidentale de la baie de Wakkanai; vue en direction de Rishiri.

2 — Sōya misaki *(32 km N.-E. ; car);* à 45° 31' de latitude N., celle de Grenoble, ce cap marque la pointe septentrionale du Japon; il est séparé de l'île de Sakhaline, que l'on découvre au N., par le détroit de Sōya également connu sous le nom de détroit de La Pérouse : la passe fut empruntée en 1787 par le célèbre navigateur; là se rencontrent les importants courants marins Oya shio et Kuro shio, qui longent de part et d'autre les côtes japonaises.

3 — Toyotomi *(40 km S. ; train J.N.R.),* d'où l'on peut gagner :

A 6 km S.-E. *(car)* : **Toyotomi Onsen,** sources salines à 43 °C réputées contre les maux d'estomac; un gisement de gaz naturel fut découvert à proximité.

4 — Parc national de Rishiri Rebun Sarobetsu, *V. ce nom.*

Y | **Yaeyama shotō** (Nansei shotō)**

Carte de Nansei shotō, p. 410-411.
Tōkyō, 1 950 Km. — Okinawa, 420 km.

Okinawa.

Une vingtaine d'îles dont trois principales : Iriomote, Ishigaki et Yonakuni, constituent les admirables joyaux de cet archipel, marquant l'extrémité de Nansei shotō, avant l'île de Taiwan. Entre la mer de Chine orientale et l'océan Pacifique, ces îles tropicales offrent un séjour de rêve et deviennent de plus en plus le lieu d'élection des jeunes mariés japonais en voyage de noces. Beaucoup plus sauvages, nous leur donnons la préférence sur Okinawa ou Miyako jima. Jouissant toute l'année d'un climat enchanteur (moyenne : 16 ºC), elles peuvent être troublées par des irruptions de typhons ; les communications sont alors coupées avec le reste du pays.

☛ ****Ishigaki jima ;** cette île montagneuse culmine avec l'**Omoto dake** (526 m), et offre un tracé complexe de rivages qui s'étirent vers le N. jusqu'au Hirakubo zaki.

Ishigaki (39 000 hab.) est la principale localité de l'île et de tout l'archipel. On y visitera le **Miyara Donchi**, ancienne résidence seigneuriale, construite dans le style particulier à l'archipel, avec toit important de tuiles brunes ; cette demeure élevée en 1819 est entourée d'un fort beau jardin aux essences tropicales. Un peu plus au N. on pourra visiter le **Torin ji** (1614), qui conserve deux statues des rois Deva.

Entre la ville et l'aéroport, en longeant la côte orientale, au village de **Miyara**, on peut visiter une belle maison ancienne transformée en musée local (poteries, bingata) et en un intéressant atelier d'impressions sur tissus par utilisation de blocs de corail sciés en deux.

Sur la route menant d'Ishigaki à la baie de Nagura, est installé, dans des maisons de style traditionnel, un intéressant centre de poterie et de tissage (coton : kasuri ; soie ; fibres de banane : bashofu).

☞ Longeant la côte occidentale d'Ishigaki vers le N. *(taxi),* on peut atteindre *(15 km)* la fort jolie ***baie de Kabira** aux eaux limpides (culture de perles), *(20 km)* la dense **forêt tropicale de Yonebara,** *(23 km)* la petite **cascade d'Arakawa,** et *(53 km)* Hirano, proche du **Hirakubo zaki** (phare), pointe septentrionale de l'île.

A 6 km O. de la localité d'Ishigaki *(hydroglisseur ou bateau)*, ***Taketomi jima** est fort intéressante pour ses ruelles bordées de murs en pierres sèches, derrière lesquels se protègent jardins et maisons traditionnelles ; l'une d'entre elles a été aménagée en petit musée folklorique. Ses plages sont célèbres pour leur sable dont les grains ont une forme étoilée.

*Iriomote *(27 km O. d'Ishigaki jima ; hydroglisseur ou bateau du port d'Ishigaki à Ōtomi et Ohara).* Plus compacte et montagneuse qu'Ishigaki, cette île culmine au **Kami dake** (470 m). Une seule route la contourne par le N. ; le reste de l'île est presque entièrement occupé par une forêt vierge, à travers laquelle il sera prudent de se faire accompagner ; on pourra joindre ainsi Ōtomi et Sonai, en traversant l'île par les **vallées de la Nakama** et de l'**Urauchi gawa** *(22 km env.).* Cette île est placée sous la protection du **parc national d'Iriomote** (12 506 ha) ; on y rencontre parfois une espèce très rare de chats sauvages, dit chats d'Iriomote.

L'excursion recommandée est la remontée de l'Urauchi gawa en bateau *(1 heure à travers la jungle),* puis la promenade à pied *(40 mn)* jusqu'aux *chutes de Mariyudo et de Kampira.*

*Yonakuni jima *(127 km O. d'Ishigaki ; avion ; bateau) ;* plus petite que les deux autres, cette île également montagneuse atteint 231 m à l'**Urabu dake**. C'est la pointe occidentale du Japon (122° 56' de longitude). **Sonai**, au N. de l'île, est la principale localité.

De là on pourra gagner *(7 km O. ; taxi)* la **baie de Kubura**, l'une des plus intéressantes de l'île. Sur la côte E. *(4 km à pied depuis Sonai),* beau rocher isolé de **Saninu dai**. En certains endroits, les maisons couvertes en tuile font place à des habitations plus sommaires au toit de chaume ; elles sont entourées d'une palissade de bambou qui coupe les vents violents.

■ Yamagata (Ile de Honshū)

Carte du Tōhoku, p. 234-235.
Tōkyō, 396 km. — Akita, 214 km. — Fukushima, 92 km. — Niigata, 170 km. — Sendai, 63 km.
Chef-lieu de Yamagata ken (875 000 hab.). — 237 000 hab. — 128 m d'alt. — Production de soie grège. — Université nationale.

Dans l'une des vallées centrales de Tōhoku, parallèles aux chaînes d'Asahi et d'Ōu qui s'élèvent de part et d'autre, Yamagata est un centre traditionnel d'activité économique, à proximité d'autres localités importantes (Nanyō, Kaminoyama, Tendō, Higashine, Murayama) qui s'égrennent le long de cette vallée. Depuis Yamagata, on gagne aisément les montagnes de Zaō *(V. ci-après, environs),* et l'on peut également accéder à l'Asahi dake *(V. Tsuruoka).*

Parc de Yamagata *(500 m N. de la gare) ;* à l'O. des voies ferrées ce parc est entouré par les doubes et remparts de l'ancien **château de Yamagata**.

Ce château était devenu en 1335 la propriété de *Shiba Kaneyori,* dont les descendants prirent le nom de *Mogami ;* cette famille fut dépossédée en 1662, au profit des Torii ; plusieurs autres daimyō s'y succédèrent durant l'époque Edo, dont les Mizuno de 1845 à 1868.

A 1 km N.-E. du château *(1,5 km N.-E. de la gare)* se trouve le **parc de Chitose** ou de **Mamigasaki**, proche de la rivière de ce nom ; là s'élève le **Yakushi dō**, fondé au VIIIe s.

A 1 km S. de la gare *(se renseigner)*, **sanctuaire de Hachiman**; également fondé au VIIIe s., lorsque Yamagata fut établie comme poste de surveillance contre les Ainou, il est surtout célèbre pour les quelques beaux chênes verts *(kunugi)* que l'on y voit encore.

Environs :

1 — Yamadera *(13 km N.-E. ; train J.N.R. ; car)* ; au N. de la gare, dans un site rocheux et boisé particulièrement choisi, se dressent, parfois au sommet des rochers mêmes, les bâtiments du ***Risshaku ji** ou **Yama dera**; ce temple fut fondé (860) par le prêtre *Ennin* ; la plupart des bâtiments furent reconstruits depuis ; remarquer notamment le Nemoto Chū dō ; au-delà du Niō mon une longue série de marches accède à l'Okuno in, au sommet de la colline.

Le site de Yamadera est dominé au N.-E. par l'***Omoshiro yama** (1 264 m), « la montagne curieuse », dont les pentes forment un site extraordinaire de rochers, torrents et cascades ; la roche percée de ***Tennen Sekkyō** est l'un des plus célèbres phénomènes naturels de cette région ; on pourra accéder en car à **Okuyamadera** *(3 km S.-E. de la gare)*, et rayonner dans ce parc où les cascades de Jizō et Nana taki sont les plus remarquables.

2 — Zaō Onsen *(18 km S.-E. ; car)* ; établie sur les flancs N.-O. du Zaō zan, cette station (sources de 40 à 47 °C) constitue le meilleur point d'accès à la montagne, sur laquelle on peut effectuer de belles promenades ou pratiquer (décembre à avril) le ski ; nombreux téléphériques, télésièges, remonte-pentes, etc.

De Zaō Onsen il est recommandé de suivre *(car)* la ****Zaō Echo line** jusqu'à *(46 km)* **Tōgatta Onsen**. Le paysage boisé prend en hiver une physionomie toute particulière ; les ***« arbres-fantômes »**, alors couverts de neige givrée, prennent les formes les plus étranges. Sur cet itinéraire se détache vers le N. une route conduisant au lac de Dokko, d'où l'on peut réaliser l'ascension du ***Kumano** (1 841 m), sommet principal du Zaō zan, et ancien volcan éteint depuis le XVIIIe s.

■ Yamaguchi (Ile de Honshū)

Carte des richesses humaines, p. 68.
Tōkyō, 1 214 km. — Hiroshima, 141 km. — Matsue, 250 km.
Chef-lieu de Yamaguchi ken. — 105 000 hab. — Université nationale.

Aujourd'hui à l'écart de la grande voie méridionale du Chūgoku (Sanyō), Yamaguchi fut un centre historique important et demeure le foyer intellectuel du département dont elle est le chef-lieu.

Une mission de saint François Xavier. — La ville fut fondée (1350) par *Ouchi Hiroyo*, et dessinée sur le modèle de la capitale impériale Kyōto. La puissante famille d'Ōuchi et la ville prospérèrent conjointement, se montrant toutes deux accueillantes aux daimyō qui fuyaient les troubles politiques de la capitale. C'est également *Ōuchi Yoshitaka* (1507-1551) qui reçut à Yamaguchi *saint François Xavier*, et lui céda un temple désaffecté où il put établir une importante communauté chrétienne. L'année suivante (1551) saint François quittait Yamaguchi pour les Indes, mais il devait mourir dans la baie de Hong Kong ; après son départ, les prêtres bouddhistes firent valoir leur opposition au christianisme ; les jésuites durent quitter Yamaguchi pour Funai (Ōita). Par ailleurs la puissance des Ōuchi s'étant considérablement affaiblie, Yamaguchi passait en 1552 à *Ōtomo Yoshinaga* et en 1557 à *Mōri Motonari*, dont la famille resta propriétaire jusqu'à la Restauration de 1868. Après la bataille de Sekigahara, les Mōri résidèrent cependant à Hagi *(V. ce nom)*, entraînant le déclin de Yamagata où ils revinrent à partir de 1863.

L'homme politique *Kishi Nobusuke* naquit à Yamaguchi en 1896.

A 1,5 km N.-O. de la gare, on peut accéder au **Kameyama en** qui recouvre l'emplacement d'une demeure ayant appartenu aux Ōuchi. Ce parc de 6 ha est célèbre pour ses érables et ses azalées. Au S. de cette colline s'élève la **cathédrale de Yamaguchi**, construite en 1952 à la mémoire de saint François Xavier. Sa façade voudrait rappeler le château de Navarre où naquit le saint.

Plus au N., la **préfecture de Yamaguchi** occupe les anciens terrains du château des Mōri ; trace des douves et remparts.

Toujours plus au N. se trouvent deux temples entourés de jardins ; celui du **Ruriko ji** aurait été à l'origine dessiné par *Sesshū* (1420-1506) ; la pagode de ce temple date du XVe s.

A 2,5 km N.-E. de la gare, sur le site du **Daidō ji** où saint François Xavier établit sa communauté religieuse, fut dressée en 1926 une croix de granit avec buste en médaillon du célèbre missionnaire.

Environs :

1 — *Chōmon kyō *(20 km N.-E. ; car)*, jolies gorges rocheuses de l'Abu gawa, barrées de rochers fantastiques et bordées d'érables à voir en automne ; elles sont dominées par le Takahaga dake (762 m).

2 — **Akiyoshi dai *(28 km N.-O. ; car)*. — Quitter Yamaguchi vers le S.-O. par la N 9.

2 km : Yuda Onsen, sources de 60 à 70 °C, efficaces contre rhumatismes et maladies de la peau ; fête les 10 avril et 10 octobre. De là on quitte la N 4 pour s'élever vers l'O. sur les hauteurs qui dominent Yamaguchi.

18 km : Prendre à dr. la route de Mitō.

21 km : Suivre cette fois sur la g. la route de Shūhō.

26 km : Embranchement à dr., avant Shūhō, vers :

28 km : ***Akiyoshi dō**, l'une des plus vastes grottes calcaires du monde, qui atteint une longueur totale de 9,8 km *(ouvert de 8 h 30 à 16 h 30)* ; au cœur de la grotte, que parcourt un cours d'eau souterrain, un ascenseur accède au plateau d'***Akiyoshi dai** *(route à péage depuis l'entrée de la grotte ; car)* ; il s'agit d'une vaste formation karstique (1 384 ha) aux rochers multiformes ; le paysage en est fort insolite au Japon ; on pourra visiter un musée scientifique spécialisé sur l'étude de ce plateau ; celui-ci est par ailleurs perforé d'une centaine d'autres grottes reconnues.

Yamato Koriyama (Ile de Honshū)

Carte des Environs d'Ōsaka, p. 470-471.
Tōkyō, 498 km. — Kyōto, 47 km. — Nara, 7 km. — Ōsaka, 34 km. — Tsu, 111 km. Wakayama, 108 km.
Nara ken. — 63 000 hab.

Kōriyama est aujourd'hui une importante bourgade du bassin de Nara, à peu de distance de l'ancienne capitale historique. Entourée de nombreux étangs la ville s'est spécialisée dans l'élevage des poissons rouges, pour la plupart exportés vers les jardins du monde entier.

Au N. de la gare de Kōriyama *(Kintetsu E.R.)*, on remarque les ruines de l'ancien château, élevé en 1565 par *Odagari Harutsuga*.

Environs :

1 — Jikō in (3 km S.-O. ; à 800 m N. de la gare de J.N.R. Yamato Koizumi ; car) fut fondé en 1663 par le maître de la cérémonie du thé Katagiri Sekishu ; on y voit un fort joli jardin inspiré par le zen, célèbre pour ses mousses, ses érables et ses azalées.

2 — Nara, V. ce nom ; **3 — Horyū ji,** V. Ikaruga.

Yamato Takada (Ile de Honshū)

Carte des Environs d'Ōsaka, p. 470-471.
Tōkyō, 506 km. — Kyōto, 63 km. — Nara, 26 km. — Ōsaka, 35 km. — Tsu, 90 km. — Wakayama, 78 km.
Nara ken. — 59 500 hab.

Le principal attrait de cette localité, située au S. du bassin de Nara, consiste dans la visite du Taima dera, établi sur les basses pentes du Nijō san (474 m), qui fait partie de la chaîne de Kongō.

*Taima dera (6 km O. ; car ; à 1 km O. de la station Taima dera, Kintetsu E.R., que l'on atteint depuis la gare de Takadashi à Yamato ou celle de Tennoji à Ōsaka). Fondé en 612 ce temple fut transplanté en ces lieux en 684 ; édifié à l'origine selon le plan des premiers temples bouddhistes de l'époque Asuka, il a été depuis presque entièrement reconstruit.
On accède au Taima dera par le **Rō mon**, porte à étage qui s'ouvre à l'E. des cours. A l'O. de celles-ci s'élève le **Hon dō** ou **Mandara dō**, reconstruit en 1243 ; il abrite une ***peinture du Paradis bouddhiste**, réalisée en 763 par Chūjō hima, fille de Fujiwara Toyonari.

Cette peinture, exécutée sur un délicat support de fibres tissées, est dans un mauvais état de conservation ; seule une copie ancienne, donnant une idée du travail, est exposée au regard des fidèles. Le mandara est posé sur un socle incrusté de nacre, d'époque Nara.

En avant du Hon dō se trouvent le **Kō dō** (reconstruit début XIVe s.) et (au S. de celui-ci) le **Kon dō** (reconstruit au XIIIe s.) ; ce dernier abrite plusieurs statues des époques Heian, Fujiwara et Kamakura, ainsi qu'un ***Miroku Bosatsu**, l'une des plus anciennes statues japonaises en laque sèche, datant de 685.
Au S. du Kon dō on remarque les deux **pagodes** de l'Est et de l'Ouest (Tō tō et Sai tō) ; ce temple est le seul exemple japonais où subsistent les deux pagodes, autrefois orgueil des plus grands temples nippons ; elles furent élevées aux VIIIe et IXe s.

Le Taima dera possède enfin un beau jardin d'époque Edo. Fête les 14 et 15 mai.

Yanagawa (Ile de Kyūshū)

Carte du nord de Kyūshū, p. 372-373.
Tōkyō, 1 224 km. — Fukuoka, 68 km. — Kumamoto, 67 km. — Ōita, 165 km. — Saga, 15 km.
Fukuoka ken. — 51 000 hab.

Proche de l'estuaire de la Chikugo gawa, sur la baie d'Ariake, Yanagawa est une ancienne ville féodale qui fut la résidence des Tachibana à l'époque Edo. Elle conserve quelques maisons anciennes qui bordent la

*Yabe gawa canalisée ; il sera agréable de descendre cette rivière sur l'un des bateaux à fond plat qui la sillonnent.

Le départ des bateaux se fait à **Taiko bashi**, proche du **Kaigetsuro**, l'une des plus belles maisons de l'ancienne ville vantée par le poète *Hakushu*. La promenade se termine à proximité du **Suiten gū** et du **Tachibanaka teien**, jardin-paysage créé en 1697 pour les Tachibana ; les nombreux îlots de l'étang veulent imiter le site célèbre de Matsushima (*V. Shiogama*). Au-delà on pourra visiter la **maison natale** du poète local *Hakushu Kitahara* (1885-1942), qui abritait précédemment une distillerie de sake.

Yawatahama (Ile de Shikoku)

Carte de Shikoku et mer Intérieure, p. 502-503.
Tōkyō, 971 km. — Kōchi, 179 km. — Matsuyama, 68 km. — Takamatsu, 287 km. — Tokushima, 372 km.
Ehime ken. — 56 000 hab. — Services maritimes pour Beppu, Usuki, Uwajima.

Au N. du golfe d'Uwa, que protège le long cap de Saga, Yawatahama est un important port de pêche de l'île de Shikoku, et un centre de production d'oranges de Satsuma.

Environs :

1 — Kin zan *(16 km N. ; car)* ; on peut visiter le **Shusseki ji**, au sommet de cette montagne, également connue sous le nom de Kana yama ; *vue étendue sur Shikoku, la mer Intérieure et le golfe d'Uwa, entre lesquels pointe le Sada misaki.

2 — Misaki *(54 km O. ; car)*, petit port d'où l'on peut gagner en bateau Saganoseki sur l'île de Kyūshū ; à 18 km au-delà on atteint le ***Sada misaki**, à l'extrémité de la plus longue et la plus étroite des péninsules japonaises (elle s'étire sur une cinquantaine de kilomètres) ; elle offre une série de reliefs de 300 à 400 m de moyenne, qui dessinent de jolies baies de part et d'autre ; la pointe extrême du cap Sada n'est éloignée du Seki zaki (île de Kyūshū) que d'une dizaine de kilomètres ; phare et boisement d'ako, sorte d'arbres banians à la pointe du cap.

Yokkaichi (Ile de Honshū)

Carte des richesses humaines, p. 67.
Tōkyō, 382 km. — Gifu, 70 km. — Kyōto, 103 km. — Nagoya, 40 km. — Nara, 107 km. — Ōtsu, 91 km. — Tsu, 34 km. — Wakayama, 200 km.
Mie ken. — 255 000 hab. — Ville industrielle (textiles, verre, céramique, sidérurgie, pétrochimie) et portuaire.

Au N. de l'estuaire de la Suzuka gawa, sur la baie d'Ise, à l'embranchement des voies d'Ōsaka et d'Ise lorsque l'on vient de Nagoya, Yokkaichi est aujourd'hui le principal centre de la zone industrielle septentrionale d'Ise. Rasée par les bombardements de 1945 et depuis complètement reconstruite, cette ville est devenue l'une des plus dynamiques du Japon contemporain. Son port pétrolier et ses implantations industrielles ont été en partie gagnés sur la mer.

Environs :

1 — Yunoyama Onsen *(19 km O. ; car ; train Kintetsu E.R. sur 17 km)*, station thermale établie à 318 m d'altitude, sur la Mitaki gawa qui se jette à

Y 610 YOKOHAMA

Tsu. Vue en direction de la baie d'Ise et de Nagoya. Depuis Yunoyama on peut accéder *(téléphérique)* au **Gozaisho yama** (1 210 m) ; vue étendue depuis le sommet ; pentes de ski ; cette montagne est l'une des plus élevées du beau ****parc boisé de Suzuka,** qui occupe la crête montagneuse entre les versants de la baie d'Ise et du lac Biwa ; une route à péage *(car)* traverse ces montagnes en direction de Tsuchiyama.

2 — Kameyama, Tsu, V. ces noms.

Y Yokohama (Île de Honshū)*

Carte des Environs de Tōkyō, p. 526 ; — Plan d'ensemble, ci-contre ; — Plan du centre ville, p. 612.
Tōkyō, 24 km. — Kōfu, 140 km. — Shizuoka, 142 km.
Chef-lieu de Kanagawa ken. — 2 774 000 hab. — Ville industrielle (chantiers navals, automobiles, matériel électrique, pétro-chimie, textiles) et portuaire. — Universités nationale, régionale, privées. — Évêché.

Au sud de Tōkyō, Yokohama fut jusqu'à ces dernières années le principal port d'accès des étrangers au Japon. Le port s'abrite au N. du promontoire où s'établirent les Occidentaux à partir de 1859. Yokohama fut aussi l'un des premiers ports japonais ouverts au commerce international. Malgré le tremblement de terre de 1923 et les bombardements de la Seconde Guerre mondiale qui affectèrent profondément la cité, Yokohama reste l'un des plus importants ports commerciaux du Japon ; c'est une ville en pleine transformation où immeubles modernes, routes express sur pilotis, terrains gagnés sur la mer, implantations industrielles et expansion du port, enjambé par un pont gigantesque, ne cessent d'étonner le visiteur.

Le traité de Kanagawa. — Lorsqu'en 1853, le commodore *Matthew C. Perry* débarqua au Japon pour remettre au « chef de l'État japonais » un message du président *Fillmore,* Yokohama n'était qu'un petit village de pêcheurs. Conformément aux clauses du traité signé à Kanagawa (29 juillet 1858) entre *Ii Naosuke* et *Towsend Harris,* le Japon était ouvert aux Occidentaux. Une partie des terrains côtiers de Yokohama fut concédée aux établissements étrangers, et des moyens étaient pris afin d'assurer leur sécurité.

Développement urbain. — En 1872 la première ligne de chemin de fer reliant Tōkyō à Yokohama était construite. En 1887, des canalisations d'eau furent installées. En 1889, la ville ayant atteint 121 000 hab. fut érigée en municipalité. En 1896, le port fut agrandi et, peu à peu, les limites de la ville reculèrent tandis que la population augmentait considérablement. Après le tremblement de terre de 1923 Yokohama comptait 405 000 hab. ; en 1938, le recensement accusait une progression spectaculaire : 850 000 hab. La nouvelle cité fut reconstruite et embellie : on élargit les rues, la plage fut assainie et on éleva des bâtiments publics. Jusqu'au début de la guerre du Pacifique, le port de Yokohama ne cessa de s'accroître. La ville connut alors les années les plus prospère de son histoire, mais elle eut à souffrir des bombardements du 29 mai 1945. La

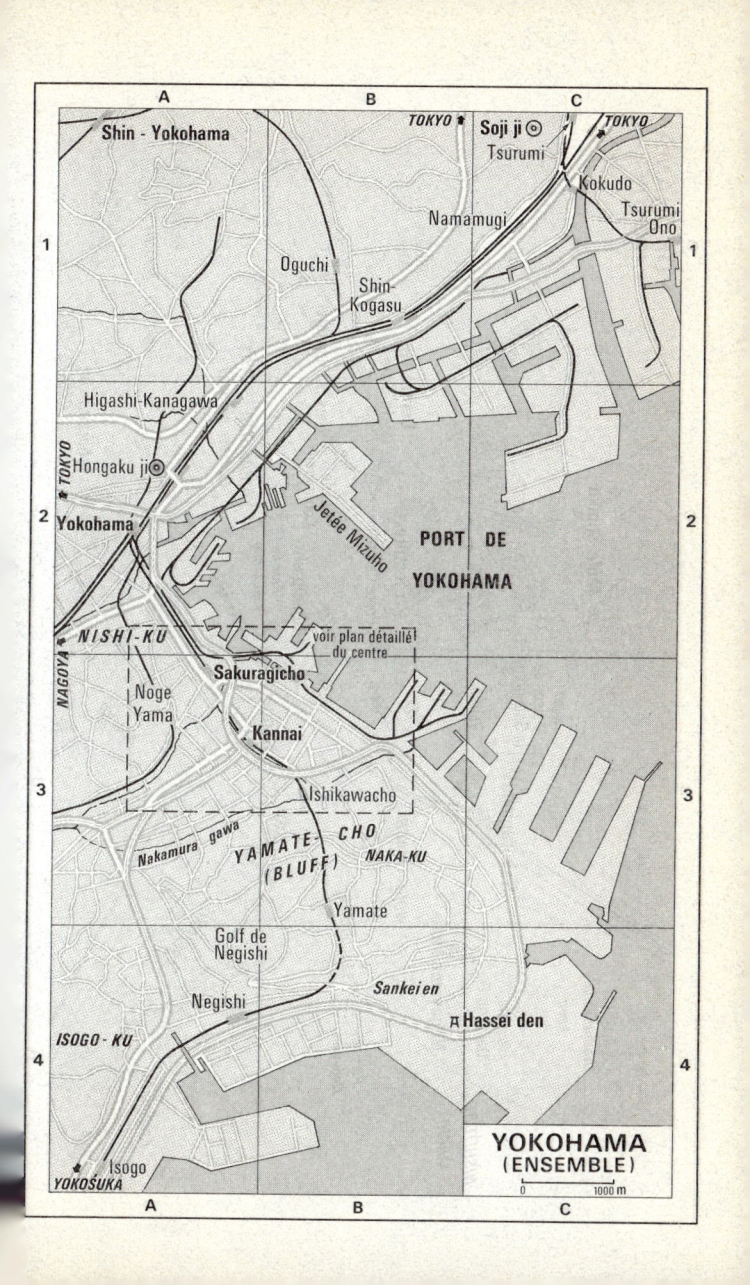

YOKOHAMA (ENSEMBLE)

- Shin-Yokohama (A1)
- TOKYO (B1, C1)
- Soji ji (C1)
- Tsurumi (C1)
- Kokudo (C1)
- Tsurumi Ono (C1)
- Oguchi (B1)
- Namamugi (C1)
- Shin-Kogasu (B1)
- Higashi-Kanagawa (A2)
- TOKYO (A2)
- Hongaku ji (A2)
- Yokohama (A2)
- Jetée Mizuho (B2)
- PORT DE YOKOHAMA (C2)
- NISHI-KU (A3)
- NAGOYA (A3)
- voir plan détaillé du centre
- Sakuragicho (B3)
- Noge Yama (A3)
- Kannai (B3)
- Ishikawacho (B3)
- Nakamura gawa (A3)
- YAMATE-CHO (BLUFF) (B3)
- NAKA-KU (C3)
- Yamate (B4)
- Golf de Negishi (A4)
- Sankei en (B4)
- Negishi (A4)
- Hassei den (C4)
- ISOGO-KU (A4)
- Isogo (A4)
- YOKOSUKA (A4)

0 — 1000 m

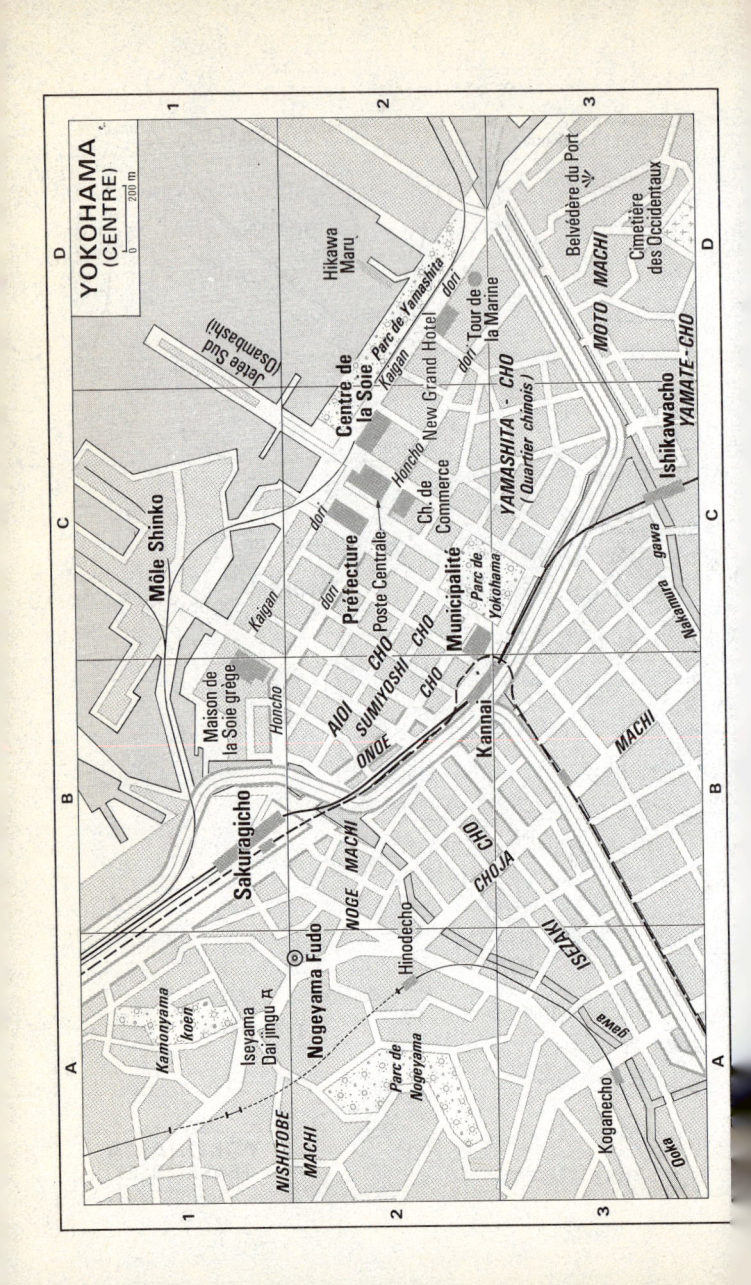

YOKOHAMA (CENTRE)

0   200 m

- Kamonyama koen
- Iseyama Daijingu
- Nogeyama Fudo
- Parc de Nogeyama
- NISHITOBE MACHI
- Hinodecho
- NOGE MACHI
- Sakuragicho
- Maison de la Soie grège
- Honcho
- Môle Shinko
- Kaigan dori
- Préfecture
- Poste Centrale
- AIOI CHO
- SUMIYOSHI CHO
- ONOE CHO
- Ch. de Commerce
- Honcho
- New Grand Hotel
- Centre de la Soie
- Parc de Yamashita
- Kaigan dori
- Hikawa Maru
- Jetée Sud (Osambashi)
- Municipalité
- Parc de Yokohama
- Kannai
- CHOJA CHO
- ISEZAKI
- Ooka gawa
- Koganecho
- Nakamura gawa
- YAMASHITA-CHO
- Quartier chinois
- Tour de la Marine
- dori
- Ishikawacho
- YAMATE-CHO
- MOTO MACHI
- MACHI
- Belvédère du Port
- Cimetière des Occidentaux

guerre de Corée devait donner une nouvelle impulsion au développement de Yokohama.

Le compositeur *Mayuzumi Toshiro* est né à Yokohama en 1929.

Le port : Depuis 1951, les installations portuaires n'ont fait que s'accroître. Les principaux docks s'étendent vers le N., en direction de Kawasaki ; le port assure aujourd'hui 22 % des exportations (céréales, produits alimentaires, soie, objets manufacturés) et 19 % des importations japonaises (céréales, produits alimentaires, carburants) ; il peut recevoir 1,5 milliard de mètres cubes de gaz naturel par an. Aujourd'hui congestionné, il est en voie d'agrandissement et se prolongera dans l'avenir tout autour de la baie de Tōkyō en direction de Kawasaki, Tōkyō *(V. ce nom)* et au-delà.

Depuis la gare de Yokohama *(J.N.R.)* on pourra gagner directement la gare de Sakuragichō *(train direct Keihin Kyūko E.R. depuis Shinagawa à Tōkyō)*, au N. des quartiers centraux de Yokohama, ouverts sur le port et limités au S. par la colline de Yamate où s'établirent au XIXe s. les Occidentaux.

Parc de Kamonyama *(Pl. centre A1 ; — 700 m N.-O. de Sakuragichō eki, J.N.R.)*, établi sur une colline où s'élève la statue en bronze d'*Ii Naosuke Kamon no kami* (1815-1860), qui signa pour le Japon les accords de Kanagawa.

Dans le parc, **bibliothèque et salle de concerts** (arch. *Mayekawa Kunio*) ; cerisiers ; vue sur le port et la ville.

A 200 m au S. de ce parc se trouve l'**Iseyama Daijin gū** *(Pl. centre, A1)*, qui dépend des sanctuaires d'Ise ; fête les 14, 15 et 16 mai ; vue sur le port.

Toujours plus au S. se trouve le **Naritasan Emmei in** ou **Nogeyama Fudō** *(Pl. centre, A2)*, dédié à *Fudō myō ō* ; une foire se tient trois fois par mois (1er, 15, 28) dans l'enceinte de ce temple, au S.-O. duquel s'élève le :

Noge yama *(Pl. centre, A2 ; — 800 m O. de Sakuragichō eki, J.N.R. ; 300 m N.-O. de la station de Hinodechō, Keihin Kyūko E.R.)*. Deux jardins appartenaient à deux riches citadins de Yokohama, ainsi que quelques terrains voisins, sont à l'origine de ce parc dessiné à la mode japonaise. On y trouve piscine, théâtre de plein air, salle de spectacle, terrain de jeu, jardin zoologique, etc. ; vue sur la ville et le port.

Du parc, on rejoint vers le S.-E. **Isezaki chō** *(Pl. centre, A-B3 ; — 600 m S. de la gare de Sakuragichō et 200 m O. de celle de Kannai, J.N.R.)*, très animé avec grands magasins *(Nozawaya* et *Matsukiya)*, cinémas et boutiques de souvenirs ; les Japonais aiment beaucoup ce quartier qu'ils nomment « zaki ».

Passant sous les voies ferrées à la hauteur de la **gare de Kannai** *(Pl. centre, B2)*, on repère au N.-E. de celle-ci la municipalité de Yokohama, qui est longée à l'E. par le :

Parc de Yokohama *(Pl. centre, C2 ; — 400 m S.-E. de Kannai eki, J.N.R.)* ; dessiné en 1876 il était spécialement destiné aux étrangers, auxquels avait été assigné un quartier résidentiel particulier. Dans son enceinte, se trouvent une chapelle, un stade de base-ball, un gymnase et un amphithéâtre ; récemment l'un des pavillons de Baltard, des Halles de Paris, y a été reconstitué.

Le parc est longé à l'E. par une rue importante de la ville qui conduit vers le N. à Kaigan dōri. Juste avant celle-ci s'élève le :

Centre de la soie (Pl. centre, C2 ; — 800 m N.-E. de Kannai eki, J. N. R.), dont les premier et deuxième étages sont occupés par le **musée de la soie** (exposition de vers à soie, cocons, soieries) ; au rez-de-chaussée, service d'informations touristiques ; aux étages supérieurs se trouve un hôtel.

Au-delà on rencontre Ōsambashi, principale jetée d'accostage des navires de transport de passagers et de croisière ; jolie vue d'ensemble du port depuis l'extrémité de cette jetée.

Kaigan dōri longe le parc de Yamashita (Pl. centre, D2), qui borde le port de Yokohama sur 1 km.

On peut y visiter le paquebot « **Hikawa Maru** » (11 625 tonnes), qui fut affecté à la traversée du Pacifique entre 1930 et 1960 ; il est transformé en auberge de jeunesse.

Au S.-E. du parc s'élève la **tour de la Marine** (Pl. centre D2), construite pour commémorer le centenaire du port (106 m de hauteur ; belle vue).

Parallèle à Kaigan dōri, vers le S., on traverse Honchō dōri pour atteindre le **quartier chinois** (Pl. centre, C3 ; — 800 m S.-E. de la gare de Kannai et 800 m N.-E. de celle d'Ishikawachō, J. N. R.), désigné comme tel par le gouvernement en 1863. Nombreux petits restaurants, bars, cabarets, jeux de pachinko, etc., animent ce secteur très vivant de la ville.

Chaque année ont lieu, les 10 octobre, 13 mai (Kouan Yū) et 25 août (Confucius), des fêtes typiquement chinoises, avec défilés, masques et dragons.

Au S. du quartier chinois se situe la **colline de Yamate** (Pl. centre, C-D3), vers le sommet de laquelle s'élèvent plusieurs rues. Sur cette colline, connue par les Occidentaux sous le nom de Bluff, se trouvaient plusieurs résidences en bois à la mode européenne de l'époque ; il en subsiste quelques-unes. Les Français y ont construit un château d'eau.

Sur cette colline on pourra voir le **cimetière occidental** (Pl. centre, D3 ; 400 m S.-E. de la gare d'Ishikawachō, J. N. R.), où reposent 3 000 étrangers (Anglais, Français, Hollandais, etc.). A l'E. du cimetière, sur les terrains du Myōhō ji, vieux pruniers aux formes fantastiques et cerisiers sur la colline, en arrière de ce temple.

Au N. de ce quartier un petit jardin domine en belvédère le port de Yokohama.

Depuis la gare de Kannai une rue longe les voies ferrées au S.-O. du quartier chinois, traverse la Nakamura gawa, passe en tunnel sous la colline de Yamate, et atteint, au-delà des quartiers de Kitagata et de Hommoku, celui de Makado où l'on visitera le Sankei en ; on peut également parvenir à ce jardin en empruntant une rue qui prolonge Kaigan dōri au pied de Yamate.

**Sankei en (Pl. ensemble, B4 ; 1,5 km S.-E. de la gare de Yamate ; 4 km S.-E. de celle de Sakuragichō ; — bus depuis cette dernière). Ce parc doit son nom au pseudonyme de son premier propriétaire (Sankei, trois vallons), *Hara Tomitarō*, important commerçant qui traita surtout des affaires avec les étrangers. Ce jardin, ouvert au public en 1906, est agréable en toutes saisons et particulièrement intéressant pour les édifices anciens qu'on y a reconstitué.

Sur une colline, qui s'élève au S. du principal étang de ce parc, se dresse une très précieuse **pagode à trois étages**, datant de l'époque Muromachi ; à l'origine située au Tomyō ji (province de Yamashiro), elle fut transférée ici en 1914. Sur la partie méridionale de cette colline on accède à un belvédère, d'où l'on découvre la nouvelle zone industrielle de Yokohama gagnée sur la baie de Negishi, en partie comblée. Au pied oriental de cette colline se trouvent le **Butsu den** du **Tokei ji** (Kamakura), la belle **ferme de Yanohara** (XVIIIᵉ s.), provenant de la province de Hida, et le petit pavillon de thé de **Yokobue**.

A l'O. du parc s'étend *Nai en, jardin intérieur où l'on remarque, près d'un petit étang, le **Rinshun kaku** : sa construction, attribuée à tort à Toyotomi Hideyoshi, est due en fait aux *Kishū*, seigneurs d'Iwate près d'Osaka. Remarquez également : les pavillons **Gekka den** (XVIᵉ s., provenant du palais de Fushimi, *V. Kyōto*) et **Chōshū kaku** (surmonté d'un étage, provient du château de Nijo à Kyōto, XVIIᵉ s.) ; le joli **mausolée du Tenzui ji**, provenant du Daitoku ji de Kyōto (XVIᵉ s.) ; le **Tenju in**, qui provient de Kamakura (XVIᵉ s.) ; plusieurs pavillons de thé des XVIᵉ et XVIIᵉ s.

A 400 m S.-E. du Sankei en (se renseigner) se trouve le **Hassei den** *(Pl. ensemble, B4)*, bâtiment octogonal à deux étages, élevé en 1932 par l'homme d'État *Adachi Kenzō* pour devenir un centre national d'éducation spirituelle. Il abrite les statues des Huit sages du monde : Sakyamuni, Confucius, Socrate, Jésus, le prince Shōtoku, les prêtres Kōbō Daishi, Shinran et Nichiren.

Vous pouvez voir encore...

Depuis la gare de Yokohama *(J. N. R.)*, le long de la *Keihin Kyūko line (Keihin Kyuko E. R.)* :

— Vers le N., en direction de Tōkyō :

1 km : **Kanagawa** (1ʳᵉ station), avec au N.-O. de la gare, le **Hongaku ji** *(Pl. ensemble, A2)* sur la colline de Shima yama. En 1856, ce temple fut le siège de la légation provisoire américaine et, en 1858, le traité commercial de Kanagawa *(V. historique)* y fut signé.

5 km : **Namamugi** (5ᵉ station), dont le nom rappelle l'incident de 1862 : des commerçants anglais avaient refusé de descendre de monture devant le cortège de Shimazu Hisamitsu, seigneur de Kagoshima ; l'un d'eux fut tué par les hommes du daimyō ; n'ayant pu obtenir de promptes réparations, les Anglais bombardèrent Kagoshima.

8 km : **Keihin Tsurumi** (7ᵉ station) ; à 600 m O. de la station, on peut visiter le *Sōji ji *(Pl. ensemble, C1 ; — gare J. N. R. de Tsurumi plus proche)*, particulièrement représentatif de l'architecture de Kamakura ; c'est aujourd'hui l'un des deux plus grands monastères de la secte Sōtō du bouddhisme zen, avec l'Eihei ji *(V. env. de Fukui)* ; une partie des bâtiments provient de l'ancien temple ruiné du Monzen *(V. env. de Wajima)* ; ils furent transférés ici en 1911 ; à l'intérieur, peinture sur soie représentant Daibasatta, patriarche du Zen en Inde. Les terrains qui entourent ce temple sont très vastes. Non loin de là, important vélodrome de Kagetsuen.

— Vers le S., en direction de Yokosuka :

6 km : **Gumyōji** (6ᵉ station), avec au S.-E. de la gare le **Gumyō ji** dans un quartier très animé ; épargné par la guerre, c'est l'un des plus anciens temples de Yokohama ; il renferme une statue de Kannon aux onze visages, en bois, œuvre datant de l'époque Fujiwara. Le temple possède un jardin planté d'abricotiers et de cerisiers, aux belles fleurs.

616 YOKOHAMA — YOKOSUKA

18 km : **Kanazawabunko** *(12e station)* ; à 700 m E. de la gare se trouve le **Shomyō ji**, fondé en 1269 par Kanazawa Akitoki, fils de Sanetoki *(V. ci-après)* ; tous deux reposent dans les jardins du temple. Dans les terrains du temple un édifice moderne abrite aujourd'hui la célèbre bibliothèque de Kanazawa.

Cette bibliothèque fut fondée en 1275 par *Kanazawa Sanetoki*, apparenté aux *Hōjō* ; elle s'est enrichie grâce aux membres de la famille *Hōjō*, bibliophiles éclairés, et aux moines érudits du temple voisin. Elle comprenait, à cette époque, des œuvres bouddhistes, confucianistes, taoïstes de toutes les écoles chinoises, des livres japonais, des ouvrages de médecine, etc. Cependant, après la destruction du clan seigneurial des *Hōjō*, la bibliothèque fut abandonnée et une grande partie des ouvrages fut dispersée ou perdue ; *Tokugawa Ieyasu* fit transférer, en 1602, les livres restants au château d'Edo. La bibliothèque a été reconstituée en 1930, sous la direction de la Préfecture de Kanagawa.

En dehors des livres rares et des documents, elle abrite des trésors qui proviennent de l'ancienne bibliothèque : *statues de Kannon aux onze visages, de Shaka Nyorai, d'Aizen Myō ō, de Miraku Bosatsu, et une copie de l'Issai kyō (collection complète des sūtra bouddhiques) d'époque Song, publié en Chine *(ouvert t. l. j. de 9 h 30 à 16 h 30 sauf lundi, dernier jour du mois, et en fin d'année)*.

☞ **Environs : Kamakura, Miura, Tōkyō, Yokosuka, Zushi,** *V. ces noms.*

■ Yokosuka (Ile de Honshū)

Carte des Environs de Tōkyō, p. 526.
Tōkyō, 46 km. — Kōfu, 162 km. — Shizuoka, 164 km. — Yokohama, 22 km.
378 000 hab. — Ville industrielle et portuaire.

Sur la façade septentrionale de la péninsule de Miura, qui ferme au S. la baie de Tōkyō, Yokosuka jouit d'une position privilégiée grâce à laquelle, jusqu'à la Seconde Guerre mondiale, elle a été après Kure la deuxième base navale japonaise ; l'ingénieur français *Verny* participa (fin XIXe s.) à la réalisation de celle-ci ; en 1910 le *Satsuma* y fut lancé, qui à l'époque était le plus grand cuirassé du monde. Après la guerre la flotte américaine de l'Extrême-Orient s'y établit ; de nos jours elle abrite la flotte japonaise d'autodéfense ; de là partent également les missions japonaises de l'océan Antarctique.

A 1,6 km S.-E. de la gare *J. N. R.* de Yokosuka *(800 m N.-E. de celle de Yokosuka Chūō,* **Keihin Kyūko E. R.**), proche de la côte d'**Inaka chō**, se trouve (dans un jardin public) le **Mikasa**, vaisseau amiral qui, sous le commandement de l'amiral *Tōgō*, participa à la bataille du détroit de Tsushima *(V. Iki et Tsu shima)* durant la guerre russo-japonaise (1904-1905).

Depuis 1949 le bateau a été transformé en musée *(ouvert de 9 h à 16 h)* ; il renferme 7 000 variétés de coquillages, un aquarium, des souvenirs de l'amiral Tōgō, etc.

◆→ A 2 km S.-E. au large *(bateau)*, l'**îlot de Saru**, qui autrefois jouait un rôle stratégique, est aménagé en agréable jardin tropical ; singes *(saru)* et cerfs en liberté.

☞ **Environs :**

1 — Parc de Tsukayama *(3,5 km N.-O. ; car ; à 1,5 km N.-O. de la gare de Yokosuka, J.N.R. et 1 km S.-O. de celle d'Anjinzuka, Keihin Kyūko E.R.)*; dans ce parc, qui s'élève sur les pentes du mont Hatake (208 m d'alt.), reposent *William Adams* et son épouse.

Adams fut le premier Britannique qui (à la suite d'un naufrage en 1600) aborda au Japon ; apprécié par le shōgun Tokugawa pour son expérience maritime, il fut contraint d'y rester. « En dépit de ses multiples requêtes, Adams ne fut jamais autorisé à retourner en Angleterre pour y revoir sa femme et ses enfants. On lui donna une épouse japonaise et même un titre de noblesse et des terres. Il resta confiné dans le port d'Itō et consacra le reste de sa vie à créer une marine marchande pour le bakufu » *(François Toussaint,* Histoire du Japon*)* ; il mourut (1620) lors d'un déplacement auprès du comptoir britannique de Hirado. Il avait reçu le nom japonais de *Miura Anjin ;* cérémonie commémorative le 14 avril.

2 — Parc de Kinugasa *(5 km S.-O. ; 1 km S.-O. de la gare J.N.R. de Kinugasa ; car depuis la gare de Yokosuka)* ; ce parc occupe une colline où s'élevait autrefois le château des Miura, dépossédés en 1180 par Hatakeyama Shigetada ; vue sur la péninsule de Miura ; cerisiers.

3 — Uraga *(7 km S.-E. ; train Keihin Kyūko E.R.),* au fond d'une baie étroite que protège le Kannon zaki, était à l'époque Edo un port de contrôle des navires qui entraient dans la baie de Tōkyō.

En 1846 le commodore *James Biddle* amarra au large d'Uraga, et sollicita la conclusion d'accords commerciaux avec le Japon ; il essuya un échec, mais ouvrit la voie au commodore *Perry* qui, sept ans plus tard, devait connaître plus de succès.

↣ A 5 km E. d'Uraga *(car)* : *Kannon zaki fait face à la pointe de Futtsu, sur la péninsule de Bōsō ; phare de 1869 et petit musée de la nature ; points de vue.

4 — Kurihama *(9 km S.-E. ; trains J.N.R. et Keihin Kyūko E.R.),* autre crique de la péninsule de Miura, au S. de celle d'Uraga.

L'amiral *Perry,* accompagné de 300 marins et soldats, aborda ici le 14 juillet 1853, pour engager des pourparlers en vue de l'ouverture des ports japonais au commerce américain ; promesse qu'il obtint en 1854 et que confirma en 1858 le traité de Kanagawa *(V. Yokohama).*

En 1901 fut érigé, en présence du contre-amiral *Rogers,* petit-fils de *Perry,* un monument commémorant cet événement. A proximité *(1,5 km S. de la gare)* un *musée* retrace les différents épisodes de l'arrivée des « bateaux noirs » ; fête le 14 juillet. Au S. de Kurihama, importante centrale thermique servant à alimenter les villes de Tōkyō et de Yokohama.

■ Yonago (Ile de Honshū)

Carte ferroviaire, en page de garde.
Tōkyō, 789 km. — Hiroshima, 216 km. — Kōbe, 260 km. — Matsue, 33 km. — Okayama, 132 km. — Tottori, 100 km.
Tottori ken. — 121 000 hab.

Au pied de la langue de sable de Sakaiminato, qui est arrêtée au N. par la péninsule de Shimane, Yonago et la station thermale voisine de Kaike sont disposées de part et d'autre de cette avancée, sur la lagune de Naka umi à l'O., et la baie de Miho à l'E. Au S.-E. s'élève la superbe montagne de Dai sen.

La station thermale de Kaike *(5 km N.-E. de la gare ; bus)* s'ouvre en bordure de la baie de Miho, que longe une pinède précédée d'une belle plage. Eaux salines entre 78 et 86 °C.

Environs : Matsue, Oki shotō, parc national de Daisen Oki, V. ces noms.

Yonezawa (Ile de Honshū)

Carte des principales voies ferrées, en page de garde.
Tōkyō, 337 km. — Akita, 369 km. — Fukushima, 43 km. — Niigata, 91 km.
— Sendai, 123 km. — Yamagata, 55 km.
Yamagata ken. — 93 000 hab. — 245 m d'altitude. — Industries textiles.

Au pied septentrional des **monts d'Azuma**, à quelque distance des sommets Iimori yama (1 595 m) et Iide san (2 105 m), Yonezawa est essentiellement une cité de la montagne qu'entoure pourtant un bassin fertile à proximité duquel les Uesugi établirent leur résidence. Dans les environs, plusieurs stations thermales témoignent de l'activité volcanique récente de ces montagnes.

Le **parc de Matsugasaki,** à 2 km O. de la gare de Yonezawa *(bus)*, est à l'emplacement de l'ancien château de Yonezawa.

Ce château fut élevé à la fin du XIIe s. par *Nagai Tokihiro*, partisan de Minamoto Yoritomo. Au XVIe s. il passait à *Date Masamune*, puis à *Gamō Ujisato*, et finalement (1601) à *Uesugi Kagekatsu*, que sa famille conserva jusqu'à la Restauration de 1868.

Dans le parc on remarque les **sanctuaires d'Uesugi,** dédié à *Uesugi Kenshin* (XVIe s.), et de **Matsugasaki,** dédié à *Uesugi Harunori*, également connu sous le nom de Yōsan ; ce dernier introduisit l'industrie de la soie à Yonezawa au XVIIIe s.

On verra également, sur une éminence *(à 500 m N.-O. de la gare)*, le **parc de Sashisen** qui occuperait la résidence de *Satō Masanobu*, dont les enfants prirent le parti de Minamoto Yoshitsune *(V. Chūson ji, p. 241)* ; boisement de pins.

Environs :

1 — Onogawa Onsen *(12 km S.-O. ; car) ;* sources salines, efficaces contre les rhumatismes. L'une des sources (*Amano yu*, de la Dame) est associée à la légende d'une jeune fille qui, partie à la recherche de son père, le découvrit en même temps que cette source grâce à l'intervention miraculeuse du Yakushi Nyōrai, le Bouddha guérisseur.

2 — Shirabu Onsen *(15 km S. ; car)*, à 900 m d'alt. sur les pentes N.-O. du Nishi Azuma san (2 024 m), dont on peut réaliser l'ascension en 4 h 30 ; téléphérique d'accès au terrain de ski de **Tengendai**, à proximité de la source thermale d'**Azuma Kokusai**, à 1 400 m d'alt., ski de décembre à avril. Au-delà de Shirabu, une belle *route à péage atteint par de multiples lacets le lac de Hibara *(35 km jusqu'à Urabandai, V. parc national de Bandai Asahi)*.

3 — Itaya *(19 km S.-E. ; train J.N.R.) ;* gare à 700 m d'alt., d'où l'on peut gagner vers le S.-O. les sources thermales de **Goshiki** et **Shin Goshiki** *(5 km)*, et de **Namekawa** *(8 km)*, à 777 m d'altitude.

4 — Parc national de Bandai Asahi, V. ce nom.

Yoshino (Ile de Honshū)*

Carte du Kansai, p. 470-471.
Tōkyō, 525 km. — Kashihara, 25 km. — Nara, 46 km.
Nara ken.

Yoshino est le plus célèbre site japonais pour la floraison des cerisiers au printemps ; on pourrait en compter près de cent mille, répartis en plusieurs groupes. Par ailleurs, c'est un haut lieu de l'histoire japonaise troublée des guerres civiles du XIVe s. ; plusieurs édifices religieux y subsistent. Son site remarquable est aujourd'hui protégé par le parc national de Yoshino Kumano *(V. ce nom)*.

Un site élu par les empereurs. — La chronique semi-légendaire rapporte que l'empereur *Jimmu* affronta, dans la région de Yoshino, *Nagasane hiko*, alors maître de la région ; la victoire impériale ouvrait les portes du Yamato et l'établissement de la dynastie japonaise. Quelques siècles plus tard, *Ōjin tennō* se faisait établir une résidence à Yoshino et d'autres empereurs visitaient ce site remarquable. En 1185 *Minamoto Yoshitsune*, poursuivi par l'intransigeance de son frère *Yoritomo* (V. *Chūson ji*, p. 241), trouva quelque temps refuge à Yoshino.

La cour de Yoshino. — En 1333 le prince *Morinaga* faisait une forteresse du Kongobu ji, alors principal temple de Yoshino, afin de résister aux Hōjō à qui l'empereur Go Daigo tentait de reprendre le pouvoir *(V. Kamakura, Kyōto)*. En 1336, *Go Daigo* lui-même s'établissait dans ce temple, après avoir fui Kyōto où l'empereur *Kōmyō* venait d'accéder au trône. *Go Daigo* devint ainsi le représentant de la cour du Sud (ou de Yoshino), opposée à celle du Nord (ou de Kyōto), aucune ne parvenant à s'imposer. Après plusieurs conflits, les cours du Sud et du Nord (Nambokuchō) furent enfin réunies, lorsqu'en 1388 l'empereur *Go Kameyama* put retourner à Kyōto, où il abdiqua (1392) en faveur de *Go Komatsu*, représentant de la branche aînée du Nord.

Hitome sembon. — « Un millier d'arbres sous le regard », tel est le nom donné à chacun des principaux groupes de cerisiers ; leur floraison atteint son apogée entre les 10 et 15 avril ; ils auraient été plantés (fin VIIe s.) par le prêtre bouddhiste *Enno Ozunu*, qui plaça ces arbres sous la protection de Zao Gongen, divinité représentant la force et la colère contre l'esprit du mal ; il était interdit d'y porter atteinte ; leur nombre ne cessa de s'accroître, et aujourd'hui les cerisiers restent l'objet de soins attentifs.

N. B. : Depuis Kyōto, Nara, Ōsaka, la gare de Yoshino est accessible par train Kintetsu E.R. en changeant généralement à Saidaiji (où à Yagi si l'on part d'Ōsaka-Namba). Au départ des mêmes villes on gagnera en train J.N.R. la gare de Yoshinoguchi, d'où l'on poursuivra par train Kintetsu jusqu'à Yoshino ; de là funiculaire pour Yoshinoyama ; services de bus au-delà.

Le funiculaire de Yoshino traverse le boisement de cerisiers de **Shimono sembon** (« le millier d'arbres d'en bas »), et aboutit à proximité de la route qui longe en crête les collines de Yoshino ; celle-ci est bordée de maisons basses (boutiques de souvenirs) dont le rez-de-chaussée, ouvrant sur la rue, constitue en fait l'étage supérieur.

Descendant cette route vers le N. on peut atteindre, 2 km plus bas, le **sanctuaire de Yoshino** *(1,5 km S.-O. de la station de Yoshinojingū, Kintetsu E.R.)*, dédié à l'empereur Go Daigo.

Remontant cette rue vers le S. on atteint *(600 m)* le **Kimpusen ji**, dont le ***Zaō dō** est l'édifice principal.

Ce temple, fondé par le prêtre *Gyoki* (670-749), fut reconstruit (XVe s.) après l'incendie de 1348 ; avec ses 34 m il s'impose comme l'un des plus importants édifices en bois du Japon. Les statues des rois Deva du Niō mon sont attribuées aux célèbres sculpteurs *Unkei* et *Tankei* (XIIe-XIIIe s.) ; le trésor du temple abrite plusieurs objets précieux des époques Heian et Kamakura.

A proximité se trouvent les ruines de l'ancien **Kongobu ji**, qui fut le temple principal de Yoshino où les empereurs de la cour du Sud avaient établi leur résidence ; vestiges des fortifications alors établies.

A 400 m S. du Zaō dō, on dépasse les **sanctuaires de Yoshimizu** et de **Katte** (ou Yamaguchi) pour atteindre *(900 m)*, par la même route, a dr. de celle-ci, le **Chikurin in** dont le jardin-paysage est attribué au maître *Senno Rikyū* (XVIe s.). A proximité s'étend « le millier d'arbres du milieu » **(Nakano sembon)** ; puis on laisse vers le S. une route à péage *(V. ci-après)*, pour s'élever par une route en lacet vers :

***Saruhiki zaka**, d'où l'on découvre **Kamino sembon** (« millier d'arbres d'en haut »).

Au-delà la route aboutit *(1,5 km E. du Chikurin in ; 3 km S.-E. de la station du funiculaire Yoshinoyama)* au **Nyorin ji**, dans l'enceinte duquel se trouve la tombe de l'empereur Go Daigo (1287-1338, V. historique).

Par la route à péage mentionnée ci-dessus, on dépassera vers le S. le **sanctuaire de Yoshino Mikumari**, que fit élever en 1604 *Toyotomi Hideyori*, fils de Hideyoshi, et l'on atteint finalement les **sanctuaires de Kimpu** et de **Kokeshimizu** *(à 500 m en contrebas)* ; à l'emplacement de celui-ci, le prêtre et poète *Saigyo* (1118-1190) avait établi un ermitage. Là s'étend l'**Okuno sembon**, le dernier groupe de cerisiers de Yoshino *(6 km S.-E. de Yunoyama)*.

Yoshino Kumano** (Parc national de) Ile de Honshū

Carte des richesses naturelles, p. 60 à 63.

Comment vous y rendre :

— *Depuis Matsusaka et Tsu, gagnez par train J.N.R.* Owase (89 km en 1 h 10 depuis Matsusaka), d'où vous pourrez poursuivre par le train en direction de Kushimoto.

— *Depuis Nara, Ōsaka ou Wakayama,* on peut gagner la gare de Gojō *(40 km de chacune de ces gares en 1 h ; il faudra parfois changer à Ōji),* d'où l'on poursuit en car jusqu'à (151 km) Shingū.

— *Depuis Tanabe et Wakayama,* on peut enfin se rendre par train *J.N.R.* jusqu'à Kushimoto (159 km de Wakayama en 2 h 45), et poursuivre vers Owase par la côte de Kumano.

Ce parc montagneux et côtier (55 378 ha) offre quelques-uns des plus beaux paysages du Japon. Il occupe, avec les montagnes de Yoshino, le cœur de la puissante péninsule de Kii et, avec la côte de Kumano, la façade orientale de cette même péninsule. En outre, les sanctuaires de Kumano font de cette région un lieu de pèlerinage qui en rehausse l'intérêt touristique.

D'Owase à Kushimoto *(109 km S.-O. par la N42 ; train J.N.R.).* Owase (33 500 hab.), qui signifie « queue d'aigle » en japonais, est établie au fond de l'une des plus belles **baies du Japon, qu'enserre un superbe décor, collines plongeant dans la mer et plus loin, hautes montagnes de Yoshino, parmi lesquelles l'Ōdaigahara san (1 695 m), l'un des sommets principaux. Bateau pour visiter la baie enlaidie hélas par des installations pétrolières.

Depuis Owase, la voie ferrée longe d'assez près la côte, qu'elle coupe par de nombreux tunnels ; la N311 longe également en corniche cette belle *côte découpée par un détour mérité de 34 km supplémentaires *(se renseigner si praticable sur tout son parcours).*

La N42 s'écarte de la côte, coupe par des tunnels les pentes du **Takamine san** et atteint :

24 km : la N169, qui remonte vers le N. la *vallée de la Kitayama gawa que bordent les belles montagnes de Yoshino.

Par cette route on atteindrait *(25 km)* le **barrage d'Ikehara** (318 m d'alt.) et *(59 km)* une route à péage en direction de *(16 km)* l'Ōdaigahara san, l'un des belvédères des montagnes de Yoshino *(car d'accès depuis la gare de Yamato Kamiichi, Kintetsu, proche de Yoshino).*

31 km : On rencontre la N311 qui provient d'Owase par la côte *(V. ci-dessus).*

A 1,5 km S. : *Onigajō (château des démons), formation rocheuse creusée profondément par l'érosion marine, et dans laquelle la mer pénètre avec fracas ; elle fut sans doute utilisée comme repaire de brigands.

33 km : **Kumano** (31 200 hab.) ; port de pêche, au-delà duquel la côte, plus rectiligne, dépasse le site de Shichiri mihama.

60 km : **Shingū** (42 500 hab.) ; important dépôt de bois en grume et port de pêche à l'embouchure de la Kumano gawa.

C'est en cet endroit que, chassé de Naniwa *(V. Ōsaka),* l'empereur *Jimmu* aurait débarqué ; de là il remonta la vallée, traversa les montagnes de Yoshino puis conquit la région du Yamato.

A 500 m N.-O. de la gare, proches du fleuve, se trouvent les ruines du **château de Shingū**, construit vers 1180 par *Minamoto Yukiie,* oncle de Yoritomo ; il fut au XVIe s. la propriété des Horiuchi, puis passa au siècle suivant dans le domaine des Tokugawa de Wakayama.

A 1,5 km N.-O. de la gare, on visitera le **sanctuaire de Kumano Hayatama,** l'un des plus importants de la région, dans un site boisé que borde la rivière. Fête *(Ofune matsuri)* des 15 et 16 octobre, commémorant l'arrivée des dieux de Kumano depuis la province d'Izumo.

Parmi les édifices (reconstruction récente) on remarquera le **Rō mon,** où ont été rapportés des panneaux de bois sculpté attribués à *Hidari Jingorō* (1594-1634). Le **musée du trésor** abrite un grand nombre d'objets, offerts pour la plupart en 1390 : éventails en bois de cyprès, dont le *Kumano hi ogi* avec paysages, fleurs et oiseaux peints ; objets laqués ; poteries ; objets de cultes ; armes anciennes. Depuis le sanctuaire un escalier (remarquer les marches) accède au **Kannokura jinja**, qui marque le lieu d'«atterrissage» des trois divinités de Kumano : *Hayatama, Ketsu miko* et *Fusumi,* vénérées dans les sanctuaires de Shingū, Hongū et Nachi.

Au S. de Shingū s'étend la belle plage de Sanomatsushima.

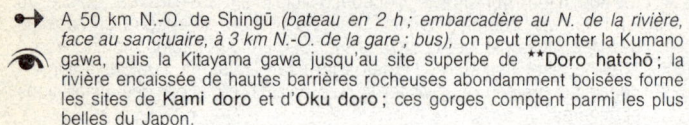

A 50 km N.-O. de Shingū *(bateau en 2 h; embarcadère au N. de la rivière, face au sanctuaire, à 3 km N.-O. de la gare; bus)*, on peut remonter la Kumano gawa, puis la Kitayama gawa jusqu'au site superbe de ****Doro hatchō** ; la rivière encaissée de hautes barrières rocheuses abondamment boisées forme les sites de **Kami doro** et d'**Oku doro** ; ces gorges comptent parmi les plus belles du Japon.

De Shingū à Hongū (37 km N.-O. par la N168; car). — Depuis Shingū on longera la vallée sinueuse et encaissée de la Kumano gawa, connue sous le nom de ***Kuri kyō** ; elle est remontée par les vedettes de Doro hatchō *(ci-dessus)*.

24 km : confluent de la Kitayama gawa qui se poursuit vers le N., et de la Totsu kawa que l'on continue à longer vers le N.-O.

35 km : **Ukegawa** ; route à g. vers :

3 km S.-O. : **Kawayu Onsen**, dont la source naît dans le lit même de la Daitō gawa.

37 km : **Hongū**, où l'on visite ***Nimasu jinja**, ou **Kumano Hongū**, le plus important des sanctuaires de Kumano. Dédié à *Susano o Mikoto,* il aurait été fondé au Ier s. av. J.-C. ; il connut, à partir du Xe s., une grande faveur auprès des empereurs et seigneurs du Japon, qui s'y rendirent en pèlerinage ; les bâtiments actuels furent élevés en 1802, à la demande du shōgun *Tokugawa Ienari* ; en 1889, à la suite d'une crue, on le transféra sur son site actuel, à quelque distance du précédent. Le sanctuaire conserve un mandara peint sur soie, représentant l'arrivée des divinités de Kumano (époque Kamakura) ; fête le 7 janvier.

A 3 km O., par la N311 *(car)* : **Yunomine Onsen**, source abondante (71 à 90 °C), connue depuis l'époque Heian ; la légende rapporte que *Terute Hime* amena jusqu'à cette source son amant *Oguri Hangan,* malade de la peste, et qu'il y fut guéri *(V. Fujisawa).* Au-delà de Yunomine, la N311 se poursuit en direction de Shirahama *(V. ce nom)* et de Tanabe *(63 km).*

De Hongū la N168 continue vers le N. en direction de Gōjō *(151 km de Shingū).*

Au-delà de Shingū, la ****côte de Kumano** devient à nouveau fort découpée et accidentée jusqu'à Kushimoto.

75 km : **Nii katsuura** *(bateau pour Kōchi, Tōkyō)* est l'un des sites les plus agréables de la côte de Kumano ; source thermale. On peut y visiter un amusant petit **musée de la baleine**. La jolie ***baie de Katsuura** est fermée par un îlot et le promontoire de Noroshiyama, d'où l'on découvre l'ensemble du site.

Bateau d'excursion autour de la baie et des îlots voisins, connus sous le nom de **Kino Matsushima**.

A 12 km N.-O. *(car)* : **Kumano Nachi**. On y verra la très belle ***cascade de Nachi** (chute de 130 m, l'une des plus hautes du Japon). Un peu plus haut sur la montagne se trouve le **sanctuaire de Kumano Nachi**, construit au IVe s. dans le style de Kumano. Il conserve un mandara peint au XVIe s. Fête ***hi matsuri** (du feu) le 14 juillet (porteurs de torches et d'éventails). Autrefois dépendant du sanctuaire, on remarque le **Seigantō ji**, dédié à *Nyōrin Kannon* ; le bâtiment principal de ce temple fut reconstruit en 1590. Au-delà du sanctuaire de Nachi, on atteint le sommet du **Myōhō san** (750 m d'alt.), d'où la *vue s'étend sur la région jusqu'à la mer.

78 km : **Yukawa Onsen**, établie sur une anse très fermée au S. de la baie de Katsuura ; sources de 40 à 42 °C.
83 km : Route à g. vers **Taiji** (aquarium) et *(5 km)* le cap rocheux de **Kandori zaki**.
101 km : **Koza**, à l'embouchure de la Koza gawa.

A 26 km N.-O. *(car)* : **barrage de Shichikawa** (116 m d'alt.), qu'on atteint par la jolie *gorge de Koza.

105 km : On remarque sur la g. *Hashikui iwa, curieux alignements de rochers, dont la disposition fait penser aux piles d'un pont *(hashi)* ; la tradition prétend que *Kōbō Daishi* en est l'auteur.
109 km : **Kushimoto**, petit port et station balnéaire, à l'extrémité sud de la péninsule de Kii.

De Kushimoto on peut réaliser le tour de la *presqu'île de Shiono *(circuit de 12 km ; car)* ; le phare du **Shiono misaki** marque le point le plus méridional de l'île de Honshū.

A 2 km E. *(bateau)* : **Ōshima**, île aux rivages découpés, à l'E. de laquelle le **Kashino zaki** est surmonté d'un monument à la mémoire de marins turcs qui s'y échouèrent en 1890.

Depuis Kushimoto, on peut gagner vers le N.-O. *(67 km ; train J.N.R.)* la station thermale de **Shirahama** *(V. ce nom)* : longer la jolie côte méridionale de la **péninsule de Kii**, coupée de criques et parsemée d'îlots.

Z

■ Zentsūji (Ile de Shikoku)

Carte de Shikoku et mer Intérieure, p. 502-503.
Tōkyō, 790 km. — Kōchi, 118 km. — Matsuyama, 130 km. — Takamatsu, 39 km. — Tokushima, 114 km.
Kagawa ken. — 39 500 hab.

Quelque peu à l'écart de la mer Intérieure, le long de la ligne ferroviaire qui relie Takamatsu à Kōchi, Zentsūji se glorifie d'être la patrie de l'un des plus grands prêtres du bouddhisme japonais, *Kobo Daishi* (774-834).

※ **Zentzu ji** *(1,5 km O. de la gare)* fut fondé en 813 par le prêtre *Kukai (Kōbō Daishi)* ; le nom de ce temple rappelle celui de *Zentsū Saeki*, père de Kukai, qui possédait une résidence en cet endroit. La plupart des édifices furent reconstruits au XVIIe s.

Parmi les bâtiments on remarque le **Jogyō dō**, qui abrite une statue du Bouddha Gautama accompagné de ses assistants ; le **Kon dō** ou **Yakushi dō** (XIVe s.), où se trouve une grande statue en bois de Yakushi Nyōrai. La pagode de cinq étages (46 m de haut) fut reconstruite en 1882. Le trésor du temple abrite plusieurs objets religieux, des souvenirs et des œuvres de *Kōbō Daishi*, ainsi que deux belles statues en bois de *Jizō Bosatsu* et de *Kishijō ten* (époque Fujiwara). Enfin les deux beaux camphriers du parc remonteraient à l'époque de la fondation de ce temple.

☞ **Environs :**

1 — Byōbuga ura *(8 km N.-O. ; car)*, jolie plage ouverte sur une baie de la mer Intérieure, que limite à l'O. le Mi saki ; vue sur les îles de la mer Intérieure ; c'est à Byōbuga ura que *Kukai* aurait vu le jour.

2 — Kannonji, Kotohira, *V. ces noms.*

■ Zushi (Ile de Honshū)

Carte des Environs de Tōkyō, p. 526.
Tōkyō, 52 km. — Kōfu, 157 km. — Shizuoka, 140 km. — Yokohama, 28 km.
Kanagawa ken. — 53 400 hab. — Station balnéaire.

A l'E. de Kamakura, sur la baie de Sagami, Zushi est une élégante station balnéaire et résidentielle ; la famille impériale possède une villa, en bord de mer, dans la localité voisine de Hayama.

☞ **Environs :**

1 — Hayama *(4 km S. ; car) ;* au S. d'Isshiki, où se situe la villa impériale, la côte est bordée par le **parc public de Hayama** (1,7 ha), qui dépendait autrefois de cette villa.

2 — Fujisawa, Kamakura, Miura, Yokosuka, *V. ces noms.*

Renseignements pratiques
Index

Signes conventionnels touristiques et hôteliers

Les signes conventionnels ci-dessous sont utilisés dans l'ensemble des guides bleus pour les renseignements touristiques et hôteliers ; ils ne figurent donc pas tous nécessairement dans cet ouvrage.

- ℹ️ Office du Tourisme, informations touristiques.
- ✈ Aéroports, compagnies aériennes.
- ⛴ Ports, compagnies maritimes.
- 🚆 Gares, réservation et renseignements.
- 🚋 Tramways, trolleybus.
- 🚌 Autobus.
- 🚗 Renseignements concernant l'automobile : location, taxis, garages.
- ✉ Poste et télécommunications.
- ⛺ Camping, caravaning.

Classification des hôtels :

- ⛨⛨⛨⛨⛨ Luxe.
- ⛨⛨⛨⛨ Très bon hôtel.
- ⛨⛨⛨ Bon hôtel.
- ⛨⛨ Moyen.
- ⛨ Simple.
- ☏ Téléphone de l'établissement.
- ✕ Restaurant.
- * Cuisine remarquable.
- ♨ Chauffage central.
- ❄ Air climatisé.
- 🛗 Ascenseur.
- 🛁 Salle de bains ou douche.
- ☎ Téléphone dans les chambres.
- 📺 Télévision dans les chambres.
- 🚐 Service d'autocar privé.
- ❀ Jardin.
- ⚘ Parc.
- 🏊 Piscine.
- 🏖 Plage privée ou publique.
- 🎾 Tennis.
- ⛳ Golf 9 trous.
- ⛳ Golf 18 trous.
- 🐎 Equitation.
- 🅖 Garage de l'hôtel.
- 🅿 Parking.

Renseignements pratiques

A

ABASHIRI (Hokkaidō), p. 137.
☎ 01524 ; ✉ 099-24.

Auberges de jeunesse :
Abashiri, 208-2, Kitahama, Abashiri (☎ 6-2630), 52 lits.
Yuai-so, 34, Tento zan, Abashiri (☎ 3-2697), 300 lits, 4 km S.-O. (bus).

Aéroport : Memanbetsu, à 19 km S. (car) ; vols *T.D.A.* pour Sapporo et Hakodate.

Compagnie aérienne : *Toa Domestic Airlines;* réservations (☎ 3-2851).

Chemins de fer : *J.N.R.*, pour Asahikawa, Hakodate, Kushiro, Sapporo.

Autocars : pour Higashi Mohoto, Kawayu Onsen, Kitami, Saroma, Shari, Utoro.

Excursions : Parc naturel côtier d'Abashiri (de mai à octobre).

Manifestation : *Festival de glace d'Okhotsk*, à la mi-février : spectacle féérique.

Abashiri (Parc côtier), p. 137.
Abashiri ko, p. 137.
Aburatsu, p. 429.
Agatsuma (V. Shibukawa), p. 499.
Agematsu, p. 303.
Ago (baie d'), p. 263.
Aha, p. 458.
Ai shima, p. 206.
Aikawa (V. Sado), p. 481.
Aioi, p. 138.

AIZU WAKAMATSU (Fukushima ken), p. 138.
☎ 02422 ; ✉ 965.

Ryokan :
¶¶ *Higashiyama Grand Hotel*, Higashiyama Onsen (☎ 2-3500), 46 ch.

Business Hotel :
Green Hotel Aizu, en face de la gare (☎ 4-5181).

Chemins de fer : *J.N.R.* ; gares : *Aizu-Wakamatsu, Kita-Wakamatsu* et *Nishi-Wakamatsu;* pour Aizu Takinohara, Atsushio, Koide, Kōriyama, Niigata, Sendai, Tōkyō (Ueno).

Autocars : *Aizu Bus* pour Fukushima, Inawashiro, Yanaizu.

Excursions : Parc National de Bandai Asahi *(Aizu Bus).*

Spécialités : objets laqués d'usage domestique.

Manifestations : *Fêtes à Yanaizu Onsen* les 7 janvier, 13 mars, du 7 au 14 juillet, 31 août et 1ᵉʳ septembre.

Sports : golf : (Aizu Bandai Country-Club).

Ajigasawa, p. 219.
Akagi san, p. 376.
Akai dake, p. 265.
Akamizu Shimono, p. 153.
Akan, p. 330.

AKAN (Hokkaidō, Parc national d'), p. 139.

Hébergement :
— A Akan Kohan Onsen (☎ 015467 ; ✉ 085-04).

Ryokans :
¶ *Akankoso*, Akanko Onsen (☎ 2231), 68 ch.
New Akan Hotel, Akanko Onsen (☎ 2121), 119 ch.

Auberge de jeunesse : *Akan Choritsu*, Akan Kohan (☎ 2818), 60 lits.

— A Kawayu Onsen
(☎ 015483 ; ✉ 088-34).

Hôtel :
🍴🍴 *Kawayu Plaza*, Teshikaga cho
(☎ 2211), 93 ch. (83 jap.) ✕ ▥▥'
▤ 🛁 🅿 bar, boutiques,
salles de réunion, grand bain
japonais.

Auberge de jeunesse : *Mashū
ko*, 883 Genya, Teshikaga
machi (☎ 2-5318), 112 lits,
bus.

Akan ko, p. 140.
Akan kohan (V. Akan), p. 140.
Akasaki, p. 168.
Akashi, p. 141.
Akata, p. 315.
Akechidaira, p. 439.
Akiha san, p. 523.

AKITA (Akita ken), p. 142.
☎ 0188 ; ✉ 010 ou 011.

ℹ Délégation départementale du
Tourisme, 4-1-1, Sanno (☎ 62-
1111).

Hôtels :
🍴🍴🍴 *Akita Dai ichi*, 1-3-5, Naka dori
(☎ 34-1141 ; télex 8422-11),
197 ch. (3 ch. jap.) ✕ ▥▥' ▤
🛁 🅿 bar.
🍴🍴 *Akita New Grand*, 5-2-1. Naka
dōri, Sue Chō, Dotenaga machi
(☎ 34-5211), 111 ch (2 jap.),
✕ ▥▥' ▤ 🛁 ✈ .

Ryokans :
🍴 *Eitaro*, 6-15, Senshuyadome
machi (☎ 33-4151), 39 ch.
Hotel Chiritei, 4-2-1, Tsuchizaki minato Chūō (☎ 45-0191),
12 ch.

Business Hotel : *Hawaii Shin-
honten*, 5-1-7, Naka dori
(☎ 33-1110).

Auberge de jeunesse : *Yabase
Seinen no ie*, 86, Yabase
(☎ 23-0008), 92 lits.

Restaurants :
🍴 *Akida Club* (sukiyaki), 5-2-30,
Naka dōri (☎ 33-2101).
🍴 *Kappo Soshu* (cuis. jap.), 5-1-
11, Omachi (☎ 23-7226).
Suginoya (cuis. jap.), 4-1-15,
Naka dori (☎ 35-5111).

✈ Aéroport : Akita, à 3 km O.
(bus) ; vols *A.N.A.* pour Tōkyō
et Ōsaka ; *T.D.A.* pour Sapporo.

Compagnies aériennes : *All
Nippon Airways*, réservations
(☎ 33-1470) ; — *Toa Domestic
Airlines*, réservations (☎ 23-
2816).

🚂 Chemin de fer : *J.N.R.*,
gares : *Akita, Tsuchizaki* ;
trains pour Aomori, Fukushima,
Oga, Ōsaka, Tōkyō.

Spécialités : bijoux d'or,
d'argent et de bronze ciselés ;
Akita fuki (sorte de rhubarbe
géante), sake, *kiritanyo* (sukiyaki
local) ; chiens de race Akita ;
Obako.

Manifestations : *Bonten*, le
17 janvier au sanctuaire de
Miyoshi, *fête du Port* le 20-
21 juillet à Tsuchizaki ; *Kanto
matsuri* (défilé de lampions en
équilibre) le 6-7 août.

Akiu Onsen, p. 497.
Akiyoshi dai, p. 607.
Akiyoshi dō, p. 607.
Akkeshi, p. 143.
Akō, p. 143.
Akō misaki, p. 144.
Alpes japonaises, p. 144.
Amagase Onsen, p. 226.
Amagi (massif), p. 182.
Amagi Yugashima (V. Fuji-
Hakone-Izu), p. 185.
Amakusa, p. 596.
Amakusa shotō, p. 596.
Amami Ō shima, p. 145.

AMAMI SHOTO (Kagoshima
ken), p. 144.

☎ : Amami oshima Naze
(09975) ; Kikai jima (099765) ;
Okino erabu (09979) ; Tokuno
shima (09978) ; Yoron jima
(099794) ; — ✉ : Naze (894).

ℹ Conseil touristique de l'archipel, 2-5-8, Saiwai-che, Naze
(☎ 2-1111).

Hôtel :
🍴🍴 *Amani Grand*, 18-1, Obama
chō, Naze (☎ 2-6411), 70 ch.
(34 jap.) ✕ ▥▥' ▤ 🛁
🅿 bar, coiffeur, boutique.

AKAN — AOMORI

Ryokan :
¶¶ *Amami Seaside Hotel*, Yagijima, Naze-shi (☏ 2-5511), 72 ch.

Auberge de jeunesse :
Yoronto Takakuraso, 1025, Chabana, Yoron-machi, Oshimagun (☏ 2273), 40 lits.

✈ Aéroports : Amami ōshima (Akagina), à 15 km N.-E. de Naze, (car) ; vols *A.N.A.* pour Kagoshima et Naha ; *T.D.A.* pour Fukuoka, Kagoshima, Kikai jima, Ōita, Okino erabu jima, Ōsaka, Tokuno shima.
Kikai jima (Kikai) ; vols *T.D.A.* pour Amami ōshima.
Okino erabu jima (Kunigami), à 15 km, N.-E. de China (car) ; vols *T.D.A.* pour Amami ōshima, Kagoshima.
Tokuno shima (Amagi) ; vols *T.D.A.* pour Amami ōshima, Kagoshima.

Compagnies aériennes : *All Nippon Airways*, réservations à Naze (☏ 2-7272) ; *Toa Domestic Airlines* : réservations à Naze (☏ 2-5211), à Kikai jima (☏ 73), à Okino erabu (☏ 2-0221), à Tokuno shima (☏ 2-0223).

⛴ Services maritimes : d'Amami ōshima (Naze) à Tōkyō, Kōbe, Kagoshima, Tokuno shima, Okinawa ; de Kikai jima à Kagoshima, Tokunoshima (Amagi) ; d'Okino erabu à Kagoshima, Kōbe, Okinawa ; de Yoron Jima à Kagoshima, Kōbe, Okinawa ; les diverses îles sont reliées entre elles.

🚌 Autocars : plusieurs services sur les îles d'Ō shima, Tokuno shima, Okino erabu et excursions.

🛍 Spécialités : Amami no tsumugi (tissu de soie).

Amano Hashidate, p. 387.
Amano san, p. 299.
Amihari Onsen, p. 389.
Anabuki, p. 388.
Anan, p. 145.
Anori zaki, p. 262.

Ao shima, p. 387.
Aobane, p. 184.

AOMORI (Aomori ken), p. 146.
☏ 0177 ; ✉ 030.

ℹ Délégation départementale du tourisme, 1-1-1. Nagashima chō (☏ 22-1111).

Hôtel :
¶¶¶ *Aomori*, 1-1-23, Tsutsumi machi (☏ 75-4141 ; télex 8127-55), 53 ch. (2 jap.), 2 ✈ 🎱 🍴 🏊 📺 📞, bar, coiffeur, boutique, bowling.

Ryokan :
¶¶ *Aomori Kokusai Hotel*, 1-6-18, Shin machi (☏ 22-4321), 69 ch. (1 ch. jap.).

Business Hotels :
Aomori Green, 1-11-22 Shin machi (☏ 23-2001).
Sun Route Aomori, 1-9-10 Shin machi (☏ 75-2321).

Auberges de jeunesse :
Youth Hostel, 13-9 Chaya machi (☏ 41-7416), 160 lits.
Asamushi, 203-6, Yamashita, Asamushi (☏ 52-2865), 160 lits.

✈ Aéroport : Aomori, à 12 km S. ; vols *T.D.A.* pour Tōkyō.

Compagnie aérienne : *Toa Domestic Airlines*, réservations (☏ 23-1211).

⛴ Services maritimes : *Seikan ferry (J.N.R.)* pour Hakodate ; *Higashi Nihon car ferry* pour Hakodate, Muroran ; hydroglisseur pour Asamushi, Mutsu (Ominato).

🚆 Chemins de fer : *J.N.R.* pour Minmaya, Sendai, Osaka, Tōkyō (Ueno).

🚌 Autocars : pour Morioka, Noheji, Towada Minami.

Excursions : vers le parc national de Towada Hachimantai.

Manifestation : *Nebuta matsuri*, du 3 au 7 août avec défilé nocturne de grandes effigies peintes en papier maché.

Sports : sports d'hiver au Hakkoda san *(18 km S.-E.).*

Aoya, p. 582.
Ayoaman kōgen, p. 587.
Arai, p. 211.
Arakawa, p. 202.
Arashi yama, p. 148.
Arayu Onsen, p. 253.

ARIDA ou **ARITA** (Wakayama ken), p. 147.

✆ 07378 ; ✉ 649-03.

Ryokan :
Arida Kanko Hotel, Miyazaki chō (✆ 2-5201), 130 ch.

🚂 Chemin de fer : *J.N.R.,* gare de Minoshima ; trains pour Nagoya, Ōsaka ; — *Arida Railway* de Fujinami à Kanayaguchi.

♦ Spécialités : oranges de Satsuma dites *Kishu mikan.*

Arima Onsen, p. 312.
Arita (Saga ken), p. 254.
Arita (Wakayama ken, V. Arida), p. 147.
Asagiri kōgen, p. 178.
Asahi dake (Hokkaidō), p. 170.
Asahi dake (Yamagata ken), p. 590.
Asahigaoka, p. 176.

ASAHIKAWA (Hokkaidō), p. 147.

✆ 0166 ; ✉ 070.

Hôtel :
¶¶¶ *New Hokkai,* Shijo dōri 6 chome, Gojo dōri (✆ 24-3111), 98 ch. (3 jap.), 5 ⚒ 🎬 🛏 📺 ⌂ ☎ 📺 ✂ ✖ ⬜ bar, coiffeur, boutique.

Business Hotel :
Asahikawa Prince, Hiden 1-90, 7-chome, 1-jyodori (✆ 22-5155).

Auberge de jeunesse : *Asahikawa,* Inosawa ski jo, Kamui chō (✆ 61-2751), 60 lits.

Restaurant :
Kagetsu Kaikan (cuis. jap. et chin.), 7-8, Sanjo-dori (✆ 22-1101).

Aéroport : Higashi Kagura, à 15 km S.-E. (car) ; vols *T.D.A.* pour Tōkyō.

Compagnies aériennes : *All Nippon Airways,* Toho Seimei Bldg, 9-chome, Gojo (✆ 23-6261) ; — *Japan Air Lines,* Takugin Bldg, 9-chome, Shijo (✆ 24-1234) ; — *Toa Domestic Airlines,* Migi Gojo 9-chome, Miyashita dōri (✆ 24-3291).

🚂 Chemins de fer : *J.N.R.* pour Abashiri, Hakodate, Kushiro, Otaru, Sapporo.

🚌 Autocars : pour Sōun kyō, Rubeshibe, Tennin kyō.

Manifestation : *festival d'hiver* au début février.

♦ Spécialités : tissus ainous *(Atsuhi).*

Asama Onsen (V. Matsumoto), p. 380.
Asama yama, p. 271.
Asamushi Onsen, p. 147.
Asarigawa Onsen, p. 474.
Ashibe, p. 251.
Ashikaga, p. 148.
Ashimori, p. 452.
Ashi no ko, p. 181.
Ashinoyu Onsen, p. 180.
Ashizuri misaki, p. 150.

ASHIZURI UWAKAI (Ehime et Kōchi ken, parc national d'), p. 149.

Hébergement :
— A Tosa Shimizu
✆ 08808 ; ✉ 787-03.

Ryokan :
¶ *Ashizuri Kokusai Hotel,* Ashizuri misaki (✆ 8-0201), 51 ch. (11 occ.).

Auberge de jeunesse : *Kongofukuji,* Ashizuri misaki, 80 lits.

Asō (baie d'), p. 252.

ASO (Kumamoto et Oita ken, parc national du mont), p. 150.

Hébergement :
— A Beppu et Kumamoto
V. ces noms.
— A Aso
✆ 09673 ; ✉ 869-21 ou 869-23.

AOMORI — ATAMI 631

Hôtel :
¶¶ *Aso Kanko*, Yunotani, Chōyō mura, Aso gun (☎ 5-0311), 90 ch. (60 jap.) ⋈ ⟦⟧ ▦ ⌑ ⌬ ⊛ ⊟ ✕ ▣ bar.

Ryokans :
Asonotsukasa, 1197 Matsunoki, Oaza Kurogawa, Aso machi, Aso-gun (☎ 4-0811), 65 ch.
Aso Hotel, 99 Oaza Uchinomaki, Aso machi, Aso gun (☎ 2-0525), 56 ch.
Kadoman, 1095-1, Oaza Uchinomaki, Aso machi, Aso gun (☎ 2-0615), 92 ch.
Soyokaku, 385-1, Oaza Uchinomaki, Aso machi, Aso gun (☎ 2-0621), 88 ch.

Minshuku :
Marufuku, 4377-1, Miyaji, Ichinomiya cho, Aso gun (☎ 2-1130), 9 ch.

Auberge de jeunesse :
Aso, Bochu, Aso machi, Aso gun ☎ 4-0804, 60 lits.

— A Yufuin Onsen
☎ 097784 ; ✉ 879-51.

Hôtel :
¶¶ *Kujū Lakeside*, 21746-6, Kawanishi, Yufuin cho (☎ 3151), 69 ch. (35 jap.) ⋈ ⟦⟧ ▦ ⊟ ⌑ ⌬ ▣ ⋈ ✕ Ⓟ coiffeur, boutique, grand bain jap., bowling, patinage.

Ryokan :
¶ *Kinrinko*, Kawakami, Yufuin chō (☎ 3011), 12 ch.

Aso Onsen (V. Aso), p. 153.
Aso san, p. 151.
Asozu Onsen (V. Kurayoshi), p. 327.
Asuka, p. 297.
Atagawa Onsen (V. Fuji Hakone-Izu), p. 182.

ATAMI (Shizuoka ken), p. 153.
☎ : Atami, Ajiro Onsen, Izusan Onsen (0557) ; Yugawara Onsen (0465) ; ✉ : Atami, Ajiro Onsen, Izusan Onsen (413) ; Yugawara Onsen (259-03).

Hébergement :
— A Atami

Hôtel :
¶¶¶¶ *New Fujiya*, 1-16, Ginza chō (☎ : 81-0111 ; télex 03927-682), 318 ch. (139 jap.) 4 ⋈ ⟦⟧ ▦ ⊟ ⌑ ⌬ ▣ ⊡ ⌐ ▣ bars, boutique, grand bain jap., bowling, salle de congrès (2 000 places).

Ryokans :
¶¶¶ *Atami Fujiya*, 13-8, Ginza chō (☎ 81-7111), 162 ch.
¶¶¶ *Atami Kinjokan*, 10-33, Showa chō (☎ 81-6261), 111 ch.
¶¶ *Happoen*, 12-1, Miniguchi chō (☎ 81-6125), 21 ch.
¶¶ *Kiunkakau Honkan*, 4-2, Showa chō (☎ 81-3623), 31 ch.
¶¶ *New Akao*, 1993-250, Atami (☎ 81-5151), 256 ch.
¶ *Onoya Ryokan*, 3-9, Wadahama-Minami chō (☎ 82-1111), 206 ch.

— A Izusan Onsen *(2 km N.)*

Ryokans :
¶¶¶ *Miharukan* (☎ 81-7131), 73 ch.
¶¶ *Fukiya* (☎ : 81-5195), 39 ch.

— A Yugawara Onsen *(7 km N.)*

Ryokans :
¶¶¶ *Toyoko* (☎ 62-4141), 43 ch.
¶¶ *Kanzan* (☎ 63-2121), 49 ch.
¶¶ *Suimeikan* (☎ 62-2511), 56 ch.
¶ *Amanoya* (☎ 62-2121), 68 ch.

⛴ Services maritimes : bateaux pour Hatsushima, Ō-shima ; hydroglisseur pour Eno shima, Itō.

🚆 Chemins de fer : *J.N.R.* ; *shinkansen* pour Tōkyō, Ōsaka ; trains pour Fukuoka, Hamada, Kagoshima, Maibara, Nachi Katsuura, Ōsaka, Shimonoseki, Tamano, Tōkyō.

Téléphérique : pour Kuro dake.

🚌 Autocars : pour Hakone Odawara, Shimoda.

Excursions : vers le parc national de Fuji-Hakone-Izu, depuis Tōkyō (en anglais).

Agence de voyages : *J.T.B.*, New Fujita Building (☎ 81-7155).

Spécialités : huile de camélia, oranges de Satsuma, ume-yokan (pâte de haricots sucrés au parfum d'abricot), objets en bois de camphrier, papier artisanal.

Sports : golf *(Atami Golf Club)* ; — plages.

Atsumi (V. Tsuruoka), p. 589.
Attoko, p. 428.
Awa Amatsu, p. 289.

AWAJI SHIMA (Hyōgo ken), p. 155.

☏ : Sumoto (07992) ; Fukura (07995) ; — ✉ : Sumoto (656) ; Fukura (656-05).

Hébergement :
— A Sumoto

Ryokans :
¥¥¥ *Kaigetsukan,* Kaigan dōri (☏ 2-1100), 100 ch.
¥¥ *Hotel New Awaji,* Komoe (☏ 2-2521), 48 ch.
¥¥ *Mikumakan,* Yamate (☏ 2-0203), 82 ch.

— A Fukura

Auberge de jeunesse :
Awaji, Nandan chō (☏ 2-0460), 52 lits.

🚢 Services maritimes : *Kansai Kisen,* de Sumoto à Kōbe et Fuke ; de Yura à Kōbe et Fuke ; de Shizuki à Izumi-Ōtsu ; — *Bantan Renraku Kisen,* d'Iwaya à Akashi ; autres services d'Ura à Kōbe, de Tsuna à Sumiyoshi et Izumi-Ōtsu, de Fukura à Naruto.

🚌 Autocars : tout autour de l'île.

Excursions : *Awaji Kotsu,* depuis Sumoto et Fukura.

Sports : plages ; port de plaisance de Sumoto (☏ 4-0401).

Awaro (V. Fukui), p. 190.
Awazu Onse (V. Komatsu), p. 315.
Ayukawa, p. 263.
Azuchi, p. 459.
Azuma Kofuji, p. 158.

B

Baijōga take, p. 588.

BANDAI ASAHI (Fukushima, Niigata et Yamagata ken, parc national de), p. 157.

Hébergement :
— A Tsuchiyu Onsen
☏ 0245 ; ✉ 960-21.

Ryokan :
¥ *Sansuiso,* Tsuchiyu Onsen, Fukushima-ken (☏ 95-2141), 44 ch.

— A Urabandai
☏ 02413 ; ✉ 969-27.

Ryokans :
¥¥¥ *Banso,* Kitashiobara mura, Yama-gun (☏ 2-2111), 21 ch.
¥ *Urabandai Kōgen Hotel,* Kitashiobara mura, Yama-gun (☏ 2-2211), 53 ch.

— A Aizu Wakamatsu, Fukushima, Yonezawa
V. ces noms.

Bandai Atami Onsen (V. Kōriyama), p. 317.
Bandai san, p. 157.
Bandō, p. 428.
Benten jima (V. Hamamatsu), p. 183.

BEPPU (Ōita ken), p. 158.
☏ 0977 ; ✉ 874.

ⓘ Section de Tourisme, Beppu-eki (☏ 24-2838).

Hôtels :
¥¥¥ *Kamenoi,* 5-17 Chūō machi (☏ 22-3301 ; télex 07734-75) 88 ch. (36 jap.) ✕ ▥ ▤ ▣ ⌐ ⊗ ▫ ⊛ ⊠ boutique, grand bain jap.
¥¥¥ *Nippaku,* 3-12-26, Kitahama (☏ 23-22-91), 55 ch. (18 jap.) ✕ ▥ ▤ ▣ ⌐ ⊗ ▫ ⊠ ⊛ ⊠
¥¥¥ *Suginoi,* Kankaiji (☏ 24-1141 ; télex 07734-67), 606 ch. (49 jap.) ✕ ▥ ▤ ▣ ⌐ ⊗ ▫ ⊛ ⊠ ✕ ℗ coiffeur, boutiques, grand bain jap. (sans doute le plus extraordinaire de tout le Japon), bowling.
¥¥ *Hinago,* 7-24, Akiba chō

ATAMI — CHIBA 633

(☏ 22-1111), 64 ch. (8 jap.)

Ryokans :
- ¶¶¶ *Hotel Kodama*, Tsurumi (☏ 66-2211), 56 ch.
- ¶¶¶ *Hotel New Showaen*, Kankaiji (☏ 22-3211), 33 ch.
- ¶¶¶ *Shiragikuso*, Kamitanoyu chō (☏ 21-2111), 35 ch.
- ¶¶ *Bokaiso*, Kitahama (☏ 22-1241), 42 ch.
- ¶¶ *Oniyama Hotel*, Kannawa (☏ 66-1121), 62 ch.
- ¶ *Beppu Fujikan Hotel*, Mochigahama (☏ 23-6111), 85 ch.
- ¶ *Nogami Hotel*, Kitahama (☏ 23-2141), 31 ch.
- *Seifuso*, Kitahama (☏ 24-3939), 62 ch.

Business hotel :
Star, 10-29, Tanoyu chō (☏ 25-1188).

Auberge de jeunesse :
Beppu, Kankaiji Onsen (☏ 23-4116), 150 lits.

✈ Aéroport : Aki, à 39 km N.-E. (aéroglisseur et autocar ; V. Ōita).

⚓ Services maritimes : *Kansai Kisen* pour Matsuyama, Imabari, Takamatsu, Shodo shima (Sakate), Kōbe, Ōsaka ; — *Seto Naikai Steamship Co.* et *Uwajima Transport Co.* pour Itsukushima, Hiroshima, Kure ; — aéroglisseur pour Ōita et aéroport.

Compagnie maritime : *Kansai Kisen*, Minami Ishigaki (☏ 22-1311).

🚆 Chemins de fer : *J.N.R.* pour Fukuoka, Hiroshima, Kagoshima, Kitakyūshū Kumamoto, Kyōto, Misumi, Miyakonojō, Miyazaki, Okayama, Ōsaka, Tōkyō.

Téléphérique : pour Tsurumi dake.

🚌 Autocars : pour Fukuoka, Kagoshima, Miyazaki, Nagasaki, Saikai.

Taxis : nous vous conseillons d'utiliser ce moyen à prix forfaitaire pour la visite des sources.

Excursions : pour le mont Aso, Utsuki, Yabakei.

Agence de voyages : *J.T.B.*, Kokusai Kankokaikan Bldg, Kitahama (☏ 22-1271).

Visite guidée : les après-midi de mars à novembre (en anglais), se renseigner à l'hôtel.

Spécialités : cédrats, citrons confits.

Manifestation : *Sakura matsuri* en avril.

Sports : *Beppu Kokusai Golf Club* ; — port de plaisance.

Bihoro, p. 141.
Bijodaira, p. 166.
Biratori, p. 580.
Bitchū Kokubunji, p. 451.
Biwa ko, p. 475.
Byōbuga ura (Chiba ken), p. 164.
Byōbuga ura (Kagawa ken), p. 624.

C

Chausu yama, p. 328.

CHIBA (Chiba ken), p. 160.
☏ 0472 ; ✉ 280.

🛈 Délégation départementale du tourisme, 1-1, Ichiban chō (☏ 23-2730).

Hôtels :
- ¶¶ *Chiba Grand*, 121-2, Chiba Minato (☏ 41-2111), 82 ch. (4 jap.) coiffeur.
- ¶¶ *Chiba Keisei*, 14-1, Chiba chō (☏ 22-2111), 59 ch. (3 jap.) coiffeur.

Business Hotel :
Takane, 2-21-11, Kasuga (☏ 41-8051).

Auberge de jeunesse :
Inage Kaihin, Inage kaigan (☏ 43-9505), 60 lits.

✈ Aéroport : Narita, 25 km N.-E.

Compagnie aérienne : *Japan Air Lines*, Chiba Central Plaza Bldg, 3-17-1, Chūō (☏ 25-5211).

RENSEIGNEMENTS PRATIQUES

🚢 Services maritimes : *Ocean Ferry* pour Tokushima.

🚂 Chemins de fer : *J.N.R.* pour Tōkyō, Chōshi, Mitaka, Narita, Tateyama ; — *Keisei Electric Railway* pour Narita, Tōkyō.

Agence de voyages : *J.T.B.*, New Chiba Bldg, 2 Fujimi (☏ 27-9221).

Sports : golf *(Keiyo Kokusai Country Club, Sodegaura Country Club).*

Chiburi jima, p. 453.
Chichi jima (V. Ogasawara shotō), p. 449.
Chichibu, p. 160.
Chichibu Tama (parc national), p. 161.
Chihaya, p. 299.
Chijiwa, p. 595.
Chikabumi, p. 148.
Chikami yama, p. 252.
Chikubu jima, p. 392.
Chikura (V. Tateyama), p. 522.
Chinen, p. 456.

CHINO (Nagano ken), p. 162.

☏ : Tateshina Onsen (026667) ; Shirakaba ko (026668) ; ✉ 391-03.

Hébergement :

— A Tateshina Onsen

Hôtel :
🍷🍷🍷 *Heidi,* 1-1, Tateshina Kogen (☏ 2001), 20 ch. ⚒ 🏨 🛁 📺 ≘ 🚗 📻 ⛷ ski, patinage, pêche.

Ryokan :
🍷 *Hotel Shinyu,* Tateshina, Chino machi (☏ 2020), 55 ch.

Business Hotel :
Noble, Chino, Chino-shi (☏ 2-8585).

— A Shirakaba ko
Ryokan :
🍷 *Shirakabako Kanko Hotel,* Kitayama, Chino machi (☏ 2201), 70 ch.

Auberge de jeunesse :
Shirakabako, Shirakaba kohan, Chino machi (☏ 2031), 70 lits.

🚂 Chemin de fer : *J.N.R.*, pour Tōkyō, Itoigawa, Matsumoto, Nagoya.

🚌 Autocars : pour Komoro, Matsumoto.

Chishima rettō, p. 429.
Chita (péninsule), p. 212.
Chōfu, p. 163.
Chōgosonshi ji, p. 426.
Chōkai san, p. 486.
Chōmei ji, p. 459.
Chōmon kyō, p. 607.

CHŌSHI (Chiba ken), p. 163.

☏ 0479 ; ✉ 288.

Ryokan :
Hotel New Daishin, 10292, Inubō saki (☏ 22-5024), 38 ch.

Auberge de jeunesse :
Inubō so, 10292-10, Inubō saki (☏ 22-1252), 50 lits (gare d'Inubō).

🚂 Chemins de fer : *J.N.R.*, pour Tōkyō ; — *Chōshi Electric Railway* pour Tokawa.

🚌 Autocars : pour Chiba, Hokota, Kashima, Mito.

Chōshi kei, p. 513.

CHŪBU SANGAKU (Gifu, Nagano et Toyama ken, parc national de), p. 164.

Hébergement :

— A Kamikōchi
☏ 026395.

Hôtel :
🍷🍷 *Kamikōchi Imperial,* Minami Azumi gun (☏ 2001), 154 ch. ⚒ ≘ 🏨 📺 ⛲ 🚗 boutique ; ouvert en juillet et août.

— A Tateyama
☏ 0764.

Hôtel :
🍷🍷 *Tateyama,* Murodo daira, Ashi kuraji (☏ 41-3333), 85 ch. (10 jap.) ⚒ 🏨 🛁 📺 ≘ 🚗 📻 F boutiques, ski.

Auberge de jeunesse :
Sugita, Senjuga hara (☏ 82-1754), 44 lits.

— A Matsumoto, Takayama, Toyama
V. ces noms.

CHIBA — FUJI-HAKONE-IZU

Chūgushi, p. 439.
Chūson ji, p. 241.
Chūzenji ko (V Nikkō), p. 439.

Daikon jima, p. 378.
Daiō, p. 262.
Dai sen, p. 168.
Daisen (V. Daisen Oki), p. 168.

DAISEN OKI (Shimane et Tottori ken, parc national de), p. 167.

Hébergement :

— A Daisen
☏ 085952 ; ✉ 689-33 :

Ryokan :
Hotel Daisen, Daisen chō, Saihaku gun (☏ 2111), 56 ch.

Auberge de jeunesse :
Daisen, Daisen chō, Saihaku gun (☏ 2501), 102 lits.

— A Yubara Onsen
☏ 086762 ; ✉ 714-04 :

Ryokans :
¶ *Yubara Kokusai Kanko Hotel*, Yuhara chō, Maniwa gun (☏ 2111), 300 lits.
¶ *Horaiya*, Yuhara chō, Maniwa gun (☏ 2321), 100 lits.
Aburaya Bekkan, Yuhara chō, Maniwa gun (☏ 2006), 130 lits.

— A Kawakami
☏ 086768 ; ✉ 714-04.

Auberge de jeunesse :
Hiruzen, Kami Fukuda, Kawakami mura, Maniwa gun (☏ 30-62), 55 lits.

— A Izumo, Matsue, Kurayoshi, Yonago
V. ces noms.

DAISETSUZAN (Hokkaidō, parc national de), p. 168

Hébergement :
— A Sōunkyō Onsen
☏ 01658 ; ✉ 078-17.

Ryokans :
¶ *Sōunkaku Grand Hotel*, Kamikawa chō (☏ 5-3111), 235 ch.

¶ *Hotel Sōun*, Kamikawa chō (☏ 5-3311), 201 ch.
Hotel Daisetsu, Kamikawa chō (☏ 5-3211), 243 ch.
— A Tenninkyō Onsen
☏ 01669 ; ✉ 071-03.
Ryokan :
¶ *Tenninkaku*, Higashikawa chō (☏ 7-2111), 146 ch.

Dakigaeri keikoku, p. 459.
Danzan, p. 486.
Date Onsen, p. 219.
Dazaifu, p. 195.
Dewa Sanzan, p. 589.
Dōchū, p. 524.
Dogashima (V. Fuji-Hakone-Isu), p. 185.
Dōgo, p. 453.
Doai, p. 382.
Doro hatchō, p. 622.
Dōzen, p. 453.

E

Ebino kōgen (V. Kirishima Yaku), p. 301.
Echizen, p. 190.
Echizen Kaga (parc régional), p. 190.
Eihei ji, p. 189.
Emukae, p. 484.
Ena, p. 171.
Ena kyō, p. 171.
Eno shima, p. 188.
Enzan, p. 162.
Erimo misaki, p. 488.
Esan misaki, p. 208.
Esashi, p. 171.
Eta jima, p. 328.
Etomo misaki, p. 389.
Etorofu, p. 429.

F

Fuchū, p. 429.
Fudai, p. 478.

FUJI-HAKONE-IZU (Kanagawa, Shizuoka et Yamanashi ken, parc national de), p. 172.

Hébergement :

— A Amagi Yugashima
☏ 05588 ; ✉ 410-32.

Ryokan :
¶¶ *Shirakabeso*, 1594, Yugashima chō, Tagata gun (☏ 5-0100), 24 ch.
— A Atagawa Onsen
☏ 0557 ; ✉ 413-03.

Ryokans :
¶¶ *Atagawa View Hotel*, 1271, Naramoto, Higashi Izu machi, Kamo gun (☏ 23-1211), 58 ch.
¶ *Atagawa Yamatokan*, 986-2, Naramoto, Higashi Izu machi, Kamo gun (☏ 23-1126), 60 ch.
— A Dogashima Onsen (☏ 05585 ; ✉ 410-35).

Ryokan :
¶ *Dogashima Ginsuiso*, 2977-1, Nishina, Nishi Izu machi, Kamo gun (☏ 2-1211).
— A Funabara Onsen (☏ 05588 ; ✉ 410-31).

Ryokan :
¶¶¶ *Funabara Hotel*, Amagi Yugashima chō, Tagata gun (☏ 7-0211), 92 ch.
— A Fuji Yoshida
☏ 0555 ; ✉ 401-03.

Auberge de jeunesse :
Fuji Yoshida, 2-chome, Shimo Yoshida Honcho (☏ 2-0533), 30 lits.
— A Hakone
☏ 0460 ; ✉ 250-03/04/06.

Hôtels :
¶¶¶ *Fujiya*, 359, Miyanoshita, Hakone machi (☏ 2-2211 ; télex 13892-718), 189 ch. (7 jap.) ⟍ ⌂ ≜ ☎ ☗ ⚿ 🞐 ✕ bar, coiffeur, boutiques, grand bain jap., bowling, ski, salles de réunions et congrès.
¶¶¶ *Hakone Kanko*, 1245, Sengokuhara, Hakone machi (☏ 4-8501 ; télex 3892-601), 109 ch. (8 jap.) ⟍ ⌂ 🎱 ① ≜ ☎ ☗ 🞐 ✕ 🅿 coiffeur, boutique, grand bain jap., salle de réunions et congrès.
¶¶¶ *Kowaki en*, 1297 Ninotaira, Hakone machi (☏ 2-4111 ; télex 3892-730), 245 ch. (42 jap.) ⟍ ⌂ 🎱 ① ≜ ☎ ☗ ⚿ 🞐 🅿 coiffeur, boutiques, grand bain jap., bowling, salle de réunions.

¶¶ *Hakone*, 65, Hakone machi (☏ 3-6311 ; télex 3892-765), 34 ch. (4 jap.) ⟍ ⌂ ≜ ☎ ☗ ⚿ ≎ ✕ 🅿 boutiques.
¶¶ *Kagetsu en*, 1244, Itari, Sengokuhara, Hakone machi (☏ 4-8621), 73 ch. (17 jap.) ⟍ ⌂ 🎱 ① ≜ ☎ ☗ ⚿ ✕ 🅿 grand bain jap.

Ryokans :
¶¶¶ *Naraya*, 162, Miyanoshita, Hakone machi, Ashigarashimo gun (☏ 2-2411), 25 ch.
¶¶¶ *Senkyoro*, Hakone machi, Ashigarashimo gun (☏ 4-8521), 61 ch.
¶¶ *Chokoku no mori Hotel*, Hakone machi, Ashigarashimo gun (☏ 2-3375), 60 ch.

Auberge de jeunesse :
Hakone Sounzan, 1320 Gora, Hakone machi, Ashigarashimo gun (☏ 2-3827), 27 lits.
— A Hokkawa Onsen
☏ 0557 ; ✉ 413-03.

Ryokan :
¶ *Hokkawa Tsuruya Hotel*, Higashi Izu machi, Kamo gun (☏ 23-1212), 44 ch.
— A Imaihama Onsen
☏ 05583 ; ✉ 413-05.

Ryokans :
¶¶¶ *Imaihama Tōkyū Hotel*, Kawazu chō, Kamo gun (☏ 2-0501), 70 ch.
— A Inatori Onsen
☏ 0557 ; ✉ 413-04.

Ryokan :
¶¶¶ *Hotel Ginsuiso*, Higashi Izu machi, Kamo gun (☏ 95-2211), 78 ch.
— A Izu Nagaoka Onsen
☏ 05594 ; ✉ 410-21/22.

Ryokans :
¶¶¶ *Izu Fujimi Hotel*, Nirayama ch Tagata gun (☏ 4-2121), 46 ch
¶¶ *Sakanaya*, Izu Nagaoka chō, Tagata gun (☏ 8-1201), 22 ch
¶¶ *Nanzanso*, Izu Nagaoka chō, Tagata gun (☏ 8-0601), 37 ch
¶ *Hakkeien*, Izu Nagaoka chō, Tagata gun (☏ 8-1500), 49 ch
¶ *Suihokaku*, Nirayama chō, Tagata gun (☏ 8-1451), 36 ch

Shiraishikan, Izu Nagaoka chō, Tagata gun (☎ 8-0610), 45 ch.

— A **Kawaguchiko**
☎ 05557 ; ✉ 401-03.

Hôtel :
¶¶ *Fuji View*, 511 Katsuyama, Minami Tsuru gun (☎ 055583-2511), 68 ch. (8 jap.) ⊁ ▥ ▦ ▨ ☎ ◫ ✱ ⚘ ⋆ ✕ ✈ Ⓟ boutique, ski.

Ryokan :
¶ *Kawaguchiko Hotel Shinkan*, Kawaguchiko machi, Minami Tsuru gun (☎ 2-1313), 26 ch.

— A **Osawa Onsen**
☎ 05584 ; ✉ 410-36.

Ryokan :
¶¶ *Osawa Onsen Hotel*, Matsuzaki chō (☎ 3-0121), 26 ch.

— A **Shimoda Onsen**
☎ 05582 ; ✉ 415.

Hôtels :
¶¶ *Shimoda Tokyū*, 5-12-1, Shimoda (☎ 2-2411), 177 ch. (16 jap.) ⊁ ▥ ▦ ▨ ☎ ◫ ✱ ⚘ ✕ Ⓟ boutique, grand bain jap., salle de réunions.

Ryokans :
¶ *Seiryuso*, Kouchi, Shimoda (☎ 2-1361), 25 ch.
¶ *Shimoda Onsen Hotel*, Takegahama, Shimoda (☎ 2-311), 98 ch.

— A **Shuzenji Onsen**
☎ 0558 ; ✉ 410-24.

Ryokans :
¶¶ *Kikuya*, Shuzenji machi, Tagata gun (☎ 72-2000), 57 ch.
¶ *Asaba*, Shuzenji machi, Tagata gun (☎ 72-0700), 26 ch.

— A **Toi**
☎ 05589 ; ✉ 410-33.

Ryokan :
¶¶ *Gyokushoen Arai*, 289-1, Toi, Toicho, Tagata gun (☎ 8-100), 25 ch.

— A **Yamanakako**
☎ 05556 ; ✉ 401-03.

Hôtel :
¶¶ *Mont Fuji*, 1360-83, Yamanakako mura (☎ 2-2111), 111 ch.

FUJI-HAKONE-IZU — FUKAURA 637

(22 jap.) ⊁ ▥ ▦ ▨ ☎ ◫ ✱ ⚘ ⋆ ✕ ✈ Ⓟ boutiques, bowling, ski.

Ryokans :
New Yamanakako Hotel, 352-1, Yamanakako mura, Minami Tsuru gun. (☎ 2-2311) 66 ch.
Fuyokaku Hotel Konaya, Yamanakako mura (☎ 2-2520), 40 ch.

— A **Atami**, **Gotemba**, **Itō**, **Izu shotō**, **Kōfu**, **Numazu**
V. ces noms.

Fujiidera, p. 186.
Fujimishita, p. 442.
Fujinomiya, p. 186.
Fuji san, p. 174.

FUJISAWA (Kanagawa ken), p. 187.

☎ 0466 ; ✉ 251.

Ryokan :
¶ *Iwamotoro Bekkan Enoshima*, 2-16-6, Katase kaigan (☎ 26-4111), 27 ch.

Restaurant :
Suekiro Shonan-ten (steaks), 4-13-6, Kugenuma kaigan (☎ 34-2225).

🚢 Services maritimes : *Tōkai Steamship Co.*, d'Enoshima à Ō shima ; hydroglisseur, d'Enoshima à Atami, Itō.

🚂 Chemins de fer : gare de Fujisawa : *J.N.R.* pour Tōkyō, Odawara ; *Enoshima Kamakura kanko Electric Railway* pour Kamakura ; *Odakyū Electric Railway* pour Tōkyō ; — gare de Katase-Enoshima : *Odakyū E.R.* pour Tōkyō.

Monorail : de Shōnan-Enoshishima à Ōfuna.

🚌 Autocars : pour Kamakura, Odawara, Tōkyō, Yokosuka.

Sports : golf *(Fujisawa Public Golf Course, Sagami Country Club)* ; — port de plaisance de Shōnan, à **Enoshima** (☎ 25-2211).

Fuji Yoshida (V. Fuji-Hakone-Izu), p. 176.
Fukaura, p. 219.

Fukuda, p. 513.
Fukue, p. 202.

FUKUI (Fukui ken), p. 188.

✆ 0776 ; — ✉ Fukui (910) ; Awara (910-41).

🛈 Délégation départementale du Tourisme, 3-17-1, Ote machi (✆ 21-1111).

Hébergement :
— A Fukui

Hôtel :
¶¶ *Fukui Palace,* 2-1-3, Junka chō (✆ 23-3800), 37 ch. (7 jap.), ⤫ 🛏 🍴 🛁 ♨ 📺 boutique, grand bain jap., sauna.

Business Hôtel :
New Nawaya, 3-11-28, Chuo (✆ 24-1182).

Auberge de jeunesse :
Fukui, 2-5-33, Nishiki, Mikuni chō (✆ 82-5400), 80 lits.

— A Awara *(19 km N.)*

Ryokans :
¶¶¶ *Beniya,* 4-510, Onsen, Awara chō, Sakai gun (✆ 77-2333), 23 ch.
¶¶ *Yagi,* 4-418, Onsen, Awara chō, Sakai gun (✆ 77-2008), 75 ch.

Auberge de jeunesse :
Tojimbo, Takidani, Mikuni chō, Sakai gun (✆ 82-5400), 66 lits.
— A Eikei ji *(20 km E.)*

Auberge de jeunesse :
Eiheiji Monzen, 22-3, Shihi, Eiheiji machi, Yoshida gun (✆ 63-3123), 44 lits.

✈ Aéroport : Harue, 7 km N. (car) ; vols *A.N.A.* pour Tōkyō, Komatsu.

Compagnie aérienne : *All Nippon Airways,* réservations (✆ 51-0596).

🚂 Chemins de fer : *J.N.R.* pour Aomori, Kanazawa, Nagoya, Naoetsu, Niigata, Ōsaka, Toyama ; — *Keifuku Electric Railway,* pour Mikuni, Ōno, Eiheiji ; — ligne privée pour Ota, Takefu.

🚌 Autocars : pour Echizen, Eiheiji, Kaga, Tojimbo, Yoshizaki, Onsen.

Manifestation : *Grand Festival de Fukui,* le 1er août.

FUKUOKA (Fukuoka ken), p. 190.

✆ : Fukuoka (092) ; Chikushino (09292) ; — ✉ 815.

🛈 Délégation départementale du Tourisme, gare de Hakata (✆ 431-3003).

Hôtels :
¶¶¶¶ *Nishitetsu Grand,* 2-6-60, Daimyō, Chūō ku (✆ 771-7171 ; télex 0723-351), 308 ch. (4 jap.) 5 ⤫ 🛏 🍴 🛁 ♨ 📺 ⚡ 🛋 ♪ 🅿 bars, coiffeur, bowling, salle de congrès (800 places).
¶¶¶ *Hakata Miyako,* 2-1-1, Hakata Eki Higashi, Hakata ku (✆ 441-3111 ; télex 724-585), 269 ch. (6 jap.) ⤫ 🛏 🍴 🛁 ♨ 📺 🅿 bar, coiffeur.
¶¶¶ *Hakata Tokyū,* 1-16-1, Tenjin, Chūō ku (✆ 781-7111 ; télex 0723-295), 266 ch. (10 jap.) 2 ⤫ 🛏 🍴 🛁 ♨ 📺 🅿 coiffeur, boutique, bars, salle de réunions et congrès (300 places).
¶¶¶ *Station Plaza,* 2-1, Hakata Ekimae, Hakata ku (✆ 431-1211 ; télex 0723-536), 248 ch. (3 jap.), ⤫ 🛏 🍴 🛁 ♨ 📺 🅿 bars, coiffeur, boutiques.
¶¶ *Hakata Shiroyama,* 5-3-4, Nakasu, Hakata ku (✆ 281-2211), 126 ch. (4 jap.), ⤫ 🛏 🍴 🛁 ♨ 📺 🅿 bar.
¶¶ *New Hakata,* 1-1, Hakata Eki, Chūō gai, Hakata ku (✆ 431-1111), 105 ch. (2 jap.), ⤫ 🛏 🍴 🛁 ♨ 📺 🅿 bar, coiffeur, boutique.
¶¶ *Takakura,* 2-7-21, Watanabe dōri, Chūō ku (✆ 731-1661), 81 ch. (30 jap.), ⤫ 🛏 🍴 🛁 ♨ 📺 🅿 bar, boutique.

Ryokans :
¶¶¶ *Fukuoka Kanko Hotel,* Marumeikan, 5-6-1, Nakasu, Hakata ku (✆ 29-0715), 31 ch.
¶¶ *Fukuoka Yamanoue Hotel,* Tojin machi, Chūō ku (✆ 77-2131), 34 ch.
¶¶ *Gekkoen,* 2-3-15, Kiyokawa, Chūō ku (✆ 53-5531), 23 ch.

FUKUDA — FUKUOKA 639

Business Hotels :
Hakata Daiichi, 2-1-27, Hakatacki Higashi (☎ 411-2501).
Lion's Hotel Hakata, 3-15-10, Hakata Ekimae (☎ 451-7711).

Restaurants :
¶¶ *Royal* (cuisine occ.), 603, Nakasu, Hakata ku (☎ 471-2479).
¶ *Fuyo Bekkan* (cuis. jap.), 2-5-22, Toko, Hakata ku (☎ 471-6111).
¶ *Haginomiya-Sanso* (cuis. jap.), 1-18-1, Takamiya, Minami ku (☎ 531-7131).
¶ *Shin Miura* (Mizutaki), 21-12, Sekijo machi, Hakata ku (☎ 291-0821).

Aéroport : Itazuke, 6 km S.-E. (bus) ; vols *A.N.A.* pour Iki shima, Nagoya, Okinawa, Ōsaka, Tōkyō ; vols *J.A.L.* pour Okinawa, Ōsaka, Sapporo, Tōkyō ; vols *T.D.A.* pour Hiroshima, Kagoshima, Matsuyama, Miyazaki, Takamatsu, Tōkyō.

Compagnies aériennes : *Air France*, Nihon Seimei Fukuoka Bldg, 14-8, Tenjin 2-chome, Chūō ku (☎ 713-1565) ; — *All Nippon Airways*, Fukuoka Asahi Bldg, 1-1, Hakata Elimae 2-chome, Hakata ku (☎ 441-2211) ; — *Japan Air Lines*, 1, Kami Gofuku machi, Hakata ku (☎ 271-4411) ; — *Swissair*, Nishitetsu Grand Hotel, Room 308, 2-6-60, Daimyo, Chūō ku (☎ 77-7171) ; — *Toa Domestic Airlines*, Fukuoka Mainichi Kaikan Bldg, 16-1, Tenjin 1-chome, Chūō ku (☎ 76-1779).

Services maritimes : du port de Hakata à Shikano shima, Iki shima, Tsu shima ; de Meinohama à Nokono shima.

Chemins de fer : gare de Hakata : *J.N.R.* ; shinkansen pour Ōsaka, Tōkyō ; autres trains pour Beppu, Kagoshima, Kitakyūshū, Kumamoto, Kyōto, Nagasaki, Ōita, Okayama, Ōsaka, Tōkyō, Tosu ; — gare de Fukuoka : *Nishi Nippon Railway (Nishitetsu)* pour Ōmuta ; — gare de Kaizuka : *Nishitetsu* pour Tsuyazaki.

Autocars : gares routières à Hakata et Tenjin cho ; cars *J.N.R.* pour Iizuka, Nogata, Yamaguchi ; — cars *Nishitetsu* pour Beppu, Kitakyūshū, Kumamoto, Ōita, Sasebo, Unzen.

Excursions : cars *Nishitetsu* pour Beppu, Kagoshima.

Location de voitures : *Nippon*, 2-8, Tenjin, Chūō ku (☎ 781-5988) ; — *Nissan*, Nissan Rent a car Bldg, 1-12-5, Hakata Eki Higashi (☎ 431-8131).

Agence de voyages : *J.T.B.*, 1 Tenjin, Chūō ku (☎ 771-5931).

Shopping : à Tenjin, Kawabata, Nishijin.

Spécialités : **Hakata nangyo* (poupées de terre cuite), **Hakata ori** (tissus de soie), **Hakata mizutaki** (plat à base de poulet).

Manifestations : *Tamaseseri*, le 3 janvier au Hakozaki gū ; — *Hakata Dontaku* les 3-4 mai, défilé dans les rues de la ville ; — **Hakata Yamagaser* du 1er au 15 juillet au Kushida jinja.

Sports : golf *(Fukuoka Country Club, Koga Golf Club)* ; — centre sportif de Fukuoka, 2-2-43, Tenjin : combats de sumo en novembre (☎ 74-1661) ; centre sportif de Kokusai, 2-2, Chikoku-Hommachi, Hakata ku, Fukuoka shi (☎ 291-9311).

Lieux, sites et monuments :
Faculté de médecine, p. 194.
Fukuoka, p. 194.
Hakata, p. 191.
Hakozaki, p. 194.
Hakozaki Hachiman gu, p. 194.
Higashi kōen, p. 194.
Kinryu ji, p. 194.
Kushida jinja, p. 194.
Maizuri kōen, p. 194.
Nakasu, p. 194.
Nishi koen, p. 194.
Ohori koen, p. 194.
Shofuku ji, p. 194.
Sumiyoshi jinja, p. 191.

Fukura (Hyōgo ken), p. 156.
Fukura (Yamagata ken), p. 486.

FUKUSHIMA (Fukushima ken), p. 196.

☎ : Fukushima (0245) ; Iizaka (02454) ; — ✉ : Fukushima (960) ; Iizaka (960-02).

🅘 Direction départementale du Tourisme, 2-16, Sugitsuma chō (☎ 21-1111).

Hébergement :
— A Fukushima

Hôtel :
Tatsumiya, 5-1, Sakae machi (☎ 22-5111), 60 ch. ⨉ ▥ ▦ ▣ ◨ ☎ ◪ ♪ ▨ ski, patinage.

Ryokan :
¶ *Fumiya*, 2-29, Shin machi (☎ 23-3577), 12 ch.

Business Hotels :
Ebisu Grand Hotel, 10-6, Soneda chō (☎ 33-4166).
Fukushima, 6-1, Funaba chō (☎ 21-3211).

— A Iizaka Onsen *(10 km N.)*

Ryokans :
¶¶¶ *Hotel Suikoen*, Iizaka Onsen (☎ 2-3301), 60 ch.
¶¶ *Hotel Takanoha*, Iizaka Onsen (☎ 2-3241), 39 ch.
¶ *Ichirakuso*, Iizaka Onsen (☎ 2-4111), 25 ch.
Akagawaya, Iizaka Onsen (☎ 2-2221), 32 ch.

🚆 Chemins de fer : *J.N.R.* ; *shin-kansen* pour Tōkyō, Sendai, Morioka ; autres trains pour Akita, Aomori, Morioka, Niigata, Sendai, Tōkyō, Tamagata ; — *Iizaka Line* (privé) pour Yuno-Iizaka.

🚌 Autocars : pour Aizu Wakamatsu, Haramachi, Inawashiro, Sendai, Tōkyō.

🛍 Spécialités : arbres *bonsai*, poupées *kokeshi*.

Fukuwata, p. 254.

FUKUYAMA (Hiroshima ken), p. 197.

☎ : Fukuyama (0849) ; Tomo (08498) ; — ✉ : Fukuyama (720) ; Tomo (720-02).

Hébergement :
— A Fukuyama

Hôtel :
¶¶¶ *Fukuyama Grand*, 2-7-1, Nishi machi (☎ 21-5511 ; télex 06-435-10), 90 ch. (8 jap.), ⨉ ▥ ▦ ▣ ◨ ☎ ◪ ♪ ▣ coiffeur, boutiques, bar.

Ryokans :
¶¶¶ *Matsunoya*, 2-20, Ebisu machi (☎ 23-8222), 47 ch.

Business Hotel :
Fukuyama Kokusai, 1-1-26, Shiro micho (☎ 24-2411).

— A Tomo *(14 km S.)*

Ryokan :
¶¶ *New Kinsui Kokusai*, Tomo cho (☎ 2-2111), 45 ch.

⛴ Services maritimes : de Fukuyama à Shiraishi jima et Marugame ; de Tomo à Tadotsu ; hydroglisseur pour Onomichi.

🚆 Chemins de fer : *J.N.R. ; shin-kansen* pour Fukuoka, Ōsaka ; autres trains pour Fukuoka, Hiroshima, Kagoshima, Kumamoto, Miyazaki, Miyoshi, Ōita, Okayama, Ōsaka, Shimonoseki, Tōkyō.

🚌 Autocars : pour Okayama, Tomo, Yamano Onsen.

Funabara Onsen (V. Fuji-Hakone-Izu), p. 185.
Funakoshi, p. 479.
Furen shōnyūdō, p. 598.
Furubira, p. 475.

FURUKAWA (Miyagi ken), p. 198.

☎ Naruko Onsen (02298) ; ✉ Naruko Onsen (989-68).

Hébergement :
— A Naruko Onsen *(31 km N.-O.)* :

Ryokans :
¶¶¶ *Naruko Hotel* (☎ 3-2001), 125 ch.
¶ *Yokoya Hotel* (☎ 3-3155), 82 ch.

FUKURA — GIFU 641

🚆 Chemins de fer : *J.N.R. ; shinkansen* pour Morioka, Tōkyō ; autres trains pour Sendai, Shinjō.

🚌 Autocars : pour Ishinomaki, Naruko, Sendai.

Sports d'hiver : à **Naruko Onsen** *(31 km N.-O.)* : 6 télésièges, 3 remonte-pentes ; saison de début décembre à mi-avril.

🎿 Spécialités : poupées en bois *(Narugo kokeshi)*.

Furumachi, p. 253.
Fuse, p. 453.
Futaba, p. 213.
Futami (Mie ken, V. Ise shima), p. 261.
Futami (Okinawa), p. 458.
Futomi, p. 289.
Fuyushima, p. 488.

G

GAMAGŌRI (Aichi ken), p. 199.

☎ : Gamagōri (0533) ; Hazu (056362) ; — ✉ : Gamagōri (443) ; Hazu (44-07).

Hébergement :
— A Gamagōri :

Ryokans :
¶¶¶ *Gimpaso,* Nishiura cho (☎ 57-3101), 70 ch.
¶¶¶ *Hotel Fukinuki,* Miya cho (☎ 69-1211), 110 ch.
¶¶ *Nampuso,* Nishiura cho (☎ 57-2101), 60 ch.
¶¶ *Shofuen,* Miya cho (☎ 68-6611), 120 ch.

— A Hazu *(9 km S.-O.)*

Ryokans :
¶ *Sangane Grand Hotel,* Higashi Hazu (☎ 3121), 45 ch.
Sanshuen, Higashi Hazu (☎ 2440), 64 ch.

⛴ Services maritimes : *Meitetsu Kaijo Kanko Steamship,* hydroglisseur pour Nishiura et Shino jima ; — *Kinki Nippon Tourist Co.* et *Shima Katsuura Kanko Steamship Co.* pour Toba.

🚆 Chemins de fer : *J.N.R.* pour Tōkyō, Nagoya ; — *Nagoya Railroad Co. (Meitetsu)* pour Nagoya.

🚌 Autocars : pour Nagoya, Okazaki, Toyohashi.

Sports : port de plaisance, Wakamiya Jisaki (☎ 68-6810).

Gassan, p. 590.
Geibi kei, p. 242.
Gembi kei, p. 242.
Gembu dō, p. 489.
Genkai (parc côtier), p. 196.
Gensei kaen, p. 137.

GERO (Gifu ken), p. 199.

☎ 05762 ; ✉ 509-22.

Ryokans :
¶¶¶ *Suimeikan,* Gero cho, Mashita gun (☎ 5-2800), 129 ch.
Bosenkan, Gero cho, Mashita gun (☎ 5-2048), 53 ch.

🚆 Chemin de fer : *J.N.R.* pour Gifu, Nagoya, Takayama, Toyama.

🚌 Autocars : pour Gifu, Nakatsugawa, Takayama.

GIFU (Gifu ken), p. 200.

☎ 0582 ; ✉ 500.

ℹ Délégation départementale du Tourisme, Yabuta (☎ 72-1111).

Hôtels :
¶¶¶ *Gifu Grand,* 648, Nagara (☎ 33-1111), 153 ch. (71 jap.), ⚔ 🛏 📺 🍴 ♨ 🛁 📞 ❄ 🛀 🅿 bar, coiffeur, grand bain jap., bowling.
¶¶¶ *Nagaragawa,* 51, Ukaiya (☎ 32-4111) ; 97 ch. (47 jap.), ⚔ 🛏 🍴 ♨ 🛁 📺 ❄ 🛀 🅿 bar, boutique, grand bain jap.

Ryokans :
¶¶ *Juhachiro,* 10, Minato machi (☎ 65-1551), 78 ch.
¶¶ *Nagarakan,* 20-1, Nagara, (☎ 32-7117), 48 ch.
¶ *Sugiyama,* 73-1, Nagara (☎ 31-0161), 49 ch.

Business Hotel :
Gifu Washington, 8-20, Kogana machi (☏ 65-4111).

Auberges de jeunesse :
Gifu, Kami Kanoyama (☏ 63-6631).
Kodama so, Ken ei, Nagara Fukumitsu (☏ 32-1922), 150 lits.

Restaurants :
¶ *Banshokan* (cuis. occ. et chinoise), 2-18, Omiya cho, (☏ 62-0039).
¶ *Gifu Kaikan* (cuis. jap. et occ.), 39-1, Tsukasa machi (☏ 64-2151).

🚆 Chemins de fer : gare de Gifu Hashima (trains *shinkansen*), à 13 km S.-O. (bus) ; — gare de Gifu : *J.N.R.* pour Fukuoka, Kagoshima, Kanazawa, Kumamoto, Nachi-Katsuura, Nagano, Nagasaki, Nagoya, Ōsaka, Tōkyō, Toyama ; — gare de Shin Gifu : *Nagoya Railroad (Meitetsu)* pour Nagoya, Ōsu, Toyohashi, Unuma ; — gare de Tetsumeicho *(tramway Meitetsu)* pour Ibigawa, Mino, Tanigumi.

Téléphérique : de Gifu kōen à Kinka zan.

🚌 Autocars : pour Fukui Gero, Hikone, Nagoya, Yunoyama.

⚜ Spécialités : *Gifu jochin, lampions décorés ; artisanat du papier en général ; ayu, petite truite.

Manifestations : *pêche aux cormorans* du 11 mai au 15 octobre sur la Nagara gawa ; — *fêtes des pèlerins nus* le 10 décembre ; — *fête de la Nagara gawa* le 16 juillet.

Ginowan, p. 457.
Godai san, p. 313.
Goishi misaki, p. 479.
Goka, p. 453.
Gokasho ura, p. 262.
Gōnoura, p. 251.
Gōra, p. 180.
Goshiki, p. 156.
Goshikiga hara, p. 170.
Goshogake Onsen, p. 584.

GOTEMBA (Shizuoka ken), p. 201.
☏ 0550.

Auberge de jeunesse :
Gotemba, Higashiyama (☏ 2-3045), 52 lits.

Restaurant :
Suehiro Gotemba-ten (steaks), 3406, Hakonedo, Higashi-Tanaka (☏ 3-1178).

🚆 Chemin de fer : *J.N.R.* pour Kozu, Numazu, Tōkyō.

🚌 Autocars : pour Atami, Kōfu, Numazu, Odawara.

Excursions : autour du Fuji par les lacs.

Gotō rettō, p. 202.
Goza, p. 262.
Gushikawa, p. 458.
Gyōdō san, p. 149.
Gyokusen dō, p. 456.

H

Habikino, p. 203.
Habomai shotō, p. 429.
Habuminato, p. 267.
Hachijō jima (V. Izu shotō), p. 267.
Hachimantai, p. 584.

HACHINOHE (Aomori ken), p. 203.
☏ 0178.

Hôtel :
¶¶ *Hachinohe Grand*, 14, Ban chō (☏ 46-1234), 122 ch. (5 jap.) ✕ 🍴 🛏 🏠 🔄 ☎ 📺 ❄ 📻 ✕ ℗ bar, coiffeur, boutique.

Business Hotel :
Universe Hachinohe, 31-5, Baba machi (☏ 43-7711).

✈ Aéroport : Hachinohe, à 5 km N. (car) ; vols *T.D.A.* pour Hanamaki, Sapporo, Tōkyō.

Compagnie aérienne : *Toa Domestic Airlines*, réservations (☏ 43-8311).

🚢 Service maritime : pour Tomakomai.

GIFU — HAKODATE

🚆 Chemin de fer : *J.N.R.* pour Aomori, Kuji, Sendai, Tōkyō.

🚌 Autocars : pour Kuji.

Manifestation : *Emburi matsuri*, au Shiragi jinja, du 17 au 20 février.

Hachiōji, p. 204.
Hachirō gata, p. 446.
Hado misaki, P. 295.
Hagachi zaki, p. 186.

HAGI (Yamaguchi ken), p. 204.
☏ 08382 ; ✉ 758.

Ryokans :
¶¶ *Hagi Kanko Hotel*, 1189, Oaza chinto (☏ 5-0211), 86 ch.
¶¶ *Hagi Kokusai Kanko Hotel Rakutenchi*, 6-509, Oaza chinto (☏ 5-0121), 88 ch.

Minshuku :
Senjūan, 351, Tsuchihara (☏ 2-2382), 15 ch.

Auberge de jeunesse : *Hagi Shizuki*, Jonai, Horinouchi (☏ 2-0733), 100 lits.

🚢 Services maritimes : pour Ō shima, Ai shima, Mi shima.

🚆 Chemins de fer : *J.N.R.* pour Fukuchiyama, Fukuoka, Ōsaka.

🚌 Autocars : pour Akiyoshi, Hōfu, Ogōri, Yamaguchi.

🛍 Spécialités : poteries de Hagi.

Hagiwara, p. 200.
Haguro, p. 587.
Haha jima, p. 449.
Hakata (V. Fukuoka), p. 191.
Hakka tōge, p. 583.
Hakkōda san, p. 584.

HAKODATE (Hokkaidō), p. 206.
☏ : Hakodate (0138) ; Ōnuma (013867) ; — ✉ : Hakodate (040) ; Yunokawa Onsen (042) ; Ōnuma (041-13).

Hébergement :
— A Hakodate

Hôtels :
¶¶¶ *Hakodate Kokusai*, 5-10, Ote machi (☏ 23-8751 ; télex 9926-04), 120 ch. (11 jap.), ✈ 🏨 🍴 ◫ ⚌ 🛁 ◫ ✗ ⛼ 🅿 bar, coiffeur, boutiques, bowling.

¶¶¶ *Hakodate Royal*, 16-9, Omori chō (☏ 26-8181), 117 ch. (2 jap.), 3 ✈ 🏨 🍴 ◫ ⚌ 🛁 ◫ ✗ ⛼ bar, coiffeur, boutiques, salles de réunions.

Ryokans :
¶¶¶ *Yunokawa Kanko Hotel*, 2-4-20, Yunokawa machi (☏ 57-1188), 151 ch. (15 occ.).
¶¶ *Meigetsuen Pacific Hotel*, 2-10-1, Yunokawa machi (☏ 57-0181), 92 ch. (4 occ.).
¶ *Yunohama Hotel*, 1-2-30, Yunokawa machi (☏ 59-2231), 115 ch. (11 occ.).

Business Hotel :
Urban Hotel Katsura, 1-5-18, Yonokawa cho (☏ 59-2020).

Minshuku :
Horaiso, 30-17, Horaicho (☏ 26-4855), 20 ch.

— A Ōnuma *(28 km N.)*

Ryokan :
¶¶ *Kowaki en*, Ōnuma kōen, Nanae machi, Kameda gun (☏ 2321), 55 ch.

Auberges de jeunesse :
Ōnuma, Nanae machi, Kameda gun (☏ 2172), 60 lits.
Ikusandar Ōnuma, 498-6-7, Ōnuma chō, Nanae machi, Kameda gun (☏ 2845), 100 lits.

✈ Aéroport : Hakodate, à 7 km E. (car) ; vols *A.N.A.* pour Tōkyō, *T.D.A.* pour Sapporo.

Compagnies aériennes : *All Nippon Airways, Toa Domestic Airlines*, 14-12 Wakamatsu chō (☏ 23-8811).

🚢 Services maritimes : *J.N.R. Seikan ferry* pour Aomori ; — *Higashi Nihon Ferry*, pour Aomori, Noheji, Ōma.

🚆 Chemins de fer : *J.N.R.* pour Abashiri, Asahikawa, Esashi, Kushiro, Matsumae, Sapporo.

🚌 Autocars : pour E-san, Matsumae, Ōnuma.

Manifestations : *Festival de neige et de glace* à Hakodate et Ōnuma, fin janvier ; — *Fête du Port*, début août.

Sports d'hiver : à Ōnuma *(28 km N.)* de décembre à mars (3 télésièges, 2 remonte-pentes).

Hakone (monts), p. 178.
Hakone machi (V. Fuji-Hakone-Izu), p. 181.
Hakuba, p. 265.
Hakui, p. 208.
Haku san, p. 209.
Hakusan (parc national), p. 209.
Hakusan Onsen, p. 209.
Hamada, p. 209.
Hamajima (V. Ise shima), p. 262.

HAMAMATSU (Shizuoka ken), p. 210.

☏ : Hamamatsu (0534) ; Arai, Benteniima, Kosai (05359) ; Hosoe, Kanzanji Onsen (05352) ; — ✉ : Hamamatsu (430) ; Bentenjima (431-02) ; Kanzanji Onsen (431-12).

Hébergement :
— A Hamamatsu

Hôtel :
¶¶ *Hamamatsu Grand,* 1-3-1, Higashi Iba (☏ 52-2111), 100 ch. ⨯ ⬛ ▦ 🎫 ⌥ ⛐ 📺 Ⓟ bar, coiffeur, boutiques.

Ryokans :
¶¶¶ *Hotel Sagano,* 204, Magome chō (☏ 54-5501), 15 ch.
¶¶ *Chotokan,* 1-3-1, Higashi Iba (☏ 54-6311), 20 ch.

Business Hotels :
Yonekyu, 93, Denma cho (☏ 55-3131).
Futami, 370, Haya machi (☏ 52-7168).
— A Bentenjima *(14 km O.)*

Ryotans :
¶¶¶ *Marubun,* Maisaka chō (☏ 2-1611), 57 ch.
¶¶ *Hakusatei,* Maisaka chō (☏ 2-0050), 39 ch.
¶ *Takasagoen,* Maisaka chō (☏ 2-3131), 35 ch.
— A Kanzanji Onsen *(15 km N.-O.)*

Ryotans :
¶¶¶ *Kanzanji Kokusai Kanko Hotel,* Kanzanji chō (☏ 7-0085), 52 ch.
¶ *Kanzanji Lake Hotel,* Kanzanji chō (☏ 7-0124), 57 ch.

— A Uchiyama *(18 km O.)*

Auberge de jeunesse :
Hamanako, Arai machi (☏ 4-0670), 179 lits.

Restaurants :
¶¶ *Inamba* (cuis. jap.), 1-3-1, Higashi Inamba (☏ 54-6311), à Hamamatsu.
¶ *Benisuzume* (cuis. jap.), 287, Ta machi (☏ 52-1590), à Hamamatsu.
¶ *Sazanamikan* (cuis. jap.), 2219, Kanzanji (☏ 7-0070), à Kanzanji Onsen *(15 km N.-O.)*.

🚆 Chemins de fer : *J.N.R. (shin-kansen)* pour Tōkyō, Ōsaka ; autres trains pour Fukuoka, Hamada, Kagoshima, Nachi-Katsuura, Ōsaka, Tōkyō ; — *Enshū Railway* pour Nishi Kajima.

🚍 Autocars : pour Nagoya, Shizuoka, Tenryū.

Excursions : cars *Entetsu bus* autour de Hamana ko.

Agence de voyages : *J.T.B.,* Kaji chō (☏ 53-2111).

♪ Spécialités : instruments de musique.

Manifestations : *Fête des cerfs-volants* à Nakatajima, du 3 au 5 mai.

Sports : port de plaisance de Hamana ko, 1380 Iride Aza Chojya, Kosai (☏ 8-0711).

Hamamura (V. Tottori), p. 582.
Hamana ko, p. 210.
Hamasaka (V. San in Kaigan), p. 488.

HANAMAKI (Iwate ken), p. 211.

☏ 0198 ; ✉ 025.

Ryokans :
¶¶¶ *Kashoen* (☏ 27-2111), 41 ch., à Hanamaki Onsen *(9 km N.-O.)*.

HAKODATE — HIMEJI

¶¶¶ *New Shidodaira Hotel*
(✆ 24-2011), 24 ch., à **Shido-daira Onsen** *(10 km N.-O.).*

✈ Aéroport : Hanamaki, à 6 km N. (car) ; vols *T.D.A.* pour Hachinohe, Tōkyō.

🚂 Chemin de fer : *J.N.R.*, pour Aomori, Kamaishi, Morioka, Sendai, Tōkyō.

🚌 Autocars : pour Kamaishi, Morioka.

Hanamaki Onsen (V. Hanamaki), p. 212.
Hananuki keikoku, p. 514.
Handa, p. 212.
Happo Onsen, p. 272.
Haraiō, p. 594.
Haramachi, p. 213.
Harazuru Onsen (V. Kurume), p. 329.
Haruna ko, p. 499.
Hase dera, p. 487.
Hashihama, p. 252.
Hatage Onsen, p. 383.
Hatano, p. 482.
Hatsu shima, p. 154.
Hattori Ryokuchi (parc), p. 472.
Hayama, p. 624.
Hayashida, p. 302.
Hazu, p. 199.
Heda, p. 185.
Hedo misaki, p. 458.
Hegura jima, p. 600.
Hibara ko, p. 157.
Hida gawa, p. 200.
Hidaka, p. 445.
Hei zan, p. 369.
Higashi, p. 458.
Higashiyama Onsen, p. 139.
Hikawa, p. 161.
Hikimi, p. 377.

HIKONE (Shiga ken), p. 213.
✆ 07492.

Hôtel :
¶¶ *Ōmi Plaza,* 1911, Matsubara chō (✆ 22-8101), 47 ch. ✈ 🎬 📺 🛏 🍽 ⊛ 🛏 Ⓟ bar, boutique, bowling.

🚂 Chemins de fer : gare de Maibara *(7 km N.),* arrêt du *shinkansen ;* — gare de Hikone : *J.N.R.* pour Kyōtō, Maibara, Nagoya, Tsuruga ; *Ōmi Railway* pour Kibukawa, Taga.

🚌 Autocars : pour Gifu, Ōtsu, Tsuruga.

HIMEJI (Hyōgo ken), p. 214.
✆ : Himeji (0792) ; Shioda Onsen (079336) ; —
✉ : Himeji (670) ; Shioda Onsen (671-21).

Hébergement :
— A Himeji

Hôtel :
¶¶ *Himeji New Osaka,* 198-1, Ekimae chō (✆ 23-1111), 38 ch. (4 jap.) ✈ 🎬 📺 🛏 🍽 📺 bar.

Ryokan :
¶¶ *Banryu,* Shimodera machi (✆ 85-2112), 17 ch.

Business Hotels :
Himeji Castle, 207, Hojyo (✆ 84-3311), 222 ch.
Himeji Plaza, 78, Shimizu, Toyosawa cho (✆ 81-9000).

— A Shioda Onsen *(15 km N.)*

Ryokan :
¶¶ *Yumenoi,* Yumesaki chō (✆ 135), 47 ch.

🚢 Services maritimes : de Shikama, Kansai Kisen pour Shōdo shima ; autre service pour Ieshima shotō.

🚂 Chemins de fer : gare de Himeji : *J.N.R. (shinkansen)* pour Fukuoka, Okayama, Ōsaka, Tōkyō ; autres trains pour Fukuoka, Hiroshima, Kagoshima, Kumamoto, Kurayoshi, Kyōto, Miyakonojō, Miyazaki, Nagasaki, Ōita, Okayama Ōsaka, Shimonoseki, Tamano Tōkyō, Tottori, Toyooka, Tsuyama ; *Sanyō Electric Railway* pour Kōbe ; — gare de Shikama : *J.N.R.* pour Toyooka ; — gare de Shinmaiko : *Sanyō E.R.* pour Kōbe.

🚌 Autocars : pour Akō, Kōbe, Toyooka.

Agence de voyages : *J.T.B.,* Sanwa Bldg, Arami machi (✆ 22-2141).

🎁 Spécialités : jouets ; articles de cuir.

Manifestations : *Fête du château* le 22 juin ; — *Kenka matsuri,* les 14-15 octobre, au sanctuaire de Matsubara.

Sports : port de plaisance de **Matogaba** (☎ 54-0923).

Hinokage, p. 442.
Hirado, p. 217.
Hiradoguchi, p. 484.

HIRADO SHIMA (Nagasaki ken), p. 216.

☎ 09502 ; ✉ 575.

Ryokans :
¶¶ *Hirado Kanko Hotel,* Okubo machi (☎ 2101), 59 ch.
¶ *Hirado Kaijo Hotel,* Okubo machi (☎ 2154), 44 ch.

🚢 Services maritimes : pour Hiradoguchi, Ikitsuki shima, Ōshima, Kashimae, Sasebo.

🚆 Chemins de fer : *J.N.R.* de Hiradoguchi à Fukuoka, Nagasaki, Sasebo.

🚌 Autocars : pour Shijiki zaki ; de Hiradoguchi à Karatsu, Kitakyūshū, Sasebo.

Manifestations : Danses folkloriques de *Janguwara.*

Hiraizumi, p. 241.
Hiraoka, p. 472.
Hiratsuka, p. 217.
Hirayu Onsen, p. 164.
Hiromine yama, p. 216.
Hiroo, p. 488.
Hirosaki, p. 218.

HIROSHIMA (Hiroshima ken), p. 220.

☎ : Hiroshima (0822) ; Miyajima (08294) ; — ✉ : Hiroshima (730 à 733) ; Miyajima (739-05).

🛈 Délégation départementale du Tourisme, 10-52, Moto machi (☎ 28-2111).

Hébergement :

— A Hiroshima

Hôtels :
¶¶¶¶ *Hiroshima Grand,* 4-4 Kami Hachobori chō (☎ 27-1313 ; télex 652-666), 404 ch. (6 jap.) ✕ 🍴 🍽 🅿 ⌀ ☎ 📺 ❄ 🗎 bar, coiffeur, boutique, salles de réunions.
¶¶¶ *Hiroshima Kokusai,* 3-13. Tate machi (☎ 48-2323), 85 ch. (17 jap.) ✕ 🍴 🍽 🅿 ⌀ ☎ 📺 🗎 bar, coiffeur, boutiques, grand bain jap., bowling.
¶¶¶ *Hiroshima Station,* 2-37, Matsubara chō (☎ 62-3201 ; télex 652-993), 156 ch. (9 jap.) ✕ 🍴 🍽 📺 ⌀ ☎ 📺 🅿 bar, boutiques.
¶¶ *Hiroshima River Side,* 7-14, Kaminobori chō (☎ 28-1251), 92 ch. (5 jap.) ✕ 🍴 🍽 🅿 ⌀ ☎ 📺 bar.

Ryokans :
Fuyo Besso, 2-5-7, Futaba no sato, Higashi ku (☎ 61-3939), 23 ch.
Mitakiso, Mitaki chō (☎ 37-1402), 21 ch.

Business Hotels :
Hokke Club Hiroshimaten, 7-3, Naka machi (☎ 48-3371).
Hiroshima Central, 1-8, Kanaya macho (☎ 43-2222).

Minshuku :
Ikedaya, 6-36, Dobashi cho, Naka ku (☎ 31-3329), 14 ch.

Auberge de jeunesse :
Hiroshima, 1-13-6, Ushida shin machi (☎ 21-5343).

— A Miyajima *(22 km S.-O.)*

Ryokans :
¶¶¶ *Miyajima Royal Hotel,* Miyajima machi, Saeki gun (☎ 4-2727), 40 ch.
¶¶ *Kamefuku,* Miyajima chō, Saeki gun (☎ 4-2111), 48 ch.

Restaurants :
¶¶ *Amagi* (cuis. jap.), 10-10, Kami Nobori chō (☎ 21-2375).
¶¶ *Hanbei* (cuis. jap. et occ.), 8-12, Hon Ura cho, Minami ku (☎ 82-7121).
¶¶ *Kinsui* (cuis. jap.), 6-16, Dobashi cho, Naka ku (☎ 32-0143).
¶ *Hada Besso* (cuis. jap. et occ.), 26, Funari chō (☎ 37-2016).
¶ *Hyotei* (cuis. jap.), 6-16, Dobashi chō (☎ 32-0143).

✈ Aéroport : à Kanonshin

machi, à 7 km S.-O. de la gare (bus) ; — vols : *A.N.A.* pour Tōkyō ; *T.D.A.* pour Fukuoka, Ōsaka.

Compagnies aériennes : *All Nippon Airways,* Kyoya Bldg, 10-9, Teppo chō (ꭍ 27-2201) ; — *Japan Air Lines,* Hachobori Bldg, 13-14, Hachobori chō (ꭍ 227-95-11) ; — *Toa Domestic Airlines,* réservations (ꭍ 33-3241).

Services maritimes : depuis le port d'Ujina *(5 km S. de la gare)* : *Hankyū Ferry* pour Hyūga ; *Seto Naikai Kisen* pour Beppu, Imabari, Kure, Mitarai, Mitsuhama, Miyajima, Nagehama ; *Uwajima Transport Co* pour Beppu, Kure, Miyajima ; — de Dejima *(6 km S. de la gare)* : *Green Ferry* pour Ōsaka.

Chemins de fer : gare de Hiroshima : *shinkansen* pour Fukuoka, Okayama, Ōsaka, Tōkyō ; autres trains pour Fukuoka, Iwakuni, Kagoshima, Kumamoto, Kyōto, Matsue, Miyakonojō, Miyazaki, Miyoshi, Nagasaki, Nagoya, Ōita, Okayama, Ōsaka, Sandankyō, Shimonoseki, Tōkyō ; — gare de Nishi-Hiroshima : *J.N.R.* pour Hiroshima, Iwakuni ; *Hiroden Electric Railway* pour Miyajimaguchi.

Autocars : pour Iwakuni, Kure, Masuda, Matsue, Yamaguchi.

Excursions : Demi-journée à Itsukushima (en anglais).

Locations de voitures : *Nippon,* 2-10-6, Higashi Senda chō (ꭍ 43-3794) ; — *Nissan,* 9-15, Fujimi chō (ꭍ 44-2310).

Taxis : *Corporation départementale privée* (ꭍ 92-3351).

Agence de voyages : *J.T.B.,* Matsubara chō (ꭍ 61-2241).

Visite guidée : demi-journée, départ à 14 h de Hiroshima Grand Hotel (en anglais).

Spécialités : jouets, huîtres perlières, fruits.

Shopping : Hon dōri.

Manifestations : **Kangen sai* au sanctuaire d'Itsukushima, à la mi-juillet ; — *Fête anniversaire de la Paix,* le 6 août, au parc mémorial de la Paix.

Hirota (presqu'île), p. 480.
Hiruzen kōgen, p. 167.

HITA (Ōita ken), p. 226.
ꭍ 09732 ; ✉ 877.

Ryokans :
Kizantei Hotel, Hita Onsen, Kuma chō (ꭍ 3-2191), 44 ch. *Tower Hotel Sanyokan,* Hita Onsen, Kuma chō (ꭍ 2-2134), 24 ch.

Business Hotel :
Hita Business Hotel Kanesen, 5-1, Nakahon machi ; (ꭍ 4-1000).

Chemins de fer : *J.N.R.* pour Beppu, Fukuoka, Kitakyūshū, Nagasaki, Oguni, Tosu.

Autocars : pour Aso, Fukuoka, Nakatsu, Oita.

Excursions : pour *Yaba kei.*

Spécialité : poteries d'*Onda.*

Manifestations : *pêche aux cormorans* de juillet à septembre.

Hitachi, p. 227.
Hitoyoshi, p. 227.
Hiwasa, p. 146.
Hōjō, p. 587.
Hokkaidō, p. 228.
Hokki ji, p. 250.
Hondo (V. Unzen Amakusa), p. 596.
Hondō (V. Honshū), p. 232.
Hongū, p. 622.
Honshū, p. 232.
Hon Yabakei, p. 226.
Horin ji, p. 249.
Horoizumi, p. 488.
Horyū ji, p. 244.
Hoshino Onsen (V. Jōshin Etsu kōgen), p. 271.
Hota, p. 522.
Hotaka dake, p. 165.
Hōzan ji, p. 426.
Hozu gawa, p. 288.
Hyakusawa Onsen, p. 219.

Hyūga, p. 238.
Hyūga jima, p. 262.

Ibuki yama, p. 448.

IBUSUKI (Kagoshima ken), p. 239.
☎ 09932 ; ✉ 891-04.

ⓘ Renseignements touristiques : Jū chō (☎ 2-2111).

Hôtel :
¶¶¶ *Ibusuki Kanko,* 3755, Jūni chō (☎ 2-213), 639 ch. (172 jap.) ⌇▥▦▤☒▣◨◪▵◿ℓ✕ Ⓟ bar, coiffeur, boutiques, grand bain jap., bowling, salle de congrès (3 000 places).

Ryokans :
¶¶¶ *Ibusuki Kaijo Hotel,* Jūni chō (☎ 2-2221), 110 ch.
¶¶¶ *Ibusuki Seaside,* Jū chō (☎ 3-3111), 83 ch.
¶¶ *Ibusuki Hakusuikan,* Higashi-kata (☎ 2-3131), 130 ch.

Auberge de jeunesse :
Ibusuki, 2-1-20, Yunohama (☎ 2-2758).

🚢 Services maritimes : depuis Ibusuki : pour Ō-Nejime ; *Kuko hovercraft* pour Kagoshima, Kajiki, Sakurajima ; — depuis Yamagawa *(7 km S.-O.)* : pour Nejime, Sata ; *Kagoshima shōsen* pour Tanega shima, Yaku shima.

🚆 Chemins de fer : *J.N.R.* pour Kagoshima, Kitakyūshū, Makurazaki, Miyazaki.

🚌 Autocars : pour Kagoshima.

Excursions : au **Kaimon dake.**

Ichigawa, p. 239.
Ichiki, p. 429.
Ichinomiya (Aichi ken), p. 240.
Ichinomiya (Kumamoto ken), p. 153.
Ichinomoto, p. 522.

ICHINOSEKI (Iwate ken), p. 240.
☎ : Ichinoseki (01912) ; Takinoue (019105) ; — ✉ 021.

Hébergement :
— A Ichinoseki

Business Hotel :
¶¶ *Ichinoseki Green,* 1, Minami Shin machi (☎ 3-8616), 26 ch. ⌇▥▦▤☒▣

— A Takinoue

Ryokan :
Ishibashi Hotel Itsukishien, 15, Minami, Takinoue (☎ 29-2101), 32 ch.

🚆 Chemins de fer : *J.N.R., shinkansen* pour Morioka, Tōkyō ; autres trains pour Akita, Aomori, Kitakami, Morioka, Ōfunato, Sendai, Tōkyō.

🚌 Autocars : pour Ishinomaki, Kesennuma, Mizusawa, Morioka, Sukawa.

Ie shima (Hyōgo ken), p. 216.
Ie shima (Okinawa), p. 457.
Iheya Izena shotō, p. 457.
Iida, p. 243.
Iioka, p. 163.

IIYAMA (Nagano ken), p. 243.
☎ 02696 ; ✉ 389.

Hôtel :
¶¶ *Fujita Madarao Kōgen,* Madarao kōgen (☎ 2-3571), 81 ch. ⌇▥▦▤☒▣※◨ℓ Ⓟ bar, grand bain jap., boutique, coiffeur, à **Madarao** *(6 km O.).*

🚆 Chemins de fer : gare d'Iiyama : *J.N.R.* pour Nagano, Nagaoka ; — gare de Kijima : *Nagano Electric Railway* pour Nagano.

🚌 Autocars : pour Nagano Naoetsu, Yudanaka.

Sports : sports d'hiver à **Madarao** et **Nozawa.**

Iizaka (V. **Fukushima**), p. 197.
Iizuka, p. 244.
Ijuin, p. 276.
Ikaho Onsen (V. **Shibukawa**), p. 499.
Ikaruga, p. 244.
Ikawa, p. 506.
Ikeda, p. 250.
Ikeda ko, p. 239.
Iki shima, p. 250.

Ikitsuki shima, p. 217.
Ikoma, p. 426.
Imabari, p. 252.
Imabetsu, p. 147.

IMAICHI (Tochigi ken), p. 252.

☏ : Imaichi, Kawaji Onsen, Kinugawa Onsen (0288) ; Shiobara Onsen (028732) ; — ✉ : Kawaji Onsen (321-26) ; Kinugawa Onsen (321-25) ; Shiobara Onsen (329-29).

Hébergement :
— A Kawaji Onsen *(23 km N.)*

Ryokan :
¶¶ *Ichiryūkaku,* Fujiwara machi, Shioya gun (☏ 78-1111), 132 ch.

— A Kinugawa Onsen *(13 km N.)*

Ryokans :
¶¶ *Asaya Hotel,* Fujiwara machi, Shioya gun (☏ 7-1111), 311 ch.
¶ *Kinugawakan Honten,* Fujiwara machi, Shioya gun (☏ 7-1122), 81 ch.

— A Shiobara Onsen *(54 km N.-E.)*

Ryokan :
¶ *Hotel Myōgaya,* Shiobara machi, Shioya gun (☏ 2-284), 43 ch.

🚂 Chemins de fer : gare de Shimo-Imaichi : *J.N.R.* pour Nikkō, Tōkyō, Utsunomiya ; — gare de Tobu Imaichi : *Tōbu Railway* pour Kinugawa, Nikkō, Tōkyō.

🚌 Autocars : pour Kinugawa, Nikkō, Tōkyō, Utsunomiya, Yaita.

Imaihama Onsen (V. Fuji-Hakone-Izu), p. 183.
Imari, p. 254.
Imazu, p. 476.
Imbu, p. 457.
Inada, p. 296.
Inatori Onsen (V. Fuji-Hakone-Izu), p. 183.
Inawashiro, p. 255.
Inawashiro ko, p. 255.
Inubō saki, p. 163.

INUYAMA (Aichi ken), p. 255.

☏ 0568 ; ✉ 484.

Hôtels :
¶¶ *Meitetsu Inuyama,* 107, Kita Kōken (☏ 61-2211), 120 ch. (30 jap.) 🍴 🛏 ♨ ✉ 📺 ❄ 🏊 ⛳ Ⓟ bar, boutique, bowling.

Ryokan :
¶¶¶ *Hakuteikaku,* 107-1, Aza Kita Kōken, Oaza (☏ 61-2211), 19 ch.

Auberge de jeunesse :
Inuyama, Tsugao (☏ 61-1111), 96 lits.

🚂 Chemins de fer : *Nagoya Railroad (Meitetsu)* pour Mitake, Nagoya, Unuma, Yaotsu.

Monorail : d'Inuyama-Yuen au zoo.

🚌 Autocars : pour Gifu, Nagoya.

Manifestations : *pêche aux cormorans,* sur la Kiso gawa, de juin à septembre.

Iō jima, p. 449.
Irako misaki, p. 585.
Iriomote, p. 605.
Irō zaki, p. 186.
Isa, p. 457.
Isahaya (V. Unzen Amakusa), p. 594.
Ise, p. 256.

ISE SHIMA (Mie ken, parc national d'), p. 256.

Hébergement :
— A Futami
☏ 059643 ; ✉ 519-06.

Ryokans :
¶¶ *Futami Urashima,* Futami chō, Watarai gun (☏ 2-1011), 52 ch.
¶ *Ikenouraso,* Futami chō, Watarai gun (☏ 3-2525), 97 ch.

— A Hamajima
☏ 05995 ; ✉ 517-04.

Ryokans :
¶¶¶ *Hiraiso,* Hamajima chō, Shima gun (☏ 3-0053), 40 ch.
¶ *Okushima Kanko Hotel Nampuso,* 1416, Hamajima chō, Shima gun (☏ 3-2111), 38 ch.

— A Kashikojima
☏ 05994 ; ✉ 517-05.

Hôtel :
¶¶¶ *Shima Kanko,* 731, Shimmei, Ago chō, Shima gun (☏ 3-1211 ; télex 4975-011), 200 ch. (55 jap.) ⚔ 🏨 🛏 🎌 🍽 📺 ♨ 🏊 ☂ ✂ 🅿 bar, coiffeur, boutiques, bowling.

— A Toba
☏ 05992 ; ✉ 517.

Hôtel :
¶¶¶ *Toba International,* 1-23-1, Toba chō (☏ 5-3121 ; télex 4973-789), 126 ch. (25 jap.) ⚔ 🏨 🛏 🎌 🍽 📺 🏊 ✂ 🅿 bar, boutiques.

Ryokans :
¶¶¶ *Fujita Toba Kowaki en,* 1061, Arashima chō (☏ 5-3251), 95 ch.
¶¶¶ *Hotel Taiike,* Ohama chō (☏ 5-4111), 60 ch.
¶¶ *Kogaso,* 237-1, Ohama chō (☏ 5-2170), 39 ch.
¶¶ *New Mishimo,* 1069-201, Sakade chō (☏ 5-5111), 52 ch.
¶¶ *Sempokaku,* 2-12-24, Toba chō (☏ 5-3151), 46 ch.
¶ *Kimpokan,* 1-10-38, Toba chō (☏ 5-2001), 38 ch.
¶ *Toba Seaside Hotel,* Arashima chō (☏ 5-51-51), 69 ch.

Ishigaki, p. 604.
Ishigaki jima, p. 604.
Ishikawa, p. 458.
Ishinden, p. 586.

Ishinomaki, p. 263.
Ishiyama, p. 476.
Ishizuchi san, p. 381.
Isobe, p. 262.
Itako (V. Kashima) p. 299.
Itaya, p. 618.
Itō (Hokkaidō), p. 504.

ITŌ (Shizuoka ken), p. 264.
☏ 0557 ; ✉ 414.

Hôtel :
¶¶¶ *Kawana,* 1459, Kawana (☏ 45-1111), 148 ch. (8 jap.), 4 ⚔ 🏨 🛏 🎌 🍽 📺 ♨ 🏊 ✂ 🅿 bar, boutiques, salle de congrès.

Ryokans :
¶¶¶ *Hatoya Hotel,* Oka (☏ 36-4126), 237 ch.

¶¶¶ *New Tōkai,* 1-8, Takara cho (☏ 37-0114), 40 ch.
¶¶¶ *Yonewakaso,* Hirono (☏ 37-5111), 16 ch.
¶¶ *Hotel Ebina,* Matsubara (☏ 37-3111), 82 ch.
¶¶ *Yokikan,* Suehiro cho (☏ 37-3101), 25 ch.

Auberge de jeunesse :
Itō, Komuroyama kōen (☏ 45-0224), 96 lits.

🚢 Services maritimes : pour Atami, Eno shima, Hatsu shima, Ō shima.

🚆 Chemins de fer : *J.N.R.* pour Tōkyō Shimoda ; — *Izu Kyūkō Railway* pour Shimoda.

🚌 Autocars : pour Atami, Moto Hakone, Shimoda, Shuzenji.

Sports : golf à Kawana.

ITOIGAWA (Niigata ken), p. 264.

Hébergement :

— A Hakuba *(18 km S.)*
☏ 025557 ; ✉ 949-04.

Ryokan :
Hotel Daietsu, Hakuba Onsen (☏ 2121), 28 ch.

🚆 Chemins de fer : *J.N.R.* pour Kanazawa, Matsumoto, Naoetsu, Niigata, Ōsaka, Tōkyō, Toyama.

🚌 Autocars : pour Hakuba, Naoetsu, Toyama.

Itoman, p. 456.
Itsuku shima, p. 224.
Iwade, p. 602.
Iwai, p. 488.
Iwai saki, p. 480.
Iwaizumi, p. 479.

IWAKI (Fukushima ken), p. 265.

☏ 0246 ; ✉ 972.

Ryokan :
¶¶¶ *Jōban Kanko Hotel,* Jōban Yumoto Onsen (☏ 43-3191), 96 ch.

Business hôtel :
Iwaki Central, 11 Hakuchin chō (☏ 23-0526).

ISE SHIMA — IZU SHOTŌ 651

Auberge de jeunesse :
Taira, Kamanodai, Shimo Kabeya, Taira (☎ 34-7581), 60 lits.

🚂 Chemins de fer : gare de Taira : *J.N.R.* pour Aomori, Haramachi, Kōriyama, Morioka, Sendai, Tōkyō ; — gare d'Izumi : *J.N.R.* pour Mito, Taira, Tōkyō ; *Onahama Rinko Railway* pour Ena ko.

🚌 Autocars : pour Kōriyama.

Iwaki san, p. 219.

IWAKUNI (Yamaguchi ken), p. 266.
☎ 0827 ; ✉ 741.

Ryokan :
¶ *Iwakuni Kokusai Kanko Hotel,* Iwakuni (☎ 43-1111), 26 ch.

Auberge de jeunesse :
Iwakuni, 1-10-46, Yokoyama chō, ☎ 1092, 96 lits.

🚢 Service maritime : pour Matsuyama.

🚂 Chemins de fer : gare de Shin-Iwakuni : *J.N.R., shinkansen* pour Fukuoka, Ōsaka ; autres trains pour Iwakuni, Nishiki ; — gare d'Iwakuni : *J.N.R.* pour Fukuoka, Kagoshima, Kumamoto, Maibara, Miyazaki, Nagasaki, Nagoya, Niigata, Nishiki, Ōita, Okayama, Ōsaka, Shimonoseki, Tōkyō, Tokuyama.

🚌 Autocars : pour Hiroshima, Tokuyama, Yanai.

Iwama Onsen, p. 209.
Iwamoto, p. 239.
Iwanai, p. 474.
Iwase, p. 587.
Iwate san, p. 389.
Iwaya, p. 156.
Iwazaki, p. 256.
Iya kei, p. 250.
Iyaguchi, p. 250.
Izu (péninsule), p. 182.

IZU SHOTŌ (Tōkyō to), p. 266.
☎ : Hachijō jima (04996) ; Ō shima (04992) ; — ✉ : Hachijō jima (100-16) ; Ō shima (100-01).

Hébergement :
— A Hachijō jima

Hôtel :
¶¶¶ *Taiyo Dai ichi,* Taiyo (☎ 2-3111), 150 ch. ⚔ 🍴 🛏 🛁 📺 📻 📞 ♨ 🅿 bar, boutiques, bowling, salles de réunions.

Ryokans :
¶¶¶ *Hachijō Onsen Hotel,* Hachijō machi (☎ 7-0111), 56 ch.
¶¶ *Hachijōjima Kokusai Kanko Hotel,* Hachijō machi (☎ 2-0671), 31 ch.

— A Ō shima

Ryokan :
¶¶ *Ōshima Kowaki en,* Okada, Ōshima machi (☎ 2-1451), 51 ch.

✈ Aéroports : Hachijō jima *(Hachijō);* vols *A.N.A.* pour Nagoya, Tōkyō.
Miyake jima *(Miyake);* vols *A.N.A.* pour Ō shima, Tōkyō.
Ō shima *(Oshima);* vols *A.N.A.* pour Miyake jima, Tōkyō.

✈ Compagnie aérienne : *All Nippon Airways,* réservations : Hachijō jima (☎ 2-1171) ; Ō shima (☎ 2-2336).

🚢 Services maritimes : de Hachijō jima à Miyake jima, Ō shima, Tōkyō ; — de Kōzu shima à Miyake jima, Ō shima ; — de Miyake jima à Hachijō jima, Kōzu shima, Nii jima, Ō shima, shimoda, Tōkyō ; — de Nii jima à Kōzu shima, Miyake jima, Ō shima ; — d'Ō shima : Motomachi ou Okada, à Shimoda, Tōkyō ; de Motomachi à Atami, Eno shima, Hachijō jima, Itō, Kōzu shima, Miyake jima, Nii jima. — Tous ces services sont effectués une à plusieurs fois par semaine par *Tōkai Steamship Co.* ou *Izu Hakone Railway's Steamer.*

🚌 Autocars : Services assurés à travers les îles principales.

Excursions : autour de l'île d'Ō shima, depuis Motomachi ou Okada, et à Hachijō jima.

🛍 Spécialités : huile de camélias à Ō shima ; plantes tropicales et tissages décorés *(Kihachijō)* à Hachijō jima.

Manifestations : Teko matsuri, le 16 janvier au sanctuaire Hachiman d'Okada, à Ō shima.
— Danses folkloriques de Hachijō jima.

Izuhara, p. 252.
Izumi, p. 481.
Izumo, p. 268.
Izumo taisha, p. 268.
Izu Nagaoka (V. Fuji-Hakone-Izu), p. 184.

J

Jigoku, p. 272.
Jikō in, p. 608.
Jimoker ji, p. 407.
Jindai, p. 459.
Jitōgata, p. 506.
Jōdoga hama, p. 479.
Jōgi, p. 497.
Jōhen, p. 150.
Jōkō ji, p. 514.
Joroku ji, p. 524.
Jōruri ji, p. 593.

JŌSHIN ETSU KŌGEN (Gumma, Nagano et Niigata ken, parc national de), p. 270.

Hébergement :

— A Hoshino Onsen
✆ 02674 : ⌧ 389-01

Ryokan :
¶ *Hoshino Onsen Hotel*, Karuizawa machi, Kita Saku gun (✆ 5-5121), 58 ch.

— A Karuizawa
✆ 02674 : ⌧ 389-01

Hôtels :
¶¶¶ *Karuizawa Prince*, 1016-75, Karuizawa (✆ 2-5211), 72 ch. ⤬ 🕮 🍴 📺 ♨ ✗ ⚓ Ⓟ bar, boutiques.
¶¶ *Kajima no Mōri*, Hanareyama, Karuizawa (✆ 2-3535), 35 ch. (8 jap.) ⤬ 🕮 🍴 📺 ♨ ✗ ⚓ Ⓟ bar, boutique.
¶¶ *Mampei*, Sakuranosawa, Karuizawa (✆ 2-2771), 110 ch. (14 jap.) ⤬ 🕮 🍴 📺 ♨ ✗ ⚓ Ⓟ bar, boutique.

¶¶ *Seizan*, 1016, Karuizawa (✆ 2-2761), 82 ch. (24 jap.), bungalows ⤬ 🕮 🍴 📺 ♨ ✗ ⚓ Ⓟ bar, boutique.

Ryokans :
¶¶¶ *Hotel New Hoshino*, Karuizawa machi, Kita Saku gun (✆ 5-6081), 30 ch.
¶ *Shiotsubo Onsen Hotel*, Karuizawa machi, Kita Saku gun (✆ 5-5441), 44 ch.

— A Kusatsu Onsen
✆ 027988 : ⌧ 377-17

Ryokans :
¶¶¶ *Hotel Ichii*, Kusatsu machi, Agatsuma gun (✆ 2511), 75 ch.
Nakazawa Village, Kusatsu machi, Agatsuma gun (✆ 3232), 42 ch.

— Au Shiga Kōgen
✆ 02693 : ⌧ 381-04

Hôtels :
¶¶ *Okushiga Kōgen*, Okushiga Kōgen, Yamanouchi machi, Shimotakai gun (✆ 4-2034), 48 ch. (14 jap.) ⤬ 🕮 🍴 📺 ♨ ✗ ⚓ Ⓟ bar, boutique.
¶¶ *Shiga Heights*, 7148, Hirao, Yamanouchi machi, Shimotakai gun (✆ 4-2111), 142 ch. (15 jap.) ⤬ 🕮 🍴 📺 ♨ ✗ Ⓟ bar, boutique, grand bain jap.

Ryokan :
¶¶¶ *Hoppo Kokusai Hotel*, Maruike Onsen, Yamanouchi machi, Shimotakai gun (✆ 4-2845), 27 ch.

— A Yudanaka Onsen
✆ 02693 : ⌧ 381-04

Ryokans :
¶ *Kanaguya Hotel*, Shibu Onsen, Yamanouchi machi, Shimotakai gun (✆ 3-3131), 41 ch.
¶ *Kokuya Hotel*, 2200, Oaza Hirao, Yamanouchi machi, Shimotakai gun (✆ 3-2511), 23 ch.

— A Myōkō kōgen
V. ce nom.

Jōzankei (V. Shikotsu Tōya), p. 505.
Jūni ko, p. 219.
Jūrigi, p. 201.

K

Kabe shima, p. 295.
Kada, p. 602.

KAGA (Ishikawa ken), p. 273.

✆ : Kaga (07617) ; —
✉ : Kaga (922) ; Katayamazu (922-04) ; Yamanaka (922-01) ; Yamashiro (922-02).

Hébergement :
— A Katayamazu

Ryokans :
Hokuriku Koganol Hotel, A-5, Katayamazu (✆ 4-1041), 72 ch.
Yataya, Se-1-1, Katayamazu (✆ 4-1181), 101 ch.

— A Yamanaka Onsen *(10 km S.-E.)*

Ryokans :
¶¶¶ *Shisuien*, Yamanaka machi, Enuma gun (✆ 8-0033), 51 ch.
¶¶ *Suimei*, Yamanaka machi, Enuma gun (✆ 8-1616), 61 ch.
¶ *Hotel Hassoen*, Yamanaka machi, Enuma gun (✆ 1-1020), 38 ch.

— A Yamashiro Onsen *(6 km S.-E.)*

Ryokans :
¶¶¶ *Yamashitaya*, Yamashiro Onsen (✆ 7-2222), 86 ch.
¶¶ *Yamaya Banshokaku*, Yamashiro Onsen (✆ 7-1515), 58 ch.
¶ *Hyakumangoku*, Yamashiro Onsen (✆ 7-1111), 162 ch.

✈ Aéroport : Komatsu, à 15 km N. (car) V. ce nom.

🚆 Chemins de fer : *J.N.R.* pour Aomori, Kanazawa, Nagoya, Naoetsu, Niigata, Ōsaka, Toyama.

🚌 Autocars : pour Awara, Fukui, Kanazawa.

🍴 Spécialités : tissages *habutae* et soieries ; porcelaine de Kutani.

Kaga (Shimane ken), p. 378.
Kagami yama, p. 295.

KAGOSHIMA (Kagoshima ken), p. 274.

✆ : Kagoshima (0992) ; Sakurajima (099293) ; —
✉ : Kagoshima (890 à 892) ; Sakurajima (891-14).

ℹ Délégation départementale du Tourisme, 14-50, Yamashita cho (✆ 26-8111) ; — Association de Tourisme de Kagoshima, 9-1, Meizan cho (✆ 23-9171) ; — Section de Tourisme de la ville de Kagoshima, 11-1, Yamashitacho (✆ 23-1111).

Hébergement :

— A Kagoshima

Hôtel :
¶¶¶ *Shiroyama Kanko*, 95, Shinshoin cho (✆ 24-2211), 622 ch. (37 jap.) 4 ✕ 🎬 🛏 🚽 ♨ 📺 ❄ 🏊 🍴 🅿 bar, coiffeur, boutiques, bowling, salle d'athlétisme, sauna.

Ryokans :
¶¶¶ *Kagoshima Kokusai Hotel Kakumei kan*, Shiroyama cho (✆ 23-2241), 54 ch.
¶¶ *Kagoshima Daiichiso*, 1-38-8, Shimo arata (✆ 57-2121) ✕ 🎬 🛏 🚽 ♨ 📺
¶ *Fukiageso Hotel*, 18-15, Terukuni cho (✆ 24-3500), 70 ch.

Business Hotels :
Kagoshima Gasthof, 7-3, Cho cho (✆ 52-1401).
Kagoshima Daiichi, 1-4-1, Takashi (✆ 55-0256).

Minshuku :
Hondaso, 15-23, Izumi cho (✆ 22-9090), 8 ch.

Auberge de jeunesse :
Fujin-Kaikan, 2-4-12, Shimoarata (✆ 51-1087), 45 lits.

— A Sakurajima *(3 km E.)*

Ryokan :
¶¶¶ *Sakurajima Kanko Hotel*, Sakurajima cho, Kagoshima gun (✆ 2211), 60 ch.

Auberge de jeunesse :
Sakurajima, Hakamagoshi, Nishi Sakurajima, mura, Kagoshima gun (✆ 2150), 95 lits.

✈ Aéroport : Kagoshima *(45 km N. ; car, aéroglisseur jusqu'à*

Kajiki, puis car) ; — vols A.N.A. pour Amami Ō shima, Nagoya, Okinawa, Ōmura, Ōsaka, Tōkyō ; vols T.D.A. pour Amami Ō shima, Fukuoka, Kikai jima, Ōita, Okino Erabu jima, Tanega shima, Tokuno shima, Tokushima, Yaku shima *(se renseigner)*.

Compagnies aériennes : *All Nippon Air ways*, Nagoku Nissei Bldg, 11-5, Chūō cho (☏ 55-5435) ; — *Japan Air Lines*, hotel New Kagoshima, 6-5 Chuo machi Kagoshimashi (☏ 58-2311) ; — *Toa Domestic Air lines*, Sumitomo Seimei Bldg, 3-22, Yamanoguchi (☏ 26-8132).

Services maritimes : depuis la jetée de Bosado : pour Tarumizu ; — depuis la jetée de Meizan : *Kyūshū Shōsen* pour Tanega shima ; *Orita Kisen* pour Yaku shima ; *Kagoshima Shōsen* pour Tanega shima, Yaku shima ; — depuis la jetée de Sakurajima : *aéroglisseur* pour Ibusuki, Kajiki ; *bac* pour Sakurajima (ces quais sont proches de la gare de Kagoshima) ; — depuis le Nouveau Port *(2,5 km E. de Nishi Kagoshima eki ; bus)* : *Ōshima Unyū* ou *Shokoku Yusen* pour Kikai jima, Amami Ō shima, Tokuno shima, Okino erabu jima, Yoronto shima, Okinawa shima ; — depuis Taniyama *(10 km S. ; bus)* : *Nihon Kōsoku Ferry* pour Kōchi, Nagoya, Ōsaka ; — depuis Sakurajima *(3 km E. ; bac)* : *aéroglisseur* pour Ibusuki, Kajiki.

Chemins de fer : gares de Nishi-Kagoshima (principale) ou Kagoshima : *J.N.R.* pour Fukuoka, Hiroshima Kitakyūshū, Kumamoto, Kyōto, Makurazaki, Miyazaki, Okayama, Ōsaka, Tōkyō, Yamakawa.

Autocars : pour Ibusuki, Kirisshima, Miyazaki, Sendai ; gare routière proche de Nishi-Kagos-shima eki.

Locations de voitures : *Avis*, Nishi Kagoshima, 1-33, Terukuni cho (☏ 24-1756) ; — *Nippon*, 16-7, Chūō cho (☏ 58-3336) ; — *Nissan*, Nishi Kagoshima Eki mae (☏ 52-0563).

Agence de voyages : *J.T.B., c/o Kagoshima Hayashida Hotel*, Sengoku cho (☏ 22-8155).

Spécialités : oranges, radis géants de Sakurajima ; poteries de Satsuma.

Shopping : Tenmonkan dōri, Naya dōri.

Kaifu, p. 146.
Kaimon, p. 239.
Kaimon dake, p. 239.
Kaimon Onsen, p. 239.
Kamaishi, p. 479.

KAMAKURA (Kanagawa ken), p. 277.

☏ 0467 ; ✉ 248.

Hôtel :
¶¶¶ *Kamakura Park*, 33-6, Sakanoshita (☏ 25-5121), 25 ch. (14 jap.) ⨯ ▥ ▥ ⚒ ▦ ▤ ▨ P sauna.

Ryokan :
¶¶ *Kaihinso*, 8-14, Yuigahama 4-chome (☏ 22-0960).

Minshuku :
Choboan, 3-14-9, Inamuragasaki (☏ 23-1578), 4 ch.

Auberge de jeunesse :
Nihon Gakusei Kaikan, 293, Sakanoshita, Yuigahama kaigan (☏ 25-1234), 400 lits.

Restaurant :
¶¶ *Royal Lobster Seafood* (cuis. occ.), 21-1, Sakanoshita (☏ 24-8611).

Chemins de fer : gare de Kamakura : *J.N.R.* pour Tōkyō, Yokosuka ; *Enoshima Kamakura Kanko Electric Railway* pour Fujisawa ; — gare d'Ōfuna : *J.N.R.* pour Odawara, Ōmiya, Tōkyō.

Monorail : d'Ōfuna à Fujisawa.

Autocars : pour Odawara, Tōkyō, Yokohama, Yokosuka.

KAGOSHIMA — KANAZAWA 655

Excursions : Visite de la ville en une 1/2 journée depuis la gare ; excursions commentées en anglais depuis Tōkyō, vers la région de Hakone (visite du Grand Bouddha seulement).

Manifestations : *Festival de Kamakura* du 7 au 14 avril, défilé le long de Wakamiya Ōji ; — *Yasubame* (cavaliers archers), le 16 septembre au Tsurugaoka Hachiman gū.

Spécialités : poteries ; bois sculptés et laqués *(Kamakura bori).*

Kambayashi Onsen, p. 272.
Kameoka, p. 288.
Kameyama, p. 289.
Kameyama Onsen, p. 289.
Kami jima, p. 164.
Kamikōchi (V. Chubu Sangaku), p. 164.
Kamioka, p. 520.
Kami Tsushima, p. 252.
Kamoenai, p. 475.

KAMOGAWA (Chiba ken), p. 289.

☎ 04709 ; ✉ 296.

Ryokan :
¶¶ *Kamogawa Grand Hotel,* 820, Hiroba (☎ 2-2111), 150 ch.

Chemins de fer : gare d'Awa-Kamogawa : *J.N.R.* pour Tateyama, Tōkyō.

Autocars : pour Katsuura, Kisarazu, Tateyama.

Kamuikotan, p. 148.
Kamui misaki, p. 475.
Kanaiwa, p. 293.
Kanaya (Chiba ken, V. Tateyama), p. 522.
Kanaya (Shizuoka ken), p. 506.

KANAZAWA (Ishikawa ken), p. 290.

☎ : 0762 ; — ✉ : Kanazawa (920) ; Yuwaku Onsen (920-12).

Délégation départementale du Tourisme, 2-1-1, Hirosaka cho (☎ 61-1111).

Hébergement :
— A Kanazawa

Hôtels :
¶¶¶ *Kanazawa Miyako,* 6-10, Konohana cho (☎ 31-2202 ; télex 5122-203), 88 ch. (2 jap.) bar, boutiques.
¶¶¶ *Kanazawa New Grand,* 1-50, Takaoka machi (☎ 33-1311 ; télex 5122-357), 122 ch. (3 jap.) bar, coiffeur, boutiques, bowling.
¶¶¶ *Kanazawa Sky,* 15-1 Musashi machi (☎ 33-2233 ; télex 5122-716), 120 ch. (24 jap.) bar, boutiques.

Ryokans :
¶ *Hotel Kinkaku,* 31, Higashi Mikage machi (☎ 52-1265), 16 ch.
Chaya, 2-17-21, Hon machi (☎ 31-2225), 24 ch.

Business Hotel :
Kanazawa Central, 4-1, Horikawa chō (☎ 63-5311), 39 ch.

Minshuku :
Nogi Ryokan, 4-16, Konohana cho (☎ 21-8579), 20 ch.
Ginmatsu, 1-17-18, Higashiyama (☎ 52-3577), 12 ch.

Auberge de jeunesse : *Kanazawa,* 37, Suehiro chō (☎ 52-3414) 120 lits.

— A Yuwaku Onsen *(14 km S.-E.)*

Hôtel :
¶¶ *Hakuunro,* Yuwaku machi (☎ 35-1111), 100 ch. (67 jap.) bar, boutique.

Restaurants :
¶¶ *Kaga Sekitei* (cuis. jap.), 1-9-23, Hirosaka (☎ 31-2208).
¶¶ *Tsubajin Wako* (cuis. occ.), 5-1-8, Tera machi (☎ 41-2181).
¶¶ *White House* (cuis. chinoise), 1-38-30, Higashiyama (☎ 52-2271).
¶¶ *Kappo Ogawa* (cuis. jap.), 2-7-15, Katamachi (☎ 31-1908).
¶¶ *Kitamar* (cuis. jap.), 2-3-3, katamachi (☎ 61-7176).
¶ *Seifuso* (cuis. jap.), 1-19-1, Higashiyama (☎ 52-2824).

¶ *Yamanoo* (cuis. jap.), 1-31-25, Higashiyama (℡ 52-5171).

✈ Aéroport : Komatsu, à 35 km S.-O. (car) V. ce nom.

Compagnies aériennes : *All Nippon Airways,* réservations (℡ 31-3111) ; — *Japan Air Lines,* Tōhoseimei Bldg, 1-10 Ōyama cho (℡ 64-3211).

🚂 Chemins de fer : gare de Kanazawa : *J.N.R.* pour Aomori, Nagoya, Naoetsu, Niigata, Ōsaka, Takojima, Tōkyō, Toyama, Wajima ; *Hokuriku Railway,* pour Uchinada-Awagasaki ; — gare de Nomachi : *Hokuriku Railway* pour Hakusanshita, Neagari.

🚌 Autocars : pour Fukui, Fukumitsu, Hakui, Toyama.

🚗 Location de voitures : *Nippon,* 30-23, Horikawa cho (℡ 25-6127) ; — *Nissan,* 1-4-8, Hon machi (℡ 33-3217).

Agence de voyages : *J.T.B.,* Fukoku Seimei Bldg, Shimozutsumi cho (℡ 61-6171).

Manifestations : *Festival Hyakuman Goku* à la mi-juin, défilé costumé.

🛍 Spécialités : *Kaga yuzen, motifs peint sur textile ; *poteries de Kutani.

Shopping : Kata machi, Yokoyasue cho.

Sports : ski au Jō zen *(15 km S.-E.).*

Kanka kei, p. 513.
Kannon ji, p. 197.
Kannonji, p. 293.
Kannon yama, p. 518.
Kannon zaki, p. 617.
Kannoura, p. 390.
Kanō zan (V. Kisarazu), p. 302.
Kanoya, p. 293.
Kanzanji Onsen (V. Hamamatsu), p. 211.

KARATSU (Saga ken), p. 294.
℡ 09557 ; ✉ 847.

Hôtel :
¶¶ *Karatsu Seaside,* 4-4019-198, Higashi Karatsu (℡ 3-5185), 59 ch. (27 jap.) ⨯ 🍴 🛏 📞 ♨ 🏊 🅿 bar, boutique, bowling.

🚂 Chemins de fer : gares de Karatsu ou Nishi Karatsu : *J.N.R.* pour Saga, Sasebo ; — gare de Higashi Karatsu : *J.N.R.* pour Fukuoka, Saga.

🚌 Autocars : pour Fukuoka, Hiradoguchi, Saga, Yobuko.

Manifestation : *Okunchi Matsuri* du sanctuaire de Karatsu, les 3 et 4 novembre (défilé dans les rues).

Karuizawa (V. Joshin Etsu kogen), p. 270.
Karurusu Onsen, p. 505.
Kasama, p. 296.
Kasa yama, p. 206.
Kashihara, p. 296.
Kashikojima (V. Ise shima), p. 262.

KASHIMA (Ibaraki ken), p. 298.
℡ : Itako (02996) ; Kashima (02999) ; — ✉ : Itako (311-24) ; Kashima (314).

Hébergement :
— A Kashima

Hôtel :
¶¶¶ *Kashima Central,* 182-38, Hiraizumi, Kamisu cho, Kashima gun (℡ 2-5511), 152 ch. ⨯ 🍴 🛏 📞 ♨ 🏊 🅿 bar, coiffeur, boutiques, salle de congrès.

— A Itako :
Ryokans :
¶ *Itako Hotel,* Itako machi, Namegata gun (℡ 2-3130), 51 ch.
Itako Fujiya Hotel, Itako machi, Namegata gun (℡ 2-2120), 27 ch.

🚂 Chemins de fer : gare de Kashima jingū : *J.N.R.* pour Tōkyō, Mito (se renseigner) ; — gare de Kita-Kashima : *J.N.R.* pour Tōkyō, Mito ; *ligne privée* pour Kamisu et Kashima ko.

🚌 Autocars : pour Chōshi, Mito Sawara, Tsuchiura.

Kashima (Saga ken), p. 299.

KANAZAWA — KIRISHIMA YAKU

Kashimae, p. 483.
Kashiwabara, p. 394.
Kasori, p. 160.
Kasuga yama, p. 412.
Kasugaya, p. 212.
Kasumi, p. 488.
Kasumiga ura, p. 587.
Kataniwa, p. 296.
Katase, p. 188.
Katashina, p. 443.
Katata, p. 477.
Katayamazu Onsen (V. Kaga), p. 273.
Katori jingū, p. 494.
Katsumoto, p. 266.
Katsura hama, p. 313.
Katsuyama (Chiba ken), p. 522.
Katsuyama (Fukui ken), p. 209.
Kawachi Nagano, p. 299.
Kawagoe, p. 300.
Kawaguchiko (V. Fuji-Hakone-Izu), p. 176.
Kawaji Onsen (V. Imaichi), p. 253.
Kawakami (V. Daisen Oki), p. 167.
Kawana, p. 264.
Kawana kajima, p. 393.
Kawarayu Onsen, p. 499.

KAWASAKI (Kanagawa ken), p. 300.

✆ 044.

Hôtel :
🍴🍴 *Kawasaki Nikko,* 1-1, Nisshin cho, Kawasaki ku (✆ 244-59-41), 60 ch. ⛉ 🏨 🍽 🛁 🧖 ☎ 📺 bar, coiffeur, boutique.

Business Hotel :
Park, 8-21, Miyamoto cho (✆ 211-5885).

Restaurant :
🍴🍴 *Kosigu Kaikan* (cuis. jap. et occ.), 1-403, Kosugi cho, Naka-hara ku (✆ 211-2811).

✈ Aéroport : Tōkyō, à 6 km E., (car) ; V. ce nom.

🚢 Services maritimes : *Nippon Car Ferry,* pour Hyūga, Ichi-hara, Kisarazu.

🚆 Chemins de fer : gare de Kawasaki : *J.N.R.* pour Nobo-rito, Odawara, Ōfuna, Omiya, Tachikawa, Tōkyō, Yokosuka ;
— gare de Hachō Nawate : *J.N.R.* pour Hama-Kawasaki, Shitte ; *Keihin Kyūko Electric Railway* pour Kojima-Shinden, Tōkyō, Yokohama.

🚌 Autocars : pour Tōkyō, Yokohama.

Kawaura, p. 161.
Kawayu Onsen (Hokkaidō, V. Akan), p. 140.
Kawayu Onsen (Wakayama ken), p. 622.
Kawazu Onsen, p. 183.
Kazawa Onsen, p. 316.
Kegon no taki, p. 440.
Kerama rettō, p. 458.
Kesennuma (V. Rikuchu Kai-gan), p. 480.
Keshikaga, p. 140.
Ketaka, p. 582.
Kibi, p. 451.
Kiga, p. 180.
Kijima kōgen, p. 159.
Kikai jima, p. 145.
Kimobetsu, p. 504.
Kimpō zan, p. 323.
Kinka zan, p. 263.
Kinosaki (V. San in Kaigan), p. 489.
Kinugasa, p. 617.
Kinugawa Onsen (V. Imaichi), p. 253.
Kin zan, p. 609.
Kirishima (chaîne monta-gneuse), p. 301.
Kirishima jingū, p. 302.

KIRISHIMA Yaku (Kagoshima et Miyazaki ken, parc national de), p. 301.

Hébergement :
— A l'Ebino kōgen
✆ 09843 ; ✉ 889-43

Ryokan :
🍴🍴🍴 *Ebino Kōgen Hotel Bekkan,* Suenaga (✆ 3-1155), 43 ch.
— A Kirishima Onsen
✆ 09957 ; ✉ 899-66

Hôtel :
🍴🍴🍴 *Hayashida Onsen,* 3958, Taka-chiho, Makizono cho, Aira gun (✆ 8-2911), 449 ch. (179 jap.) ⛉ 🏨 🍽 🛁 🧖 ☎ 📺 🎰 🛍 🍴 ⛳

ℙ bar, grand bain jap., salle de jeu, night-club, théâtre de verdure.

Ryokan :
♦♦♦ *Kirishima Hotel,* Makizono cho, Aira gun (☎ 8-2121), 107 ch.
— A Kagoshima et Miyazaki : V. ces noms.

Kisakata, p. 486.

KISARAZU (Chiba ken), p. 302.
☎ : Futtsu (04788) ; Kanō zan (047862) ; Kisarazu (0438) ; —
✉ : Futtsu (299-12) ; Kanō zan (292-11) ; Kisarazu (292).

Hébergement :
— A Kisarazu :

Ryokans :
♦♦♦ *Hotel Kangetsuso,* 2-2-1, Shinden (☎ 22-4141), 23 ch.
♦♦ *Kisarazu Onsen Hotel,* 2-3-5, Fujimi (☎ 22-2171), 38 ch.

Business Hotel :
Kisarazu Park, 3-2-30, Shinden (☎ 23-3491).

— A Futtsu *(15 km S.-O.)*

Ryokan :
Futtsu Kanko Hotel, 2348, Futtsu (☎ 7-2111), 21 ch.

— Au Kanō zan *(24 km S.)*

Ryokan :
Hotel Kanōzan, Kanō zan, Kimitsu (☎ 23), 25 ch.

🚢 Services maritimes : *Nippon Car Ferry* pour Kawasaki ; —
Tōkai Steamship pour Tōkyō ; — *Tōkyōwan ferry,* pour Yokohama.

🚆 Chemins de fer : *J.N.R.* pour Chiba, Kasuza-Kameyama, Tateyama, Tōkyō.

🚌 Autocars : pour Kamogawa, Kanō zan, Mobara, Tateyama.

Kiso Fukushima, p. 302.
Kiso gawa (gorges), p. 303.
Kiso gawa (rapides), p. 383.

KITAKYŪSHŪ (Fukuoka ken), p. 303.
☎ 093 ; ✉ 800.

Hôtels :
♦♦♦ *Kokura,* 3-10, Semba chō, Kokura ku (☎ 531-1151) ; télex 7127-57), 101 ch. (4 jap.) ⨯ 🍴 🍽 🛁 ☎ 📺 🅿 bar, coiffeur, boutiques.
♦♦ *Kokura Station,* 1-1-1, Asano, Kokura ku (☎ 521-5031), 35 ch. (9 jap.) ⨯ 🍴 🍽 🛁 ☎ 📺 🅿 bar, coiffeur, boutique.
♦ *New Tagawa,* 3-46, Furusenba chō, Kokurakita ku (☎ 521-3831), 94 ch. (18 jap.) ⨯ 🍴 🍽 🛁 ☎ 📺 🅿

Business Hotel :
Kitakyūshū Daiichi, 11-20, Konya machi, Kokurakita ku (☎ 551-7331).

Auberge de jeunesse :
Kita-kyūshū, Hobashira kōen, 1481, Hirahara, Ogura, Yahata ku (☎ 681-8142).

✈ Aéroport : Kokura *(6 km S.-E. ; car)* ; vols *A.N.A.* pour Ōsaka.

Compagnies aériennes : *All Nippon Airways,* Marugen Bldg, 3-8, 4-chome, Uo machi, Kokura ku (☎ 551-1836) ; — *Japan Air Lines,* Pasco Kokura Bldg, 2-1-1, Satai cho, Kokurakita ku (☎ 551-5322).

🚢 Services maritimes : depuis le port de Kokura : *Hankyū Ferry* pour Kōbe ; *Iki-Tsushima Kisen* pour Tsu shima ; *Kansai Kisen* pour Matsuyama ; *Tōkai Steamship* pour Tōkyō ; — depuis le port de Shin Moji : *Meimon Car Ferry* pour Nagoya, Yokkaichi ; — depuis Kanda *(13 km S.-E.)* : *Nishi Nihon Ferry* pour Kōbe ; *Taiyō Ferry* pour Osaka.

Compagnie maritime : *Kansai Kisen,* 77, 2-chome, Asano chō, Kokura ku (☎ 531-4431).

🚆 Chemins de fer : gare de Kokura : *J.N.R.* ; *shinkansen* pour Fukuoka, Okayama, Ōsaka Tōkyō ; autres trains pour Fukuoka, Hiroshima, Kagoshima Kumamoto, Kyōto, Miyakonojō, Miyazaki, Moji, Mojikō, Naga-

KIRISHIMA YAKU — KŌBE 659

saki, Nagoya, Ōita, Okayama, Ōsaka, Sasebo, Tagawa, Tōkyō, Yatsushiro, Yunomae ; — gare de Moji : J.N.R. pour Fukuoka, Hiroshima, Kagoshima, Kumamoto, Kyōto, Miyakonojō, Miyazaki, Moji, Mojiko, Nagasaki, Ōita, Ōsaka, Sasebo, Tōkyō. Tosu, Yatsushiro, Yunomae ; — gare de Mojiko : J.N.R. pour Kagoshima, Miyazaki, Yatsushiro, Yunomae ; — gare de Wakamatsu : J.N.R. pour Iizuka, Tagawa ; — gare d'Orio : J.N.R. pour Iizuka, Kagoshima, Mojikō, Ōita, Tagawa, Tōkyō, Wakamatsu, Yatsushiro, Yunomar ; Nishi Nippon Railroad (Nishitetsu) pour Moji ; — gare d'Uomachi : Nishitetsu pour Kitagata, Moji, Orio, Tobata ; — gare de Chuōmachi : Nishitetsu pour Tobata ; — gare de Sadamoto : Nishitetsu pour Moji, Orio ; Chikuho Electric Railway pour Nōgata.

Funiculaire : d'Ogarakōen à Hobashirayama.

Autocars : pour Beppu, Fukuoka, Hita, Iizuka, Yamaguchi.

Manifestation : *Gion Daiko*, du 10 au 12 juillet, au sanctuaire de Yasaka, avec défilé de chars

Kitaura (Akita ken, V. Oga), p. 446.
Kitaura (Miyazaki ken), p. 442.
Kita ura, p. 299.
Kitayama gawa (vallée), p. 621.
Kitayama zaki, p. 478.
Kiyosumi, yama, p. 290.
Kiyotaki (Tochigi ken), p. 439.
Kiyotaki (Tōkyō to), p. 204.

KŌBE (Hyōgo ken), p. 305.
☎ 078 ; ✉ 650 à 657.

Délégation départementale du Tourisme, Kōbe Kotsu Center Bldg. (2ᵉ ét.), gare J.N.R. de Sannomiya (☎ 331-8181).

Hôtels :
¶¶ *Kōbe Portopia*, Nakamachi 6-chome, Minatojima, Ikuta ku (☎ 302-1111) 560 ch. ⋈ ▥ 🛁 🅿 bar, salles de réunion.

¶¶¶ *New Port*, 3-13, Hamabe dori 6-chome, Chuō ku (☎ 231-4171 ; télex 5623-058) 208 ch. (1 jap.) ⋈ ▥ 🛁 🅿 bar, boutiques.

¶¶¶ *Rokko Oriental*, 1878, Nishitaniyama, Rokkosan chō, Nada ku (☎ 891-0333 ; télex 5623-028) 60 ch. (12 jap.) ⋈ ▥ 🛁 🅿 bar, boutiques.

¶¶ *Kōbe International*, 8-9-1, Goko dōri, Fukiai ku (☎ 221-8051) 48 ch. (3 jap.) ⋈ ▥ 🛁 🅿 bar, boutique.

¶¶ *Rokkosan*, 1034, Minami Rokko, Rokkosan chō, Nada ku (☎ 891-0301) 72 ch. (4 jap.) ⋈ ▥ 🛁 🅿 bar, boutique.

Ryokan :
¶¶ *Hotel Kōbe*, Kumochi cho, Fukiai ku (☎ 221-5431) 47 ch.

Business Hotels :
Suijo, 1-2-8, Mizuki dori, Hyōgo ku (☎ 575-5871).
Green Hill, 2-18-63, Kano chō, Ikuta ku (☎ 222-5489).
Kobe Union, 2-5, Nunobiki chō, Fukiai ku (☎ 222-6500).
Kobe Washington Hotel, 2-8-2, Shimoyamate chō, Chuo ku (☎ 331-6111).

Auberges de jeunesse :
Tarumi Kaigan, 5-58, Kaigan dōri, Tarumi ku (☎ 707-2133) 28 lits ; — *Y.M.C.A.*, Shimo Yamate dōri, Ikuta ku (☎ 331-0123) ; — *Y.W.C.A.*, Kamitsutsui dōri, Fukiai ku (☎ 231-6201).

Restaurants :
¶¶ *Komon* (cuis. jap. ; spéc. shobu-shabu), 1-4-11, Nakayamate dori, Chuo ku (☎ 351-0673).

¶¶ *Fujiwara* (cuis. jap. ; spéc. : tempura), 14, Motomachi dori, Chuo ku (☎ 331-33-73).

¶¶ *Tensuke* (cuis. jap. ; spéc. sushi), 7-16, Nakayamate dori, Chuo ku (☎ 391-2073).

¶¶ *Doi* (cuis. jap. ; spéc. : yakitori),

1-4-22, Sannomiya chō, Chuo ku (☏ 391-44-01).
¶¶ *Kobe Steak* (cuis. occ.), 4-3-3, Kano chō, Chuo ku (☏ 391-2581).
¶¶ *Minsei* (cuis. chinoise), 1-3-4, Motomachi dōri, Chuo ku (☏ 331-5435 ; réserver).
¶ *Aien* (cuis. chinoise), 3-4-10, Kitanagasa dōri, Chuo ku (☏ 331-3354).

✈ Aéroport : *Ōsaka International*, à Ikeda *(31 km N.-E.)* ; car depuis la gare de Sannomiya ; V. Ōsaka.

Compagnies aériennes : *Air France,* Kotsu Center Bldg. 101 Sannomiya chō, Ikata ku (☏ 321-6003) ; — *All Nippon Airways,* Kōbe Kotsu Center Bldg., 1, Sannomiya machi 1-chome, Ikuta ku (☏ 391-3835) ; — *Japan Airlines,* Kōbe Shimbun Kaikan, 7-1-1-, Kumoi dōri, Chuo ku (☏ 251-7511).

⛴ Services maritimes :
— Depuis Kōbe (jetée de Naka) : *Kansai Kisen* pour Awaji shima, Beppu, Imabari, Kannoura, Matsuyama, Miyazaki, Okinawa, Ōsaka, Shodo shima, Takamatsu ; — services pour Kawanoe.
— Depuis Kōbe (jetée n° 4) : *Ōshima Unyu Kisen* pour Amami Ōshima, Tokuno shima, Okino erabu jima, Yoron jima, Okinawa ; — services internationaux.
— Depuis Higashi Kōbe (Fukae) : *Kansai Kisen* pour Hyūga ; — *Nishi Nihon Ferry* pour Kanda (Kitakyūshū) ; — *Shikoku Ferry* pour Takamatsu ; — *Tokushima Hanshin Ferry* pour Tokushima ; — services pour Matsuyama, Ōita, Sakai.

Compagnie de navigation : *Kansai Kisen,* Naka tottei, Hatoba chō, Ikuta ku (☏ 391-6601).

🚂 Chemins de fer :
— Gare de Shin Kōbe : *J.N.R., shinkansen* pour Fukuoka, Okayama, Ōsaka, Tōkyō.
— Gare de Sannomiya (principale) : *J.N.R.* pour Fukuoka, Himeji, Hiroshima, Kagoshima, Kumamoto, Kurayoshi, Kyōto, Miyakonojō, Miyazaki, Nagasaki, Ōsaka, Sasebo, Shimonoseki, Tōkyō, Tottori ; — *Keihanshin Electric Railway* (Hankyū E.R.) pour Kyōto, Ōsaka, Suma, Takarazuka ; — *Hanshin Electric Railway* pour Motomachi, Ōsaka ; — *Sanyō Electric Railway* pour Himeji, Rokko.
— Gare de Kōbe : *J.N.R.* pour Hiroshima, Kumamoto, Ōita, Ōsaka, Shimonoseki ; — *Hankyū E.R.* pour Kyōto, Ōsaka, Suma, Takarazuka ; — *Hanshin E.R.* pour Ōsaka, Suma ; — *Sanyō E.R.* pour Himeji, Rokko, Suma.
— Gare de Motomachi : *J.N.R.* pour Himeji, Ōsaka ; — *Hankyū E.R.* pour Kyōto, Ōsaka, Suma, Takarazuka ; — *Hanshin E.R.* pour Ōsaka, Suma ; — *Sanyō E.R.* pour Himeji, Rokko.
— Gare de Suma : *J.N.R.* pour Himeji, Ōsaka ; — *Hankyū E.R.* pour Kyōto, Ōsaka, Takarazuka ; — *Hanshin E.R.* pour Ōsaka ; — *Sanyō E.R.* pour Himeji, Rokko.
— Gare de Rokko : *Hankyū E.R.* pour Kyōto, Ōsaka, Sannomiya, Suma, Takarazuka ; — *Sanyō E.R.* pour Himeji.
— Gare de Shinkaichi : *Hankyū E.R.* pour Kyōto, Ōsaka, Suma, Takarazuka ; — *Hanshin E.R.* pour Ōsaka, Suma ; — *Kōbe Electric Railway* (Shintetsu E.R.) pour Ao, Arima, Sanda ; — *Sanyō E.R.* pour Himeji, Kōbe, Rokko.

Funiculaires : de Dobashi à Rokko san ; — de Takao à Maya Station.

Téléphériques : de Rokko san à Arima ; — de Maya Station à Maya san ; — de Sumaura au belvédère de Sumaura.

KŌBE — KŌCHI 661

🚌 Autocars : pour Himeji, Nagoya, Ōsaka, Sanda, Tōkyō.

🚗 Location de voitures : *Avis*, Kōbe Takahama Station, c/o Mitsubishi Warehouse Co., 1-46, Higashi Kawasaki chō, Ikuta ku (☏ 351-2027).

Agence de voyages : *J.T.B.*, 5-1-305 Kotonoo chō, Chuo ku.

Banques : *Bank of Kōbe*, 56, Naniwa chō, Ikuta ku ; — *Bank of Tōkyō*, 24 Kyō machi, Ikuta ku ; — *Mitsui*, 35 Nishii machi, Ikuta ku ; — *Sumitomo*, 11, Sakaemachi dōri 1-chome, Ikuta ku.

✉ Poste centrale : 6-19, Sakaemachi dōri, Ikuta ku.

🛍 Spécialités : soieries, articles de bambou.

Achats :
Quartiers de Motomachi dori et Sannomiya.
Boutiques « Tax-free » (électronique hi-fi) : *Kobe Audio Center*, 2-9-6, Sannomiya chō, Chuo ku (☏ 391-4211) ; — *Kobe Sacom Co.*, 3-chome Motomachi dōri, Chuo ku (☏ 331-2431) ; — *Masani Electric Co.*, 1 chome 10-2, Motomachi dōri, Chuo ku (☏ 331-0212).

Manifestations : *Irizomeshiki*, ouverture de la saison thermale d'Arima Onsen, le 2 janvier ; — *Festival du port* les 21 et 22 octobre ; — *Festival d'Arima Onsen* les 2 et 3 novembre.

Vie nocturne :
A l'hôtel Portopia : le « sky lounge » (30ᵉ étage ; attractions et jazz), 10-1, Minatojima, Nakamachi 6-chome, Chuo ku (☏ 302-1111) ; — à l'hôtel Oriental : Cellar Bar « La Lande » (orchestres), 25, Kyomachi, Chuo ku (☏ 331-8111) ; — à l'hôtel Washington (piano-jazz et bar), 2-8-2, Shimoyamate cho, Chuo ku (☏ 331-6111).

Boîtes de nuit : *Club Cherry*, Ikuta Shinmachi, Sannomiya cho, Ikuta ku (☏ 331-2345) ; — *The King's Arms Tavern*, 61, Isobe dōri 4-chome, Fukiai ku (☏ 221-3774).

Consulat : *France*, Kaigan Bldg., 3, Kaigan dōri, Ikuta ku (☏ 391-3531).

Lieux, sites et monuments :
Consulat général des États-Unis, p. 309
Dairyu ji, p. 310.
Étang de Shiogara, p. 311.
Fukiai ku, p. 310.
Fukusho ji, p. 312.
Futatabi san, p. 310.
Hyōgo ku, p. 311.
Ikuta jinja, p. 309.
Ikuta ku, p. 309.
Jardin botanique municipal, p. 311.
Jetée de Naka, p. 309.
Kaigan dōri, p. 309.
Kōbe Shoko Boeki Center, p. 310.
Maya san, p. 311.
Mont Hachibuse, p. 312.
Motomachi dōri, p. 309.
Municipalité de Kōbe, p. 309.
Musée d'art moderne de Hyōgo, p. 311
Musée de la céramique, p. 309.
Musée municipal d'art namban, p. 310.
Nada ku, p. 311.
Nofuku ji, p. 311.
Parc de Minatogawa, p. 311.
Parc de Suwayama, p. 310.
Parc d'Oji, p. 311.
Port de Kōbe, p. 309.
Rokko san, p. 311.
Sakaemachi dōri, p. 309.
Sanctuaire de Minatogawa, p. 310.
Sanctuaire de Nanko, p. 310.
Sanctuaire de Wadatsumi, p. 312.
Sannomiya, p. 309.
Santica Town, p. 309.
Soraku en, p. 309.
Suma dera, p. 312.
Suma ku, p. 312.
Sumano ura, p. 312.
Tarumi, p. 312.
Taisan ji, p. 312.
Tōritenjō ji, p. 311.
Zensho ji, p. 312.

Koboke, p. 250.

KŌCHI (Kōchi ken), p. 312.

☏ 0888 ; ✉ 780 et 781.

ℹ Délégation départementale du tourisme, 5-1-45, Moto machi (☏ 22-8111).

Hôtels :

¶¶¶ *Dai ichi,* 2-2-12, Kitahon machi 2-chome (☏ 83-1441 ; télex 5882-379) 120 ch. ✈ ▥ 🎭 🅳 🎵 🐾 🎬 🅿 bar, coiffeur, boutiques.

Ryokans :

¶¶¶ *Joseikan,* Kami machi (☏ 75-0111), 56 ch.

¶¶¶ *Sansuien Hotel,* Masugata (☏ 22-0131), 131 ch.

Business Hôtel :
Itcho, 3-11-12, Harimaya chō (☏ 83-2166).

Auberge de jeunesse :
Kochi Hitsuzan, Koishiki chō (☏ 33-2789), 50 lits.

✈ Aéroport, à 15 km E. ; car ; — vols *A.N.A.* pour Miyazaki, Ōsaka, Tōkyō ; — vols *T.D.A.* pour Ōsaka et Nagoya.

Compagnies aériennes : *All Nippon Airways,* Mikuro Bldg., 2-30, 2-chome, Hon machi (☏ 22-5385) ; — *Toa Domestic Airlines,* réservations (☏ : 83-9611).

⛴ Services maritimes : *Kansai Kisen,* pour Kannoura, Kōbe, Ōsaka ; — *Nihon Kosoku Ferry* pour Kagoshima, Nachi Katsuura, Nagoya, Tōkyō.

🚆 Chemin de fer :
Gare de Kōchi : *J.N.R.* pour Komatsushima, Kubokawa, Nakamura, Susaki, Takamatsu, Tokushima, Uwaijima.
Chemin de fer électrique privé d'Aki à Ino, traversant le centre de Kōchi.

Téléphérique : pour Godai san.

Autocars : pour Matsuyama, Muroto, Tosa.

🍴 Spécialités : *katsubushi,* poisson séché ; *onagadori,* coqs au long panache ; chiens de Tosa ; armes et coutellerie.

KŌFU (Yamanashi ken), p. 313.

☏ 0552 ; ✉ 400.

ⓘ Délégation départementale du Tourisme, 1-6-1, Marunouchi (☏ 37-1111).

Ryokans :

¶¶ *Tokiwa Hotel,* Yumura Onsen (☏ 52-1301) 43 ch.

¶ *Hotel Mitsui,* Yumura Onsen (☏ 52-8891) 37 ch.
Dan rokan, 1-19-16, Marunouchi (☏ 37-1331) 18 ch.

Business Hotels :
Nissho, 5-11-18, Asahi (☏ 52-0401).
Naito, 2-2-15, Aioi (☏ 32-1611).

Auberge de jeunesse :
Kōfu, Kami Obina machi (☏ 22-2295) 80 lits.

🚆 Chemins de fer : *J.N.R.* pour Fuji, Itoigawa, Matsumoto, Nagano, Nagoya, Tōkyō.

🚌 Autocars : pour Fujinomiya, Fuji Yoshida.

Excursions : pour les Cinq lacs du Fuji.

Kojima (V. Kurashiki), p. 325.
Kokawa, p. 602.
Koko kei, p. 514.
Kokubun ji, p. 408.
Kokura (V. Kitakyūshū), p. 304.
Komaga take, p. 207.
Komaki (barrage), p. 517.

KOMATSU (Ishikawa ken), p. 315.

☏ 0761 ; ✉ 923.

Hébergement :
A Awazu Onsen *(10 km S.)*

Ryokans :

¶¶ *Hoshi,* Awazu machi (☏ 65-1111) 72 ch.

¶ *Kamiya,* Awazu machi (☏ 65-2222) 52 ch.

✈ Aéroport : Komatsu, à 5 km O. ; car ; — vols *A.N.A.* pour Fukui, Nagoya, Niigata, Sapporo, Tōkyō ; c'est aussi l'aéroport de Kanazawa.

Compagnies aériennes : V. Kanazawa.

🚆 Chemins de fer : *J.N.R.* pour Kanazawa, Nagoya, Naoetsu, Niigata, Ōsaka, Toyama ; — *Hokuriku Railway* pour Ogoya, Ugawa-Yūsenji.

KŌCHI — KUMAMOTO 663

🚌 Autocars : pour Kaga, Kanazawa, Katsuyama.

Komesu, p. 456.
Kominato, p. 290.
Komoda, p. 252.
Komoro, p. 316.
Kōnan dai, p. 451.
Konaruto, p. 428.
Kongō Ikoma (Parc régional), p. 425.

Kongō san, p. 299.
Kongōshō ji, p. 261.
Kōnoura, p. 146.

KŌRIYAMA (Futushima ken), p. 316.

☎ : Kōriyama (0249) ; Bandai Atami Onsen (024984) ;
✉ : Kōriyama (963) ; Bandai Atami Onsen (969-21).

Hébergement :
— A Kōriyama

Hôtels :
¶¶ *Kōriyama Grand,* 3-14, Tsutsumishita (☎ 23-4511) 45 ch. (7 jap.) ✕ 🎞 🍴 🛁 🛀 📺 🏮 bar, coiffeur, grand bain jap.
¶¶ *Kōriyama Sun Route,* 2-13-23, Shimizudai (☎ 22-1133) 83 ch. ✕ 🎞 🍴 🛁 🛀 📺 bar, boutique.

— A Bandai Atami Onsen *(17 km N.-O.)*

Ryokans :
¶¶ *Hotel Kajikaso* (☎ 2610), 19 ch.
¶ *Ichiriki* (☎ 2115), 22 ch.

🚂 Chemins de fer : *J.N.R.,* shinkansen pour Morioka, Sendai, Tōkyō ; autres trains pour Aizu Wakamatsu, Akita, Aomori, Iwaki, Kitakata, Mito, Morioka, Niigata, Sendai, Tōkyō.

🚌 Autocars : pour Fukushima, Inawashiro, Iwaki, Shirakawa.

Kosai, p. 211.
Kosode hama, p. 478.

KOTOHIRA (Kagawa ken), p. 317.

☎ 08777 ; ✉ 766.

Ryokans :
¶¶¶ *Kotohira Kadan,* Kotohira chō, Nakatado gun (☎ 5-3232) 41 ch.
¶ *Toraya,* Kotohira chō, Nakatado gun (☎ 5-3131) 51 ch.

Auberge de jeunesse :
Kotohira Seinen no ie, 1241, Kawanishi Ōtsu, Kotohira chō, Nakatado gun (☎ 3-3836), 68 lits.

🚂 Chemins de fer : *J.N.R.* pour Ikeda, Kōchi, Tadotsu, Takamatsu ; — *Takamatsu-Kotohira Electric Railway* pour Takamatsu.

🚌 Autocars : pour Kannonji, Takamatsu, Zentsuji.

Kou, p. 185.
Kowakidani, p. 179.
Kōya, p. 318.
Kōyama, p. 294.
Kōya Ryūjin (Parc régional), p. 322.
Kōya san, p. 318.
Koyodai, p. 177.
Koza (Okinawa, V. **Okinawa shoto**), p. 458.
Koza (Wakayama ken), p. 683.
Kōzu (pâturage), p. 581.
Kōzu shima, p. 267.
Kuchinotsu, p. 595.
Kudaka jima, p. 456.
Kuji (Iwate ken), p. 478.
Kuji (Kanagawa ken), p. 300.
Kujū san, p. 151.
Kujūku shima, p. 483.
Kuma gawa, p. 227.

KUMAMOTO (Kumamoto ken), p. 322.

☎ 0963 ; ✉ 860.

ⓘ Délégation départementale du Tourisme, 6-18-1, Suizenji (☎ 66-1111).

Hôtels :
¶¶ *Kumamoto Castle,* 4-2, Joto machi (☎ 53-6111) 52 ch. ✕ 🎞 🍴 🛁 🛀 📺 bar, boutique.
¶¶ *New Sky,* 2, Higashi Amidaji machi (☎ 52-2111) 201 ch. (52 jap.) ✕ 🎞 🍴 🛁 🛀 📺 🏮 🅿 bar, coiffeur, boutique.

Business Hotels :
Kumamoto Daiichi, 356,

Motoyama machi (☏ 25-5151).
Taiun, 2-7-10, Nihongi (☏ 22-3388).

Minshuku :
Komatsuso, 1-8-13, Kasuga (☏ 55-2634), 15 ch.

Auberge de jeunesse :
Kumamoto Shiritsu, 1320-1, Shimazaki machi (☏ 52-2441) 64 lits.

Restaurant :
¶ *Okumura* (cuis. jap.), 1-1-8, Shin machi (☏ 52-8101).

Aéroport : Takuma, à 20 km N.-E. ; car ; — vols *A.N.A.* pour Miyazaki, Nagoya, Ōsaka, Tōkyō.

✈ Compagnies aériennes : *All Nippon Airways*, réservations (☏ 54-2200) ; — *Japan Airlines*, Asahishimbun Daiichi-seimei Bldg., 4-7 Hanabara machi (☏ 22-5211) ; — *Korean Airlines*, 10-3, Kamitori machi (☏ 54-4716).

🚆 Chemins de fer :
— Gare de Kumamoto :
J.N.R. pour Beppu, Kukuoka, Kagoshima, Kitakyūshū, Kyōto, Misumi, Miyazaki, Ōita, Okayama, Ōsaka, Takamori, Tōkyō, Yatsushiro, Yunomae.
— Gare de Kamikumamoto :
J.N.R. pour Fukuoka, Kurume, Kitakyūshū ; — *Kumamoto Electric Railway* pour Kikuchi.
— Gare de Fujisaki : *Kumamoto E.R.* pour Kikuchi.

🚌 Autocars : pour Aso, Beppu, Fukuoka, Nagasaki, Ōmuta, Ushibuka.

Excursions : pour Amakusa shotō, Aso san.

Agence de voyages : *J.T.B.*, Kotsu Center, Shimo dōri (☏ 53-2501).

🛍 Spécialités : poteries, articles de bambou, incrustations sur métal.

Manifestations : *festival Boshita*, du 11 au 15 septembre, au sanctuaire de Fujisaki.

Kumano (V. Yoshino Kumano), p. 621.
Kumano Nachi, p. 622.
Kumanoyu Onsen, p. 272.
Kume jima, p. 458.
Kunashiri, p. 428.
Kuniga kaigan, p. 453.
Kunō zan, p. 512.
Kurahashi, p. 327.
Kurama yama, p. 370.

KURASHIKI (Okayama ken), p. 323.

☏ 0864 ; ✉ 711.

ℹ Service de tourisme de l'Hôtel de Ville. 2-6-14, Chūō (☏ 22-4111).

Hôtels :
¶¶ *Kurashiki Kokusai*, 1-1-44, Chūō (☏ 22-5141), 70 ch. (4 jap.) ⨯ 🛏 🍽 🛁 ☎ 📺 ♨ Ⓟ bar, boutique.

¶¶ *Mizushima Kokusai*, 4-20, Mizushima, Aoba cho (☏ 44-4321), 74 ch. (1 jap.) ⨯ 🛏 🍽 🛁 ☎ 📺 Ⓟ bar, boutique.

Ryokan :
¶¶¶ *Shimoden Hotel*, Obatake (☏ 79-7111), 137 ch.

Business Hotel :
Kurashiki Station, 2-8-1, Achi (☏ 25-2525).

Minshuku :
Kurashiki Tokusankan, 8-33, Hon chō (☏ 25-3056), 14 ch.

Auberge de jeunesse :
Kurashiki, Minamiura, Sambonmatsu, Mukaiyama (☏ 22-7355), 80 lits ; — *Washūzan*, Obatake (☏ 79-9280), 60 lits.

⛴ Services maritimes : de Mizushima ou Shimotsui à Marugame ; — de Kojima à Sakaide.

🚆 Chemins de fer :
— Gare de Shin Kurashiki :
J.N.R., shinkansen pour Fukuoka, Hiroshima, Okayama, Ōsaka, Tōkyō ; autres trains pour Hiroshima, Okayama, Ōsaka.
— Gare de Kurashiki : *J.N.R.* pour Fukuoka, Hamada, Hiroshima, Izumo, Kagoshima, Kumamoto, Kyōto, Masuda, Nagasaki, Ogōri, Ōita, Okayama, Ōsaka,

KUMAMOTO — KURUME

Shimonoseki, Tōkyō, Yonago ;
— ligne privée pour Mizushima.
— **Gare de Chaya** : *J.N.R.*
pour Okayama, Tamano.
— **Gare de Shimotsui** : *Shimotsui Electric Railway* pour Kogawa.

🚌 Autocars : pour Kasaoka, Okayama, Sōja.

Agence de voyages : *J.T.B.*, 2-9-10 Achi (☏ 22-5601).

🍴 Spécialités : poteries, paille de riz tressée d'Igusa.

KURAYOSHI (Tottori ken), p. 326.

☏ : Kurayoshi (0858) ; (Asozu Onsen (085835) ; Misasa Onsen (08584). —
✉ : Kurayoshi (682) ; Asozu Onsen (682-07) ; Misasa Onsen (682-02).

Hébergement :
— A Asozu Onsen *(9 km N.-E.)*

Ryokan :
¶¶ *Bokoro*, Hawai cho, Tohaku gun (☏ 2221), 76 ch.
— A Misasa Onsen *(10 km S.-E.)* :

Ryokan :
¶ *Izanro Iwasaki*, Misasa cho, Tohaku gun (☏ 3-0111), 102 ch.

Auberge de jeunesse :
Misasa, Mitoku, Misasa cho, Tohaku gun (☏ 3-2691), 48 lits.

🚆 Chemins de fer : *J.N.R.* pour Yamamori, Yonago.

🚌 Autocars : pour Tottori, Yonago.

KURE (Hiroshima ken), p. 327.
☏ 0823.

Hôtel :
¶¶¶ *Kure Hankyū*, 2-6-3, Hon dōri (☏ 21-1281), 34 ch. (4 jap.) ⤳ 🛏 🍴 📺 ❄ 🛁 📞 🅿 bar, boutiques.

⚓ Services maritimes : de Kure à Hiroshima, Matsuyama ; — d'Aga (5 km E.) à Horie.

🚆 Chemins de fer : *J.N.R.* pour Hiroshima, Iwakuni, Mihara, Okayama, Ōsaka.

🚌 Autocars : pour Hiroshima, Takehara.

Kureha yama, p. 585.
Kurihama, p. 617.
Kurikoma yama, p. 242.
Kuro dake, p. 154.

KUROISO (Tochigi ken), p. 328.

☏ : Kuroiso (02877) ; Nasu (028776) ; — ✉ : Kuroiso (325) ; Nasu (325-04).

Hébergement :
— A Nasu Onsen *(16 km N.)*

Hôtel :
¶¶¶ *Nasu Royal*, 3375-7, Takaku Ōtsu, Nasu machi (☏ 8-2001), 77 ch. (18 jap.) ⤳ 🛏 🍴 📺 ❄ 🛁 📞 🅿 ⛷ bar, coiffeur, boutiques, grand bain jap., bowling, ski.

Ryokans :
¶¶¶ *Nasu View Hotel*, Nasu machi (☏ 3111), 111 ch.
¶¶ *Matsukawaya*, Nasu machi (☏ 3131), 68 ch.

🚆 Chemins de fer : *J.N.R.*, shinkansen pour Morioka, Sendai, Tōkyō ; autres trains pour Akita, Fukushima, Kōriyama, Sendai, Tōkyō, Yamagata.

🚌 Autocars : pour Nasu, Nikkō, Shirakawa.

Sports : ski et golf à Nasu.

Kuroshima, p. 600.
Kuroyon (barrage), p. 165.

KURUME (Fukuoka ken), p. 329.

☏ : Kurume (0946) ; Harazuru Onsen (09466) ; —
✉ : Kurume (838) ; Harazuru Onsen (838-15).

Hébergement :
— A Harazuru Onsen *(30 km E.)*

Ryokans :
¶¶ *Roppokan*, Haki machi, Asakura gun (☏ 2-1047), 36 ch.

¶ *Taisenkaku,* Haki machi, Asakura gun (✆ 2-1140), 100 ch.

🚃 Chemins de fer :
— Gare de Kurume : *J.N.R.* pour Beppu, Fukuoka, Kagoshima, Kitakyūshū, Kumamoto, Kyōto, Miyazaki, Nagasaki, Ōita, Okayama, Ōsaka, Tōkyō, Tossu, Yunomae, Yatsuhiro.
— Gare de Nishitetsu-Kurume : *Nishi Nippon Railroad (Nishitetsu)* pour Amagi, Fukuoka, Ōmuta.

🚌 Autocars : pour Fukuoka, Kumamoto, Saga.

🛍 Spécialités : objets laqués *(rantai),* parapluies en papiers huilé.

Kusa, p. 226.
Kusambe, p. 512.
Kusatsu (V. Joshin Etsu kogen), p. 271.
Kushimoto (V. Yoshino Kumano), p. 623.
KUSHIRO (Hokkaidō), p. 329.
✆ 0154 ; ✉ 085.

Business Hotel :
Sun Route Kushiro 13-26, Kurogane cho, (✆ 4-7711).

Auberge de jeunesse :
Kushiro, Tsurugadai (✆ 41-1676), 50 lits.

Aéroport : Kushiro, à 22 km O. ; car ; — vols *T.D.A.* pour Sapporo, Tōkyō.

Compagnie aérienne : *Toa Domestic Airlines,* Iwata Bldg., Kita Ō dōri (✆ 23-9116).

🚢 Service maritime : *Kinkai Yūssen* pour Tōkyō.

🚃 Chemins de fer : *J.N.R.,* pour Abashiri, Asanikawa, Hakodate, Kawayu, Kitami, Nemuro, Sapporo, Takikawa.

🚌 Autocars : pour Akan kohan, Kawayu Onsen, Kitami, Nemuro, Rausu.

Manifestations : *Festival de glace,* au début février ; — *festival du Port,* au début d'août.

Sports : golf *(Kushiro Golf/Course).*

Kusuyaga take, p. 444.
Kutani, p. 273.
Kutchan, p. 505.

KYŌTO (Kyōto fu), p. 330.
✆ 075 ; ✉ 600 à 606.

🛈 Office national du tourisme japonais *(J.N.T.O.),* Kyōto Tower Bldg., Higashi Shiokoji chō, Shimogyo ku (✆ 371-0480) ; — Section touristique, de la préfecture de Kyōto, Kyōto Kaikan, Obazaki Park, Sakyō ku (✆ 761-6051).

Hébergement :
— Higashiyama ku.

Hôtels :
¶¶¶¶ *Miyako,* Sanjō Keage, Higashiyama ku (✆ 771-7111 ; télex 5422-132) 480 ch. (27 jap.) 4 ⋈ ▥ ▦ ▢ ⌑ ☎ ▣ ❋ ▤ ✕ Ⓟ bar, coiffeur, boutiques, sauna, salle de congrès (800 places).
¶¶¶ *Kyōto Park,* 644-2, Sanjusangendō Mawari machi, Higashiyama ku (✆ 525-3111 télex 5422-777) 61 ch. ⋈ ▥ ▦ ▢ ⌑ ☎ ▣ ❋ Ⓟ bar.

Ryokans :
¶¶ *Kyoyamato,* Minami, Masuya chō, 359, Higashiyama ku (✆ 541-1126), 14 ch.
¶¶ *Seikoro,* Toiyamachi dōri, Gojo-Sagaru, Higashiyama ku (✆ 561-0771), 24 ch.
¶¶ *Tozankaku,* 431, Myohoin, Mackawa chō, Higashiyama ku (✆ 561-4981), 134 ch.

Minshuku :
Ladies in Sakata, Masuya chō, Kodaiji, Higashiyama ku (✆ 541-2108), 6 ch.

Auberge de jeunesse :
Higashiyama, 112, Shirakawa bashi, Sanjō dōri, Higashiyama ku (✆ 771-5509), 64 lits.

— Kamigyō ku.

Hôtels :
¶¶¶ *New Kyōto,* Horikawa Maruta machi, Kamigyō ku (✆ 801-2111) 246 ch, (8 jap.) ⋈ ▥ ▦ ▢ ⌑ ☎ ▣ ▫ bar, coiffeur, boutiques, salle de congrès.
¶¶ *Palace Side Kyōto,* Shimota-

chiuri Agaru, Karasuma dōri, Kamigyō ku (☎ 431-8171) 120 ch. ⚿ ▥ ▦ ▣ ▤ ▥ ▦ bar, boutique.

Minshuku :
Horikawa Umemura, Nakadachiuri Sagaru, Higashi, Horikawa, Kamigyō ku (☎ 441-8404), 8 ch.

— Nakagyō ku.

Hôtels :
¶¶¶¶ *International Kyōto,* 284, Nijō Aburanokoji, Nakagyō ku (☎ 222-1111 ; télex 5422-158) 334 ch. (31 jap.) ⚿ ▥ ▦ ▣ ▤ ▥ ▦ ▧ ▨ ▩ ▫ P bar, coiffeur, boutiques, salle de congrès.
¶¶¶ *Fujita,* Nishizume, Nijō Ōhashi, Nakagyō ku (☎ 222-1511 ; télex, 5422-571) 195 ch. (18 jap.) ⚿ ▥ ▦ ▣ ▤ ▥ ▦ ▧ ▩ bar, coiffeur, boutiques, salle de congrès.

Ryokans :
¶¶ *Sumiya,* Fuyacho dōri, Sanjo Sagaru, Nakagyō ku (☎ 221-2188), 26 ch.
¶¶ *Hiiragiya,* Fuyacho Aneyakoji Agaru, Nakagyō ku (☎ 221-1136), 33 ch.
¶¶ *Ikumatsu,* Kiyamachi dōri, Oike Agaru, Nakagyō ku (☎ 231-4191), 24 ch.
¶¶ *Matsukichi,* Goko machi, Sanjo Agaru, Nakagyō ku (☎ 221-7016), 15 ch.

Business Hotels :
Kyoto, Ichinofunairi chō, Oike Agaru, Kiyamachi dōri, Nakagyō ku (☎ 222-1220).
Kyōto Garden, Oike, Minami Iru, Muromachi dōri, Nakagyō ku (☎ 255-2000).

— Sakyō ku.

Hôtel :
¶¶¶ *Holiday Inn,* 36, Nishihiraki chō, Takano, Sakyō ku (☎ 721-3131 ; télex, 05422-251) 150 ch. ⚿ ▥ ▦ ▣ ▤ ▥ ▦ ▧ ▩ P bar, coiffeur, boutiques, bowling.

Ryokan :
¶¶ *Yachiyo,* 34 Nanzenji Fukuchi chō, Sakyō ku (☎ : 771-4148), 26 ch.

— Shimogyō ku.

Hôtels :
¶¶¶¶ *Kyōto Grand,* Horikawa Shiokoji, Shimogyō ku (☎ : 341-2311 ; télex, 5422-551) 402 ch. (6 jap.) 3 ⚿ ▥ ▦ ▣ ▤ ▥ ▦ ▧ ▩ P bar, coiffeur, boutiques, bowling, sauna, salle de congrès (1 000 places).
¶¶¶ *Kyōto Century,* 680 Higashi Shiojoki machi, Higashi Tōin dōri, Shiokoji Sagaru (☎ 375-0111) 245 ch. ⚿ ▥ ▦ ▣ ▤ ▥ ▩ P bar, boutiques.
¶¶¶ *Kyōto Station,* Higashi Tōin dōri, Shiokoji, Shimogyō ku (☎ 361-7151 ; télex, 5422-456) 130 ch. ⚿ ▥ ▦ ▣ ▥ P bar, coiffeur, boutiques.
¶¶ *Kyōto Tower,* Karasuma, Shichijo Sagaru, Shimogyō ku (☎ : 361-3211) 148 ch. (2 jap.) ⚿ ▥ ▦ ▣ ▤ ▥ ▩ bar, coiffeur, boutiques.

Ryokans :
¶¶¶ *Kaneiwaro Bekkan,* Kiyamachi dōri, Shimogyō ku (☎ 351-5010) 23 ch.
¶¶ *Nabeshima Hizenya,* Ayakoji dōri, Karasuyama, Nishi iru, Shimogyō ku (☎ 361-8421), 38 ch.
¶¶ *Sanoya,* Higashinotoin dōri, Schichijo Sagaru, Shimogyō ku (☎ 371-2185), 42 ch.

Business Hotels :
Kyōto Central Inn, Shijo Kawaramachi, Shimogyō ku (☎ 211-1666).
New Ginkaku Inn, Schichijo Sagaru, Higashinotoin dōri, Shimogyō ku (☎ 341-2884).

— Ukyō ku.

Auberge de jeunesse :
Utano, Nakayama cho, Uzumasa, Ukyō ku (☎ 462-2288) 160 lits.

Restaurants :
¶¶¶ *Java* (cuis. indonésienne), Shijo Agaru Higashi, Kawaramachi, Nakagyō ku (☎ 221-7851).
¶¶¶ *Manyoken* (cuis. française) 364, Naramono chō, Higashi iru, Fuya cho, Shimogyō ku (☎ 221-1022).

¶¶ *Jubei* (sushi), Shinbashi Agaru, Nawate dōri, Higashiyama ku (☏ 561-2698).
¶¶ *Minokichi* (cuis. jap. ; spéc. : sukiyaki, shabu-shabu), 65, Torii machi, Awataguchi, Sakyō ku (☏ 771-4185).
¶¶ *Kyorinsen* (tempura), Masuya chō, Kodaiji, Higashiyama ku (☏ 541-9111).
¶¶ *Dai ichi* (cuis. jap.) Shimo Chojamachi dōri, Sembon Nishi iru, Kamigyō ku (☏ 461-1775).
¶¶ *Doi* (cuis. jap.) 353, Kodaiji Masuya chō, Higashiyama ku (☏ 561-0309).
¶¶ *Hiro ya* (cuis. jap.) 56, Kurama Kifune chō, Sakyo ku (☏ 741-2401).
¶¶ *Kitcho* (cuis. jap.) 58, Susukinobaba chō, Saga Tenryuji, Ukyō ku (☏ 881-1101).
¶¶ *Inn Tamahan* (kaiseki), Shimogawara Gion, Higashiyama ku (☏ 561-3188 ; réserver).
¶¶ *Minoko* (kaiseki), Gion Kiyoi chō, Higashiyama ku (☏ 561-0328).
¶¶ *Otowa* (sushi), 565, Nakano machi, Shijo Agaru, Shinkyogoku, Nakagyō ku. (☏ : 221-2412).
¶¶ *Yasaka* (sukiyaki), Yasata dōri Nishi, Higashi oji, Higashiyama ku (☏ 551.1121).
¶¶ *Izumoya* (sukiyaki), Shijo Ohasti, Ponto cho (☏ 221-2501).
¶¶ *Karudan* (cuis. chinoise) 11-2, Nishikujoin chō, Minami ku (☏ 661.2464).
¶¶ *Le Relais d'Okazaki* (cuis. française) Higashiyama Nijo Higashi, Okazaki, Sakyō ku (☏ 761-1326).
¶ *Steak House Nanzen* (steak), Jingumichi Sanjo (☏ 771-1823).

Aéroport : *Ōsaka International* à Itami, 40 km S.-O. ; car depuis la gare de Kyōto ; V. Ōsaka.

✈ Compagnies aériennes : *Air France*, International Hotel, Nijō Sagaru Abura Kōji, Nakagyō ku (☏ 241-1771) ; — *All Nippon Airways*, International Hotel (☏ 211-5471) ; — *Japan Air Lines*, Asahi Bldg., Yanagino Banba kado, Ōike dōri, Nakagyō ku (☏ 222-0222) ; — *Korean Airlines*, 4 th floor, Kuroda Bldg., 30 Fujimoto Yorimachi Shijō dōri, Aburakōji Nishi. Shi-Mogyō ku (☏ 231-0191).

🚢 Compagnie maritime : *Kansai Kisen*, Muromachi Shijō dōri, Shimogyō ku (☏ 221-1815).

🚆 Chemins de fer :
— Gare de Kyōto : *J.N.R., shinkansen*, pour Fukuoka, Okayama, Ōsaka, Tōkyō ; autres trains pour Aomori, Fukuoka, Kagoshima, Kanazawa, Kinosaki, Kumamoto, Kurayoshi, Nachi katsuura, Nagano, Nagasaki, Nagoya, Naœtsu, Nara, Niigata, Ōsaka, Sasebo, Shirahama, Tō kyō, Toyama, Yonago ; — *Kinki Nippon Electric Railway (Kin tetsu)*, pour Kashikojima, Nara.
— Gare de Chūshojima : *Keihan Electric Railway* pour Ōsaka, Uji.
— Gare de Demachiyanagi : *Keifuku Electric Railway*, pour Kurama, Yase Yūen.
— Gare de Katsura : *Keihanshin Electric Railway (Hankyū)* pour Arashiyama, Kawaramachi, Kōbe, Ōsaka, Takarazuka.
— Gare de Kawaramachi : *Hankyū E.R.* pour Kōbe, Ōsaka, Takarazuka.
— Gare de Keihan Sanjō : *Keihan E.R.* pour Ōsaka, Ōtsu, Uji.
— Gare de Kitano Hakubaicho : *Keifuku E.R.* pour Arashiyama.
— Gare de Shijō Ōmiya : *Hankyū E.R.* pour Kawaramachi, Kōbe, Ōsaka, Takarazuka ; — *Keifuku E.R.* pour Arashiyama.

Funiculaire : de Yase Yūen à Hiei.

🚌 Autocars : pour Kameoka, Kōbe, Nagoya, Nara, Ōsaka, Tōkyō.

Excursions : pour Nara (en anglais).

KYŌTO

Location de voitures : *Nippon*, 42-13, Kitanouchi chō, Nishi Kujo, Minami ku (☎ 681-0311) ; — *Nissan*, 94-3, Ikenouchi chō, Nishi Kujo, Mihami ku (☎ 661-2161).

Agences de voyages : *Fujita Travel Service Co.*, International Hotel, Nijō Sagaru Abura Koji dori, Nakagyō ku (☎ 222-0121) ; — *Hankyū Express International*, Kawaramachi Shijō, Shimogyō ku (☎ 211-1053) ; — *J.T.B.*, 856 Higashi Shiokoji dori, Shimogyo ku (face à la gare, ☎ 361-7241).

Tour de ville : demi-journées (matin et après-midi) ; départ à 8 h 30 et 13 h des principaux hôtels ; en anglais.

Services de la Maison impériale (Imperial Household Agency) : Palais Impérial de Kyōto, Kamigyō ku (☎ 211-1211).

Banque :
Banque de Kyōto, Karasuma dori, Matsubara (☎ 361-2211).

Poste centrale : 843-12, Higashi Shiokoji, Shimogyō ku (☎ 361-4151).

Achats :
Quartiers commerçants : entre Sanjo dori et Shijo dori et quartier de Higashiyama (antiquités seulement).
Grands magasins : *Daimaru*, Shijo Takakura-nishi, Shimokyō ku (☎ 211-8111) ; — *Takashimaya*, Shijo Kawaramachi Nishi, Shimokyō ku (☎ 221-8811).

Quelques adresses : *Kyoto Handicraft Center* (tout l'artisanat et boutique détaxée) Kumano Jinja Higashi, Sakyō ku (☎ 761-5080) ; — *Kitayama* (perles), Sanjo, Kawaramachi, Nakagyō ku (☎ 221-0019) ; — *Itochu* (kimonos et soie), Kawaramachi Higashi, Shimokyō ku (☎ 221-0308) ; — *Gion ISHI* (antiquités), 555, Gion machi, Minamigawa, Higashiyama ku (☎ 561-2458) ; — *Kaji's Antique*, Shinmonzen dori, Higashiyama ku (☎ 561-4114) ; — *Nakashin* (antiquités), Shinmonzen dori, Higashiyama ku (☎ 561-2906) ; — *Kabukiya Doll* (poupées), Kawaramachi dori, Takoyakushi Agaru (☎ 221-7781) ; — *Lacquer Ware Asobe* (laques), Takakura Shijo dori, Shimokyō ku (☎ 221-5786) ; — *Sakuraiya* (souvenirs), Sanjo Shinkyogoku, Nakagyō ku (☎ 221-4652) ; — *Koshida Satsumaya* (porcelaines), Furumonzen dori (☎ 561-2015).

Distractions :
Théâtres de Nō : *Salle Kongo*, Muromachi, Shijō Agaru, Nakagyō ku (☎ 221-3049) ; — *Kyōto kanze Kaikan*, 44, Enshojimachi, Okazaki, Sakyō ku (☎ 771-6114) ; — *Salle Oe*, Yanaginobamba, Higashi iru, Oshikōji, Nakagyō ku (☎ 231-7625).

Théâtre Kabuki : *Minamiza*, Shijō Ōhashi Tamoto, Higashiyama ku (☎ 561-1155).

Music hall, spectacles folkloriques : *Kobu Kaburenjō (Miyako Ōdōri* en avril), Gion Higashiyama ku (☎ 541-3391) ; — *Pontocho Kaburenjo (Kamoga wa Ōdori* en mai et octobre) Pontocho Sagaru, Sanjō, Nakagyō ku (☎ 221-2025).

Concerts : *Kyōto Kaikan Hall*, Saishoji cho, Okazaki, Sakyo ku (☎ 771-6051).

Arts traditionnels : cérémonie du thé, ikebana, bunraku, gagaku, kyogen, etc. : *Yasaka Hall*, Gion Corner (☎ 761-0019) ; réservation auprès des hôtels et agences de voyages.

Vie nocturne :
Dans tout le quartier de **Pontocho** : bars, night-clubs, maisons de geishas.
Boîtes de nuit : *Bel Ami*, 23, Gion machi Kitagawa, Higashiyama ku (☎ 771-6191) ; — *Gion*, Ishidanshita Gion, higashiyama ku (☎ 561-9111).

Manifestations : *Okera Mairi*, le 1er janvier, au sanctuaire de Yasaka ; — *Toshiya*, concours d'archers, le 15 janvier, au Sanjusangen dō ; — **Miyako Odori*, danse des cerisiers en avril, au Kobu Kaburenjo ; — *Mibu Kyōgen*, du 21 au 29 avril, au Mibu dera ; — **Kamogawa Odōri*, en mai et octobre, au Pontocho Kaburenjō ; — **Aoi matsuri*, le 15 mai, défilé du Palais impérial aux sanctuaires de Shimogamo et Kamigamo ; — **Mifune matsuri*, troisième dimanche de mai, fête des bâteaux à Arashiyama ; — *Takigi Nō*, les 1er et 2 juin, représentations des différentes écoles du Nō au sanctuaire Heian ; — **Pêche aux cormorans* en juillet et août à Arashiyama ; — **Gion matsuri*, les 16 et 17 juillet, défilé de chars dans les rues de Kyōto ; — *Feux de joie du Daimonji*, le 16 août, sur le Nyoiga dake ; — **Jidai matsuri*, le 22 octobre, défilé d'environ deux mille personnes, revêtues des costumes des différentes époques de l'histoire japonaise, au sanctuaire Heian.

Instituts culturels : *British Council*, Nishi machi, Kitashirakawa, Sakyō ku (☎ 791-7151) ; — *Centro culturale italo-giapponese*, Ushinomiya chō, Yoshida, Sakyō ku (☎ 761-4356) ; — *Goethe Institut*, Ushinomiya chō, Yoshida, Sakyō ku (☎ 761-2188) ; — *Institut franco-japonais*, Higashi Ichijō dōri, Yoshida, Sakyō ku (☎ 761-2105).

Lieux, sites et monuments :
Amida dō, p. 351.
Amidaga mine, p. 350.
Arashiyama, p. 364.
Arashi yama, p. 364.
Atago yama, p. 364.
Belvédère de Shōgun zuka, p. 354.
Bibliothèque départementale, p. 355.
Bibliothèque municipale, p. 358.
Chion in, p. 352.
Chion ji, p. 356.
Chishaka in, p. 349.
Chobo ji, p. 341.
Chute d'Otowa, p. 351.
Daigo, p. 368.
Daigo ji, p. 368.
Daigoku den, p. 346.
Daihoon ji, p. 346.
Daikaku ji, p. 364.
Daimonji yama, p. 355.
Daisen in, p. 359.
Daītoku ji, p. 359.
Eikan dō, p. 355.
Entsu ji, p. 357.
Fushimi Inari jinja, p. 366.
Fushimi jō, p. 367.
Fushimi ku, p. 366.
Ginkaku ji, p. 356.
Gion, p. 352.
Goo jinja, p. 343.
Gosho, p. 342.
Heian jingū, p. 355.
Higashi Hongan ji, p. 339.
Higashi Otani, p. 352.
Higashiyama ku, p. 346.
Hino, p. 369.
Hōkai ji, p. 369.
Hōko ji, p. 349.
Hokokubyō, p. 350.
Hokoku jinja, p. 349.
Honkoku ji, p. 339.
Honno ji, p. 342.
Horinji, p. 364.
Hōshun in, p. 360.
Hyakumanben, p. 356.
Jardin botanique, p. 358.
Jingo ji, p. 364.
Jisho in, p. 356.
Juko in, p. 360.
Kami daigo, p. 369.
Kamigamo jinja, p. 358.
Kamigyō ku, p. 342.
Katsura Rikyu, p. 365.
Kennin ji, p. 351.
Kikoku tei, p. 340.
Kinkaku ji, p. 361.
Kita ku, p. 358.
Kitano Temman gu, p. 346.
Kiyomizu dera, p. 350.
Kiyomizu zaka, p. 350.
Kodai ji, p. 351.
Kohō an, p. 360.
Koke dera, p. 365.
Korin in, p. 360.
Koryū ji, p. 363.
Kotō in, p. 360.

18, Avenue de Messine 75008 PARIS
Tél.: (1) 42.89.81.14 - Télécopie : (1) 42.89.81.06

Temple Nishi Honga ji Tokyo / 3.8
Ryogoku ji

Kozan ji, p. 364.
Kyō Ogokoku ji, p. 365.
Kyōto Gyoen, p. 342.
Kyōto Kaikan, p. 355.
Maison Ikenobo, p. 341.
Maison de Kawai kanjirō, p. 350.
Makino o, p. 364.
Mamoyama jō, p. 367.
Manju in, p. 357.
Mausolée de Kammu, p. 367.
Mausolée de Meiji, p. 367.
Mausolée de Shoken, p. 367.
Minami ku, p. 365.
Mont Kazan, p. 354.
Musée d'art moderne, p. 355.
Musée Heian, p. 341.
Musée municipal, p. 355.
Musée national, p. 347.
Musée de Nishijin, p. 343.
Myōhō in, p. 350.
Myōshin ji, p. 362.
Nakagyō ku, p. 340.
Nanzen ji, p. 354.
Nijō jinya, p. 341.
Nijō jō, p. 340.
Ninna ji, p. 362.
Nishi Hongan ji, p. 338.
Nishijin, p. 343.
Nishi Otani, p. 350.
Nogi jinja, p. 368.
Nyoiga dake, p. 355.
Oike dori, p. 340.
Okuno in, p. 351.
Ōmiya gosho, p. 343.
Palais impérial, p. 342.
Palais international des Congrés, p. 357.
Pavillon d'or, p. 361.
Parc d'Iwade yama, p. 364.
Parc de Kameyama, p. 364.
Parc de Maruyama, p. 352.
Parc d'Okazaki, p. 355.
Parc zoologique, p. 355.
Pont de Togetsukyō, p. 364.
Pontocho, p. 342.
Reiun in, p. 363.
Renge ō in, p. 347.
Rokkaku dō, p. 341.
Rokuharamitsu ji, p. 351.
Rokuon ji, p. 361.
Ryoan ji, p. 361.
Ryogen in p. 360.
Ryozen Kannon, p. 352.
Ryusen an, p. 363.
Saihō ji, p. 365.
Saimyō ji, p. 364.

Sakyō ku, p. 354.
Sambo in, p. 368.
Sanctuaire Heian, p. 355.
Sanctuaire de Jishu Gongen, p. 351.
Sangen in, p. 360.
Sanjūsangen dō, p. 347.
Senbon Shaka dō, p. 346.
Sentō gosho, p. 343.
Shaka dō, p. 351.
Shimo daigo, p. 368.
Shimogamo jinja, p. 358.
Shimogyō ku, p. 338.
Shinju an, p. 360.
Shinsen en, p. 340.
Shisen dō, p. 356.
Shoju in, p. 360.
Shokoku ji, p. 343.
Shoren in, p. 354.
Shosei en, p. 340.
Shugaku in Rikyū, p. 357.
Sōken in, p. 360.
Taizo in, p. 363.
Takao, p. 364.
Takaraga ike kōen, p. 357.
Tenkyū in, p. 363.
Tenryū ji, p. 364.
Tofuku ji, p. 346.
Togano o, p. 364.
Tō ji, p. 365.
Ukyō ku, p. 361.
Université de Doshiha, p. 343.
Université de Kyōto, p. 356.
Uzumaza dera, p. 363.
Yasaka jinja, p. 352.
Yasakano tō, p. 351.
Yoshida jinja, p. 356.
Yoshida yama, p. 356.
Zenrin ji, p. 355.
Zuiho in, p. 360.

Kyūshū, p. 371.

M

Machino, p. 601.
Madarao Kōgen (V. Iiyama), p. 243.
Maebashi, p. 376.
Maiko, p. 141.
Makabe, p. 587.
Mampuku ji, p. 593.
Manazuru, p. 446.
Mano, p. 482.
Manno ike, p. 318.
Manza Onsen, p. 272.

Maruike Onsen, p. 272.
Marukoma, p. 504.
Maruoka, p. 190.
Mashū ko, p. 140.
Masuda, p. 376.
Matoya, p. 262.

MATSUE (Shimane ken), p. 377.

☏ 0852 ; ✉ 690.

🛈 Délégation départementale du tourisme, 1, Tono machi (☏ 22-5111) ; — **Centre d'Information touristique** (☏ 21-4034).

Hôtels :
🍴🍴 *Ichibata,* 30, Chidōri chō (☏ 22-0188) 50 ch. (16 jap.) ✂ 🏨 🍽 ⊞ 🕿 🚻 ♨ bar, boutique, grand bain jap.

Ryokans :
🍴🍴 *Meirinkaku,* Kuniya chō (☏ 22-3225), 15 ch.
🍴 *Horaiso,* Tono machi (☏ 21-4337), 14 ch.
🍴 *Suimeiso,* 26 Nischicha machi (☏ 26-3311), 39 ch. (11 occ.).
🍴 *Minami Kan, à Kyomise,* sur le lac Shinji (☏ 21-5131).

Business Hôtels :
Matsue Plaza (☏ 26-6650).
Kita Matsue (☏ 26-2910).

Auberge de jeunesse :
Matsue, 1546, Kososhi machi (☏ 36-8620), 82 lits.

Restaurant :
Minami (cuis. jap.) 19, Suetsugu Honmachi (☏ 21-5131).

Aéroport : à Izumo, 18 km O. ; V. ce nom.

🚢 Services maritimes : pour Daikon jima, Mihonoseki.

Chemins de fer :
— Gare de Matsue : *J.N.R.* pour Fukuoka, Hamada, Izumo, Okayama, Ōsaka, Tōkyō.
— Gare de Kita Matsue : *Ichibata Electric Railway,* pour Izumo, Taisha.

🚌 Autocars : pour Hiroshima, Izumo, Mihonoseki.

Agence de voyages : *J.T.B.,* Asahi machi (☏ 23-2020).

🍴 Spécialité : porcelaine de Sodeshi.

Achats :
Quartier commerçant : Higashihon avec la galerie commerçante Kyomise.

Matsuida, p. 581.
Matsukami, p. 219.
Matsumae, p. 379.

MATSUMOTO (Nagano ken), p. 379.

☏ 0263 ; — ✉ : Matsumoto (390) ; Asama Onsen (390-03) ; Usukushigahara Onsen (390-02).

Hébergement :

— A Matsumoto

Business Hôtels :
Matsumoto Tourist, 2-4-24, Fukashi (☏ 33-9000) 63 ch.
Matsumoto Town, 1-38, Chūō 2-chome (☏ 32-3339) 47 ch.

Minshuku :
Gendai, 2-6-6, Ote (☏ 32-4825), 10 ch.

— A Asama Onsen *(5 km N.)*

Ryokans :
🍴🍴🍴 *Hotel Omoto* Hongo mura, Higashi Chikuma gun (☏ 46-2385), 42 ch.
🍴🍴 *Hotel Izutsu,* Hongo mura, Higashi Chikuma gun (☏ 46-1120), 42 ch.
🍴 *Higashiyama Kanko Hotel,* Hongo mura, Higashi Chikuma gun (☏ 46-2200), 30 ch.

Auberge de jeunesse :
Asama Onsen, 237-3, Asama, Hongo mura, Higashi Chikuma gun (☏ 46-1335), 50 lits.

— A Utsukushigahara Onsen *(5 km E.)*

Ryokan :
🍴 *Utsukushigahara Onsen Hotel,* Satoyamabe (☏ 33-2141), 63 ch.

Aéroport : Matsumoto, à 10 km S.-O. (car) ; — vols *T.D.A.* pour Ōsaka.

✈ Compagnie aérienne : *Toa Domestic Airlines,* réservations (☏ 58-5925).

MARUIKE ONSEN — MINAKAMI 673

🚆 Chemins de fer : *J.N.R.,* pour Itoigawa, Nagano, Nagoya, Niigata, Ōsaka, Tōkyō ; — *Matsumoto Electric Railway* pour Shimashima.

🚌 Autocars : pour Kamikōchi, Nagano, Ōmachi, Takayama, Suwa.

Matsushima (Kumamoto ken), p. 596.
Matsushima (Miyagi ken), p. 509.
Matsushiro, p. 393.

MATSUYAMA (Ehime ken), p. 380.

📞 0899 ; ✉ 790.

ℹ️ Délégation départementale du Tourisme, gare de Matsuyama (📞 31-3914).

Hôtels :
¶¶ *Oku Dōgo,* 267, Sue machi (📞 77-1111), 266 ch. (94 jap.) ✕ ▥ 🅿 🅗 ≙ 🍵 📺 ⊡ bar, coiffeur, boutique, grand bain jap., bowling.

Ryokans :
¶¶ *Dōgo Kokusai Hotel Yamatoya,* 20-8, Dōgo Yuno machi (📞 41-1137), 97 ch. (11 occ.).
¶¶ *Funaya,* 1-33, Dōgo Yuno machi (📞 47-0278), 41 ch.
¶¶ *Juen,* 4-4, Dōgo Sagidani machi (📞 41-0161), 76 ch.

Business Hôtel :
Taihei, 3-1-15, Heiwa dōri (📞 43-3560), 85 ch.

Minshuku :
Matsuyama, 414-6, Yamagoe chō (📞 43-8386), 16 ch.

Auberge de jeunesse :
Shinsen en, 1-27, Dōgo Imaichi (📞 24-7760), 35 lits.

Aéroport : Yoshida, à 6 km O. (car) ; — vols *A.N.A.* pour Nagoya, Ōsaka, Tōkyō ; vols *T.D.A.,* pour Fukuoka, Miyazaki, Okayama.

✈ Compagnies aériennes : *All Nippon Airways,* réservations (📞 48-3131) ; — *Toa Domestic Airlines,* réservations (📞 48-3281).

⚓ Services maritimes :
— Depuis Mitsuhama *(8 km O. ; bus)* : *Ishizaki Kisen* ou *Seto Naikai Kisen,* pour Hiroshima, Kure ; —autres services pour Iwakuni, Ōita, Yanai.
— Depuis Takahama *(10 km N.-O. ; bus)* : *Ishizaki Kisen,* pour Hiroshima, Ikuchi jima, Kure, Omi shima, Onomichi, Ōsaki Kami jima, Ōsaki Shimo jima ; — *Kansai Kisen,* pour Beppu, Imabari, Kitakyushu, Kōbe, Osaka, Shodo shima, Takamatsu.
— Depuis Horie *(10 km N. ; car)* : services pour Kure.

🚆 Chemins de fer :
— Gare de Matsuyama : *J.N.R.* pour Takamatsu, Uwajima.
— Gare de Matsuyamashi : *Iyo Railway,* pour Iyo, Kawauchi, Takahama.

Téléphérique : de Shinonomeguchi à Katsuyama.

🚌 Autocars : pour Imabari, Kōchi, Niihama, Uwajima.

Excursion : pour Ishizuchi san.

Sports : golf *(Matsuyama Golf Club)* ; — port de plaisance : *Fuji Kanko Marina,* à Takahama (📞 52-1457).

Matsuzaki, p. 185.
Megi jima, p. 515.
Meiji mura, p. 256.
Mera, p. 522.
Mer Intérieure, p. 498.
Mihama (Aichi ken), p. 212.
Mihama (Fukui ken), p. 588.
Mihara yama, p. 267.
Mihono Matsubara, p. 507.
Mihonoseki, p. 378.
Mikata, p. 588.
Mikatahara, p. 211.
Mikkabi, p. 211.

MINAKAMI (Gumma ken), p. 382.

📞 02787 ; ✉ 379-16.

Ryokans :
¶¶¶ *Fujiya Hotel,* Minakami machi, Tone gun (📞 2-3270), 78 ch.
¶¶ *Hotel Juraku,* Minakami machi,

Tone gun (☎ 2-2521), 109 ch.
¶ *Sokai Hotel*, Minakami machi, Tone gun (☎ 2-2570), 71 ch.

🚂 Chemins de fer : *J.N.R.*, pour Akita, Kanazawa, Niigata, Tōkyō.

🚌 Autocars : pour Numata.

Minami Arapusu (parc national), p. 382.
Minami Arima, p. 594.
Minami Ashigara, p. 446.
Minami Awaji, p. 156.
Minami Chita, p. 212.
Minami Yabakei, p. 226.
Minatogawa, p. 456.
Mine, p. 252.
Mine Onsen, p. 185.
Minmaya, p. 147.
Minobu san, p. 314.
Mino Kamo, p. 383.
Minokoshi, p. 250, 524.
Misaki, p. 609.
Misasa Onsen (V. Kurayoshi), p. 327.
Mi shima, p. 206.

MISHIMA (Shizuoka ken), p. 383.

☎ 0559.

Business Hotel :
Mishima, 9-17, Kotobuki chō (☎ 72-0555), 60 ch.

🚂 Chemins de fer : *J.N.R., shinkansen*, pour Ōsaka, Tōkyō ; autres trains pour Shizuoka, Tōkyō ; — *Izu-Hakone Railway*, pour Shuzenji.

🚌 Autocars : pour Atami, Gotemba, Itō, Numazu, Odawara, Shimoda, Shūzenji.

Misumi (V. Unzen Amakusa), p. 596.
Mitake, p. 314.
Mitake jinja, p. 161.

MITO (Ibaraki ken), p. 384.

☎ : Mito (0292) ; Ōarai (029267) ; ✉ : Mito (311) ; Ōarai (311-13).

ℹ Délégation départementale du Tourisme, 5-38, Sannomaru 1-chome (☎ 21-8111).

Ryokan :
Oarai Park Hotel, Ōarai machi, Higashi Ibaraki gun (☎ 2171), 21 ch., à Ōarai *(12 km S.-E. ; car)*.

🚂 Chemin de fer : *J.N.R.*, pour Aomori, Fukushima, Hitachi Ōta, Iwaki, Kashima, Morioka, Sendai, Takasaki, Tōkyō.

🚌 Autocars : pour Choshi, Hitachi, Kashima, Shimodate, Utsunomiya.

Sports : golf : *Ōarai Golf Club.*

Mito hama, p. 185.
Mitsushima, p. 252.
Mitsuze, p. 483.
Miura, p. 385.
Miyakejima (V. Hiroshima), p. 224.
Miyakejima, p. 267.
Miyako, p. 479.
Miyako shotō, p. 385.
Miyanoshita, p. 179.

MIYAZAKI (Miyazaki ken), p. 386.

☎ : Miyazaki (0985) ; Aoshima (09856) ; — ✉ : Miyazaki (880) ; Aoshima (889-22).

ℹ Délégation départementale du Tourisme, 2-10-1, Higashi Tachibana dōri (☎ 24-1111).

Hébergement :
— A Miyazaki

Hôtels :
¶¶¶ *Phoenix*, 2-1-1, Matsuyama (☎ 23-6111), 118 ch. (22 jap.) ⋈ 📺 🍴 ☎ 🛁 ✂ 🛍 ⚽ 🅿 bar, coiffeur, boutiques, bowling.
¶¶¶ *Seaside Phoenix*, 3083, Hamayama, Shioji (☎ 39-1111), 194 ch. (96 jap.) ⋈ 📺 🍴 ☎ 🛁 🛍 ☎ 🛁 ⚽ 🅿 bar, coiffeur, boutiques, bowling.
¶¶ *Miyazaki Kanko*, 1-1-1, Matsuyama (☎ 27-1212), 200 ch. (97 jap.) ⋈ 📺 🍴 ☎ 🛁 ☎ 🛁 ⚽ 🅿 bar, boutique.
¶¶ *Plaza Miyazaki*, 1-1, Kawahara chō (☎ 27-1111 ; télex 77-7977), 155 ch. (28 jap.) ⋈ 📺 🍴 ☎ 🛁 ⚽ 🅿

Ryokans :
¶¶¶ *Hotel Kandabashi*, Tachibana dōri (☎ 25-5511), 107 ch.

¶¶¶ *Konanso,* Yodogawa chō
(☏ 51-5101), 65 ch.
¶¶¶ *Miyazaki Grand Hotel,* Matsuyama (☏ 22-2121), 31 ch.
¶¶ *Hotel Nihombashi,* Hiroshima
(☏ 24-5566), 36 ch.

Business Hotel :
Miyazaki Daiichi, 5-4-14, Tachibanadori (☏ 24-8501).

Auberge de jeunesse : *Miyazaki Ken Fujin Kaikan,* 3-10, Asahi; 1-chome (☏ 24-5787), 50 lits.

— A Aoshima *(16 km S.-E.)*

Ryokans :
¶¶¶ *Aoshima Kanko Hotel,* Minami Aoshima chō (☏ 65-1211), 81 ch.
¶¶¶ *Aoshima Park Hotel,* Kaeda (☏ 65-0111), 100 ch.

Minshuku :
Sasa, 4-4-6, Aoshima chō
(☏ 65-1383), 7 ch.

Aéroport : *Miyazaki,* 5 km S.-E. ; car ; — vols *A.N.A.* pour Kōchi, Kumamoto, Nagoya, Ōsaka, Tōkyō ; — *T.D.A.* pour Fukuoka, Matsuyama.

✈ Compagnies aériennes : *All Nippon Airways,* réservations (☏ 51-7291) ; — *Toa Domestic Airlines,* réservations (☏ 51-7295).

🚢 Compagnie maritime : *Kansai Kisen,* 167, Higashi 1-chome, Tachibana dōri (☏ 25-3324).

🚆 Chemins de fer : *J.N.R.,* pour Beppu, Fukuoka, Hiroshima, Kagoshima, Kanoya, Kitakyūshū, Kyōto, Miyakonojō, Ōsaka, Tōkyō.

Autocars : pour Kirishima Onsen, Miyakonojō, Nichinan, Saito.

Agence de voyages : *J.T.B.,* c/o Goto Shōji Bldg., Miyazaki eki (☏ 22-7147).

Manifestation : *Festival du sanctuaire de Miyazaki,* fin octobre.

MIYAZU (Kyōto fu), p. 387.
☏ 07722 ; ✉ 626.

Ryokans :
¶¶¶ *Gemmyōan,* Aza Monjū (☏ 2-2171), 32 ch.
¶¶ *Monjuso,* 510, Aza Monjū
(☏ 2-7111), 38 ch.

Auberge de jeunesse :
Amanohashidate, Manai, Nakano (☏ 7-0121), 60 lits.

🚢 Services maritimes : pour Ichinomiya, Ine.

🚆 Chemins de fer : *J.N.R.,* pour Fukui, Kanazawa, Kyōto, Maizuru, Ōsaka, Toyooka, Tsuruga.

🚌 Autocars : pour Fukuchiyama, Maizuru, Tango, Toyooka.

Mizukue, p. 167.
Mizushima (V. Kurashiki), p. 326.
Mogami gawa (rapides), p. 486.
Mogi, p. 400.
Moiwa yama, p. 492.
Moji (V. Kitakyūshū), p. 304.
Monobe, p. 408.
Monzen (Akita ken), p. 447.
Monzen (Ishikawa ken), p. 600.
Monzen (Tochigi ken), p. 254.

MORIOKA (Iwate ken), p. 388.
☏ : Morioka (0196); Tsunagi Onsen (019689); — ✉ 020.

ℹ Délégation départementale du Tourisme, 10-1, Uchimaru (☏ 51-3111).

Hôtels :
Royal Morioka, 1-11-11, Saien (☏ 53-1331), 98 ch. (2 jap.) ✈ ⌂ 🛏 📺 ≡ 🛁 📻 ⚙ ♪ ☐ Ⓟ ski, patinage, canotage.
¶¶ *Morioka Grand,* 1-10, Atagoshita (☏ 25-2111), 50 ch. (15 jap.) ✈ ⌂ 🛏 📺 ≡ 🛁 📻 Ⓟ bar, coiffeur, boutique.

Ryokans :
¶¶ *Hotel Taikan,* 37-1, Aza Yunodate, Tsunagi (☏ 89-2121), 102 ch.
¶ *Kadoya Hotel,* 1-13-14, Minami Odiri (☏ 24-2632), 15 ch.

Business Hotel :
Morioka Rifu, 18-5, Nasugawa chō (☏ 54-4151).

Restaurant :
Wakana (cuis. occ.), 1-3-33, Osawa, Kawahara (🕿 53-3333).

Aéroport : à **Hanamaki**, 32 km S. (car) ; V. ce nom.

✈ Compagnie aérienne : *Toa Domestic Airlines,* réservations (🕿 23-4141).

🚆 Chemin de fer : *J.N.R., shinkansen* pour Sendai, Tōkyō ; autres trains pour Akita, Aomori, Kamaishi, Kuji, Miyako, Sendai, Tōkyō, Yamagata.

🚌 Autocars : pour Kuji, Miyako, Sendai.

Excursions : pour le Parc national de Towada Hachimantai.

Agence de voyages : *J.T.B.,* 2, Nakanohashi, Uchimaru (🕿 51-3331).

Manifestation : **Chagu Chagu Umakko,* festival hippique au sanctuaire de Sozen, le 15 juin.

🛍 Spécialité : *Nembutetsu :* articles de fer (bouilloires).

Morizane Onsen, p. 226.
Morozaki, p. 212.
Motobu (V. Okinawa shotō), p. 457.
Moto Hakone, p. 180.
Motosu, p. 177.
Motosu ko, p. 177.
Motoura, p. 262.
Mōtsu ji, p. 241.
Mugi, p. 146.
Mukai jima, p. 461.
Mure, p. 516.
Murō, p. 487.
Murodo, p. 166.

MURORAN (Hokkaidō), p. 389.
🕿 0143.

Business Hotel :
Muroran Royal, 2-21-11, Nakashima machi (🕿 44-8421), 61 ch.

Auberge de jeunesse : *Muroran,* 3-12-2, Miyaki chō (🕿 44-3357), 96 lits.

⛴ Services maritimes : *Higashi Nihon Ferry,* pour Aomori, Ōma.

🚆 Chemins de fer :
— Gare de Higashi-Muroran : *J.N.R.,* pour Abashiri, Asahikawa, Hakodate, Kushiro, Muroran, Sapporo.
— Gare de Muroran : *J.N.R.,* pour Hakodate, Higashi-Muroran, Sapporo.

🚌 Autocars : pour Noboribetsu, Sapporo, Sobetsu, Tomakomai.

Muroto, p. 389.
Mutsu, p. 390.
Myōgi san, p. 581.
Myōjō ji, p. 208.

MYŌKŌ KŌGEN (Niigata ken), p. 390.
🕿 02558 ; ✉ 949-21.

Hôtel :
¶¶ *Akakura Kanko,* Myōkō Kōgen, Nakakubiki gun (🕿 7-2501), 53 ch. (23 jap.) 🍴 📺 📞 🛁 ⛄ 🅿 bar, grand bain jap., ski.

Ryokan :
¶ *Akakura Hotel,* Akakura Onsen, Myōkō Kōgen machi (🕿 7-2001), 80 ch.

🚆 Chemin de fer : Gare de Taguchi ; *J.N.R.,* pour Kanazawa, Niigata, Tōkyō.

🚌 Autocars : pour Nagano, Naoetsu.

Sports : sports d'hiver à **Myōkō Kokusai** (remonte-pentes), de la mi-décembre à fin avril (ski nocturne).

N

Naeba, p. 443.
Nagahama, p. 392.

NAGANO (Nagano ken), p. 392.
🕿 : Nagano (0262) ; Shinano (02625) ; — ✉ : Nagano (380) ; Shinano (389-13).

ℹ Délégation départementale du Tourisme, 692-2, Habashita, Minami Nagano (🕿 32-0111).

Hébergement :
— A Nagano

Hôtels :
¶¶¶ *Kokusai Kaikan,* 976, Agata machi (☎ 34-1111), 70 ch. (1 jap.)
¶¶ *Hotel Saihokukan,* 528-1, Agata machi (☎ 35-3333), 82 ch. (20 jap.)

Ryokan :
¶ *Saihokokukan,* 528, Agata machi (☎ 32-3161), 24 ch.

Business Hotels :
Aoki, 1356, Suehiro chō (☎ 26-1271).
Nagano Palace, 1326, Ishico Minami (☎ 26-2221).

— A Shinano *(25 km N.)*

Ryokans :
¶ *Kurohime Grand Hotel,* Shinano machi, Kamiminochi gun (☎ 5-3181), 34 ch.
¶ *Nodaya Hotel,* Shinano machi, Kamiminochi gun (☎ 8-2331), 16 ch.

Restaurant :
¶ *Nakajima Kaikan* (cuis. jap. et occ.), 1361, Suehiro chō, Minami Nagano (☎ 26-0175).

🚆 Chemins de fer : *J.N.R.* pour Itoigawa, Kanazawa, Nagoya, Naoetsu, Niigata, Ōsaka, Tōkyō ; — *Nagano Electric Railway,* pour Kijima, Yudanaka.

🚌 Autocars : pour Iiyama, Matsumoto, Myōkō Kōgen, Ōmachi, Shiga Kōgen, Tōkyō.

Excursions : pour Shiga Kōgen.

Agence de voyages : *J.T.B.,* Ekimae dōri, Suehiro chō (☎ 26-0267).

NAGASAKI (Nagasaki ken), p. 394.
☎ 0958 ; ✉ 850.

ℹ️ Délégation départementale du Tourisme, 2-13, Edo machi (☎ 24-1111) ; — Section de Tourisme de l'Hôtel de Ville, 2-22 Sakura machi (☎ 25-5151) ; — Centre commercial et du tourisme de Nagasaki, Nagasaki Sangyo Kotsu Kaikan (2ᵉ étage), 3-1 Daikoku machi (☎ 23-4041) ; — Office du tourisme : à la gare (☎ 22-1954).

Hôtels :
¶¶¶ *Nagasaki Tōkyū,* 18-1, Minami Yamate chō (☎ 25-1501), 230 ch. bar, boutiques.
¶¶¶ *New Nagasaki,* 14-5, Daikoku machi (☎ 26-6161), 60 ch. bar, coiffeur, boutiques, grand bain jap., bowling.
¶¶ *Nagasaki Grand,* 5-3, Manzai machi (☎ 23-1234) 70 ch. (3 jap.) bar, boutique.
¶¶ *New Oriental,* 5, Dekidaidu chō (☎ 22-3171) 29 ch.
¶¶ *New Tanda,* 2-24, Tokiwa machi (☎ 27-6121), 161 ch.
¶¶ *Parkside,* 14-1, Heiwa machi (☎ 45-3191), 54 ch. (2 jap.)

Ryokans :
¶¶¶ *Hakuunso,* Kajiya machi (☎ 26-6307), 40 ch.
¶¶¶ *Nagasaki Kanko Hotel Sumeikan,* Chikugo machi (☎ 22-5121), 106 ch.
¶¶¶ *New Hotel Chūōso,* Manzai machi (☎ 22-2218), 25 ch.
¶¶¶ *Yutaro,* Irabayashi machi (☎ 22-8166), 58 ch.
¶¶ *Nagasaki Kokusai Hotel Nisshokan,* Nishizaka machi (☎ 24-2151), 160 ch.

Business Hotels :
Nishikyūshū Daichi, 2-1, Daikoku machi (☎ 21-1711).
Harbor Inn Nagasaki, 8-17, Kabajima chō (☎ 27-1111).

Minshuku :
Matsushita, 6-36, Yayoi chō (☎ 23-3500), 7 ch.

Auberge de jeunesse :
Nagasaki, Tateyama chō (☎ 23-5032), 90 lits ; — *Nagasaki Oranda zaka,* 6-14, Higashi Yamate chō (☎ 22-2730), 55 lits.

Restaurants :
¶ *Chisan* (cuis. occ.), Manzai machi (☎ 26-9277).

¶ *Fuukiro* (cuis. jap.), Kami Nishiyama machi (☏ 22-0253).
¶ *Harpin* (cuis. occ.), Kōzen machi (☏ 22-7443).
¶ *Hashimoto* (cuis. jap.), Nakagawa machi (☏ 25-2001).
¶ *Okano* (tempura), Moto Shikkui machi (☏ 24-3048).
¶ *Shikairo* (cuis. chinoise), Kago machi (☏ 22-1296).
¶ *Toakaku* (cuis. chinoise), Kajiya machi (☏ 22-1251).

Aéroport : à Ōmura, 40 km N. (car) ; V. ce nom.

✈ Compagnies aériennes : *All Nippon Airways*, Matsumoto Bldg., 2-7, Tamae chō (☏ 23-8294) ; — *Japon Air Lines*, Sumitomo Seimei Nagasaki Bldg., 7-1, Manzai machi (☏ 22-4114).

⛴ Services maritimes : depuis Nagasaki : *Kyūshū Shōsen* pour Gotō rettō ; — depuis Mogi *(8 km S.-E.)* : *Kyūshū Shōsen*, pour Shimo shima (Amakusa shotō).

🚂 Chemins de fer : *J.N.R.* pour Beppu, Fukuoka, Kyōto, Ōita, Ōsaka, Sasebo, Tōkyō, Tosu.

🚋 Tramway : carte valable une journée « one-day free pass » à retirer à l'Office du tourisme.

🚌 Autocars : pour Beppu, Fukuoka, Kumamoto, Sasebo.

🚗 Locations de voitures : *Nippon*, Nagasaki eki, Daikoku machi (☏ 26-0480) ; — *Nissan*, Nagasaki ekimae, Daikoku machi (☏ 25-1988).

Agence de voyages : *J.T.B.*, 1-95, Oage-cho, Nagasaki eki (☏ 23-1261).

Visite de la ville : tous les matins de mars à novembre, départ depuis la gare (en anglais).

🕭 Spécialités : perles de culture, corail, carapaces de tortue.

Achats : Higashi Hamano dōri, Hamaichi dōri.

Manifestations : *Fête des Vingt-six martyrs*, 5 février ; — *Festival du Port*, 27-29 avril ; — *Peiron*, compétitions nautiques (fête d'origine chinoise), 1er et 2e dimanche de juin ; — *Bon matsuri*, 13-15 juillet ; — *Jour anniversaire de l'explosion atomique*, 9 août ; — *Abonchinou* au Sofukuji, 26-28 août ; — *Okunchi matsuri au sanctuaire de Suwa, 7-9 octobre.

Consulat : *France*, 3-10, Dejima (☏ 24-7147).

Nagasaki bana, p. 239.
Nagato, p. 400.
Nagatoro, p. 160.
Nagatsuro, p. 186.
Nago (V. Okinawa shotō), p. 457.
Nagoro, p. 250.

NAGOYA (Aichi ken), p. 400.

☏ 052 ; ✉ 450 à 466.

ℹ Délégation départementale du tourisme, 3-1-2, Sannomaru, Naka ku (☏ 961-2111).

Hôtels :
¶¶¶¶ *International*, 3-23-3. Nishiki, Naka ku (☏ 961-3111 ; télex 0444-3720), 263 ch. (7 jap.) 4 ⤫ 🎱 🍴 ♨ 🚗 📺 bar, coiffeur, boutiques, agence de voyage, salle de congrès (500 places).
¶¶¶¶ *Nagoya Castle*, 1-15, Hinokuchi chō, Nishi ku (☏ 521-2121 ; télex 0445-2988), 254 ch. (3 jap.) ⤫ 🎱 🍴 ♨ 📞 📺 🌊 📺 bar, coiffeur, boutiques, salle de congrès (2 000 places).
¶¶¶ *Meitetsu Grand*, 1-223, Sasashima chō, Nakamura ku (☏ 582-2211 ; télex 0442-2031), 242 ch.(2 jap.) 4 ⤫ 🎱 🍴 ♨ 📞 📺 📺 bar, coiffeur, boutique, bowling.

Ryokans :
¶¶¶ *Maizurukan*, 8, Kitanegi chō, Nakamura ku (☏ 541-1346), 24 ch.
¶¶ *Suihoen*, 4-1-20, Sakae, Naka ku (☏ 241-3521), 25 ch.

Business Hotels :
Nagoya Loren, 1-8-40, Nishiki, Naka ku (☏ 211-4581).
Daiichi Washington, 3-18-28, Nishiki, Naka ku (☏ 951-2111).

NAGASAKI — NAGOYA 679

Nagoya Crown, 1-8-33, Sakae, Naka ku (☏ 211-6633).

Auberges de jeunesse : *Kameiri*, Tashiro chō, Chigusa ku (☏ 781-9845), 100 lits ; — *YMCA*, 33 Nishi Kawabata 5-chome, Naka ku (☏ 31-3116) ; — *YWCA*, 1, Shin Sakae chō 2-chome, Naka ku (☏ 961-7707).

Restaurants :
¶¶ *Hasshokan Nakamise* (cuis. jap.), 2-12-20, Sakae, Naka ku (☏ 221-1801).
¶ *Kamome* (cuis. jap.), 2-7, Shirakabe chō, Higashi ku (☏ 931-8506).
¶ *Kawabun* (cuis. jap.), 2-12-19, Marunouchi, Naka ku (☏ 231-1381).
¶ *Suihoen* (cuis. jap. et chinoise), 4-1-20, Sakae, Naka ku (☏ 241-3521).
¶ *Taimeshiro* (cuis. jap.), 2-18-32, Nishiki, Naka ku (☏ 211-6355).

Aéroport : *Nagoya International*, à Komaki *(13 km N.)* ; car ; — vols *A.N.A.* pour Fukuoka, Hachijō jima, Kagoshima, Komatsu, Kumamoto, Matsuyama, Miyazaki, Ōita, Okinawa, Sapporo, Sendai, Shirahama, Tōkyō ; — vols *JAL*, pour Fukuoka et Tōkyō (3 fois par semaine) ; — vols *T.D.A.* pour Kochi.

Compagnies aériennes : *Air France*, 16-22, Meieki 3-chōme, Nakamura ku (☏ 551-4141) ; — *All Nippon Airways*, 223, Sasashima chō 1-chome, Nakamura ku (☏ 571-2301). — *Japan Air Lines*, Toyo Bldg. 14-16, 2-chome Meieki, Nakamura ku (☏ 563-4141) ; — *Sabena*, Chūbu Nippon Bldg., 1-1, Sakae 4-chome, Naka ku (☏ 251-1733) ; — *Swissair*, Meitetsu Grand Hotel, Room 352, 223, Sasajima chō 1-chome, Nakamura ku (☏ 582-6946) ; — *Toa Domestic Airlines*, 18-30, Nishiki 3-chome, Naka ku (☏ 261-4616).

Services maritimes : *Kinki Nippon Tourist Co.*, et *Shima Katsuura Kanko Steamship Co.*, pour Toba ; — *Meimon Car Ferry*, pour Kitakyūshū, Yokkaichi ; — *Nippon Kōsoku Ferry*, pour Kagoshima, Kōchi ; — *Taiheiyo Enkai Ferry*, pour Sendai, Tomakomai ; — autres services pour Ōita ; — services internationaux.

Chemins de fer :
— Gare de Nagoya : *J.N.R., shinkansen*, pour Fukuoka, Okayama, Ōsaka, Tōkyō ; autres trains, pour Fukuoka, Hamada, Ise, Kagoshima, Kameyama, Kumamoto, Kushimoto, Matsumoto, Nachi Katsuura, Nagano, Nagasaki, Niigata, Ōsaka, Sasebo, Shimonoseki, Shingū, Shirahama, Tamano, Tōkyō, — *Kinki Nippon Railway (Kintetsu)* pour Kashikojima, Ōsaka, Yunoyama Onsen ; — *Nagoya Railroad (Meitetsu)*, pour Gifu, Inuyama, Kowa, Tokoname, Toyohashi, Toyota, Tsushima.
— Gare de Horikawa : *Meitetsu*, pour Seto.
— Gare de Kami Iida : *Meitetsu*, pour Inuyama.

Métro : une ligne entre Nakamura kōen et Fujigaoka ; une ligne entre Ōzone et Nagoyako ou Aratama ; elles se croisent à Sakae.

Autocars : pour Gifu, Hamamatsu, Ise, Kōbe, Kyōto, Matsumoto, Ōsaka, Tōkyō.

Location de voitures : *Avis*, Nayabashi Parking Lot, Sakae 1-1701-1, Naka ku (☏ 221-8081) ; — *Hertz*, 1-12-19, Nishki, Naka Ku (☏ 231-6137) ; — *Nippon*, 2-44, Nagano chō, Nishiku (☏ 551-1976) ; — *Nissan*, 1-13, 4, Sakae, Naka ku (☏ 221-8195).

Excursion : pour Ise (en anglais) ; se renseigner auprès des hôtels.

Agence de voyages : *J.T.B.*, 1-3-3, Naeki, Nakamuru ku.

Spécialités : poteries *(Noritake)*

laques, papiers, éventails, instruments de musique, jouets.

Achats : quartiers de la gare, de Hirokoji et de Sakae machi.

Manifestations : *Festival des Hommes nus*, le 13 janvier, au sanctuaire de kanoyama ; — *Atsuta matsuri*, le 5 juin, à l'Atsuta jinja ; — *Festival du Port* les 20 et 21 juillet ; — *Festival de Nagoya* du 10 au 20 octobre, au parc de Higashi yama.

Sports : golf *(Nagoya Golf Club)* ; — **sumo** : *gymnase préfectoral d'Aichi*, 1-1 Ninomaru, Naka ku (tournois du 1er au 15 juillet).

Consulat : *France*, 2-9, Minami Ōtsu dōri, Naka ku (☏ 935-9221).

Nagoya (Saga ken), p. 295.
Naha (V. Okinawa shotō) p. 454.
Nakadomari, p. 457.
Nakadōri shima, p. 202.
Nakagusuku, p. 458.
Naka Karuizawa, p. 271.
Nakamura, p. 150.
Nakanojō, p. 499.
Nakano shima, p. 453.
Nakanoyu Onsen, p. 164.
Nakaoshi, p. 457.
Naka Shibetsu, p. 428.
Nakata, p. 265.
Nakatone, p. 474.
Nakayama, p. 380.
Nakoso (V. Iwaki), p. 265.
Namari Onsen, p. 212.
Nametoko keikoku, p. 599.
Nanao, p. 407.
Nangō, p. 429.
Nankoku, p. 408.
Nansei shotō, p. 408.
Naoetsu, p. 412.

NARA (Nara ken), p. 412.
☏ 0742 ; ✉ 630.

ⓘ Délégation départementale du Tourisme, Nobori Ōji chō (☏ 22-1101).

Hôtels :
¶¶¶ *Nara*, 1096, Takabatake chō (☏ 26-3 300, télex 5522-108)

73 ch. (5 jap.) ✕ ▥ ▦ ⊞ ⊒ ☏ ▣ ⌾ ✕ 🄿 bar, boutiques.
¶¶ *Yamatosanso*, 27, kawakami chō (☏ 26-10-11), ✕ ▥ ▦ ⊞ ⊒ ☏ ▣

Ryokans :
¶¶¶ *Nara park*, Horai chō (☏ 44-5255), 52 ch.
¶¶ *Kasuga Hotel*, Noborioji chō (☏ 22-4031), 48 ch.

Business Hotels :
Dai Gomon, 23, Minosho chō, Yamato Koriyama shi (☏ (07435) 3-7501).
Three Em, 2-257, Shibatsuji chō, (☏ 33-5656).

Auberge de jeunesse : Nara, Konoike Undokoen, Horen chō (☏ 22-1334), 200 lits.

Restaurants :
¶ *Edosan* (cuis. jap.), 1167, Takahata chō (☏ 26-2662).
¶ *Kusanoe* (cuis. jap.), 151, Rokujo Higashi chō (☏ 33-1017).
¶ *Garden Yamato* (cuis. jap. et occ.), 40-1, Noborioji chō (☏ 26-2266).
¶ *Kikusui* (cuis. jap. et occ.), 1130, Takahata Bodai chō (☏ 23-2001).
¶ *Sushitsune Honten* (sushi), 15, Hashimoto chō (☏ 22-2310).

🚆 Chemins de fer :
— Gare de nara : *J.N.R.*, pour Kameyama, Kyōto, nagoya, Ōji, Ōsaka, Shingū, Shirahama, Tōkyō, Yamato-Takada.
— Gare de Kintetsu-Nara : *Kinki Nippon Railway (Kintetsu)* pour Kyōto, Ōsaka.
— Gare de Saidaiji : *Kintetsu E.R.*, pour Kashikojima, Kyōto, Nara, Ōsaka, Tenri, Yoshino.

🚌 Autocars : pour Ikaruga, Kyōto, Ōsaka, Shingū.

🚗 Location de voitures : *Nippon*, Kintetsu-Nara eki, 1-1, Nakasuji machi (☏ 24-5701).

Agence de voyages ; *J.T.B.*, Kitagawa Bldg., Nishi Gomon chō (☏ 23-2525).

Visite de la ville : une journée

(en anglais ; départ depuis Kyōto).

Manifestations : *Fête de Yamayaki,* le 15 janvier, brûlage des herbes, sur le Wakakusa yama, commémorant la fin de la rivalité entre deux temples ; — *Setsubun* et *festival des lanternes* les 3 et 4 février au sanctuaire de Kasuga ; — *Omizutori,* le 12 mai au Nigatsu dō ; — *Festival de l'empereur Shōmu,* le 2 mai, au Todai ji ; — *Bon matsuri* et *festival des lanternes,* le 15 août, au sanctuaire de Kasuga ; — *coupe des bois des cerfs,* à la mi-octobre ; — *Bon matsuri,* le 17 décembre, au sanctuaire de Kasuga Wakamiya.

Spécialités : laques, poupées, éventails, masques de Nō, articles en cornes de cerfs, fouets à thé.

Achats : Sanjo dōri.

Narita, p. 426.
Naruko Onsen (V. Furukawa), p. 198.

NARUTO (Tokushima ken). p. 427.

✆ 08868 ; ✉ 772.

Ryokan :
¶¶ *Mizuno,* Muyachō Okazaki (✆ 5-4131), 33 ch.

Auberge de jeunesse :
Hayashisaki, Muya chō (✆ 6-4561), 50 lits.

Services maritimes :
— Depuis Naruto : *Atan Renraku Kisen,* pour Awaji shima.
— Depuis Ōge jima *(12 km N.)* : services pour Awaji shima, Kōbe.

Chemins de fer : *J.N.R.,* pour Tokushima.

Autocars : pour Kamiita, Takamatsu, Tokushima.

Manifestations : *Festival des cerfs-volants* entre juin et août ; — *Awa Odori,* à la mi août.

Naruto kaikyō, p. 428.

Nasu Yumoto, p. 328.
Natsuigawa, p. 266.
Naze (V. Amami shoto) p. 145.
Nejime, p. 294.
Nemuro, p. 428.
Nenokuchi, p. 583.
Nezamino toko, p. 303.
Nezugaseki, p. 589.
Nibukawa Onsen, p. 253.

NICHINAN (Miyazaki ken), p. 429.

✆ 09872 ; ✉ 888.

Chemin de fer : *J.N.R.* pour Beppu, Kanoya, Miyakonojō, Miyazaki, Shibushi.

Autocars : pour Kashima, Miyakonojō, Miyazaki.

Nichinan kaigan, p. 429.
Nihon dara, p. 512.
Niibo, p. 482.

NIIGATA (Niigata ken), p. 429.

✆ 0252 ; ✉ 951.

Délégation départementale du Tourisme, 1602, Gakkō chō (✆ 23-5511).

Hôtels :
¶¶¶ *Niigata,* 5-11-20, Bandai (✆ 45-3331) 112 ch. (14 jap.) ⨯ ⌨ ▦ ⊞ ▦ ☎ 📺 ⚭ ⇌ Ⓟ bar, coiffeur, boutiques.
¶¶ *Okura Niigata,* 6-53, Kawabata chō (✆ 24-61 11), 303 ch. (2 jap.) ⨯ ⌨ ▦ ⊞ ⇌ ☎ 📺 20 bar, coiffeur, boutiques.
¶¶ *Niigata Toei,* 2-1-6, Benten chō (✆ 44-7101), 46 ch. (13 jap.) ⨯ ⌨ ▦ ⊞ ⇌ ☎ 📺 bar, bowling.

Ryokan :
¶¶ *Onoya,* 981, Furumachi dori, Rokuban chō, (✆ 29-2951), 24 ch.

Business Hotels :
Aster, Niban chō, Higashi Nada dōri (✆ 28-4033).
Niigata Station, 1-2-10, Benten chō (✆ 43-51-51).

Restaurants :
¶ *Atarashiya* (cuis. jap.), Furumachi dōri (✆ 22-2712).

¶ *Ikinaritei* (cuis. jap.), 573, Nishi Ohata chō (☏ 23-1188).
¶ *Kinshabu* (Shabu-Shabu), 620, Nishi Ohata chō (☏ 23-4326).
¶ *Nabejaya* (cuis. jap.), Hachiban chō, Higashihori dori (☏ 22-6131).

Aéroport : Niigata à 9 km N.-E. *(car)* ; — vols *A.N.A.*, pour Komatsu, Sapporo ; — vols *T.D.A.*, pour Ōsaka, Tōkyō ; — vols internationaux *JAL* et *Aéroflot* pour Khabarovsk (U.R.S.S.).

✈ Compagnies aériennes : *All Nippon Airways*, réservations (☏ 44-5812) ; — *Japan Air Lines*, Teiseki Bldg., 1-3-1, Higashi Ō dōri (☏ 41-4611) ; — *Toa Domestic Airlines*, réservations (☏ 47-1600).

⚓ Services maritimes : *Sado Kisen* pour Sado.

Chemins de fer :
— Gare de Niigata : *J.N.R.*, shinkansen pour Tōkyō ; autres trains pour Akita, Aomori, Kanazawa, Kōri-yama, Nagaoka, Naoetsu, Ōsaka, Sendai, Tōkyō.
— Gare de Kenchō : *Niigata Kōtsu* pour Tsubame.

🚌 Autocars : pour Kashiwazaki, Murakami, Nagaoka, Niitsu, Shibata.

Agence de voyages : *J.T.B.*, 959 Rokuban chō, Kamachi dōri (☏ 22-4141).

Manifestation : *Festival de Niigata* du 21 au 23 août, notamment au Bandai Ōhashi.

Niijima, p. 267.
Nii Katsuura (V. Yoshino Kumano), p. 622.

NIKKŌ (Fukushima et Tochigi ken, Parc national de), p. 432.

Hébergement :
— A Chūzenji
☏ 0288 ; ✉ 321-16.

Hôtel :
¶¶ *Chuzenji Kanaya*, 2482 Chūgushi (☏ 55-0356), 33 ch. (1 jap.) ✕ ▥ ▦ ⊿ ☎ ▣ ♪ Ⓟ ski.

Ryokans :
¶¶ *Chūzenji Hotel*, Chūzenji Onsen (☏ 5-0333), 121 ch.
¶ *Izumiya*, Chūzenji Onsen (☏ 5-0340), 38 ch.

— A Nasu Onsen
V. Imaichi

— A Nikkō
☏ 0288 ; ✉ 321.

Hôtel :
¶¶¶ *Nikkō Kanaya*, 1300, Kami Hatsuishi chō (☏ 54-0001 ; télex 3544-451), 94 ch. ✕ ▥ ▦ ⊿ ☎ ▣ ▣ ▣ ✕ Ⓟ bar.

Minshuku :
Rindo-No-Ie, Tokorono (☏ 3-0131), 5 ch.

Auberge de jeunesse :
Nikkō, Tokorono (☏ 54-1013), 50 lits.

— A Shiobara Onsen
V. Kuroiso

— A Yumoto Onsen
☏ 028862 ; ✉ 321-16.

Ryokan :
¶¶ *Oku Nikkō Onsen Hotel*, Yumoto Onsen (☏ 2441), 24 ch.

Niko kyō, p. 327.
Nimoshiri, p. 148.
Nippara (grotte), p. 162.
Nirayama Onsen, p. 183.
Nishibetsu, p. 428.
Nishi Chūgoku Sanchi (parc naturel), p. 225.
Nishi Iyayama, p. 250.
Nishikiga ura, p. 154.
Nishi Mikawa, p. 482.
Nishinomote, p. 473.
Nishino shima (Shimane ken), p. 453.
Nishino shima (Tōkyō to), p. 449.
Nishiumi, p. 150.
Nishiura Onsen, p. 199.

NOBEOKA (Miyazaki ken), p. 441.
☏ : Nobeoka (09823) ; Takachiho (09827) ; —
✉ : Nobeoka (882) ; Takachiho (882-11).

Hébergement :
— A Nobeoka

Ryokan :
¶¶¶ *Hotel Kisetsuen,* Kitakōji (✆ 3-6688), 30 ch.

— A Takachiho *(56 km N.-O.)*

Ryokan :
¶¶¶ *Hotel Shinshū,* Takachiho chō, Nishi Usuki gun (✆ 2-3232), 55 ch.

Auberge de jeunesse :
Takachiho, 5899-2, Tochimata, Mitai, Nishi Usuki gun (✆ 2-3021), 60 lits.

🚆 Chemins de fer : *J.N.R.,* pour Beppu, Fukuoka, Hiroshima, Kagoshima, Kyōto, Miyakonojō, Miyazaki, Ōsaka, Takachiho, Tōkyō.

🚌 Autocars : pour Aso, Hyūga, Kitaura.

Noboribetsu (V. Shikotsu Toya), p. 505.
Noborito, p. 301.
Noda, p. 478.
Nojiri ko, p. 394.
Noma, p. 212.
Nonakado, p. 583.
Nonoichi, p. 209.
Nopporo (Parc préfectoral), p. 493.
Norikura dake, p. 165.
Noro san, p. 327.
Nosappu misaki, p. 428.
Noshappu misaki, p. 603.
Noto, p. 601.
Noto Kongō, p. 208.
Noto shima, p. 407.
Notoro misaki, p. 137.
Nozawa Onsen, p. 243.
Nukabira, p. 169.
Numata, p. 442.

NUMAZU (Shizuoka ken), p. 443.

✆ 0559 ; ✉ 410.

Ryokan :
¶¶¶ *Hakkoen,* 1838, Higashi Hongo chō, Kami kanuki (✆ 31-1331), 11 ch.

Restaurant :
¶ *Chikuei* (cuis. jap.), 119, Agetsuchi chō (✆ 62-1521).

⛴ Services maritimes : pour Heda, Matsuzaki, Mito, Toi.

🚆 Chemins de fer : *J.N.R.,* pour Kōzu, Shizuoka, Tōkyō.

🚌 Autocars : pour Fujinomiya, Fuji Yoshida, Hakone, Shimoda.

Sports : port de plaisance de *Numazu Marina* (✆ 39-0421).

Nyorin ji, p. 524.

O

Ōami, p. 254.
Ōarai (O. Mito), p. 384.

OBAMA (Fukui ken), p. 444.

✆ 07705 ; ✉ 917.

Ryokan :
Seihinkan, 75, Hioshi (✆ 2-0030), 21 ch.

Auberge de jeunesse :
Obama, Aoi (✆ 2-2158), 60 lits.

🚆 Chemins de fer : *J.N.R.,* pour Kanazawa, Ōsaka, Toyooka, Tsuruga.

🚌 Autocars : pour Imazu, Miyazu, Tsuruga.

🍴 Spécialités : objets laqués de Wakasa.

Obama (Nagasaki ken), p. 595.
Ōbe, p. 513.

OBIHIRO (Hokkaidō), p. 444.

✆ : Obihiro (01552) ; Tokachigawa Onsen (015546) ; —
✉ : Obihiro (080) ; Tokachigawa Onsen (080-02).

Hébergement :
— A Obihiro

Hôtel :
Grand Hotel, Minami 3-chome, Nishi Nijo (✆ 22-4181), 78 ch. (4 jap.) ⋈ 🏨 🎢 🎲 🚿 🈁 sauna.

Business Hotel :
Green, 6, Miami 12-chome, Nishi Jyo (✆ 26-1111).

Auberge de jeunesse :
Obihiro, 6, Minami 15-chome, Higasni Nijō (✆ 22-7000), 85 lits.

— A Tokachigawa *(11 km E.)*

Ryokan :
Sasai Hotel, Tokachigawa Onsen, Otofuke chō (☎ 2211), 72 ch.

Aéroport : Obihiro, à 7 km S.-O. *(car)* ; — vols *T.D.A.* pour Sapporo, Tōkyō.

✈ Compagnie aérienne : *Toa Domestic Airlines*, Minami 12-chome, Nishi Ichijō (☎ 3-8011).

🚆 Chemin de fer : *J.N.R.*, pour Hakodate, Hiroo, Kushiro, Sapporo, Tokachi Mitsumata.

🚌 Autocars : pour Akan ko, Hidaka, Hiroo, Kushiro, Shikaribetsu ko.

Ōboke, p. 250.
Ōbuke, p. 584.
Ōda, p. 445.
Odaito, p. 428.
Odawara, p. 445.
Ōdō kaigan, p. 150.
Ōfuna, p. 228.
Ōfunato (V. Rikuchu Kaigan), p. 479.

OGA (Akita ken), p. 446.

☎ : Oga (01852) ; Kitaura (018533) ; — ✉ : Oga (010) ; Kitaura (010-06).

Hébergement :
— A Kitaura *(13 km N.-O.)*

Ryokans :
¶¶¶ *Oga Prince Hotel*, 70, Aza Ichinomorishita, Kitaura Yumoto (☎ 33-2161), 43 ch.
¶ *Oga Hotel*, 13-1, Aza Kusahihara, Kitaura Yumoto (☎ 33-3101), 68 ch.

Auberge de jeunesse :
Oga, Nakazato, Kitaura Yumoto (☎ 3125).

🚆 Chemin de fer : gare de Funagawa : *J.N.R.*, pour Akita.

🚌 Autocars : pour Akita, Noshiro.

Excursions : Oga Bus, autour de la presqu'île d'Oga.

Manifestations : *Festival Seto*, au sanctuaire de Shinzan du 13 au 15 février ; — **Festival Namahage*, le 31 décembre, dans toute la presqu'île.

Ōga Onsen, p. 446.
Ogaki, p. 447.

OGASAWARA SHOTŌ (Tōkyō, parc national d'), p. 448.

Hébergement :
— A Chichi jima
☎ 0106

Ryokans :
¶¶ *Ogasawara Kanko Hotel*, Okumura, Ogasawara mura (☎ 337-7541), 21 ch.
¶ *Ogasawara Kaikan*, Chichi jima, Ogasawara mura (☎ 337-7541), 33 ch.

Ogi (V. Sado), p. 482.
Ogisawa, p. 165.
Ōgoe, p. 317.
Ogoto, p. 477.
Ōhara, p. 370.
Ōhata, p. 390.
Ōhidarai, p. 179.
Ōhito, p. 184.
Oirase keiryū, p. 584.
Ōiso, p. 218.

ŌITA (Ōita ken), p. 449.

☎ 0975 ; ✉ 870.

🛈 Délégation départementale du Tourisme : 3-1-1, Ōte machi (☎ 36-1111).

Hôtels :
¶¶¶ *Ōita Dai ichi*, 1-1-1, Funai chō (☎ 36-1388), 162 ch. ✈ 📺 📶 🅿 ≡ 🛏 📺 ⓘ coiffeur, bar, boutiques.
¶¶¶ *Ōita Nishitetsu Grand*, 1-92, Maizuru machi (☎ 36-1181 ; télex 07722-86), 221 ch. (5 jap.) ✈ 📺 📶 🅿 ≡ 🛏 📺 ✕ ✱ coiffeur, boutiques, salle de congrès (250 places).
¶¶ *Central*, 1-4-28, Funai chō (☎ 36-2777), 112 ch. ✈ 📺 📶 🅿 ≡ 🛏 📺 ⚘ 🎵 🅿

Business Hotel :
Ōita Orient, 3-9-28, Funai chō (☎ 32-8238), 107 ch.

Aéroport : Aki, à 26 km N. ; service d'aéroglisseur et autocar ; — vols *A.N.A.* pour

Nagoya, Ōsaka ; — vols *T.D.A.* pour Kagoshima, Tōkyō.

✈ Compagnies aériennes : *All Nippon Airways*, Kōwa Bldg., 4-20, 3-chome, Funai chō (☏ 35-0727) ; — *Toa Domestic Airlines*, réservations (☏ 35-2150).

🚢 Services maritimes :
— Depuis Ōita ko (gare de Nishi Oita) : pour Kōbe, Matsuyama, Nagoya.
— Depuis Ōaza *(3 km N.-E. d'Ōita eki ; bus)* : aéroglisseur pour Beppu et aéroport d'Ōita. V. aussi **Beppu**.

Compagnie maritime : *Ōita Hover ferry*, 1309-206, Oaza Imazura (☏ 58-7180).

🚆 Chemins de fer : *J.N.R.*, pour Beppu, Fukuoka, Hiroshima, Kagoshima, Kitakyūshū, Kumamoto, Kyōto, Misumi, Miyakonojō, Miyazaki, Nagasaki, Ōsaka, Tōkyō.

🚌 Autocars : pour Aso, Beppu, Fukuoka, Hita, Usuki.

Manifestations : *Tsurusaki Odori*, les 18 et 19 août ; — *Kakuno ichi*, procession costumée entre le 1er et le 11 septembre.

OKAYAMA (Okayama ken), p. 450.

☏ 0862 ; ✉ 700.

ℹ️ Délégation départementale du Tourisme, 2-4-6, Uchisange (☏ 24-2111).

Hôtels :
¶¶¶ *New Okayama*, 1-1-25, Ekimae chō (☏ 23-8211), 82 ch. (2 jap.) ✗ 🎞 🍽 🎚 🛁 📺 coiffeur, boutique.

¶¶ *Okayama Grand*, 2-10, Funabashi (☏ 33-7777), 31 ch. (3 jap.) ✗ 🎞 🍽 🎚 🛁 ☎ 📺 P

¶¶ *Okayama Plaza*, 116, Hama (☏ 72-1201), 85 ch. (2 jap.) ✗ 🎞 🍽 🎚 🛁 ☎ 📺 bar, coiffeur, boutique.

Ryokan :
¶¶ *Shinmatsunoe*, Ifuku chō (☏ 52-5131), 53 ch.

Ishiyama Kadan, Marunouchi (☏ 25-4801), 40 ch.

Business Hotels :
Okayama New Station, 18-9, Ekimoto chō (☏ 53-6655).
Okayama Park, 2-5-12, Tomachi (☏ 32-1101).

Restaurant :
Koraku (cuis. jap.), 2-1-25, Marunouchi (☏ 22-6781).

Aéroport : Okayama, à 8 km S. *(bus)* ; — vols *A.N.A.* pour Tōkyō ; — *T.D.A.* pour Matsuyama.

✈ Compagnies aériennes : *All Nippon Airways*, réservations (☏ 24-3381) ; — *Toa Domestic Airlines*, réservations (☏ 63-2711).

🚢 Services maritimes : *Nambi Marime Transport Co.*, pour Shōdō shima, Takamatsu ; — *Ryobi Unyū Steamship Co.*, pour Shōdo shima.

Compagnie maritime : *Ryōbi Unyū Steamship Co.*, Okayama ko (☏ 62-3155).

🚆 Chemins de fer :
— Gare d'Okayama : *J.N.R.*, shinkansen pour Fukuoka, Ōsaka, Tōkyō ; autres trains pour Fukuoka, Hamada, Hiroshima, Izumo, Kagoshima, Kumamoto, Kyōto, Masuda, Miyakonojō, Miyazaki, Nagasaki, Ogōri, Ōita, Ōsaka, Sasebo, Shimonoseki, Tamano, Tōkyō, Tottori, Yonago.
— Gare d'Ōmoto : *J.N.R.*, pour Okayama Tamano ; — *Okayama Dentetsu*, pour Okayama ko.

🚌 Autocars : pour Kurashiki, Niimi, Sōja, Tamano, Tsuyama.

Excursion : Kurashiki et Washū zan.

Agence de voyages : *J.T.B.*, J.T.B. Bldg., 1-7-36 Omote machi (☏ 32-9111).

🎁 Spécialités : porcelaine de Bizen ; tapis de corde de chanvre ; raisin muscat.

RENSEIGNEMENTS PRATIQUES

Achats : autour de la gare, dans les grands magasins *(Daimaru, Takashimaya)* et sur Marunouchi.

Sports : port de plaisance de *Daido Marina* (☎ 62-2947).

Okazaki, p. 452.
Okinajima, p. 255.
Okinawa jima, p. 454.
Okinawa kaigan, p. 456.
Okinawa Senseki, p. 456.

OKINAWA SHOTŌ (Okinawa), p. 454.

☎ : Koza (0989) ; Motobu (09804) ; Nago (09805) ; Naha (0988) ; — ✉ : Nago (905) ; Naha (902).

ℹ️ Délégation départementale du Tourisme : Naha, 1-2-32, Izumizaki (☎ 55-4209).

Hébergement :
— A Naha

Hôtels :
¶¶¶ *Okinawa Grand Castle*, 1-132-1, Yamakawa chō, Shuri (☎ 86-5454), 304 ch. (1 jap.) 5 ⋈ 🛏 🍴 📺 🅿 🏧 🅿 bar, boutiques, bowling.
¶¶¶ *Okinawa Harbour View*, 2-46, Izumizaki (☎ 53-2111 ; télex 79-5236), 341 ch. (5 jap.) ⋈ 🛏 🍴 📺 🅿 🏧 🅿.
¶¶¶ *Okinawa Miyako*, 40, Asa Matsukawa (☎ 87-1111), 334 ch. 4 ⋈ 🛏 🍴 📺 🅿 🏧 🅿 bar, boutiques.
¶¶¶ *Moon Beach* (☎ 65-1020 ; télex 795-603), 475 ch. (67 jap.) ⋈ 🛏 🍴 📺 🅿 🏧 🅿 bars, coiffeur, boutiques.
¶¶ *Seibu Orion*, 1-2-21, Asato (☎ 66-5533), 219 ch. ⋈ 🛏 🍴 📺 🅿 🏧 🅿 voile, pêche.

Auberges de jeunesse :
Naha, 51, Onoyama-chō, Naha (☎ 57-0073), 100 lits ; —
Tamazono-so, 54, Asato, Naha (☎ 33-5377), 30 lits.

— A Koza *(24 km N.-E. de Naha)*

Hôtels :
¶¶¶ *Okinawa Hilton*, 1478 Kita Nagagusuku (☎ 38-1566), 188 ch. ⋈ 🛏 🍴 📺 🅿 🏧 🅿 bar, coiffeur, boutiques.
¶¶ *Koza Kanko*, Moronizato (☎ 37-1173), 75 ch. ⋈ 🛏 🍴 📺 🅿 🏧 bar.
¶¶ *Kyōto Kanko*, 285 Uechi (☎ 37-1125), 94 ch. ⋈ 🛏 🍴 📺 🅿 🏧 🅿 bar.

— A Motobu *(81 km N. de Naha)*

Hôtel :
Okinawa Royal View, 938, Ishikawa, Motobu chō, Kunigami gun (☎ 8-3631), 92 ch. ⋈ 🛏 🍴 📺 🅿 🏧 🅿 voile, canotage, pêche.

— A Nago *(64 km N.-E. de Naha)*

Hôtel :
¶¶ *Futabaso*, 297, Nago (☎ 2-2828), 43 ch. ⋈ 🛏 🍴 📺 🅿 🏧 🅿

✈ Aéroports :
Okinawa : *Naha,* à 4 km S. de Naha (bus) ; — vols *A.N.A.* pour Anami Ōshima, Fukuoka, Kagoshima, Nagoya, Ōsaka, Tōkyō ; vols *J.A.L.*, pour Fukuoka, Ōsaka, Tōkyō ; vols *Swal*, pour Ishigaki jima, Kume jima, Miyako jima, Minami Daitō jima ; vols *internationaux.*
Kume jima : *Goshikawa* ; — vols *Swal* pour Okinawa.
Minami Daitō jima : *Minami Daitō* ; — vols *Swal* pour Okinawa.

Compagnies aériennes :
Koza : *Japan Air Lines,* Awase Meadows Shopping Center, 202, Aza Yamasato (☎ 37-3401).
Naha : *All Nippon Airways*, Ryūkyū Seimei Bldg., 3-1-1, Kumoji (☎ 34-2620) ; — *Japan Air Lines,* Kokuba Bldg., 3-21-1, Kumoji (☎ 62-3311) ; — *Southwest Airlines,* Naha Airport Terminal Bldg., 306-1, Aza Kagamizu (☎ 57-2114).

⚓ Services maritimes :
— Okinawa shotō :

De Naha : *Port de Naha :*
Ōshima Unyū pour Amami
Ōshima, Kagoshima, Kōbe,
Okino erabu jima, Tokuno
shima, Tōkyō, Yoron jima ; —
Shokoku Yusen, pour Amami
Ōshima, Kagoshima, Okino
erabu jima, Tokuno shima ; —
services internationaux. — *Port
de Naha-Tomari :* services pour
Ishigaki jima, Kume jima,
Miyako jima, Tokashiki jima,
Zamami shima ; — aéroglisseur
pour le site de l'Expo 75.
De Motobu *(Toguchi) :* services
pour le shima, Iheya jima, Izena
jima.
De Sashiki : service pour
Kudaka jima.
De Yonagusuku *(Yakena) :*
services pour Hamahiga jima,
Henza jima, Ikei jima, Miyaga-
suku jima, Tsuken jima.
— Iheya-Izena shotō :
Services d'Iheya et d'Izena à
Okinawa (Motonobu).
— Kerama rettō :
Services de Tokashiki et
Zamami à Okinawa (Naha).
— Kume jima :
Service de Nakazato à Okinawa
(Naha).
— Daitō shotō :
Services entre Kita Daitō et
Minami Daitō jima.

Autocars : à Okinawa, pour
l'ensemble de l'île ; gare routière à Nishi Hon chō.

Excursions : *Nahakotsu* et
Ryūkyū Bus pour Okinawa
Senseki, Gyokusen dō, Hedo
misaki.

Locations de voitures :
Naha : *Nippon,* 42-3, Asahi
machi (℡ 33-0913) ; — *Nissan*
2-15-7 Kumoji (℡ 33-2882).

Agence de voyages :
Naha : *J.T.B.,* Asahi Seimei
Okinawa Bldg., 2-14, Kumoji.

Spécialités : céramiques, bijoux
de corail, objets laqués, textiles
(kasuri et *bingata),* verroterie ;
cuisine à base de porc.

Manifestations : défilé des
geisha de Tsuji (Naha), en
décembre ou janvier ; — *Festival Harii* (courses de bâteau) à
Itoman, Naha, Yanbaru, en été ;
— *Festival Eisa* (tir à la corde) à
Itoman, Naha, Yohahara, en
été ; — combats de taureaux ;
— nombreuses danses folkloriques.

Sports : karate et autres sports
à mains nues typiques d'Okinawa ; — plongée sous-
marine : *Naha Suien,* Naha
(℡ 55-0434).

Okino erabu jima, p. 145.
Okino shima, p. 150.
Okino Tōri shima, p. 449.
Oki shotō, p. 452.
Okitsu, p. 507.
Oku, p. 458.
Oku Noto Kongo, p. 601.
Okushiri tō, p. 171.
Okutsu, p. 590.
Okuyukiusu, p. 428.
Ōma, p. 390.
Ōmachi Onsen, p. 165.
Omae zaki, p. 506.
Ōmagari, p. 458.
Ōmi, p. 190.
Ōmi Hachiman, p. 459.
Ōmi shima (Ehime ken),
p. 253.
Ōmi shima (Yamaguchi ken),
p. 400.
Ōmiwa jinja, p. 486.
Omogo, p. 381.
Omoshiro yama, p. 606.
Omoto, p. 479.
Ōmura, p. 460.
Onagawa, p. 263.
Ondo, p. 328.
Ō Nejime, p. 294.
Onigajō, p. 621.
Oniike, p. 596.
Onioshidashi, p. 271.
Onneyu Onsen, p. 169.
Onoaida, p. 474.
Onogawa Onsen, p. 618.

ONOMICHI (Hiroshima ken),
p. 460.

℡ 0848 ; ✉ 722.

Ryokans :
Hotel Kinkaen, Nishi Tsuchido
chō (℡ 22-7151), 12 ch.
Nishiyama Bekkan, Sanba chō
(℡ 22-3145), 13 ch.

Senkojisango, Nishi Tsuchido chō (☎ 22-7168), 31 ch.
Takamisanso, Mukaishima chō (☎ 44-1710), 21 ch.

Auberge de jeunesse : *Onomichi Yuai sanso,* Senkoji kōen (☎ 22-5554), 70 lits.

⛴ Services maritimes : *Innoshima Steamship Co.,* pour Habu, Imabari ; — *Seto Naikai Steamship Co.,* pour Ikuchi jima, Imabari, Matsuyama, Omi shima, Niihama, Tadotsu, Tomo.

🚂 Chemins de fer : *J.N.R.,* pour Fukuoka, Kagoshima, Kumamoto, Kyōto, Nagasaki, Ōita, Okayama, Ōsaka, Sasebo, Shimonoseki, Tōkyō.

🚌 Autocars : pour Fukuyama, Hiroshima, Miyoshi, Mukai shima.

Manifestation : Fête du port, au début avril.

Ontake san, p. 303.
Ōnuma kōen (V. Hakodate), p. 207.
Onyū, p. 444.
Orofure tōge, p. 461.

ŌSAKA (Ōsaka fu), p. 461.
☎ 06 ; ✉ 530 à 556.

ℹ️ Délégation départementale du Tourisme, 2, Ōtemaeno chō, Higashi ku (☎ 345-2189).

Hébergement :
— Abeno ku
Hôtel :
¶¶ *Echo Osaka,* 1-4-7, Abeno suji, Abeno ku (☎ 633-1141), 83 ch. (1 jap.) ⋈ 🎞 🍴 📺 🛁 bar, boutique.

Ryokan :
Mikasa, Asahi machi, Abeno ku (☎ 641-0293), 22 ch.

— Higashi ku
Hôtels :
¶¶¶¶ *International,* 58, Hashizume chō, Uchihon machi, Higashi ku (☎ 941-2661 ; télex 529-3415), 394 ch. (3 jap.) 7 ⋈ 🎞 🍴 📺 🛁 ☎ 📺 ❄ 📷 bar, coiffeur, boutiques, salles de congrès (1 300 places).

¶¶¶ *Ōsaka Castle,* 2-35, Kyōbashi, Higashi ku (☎ 942-2401 ; télex 529-8505), 90 ch. ⋈ 🎞 🍴 📺 🛁 ☎ 📺 ❄ bar, boutiques.

Ryokans :
¶¶¶ *Hotel Hishitomi,* Hon machi Higashi ku (☎ 261-1112), 23 ch.
¶¶ *Ōnoya,* 1-16, shima-machi, Higashi-ku (☎ 942-3745).

— Higashi Sumiyoshi ku

Auberge de jeunesse :
Osaka Nagai, 450, Higashi Nagai chō, Higashi Sumiyoshi ku (☎ 699-5631), 108 lits.

— Higashi Yodogawa ku

Ryokan :
¶¶ *Shin Ōsaka Biwako Hotel,* Jyūso Higashino chō, Higashi Yodogawa ku (☎ 301-8537), 29 ch.

Business Hôtel :
Shin-Osaka Sen-I City, 2-2-17, Nishimiyahara, Yodogawa ku (☎ 363-1201).

— Kita ku

Hôtels :
¶¶¶¶¶ *Royal,* 2-1, Tamae chō, Kita ku (☎ 448-1121 ; télex 563350), 1 600 ch. (15 jap.) 9 ⋈ 🎞 🍴 📺 🛁 ☎ 📺 ❄ 📷 📺 bar, coiffeur, boutiques, hammam, salle de congrès (2 000 places).
¶¶¶ *Hanshin,* 8, Umeda chō (☎ 344-1661 ; télex 523-4269), 241 ch. (2 jap.) ⋈ 🍴 🎞 📺 🛁 ☎ 📺 ❄ bar, coiffeur, boutiques.

Ryokan :
¶¶¶ *Osaka Dai ichi Hotel Bekkan* Taiyuji chō (☎ 312-8181), 15 ch. **Y.M.C.A.** : 13, Nishi Ogi machi, Kita ku (☎ 361-0838).

Business Hôtel :
Osaka Green, 3-11, Kita dori, Nishi Nagahori, Kita-ku (☎ 532-1091).

— Minami ku
Ryokans :
¶¶¶ *New Naniwa Hotel,* Yamato chō, Minami ku (☎ 213-1241), 25 ch.
¶¶ *Daikokyya Honten,* Soemon

chō, Minami ku (☏ 211-4819), 20 ch.

¶ *Kamenoi,* Uchiandoji dōri, Minami ku (☏ 761-2271), 19 ch.

— Miyakojima ku

Hôtel :
¶¶ *Ōsaka Riverside,* 5-10-160, Nakano chō, Miyakojima ku (☏ 928-3251), 102 ch. (6 jap.) ✕ ▥ ▦ ▤ ⌐ ☎ ☑ ✻ Ⓟ bar, coiffeur, boutiques, grand bain jap.

— Naniwa ku

Ryokan :
¶¶¶ *Hotel Ichiei,* Shinkawa, Naniwa ku (☏ 641-2525), 20 ch.

— Nishi ku

Ryokan :
Gaen, Kitahorie Miike dōri, Nishi ku (☏ 541-0433), 20 ch.

Business Hôtel :
New Oriental, 2-6-10, Nishi Honmachi, Nishi ku (☏ 538-7141).

Auberge de jeunesse :
Y.M.C.A., 12, Tosabori 2-chome, Nishi ku (☏ 441-0892).

— Oyodo ku

Hôtels :
¶¶¶¶¶ *The Plaza,* 2, Minami Oyodo, Oyodo ku (☏ 453-1111 ; télex 524-5557), 581 ch. (5 jap.) 3 ✕ ▥ ▦ ▤ ⌐ ☎ ☑ ✻ ⊟ Ⓟ bar, coiffeur, boutiques, bowling, salle de congrès (2 500 places).

¶¶¶¶ *Toyo,* 1-21, Toyosaki Nishi dōri, Oyodo ku (☏ 372-8181 ; télex 523-3886), 636 ch. (4 jap.) 4 ✕ ▥ ▦ ▤ ☎ ☑ ✻ Ⓟ bar, coiffeur, boutique, bowling, sauna, salle de congrès (900 places).

— Tennōji ku

Hôtel :
¶¶¶ *Ōsaka Miyako,* 110, Horikoshi chō, Tennōji ku (☏ 779-1501 ; télex 527-8930), 151 ch. (8 jap.) ✕ ▥ ▦ ▤ ⌐ ☎ ☑ bar, boutiques.

— Nanikawa ku

Business Hôtel :
Nankai, 2-680, Shinkawa chō, Nanikawa ku (☏ 649-1521).

Restaurants :
¶¶¶¶ *Kitcho* (cuis. jap.) 3-23, Korai-bashi, Higashi ku (☏ 231-1937).

¶¶¶ *Taiko en* (cuis. jap. et occ.) 9-10, Amijima machi, Miyakojima ku (☏ 356-1111).

¶¶ *Honmorita* (suki-yaki), 7, Ichiban chō, Namba Shinchi, Minami ku (☏ 211-3608).

¶¶ *Hon Musashi Kaikan* (suki-yaki, shabu-shabu), 2-15-24, Sonezaki, Kita ku (☏ 311-5575).

¶¶ *Kagairo* (cuis. jap.), 1-29, Kita-hama, Higashi ku (☏ 231-0272).

¶¶ *Kikuya* (tempura), 3, Umegae chō, Kita ku (☏ 312-3196).

¶¶ *Hachisaburo* (sushi), 3-23, Namba Shinchi ; Minami ku (☏ 211-3201).

¶¶ *Sakura Kadan* (cuis. jap.), 2-1-6, Higashi Kobashi (☏ 981-0630).

¶¶ *Matsumoto* (kaiseki), 8-3, 1 chome, Dotonbori, Minami ku (☏ 211-5652).

¶¶ *Minokichi* (suki-yaki, shabu-shobu), Yagi Bldg. B1, Minami Kutaro chō 2-chome, Higashi ku (☏ 262-4185).

¶¶ *Osaka Joe's* (cuis. occ. ; spéc. : crabes, langoustes), IM Excellence Bldg. 2 F, 1-11-20 Sonezakishinchi, Kita ku (☏ 344-0124).

✈ Aéroports : *Ōsaka International,* à Itami *(à 19 km N.) ;* cars depuis les gares d'Ōsaka et de Shin Ōsaka ; — vols *A.N.A.,* pour Fukuoka, Kagoshima, Kita-kyū-shū, Kōchi, Kumamoto, Matsuyama, Miyazaki, Ōita, Okinawa, Ōmura, Sapporo, Takamatsu, Tōkyō, Tottori ; — vols *J.A.L.,* pour Fukuoka, Okinawa, Sapporo, Tōkyō ; — vols *T.D.A.* pour Amami Ōshima, Hiroshima Izumo, Kōchi, Matsumoto, Niigata, Shirahama, Tokushima, Ube, Yonago ; — *vols internationaux.*

Compagnies aériennes :
Air France, Kangin Yodoya-bashi Bldg., Okawa chō, Higashi

ku (☎ 201-3761). — *All Nippon Airways*, 2-6, Shibata chō, Kita ku (☎ 374-5131). — *Japan Air Lines*, Asahi Shimbun Bldg., 3, Nakanoshima 3-chōme, Kita ku (☎ 201-1231); — *Korean Airlines*, 3-12, Hon machi, Higashi ku (☎ 262-1110); — *Sabena*, Nishi Hanshin Bldg. (☎ 341-8081); — *Toa Domestic Airlines*, 1-3, Umeda, Kita ku (☎ 341-9431).

Services maritimes :
Depuis Ōsaka ko *(8 km S.-O.; metro)* : *Kansei Kisen* pour Beppu, Imabari, Kōbe, Matsuyama, Shōdo shima, Takamatsu ; — *Nihon Kosoku Ferry*, pour Kagoshima ; — *Tokushima Hanshin Ferry* pour Tokushima ; — autres services pour Kōchi.
Depuis Ōsaka Nanko *(13 km S.-O.; bus)* : *Green Ferry* pour Hiroshima ; — *Kansai Kisen*, pour Tokushima ; — *Muroto Steamship*, pour Muroto ; — *Nippon Car Ferry*, pour Hyūga, Kōbe ; — *Taiyoo Ferry*, pour Kanda (Kitakyushu).

Chemins de fer :
Gare d'Abenosbashi : *Kinki Nippon Electric Railway (Kintetsu)* pour Kawachi Nagano.
Gare d'Ebisucho : *Nankai Electric Railway* pour Hirano.
Gare de Katamachi : *J.N.R.*, pour Kizu.
Gare de Minatomachi : *J.N.R.*, pour Kameyama, Nagoya.
Gare de Namba : *J.N.R.*, pour Shingū ; — *Kintetsu E.R.*, pour Kashikojima, Nagoya, Nara, Shigisanguchi, Yoshino ; — *Nankai E.R.*, pour Fuke, Kōya san, Wakayama.
Gare de Nishi Kūjō : *J.N.R.*, Loop Line pour Ōsaka et Tennōji ; — *Hanshin Electric Railway*, pour Kōbe, Sakurajima.
Gare d'Ōsaka (principale) : *J.N.R.*, pour Aomori, Hiroshima, Kagoshima, Kumamoto, Kurayoshi, Kyōto, Miyakonojō, Miyazaki, Nagano, Nagasaki, Niigata, Ōita, Sasebo, Shimonoseki, Tōkyō, Toyama ; — *Loop Line* pour Tennōji.
Gare de Shin Ōsaka : *J.N.R.*, *shinkansen* pour Fukuoka, Okayama, Tōkyō ; autres trains pour Aomori, Hiroshima, Kagoshima, Kanazawa, Kumamoto, Miyakonojō, Nagasaki, Nigata, Sasebo, Tōkyō, Toyama.
Gare de Tenjinbashisuji : *Keihanshin Kyūko Electric Railway (Hankyu)* pour Kita Senri.
Gare de Tennoji : *J.N.R.*, pour Kameyama, Kyōto, Minatomachi, Nogoya, Nara, Shingū, Shirahama.
Gare d'Umeda : *Hankyū E.R.*, pour Kōbe, Kyōto, Minoo, Takarazuka ; — *Hanshin E.R.*, pour Kōbe.

Métro : *Chūō line* de Fukaebashi à Ōsakako ; — *Midōsuji line*, d'Esaka à Abiko ; — *Sakaisuji line* de Tenjin Bashisuji à Dobutsuenmae ; — *Sennichimae line* de Noda Hanshin à Minami Tatsumi — *Tanimachi line* de Yao Minami à Dainichi. — *Yotsubashi line* de Nishi Umeda à Nakafuto.

Autocars : depuis Ōsaka pour Kōbe, Kyōto, Nagoya, Nara, Takarazuka, Tōkyō.

Location de voitures : *Nippon*, 1-1-3, Shibata chō, Kita ku (☎ 373-2652) ; — *Nissan*, 19-22, Chaya machi, Kita ku (☎ 372-0289).

Visite de la ville : demi-journée (après-midi) de mars à novembre ; départ depuis les principaux hôtels ; en anglais.
Tour de ville organisé par *Ōsaka Municipal Tour Bus Information Bureau;* départ de la gare d'Ōsaka ; réservation et renseignements aux gares : Umeda (☎ 361-7504), Namba (☎ 641-6910) et Tennoji (☎ 622-5230).

Tourisme industriel : un tour organisé par l'Office du tourisme (☎ 345-2189) permet de découvrir les grandes firmes de la région d'Ōsaka : Kirin Brewery, NHK, Matsushita, Daihatsu, Suntory, Fuji color et beaucoup d'autres (en mars-avril, juillet, août et octobre).

Rencontrer les Japonais : « Home visit system », renseignements à l'Association du tourisme d'Ōsaka (☎ 261-3948).

Excursions : en anglais pour Ise, Kyōto ; départ depuis les principaux hôtels.

Agence de voyages : *J.T.B.,* Asahi Bldg, Nakanoshima 3-chōme, Kita ku (☎ 771-6971).

✉ **Poste centrale :** Nada machi, Kita ku (☎ 235-1321).

Banques : *Bank of Japan,* 23, Nakanoshima 1-chōme, Kita ku ; — *Banque Nationale de Paris,* Okbayashi Bldg., 37 kyobashi 3-chōme, Higashi ku (☎ 944-1351) ; — *Banque de l'Indochine et de Suez,* Kintetsu Honmachi Bldg, 28-1, 4-chōme, Higashi ku (☎ 251-4491) ; — *Fuji,* 25-1, Imabashi 5-chōme, Higashi ku ; — *Mitsubishi,* 15-1, Dōjima Hama dori, 1 chōme, Kita ku ; — *Mitsui,* 1, Koraibashi 2-chōme, Higashi ku ; — *Sumitomo,* 22, Kitahama 5-chōme, Higashi ku.

Achats :
Rue commerçante **Shinsaibashi** ; la plupart des grands magasins s'y trouvent ainsi qu'une multitude de boutiques : *Daimaru,* Shinsaibashi suji, Minami ku (☎ 271-1231) ; *Sogo,* Shinsaibashisuji, Minami ku (☎ 203-1331).
Quartier de **Nippon-bashi** pour tout le matériel hi-fi, gadgets, etc... ; à 7 mn à pied de Namba, le plus grand nombre de boutiques pratiquant des prix « discount » : *Toa-onkyo,* 3-6-1-chōme, Nippon bashi, Naniwa ku (☎ 631-1081) ; *Kawaguchi Musen Co,* 4-8-12, Nippon bashi, Naniwa ku (☎ 631-0321).

Galeries marchandes souterraines sous les gares de Namba et d'Umeda : décor futuriste, multitude de boutiques.

Distractions :
Théâtre de Nō : *Ōtsuki* Seiinkai, 2 Uahom machi, Higashi ku (☎ : 768-9478) ; — **Théâtre Kabuki :** *Shin Kabukiza,* 59, Namba 5-chōme, Minami ku (☎ 631-2121) ; — **Bunraku :** *Asahi za,* 1, Higashi Yagura chō, Minami ku (☎ 211-6431).

Vie nocturne :
Quartier de **Dotonbori** : un des plus importants centres d'Ōsaka avec ses théâtre, bars, cinémas et restaurants. **Sennichimae :** autre quartier de distractions, tout aussi animé avec ses cabarets, ses bars et cinémas (proche de la gare de Namba).
Quelques adresses : *Cabaret Metro,* 6, Soemon chō, Minami ku (☎ 211-9131) ; — *Cabaret Universe,* 1525, Kawahara chō 1-chōme, Minami ku (☎ 641-8731) ; — *Club Arrow,* 100, Doyama chō, Kita ku (☎ 361-3535).

Manifestations : *Toba Ebisu,* du 9 au 11 janvier au sanctuaire d'Imamiya Ebisu (Naniwa ku) ; — *Doyadoya,* le 14 janvier, au Shitennō ji, Shoyo e ou Oshorai, le 22 avril au Shitennoji (danses de cour) ; — *Foire internationale d'Ōsaka,* tous les deux ans, en avril ou mai ; — *Tenjin matsuri,* les 24 et 25 juillet au Temman gū avec bateaux décorés sur la Dojima gawa ; — *Festival d'été* le 9 juillet, au sanctuaire d'Ikutama ; — *Fête du port,* le 15 juillet ; — *Sumiyoshi matsuri,* le 31 août, au sanctuaire de Sumiyoshi.

Sports : golf *(Ibaraki Country Club, Takatsuki Golf Club)* ; — sumo, 3-4-36, Namba, Naka, Naniwa ku, (☎ 631-0120) ; combats en mars ; — judo, 4-15-11, Nagato, Joto ku (☎ 961-0640) ; — aikido, Tenshin Dojo,

1-10-8, Juso Higashi, Yadogawa ku, (☏ 304-8710).

Consulats : *Belgique,* Uchihommachi, Higashi ku (☏ 941-5881) ; — *France,* Minamihommachi, Higashi ku (☏ 252-5995) ; — *Suisse,* Dojima, Kita ku, (☏ : 344-7671).

Lieux, sites et monuments :
Château d'Ōsaka, p. 466.
Dotombori, p. 468.
Higashi ku, p. 466.
Homyō ji, p. 469.
Hôtel des Monnaies, p. 465.
Kita ku, p. 465.
Minami ku, p. 468.
Musée d'artisanat Japonais, p. 472.
Musée des Beaux-Arts, p. 469.
Musée Fujita, p. 472.
Musée des Sciences naturelles, p. 468.
Musée scientifique de l'électricité, p. 468.
Musée scientifique des transports, p. 472.
Nakanoshima, p. 465.
Namba, p. 468.
Naniwa ku, p. 469.
Nishi ku, p. 466.
Ōsaka Marchandise Bldg., p. 468.
Palais de Naniwa, p. 467.
Parc de Sakuranomiya, p. 472.
Parc de Tennōji, p. 469.
Sanctuaire de Sumiyoshi, p. 472.
Sanctuaire d'Imamiya Ebisu, p. 469.
Shinsekai, p. 469.
Shitennō ji, p. 468.
Temma gū, p. 465.
Tennōji ku, p. 468.
Tour de Tsutenkaku, p. 469.
Tour d'Ōsaka, p. 472.
Utsubo kōen, p. 468.

Osawa (gorge), p. 177.
Ose zaki, p. 202.
Oshika, p. 263.
Oshika (gorge), p. 327.
Ō shima (Miyagi ken), p. 480.
Ō shima (Miyazaki ken), p. 429.
Ō shima (Tōkyō to, V. Izu shotō), p. 267.

Ō shima (Wakayama ken), p. 623.
Oshimizu, p. 443.
Oshoro, p. 475.
Osore zan, p. 390.
Ōsugi, p. 408.

ŌSUMI SHOTŌ (Kagoshima ken), p. 473.

☏ : Tanega shima (09973) ; Yaku shima (09974).

Hébergement :
— A Tanega shima

Ryokan :
¶¶ *Tanegashima Kanko Hotel,* Nishinoomote (☏ 2-1100), 30 ch.
— A Yaku shima

Ryokan :
¶¶ *Tashirokan,* Miyanoura (☏ 2-0018), 22 ch.

✈ Aéroports : Tanega shima, à *Nakatane (25 km S. de Nishinoomote ; car)* ; vols *T.D.A.* pour Kagoshima ; — Yaku shima *(à 11 km S.-E. de Miyanoura et 10 km N.-O. d'Ambō ; car)* ; vols *T.D.A.* pour Kagoshima, Tanega shima.

✈ Compagnies aériennes : *Toa Domestic Airlines* ; réservations : Tanega shima (☏ 2-1155) ; Yaku shima (☏ 2-9183).

⛴ Services maritimes :
Depuis Tanega shima : *Kagoshima shōsen* de Nishinoomote à Kagoshima, et de Shimama à Yamakawa et Yaku shima.
Depuis Yaku shima : *Kagoshima shōsen* d'Ambō à Tanega shima et Yamakawa ; de Miyanoura à Kagoshima ; — autre service de Miyanoura à Kuchi erabu jima.

🚌 Autocars : Tanega shima : de Nishinoomote à Shimama ; — Yaku shima : d'Ambō ou Miyanoura à Kurio et Nagata.

Ōtaguchi, p. 408.
Otaka, p. 213.
Ōtaki, p. 303.
Ōtani, p. 601.
Ōtanoshike, p. 330.

ŌSAKA — RYŪJIN ONSEN

OTARU (Hokkaidō), p. 474.
☏ 0134 ; ✉ 047.

Hôtel :
🍴🍴 *Hokkai,* 1-5-11, Inaho (☏ 25-1511), 42 ch. (15 jap.) ⚐ 🏨 🍽 📺 🛁 📞 🅿 bar, coiffeur, boutique.

Business Hotel :
Otaru Green, 3-3-1, Inaho (☏ 33-0333).

⛴ Service maritime : pour Maizuru, Tsuruga, Rishiri tō.

🚆 Chemins de fer : *J.N.R.,* pour Asahikawa, Hakodate, Sapporo, Wakkanai.

🚌 Autocars : pour Bikoku, Iwanai, Sapporo.

Otetsuji, p. 370.
Otomi (Falaises), p. 444.

ŌTSU (Shiga ken), p. 475.
☏ 0775 ; ✉ 520.
ℹ Délégation départementale du Tourisme, 4-1-1. Kyō machi (☏ 24-1121).

Hôtel :
🍴🍴🍴 *Biwako,* 5-35, Yanagasaki (☏ 24-1255 ; télex 05464-868), 116 ch. (82 jap.) ⚐ 🏨 🍽 📺 🛁 📞 🅿 bar, coiffeur, boutiques.

Ryokans :
🍴🍴🍴 *Hakkeikan,* Hama Ōtsu (☏ 23-1633), 38 ch.
🍴🍴 *Hotel Koyo,* Chagasaki (☏ 24-0176), 232 ch.

🚆 Chemins de fer :
Gare d'Ōtsu : *J.N.R.,* pour Kyōto, Nagoya, Ōsaka, Tōkyō, Tsuruga.
Gare de Hama Ōtsu : *Keihan Electric Railway* pour Ishiyama, Kyōto, Sakamoto.
Gare de Shiga : *J.N.R.,* pour Kyōto, Ōsaka, Tsuruga.
Funiculaire : de Sakamato au Hiei zan.

🚌 Autocars : pour Kusatsui, Kyōto, Tsuruga.

Manifestation : *Fête du lac Biwa,* fin juillet.

Sports : plusieurs ports de plaisance sur le lac Biwa, dont celui de **Shiga,** 1-2, Yanagasaki (☏ 24-1781).

Ōtsuka, p. 244.
Oura, p. 219.
Owa, p. 161.
Owakidani, p. 181.
Ōwani Onsen, p. 219.
Ōwase (V. Yoshino Kumano), p. 621.
Ōyadomari, p. 457.
Ōya ji, p. 599.
Oyashirazu, p. 265.
Ōyu, p. 583.
Ozega hara, p. 442.
Oze numa, p. 443.

R

Raiden kaigan, p. 475.
Ranshima, p. 475.
Rausu (V. Shiretoko), p. 511.
Rebun, p. 480.
Reihoku, p. 596.
Rendaiji, p. 185.

RIKUCHU KAIGAN (Iwate ken, Parc national de), p. 478.

Hébergement :
— A Kesennuma
☏ 02262 ; ✉ 988.

Hôtel :
Hotel Boyo, 3-1-25, Sakana machi (☏ 2-4500), 46 ch.

— A Ōfunato
☏ 01922 ; ✉ 022.

Hôtel :
Ōfunato Frang Hotel, Ōfunato chō (☏ 6-6101), 39 ch.

— A Rikuzen Takata
☏ 01925.

Auberge de jeunesse :
Rikuzen Takata, Sunamori, Kesen machi (☏ 4246), 96 lits.

Rikuzen Takada (V. Rikuchu Kaigan), p. 480.
Rishiri-Rebun-Sarobetsu (Parc national), p. 480.
Ryōtsu (V. Sado), p. 481.
Ryō zen, p. 197.
Ryūga dō (grotte), p. 408.
Ryūjin Onsen, p. 322.

Ryūkyū (archipel), p. 408.
Ryūsen dō, p. 479.

S

Saboten, p. 387.

SADO (Niigata ken), p. 481.
✆ : Aikawa (02597) ; Ogi (025986) ; Ryōtsu (02592) ; Sawata (025952) ; — ✉ : Akiawa (952-15) ; Ogi (952-06) ; Ryōtsu (952) ; Sawata (952-13).

Hébergement :
— A Aikawa

Ryokan :
Yamaki Hotel, Kabuse, Aikawa machi, Sado gun (✆ 4-3366), 42 ch.
— A Ogi

Ryokan :
¶ *Hotel New Kihachiya,* Ogi machi, Sado gun (✆ 330), 16 ch.

Minshuku :
Shimizuso, 85, Oazako Washimizu, Ogi chō, Sado-gun (✆ 6-2538), 7 ch.

Auberge de jeunesse :
Senkaku so, 369-4, Himezu, Aikawa machi, Sado gun (✆ 5-2011), 20 lits.

— A Ryōtsu

Ryokan :
¶¶ *Sado Green Hotel Kiraku,* Shizaki Onsen (✆ 3032), 28 ch.
¶ *Lake View Hotel Yamago,* Shizaki Onsen (✆ 3171), 36 ch.

— A Sawata

Ryokan :
¶ *Kokusai Sado Kanko Hotel,* 2043, Yawata, Sawata machi, Sado gun (✆ 2141), 64 ch.

🚢 Services maritimes : *Sado Kisen :* de Ryōtsu à Niigata ; d'Akadomari à Kashiwazaki ; d'Ogi à Naoetsu ; — autre service de Ryōtsu à Ōgura.

Manifestation : danses folkloriques : Sado Okesa.

SAGA (Saga ken), p. 483.
✆ 09526 ; — ✉ : Saga (840) ; Yamato (840-04).

Hébergement :
— A Yamato *(8 km N.)*

Ryokan :
¶¶¶ *Hotel Ryūtōen,* Kawakamikyo Onsen, Yamato chō (✆ 2-3111), 77 ch.

🚉 Chemins de fer : *J.N.R.,* pour Fukuoka, Kitakyūshū, Kure Kyōto Nagasaki, Ōsaka, Sasebo, Tōkyō.

🚌 Autocars : pour Fukuoka, Karatsu, Kashima, Sasebo, Yanagawa.

Manifestation : *danses Menfuryū,* au sanctuaire de Sega, en octobre.

Saganoseki, p. 449.
Sagara, p. 506.
Sagi yama, p. 597.
Saidaiji, p. 451.
Saikai (parc national), p. 483.
Saikai bashi, p. 493.
Sai ko, p. 177.
Sai Ojima, p. 458.
Saito, p. 484.
Sakai, p. 484.
Sakakibara Onsen, p. 587.
Sakamoto, p. 477.
Sakata, p. 485.
Sakihama, p. 390.
Sakitsu, p. 596.
Sakuma, p. 523.
Sakunami Onsen, p. 497.
Sakurai, p. 486.
Sakurajima (V. Kagoshima), p. 276.
Samani, p. 487.
Sambe Onsen, p. 445.
Sandan (gorges), p. 225.

SAN IN KAIGAN (Hyōgo, Kyōto et Tottori ken, parc national de), p. 488.

Hébergement :
— A Hamasaka
✆ 07968.

Auberge de jeunesse : *Hamasaka Shiroyama enchi,* Hamasaka chō, Mikata gun (✆ 2-1282), 80 lits.

— A Kinosaki
✆ 079632 ; ✉ 669-61.

Ryokans :
¶¶¶ *Ryokufukaku*, Yushma. Kino saki chō (✆ 2834), 27 ch.
¶¶ *Blue Kinosaki*, Asahi machi, Kinosaki chō (✆ 3131), 92 ch.
¶¶ *Nishimuraya*, Yushima, kinosaki chō (✆ 2211), 43 ch.
¶ *Mandaraya*, Yushima, Kinosaki chō (✆ 2321), 34 ch.
¶ *Josenkaku*, Yushima, Kinosaki chō (✆ 2821), 37 ch.
— A Toyooka
✆ 079628 ; ✉ 669-61.

Ryokan :
Kimparo, Seto (✆ 2500), 47 ch.
— A Yumura Onsen
✆ 07969 ; ✉ 669-68.

Ryokans :
¶¶¶ *Izutsuya*, Onsen chō, Mikata gun (✆ 2-1111), 102 ch.
¶ *New Tomiya*, Onsen chō, Mikata gun (✆ 2-0001), 44 ch.

— A Tottori
V. ce nom.

Sanriku, p. 479.
Sanuki, p. 522.

SAPPORO (Hokkaidō), p. 489.
✆ 011 ; ✉ 060.

ℹ️ Délégation départementale du Tourisme, 6, Kita Sanjō Nishi, Chūō ku (✆ 211-3341).

Hôtels :
¶¶¶¶ *Sapporo Grand*, 4-2, Nishi, Kita Ichijō, Chūō ku (✆ 261-3311 ; télex 0932-613), 196 ch (16 jap.) 5 ⚒ bar, coiffeur, boutiques, salle de congrès (1 000 places).
¶¶¶¶ *Sapporo Prince*, 11, Nishi, Minami Nijō, Chūō ku (✆ 231-5310 ; télex 0933-949), 228 ch. (2 jap.) 3 ⚒ bar, coiffeur, boutiques, bowling, salle de congrès (1 000 places).
¶¶¶ *Century Royal*, Nishi, 5-chōme, Kita Gojō, Chūō ku (✆ 231-2121 ; télex, 0932-330), 340 ch. ⚒ bar, boutiques, sauna.
¶¶ *Sapporo Royal*, 1, Higashi, Minami Shichijō, Chūō ku (✆ 511-2121), 88 ch. (7 jap.) ⚒ bar, coiffeur, boutique.

Ryokans :
¶ *Hôtel Maruso*, 3-3, Nishi Kita Ichijo, Chūō ku (✆ 221-0111), 38 ch.
¶ *Sapporo Daijchi Hotel*, 10, Odori Nishi, Chūō ku, (✆ 221-1101), 70 ch.

Business Hotels :
Soen Green, Nishi 14-chōme, Kita Ichijō, Chūō ku (✆ 231-1661).
Sapporo Washington, 1, Nishi 4-chōme, Kita Ichijō, Chuō ku (✆ 251-3211).

Minshuku :
Yoshizumi Ryokan, Nishi 9-chōme, Minami Nijō Chūō ku (✆ 231-3853), 8 ch.

Auberges de jeunesse :
Nakanoshima, 2-chōme, Ichijō, Nakanoshima, Toyohira ku (✆ 831-8752), 70 lits ; — *Sapporo Shiritsu Lions*, 1277, Miyanomori, Kotoni machi, Chūō ku (✆ 611-4709), 100 lits.

Restaurants :
¶¶ *Bobaitei* (cuis. jap.), Nishi 3-chōme, Minami Schichijō Chūō ku (✆ 511-1161).
¶¶ *Hyosetsu Nomon Shinkan* (cuis. jap.), Nishi 2-chōme Minami Gojo, Chūō ku (✆ 521-2161).
¶ *Kaiyotei* (cuis. jap.), Nishi 1-chōme, Ninami Juichijō, Chūō ku (✆ 511-3361).
¶ *Otemon* (suki-yaki), Nishi 1-chōme, Minami Juichijō, Chūō ku (✆ 531-2875).
¶ *Sentozasho* (cuis. jap.), Nishi 3-chōme, Minami Schichijō, Chūō ku (✆ 511-4171).

✈ Aéroports :
Chitose, à 42 km S.-E. ; cars depuis les terminaux des compagnies A.N.A. et J.A.L. ; — vols *A.N.A.*, pour Nagoya, Nigata, Ōsaka, Sendai, Tōkyō ; vols *J.A.L.* pour Ōsaka, Tōkyō ; vol *T.D.A.*, pour Tōkyō.
Okadama, à 7 km N. (car) ; — vols *T.D.A.* pour Abashiri,

Akita, Hachinone, Hakodate, Kushiro, Obihiro, Wakkanai.

- Compagnies aériennes : *All Nippon Airways,* Ita et Kato Bidg., 1, Kita Shijō Nishi 4-chōme, Chūō ku (☏ 231-4411) ; — *Toa Domestic Airlines,* Mitsui Bldg., 251-4231.

- Chemin de fer : *J.N.R.* pour Abashiri, Asahikawa, Hakodate, Kushiro, Nayoro, Nemuro, Otaru, Takikawa, Wakkani.

  Métro : d'Azabu chō à Makomanai et de Kotoni à Shiraishi ; les deux lignes se croisent à Ōdori.

- Autocars : pour Bikuni Chitose, Jozan kei, Otaru, Shikutsu ko, Tomakomai, Toya ko ; — gares routières : *Shakotan Bus,* à l'angle d'Ishikari kaidō et de Kita Ichijō ; *Donan Bus,* Kita Shijō, Nishi 4, ainsi qu'à Sapporo eki.

- Location de voitures : *Nippon,* 3-2-9, Kita Rokujō Nishi, Kita ku (☏ 741-7645) ; — *Nissan,* Kita Gojō, Nishishi 7-chōme, Kita ku (☏ 281-3951) ; — *Ryowa,* Minami Jūjō, Nishi 10-chōme, Chūō ku (☏ 511-3111).

  Agence de voyages : *J.T.B.,* c/o Nippon Seimei Bldg., 4 Kita Sanjō Nishi, Chūō ku (☏ 241-6201).

  Spécialités : artisanat du bois ; tissus ainous.

  Vie nocturne : quartier de Susukino : environ 3 500 restaurants et bars ; nombreux cabarets.

  Achats : Minami Ichijō dōri, Nishisan chōme, autour de Sapporo eki. **Tanukikoji** : quartier commerçant avec environ 300 boutiques, magasins et cinémas. *Odōri koen promenade* : galerie marchande souterraine.

  Manifestation : **Festival de la Neige,* sur l'Ōdōri (se termine le 1er dimanche de février).

Sports : golf *(Makomamai Golf Club, Sapporo Golf Club)* ; — ski : *Moiwa yama,* de décembre à mars ; *Teine Olympia skiing ground,* de novembre à avril.

Consulat : *France,* 11, Nishi Ōdōri, 3-chōme, Chūō ku (☏ 261-1311).

Saroma ko, p. 137.

SASEBO (Nagasaki ken), p. 493.
☏ 0956 ; ✉ 857 et 858.

Hôtel :
- *Matsukura,* 5-15, Shirahae chō (☏ 23-5271), 48 ch. (9 jap.) ⤫ ▦ ▤ 🕾 ⊡ bar, boutique.

Ryokan :
- *Yumihari Kanko Hotel,* Udogoe chō (☏ 23-9221), 58 ch.

Business Hotel :
Sasebo Green, 4-1, Miura chō, (☏ 24-6261).

Restaurant :
- *Grill Mon* (cuis. chinoise), 6-2, Shirohae chō (☏ 23-5111).

- Services maritimes : de Sasebo à Gotō rettō ; — de Kashimae *(3 km O.)* à Hirado.

- Chemins de fer : *J.N.R.,* pour Fukuoka, Karatsu, Kyōto, Nagasaki, Ōsaka, Tōkyō, Tosu.

- Autocars : pour Fukuoka, Hiradoguchi, Karatsu, Nagasaki, Takeo.

- Spécialités : poteries de Mikawachi.

Sashiki, p. 456.
Sata, p. 294.
Sata misaki, p. 294.
Sawai, p. 161.
Sawara, p. 493.
Sawata (O. Sado), p. 482.
Sayama ko, p. 523.
Saza, p. 484.
Sekigahara, p. 447.
Sekigane Onsen, p. 327.

SENDAI (Miyagi ken), p. 494.
☏ 0222 ; ✉ 980.

- Délégation départementale du Tourisme : 3-8-1, Hon chō (☏ 63-2111).

Hôtels :
¶¶¶ *Koyo,* 4-1-7, Ichiban chō
(🕽 62-6311 ; télex 852-820),
63 ch. ⚄ ▦ ▦ ▦ ◨ ▦ ▦
¶¶ *Sendai City,* 2-2-10, Chūō
(🕽 23-5131), 56 ch. (2 jap.) ⚄
▦ ▦ ▦ ▦ ▦
¶¶ *Sendai,* 1-10-25, Chūō (🕽 25-5171), 89 ch. (4 jap.) ⚄ ▦ ▦
▦ ▦ ▦ ▦ ❀ bar, coiffeur, boutique.
¶¶ *Sendai Grand,* 3-7-1, Ichiban
chō (🕽 25-2101), 74 ch.
(1 jap.) ⚄ ▦ ▦ ▦ ▦ ▦ ▦ ▦
bar, coiffeur.

Ryokan :
¶ *Miyako Hotel,* 2-9-14, Hon chō
(🕽 22-4647), 37 ch.

Business Hotels :
Sendai Royal, 4-10-11, Chūō
(🕽 27-5131).
Sendai Washington, 2-3-1,
Ō machi (🕽 62-1171).
Green, 2-5-6, Nishiki chō
(🕽 21-4191).

Auberges de jeunesse :
Sendai Akamon, 61, Kawauchi
Kawamae chō (🕽 64-1405),
100 lits.

Restaurants :
¶ *Sendai Seiyoken* (cuis. occ.)
Shin Sendai Bldg., 1-1-30
Ō machi (🕽 22-7834).
¶ *Yogorosushi* (sushi), Kokubun
chō 2-chōme, 15-20 (🕽 23-3874).

✈ Aéroport : à 19 km S.-E. ; car ;
— vols *A.N.A.* pour Nagoya,
Sapporo et Tōkyō.

Compagnies aériennes : *All
Nippon Airways,* Nittsu Bldg.,
Higashi Goban chō (🕽 66-3355) ; — *Japan Air Lines,*
Tōhoku Denryōku Bldg., 3-7-1,
Ichiban chō (🕽 61-2241).

Services maritimes : depuis le
port de Sendai *(14 km E. ; car)*
pour Nagoya, Tomakomai.

🚂 Chemins de fer : *J.N.R., shin-kansen* pour Morioka, Tōkyō ;
autres trains pour Akita, Aomori,
Fukushima, Ishinomaki, Morioka,
Tōkyō, Yamagata.

🚌 Autocars : pour Fukushima,
Matsushima, Naruko, Yamagata.

Agence de voyages : *J.T.B.,*
3-6-1 Ichiban chō (🕽 21-3611).

Achats : Higashi Ichiban chō, Ō
machi, Shintemma chō, Nakake
chō.

♨ Spécialités : poupées en bois,
kokeshi.

Manifestation : **Tanabata,* du
6 au 8 août.

Sengokuhara, p. 180.
Senjōga hara, p. 441.
Senri, p. 476.
Senzu (Shizuoka ken), p. 506.
Senzu (Tōkyō to), p. 267.
Sesso kyō, p. 506.
Seto (Aichi ken), p. 497.
Seto (Nagasaki ken), p. 251.
Seto (Shizuoka ken), p. 211.
Seto Naikai (parc national),
p. 498.
Setouchi (baie), p. 145.
Shakotan (presqu'île), p. 475.
Shazan (gorge), p. 161.
Shibetsu, p. 428.
Shibu, p. 162.

SHIBUKAWA (Gumma ken),
p. 499.
🕽 : Agatsuma (027964) ;
Ikaho (027972) ; — ✉ : Agatsuma (377-06) ; Ikaho (377-01).

Hébergement :
— A Ikako *(9 km O.)*

Hôtel :
¶¶ *Hashimoto,* 586, Ikaho Onsen
(🕽 2035), 25 ch. (10 jap.) ⚄ ▦
▦ ▦ ▦ ▦ ▦ ⚓ ▦ Ⓟ boutique,
grand bain jap.
— A Agatsuma *(26 km N.-O.)*

Ryokan :
¶ *Shima Grand Hotel,* Shima
Onsen (🕽 2211), 43 ch.

— A Ikaho *(9 km O.)*

Ryokans :
¶¶ *Moriaki,* Ikaho machi, Kita
Gumma gun (🕽 2601), 63 ch.
¶ *Ikahokan,* ikaho machi, Kita
Gumma gun (🕽 3131), 63 ch.

🚂 Chemins de fer : *J.N.R.* pour
Manza-Kajikazawa guchi, Niigata, Tōkyō.

Autocars : pour Haruna ko, Maebashi, Numata, Takasaki.

Shibukawa (Okayama ken), p. 521.
Shibushi (baie), p. 294.
Shichiriga hama p. 288.
Shido, p. 516.
Shiga kōgen (V. Joshin Etsu kogen) p. 272.
Shigina Onsen, p. 226.
Shiiba, p. 238.
Shikabe Onsen, p. 207.
Shikano shima, p. 196.
Shikaribetsu ko, p. 169.
Shikaribetsu Onsen, p. 169.
Shikine jima, p. 267.
Shikoku, p. 500.
Shikotsu ko, p. 504.

SHIKOTSU TŌYA (Hokkaidō, parc national de), p. 501.

Hébergement :

— A Jōzankei
☏ 011365 ; ✉ 061-23.

Ryokans :
¶ *Hotel Shikanoyu,* Jōzankei Onsen, Minami ku, Sapporo (☏ 598-2311), 197 ch.
¶ *Jōzankei Hotel,* Jōzankei Onsen, Minami ku, Sapporo (☏ 598-2111), 180 ch.

Auberge de jeunesse :
Jōzankei, 310, Jōzankei Onsen, Minami ku, Sapporo (☏ 2858), 56 lits.

— A Noboribetsu Onsen
☏ 01438 ; ✉ 059-05.

Ryokans :
¶ *Noboribetsu Prince Hotel,* Noboribetsu Onsen (☏ 4-2255), 209 ch.
¶ *Dai ichi Takimoto kan,* Noboribetsu Onsen (☏ 4-2111), 360 ch.

Auberge de jeunesse :
Akashiya so, Noboribetsu Onsen (☏ 4-2616), 55 lits.

— A Shikotsu kohan
☏ 012325 ; ✉ 066-02.

Ryokan :
¶¶ *Shikotsuko Grand Hotel,* Okotan, Shikotsuko, Chitose (☏ 5-2636).

— A Tōyako Onsen
☏ 01427 ; ✉ 049-57.

Hôtel :
¶¶¶ *Manseikaku,* 21, Aza Tōyako Onsen machi, Abuta chō, Abuta gun (☏ 5-2171), 200 ch. ⋈ ⫿ 🎿 📺 📞 🍽 ⏍ 🅿 bar, coiffeur, boutique, grand bain jap.

Ryokans :
¶¶¶ *Tōya Park Hotel,* 29 Aza Toyako Onsen machi, Abuta chō, Abuta gun (☏ 5-2445), 167 ch.
¶ *Tōya Kanko Hotel,* 33 Aza Toyako Onsen machi, Abuta chō, Abuta gun, 134 ch.

Auberge de jeunesse :
Showa Shinzan, 79, Sōbetsu Onsen, Sōbetsu chō (☏ 5-2776), 285 lits.

Shimabara (V. Unzen Amakusa), p. 595.
Shimada, p. 505.
Shimama, p. 474.
Shimanokoshi, p. 479.
Shimizu (Hokkaidō), p. 445.

SHIMIZU (Shizuoka ken), p. 506.

☏ 0543 ; ✉ 424.

Ryokan :
¶¶¶ *Hagoromo hotel,* 1282-1, Miho (☏ 34-1234), 22 ch.

Auberges de jeunesse :
Miho, Masaki, Miho (☏ 34-0826), 100 lits ; — *Nihondaira Lodge,* 1482, Mabase, Nihondaira (☏ 34-2738), 60 lits.

Chemins de fer : J.N.R. pour Kagoshima, Nachi-Katsuura, Ōsaka, Shimonoseki, Shizuoka, Tōkyō, Toyama ; — ligne privée pour Shizuoka.

Autocars : pour Fuji, Kōfu, Shizuoka.

Shimobe, p. 314.
Shimoda (Kumamoto ken), p. 596.
Shimoda (Shizuoka ken, V. Fuji-Hakone-Izu), p. 183.
Shimokamo, p. 186.
Shimokita Hantō (parc régional), p. 390.

Shimonita, p. 581.

SHIMONOSEKI (Yamaguchi ken), p. 507.

☏ 0832.

Hôtels :
¶¶ *Sanyō,* 2-9, Mimosusakawa machi (☏ 23-5291), 36 ch. (7 jap.) ⊁ ▥ ▤ ▦ ▧ ▨ ▩ ▯ Ⓟ bar, grand bain jap., bowling.
¶¶ *Shimonoseki Grand,* 31-2, Nabe chō (☏ 31-5000), 45 ch. (4 jap.) ⊁ ▥ ▤ ▦ ▧ ▨ ▩ ▯ bar, boutique.

Business Hotel :
Shimonosheki Station, 2-8-1, Takezakichi (☏ 32-3511).

Auberge de jeunesse :
Hinoyama, Mimosusokawa machi (☏ 22-2753), 52 lits.

Restaurants :
¶ *Tsukihi* (cuis. jap.), 62, Ginnangai, Tokuyama (☏ 21-3737).
¶ *Shizuka* (cuis. jap. et steaks), 582-1, Enoue, Oaza Maeda (☏ 23-6251).

🚢 Service maritime : pour Pusan (Corée).

🚂 Chemins de fer :
— Gare de Shin Shimonoseki : *J.N.R., shinkansen,* pour Fukuoka, Okayama, Ōsaka, Tōkyō ; autres trains pour Fukuoka, Hiroshima, Shimonoseki, Yamaguchi.
— Gare de Shimonoseki : *J.N.R.* pour Fukuoka, Kagoshima, Kumamoto, Kyōto, Masuda, Miyakonojō, Miyazaki, Nagasaki, Nagato, Nagoya, Ōita, Okayama, Ōsaka, Sasebo, Tōkyō, Yamaguchi.

🚌 Autocars : pour Fukuoka, Nagato, Yamaguchi.

Shimotane, p. 474.
Shimotsu, p. 147.
Shimotsu kaigan, p. 298.
Shinano (V. Nagano), p. 394.
Shingū (V. Yoshino Kumano), p. 621.
Shin Hirayu Onsen, p. 165.
Shin Hotaka, p. 165.
Shinju tō, p. 262.
Shin Kazawa Onsen, p. 271.

Shinoe Onsen, p. 516.
Shino jima, p. 212.
Shintoku, p. 169.
Shin Yaba kei, p. 226.
Shin yu, p. 301.
Shiobara Onsen (V. Imaichi), p. 253.
Shioda, p. 216.

SHIOGAMA (Miyagi ken), p. 508.

☏ 02235 ; ✉ 981-02.

Hébergement :
— A Matsushima *(10 km N.)*

Ryokans :
¶¶ *Hotel Taikanso,* 10-76, Aza Inuta, Matsushima chō, Miyagi gun (☏ 4-2161), 119 ch.
¶ *Matsushima Dai ichi Hotel,* 9, Aza Senzui, Matsushima chō, Miyagi gun (☏ 4-2151), 32 ch.

🚢 Services maritimes : pour Kinka zan, Matsushima wan (excursion).

🚂 Chemins de fer :
— Gare de Shizuoka : *J.N.R.,* pour Aomori, Sendai, Tōkyō.
— Gares de Nishi-Shiogama, Hon-Shiogama, Higashi-Shiogama, Hamada et Matsushima Kaigan : *J.N.R.,* pour Ishinomaki, Sendai.

🚌 Autocars : pour Furukawa, Ishinomaki, Sendai, Tōkyō.

Manifestation : *Grand festival marin* du 9 au 11 juillet.

Shino (presqu'île), p. 623.
Shirabu Onsen, p. 618.
Shirahama (Chiba ken), p. 522.

SHIRAHAMA (Wakayama ken), p. 510.

☏ 07394 ; ✉ 649-22.

Hôtel :
¶¶¶ *Pacific,* 2018, Shirahama chō (☏ 2-2733), 70 ch. (34 jap.) ⊁ ▥ ▦ ▧ ▨ ▩ ▯ Ⓟ bar, boutiques, grand bain jap.

Ryokans :
¶¶¶ *Gampuso,* Shirahama chō, Nishi Muro gun (☏ 2-3423), 79 ch.

¶¶ *Hotel Koganoi*, 3753, Shirahama chō, Nishi Muro gun (☏ 2-2922), 123 ch.
¶ *Shiraraso Grand Hotel*, 868, Shirahama chō, Nishi Muro gun (☏ 2-2566), 125 ch.

✈ Aéroport : Nanki Shirahama, à 5 km S. (car) ; — vol *A.N.A.* pour Nagoya ; vols *T.D.A.* pour Ōsaka, Tōkyō.

Compagnies aériennes : *All Nippon Airways,* réservations à l'aéroport (☏ 2-4600) ; — *Toa Domestic Airlines,* réservations à l'aéroport (☏ 3-4328).

⛴ Services maritimes : *hydroglisseur* pour Kainan, Kōbe ; autre service pour Tanabe.

🚆 Chemins de fer : gare de Shirahama *(5 km E. ; car)* : *J.N.R.* pour Nagoya, Ōsaka, Shingū, Tōkyō.

🚌 Autocars : pour Hongū, Kushimoto, Ryūjin Onsen, Wakayama.

Excursions : autour de la péninsule.

Shirahone Onsen, p. 164.
Shiraito (cascade), p. 178.
Shirakaba ko (V. Chino), p. 162.
Shirakawagō, p. 520.
Shiramine, p. 209.
Shiramine san, p. 515.
Shirane san, p. 271.
Shiraoi, p. 580.
Shirayone, p. 600.

SHIRETOKO (Hokkaidō, parc national de), p. 510.

Hébergement :
— A Rausu Onsen
☏ 01538 ; ✉ 086-18.

Ryokan :
Shiretoko Kanko Hotel, Rausu Onsen, Yunosawa (☏ 7-2181), 51 ch.

— A Utoro
☏ 015224.

Minshuku :
Chikoso, Aza Utoro, Shari chō, Shari gun (☏ 4-2058), 17 ch.

Auberge de jeunesse :
Shiretoko, Utoro, Shari machi (☏ 4-2034), 326 lits.

Shirikishinai, p. 208.
Shizuga take, p. 392.

SHIZUOKA (Shizuoka ken), p. 511.

☏ 0542 ; ✉ 420.

ℹ Délégation départementale du Tourisme, 9-6, Ote machi (☏ 21-2111).

Hôtel :
¶¶ *Shizuoka Grand Hotel Nakazimaya,* 3-10, Koya machi (☏ 53-1151), 109 ch. (10 jap.) ✈ 🍴 🛏 🕾 🅿 bar, boutiques, sauna.

Ryokan :
¶ *Yashimaen,* 4-13, Higashi Takajo machi (☏ 45-2131), 17 ch.

Business Hotel :
Shizuoka Green, 5-6, Denma chō (☏ 52-2101), 72 ch.

✈ Compagnie aérienne : *Japan Air Lines,* Nakazimaya Bldg., 3-10, Konya machi (☏ 55-5295).

🚆 Chemins de fer :
— Gare de Shizuoka : *J.N.R., shinkansen,* pour Fukuoka, Ōsaka, Tōkyō ; autres trains pour Fukuoka, Kagoshima, Kōfu, Kumamoto, Nachi-Katsuura, Nagasaki, Ōsaka, Sasebo, Shimonoseki, Tamano, Tōkyō.

— Gare de Shin Shizuoka : ligne privée pour Shimizu.

🚌 Autocars : pour Hamamatsu, Shimizu.

SHODŌ SHIMA (Kagawa ken), p. 512.

☏ : Tonosho (08796) ; Uchinomi (08798) ; —
✉ : Tonosho (761-41) ; Uchinomi (761-44).

Hébergement :
— A Tonosho

Hôtel :
¶¶¶ *Shōdoshima International,* 24-67, Tonosho chō, Shōzu gun (☏ 2-1441), 106 ch. (10 jap.)

SHIRAHAMA — TACHIBANA

✕ ☕ 🛏 🎭 ☎ 📺 ❀ 🏖 ⚓ 🅿
bar, boutique.

Ryokans :
¶¶¶ *Hotel New kankai,* Tonosho chō, Shōzu gun (✆ 2-1430), 47 ch.
¶¶ *Toyoso,* Tonosho chō, Shōzu gun (✆ 2-1166), 57 ch.

Minshuku :
Tsurumi, 1963, Naeba, Utsmi chō, Shōzu gun (✆ 2-2449), 9 ch.

Auberge de jeunesse :
Shōdoshima, Tonosho chō, Shōzu gun (✆ 62-1627), 50 lits.

⛴ Services maritimes :
— Depuis Fukuda : *Kansai Kisen* pour Himeji.
— Depuis Ikeda : services pour Takamatsu, Tonosho.
— Depuis Ōbe : service pour Hinase.
— Depuis Sakate : *Kansai Kisen* pour Beppu, Kōbe, Ōsaka, Takamatsu.
— Depuis Tonosho : *Kansai Kisen* pour Himeji, Ie shima, Takamatsu, Tamano ; — *Nambi Marine Transport Co.* et *Ryōbi Unyū,* pour Okayama ; — *Shikoku Ferry* pour Takamatsu ; — *Shodoshima Kyūko Ferry* pour Tamano.
— Depuis Uchinomi-Kusambe : service pour Takamatsu.

🚌 Autocars : plusieurs services autour de l'île.

Excursions : *Shōdoshima Bus* depuis Sakate ou Tonosho.

Spécialités : truffes, perles, huile d'olive.

Shō gawa (gorges), p. 517.
Shoji ko, p. 177.
Shōmyō (cascade), p. 166.
Shonyū dō (grotte), p. 145.
Shōsen (défilé), p. 314.
Shosha zan, p. 216.
Shuri, p. 455.
Site de l'Expo 75, p. 457.
Sōbetsu Onsen, p. 505.
Sobo Katamuki (parc régional), p. 452.

Sōja, p. 452.
Soto kaifu kaigan, p. 481.
Sōun (gorges), p. 169.
Sōunkyō (V. Daisetsuzan), p. 169.
Sōunzan, p. 181.
Sōya misaki, p. 603.
Subashiri, p. 176.
Suga jima, p. 262.
Suge numa, p. 441.
Suishei shokobutsu en, p. 494.
Sukawa Onsen, p. 242.
Sukumo, p. 150.
Sumatakyō Onsen, p. 506.
Sumoto (V. Awaji shima), p. 155.
Susa wan, p. 206.

SUWA (Nagano ken), p. 513.

✆ : Shimo Suwa (02662) ; Suwa (02665) ; — ✉ : Shimo Suwa (393) ; Suwa (392).

Hébergement :
— A Suwa

Ryokans :
Nunohan, 3-2-9, Kogan dōri, Suwa (✆ 2-5500), 32 ch.
Suwako Royal Hotel, 3-2-2, Kogan dōri Suwa (✆ 2-2660), 46 ch.

— A Shimo Suwa *(4 km N.-O.)*

Ryokan :
¶¶¶ *Suwa Prince Hotel,* Shimo Suwa machi (✆ 7-2100), 36 ch.

Auberge de jeunesse :
Suwako, 9209, Takagi, Shimo Suwa machi (✆ 7-7075), 40 lits.

🚆 Chemins de fer : *J.N.R.,* pour Itoigawa, Matsumoto, Nagoya, Tōkyō.

🚌 Autocars : pour Chino, Lida, Matsumoto, Shirakaba ko.

Suwa ko, p. 513.
Suzaki, p. 183.
Suzu, p. 601.
Suzuka (parc boisé), p. 610.

T

Tabayama, p. 162.
Tachibana, p. 146.

Tachikue kyō, p. 269.
Tada, p. 482.
Tadami gawa, p. 139.
Taga, p. 214.
Taihei zan, p. 143.
Taira, p. 594.
Taira (V. Iwaki), p. 265.
Taisekiji, p. 187.
Tajima Mihonoura, p. 488.
Tajimi, p. 514.
Takachiho (V. Nobeoka), p. 442.
Takachiho kyō, p. 442.
Takachihono mine, p. 302.
Takahagi, p. 514.
Takahama, p. 444.
Takahara (gorges), p. 520.

TAKAMATSU (Kagawa ken), p. 515.
☏ 0878 ; ✉ 760.

🛈 Délégation départementale du Tourisme : 4-1-10, Ban chō (☏ 31-1111).

Hôtels :
🍴🍴🍴 *Takamatsu Grand,* 10-5-1, Kotobuki chō (☏ 51-5757 ; télex, 05822-557), 136 ch. ✕ 🏨 🛏 🚿 🛀 📺 ⚡ 🅿 bar, boutiques.
🍴🍴🍴 *Takamatsu International,* 2191-1, Kita chō (☏ 31-1511), 108 ch. (5 jap.) ✕ 🏨 🛏 🚿 🛀 📺 ⚡ 🅿 bar, coiffeur, boutique, bowling, patinoire.

Ryokans :
🍴🍴 *Tokiwa Honkan,* Tikiwa chō (☏ 61-5577), 22 ch.
🍴 *Hotel Kawaroku,* Hyakken machi (☏ 21-5666), 30 ch.

Business Hotels :
Tokoju, 3-5-5, Hanazono chō (☏ 31-0201).
Takamatsu City, 8-13, Kamai chō (☏ 34-3345).
Takamatsu Station, 1-1-, Kotobuki chō (☏ 21-6989).

Auberges de jeunesse :
Takamatsu City, Okamoto chō (☏ 85-2024), 52 lits ; — *Kagawa ku* Yashima, 34, Yashima Higashi machi (☏ 41-9813), 96 lits.

Restaurant :
Kawaro ku (cuis. jap. et occ.), 1-2, Hyakken machi (☏ 21-5666).

✈ Aéroport : à 5 km S.-E. (car) ; — vols *A.N.A.,* pour Ōsaka, Tōkyō ; vols *T.D.A.,* pour Fukuoka, Tōkyō.

Compagnies aériennes : *All Nippon Airways,* Kansai Kisen Bldg., Tamamo chō (☏ 22-2323) ; — *Japan Air Lines,* Fukoku Seimei Bldg, 1-5-1, Kotobuki chō (☏ 22-7511). — *Toa Domestic Airlines,* réservations (☏ 21-8021).

⛴ Services maritimes : *Kansai Kisen* pour Beppu, Imabari, Kōbe, Matsuyama, Nihama, Ōsaka, Shōdo shima ; — *Shikoku Ferry* pour Kōbe, Shōdo shima, Tamano ; — *J.N.R.,* Ukō Kokudō Ferry pour Tamano.

Compagnies maritimes : *Kansai Kisen,* 1-10 Tamamo chō (☏ 51-5661) ; — *Shikoku Ferry,* 10-32 Tamamo chō (☏ 51-0131).

🚆 Chemins de fer :
— Gare de Kawaramachi : *Takamatsu-Kotohira Electric Railway,* pour Kotohira, Shido, Nagao, Takamatsu.
— Gare de Takamatsu : *J.N.R.,* pour Kōchi, Matsuyama, Mugi, Nakamura, Tokushima, Uwajima ; — *Takamatsu-Kotohira E.R.* pour Kotohira.

🚌 Autocars : pour Anabuki, Kōchi, Kotohira, Matsuyama.

Visite de la ville : demi-journée (matin) en anglais.

Agence de voyages : *J.T.B.,* J.T.B. Bldg., 7-6, Kajiya chō (☏ 51-2111).

Achats : Marugame chō, Hyogo chō, Minami Shin machi, Katahara chō.

🛍 Spécialités : papier japonais, laques, éventails, ombrelles.

Sports : port de plaisance à *Hamano chō* (☏ 22-1668).

Takamatsu (Okayama ken), p. 452.
Takano zaki, p. 147.

TAKAOKA (Toyama ken), p. 516.
☏ 0766 ; ✉ 933-01.

Business Hotel :
¶¶ *Takaoka Miyako*, 1023 Suehiro chō (☏ 21-0385), 50 ch.

Auberge de jeunesse :
Zuiryūji, 35, Seki Hon machi (☏ 22-0179), 30 lits.

🚆 Chemin de fer : *J.N.R.*, pour Aomori, Himi, Jōhana, Kanazawa, Nagoya, Niigata, Ōsaka, Tōkyō, Toyama ; — *Toyama Chiho Railway* pour Shimminato.

🚍 Autocars : pour Himi, Kanazawa, Toyama.

Takao san, p. 204.

TAKARAZUKA (Hyōgo ken), p. 517.
☏ 0797 ; ✉ 665.

Hôtel :
¶¶¶ *Takarazuka*, 1-46. Umeno chō (☏ 87-1151 ; télex, 5645-698), 165 ch. (6 jap.) ✕ ⏃ 🍴 🛁 ⎯ ☎ 📺 ❄ 📧 🅿 bar, coiffeur, boutiques, salle de congrès (150 places).

Ryokans :
¶¶ *Shofukaku*, Mefu (☏ 87-2331), 28 ch.
¶ *Shimaya*, Sakae machi (☏ 87-1771), 26 ch.

🚆 Chemins de fer : *J.N.R.*, pour Amagasaki, Fukuchiyama, Ōsaka, Tōkyō ; — *Keihanshin Electric Railway (Hankyū)* pour Kōbe, Ōsaka ; — *Hanshin Electric Railway* pour Ōsaka.

Takasaki, p. 517.
Takasaki yama, p. 159.
Takasu, p. 294.
Takakeru jinja, p. 219.
Takawashi, p. 186.

TAKAYAMA (Gifu ken), p. 518.
☏ 0577 ; ✉ 506.

Hôtel :
¶¶ *Hida*, 2-60, Hanaoka chō (☏ 33-46-00), 29 ch. (19 jap.) ✕ ⏃ 🍴 🛁 ⎯ ☎ 📺 boutiques.

Ryokans :
¶¶ *Seiryū*, 6, Hachiman machi (☏ 32-0448), 22 ch.
¶ *Hishuya*, 2581, Kamioka Motomachi (☏ 33-4001), 16 ch.

Minshukus :
Iwatakan, 4-166-3, Ojin machi (☏ 33-4917), 16 ch.
Matsuyama Ryokan, 5-11, Hanasoto chō (☏ 32-1608), 25 ch.

Auberge de jeunesse :
Tenshōji, 83, Tenshōji machi (☏ 32-6345), 150 lits.

Restaurants :
¶¶¶ *Susaki* (cuis. jap.), 4-14, Shinmei machi (☏ 32-0023).
¶ *Arisu* (cuis. jap. et occ.), 87, Shimoichino machi (☏ 32-2000).
¶ *Suzume* (cuis. occ.), 24 Aioi chō (☏ 32-0300).
¶ *Hida no Jizakeya* (cuis. jap.), 54, Suehiro chō (☏ 34-5000).

🚆 Chemin de fer : *J.N.R.*, pour Gifu, Nagoya, Toyama.

🚍 Autocars : pour Gero, Matsumoto, Toyama.

Manifestations : *Nijuyokka ichi*, grande braderie, le 24 janvier à Hon machi et Yasugawa ; — **Haru matsuri*, les 14 et 15 avril au sanctuaire de Hie, avec défilé de chars ; — *Sosha matsuri*, le 5 mai au sanctuaire de ce nom ; — *Aki matsuri*, les 9 et 10 octobre au sanctuaire de Hachiman.

Takayu Onsen, p. 158.
Takedao Onsen, p. 517.
Takeo (Niigata ken), p. 431.

TAKEO (Saga ken), p. 521.
☏ : *Takeo* (09542) ; Ureshino (09544) ; — ✉ : Takeo (843) ; Ureshino (843-03).

Hébergement :
— A Takeo

Ryokan :
¶¶¶ *Mifuneyama Kanko Hotel*, Takeo machi (☏ 3-3131), 75 ch.
— A Ureshino *(13 km S)*

Ryokans :
¶¶¶ *Wataya Besso,* Ureshino chō, Fujitsu gun (☎ 2-0210), 180 ch.
¶¶ *Shinsenkaku,* Ureshino chō, Fujitsu gun (☎ 3-1100), 91 ch.
¶ *Ureshino Onsen Hotel,* Ureshino chō, Fujitsu gun (☎ 3-0140), 38 ch.

🚂 Chemins de fer : *J.N.R.* pour Karatsu, Kyōto, Ōsaka, Sasebo.

🚌 Autocars : pour Imari, kashima, Saga, Sasebo.

Taketomi jima, p. 605.
Taketoyo, p. 212.
Takizawa, p. 388.
Takkoku no Iwaya, p. 241.
Takojima, p. 601.
Tamakino, p. 301.
Tama ko, p. 523.
Tamano, p. 521.
Tamashima, p. 326.
Tamatsukuri Onsen, p. 378.
Tamayu, p. 378.
Tancho zuru, p. 330.
Tanega shima (V. Osumi shotō) p. 473.
Tanesashi, p. 204.
Tanigumi, p. 201.
Tanjō ji, p. 590.
Tanohata, p. 478.
Tanzawa Ōyama (parc naturel), p. 218.
Tarō, p. 479.
Tassha, p. 482.
Tatano, p. 153.
Tateishi misaki, p. 588.
Tateshina Onsen, p. 162.
Tate yama, p. 166.

TATEYAMA (Chiba ken), p. 521.

☎ : Chikura (04704) ; Kanaya (04786) ; Tateyama (04702) ; — ✉ : Chikura (295) ; Kanaya (299-18) ; Tateyama (294).

Hébergement :
— A Tateyama

Ryokan:
¶ *Hotel Tateyama Garden,* 2292-10, Hōjō (☎ 2-0140), 23 ch.
— A Chikura *(10 km E.)*

Ryokan:
¶¶ *Hotel Chikura,* Chikura machi, Awa gun (☎ 4-3111), 28 ch.
— A Kanaya *(25 km N):*

Ryokan:
¶ *Nokogiriyama Kanko Hotel,* 2178, Kanaya (☎ 9-2211), 28 ch.

⛴ Service maritime : *Tōkyōwan Ferry* de Kanaya à Yokosuka.

🚂 Chemins de fer : *J.N.R.* pour Chiba, Tōkyō.

🚌 Autocars : pour Kamogawa, Kisarazu.

Tateyama (Toyama ken, V. Chubu Sangaku), p. 166.
Tatsukushi, p. 150.
Tatsuno shima, p. 251.
Tatsuyama, p. 523.
Taya (grottes), p. 288.
Tazawa ko, p. 459.
Tazawako, p. 459.
Tedori Onsen, p. 209.
Temiya, p. 474.
Tengu yama, p. 474.
Tennin (gorges), p. 169.
Tenninkyo (V. Daisetsuzan), p. 169.
Tenri, p. 522.
Tenryū, p. 522.
Tenryū (gorges), p. 243.
Tento zan, p. 137.
Toba (V. Ise shima), p. 261.
Tobata, p. 304.
Tobetsu Onsen, p. 140.
Tobi shima, p. 486.
Todohokke, p. 208.
Tofuro, p. 196.
Toga, p. 447.
Tōgatta Onsen, p. 606.
Tōgendai, p. 181.
Togi, p. 208.
Toguchi, p. 457.
Toi (Miyazaki ken), p. 429.
Toi (Shizuoka ken), p. 185.
Toi misaki, p. 429.
Tojimbō, p. 190.
Tokachigawa Onsen (V. Obihiro), p. 445.
Tokachi Mitsumata, p. 169.
Tōkai, p. 227.
Tokawa, p. 164.
Tokoname, p. 212.
Tokoro, p. 137.
Tokorozawa, p. 523.
Tokuno shima, p. 145.
Tokura, p. 442.

TOKUSHIMA (Tokushima ken), p. 523.

☎ 0886 ; ✉ 770.

🛈 Délégation départementale du Tourisme : 1, Mandai chō (☎ 21-2335).

Hôtels :
¶¶ *Astoria*, 2-20, Kamiya chō (☎ 53-6151), 25 ch. (1 jap.)
¶¶ *Tokushima park*, 8-3, Tokushima chō (☎ 25-3311), 82 ch. (7 jap.) bar.

Ryokans :
¶¶¶ *Kanko Hotel Bizan Honkan*, Higashi Yamate chō (☎ 22-7781), 21 ch.
¶¶ *Sumiya*, 2-8, Nakatori machi (☎ 52-9161), 10 ch.

Business hotel :
Tokushima, 1-15, Shin kura machi (☎ 52-6131), 40 ch.

Auberge de jeunesse : *Tokushima*, 7-1, hama, Ōhara machi (☎ 62-1505), 80 lits.

Aéroport : Matsushige, à 13 km N.-E. (car) ; — vols *T.D.A.* pour Kagoshima, Ōsaka, Tōkyō.

✈ Compagnie aérienne : *Toa Domestic Airlines*, réservations (☎ 25-2533).

⛴ Service maritimes : *Kansai Kisen* et *Tokushima Hanshin Ferry* pour Kōbe, Ōsaka ; — *Océan Ferry* pour Chiba ; — autre service pour Fuke.

🚆 Chemins de fer : *J.N.R.* pour Ikeda, Kōchi, Mugi, Takamatsu, Naruto.

🚌 Autocars : pour Anabuki, Anan, Naruto, Takamatsu.

Manifestation : *Awa Ōdōri*, danse particulière à la région de Tokushima, entre les 15 et 18 août.

TOKUYAMA (Yamaguchi ken), p. 525.

☎ 0834 ; ✉ 745.

Ryokans :
¶¶¶ *Marufuku Hotel*, 3, Sakurababa dōri (☎ 21-5113), 30 ch.
¶¶¶ *Yuno Kanko Hotel*, Yuno (☎ 83-2300), 17 ch.

Restaurant :
¶ *Marufuku* (cuis. occ. et chinoise), 3, Sakurababa dōri (☎ 21-5113).

⛴ Service maritime : pour Taketazu.

🚆 Chemins de fer : *J.N.R., shinkansen* pour Fukuoka, Okayama, Ōsaka, Tōkyō ; autres trains pour Fukuoka, Kagoshima, Kumamoto, Kyōto, Miyazaki, Nagasaki, Ōita, Okayama, Ōsaka, Sasebo, Tōkyō.

🚌 Autocars : pour Iwakuni, Yamaguchi.

TŌKYŌ (Tōkyō to), p. 525.

☎ 03 ; ✉ 100 à 180.

🛈 Ministère des Transports : (Département du Tourisme), 1 Kasumigaseki 2-chome, Chiyoda ku (☎ 580-3111) ; — J.N.T.O. (Office national du Tourisme japonais) : *siège social*, Tōkyō Kotsu Kaikan Bldg., 2-13 Yuraku chō, Chiyoda ku (☎ 216-1901) ; *bureaux de renseignements*, Kotani Bldg., 1-6-6, Yuraku chō, Chiyoda ku (☎ 502-1461) ou à l'aéroport de Narita (☎ 0476/24-3198) ; *renseignements en français* (☎ 503-2926), *en anglais* (☎ 503-2911) ; — Délégation départementale du Tourisme, 3-5-1, Marunouchi, Chiyoda ku (☎ 212-5111).

Hébergement :

— Bunkyo ku

Hôtel :
¶¶¶ *Daiei*, 1-15, Koishikawa, Bunkyō ku (☎ 813-6271 ; télex 272-2266), 82 ch. (24 jap.) bar.

Business Hotels :
Kizakan, 4-37-20, Hongo, Bunkyō ku (☎ 812-1211).
Suidobashi Grand Hotel, 1-33-2, Hongo, Bunkyō ku (☎ 816-2101).

— Chiyoda ku
Hôtels :
¶¶¶¶¶ *Grand Palace*, 1-1-1, Iidabashi, Chiyoda ku (☎ 264-1111 ; télex

232-2981), 500 ch. ⋉ ⅏ 🍴 ☎ ⌐ 🛁 ⊡ Ⓟ bar, coiffeur, boutiques, salle de congrès (1 500 places).

¶¶¶¶¶ *Imperial*, 1-1-1, Uchisaiwai chō, Chiyoda ku (☏ 504-1111 ; télex 222-2346), 1 300 ch. 9 ⋉ ⅏ 🍴 ☎ ⌐ 🛁 ⊡ ⊠ 5 bars, coiffeur, galerie marchande, agence de voyages, salle de congrès (2 400 places).

¶¶¶¶¶ *New Otani*, 4, Kioi chō, Chiyoda ku (☏ 265-1111 ; télex 232-2275), 2 044 ch. (2 jap.) 5 ⋉ ⅏ 🍴 ☎ ⌐ 🛁 ⊡ ⊠ ⊡ ♨ 🛁 ↗ Ⓟ bar, coiffeur, boutiques, agence de voyages, salle de congrès (3 000 places).

¶¶¶¶¶ *Palace*, 1-1-1, Marunouchi, Chiyoda ku (☏ 211-5211 ; télex 222-2580), 407 ch. ⋉ ⅏ 🍴 ☎ ⌐ 🛁 ⊡ ⊠ ⊡ bar, coiffeur, boutiques, salle de congrès (1 500 places).

¶¶¶¶ *Diamond*, 25, Ichiban chō, Chiyoda ku (☏ 263-2211 ; télex, 232-2764), 162 ch. ⋉ ⅏ 🍴 ☎ ⌐ 🛁 ⊡ ⊠ ♨ ⊠ ⊠ bar, boutiques, salle de congrès (400 places).

¶¶¶¶ *Tōkyō Hilton*, 2-10-3, Nagata chō, Chiyoda ku (☏ 581-4511 ; télex, 222-3605), 476 ch. (3 jap.) ⋉ ⅏ 🍴 ☎ ⌐ 🛁 ⊡ ⊠ ♨ ⊠ Ⓟ bar, coiffeur, boutiques, boîte de nuit, salle de congrès (1 650 places).

¶¶¶ *Akasaka Prince*, 1, Kioi chō, Chiyoda ku (☏ 234-1111), 42 ch. (1 jap.) ⋉ ⅏ 🍴 ☎ ⌐ 🛁 ⊠ ♨ ⊠ ⊠ bar, coiffeur, boutiques, salle de congrès (1 900 places).

¶¶¶ *Akasaka Tōkyū*, 2-14-3, Nagato chō, Chiyoda ku (☏ 580-2311 ; télex, 222-4310), 566 ch. ⋉ ⅏ 🍴 ☎ ⌐ 🛁 ⊠ ⊠ bar, coiffeur, boutiques.

¶¶¶ *Fairmont*, Kudan Minami, Chiyoda ku (☏ 262-1151 ; télex, 232-2883), 243 ch. ⋉ ⅏ 🍴 ☎ ⌐ 🛁 ⊠ ♨ ⊠ bar, coiffeur, boutiques.

¶¶¶ *Marunouchi*, 1-6-3, Marunouchi, Chiyoda ku (☏ 215-2151 ; télex, 222-4655), 210 ch. (2 jap.) ⋉ ⅏ 🍴 ☎ ⌐ 🛁 ⊠ ⊠ bar, coiffeur, boutiques.

¶¶¶ *Toshi Center*, 2-4-1, Hirakawa chō (☏ 265-8211), 55 ch. (14 jap.) ⋉ ⅏ 🍴 ☎ ⌐ 🛁 ⊠ ⊠ bar, coiffeur, salle de congrès (1 000 places).

¶¶ *Hill Top*, 1-1, Kanda Surugadai, Chiyoda ku (☏ 293-2311), 87 ch. ⋉ ⅏ 🍴 ☎ ⌐ 🛁 ⊠

¶¶ *Kokusai Kanko*, 1-8-3, Marunouchi, Chiyoda ku (☏ 215-3281), 95 ch. ⋉ ⅏ 🍴 ☎ ⌐ 🛁 ⊠ ⊠ bar, coiffeur.

Ryokan :
¶ *Fukudaya*, 6, Kioi chō, Chiyoda ku (☏ 261-8577), 14 ch.

Business Hotels :
Akihabara Pearl, 2-13, Sakuma chō, Chiyoda ku (☏ 861-6171).
Tōkyō Green Hotel Suidobashi, Kanda Misaki chō, Chiyoda ku (☏ 295-4161).

Auberges de jeunesse :
Ichigaya, Goban chō, Chiyoda ku (☏ 262-5950), 132 lits ; — *Y.M.C.A.*, 7, Kanda, Mitoshiro chō, Chiyoda ku (☏ 293-1911) ; — *Y.W.C.A.*, 8-8 Kudan Minami 4-chōme, Chiyoda ku (☏ 293-5421).

— Chūō ku

Hôtels :
¶¶¶ *Ginza Dai ichi*, 8-13-1, Ginza, Chūō ku (☏ 542-5311 ; télex 252-3714), 806 ch. ⋉ ⅏ 🍴 ☎ ⌐ 🛁 ⊠ ⊠ bar, coiffeur, boutiques.

¶¶¶ *Urashima*, 2-5-23, Harumi, Chūō ku (☏ 533-3111 ; télex 252-4297), 1 001 ch. ⋉ ⅏ 🍴 ☎ ⌐ 🛁 ⊠ ô ⊠ bar, coiffeur, boutiques bowling, salle d'athlétisme, sauna.

Ryokans :
¶¶¶ *Shinkomatsu*, 1-9-13, Tsukiji, Chūō ku (☏ 541-2225), 10 ch.
¶ *Hotel Yaesu Ryumeikan*, Yaesu, Chūō ku (☏ 271-0971), 34 ch.

Business Hotel :
Center Hotel Tōkyō, 2-52, Kabuto chō, Chūō ku (☏ 667-2711).

TŌKYŌ

— Meguro ku

Hôtels :

¶¶¶ *Gajōen*, 1-8-1, Shimo Meguro, Meguro ku (☏ 491-0111 ; télex 246-6006), 110 ch. (4 jap.) ⋈ 🛏️ 📺 📞 🏊 🅿️ bar, coiffeur.

¶¶ *New Meguro*, 1-3-18, Chūō chō, meguro ku (☏ 719-8121), 31 ch. (1 jap.) ⋈ 🛏️ 📺 📞 🏊 bar, coiffeur.

— Minato ku

Hôtels :

¶¶¶¶¶ *Okura*, 3, Aoi chō, Akasaka, Minato ku (☏ 582-0111 ; télex J22-790), 980 ch. (11 jap.) 7 ⋈ 🛏️ 📺 📞 🏊 2 🅿️ 5 bars, coiffeur, galerie marchande, agence de voyages, salle d'athlétisme, hammam, massages, salles de congrès (2 600 places).

¶¶¶¶¶ *Takanawa Prince*, 3-13-1, Takanawa, Minato ku (☏ 447-1111 ; télex 242-3232), 458 ch. 9 ⋈ 🛏️ 📺 📞 🏊 🅿️ bar, coiffeur, boutiques, boîte de nuit, salle de congrès (4 000 places).

¶¶¶¶¶ *Tōkyō Prince*, 3-3-1, Shiba Park, Minato ku (☏ 432-1111 ; télex 242-2488), 510 ch. 7 ⋈ 🛏️ 📺 📞 🏊 🅿️ 2 bars, coiffeur, galerie marchande, agence de voyages, bowling, salle de congrès (2 760 places).

¶¶¶¶ *Shiba Park*, 1-5-10, Shiba Park, Minato ku (☏ 443-4131 ; télex 242-2917), 330 ch. ⋈ 🛏️ 📺 📞 🏊 bar, coiffeur, boutiques.

¶¶¶ *Azabu Prince*, 3-5-40, Minami Azabu, Minato ku (☏ 473-1111), 32 ch. ⋈ 🛏️ 📺 📞 🏊 bar, coiffeur, boutiques, salle de congrès (200 places).

¶¶ *Takanawa*, 2-1-17, Takanawa, Minato ku (☏ 443-9251), 217 ch. ⋈ 🛏️ 📺 📞 🏊 bar, coiffeur, boutique.

¶¶ *Tōkyū kankō*, 2-21-6, Akasaka, Minato ku (☏ 582-0451), 48 ch. ⋈ 🛏️ 📺 📞 🏊

Business Hotels :
Akasaka Shandia, 7-6-13, Akasaka, Minato ku (☏ 586-0811).

Sun Hotel Shimbashi, 3-5-2, Shimbashi, Minato ku (☏ 591-3351).

— Nerima ku

Ryokan :

¶ *Kin Eikaku*, 2-26, Toyotama-kami, Nerima ku (☏ 991-1186), 15 ch.

— Ōta ku

Hôtels :

¶¶¶ *Haneda Tōkyū*, 2-8-6, Haneda kuko, Ōta ku (☏ 747-0311 ; télex 246-6560), 297 ch. (4 jap.) ⋈ 🛏️ 📺 📞 🏊 🅿️ bar, coiffeur, boutiques.

¶¶ *Tōkyō Air Terminal*, 2-3-1, Haneda kuko, Ōta ku (☏ 747-0111), 50 ch. ⋈ 🛏️ 📺 📞 🏊 🅿️ bar, coiffeur, boutique.

— Shibuya ku

Hôtel :

¶¶¶ *Sun Route Tōkyō*, 2-3-1, Yoyogi, Shibuya ku (☏ 375-3211 ; télex 232-2288), 562 ch. ⋈ 🛏️ 📺 📞 🏊 🅿️

Auberge de jeunesse :
Tōkyō Yoyogi, Olympic Memorial Youth Center, Yoyogi Kamizono chō, Shibuya ku (☏ 467-9163), 150 lits.

— Shinjuku ku

Hôtel :

¶¶¶¶¶ *Keio Plaza*, 2-2-1, Nishi Shinjuku, Shinjuku ku (☏ 344-0111 ; télex 232-2544), 1 057 ch. (4 jap.) ⋈ 🛏️ 📺 📞 🏊 🅿️ bar, coiffeur, galerie marchande, agence de voyages, salle de congrès (2 000 places).

Ryokan :

¶¶ *Tokiwa*, 2-328, Nishi Okubo, Shinjuku ku (☏ 202-4321), 27 ch.

— Sumida ku

Business hotel :
Ryogoku Pearl, 1-24-24, Yokoami, Sumida ku (☏ 626-3211).

— Taito ku

Hôtel :

¶¶¶ *Takara*, 2-16-5, Higashi Ueno, Taito ku (☏ 831-0101 ; télex 265-5001), 100 ch. (4 jap.) ⋈

🎽 🏨 🆔 ≜ 🛏 📺 🔲 🅖 bar coiffeur.

Business Hotel :
Hokke Club Ueno Ikenohata-ten, 2-1-48, Ikenohata, Taito ku (☏ 822-3111).

Restauration :
Les restaurants se comptent par centaines à Tōkyō, notamment dans les quartiers de Roppongi et d'Akasaka.

— Bunkyō ku.

Restaurants :
¶¶¶ *Chinzanso* (cuis. jap. et occ.), 2-10-8, Sekiguchi, Bunkyō ku (☏ 943-1111).
¶¶ *Goeimon* (Tofu), 1-1-26, Hon Komagome, Bunkyō-ku (☏ 811-2015).

— Chiyoda ku

Restaurants :
¶¶¶ *Totenko Hibiya ten* (cuis. chinoise), Toho Twin Bldg., 1-2-3, Yuraku chō, Chiyoda ku (☏ 504-2751).
¶¶ *Tonta* (yakitori), 1-7-19, Uchisaiwai chō, Chiyoda ku (☏ 580-5982).
¶¶ *Otemachi Fukudaya* (cuis. jap.), Asahitokai Bldg, 2-6-1, Okmachi Chiyoda ku (☏ 242-3646).
¶¶ *Nadaman* (cuis. jap.), Hôtel Imperial, 1-1-1, Uchisaiwai chō, Chiyoda ku (☏ 503-7981).

— Chūō ku

Restaurants :
¶¶¶ *Inagiku* (tempura), 2-6, Kayaba chō, Nihombashi, Chūō ku (☏ 669-5501).
¶¶¶¶ *Kanetanaka* (cuis. jap.), 7-18-17, Ginza, Chūō ku (☏ 541-2556).
¶¶¶¶ *Shin Kiraku* (cuis. jap.), 4-6-7, Tsukiji, Chūō ku (☏ 541-5511).
¶¶¶ *Benihana* (cuis. française), 4, Nihombashi dōri 1-chōme, Chūō ku (☏ 241-0600).
¶¶¶ *Jisaku* (cuis. jap.), 14-19, Akashi chō, Chūō ku (☏ 541-2391).
¶¶ *Chikuyotei* (unagi), 8-14-7 Ginza, Chūō ku (☏ 542-0789).
¶¶ *Konjaku-Tei* (okonomi-yaki), 2-8-15 Ginza, Chūō ku (☏ 564-1258).
¶¶ *Okahan Honten* (suki-yaki), 7-6-16, Ginza, Chūō ku (☏ 571-1417).
¶ *Hamadaya* (cuis. jap.), 3-12, Ningyo chō, Nihombashi, Chūō ku (☏ 661-5435).
¶ *Kinsen* (cuis. jap.), 5e ét. Kintetsu Bldg, 4-4-10 Ginza, Chūō ku (☏ 561-8708).
¶ *Zakuro* (cuis. jap.), 2-7-19, Kyobashi, Chūō ku (☏ 564-0825).
Wakatsuki (oden), 4-13-16, Ginza, Chūō ku (☏ 541-6730).

— Meguro ku

Restaurant :
¶¶¶ *Furusato* (cuis. jap.), 4-1, Aobadai 3-chōme, Meguro ku (☏ 463-2310).

— Minato ku

Restaurants :
¶¶ *Seryna* (shabu-shabu), 3-12-2, Roppongi, Minato ku (☏ 402-1051).
¶¶ *Hasejin Azabu ten* (suki-yaki), 3-3-15, Azabudai, Minato ku (☏ 582-7811).
¶¶ *Akasaka Asada* (cuis. jap.), 3-6-4, Akasaka, Minato ku (☏ 585-6606).
¶¶ *Shiruyoshi* (tempura), 6-2-12, Akasaka, Minato ku (☏ 587-1876).
¶¶ *Kushihachi* (yakitori), Seishi-do Bldg, 3-10-9, Roppongi, Minato ku (☏ 403-3060).
¶¶ *Matsuri* (yakitori), Toda Bldg, 7-16-5, Roppongi, Minato ku (☏ 402-2570).
¶¶ *Umeko* (sushi), 3-13-21, Nishi-Azabu, Minato ku (☏ 401-0376).
¶ *Brasserie Bernard* (cuis. française), Kajimaya Bldg, 7-14-3, Roppongi, Minato ku (☏ 405-7877).

— Shibuya ku

Restaurants :
¶¶ *Isshin* (cuis. jap.), 1-13-8, Jingu mae, Shibuya ku (☏ 401-7991).
¶¶ *Tiffany* (cuis. française), 6-35, Jingu mae, Shibuya ku (☏ 409-7777).

— Shinjuku ku

¶¶¶ *Minokichi* (cuis. jap.), 48e ét. du Shinjuku Sumimoto Bldg, 2-6-1, Nishi Shinjuku, Shinjuku ku (☏ 346-2531).

¶¶¶ *Kurumaya* (cuis. jap.), 2-37-1, Kabuki chō, Shinjuku ku (☏ 209-5411).

¶¶¶ *Keio Plaza Okahan* (suki-yaki), 7e ét. du Keio Plaza Hotel, 2-2-1, Nishi shinjuku, Shinjuku ku (☏ 344-0596).

¶¶ *Saint-Claire* (steaks, suki-yaki), Tōkyō Jōsho Bldg, 1-13-8, Nishi Shinjuku, Shinjuku ku (☏ 343-0440).

¶¶ *Tonkichi* (oden), Kinokuniya Bldg., 3, Shinjuku, Shinjuku ku (☏ 352-6639).

¶¶ *Kakiden* (cuis. jap.), Yasuyo Bldg., 1-1, Tsunohazu, Shinjuku ku (☏ 352-5121).

— Suginami ku

Restaurant :

¶¶ *Kokeshiya* (cuis. occ.), 3-14-6, Nishi Ogi Minami, Suginami ku (☏ 334-5111).

— Taito ku

Restaurants :

¶¶ *Sushi-Hatsu* (sushi), 2-11-4, Asakusa, Taito ku (☏ 844-3293).

¶¶ *Iidaya* (cuis. jap. ; spéc. dojo), 3-3-2, Nishi Asakusa, Taito ku (☏ 843-0881).

¶¶ *Komagata Dojo* (dojo), 1-7-12, Komagata, Taito ku (☏ 842-4001).

¶¶ *Maruta Goshi* (oden), 2-32-11, Asakusa, Taito ku (☏ 841-3192).

¶¶ *Totenko* (cuis. chinoise), 1-4-33, Ikenohata, Taito ku (☏ 828-5111).

¶ *Ichinao* (cuis. jap.), 3-8-6, Asakusa, Taito ku (☏ 874-3032).

¶ *Kameseiro* (cuis. jap.), 1-1-1, Yanagibashi, Taito ku (☏ 851-3101).

Aéroports :

— **Aéroport international de Narita**, très éloigné du centre-ville *(65 km E.)*. Plusieurs moyens de transport permettent de rallier Tōkyō à Narita : trains *J.N.R.* de la gare de Tōkyō à celle de Narita, puis bus *(75 mn en rapide, 63 mn en express)* ; train express direct *Keisei Skyliner* de la gare d'Ueno-Keisei *(75 mn de trajet jusqu'au terminus de Narita, puis 6 mn de bus jusqu'à l'aéroport)* ; Airport Limousine Bus, de l'Air Terminal de Tōkyō (Hakozaki, Nihonbashi) à l'aéroport *(70 mn de trajet)* ; les taxis sont à éviter parce que très chers (1 h env. de trajet). L'aéroport de Narita est réservé aux **vols internationaux.**

— **Aéroport de Haneda** (Ōta ku). Accès : *monorail* depuis Hamamatsuchō et *cars* depuis les principaux hôtels ; — vols *A.N.A.*, pour Akita, Fukui, Fukuoka, Hachijō jima, Hakodate, Hiroshima, Kagoshima, Kōchi, Komatsu, Kumamoto, Matsuyama, Miyazaki, Nagoya, Okayama, Okinawa, Ōmura, Ōsaka, Ōshima, Sapporo, Sendai, Takamatsu, Ube, Yamagata, Yonago ; — vols *J.A.L.*, pour Fukuoka, Okinawa, Ōsaka, Sapporo ; — vols *T.D.A.*, pour Aomori, Asahikawa, Fukuoka, Hachinohe, Hanamaki, Kushiro, Niigata, Obihiro, Ōita, Sapporo, Shirahama, Takamatsu, Tokushima.

Autobus de Narita à Haneda et vice-versa (toutes les 30 mn).

Compagnies aériennes : *Aeroflot* (☏ 272-8351) ; — *Air France :* représentation générale, New Aoyama Bldg., West 15F, 1-1, Minami Aoyama, 1-chome, Minato ku (☏ 584-1171) ; *agences,* Hibiya Mitsui Bldg., 1-12, Yuraku chō 1-chome, Chiyoda ku (☏ 508-0551) et à l'aéroport de Narita (☏ 047/632-7710) ; — *All Nippon Airways* (siège), Kasumigaseki Bldg., 2-5, Kasumigaseki-3-chōme, Chiyoda ku (☏ 552-6311) ; — *Japan Air Lines* (siège) 1-2, Marunouchi, Chiyoda ku (☏ 747-1111) ; — *Korean Airlines* (☏ 211-3311) ; — *Sabena*, 2-19, Akasaka 2-

chōme, Minato ku (☏ 585-6551) ; — *Swissair*, Hibiya Park Bldg., 1, Yuraku chō 1-chōme, Chiyoda ku (☏ 212-1016) ; — *Toa Domestic Airlines*, nº 18 Mori Bldg., 20, Shiba Nishikubo Akefune chō, Minato ku (☏ 747-8111) ; — *U.T.A.*, Room 412, Hibiya Park Bldg., Yurakuchō 1-chōme, Chiyoda ku (☏ 593-0773).

Services maritimes :
— **Depuis Ariake** *(8 km S. de Tōkyō eki ; bus)* : *Kinkai Yusen Ferry* pour Nachi-Katsuura Kōchi ; — *Nihon Enkai Ferry* pour Tomakomai.
— **Depuis la jetée de Takeshiba** *(3 km S. de Tōkyō eki ; 500 m E. de la gare de Hamamatsucho)* : *Ogasawara Kisen* pour Ogasawara (une fois par semaine) ; — *Ōshima Unyū* pour Amami Ōshima, Okinawa ; — *Tōkai Steamship* pour Ōshima, Hachijō jima, Miyake jima, Shimoda.

Compagnies maritimes : se renseigner auprès de l'Office du tourisme. V. aussi la section de ce guide « Voyage au Japon ».

Chemins de fer : Siège social des chemins de fer nationaux *(Japanese National Railways)*, Kokutetsu Bldg., 6-5, Marunouchi 1-chōme, Chiyoda ku (☏ 212-6311). — *V. Plan en couleur, en garde arrière*. Parmi les nombreuses gares de Tōkyō, signalons les deux plus importantes :
— **Gare de Tōkyō** *(Centre ville ; Pl. E2, p. 533)* : *J.N.R.*, Shinkansen pour Fukuoka, Hiroshima, Kyōto, Ōsaka, etc. ; autres trains pour Aomori, Atami, Chiba, Fukuoka, Fukushima, Hamada, Itō, Kagoshima, Kamogawa, Kumamoto, Nachi-Katsuura, Nagasaki, Narita, Niigata, Odawara, Ōfuna, Ōme, Omiya, Sasebo, Sendai, Shimoda, Shimonoseki, Shizuoka, Takao, Tamano, Tateyama, Yokosuka.
— **Gare d'Ueno** *(Taito ku ; Pl. C2, p. 548)* : *J.N.R.*, Shinkansen pour Morioka, Sendai (via Ōmiya) ; autres trains pour Aizu Wakamatsu, Akita, Aomori, Fukushima, Kanazawa, Karuizawa, Manza-Kajikazawaguchi, Morioka, Mito, Naoetsu, Niigata, Ōme, Ōmiya, Sendai, Shibukawa, Takasaki, Tōkyō, Toride, Utsunomiya, Yamagata.

Métro : se procurer un plan auprès de l'Office du tourisme est une nécessité. Les lignes, au nombre de 10, sont facilement reconnaissables à leurs couleurs et desservent toute la ville.
Un certain nombre de lignes ferroviaires (JNR ou privées) complètent ce réseau métropolitain.

Autocars :
— **Depuis Seibu Shinjuku :** pour Karuizawa.
— **Depuis Shibuya :** pour Fujisawa, Nagano.
— **Depuis Shimbashi :** pour Hitachi.
— **Depuis Tōkyō** *(Tōbu Center)* : pour Aizu-Wakamatsu, Fukushima, Ikaho, Maebashi, Matsushima, Sendai.
— **Depuis Tōkyō** *(Yaesuguchi)* : pour Fujisawa, Hakone, Kōbe, Kyōto, Miura, Nagoya, Ōsaka.

Taxis : radio-taxis (seulement en japonais) : *Nihon Kotsu* (☏ 586-2151), *Kokusai* (☏ 491-6001), *Daiwa* (☏ 563-5151), *Hinomaru* (☏ 814-1111).

Locations de voitures : reportez-vous à la section « Voyage au Japon » (p. 29) pour les adresses des loueurs.

Excursions : *Fujita* ou *J.T.B.* (en anglais), de un ou plusieurs jours pour Nikkō, Hakone, Kyōto, Mer Intérieure, Hiroshima, Beppu, Kyūshū.

Visite de la ville : demi-journées (matin et après-midi) ; commentaire en anglais : départ depuis les principaux hôtels ;

quelques tours (commentaire en français ou dans une autre langue européenne) ; plusieurs tours de nuit.

Tourisme industriel : une visite des industries du grand Tōkyō peut être arrangée par l'agence *J.T.B.* (jeudi, mardi, vendredi), V. adresse ci-dessous.

Agences de voyages : *American Express,* Toranomon, Mitsui Bldg., Kasumigaseki, Chiyoda ku (☏ 502-4671) ; — *Fujita Travel Service,* Godo Bldg., 2-10, Ginza 6-chōme, Chūō ku (☏ 573-1011) ; — *Hankyū Express,* Express, 3rd Floor, Hankyū Kotsusha Bldg., 3-9, 3-chōme, Shimbashi, Minato ku (☏ 503-0211) ; — *J.T.B.,* 6-4, Marunouchi 1-chōme, Chiyoda ku (☏ 284-7026) ; — *Kinki Nippon Tourist,* 19-2, Kanda Matsunaga chō, Chiyoda ku (☏ 255-7111) ; — *Nippon Travel Agency,* Shimbashi Ekimae Bldg., 20-15, Shimbashi 2-chōme, Minato ku (☏ 572-8181).

Services de la Maison Impériale *(Imperial Household Agency)* : Palais Impérial (☏ 213-1111).

✉ **Postes** : Poste centrale, 7-2, Marunouchi 2-chōme, Chiyoda ku (☏ 201-1561) ; — Poste Internationale, 3-3, Ōte machi 2-chōme, Chiyoda ku (☏ 241-4877) ; — Bureau des télégraphes et téléphone *(Kokusai Denshin Denwa, K.D.D.),* 5, 1-chōme, Ōte machi, Chiyoda ku (☏ 270-5111).

Banques : *Banque de l'Indochine,* 1-2, Akasaka 1-chōme, Minato-ku (☏ 582-0271) ; — *Banque du Japon,* 2-4, Nihombashi Hongoku chō 2-chōme, Chūō ku (☏ 279-1111) ; — *Banque de Tōkyō,* 6-3, Nihombashi Hongoku chō 1-chōme, Chūō ku (☏ 245-1111) ; — *BNP,* Yusen Bldg, 3-2, Marunouchi, 2-chōme, Chiyoda ku (☏ 214-2881) ; — *Crédit Lyonnais,* Hibiya Park Bldg., 1-1, Yuraku chō, Chiyoda ku (☏ 214-4561) ; — *First National City Bank,* 2-1, Ōte machi 2-chōme, Chiyoda ku (☏ 279-5411) ; — *Société Générale,* Hibiya, Chunichi Bldg., 1-3, Uchisaiwai chō 2-chōme, Chiyoda ku (☏ 503-9781).

Achats :
Les boutiques et grands magasins sont ouverts toute la semaine avec un seul jour de fermeture hebdomadaire. Ils sont groupés dans les principaux **quartiers commerçants** qui ont chacun leur spécialité : **Haraijuku** : mode et chic japonais ; haute couture, prêt-à-porter, antiquités, accessoires, etc. ; — **Ginza** : boutiques de luxe/perles, soie ; — **Shinjuku** : matériel électrique, électronique et tout le matériel photo ; — **Akihabara** : prix bon marché sur l'électronique.

On peut aussi parcourir les **galeries commerciales en sous-sol,** notamment celle de la gare de Tōkyō qui est la plus intéressante.

Les **grands magasins** offrent l'avantage qu'on peut y trouver toutes sortes d'articles, en évitant les pertes de temps : artisanat, vaisselle (services à thé, à saké), vêtements, kimonos, hi-fi, etc. Cinq d'entre eux sont particulièrement bien fournis : *Daimaru,* Tokyo Eki Bldg. (☏ 212-8011 ; f. le mercredi) ; — *Matsuya,* 3-6-1, Ginza, Chūō ku (☏ 567-1211 ; f. le jeudi) ; — *Mitsukoshi,* 1-7-4, Nihombashi Muromachi (☏ 241-3311 ; f. le lundi) ; — *Odakyu,* 1-13, Nishi Shinjuku, Shinjuku ku (☏ 342-1111 ; f. le jeudi) ; — *Takashimaya,* 2-4-1, Nihombashi, Chūō ku (☏ 211-4111 ; f. le mercredi).

Parmi les très nombreuses **boutiques spécialisées,** nous avons retenu les adresses suivantes : appareils électriques ou électroniques : *Hirose*

Musen, 1-10-5, Soto Kanda, Chiyoda ku (☎ 255-2211) ; — *Laox*, 1-2-9, Soto Kanda, Chiyoda ku (☎ 255-9041) ; — *Nishi Ginza Electric Center*, 2-1-1, Yuraku cho, Chiyoda ku (☎ 501-5905) ; — *Yamagiwa Electric Co.*, 4-1-1-, Soto Kanda, Chiyoda ku (☎ 252-2111) ; appareils photographiques : *Doi Camera Co.*, 1-15-4, Nishi Shinjuku, Shinjuku ku (☎ 344-23-10) ; — *Sakuraya*, 3-26-10, Shinjuku, Shinjuku ku (☎ 352-4711) ; — *Yodobashi Camera Co.*, 3-26-8, Shinjuku, Shinjuku ku (☎ 346-1511) ; artisanat : *Bingoya*, 69, Wakamatsu cho, Shinjuku ku (☎ 202-8778) ; — *Takumi craft shop*, 8-4-2, Ginza, Chūō ku (☎ 571-2017) ; kimonos : *Erien*, 4-6-10, Ginza, Chūō-ku (☎ 561-0860) ; — *Hayashi kimono store*, International Arcade, 2-1, Yuraku cho, Chiyoda ku (☎ 501-4014).

Enfin pour bénéficier de **prix discount**, il faut se rendre au *Japan Taxfree center* (kimonos, jouets, matériel photo, perles, etc.) Toranomon 5-8-6, Minato ku, (☎ 432-4351).

Spectacles :

Théâtre Nō : *salle de Ginza*, 6-5-15, Ginza, Chūō ku (☎ 571-0197) ; — *Kanze*, 1-16-4, Shoto, Shibuya ku (☎ 469-5241) ; — *Kita*, 4-6-9, Kami Osaki, Shinagawa ku (☎ 491-7773) ; — *Umewaka*, 2-6-14, Higashi Nakano, Nakano ku (☎ 363-7748) ; — *Yarai*, 60, Yarai chō, Shinjuku ku (☎ 268-7311) ; — *Théâtre National*, 13, Hayabusa chō, Chiyoda ku (☎ 265-7411).

Théâtre Kabuki : *Kabuki za*, 4-3 Ginza Higashi, Chūō ku' (☎ 541-3131) ; — *Théâtre National* (ci-dessus).

Bunraku : *Théâtre National*.

Théâtre occidental : *Tokyo Metropolitan Festival Hall*, 5-45, Ueno Koen (☎ 828-2111) ; *NHK Hall*, 2-2-1 Jinnan, Shibuya (☎ 465-1111) ; — *Hibiya Public Hall*, 1-1, Udagawa chō (☎ 463-5001) ; — *Yamaha Hall*, 7-9-14, Ginza (☎ 572-3111) ; — *Bunkyo Ward Hall*, 1-16-21, Kasuga (☎ 811-4076).

Vie nocturne :
Les quartiers de **Roppongi** et **Shinjuku** rivalisent avec ceux de **Ginza** et **Akasaka**. Si la jeunesse « in » de Tōkyō préfère les bars et boîtes de Shinjuku et de Roppongi, Ginza et Akasaka abritent des établissements plus chic, souvent fréquentés par les hommes d'affaires ou la haute société tokyoïte.

Music-hall, revues : *Tokyo Takarazuka Theater*, 1-1-3, Yuraku chō, Chiyoda ku (☎ 591-1211) ; — *Nichigeki Music Hall*, 5e ét. Takarazuka Theater, Yuraku chō, Chiyoda ku (☎ 501-6331).

Bars et pubs : *Kikansha* (bar), 8-3-12, Ginza, Chūō ku (☎ 571-1345) ; — *Berni Inn* (pub), KT Bldg., 3-16, Akasaka Minato ku (☎ 580-3006) ; — *Nawanoren* (pub), 7-22, Uchisaiwai chō, 1-chome, Chiyoda ku (☎ 508-9660) ; — *Lefty* (jazz-bar), 3-35, Shinjuku, Shinjuku ku (☎ 354-2148) ; — *Lion* (beer hall) 3-28, Shinjuku, Shinjuku ku (☎ 352-6606) ; — *Pub Chaya*, 1er étage, Riccar Bldg., Ginza (☎ 571-3494).

Cabarets, night-clubs : *Club Maiko* (spectacle de geishas et maikos), Ginza, Aster Plaza Bldg. (4e étage), Suzuran dori (☎ 574-7745) ; — *Mikado* (600 hôtesses, plusieurs orchestres ; le plus grand cabaret au monde), 2-14-6, Akasaka, Minato ku (☎ 583-1101) ; — *Copacabana* (hôtesses), 3-6-4, Akasaka, Minato ku (☎ 585-5811) ; — *Cordon Bleu* (restaurant-cabaret ; cuisine française), 6-6-4, Akasaka, Minato ku (☎ 582-7800) ; — *Club Misty* (jazz), Roppongi, 4-chome (☎ 402-7887) ; —

TŌKYŌ 713

Monte-Carlo, 7-3, Ginza Nishi Chūō ku (☎ 571-5671).

Discothèques : *Byblos* (la « disco in » de Tōkyō), 3-8, Akasaka, Minato ku (☎ 584-4484) ; *Chakras Mandala* (ambiance jeunesse dorée), Square Bldg. 3-3, Roppongi, Minato ku (☎ 403-7655) ; — *Blue Shell* (style caraïbes pour clientèle 30-40 ans), 6ᵉ ét., Roppongi Plaza Bldg. (☎ 479-1511) ; — *Galaxy*, Social Bldg., 3-12-7, Akasaka, Minato ku (☎ 585-9871) ; — *Mugen*, 3-8, Akasaka, Minato ku (☎ 584-4481) ; — *Mugen*, 18, Kabuki chō, Shinjuku ku (☎ 200-5642) ; — *Last Twenty Cents*, 3-8-20, Roppongi Minatu ku (☎ 403-0091) ; — *Zucchero*, 1-1-5, Nishi Azabu, Roppongi, Minato ku (☎ 403-6007).

Manifestations : *Dezome shiki*, parade des pompiers, le 6 janvier à Ginza ; — *Kanda matsuri* du 14 au 16 mai au Kanda Myojin ; — *Sanja matsuri*, les 17 et 18 mai, au sanctuaire d'Asakusa ; — *Fête Sanno*, le 15 juin, au sanctuaire de Hie ; — *Fête Oeshiki*, le 12 octobre, au Hommon ji.

Arts japonais :
La **cérémonie du thé** est présentée aux étrangers, avec leçon et démonstration, dans les établissements suivants : *Sakura-kai* Shimo Ochiai 3-chome 2-25, Shinjuku ku, (☎ 951-9043) ; — *Toko an* (Hôtel Imperial), 1-1-1, Uchisaiwai cho, Chiyoda ku (☎ 504-1111) ; — *Chosho an* (Hôtel Okura), 2-10-4, Toranomon, Minato ku (☎ 582-0111) ; — *Seisei an* (Hôtel New Otani, 7ᵉ étage), Kioi chō 4-chome, Chiyoda ku (☎ 265-1111).
L'**ikebana**, ou technique de l'arrangement floral, est aussi l'objet de démonstrations et de cours par : *Ikenobo Ochanomizu Gakuin*, 2-3, Kanda Surugadai, Chiyoda Ku (☎ 291-9321) ; — *Sogetsuryu Ikebana School*, 7-2-21, Akasaka, Minato ku.

Sports :
sumo : *Kuramae Kokugikan*, 2-1-9, Kuramae, Taito ku (tournois en janvier, mai et septembre) ; — **judo** : *Kodo kan*, 1-16-30, Kasuga chō, Bunkyō ku ; — **kendo** : *Metropolitan Police Board P.R. Center*, 3-5, Kyōbashi, Chūō ku ; — **karate** : *Nihon Karate Remmei So Hombu*, 4-14-12, Meguro, Meguro ku ; — **aikido** : *Aikikai*, 102, Wakamatsu chō, Shinjuku ku.

Instituts culturels :
Goethe Institut, 5-56, Akasaka 7-chōme, Minato ku (☎ 583-6369) ; — *Institut franco-japonais*, 15, Ichigaya Funagawara chō, Shinjuku ku (☎ 260-7224) ; — *Maison franco-japonaise*, 3, Kanda Surugadai 2-chōme Chiyoda ku (☎ 291-1141) ; — *Club des correspondants de presse étrangers* (Foreign Correspondent's Club), Chiyoda Bldg, 1-2, Marunouchi 2-chōme, Chiyoda ku (☎ 211-3161).

Ambassades : *Belgique*, 5, Niban chō, Chiyoda ku (☎ 262-0191) ; — *Canada*, 3-38, Akasaka 7-chōme, Minato ku (☎ 408-2101) ; — *Chine*, 5-30, Minami Azabu 4-chōme, Minato ku (☎ 403-3380) ; — *Corée* (Sud), 2-5, Minami Azabu 1-chōme, Minato ku (☎ 455-2601) ; — *États-Unis*, 10-5, Akasaka 1-chōme, Minato ku (☎ 583-7141) ; — *France* (ambassade et consulat), 11-44, Minami Azabu 4-chōme, Minato ku (☎ 473-0171) ; — *Monaco* (consulat), Shin Kokusai Bldg, c/o Nihon Shokuhin Kako, 4-1, Marunouchi 3-chōme, Chiyoda ku (☎ 211-4994) ; — *Philippines*, 6-15, Roppongi, 5-chome, Minato ku (☎ 496-2731) ; — *Suisse*, 9-12, Minami Azabu 5-chome, Minato ku (☎ 473-0121) ; — *Thaïlande*, 14-6, Kamiosaki 3-chome, Shi-

nagawa ku (☏ 441-7352) ; —
U.R.S.S., 1, Azabu Mamiana
chō, Minato ku (☏ 583-4224).
Lieux, sites et monuments :
Académie du Japon p. 573.
Académie japonaise des beaux-arts, p. 574.
Aéroport de Haneda, p. 580.
Akasaka, p. 540.
Akihabara, p. 538.
Arisugawa no miya Kinen kōen, p. 551.
Asakusa Hongan ji, p. 574.
Atago jinja, p. 551.
Atago yama, p. 551.
Azabu, p. 551.
Banque du Japon, p. 544.
Bibliothèque de la Diète, p. 541.
Bibliothèque orientale Toyo Bunko, p. 561.
Bourse de Tōkyō, p. 544.
Bunkyō ku, p. 560.
Cathédrale Sainte-Marie, p. 560.
Centre commercial international de Tōkyō, p. 545.
Chambre de commerce et industrie de Tōkyō, p. 537.
Chinzan so, p. 560.
Chiyoda ku, p. 534.
Chōmyō ji, p. 575.
Chūō dōri, p. 543.
Chūō ku, p. 542.
Cimetière d'Aoyama, p. 554.
Cimetière de Zoshigaga, p. 561.
Dai ichi Keihin kokudō, p. 546.
Dai ichi Seimei Bldg, p. 536.
Daikyo ji, p. 577.
Daimaru, p. 537.
Dembō in, p. 574.
Denzu in, p. 561.
Diète japonaise, p. 540.
Edo gawa, p. 559.
Église catholique de Saint-Ignace, p. 540.
Eitai dōri, p. 537.
Esplanade du Palais Impérial, p. 534.
Étang de Senzoku, p. 579.
Faculté des arts libéraux, p. 578.
Facultés des beaux-arts et de musique, p. 572.
Galerie d'art Bridgestone, p. 543.
Galerie d'art Idemitsu, p. 536.
Galerie Meiji, p. 555.
Galerie métropolitaine des beaux-arts, p. 565.
Galerie Pentax, p. 553.
Gare centrale de Tōkyō, p. 537.
Gare d'Ueno, p. 574.
Ginza, p. 542.
Gisement préhistorique de Maruyama, p. 547.
Gokoku ji, p. 560.
Grands magasins de Tōkyō, p. 543.
Gotō Bijutsu kan, p. 579.
Gōtoku ji, p. 578.
Hamamatsu chō, p. 546.
Hama Rikyū Onshi kōen, p. 546.
Happo en, p. 550.
Harumi dōri, p. 542.
Haute Cour de Justice, p. 541.
Hibiya kōen, p. 541.
Higashi gyoen, p. 535.
Hiroo, p. 551.
Hommon ji, p. 579.
Hôpital mémorial de la Fraternité, p. 576.
Hôtel Hilton, p. 540.
Hôtel Impérial, p. 536.
Hôtel New Otani, p. 540.
Hyakka en, p. 575.
Institut Kitazato, p. 551.
Institut national pour les maladies infectieuses, p. 550.
Jardin botanique de l'Université de Tōkyō, p. 561.
Jardin de Nanushi no taki, p. 577.
Jardin de Yasuda, p. 576.
Jardin d'iris de Horikiri, p. 576.
Jardin extérieur du sanctuaire Meiji, p. 555.
Jardins zoologiques d'Ueno, p. 565.
Jigen dō, p. 573.
Jimbo chō, p. 538.
Jōshin ji, p. 579.
Kabuki za, p. 542.
Kabuto chō, p. 544.
Kaian ji, p. 580.
Kaminakazato, p. 577.
Kanda, p. 538.
Kanda Myōjin, p. 538.
Kanei ji, p. 573.
Kannon d'Asakusa, p. 574.
Kasumigaseki, p. 541.
Katamata, p. 579.
Kishimojin dō, p. 577.
Kiyomizu dō, p. 565.
Kiyosumi kōen, p. 576.

Kokugi kan, p. 575.
Kokuritsu Gekijō, p. 541.
Kokusai Bldg, p. 536.
Kōraku en, p. 561.
Kōtō ku, p. 575.
Koshun en, p. 578.
Kudan Yasukuni dōri, p. 539.
Kyū Furukawa teien, p. 577.
Lac Shinobazu, p. 565.
Maison de la radio-télévision japonaise, p. 542.
Maison municipale de la culture, p. 573.
Marché central de Tōkyō, p. 545.
Marunouchi, p. 535.
Meguro Fudō, p. 579.
Meguro Kiseichū kan, p. 579.
Meiji Kinen kan, p. 555.
Meiji za, p. 545.
Mimeguri jinja, p. 575.
Minato ku, p. 546.
Mingei kan, p. 578.
Miyuki dōri, p. 542.
Monument du soldat inconnu, p. 540.
Monzeki, p. 574.
Municipalité de Tōkyō, p. 537.
Muro machi, p. 544.
Musée central des beaux-arts de Tōkyō, p. 543.
Musée d'art Nezu, p. 553.
Musée d'art Riccar, p. 543.
Musée d'art Suntory, p. 540.
Musée d'art Takanawa, p. 549.
Musée d'art Yamatane, p. 544.
Musée d'estampes japonaises, p. 559.
Musée de la littérature japonaise moderne, p. 578.
Musée de la radiodiffusion, p. 552.
Musée des postes et télécommunications, p. 537.
Musée des sciences, p. 539.
Musée des transports, p. 538.
Musée du papier, p. 577.
Musée du théâtre, p. 560.
Musée national, p. 566.
Musée national d'art moderne, p. 539.
Musée national d'art occidental, p. 573.
Musée national des sciences, p. 573.
Musée Okura, p. 552.
Myōhō ji, p. 578.

Nakamise dōri, p. 574.
Nihon bashi, p. 544.
Nippon Budokan, p. 539.
Nishi Arai Daishi, p. 576.
Omori, p. 579.
Omote sando, p. 559.
Ōte machi, p. 537.
Ōtemachi Bldg, p. 537.
Otori jinja, p. 575.
Palace Bldg, p. 537.
Palais d'Aoyama, p. 554.
Palais détaché d'Akasaka, p. 554.
Palais impérial, p. 534.
Parc d'Asakusa, p. 574.
Parc d'Asukayama, p. 577.
Parc de Fukagawa, p. 576.
Parc de Hamachō, p. 545.
Parc de Kitanomaru, p. 539.
Parc de Roka, p. 578.
Parc de Shakujii, p. 577.
Parc des sports de Yoyogi, p. 559.
Parc de Sumida, p. 575.
Parc de Toshima, p. 577.
Parc d'Ueno, p. 565.
Parc intérieur du sanctuaire Meiji, p. 558.
Parc national pour l'étude de la nature, p. 550.
Parc olympique de Komazawa, p. 578.
Parc olympique de Meiji, p. 555.
Poste centrale, p. 537.
Quartier des ministères, p. 541.
Résidence officielle du Premier ministre, p. 541.
Rikugi en, p. 561.
Roppongi, p. 553.
Ryōgoku bashi, p. 576.
Ryūsen ji, p. 579.
Sampō ji, p. 577.
Sanctuaire de Hie, p. 540.
Sanctuaire Meiji, p. 558.
Sannō sama, p. 540.
Sekai Boeki Center, p. 546.
Sengaku ji, p. 550.
Sensō ji, p. 574.
Shiba dōri, p. 550.
Shiba kōen, p. 547.
Shiba Rikyū Onshi teien, p. 547.
Shibuya, p. 559.
Shibuya ku, p. 554.
Shimizudani kōen, p. 540.
Shinagawa, p. 547.
Shinjuku, p. 558.

Shinjuku gyoen, p. 555.
Shinjuku ku, p. 554.
Shin Ōhashi dori, p. 544.
Sotobori dōri, p. 536.
Suiten gū, p. 544.
Sumida ku, p. 575.
Surugadai, p. 538.
Taishaku ten, p. 577.
Taito ku, p. 564.
Takagi chō, p. 553.
Temple d'Arai Yakushi, p. 577.
Temple Ryōdaishi, p. 573.
Tetsugaku dō, p. 578.
Théâtre national, p. 541.
Théâtre Nissei, p. 537.
Théâtre Takarazuka, p. 537.
Théâtre Yurakuza, p. 537.
Tōkyō Kotsu Kaikan Bldg, p. 536.
Tōkyō Prince Hotel, p. 547.
Tōkyō to Ireidō, p. 575.
Tombeaux de la famille Tokugawa, p. 573.
Tōsho gū, p. 565.
Tour de Tōkyō, p. 547.
Tsukiji, p. 545.
Tsuki ji Hongan ji, p. 545.
Uchibōri dōri, p. 540.
Umeyashiki, p. 579.
Université catholique Sainte-Sophie, p. 540.
Université de Waseda, p. 560.
Université féminine de Nihon, p. 560.
Université Keiō, p. 547.
Université nationale de Tōkyō, p. 564.
Université Rikkyo, p. 577.
World Trade Center Bldg, p. 546.
Yaesu dōri, p. 543.
Yaesuguchi, p. 537.
Yasukuni jinja, p. 539.
Yayoi, p. 564.
Yuraku chō, p. 536.
Yotsuya, p. 540.
Yushima Seidō, p. 538.
Yushima Tenjin, p. 564.
Yūten ji, p. 578.
Zempuku ji, p. 551.
Zōjō ji, p. 547.

TOMAKOMAI (Hokkaidō), p. 580.

☎ 01442 ; ✉ 053.

Hôtels :
¶¶ *Tomakomai*, 18, Ōmote machi (☎ 33-6121), 42 ch. (12 jap.) ✕ ⬜ 🎂 ⬜ 🎿 ☎ ⬜ ⬜ bar, coiffeur, boutique.

¶¶ *Tomakai Central*, 49, Futaba chō (☎ 2-9221), 19 ch. (1 jap.), ✕ ⬜ 🎂 ⬜ 🎿 ☎ ⬜

Business Hotel :
Okuni, 1-9-3, Shin Nakano (☎ 34-6441).

Auberge de jeunesse :
Utonaiko, Uenae (☎ 58-2153), 50 lits.

✈ Aéroport : Chitose, à 29 km N.-E. ; V. Sapporo.

⛴ Services maritimes : *Nihon Enkai Ferry*, pour Tōkyō ; — *Taiheiyo Enkai Ferry*, pour Nagoya, Sendai ; — autres services pour Hachinohe, Ōma.

🚂 Chemins de fer : *J.N.R.*, pour Abashiri, Asahikawa, Hakodate, Kushiro, Muroran, Oshamambe, Samani, Sapporo, Tōya.

🚌 Autocars : pour Chitose, Muroran, Noboribetsu, Sapporo, Shikotsu ko.

Tomioka (Gumma ken), p. 581.
Tomioka (Kumamoto ken), p. 596.
Tomo (V. Fukuyama), p. 198.
Tomoga shima, p. 602.
Tomuraushi Onsen, p. 169.
Tōnosawa Onsen, p. 179.
Tonosho (V. Shodō shima), p. 512.
Tori jima, p. 449.
Toroko, p. 584.
Tosa, p. 581.
Tosa Shimizu (V. Ashizuri Uwakai), p. 150.
To shima, p. 267.
Toshita Onsen, p. 153.

TOTTORI (Tottori ken), p. 581.

☎ : Hamamura, (08578) ; Tottori (0857) ; — ✉ : Hamamura (689) ; Tottori, (680).

ℹ Délégation départementale du Tourisme, 1-220, Higashi machi (☎ 26-7111).

Hébergement :
— A Tottori

Ryokan :
¶¶ *Kozeniya,* Eirakuonsen chō (☏ 23-3311), 28 ch.

Business Hotel :
Ohira, en face gare J.N.R., (☏ 29-1111).

— A Hamamura Onsen
(19 km O.)

Ryokans :
¶ *Tabakoya Bekkan,* Ketaka chō (☏ 2-0211), 44 ch.
Hamanoya, Ketaka chō (☏ 2-0321), 65 ch.

Restaurant :
National Kaikan (cuis. jap. et occ.), 252, Eirakuonsen machi (☏ 23-4141).

✈ Aéroport : 7 km N.-O. (car) ; vols *A.N.A.,* pour Ōsaka.

🚆 Chemins de fer : *J.N.R.,* pour Fukuoka, Hamada, Kurayoshi, Okayama, Ōsaka, Tōkyō, Wakasa, Yonago.

🚌 Autocars : pour Kurayoshi, Toyooka, Tsuyama.

TOWADA HACHIMANTAI
(Akita, Aomori et Iwate ken, parc national de), p. 582.

Hébergement :
— A Yasumiya
☏ 01765 ; ✉ 018-55.

Ryokan :
Miyago Kanko Hotel Bekkan, Towadako Yasumiya, Kosaka machi (☏ 2101), 29 ch.

— A Yuze Onsen
☏ 018624 ; ✉ 018-51.

Ryokans :
¶ *Himenoyu Hotel,* Yze Onsen, Kazuno (☏ 3-2011), 98 ch.
Yuze Hotel, Yuze Onsen, Kazuno (☏ 3-2311), 80 ch.

— A Aomori et Morioka,
V. ces noms.

Towaka ko, p. 583.
Towada Minami, p. 583.
Toya ko, p. 505.
Tōyako Onsen (V. Shikotsu Toya), p. 505.

TOYAMA (Toyama ken), p. 584.

☏ 0764 ; ✉ 930.

ℹ Délégation départementale du Tourisme : 1-7, Shin Sogawa (☏ 31-4111).

Hôtels :
¶¶ *Meitetsu Toyama,* 1-18, Sakurabashi dōri (☏ 31-8241), 42 ch. (6 jap.) ⋊ 🍽 🛁 📺 ⎓ 🅿 📞 ⚙ bar, coiffeur, boutique, bowling.

Ryokans :
¶¶¶ *Kincharyō,* 3-19, Sakuragi chō (☏ 31-1108), 14 ch.
¶¶ *Ebitei Bekkan,* 9-21, Sakuragi chō (☏ 32-3181), 19 ch.
¶¶ *Sakasute,* 1-5-8, Marunouchi (☏ 41-4811), 19 ch.
¶¶ *Yoshihara,* 4-2, Uchisaiwai chō (☏ 32-0147), 30 ch.
¶ *Kawai Honkan,* 1-4-23, Chūō dōri (☏ 21-8555), 21 ch.
¶ *Okudaya,* 3-11, Sakuragi chō (☏ 41-3601), 14 ch.

Business Hotel :
Toyama Station, 1-4-1, Takara chō (☏ 32-4311), 61 ch.

Auberge de jeunesse :
Matsushita, Hamakurosaki (☏ 37-9010), 50 lits.

Restaurant :
Toichi (cuis. jap.), 10-2, Shinsakura machi (☏ 41-7954).

✈ Aéroport : à 6 km S. (car) ; vols *A.N.A.,* pour Tōkyō.

Compagnie aérienne : *All Nippon Airways,* réservations (☏ 32-2233).

🚆 Chemins de fer : *J.N.R.,* pour Aomori, Kanazawa, Nagoya, Niigata, Ōsaka, Tōkyō ; — *Toyama Chiho Railway,* pour Kamiichi, Sasazu, Senjugahara.

🚌 Autocars : pour Himi, Kanazawa, Kurobe, Yatsuo.

Toyohama, p. 212.

TOYOHASHI (Aichi ken), p. 585.

☏ : Irako (05313) ; Toyohashi (0532) ; — ✉ : Irako (441-36) ; Toyohashi (441).

Hébergement :
— A Toyohashi

Hôtel :
¶¶¶ *Toyohashi Grand*, 2-48, Ekimae Ōdōri (☎ 55-6221 ; télex 04322-117), 39 ch. ⨯ 🌫 🍽 ⌕ ⍰ 🛁 🅿 ⌕ bar, coiffeur, boutique.

Business Hotel :
Toyohashi, 12, Hanazono chō (☎ 55-9222).

— A Irako *(46 km S.-O.)*

Ryokan :
¶¶¶ *Irako View*, Irako, Atsumi chō (☎ 5-6111), 159 ch.

🚂 Chemins de fer : *J.N.R.*, shinkansen pour Fukuoka, Okayama, Ōsaka, Tōkyō ; autres trains pour Iida, Matsumoto, Nachi Katsuura, Nagasaki, Ōsaka, Sasebo, Shizuoka, Tōkyō ; — *Nagoya Railroad (Meitetsu)*, pour Gifu, Nagoya ;
— *Toyohashi Railway*, pour Mikawa Tahara.

🚌 Autocars : pour Atsumi, Gamagori, Hamamatsu, Toyokawa.

Toyooka (V. San in Kaigan), p. 489.
Toyotomi, p. 603.
Toyotomi Onsen, p. 603.

TSU (Mie ken), p. 586.

ℹ Délégation départementale du Tourisme : 13, Komei chō (☎ 26-111).

Business Hotel :
Tsu, 2087-7, Nishiura Tose (☎ 26-4141), 50 ch.

Restaurants :
¶¶ *Uchikitei* (sukiyaki), 6-18, Chūō (☎ 28-7135).
¶ *Seigetsu* (cuis. jap.), 16-10, Otobe (☎ 28-0151).

🚂 Chemins de fer : *J.N.R.*, pour Kii Tanabe, Kyōto, Nachi Katsuura, Nagoya, Ōsaka, Toba, Tōkyō ; — *Kinki Nippon Railway (Kintetsu)*, pour Kashikojima, Nagoya.

🚌 Autocars : pour Ise, Kameyama, Ueno, Yokkaichi.

Tsubaki Onsen, p. 510.
Tsuchiura, p. 587.
Tsuchizuki, p. 142.

Tsuda, p. 516.
Tsuetate Onsen, p. 226.
Tsukayama, p. 617.
Tsukino ura, p. 263.
Tsukuba, p. 587.
Tsukuba san, p. 587.
Tsuma, p. 453.
Tsunagi Onsen, p. 389.
Tsunekami misaki, p. 588.

TSURUGA (Fukui ken), p. 587.

☎ 07702 ; ✉ 914.

Ryokans :
¶¶¶ *Kanko Hotel*, 2-8, Kawasaki chō (☎ 2-0063), 34 ch.
¶¶ *Kitaguni Grand Hotel*, 80-1-3, Naka, Tsuruga shi (☎ 2-4551), 38 ch.

🚢 Service maritime : pour Otaru.

🚂 Chemin de fer : *J.N.R.*, pour Aomori, Kanazawa, Nagoya, Niigata, Ōsaka, Toyama, Toyooka.

🚌 Autocars : pour Fukui, Imazu, Nagahama, Obama.

Tsurugi san, p. 524.

TSURUOKA (Yamagata ken), p. 589.

☎ : Atsumi (023542) ; Tsuruoka (0235) ; Yunohama, (023572) ; — ✉ : Atsumi (999-72) ; Tsuruoka (997) ; Yunohama (997-12).

Hébergement :
— A Tsuruoka

Business Hotel :
Sannō Plaza, 6-8, Sannō chō (☎ 22-6501), 109 ch.
— A Atsumi *(31 km S.-O.)*

Ryokan :
¶ *Bankokuya Banraikaku*, Atsumi Onsen (☎ 3333), 85 ch.

— A Yunohama *(15 km N.-O.)*

Ryokans :
¶¶ *Takeya Hotel*, Yunohama Onsen (☎ 2031), 53 ch.
¶ *Hotel Miyakoya*, Yunohama Onsen (☎ 2101), 42 ch.
Hotel New Yunohama, Yunohama Onsen (☎ 2021), 19 ch.

Restaurants :
¶¶ *Palace Kakuryo* (cuis. jap.), 1,

Aza Hirono, Oaza Hondashi (☏ 24-8800).
¶ *El Sun* (cuis. jap.), 11-63, Baba machi (☏ 22-1400).

🚆 Chemins de fer : *J.N.R.*, pour Aomori, Niigata, Ōsaka ; — ligne privée pour Yunohama.

🚌 Autocars : pour Atsumi, Sakata, Yamagata.

Tsu shima, p. 251.
Tsushima, p. 149.
Tsuta Onsen, p. 584.
Tsutsu, p. 252.

TSUYAMA (Okayama ken), p. 590.

☏ : Okutsu (08685) ; Tsuyama (0868) ; — ✉ : Okutsu (708-05) ; Tsuyama (706).

Hébergement :
— A Okutsu Onsen *(32 km N.-O.)*

Ryokans :
¶ *Okutsu Kanko Hotel,* Okutsu chō, Tomada gun (☏ 2-0221), 26 ch.
Kajikaen, Okutsu chō, Tomada gun (☏ 2-0121), 29 ch.

🚆 Chemins de fer : *J.N.R.*, pour Himeji, Niimi, Okayama, Tottori,

🚌 Autocars : pour Kurayoshi, Okayama.

U

Ubako, p. 181.

UBE (Yamaguchi ken), p. 591.
☏ 0836 ; ✉ 755.

Ryokan :
Kawachō, Chūō chō (☏ 31-1212), 21 ch.

Auberge de jeunesse :
Ube, Takahata, Kami Ube (☏ 21-3613), 80 lits.

Aéroport : à 3 km S. (car) ; — vols *A.N.A.*, pour Tōkyō ; vols *T.D.A.*, pour Ōsaka.

✈ Compagnies aériennes : *All Nippon Airways,* réservations (☏ 31-8131) ; — *Toa Domestic Airlines,* réservations (☏ 31-7331).

🚆 Chemins de fer : *J.N.R.*, pour Fukuoka, Hiroshima, Kitakyūshū Yamaguchi.

🚌 Autocars : pour Shimonoseki, Yamaguchi.

Uchi (baie), p. 149.
Uchinada, p. 293.
Uchinami, p. 512.
Uchino, p. 431.
Uchinoura, p. 294.
Uchiura, p. 601.
Ueno, p. 591.
Uenohara kōgen, p. 382.
Ugata, p. 262.

UJI (Kyōto fu), p. 591.
☏ 0774 ; ✉ 611.

Ryokans :
¶¶¶ *Hôtel Seizanso,* Uji (☏ 21-2181), 28 ch.
¶¶ *Hanayashiki Ukufuneen,* Uji (☏ 21-2126), 39 ch.

🚆 Chemins de fer :
Gare d'Uji : *J.N.R.*, pour Kyōto, Nara, Ōji, Ōsaka, Shirahama.
Gare de Keihan Uji : *Keihan Electric Railway,* pour Chūshojima, Kyōto.

🚌 Autocars : pour Kyōto, Nara, Ōsaka.

Manifestation : *Pêche aux cormorans,* sur l'Uji gawa, en été.

Ukegawa, p. 622.
Umagaeshi, p.439.
Uno, p. 521.
Uno ike, p. 212.
Unzen (V. Unzen Amakusa), p. 595.

UNZEN AMAKUSA (Kumamoto et Nagasaki ken, parc national d'), p. 594.

Hébergement :
— A Hondo
☏ 09692 ; ✉ 863

Auberge de jeunesse :
Amakusa, 180, Hondo chō (☏ 2-3085), 60 lits.

— A Isahaya
☏ 09572 ; ✉ 854

Ryokan :
¶ *Isahaya Kanko Hotel*, Kanaya machi (☏ 2-3360), 49 ch.
— A Misumi
☏ 096452 ; ✉ 869-32

Ryokan :
¶¶¶ *Amakusa Pearl Line Hotel*, Misumi machi, Uto gun (☏ 2605), 32 ch.
— A Shimabara
☏ 09576 ; ✉ 855

Auberge de jeunesse :
7938, Shimo Kawashiri machi (☏ 2-4451), 60 lits.
— A Unzen
☏ 095773 ; ✉ 854-06

Hôtel :
¶¶ *Unzen Kanko Hotel*, Obama chō, Minami Takaki gun (☏ 3263), 65 ch. (11 jap.) ✕ 🕮 🍴 ♨ 📞 📺 ☔ Ⓟ bar, grand bain jap.

Ryokans :
¶¶¶ *Fukiya*, Obama machi, Minami Takaki gun (☏ 3211), 90 ch.
¶¶ *Yumoto Hotel*, 316, Obama machi, Minami Takaki gun (☏ 3255), 72 ch.
¶¶ *Hotel Toyokan*, 128, Obama machi, Minami Takaki gun (☏ 3243), 130 ch.
¶ *Kyūshū Hotel*, 320, Obama machi, Minami Takaki gun (☏ 3234), 106 ch.

Auberge de jeunesse :
Seiun so, 500-1, Obama chō, Minami Takaki gun (☏ 3273), 300 lits.

Ura, p. 156.
Urabandai (V. Bandai Asahi), p. 157.
Uradome (côte), p. 488.
Uraga, p. 617.
Urasaki, p. 457.
Urasoe, p. 457.
Urawa, p. 596.
Ureshino (V. Takeo), p. 521.
Usa, p. 597.
Ushibuka, p. 596.
Usuki, p. 598.
Usuki Sekibutsu, p. 292.
Utatsu yama, p. 292.
Utoro (V. Shiretoko), p. 511.

Utsukushiga hara (V. Matsumoto), p. 380.
Utsukushigahara Onsen, p. 380.
Utsumi, p. 212.

UTSUNOMIYA (Tochigi ken), p. 598.
☏ 0286.

ℹ️ Délégation départementale du Tourisme, 504, Hanawada machi (☏ 23-3209).

Hôtel :
¶¶ *Utsunomiya Royal*, 11-16, Eno machi (☏ 34-2401), 139 ch. ✕ 🕮 🍴 🛁 ♨ 📺 Ⓟ boutiques.

Business Hotel :
Maruji, 1-22, Izumi chō (☏ 21-2211).

🚆 Chemins de fer :
Gare d'Utsunomiya : *J.N.R.*, *shinkansen* pour Morioka, Tōkyō ; autres trains pour Aizu-Wakamatsu, Akita, Aomori, Morioka, Nikkō, Sendai, Tōkyō, Yamagata.

Gare de Tōbu Utsunomiya : *Tōbu Railway*, pour Tōkyō.

🚌 Autocars : pour Mito, Nikkō, Tochigi.

UWAJIMA (Ehime ken), p. 599.
☏ 0985 ; ✉ 798.

Ryokan :
¶ *Jonanso*, 1-12, Hirokoji (☏ 22-4888), 20 ch.

Business Hotel :
Uwajima Daïchi, 1-3-9, Chūō chō (☏ 25-0001).

Auberge de jeunesse :
Uwajima, Atago kōen (☏ 22-7177), 80 lits.

⛴ Service maritime : pour Beppu, Yawatahama.

🚆 Chemins de fer : *J.N.R.*, pour Ekawasaki, Takamatsu.

🚌 Autocars : pour Matsuyama, Ōzu, Sukumo, Yawatahama.

Manifestations : *Fête des pêcheurs* les 23 et 24 juillet ; — défilé du « monstre bœuf » *(Ushi doni)* les 28 et 29 octobre ; — *combats de taureaux *(tōgyū)* en été.

Uzen Ōyama, p. 589.

W

WAJIMA (Ishikawa ken), p. 600.

☏ 07682 ; ✉ 928.

Minshukus :
Hakutoen, Kawai chō, Wajima shi (☏ 22-2178), 11 ch.
Shintani, Shinbashi dōri, Wajima shi (☏ 22-0807), 7 ch.

🚈 Chemins de fer : *J.N.R.,* pour Kanazawa.

🚌 Autocars : pour Hakui, Nanao, Suzu.

Excursions : autour de la péninsule de Noto.

♿ Spécialités : *wajima nuri,* objets laqués ; coquillages.

Wakamatsu, p. 305.
Wakamiya Onsen, p. 408.
Wakasa sotomo, p. 444.

WAKAYAMA (Wakayama ken), p. 601.

☏ 0734 ; ✉ 640 et 641.

ℹ Délégation départementale du Tourisme, 1-1, Komatsubara dōri (☏ 23-6111).

Ryokans :
¶¶¶ *Kitamuraso,* 80, Tano (☏ 44-0101), 86 ch.
¶¶ *Aoikan,* 13, Jūniban chō (☏ 31-3231), 25 ch.
¶¶ *Futagojimaso,* 599, Saikazaki (☏ 44-1145), 54 ch.
¶¶ *Seaside Hotel Kanchō,* 82, Tano (☏ 44-0111), 31 ch.
¶¶ *Shinwakanoura Kanko Hotel,* 1482, Wakaura (☏ 44-1121), 57 ch.
¶ *Azumaya Seaside Hotel,* 141, Kada (☏ 59-0015), 33 ch.
¶ *Okatokuro,* 1482, Wakaura (☏ 44-0151), 54 ch.
Bokairo, 1482, Wakaura (☏ 44-0114), 30 ch.

Furokan, 1679, Furoen, Wakaura (☏ 44-0141), 12 ch.
Nampu Hotel, 1817, Saikazaki (☏ 44-1504), 28 ch.

Restaurants :
¶¶ *Daiyoshi* (cuis. jap.), 7, Urata machi, Kitano Shinchi (☏ 31-1888).
¶¶ *Hontorimatsu* (cuis. jap.), 2-17, Tomoda chō, (☏ 22-0089).
¶ *Fuji* (cuis. jap. et occ.), Nokyo Bldg, 5-1, Misono chō (☏ 23-1238).
¶ *Suiryoken* (cuis. jap.), 5-12-1, Misono machi (☏ 24-3141).

Service maritime : pour Komatsushima.

🚈 Chemins de fer :
Gare de Wakayama (principale) : *J.N.R.,* pour Nagoya, Ōsaka, Shingū, Shirahama, Toba ; — ligne privée pour Kishigawa.
Gare de Wakayamashi :
J.N.R., pour Ōji, Ōsaka, Toba ; — *Nankai Electric Railway,* pour Lada, Mizunoki, Ōsaka.

🚌 Autocars : pour Hashimoto, Kainan,

WAKKANAI (Hokkaidō), p. 602.

☏ 01622 ; ✉ 097.

Business Hotel :
Sun Hotel, 710, Chūō 3-chōme (☏ 2-5311), 53 ch.

Minshuku :
Noshappu, 2, Noshappu, Wakkanai shi (☏ 3-2203), 10 ch.

Auberge de jeunesse :
5-3-18, Hourai (☏ 23-7333), 40 lits.

Aéroport : Koetoi, à 12 km E. (car) ; vols *T.D.A.,* pour Sapporo.

✈ Compagnie aérienne : *Toa Domestic Airlines,* réservations (☏ 2-4524).

🚢 Services maritimes : pour Rebun et Rishiri.

🚈 Chemins de fer : *J.N.R.,* pour Asahikawa, Esashi, Hakodate, Sapporo.

🚌 Autocars : pour Esashi.

Wakura Onsen, p. 407.
Washisaki, p. 481.

Y

Yaba Hita Hikosan (parc naturel), p. 226.
Yaba kei, p. 226.
Yaegaki jinja, p. 378.
YAEYAMA SHOTŌ (Okinawa), p. 604.

✈ Ishigaki (09808) ; — ✉ Ishigaki (907).

Hôtels :
¥¥¥ *Cavilla*, 934-4, Kawahira, Ishigaki (☎ 2229), 12 ch. ✕ 🛏 📺 ♨ 🅿 bar.

¥¥¥ *Sun Coast*, 1-354, Maeri Ishigaki shi, 117 ch. ✕ 🛏 📺 ♨ 🅿 bar, boutiques.

Ryokan :
¥¥ *Hotel Miyahira*, 4-9, Misaki chō, Ishigaki (☎ 2-6111), 92 ch.

Auberge de jeunesse :
Ishigaki Shi Tei, 287, Shinkawa, Ishigaki (☎ 2720), 13 lits.

✈ Aéroports : Ishigaki ; vols *Swal* pour Miyako, Okinawa, Yonakuni ; — **Yonakuni** ; vols *Swal* pour Ishigaki.

🚢 Services maritimes :
— Depuis Ishigaki : pour Tarama jima, Miyako jima, Okinawa Iriomote jima, Yonakuni jima.
— Depuis Iriomote, pour Ishigaki.
— Depuis Yonakuni : pour Ishigaki.

Spécialités : ananas, corail, tissages, poteries, bingata.

Manifestations : danses *Mamidoma* à Taketomi jima.

Yagen Onsen, p. 390.
Yahata, p. 304.
Yahiko, p. 431.
Yakeyama, p. 584.
Yaku shima (V. Osumi shotō), p. 474.

Yamada (Iwate ken), p. 479.
Yamada (Okinawa), p. 457.
Yamada Onsen, p. 479.
Yamadera, p. 606.

YAMAGATA (Yamagata ken), p. 605.

✈ : Yamagata (0236) ; Zao Onsen (023694) ; — ✉ : Yamagata (990) ; Zao Onsen (990-23).

ℹ Délégation départementale du Tourisme, 3-4-51, Hagato machi (☎ 31-1111).

Hébergement :
— A Yamagata

Hôtels :
¥¥¥ *Ōnuma*, 2-1-10, Kojirakawa machi (☎ 23-4143), 72 ch. ✕ 🛏 📺 ♨ 🅿 bar, coiffeur, boutiques, salle de congrès (300 places).

¥¥¥ *Yamagata Grand*, 1-7-42, Hon chō (☎ 41-2611), 79 ch. (3 jap.) ✕ 🛏 📺 ♨ bar, coiffeur, boutiques, salle de congrès (300 places).

Business Hotels :
Sakaiya, 1-4-10, Kasumi chō (☎ 32-2311).
Green, 1-3-12, Kasumi chō (☎ 22-2636).

Auberge de jeunesse :
Yamagata ken, Kyoiku kaikan, 12-37, Kinomi machi (☎ 31-2953), 60 lits.
— A Zaō Onsen *(18 km S.-E.)*

Ryokans :
¥¥ *Hotel Zao*, 963, Yujiri, (☎ 94-9191), 55 ch.
¥¥ *Hôtel Jurin*, 814, Uwanodai (☎ 94-9511), 30 ch.

Minshuku :
Ohira Sanso, 1118-1, Sando gawa (☎ 94-9137), 14 ch.

Restaurants :
¥¥ *Kishokaku* (cuis. jap.), 2-8-81, Yakushi machi (☎ 31-3644).
¥ *Mimasu* (cuis. jap. et occ.), 2-3-7, Nanoka machi (☎ 32-1252).

Aéroport : Higashime *(22 km N. ; car)* ; vols *A.N.A.*, pour Tōkyō.

✈ Compagnie aérienne : *All Nippon Airways*, réservations (☏ 32-0702).

🚂 Chemins de fer : *J.N.R.*, pour Akita, Aomori, Ōe, Sendai, Tōkyō.

🚌 Autocars : pour Fukushima, Sendai, Tsuruoka, Yonezawa.

Agence de voyages : *J.T.B.*, c/o Yamagata Grand Hotel, 1 Hon machi (☏ 23-6633).

Sports d'hiver : au Zaō zan *(18 km S.-E.)*.

Yamagawa, p. 239.

YAMAGUCHI (Yamaguchi ken), p. 606.

☏ : Shūho (08376) ; Yamaguchi (0839) ; — ✉ 753.

ℹ Délégation départementale du Tourisme, 1-1, Taki machi (☏ 2-3111).

Hébergement :
— A Yamaguchi

Ryokans :
¶¶¶ *Matsudaya Hotel,* 3-6-7, Yuda Onsen (☏ 22-0125), 40 ch.
¶¶ *Mizuno,* 4-1-5, Yuda Onsen (☏ 22-0044), 83 ch.
¶ *Kamefuku Bekkan,* 4-7-1, Yuda Onsen (☏ 22-2090), 33 ch.
Sansuien, 4-60, Midori chō (☏ 22-0560), 15 ch.
— A Shūho *(27 km N.-O.)*

Auberge de jeunesse :
Akiyoshidai, Akiyoshi, Shūho chō, Mine gun (☏ 2-0341), 150 lits.

🚂 Chemins de fer : *J.N.R.*, gare du shinkansen à Ogōri *(11 km S.-O.)*.
Gare de Yamaguchi : *J.N.R.*, pour Masuda, Onoda.

🚌 Autocars : pour Fukuoka, Hagi, Hōfu, Mine, Ube.

Yamakawa, p. 524.
Yamanaka ko (V. Fuji-Hakone-Izu), p. 176.
Yamanaka Onsen, p. 273.
Yamakuni Gawa (gorges), p. 226.

Yamano Onsen, p. 198.
Yamashiro Onsen (V. Kaga), p. 273.
Yamato Kōriyama, p. 607.
Yamato Takada, p. 608.
Yanagawa, p. 608.
Yanaizu Onsen, p. 139.
Yaoko jinja, p. 146.
Yashima, p. 516.
Yashiro, p. 525.
Yasumiya (V. Towada Hachimantai), p. 583.
Yatsu Onsen, p. 183.
Yatsuka, p. 167.
Yatsuo, p. 585.
Yawata, p. 370.
Yawatahama, p. 609.
Yenobi, p. 458.
Yobuko, p. 295.
Yodo, p. 370.
Yofuke, p. 457.
Yoichi, p. 475.
Yokawa, p. 370.

YOKKAICHI (Mie ken), p. 609.

☏ : Yokkaichi (0593) ; Yunoyama (059392) ; — ✉ : Yokkaichi (510) ; Yunoyama (510-12).

Hébergement :
— A Yokkaichi

Hôtel :
¶¶ *Yokkaichi Miyako,* 7-3, Nishi Shinchi (☏ 52-4131), 177 ch. (4 jap.) ✈ 🛏 ≣ 📺 🍴 ☎ 📺 🅿

Business Hotel :
Shin Yokkaichi, 5-3, Hamada chō (☏ 52-6181).
— A Yunoyama Onsen *(19 km O.)*

Ryokans :
¶¶¶ *Kotobukitei,* Yunoyama Onsen, Komono chō (☏ 2-2131), 47 ch.
¶ *Grand Hotel Koyo,* Yunoyama Onsen, Komono chō (☏ 2-3135), 33 ch.

⛴ Services maritimes : *Meimon Car Ferry*, pour Kitakyūshū, Nagoya.

🚂 Chemins de fer : *J.N.R.*, pour Kushimoto, Katsuura, Ōsaka, Shingū, Tanabe, Tōkyō ; — *Kinki Nippon Electric Railway (Kintetsu),* pour Fujiwara,

Himaga, Kashikojima, Nagoya, Yunoyama.

🚌 Autocars : pour Nagoya, Kameyama.

Yokogoshi, p. 431.

YOKOHAMA (Kanagawa ken), p. 610.

☏ 045 ; ✉ 231.

ℹ️ Délégation départementale du Tourisme, 1, Yamashita chō, Naka ku (☏ 681-0007).

Hôtels :
¶¶¶ *New Grand,* 10, Yamashita chō, Naka ku (☏ 681-1841), 197 ch. ⨯ ▥ ▦ ▯ ≞ ▨ ▥ ▣ bar, coiffeur, boutiques.
¶¶¶ *Yokohama Prince,* 3-13-1, Isogo, Isogo ku (☏ 753-2211), 37 ch. (1 jap.) ⨯ ▥ ▦ ▯ ≞ ▨ ▥ ⚙ ▣ ⩘ P bar, boutiques.
¶¶¶ *Yokohama Tōkyū,* 1-1-12, Minami Saiwai chō, Nishi ku (☏ 311-1682) ; télex 3822-264), 219 ch. ⨯ ▥ ▦ ▯ ≞ ▨ ▥ ▣ P bar, boutiques.
¶¶ *Aster,* 87, Yamashita chō, Naka ku (☏ 651-0141), 74 ch. (10 jap.) ⨯ ▥ ▦ ▯ ≞ ▨ ▥ bar, coiffeur.
¶¶ *Empire,* 700, Matano chō, Totsuka ku (☏ 851-1431), 63 ch. ⨯ ▥ ▦ ▯ ≞ ▨ ⚙ ▥ ⩘ P boutiques, bowling.
¶¶ *Shin Yokohama,* 3672, Shinohara chō, Kohoku ku (☏ 471-6011), 51 ch. (12 jap.) ⨯ ▥ ▦ ▯ ≞ ▨ ▥ ▣ coiffeur.

Business Hotels :
New Otani Inn Yokohama, 4-81, Sueyoshi chō, Naka ku (☏ 252-1311).
Central Inn Yokohama, 4-117, Isezaki chō, Naka ku (☏ 251-1010).

Auberge de jeunesse : *Kanagawa,* 1, Momijigaoka, Nishi ku (☏ 241-6503), 60 lits.

Restaurants :
¶¶ *Kaori* (cuis. occ.), 70, Yamashita cho, Naka ku (☏ 681-4401).
¶ *Kokonotsuido* (cuis. jap.), 1319, Taya machi, Totsuka ku (☏ 851-6121).
¶ *Kawara Golden* (shabu-shabu, yakitori), Sakuragi chō, Golden Center 6 F (☏ 201-4184).

Aéroport : aéroport international de **Narita** *(V. Tōkyō).* — Un service de bus *(Limousine Bus Service)* relie directement Yokohama à Narita en partant du Y.C.A.T. (Yokohama City Air Terminal) situé près de la sortie E. de la gare principale 2 h de trajet).

Compagnies aériennes : *Air France,* Daiwa Bank Bldg, 47, Ōnoe chō 3-chōme, Naka ku (☏ 641-8134) ; — *All Nippon Airways,* 39, Tokiwa machi 4-chōme, Naka ku (☏ 641-2051) ; — *Japan Air Lines,* Sotetsu Bldg, 1-3-23, Kitasaiwai 1-chōme, Nishi ku (☏ 311-5522).

⛴ Services maritimes : depuis la jetée de Takashima, pour Kisarazu ; — depuis la jetée de Yamashita, pour Futtsu ; — depuis la jetée Sud *(Ōsambashi),* service international pour Nakhodka (U.R.S.S.).

Compagnies maritimes : se renseigner auprès de l'Office du tourisme.

🚂 Chemins de fer :
— Gare de Shin Yokohama : J.N.R., shinkansen pour Fukuoka, Ōsaka, Tōkyō ; autres trains pour Hachiōji, Isogo.
— Gare de Yokohama : J.N.R., pour Fukuoka, Hachioji, Hamada, Isogo, Kagoshima, Kumamoto, Nachi Katsuura, Nagasaki, Odawara, Ōfuna, Ōmiya, Shimoda, Shimononoseki, Shizuoka, Tamano, Tōkyō ; — *Keihin Kyūko Electric Railway,* pour Miura, Tōkyō, Yokosuka, Zushi ; — *Sagami Railroad,* pour Atsugi ; — *Tōkyō Kyūko Electric Railway (Tokyū),* pour Sakuragichō, Tōkyō.
— Gare d'Isogo : J.N.R., pour Hachiōji, Ōfuna, Ōmiya.

YOKKAICHI — YONAGO

— **Gare de Sakuragichō** : *J.N.R.*, pour Hachiōji, Isogo, Ōfuna, Ōmiya ; — *Tōkyū E.R.*, pour Tōkyō et Kamiōka.
— **Gare de Tsurumi** : *J.N.R.*, pour Ōfuna, Ōgimachi, Ōkawa, Ōmiya, Umi-Shibaura.

Métro : de Chōjamachi à Kamiōka.

🚌 Autocars : pour Fujisawa, Kamakura, Yokosuka, Narita.

🚗 Location de voitures : *Nippon*, Hama Bowl, 2-2-14, Kita, Nishi ku (℡ 311-0921).

Agence de voyages : *J.T.B.*, 75, Aioi chō 4-chōme, Naka ku (℡ 681-7541).

Banques : *Banque du Japon*, 20-1, Nihon Ōdori, Naka ku (℡ 651-2601) ; — *Bank of Tōkyō*, 27-1 Hon chō, 3-chome, Naka ku (℡ 201-6971) ; — *Mitsubishi*, 41, Moto machi 4-chōme, Naka ku (℡ 211-2231) ; — *Mitsui*, 20, Moto machi 2-chōme, Naka ku (℡ 211-0031) ; — *Sumitomo*, 3-10 Hagoromo chō, 1-chome, Naka ku (℡ 251-5541).

🛍 Spécialités : soieries, laques, objets d'ivoire, carapaces de tortues.

Achats :
Les principaux **quartiers commerçants** sont au nombre de trois : — **quartier de la gare de Yokohama** où sont groupés grands magasins *(Takashimaya, Mitsukoshi)* et centres commerciaux : *Soketsu Joinus* et surtout *Lumine* (8 étages remplis d'une myriade de boutiques et de restaurants ; on peut y acheter de tout sans quitter le même immeuble) ; — **quartier de Motomachi** (près de la gare d'Ishikawacho), quartier chic pour le shopping : rue commerçante avec boutiques à la mode (objets d'art, antiquités, vêtements) ; — **quartier de la gare de Kannai** : environ 500 boutiques, plus fréquentées par la population locale que par le touriste (centre commercial *Isezakicho*).

Vie nocturne : cabarets et bars, restaurants chinois à China Town.

Manifestations : Fête du port, à la mi-mai ; — Fête des « Bateaux noirs », le 14 juillet.

Arts japonais : leçons d'*ikebana* et de *chanoyu* (cérémonie du thé) à *Yokohama Academy*, 3-32, Tsuruya chō, Kanagawa ku (℡ 311-5361).

Yokonami sanri, p. 581.

YOKOSUKA (Kanagawa ken), p. 616.
℡ 0468.

Hôtel :
¶¶ *Yokosuka*, 2-7, Yonegahama dōri (℡ 25-1111), 66 ch. ⋈ ▯ ▦ ▯ ▨ ▯ ▯

Auberge de jeunesse : *Kannonzaki*, 1320, Kamoi (℡ 41-1345), 50 lits.

⚓ Services maritimes :
— Depuis Yokosuka : pour Ōsawa.
— Depuis Kurihama *(9 km S.-E. ; car)* : pour Kanaya.
— Depuis Uraga *(7 km S.-E. ; train Keihin Kyūko E.R.)* : *Tōkyōwan Ferry*, pour Kanaya.

🚆 Chemins de fer :
— **Gare de Yokosuka** : *J.N.R.*, pour Kurihama, Tōkyō.
— **Gare de Yokosuka Chūō** : *Keihin Kyūko Electric Railway*, pour Kurihama, Tōkyō, Uraga.

🚌 Autocars : pour Fujisawa, Miura, Yokohama.

Spécialité : culture d'algues.

Yonabara, p. 456.

YONAGO (Tottori ken), p. 617.
℡ 0859 ; ✉ 683.

Hôtel :
¶¶ *Yonago Kokusai*, 2-11, Kamo chō (℡ 33-6611), 74 ch. (3 jap.), ⋈ ▯ ▦ ▯ ▯ ▯ ▯ bar, boutiques, grand bain jap.

Ryokans :
¶¶¶ *Kaike Gyoen,* Kaike Onsen (✆ 33-3531), 106 ch.
¶¶ *Shofukaku,* Kaike Onsen (✆ 22-4126), 51 ch.
¶ *Hisagoya,* Kaike Onsen (✆ 22-2248), 31 ch.

Restaurant :
¶ *Victoria* (cuis. jap. et chinoise), 1-168, Kakuban chō (✆ 22-6450).

Aéroport : Yonago *(10 km N.-O. ; car)* ; — vols *A.N.A.,* pour Tōkyō ; vols *T.D.A.,* pour Oki shotō, Ōsaka.

✈ Compagnies aériennes : *All Nippon Airways,* réservations (✆ 22-9671) ; — *Toa Domestic Airlines,* réservations (✆ 28-7161).

🚂 Chemins de fer : *J.N.R.,* pour Fukuoka, Hamada, Izumo, Kyōto, Masuda, Okayama, Ōsaka, Sakaiminato, Tōkyō.

🚌 Autocars : pour Kurayoshi, Matsue, Sakaiminato, Tottori.

Excursions : pour le massif de Daisen.

Yonagusuku, p. 458.
Yonakuni jima, p. 605.

YONEZAWA (Yamagata ken), p. 618.
✆ 0238 ; ✉ 992-14.

Ryokans :
¶ *Azuma Kanko Hotel,* Shirabu Onsen (✆ 55-3141), 21 ch.
¶ *Hotel Yamakawa,* Onogawa machi (✆ 32-2811), 27 ch.
Tengendai Hotel, Sumomoyama (✆ 55-2231), 26 ch.

Business Hotel :
Yonezawa Green, 1-13-23, Chūō (✆ 23-3690).

🚂 Chemins de fer : *J.N.R.,* pour Akita, Arato, Niigata, Tōkyō, Yamagata.

🚌 Autocars : pour Fukushima, Inawashiro, Kitakata, Nagai, Yamagata.

Yōrō, p. 447.
Yoron jima, p. 145.

Yoshii (Fukuoka ken), p. 329.
Yoshii (Gumma ken), p. 518.
Yoshii (Nagasaki ken), p. 484.
Yoshina Onsen, p. 185.
Yoshino, p. 619.
Yoshino gawa (gorges), p. 250.

YOSHINO KUMANO (Mie, Nara et Wakayama ken, parc national de), p. 620.

Hébergement :

— A Kumano
✆ 05978 ; ✉ 519-51

Ryokan :
¶¶¶ *Grand Hotel Kumano Orange,* Kushiya chō (✆ 9-2821), 69 ch.

— A Kushimoto
✆ 07356 ; ✉ 649-35.

Hôtel :
¶¶ *Kushimoto Urashima,* 2300-1, Hon chō, Nishi Muro gun (✆ 2-1011), 138 ch. ✂ 🎰 🍴 📺 ❄ 🏊 ✳ 🛏 🛁 🅿 bar, bowling, grand bain jap.

Auberge de jeunesse :
Shionomisaki, 2843-1, Shionomisaki, Kushimoto chō, Nishi Muro gun (✆ 2-0570), 56 lits.

— A Nii Katsuura
✆ 0735 ; ✉ 649-53.

Ryokans :
¶¶¶ *Koshinoyu,* 1108, Yukawa, Higashi Muro gun (✆ 2-1414), 105 ch.
¶¶ *Nakanoshima,* 1179-9, Katsuura chō, Higashi Muro gun (✆ 2-1111), 161 ch.

Auberge de jeunesse :
Nachi, Hamanomiya (✆ 2-0584), 50 lits.

— A Owase
✉ 05972 ; ✉ 519-36.

Business Hotel :
Phoenix, 5-25, Sakae chō (✆ 2-8111).

— A Shingū
✆ 0735 ; ✉ 647.

Business Hotel :
Station Hotel, 7031-1, Ekimae (✆ 21-2200).

Auberge de jeunesse :
Shin gū, 1-9, 1-chōme Kami Hon machi (☏ 2-2309), 30 lits.

Yoshioka Onsen, p. 582.
Yoshizaki, p. 190.
Yōtei zan, p. 505.
Yuasa, p. 147.
Yubara Onsen (V. Daisen Oki), p. 167.
Yūbetsu, p. 138.
Yudanaka Onsen (V. Joshin Etsu kogen), p. 272.
Yuda Onsen, p. 607.
Yufuin Onsen (V. Aso), p. 151.
Yugano Onsen, p. 185.
Yugawara Onsen (V. Atami), p. 154.
Yukawa Onsen, p. 623.
Yuki, p. 225.
Yukomambetsu Onsen, p. 170.
Yumoto, p. 441.
Yumoto, p. 265.
Yumoto Onsen (Kanagawa ken), p. 179.
Yumoto Onsen (Yamaguchi ken), p. 400.
Yumura Onsen (V. San in Kaigan), p. 488.
Yunogō Onsen, p. 590.
Yunohama (O. Tsuruoka), p. 589.
Yunohanazawa, p. 180.
Yunohira Onsen, p. 450.
Yunokawa Onsen, p. 208.
Yunomoto, p. 251.
Yunotami Onsen, p. 153.
Yunoyama Onsen (V. Yokkaichi), p. 609.

Yura (Hyōgo ken), p. 155.
Yura (Yamagata ken), p. 589.
Yutagawa Onsen, p. 589.
Yutoku Inari jinja, p. 299.
Yuwaku Onsen, p. 293.
Yuyama Onsen, p. 227.
Yuzaki, p. 510.
Yuzawa, p. 443.

Z

Zaō (V. Yamagata), p. 606.
Zenkai, p. 141.
Zentoku, p. 250.
Zentsūji, p. 624.
Zeze, p. 476.

ZUSHI (Kanagawa ken), p. 624.
☏ 0468.

Hôtel :
¶¶ *Zushi Nagisa*, 2-10-18, Shinjuku (☏ 71-4260), 25 ch.
(5 jap.) ✕ ⟦⟧ 🍴 ⌸ ⊠ ☎ ⊇ Ⓟ

Ryokan :
¶¶ *Shindo Tei*, 2-10-3, Zushi (☏ 71-2012) *cuisine unique (spéc. : sanglier).

🚂 Chemins de fer : gare de Zushi : *J.N.R.,* pour Tōkyō, Yokosuka ; — gare de Zushikai gan : *Keihin Kyūko Electric Railway,* pour Tōkyō.

🚌 Autocars : pour Fujisawa, Kamakura, Miura, Yokohama, Yokosuka.

Imprimé en France
Imprimerie-Reliure Mame, Tours
Dépôt légal n° 7340-1-1988
Collection N° 01
Édition N° 02

ISBN 2.01.009640.1

24/0998/5

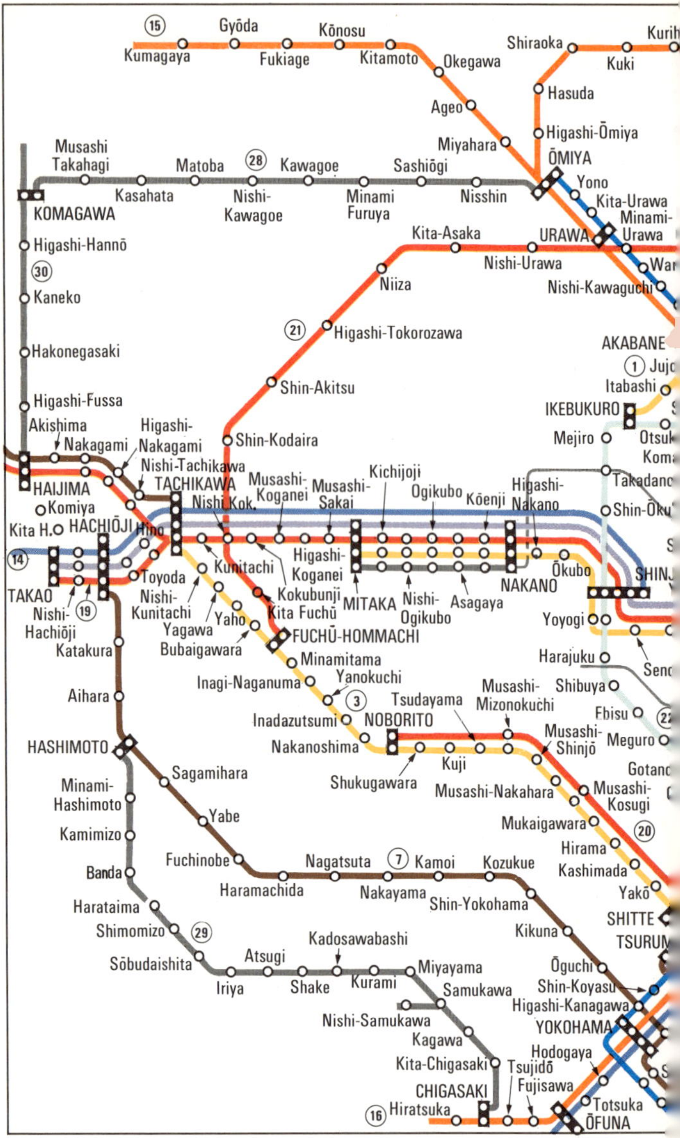

15
Kumagaya
Gyōda
Fukiage
Kōnosu
Kitamoto
Okegawa
Ageo
Miyahara
Shiraoka
Kuki
Hasuda
Higashi-Ōmiya
ŌMIYA
Yono
Kita-Urawa
Minami-Urawa
URAWA
Musashi Takahagi
KOMAGAWA
Kasahata
Matoba
28
Nishi-Kawagoe
Kawagoe
Minami Furuya
Sashiōgi
Nisshin
Higashi-Hannō
30
Kaneko
Hakonegasaki
Higashi-Fussa
Kita-Asaka
Nishi-Urawa
Niiza
Nishi-Kawaguchi
21
Higashi-Tokorozawa
Shin-Akitsu
Shin-Kodaira
AKABANE
1
Itabashi
IKEBUKURO
Mejiro
Akishima
Nakagami
Higashi-Nakagami
Nishi-Tachikawa
TACHIKAWA
HAIJIMA
Komiya
Kita H.
HACHIŌJI
Hino
14
TAKAO
Nishi-Hachiōji
19
Katakura
Toyoda
Nishi-Kunitachi
Yagawa
Yaho
Kunitachi
Bubaigawara
Nishi Kok.
Musashi-Koganei
Musashi-Sakai
Kichijoji
Ogikubo
Kōenji
Higashi-Nakano
Takadanobaba
Shin-Okubo
Higashi-Koganei
Kokubunji
Kita Fuchū
FUCHŪ-HOMMACHI
MITAKA
Nishi-Ogikubo
Asagaya
NAKANO
Ōkubo
Yoyogi
Harajuku
Shibuya
Ebisu
Meguro
Gotanda
Minamitama
Inagi-Naganuma
Yanokuchi
3
Inadazutsumi
Nakanoshima
NOBORITO
Tsudayama
Musashi-Mizonokuchi
Musashi-Shinjō
Kuji
Shukugawara
Musashi-Nakahara
Musashi-Kosugi
Mukaigawara
20
Hirama
Kashimada
Yakō
SHITTE
Aihara
HASHIMOTO
Sagamihara
Yabe
Minami-Hashimoto
Kamimizo
Banda
Fuchinobe
Haramachida
Nagatsuta
7
Kamoi
Nakayama
Kozukue
Shin-Yokohama
Kikuna
Harataima
Shimomizo
29
Sōbudaishita
Iriya
Atsugi
Shake
Kadosawabashi
Kurami
Miyayama
Samukawa
Nishi-Samukawa
Kagawa
Kita-Chigasaki
CHIGASAKI
16
Hiratsuka
Tsujidō
Fujisawa
Ōguchi
Shin-Koyasu
Higashi-Kanagawa
YOKOHAMA
Hodogaya
Totsuka
ŌFUNA